2010년 개정판을 내면서

머리말

행정은 오류의 가능성을 내포하고 있기 때문에 감사를 통해서 이를 바로 치유해야 행정서비스의 질적 수준을 향상시킬 수 있다. 그러나 각종의 공공감사가 공무원들의 발목을 잡아 창의적 행정서비스보다는 감사에 대비하게 만든다는 부작용에 대한 지적도 만만치 않다. 공직자들은 경험상 스스로 새로운 일을 도모하면 감사에서 자유롭지 못하게 되므로 무사안일하게 주어진 업무를 전례답습으로 처리하게 되면 감사에는 걸리지 않는다는 안타까운 신념(?)을 갖고 있다. 중복되는 공공감사가 행정서비스의 질적 수준을 향상시키지 못하고 관료주의를 재생산하게 한다는 부정적 평가가 팽배하고 있지만, 지구촌 어느 나라에도 행정통제의 수단으로서 감사시스템은 건재한다는 사실에 주목할 필요가 있다. 그것은 날로 방대해지고 있는 행정의 오류에 대한 통제의 수단으로서 감사의 기능을 중시하기 때문이다.

그동안 지방자치단체의 내부감사는 매우 필요한 수단임에도 불구하고 감사기구의 행정기관장에 대한 예속성 때문에 형식화되어 신뢰를 주지 못했다. 국회에 의한 국정감사나 지방의회에 의한 지방행정사무 감사도 감사위원들의 전문성 부족 때문에 제도의 목적을 달성하지 못하고 겉돌기가 반복되고 있음은 안타깝다. 또한 감사에 관한 이론과 기법에 관한 지식과 정보의 축적과 공유가 미흡하여 행정에 대한 각종 감사가 행정낭비를 초래하고 있다. 지난 노무현대통령정부때 부터 감사기구의 독립성과 감사인의 전문성을 확보하는 방안에 대하여 많은 논의가 계속되었다.

그러나 세계화, 정보화, 지방화 등의 환경변화를 수용하는 공직시스템에 성과창출과 평가가 새로운 시대적 이슈로 부상함으로써 감사시스템에도 상당한 변화가 진행되고 있다.

필자는 행정안전부 지방행정연수원 등에서 지방공무원 및 지방의원을 대상으로 행정사무 감사기법 강의를 담당하면서, 이에 필요한 마땅한 실무서가 없다는 점에 아쉬움을 갖고 있었지만 스스로 감사이론과 실무를 겸한 저서를 집필하기까지에는 적잖은 망설임이 없지 않았다. 그동안 공공감사에 관한 이론서가 드물고 특히 지방행정은 종합행정으로써 워낙 광범위하기 때문에 감사이론과 기법에 대한 연구와 정리가 쉽지 않았다. 공공감사 유형 중에서 전통적인 합법성감사는 공법학, 회계감사는 회계학, 성과감사는 경제학, 경영학을, 정책감사는 정책학, 행정학 등에 관한 깊은 지식이 있어야 한다. 뿐만 아니라 우리나라 공공감사에 관한 제도가 2010년 7월 1일부터 획기적으로 개편되었고 행정관리에 성과관리 시스템이, 공공회계에 복식부기제도가, 예산제도는 건국 이래 줄곧 유지되어 온 품목별 예산제도가 사업별 예산제로 전환되었기 때문에 어느 것을 기준으로 이론을 정리해 나갈 것인가가 난감하기 짝이 없기 때문이다.

이러한 어려운 환경에서 여러 모로 부족한 저자가 지방행정감사에 관한 이론과 실무에 관한 저술에 착수함은 「만용」이라는 사실을 나중에야 깨닫게 되었다.

이 책은 지방자치단체에 대한 감사이론과 기법에 중점을 두되, 감사인이 갖추어야 할 기초지식은 물론이고 감사를 실시하는데 필요한 실무지식과 감사를 받아야 하는 지방공무원들이 행정서비스를 합법적·효율적으로 이끌어 가는데 필요한 정보와 지식을 체계적으로 제공하고자 노력하였다.

이 책은 제1장에서는 "공공감사에 관한 일반이론"이라는 이름으로 공공감사의의, 유형기능, 성질, 주체, 분류, 기준 등 감사총론에 대하여 서술하였다. 제2장에서는 "지방자치단체에 대한 행정감사"에 대하여 제3장에서는 "지방의회에 의한 행정사무 감사·조사"에 대하여 제4장에서는 "공공감사의 방법론"을 재무감사 · 합법성감사 · 성과감사, 정책감사를 주로 지방행정에 초점을 맞추어 기술하였으며, 제5장에서는 “지방행정사무를 18분야로 나누어 지방행정감사 · 조사기법 및 지적사례”에 대하여, 제6장에서는 실무종사자들을 위해서 「감사사례 연습」 문제를 출제하여 감사실무의 길잡이로 제공하였다.

여러모로 어려운 여건 속에서 피나는 노력을 하였지만 책 내용에 미흡한 부분이 있다면 그것은 저자의 능력부족에 원인이 있는 것이며, 그 보완은 다음 기회로 미루는 책임회피를 너그럽게 이해하여 주기 바란다. 이 책에 대한 독자 여러분의 아낌없는 지도와 편달을 저자의 홈페이지 www.ljhee.pe.kr에 부탁드리고 싶다.

이 책의 초판(2006)이 한국지방자치학회의 학술상을 수상하게 되었던 것은 개인적으로는 더할 수 없는 영광이었지만, 이 책에 대한 저자의 애정과 끊임없는 관심을 가지라는 학계의 명령으로 생각하고 이제 2010년 제6기 지방자치 출범을 맞이하여 개정판을 다시 세상에 내놓는다.

아무쪼록 이 책이 지방자치단체를 지도· 감독· 감사해야 하는 감사원 및 중앙행정기관의 감사인들, 국회의원 및 그 보좌관, 지방자치단체의 내부감사기구 및 감사대상기관의 공무원, 지방자치법에 의하여 지방행정사무를 감사하는 지방의원들에게 조금이라도 도움이 되기를 기원하는 바이다.

출판의 시장성이 없는 이 책의 출간을 마다하지 않는 기문당 강해작 사장님과 편집진들에게 깊은 감사의 마음을 표한다. 또한 자료 제공에 헌신해 주신 직장 동료들과 책을 집필하도록 시간을 할애해 준 가족들에게도 이 자리를 빌어서 감사의 마음을 전한다.

2010. 7. 1.

광교산 기슭 연구실에서 이주희 드림

차 례

제1장 공공감사에 관한 일반 이론

제 2 장 지방자치단체에 대한 행정감사

제 3 장 지방의회의 지방행정감사

제 4 장 공공감사 방법론

제 5 장 지방행정 분야별 감사·조사기법 및 지적 사례

제 6 장 지방행정사무 감사·조사 연습

제1장

공공감사에 관한 일반 이론

| I | 공공감사의 의의 및 유형

1. 공공감사의 개념과 목적

공공감사(public auditing)[1]라 함은 대체로 공공의 필요에 의하여 공적 감사기관이나 자체감사기구가 법령에 따라 정해진 감사대상기관 및 그에 속한 공무원의 제반업무와 활동 등에 대한 감사활동을 말한다. 따라서 "공공감사는 중앙행정기관, 지방자치단체 및 공공기관에 대한 법정 외부기관이나 또는 자체감사기구가 감사대상기관에 대하여 공공서비스에 대하여 조사·점검·확인·분석·검증하고 감사결과를 권한 있는 자에게 통보하는 행위"라고 정의할 수 있다. 따라서 헌법과 법령의 규정에 의하여 실시하는 감사원 감사와 각급 행정기관 및 공공기관의 자체감사기구에 의하여 실시하는 자체감사 및 상급 행정기관이 하급행정기관의 감사작용을 대상으로 실시하는 상위감사(meta audit)는 물론이고, 국회에 의한 국정감사와 지방의회에 의한 지방행정사무감사도 포함된다.

공공감사의 목적은 첫째, 행정시책의 철저한 실현을 목표로 행정의 능률화를 추구하고, 회계질서의 적정 및 개선을 기하며, 공무원의 기강유지를 도모하며, 둘째, 국가나 지방자치단체의 행정의 효율적인 수행지원을 목표로 국가나 지방행정의 적정성을 확보하고, 국민이나 주민의 복지향상을 위한 시스템을 구축하는 데 있다.

1) 이 책에서 사용하는 「감사」는 특별한 경우를 제외하고는 「공공감사」 또는 「공공기관감사」를 의미한다.

2. 공공감사의 기능적 유형

공공(기관)감사는 목적, 대상, 시기, 관점, 기준, 기능, 효과에 따라 달라지는데 기능을 중심으로 할 경우에 통제 중심의 평가 및 환류에 초점을 두는 경우와 행정지원과 평가환류에 초점을 두는 두 가지 유형이 있다. 전자를 소극적 감사, 그리고 후자를 적극적 감사로 구분할 수 있다(도표 1-1 참고)(감사원, 1994 : 17-18).

가. 소극적 공공감사

소극적 공공감사는 통제 중심의 평가와 환류로 이루어진다. 그 목적은 행정질서의 감시, 불법 또는 부당한 행정행위의 적발과 징벌, 그리고 행정오류와 실패의 사후시정을 통하여 책임행정을 보장하는데 있다. 소극적 공공감사는 그 대상을 회계와 재무활동에, 그리고 그 적용시기를 사업종결 이후의 단계에 한정시키는 것이 보통이다.

따라서 소극적 공공감사는 단절적 · 단편적 · 단기적 · 미시적 관점에 국한될 수밖에 없고, 감사결과로 요구되는 시정 또는 개선조치도 자연히 단절적 · 단편적 · 단기적 · 미시적 성격을 띨 수밖에 없다. 소극적 공공감사는 행정행위의 법규 순응성(compliance)과 회계책임성(accountability)을 보장함으로써 미시적 의미의 행정질서를 확보하고 공직부정을 방지하는 효과를 거둘 수 있다. 그러나 단절적, 단편적, 단기적, 미시적 관점에서 타당한 시정과 개선이 수감기관과 더 나아가서는 행정의 목적달성에 반드시 타당할 수는 없다는 사실이다. 보다 장기적, 종합적, 거시적 관점에서 볼 때, 이와 같은 시정과 개선이 오히려 해당기관과 행정의 목적 실현에 장애로 작용하는 경우가 많다.

나. 적극적 공공감사

감사의 근본적인 취지는 행정관리의 소극적 통제에 있는 것이 아니라 효율적인 행정운영과 성과창출을 위한 행정지원에 있는 것이다. 이렇게 공공감사의 취지를 적극적인 관점에서 볼 때, 다음과 같은 세 가지 기능을 수행한다(감사원, 1994 19-22).

첫째, 공공감사는 행정의 전형(典型)을 추구한다. 감사는 행정이 마땅히 준수해야 할 규범적 기준과 척도를 제시한다. 감사 보고서에서 지적 또는 시정을 요구한 사항은 행정개선으로 이어지는 효과가 있다. 행정서비스가 고객만족을 추구하고 삶의 질

도표 1-1 공공(기관)감사의 개념 유형

구분 \ 개념	소극적 공공감사	적극적 공공감사
의의	통제 중심의 평가+환류	지원 중심의 평가+환류
목적	법규 순응적 행정책임성의 확보	효율적 행정과 성과의 보장
대상	회계 및 재무활동	정책, 사업 및 행정관리
시기	집행종결이후	집행과정 중간 및 종결이후
평가	총괄평가	형성평가 및 총괄평가
환류	관리행동 강화 환류	목표 및 행정관리수정 환류
관점	단절적, 단편적, 단기적, 미시적	맥락적, 종합적, 장기적, 거시적
기준	형식적 합법성	실질적, 합법성, 경제성, 능률성, 효과성
기능	① 행정관리질서의 감시 ② 행정 책임의 규명·징벌 ③ 행정오류·실패의 사후 시정	① 행성의 규범적 척도 제시 ② 행정의 정당성 근거 제공 ③ 국민을 위한 재심 법원적 역할수행
효과	① 법규순응성의 보장 ② 회계책임성의 확보 ③ 공직부정의 방지	① 정책실패의 조기경보·사전방지 ② 정책오류의 상시추적·적기개선 ③ 의사결정 지원·행정혁신 유도

적 수준 향상을 목표로 체제와 공무원 행태의 혁신을 지속적으로 추구해야 하는 우리나라의 현실을 감안하면, 감사의 강력한 행정개선 유도성향은 특별히 중요한 의미를 지니는 것이다.

둘째, 공공감사는 행정의 정당성을 확보한다. 공공감사는 행정작용과 결과의 합당(合當) 또는 부당(不當)을 가름하여 준다. 감사의 결과 행정업무가 합당한 것으로 평가하면, 수감기관과 그 업무수행은 정당성을 인정받는다. 그러므로 감사는 행정의 정당성을 판단하는 구체적인 기준과 척도를 제공하게 된다. 이와 같은 감사의 적극적 기능을 효율적으로 행사하면, 감사는 공무원과 정부를 부당한 외부 압력, 특히 정치권력의 압력으로부터 보호함으로써 공무원이 본연의 임무에 충실하는 동시에 정부는 본연의 자세를 견지할 수 있다.

셋째, 공공감사는 국민을 위한 재심(再審)법원적 역할을 수행한다. 공공감사는 행정관서의 부당한 권리침해로부터 국민을 보호하고, 국민이 행정관서에 제기한 민원의 해결을 궁극적으로 보장하여 주며, 정부행정의 운영실태와 결과에 관한 진실한 정보를 국민에게 환류한다. 이와 같은 기능을 통하여 감사는 관청의 관점에서 수행하는 「관치행정」의 성향을 억제시키고 국민의 관점에서 수행하는 이른바 「고객행정」의 성향을 강화시킬 수 있다.

이와 같은 감사의 적극적 기능을 바르게 인식하고 적용할 때, 공공감사는 바람직한 행정운영과 성과의 보장을 보다 적극적으로 지원할 수 있는 것이다. 적극적 공공감사의 목적은 행정오류의 상시추적 및 적기개선, 행정실패의 조기경보 및 사전방지, 분석적 관리정보의 적기환류 및 합리적 의사결정의 지원 등을 통하여 효율적 행정운영과 성과달성을 지원하는데 있다.

3. 공공감사의 발전 추세

합법성 위주의 소극적이고 통제적인 성격만 띠고 있는 전통적 의미의 감사는 현대의 행정국가적 상황 하에서 제 기능을 다할 수 없게 되었다. 현대적 의미의 공공기관 감사는 소극적인 성격을 탈피하여 국가발전에 보다 지원적이며 보다 적극적인 성격으로 바뀌고 있다. 그렇다면 현대적 공공감사는 다음과 같은 기본방향을 설정하고 감사체제의 발전을 모색해야 할 것이다(김명수 · 박준 : 19-24).

가. 정부활동에 대한 능률성 · 효과성 감사로 확대

현대적 감사는 전통적 감사에 비해 그 범위가[2] 매우 넓어지고 있다. 현대적 감사방향은 전통적 감사에서 주로 다루어졌던 제반 행정활동의 합법성 측면에다, 경제성과 능률성 및 효과성도 동시에 감사해야 한다.

나. 적극적 · 지원적 성격의 감사 확장

향후 감사가 감사대상 기관들이 수행하는 제반활동의 합법성이나 경제성 차원에 머무르지 않고 능률성과 효과성 차원까지 다루게 된다면, 그 행정청의 국가발전 노력에 대한 지원적인 역할까지도 수행하게 된다. 그 이유는 그것은 감사의 초점이 바로 감사대상 기관과 그 소속직원들이 수행하는 제반활동의 성과에 두어지기 때문이다. 따라서 감사대상 기관이나 그 소속직원들도 목표달성 여부에 보다 많은 관심을 기울이지 않을 수 없게 되어 국가발전을 가속화 내지 내실화 할 수 있게 되는 것이다.

2) 여기서 "감사범위"란 감사대상 기관의 수를 의미하는 것이 아니라 감사대상 기관들이 수행하는 제반활동에 대하여 검토해야 할 영역을 일컫는다.

다. 정책평가기능의 중시

현대적 감사에서는 전통적 감사에서 전혀 예견되지도 않았고, 문제시 되지 않았던 정책이나 사업에 대한 평가기능을 수행하지 않을 수 없게 되었다. 특히 능률성감사와 효과성감사는 현대 감사에서 새로이 강조되고 있다(GAO, 2003 : ch7). 정부활동에 대한 능률성과 효과성의 측정은 바로 프로그램 평가의 가장 본질적인 내용을 이루고 있기 때문에 현대감사에서 정책평가에 관련한 이론을 개발하여 감사실무에 적용해야 한다. 앞으로의 공공감사는 행정의 각종 정책 프로그램에 대한 평가에 초점이 맞추어져야 할 것이다.

라. 정부활동의 성과에 대한 관심

전통적 공공감사에서는 감사대상 기관들과 그 소속직원들이 제반활동을 수행함에 있어서 그러한 활동을 지배하는 법이나 규칙 · 규정에 맞게 수행했는지의 여부를 검토하는데 역점을 두었었다(GAO, 2003 : ch.6). 즉 그러한 활동이 이루어지는 과정에 보다 많은 관심을 보였었다. 그러나 현대 감사에서는 이러한 과정에 대한 관심뿐만 아니라 행정활동의 결과로 얻어진 산출(output)에 보다 많은 관심을 보인다. 여기에서의 산출이란 정부활동 그 자체만을 말하는 것이 아니라 그러한 활동이 가져다준 효과(effect)나 성과(outcomes)도 포함한다.

4. 공공감사의 중점 방향

공공감사는 행정의 발전방향과 같은 맥락과 방향으로 역점을 두어야 할 것이다(김명수 · 박준 : 22).

첫째, 공공감사는 행정기관의 과거에 일어난 행위를 주요대상으로 하지만, 그 결과를 토대로 미래의 발전을 도모하는데 역점을 두어야 한다.

둘째, 공공감사는 감사결과로 밝혀진 어떤 잘못에 대하여 처벌하기보다는 그것을 미연에 방지하고 교정해 나가는데 역점을 두어야 한다.

셋째, 공공감사는 개별적인 거래행위보다는 전체적인 체계와 문제에 보다 많은 역점을 두어야 한다.

넷째, 자체감사의 실효성을 높이고 최고 감사기구는 상위감사(meta audits)에 관심을 집중해야 한다. 공공감사의 실시에 있어서는 감사업무의 증대로 말미암아 최고 감사기구(감사원)의 직접감사에만 의존하는 것은 어렵게 되었으므로 자체감사기구들이 스스로 뿐만 아니라 국가적 시스템으로 감사역량을 제고시켜 자체감사의 활성화를 도모하고, 최고 감사기구는 자체감사기구에 의한 감사결과를 활용하되 미흡한 부분에 대해 직접감사를 실시하여 감사의 효과를 극대화해야 할 것이다.

Ⅱ 공공감사의 기능과 성질

1. 공공감사의 기능

감사의 기능은 주로 감사결과의 처리를 어떻게 하느냐에 따라 그 내용이 결정된다. 공공감사처리규정을 토대로 분석하면 공공감사는 다음과 같은 기능을 발휘하고 있다(감사원, 1994 : 51-52).

① 법치행정의 실현과 행정 내부의 질서유지를 위한 행정관리 및 행정통제기능

② 위법한 감사대상행위에 대한 책임의 판단 및 심사청구제도와 관련된 준사법적(準司法的) 기능

③ 시정, 주의 등의 요구와 개선요구 기타의 처리행위를 통한 행정에 관한 법 적용에 있어서의 기준정립기능

④ 법치행정과 행정질서 유지를 실현하기 위한 행정개선의 보조기능 등

이들 중에서 핵심적인 기능은 ① 법치행정 ② 행정질서 유지를 위한 행정관리 및 행정통제기능이고, 보조적인 기능은 ③ 행정기준정립기능 ④ 행정개선기능이 될 것이다.

2. 공공감사의 성질

행정의 영역이 확대됨으로써 행정기관에 의하여 국민의 권익을 침해하는 사례가 나타남에 따라 행정통제가 필요악이 되고 있다. 행정통제는 업무를 수행하는 행정기관이나 행정청 스스로가 하는 것이 효과적이다. 행정의 전문성과 재량성의 확대에 따르는 행정통제의 어려움을 극복하고, 나아가 적극적이고 발전적인 행정유도적 의미의 행정통제를 위해서는 정부 내에서의 자체적인 통제수단이 필요하게 되었다. 최근 행정조직 면에서는 강력한 사정(司正)기구가 설치되어 그에 의한 행정통제가 이

루어지고 있으며, 행정작용 면에서는 행정에 있어서의 절차적 통제가 중요한 문제로 등장하고 있다.

공공감사의 기능 가운데 가장 본질적인 것은 행정통제의 기능이다. 행정내부적인 행정통제로서의 공공감사는 설사 그 기능면에서 준입법적, 준사법적 측면이 나타날 수 있다 하더라도 입법적 또는 사법적 방법에 의한 행정통제와는 그 법적 성질이 다르다. 즉, 감사는 주로 예측적이거나 사후 조사적인 입법적 행정통제나 소극적인 사법적 행정통제와는 달리 현실적인 행정목적의 달성을 위한 적극적 의미의 행정통제이다(감사원, 1994 : 52-54).

공공감사는 행정기관의 행정활동에 대한 통제의 영역을 확대하는 동시에 수단을 개발하고 있다.

첫째, 오늘날 법치행정의 사각지대라 불려지는 행정계획, 행정정책, 행정지도, 행정규칙 등에도 행정통제를 가하는 기능을 갖고 있다.

둘째, 공공감사의 기준으로서 법규만이 아니라 행정규칙 등 행정 내부규범에 의한 행정질서 유지를 보장하는 수단으로서도 공공감사가 중요한 역할과 기능을 하게 되었다. 특히 행정 내부규범이 사실상 일반 국민의 생활관계에 미치는 영향이 점증하고 있는 오늘날에 있어서 행정부 자체의 내부규범의 준수가 국민의 행정예측과 신뢰보호를 위해 어느 때보다도 절실히 요청되고 있다.

행정 외부적인 행정통제수단으로서 달성될 수 없는 이와 같은 특수한 영역에서의 행정통제는 공공감사를 통해서 달성할 수 있다.

3. 공공감사의 효과

현대의 공공감사는 그것이 수행하고 있는 소극적·통제적 기능과 적극적·지원적 기능을 상호 보완함으로써 건전한 행정을 유도하고 국민의 이익을 보호해 줌으로써 정부에 대한 국민의 신뢰감 증대에 기여할 수 있다.

공공감사의 소극적·통제적 기능은 주로 합법성감사와 경제성감사를 수단으로 하여 이루어지고 있으며, 적극적·지원적 기능은 주로 효과성감사와 능률성감사를 수단으로 하여 발휘되고 있다.

행정기관의 기능은 정책형성기능(plan)➡집행기능(do)➡평가기능(see)이 순환적으로 수행되고 있다. 따라서 정부기능의 순환관정에서 감사기능은 바로 평가기능에 속하고, 그 효과는 다음과 같다(김명수 · 박준 : 30-32).

가. 정책결정 역량강화 도모

공공감사는 정부의 활동이 합법적, 경제적 및 효율적으로 수행되고 있는지를 조사 · 검토하여 문제점이나 위법 부당한 사항을 발견하였을 때에는 개선방향을 제시하거나 시정을 요구한다. 이에 감사는 앞으로의 정책결정이나 기존정책의 수정 · 개선에 필요한 중요한 정보 및 자료를 제공함으로써 전체적으로 국가의 합리적 정책결정 역량(the capacity of policy-making)을 향상시키는데 크게 기여할 수 있다. 특히 효율성 감사는 정부의 정책결정 역량의 향상에 이바지한다.

나. 공공자원의 합리적 이용 유도

공공감사는 공적 자원의 경제적이고 효율적인 이용을 확보하기 위해서도 필수적인 기능을 수행한다. 한정된 공적 자원으로 보다 많은 실적을 창출하기 하기 위해서는 자원을 경제적, 능률적 및 효과적으로 이용해야 한다(GAO, 2003 : ch. 2). 특히, 효율성감사에서는 정부가 수행하고 있는 여러 활동 중에서 어떤 것이 효과적이며 자원을 능률적으로 활용하고 있는지, 또 어떤 활동이 원래 의도했던 효과를 나타내지 못하고 자원을 비능률적으로 사용하고 있는지의 여부가 검토된다. 이러한 효율성감사의 결과 감사기구는 정부가 수행한 또는 현재 수행중인 특정한 행정활동의 운영에 대하여 적절한 권고를 할 수 있는 지위에 있기 때문이다. 집행부서가 공공자원을 어떻게 이용하고 있는가는 반드시 감사되어야 하며, 이러한 과정을 통하여 자원의 비합리적 이용사례를 적출하여 시정을 촉구함으로써 감사는 공적 자원의 합리적 이용을 유도할 수 있게 된다.

다. 책임행정 구현

21세기에 들어와 행정서비스의 고객인 국민들로부터 공적 책임성(public accountability)에 대한 관심과 요구가 높게 나타나고 있다. 이러한 현실의 배경에는 현대국가의 행정국가적 성격이 깊게 깔려있기 때문이다. 정부에 대한 국민의 행정서비스 수요가 증대됨에 따라 현대국가는 국민생활의 거의 모든 영역에 영향을 미치는 행정활동을 전개하고 있다. 정부는 국민으로부터 염출한 제 자원으로 여러 가지 사업 및 활동을 하고 있으므로 국민에게 책임을 져야 한다. 책임을 질 수 있는 활동을 한다는 것은 공직자 윤리의 기본이다. 따라서 국민들은 자기들이 낸 세금으로 수행되고 있는 정부의 제반활동이 올바르게 이루어지고 있는지에 관심을 갖지 않을 수 없게 되었다. 공공감사는 국민들의 이러한 요구에 부응하여 정부의 제반활동에 대하여 합법성, 경제성 및 능률성, 효과성을 감사함으로써 책임 있는 행정을 구현하는데 기여하고 있다. 특히, 효율성감사의 결과에 따른 조치는 정부가 제반활동을 수행함에 있어 무엇이 중요한 것인가를 명백히 밝혀주는 역할을 한다. 공공감사의 적극적 · 지원적 활동을 통하여 정부의 합리적인 정책결정 역량을 제고시키고, 자원의 효율적 이용을 유도하여 책임행정을 구현하는데 기여하게 된다.

라. 공직기강 확립 도모

현대 국가가 수행하는 기능이 점차 확대됨에 따라 공직자의 수가 증가하고 국가재정규모도 방대해졌다. 이러한 상황 하에서 공직자들의 바람직하지 않은 비리, 부정적 행태가 나타날 가능성이 커진다. 때문에 국민으로부터 신뢰받는 공명정대한 공직자 기강 확립이 절실히 요청되고 있다. 감사는 공직자의 직무상의 비위 및 부당을 조사하여 처벌하거나 시정시키고, 한걸음 더 나아가서 예방지도를 통하여 공직자의 비위 또는 부당처리를 사전에 예방함으로써 공직자 기강 확립을 도모하고 있다. 그리고 모범사례를 발굴하여 공직자들에게 전파함으로써 긍정적 측면의 부각을 통하여 공직사회에 활력을 불어넣고 있다.

| Ⅲ | 공공감사 기관

1. 개요

현대국가에 있어서 정부기능이 확장됨으로써 나타나는 국민이나 주민의 권익침해를 최소화하기 위하여 이를 합리적으로 통제하는 정부기능의 하나로 감사기능을 들 수 있다. 우리나라에는 최고 감사기구로서 감사원이 헌법기관으로 설치되어 행정기관과 정부투자기관 등에 대한 감사를 실시하고 있다. 중앙정부와 지방자치단체가 내부에 감사기구를 설치하여 자체감사를 실시함으로써 자체 통제기능을 수행하고 있다. 또한 국가와 자치단체의 집행기관을 감시하기 하기 위하여 국회에는 헌법으로 국정감사권을, 지방의회에는 지방자치법으로 지방행정사무 감사권을 부여하고 있다.

따라서 우리나라에서 공공감사를 수행하는 기구는 감사원, 중앙행정기관 감사관실, 국정감사를 담당하는 국회, 시·도의 행정사무 대한 감사를 실시하는 시·도의 감사기구 및 시·도의회, 시·군·구의 감사기구 및 시·군·구 의회가 있다(도표 1-2 참조).

도표 1-2 우리나라의 공공감사체계

감사주체 / 수감기관	외부통제(정책감사)		외부통제 (감사원감사)	내부통제(자체감사)	
	국회 국정감사	지방의회 행정사무감사		외부감사 (감독기관, 상급단체)	자체감사
중앙행정기관	○	×	○	×	○
특별지방행정기관	○	×	○	○	○
광역지방자치단체	△	○	○	○	○
기초지방자치단체	△	○	○	○	○
정부출자·출연기관	○	△	○	○	○
공공단체	○	△	○	○	○

주) ○ : 실시, △ : 부분적 실시, × : 해당 없음

2. 감사원

가. 감사원 설치 근거

헌법은 감사원의 명칭, 직무와 소속, 구성, 검사와 보고, 감사원법의 위임규정 등 감사원에 관한 규정을 둠으로써 감사원은 헌법기관으로서 지위를 갖고 있다(헌법 제4장 제2절 제4관 제97조-제100조).

나. 감사원의 법적 지위

국가의 세입 · 세출의 결산, 국가 및 법률이 정한 기관단체의 회계검사와 행정기관 및 공무원의 직무에 관한 감찰을 하기 위하여 대통령 소속하에 감사원을 두되(헌법 제97조), 직무에 관하여는 독립의 지위를 가진다. 따라서 감사원 소속 공무원의 임면(任免), 조직 및 예산의 편성에 있어서 감사원의 독립성이 최대한 존중되어야 한다(감사원법 제2조).

우리 헌법 제97조는 "대통령 소속하에 감사원을 둔다"고만 규정함으로써 감사원의 지위에 대한 견해가 일치되지 않은 상태이다. 감사원은 회계검사를 통해서 국회를 방대한 회계서류로부터 해방시키면서 국회는 예산 · 결산을 통하여 행정부의 조세사용을 국민의 편에서 감시한다는 측면이 있다. 감사원은 국회나 행정부로부터 독립하여 사법부와 같은 중립과 절차를 거쳐 「회계검사」 및 「직무감찰」을 실시한다. 아울러 감사원 감사는 행정부의 직무에 한정된 감시라는 점에서 「행정부의 자기통제」의 측면도 있기 때문에 감사원의 법적 지위가 매우 특이하다. 감사원의 지위는 국가원수로서의 대통령에 소속되어 있을 뿐이고, 입법부와 행정부 어느 한편에 속하지 아니하는 독립기관이다. 따라서 감사원은 정치적 중립기관으로서 「행정부로부터 독립」하여 직무를 수행한다.

다. 감사원의 권한과 범위

(1) 감사원의 권한

국가의 세입 · 세출의 결산, 국가 및 법률이 정한 단체의 회계검사와 행정기관 및 공무원의 직무에 관한 감찰을 실시한다(헌법 제97조). 감사원은 세입 · 세출의 결산을 매년 검사하여 대통령과 차년도 국회에 그 결과를 보고하여야 한다(헌법 제99조). 감사원은 국가의 세입 · 세출의 결산검사를 하고, 이 법 및 다른 법률에서 정하는 회계를 상시 검사·감독하여 그 적정화를 도모하며, 행정기관 및 공무원의 직무를 감찰하여 행정 운영의 개선과 향상을 기한다(감사원법 제20조).

(2) 결산의 확인 및 회계검사의 범위

감사원은 회계검사의 결과에 따라 국가의 세입·세출의 결산을 확인한다(같은법 제21조). 감사원의 필수적 검사 사항은 다음 각 호와 같다(같은법 제22조).

① 국가의 회계
② 지방자치단체의 회계
③ 한국은행의 회계와 국가 또는 지방자치단체가 자본금의 2분의 1 이상을 출자한 법인의 회계
④ 다른 법률에 따라 감사원의 회계검사를 받도록 규정된 단체 등의 회계

감사원은 필요하다고 인정하거나 국무총리의 요구가 있는 경우에는 다음 각 호의 사항을 선택적으로 검사할 수 있다(같은법 제23조).

① 국가기관 또는 지방자치단체 외의 자가 국가 또는 지방자치단체를 위하여 취급하는 국가 또는 지방자치단체의 현금·물품 또는 유가증권의 출납
② 국가 또는 지방자치단체가 직접 또는 간접으로 보조금·장려금·조성금 및 출연금 등을 교부하거나 대부금 등 재정 원조를 제공한 자의 회계
③ 제2호에 규정된 자가 그 보조금·장려금·조성금 및 출연금 등을 다시 교부한 자의 회계
④ 국가 또는 지방자치단체가 자본금의 일부를 출자한 자의 회계
⑤ 제4호 또는 제22조제1항제3호에 규정된 자가 출자한 자의 회계
⑥ 국가 또는 지방자치단체가 채무를 보증한 자의 회계
⑦ 「민법」 또는 「상법」 외의 다른 법률에 따라 설립되고 그 임원의 전부 또는 일부나 대표자가 국가 또는 지방자치단체에 의하여 임명되거나 임명 승인되는 단체 등의 회계
⑧ 국가, 지방자치단체, 제2호부터 제6호까지 또는 제22조제1항제3호·제4호에 규정된 자와 계약을 체결한 자의 그 계약에 관련된 사항에 관한 회계
⑨ 「국가재정법」 제5조의 적용을 받는 기금을 관리하는 자의 회계
⑩ 제9호에 따른 자가 그 기금에서 다시 출연 및 보조한 단체 등의 회계

이상의 필수적 또는 선택적 사항에 대한 회계검사에는 수입과 지출, 재산(물품·

유가증권 · 권리 등을 포함한다)의 취득 · 보관 · 관리 및 처분 등의 검사를 포함한다(같은법 제22조제2항).

(3) 직무감찰의 범위

감사원은 다음 각 호의 사항을 직무감찰 한다(같은법 제24조).

① 「정부조직법」 및 그 밖의 법률에 따라 설치된 행정기관의 사무와[3] 그에 소속한 공무원의[4] 직무

② 지방자치단체의 사무와 그에 소속한 지방공무원의 직무

③ 제22조제1항제3호 및 제23조제7호에 규정된 자의 사무와 그에 소속한 임원 및 감사원의 검사대상이 되는 회계사무와 직접 또는 간접으로 관련이 있는 직원의 직무

④ 법령에 따라 국가 또는 지방자치단체가 위탁하거나 대행하게 한 사무와 그 밖의 법령에 따라 공무원의 신분을 가지거나 공무원에 준하는 자의 직무

위의 직무에 대하여 감찰을 하려는 경우 다음 각 호의 어느 하나에 해당하는 사항은 감찰할 수 없다.

① 국무총리로부터 국가기밀에 속한다는 소명이 있는 사항

② 국방부장관으로부터 군사기밀이거나 작전상 지장이 있다는 소명이 있는 사항

라. 감사원장의 지위와 권한

감사원장은 국회의 동의를 받아 대통령이 임명하고 그 임기는 4년으로 하며, 1차에 한하여 중임할 수 있다. 원장은 감사원을 대표하며 소속 공무원을 지휘하고 감독한다. 다만, 원장인 감사위원의 보수는 국무총리의 보수와 국무위원의 보수의 범위에서 대통령령으로 정한다. 원장이 사고로 인하여 직무를 수행할 수 없을 때에는 감사위원으로서 최장기간 재직한 위원이 그 직무를 대행한다. 다만, 재직기간이 같은 감사위원이 2명 이상인 경우에는 연장자가 그 직무를 대행한다. 원장의 자문에 응하게 하기 위하여 감사원에 자문기관을 둘 수 있다. 자문기관의 구성 및 운영에 관한 사항은 감사원규칙으로 정한다.

3) 행정기관에는 군기관과 교육기관을 포함한다. 다만, 군기관에는 소장급 이하의 장교가 지휘하는 전투를 주된 임무로 하는 부대 및 중령급 이하의 장교가 지휘하는 부대는 제외한다.

4) 공무원에는 국회 · 법원 및 헌법재판소에 소속한 공무원은 제외한다.

마. 감사위원

(1) 감사위원 정수

헌법상 감사원에는 5인 이상 11인 이하의 감사위원으로 구성된 감사위원회(2010년 현재는 감사원법상 원장을 포함하여 7명)를 둔다. 감사위원은 원장의 제청으로 대통령이 임명하고, 그 임기는 4년으로 하며, 1차에 한하여 중임할 수 있다(헌법 제98조). 감사위원은 정무직으로 하고 그 보수는 차관의 보수와 같은 액수로 한다. 감사위원의 임기는 4년이고, 감사위원의 정년은 65세이다. 다만, 원장인 감사위원의 정년은 70세이다(감사원법 제6조).

(2) 자격

감사위원은 다음 각 호의 어느 하나에 해당하는 사람 중에서 임명한다(같은법 제7조).

① 「국가공무원법」 제2조의2에 따른 고위공무원단(제17조의2에 따른 고위감사공무원단을 포함한다)에 속하는 공무원 또는 3급 이상 공무원으로 8년 이상 재직한 사람

② 판사·검사·군법무관 또는 변호사로 10년 이상 재직한 사람

③ 공인된 대학에서 부교수 이상으로 8년 이상 재직한 사람

④ 「자본시장과 금융투자업에 관한 법률」 제9조제15항제3호에 따른 주권상장법인 또는 「정부투자기관 관리기본법」 제2조제1항에 따른 정부투자기관에서 20년 이상 근무한 사람으로서 임원으로 5년 이상 재직한 사람

(3) 신분보장

감사위원은 다음 각 호의 어느 하나에 해당하는 경우가 아니면 본인의 의사에 반하여 면직되지 아니 한다[5](같은법 제8조).

① 탄핵결정이나 금고 이상의 형의 선고를 받았을 때

② 장기의 심신쇠약으로 직무를 수행할 수 없게 된 때

5) 아래 제1호의 경우에는 당연히 퇴직되며, 같은 항 제2호의 경우에는 감사위원회의의 의결을 거쳐 원장의 제청으로 대통령이 퇴직을 명한다.

(4) 겸직금지 및 정치활동금지

감사위원은 재직 중 다음 각 호의 어느 하나의 직을 겸하거나 영리를 목적으로 하는 사업을 할 수 없다(감사원법 제9조).

① 국회 또는 지방의회의 의원직
② 행정부서의 공무원직
③ 이 법에 따라 감사의 대상이 되는 단체의 임직원의 직
④ 그 밖에 보수를 받는 직

감사위원은 정당에 가입하거나 정치운동에 관여할 수 없다(같은법 제10조).

바. 감사위원회의 운영

감사위원회의는 원장을 포함한 감사위원 전원으로 구성하며, 원장이 의장이 된다. 감사위원회의는 재적 감사위원 과반수의 찬성으로 의결한다(감사원법 제11조). 다음 각 호의 사항은 감사위원회의에서 결정한다(같은법 제12조).

① 감사원의 감사정책 및 주요 감사계획에 관한 사항 감사원법
② 감사원법 제21조에 따른 결산의 확인에 관한 사항
③ 감사원법 제31조에 따른 변상책임의 판정에 관한 사항
④ 감사원법 제32조에 따른 징계 및 문책 처분의 요구에 관한 사항
⑤ 감사원법 제33조에 따른 시정 등의 요구에 관한 사항
⑥ 감사원법 제34조에 따른 개선 요구에 관한 사항
⑦ 감사원법 제34조의2제1항에 따른 권고 등에 관한 사항
⑧ 감사원법 제36조제38조 및 제39조에 따른 재심의에 관한 사항
⑨ 감사원법 제41조에 따른 결산검사보고 및 제42조에 따른 수시보고에 관한 사항
⑩ 감사원법 제46조에 따른 심사청구결정에 관한 사항
⑪ 감사원법 제49조에 따른 의견 표시 등에 관한 사항[6)]
⑫ 감사원규칙의 제정 및 개정ㆍ폐지에 관한 사항
⑬ 감사원의 예산 요구 및 결산에 관한 사항
⑭ 감사원법 제28조에 따른 감사의 생략에 관한 사항

6) 제5호ㆍ제7호ㆍ제8호ㆍ제10호 및 제11호의 사항 중 경미한 것으로서 감사원규칙으로 정하는 사항은 원장이 처리한다.

⑮ 제50조의2에 따른 감사사무의 대행에 관한 사항
⑯ 그 밖에 원장이 회의에 부친 사항

감사위원은 다음 각 호의 사항에 관한 심의에 관여할 수 없다(감사원법 제15조).
① 자기와 관계있는 사항
② 친족관계가 있거나 이러한 관계가 있었던 사람과 관계있는 사항
③ 감사위원이 해당 안건과 관계있는 사람의 증인 또는 감정인으로 된 사항
④ 감사위원이 감사위원으로 임명되기 전에 조사 또는 검사에 관여한 사항

감사위원이 탄핵소추의 의결을 받았거나 형사재판에 계속(繼續)되었을 때에는 그 탄핵의 결정 또는 재판이 확정될 때까지 그 권한 행사가 정지된다.

사. 감사원 사무처

원장의 지휘·감독하에 회계검사, 감찰, 심사결정 및 감사원에 관한 행정사무를 처리하기 위하여 감사원에 사무처를 둔다. 사무처에 실장·국장을 두되 필요한 경우에는 그 밑에 감사원규칙으로 정하는 보조기관을 둘 수 있다. 이 경우 실장·국장의 명칭은 감사원규칙으로 정하는 바에 따라 본부장·단장·부장·팀장 등으로 다르게 정할 수 있으며, 명칭을 다르게 정한 보조기관은 이 법을 적용할 때 실장·국장으로 본다. 이들 실장·국장, 그 밖의 보조기관의 설치와 사무분장은 감사원규칙으로 정한다. 원장·사무총장·실장·국장 밑에 정책의 기획, 계획의 입안, 연구·조사, 심사·평가 및 홍보 등을 통하여 그를 보좌하는 보좌기관을 감사원규칙으로 정하는 바에 따라 둘 수 있다(같은법 제16조).

감사원 사무총장은 정무직으로, 사무차장은 별정직으로 한다. 사무총장은 원장의 명을 받아 사무처의 사무를 관장하며 소속 직원을 지휘하고 감독한다. 사무차장은 사무총장을 보좌하고 사무총장이 사고로 인하여 직무를 수행할 수 없을 때에는 그 직무를 대행한다. 사무총장의 봉급은 차관의 봉급과 같은 액수로 하고, 사무차장의 봉급은 차관보의 봉급과 같은 액수로 한다(같은법 제19조).

아. 감사교육원 및 감사연구원

감사원 소속 직원 및 감사원법에 따른 감사대상 기관의 감사 또는 회계업무 종사자에 대한 교육을 위하여 감사원에 감사교육원을 둔다. 감사교육원의 조직과 운영에

필요한 사항은 감사원규칙으로 정한다(같은법 제19조의2).

감사대상 기관의 주요 정책·사업·기관운영 등의 회계검사, 성과감사 및 직무감찰과 관련된 감사제도 및 방법 등을 연구하고 개발하기 위하여 감사원에 감사연구원을 둔다. 감사연구원은 각종 감사제도와 방법에 관한 조사·연구 등 감사 인프라의 구축에 관한 지원을 할 수 있다. 감사연구원의 조직과 운영에 필요한 사항은 감사원규칙으로 정한다(같은법 제19조의4).

자. 감사활동조정협의회의 설치

감사원 감사(감사원이 「감사원법」에 따라 하는 감사를 말한다. 이하 같다), 자체감사 및 그 밖에 중앙행정기관등이 「감사원법」 외의 개별 관계 법령에 따라 하는 감사제도의 개선·발전에 관한 사항을 협의·조정하기 위하여 감사원에 감사활동조정협의회를 둔다. 이 협의회는 다음 각 호의 사항을 협의·조정한다.

① 감사원법 제30조에 따른 자체감사기구 간의 협조

② 같은법 제32조에 따른 감사활동개선 종합대책

③ 같은법 제33조에 따른 중복감사 금지 및 제34조에 따른 감사계획 협의

④ 같은법 제37조에 따른 감사기준 등에 관한 사항

⑤ 그 밖에 자체감사기구 운영 및 효율적인 자체감사활동의 추진과 관련하여 위원장이 필요하다고 인정하는 사항

협의회는 위원장 1명을 포함한 20명 이내의 위원으로 구성한다. 협의회의 위원장은 감사원 사무총장이 되며, 위원은 다음 각 호의 사람이 된다(같은법 제31조).

① 행정안전부장관이 추천하는 중앙행정기관의 감사기구의 장 3명

② 「지방자치법」 제165조제1항제1호부터 제4호까지 및「지방교육자치에 관한 법률」 제42조제1항에 따른 협의체에서 각각 추천하는 지방자치단체의 감사기구의 장 각 1명

③ 기획재정부장관이 추천하는 공공기관의 감사기구의 장 3명

④ 감사업무에 관한 전문지식과 경험이 풍부한 사람 중에서 기획재정부장관 및 행정안전부장관이 각각 추천하는 민간전문가 각 1명

⑤ 감사원장이 지명하는 고위감사공무원단에 속하는 공무원 3명

⑥ 감사업무에 관한 전문지식과 경험이 풍부한 사람 중에서 감사원장이 위촉하는 사람

3. 행정 · 공공기관의 자체감사기구

가. 자체감사기구의 정의

자체감사란 중앙행정기관, 지방자치단체 및 공공기관의 감사기구의 장이 그 소속되어 있는 기관(그 소속 기관 및 소관 단체를 포함) 및 그 기관에 속한 자의 모든 업무와 활동 등을 조사 · 점검 · 확인 · 분석 · 검증하고 그 결과를 처리하는 것을 말한다(공공감사에 관한 법률 제2조). 여기서 "중앙행정기관"이란 「정부조직법」 제2조에[7] 따른 부 · 처 · 청과 감사원, 국가인권위원회, 국민권익위원회, 공정거래위원회, 금융위원회, 방송통신위원회 및 그 밖에 대통령령으로 정하는 기관을 말한다. 그리고 "지방자치단체"란 특별시 · 광역시 · 도(제주특별자치도를 제외[8]) · 시 · 군 · 자치구 및 특별시 · 광역시 · 도의 교육청을 말한다. 한편, "공공기관"이란 「공공기관의 운영에 관한 법률」 제4조에[9] 따라 지정된 기관(같은법 제5조제4항에 따른 기타공공기관으로

---

7) 제2조(중앙행정기관의 설치와 조직 등) ① 중앙행정기관의 설치와 직무범위는 법률로 정한다. ② 중앙행정기관은 이 법과 다른 법률에 특별한 규정이 있는 경우를 제외하고는 부 · 처 및 청으로 한다.

8) 여기서 제주특별자치도를 제외한 이유는 제주특별자치도 설치 및 국제자유도시 조성을 위한 특별법 제66조에 의하여 다른 자치단체와는 다른 자치감사위원회를 두고 있기 때문이다.

9) 제4조(공공기관) ①기획재정부장관은 국가 · 지방자치단체가 아닌 법인 · 단체 또는 기관(이하 "기관"이라 한다)으로서 다음 각 호의 어느 하나에 해당하는 기관을 공공기관으로 지정할 수 있다. 〈개정 2008.2.29〉

1. 다른 법률에 따라 직접 설립되고 정부가 출연한 기관
2. 정부지원액(법령에 따라 직접 정부의 업무를 위탁받거나 독점적 사업권을 부여받은 기관의 경우에는 그 위탁업무나 독점적 사업으로 인한 수입액을 포함한다. 이하 같다)이 총수입액의 2분의 1을 초과하는 기관
3. 정부가 100분의 50 이상의 지분을 가지고 있거나 100분의 30 이상의 지분을 가지고 임원 임명권한 행사 등을 통하여 당해 기관의 정책 결정에 사실상 지배력을 확보하고 있는 기관
4. 정부와 제1호 내지 제3호의 어느 하나에 해당하는 기관이 합하여 100분의 50 이상의 지분을 가지고 있거나 100분의 30 이상의 지분을 가지고 임원 임명권한 행사 등을 통하여 당해 기관의 정책 결정에 사실상 지배력을 확보하고 있는 기관
5. 제1호 내지 제4호의 어느 하나에 해당하는 기관이 단독으로 또는 두개 이상의 기관이 합하여 100분의 50 이상의 지분을 가지고 있거나 100분의 30 이상의 지분을 가지고 임원 임명권한 행사 등을 통하여 당해 기관의 정책 결정에 사실상 지배력을 확보하고 있는 기관
6. 제1호 내지 제4호의 어느 하나에 해당하는 기관이 설립하고, 정부 또는 설립 기관이 출연한 기관

②제1항의 규정에 불구하고 기획재정부장관은 다음 각 호의 어느 하나에 해당하는 기관을 공공기관으로 지정할 수 없다. 〈개정 2007.12.14, 2008.2.29〉

1. 구성원 상호 간의 상호부조 · 복리증진 · 권익향상 또는 영업질서 유지 등을 목적으로 설립된 기관
2. 지방자치단체가 설립하고, 그 운영에 관여하는 기관
3. 「방송법」에 따른 한국방송공사와 「한국교육방송공사법」에 따른 한국교육방송공사

서 직원의 정원이 100명 미만인 기관은 제외한다)과 「감사원법」 제22조제1항[10] 및 제23조에[11] 따른 감사원 감사의 대상기관으로서 대통령령으로 정하는 기관 또는 단체를 말한다(공공감사에 관한 법률 제2조 : 이하 "같은법"이라고 부른다). "자체감사기구"란 중앙행정기관, 지방자치단체 및 공공기관에 설치되어 자체감사를 수행하는 기관 또는 부서를 말한다.

나. 자체감사제도의 필요성

각종 행정기관들과 그 구성원들이 맡은 바 직무를 잘 수행하고 있다면 자체감사는 불필요할 것이나 그러한 상황은 기대하기 어렵다. 행정담당자들이 그들의 업무를 아무리 잘 수행하고 있다 하더라도 개선의 여지가 남아 있는 것이기 때문에 스스로 혹은 외부통제에 의해서라도 업무를 더욱 적정하게 수행하기 위한 노력을 유도함은 당연하다.

각급 행정기관들과 그 구성원들이 부여된 업무를 수행하면서 많은 권한을 행사하기 때문에 각국에서는 견제와 균형의 차원에서 이에 대한 통제를 제도화하고 있다.

---

③제1항제2호의 규정에 따른 정부지원액과 총수입액의 산정 기준·방법 및 동항제3호 내지 제5호의 규정에 따른 사실상 지배력 확보의 기준에 관하여 필요한 사항은 대통령령으로 정한다.

10) 제22조 (필요적 검사사항) ① 감사원은 다음 각 호의 사항을 검사한다.
1 국가의 회계
2. 지방자치단체의 회계
3. 한국은행의 회계와 국가 또는 지방자치단체가 자본금의 2분의 1 이상을 출자한 법인의 회계
4. 다른 법률에 따라 감사원의 회계검사를 받도록 규정된 단체 등의 회계

11) 제23조 (선택적 검사사항) 감사원은 필요하다고 인정하거나 국무총리의 요구가 있는 경우에는 다음 각 호의 사항을 검사할 수 있다.
1. 국가기관 또는 지방자치단체 외의 자가 국가 또는 지방자치단체를 위하여 취급하는 국가 또는 지방자치단체의 현금·물품 또는 유가증권의 출납
2. 국가 또는 지방자치단체가 직접 또는 간접으로 보조금·장려금·조성금 및 출연금 등을 교부(교부)하거나 대부금 등 재정 원조를 제공한 자의 회계
3. 제2호에 규정된 자가 그 보조금·장려금·조성금 및 출연금 등을 다시 교부한 자의 회계
4. 국가 또는 지방자치단체가 자본금의 일부를 출자한 자의 회계
5. 제4호 또는 제22조제1항제3호에 규정된 자가 출자한 자의 회계
6. 국가 또는 지방자치단체가 채무를 보증한 자의 회계
7. 「민법」 또는 「상법」 외의 다른 법률에 따라 설립되고 그 임원의 전부 또는 일부나 대표자가 국가 또는 지방자치단체에 의하여 임명되거나 임명 승인되는 단체 등의 회계
8. 국가, 지방자치단체, 제2호부터 제6호까지 또는 제22조제1항제3호·제4호에 규정된 자와 계약을 체결한 자의 그 계약에 관련된 사항에 관한 회계
9. 「국가재정법」 제5조의 적용을 받는 기금을 관리하는 자의 회계
10. 제9호에 따른 자가 그 기금에서 다시 출연 및 보조한 단체 등의 회계

이 같은 외부통제에 의해 업무의 질적 수준을 개선시키는 접근방식은 타율적이며, 소극적이라는 비판을 받을 수밖에 없다. 가장 실효성이 있는 통제수단을 꼽자면 행정기관 스스로에 의한 자율적 · 내부적 통제인 것이다. 왜냐하면, 자신의 일과 그 잘못은 자신이 가장 잘 알 수 있고, 이를 시정할 수 있는 방안에 대하여도 가장 잘 알기 때문이다. 또한 현장에서의 직접적인 시정이 국민에게 즉시 전달할 수 있기 때문에 자체감사는 자율적 통제기능을 수행할 수 있는 주요 장치의 하나이다. 자체감사가 바로 기관 스스로의 발의에 의해 기관의 업무를 개선시킬 수 있는 장치이기 때문이다(김명수 · 박준 : 210-211).

다. 자체감사의 기능

최근 사회 환경은 경제발전과 사회기능의 세분화에 따라 지방자치단체의 행정업무도 전문화 · 다기화 되고 복잡하게 변화하고 있다. 따라서 자체기관에서 이루어지고 있는 활동이 조직의 목표달성에 맞는 방향으로 이루어지고 있는지 여부를 사전에 확인하여 현실성이 없는 사업을 끝까지 집행함으로써 생길 수 있는 예산낭비를 사전에 방지하거나 줄일 수 있다. 행정 공공기관의 자체감사는 자율적 기능이기 때문에 사업의 기획단계부터 참여할 수 있어 사후 적발 위주가 아닌 사전 예방적 감사가 가능하고 처벌 위주보다는 시정이나 개선을 위주로 감사활동이 이루어질 수 있다.

자체감사의 특징은 감사원 등 중앙부처 감사기구의 감사가 사후에 적발 위주로 이루어지고 있어, 그 부작용 때문에 관련공무원의 적극적 행정수행을 방해하고 있다는 비판을 치유할 수 있는 일종의 대안일 수도 있다. 이러한 자체감사는 외부감사와 비교하여 다음과 같은 특성이 있다(부정방지대책위원회 : 14-15).

(1) 내부통제 수단

공직자들이 수행하는 공공기능은 여러 가지 장치들에 의해 통제를 받는다. 그러나 자체감사는 심사분석이나 기타 여러 내부통제장치들과 더불어 행정 및 공공기관이 스스로 자신을 통제하여 그가 수행하는 업무를 적정한 수준으로 유지 혹은 개선시키기 위한 여러 제도 중의 하나이다.

(2) 자율적 통제

자체감사는 감사원 감사나 국회에 의한 국정감사 등의 외부감사에 대칭되는 개념으로서 외부감사에 의하여 자신들의 잘못을 지적 받기 전에 먼저 자신들이 수행하고 있는 업무를 적정한 수준으로 유지하겠다는 의지를 내포하고 있는 제도이다.

(3) 사전 예방적 기능

자체감사는 감사대상 사업이나 업무를 시행하기 이전에 수행될 수도 있고 사후적으로 수행될 수도 있다. 자체감사는 업무의 기획단계에서부터 개입하여 그것이 잘못된 방향으로 나가는 업무를 예방하고, 잘못된 방향으로 나아가고 있는 사업이나 업무는 즉각 이를 바로 잡아 사후에 잘못된 결과를 초래하지 않도록 하는 것도 중요하다. 따라서 자체감사는 사후감사보다는 사전감사에 더 많은 비중을 두는 것이 바람직하다.

(4) 시정 및 개선에 중점

감사는 그것이 외부감사이든 자체감사이든 어떤 바람직한 일을 수행하도록 조장해 주는 적극적인 성격을 갖기보다는 일을 잘못 처리하지 않도록 하고, 만일 잘못 처리한 것이 적발되었을 경우 그것에 대해서는 어떤 형태든 처벌을 내리는 것으로 인식되어 소극적인 성격을 갖고 있다. 자체감사는 처벌에 중점을 둘 것이 아니라, 사전에 또는 시행과정에서 잘못을 지적하여 늦기 전에 이를 바로 잡도록 하는데 초점을 맞추는 것이다.

라. 자체감사의 장단점

이러한 자체감사의 대한 장점으로는 ① 문제점의 조기발견 가능성 ② 감사대상 업무에 대한 전문성 ③ 수감자의 순응과 협력 ④ 감사결과 권고의 현실 적합성 등이 있다. 단점으로는 ① 감사업무의 독립성 제약 ② 감사시각과 기법의 타성화 ③ 수감자에 대한 감사인의 온정적 동조 ④ 중층 위임 · 대리구조에 의한 감사대상의 책임소재 불분명 등을 들 수 있다 .

마. 자체감사기구의 구성과 운영

중앙행정기관, 지방자치단체 및 공공기관(이하 “중앙행정기관 등”이라고 한다) 등에는 자체감사기구를 둔다. 다만, 중앙행정기관 등의 규모, 관장 사무 또는 자체감사대상기관의 수 등을 고려하여 관계 법령에서 정하는 경우에는 자체감사업무를 전담하여 수행하는 자체감사기구를 두어야 한다.

(1) 자체감사기구의 장

(가) 감사기구의 장의 독립성 보장

중앙행정기관 등의 감사기구의 장은 자체감사활동에서 독립성이 최대한 보장되어야 한다. 왜냐하면 감사기구의 장의 독립성이 보장되지 않으면 공정한 감사활동을 전개할 수 없기 때문이다. 그러므로 중앙행정기관 및 지방자치단체의 감사기구의 장은 감사활동의 독립성이 보장될 수 있도록 관계 법령에서 정하는 바에 따라 그 소속이 적정하게 정하여져야 한다(같은법 제7조).

(나) 감사기구의 장의 임용

행정공공기관의 자체감사를 전담하는 감사기구를 두는 중앙행정기관 및 지방자치단체의 장은 감사기구의 장을 개방형 직위로[12] 임용한다. 감사기구의 장의 전문성이 낮을 경우에는 자체감사를 효율적으로 수행하기 곤란하기 때문이다. 이러한 개방직 감사기구의 장의 임용에 관하여는 「국가공무원법」 제28조의4제2항 · 제4항[13] 또는 「지방공무원법」 제29조의4제2항 · 제4항 · 제5항을[14] 준용한다. 중앙행정기관의 장 및

12) 공직사회의 경쟁력 제고를 위하여 전문성이 특히 요구되거나 효율적인 정책수립을 위하여 필요하다고 판단되는 직위에 공개모집에 의한 선발시험을 거쳐 직무수행요건을 갖춘 자중 최적격자를 임용하는 제도로서 직무 중심의 직위분류제적인 성격을 가지고 있다. (각주 8) 9) 참조)

13) 제28조의4(개방형 직위) ① 임용권자나 임용제청권자는 해당 기관의 직위 중 전문성이 특히 요구되거나 효율적인 정책 수립을 위하여 필요하다고 판단되어 공직 내부나 외부에서 적격자를 임용할 필요가 있는 직위에 대하여는 개방형 직위로 지정하여 운영할 수 있다. 다만, 「정부조직법」 등 조직 관계 법령에 따라 1급부터 3급까지의 공무원 또는 이에 상당하는 공무원으로 보할 수 있는 직위(고위공무원단 직위를 포함하며, 실장 · 국장 밑에 두는 보조기관 또는 이에 상당하는 직위는 제외한다) 중 계약직공무원으로도 보할 수 있는 직위는 개방형 직위로 지정된 것으로 본다.
② 임용권자나 임용제청권자는 제1항에 따른 개방형 직위에 대하여는 직위별로 직무의 내용 · 특성 등을 고려하여 직무수행요건을 설정하고 그 요건을 갖춘 자를 임용하거나 임용제청하여야 한다.
③ 삭제 〈2008.12.31〉
④ 개방형 직위의 운영 등에 필요한 사항은 국회규칙, 대법원규칙, 헌법재판소규칙, 중앙선거관리위원회규칙 또는 대통령령으로 정한다.

14) 제29조의4(개방형직위) ① 임용권자는 해당 기관의 직위 중 전문성이 특히 요구되거나 효율적인 정책 수립을 위하여 필요하다고 판단되어 공직 내부나 외부에서 적격자를 임용할 필요가 있는 직위를 개방형직위로 지정하여 운영할 수 있다. 다만, 「지방자치법」 등 지방자치단체의 조직 관계 법령이나 조례 · 규칙에 따라 시 · 도는 5급 이상, 시 · 군 · 구는 6급 이상 공무원 또는 이에 상당하는 공무원으로 임명할 수 있는 직위 중 계약직공무원으로도 임명할 수 있는 직위는 개방형직위로 본다.
② 임용권자는 제1항에 따른 개방형직위에 대하여는 대통령령으로 정하는 바에 따라 직위별로 직무의 내용 · 특성 등을 고려하여 직무수행 요건을 설정하고 그 요건을 갖춘 사람을

지방자치단체의 장은 감사기구의 장을 임용하거나 임용제청할 때에는 관계 법령에서 정하는 바에 따라 그 적격 여부를 공정하게 심사하기 위한 합의제 기구를 설치·운영하고, 그 심사를 거쳐야 한다(같은법 제8조).

(다) 감사기구의 장의 임기

개방형 직위로 하는 중앙행정기관 및 지방자치단체의 감사기구의 장의 임기는 5년의 범위에서 임용권자가 정하되, 최소한 2년 이상으로 하여야 한다. 중앙행정기관 및 지방자치단체의 감사기구의 장의 임용권자는 개방형직위에 임용된 감사기구의 장에 대하여 심사결과 및 직무수행 실적(같은법 제39조제1항)을 고려하여 계속 근무하게 하여야 할 필요가 있는 경우에는 총 임용기간이 5년을 넘지 아니하는 범위에서 최초의 임용기간을 연장할 수 있다(같은법 제9조). 개방직 자체감사기구의 장의 임기를 총 5년으로 제한한 것은 5년 이상 근속함으로써 발생할지도 모르는 직무상 발생할 지도 모르는 각종의 부작용을 방지하자는 취지로 해석된다.

(라) 감사기구의 장의 신분보장

중앙행정기관 및 지방자치단체의 감사기구의 장의 임용권자는 감사기구의 장이 다음 각 호의 어느 하나에 해당하는 경우를 제외하고는 임기(감사기구의 장이 개방형 직위가 아닌 경우에는 2년을 말한다) 내에 그의 의사에 반하여 채용계약을 해지하거나 다른 직위에 임용할 수 없다(같은법 제10조).

① 신체상 또는 정신상의 장애로 직무를 수행할 수 없게 된 경우
② 승진임용의 경우
③ 휴직의 경우
④ 같은법 제15조에 따른 결격사유에 해당하는 경우
⑤ 같은법 제39조제5항에 따른 교체권고의 대상이 된 경우
⑥ 징계처분이나 직위해제처분을 받은 경우

이러한 규정을 둔 이유는 감사기구의 장의 신분보장 없이는 공정하고 효율적인

임용하여야 한다.
③ 임용권자는 개방형직위를 지정·변경하거나 직위별 직무수행 요건을 설정·변경하려면 미리 해당 인사위원회의 심의·의결을 거쳐야 한다.
④ 개방형직위의 임용후보자 선발시험은 제32조제3항 및 제4항에도 불구하고 해당 지방자치단체의 인사위원회에서 실시한다.
⑤ 그 밖에 개방형직위의 운영 등에 필요한 사항은 대통령령으로 정한다.

자체감사를 수행할 수 없기 때문이다.

(마) 감사기구의 장의 자격

자체감사를 전담하는 자체감사기구를 두는 중앙행정기관 및 지방자치단체의 감사기구의 장은 다음 각 호의 사람 중에서 임용하도록 하고 규정하고 있다(같은법 제11조제1항).

① 중앙행정기관 또는 지방자치단체에서 감사 · 수사 · 법무, 예산 · 회계, 조사 · 기획 · 평가 등의 업무(이하 "감사 관련 업무"라 한다)를 3년 이상 담당한 사람으로서 5급 이상 또는 이에 상당하는 공무원으로 근무한 경력이 있는 사람[15)]

② 판사, 검사, 변호사 또는 공인회계사로서 3년 이상 근무한 경력이 있는 사람[16)]

③ 「고등교육법」 제2조제1호부터 제5호까지의 규정에 따른 학교에서 감사 관련 업무와 직접 관련이 있는 분야에서 조교수 이상으로 3년 이상 재직한 경력이 있는 사람[17)]

④ 공공기관 또는「자본시장과 금융투자업에 관한 법률」 제9조제5항제4호에 따른 주권상장법인에서 감사 관련 업무를 3년 이상 담당한 사람으로서 임용예정직위에 상당하는 부서의 책임자 이상으로 근무한 경력이 있는 사람

⑤ 공공 또는 민간연구기관에서 감사 관련 업무를 3년 이상 담당한 사람으로서 임용예정직위에 상당하는 부서의 책임자 이상으로 근무한 경력이 있는 사람

⑥ 그 밖에 해당 기관의 관장 사무에 따라 기술 · 보건 · 세무 또는 환경 등의 분야에 전문성을 갖춘 사람으로서 다음의 같은 자격을 가진 사람(「공공감사에 관한 법률」 시행령 제6조)

㉮ 국가기관, 지방자치단체, 법인 또는 「비영리민간단체 지원법」의 지원을 받

15) 이 규정은 감사기구의 장의 전문성을 확보하는데 목적이 있으나 위 1호의 경우는 공무원이 감사관련 업무에 3년 이상만 근무한 실적이 있는 5급 이상만 되면 자격이 주어지기 때문에 현직 공무원에게 기회를 지나치게 개방하고 있어서 장의 전문성 확보에 실효성을 기대하기 어렵다.

16) 이 경우도 법조인 경력 3년이면 감사기구의 장의 자격을 갖게 하는 것은 다른 직업과 비교할 때 형평에 맞지 않는 것 같다. 왜냐하면 법조인 3년 동안에는 행정소송을 한 건도 담당하지 못한 경우도 있을 경우도 배제할 수 없기 때문이다.

17) 3호의 감사 관련 업무와 직접 관련이 있는 분야에서 조교수로 3년 이상 재직하여야 한다는 것은 대학(교)의 감사부서의 근무(교수에게는 그러한 보직은 부여되기 어렵기 때문)를 의미하는 것이 아니라 감사관련 업무(감사 · 수사 · 법무, 예산 · 회계, 조사 · 기획 · 평가 등의 업무)에 대한 강의경력을 의미하는 것이다. 그렇다면 1호의 경우에도 감사 · 수사 · 법무, 예산 · 회계, 조사 · 기획 · 평가 등의 업무에 관한 강의를 3년 이상 수행한 5급 상당의 공무원도 1호의 자격을 갖게 된다고 해석하여야 할 것이다.

는 단체에서 감사 관련 업무(같은법 제11조제1항제1호에 규정된 업무를 말한다. 이하 같다)를 1년 이상 담당한 사람으로서「공무원임용시험령」제27조제1항 별표 7 및 별표 8에 규정된 해당 기관의 관장 사무와 관련된 5급 특별채용대상에 해당하는 자격증과 경력기준을 갖춘 사람(같은법 제11조제1항제2호에 해당하는 사람은 제외한다)

㉯ 중앙행정기관 외의 국가기관에서 감사 관련 업무를 3년 이상 담당한 5급 이상 또는 이에 상당하는 공무원으로서 감사기구의 장을 임용하려는 중앙행정기관 또는 지방자치단체의 장이 해당 기관의 관장사무에 대해 전문성을 갖추었다고 인정하는 사람

그리고 자체감사를 전담하는 자체감사기구를 두지 아니하는 중앙행정기관 및 지방자치단체의 감사기구의 장의 자격은 기관의 규모, 관장 사무와 자체감사기구가 자체감사업무와 같이 수행하는 업무 등을 고려하여 다음과 같은 요건을 충족하여야 한다(같은법 제11조제2항, 같은법 시행령 제7조).

첫째, 중앙행정기관 등에서 감사 관련 업무를 2년 이상 담당한 공무원으로서 5급 이상 또는 이에 상당하는 근무 경력이 있거나 5급 이상으로 승진임용될 수 있는 자격을 갖춘 사람 중에서 임용한다.

둘째, 첫째와 같이 규정하지 않은 방법으로 자체감사를 전담하지 아니하는 감사기구의 장을 임용하는 경우에는 관계법령 또는 자치법규에서 정한 채용자격을 갖춘 사람 중에서 중앙행정기관 등의 장이 임용한다.

(바) 자체감사기구의 장의 결격사유

다음 각 호의 사람은 중앙행정기관 및 지방자치단체의 감사기구의 장이 될 수 없다. 중앙행정기관 및 지방자치단체의 감사기구의 장이 각 호에 해당하게 되거나, 임명 당시 그에 해당하였던 것으로 밝혀지면 그 직에서 교체된다(같은법 제15조제1항제2항).

① 감사기구의 장을 임용하려는 중앙행정기관 및 지방자치단체의 주요 업무와 밀접한 관련이 있는[18] 법인 또는 단체의 임직원으로 근무하다가 퇴직한 후 2년

18) 여기서 "주요 업무와 밀접한 관련성의 범위"란 감사기구의 장으로 임용되고자 하는 사람이 근무했던 법인 또는 단체를 퇴직하기 전 2년 이내에 수행한 업무가 임용되고자 하는 중앙행정기관 또는 지방자치단체가 수행한 다음 각 호의 업무와 관련된 경우를 말한다(같은법 시행령 제8조).

이 지나지 아니한 사람

② 정직 이상의 징계 또는 문책(제4호에 따른 징계 또는 문책은 제외한다)을 받은 날부터 3년(파면 또는 문책에 따른 퇴직의 경우에는 5년으로 한다)이 지나지 아니한 사람

③ 정직 미만의 징계 또는 문책(제4호에 따른 징계 또는 문책은 제외한다)을 받은 날부터 2년이 지나지 아니한 사람

④ 「형법」 제129조부터 제133조까지, 제355조 및 제356조에 해당하는 행위로 징계, 문책 또는 벌금 이상의 형벌을 받은 사람

(사) 감사기구의 장의 임무 등

감사기구의 장은 공공 감사기준과 감사활동수칙을 준수하고, 자체감사 대상기관의 회계와 사무 및 그 소속 공무원이나 직원의 직무를 독립적으로 감사한다. 감사기구의 장은 자체감사 대상기관 소속 공무원이나 직원의 부정 · 비리 행위를 예방하기 위하여 노력하여야 한다(「공공감사에 관한 법률」 제12조). 중앙행정기관 및 지방자치단체의 감사기구의 장은 소관 자체감사 대상기관의 공무원 또는 임직원의 직(職)을 겸하거나, 공무 외에 영리를 목적으로 하는 업무에 종사하지 못하며[19], 소속 기관장의 허가 없이 다른 직무를 겸할 수 없다(같은법 제13조).

(아) 감사기구의 장의 직급

중앙행정기관 및 지방자치단체의 감사기구의 장의 직급은 자체감사 대상기관의 수, 소속 공무원의 규모, 예산 규모 및 업무량 등을 고려하여 해당 자체감사기구의 규모에 따라 업무수행의 독립성이 보장되도록 관계 법령 또는 조례에 따라 적정하게 부여하여야 한다(같은법 제14조).

1. 직접적으로 또는 간접적으로 보조금 · 장려금 · 조성금 등의 재정보조를 제공하는 업무
2. 인가 · 허가 · 면허 · 특허 · 승인 등의 업무
3. 생산방식 · 규격 · 경리 등에 대한 검사 등의 업무
4. 조세의 조사, 부과 및 징수 업무
5. 공사 · 용역 · 물품구매 계약 등의 업무
6. 법령에 근거하여 직접 감독을 하는 업무

19) 영리를 목적으로 하는 업무의 한계는 「국가공무원법」 제64조제2항 및 「지방공무원법」 제56조제2항을 준용 한다.

(2) 감사담당자

(가) 임용과 자격

중앙행정기관 및 지방자치단체의 장은 감사업무에 대한 전문성과 그 직무수행에 필요한 자질과 적성을 갖춘 사람을 감사담당자로 임용하여야 한다. 중앙행정기관 및 지방자치단체의 장은 감사담당자로 임용하려는 기관에서 2년 이상 근속하였거나 다른 중앙행정기관 등에서 2년 이상 감사 관련 업무를 담당한 사람으로서 다음 각 호의 자격요건 중 어느 하나에 해당하는 사람을 감사담당자로 임용하여야 한다(같은법 시행령 제9조).

① 공인회계사, 세무사 등 감사업무를 수행함에 있어 필요한 자격증 또는 감사 분야의 전문 학사 이상 학위를 소지한 사람

② 「상훈법」, 「모범공무원규정」, 「정부표창규정」, 자치법규에서 정하는 바에 따라 서훈되거나 표창 등을 받은 사람

③ 기타 감사기구의 장이 감사업무 수행에 필요한 전문성, 자질, 적성을 갖추었다고 인정하는 사람

중앙행정기관 및 지방자치단체의 장이 감사담당자를 임용할 때에는 해당 감사기구의 장 또는 제5조제2항에 따른 합의제 감사기구의 의견을 들어야 하고, 감사담당자의 장기근속 방안을 마련하여야 한다(같은법 제16조). 중앙행정기관 등의 장은 관계 법령, 자치법규 또는 정관 등에서 정하는 바에 따라 감사담당자에 대하여 근무성적평정, 임용 등에서 우대할 수 있다(같은법 제18조).

(나) 결격사유

다음 각 호의 사람은 중앙행정기관 및 지방자치단체의 감사담당자가 될 수 없다(같은법 제17조).

① 「국가공무원법」 제33조 각 호 또는 「지방공무원법」 제31조 각 호의 어느 하나에 해당하는 사람

② 정직 이상의 징계 또는 문책(제4호에 따른 징계 또는 문책은 제외한다)을 받은 날부터 3년(파면 또는 문책에 따른 퇴직의 경우에는 5년으로 한다)이 지나지 아니한 사람

③ 정직 미만의 징계 또는 문책(제4호에 따른 징계 또는 문책은 제외한다)을 받은 날부터 2년이 지나지 아니한 사람

④「형법」 제129조부터 제133조까지, 제355조 및 제356조에 해당하는 행위로 징계, 문책 또는 벌금 이상의 형벌을 받은 사람

(3) 합의제 감사기구

중앙행정기관 등은 관계 법령, 조례 또는 정관으로 정하는 바에 따라 자체감사기구를 합의제감사기구로 둘 수 있다(같은법 제5조 제1항). 이러한 합의제감사기구는 위원장 1명을 포함한 3명 이상 7명 이하의 위원으로 구성한다(같은법 제6조).

합의제감사기구의 위원장은 합의제감사기구를 대표하고, 합의제감사기구의 사무를 통할한다. 위원장이 부득이한 사유로 직무를 수행할 수 없을 때에는 위원으로 최장기간 재직한 위원이 그 직무를 대행한다. 다만, 최장재직기간이 같은 위원이 2명 이상인 경우에는 연장자가 그 직무를 대행한다. 합의제감사기구의 의결은 위원장을 포함한 합의제감사기구의 위원 과반수의 출석과 출석위원 과반수의 찬성으로 한다. 그 밖에 합의제감사기구의 운영에 관하여 필요한 사항은 합의제감사기구의 의결을 거쳐 중앙행정기관의 장 등이 정한다. 다만, 합의제감사기구가 해당 기관의 집행기관과 독립하여 설치되어 있는 공공기관의 경우에는 합의제감사기구에서 정한다(같은법 시행령 제4조).

(4) 감사자문위원회

자체감사와 관련하여 중앙행정기관등의 장 또는 감사기구의 장의 자문에 응하게 하기 위하여 감사자문위원회를 둘 수 있다(같은법 제5조). 중앙행정기관등의 장은[20] 자체감사에 관하여 전문적이고 다양한 의견을 수렴하기 위하여 해당 기관에 감사기구의 장의 의견을 들어 감사자문위원회(이하 "자문위원회"라 한다)를 둘 수 있다. 자문위원회는 위원장 1명을 포함한 7명 이내의 비상임위원으로 구성한다. 자문위원회의 위원은 감사업무에 관한 학식과 경험이 풍부한 사람 중에서 해당 중앙행정기관등의 장이 위촉하며, 위원장은 자문위원회에서 호선한다. 위원의 임기는 2년으로 하되 한 차례만 연임할 수 있다. 다만, 위원이 궐위된 경우 후임 위원의 임기는 전임자의 잔여기간으로 한다. 자문위원회에 출석한 위원에게는 예산의 범위 안에서 수당, 여비 및 그 밖에 필요한 경비를 지급할 수 있다. 중앙행정기관 등의 장은 자문위원회의 운영을 위하여 소속 공무원 또는 직원 중에서 간사를 임명할 수 있다(같은법 시행령 제5조).

20) 감사기구의 장이 해당 기관의 집행기관과 독립하여 설치되어 있는 공공기관의 경우에는 감사기구의 장을 말한다. 이하 이 조에서 같다.

(5) 감사정보시스템

감사원은 감사 관련 지식과 경험을 공유하고 중복감사방지 등 중앙행정기관등의 자체감사체계 효율화를 위하여 감사정보시스템을 구축·운영할 수 있다.

감사기구의 장은 감사계획, 감사결과, 이행결과 등 아래와 같은 감사활동정보를(같은법 시행령 제19조) 감사정보시스템에 입력·관리하여야 하고, 감사원은 그 정보의 공동활용방안을 마련하여야 한다(같은법 제36조).

① 자체감사기구 설치 및 운영현황
② 감사계획서, 감사실시현황, 감사결과, 감사 이행결과
③ 일상감사결과
④ 소속 기관 직원의 직무에 대한 징계·문책·경고·주의 등 신분상 처분 사실
⑤ 「감사원법」 제29조에 따른 범죄 및 망실·훼손 등의 사실
⑥ 모범사례 발굴·전파 실적
⑦ 그 밖에 법 제31조에 따른 감사활동조정협의회에서 필요하다고 인정하는 사항

감사원은 자체감사정보시스템(이하 "정보시스템"이라 한다)을 구축하는 경우 자체감사기구에서 정보시스템을 이용할 수 있도록 표준 프로그램을 개발하여 보급하여

도표 1-3 감사활동정보의 입력시기(제21조 관련 [별표 2])

감사활동정보명	입력시기
자체감사기구 설치 운영 현황	설치 및 변동 즉시
감사실시현황	수시
감사계획서(연간)	수립 즉시
감사계획서(수시)	수립 즉시
감사결과보고서	결과 보고 후 10일 이내
감사결과 이행결과 보고서	매 분기 말
일상감사 실적	매 분기 말
비리 예방활동 실적	매 분기 말
직무에 관한 범죄사실	범죄사실 발견 즉시
징계·문책·경고·주의 등 신분상 처분 사실	익월 10일
망실 또는 훼손 사실	사실 발견 즉시
모범사례 발굴·전파 실적	매 분기 말

야 한다. 감사기구의 장은 제19조에 따른 감사활동정보를 [별표 2]에 규정된 시기에 맞추어 정보시스템에 입력하여야 한다.

감사기구의 장은 정보시스템의 효율적인 운영을 위하여 담당자를 지정하여야 한다. 감사원은 각 기관의 자료 입력상황을 점검하여 필요한 조치를 할 수 있다.

(6) 자체감사활동의 지원

감사원은 자체감사활동의 발전과 효율적인 수행을 위하여 감사계획이나 감사방법에 대한 자문에 응하는 등 필요한 지원을 한다. 중앙행정기관 등의 장은 필요한 경우 감사원에 감사인력 지원을 요청할 수 있고, 감사원은 감사원의 감사활동에 지장이 없는 범위에서 지원한다. 감사원은 감사 및 회계 분야에 대한 교육 등 감사기구의 장 및 감사담당자의 전문성을 향상시키는 데에 필요한 교육을 한다(같은법 제38조).

(7) 자체감사활동의 심사

감사원은 자체감사기구의 운영실태, 제37조에 따른 감사기준 및 감사활동수칙의 준수 여부, 자체감사활동, 감사결과 및 그 처리 등을 심사할 수 있다. 감사원은 위 심사사무의 일부를 다음 각 호의 구분에 따른 소관 기관으로 하여금 각각 수행하게 하고 그 결과를 통보하게 할 수 있다(같은법 제39조제1,2항).

① 특별시 · 광역시 및 도 : 행정안전부장관

② 특별시 · 광역시 및 도 교육청 : 교육과학기술부장관

③ 시 · 군 및 자치구 : 행정안전부장관 · 특별시장 · 광역시장 또는 도지사

④ 공공기관 : 주무기관의 장

감사원은 자체감사활동 심사 결과 자체감사기구의 운영 개선이 필요하다고 인정되는 기관에 대하여는 자체감사 관련 규정의 제정 · 개정 및 제도의 개선 등의 조치를 하도록 요구할 수 있으며, 그 내용을 국회에 보고하여야 한다(같은법 제39조제6항). 감사원은 자체감사활동 심사 결과 자체감사가 적정하게 실시되고 있다고 인정할 때에는 결산 확인 등에 지장이 없는 범위에서 감사원 감사의 전부 또는 일부를 하지 아니할 수 있다(같은법 제39조제3, 4항).

감사원은 자체감사활동 심사 결과 감사기구의 장이 감사업무를 현저하게 게을리하고 있다고 인정할 때에는 해당 감사기구의 장의 임용권자 또는 임용제청권자에게 감사기구의 장의 교체를 권고할 수 있다(같은법 제39조제5항).

(8) 자체감사에 관련된 벌칙

자체감사기구의 장 이나 감사담당자가 직무상 알게된 비밀유지 의무를 위반한 사람은 3년 이하의 징역 또는 2천만원 이하의 벌금에 처한다(같은법 제40조).

자체감사의 실시와 관련하여 다음 각 호의 어느 하나에 해당하는 사람에게는 500만원 이하의 과태료를 부과한다(같은법 제41조).

① 자체감사를 받는 사람으로서 정당한 사유 없이 감사를 거부하거나 자료의 제출요구에 따르지 아니한 사람

② 정당한 사유 없이 자체감사활동을 방해한 사람

이 같은 과태료는 자체감사기구가 소속된 중앙행정기관 등의 장(공공기관의 경우에는 주무기관의 장을 말한다)이 부과 · 징수한다.

4. 국정 감 · 조사 주체로서의 국회

가. 국정감사 의의

국정감사란 행정부가 추진하는 일을 국민의 대표기관인 국회에서 국민의 대표자인 국회의원이 감시하는 일이다. 국정감사는 정기적으로 국정을 수행하는 중앙행정부처를 포함한 행정기관이 예산을 제대로 집행하는지 또는 정책이나 인사는 공정하게 이두어지는지 등을 조사감시하고 있다(헌법 제61조). 국회는 지방자치단체가 처리하는 국가의 기관위임사무에[21] 대하여 국회의 의결로 감사를 실시할 수 있나. 그러나 지방자치단체가 처리하는 자치사무와 국가가 지방자치단체에 위임한 소위 "단체위임사무"에 대한 감사는 원칙적으로 수행할 수 없다.

국정감사 및 조사에 관한 절차, 기타 필요한 사항은 법률로 정하도록 규정함으로써(헌법 제61조 제2항), "국정감사 및 조사에관한 법률"이 제정되어 시행되고 있다.

나. 국정감사의 절차

국회는 국정 전반에 관하여 소관 상임위원회별로 매년 9월 10일부터 20일간 감사를 행한다. 다만, 본회의의 의결에 의하여 그 시기를 변경할 수 있다. 국정감사는 상임위원장이 국회운영위원회와 협의하여 작성한 감사계획서에 의하여 행한다. 국회운

21) 소위 국가의 "기관위임사무"란, 국가가 법령상 자기사무를 법령에 근거하여 지방자치단체장에게 위임하여 처리하는 국가사무를 말한다.

영위원회는 상임위원회 간에 감사대상 기관이나 감사일정의 중복 등 특별한 사정이 있는 때에는 이를 조정할 수 있다. 국정감사계획서에는 감사반의 편성 · 감사일정 · 감사요령 등 감사에 필요한 사항을 기재해야 한다. 국회는 재적의원 4분의 1이상의 요구가 있는 때에는 특별위원회 또는 상임위원회로 하여금 국정의 특정사안에 관하여 조사를 시행하게 한다.

국정조사요구는 조사의 목적, 조사할 사안의 범위와 조사를 시행할 위원회 등을 기재하여 요구의원이 연서한 서면으로 해야 한다. 의장은 조사요구서가 제출되면 지체 없이 본회의에 보고하고 교섭단체 대표의원들과 협의하여 조사를 시행할 특별위원회를 구성하거나 해당 상임위원회(이하 "조사위원회"라 한다)에 회부하여 조사를 시행할 위원회를 확정한다. 이 경우 국회가 폐회 또는 휴회중일 때에는 조사요구서에 의하여 국회의 집회 또는 재개의 요구가 있는 것으로 본다. 조사위원회는 조사의 목적, 조사할 사안의 범위와 조사방법, 조사에 필요한 기간 및 소요경비 등을 기재한

도표 1-4 국회감사 · 조사절차도

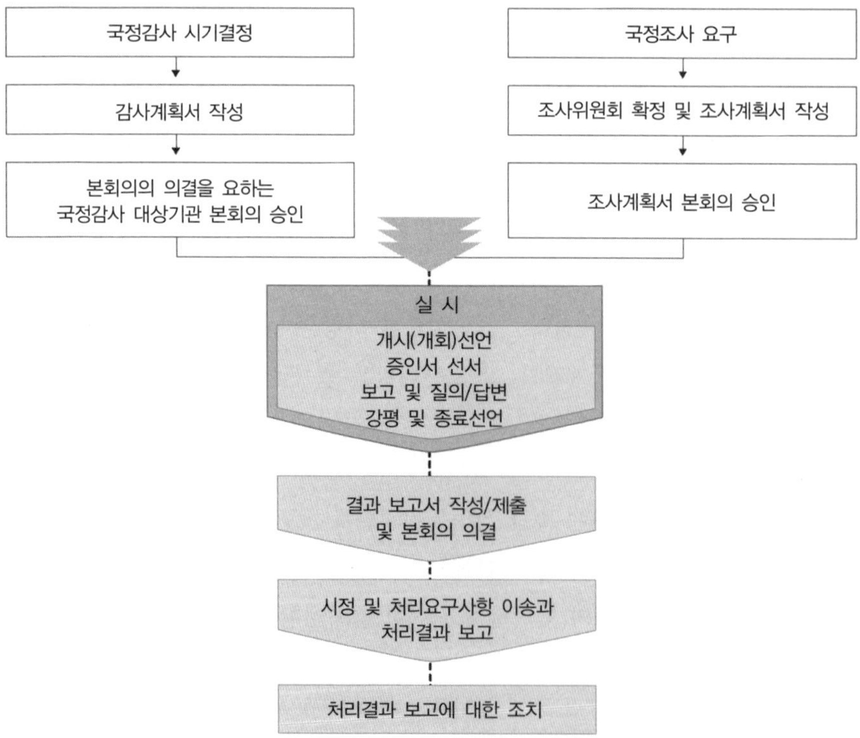

조사계획서를 본회의에 제출하여 승인을 얻어 조사를 시행한다. 본회의는 조사계획서를 검토한 다음 의결로써 이를 승인하거나 반려한다. 조사위원회는 본회의로부터 조사계획서가 반려된 경우에는 이를 그대로는 본회의에 다시 제출할 수 없다(국정감사 및 조사에 관한 법률 제3조).

다. 국정감사의 대상기관

국회의 국정감사의 대상기관은 다음 각호와 같다(같은법 제7조).

① 정부조직법 기타 법률에 의하여 설치된 국가기관

② 지방자치단체 중 특별시 · 광역시 · 특별자치 · 도. 다만, 그 감사범위는 국가위임 사무와 국가가 보조금 등 예산을 지원하는 사업으로 한다.

③ 정부투자기관관리기본법 제2조의 규정에 의한 정부투자기관 · 한국은행 · 농업협동조합중앙회 · 수산업협동조합중앙회

④ 제①호-제③호외의 지방행정기관 · 지방자치단체 · 감사원법에 의한 감사원의 감사대상기관. 다만, 이 경우 본회의가 특히 필요하다고 의결한 경우에 한한다.

⑤ 지방자치단체에 내한 감시는 2이상의 위원회가 합동으로 반을 구성하여 이를 행할 수 있다(같은법 제7조의2).

라. 국정감사 · 조사의 한계 등

감사 또는 조사는 개인의 사생활을 침해하거나 계속중인 재판 또는 수사중인 사건의 소추에 관여할 목적으로 행사되어서는 아니 된다(같은법 제8조).

국회의원은 직접 이해관계가 있거나 공성을 기할 수 없는 현저한 사유가 있는 경우에는 그 사안에 한하여 감사 또는 조사에 참여할 수 없다. 본회의 또는 위원회는 제척의 사유가 있다고 인정할 때에는 그 의결로 당해 의원의 감사 또는 조사를 중지시키고 다른 의원으로 하여금 감사 또는 조사하게 해야 한다. 국정감사 또는 조사의 중지조치에 대하여 당해 의원의 이의가 있는 때에는 본회의가 의결한다. 한편 국정감사위원의 제척 사유가 있는 국회의원은 그 사안에 한하여 위원회의 허가를 받아 감사 또는 조사를 회피할 수 있다(같은법 제13조).

마. 국정감사 · 조사의 방법

위원회, 소위원회 또는 반은 감사 또는 조사를 위하여 그 의결로 감사 또는 조사

와 관련된 보고 또는 서류의 제출을 관계인 또는 기관 기타에 요구하고, 증인·감정인·참고인의 출석을 요구하고 검증을 행할 수 있다. 다만, 위원회가 감사 또는 조사와 관련된 서류제출 요구를 하는 경우에는 재적위원 3분의 1이상의 요구로 할 수 있다. 감사위원이 요구한 감사조사에 필요한 서류제출은 서면, 전자문서 또는 컴퓨터의 자기테이프·자기디스크, 그밖에 이와 유사한 매체에 기록된 상태나 전산망에 입력된 상태로 제출할 것을 요구할 수 있다. 감사위원회, 감사소위원회 또는 반은 감사 증거의 채택 또는 증거의 조사를 위하여 청문회를 열 수 있다. 청문회 출석 요구를 받은 자 또는 기관은 "국회에서의증언·감정등에관한법률"에서 특별히 규정한 경우를 제외하고는 누구든지 이에 응해야 하며, 위원회의 검증 기타의 활동에 협조해야 한다. 감사 또는 조사를 위한 증인·감정인·참고인의 증언·감정 등에 관한 절차는 "국회에서의증언·감정등에관한법률"이 정하는 바에 의한다(같은법 제10조).

국정감사 또는 조사를 할 때에는 그 대상기관의 기능과 활동이 현저히 저해되거나 기밀이 누설되지 아니하도록 주의해야 한다. 국회의원 및 사무보조자는 감사 또는 조사를 통하여 알게 된 비밀을 정당한 사유 없이 누설하여서는 아니 된다(같은법 제14조). 감사 또는 조사를 하는 의원이 감사위원 제척사유가 있음을 알면서 이를 회피하지 아니하거나 감사위원의 주의의무에 위반한 때에는 국회법이 정하는 바에 따라 징계할 수 있다(같은법 제17조).

바. 국정 감사·조사결과의 보고

감사 또는 조사를 마친 때에는 위원회는 지체없이 그 감사 또는 조사보고서를 작성하여 의장에게 제출해야 한다. 국정감사·조사 보고서에는 감사 또는 조사의 경과와 결과 및 처리의견을 기재하고 그 중요 근거서류를 첨부해야 한다. 국정감사·조사 보고서를 제출받은 의장은 이를 지체 없이 본회의에 보고해야 한다. 의장은 위원회로 하여금 중간보고를 하게 할 수 있다(같은법 제15조). 한편, 본회의 또는 위원회는 국정조사기간 및 자료의 부족 등으로 인하여 조사가 추가로 필요하다고 인정되는 경우나 사전조사가 필요한 경우에는 그 의결로 감사원 등 관계행정기관의 장에게 인력, 시설, 장비 등의 지원을 요청할 수 있다. 이 경우 관계행정기관의 장은 특별한 사유가 없는 한 이에 응해야 한다(같은법 제15조의2).

사. 국정감사·조사결과에 대한 처리

국회는 본회의의 의결로 감사 또는 조사결과를 처리한다. 감사 또는 조사결과 정부 또는 해당기관의 시정(관계자의 문책 등을 포함한다)을 필요로 하는 사유가 있을 때에는 국회는 그 시정을 요구하고, 정부 또는 해당기관에서 처리함이 타당하다고 인정되는 사항은 정부 또는 해당기관에 이송한다. 정부 또는 해당기관은 국정감사결과 시정요구를 받거나 이송 받은 사항을 지체 없이 처리하고 그 결과를 국회에 보고해야 한다. 국회는 시정요구 등의 처리결과보고에 대하여 적절한 조치를 취할 수 있다(같은법 제16조).

5. 지방자치단체의 자체감사기구

지방자치단체의 자체감사기구의 감사절차와 내용은 각급 지방자치단체의 감사규칙에서 정하고 있는바, 적용범위, 감사대상 기관, 감사의 종류, 운영절차, 감사담당 공무원의 자격, 특전 등을 정하고 이에 의거하여 지방자치단체별로 자체감사가 수행되고 있다. 지방자치단체의 자체감사기구는 각급 지방자치단체에 감사실, 감사담당관, 감사팀 또는 감사계 등의 형태로 설치되어 있다(구체적인 편제 내용은 제2장 II. 참조).

6. 지방행정사무 감사권주체로서의 지방의회

지방의회는 매년 1회 당해 지방자치단체의 사무에 대하여 일정한 기간(시 · 도의 경우 10일, 시 · 군 · 구의 경우 7일)의 범위 내에서 감사를 실시하고, 지방자치단체의 사무 중 특정 사안에 관하여 본회의 의결로 본회의 또는 위원회로 하여금 조사하게 할 수 있다(지방자치법 제41조). 지방의회는 원칙적으로 지방자치단체가 처리하는 자치사무와 상급기관으로부터 수임(受任)한 "단체수임사무"에 대하여 감사를 수행함은 당연하지만, 자치단체장이 상급기관으로부터 수임한 "기관수임사무"에 대한 감사는 이론상으로는 불가능하지만 현실적으로는 사무 구분과 분리가 어렵기 때문에 감사를 수행하고 있다. 다만, 국가가 시 · 도지사 등에게 기관 위임한 사무(시 · 도의 입장에서는 기관수임사무)에 대하여 국회가 국정감사하기로 결정하면 그에 관련된 지방의회의 감사권을 배제하고 있다(지방의회에 의한 지방행정사무 감사에 관련된 구체적인 내용 ☞ 제3장 참고).

7. 외국의 공공감사체계

개별국가의 성장과 발전과정이 나라마다 다르듯이 그들의 감사제도 역시 나라마다 다르다. 여기서는 일본, 미국, 독일의 감사행정제도를 살펴보기로 한다.

가. 일본

일본의 감사기구는 회계감사와 직무감찰을 분리하고 있다. 회계감사를 담당한 회계감사원, 행정감찰을 담당한 총무성(總務省), 그리고 감사위원회가 있다. 헌법기관인 회계감사원은 ① 국가기관과 국가로부터 보조금, 장려금, 조성금 등의 재정지원을 받는 기관이나 단체에 대한 회계감사 ② 심사청구사항의 심사 ③ 국가 회계관계 법령의 제정, 개정 또는 폐지에 관한 의견 표시. ④ 회계직 공무원의 회계관계 법령에 대한 질의 답변의 기능을 수행하며, 감사내용은 주로 합법성감사, 성과 및 능률성감사에 중점을 둔다. 총무청(행정감찰국)은 행정부 내의 감찰기구로서 전 정부적 입장에서 회계뿐만 아니라 행정의 제 활동 전반에 걸쳐 폭넓은 기능을 발휘하고 있다는 점에서 회계감사만을 전문으로 하는 회계감사원과 다르다. 총무청의 구성은 중앙과 지방의 이원적 구조로 되어 있으며, 주요업무는 행정감찰과 행정상담 업무를 수행한다.[22]

나. 미국

미국의 감사기구는 회계감사와 행정감사의 담당기관이 독립적으로 설치되어 있다. 회계감사는 연방정부로부터 독립되고 입법부에 속해 있는 미국 감사원(General Accounting Office : GAO)이 중앙행정기관에 대한 최고 회계감사기구로서의 기능을 수행하고 있다. 이에 비해 행정감사는 주 정부에서 실시하며 시정을 요하는 사항에 대하여는 개선·권고 또는 통첩의 역할을 한다. 연방정부, 주 정부, 시·군 등 모든 행정기관에 자체감사기구가 설치되어 있다[23]. 감사원장은 상원의 동의를 받아 대통령이 임명하고 임기는 15년을 보장함으로써 그의 독립적인 직무수행을 보장하고 있다.

22) 자체감사기구는 별도로 지방자치단체에 있지 아니하고 지방의회에서 자체감사를 시행하고 있다(한국지방행정연구원, 지방자치단체의 자체감사 기능 효율화 방안(1995), 19~23쪽

23) 상게서, 96쪽

다. 독일

독일의 감사기구는 헌법기관으로서 입법부, 사법부, 행정부 어디에도 속하지 아니한 독립기관으로서, 오직 법에 따라 정부를 감사하는 것을 임무로 하는 연방 최고 감사기구인 감사원(Der Bundesrchnungshof : The Federal Court of Audit)과 주 회계 감사원이 있다. 감사위원회 제도는 행정조직상 지방자치단체의 지휘 · 감독에서 벗어난 독립성과 위원단독으로 직무를 수행할 수 있는 독립성을 특징으로 하고 있다. 감사위원은 지방자치단체의 장이 의회의 동의를 얻어 전문가 및 지방의원 중에서 선임(위원정수 4인의 경우 1~2, 3인 이내는 1인)하고 상근위원은 전문가 중에서 선출하며, 그 임기는 상근위원은 4년, 비상근위원은 지방의원 임기와 동일하다. 감사위원은 일반감사인 연1회 이상 정기감사 및 수시감사와 타의 요청이 있는 경우 특별 감사를 할 수 있다[24).

Ⅳ 공공감사의 종류

1. 감사주체에 따른 분류

① 자체감사(internal audit) : 조직 내부에 감사를 행하는 기구에 의해 행해지는 감사를 말하며, 우리나라의 경우 정부 각 부처 및 지방자치단체별로 감사관실 또는 감사담당관실 등이 설치되어 업무를 수행하고 있다. 자체감사를 내부감사로도 불리어지고 있다.

② 외부감사(external audit) : 독립감사라고도 하며 자체감사기구가 아닌 제3자의 입장인 외부의 감사담당 기관이 실시하는 감사이다. 감사대상 기관의 입장에서 볼 때 감사원에 의한 감사는 외부감사에 속한다고 볼 수 있으며, 국정감사는 행정부측에서 볼 때는 외부감사에 해당한다. 외부감사는 자체감사보다 강력하게 실시할 수 있고 객관적일 수 있다는 장점이 있으나, 감사대상 기관을 전반적으로 파악하는데 필요한 시간과 인력상의 한계 때문에 피상적인 수준에 머무르는 경우가 많다는 한계가 있다.

24) 한국지방행정연구원, 전게서, 109-114쪽

2. 감사방법에 따른 분류

① 서면감사 : 감사대상기관에서 제출된 서류를 통하여 감사하는 방법으로 간접감사라고도 하며, 감사기구의 계산증명규칙에 의하여 계산서 및 증거서류를 감사대상기관으로부터 제출받아 서면감사를 실시한다.

② 실지감사 : 현장감사라고도 하며 감사요원을 현지에 파견하여 그들로 하여금 실지로 감사를 행하게 하는 방법이다. 실지감사의 목적은 첫째, 서면감사를 통하여 감사기구에서 조사 · 검토한 사항에 관하여 실지로 검증 · 확인하고, 또한 현재의 서류를 통하여 실제로 검토 · 검사하는 것이다. 둘째, 단순한 서류감사에 의하여 검토한 사항뿐만 아니라, 실지감사 때에는 현지의 서류를 보고 그 내용을 검토한다는데 있는 것이다. 실지감사는 서면감사에서 간과하기 쉬운 공무원의 비위시실을 발견할 수 있는 이점이 있으며 서면감사를 보충하는 역할을 한다. 또한, 실지감사는 서면감사보다 감사의 신뢰성이 높은 장점은 있으나 감사주체나 객체 양자 모두에게 적잖은 부담을 주는 단점이 있다. 이러한 실지감사는 일반감사와 특별감사의 두 가지 형태로 나눌 수 있다(감사사무처리규정 제2조).

㉮ 일반감사 : 감사대상기관의 회계업무와 주기능 · 주임무에 대하여 순기에 따라 정기적으로 실시하는 감사.

㉯ 특별감사 : 특정한 사항에 대하여 종합적, 계통적으로 실시하는 감사나 기동점검활동(기획감사).

3. 수탁 여부에 따른 분류

중앙행정기관 · 지방자치단체 및 정부투자기관의 장으로 하여금 실시하게 하는 감사를 위탁여부에 따라 분류하면 위탁감사와 대행감사로 나눌 수 있다.

① 위탁감사 : 감사원의 정부투자기관에 대한 감사권한 중 일부를 주무부장관 등에게 맡겨 그 권한과 책임 하에 실시하고 처리하도록 하는 감사이다.

② 대행감사 : 감사대상 기관에 대한 상급기관이 감사사무 중 일부를 각 중앙행정기관의 감사기구가 실시하는 감사이다.

4. 감사시기 및 범위에 따른 분류

감사시기를 기준으로 분류하면 ① 사전감사(pre-audit) ② 사후감사(post-audit) 또는 ① 정기감사 ② 수시감사로 나눌 수 있다.

감사범위를 기준으로 분류하면 ① 포괄적 감사(comprehensive audit)와 ② 선별적 감사(selective audit), 또는 ① 전체감사와 ② 부문감사로, 또는 ① 정밀감사와 ② 발췌감사로 나눌 수 있다.

5. 행정이념에 의한 분류

행정기관의 행정이념을 감사의 목적에 연계시키면 ① 합법성(법규순응성)감사(compliance audit), ② 경제성감사(economy audit) ③ 능률성감사(efficiency audit) ④ 효과성감사(effectiveness audit)로 나눌 수 있다. 합법성감사는 행정작용의 적법성 여부를, 경제성감사는 투입에 대한, 능률성감사는 투입과 산출의, 효과성감사는 목표와 산출의 정도를 감사하는 것이다(구체적인 내용은 제2장 Ⅳ 성과감사를 참고할 것).

6. 감사내용에 따른 분류

감사대상에 따라 ① 재무감사(financial audit) ② 합법성(법규순응적) 감사(compliance audit) ③ 성과감사(performance audit) ④ 정책감사(policy audit)로 나눌 수 있다. 재무감사는 예산의 활용 · 관리실태 및 회계처리의 적정성 여부에 대한 검토와 확인을 위주로 실시하는 감사를, 합법성감사는 각종 행정작용의 법규적합성 여부를, 성과감사는 특정한 사업 · 조직 · 기능 등에 대하여 경제성, 능률성, 효과성에 대한 분석과 평가를 위주로 실시하는 감사를, 정책감사는 특정한 정책의 결정, 집행, 평가에 대한 감사를 실시하는 것이다.

7. 감사대상 계층에 대한 분류

감사대상 계층을 대상으로 자체감사와 감독기관감사가 있다. 자체감사는 감사대상 내부에 감사기구를 설치하여 감사를 실시하는 것이며, 감독기관감사는 감독기관이 피감독기관이나 자치단체에 대하여 감사를 실시하는 체제를 말한다. 여기서 구별해야 할 용어로 상위감사(meta audit)는 감사에 대한 감사를 일컫는 것이며, 감독기관이 하급기관을 감사하는 것이 아니라는 점이다(김명수 : 277-288). 우리나라에서 상위감사의 예는 감사원이 자체감사기구에 의한 감사에 대하여 실시하는 감사가 있다.

8. 감사원의 감사 분류

우리나라 감사원은 2005년부터 스스로의 업무영역을 ① 재무감사 ② 기관운영감사 ③ 성과감사 ④ 특정과제감사로 분류하고 있다(감사원업무계획 : 2003~2005). 여기서 ① 재무감사와 ③ 성과감사의 의미는 앞에서 설명한 바와 같다. 기관운영감사는 "기관운영의 건전성과 효율성을 확보하기 위하여 기관의 조직 · 인사 · 예산 운영과 주기능 · 주임무를 진단 · 평가하고 시정개선 대안을 제시하는 감사"를 말한다. 이는 2004년 이전에는 정책 사업성과 평가와 함께 성과감사로 분류하였으나 2005년부터 이를 분리시킨 것이다. 한편, 특정과제감사는 "사회경제적 현안 과제나 특정 취약분야 등을 대상으로 문제점을 파악하고 그 원인 및 책임소재를 규명하여 개선 대책을 마련하기 위한 감사"를 말한다.

9. 공공감사법령에 의한 분류

공공감사에 관한 법률시행령에 의하면 자체감사를 다음과 같이 구분하고 있다. 다만, 중앙행정기관등의 업무특성에 따라 달리 구분할 수 있다(제10조).

① 종합감사 : 감사대상기관의 주기능 · 주임무 및 조직 · 인사 · 예산운영 등 업무 전반의 적법성 · 타당성 등을 점검하기 위해 실시하는 감사

② 특정감사 : 특정한 업무 · 사업 · 자금 등에 대하여 실시하는 감사

③ 재무감사 : 예산의 운용실태 및 회계처리의 적정성 여부 등에 대한 검토와 확인을 위주로 실시하는 감사

④ 성과감사 : 특정한 정책 · 사업 · 조직 · 기능 등에 대한 경제성 · 능률성 · 효과성의 분석과 평가를 위주로 실시하는 감사

⑤ 복무감사 : 감사대상기관에 속한 자의 근무실태 점검 등을 목적으로 실시하는 감사

Ⅴ 감사원의 공공감사 기준

1. 공공감사 기준의 의의

공공감사 기준이란 "공공감사 업무수행 시 감사인이 준수해야 할 최소한의 준거로서, 감사인의 자격과 감사인 자세, 감사계획과 실시, 및 감사결과보고에 관해 공통적으로 적용되는 기본적인 원칙과 절차"이다(박재완, 1999 : 신재극, 1999). 이러한 감사기준에 의해 감사업무를 체계적이고 질서정연하게 감사활동을 수행함으로써 감사의 정확성과 통일성을 기할 수 있는 동시에 효율적으로 사용할 수 있다. 감사기준의 핵심은 보편성과 최소한의 준거성을 갖는 점에서 감사준칙(audit statements)이나 감사지침(audit guidelines)과 구별된다.[25)]

2. 공공감사의 목적 및 방향

공공감사는 감사대상 기관의 재무상태를 검사·감독하고 그 사무와 소속직원의 직무를 감찰함으로써 공공부문의 책임성 확보와 성과를 높이고 공공정보의 이용자가 올바른 판단을 할 수 있도록 지원함을 목적으로 한다. 또한, 공공감사는 감사대상 기관의 문제점을 미리 예방하고 발견된 문제점을 효과적으로 해결하는 데에 중점을 둔다(공공감사기준 제5조) (서울시, 2004 : 52-56).

3. 공공감사의 일반기준

공공감사의 일반기준은 감사기구와 감사인이 갖추어야 할 자격과 감사인 및 감사행위의 기준을 규정한 것으로서 감사의 실시 및 보고과정의 전반에 걸쳐 적용한다.

가. 감사기구의 독립성

감사기구와 감사인(이하 "감사인 등"이라 한다)은 감사업무를 수행함에 있어 독립성을 유지해야 한다. 감사인 등의 독립성에는 실질적인 독립성뿐만 아니라 독립성을

25) 감사준칙은 감사기준의 적용에 필요한 실무적인 세부내용을 규정한 것이며, 감사지침은 감사기준의 참고가 될 내용을 제공하기 위한 각종서식, 사례와 구체적인 절차 등으로 구성되며, 대체로 모범적인 감사관행을 예시한 것으로 이행을 강요한 것은 아니다(삼일회계법인, 1992).

의심받을 수 있는 상황의 배제 등 외관상의 독립성이 포함된다. 이에 감사인 등은 스스로 독립성 확보에 다음과 같이 노력해야 한다(공공감사기준 제7조).

첫째, 감사인 등은 감사의 독립성을 저해하는 요인이 있을 경우에는 감사를 회피해야 한다. 감사인 등은 다음 각 호와 같은 개인적인 독립성 저해요인이 있는 당해 감사를 수행할 수 없다.

① 감사인 등이 수감기관 또는 감사대상업무 관련자(이하 "수감기관 등"이라 한다)와 혈연 등 개인적인 연고나 경제적 이해관계로 인해 감사계획, 감사실시 및 감사결과의 처리과정에 영향을 미칠 우려가 있는 경우

② 감사인 등이 감사대상 업무나 수감기관 등의 의사결정 과정에 직·간접적으로 관여한 경우

둘째, 감사인은 감사의 독립성을 저해하는 요인이 발생될 때에는 소속기관에 보고해야 한다. 감사인은 개인적 독립성 저해요인 또는 다음과 같은 외부로부터의 독립성 저해요인이 발견될 때에는 소속 감사기구에 보고해야 한다.

① 감사범위, 감사절차와 방법, 감사시기와 기간, 감사증거 수집, 감사결과 처리 등을 제한하는 외부의 청탁·압력·유혹이나 간섭

② 감사인의 업무분장과 임명·승진·전보·보수 등 인사조치에 영향을 미칠 우려가 있는 외부의 청탁·압력·유혹이나 간섭

③ 기타 감사인의 업무수행능력을 제약할 수 있는 인력·예산·정보 등 감사원인에 관한 외부의 부당한 간여

셋째, 감사인 등은 감사의 독립성이 침해할 우려가 큰 경우에는 감사를 거부할 수 있다. 그러나 감사를 거부할 수 없는 상황이라면 개인적 또는 외부적인 독립성 저해요인을 감사보고서에 기술해야 한다.

넷째, 감사인 등은 감사업무의 독립성 유지를 위하여 노력해야 한다. 감사기구 등은 감사대상 기관의 고유기능이나 일상적인 업무에 간여함으로써 감사업무 수행의 독립성을 손상하지 않도록 유의한다. 이 경우 감사대상 기관에 대한 감사기구의 전문적인 협조와 지원, 그리고 정보의 제공 등을 배제하는 것은 아니다.

다섯째, 자체감사기구는 조직상 독립성을 확보해야 한다. 자체감사기구는 다음과 같은 조직상 독립성이 확보되어야 한다.

① 감사대상 기관의 의결기관과 집행기관으로부터 분리된 별도의 조직 설치

② 감사결과를 소속기관장이나 부기관장에게 자유로이 보고

③ 자체감사인의 임용, 교육훈련, 승진, 보수 등에 관해 실적에 입각한 인사제도의 확립

④ 자체감사기구와 자체감사인에 대한 내부평가, 심사분석, 목표관리 등 성과관리제도의 독자적 운영

여섯째, 감사기구 등은 감사업무 수행을 위하여 필요한 경우에 접근권을 보장해야 한다. 감사기구 등은 다른 법령에 특별한 규정이 있는 경우를 제외하고는 감사목적을 달성하기 위하여 감사대상 기관의 업무와 관련된 장소, 기록 및 정보에 대해 완전하고 자유롭게 접근할 수 있어야 한다(같은 기준 제8조).

나. 감사인의 전문성

특정 감사업무를 공동으로 수행하기 위하여 통상 감사반을 편성하여 실시하는 바 그 구성원은 당해 감사업무의 수행에 필요한 전문지식과 실무경험을 구비해야 한다. 감사인이 갖추어야 할 전문지식은 다음과 같다.

① 감사이론과 감사제도에 관한 기본지식

② 조직 · 인사관리체계에 관한 기초지식

③ 재무감사에 필요한 회계이론, 처리방법에 관한 기초지식

④ 합법성감사 및 성과감사에 필요한 전문지식(예컨대, 법학, 경제학, 통계학, 계량분석)에 대한 이해와 적용능력

⑤ 정책감사에 필요한 정책학에 관한 정책일반, 형성, 분석, 평가에 관한 지식

⑥ 감사정보분석 및 처리에 필요한 정보이론, 컴퓨터 체계 등에 대한 지식

⑦ 정부가 따라야 할 현행 입법적, 사법적, 행정적 규정이나 지침에 관한 지식

⑧ 조사방법론에 관한 지식

감사기구는 우수한 전문 감사인을 확보하기 위하여 적극적으로 노력해야 하며, 합리적이고 객관적인 기준에 의하여 감사인을 선발해야 한다. 감사인은 지속적인 교육훈련을 통하여 전문적인 감사능력을 연마해야 하며 감사기구는 체계적인 교육훈련 프로그램을 개발 · 시행하여 이를 지원해야 한다. 이 경우 교육훈련은 감사기구가 직접 실시할 수도 있고 외부에 위탁할 수도 있다. 감사기구는 감사인의 전문지식 및 실무경험에 적합한 감사임무를 부여해야 한다. 감사기구는 특정 감사업무에 대한 고도의 전문지식 또는 실무경험이 필요하다고 인정되는 경우에는 외부 전문가를 활용

할 수 있다(같은 기준 제9조).

다. 감사인의 자세

감사인은 공인(公人)으로서의 책임과 의무를 인식하고 공정성 · 성실성 및 건전한 윤리의식에 기초한 감사인의 자세를 견지해야 한다.

첫째, 감사인은 수감기관 등의 입장과 의견을 존중하고 충분한 의견진술의 기회를 주어야 하며 편견이나 자의적 판단에 의하지 아니하고 동료 감사인, 관계기관 및 전문가의 의견을 광범위하게 수렴해야 한다.

둘째 감사인은 수감기관 등에게 위압감이나 불쾌감을 주지 않도록 친절하고 겸손한 자세를 유지해야 한다.

셋째, 감사기구 등은 수감기관에게 과중한 부담을 끼치는 등 감사로 야기되는 부작용을 최소화하기 위하여 노력해야 한다(같은 기준 제10조).

넷째, 감사인은 공인으로서의 책임성을 인식하고 긍정성, 성실성 및 건전한 윤리의식을 견지한다.

다섯째, 감사인은 불의와 절대 타협하지 않는 고고한 자세는 물론 고매한 인격함양과 정의 실천에 노력한다.

여섯째, 감사인은 사치와 낭비, 허례허식을 일체 배격하는 근검절약의 생활자세, 주위의 지탄대상이나 오해소지가 있는 행위는 절대 금지한다.

라. 감사인의 주의의무

감사인은 감사업무를 수행함에 있어 감사인으로서 해야 할 "정당한 주의의무"를 다해야 한다. 여기서 "정당한 주의의무"란 감사인의 무한책임을 뜻하는 것은 아니며 수감기관 등의 불법행위, 오류 또는 낭비 등의 사실이 감사종료 후에 발견되더라도 감사인이 관계법령 및 이 기준을 준수한 경우에는 정당한 주의의무를 이행한 것으로 본다. 감사인이 이 기준을 준수하였는지의 여부는 감사시기, 감사범위, 감사절차, 감사대상 표본의 추출, 감사기법 및 감사증거 수집 등의 적정성과 그 결과에 근거하여 건전한 판단을 하였는지의 여부에 의하여 결정된다." 정당한 주의의무"는 감사인이 외부의 자문을 구하거나 다른 감사결과를 활용하는 경우에도 적용된다. 외부의 자문 또는 다른 감사결과를 활용하더라도 감사인의 책임이 면제되는 것은 아니다. 감사인이 고의 또는 중대한 과실로 정당한 주의의무를 다하지 못하여 물의가 야기되는 경우에는 책임을 진다(같은 기준 제11조).

마. 감사기구의 감사업무에 대한 조정 · 통제

감사기구는 감사업무에 대한 신뢰를 확보하기 위하여 다음 각 호의 조정 · 통제제도를 운영해야 한다(같은 기준 제12조).

첫째, 적용 가능한 감사기준과 적절한 감사정책 및 감사절차를 채택하여 준수하고 있다는 합리적인 확신을 줄 수 있는 내부의 조정 · 통제제도를 운영해야 한다.

둘째, 내부의 조정 · 통제제도는 감사결과처분(요구)서의 전부 또는 일부에 대해 당해 감사업무에 참여하지 않은 소속 감사인이 수행하는 심리절차를 포함한다.

셋째, 감사기구는 내부의 조정 · 통제제도를 주기적으로 점검해야 한다.

넷째, 자체감사기구는 자체감사의 운영실태와 내부의 조정 · 통제제도가 합리적인 확신을 줄 수 있을 정도로 효과적인지에 대하여 감사원 등 외부기관의 정기적인 평가를 받아야 한다.

다섯째, 외부기관은 평가에 필요한 독립성과 전문성을 갖추어야 하며 자체감사기구끼리 평가자와 피평가자의 역할을 번갈아 상호 평가하여서는 아니 된다.

바. 감사정보의 보안유지와 공개

감사인은 직무와 관련하여 알게 된 정보를 정당한 사유 없이 누설하거나 감사목적 외에 사용하여서는 아니 된다. 또한 감사기구는 감사계획의 개요와 감사보고서 등 감사업무와 관련된 정보를 다른 법령에 특별한 규정이 있는 경우를 제외하고는 가급적 공개하고, 공개된 정보는 누구라도 이용할 수 있도록 한다(같은 기준 제13조).

4. 공공감사의 실시기준

공공감사는 다음과 같은 기준에 따라 실시되어야 한다.

첫째, 감사계획의 수립, 감사실시 및 감사결과의 처리에 필요한 증거자료의 수집 등 감사실시 과정의 전반에 걸쳐 적용한다(같은 기준 제14조).

둘째, 감사인은 수감기관 등의 제도 · 사업 · 활동 및 거래 등의 적정성을 검토 · 평가하는 준거는 ① 합법성 ② 경제성 ③ 능률성 ④ 효과성 ⑤ 형평성 ⑥ 기타 합리적인 준거 등을 선택적으로 적용할 수 있다(같은 기준 제15조). 이상의 각 호의 준거가 감사결과에 상충되는 영향을 미치는 경우에는 ① 법령 또는 제도의 취지 ② 수감기관의 임무 ③ 감사대상 업무의 목적 ④ 감사대상 업무의 수행여건과 환경 ⑤ 건전한 관행 ⑥ 전문가의 의견 등을 감안하여 합리적인 준거를 선택 · 적용한다.

셋째 감사인은 개별적 · 미시적 · 단기적 · 정태적인 관점보다는 종합적 · 거시적 · 장기적 · 동태적인 관점에서 감사를 계획하고 실시해야 한다.

넷째, 감사인은 감사업무를 계획하고 실시하는 과정에서 수감기관 등의 직무상 불법행위 · 오류 또는 낭비 등을 발견하지 못할 위험(즉, "감사위험")을 평가하고, 이를 일정 수준 이하로 감소시키기 위하여 노력해야 한다.

다섯째, 감사인은 감사위험이 감사결과에 미칠 영향력의 크기와 민감도(즉, "중요성")를 사전에 합리적으로 설정하고 이를 감안하여 감사계획을 수립해야 한다. 공공감사의 중요성의 기준에 관한 판단은 감사인의 전문직업적인 영역에 속하며 감사목적과 감사결과 이용자의 수요에 따라 달리 설정될 수 있다. 감사여건이 동일한 경우에 공공감사는 민간부문 감사보다 중요성의 기준을 엄격하게 설정해야 한다.

여섯째, 감사인은 감사의 준비과정에서 감사대상 기관과 수감자 등의 의견을 적극 수렴해야 한다.

5. 감사준비 기준

가. 감사준비 기본사항

감사인은 감사실시에 앞서 다음 각 호의 자료를 수집 · 분석하여 수감기관 등에서 발생 가능한 불법행위, 오류 또는 낭비 등의 성격 · 유형과 그것이 초래할 결과를 파악하고 대안을 탐색하는 등 사전준비를 충실히 해야 한다(같은 기준 제17조).

① 관련 법령

② 기능 · 조직 · 인력 · 예산 등 일반현황

③ 주요 업무계획과 심사분석 결과

④ 성과계획과 성과평가보고서

⑤ 언론보도사항 등 여론

⑥ 국회 및 지방의회의 논의사항

⑦ 서면감사자료, 민원 및 정보사항 등 감사자료의 분석 결과

⑧ 선행감사 결과 처분(요구)의 집행상황

⑨ 기타 감사와 관련하여 필요한 자료

도표 1-5 공공감사의 진행절차

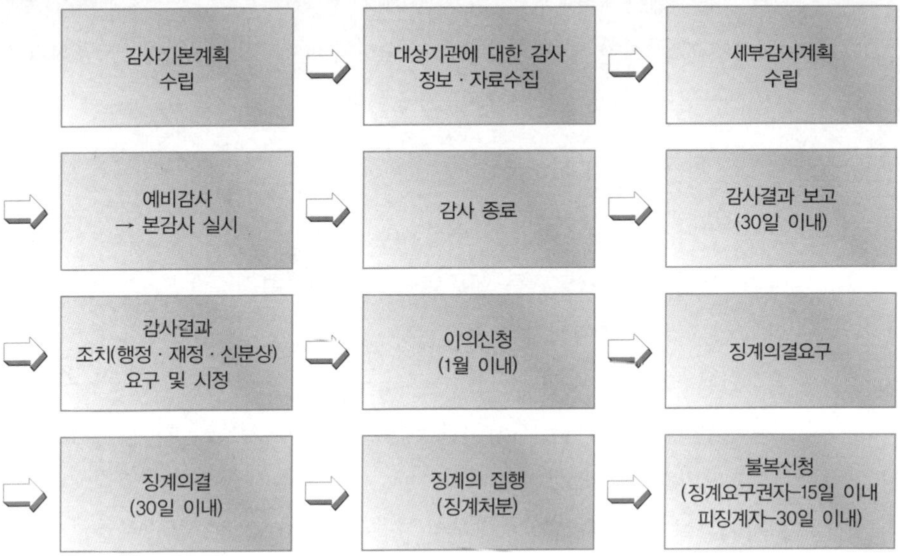

나. 감사준비 과정에서의 감사자료 · 정보 확보

감사준비 과정에서의 확보할 감사정보 · 자료는 다음과 같다(김선대 : 6-7)

(1) 감사자료 및 정보

① 국민 또는 주민의 생명과 재산의 보호를 위한 취약분야 행정 추진실태에 관한 자료를 확보한다.

– 위험시설물방치(지하시설, 위험제방 · 교량 · 건축물 등)

– 다중이용시설 위험요소 방치(지하 유흥주점, 시장 · 백화점 등)

② 지역의 현안사항과 주민불편 · 불만 · 집단민원을 방치하는 사례를 수집한다.

③ 행정취약 분야에 대한 비리요인과 실태에 대한 자료를 파악한다.

– 건설 · 건축공사 · 인허가 민원, 소방 · 세무 등 취약업무

④ 난개발이나, 주요 대형사업의 부실사례, 타당성 검증 없이 거창한 계획만 수립한 후 실적이 전무한 사례, 기관장의 업적 쌓기 사례, 소비성 행사 등에 관한 자료를 수집한다.

⑤ 공직자 사생활 문란, 업체와 유착, 분수에 맞지 않은 호화생활 공직자 등 직장이나 사회적으로 지탄대상자를 파악한다.

⑥ 무허가 위생업, 불법 주정차, 불법광고물 등 생활주변 기초질서 방치, 행·형벌 "봐주기 식" 처벌사례를 적출한다.

⑦ 업무 혁신, 예산 절약, 신공법 개발, 우수시책 추진 및 선행, 효행 공직자 발굴·표창 등 사기를 앙양한 사례를 수집한다.

(2) 감사자료정보 확보방법 및 활용

① 감사인을 현지 파견하여 자료를 수집한다.
- 비리·행정처리 부적정 등 언론보도내용 검토 분석
- 회의록, 의회 행정감사자료 등 검토
- 집단민원 및 여론 수집
- 개인정보 소유자 면담, 산하기관업무 분석·지휘체계 유지 등 자료 확보

② 인터넷상의 자료를 확보한다.
- 수감기관의 홈페이지 검색(공무원 노조의견, 자유 투고란 등)
- 감사시 수감기관에 감사자료 수집 배너 광고
- 지역신문 등의 자유투고란 검색 등

③ 지역여론 형성층으로부터 탐문한다.
- 시민·명예감사관 면담
- 시민단체, 지역 언론인 등 지역여론 형성층 면담
- 경찰 등 정보전담공직자 면담
- 직협 또는 공무원 노조간부, 인사상 불이익을 받은 공직자 등 면담

④ 부진·부실사업 실태조사를 실시한다.
- 과다한 투자, 민자유치 부실, 잦은 설계변경 등 사업분석
- 부진사업, 중단사업, 재정분석 등 자료 검토

⑤ 선택과 집중에 의한 감사정보자료를 활용한다.
- 수집된 정보자료를 토대로 감사방향, 감사인력 등 결정
- 수집된 자료를 심층 분석하여 비리는 엄벌하고, 문제사안은 대안 제시, 시정 등 조치
- 지탄 또는 중대비위 공직자는 과거 업무까지 추적 감사

다. 감사를 위한 예비조사

감사인은 감사계획의 수립 또는 감사의 실시에 앞서 감사대상 선정의 적정성, 문제점의 도출 및 취약분야의 확인 등을 위하여 다음 각 호의 사항에 관한 예비조사를 실시할 수 있다.

① 감사대상과 관련된 자료 및 정보의 수집과 확인

② 감사대상의 일부에 대한 표본조사

6. 감사계획의 수립

가. 감사계획 원칙

행정수요의 팽창에 따라 감사사항의 증내현상을 제한된 여건 하에서 최대의 효과를 거두기 위하여 보다 정밀한 사전적 감사계획을 수립해야 한다. 감사 주체는 내재하는 한정적인 감사인력, 시간 및 경비를 능률적이고 효과적으로 활용하기 위하여 감사계획을 수립해야 한다. 감사계획은 감사업무 수행에 따른 문제점을 미리 예측하고 효과적으로 대처할 수 있는 방안을 강구하는 것이다

나. 감사계획에 포함해야 할 사항

감사계획에 포함 시켜야 할 기본사항은 다음과 같다.

첫째, 감사인은 감사를 체계적이고 효과적으로 수행하기 위하여 감사를 실시하기 전에 준비된 자료를 토대로 다음 각 호의 사항이 포함된 감사계획을 수립해야 한다(같은 기준 제18조).

① 감사의 목적과 그 우선순위

② 감사의 범위

③ 감사기간과 인원

④ 감사임무의 분장

⑤ 감사에 소요될 예산

⑥ 감사의 준거

⑦ 감사위험과 중요성

⑧ 감사의 중점, 예상 문제점 및 착안사항

⑨ 관리통제제도의 평가방법

⑩ 감사절차와 감사기법

⑪ 감사보고서 수록사항

둘째, 성과감사[26]의 경우에는 이상에서 열거된 사항 외에 예비조사, 감사의 추진 일정, 전문가 자문계획 등이 감사계획에 포함되어야 한다.

셋째 감사인은 중기적 관점에서 수립한 전략적 감사계획과 감사의 빈도 및 주기를 감안하여 감사인원을 효율적으로 배분하고 특정 감사대상에 대한 감사의 편중 또는 사각(死角)이 최소화될 수 있도록 감사대상을 선정해야 한다.

넷째, 성과감사의 경우에는 셋째에 규정된 사항 외에 감사대상의 임무와 기능, 주요 시책 및 사업의 중요성과감사 가능성을 감안하여 감사대상을 선정해야 한다.

다섯째, 감사기구는 감사를 실시하기 전에 감사계획에 관한 교육을 실시하여 감사인이 분장 받은 임무를 숙지하고 감사기법 등을 연구하여 감사를 실시하도록 해야 한다.

여섯째, 감사기구는 소정의 절차를 거쳐 감사 실시 사실을 사전에 공개함으로써 국민, 주민 또는 이해관계인의 의견을 수렴하고 이를 감사자료로 활용할 수 있다.

일곱째, 감사인은 감사업무의 전 과정에 걸쳐 지속적으로 감사계획을 검토해야 하며, 필요한 경우 감사 실시 중이라도 감사계획을 수정할 수 있다(같은 기준 제18조)

여덟째, 감사인은 감사대상 기관의 자체감사 등 내부통제를 포함한 관리통제의 실태를 충분히 이해한 후 감사계획을 수립해야 한다.

아홉째, 감사인은 감사대상 기관의 관리통제제도가 실정에 맞게 설계되어 적절하게 운용되고 있는지를 파악하고 관리통제의 위험을 평가하여 감사업무를 수행해야 한다.

열째, 합법성감사[27]의 경우에는 관리통제의 평가를 내부통제의 평가로 대체할 수 있다(이상 같은 기준 제19조).

열하나째, 감사대상기관의 업무처리가 전산화되어 있는 경우에는 그 수준과 특성을 충분히 고려하여 감사를 계획하고 그에 적합한 감사절차를 적용한다(같은 기준 제20조).

26) 공공감사기준에서 "성과감사"라 함은 경제성 · 능률성 · 효과성에 대한 검토와 평가를 위주로 특정사업이나 정책에 대하여 수행하는 감사를 말한다.

27) 공공감사기준에서 "합법성감사"라 함은 법규 등의 준수 여부에 대한 검토와 평가를 위주로 수행하는 감사를 말한다.

다. 감사계획을 수립할 때 고려할 사항

(1) 감사 운영방향 설정

감사기구, 감사의 종류, 감사목적, 대상업무 및 감사기간 등에 따라 방향을 설정한다.

> **예 시 : 감사범위 설정**
>
> ① 종합감사 : 대상기관은 법률에 의거 지정된 기관과 산하기관이 대상이 되고, 업무전반에 대한 정기적인 점검 · 확인을 실시한다.
>
> ② 특정감사 : 특정기관(기관운영감사), 특정업무(특정과제감사)에 대해 비정기적으로 수행하는 감사를 말하며, 이는 감사대상 기관의 행정서비스 성과에 초점을 둔다.

(2) 감사의 중점

감사수감기관, 감사시기, 사회적 환경, 지역적 위치 등에 따라 감사의 중점사항을 선택하여 집중하여 감사한다.

(3) 감사시기

감사시기는 감사목적이나 위기상황에 따라 다음과 같이 정기적 또는 수시적으로 결정된다.

첫째, 감사시기는 감사대상 기관의 여건, 내부 주요행사, 위기상황이 도래된 시기는 감사가 기본업무 수행에 지장을 초래하지 않는 시점과 예방의 목적을 최대한 달성하도록 시기를 선택해야 할 것이다. 예컨대, 지방자치단체에 대한 중점감사는 다음과 같은 시기의 감사는 감사대상 기관과 협의해야 할 것이다.

- 4~5월경 : 풍수해 대비한 방재예방대책
- 12~3월경 : 산불예방대책
- 2~3월경 : 해빙기 안전대책 등
- 지방의회의 정례회의 회기
- 지방자치단체의 지역축제 기간
- 지방자치단체에서 개최하는 전국행사 기간 등

둘째, 지하철사고, 교량사고 등이 발생한 경우에는 국민의 생명과 재산보호를 위하여 재난 위험시설이나 다중이용시설에 역점을 둔 감사를 수행한다. 그러나 사고가 발생하였을 때에는 선수습, 후감사의 순서를 밟아야 한다.

셋째, 정권 교체시기, 지방자치단체장 교체시기, 공무원 불법노조활동 등 공직기강 확립에 중점을 두고 감사를 수행한다.

(4) 감사의 방법

사회적 분위기, 당시의 환경, 여론 등을 감안하여 감사의 방법, 감사횟수, 감사의 강도 등을 결정한다.

7. 감사실시 절차

가. 감사실시 절차기준

감사계획에 따라 감사를 실시하는 절차는 다음과 같다.

첫째, 감사기구 및 감사인은 다음 각 호의 감사실시 절차 중 일부 또는 전부를 선택적으로 적용한다(같은 기준 제21조).

① 감사기구가 실지감사를 실시하고자 할 때에는 특별한 사정이 없는 한 사전에 감사계획의 개요를 감사대상 기관에 통보한다.

② 감사인은 실지감사의 개시와 동시에 회계공무원이나 기관단체의 회계담당자가 보관·관리하는 현금·예금·유가증권 등의 시재액을 확인하여 관계 장부와의 부합 여부를 점검하는 등 금고검사를 실시할 수 있다.

③ 감사인은 필요한 경우 창고·금고·서류 및 물품 등을 봉인할 수 있다.

④ 감사인은 감사대상이 되는 사항의 진위와 적법성을 입증하기 위한 입증감사 절차를 적용한다. 입증감사 절차의 범위와 방법 등은 관리통제의 평가결과 등을 감안하여 결정한다.

⑤ 감사인은 주요 통계와 그 추이를 비교·분석하고 이상 항목에 대하여는 정밀검토를 실시한다.

⑥ 감사인은 필요한 경우 감사대상 모집단의 특성을 적절히 반영할 수 있도록 표본을 추출하여 조사한다. 이 경우 표본의 수는 필요하고도 충분해야 한다.

⑦ 성과감사의 경우에 감사인은 ②호-⑥호의 절차 외에 경제성·능률성·효과성 등 투입된 비용의 성과를 분석하기 위한 성과검토 절차를 적용한다.

⑧ 감사인은 ②호-⑦호 외에 필요하다고 인정하는 기타의 감사절차를 적용할 수 있다.

⑨ 감사기구 또는 감사인은 감사에서 발견된 위법·부당하다고 인정되는 사항에 대하여 처분요구 또는 권한 있는 자의 의사결정이 있기 전에 사전조치를 취하지 않도록 당해기관의 장 또는 부서에 서면으로 통보한다. 다만, 경미한 사항으로서 현지에서 시정조치하거나 긴급하게 사전조치를 취해야 할 특별한 사정이 있는 경우에는 그러하지 아니하다.

⑩ 감사 책임자는 실지감사 때 질문서 발부 또는 문답서 작성 후 불문하기로 결정한 사안으로서 민간인의 이해관계에 영향을 미치거나 공무원의 재산상·신분상 책임과 관련이 있는 중요하다고 인정되는 사안에 대하여는 관계인의 소속 기관장에게 불문사실을 서면으로 통지한다.

둘째, 실지감사의 책임자는 감사목적을 달성하고 감사성과를 확보할 수 있도록 감사인을 적절히 지휘·감독해야 한다. 감사책임자의 지휘·감독은 감사목적과 임무의 주지, 감사기법의 지도, 현장 교육, 감사업무 수행내용의 검토 등을 포함한다. 감사인은 감사조서 또는 일일 감사보고 등을 통하여 감사실시 상황을 빠짐없이 실지감사의 책임자에게 보고하고 그 지휘를 받아야 한다. 감사인이 감사계획에 포함되지 아니한 기관이나 사항을 감사하고자 할 경우에는 미리 실지감사의 책임자에게 보고하고 그 지시에 따라야 한다(같은 기준 제22조).

셋째, 감사인은 감사업무를 수행하면서 선행 감사 때 감사기관이 처분요구 또는 권고·통보한 사항에 대하여 수감기관이 적정한 조치를 하였는지 여부를 확인해야 한다. 감사인은 감사조치 확인결과 중요한 처분요구 또는 권고·통보한 사항에 대한 수감기관의 조치가 미흡한 경우에는, 이를 보고하고 그 원인의 규명과 함께 적절한 대응책을 강구해야 한다. 감사기관으로부터 처분요구를 받은 자가 동일·유사 업무를 처리하면서 같은 위법·부당행위를 반복하는 경우에는 신분상 가중처분을 요구할 수 있다(같은 기준 제23조).

넷째, 감사인은 감사대상이 되는 사항의 진위와 적법·타당성 여부에 관한 감사인의 판단을 객관적으로 뒷받침할 수 있는 감사증거를 다음 각 호의 원칙에 따라 수집하여, 추가적인 감사나 법적 다툼이 발생하지 않도록 노력해야 한다(같은 기준 제24조).

① 관련성 : 감사증거는 감사목적에 기여해야 한다.
② 신뢰성 : 감사증거는 믿을 수 있는 출처로부터 획득해야 한다.
③ 충분성 : 감사의 중요성에 대응하는 필요하고 충분한 양의 감사증거를 수집해야 한다.

감사인은 증거인멸의 우려가 있는 경우에는 검증 등의 방법으로 즉시 감사증거를 확보하고 검증목적과 시기적으로 일치되는 감사증거를 수집해야 한다. 감사인은 감사증거의 증거능력과 수감기관의 부담 등 증거수집의 비용을 감안하여 증거를 수집해야 한다. 감사인은 수집된 증거에 대하여 그 출처와 근거를 명시하고 증거능력을 확보 · 검증해야 한다.

다섯째, 감사인은 감사의 목적, 범위 및 방법과 감사업무의 수행상황 등을 감사조서에 기록 · 보존해야 한다. 감사조서는 당해감사에 대하여 아무런 지식이 없는 숙련된 감사인이 감사조서만 읽고도 감사조서를 작성한 감사인의 판단과 결론을 지지할 수 있을 정도로 충분한 정보를 포함해야 한다. 감사조서는 실지감사의 책임자에 의하여 검토되고 당해 감사인의 감사성과를 평가하는 기초자료로 활용되어야 한다. 감사조서는 후속감사 등을 위하여 필요한 경우에 다른 감사인에 의한 접근이 허용되어야 한다(같은 기준 제25조).

나. 감사진행

(1) 감사장 운영(김선대 : 11-13)

① 감사시간은 일일 근무시간 내에 종결한다.
② 감사결과는 일일결산식으로 하여 감사실시 내용을 빠짐없이 기록하여 투명성을 확보한다.
③ 감사인은 행동에 각별히 신경을 써야 한다.
- 감사장에서는 누구든지 만나 서로가 질문, 의견 개진 등 자유로운 행동 보장
- 퇴근 이후는 수감기관 공무원 대면을 금지함으로써 오해소지 불식
- 팀장 중심체제로 운영, 개별행동 금지, 감사반 전체의 공통된 협력사항 우선 협조

(2) 감사방법(김선대 : 11-13)

(가) 서면감사

- 감사실시에 따른 관계서류, 대장, 부책 등 감사자료는 최소한도 내에서 요구하되 가능한 한 이미 작성된 통계 · 자료 활용
- 감사는 자료에 의거 감사인이 먼저 확인하고, 문제점이 있을 경우 관계직원을 대면하여 의견청취
- 업무처리의 핵심적인 간부직원을 상대로 감사를 실시하여 일상 업무에 지장이 없도록 노력

(나) 현지출장 감사

- 서면감사에서 나타난 문제사안은 현장을 확인하여 진위여부를 사실 확인하되 현장을 가장 잘 아는 최소직원(1명 원칙)으로 한정
- 현장확인을 위한 빈번한 출장은 삼가하고 꼭 필요한 부분만 확인하는 등 간소화
- 가능한 한 1회 출장으로 다수 현장방문, 동선계획 수립
- 확인 시에는 사진촬영 등 증거확보 필요

(3) 대화요령(김선대 : 11-13)

① 부드러우면서도 명확한 화법으로 대화하되, 부정일변도나 강압적인 인상을 주지 않도록 하고, 수감자의 의견을 충분히 청취하는 등 공정하고 신중한 태도 견지한다.

② 문제사안에 대한 의견청취는 문제점을 피감사인이 알 수 있도록 설명하고, 진위를 확실하게 인지할 수 있도록 노력한다.

③ 권위적인 말씨나 비속어를 사용하여 수감자가 거부감을 갖는 일이 없도록 유의한다.

(4) 감사인 숙지사항(김선대 : 11-13)

① 평소 충실한 관계법령 연찬으로 피감사인를 지도할 수 있도록 하고, 소신과 자신 있는 태도를 의연하게 견지한다.

② 문제사안에 대하여는 탐문조사 등을 통해 행정외적 사항까지 파악하는 "숲을 보는 안목 있는 감사"를 수행한다.

③ 발견된 문제점을 끝까지 추적하되 사실규명 및 감사증거 확보에 시기를 놓치

지 않도록 유의한다.

(5) 지적사항 도출

① 사실확인이 필요하거나 사안의 배경, 관계자의 비위사실 등을 규명할 사안에 대해서는「확인서」,「문답서」및「질문서」를 필히 징구한다.
② 다수 관련자가 포함될 경우는 상관관계와 비위의 경중에 따라 관리기간 조서에 책임소재와 우선순위를 명기하여 문책에 대비한다.
③ 지적사항을 입체적으로 검토하여 법령이나 제도의 불비가 없는지 확인하고 제도개선 여부를 판단한다.

(6) 감사인의 전문성 확보

감사인은 감사대상 기관, 간부에 대한 전문성, 인격, 감사기술면에 있어 수긍·승복시킬 수 있는 자세를 확립하도록 다음 사항에 유의한다.
① 감사인의 당해 감사에 필요한 전문지식과 실무경험을 구비한다.
② 감사인을 객관적인 기준에 의거하여 선발한다.
③ 감사인은 지속적인 교육·학습을 통하여 전문적인 감사능력을 연마한다.

8. 감사결과의 보고

가. 보고의 원칙

보고기준은 감사기구 또는 감사인이 감사를 실시한 결과를 보고하고 처리하는 과정에 적용한다(같은 기준 제26조). 감사인은 감사결과를 다음 각 호의 원칙에 따라 보고해야 한다(같은 기준 제27조).
① 적시성(適時性) : 감사결과는 그것이 지연 보고됨으로써 감사성과를 저해하거나 수감기관의 업무처리에 지장을 주지 아니하도록 적기에 작성·보고되어야 한다.
② 완전성 : 감사결과의 보고는 감사목적 달성에 필요한 모든 정보를 포함해야 한다.
③ 간결성 : 감사결과의 보고는 전달하고자 하는 내용만을 간략하게 나타내고 필요 이상으로 길거나 불필요한 반복을 피해야 한다.
④ 논리성 : 감사결과의 보고는 논리적이고 이해하기 쉬워야 하며, 애매모호한 표현이나 일반화되지 아니한 약어나 전문용어 등은 가급적 사용하지 말아야 한다.
⑤ 정확성 : 감사결과의 보고는 수집된 감사증거에 기초하여 정당성을 입증할 수

있도록 올바르게 기술하고 감사범위, 방법 또는 감사증거에 한계가 있는 경우에는 이를 명백히 밝혀야 한다.

⑥ 공정성 : 감사결과의 보고는 수감기관의 변명 또는 반론과 전문가의 자문을 충분히 감안해야 하고 문제점을 과장하거나 편향된 시각으로 작성해서는 아니 된다.

나. 보고사항

감사인은 실지감사가 끝난 뒤에 다음 각 호의 보고서를 작성·제출해야 한다(같은 기준 제28조).

① 감사보고서 : 감사결과 지적사항의 개요와 조치의견 등을 기술하여 감사기관의 장에게 제출하는 내부보고서를 말한다.

② 감사결과처분(요구)서 : 감사결과 지적사항에 대한 구체적 내용과 조치할 사항을 내부의 검토과정을 거쳐 수감기관 또는 공무원에게 송부하기 위한 최종보고서를 말한다.

위의 각 호의 보고서에는 다음 각 호의 사항이 포함되어야 한다.

① 감사가 공공감사 기준에 따라 수행되었는지 여부를 나타내는 문안

② 감사가 공공감사 기준을 따르지 아니하였을 경우에는 그 범위와 이유 및 이 기준을 따르지 아니함으로써 감사결과에 미치는 영향

③ 감사목적, 범위 및 방법

④ 법령의 준수와 내부통제 또는 관리통제에 관한 평가절차와 그 결과

⑤ 감사를 통해 발견한 불법행위, 중대한 오류 및 낭비 등 지적사항

⑥ 수감기관의 문제점에 대한 권고사항

⑦ 수감기관의 모범사례 또는 괄목할 만한 성과

⑧ 감사인의 의견에 대한 수감기관의 변명 또는 반론

⑨ 일반인에게 공개할 수 없는 정보가 있는 경우에는 그러한 정보의 성격과 비공개의 근거

⑩ 형편상 감사가 미진한 경우에는 향후 추가로 감사할 필요가 있는 사항

다만, 앞의 ②호 및 ⑤호-⑩호의 사항은 해당사항이 있는 경우에 한하여 보고한다.

감사기관은 중대한 불법행위 또는 권력남용 사례를 발견한 경우에는 국민, 국회 또는 지방의회, 수감기관의 감독기관 또는 상급단체 등 외부의 이해관계인에게 이를 공개, 보고 또는 통보해야 한다.

다. 감사결과 처분요구

감사기구는 감사결과 개별 지적사항에 대하여 당해 지적사항의 내용에 적합한 처분(요구)을 선택적으로 적용해야 한다(같은 기준 제29조).

감사에 적발된 공무원의 처분(요구)의 종류는 다음 각 호와 같으며, 2개 이상의 처분(요구)을 병과할 수도 있다.

① 변상판정 또는 변상명령 : 회계 관계직원 등의 책임에 관한 법률이 정하는 바에 따라 회계 관계직원 등에 대한 변상책임이 있다고 인정되는 경우

② 징계 또는 문책 : 국가공무원법, 지방공무원법 및 기타 법령 등에 규정된 징계 또는 문책사유에 해당되는 경우

③ 시정 : 감사결과 위법 또는 부당하여 추징 · 회수 · 보전 · 환급 · 추급 또는 원상복구 등이 필요하다고 인정되는 경우

④ 주의 · 경고 또는 훈계 : 감사결과 위법 또는 부당한 행위라고 인정되나 그 정도가 징계 또는 문책사유에 이르지 아니하는 경미한 경우

⑤ 개선 : 감사결과 법령상 · 행정상 또는 제도상의 모순이나 불합리한 사항이 있다고 인정되는 경우

⑥ 권고 : 감사결과 문제가 있다고 인정되는 사항에 대하여 대안을 제시하여 감사대상 기관의 장 등으로 하여금 개선방안을 마련하게 할 필요가 있는 경우

⑦ 통보 : 감사결과 특정인 등의 비위사실이나 위법 · 부당사항 등을 다른 처분(요구)으로는 부적합하나 감사대상 기관의 장 등에게 알릴 필요가 있다고 인정되는 경우

라. 감사보고서 등의 배포

감사보고서 또는 감사결과처분(요구)서 사본을 배포해야 할 기관은 다음 각 호와 같다(같은 기준 제30조).

① 수감기관의 감독기관 · 단체의 장

② 감사 지적사항에 대하여 조치할 책임이 있는 기관 · 단체의 장 및 공무원

③ 감사를 요청, 주선한 기관 · 단체의 장

④ 감사를 재정적으로 지원한 기관 · 단체의 장

⑤ 감사청구제가 적용되는 경우에는 감사를 청구한 관련기관 · 단체의 장 등

마. 감사결과 처리요령

(1) 감사결과 처리기준(김선대 : 15-17)

① 지적사항이 명백한 법령위반 사항으로서 통념상 위반의 도를 넘는 경우에 대해서는 관련자를 엄중 문책한다.

② 지적사항이 고질적이고 관행적으로 이루어지는 사항은 관련자와 그 상급자도 문책(필요시 인사조치 요구)한다.

③ 지적사항이 징계사유에 해당되지 않거나 또는 징계대상이나 시효가 소멸된 경우 관계공무원의 경각심 고취를 위하여 "인사자료 통보"나 경고 또는 훈계 조치한다.

④ 관련법령, 제도 등의 불비나 시대적 · 행정여건상 미흡한 분야에 대해서는 제도개선 조치한다.

⑤ 지적사항이 반복적이고 관행화된 사항의 경우에는 제도 · 예산 · 인력 등 구조적 보완방안 강구 및 타 자치단체에도 전파하여 재발을 방지한다.

⑥ 지적내용이 쌍방 간의 다툼이 없고, 행위자 또는 행위내용이 고의 또는 중대한 과실을 수반하지 않거나, 현지 기관장이 처리함이 신속하고 효과적인 사항은 현지에 권한을 위임하여 처리한다.

(2) 감사결과 증거자료 확보(김선대 : 15-17)

(가) 감사증거의 분류

충분하고 유용하며 관련성 있는 증거가 감사 지적사항과 감사결론을 합리적으로 뒷받침할 수 있어야 한다.

① 물리적 증거(physical evidence) : 감사관이 사람, 재산 또는 사업 등에 대해 직접 검사하거나 관찰함으로써 얻어질 수 있다. 비망록, 그림, 차트, 지도, 기타 실물 샘플의 형태로 기록될 수 있다.

② 서류상의 증거(documentary evidence) : 서면계약서, 회계기록, 송장, 집행에 대한 관리정보 등 새롭게 창조된 정보로 구성되어 있다.

③ 증언적 정보(testmonial evidence) : 조사 · 면담 등을 통하여 획득된 것이다.

④ 분석적 증거(analytical evidence) : 계산, 비교, 요인별 정보 분류, 합당한 주장 등을 말한다.

(나) 감사증거의 확보

① 확인서 징구

- 형식 : 현황, 사실 확인내용, 확인자 의견, 확인자 · 입회자 날인, 관련자 관리기간 조서, 입증관계서류 사본, 사진 등으로 확보한다.
- 내용 : 감사인이 확인한 특정 사실에 대해 관련공무원이 6하 원칙에 의거 그 사실을 확인하고, 확인내용에 대해 관련자의 의견을 기재해야 한다. (단, 확인자의 의견이 없는 때에는 의견 없음을 기재)
- 현장상황이나 관계서류의 변질이 우려되는 경우에는 사진 · 녹음 및 즉시 확인서를 징구해야 한다.
- 확인서 징구 시에는 확인자에게 사실 이외 부담이 되는 사항이나, 주관적 · 감정적 사실 기재를 강요해서는 아니 된다.
- 확인서 작성시 유의할 사항은 다음과 같다.
  - 제목, 현황, 확인의 내용, 사실의 확인임을 표시하는 내용, 확인일자, 확인자 및 입회자의 서명날인 등을 포함한다.
  - 관계서류의 사본만 있으면 충분한 사실 또는 설명을 하지 아니하여도 당연히 인정되는 사실에 대하여는 확인서 작성이 불필요하다.
  - 확인서는 사실관계의 입증을 위하여 작성하는 것이므로 반드시 사실을 확인하는 내용의 근거가 포함되도록 작성해야 한다.
  - 특정사실만 확인하게 하고 정당론이나 원인, 동기 등을 기재하도록 강요해서는 아니 된다.
  - 확인서를 징구할 때에는 가능한 한 해당사실을 객관적으로 입증할 수 있는 증거를 별도로 보강한다.
  - 행위사실 확인은 그 행위자 또는 행위의 목격자, 현장확인 사실은 현장의 확인자 등이 되어야 하며, 행위자나 목격자가 없거나 확인을 거절한다고 해서 제3자 등에게 확인서를 받아서는 아니 된다.
  - 입회자는 확인서의 신뢰도와 객관성을 높이기 위해 중요하므로 대체로 직상급자 또는 당해 기관의 감사업무 담당직원으로 한다.
- 확인서 예시 : 도표 1-6, 1-7, 1-8 참조

• 확인서 관련사례 예시

도표 1-6 감사인이 작성한 확인서(이재인 : 31)

• **종류 : 징계사항**

• **제목 : 원천징수세금 횡령**

• **내용 :**

1. 징계대상자 : 갑을중학교 근무
   지방교육행정주사보 홍길동 (洪吉東) (701010-1717171)
   행위당시 : 일류고등학교 근무(당시 직급도 현재와 같음)
2. 징계종류 : 해임
3. 징계사유
   위 사람은 2004. 1. 1.부터 같은 해 12. 20.까지 사이에 일류고등학교에서 XX북도 교육비특별회계 일상경비출납원의 보조자로서 교직원들에 대한 급여지급 등의 업무를 담당하던 사람으로서 매월 교직원들에게 급여를 지급할 때 소득세법 제142조의 규정에 의하여 원천 징수한 근로소득세를 같은법 제143조의 규정에 의하여 관할 YY세무서에 납부하면서 원천징수한 세액은 모두 관할 세무서에 납부해야 하는데도2004년 10월분 급여지급시 원천징수한 근로소득세 2,700,000원을 일상경비 출납원의 예금계좌에서 인출하여 그 중 2,100,000원만 2004. 11. 3. 일상경비 취급 금융기관인 농업협동조합중앙회 ZZ군지부를 통하여 YY세무서에 납부한 후 위 지부로부터 받은 납세자용 영수증서상의 금액 중 십만 단위 "1"자를 "7"자로 변조하여 2,700,000원 전액을 납부한 것처럼 급여지급결의서에 첨부하고 그 차액 600,000원을 횡령한 사실이 있다. 따라서 위 사람의 행위는 지방공무원법 제48조의 규정에 위배된 것으로 같은법 제69조 제1항 제1호 및 제2호에 해당된다.

도표 1-7 피감사자가 작성한 확인서(이재인 : 32)

확인서 본문	구분
확 인 서	제목
제목 : 근로소득세 원천징수 및 납부에 관한 사항	사실관계의 전제
본인이 2004. 10. 25. 일류고등학교 교직원들의 2004년 10월분 급여 지급시 근로소득세를 원천징수하여 같은 해 11. 3. 납부하면서 원천징수한 2,700,000원 중 2,100,000원만 농업협동조합중앙회 ZZ군지부에 납부한 후 받은 납세자용 영수증 금액 중 십만 단위 “1”자를 “7”자로 변조하여 급여지급 결의서에 첨부하고 차액 600,000원은 임의로 신용카드 미결제액 불입금으로 사용한 사실이 있음을 확인함.	사실관계
2004.12. 20.	확인일자
갑을중학교 지방교육행정주사보 홍길동 ㊞	확인자

도표 1-8 잘못 작성한 피감사자의 확인서의 예(이재인 : 33)

확인서	
확 인 서	제목
제목 : 원천징수 세금 횡령 본인은 2004. 1. 1.부터 같은 해 12. 20:까지 사이에 일류고등학교에서 XX북도 교육비특별회계 일상경비 출납원의 보조자로서 교직원들에 대한 급여지급 등의 업무를 담당하던 사람으로서	재직기간 및 담당직무
매월 교직원들에 대한 급여 지급시 소득세법 제142조의 규정에 의하여 원천 징수한 근로소득세를 같은법 제 143조의 규정에 의	사실관계의 전제
하여 관할 YY세무서에 납부함에 있어	당위
원천징수한 세액은 모두 관할 세무서에 납부해야 함에도 2004년 10월분 급여 지급시 원천징수한 근로소득세 2,700,000원을 일상경비 출납원의 예금계좌에서 인출하여 그중 2,100,000원만 2004. 11. 3. 일상경비 취급 금융기관인 농업협동조합중앙회 ZZ군지부를 통하여 YY세무서에 납부한 후 위 지부로부터 받은 납세자용 영수증서상의 금액 중 십반 딘위 "1"지를 "7"자로 변조하여	사실관계
2,700,000원 전액을 납부한 것처럼 급여지급결의서에 첨부하고 그 차액 600,000원을 횡령한 사실이 있으므로 이에 대하여 어떠한 처벌도 감수하겠습니다.	의견
2004. 12. 20.	확인일자
갑을중학교 지방교육행정주사보 홍길동 ㉢	확인자

② 문답서 징구

- 의의 : 문답서는 사건과 관련된 사람을 조사하면서 조사자의 질문과 피조사자의 답변내용을 문답형식으로 서면화한 증거이다. 감찰결과 적출된 사실의 변상(판정), 징계(문책)에 해당하거나 기타 중요한 사안에 대하여 관계자의 책임의 소재와 한계를 규명하고 행위의 동기, 배경 또는 변명을 듣기 위해 작성하며, 문답서의 내용을 보면 비위의 종류와 정도를 알 수 있고, 그에 상응한 신분상 또는 재정상의 조치를 예상할 수 있도록 작성한다.
- 형식 : 조사받는 자의 소속 · 직 · 성명 등 인적사항, 장소 · 조사자의 직 · 성명 · 문답내용 · 입회자의 서명, 날인한다.
- 내용 : 변상판정, 문책사유에 해당하는 위법 · 부당한 사안에 대해 책임의 소재와 한계를 규명하고 행위의 동기 · 배경 등을 문답하여 기록으로 남기는 서류이다.
- 작성요령 : 사건의 내용을 완전히 파악한 후 규명해야 할 사항을 미리 결정하고, 거증자료에 의거 예상문답을 다각도로 검토하여 대비한다.
- 유의사항 : 존댓말을 사용하고, 문자는 한글로, 쉬운 말로 간단 · 명료하게 기재하고, 상대방에게 진술을 거부할 수 있음을 알리고 부드럽고 자연스러운 분위기 속에서 대화를 진행한다.
- 문책자 조서 : 처분요구 양정을 관철시키고 책임의 경 · 중을 가리는 가장 중요한 증거자료로서, 변명에 대비한 반박, 징계대상자의 책임인정 부분 등을 장황함이 없이 명료하게 기술해야 한다.
- 문답서 작성시 유의할 사항은 다음과 같다.
  - 용어의 사용에 주의한다. 상대방의 연령, 직위(급) 등을 고려하여 그에 상응하는 용어를 사용하고, 비교적 부드럽고 상대방에게 가벼운 느낌이 들도록 표현한다. 예컨대, “왜 이런 부당한 지시를 하였는가요?” 보다 “어떻게 하다가 이런 결정을 하여 부하직원을 힘들게 하셨는가요?”식으로 묻는다.
  - 기억하기 쉬운 순서로 질문한다. 문답은 사건의 진행순서에 따라 질문하고 문답 중에 사건과 관계없는 질문은 삼가하는 것이 문답에 집중하는 데 유리하다.
  - 요점을 파악하여 하나하나 질문한다. 위법 · 부당한 직무행위의 원인 · 동기, 행위시 법령위반 인지여부, 현재의 책임감 등을 낱낱이 명백하게 구분지어

질문해야 하며, 한꺼번에 많은 질문을 하여 상대방을 혼란하게 만들어서는 아니 된다. 질문은 짧게 하고 답변은 길게 하도록 유도한다.

- 답변이 애매할 때는 진의를 확인한다. 상대방의 진술이 애매할 때는 뒤에 진술을 번복할 우려가 있으므로 그 진의를 물어서 확인해 두는 것이 필요하다(문답 전에 진술서를 확보해두는 것도 방법의 하나이다) 부인하는 경우에는 반박자료를 제시하여 모순노출의 조사과정이 명백하게 나타나도록 기재한다.
- 조사의 중점을 노출시키지 말아야 한다. 조사관이 중요시하고 있는 것이 무엇인가를 상대방이 감지하지 못하도록 해야 한다. 처음부터 사건의 핵심을 찌르지 말고 부드러운 분위기를 조성한 후 점차 조사의 핵심에 들어가는 것이 바람직하다.
- 상대방에게 유리한 사항도 충분히 청취한다. 상대방이 말하고자 하는 것은 다 진술하도록 하고, 그것이 상대방에게 유리한 경우라도 충분히 청취하는 배려와 아량이 필요하다. 상대방이 자진하여 진술할 때는 성실히 청취하고, 도중에 필요 없는 질문으로 진술을 중지시키지 않도록 유의해야 한다.

- 문답서 예시 : 도표 1-9, 1-10 참조

③ 질문서와 답변서

- 형식 : 발부번호, 제목, 발부일사, 답변기한, 답변자(기관장 또는 상급감독자), 발부자(감사반장), 사건개요, 질문내용 등을 포함한다.
- 내용 : 위법 · 부당사항, 개신요망사항, 주요 결정사항 등에 대해 결재자나 취급자의 설명 · 소명을 들을 필요가 있을 때 징구한다.
- 작성요령 : 상대방에게 위압감이나 불쾌감을 주는 문구를 사용하거나 주관적 판단의 개진이나 결과를 예견하는 질문은 지양하고, 사건을 충분히 파악하여 향후 사건처리에 필요한 사항이 누락되지 않도록 작성에 유념한다.
- 질문서 사례(도표 1-12 : 이재인 : 45-46)

도표 1-9 문답서 내용(이재인 : 36-43)

[질문사항의 모음]

- o 근무기간
- o 담당직무
- o 원천징수액 은행납부 여부
- o 납부액 확인
- o 원천징수 행위 여부
- o 납세자용 영수증 변조 여부
- o 원천징수세액을 은행에 납부할 때까지의 관리실태
- o 행위동기
- o 행위배경
- o 행위자 여부

[질문사항의 분류]

- o 행위자 여부
  - 근무기간
  - 담당직무
  - 원천징수 및 세액 납부행위 여부
- o 사건의 규명
  - 행위개요 설명요구(원천징수 행위)
  - 원천징수 세액을 은행에 납부할 때까지의 관리실태(원천징수세액의 납부)
  - 납부액 확인
  - 납세자용 영수증 변조 여부
- o 행위의 동기
  - 횡령한 사유
  - 횡령액의 용도
- o 행위의 배경
  - 공모 여부
- o 변명
  - 자유의견 진술

도표 1-10 문답서 사례(이재인 : 38)

문 답 서

주소 : 서울특별시 종로구 삼청동 1234

소속 : 갑을중학교

직위와 직명 : 지방교육행정주사보

성명 : 홍길동(한자) 洪吉東 (주민등록번호)701010-1717171

(전 소속, 직위와 직명)

일류고등학교 지방교육행정주사보

위의 사람은 원천징수세금 횡령 사건에 관하여 2003년 12월 20일 감사원 재정·금융감사국 제5과 사무실에서 부감사관 명감사와 다음과 같이 자유로이 임의 문답하다.

문 : 위의 사건과 관련된 직위에 재직한 기간은 언제부터 언제까지입니까?

답 : 2004. 1. 1.부터 2004. 12. 20 까지입니다.

문 : 위의 사건과 관련된 직위에서 담당하신 직무는 무엇이었습니까 ?

답 : 일류고등학교의 XX북도 교육비특별회계 일상경비출납원의 보조자로서 급여지급업무 등 일상경비출납업무를 담당하였습니다.

문 : 2004년 10월분 교직원 급여지급과 그에 대한 근로소득세를 원천징수한 사실이 있습니까 ?

답 : 예, 있습니다

문 : 근로소득세를 원천징수한 경위와 원천징수한 금액은 어떻게 하였습니까?

답 : 2004. 10. 25. 10월분 교직원 급료 31,500,000원을 지급하면서 근로소득세 2,700,000원을 원천징수하여 같은 해 11.3. 농업협동조합 ZZ군지부에서 국고에 납부하였습니다.

문 : 농협에 납부할 때까지 원천징수한 세액은 어떻게 관리하였습니까?

답 : 급료를 지급할 때에 일상경비출납원의 예금계좌에서 인출하여 저의 개인예금통장에 입

금하였다가 11. 3. 위 농협에서 납부하였습니다.

문 : 입금하였던 예금통장을 보여주실 수 있습니까?

답 : 예 여기 있습니다. (이때 진술인이 제시한 진술인의 개인예금통장에 의하여 입출금 내역을 확인하고 그 사본을 본 문답서 끝에 첨부하다)

문 : 농협에 납부한 금액은 얼마입니까?

답 : 2,700,000원입니다.

문 : YY세무서에 통보된 영수필 통지서에는 2,100,000원으로 표기되어 있는데 어떻게 된 것입니까 ? (이때 감사자가 YY세무서에서 사본한, 납부세액이 2,100,000원으로 적힌 영수필통지서 사본을 제시하다)

답 : (묵비권 행사)

문 : 앞에서 원천징수한 세액을 귀하가 직접 은행에서 국고에 납부했다고 하셨지요 ?

답 : 네 그렇습니다.

문 : 납부할 때에 납세자용 영수증과 영수필 통지서 등 납부용지의 내용은 귀하가 기록한 것이 틀림없지요?(이때 진술자가 작성한 다른 기안문을 제시하면서 필적을 비교해 보이다)

답 : 예, 맞습니다. 모두 말씀드리겠습니다. 2,100,000원을 납부하고 납세자용 영수증서의 금액을 제가 고쳤습니다.

문 : 금액을 고친 경위를 말씀해 주십시오.

답 : 영수증서 금액 2,100,000원 중 "1"자를 "7"자로 고쳤습니다.

문 : 나머지 600,000원은 어떻게 하였습니까?

답 : 제가 사용하였습니다.

문 : 왜 그와 같은 행위를 하였습니까?

답 : 갑자기 돈이 필요해서 고민하다가 마침 원천징수한 돈이 있어서 순간적으로 잘못 판단하여 잘못을 저질렀습니다.

문 : 공무원이 공금을 사적으로 사용하면 어떤 처벌을 받는지 알고 계십니까?

답 : 공금횡령죄에 해당되어 형사처벌과 징계처분을 받는 것으로 알고 있습니다.

문 : 600,000원은 어디에 사용하였습니까?

답 : 본인의 신용카드 미결재액을 불입하였습니다.

문 : 원천징수한 세액을 금융기관을 통하여 세무서에 납부할 때까지 어떻게 관리해야 하는지 아십니까?

답 : 일상경비출납원의 예금계좌에 그대로 두었다가 세무서에 납부할 날짜에 국고계좌에 대체하면 되는 줄 알고 있습니다만 우리 학교에서는 전부터 제가 한 방법으로 해왔습니다. 앞으로 시정하겠습니다.

문 : 위와 같이 영수증을 변조하거나 예금계좌관리를 임의로 하면 주위 직원들에게 발견될 소지가 많은데 주위의 직원들과 의논해서 한 것은 아닙니까 ?

답 : 절대로 아닙니다. 저 혼자 하였습니다.

문 : 상사의 지시에 의하여 처리한 후 다른 용도에 사용한 것은 아닙니까?

답 : 절대 아닙니다.

문 : 더 하실 말씀이나 제시할 증거는 없습니까?

답 : 제가 한 행위가 너무나 지나쳐서 무어라 말씀드릴 수 없지만 그 동안 공무원으로 재직하면서 별문제 없이 지내왔는데 일시적 판단 잘못으로 이렇게 되었으니 참작하여 주시면 감사하겠습니다.

위와 같이 문답한 후 진술인에게 (열람, 낭독)하게 하였더니 진술내용과 상위 없으며 오기나 증감한 사항이 전혀 없음을 확인하므로 간인한 후 서명(날인, 무인)하게 하다.

200×년 12월 20일

진술자 : 직 지방교육행정주사보 성명 : 홍길동 ㉞

입회자 : 직 성명 : ㉞

감사자 : 직 부감사관 성명 : 명감사 ㉞

도표 1-11 잘못된 문답 사례와 문답의 비교(이재인 : 43)

잘못된 질문	문 : 200×. 10. 25. 10월분 교직원 급료 31,500,000원을 지급하면서 근로소득세 2,700,000원을 원천징수하여 같은 해 11.3. 농업협동조합 ZZ군지부에서 국고에 납부한 사실이 있습니까?. 답 : 예 있습니다.
잘된 질문	문 : 근로소득세를 원천징수한 경위와 원천징수한 금액은 어떻게 하였습니까? 답 : 200×. 10. 25. 10월분 교직원 급료 31,500,000원을 지급하면서 근로소득세 2,700,000원을 원천징수하여 같은 해 11.3. 농업협동조합 ZZ군지부에서 국고에 납부하였습니다.
잘못된 질문	문 : 급료를 지급할 때에 일상경비출납원의 예금계좌에서 인출하여 귀하의 개인예금통장에 입금하였다가 11. 3. 위 농협에서 납부한 사실이 있습니까. 답 : 예 있습니다.
잘된 질문	문 : 농협에 납부할 때까지 원천징수한 세액을 어떻게 관리하였습니까? 답 : 급료를 지급할 때에 일상경비출납원의 예금계좌에서 인출하여 저의 개인예금통장에 입금하였다가 11. 3. 위 농협에서 납부하였습니다.

도표 1-12 **질문서 작성 사례**(이재인 : 46)

발부번호	1

제목 : 근로소득세 원천징수 및 납부에 관한 사항

질문사항

200×년 12월 20일

일류고등학교 교장 김 교 장 귀하

감사원사무처감사반장 (재정 · 금융감사국 제5과장)명 과 장 (인)

다음 사항에 대하여 200×. 12. 24. 까지 답변하시기 바랍니다.

귀 교에서 2004년 10월분 교직원 급여에 대하여 원천징수한 근로소득세를 관할 세무서에 납부한데 대한 질문입니다.

xx북도 교육비특별회계 일상경비출납공무원의 보조자인 지방교육행정주사보 홍길동은 200×. 10. 25. 소득세법 제142조의 규정에 따라 귀 교 교직원 급여에 대하여 원천징수한 근로소득세 2,700,000원을 같은법 제143조의 규정에 따라 관할 YY세무서에 납부하면서 같은 해 11. 3. 그 중 2,100,000원만 일상경비 취급 금융기관인 농업협동조합중앙회 ZZ군지부를 통하여 YY세무서에 납부한 후 위 지부로부터 받은 납세자용 영수증서상의 금액 중 십만 단위 "1"자를 "7"자로 변조하여 2,700,000원 전액을 납부한 것처럼 급여지급결의서에 첨부하고 그 차액 600,000원을 임의로 사용하였습니다.

그런데도 귀 교는 이에 대하여 아무런 조치를 하지 아니한 채 그대로 내버려두었습니다. 이에 관하여 다음 사항을 답변해 주십시오.

1. 이건 위 600,000원을 관할세무서에 납부하지 아니하고 임의로 사용한 데 대하여 아무런 조치를 하지 아니한 채 내버려둔 이유는 무엇입니까?
2. 이건 위와 같은 사고를 방지할 수 있는 방안은 무엇인지 귀하의 견해를 말씀해 주십시오.
3. 이건 앞으로 처리대책은 무엇입니까?
4. 이건 관련자의 소속, 직위, 성명, 관리기간, 담당직무 및 현 근무처를 알려주십시오.
5. 만일 이 건에 대하여 당초처리가 정당하다고 인정되거나 기타 필요한 의견이 있으시면 그 내용을 설명하시고 그에 대한 증거를 제시하여 주시기 바랍니다.

④ 확인서, 문답서, 질문서의 비교

증거서류로서의 확인서, 문답서 및 질문서를 상호 비교하면 다음 도표 1-13과 같다.

도표 1-13 증거서류의 종류별 목적(이재인 : 29)

증거서류	내용	목적
확인서	서류에 없는 내용	서류의 내용으로 확인되지 않는 내용을 증거로 확보
문답서	사건의 내용 중 답변자와 관련된 행위사실, 동기, 배경, 변명 등 모든 내용	징계(문책) 또는 변상 등의 책임의 유무, 소재, 한계 규명
질문서	사건과 관련하여 경위, 배경, 처리대책 등 답변자의 지위에서 답변할 수 있는 범위의 내용	사건에 대해 주로 기관장(또는 부서장)의 책임 있는 답변, 견해 수렴

(3) 감사결과 처분요구서 작성

- 구성 : 일련번호, 소관 또는 부서, 시행년도, 행정상 조치, 재정상 조치, 제목, 현황, 위법부당내용, 처분요구 등을 포함한다(김선대 : 16).
- 내용 : 현황은 그 사업의 내용과 지적사항을 가장 잘 표현할 수 있도록 전체 내용과 현재의 추진내용 등을 명기한다.
- 위법 · 부당내용 : 관계법령의 조문과 불일치하는 내용을 기재하되, 누구나 알 수 있도록 논리적이고 명료하게 작성한다.
- 처분요구 : 위법부당내용을 행정상 시정 또는 개선하거나 재정상 조치가 이루어질 수 있도록, 조치할 내용을 세부 건별로 구체적으로 작성(예, 1.2.3…)한다.
- 기술방법 : 연결된 서술식 문장작성을 지양하고, 조치할 사항을 항목별로 구분하여 명료하게 제시한다.

(4) 문책자 조서 작성

- 구성 : 제목, 문책대상자의 소속, 직위, 직명, 성명, 문책내용 등을 포함한다.
- 문책사유 구성내용(김선대 : 17)

① 비위사실과 관련된 공무원의 성명, 직위, 직명, 관리기관을 명시한다.

– 문책 대상자의 행위 당시 소속 · 직책을 기술하고 보직이동이 있는 경우 괄호 안에 기술

- 관련 책임자가 퇴직·사망의 경우에도 반드시 직위·성명, 문책양정을 작성하고 그 사실을 기술

② 비위와 관련된 관계법령·조례·규칙·지침 등과 비위내용을 관련공무원이 시인한 사실대로 논리적이고 명료하게 작성한다.

③ 문책자 조서는 관련자의 신분에 영향을 미치는 중요한 자료이므로 내용이 왜곡 또는 과장되거나 감정에 치우치지 않도록 각별하게 유념한다.

④ 징계위원회에는 감사인이 현실적으로 참석이 불가능하고 징계대상자, 소속기관 인사부서의 직원만이 참석하는 관계로 감사인의 의도, 정황논리, 변명에 대한 감사인의 반박 등이 불가능하여 마치 「감사인이 감사를 잘못한 것」으로 오해·인식되는 경우가 자주 발생한다.

(5) 감사결과 처리

(가) 행정상 조치

- 기관에 대한 행정상 조치

처분양정	위법·부당의 정도
시정	• 취소 또는 철회로 조속한 원상회복이 요구되는 사항 −행정처분이 위법부당하여 원상회복하지 않을 경우 해당 기관에 불이익 또는 부당한 손실이 발생할 우려가 있는 경우 등
개선	• 관련제도 또는 그 운영상의 개선이 요구되는 사항 −당해 기관 자체 제도상의 개선이 요구되는 사항 −신분상 소치보다는 제도운영상 개선을 요구함이 더 효과적인 경우
주의	• 관계공무원에게 책임을 물어야 할 사항이나 내용이 경미하다고 판단되는 경우 −법규 위반의 정도가 경미한 경우 −법규 해석상의 단순착오에 기인한 경우 −담당공무원의 경미한 과실에 기인한 경우
권고	• 감사대상기관의 장에게 행정운영의 경제성, 효율성, 공정성 등을 위한 문제의 개선방안을 마련할 필요가 있는 경우

- 시정 : 위법하거나 부당하다고 인정되는 사실에 대해 이를 취소·철회하거나 이행토록 하는 조치를 한다.
- 주의 : 교정 또는 원상회복이 불가능하거나, 시정요구 당시 위법부당사항이 치유되었거나, 시정함으로 인하여 오히려 공익에 반하는 경우에는 적절한 조치를

취한다.

- 개선 : 위반사항이 법령 · 제도, 사무처리 절차 · 방법 · 수단 · 통제 · 행정규칙 등의 모순, 불합리 · 미비 등이 원인인 경우에는 근본적인 개선 조치한다.

※ 처분내용이 「주의」에 해당되나 보완, 재교육 등 비록 경미하더라도 별도 조치할 사항이 있는 경우는 반드시 「주의 · 시정」 또는 「주의 · 개선」으로 처분한다.

(나) 재정상 조치

- 추징 : 법령적용 착오 · 자료조사 미비 등으로 인한 국고손실 및 세입결함이 발생된 경우에는 이를 정당하게 보존하도록 조치한다.
- 회수 : 법령적용의 착오 · 자료조사의 불철저 등으로 과오(過誤) 지급된 금품을 되돌려 받도록 하는 조치한다.
- 환부 : 국가 또는 공공단체가 과오납(過誤納)된 세입 · 부과금 등을 되돌려 주도록 조치한다.
- 감액 : 공사원가 계상시 물량이나 단가가 과다 계상된 부분에 대한 설계변경 등을 통하여 금액을 재조정하는 조치한다.
- 재시공 : 공사의 미시공 또는 부실시공된 부분에 대하여 설계서대로 시공토록 하는 조치한다.
- 변상 : 공무원의 고의 · 과실로 국가 또는 공공단체에 재산상의 손해를 끼쳤을 때 손실금을 공무원으로부터 환수 · 조치한다.

(다) 관련공무원에 대한 신분상 조치

- 징계 : 중징계(파면 · 해임 · 정직)와 경징계(감봉 · 견책)로 구분하며, 징계시효기간은 징계사유가 발생한 날로부터 2년이 경과하면 시효 완성(단, 공금횡령 · 유용, 금품수수 및 향응 등은 3년)한다.
  - 문책자에 대해서는 확인서, 문답서를 필히 징구하여 책임소재를 분명히 함
  - 사안(시책 · 주요사업 등)에 따라 결재자 등 관련자의 설명 · 소명이 필요한 사실에 대해서는 질문서 발급(감사처분에 오류가 없도록 하기 위해서는 기관장 · 간부의 의견청취 긴요)

  ※ 감사결과를 충분한 검토 없이 자의적으로 판단(중한 잘못을 경미하다고 속단)하여 문답서를 징구하지 않은 경우가 자주 발생

처분양정	위법 · 부당의 정도
징계	• 징계책임을 물을 수 있을 정도로 중요하다고 판단되는 사항 –중대하고 명백한 법규 위반이나 관계공무원의 고의 또는 중대한 과실로 인하여 질서를 심히 문란시킨 경우 –경고처분을 받은 적이 있는 자가 다시 동일 또는 유사한 사유로 경고처분에 해당하는 지적을 받은 경우
경고	• 징계책임을 물을 정도에 이르지 아니하는 사항이나, 관계공무원에게 상당한 책임이 있다고 판단되는 사항 –주의(또는 훈계)처분을 받은 적이 있는 자가 다시 동일 또는 유사한 사유로 지적을 받은 경우 –관계공무원의 업무 미숙 등으로 공정성을 저해한 경우 –정부의 정책 또는 제도개선 내용의 이행에 극히 소극적인 경우
주의	• 그 내용이 극히 경미하여 관계공무원의 책임을 묻기 어려운 경우 • 제도운영에 대한 계도의 필요성이 있는 경우

- 경고 · 훈계 : 징계사유에 이르지 아니하는 경미한 비위와, 징계시효가 만료된 비위자에 대하여 주의 각성을 촉구하는 조치를 취한다.
  - 기관장 고의적 또는 반복적 법규위반, 직무처리를 현저하게 태만히 한 경우 등에 대한 조치
  - 기관장의 부당한 지시 또는 정책결정이 원인인 경우 기관장에게, 여러 부서의 위법한 업무처리로 인한 경우 기관에 대한 경고 조치
  - 기관장 경고 또는 기관경고 처분을 받은 기관에 대해서는 특별감사 대상으로 지정하여 특별감사를 실시할 수 있고, 각종의 재정지원 또는 포상에 불이익 조치

(6) 감사결과 처리에 필요한 증거서류

감사증거서류 작성요령(감사원 예규 제160호)의 별첨에 의하면 감사결과 처리와 증거서류의 종류는 도표 1-14와 같다.

도표 1-14 처분인정 종류

처분요구종류	구 분	문답서	질문서	감사결과 처리 의견서	확인서 또는 증거서류 사본 등	비 고
변상판정	1. 사안의 내용이 명백하고 다툼의 여지가 없는 사항	○	○		○	
	2. 책임소재 및 변상판정요건 등의 규명을 필요로 하는 사항	○	○		○	변상책임자가 기관장 등인 경우 질문서 발부 생략
징계문책	1. 사안의 내용이 명백하고 다툼의 여지가 없는 사항		○		○	
	2. 책임소재 및 행위동기 등의 규명을 필요로 하는 사항	○	○		○	징계, 문책 대상자가 기관장 등인 경우 질문서 발부 생략
통보	1. 사안의 내용이 명백하고 다툼의 여지가 없는 사항		○		○	(인사자료)
	2. 책임소재 및 행위동기 등의 규명을 필요로 하는 사항	○	○		○	(인사자료)
	3. 비위사실조사 미진 등으로 대상기관으로 하여금 조사 처리토록 하는 사항		○		○	(인사자료)
시정	1. 국민의 재산권 및 대상기관 업무에 중대한 영향을 미치는 중요한 사항으로서 대상기관의 의견을 들어 처리할 사항과 다툼의 여지가 있는 사항		○		○	
	2. 사안의 내용이 명백하고 다툼의 여지가 없는 사항			○	○	
	3. 추징, 회수, 보전을 요하지 아니하는 경미한 사항			○	○	
주의	1. 행정선례의 변경 등을 요구하는 중요한 사항		○		○	
	2. 기타사항			○	○	

도표 1-14 처분인정 종류(계속)

처분 요구 종류	구 분	문답서	질문서	감사결과 처리 의견서	확인서 또는 증거서류 사본 등	비 고
개선			○		○	
권고	정책개선을 요하는 중요한 사항(개선대안을 제시하는 사항)		○		○	
통보	1. 문제점을 알려 자율적으로 개선대안을 마련하게 할 필요가 있는 사항		○		○	
	2. 기타사항		○			
모범선행 통보				○	○	
현지조치 사항				○	○	

제2장

지방자치단체에 대한 행정감사

I 지방자치단체에 대한 외부감사

현행 우리나라의 지방자치단체에 대한 감사제도는 국정감사 · 조사, 중앙정부에 의한 외부감사와 지방자치단체의 자체감사로 나눌 수 있다.

1. 국정감사 · 조사

국회는 국가위임사무와 국가가 보조금 등 예산을 지원하는 사업을 수행하는 지방자치단체 중 특별시, 광역시, 도에 대하여 국정감사를 수행할 수 있다(국정감사에관한법률 제7조). (구체적인 내용은 제1장 III. 4. 31쪽 참조)

2. 감사원 감사

감사원은 대통령에 소속하되 직무에 관하여는 독립의 지위를 가진다(감사원법 제2조).[28] 감사원은 필요적 검사사항으로 지방자치단체의 회계검사를 할 수 있으며(같은법 제22조), 선택적 검사사항으로 국가 또는 지방자치단체가 직접 또는 간접으로 보조금 · 장려금 · 조성금 및 출연금 등을 교부하거나 대부금 등 재정원조를 공여한 자의 회계 등을 규정하고 있다(같은법 제23조). 감사원은 필요하다고 인정하는 때에는 감사원 규칙이 정하는 바에 의하여 일부 감사대상 기관에 대한 감사사무(사실의 조사 · 확인 및 분석 등의 사무로서, 국민의 권리 · 의무와 직접 관계되지 아니하는

28) 감사원의 감사대상기관은 2010. 6. 30 기준으로 16개 광역자치단체와 228개 기초자치단체 그리고 지방자치단체가 출자 · 출연한 217개 기관 등 470여개 기관이다(감사원 2010).

사무에 한한다) 중 일부를 각 중앙관서 · 지방자치단체 및 정부투자기관의 장으로 하여금 대행하게 하고 그 결과를 제출하게 할 수 있다(감사원법 제50조의2).

3. 중앙행정기관의 합동감사

지방자치단체 또는 그 장이 위임받아 처리하는 국가사무에 관하여는 시 · 도에 있어서는 주무부 장관의, 시 · 군 · 구 및 자치구에 있어서는 1차로 시 · 도지사의, 2차로 주무부 장관의 지도 · 감독을 받고, 시 · 군 및 자치구 또는 그 장이 위임받아 처리하는 시 · 도의 사무에 관하여는 시 · 도지사의 지도 · 감독을 받는다(지방자치법 제167조). 주무부장관은 시 · 도에 위임한 사무에 대하여 감사할 수 있다(같은법 제171조의 2).

행정자치부 장관 또는 시 · 도지사는 지방자치단체의 자치사무에 관하여 보고를 받거나 서류 · 장부 또는 회계를 감사할 수 있다. 이 경우 감사는 법령 위반사항에 한한다(같은법 제171조). 행정감사기준에서는 감사의 종류를 종합감사와 부분감사로 구분하고 있으며, 각 행정기관이 당해 기관에 대하여 실시하는 감사와 그 하급기관(지방자치단체를 포함한다)에 대하여 실시하는 감사로 구분하고 있다. 이때 자치단체에 대한 종합감사는 각 행정기관이 당해 기관에 대하여 실시하는 감사와 그 하급기관에 대하여 실시하는 감사로 구분하여 주기별로 실시한다. 특정 행정운영 사항에 대하여 감사실시 기관의 장이 필요하다고 인정하는 경우에 실시하는 부분감사는 각 행정기관이 당해 기관에 대하여 실시하는 감사와 그 하급기관에 대하여 실시하는 감사로 구분하여 실시하며, 기강감사는 각 행정기관이 당해 기관 또는 그 하급기관 소속 공무원의 복무의무 위반 또는 비위사실이 발생하거나 발생할 우려가 있는 경우에 당해 사실에 대하여 실시한다.

위에서 설명한 지방자치단체에 대한 감사제도를 요약하면 도표 2-1과 같다.

4. 주민감사청구에 의한 외부감사

가. 주민감사 청구절차

지방자치단체의 주민은 19세 이상의 일정 수 주민은 시 · 도에 있어서는 주무부장관에게 시 · 군 자치구에 있어서는 시 · 도지사에게 당해 지방자치단체와 그 장의 권한에 속하는 사무의 처리가 법령에 위반되거나 공익을 현저히 해한다고 인정되는 경

도표 2-1 지방자치단체에 대한 감사제도

구분	감사원	국 회	중앙행정기관	지방의회	자체감사
법적근거	감사원법	헌법, 국회법	지방자치법 제171조	지방자치법 제41조 같은법 시행령	행정감사규칙
감사유형	회계검사 직무감찰	국정감사 · 조사	지도감독 사무감사	행정사무감사 행정사무조사	종합감사 부분감사 기강감사
대상기관	지방자치단체	중앙행정기관, 지방자치단체	지방자치단체	집행기관 소속기관 하부기관 지방공기업 등	본청 소속기관 산하기관
대상사무	회계 직무	국가사무	국가사무 시 · 도사무	자치사무 단체수임사무(명문 규정이 없는 경우)	기관수임사무 단체수임사무 자치사무

우에는 감사를 청구할 수 있다(지방자치법 제16조, 도표 2-2 참조).

도표 2-2 주민감사 청구절차도

감사청구인 서명 요청

- 내표자는 증명서를 교부한 날부터 시 · 도에 있어서는 6월 이내, 시 · 군 · 구는 3월 이내에 주민을 대상으로 청구인 명부에 서명 요청

⇩

- 19세 이상의 주민 중 조례가 정하는 일정 수 이상 주민서명 필요

감사청구인 대표자 증명

- 19세 이상의 주민 중 감사를 청구하고자 하는 청구인의 대표자는 주무부장관 또는 시 · 도지사에게 문서로 대표자증명서 교부신청

⇩

- 시 · 도 ⇒ 주무부장관, 시 · 군 · 구 ⇒ 시 · 도지사에게 감사 청구

감사청구인 명부 제출

- 서명요청기간이 경과한 날부터 시 · 도에 있어서는 10일 이내, 시 · 군 · 구에 있어서는 5일 이내 주무부장관과 시 · 도지사에게 청구인 명부 제출

⇩

- 주무부장관, 시 · 도지사는 청구인 명부를 공개된 장소에 비치 · 열람

청구인 명부 보정

- 주무부장관 또는 시 · 도지사는 청구인 명부에 서명한 주민 수 미달 시 대표자로 하여금 시 · 도는 5일, 시 · 군 · 구는 3일 이내 보정 허용

⇩

- 청구인 명부의 이상 유무에 대해서는 감사청구심의회가 심사

감사 실시 · 결과 통지

- 주무부장관 또는 시 · 도지사는 감사청구를 수리한 날부터 60일 이내에 감사를 종료하고 감사결과를 대표자와 자치단체장에게 서면통지 · 공표

⇩

- 감사기간 연장 시 청구인 대표자와 자치단체장에게 통지 · 공표
- 기간 내 감사종료가 어려운 정당한 사유발생시 감사기간 연장

감사결과 조치요구

- 주무부장관 또는 시 · 도지사는 당해 자치단체장에게 감사결과에 따라 기간을 정하여 필요한 조치를 요구, 요구내용 통지 · 공표

⇩

- 주무부장관 또는 시 · 도지사는 감사결과 조치요구내용 통지 · 공표

조치요구 이행 및 보고

- 당해 자치단체장은 조치요구를 성실히 이행하고 그 조치결과를 지방의회와 주무부장관 또는 시 · 도지사에게 보고

⇩

- 주무부장관 또는 시 · 도지사는 자치단체장의 조치결과 통지 · 공표

⇩

- 조치결과에 불복할 때에는 주민소송 선택

나. 주민의 연서에 의한 감사청구 요건

(1) 감사청구에 필요한 주민 수 요건

지방자치단체의 19세 이상의 주민은 시 · 도는 500명, 지방자치법 제174조 규정에 의한 50만 이상의 시는 300명, 그 밖의 시 · 군 및 자치구는 200명을 초과하지 아니하는 범위 안에서 당해 지방자치단체의 조례가 정하는 19세 이상의 주민 수 이상의 연서로 시 · 도에 있어서는 주무부장관에게, 시 · 군 및 자치구에 있어서는 시 · 도지사에게 감사를 청구할 수 있다(지방자치법 제16조 제1항).

(2) 감사청구 사유

당해 지방자치단체와 그 장의 권한에 속하는 사무의 처리가 법령에 위반되거나 공익을 현저히 해한다고 인정되는 경우에는 감사를 청구할 수 있다(같은조 제1항).

(3) 감사 청구대상에서 제외되는 사항

다음 각 호의 1에 해당하는 사항은 감사 청구대상에서 제외한다(같은조 제1항).

① 수사 또는 재판에 관여하게 되는 사항

② 개인의 사생활을 침해할 우려가 있는 사항

③ 다른 기관에서 감사하였거나 감사중인 사항. 다만, 다른 기관에서 감사한 사항이라도 새로운 사항이 발견되거나 중요사항이 감사에서 누락된 경우와 제17조 제1항의 규정에 의하여 주민소송의 대상이 되는 경우에는 그러하지 아니하다.

④ 동일한 사항에 대하여 제17조 제2항 각 호의 어느 하나에 해당하는 소송이 계속중이거나 그 판결이 확정된 사항

(4) 감사 청구를 할 수 없는 사항

주민의 연서에 의한 감사 청구는 당해 사무처리가 있었던 날 또는 종료된 날로부터 2년을 경과하면 제기할 수 없다(같은조 제2항).

다. 감사 청구에 대한 주무부장관 또는 시 · 도지사의 책무

첫째, 주무부장관 또는 시 · 도지사는 감사 청구를 수리한 날부터 60일 이내에 감사 청구된 사항에 대하여 감사를 종료하여야 하며, 그 감사결과를 청구인의 대표자와 당해 지방자치단체의 장에게 서면으로 통지하고 이를 공표하여야 한다.

둘째, 다만 그 기간 내에 감사를 종료하기가 어려운 정당한 사유가 있는 때에는 그 기간을 연장할 수 있다. 이 경우 이를 미리 청구인의 대표자와 당해 지방자치단체의 장에게 통지하고 공표하여야 한다(같은조 제3항).

셋째, 주무부장관 또는 시·도지사는 주민이 감사 청구를 한 사항이 다른 기관에서 이미 감사한 사항이거나 감사중인 사항인 경우에는 그 기관에서 실시한 감사결과 또는 감사중인 사실과 감사종료 후 그 결과를 통지하겠다는 사실을 청구인의 대표자에게 통지하여야 하고, 당해 기관에도 그 사실을 통지하여야 한다(같은조 제4항).

넷째, 주무부장관 또는 시·도지사는 주민감사 청구를 처리함에 있어서 청구인의 대표자에게 반드시 증거제출 및 의견진술의 기회를 부여하여야 한다(같은조 제5항).

다섯째, 주무부장관 또는 시·도지사는 당해 지방자치단체의 장에게 감사결과에 따라 기간을 정하여 필요한 조치를 요구할 수 있다. 이 경우 당해 지방자치단체의 장은 이를 성실히 이행하여야 하고 그 조치결과를 지방의회와 주무부장관 또는 시·도지사에게 보고하여야 한다(같은조 제6항).

여섯째, 주무부장관 또는 시·도지사는 감사결과 조치 요구내용과 당해 지방자치단체의 장의 조치결과를 청구인의 대표자에게 서면으로 통지하고 이를 공표하여야 한다(같은조 제7항).

라. 청구인 대표자와 그 증명

주민이 감사 청구 시 대표자를 선정하고 이를 청구인 명부에 기재하여야 한다(제15조 제3항 준용). 감사를 청구하고자 하는 청구인의 대표자(이하 "대표자"라 한다)는 청구의 취지와 이유 등을 기재한 감사청구서(이하 "청구서"라 한다)를 덧붙여 당해 주무부장관 또는 시·도지사에게 문서로 대표자증명서의 교부를 신청하여야 한다(지방자치법 시행령 제12조 제1항 준용).

마. 서명 및 청구

(1) 서명 요청권 및 그 위임절차

첫째, 대표자는 19세 이상의 주민에게 청구인 명부에의 서명을 요청할 수 있다.

둘째, 대표자는 서명 요청서에 청구서 또는 그 사본과 대표자증명서 또는 그 사본을 덧붙여야 한다(이상 같은법 시행령 제13조 제1항 준용).

셋째, 대표자는 19세 이상의 주민에게 감사를 위한 주민의 서명 요청권을 위임할 수 있다(같은법 시행령 제13조 제2항 준용).

넷째, 대표자가 서명 요청권을 위임한 때에는 수임자의 성명 및 위임 연월일을 당해 주무부장관 또는 시·도지사에게 신고하여야 한다. 이 경우 주무부장관 또는 시·도지사는 즉시 "위임신고증"을 교부하여야 한다. 이때부터 수임자는 20세 이상의 주민에게 청구인 명부에의 서명을 요청할 수 있다. 이 경우 수임자는 청구서 또는 그 사본, 대표자증명서 또는 그 사본 및 위임신고증을 덧붙여야 한다(같은법 시행령 제13조 제3항 준용).

다섯째, 누구든지 "공직선거및선거부정방지법" 제33조의 규정에 의한 선거기간 중에는 감사 청구를 위한 주민의 서명을 요청할 수 없다(같은법 시행령 제13조 제5항 준용).

(2) 서명 및 청구인 명부의 작성방법

첫째, 청구인 명부에 서명하고자 하는 20세 이상의 주민은 청구인 명부에 성명·주민등록번호·주소 및 서명일자를 기재하고 서명·날인하여야 한다.

둘째, 서명을 한 자는 대표자가 당해 주무부장관 또는 시·도지사에게 청구인 명부를 제출하기 전에 이를 취소할 수 있다. 이 경우 대표자는 즉시 청구인 명부에서 당해 서명을 삭제하여야 한다.

셋째, 청구인 명부는 시·군·자치구에 있어서는 읍·면·동별로 작성하고, 시·도에 있어서는 시·군·자치구별로 읍·면·동으로 구분하여 이를 작성하여야 한다. (이상 같은법 시행령 제14조 준용)

(3) 청구인 명부의 제출 및 열람사항의 공표

청구인 명부가 제출된 때에는 주무부장관 또는 시·도지사는 대표자의 성명·주소, 청구취지 및 이유, 연서주민 수, 청구인 명부 열람기간·장소 및 이의신청방법 등을 공표하여야 한다(같은법 시행령 제15조 준용).

(4) 청구인 명부의 열람 및 이의신청 등

첫째, 열람한 사항에 대하여 이의신청을 하고자 하는 때에는 그 사유를 기재한 서면으로 하여야 한다(이하 같은법 시행령 제15조 준용).

둘째, 주무부장관 또는 시·도지사는 청구인 명부에 기재된 서명이 정당한 서명자가 아니거나 누구의 서명인가를 확인하기 어려운 때에는, 감사청구심의회의 심의를 거쳐 이를 무효로 결정하고 청구인 명부를 수정한 후 이를 즉시 대표자에게 통지하여야 한다.

셋째, 주무부장관 또는 시 · 도지사는 청구서명 내용에 대한 이의신청에 대한 심사 · 결정을 하는 때에는 미리 감사청구심의회의 심의를 거쳐야 한다.

바. 공표 · 열람 및 이의신청

주민감사 청구가 있는 때 자치단체장은 즉시 그 내용을 공표하고, 청구 접수일로부터 7일간 청구인 명부 또는 그 사본을 공개된 장소에 비치하여 열람할 수 있도록 하여야 한다. 청구인 명부의 서명에 관하여 이의가 있는 자는 열람기간 내에 이의신청을 할 수 있다(같은법 시행령 제15조 제3, 4항 준용).

사. 이의신청에 대한 심사결정

이의신청이 있는 경우 이의신청 기간 종료일부터 14일 이내 심사 결정하여야 한다. 이의신청을 받아 검토한 결과 이유가 있다고 결정한 때 청구인 명부를 수정하고 이의신청한 자와 청구 대표자에게 통지하여야 하며, 이유가 없다고 결정한 때 이의신청한 자에게 통지하여야 한다(같은법 시행령 제15조 제5항 준용).

아. 청구요건 심사

주민감사 청구에 대한 이의신청이 없거나 이의신청에 대한 결정이 완료된 경우 유효 서명 수, 대상 여부를 검토하여 수리 또는 각하를 결정한다. 청구요건을 갖추지 못한 경우에는 청구를 각하하고 이를 대표자에게 통지한다. 주무부장관 또는 시 · 도지사는 주민의 연서에 의한 감사 청구를 수리 또는 각하하는 때에는 미리 감사청구심의회의 심의를 거쳐야 한다(같은법 시행령 제15조 제6항 준용).

Ⅱ 지방자치단체의 자체감사체제

1. 자체감사 활동

가. 자체감사계획의 수립 · 실시

감사기구의 장은 자체감사 대상기관에 대한 감사계획을 수립하여 자체감사를 하여야 한다. 자체감사의 종류, 감사계획의 수립, 자체감사 대상기관에 대한 감사계획 통보 등에 관하여 필요한 사항은 다음과 같다(공공감사에 관한 법률 제19조).

나. 자료 제출 요구

감사기구의 장은 자체감사를 위하여 필요할 때에는 자체감사 대상기관 또는 그 소속 공무원이나 직원에 대하여 다음 각 호의 조치를 할 수 있다(같은법 제20조).

① 출석·답변의 요구(「정보통신망 이용촉진 및 정보보호 등에 관한 법률」에 따른 정보통신망을 이용한 요구를 포함한다)
② 관계 서류·장부 및 물품 등의 제출 요구
③ 전산정보시스템에 입력된 자료의 조사
④ 금고·창고·장부 및 물품 등의 봉인 요구

각 호에 따른 조치는 감사에 필요한 최소한도에 그쳐야 한다. 각 호에 따른 조치를 요구받은 자체감사 대상기관 및 그 소속 공무원이나 직원은 정당한 사유가 없으면 그 요구에 따라야 한다. 중앙행정기관등의 장은 자체감사 대상기관이 아닌 중앙행정기관등이 보유한 자료 또는 정보를 이용하지 아니하면 감사를 할 수 없는 경우 해당 중앙행정기관등의 장에게 필요한 자료 또는 정보의 제출을 요청할 수 있다. 감사기구의 장 및 감사담당자는 감사를 위하여 제출받은 정보 또는 자료를 감사 목적 외의 용도로 이용할 수 없다.

다. 실지감사 및 일상감사

감사기구의 장은 자체감사 대상기관에 감사담당자를 보내 실지감사를 할 수 있다(공공감사에 관한 법률 제21조). 감사기구의 장은 자체감사기구가 소속된 기관의 주요 업무 집행에 앞서 그 업무의 적법성·타당성 등을 점검·심사하는 일상감사를 하여야 한다.

감사기구의 장은 일상감사에 따라 확인된 사항에 대하여는 자체감사를 하지 아니할 수 있다(같은법 제22조).

감사기구의 장은 제출된 서류 등에 의하여 일상감사를 실시한다. 다만 감사기구의 장이 필요하다고 인정할 때에는 감사담당자 등을 현지에 파견하여 실지감사를 할 수 있다. 주요정책, 인사관리, 예산관리, 계약업무 등을 집행하는 기관 또는 부서의 장 아래 도표 2-3에 규정된 업무의 집행에 앞서 일상감사를 의뢰하여야 한다.

도표 2-3 일상감사의 대상 · 기준(제14조 관련)

대상업무분야	일상감사사항
법령 등 개정	법령, 자치법규, 정관의 주요 제 · 개정 사항
주요정책	각 기관에서 주요정책, 주요사업 등으로 분류하여 진도파악 또는 그 결과의 심사평가 등을 하는 정책, 사업 등의 방침 결정
인사관리	소속 공무원 또는 직원의 임용에 관한 주요사항
예산관리	예산의 이 · 전용, 이월, 예비비 지출에 관한 주요사항
계약	공사, 물품의 제조 · 구매, 용역, 기타
기타	중앙행정기관등의 장 또는 감사기구의 장이 필요하다고 인정하는 사항

집행기구의 장으로부터 일상감사를 의뢰받은 감사기구의 장은 일상감사결과 위법 또는 부당하다고 인정되는 사실이 있을 때에는 그 의견을 집행기구의 장에게 통보하여야 한다. 이에 따라 집행기구의 장은 감사기구의 장의 의견에 대하여 적절한 조치를 하고 조치결과를 감사기구의 장에게 통보하여야 하며, 집행업무의 결재권자에게는 감사기구의 장의 의견과 이에 대한 조치결과를 보고하여야 한다(같은법 제14조).

라. 감사결과의 통보 및 처리

중앙행정기관등의 장은[29] 특별한 사정이 없으면 자체감사가 종료된 후 60일 이내에 그 감사결과를 자체감사 대상기관의 장 및 감사원에 통보하여야 한다. 이 경우 감사원에 대한 통보는 특별시 · 광역시 · 도의 경우에는 행정안전부장관을, 시 · 군 · 자치구의 경우에는 특별시 · 광역시 · 도와 행정안전부장관을, 특별시 · 광역시 · 도 교육청의 경우에는 교육과학기술부장관을, 공공기관의 경우에는 해당 공공기관의 업무를 관장하는 행정기관(이하 "주무기관"이라 한다)의 장을 각각 거쳐야 한다.

감사결과에는 「회계관계직원 등의 책임에 관한 법률」 제6조에 따른 변상명령, 징계 · 문책, 시정, 주의, 개선, 권고, 고발 등의 처분 요구 또는 조치사항이 포함되어야 한다. 감사결과를 통보받은 자체감사 대상기관의 장은 정당한 사유가 없으면 감사결과의 조치사항을 이행하고 그 이행결과를 자체감사를 한 중앙행정기관등의 장에게 통보하여야 하며, 그 이행결과를 통보받은 중앙행정기관등의 장은 그 내용을 검토한

29) 감사기구의 장이 해당 기관의 집행기관과 독립하여 설치되어 있는 공공기관의 경우에는 감사기구의 장을 말한다.

후 검토한 내용과 함께 이행결과를 감사원에 지체 없이 통보하여야 한다.

이 경우 감사원에 대한 통보에 관하여는 제1항 후단을 준용한다. 중앙행정기관등의 장은 감사과정에서 자체감사 대상기관이 아닌 기관의 장의 권한에 속하는 사항으로서 위법 또는 부당하다고 인정되는 사실을 발견한 경우에는 감사 종료 후 지체 없이 관련 사실을 해당 기관 및 감사원에 통보하여야 한다(같은법 제23조).

마. 징계 또는 문책사유의 시효정지

중앙행정기관등의 장은 특정사건에 대한 조사를 개시한 때와 이를 종료한 때에는 10일 이내에 자체감사 대상기관의 장에게 그 사실을 통보하여야 한다. 조사 개시의 통보를 받은 기관·단체의 장은 감사가 진행 중인 특정사건에 대하여는 조사 개시의 통보를 받은 날부터 징계 또는 문책 절차를 진행하지 못한다.

징계 또는 문책 절차를 진행하지 못하여 법령 또는 해당 기관·단체가 정한 징계 또는 문책 사유의 시효기간이 만료되거나 시효의 남은 기간이 1개월에 못 미치게 될 때에는 그 시효기간은 제1항에 따른 조사종료의 통보를 받은 날 또는 같은법 제23조 따라 처분 요구 또는 조치사항을 통보받은 날부터[30] 1개월이 경과한 날에 만료되는 것으로 본다(같은법 제24조).

바. 재심의 신청 등

자체감사를 한 중앙행정기관 등의 장으로부터 감사결과를 통보받은 자체감사 대상기관의 장은 그 감사결과가 위법 또는 부당하다고 인정할 때에는 그 통보를 받은 날부터 1개월 이내에 통보를 한 중앙행정기관등의 장에게 재심의를 신청할 수 있다[31] (도표 2-4참조). 재심의를 신청하는 경우에는 신청이유와 내용을 분명히 밝히고 필요한 증거자료가 있으면 첨부하여야 한다. 재심의를 신청받은 중앙행정기관등의 장은 지체 없이 자체감사기구에 재심의 신청을 검토하게 하여야 한다. 재심의신청이 다음과 같이 요건을 갖추지 못하였을 때에는 각하한다(같은법 시행령 제15조).

① 재심의 신청대상이 아니거나 재심의를 신청할 수 있는 자가 아닌 경우

② 신청기간이 경과한 경우

③ 재심의 신청대상이 되는 감사결과가 심사, 심판, 재심의, 재판 등에 의하여 확

30) 제25조제1항에 따라 재심의를 신청하였을 때에는 그 결과를 통보받은 날을 말한다.

31) 다만, 변상명령에 대한 불복에 관하여는「회계관계직원 등의 책임에 관한 법률」 제6조제3항부터 제5항까지의 규정에 따른다.

정된 사안인 경우

④ 기타 법령이 정한 요건 및 절차를 갖추지 못한 경우

위 제4호의 경우 보정할 수 있다고 인정하는 경우에는 재심의를 신청받은 중앙행정기관등의 장은 상당한 기한을 정하여 그 보정을 요구할 수 있으며 그 기간에 보정이 된 경우에는 처음부터 적법한 재심의 신청이 된 것으로 본다. 다만 소정 기간 내에 보정하지 아니하였을 때에는 재심의 신청을 각하한다.

중앙행정기관등이 재심의 신청을 각하를 하였을 때에는 신청인에게 그 뜻을 문서로 통보하여야 한다. 신청인은 재심의 신청에 대한 중앙행정기관등의 장의 결정이 있을 때까지 서면으로 재심의 신청을 취하할 수 있다. 중앙행정기관등의 장은 법 감사결과를 통보한 사항으로서 직권으로 재심의하여 그 내용을 변경하거나 취소할 필요가 있다고 인정할 때에는 재심의 신청사항의 처리절차에 준하여 재심의한다(같은 법 시행령 제15조 2, 3, 4항).

도표 2-4 재심의신청서(제16조 관련)

<table>
<tr><td rowspan="3">1. 신청인</td><td>주 소
(기관의 소재지)</td><td colspan="3"></td></tr>
<tr><td>기 관 명</td><td></td><td>직 명</td><td></td></tr>
<tr><td>성 명</td><td></td><td>전화번호</td><td></td></tr>
<tr><td colspan="2">2. 재심의 신청대상과 관련된 기관명</td><td colspan="3"></td></tr>
<tr><td colspan="2">3. 재심의 신청의 대상이 되는 처분요구 등의 내용</td><td colspan="3"></td></tr>
<tr><td colspan="2">4. 재심의 신청의 취지 및 그 이유</td><td colspan="3"></td></tr>
<tr><td colspan="2">5. 처분요구 등을 통보받은 날</td><td colspan="3"></td></tr>
<tr><td colspan="2">6. 대리인의 성명 및 주소</td><td colspan="3"></td></tr>
<tr><td colspan="5">「공공감사에 관한 법률」 제25조 및 같은법 시행령 제16조의 규정에 의하여 관계서류를 첨부하여 위와 같이 재심의를 신청합니다.

20 . . .
신청인 (인)

첨부서류 : 표지 포함 매.

귀중</td></tr>
</table>

중앙행정기관등의 장은 재심의신청이 이유가 없다고 인정될 때에는 기각하고, 이유가 있다고 인정될 때에는 그 감사결과를 취소하거나 변경하여야 한다. 재심의신청을 받은 중앙행정기관등의 장은 특별한 사정이 없으면 재심의신청을 접수한 날부터 2개월 이내에 처리하여야 한다(같은법 제25조).

사. 감사결과의 공개

중앙행정기관등의 감사결과는 원칙적으로 공개한다. 다만, 「공공기관의 정보공개에 관한 법률」 제9조제1항 다음과 같은 각 호의 어느 하나에 해당하는 정보는 공개하지 아니할 수 있다(같은법 제26조).

아. 외부전문가 등의 참여

감사기구의 장은 회계 · 보건 · 환경 · 건설 등 전문지식이나 실무경험 등이 요구되는 분야를 감사하는 경우 외부 전문기관 또는 외부전문가를 감사에 참여시킬 수 있다. 이 때 감사에 참여하는 외부 전문기관 또는 외부전문가에게는 예산의 범위에서 수당, 여비 및 그 밖에 필요한 경비를 지급할 수 있다. 이렇게 감사에 참여하는 외부전문가는 제20조부터 제22조까지 및 제29조를 적용할 때에는 감사담당자로 본다.

자. 감사활동에 필요한 예산 편성

중앙행정기관등의 장은 자체감사기구의 감사활동에 관한 예산을 편성할 때에는 자체감사기구의 독립성을 최대한 존중하여야 한다. 감사기구의 장 및 감사담당자에게는 대통령령으로 정하는 바에 따라 예산의 범위에서 수당과 그 밖에 자체감사에 필요한 경비를 지급할 수 있다(같은법 제28조).

차. 비밀유지 의무

감사기구의 장 및 감사담당자와 그 직에 있었던 자는 직무상 알게 된 비밀을 누설하여서는 아니 된다(같은법 제29조).

카. 자체감사기구 간의 협조

감사기구의 장은 감사활동에 필요한 경우 다른 중앙행정기관등의 감사기구의 장에게 협조를 요청할 수 있다. 요청을 받은 감사기구의 장은 이에 협조하도록 노력하여야 한다(같은법 제30조).

타. 감사활동개선 종합대책 등

중앙행정기관등의 장은 효율적인 자체감사제도의 운영과 자체감사의 성과를 높이기 위하여 자체감사 개선대책을 수립 · 시행한다. 이를 토대로 하여 감사원은 자체감사 개선대책을 종합하여 협의회의 협의 · 조정을 거쳐 감사활동개선 종합대책을 수립 · 시행한다. 중앙행정기관등의 장은 자체감사기구의 운영과 자체감사활동 추진 시 감사활동개선 종합대책을 준수하도록 노력하여야 한다(같은법 제32조).

파. 중복감사 금지

감사기구의 장은 이미 감사원 감사등이 실시된 사안에 관하여는 새로운 사실이 발견되거나 중요한 사항이 누락된 경우 등 아래 각호에 정하는 경우(같은법 시행령 제17조)를 제외하고는 자체감사기구의 자체감사 대상에서 제외하고 종전의 감사결과를 활용하여야 한다(같은법 제33조).

① 새로운 증거 또는 사실이 발견된 경우

② 감사증거서류 등이 위조 · 변조된 것이 증명된 경우

③ 감사결과에 영향을 미칠 만한 중요한 사항이 누락된 경우

하. 감사계획 협의

감사원과 중앙행정기관 등의 장은 필요한 경우 중복감사를 방지하고 감사의 효율성을 높이기 위하여 감사계획 등에 관하여 협의한다(같은법 제34조).

중앙행정기관등의 장은 자체감사계획을 수립하였을 때에는 이를 곧바로 감사원에 통보하여야 한다. 이미 수립한 자체감사계획을 변경하였을 때에도 이와 같다. 감사원은 필요하다고 인정되는 경우에는 중앙행정기관등의 장에게 제1항의 규정에 따라 통보받은 자체감사계획에 관하여 의견을 제시할 수 있다. 감사원은 감사계획의 협의(같은법 제34조) 및 감사활동개선 종합대책 수립(같은법 제32조), 감사원의 자체감사활동 지원(같은법 제38조) 등을 논의하기 위하여 필요한 경우에는 자체감사기구의 장 등이 참여하는 회의를 개최할 수 있다(같은법 시행령 제18조).

거. 감사원 감사의 대행

감사원은 감사원 감사등의 효율성을 높이고 중복감사를 방지하기 위하여 감사원 감사사무중 일부를[32] 자체감사기구로 하여금 대행하게 하고 그 결과를 제출하게 할

수 있다. 감사원은 감사 대행의 활성화계획을 수립 · 시행한다. 이렇게 감사를 받은 기관에 대하여는 감사원 감사의 전부 또는 일부를 하지 아니할 수 있다(같은법 제35조).

2. 자체감사 기구와 업무 분장

가. 시 · 도

(1) 서울특별시

서울특별시의 자체감사기능은 서울시의 법적 지위와 행정수요의 변화에 따라 변모하여 왔다. 1945년 한성부윤관방(漢城府尹官房) 조사실에서 감사기능을 수행하였으나 1946년 경기도로부터 서울시가 분리되어 사무처안에 감사실을 설치하였다(부정방지대책위원회 : 30). 그 후 약간의 변화를 거듭하여 왔으나 현재는 도표 2-5와 같이 서울특별시 감사관은 감사사무에 관하여 행정(1)부시장을 보좌한다. 감사관은 지방이사관 또는 부이사관으로 보하고 감사관 밑에 평가담당관, 감사담당관 및 조사담당관을 두고, 평가담당관은 지방부이사관 또는 지방서기관으로, 감사담당관은 지방서기관으로, 조사담당관은 지방서기관 또는 지방기술서기관으로 보한다. 평가담당관 밑에 평가총괄팀, 평가 1팀, 평가2팀, 평가3팀, 리스크관리평가팀, 시설안전평가팀을 두고, 감사담당관 밑에는 감사기획팀, 전략감사팀, 감사1팀 감사2팀, 감사 3팀, 기술감사팀을 두고, 감사기획팀장, 전략감사팀장, 기술감사팀장은 지방행정사무관으로, 기술감사팀장은 지방토목사무관 또는 지방건축사무관으로 보하고 있다[33].

조사담당관 밑에 조사1팀, 조사2팀, 시이비 조사팀, 기술조사팀 기강감찰팀 및 윤리사무팀을 두고, 조사1팀장, 조사2팀장, 조사3팀장 및 기강감찰팀, 윤리사무팀은 지방행정사무관으로, 기술조사팀장은 지방기계사무관 또는 지방전기사무관으로 보하고 있다.

32) 사실의 조사 · 확인 및 분석 등의 사무로서 국민의 권리 · 의무와 직접 관계되지 아니하는 사무로 한정한다.

33) 서울특별시 행정기구 설치조례시행규칙(2010.3.25) 제4조.

도표 2-5 서울특별시 자체감사기구

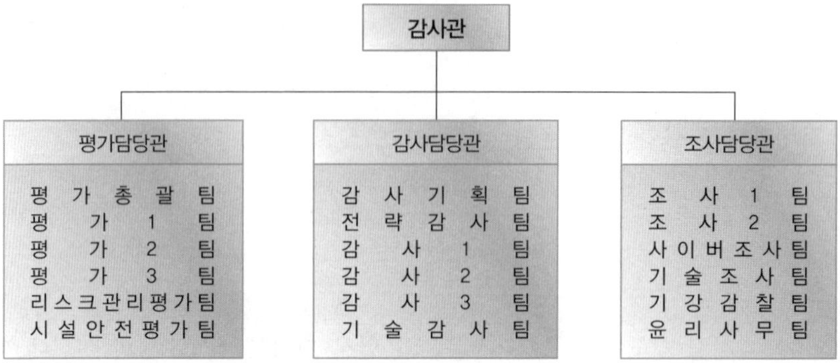

첫째, 평가담당관은 ① 성과관리계획 및 성과평가 총괄·조정 ② 업무평가위원회 운영 ③ 목표관리제 총괄·조정 및 종합관리 ④ 행정서비스 평가 ⑤ 국정시책합동평가 업무 수행 ⑥ 지시사항 평가·관리 ⑦ 위험관리의 총괄·조정·평가 등 종합운영 ⑧ 안전·위기관리 점검 및 평가 ⑨ 그 밖에 관내 다른 담당관의 주관에 속하지 아니하는 사항을 분장한다.

둘째, 감사담당관은 ① 감사에 관한 종합계획의 수립 및 조정 ② 감사실시기관 자체 감사계획의 조정·통제 ③ 시·자치구 및 그 산하기관 감사 ④ 지방공사·지방공단 및 출연기관과 시비보조단체·시금고에 대한 감사관련 사항 ⑤ 시·소속기관 및 산하단체에 대한 다른 기관의 감사결과 처리 ⑥ 감사자문위원회 운영에 관한 사항 ⑦ 공직자 기강감사에 관한 사항 ⑧ 관용심사위원회 운영에 관한 사항 ⑨ 청렴시책 관련 업무 ⑩ 소관사항 관련 징계처분된 공무원의 소청 및 행정소송에 관한 사항을 담당한다.

셋째, 조사담당관은 ① 비위사항의 조사·처리 ② 정보 및 동향보고사항의 처리 ③ 감사관이 명하는 조사사항의 처리 ④ 시민불편살피미 총괄·조정 및 지도감독 ⑤ 주요시책 사항의 점검 ⑥ 소관 사항 관련 징계 처분된 공무원의 소청 및 행정소송에 관한 사항 ⑦ 공직자 재산등록 및 공직자윤리위원회의 운영에 관한 사항 ⑧ 공직자 비리신고센터, 클린신고센터 운영에 관한 사항 ⑨ 공무원행동강령에 관한 사항 ⑩ 부조리신고보상금 지급제도 운영에 관한 사항을 분장한다.

(2) 광역시

광역시의 감사기구는 행정부시장 밑에 감사실을 두고, 감사실장은 부산광역시의 경우 부이사관으로, 그 밖의 광역시는 서기관으로 보하고 있다. 한편, 부산광역시의 경우 감사실 분장사무[34]를 살펴보면 다음과 같다.

- 감사에 관한 종합계획 수립·조정 및 시·사업소·자치구·군 업무감사
- 지방공기업 및 법령상 감독권이 있는 산하단체·협회·조합에 대한 감사 총괄
- 공무원의 비리조사, 도시환경 보전과 시정저해요인 사전예방 및 순찰처리
- 공직자 재산등록업무 처리
- 소관부서 사항에 대한 징계의결 요구 및 재심청구에 관한사항
- 기타 시장이 감사가 필요하다고 인정하는 사항 등

(3) 도

1964년 2월 22일자 대통령령 제1646호 「도와 직할시의 행정기구에 관한 건」개정으로 도에 기획감사실이 신설되었으며, 1968년 1월부터는 제주도를 제외한 각 도의 기획감사실에 세무사찰기능이 부여되었다. 그 후 1970년에 도의 기획감사실을 폐지하고, 기획관리실을 신설하여 그 밑에 도 본청 과장급으로 감사담당관을 두었다가 1972년에 감사담당관을 내무국 소속으로 옮기면서 그 명칭을 감사과로 개칭하였다. 1983년에 내무국 감사과를 폐지하고 기획관리실에 감사담당관을 설치하였다가 1994년 12월 31일자 대통령령 제14480호에 의한 각 도 직제개정에 따라 부지사 직속으로 감사실을 설치하였으며, 현재 각 도의 현행 감사기구는 공히 행정부지사 밑에 감사실장 또는 감사관을 두고 그 하부조직은 도표 2-6과 같다.

한편, 각 도 감사실의 기능과 사무분장은 대체로 비슷하며, 예컨대, 경상남도 감사실의 분장사무[35]는 다음과 같다.

- 도본청 및 산하기관에 대한 감사 및 재무감사
- 도본청, 직속기관, 사업소 및 시·군에 대한 토목·건축, 기타 기술업무에 대한 감사
- 산하단체, 협회, 조합에 대한 재무감사

34) 부산광역시행정기구설치조례(1996. 6. 14 조례제3292호) 제8조.
35) 경상남도 행정기구설치조례시행규칙(1997. 9. 18 규칙 제2383호). 제6조.

도표 2-6 각 도 감사기구

경기 : 행정부지사 - 감사관─감사당당관 · 조사담당관 · 계약심사담당관.
강원 : 행정부지사 - 감사관─감사담당 · 회계감사담당 · 기술감사담당 · 직무조사담당 · 법제담당 · 송무담당
충북 : 행정부지사 - 감사관─감사 · 재무감사 · 기술감사 · 조사
충남 : 행정부지사 - 감사관─회계감사 · 기술감사 · 조사 · 공직윤리 · 계약심사1 · 계약심사2
전북 : 행정부지사 - 감사관─감사총괄 · 회계감사 · 조사감찰 · 기술감사
전남 : 행정부지사 - 감사관─감사담당 · 회계감사담당 · 공직감찰담당 · 기술감사담당
경북 : 행정부지사 - 감사관─감사담당 · 회계감사담당 · 조사담당.
경남 : 행정부지사 - 감사관─감사담당 · 회계감사담당 · 기술감사담당 · 조사담당 · 공직윤리담당

(4) 제주특별자치도

(가) 설치근거 및 성격

- 제주특별자치도 설치 및 국제자유도시 조성을 위한 특별법 제66조의 규정에 의거 『자치 감사』 수행을 위하여 도지사 소속하에 감사위원회를 둔다. 이는 그 직무에 있어서 독립된 지위를 갖는 합의제 행정기관이다.

(나) 감사위원회의 설치목적

- 감사위원회 설치의 궁극적인 목적은 특별자치도의 감사권 독립 및 강화에 있다.
- 중앙감사의 과다 및 중복 등의 폐해를 해소하고 감사의 독립성 및 전문성, 책임성을 강화시켜 감사원 및 국정감사를 제외한 중앙 행정기관의 외부감사를 없애고 자치이념에 부합되는 민주적 · 자율적 내부통제 시스템을 구축하려는데 있다.

(다) 감사위원회의 기능

- 본청과 소속 행정기관 감사 및 처분
- 도지사의 감독을 받는 지방공기업, 단체, 법인 및 조합 감사 및 처분
- 교육청과 소속 교육기관 및 교육행정기관 감사 및 처분
- 특별자치도로 이관되는 특별지방행정기관에 대한 감사 및 처분

- 중앙행정기관이 감사위원회에 감사 의뢰하는 기관 감사 및 처분
- 변상명령 및 재심의
- 공무원 징계 및 문책처분 요구
- 시정 등의 요구, 개선요구 및 권고
- 공직기강 감찰활동
- 감사원 및 대통령비서실, 국무총리실 조사관련 업무
- 국민권익위원회 관련 소관 업무 처리
- 공무원 비위조사 처리
- 다수인 민원처리
- 진정 등 민원사항 처리
- 민원부조리 신고 창구 운영
- 공무원 사이버 범죄조사
- 시민감사관제 운영
- 적극행정 면책제도 운영

(라) 감사위원회의 구성

- 위원장 1인을 포함한 7인 이내의 위원으로 구성
  ※ 도의회에서 추천하는 3인을 포함하여 도지사가 임명 또는 위촉(임기 3년)
- 위원장은 정무직 지방공무원(인사청문회를 거쳐 도의회 동의를 얻음)

(마) 감사위원회의 의결사항

- 감사위원회의 감사정책 및 주요감사계획에 관한 사항
- 변상책임의 판정에 관한 사항
- 징계 및 문책처분의 요구에 관한 사항
- 개선요구 등에 관한 사항
- 시정 등의 요구 및 권고 등에 관한 사항
- 변상판정의 재심의에 관한 사항
- 심사청구결정에 관한 사항
- 감사위원회의 규정의 제정 및 개폐에 관한 사항
- 감사위원회의 정원에 관한 사항

- 감사위원회의 예산요구 및 결산에 관한 사항
- 감사의 생략에 관한 사항
- 감사사무의 대행에 관한 사항
- 기타 위원장이 부의한 사항

(바) 감사위원회의 조직

- 사무국장 밑에 감사과(31명)와 조사과(13명)를 둔다. 사무국장은 부이사관, 과장은 서기관으로 보임하고 그 업무는 다음과 같다.

① 감사과의 업무

- 감사계획의 수립 및 조정/감사제도 운영
- 감사위원회의 운영
- 감사원 감사지원 및 중앙행정기관 감사대행
- 도 본청 및 도의회사무처에 대한 감사
- 직속기관 · 사업소에 대한 감사
- 행정시에 대한 감사
- 도 교육청과 소속교육기관 및 교육행정기관 감사
- 지방공사, 출자.출연기관 등에 대한 감사
- 소방행정, 자치경찰 등에 대한 감사
- 공사설계 · 용역분야 현장 · 서면감사
- 도시계획(도시관리, 지적)관련 감사
- 대형건설공사 일상감사, 각종시설 안전감사

② 조사과의 과의 업무

- 공직기강 감찰활동계획 수립 및 분석평가
- 공무원 징계 및 심사청구에 관한 사항
- 공무원 비위 등 특별조사 및 처리
- 부조리 신고 센터 운영관리
- 다수인 민원처리 및 관리, 국민권익위원회 소관 사항
- 시민감사관제도 운영
- 중앙행정기관의 감사수감 및 지시사항처리
- 공무원의 비위조사처리 등의 사무를 관장하고 있다.

나. 시 · 군 · 자치구

1969년 2월을 기하여 전국의 모든 시에 감사전담 부서인 감사실이 설치되었으며, 1973년 1월에는 대구, 인천, 광주, 대전을 제외한 각 시의 감사실이 폐지되고 총무과의 감사계로 격하되었으나, 1975년 5월에 다시 각 시의 감사계가 과수준의 감사실로 부활되었다(한국지방행정연구원, 1988 : 54). 현재, 시 · 군 · 자치구의 감사기구를 보면 시에는 감사담당관, 군에는 기획감사실장, 자치구에는 감사담당관을 두고 있다.

Ⅲ 외국 지방자치단체의 감사제도

지방자치제도의 성장과 발전과정이 나라마다 다르듯이 지방자치단체의 감사제도 역시 나라마다 다르다. 여기서는 일본, 미국, 독일, 프랑스의 지방자치단체 감사제도를 살펴보기로 한다(도표 2-7).

도표 2-7 각국의 지방자치단체에 대한 감사체계

구분	국가적 차원의 감사	지방적 차원의 감사
미국	① 연방 또는 주정부 *30만$ 이상 보조금이나 지원금을 받는 경우에만 감사	① 자체감사 ② 지방의회 조사 ③ 외부계약감사등 지방정부의 특성에 따라 다양
영국	① 감사위원회 *성과감사에 중점 ② 감사위원회 下 지방감사원 설치 *회계감사에 중점	① 자체의 회계부서 감사 ② 지방의회 조사
프랑스	① 지방감사원 - 회계감사 *매 4년마다 종합감사	① 지방의회 조사
일본	① 회계검사원 - 재정감사 *일반업무는 대상에서 제외, 중앙에서 재정원조하는 회계사무만 대상 ② 총무성 행정평가국 ③ 각 성청별 분야별 감사 ④ 국회 국정조사 *실제 사용한 경우 없으며, 지방에 대한 국정 감사권은 없음	① 회계감사-감사위원은 자치단체장이 의회의 동의 얻어 선임. ② 외부감사계약에 근거한 외부감사 ③ 지방의회 감 · 조사권

자료 : 조성호 · 윤희웅(2009)

1. 일본

일본의 지방자치단체에는 감사위원회를 두고 있다. 감사위원회는 행정조직상 지방자치단체의 지휘·감독을 받지 않는 독립성과 위원 단독으로 직무를 수행할 수 있는 독임기관의 하나이다. 감사위원은 지방자치단체의 장이 의회의 동의를 얻어 전문가 및 지방의원 중에서 선임(위원정수 4인의 경우 1~2, 3인 이내는 1인)하고 상근 위원은 전문가 중에서 선출하며, 그 임기는 상근 위원은 4년, 비상근 위원은 지방의원과 임기를 같이 한다. 감사위원회는 연 1회 이상 정기감사 및 수시감사인 일반감사와 기타의 청구가 있는 경우 특별감사를 할 수 있다(일본 지방자치법 제195조-제200조). 지방자치단체의 의회는 당해 자치단체의 사무에 관한 서류 및 계산서를 검열하고, 지방자치단체장, 교육위원회, 선거관리위원회, 인사위원회 또는 공평위원회 등에 보고를 청구하여 사무의 관리, 의결의 집행 및 출납을 검사할 수 있다. 지방의회는 감사위원에 대하여 당해 자치단체의 사무에 관한 감사를 청구할 수 있다.[36]

일본은 재무감사와 직무감찰을 분리한 형태를 취하고 있어서 우리나라의 체제와 다르다. 감사위원회 제도는 감사기구의 독립성과 감사인의 전문성 확보 등의 측면에서 우리에게 시사하는 바가 있다.

2. 미국

미국 지방자치단체의 감사는 단체장(시장)과 마찬가지로 시감사관 또는 회계검사관을 시민들이 직접 선거하여 그 감사관 또는 회계검사관으로 하여금 완전히 독립적 지위에서 시 행정, 재정에 대한 감사를 실시하게 하는 지방자치단체도 있고, 시 감사관을 시의회 의장이 임명하여 의회의 강력한 신임을 배경으로 시정에 대한 감사를 하게 하는 지방자치단체도 있다[37]. 예컨대, 뉴욕시 조정관(City Comptroller)은 시장과 마찬가지로 시장 선거 시에 같은 임기(4년)로 시민들에 의하여 직선되고 있다. 시의회는 시 행정기관들에 의한 모든 행정행위와 업적에 대한 정기적인 감사와 이에 관련위원회의 감사청문회 개최, 시 정부의 조달정책과 절차에 대한 감사 등의 권한을 가지고 있다[38] L·A 시의 감사관 및 수석 회계관으로서 권한을 가진 통제관

36) 東京都地方財務實務硏究會(1992), 『決算 及び 監査』, ぎょうせい, 61쪽.

37) Stephen Jakubowski(1985), Reporting on the Control Structure of Local Government Under the Single Audit Act of 1984. Public Budgeting and Fince (Spring, 1985), pp.67-68.

(Controller)도 시민들이 직접 선출한다. 워싱턴 D · C 회계검사관은 D · C의회 의장이 의회의 동의를 얻어 임명하고, 임기는 6년이며 의회가 정하는 보수기준에 따라 보수를 받는다.[39)]

이와 같이 감사책임자를 의회의 동의를 얻어 의장이 임명하거나, 주민이 직접 선출함으로써 감사책임자는 지방자치단체장으로부터 완전히 독립하여 소신껏 감사를 할 수 있다.

3. 영국

지방자치단체의 자체감사제도는 주로 수석재무관(Chief Finance Officer)의 책임 하에 이루어진다. 수석재무관을 책임자로 하는 자체감사인의 수는 지방자치단체마다 차이가 있다. 1972년도 지방정부법(Local Government Act)에서는 수석재무관을 의무적으로 임명하도록 하고 있다. 나아가 1988년도 지방정부법은 수석재무관의 자격을 공인회계사협회에 속하는 사람으로 규정하여 자격요건을 강화하였다. 수석재무관은 단순히 재무감사뿐만 아니라 재정운영 전반에 관하여 자문역할을 한다. 또한 수석재무관은 지방정부 내부에 존재하는 정당세력을 조정하는 역할을 하는 동시에 지방정부의 간부들과 협력체제를 구축하기도 한다. 한편, 수석재무관은 외부감사관에게 지방정부의 위법, 손실발생 가능한 재정행위를 보고할 의무를 진다(임성일 : 342-343). 또한 1982년 지방재정법 개정에 의하여 지방정부 감사위원회가 중앙정부와 지방정부의 집행부로부터 완전히 독립된 기구로 설치되어 감사 수수료에 의하여 운영되고 있다.[40)] 따라서 감사의 전문성과 기관의 독립성을 확보하고 있다는 점에서 많은 시사를 받고 있다.

4. 프랑스

지자체의 자율성을 제고하기 위해, 1982년 제정한 「꼼뮨, 데빠르트망, 레종의 권리와 자유에 관한 법률」(일명 지방분권법)에 의해 감사체계가 변화되었다. 그 결과 국가의 사전통제가 폐지되고, 사후통제를 위해 중앙행정기관으로부터 독립적인 감사원

38) 한국지방행정연구원(1997), 『미국 대도시의 지방자치』(5) : 19-20쪽.

39) 정세욱(1998), "시 · 도지사론", 「'98추계학술회의 논문집」. 한국정치학회, 14쪽.

40) Mary Henkel(1991), Government, Evaluation and Charge(London : Iessica Kingsly Publishers) pp.26-28.

의 지방분실격인 '지방감사원'이 설치되었다. 지방감사원은 사법적 회계감사 및 성과감사 등을 실시하고, 지방의 감사부담을 줄이기 위해 매 4년마다 종합감사를 실시한다(송재구 : 65-66).

도표 2-8 각국 지방자치단체의 감사제도 비교

구분	일본	미국	독일	한국
독립성	△	○	○	△
전문성	○	○	○	△

주 : ○ - 유, △ - 중, × - 무.

제3장

지방의회의 지방행정감사

Ⅰ 지방행정사무 감사 · 조사권

1. 의의

지방자치단체의 기관구성과 관련하여 기관대립형 또는 기관분립형을 취하는 나라에서는 지방의회가 집행기관을 비판 · 감시함으로써 집행기관의 전횡에 의한 주민의 권익을 보호하기 위하여 상호 견제권을 인정하고 있다. 그 중에서 가장 일반적인 수단이 지방행정 사무에 대한 조사권을 인정하고 있는 것이나, 우리나라의 경우에는 매년 정기적인 감사권까지 인정하고 있는데, 이는 다른 나라의 유례를 찾아보기 어려운 우리나라 지방의회만 부여한 매우 특이한 제도의 하나로 알려지고 있다.

2. 지방행정사무감사 · 조사제도와 다른 제도와의 차이

가. 회의제도와의 차이

지방의회에서 회의와 행정사무감사조사는 도표 3-1과 같은 차이가 있다.

도표 3-1 행정사무감사와 회의의 차이

구분	회의(본회의 · 위원회)	행정사무감사 · 조사
주체	본회의, 상임위원회 및 특별위원회, 소위원회	본회의, 상임위원회 또는 감사 · 조사특별위원회, 감사 · 조사소위원회 또는 감사 · 조사반
원칙	1일 1차 회의 원칙	감사 · 조사계획서에 의한 일정 준수 원칙
정족수	의사정족수 준수, 의결정족수 적용	정족수원칙 해당무
진행방식	당연한 '회의식' 진행	회의와 구분 · 구별되는 감사 · 조사라도 진행방식은 '회의식'으로 진행
지변예산	"회의와 관련된 예산"의 과목 해소	감사 · 조사는 대상기관 현장에서 실시하는 것이 원칙이며, 회의와는 구분 · 구별되는 활동이므로 "출장비 · 여비" 개념
속기업무	소위원회를 제외한 모든 회의는 속기에 의한 '회의록' 작성이 원칙 ※ 국회법 개정으로 국회의 경우 소위원회 회의까지 회의록 작성 의무화	감사 · 조사는 '결과보고서' 작성이 원칙 다만, 위증 · 불출석 · 증언거부 등에 대한 조치와, 또 앞으로 의정활동을 위해서 '속기록'으로 작성관리

* 출처 : 서우선(2002②：101쪽)

나. 국정감사 · 조사 제도의 차이

지방의회는 행정사무감사 및 조사를 위한 증언 · 감정에 관한 사항이 국회에서의 경우와 같이 규정되어 있지 않다. 지방자치법 제41조 제7항 후단 규정을 보면, "선서 · 증언 · 감정 등에 관한 절차"만 국회에서의 증언 · 감정 등에 관한 법률에 준하여 대통령령으로 정하도록 하고 있으나, 같은법 시행령에서는 아직까지 침묵하고 있는 상태이다. 그러나 같은조 제5항의 규정에 의하여 고발할 수 있는 허위증언을 한 자에 대한 벌칙은 죄형법정주의 원칙에서 볼 때 법률로 규정해야 한다. 현재로서는 이와 같은 근거법규가 없으며 다만, 지방의회는 불출석 · 증언거부 증인에 대한 위증고발과 500만 원 이하의 과태료를 부과할 수밖에 없다.

감사기간에 있어서 국정감사는 20일이지만 행정사무감사는 10일(시 · 도의회) 또는 7일(시 · 군 및 자치구의회)이다. 특히 감사 및 조사대상 사무에 있어서 국정감사 및 조사는 지방자치단체의 고유업무, 즉 지방자치단체의 고유사무와 국가의 단체위임사무를 제외한 국정 전반을 대상으로 한다. 이에 대하여 행정사무감사 및 조사는 지방자치단체의 고유사무와 국가의 단체위임사무에 한해서만 대상이 되는 점이 다르다.

국회의 국정감사 및 조사는 행정부를 대상으로 한다면 지방의회의 행정사무감사 및 조사는 지방자치단체의 집행기관을 대상으로 한다. 따라서 권력분립의 원칙에서 볼 때 국정감사 및 조사는 입법권과 행정권의 작용 · 관계인 것이다. 그러나 행정사무감사 및 조사는 자치행정권의 내부적인 작용 · 관계에 지나지 않는다. 또한 감사 및 조사의 결과를 처리하는 국회와 지방의회의 의결권에 있어서도 그 효력과 한계가 본질적으로 다르다.

국회의 의결은 '통치행위'로 보는 데 대하여 지방의회의 의결은 행정소송의 대상이 된다는 관점에서 넓은 의미의 '행정행위'에 불과하다. 이러한 법리에서 볼 때, 국회가 직접 감사하기로 한 사무를 제외하고 국정감사대상 사무 일부를 지방의회에 위임하고 있는 지방자치법 제41조 제3항의 규정은 권력분립의 원칙에서부터 재론되어야 할 것이다. 실제적으로 아무런 효과도 없는 이와 같은 규정보다는 국가사무를 지방자치단체에 대폭 위임 또는 재배분하여 행정사무감사의 대상 사무를 확대해 나가는 방법으로 문제를 해결해야 함이 옳다.

3. 행정사무 감사 · 조사의 성격

행정사무감사 · 조사는 일반적으로 상임위원회나 특별위원회가 주관이 되어 실시하게 되나 본회의에서도 실시할 수 있다. 행정사무감사는 위원회의 회의가 아니라 사전에 작성된 계획서에 의하여 실시되는 의정활동의 하나이다. 그러므로 감사를 할 때에는 의사일정을 상정하거나 회의차수를 붙이지 아니한다. 또한 감사 도중에 감사계획서를 변경한다든가, 감사와 관련된 사항을 결정할 때에는 감사를 중단한 후 그 자리에서 위원회를 개회하여 결정하든가 종료한 후에 위원회의 회의를 개회하여 결정한다.

감사는 회의형식으로 진행할 수 있는데, 이는 감사를 실시하는 인원이 다수이고 감사를 효율적으로 진행하기 위해서 회의형태로 감사를 실시하는 것에 불과한 것이다. 그러나 감사도 회의형태로 진행하게 되면 의사정족수 등 필요한 사항은 지방자치법이나 조례, 회의규칙 등을 가급적 준용하는 것이 바람직 할 것이다(윤진훈 : 27).

4. 지방행정사무 감사 · 조사의 기능

행정사무감사 · 조사의 기능은 대상사무 · 의정활동 및 감사활동의 세 가지 기준에 의하여 수행할 수 있다(서우선 : 363-365).

첫째, 행정사무감사 · 조사 대상사무를 기준으로 할 때는 자연인인 의원이 바뀌더라도 지방의회는 영속성이 있는 법률상 기관이므로, 지방의회가 감사결과의 조치로 요구된 시정 또는 처리되지 않거나 문책되지 않은 사무에 대해서 시정 또는 처리나 문책될 때까지 그 사무와 관련된 의정활동이 제대로 완료될 수 있도록 '계속성'있는 재감사 및 재조사를 실시할 수 있다. 즉 이미 처리된 사무에 있어서 위법성 또는 하자가 있다면 이를 치유해 주는 기능이다.

둘째, 지방의회의 의정활동을 기준으로 할 때는 조례안심사, 예산안심사, 결산심사, 본회의 질문, 각종 안건심사 등 다른 의정활동을 위한 정보를 수집하기 위해 '연계성' 있는 감사 및 조사를 실시하는 것이다. 이때 비슷한 수준이나 차원에서 연결시키는 것은 재탕, 3탕 반복한다는 비난을 받을 수 있으므로 주의를 요한다. 즉 감사 · 조사활동의 보조적 기능은 그 결과를 다른 의정활동의 근거자료로 활용하거나 조례입법 또는 예산사업의 정책적 방향과 대안을 제시하는데 활용하는 기능이다.

셋째, 감사활동을 기준으로 할 때는 지방의회가 구성된 이후 정기적으로 매년 실시한 행정사무감사 활동결과 미진하거나 미흡한 부분에 대해 '일관성'있는 감사 또는 조사를 실시하는 기능이다.

한편, 행정사무조사는 담보적 기능을 수행할 수 있다. 이는 넓은 의미의 보조적 기능이라고 할 수 있지만, 특히 행정사무조사 활동에서 담보적 기능을 수행하기가 적합하다.

첫째, 감사활동기간이 7일 또는 10일에 불과하기 때문에 고의 또는 선의로 허위서류 제출, 서류제출 거부, 증인출석거부, 허위증언, 현지확인 비협조 등의 경우가 발생할 수 있다. 이에 대해서는 기간의 제약을 덜 받는 행정사무조사권을 발동할 수 있음을 담보로 제시하여 행정사무감사를 잘 받도록 증인의 자진출석, 서류의 자진제출, 현지확인의 자진협조 등을 종용 또는 권유할 수 있다.

둘째, 다른 의정활동에 있어서는 출석 · 답변할 수 있는 관계공무원의 범위가 정해져 있으며, 자료요구의 요건이 제한적이다. 또한 답변거부, 불성실 · 무책임 · 무소신 · 허위답변, 요구자료 제출 비협조 등의 경우가 발생할 수 있다. 이러한 경우에도 행정사무감사 · 조사권을 그 의정활동을 제대로 수행하기 위한 담보적 기능으로 활용해야 한다. 이와 같이 중요한 행정사무감사 · 조사의 실효성을 확보할 수 있는 제도개선이 요망된다.

5. 지방행정 사무감사 · 조사의 목적

행정사무감사 · 조사의 목적은 적극적 목적과 소극적 목적으로 나눌 수 있다.

가. 적극적 목적

행정사무감사 · 조사의 적극적 목적이라 함은 정책 또는 시책의 방향이나 대안을 제시함으로써 자치단체의 정책을 바로 세우는 것을 말한다. 자치행정에서의 정책 또는 시책은 바로 예산과 조례에 반영될 것이다. 주민과 지역발전을 위한 미래지향적인 의정활동이라고 할 수 있다. 그 구체적인 의회감사 사례를 예시하면 다음과 같다(서우선 : 365).

① 대통령선거에서 금권 · 관권 선거운동을 한 증거를 제시하며 ○○시장을 국정감사 증언대에 세워 심문하자 자백한 사례(국정감사의 예)

② 수입한 병든 젖소의 매장현장을 확인하자 위증한 사실에 대하여 고발 직전에 국정감사반에 자백한 사례(국정감사의 예)

③ 일정한 자격요건을 갖춘 소속공무원들로 하여금 정책연구단을 구성 · 운영하게 하고, 이 중 연구실적이 뛰어난 공무원에 대하여 "근무평정 등 특전을 부여한다."라고 되어 있는 정책연구단 구성운영에 관한 규정(훈령)을 행정사무감사를 통하여 "인사에 반영할 수 있다"로 시정을 요구한 사례

④ 승진인사부정조사 특별위원회에서 열람한 승진서열 명부상에는 이상이 없는 것으로 부정인사에 대한 시시비비를 가려낸 것이, 검찰에서 인지수사에 착수하지 않을 수 없도록 하여 승진서열 명부를 작성한 기초서류인 경력평정서 · 근무평정서 등에 고의적으로 평점점수를 높게 조작한 부정이 있음을 밝혀낸 사례

⑤ 집행기관의 각종 위원회가 39개나 되는 등 방만하고 비효율적으로 운영되고 있음을 감사를 통하여 지적한 바, 집행기관 스스로 통폐합 운영토록 시정조치를 한 사례

⑥ 굴삭기, 진동롤러 등 장비를 새로 구입하고도 정수물품관리대장에 등재시키지 않은 사실을 발견하고 정수물품으로 관리하도록 시정조치를 한 사례
⑦ 간이상수도 수원지에 대한 청결상태를 관련자들을 증인으로 채택·출석시켜서 조사한 결과, 청소·소독 등을 실시한 실적과 관리대장(일지)의 기록이 일치하지 않음을 발견하고 청결상태를 유지할 수 있도록 한 사례

나. 소극적 목적

행정사무감사·조사의 소극적 목적이라 함은 집행의 잘못된 점을 시정요구하고 그 책임자에 대한 문책을 요구하는 방법으로 집행기관을 통제·감시하는 목적을 말한다. 재발방지를 목적(예방)으로 할 때는 미래지향적인 의정활동이라고 할 수도 있으나, 처리된 사무 또는 이루어진 행위를 기준으로 할 때는 "과거지향적인 의정활동"의 성격을 갖는다. 행정사무감사에 의하여 획득된 정보와 지식은 지방의회에서 질의/질문, 조례안 작성, 결산심사, 예산안 심사, 정책개발, 자료를 요구할 때 활용하게 된다. 구체적인 감사 사례를 예시하면 다음과 같다(서우선 : 365).

① 매연가스를 감축시킨다는 대형버스 부착용 매연후 처리장치가 효과도 없는 것을 밝혀내서, 그 연구용역비 예산을 행정부 스스로 삭감하고 다른 공해방지 예산에 계상한 사례(예산시책에 반영한 국정감사의 예)
② 이·미용업소를 이용하는 경로우대자에 대한 수혜 면에서 형평성이 없는 것을 발견하고, 미용업소를 이용하는 할머니 경로우대자에 대하여도 이용업소를 이용하는 할아버지 경로우대자와 유사하게 보조할 수 있도록 추가 경정예산에 반영한 사례(예산시책에 반영)
③ 국비보조금이 시달되기 전에 지방비만 가지고 국고보조사업을 시행하다가 중단되는 등 예산집행의 비효율성을 지적하고, 차후의 국고보조사업은 국비보조금이 시달되면 지방비를 함께 집행함으로써 사업성과의 극대화와 예산집행의 효율성을 증대시킬 수 있도록 한 사례(예산집행에 반영)
④ 낙후지역에 대하여 "다른 사업계획에 의한 지원에 우선한다."라고 규정한 낙후지역 지원 및 관리조례의 특례조항이, 예산편성상 현실적으로 적용되지 못하고 있음을 확인하고 "부득이한 사유가 있는 경우 외에는 다른 사업계획에 의한 지원에 우선한다."로 행정사무감사 결과, 의회 스스로 이 조례를 개정한 사례(조례입법에 반영)

⑤ 시 · 도민상 또는 시 · 군 · 구민상 선정대상이 지역사회 발전 유공 위주로 포상을 시행하고 있음을 지적하고, 향토문화의 보존 · 발전에 공이 있는 토착주민을 선정할 수 있도록 관련조례의 규정을 개정한 사례

| Ⅱ | 지방행정사무 감사

1. 의의

지방의회의 행정사무감사는 매년 정례회기 중 일정한 기간을 정하여 당해 지방자치단체의 행정사무 전반에 관하여 그 상태를 정확히 파악하고, 의회활동과 예산심사를 위한 필요한 자료 및 정보를 획득하며, 행정의 잘못된 부분을 적발 · 시정요구 할 수 있게 하여 지방행정이 효율적으로 수행될 수 있도록 하기 위한 것이다

행정사무감사제도는 집행기관 등이 처리한 행정업무 전반에 대한 포괄적으로 확인 · 감사하는 제도이므로 특정의 문제 사안에 대한 구체적 조사규명제도인 행정사무조사제도와는 구분된다. 외국의 지방의회에서는 포괄적 행정사무감사제도는 따로 제도화하지 않고 일본의 경우 사무조사와 서류 · 계산서의 검열권이 부여되고 있다. 지방행정사무 감사를 위한 구체적인 절차는 지방자치법 및 같은법 시행령 및 그 위임에 의한 조례로 정하도록 하고 있다(지방자치법 제41조 제3항).

2. 행정사무조사제도와 차이

☞ Ⅲ. 행정사무조사 도표 3-4를 참조할 것

3. 감사주체 및 감사위원

가. 감사주체

지방의회가 감사를 실시하고자 할 때에는 소관 상임위원회별로 실시하거나, 상임위원회가 없는 소규모 지방의회에서는 특별위원회를 구성하여 실시하며, 이 경우의 위원회를 감사위원회라 한다(이하 "위원회"하고 칭한다)(같은법 시행령 제40조 참조).

(상담사례 1) 감사특별위원회와 상임위원회 감사활동(서우선, 02②: 152)

질의요지

상임위원회가 설치된 지방의회에서도 특별위원회를 구성하여 행정사무감사를 할 수 있는가? 이 때 감사특별위원회는 상임위원회와 동시에 행정사무감사를 할 수 있는가? 아무런 제약도 없이 가능한가?

상담내용

"지방의회는 당해 지방자치단체의 사무를 감사하거나 조사하고자 할 때에는 본회의에서 이를 행하거나 소관상임위원회별로, 또는 특별위원회를 구성하여 이를 행하게 할 수 있다"라고 규정하고 있기 때문에 상임위원회가 설치된 지방의회이더라도 얼마든지 특별위원회를 구성하여 행정사무감사를 할 수 있는 것이다. 예를 들면, 의회운영위원회를 포함하여 3개의 상임위원회가 설치된 지방의회에서, 제1 · 제2 · 제3 · 제4 · 제5 감사특별위원회를 구성하여 소관부서를 분담, 감사하도록 할 수 있다. 또한 감사특별위원회를 하나 구성할 수도 있고, 상임위원회의 수보다 적게 구성할 수도 있을 것이다.

상임위원회의 수보다 감사특별위원회의 수가 많을 때는 피감사대상기관, 즉 소관부서가 줄어들기 때문에 짧은 감사기간 동안 심도 있게 감사를 할 수 있는 장점을 갖는다. 반면에 상임위원회의 수보다 감사특별위원회의 수가 적을 때는 이와 반대로 심도 있는 감사가 어려운 대신, 관련부서의 사무를 절충 또는 종합해서 감사를 할 수 있는 장점이 있다.

지방의회가 감사특별위원회를 구성했을 때 상임위원회와 병행하여 감사할 수는 없다고 보아야 한다. 근거 규정에, "…소관상임위원회별로 또는 특별위원회를 구성하여…"라고 선택적인 표현을 하고 있기 때문이다.

그러나 이와 같은 원칙은 동시에 상임위원회와 감사특별위원회가 감사진행을 할 수 없다는 뜻이지, 감사일정별로 기간을 구분하여 며칠은 본회의가 하고 며칠일은 소관상임위원회가 하며 나머지는 감사특별위원회가 할 수 없다는 뜻은 아니다.

(상담사례 2) 13인 미만인 지방의회의 감사특별위원회활동(서우선, 02②: 154)

질의요지

지방의회는 국회와 달리 본회의에서도 행정사무감사를 할 수 있게 되었으므로, 의원정수가 13인 미만인 지방의회는 구태여 감사특별위원회를 구성하여 행정사무감사를 할 필요가 있겠는가?

상담내용

13인 미만의 의원정수를 갖고 있는 지방의회가 본회의에서만 행정사무감사를 했다고 해서 크게 틀린 일은 아니다. 그러나 발언대발언 원칙과 발언제한 원칙에 의하여 진행해야 하는 본회의에서 추궁하고 확답을 받아내야 하는 행정사무감사를 할 때는 한계가 있게 마련이다.

본회의활동에 의해 행정사무감사를 할 것은 하더라도, 특별위원회를 구성하여 행정사무감사를 해야 할 이유는 위원회 진행방식이 행정사무감사를 벌이기에 보다 적합하다는 것이다.

나. 감사위원의 제척

감사대상사안과 이해관계가 있거나 공정을 기할 수 없는 현저한 사유가 있는 의원은 감사위원의 신분을 가질 수 없다(같은법 시행령 제46조). 지방의회의 의사에 있어 의장이나 의원은 본인, 배우자, 직계 존·비속 또는 형제·자매와 직접 이해관계기 있는 안건에 관하여는 그 의사에 참여할 수 없음이 원칙이나(같은법 제70조) 감사의 경우에도 이 원칙이 동시에 적용되어야 할 것이며, 이를 위반한 위원은 조례로 징계대상으로 하고 있는 것이 보통이다(각 지방자치단체의 개별 행정사무감사·조사조례 참조).

[별지 제15호 서식]

회피신청서

1. 회피신청감사 또는 조사사안 :
2. 신청취지 :
3. 신청이유 :
4. 근거법규 : 지방자치법시행령 제17조의7제4항, ☆☆도의회행정사무감사 및 조사에관한 조례 제25조제4항

위와 같이 신청하오니 허가하여 주시기 바랍니다.

년 월 일

신청인 : ㊞

☆☆도의회의장(○○○위원회 위원장) 귀하

(질의사례 1) 행정사무 조사시 지방의회의원의 제척범위(행정자치부 운영13130-854,00. 10. 19)

질의요지

- 지방자치법 제70조의 규정에 의거 해당 관련의원을 조사발의 의결 시부터 제척시켜야 한다면, 판결로서 확연히 입증된 사실도 아니고, 또한 의회의결로 확정되지 않은 사안에 대하여 지방자치법 제39조(지방의회의 의결사항)에 의한 의원에게 주어진 표결권을 일방적으로 박탈하는 것은 아닌지 여부
- 지방자치법 제41조 및 같은법 시행령 제39조, 제46조 규정의 법체계를 보면 조사발의 후 감사 또는 조사에 참여할 수 없도록 명시되고 있는데, 지방자치법 제70조의 규정에 의거 해당관련 의원을 조사발의 의결 시부터 제척시켜야 한다면 법조문이 상호 상충된다고 판단되는데 이에 대한 견해
- 조사권을 발동할 것인지 아닌지를 묻는 조사 발의 시부터 제척시켜야 한다면, 이는 법률 상식상 「형 확정 전까지는 무죄로 추정되는 법원리」에 어긋난다고 판단되는데 이에 대한 견해

회신내용

- 지방자치법(이하 '법'이라 한다) 제70조에 의거 지방의회의장이나 의원은 본인, 배우자, 직계존비속 또는 형제자매와 직접 이해관계가 있는 안건에 관하여는 그 의사에 참여할 수 없도록 규정하고 있는 바, 본 조항의 입법취지는 공정한 판단을 보장하고 편파성의 우려를 배제하기 위한 것으로 해당 의원을 의사결정의 전 과정(의안의 제안, 심의, 토론, 표결 등)에 대하여 참여를 배제시키고 있음.
- 같은법 제41조 제2항 및 같은법 시행령 제39조 제2항은 지방의회가 지방자치단체 사무 중 특정사안에 관하여 행정사무조사의 발의요건과 그 조사여부에 관한 의결을 규정한 조항이고, 같은법 시행령 제46조는 행정사무감사 또는 조사에 지방의회의원이 직접 이해관계가 있거나, 공정을 기할 수 없는 현저한 사유가 있는 경우에는 그 사안에 한하여 감사 또는 조사에 참여할 수 없다는 규정이며, 같은법 제70조는 지방의회의 의장이나 의원은 본인, 배우자, 직계존비속 또는 형제자매와 직접 이해관계가 있는 안건에 관하여는 그 의사에 참여할 수 없도록 규정한 것이므로 각 규정 간에 상충되는 부분은 없는 것으로 사료됨.
- 무죄추정의 원칙(헌법 제27조 제4항)은 법원에 의한 유죄의 판결이 확정될 때까지는 그 누구도 범인으로 단정되어서는 아니 된다는 것으로, 이는 인간의 존엄성 보장과 유죄의 확정판결이 있을 때까지 국가의 조사권, 공소권, 재판권, 행형권 등의 행사에 있어서 국가 형벌작용을 기속하는 원리인 데 반하여 같은법 제70조에 의한 지방의회의원의 제척과 회피는 지방의회의 안건

심사에 있어서 공정성을 확보하기 위한 것으로 무죄추정의 원칙과는 제도의 취지나 목적이 다르다고 사료됨.

(질의사례 2) 지방의원의 제척 및 회피의 요건(행정자치부 질의응답 99. 11. 20)

질의요지

행정사무감사 또는 조사시 지방의회의원의 제척 및 회피의 요건에 직계존비속과의 이해관계도 포함되는지 여부

회신내용

현행 지방자치법 제70조는 지난 '99. 8. 31, 법률 제6002호에 의거 개정되어 지방의회의 의장이나 의원은 본인 · 배우자 · 직계존비속 또는 형제자매와 직접 이해관계가 있는 안건에 관하여는 그 의사에 참여할 수 없다고 규정되어 있는 바, 이는 지방의회의 본회의 또는 위원회에 부의된 안건의 심의 및 활동과 관련하여 상기요건에 해당되면 그 의장 또는 의원은 당연 제척 · 회피된다 할 것임.

- 그리고 같은법 시행령 제46조의 규정에서 제척과 회피의 요건으로 직계존비속의 언급 없이 의원의 이해관계만을 정하고, 그 대상도 감사 또는 조사에 국한한 것으로 규정되어 있으나, 이는 같은법 제62조의 규정을 근거법으로 하여 지방의회의 감사 및 조사활동시 의원의 제척 및 회피의 요건, 타의원에 의한 업무대행, 당해 의원의 이의제기절차 등을 구체적으로 규정한 것으로 당연히 같은법 제70조의 제척 및 회피요건이 포괄적으로 적용된다 할 것이고, 본회의에서의 구정질문 시에도 특정사안에 대해 이해관계가 성립되면 그 부분에 대해서는 발언자제 등 제척 및 회피의 대상이 된다고 할 것임.

(상담사례 1) 주의의무와 감사 · 조사방법(서우선, 02② : 132)

질의요지

행정사무감사 · 조사활동에 참여하는 의원에게 관련조례 규정으로 몇 가지 의무를 부과하고 있는 바, 이런 의무규정을 두고 있다는 것은 오히려 감사 · 조사방법을 더 개발할 수 있다는 뜻으로 볼 수 있지 않는가?

상담내용

감사 · 조사를 실시하는 지방의회의원에게 행정사무감사및조사에관한조례의 규정에 의하여 부여된 "감사 · 조사대상기관의 기능과 활동을 현저히 저해하거나 기밀을 누설하는 행위"와 "감사 · 조사를 통해서 알게 된 비밀을 정당한 이유 없이 누설하는 행위"를 금지하는 의무가 법정 사항이다. 또한 이 의무를 위반한 경우 형사상 문제 또는 의원징계 사유에 해당한다.

따라서 공공기관의정보공개에관한법령 및 조례에 의하여 공개가 금지된 승진서열명부 · 인사위원회회의록 등 인사기밀 서류라도 감사 · 조사의 목적을 위해서 이와 같은 서류의 원본을 "열람하는 방법"으로 서류제출을 요구하고 집행기관에서도 이에 응한 사례가 있다.

인사위원회회의록이나 공무원승진서열 명부 등도 집행기관에서는 복사하여 사본으로 제출해서는 안 되며, 이 경우도 역시 열람하는 방법으로 서류제출 요구에 응해야 할 것이다. 이렇게 열람을 통해서 알게 된 기밀을 감사 · 조사의원이라도 절대 누설할 수가 없기 때문에 열람방법은 가능하다고 본다.

4. 감사위원회의 권한 및 의무

가. 서류제출요구권 등

감사위원회는 감사를 위하여 필요한 때에는 현지 확인을 하거나 집행기관에 대하여 서류제출을 요구할 수 있다.

관련사례 1

감사 · 조사대상기관 중에서도 주민을 위해 근거리 행정을 펼치는 일선기관에 대해서, 업무에 상당한 지장을 초래하는 정도의 방대한 자료요구 등을 한 사례→ 감사 · 조사의 주의의무를 위반한 사례(서우선, 02②: 142)

관련사례 2

전년도 행정사무감사 결과 문책요구한 공무원에 대한 징계조치가 미흡하여 감사위원회 의결로 집행기관 인사위원회 회의록 사본을 제출요구한 사례→ 인사위원회 회의록 사본을 제출요구해서는 안 되며, 그 원본을 열람하는 방법으로 해결(서우선, 02②: 142)

(질의사례 3) 행정사무조사시 다른 자치단체에 자료제출 요구(구내무부 지기 13107-414, 94. 10. 14)

질의요지

자치구의회 행정사무조사특별위원회에서 행정사무조사활동에 필요한 관련 도시계획 심의위원회 회의록 등 참고자료를 타 자치단체(××광역시장)에 자료제출 요구 시 불응행위가 지방자치법 제41조 제4항에 위배되는지 여부

회신내용

- 현행 지방자치법상 감사 또는 조사를 위하여 필요한 때에는 현지확인을 하거나 서류제출을 요구할 수 있도록 규정하고 있으나(지방자치법 제41조 제4항) 서류의 제출을 요구할 수 있는 대상기관은 당해 지방자치단체와 당해 지방자치단체의 소속행정기관과 하부행정기관 등 지방자치법시행령에서 규정하고 있는 감사 또는 조사의 대상기관으로 한정하여야 할 것임.
- 따라서 귀 자치구의회 행정사무조사특별위원회에서 ××광역시장에게 관련자료를 요구할 수 없다 할 것임.

나. 증인 · 감정인의 출석요구권

지방자치단체의 장 또는 관계공무원이나 그 사무에 관계되는 자(공무원, 주민 포함)를 출석하게 하여 증인으로서 선서한 후 증언하게 하거나 참고인으로서 의견의 진술을 요구할 수 있다.

여기서 「증인」은 감사조사 중인 안건에 스스로 경험한 사실을 진술하여야 할 사람을 말한다. 증인이 증언에서 허위증언을 한 자에 대하여는 의장은 고발[41]할 수 있으며, 증인으로 출석요구를 받은 자가 정당한 이유 없이 출석하지 아니하거나 증언을 거부하는 때에는 500만 원 이하의 과태료를 부과할 수 있다.

한편, 참고인이란 감사조사 중인 안건과 이해관계가 있거나 학식과 경험이 있는 등 관계가 있는 사람으로서 증인 이외의 사람을 말한다. 참고인이 진술의무를 위반하였을 때 과태료를 부과할 법적인 근거는 규정하고 있지 아니하나, 조례로 과태료를 부과할 수 있는 것으로 판례가 형성되어 있다.

41) 고발은 수사기관에 대하여 범죄사실을 신고하여 그 수사와 소추를 구하는 의사표시로써 일반적으로 수사의 단서가 된다.

관련사례 1

출석요구 증인명단이 포함된 감사계획서를 감사대상기관에 송부한 것으로 대신하여 개별 증인출석요구서를 발송하지 않은 사례→법적인 문제가 발생했을 때 계획서에 의한 출석요구 명단만으로는 효력발생 곤란(서우선, 02②: 142)

[별지 제6호 서식]

수　　신 : ☆☆도의회 의장
제　　목 : 증인출석요구에 대한 회신
귀 의회에서 ○○ 제○○○○호 (　　년　　월　　일)로 본인에게 발송한 증인출석요구서를 접수하였으나 ____________ 이유로 귀 의회에 출석할 수 없음을 유감으로 생각하오며 이 이유서를 제출하오니 양지하여 주시기 바랍니다.
첨　　부 : 증비서류(진단서등) 1부.　끝.

년　　월　　일
신청인 :　　　　　㊞

다. 선서요구 및 위증시 고발 고지

의장 또는 위원장이 증인에게 증언을 요구할 때에는 선서하게 하여야 하며, 선서하기 전에 의장 또는 위원장은 선서의 취지와 위증의 경우에는 고발될 수 있음을 알려 주어야 한다. 증인선서의 방식에 관하여는 형사소송법 제157조의 규정을 준용한다. 즉, 선서는 선서서에 의해야 하게 되는 바, "선서서"에는 "양심에 따라 숨김과 보탬이 없이 사실 그대로 말하고, 만일 거짓말이 있으면 위증의 벌을 받기로 맹서합니다."라고 기재하여야 한다. 의장 또는 위원장은 증인으로 하여금 선서서를 낭독하고 서명날인하게 하여야 한다. 단, 증인이 선서서를 낭독하지 못하거나 서명을 하지 못하는 경우에는 참여한 의회직원이 이를 대독한다. 선서는 기립하여 엄숙히 하여야 한다.

라. 증인의 보호 및 실비보상

지방의회에서 증언·진술하는 증인·참고인이 방송·보도 등에 응하지 아니한다는 의사를 표명하거나 특별한 이유로 회의의 비공개를 요구할 때에는 본회의 또는 위원회의 의결로 방송·보도를 금지시키거나 회의의 일부 또는 전부를 공개하지 아니할 수 있다. 지방의회에서 증언·진술한 증인·참고인이 그 사본을 요구한 때에는 의장의 승인을 얻어 이를 교부할 수 있다. 지방행정감사 과정에서 필요한 서류의 제출이나 증언·진술을 하기 위하여 지방의회 또는 기타의 장소에 출석한 자에 대하여는 당해 지방자치단체의 조례가 정하는 바에 의하여 여비 등 실비를 지급한다(지방자치법 제41조 제4항).

(질의사례 1) 행정사무감사의 증인출석범위(행정자치부 운영 13130-619, 99. 8. 4)

질의요지

감사대상 사무가 전임구청장 재임시 시행된 사업이나 내부위임전결 처리되어 결재한 사실이 없음에도 전임구청장 및 전임사무관계공무원 등이 증인출석 범위에 포함되는지 여부

회신내용

- 지방자치법 제41조 제4항 및 같은법 시행령 제43조에 의거 지방의회에서는 행정사무감사와 관련하여 감사위원회의 의결을 거쳐 의장을 통해 "지방자치단체장 또는 관계공무원이나 그 사무에 관계되는 자에 대해 출석증언 및 의견진술을 요구"할 수 있다 할 것이나,
- 「그 사무에 관계되는 자」의 범위는 감사대상 사무와 보다 구체적이고 직접적으로 관계되는 자로 한정하여 꼭 필요한 경우에만 제한적으로 운영하는 것이 바람직하리라 판단됨.

(질의사례 2) 행정사무조사시의 증인·참고인의 출석범위(행정13030-1505, 94. 9. 16)

질의요지

지방자치법 제41조 제4항에서 "그 사무에 관계되는 자"는 구체적으로 누구를 지칭하는지와 그 범위

회신내용

- 지방의회의 조사권은 지방의회가 주민의 대표기관으로서의 집행기관의 사무 집행을 감시·감독하고 행정의 독주를 견제하기 위해 부여된 권한으로서 조사의 실시범위는 당해 자치단체 및 그 사무가 대상이므로 원칙적으로 당해 자치단체관계공무원이나 주민에 대하여만 인정되는 것이라 할 것이나,

- "그 사무에 관계되는 자"의 범위는 조사의 실효성 확보라는 취지에서 당해 자치단체의 관계공무원이나 주민뿐만 아니라, 의회의 조사에 있어서의 그 대상사무와 직접 이해관계가 있는 타 지방자치단체의 장까지 포함한 것으로 해석하여야 할 것임.
- 그러나 지방의회의 조사시 증인 · 참고인 등의 선정문제는 무엇보다도 운영 관행의 정착을 통해서 조사대상 사무와 직접 관계되는 자로 한정하여 꼭 필요한 경우 극히 제한적으로 운영하는 것이 바람직할 것임.

(질의사례 3) 출석요구와 과태료 부과 범위(행정자치부 운영13130-924, 00. 11. 22)

질의요지

행정사무조사와 관련하여 시의회로부터의 참고인 출석요구에 응해야 하는지 여부와 출석을 하지 않을 경우 과태료를 부과할 수 있는가

회신내용

- 지방의회는 행정사무조사를 위하여 필요한 경우 지방자치법 제41조 제4항의 규정에 의거 조사대상 사무와 관계되는 자를 출석하게 하여 참고인으로서 의견의 진술을 요구할 수 있고, 출석요구를 받은 참고인은 같은법 시행령 제43조 제2항의 규정에 의거 법령이나 조례에서 특별히 규정한 경우를 제외하고는 이에 응하여야 하며, 응할 수 없는 정당한 이유가 있는 경우에는 같은조 제3항의 규정에 의거 출석 또는 의견진술일 등의 1일 전까지 불출석에 관한 이유서를 지방의회의장에게 제출하여야 할 것으로 사료됨.
- 또한 정당한 이유 없이 출석하지 아니한 경우의 과태료 부과에 대해서는 시의회행정사무감사및조사에관한조례 제9조 제4항의 규정상 지방자치법 제41조 제5항의 규정에 의하여 시의회의 장의 통보로 시장이 과태료를 부과하도록 규정된 바, 같은법 제41조 제5항에서는 "출석요구를 받은 증인이 정당한 이유 없이 출석하지 아니하거나 증언을 거부하는 때에는 500만 원 이하의 과태료를 부과할 수 있다"라고 규정함으로써 증인의 불출석 또는 증언거부에 대해서만 과태료로 부과할 수 있으므로 참고인이 불출석시에 과태료를 부과하는 것은 곤란할 것으로 사료됨.

(질의사례 4) 인사기록 등 자료제출요구 가능여부(행정자치부 운영 13130-665, 00. 7. 24)

질의요지

행정사무감사시 지방공무원의 근무성적평정 등 인사기록에 관한 자료제출을 요구할 수 있는가.

회신내용

• 지방의회는 행정사무감사를 실시함에 있어서 감사목적을 일탈하거나 범위를 초월하여 무한정 자료제출을 요구할 수 없는 등 일정한 한계가 있다고 사료되는 바, 자치단체소속 지방공무원의 근무성적평정 등 인사기록에 관한 자료제출 요구는 지방공무원평정규칙 제11조에 의한 근무성적평정의 공개의 제한과 동규칙 제26조 제2항에 의한 경력 · 훈련성적 · 가점평정 결과에 대해 당해 공무원에만 열람을 허용하며, 동규칙 제32조에 의한 승진후보자명부 순위에 대해 당해 공무원에게만 공개하는 점 등을 감안하여 공공기관의정보공개에관한법률 제7조 제1항 "비공개 대상정보의 범위"에 의거 비례의 원칙을 적용하여 정보의 공개로서 주민의 알권리 보장 측면과 집행부의 공정한 업무수행의 침해 측면을 구체적으로 판단하여 결정하여야 할 것으로 사료됨.

(질의사례 5) 행정사무감사와 개인사생활보호(행정자치부 운영13130-661, 00. 7. 24)

질의요지

• 행정사무감사와 관련하여 지방자치법시행령 제45조 규정 중 개인의 사생활에서의 개인과 사생활의 범위

• 지방자치단체에 대한 감사원, 행정자치부, 광역단체, 자체감사 처분내용과 공무원 개개인의 징계양정과 징계사유 내용도 행정사무감사 범위에 포함되는지 여부

회신내용

• 지방의회는 지방자치법시행령 제45조 및 행정사무감사또는조사에관한조례 제8조에 의거 개인의 사생활 침해에 대해서는 감사 또는 조사의 한계가 있는 바, 동 규정의 개인 사생활의 범위를 구체적으로 명정할 수는 없으나 자신의 의사에 반해서 남에게 알려지는 것을 원치 않는 나만의 영역으로서 타인에 의해 외부에 공표되었을 때, 인간의 존엄성에 대한 침해 내지 인격적인 수모를 느끼게 되는 경우 등이 여기에 해당된다고 사료됨.

• 따라서 상기 사항에 의거하여 지방자치단체에 대한 감사원, 행정안전부, 광역자치단체, 자체감사 처분내용과 공무원 개개인의 징계양정, 징계사유 등의 내용에 대한 행정사무감사도 지방의회가 감사목적을 일탈하거나 범위를 초월하여 무한정으로 자료를 요구할 수는 없는 한계가 있으므로 공공기관의정보공개에관한법률 제7조 제1항 "비공개 대상 정보의 범위"에 의거 비례의 원칙을 적용하여 정보의 공개로서 국민의 알권리 보장 측면과 개인의 사생활 침해 측면을 구체적으로 판단하여 결정하여야 할 것으로 사료됨.

(상담사례 1) 증인의 출석거부 및 위증시 처벌규정 유무 여부(행정자치부 자치운영과, 99. 9. 6)

질의요지

- 지방의회의 증인에 대해서는 "국회에서의증언 · 감정등에관한법률"과 같은 법적 구속력이 없어 지방의회의 증인으로 채택된 자가 출석을 거부하거나 위증을 해도 아무런 처벌을 못하고 있는 실정임.

상담의견

- 현행 지방자치법 제41조의 규정에 의하면 지방의회에서 행정사무감사 및 조사를 위하여 필요한 경우에 지방자치단체의 장 또는 관계공무원이나 그 사무에 관계되는 자를 출석하게 하여 증인으로서 선서한 후 발언토록 하고 있으나 그 발언에서 허위발언을 한 자에 대해서는 고발할 수 있으며, 출석요구를 받은 증인이 정당한 이유 없이 출석하지 아니하거나 증언을 거부하는 때에는 500만 원 이하의 과태료를 부과할 수 있도록 처벌규정이 마련되어 있고, 또한 증인선서방식은 형사소송법 제157조의 규정을 준용하고 증인 출석의무, 증인출석의 요구절차, 증인의 보호 및 실비변상 등은 "국회에서의증언 · 감정등에관한법률"에 정한 규정을 거의 준용하여 지방자치법시행령과 각급 지방의회별로 행정사무감사및조사에관한조례에 규정되어 운영되고 있음.
- 다만, 국회와 지방의회 간에 달리 시행되고 있는 제도로는 국회의 경우 증인이 정당한 이유 없이 출석하지 아니하는 때에는 해당 증인에 대하여 일정한 장소까지 동행할 것을 명할 수 있는 증인에 대한 동행명령제도를 채택하고 있고, 또한 증인이 정당한 이유 없이 불출석 시에는 1년 이하의 징역 또는 500만 원 이하의 벌금에 처하는 등 처벌의 정도가 지방의회에 비해 좀더 과하게 규정되어 있다는 점이나, 이러한 부분은 앞으로 지방의회 여건이 더욱 성숙 · 발전되면 국민의 법 감정 등을 고려하여 개선해 나가야 할 것으로 판단됨.

(상담사례 2) 증인과 참고인의 차이점과 그 활용(서우선, 02②: 140)

질의요지

- 행정사무감사 · 조사를 위해 출석요구하는 증인 및 참고인의 차이점은 무엇이며 어떻게 활용해야 옳은가?

상담내용

- 증인과 참고인은 감사 · 조사대상 사무에 관계되는 자에 해당되지만, 사무에 대한 책임성 유무

에서 기본적인 차이가 난다. 대상 사무에 대한 책임과 무관한 참고인에게 출석증언을 요구하는 것은 감사 · 조사권을 남용할 소지가 있다. 예를 들면, 부실시공 건물을 직접 설계 · 감리 등을 한 기술자는 건축허가 및 감독부서에 대한 감사 · 조사의 증인이 되나, 일반 설계 · 감리 기술자는 전문가로서 의견진술을 하게 될 것이므로 참고인에 해당한다.

대상 사무에 대한 책임이 있어서, 증인에 해당하는 자인데도 불구하고 참고인으로 채택하여 의견진술을 듣는다면, 허위발언으로 위증을 하더라도 고발이 불가하다. 이 경우는 감사 · 조사권을 제대로 사용하지 못한 사례이다.

감사 · 조사대상 사무의 대행업자, 보조금사업 시행자, 관급공사의 사업자 등은 그 업체가 감사 · 조사대상 기관은 아니나, 그 사무소관 부서에 대한 감사 · 조사시 대질증언을 들을 수 있는 증인에 해당하는 것이다.

(상담사례 3) 지방자치단체의 장의 증인출석문제 (서우선, 02②: 133)

질의요지

- 행정사무감사 · 조사를 하는 상임위원회 또는 특별위원회에서 지방자치단체의 장을 증인으로 출석요구할 수 없는가? 지방자치단체의 장이 증인으로 필요한 경우 출석요구할 수 있는 방법은 있는가?

상담내용

- 지방자치법 제41조제4항 및 행정사무감사및조사에관한조례 제9조의 규정에 의하여 지방의회는 지방자치단체의 장을 지방의회 감사 · 조사의 증인으로 출석요구를 할 수 있다. 위원회가 감사 · 조사를 할 때에는 위원회조례의 소관원칙을 준수해야 할 뿐만 아니라, 지방자치단체의 장은 지방의회의 감사 · 조사대상 사무인 고유사무와 단체위임사무를 처리하는 책임자적 지위와, 국가사무 또는 기관위임사무를 처리하는 책임자적 지위를 동시에 갖고 있는 이중적 지위이므로 위원회 차원에서 증인으로 출석요구하는 것은 상호존중원칙상 격(격)이 맞지 않는다. 그러나 감사 · 조사계획서에 본회의가 직접 감사 · 조사하는 일정을 첫째 날과 마지막 날로 하고, 그 중간기간을 감사 · 조사위원회의 일정으로 수립한 후 본회의 감사 · 조사를 위해 증인출석요구를 한다면, 지방자치단체의 장은 본회의 발언대에서 증인으로 선서하고 답변을 증언으로 해야 할 것이다.

  본회의가 감사 · 조사를 할 때에는 물론 회의규칙을 준수하여 본질문 · 보충질문 등 본회의방식에 의해야 하며, 첫째 날은 대상 사무 전반에 대하여 지방자치단체의 장으로부터 감사 · 조사에 필요한 시책방향을 확인할 수 있다.

마지막 날은 위원회 출석증언한 실 · 국(과) · 소장들의 답변 가운데 미진 · 미흡한 부분에 대하여 지방자치단체의 장의 책임 및 의지를 확인하는 감사 · 조사를 할 수 있을 것이다.

지방의회의 행정사무조사특별위원회가 지방자치단체의 장 및 관계공무원을 증인으로 채택하여 출석을 요구한 데 불만을 품은 한 지방자치단체의 장이, 집행기관공무원을 동원하여 행정사무조사장을 점거하는 사태로 행정사무조사 실시가 불가해지자, 지방의회에서 지방자치단체의 장과 사태주도 공무원을 공무방해죄로 검찰에 고발하고 법원에서 고의성과 범죄구성요건 성립이 인정되어 지방자치단체의 장과 관련공무원이 형사책임 판결을 받은 사례가 있다.

지방의회는, 본회의 의결로 '본회의' 또는 '위원회'로 하여금 행정사무감사 및 조사를 실시할 수 있도록 규정(지방자치법 제41조 제1항 및 같은법 시행령 제40조)하고 있으므로, 국회와 달리 '본회의'도 행정사무감사 · 조사를 직접 실시할 수 있는 감사 · 조사주체로서의 활동이 가능하다.

특수사례 1

참고인에 대해서도 증인선서를 받은 사례 → 대상사무에 대한 법적 책임이 없는 참고인에게는 증인선서가 불필요하고 참고인에 대하여 감사 · 조사권을 남용한 사례(서우선, 02②: 142)

특수사례 2

감사 · 조사위원회가 증인출석을 요구한 사항에 대하여, 감사 · 조사대상 기관의 책임자가 미리 책임 있는 답변증언을 함으로써 출석한 증인이 선서 및 증언을 할 필요가 없어져서 그대로 귀가조치를 할 경우에도 여비 등 실비 지급을 한 사례 → 증인 · 참고인은 지방의회의 감사 · 조사를 위한 협조자라는 관점에서 당연한 조치(서우선, 02②: 142)

5. 감사의 실시시기 · 기간 · 장소

지방자치단체의 사무에 대한 감사는 당해 지방자치단체의 조례가 정하는 바에 의하여 제1차 또는 제2차 정례회의 회기 내에서 선택적으로 실시할 수 있다. 감사기간은 시 · 도에 있어서는 10일, 시 · 군 및 자치구에 있어서는 7일의 각 범위 내에서 감사를 실시할 수 있다. 이는 계속기간이므로 도중에 며칠 간 쉬었다가 다시 감사를 재개할 수 없다. 따라서 7일 또는 10일 중에는 일요일, 공휴일은 감사를 실시하지 않기 때문에 토요일, 일요일, 공휴일은 제외하고 각각 7일 또는 10일간을 계속기간으로 정해야 할 것이다. 왜냐하면 현재 계속기간으로서 7일이나 10일은 짧은 기간이므로 이를 보완하야 하기 때문이다. 따라서 이러한 내용을 조례에 담아야 할 것이다.

행정사무감사는 지방의회의 회의실이나 감사대상 기관에 출장하여 실시해도 아무런 문제가 없다. 그러나 감사의 효과성과 현장감을 살리기 위하여 행정사무감사는 감사대상 기관에 출장하여 실시하는 것이 일반적이다. 따라서 감사실시 통보를 받은 기관은 그 기관의 적당한 장소에 위원회와 같은 형식의 감사장소를 준비하여야 할 것이다(윤진훈 : 29).

부족한 기간은 조사권 발동으로 보충할 수 있을 것이다.

(상담사례 1) 행정사무감사 기간의 계산방법(서우선, 02② : 144)

질의요지

- 행정사무감사 기간이 10일 또는 7일이므로 토 · 일요일을 포함시키지 않을 수 없는 바, 토 · 일요일을 제외하고 실지 감사하는 기간을 10일 또는 7일로 정하면 안 되는가?

상담내용

- 10일, 7일이라는 행정사무감사 기간은 토 · 일요일까지 계산해야 하기 때문에, 각종요구기일 · 자료준비기일 · 연구검토기일 등을 감안하여 시작 날부터 마지막 날까지 10일 또는 7일이 되도록 신중하게 정할 일이다.

(질의사례 1) 공휴일의 회기 포함 여부 및 행정사무감사 기간 산정(구 내무부 지기13130-198, 95. 10. 25)

질의요지

- 휴회는 「의회가 집회(임시회, 정기회)되어 본회의 의결로 회기가 결정되는데 그 회기중 일정한 기간을 정하여 본회의를 열지 않은 것을 휴회라 한다」로 되어 있음. 일요일 · 법정공휴일은 휴회 의결 없이 당연히 본회의를 개의하지 않는다 라고 하는데 "회기일수에 포함되는지 여부"
- 회기중(임시회, 정기회)에 일요일, 법정공휴일 포함 휴회한 경우(상임위원회 활동 포함) 출석

일로 보아 일비를 지급할 수 있는가.

- 정기회 기간 중 행정사무감사를 7일간 실시하도록 되어 있으나, 공휴일 1일이 포함되므로 사실상 6일간 감사를 해야 하는 실정인 바, 그러면 공휴일(휴회)을 포함시키지 않고 의회의 의결 없이 행정사무감사 기간을 7일간으로 할 수 있는가.

회신내용

- 지방의회의 회기는 소집공고에 집회키로 한 날로부터 기산하여 의회가 본회의를 개의할 수 있는 계속된 기간을 의미하며, 휴회는 회기중 본회의가 중지된 기간으로서 일요일 · 법정공휴일과는 무관하다 할 것임.
- 지방의회의 행정사무감사 기간에 대하여 지방자치법 제41조에 시 · 도의회는 10일, 시 · 군 및 자치구의회는 7일 이내로 규정하고 있으며, 같은법 시행령 제40조 및 제41조에 의거 감사일정을 기재한 감사계획서를 작성하여 본회의에서 승인토록 하고 있는 바, 감사기간은 그 계획서에 기재된 공휴일과 관계없는 감사 총 일 수를 의미한다 할 것임(공휴일을 제외하되 계속기간으로 10일 또는 7일로 해석하는 것이 타당함-저자주석).

(질의사례 2) 본회의에서의 행정사무감사 가능 여부(행정자치부 운영13130-880, 00. 11. 1)

질의요지

상임위원회가 설치되어 있는 지방의회의 경우 행정사무감사를 본회의에서도 직접 실시할 수 있는가.

회신내용

- 지방자치법시행령 제40조에서 "지방의회는 행정사무감사 또는 조사 시에는 본회의, 소관 상임위원회 또는 특별위원회를 구성하여 실시한다."라고 규정되어 본회의에서도 행정사무감사를 실시할 수 있도록 포괄적으로 규정되어 있으나, 이는 감사 또는 조사의 특성과 각급 의회의 실정, 즉 상임위원회가 있는 의회와 없는 의회의 여러 사정을 고려하여 포괄적으로 규정한 것임.
- 따라서 귀 의회의 행정사무감사및조사에관한조례 제2조에서 "의회는 행정사무감사 시 소관 상임위원회별로 감사를 행한다. 다만, 본회의의 의결로 감사특별위원회를 구성하여 감사를 행할 수 있다."라고 규정되어 있다면 귀 의회의 본회의에서 행정사무감사를 하기 위해서는 동 조례의 관련규정을 개정해야만 가능할 것으로 사료됨.

- 그러나 상임위원회가 설치되어 있는 의회에서 행정사무감사를 소관 상임위원별로 실시하도록 규정한 동 조례의 입법취지는 일반적으로 상임위원회가 소관사항에 대해 수시로 업무보고도 받고 조례안 심사, 예산안 및 결산심사 등의 활동을 하기 때문에 그 전문성을 살려 행정사무감사의 효과성을 확보하기 위한 것이므로 가급적 상임위원회별로 자기 소관에 대해 행정사무감사를 실시하는 것이 바람직할 것으로 사료됨.

6. 감사대상 사무와 기관

가. 감사대상 사무의 범위

지방의회의 행정사무 감사대상 사무는 당해 자치단체가 처리하는 자치사무와 국가 또는 시·도가 위임한 사무(단체수임사무+기관수임사무) 모두 그 대상이 된다. 참고로 자치사무, 단체수임사무, 기관수임사무를 구분하면 다음과 같다(도표 3-2 참조)(이주희 2010 : 84-85).

도표 3-2 자치사무와 수임사무 비교

구분		자치사무	단체수임사무	기관수임사무
1. 법적 근거 (형식적 기준)		지방자치법 제9조 1항 전단 2항	같은법 제9조 1항 후단	같은법 제102조 (일반적 근거)
2. 사무의 성질		• 지방자치단체가 자기책임과 부담하에 처리하는 사무 • 자치단체의 존립유지에 관한 사무	• 개별적 법령규정에 의하여 국가 또는 지방자치단체로부터 타 자치단체에게 위임된 사무 • 자치단체 자체에 위임되었거나 소속된 사무	• 법령의 규정 및 일반통첩에 의하여 하급자치단체에 위임된 사무 • 사무의 성질이 지방적 이해관계가 없는 국가사무
3. 실질적 기준	전국적·국가적 통일성/이해	소 X	중 O	대 O
	지역적·지방적 특수성/이해	대	중 O	소 X

도표 3-2 자치사무와 수임사무 비교(계속)

구분		자치사무	단체수임사무	기관수임사무
4. 구별 실익	가. 경비부담	자치단체 전액부담 일부보조=(장려성 보조금) 지방재정법 제20조	위임기관의 일부부담 일부국가부담 (부담금) 지방재정법 제21조	전액국고부담 원칙 (위탁금, 교부금) 지방재정법 제21조
	나. 상급기관의 감독권	• 법령위반사항에 대한 시정명령, 취소정지권 행사 • 법령위반사항에 한하여 감사	소극적 감독 원칙 예외적으로 적극적 감독(사후관리) →주로 위법사항만 감독	• 시정명령, 취소정지 권행사 • 직무이행명령권행사 • 정부합동감사
	다. 당해 의회의 가능 감·조사 범위	가능	가능	제한적으로 가능 (지방자치법 제41조 제3항)
	라. 재(위임) 가능성(수단)	조례·규칙으로 위임가능(제104조)	재위임 가능(조례, 규칙으로)	재위임 가능(상급기관의 승인 후 규칙으로)
	마. 손해배상 책임	당해 지방자치단체	당해 지방자치단체	위임주체 또는 수임주체

지방자치단체 및 그 장이 위임받아 처리하는 국가사무와 시·도의 사무에 대하여 국회와 시·도의회가 직접 감사하기로 한 사무를 제외하고는 그 감사를 각각 당해 시·도의회와 시·군 및 자치구의회가 행할 수 있다. 이 경우 국회와 시·도의회는 그 감사결과에 대하여 당해 지방의회에 필요한 자료를 요구할 수 있다(지방자치법 제41조 제3항). 이 규정은 결과적으로 지방의회가 국가사무에 대한 관여를 인정하게 되어 국가와 지방자치단체의 사무를 구분하는 현행 지방자치법의 전체적인 시스템에 어긋나는 것이라 하지 않을 수 없겠다.

(질의사례 1) 지방의회 구성일 이후 처리되는 사무의 감사대상 범위(행정자치부 운영 13130-495, 99. 6. 24)

질의요지

의회 행정사무감사및조사에관한조례 제6조 제2항에 사무감사·조사대상 사무는 “의회 구성일 이후 처리되는 사무”로 규정된 바, 의회 구성일 이후 처리되는 사무의 범위

회신내용

- 지방자치법 제41조(행정사무감사 및 조사권) 제1항에 "지방의회는 매년 1회 당해 지방자치단체의 사무에 대하여 감사를 실시"하도록 규정되어 있으며, 같은법 시행령 제39조 제1항에 "행정사무에 대한 감사는 매년 제1차 정례회 회기 내에 실시한다."고 규정되어 있음.
- 지방의회에서 실시하는 행정사무감사 · 조사는 관련 조례에서 정한 대상사무 전반에 대하여 실시할 수 있는 것이며, 또한 새로이 지방의회가 구성된 이후는 물론 그 이전에 시행된 행정사무에 대해서도 지방자치법시행령 제41조에 의거 감사 · 조사계획서에 포함시켜 본회의의 의결이 있는 경우라면 가능하리라고 판단되나, 감사의 효율성을 높이기 위해서는 가급적 중복감사를 피하면서 특정기간 내에 처리한 사무에 대해서만 사무감사를 하는 것이 바람직하다고 사료됨.

(질의사례 2) 지방의회 사무에 대하여 감사 할 수 있는지 여부 (저자 사견)

질의요지

지방의회의 행정사무감사대상은 행정사무만을 그 대상으로 하고 의회사무는 법에 명확한 규정이 없음.

① 의회사무는 입법보조 또는 지원사무로 행정의 구체적인 집행인 행정사무와 성질이 구분되므로 의회사무는 행정사무감사에서 제외된다는 견해의 타당성은?

② 행정사무 개념에 의회사무를 포함한다면 "지방자치단체의행정기구와 정원기준등에관한규정" 제2조(정의)에서 지방행정기관과 의회사무기구를 구분한 것과 배치되는데 타당한지?

③ 지방의회의 행정사무감사권의 취지와 목적은 행정기관의 감시기능을 가진 의회에서 견제와 감시기능이 목적인데, 의회사무도 감사대상으로 함은 적법 타당한 감사가 될 수 있는지?

회신내용

④ 행정사무감사 대상은 같은조례 제6조에 "지방자치법 제9조에 규정된 지방자치단체의 사무범위 내"로 되어 있어 위에서 답변한 내용과 같이 구의회의 행정사무는 당연히 감사대상이 됨.

⑤ "지방자치단체의 행정기구와 정원기준 등에 관한 규정"에서 지방행정기관과 의회 사무기구를 구분한 것은 집행부는 구성원이 모두 공무원으로 되어 있으나, 의회는 사무국 기구만 공무원으로 구성되어 있기 때문에 본 규정 적용대상을 명확히 하기 위한 것으로 의회사무국이

지방자치단체인 구에서 제외되는 것은 아님

⑥ 지방의회가 집행기관의 감시기능을 갖는다고 할 때의 의회는 주민이 선출한 의원들을 구성된 같은법 제30조상의 조직을 의미하는 것이지 그 보조기관인 의회 사무국까지 포함하는 것은 아님.

(질의사례 2) 집행부 행정행위에 대한 감사할 수 있는 범위(서울시 행정13130-324, 98. 3. 13)

질의요지

① 자치구의회(이하 "의회")가 집행기관의 행정행위에 대하여 감사할 수 있는 범위는?

② 지방자치법(이하 "법") 제41조의 행정사무감사 및 조사권과 별도로 의회에서 집행기관을 감사 또는 감사 의뢰할 수 있는가?

③ 의회에서의 주민신청에 의한 감사청구권 적법 여부?

회신내용

❍ 〈질의〉 "1"에 대하여

의회에서 집행기관을 감사할 수 있는 사무범위는 같은법 제39조제1항, 제2항 및 같은법 제41조 제3항에 규정된 자치사무와 위임사무를 전반적으로 감시할 수 있도록 규정되어 있으나, 같은법 제24조에 규정된 "행정사무감사 또는 조사의 한계"의 범위 내에서 이루어져야 할 것임.

❍ 〈질의〉 "2"에 대하여

의회에서 수행하는 행정사무감사는 법 제41조 제1항 및 법 시행령 제39조 제1항의 규정에 의하여 매년 정기회 회기 내에 7일 이내의 기간을 정하여 실시하도록 규정되어 있고, 특정사안에 대하여 본회의 의결로 조사하게 할 수 있도록 규정되어 있으나, 자치단체 사무에 대한 행정감사권(의회의 행정사무감사권과 구별)은 집행기관장의 고유권한임.

❍ 〈질의〉 "3"에 대하여

주민청구에 의한 감사는 행정감사 권한이 있는 집행부에서 관련조례 등의 규정에 의하여 실시함이 타당할 것으로 봄.

(상담사례 1) 행정사무감사의 대상사무(서우선, 02②: 157)

질의요지

지난해 감사 직전까지 처리된 사무에 대해서는 작년 행정사무감사에서 실시했으므로 금년도 행정사무감사는 그 이후 처리된 사무에 대해서만 실시해야 하지 않는가?

상담내용

행정사무감사에 관해 규정하고 있는 관련법규들을 살펴볼 때 그 대상사무가 당해 연도에 처리된 사무에 한한다는 근거조항이 없다. 따라서 지난해 수감한 사무라고 할지라도 집행기관 측에서 시정하거나 처리하겠다고 확답을 하고서도 이행하지 않은 사항이라든지, 시정이나 처리가 미진하고 부족한 사항이라든지, 또 몇 년 지난 사무지만 문제점이 새로 노정된 사항이라든지, 계속되고 있는 사무 등에 대해서는 의회로서는 계속 추궁하고 확답을 받아내는 재감사를 할 수 있다.

나. 감사대상 기관

지방의회가 행정사무감사를 실시할 수 있는 대상 기관은 당연 감사대상 기관과 본회의 의결이 있어야 감사대상 기관이 되는 경우로 나눌 수 있다.

(1) 당연 감사대상 기관

① 당해 지방자치단체(시·도청의 실·국·과, 시·군·자치구청의 실국과)

② 당해 지방자치단체의 소속행정기관(직속기관 : 소방기관, 교육훈련기관, 보건진료기관, 시험연구기관, 중소기업지도기관 등, 사업소, 출장소, 합의제행정기관) 및 하부행정기관(일반 구, 읍, 면, 동) (지방자치법 제113-120조)

③ 당해 지방자치단체가 설치한 같은법 제146조의 규정에 의한 지방공기업(의료원, 지하철공사, 도시개발공사 등)

(2) 본회의 의결을 얻어 감사 대상기관으로 지정하는 경우

① 교육·과학 및 체육에 관한 기관(일차적으로는 교육위원회가 실시하고 지방의회에 보고하는 것으로 갈음하되, 지방의회는 본회의의 의결이 있는 경우 특정 사안에 대하여 감사·조사할 수 있다), 같은법 시행령 제42조 ③)

② 지방자치법 제104조(지방행정사무는 타 단체나 민간에게 위임위탁을 인정하는 규정)에 의하여 위임·위탁된 사무(지방자치단체에 위임·위탁된 사무를 제외

한다)를 처리하는 단체 또는 기관(다만 본회의가 특히 필요하다고 의결하는 경우에 한한다) 등이다(같은법 시행령 제42조 참조).

③ 지방공기업법 제77조의3의 규정에 의한 지방공사·공단 외의 출자·출연법인 중 지방자치단체가 4분의 1 이상 출자 또는 출연하는 법인. 다만, 본회의가 특히 필요하다고 의결하는 경우에 지방자치단체의 출자·출연에 관련된 업무·회계·재산에 한하여 실시한다(같은법 시행령 제42조 ① 참조).

(3) 감사대상 기관이 2개 이상 자치단체의 사무를 관장할 경우

감사대상 기관이 2개 이상 자치단체의 사무를 관장하는 경우에 그 기관에 대해 감사하려고 하면 관계된 지방자치단체의 의회 간에 "상호협의"가 이루어져야 한다(지방자치법 제42조제2항). 여기서 「상호협의」는 「감사를 실시할 의회가 다른 의회에 감사실시 사유의 통보권」과 이에 대한 다른 지방의회의 「의견제시권」이 포함되어 있다고 보아야 할 것이다. 구체적으로는 감사할 위원장이 이를 의장에게 보고하고 의장은 관련 지방의회 의장에게 감사이유 및 일시 등을 기재한 공문으로 협의를 요청하는 행위가 될 것이다.(윤진훈 : 33).

[별지 제4호 서식]

본회의 의결을 요하는 행정사무감사(조사) 대상기관 승인의 건

의안 번호	

제안연월일 : . . .
제 안 자 : ○ ○ ○ 위원장

○○○○년 ○○월 ○○일 제○○회 ☆☆도의회(임시회) 제○차 ○○○위원회에서 ☆☆도의회행정사무감사및조사에관한조례 제7조제1항제○호의 규정에 의거 다음기관에 대하여 행정사무감사(조사)를 실시하기로 의결하여 본회의의 승인을 요청하는 것임.

감사대상기관	성격 및 근거	감사 이유

(질의사례 1) 감사대상 기관 판단문제(윤진훈 : 34)

질의요지

① 지방의회 사무처(국 · 과)도 감사대상 기관인가?

② 시 · 도의회의 교육위원회 감사가 가능한가?

③ 시 · 도의회의 시 · 군 · 구 감사 가능한가?

④ 시 · 군 · 구의회가 소방관서를 감사할 수 있는가?

⑤ 자치단체에서 공공기관 또는 민간단체(법인)에게 행정목적 실현을 위해 보조금을 지원하는 경우, 보조금을 받는 민간단체(법인)에 대해 감사를 실시할 수 있는가?

⑥ 업무를 위임 · 위탁한 타 단체의 출장소에 대한 감사는 가능한가?

회신내용

❍ 〈실의〉 "1"에 대하여

- 지방의회의 사무처(사무국 · 사무과)도 자치단체의 행정기관이기 때문에 당연히 감사대상기관에 포함됨.
- 지방의회의 사무조직에 대한 감사는 의회운영위원회가 있는 경우 이 위원회가 감사하는 것이 일반적임.

❍ 〈질의〉 "2"에 대하여

- 교육위원회는 지방자치법 제121조에 의한 지방자치단체의 교육 · 과학 및 체육에 관한 사무를 담당하는 기관이므로 감사대상 기관으로 볼 수 있음.
- 다만, 교육위원회는 의결기관이므로 사무국장이 감사를 받는 것이 합리적이며 사무처리와 관련해서는 교육위원을 참고인과 증인 등으로 출석요구할 수 있다고 볼 수 있음.

❍ 〈질의〉 "3"에 대하여

- 시 · 군 · 구가 시 · 도로부터 위임받아 처리하는 업무에 대해 자치법에서는 시 · 도의회의 감사가 가능하도록 되어 있음.
- 그러나 시 · 군 · 구에도 지방의회가 있고 시 · 군 · 구의회가 시 · 도의 위임사무도 감사할 수 있도록 규정되어 있으므로, 시 · 도의회의 시 · 군 · 구 감사는 최소한에 그치거나 가능한 한 자제하는 것이 바람직함.

❍ 〈질의〉 "4"에 대하여

- 소방업무는 시 · 도지사의 책임 하에 있고, 소방본부장 · 소방서장은 시 · 도지사의 지휘 · 감독을 받으므로 소방관서의 감사는 시 · 도의회가 실시함.

❍ 〈질의〉 "5"에 대하여

- 단순히 보조금을 받았다고 하여 감사대상 기관이 되는 것은 아님. 지방의회에서는 보조금을 지급한 부서(국 · 과)의 감사를 하면서 보조금의 집행현장 확인, 직접 관계된 자의 증인 · 참고인으로 출석요구 등을 통해 감사목적을 달성할 수 있을 것임.

❍ 〈질의〉 "6"에 대하여

- 행정협약으로 행정업무를 위임 · 위탁받아 처리하는 타 단체의 출장소는 업무를 위탁한 자치단체의 지방의회 감사대상 기관이 아님.
- 왜냐하면 타 단체의 출장소는 당해 자치단체의 기관이 아니기 때문임.

(질의사례 2) 행정사무감사 대상기관의 범위(행정자치부 운영 13130-580, 00. 6. 28)

질의요지

- 지방자치법시행령 제42조제1항, 제1호, 제2호, 제4호는 본회의 의결 없이 당연 감사대상 기관이 되며, 제5호, 제6호의 경우 반드시 본회의 의결이 있어야만 감사대상 기관인지 여부
- 민법 제32조에 의거 설립 및 허가된 재단법인의 경우 주무관청인 중앙행정기관에서 법인설립을 허가해 주고, 시에서 출자 또는 출연했을 경우 행정사무감사의 대상기관이 되는지 여부

회신내용

지방의회는 지방자치법(이하 "법"이라 한다) 제41조제1항에 의거 지방자치단체의 사무에 대하여 행정사무감사 또는 조사를 실시할 수 있고, 같은법 시행령 제42조의 제1항 각호에 의한 행정사무감사 또는 조사대상 기관은 감사의 주체인 위원회(본회의 포함)가 당연히 감사할 수 있는 기관과 본회의의 승인을 얻어야 감사가 가능한 기관으로 구분할 수 있는 바, 그 중 제1호, 제2호, 제4호에 규정된 기관 또는 단체는 당연 감 · 조사대상 기관이고, 제3호에 규정된 기관의 경우 해당기관의 업무의 특수성, 전문성, 독립성 등을 존중하여 그 감사 또는 조사는 교육위원회가 실시하고 지방의회에의 보고로 갈음하되, 본회의의 의결이 있는 경우 특정사안에 대해 지방의회에서 감 · 조사를 할 수 있으며, 제5호에 규정된 단체 또는 기관은 본회의가 특히 필요하다고 의결하는 경우에는 행정사무감 · 조사가 가능하고, 제6호에 규정된 지방공기업법 제77조의3의 규정에 의한 지방공사 · 공단 외의 출자 · 출연법인 중 지방자치단체가 4분의 1이상 출자 · 출연한 법인에 대해서는 본회의가 특히 필요하다고 의결하는 경우에 지방자치단체의 출자 또는 출연에 관련된 업무 · 회계 · 재산에 한하여 행정사무감 · 조사가 가능하다고 사료됨.

민법 제32조에 의거 설립된 재단법인은 중앙행정기관의 설립을 허가하고 시에서 출자 또는 출연

을 했을 경우 동 법인은 같은법 시행령 제42조제1항 제6호에 의거 지방공기업법 제77조의3의 규정에 의한 지방공사 · 공단 외의 출자 · 출연법인으로서 지방자치단체가 4분의 1이상 출자 또는 출연한 법인에 해당하면 본회의가 특히 필요하다고 의결하는 경우에는 지방자치단체의 출자 또는 출연에 관련된 업무 · 회계 · 재산에 한하여 행정사무감 · 조사가 가능하다고 사료됨.

(질의사례 3) 지방의회의 행정사무감사 시 의회사무국에 대한 감사대상 포함 여부(서울시 행정 13130-1620, 96. 11. 13)

질의요지

지방의회의 행정사무감사 시 지방의회 사무국에 대한 감사대상 포함 여부

회신내용

- 지방의회는 지방자치법 제41조에 의거 지방자치단체의 사무에 대하여 행정사무감사를 할 수 있으며, 같은법 제9조에 의하면 지방자치단체의 사무에 대하여 「그 관할구역의 자치사무와 법령에 의하여 지방자치단체에 속하는 사무」로 규정하고 있고, 같은법 시행령 제42조제1항에 의거 행정사무감사의 대상에 「당해 지방자치단체」가 규정되어 있는 바,
- 「지방자치단체」라 함은 헌법 제118조와 지방자치법 제3조 및 제30조에 의거 지방의회를 포함하는 개념이며, 지방의회의 사무 또한 자치사무로 보아야 할 것이므로 지방의회의 행정사무감사 대상에 지방의회의 사무기구도 당연히 포함되어야 할 것입니다.

(질의사례 4) 지방의회 사무국에 대한 감사의 타당성과 실효성 여부(서울시행정 13130-702, 97. 5. 23)

질의요지

의장의 결재로 처리된 의회사무국 사무를 의회에서 감사함이 지방자치법 제70조(의장 또는 의원의 제척) 및 시행령 제46조(제척과 회피)에 저촉되는지 여부 및 의회가 의회사무국을 감사한다면 지적사항에 대한 조치도 의장이 하게 됨에 따라 행정감사의 실효성, 타당성 등 불합리하다고 보는데 타당한지?

회신내용

- 같은법 제70조상의 제척사유는 의정활동상 관련된 의안과 직접 이해관계가 있는 것으로 행정사무감사와는 관계가 없는 사항이고, 같은법 시행령 제46조 제척과 회피사유는 행정사무감사

시 특정사안이 법령에 규정된 내용과 관련될 때 적용되는 것이지 행정사무 전체에 해당되는 것이 아님.

- 따라서 의회사무국 사무를 감사할 때 법령이 규정한 범위 내에서 한다면 정당한 것으로 문제될 것이 없다고 할 수 있음.
- 다만, 귀 의회에서 지적하신 사무국 행정사무감사에 따른 일부 문제점에 대하여는 운영상 · 구조상 미비점을 자율적으로 해결할 문제로 인식되어야지 법령상 문제로 봄은 타당하지 못함.

(질의사례 5) 농지개량조합의 행정사무감사 대상 여부(행정자치부, 95. 12)

질의요지

농지개량조합이 시 · 도의회의 행정사무감사 대상에 포함되는지 여부

회신내용

- 지방자치단체 및 그 장에 위임된 국가사무와 시 · 도의 사무에 대하여는 지방자치법 제41조의 규정에 의거 국회와 시 · 도 의회가 직접 감사하기로 한 사무를 제외하고는 해당 지방의회가 감사를 행할 수 있으며, 지방자치법시행령 제42조 제1항 제5호에 의거 본회의가 특히 필요하다고 의결하는 경우에 한하여 조례 또는 규칙에 의해 관할 지방자치단체나 공공단체 또는 그 기관에 위임 · 위탁된 사무에 대해 당해 지방의회가 감사를 할 수 있도록 된 바,
- 농지개량조합은 구 농촌근대화촉진법에 의거 농지개량시설의 효과적 유지 · 관리 및 구획정리와 농사개량사업 등을 수행할 수 있도록 그 권한을 부여받고 있으며, 그 감독은 같은법 제177조 및 같은법 시행령 제68조에 의거 농림수산부 장관이 하도록 하고, 같은법 제183조 및 같은법 시행령 제71조와 행정권한의위임및위탁에관한규정 제35조에 의거 그 감독권의 일부를 시 · 도지사에 위임하고 있음.
- 따라서 시 · 도지사로부터 그 본연의 업무를 위임 · 위탁받지 않고 있는 농지개량조합은 지방자치법시행령 제42조에 해당하는 지방의회의 행정사무감사 대상이 될 수 없다 할 것임.

(질의사례 6) 신용보증조합이 감사대상 기관인지 여부(행정자치부 운영 13130-96, 99. 2. 1)

질의요지

중소기업자금의 융통을 위하여 설립을 추진하고 있는 가칭 "재단법인 신용보증조합"에 대하여

출연한 부분을 감사할 수 있는가

회신내용

- 지방자치법시행령 제42조 제6호의 규정에 의하여 지방의회의 본회의가 특히 감사가 필요하다고 의결하여 지방자치단체의 출자 또는 출연에 관련된 업무 · 회계 · 재산에 한하여 감사를 실시할 수 있는 법인은 지방공기업법 제77조의3의 규정에 의한 지방공사 · 공단을 제외한 출자 · 출연법인 중 지방자치단체가 4분의 1 이상 출자 또는 출연하는 법인이 해당됨.
- "신용보증조합"은 "중소기업의구조개선및경영안정지원을위한특별조치법"에 의하여 설립하는 법인이므로 지방의회의 감사대상 기관으로 볼 수는 없으나, 지방의회에서 지방자치단체가 출연한 부분과 관련하여 자료요구 등을 통해 간접적인 감사를 실시할 수는 있을 것으로 사료됨.

(질의사례 7) 시 · 도체육회가 행정사무감사 · 조사의 대상 여부(행정자치부 자치 13130-1018, 97. 12. 15)

질의요지

시 · 도체육회가 지방자치법 제41조의 규정에 의하여 시 · 도의회의 행정사무감사 또는 조사대상 기관에 해당되는지 여부

회신내용

- 「시 · 도체육회는 국민체육진흥법에 의하여 설립된 대한체육회가 같은법에서 부여받은 체육진흥에 관한 사업수행을 위하여 설치한 지부로서, 이에 대한 지도감독은 문화체육부 장관이 행사하나 그 권한의 일부를 시 · 도지사에게 위임하고 있음. 따라서 시 · 도지사로부터 그 본연의 업무를 위임 또는 위탁받지 않고 있는 시 · 도체육회는 지방자치법 제42조에 해당하는 지방의회의 행정사무감사 또는 조사의 대상이 될 수 없다고 보아야 할 것임.
- 다만, 당해 시 · 도가 설치한 공공체육시설의 관리업무 등 위임 또는 위탁받아 수행하고 있는 분야가 있다면, 이에 한하여 본회의가 특히 필요하다고 의결하는 경우에 시 · 도의회의 행정사무감사 또는 조사의 대상에 해당된다고 봄.

(질의사례 8) 시 · 군의 도비보조사업에 대해 행정사무조사 가능 여부(행정자치부 자치 13130-872, 97. 10. 13)

질의요지

도의회가 도내 시 · 군에 대한 도비보조사업에 대하여 행정사무조사를 실시함에 있어 시 · 군이

도의회의 행정사무조사대상에 포함되는지 여부

회신내용

- 시 · 도의회는 당해 시 · 도의 사무에 대하여 행정사무감사 또는 조사를 할 수 있는 권한을 가지고 있으며, 시 · 도로부터 시 · 군이 위임받아 처리하는 사무(지방자치단체에 위임된 사무 제외)에 대하여는 특히 필요하다고 도의회가 의결하는 경우에 한하여 행정사무조사를 할 수 있으므로, 시 · 군에서 추진되는 도비보조사업 중 도 위임사무(지방자치단체에 위임된 사무 제외)에 해당되는 사업에 대하여 도의회는 도의회차원의 구체적인 확인 · 규명 등이 필요하다고 인정되는 사항이 있는 경우에 그 의결로써 시 · 군을 대상으로 일응 행정사무조사를 실시할 수 있다 할 것임.
- 그러나 현행 도비보조금 지원이 반드시 사무위임 구분에 따라 이루어지는 것이 아니고, 당해사무가 위임사무인지 또는 고유사무인지의 구분이 명확치 않는 등의 실정을 감안할 때, 도의회의 시 · 군에 대한 행정사무조사는 그 필요성과, 조사권의 범위, 출석요구 대상 등을 신중히 고려하여 관련기관 간 상호협의를 통해 원만히 추진되는 것이 바람직하다고 사료됨.

(질의사례 9) 교육청에 대한 행정사무감사 범위(행정자치부 운영13130-295, 00. 3.)

질의요지

- 교육감의 소속공무원에 대한 인사업무가 시의회의 행정사무조사 대상이 되는지 여부, 특히 기관위임사무인 교육공무원의 인사업무가 시의회의 행정사무조사 대상이 되는지 여부
- 시의회의 교육청 행정사무감사와 관련하여 시교육청 소속공무원인 「국가직(교원 · 장학사 등 전문직) 및 지방공무원」의 학력자료와 근무성적평정서열 명부에 대하여 자료제출의 요구가 가능한지 여부

회신내용

- 지방자치법(이하 '법'이라 한다) 제41조 제1항 및 같은법 시행령 제42조 제1항 제3호의 규정에 의거 같은법 제121조의 규정에 의하여 설치된 교육 · 과학 및 체육에 관한 기관에 대한 행정사무감사 또는 조사는 교육위원회가 실시하고 지방의회에의 보고로 갈음하되, 지방의회는 본회의의 의결이 있는 경우, 특정사안에 대하여 감사 또는 조사를 할 수 있도록 하고 있으므로 교육 · 과학 및 체육에 대한 행정사무감사 또는 조사권은 시 · 도 의회에 유보되어 있는 것인 바, 시의회가 본회의 의결이 있는 경우 시교육청에 대한 행정사무감사 또는 조사

는 가능하다 하겠으며, 행정사무 또는 조사대상 사무는 같은법 제41조 제3항 및 행정사무감사 또는 조사에 관한 조례 제6조 제1항의 규정에 의거 같은법 제9조에 규정된 지방자치단체의 사무범위내의 사무와 국가위임사무 중 국회가 직접 감사하기로 한 사무를 제외한 사무가 해당되는 바, 교육공무원의 인사업무가 국회의 직접 감사대상 이외의 사무라면 행정사무감사 또는 조사의 대상이 된다 할 것임.

- 지방의회는 같은법 제41조 제4항의 규정에 의거 행정사무감사 또는 조사를 위하여 필요한 때 현지확인을 하거나 서류제출 등을 요구할 수 있으나 감사목적을 일탈하거나 그 범위를 초월하여 무제한으로 자료를 요구할 수 없는 등 한계가 있는 바, 시의회가 시교육청 소속공무원의 학력자료나 근무성적평정서열 명부에 대한 자료제출요구는 같은법 시행령 제45조 및 행정사무감사및조사에관한조례 제8조의 규정에 의한 사생활보호와 교육위원회및교육감소속지방공무원평정규칙 제11조 · 제32조 및 교육공무원승진규정 제26조 · 제48조의 규정에 의한 근무성적평정 및 명부순위 공개의 제한, 기타 교육의 자주성 및 전문성과 특수성 등을 감안한다면 한계가 있다고 사료되나 시교육청은 소속 공무원의 일반적인 인사통계자료나 근무성적평정원칙 등 시의회의 행정사무감사의 목적달성에 필요한 최소한의 자료제출은 가능하다 할 것임.

(질의사례 10) 교육청이 지도 · 감독하는 법인에 대해 행정사무조사 가능 여부(행정자치부 자치 11250-825, 97. 9. 23)

질의요지

시의회가 시교육청의 자산운영 실태 및 교육금고 운용에 관한 행정사무조사를 하면서 시교육청이 지도 · 감독하고 있는 재단법인에 관한 서류제출을 교육청에 요구할 수 있는가.

회신내용

- 지방자치법 제41조 제4항과 시행령 제42조 제1항 제3호는 당해 지방자치단체의 교육 · 과학 및 체육에 관한 기관에 대한 행정사무감사 또는 조사는 교육위원회가 실시하고 지방의회에의 보고로 갈음하되, 지방의회는 본회의의 의결이 있는 경우 특정사안에 대하여 감사 또는 조사를 할 수 있도록 하고 있으므로, 시의회의 시교육청에 대한 감사 또는 조사는 가능하며 감사 또는 조사를 위하여 필요한 때에는 같은법 제41조 제4항에 의하여 자료제출을 요구할 수 있음. 그러나 이 경우 자료제출 요구대상 기관은 같은법 시행령 제42조 제1항 각호에 해당되는 기관에 국한되므로 질의 중 법인이 이에 해당되지 않는다면 시의회가 법인에 대하여 직접 서류제출을

요구할 수는 없다 할 것임.

- 시의회가 시교육청을 대상으로 법인관련자료 제출을 요구하였다면, 해당자료가 시교육청의 법인에 대한 지도감독 등 법령상의 직무수행을 위하여 작성 · 보유하는 자료의 범위 내에서는 그 요구에 응하여야 할 것이나, 이 경우에도 지방자치법상 행정사무조사에 대하여는 감사와 달리 조사대상 사무범위가 달리 규정되어 있으므로 자료제출 요구사항이 법령에 의한 행정사무조사대상 사무인지 여부를 고려하여야 할 것임.

(질의사례 11) 위탁운영시설의 행정사무감사 가능 여부(행정자치부 운영13130-846, 00. 10. 16)

질의요지

광역시 소유지에 국고보조를 받아 준공하여 광역시와 위탁관리계약을 체결하여 운영하고 있는 시설에 대한 행정사무감사 및 조사가 가능한지 여부

회신내용

- 광역시 소유지에 근로자 시범 탁아소 시설을 국고보조 1/3, 자기자금 2/3를 투자하고 준공하여 시에 기부체납하고, 무상사용을 조건으로 위탁관리계약을 체결하여 운영하고 있는 경우 동 시설은 시 소유 재산으로 귀속이 되며, 지방자치법시행령 제42조 제1항 제5호의 규정에 의거 "지방자치법 제104조 제2항 또는 제3항의 규정에 의하여 위임 또는 위탁된 사무를 처리하는 단체 또는 기관"은 당해 지방의회의 행정사무감사 또는 조사의 대상이 되는 바, 귀하께서 위탁운영하는 근로자 시범 탁아소시설은 당해 지방의회의 행정사무감사 또는 조사의 대상이 된다고 사료됨.
- 그러나 당해 지방의회에서 행정사무감사 또는 조사를 실시하기 위해서는 같은법 시행령 제39조에 의거 행정사무감사는 당해 지방자치단체의 조례가 정하는 바에 따라 제1차 정례회 또는 제2차 정례회에 한해서 실시가 가능하고, 행정사무조사는 재적의원 1/3 이상의 발의로 본회의에서 의결이 있어야만 실시가 가능하며, 같은법 시행령 제41조에 의거 행정사무감사 또는 조사의 대상기관 및 범위 등은 행정사무감사 또는 조사계획서를 작성하여 본회의의 승인을 얻어야만 그 시행이 가능함. 또한 같은법 시행령 제43조에 의거 행정사무감사 또는 조사 중 현지확인이나 서류의 제출 요구 등은 3일 전까지 당해 지방의회의장을 통해서만 그 실시가 가능하다고 사료됨.
- 만약, 위에 열거한 적법한 절차 없이 행정사무감사 또는 조사를 실시하거나 현지확인 및 자료제출을 요구하였다면 귀하는 동 행정사무감사 또는 조사에 대해 불응할 수 있으며, 그로 인하

여 명예훼손 등이 발생하여 그 책임을 묻고 싶다면 이는 사법적인 절차와 사법부의 판단에 따라야 할 것으로 사료됨.

7. 감사준비

가. 감사과정

지방행정사무감사 과정은 감사준비→ 감사실시 → 감사결과처리 단계를 거친다(도표 3-3 참조).

도표 3-3 행정사무감사 절차

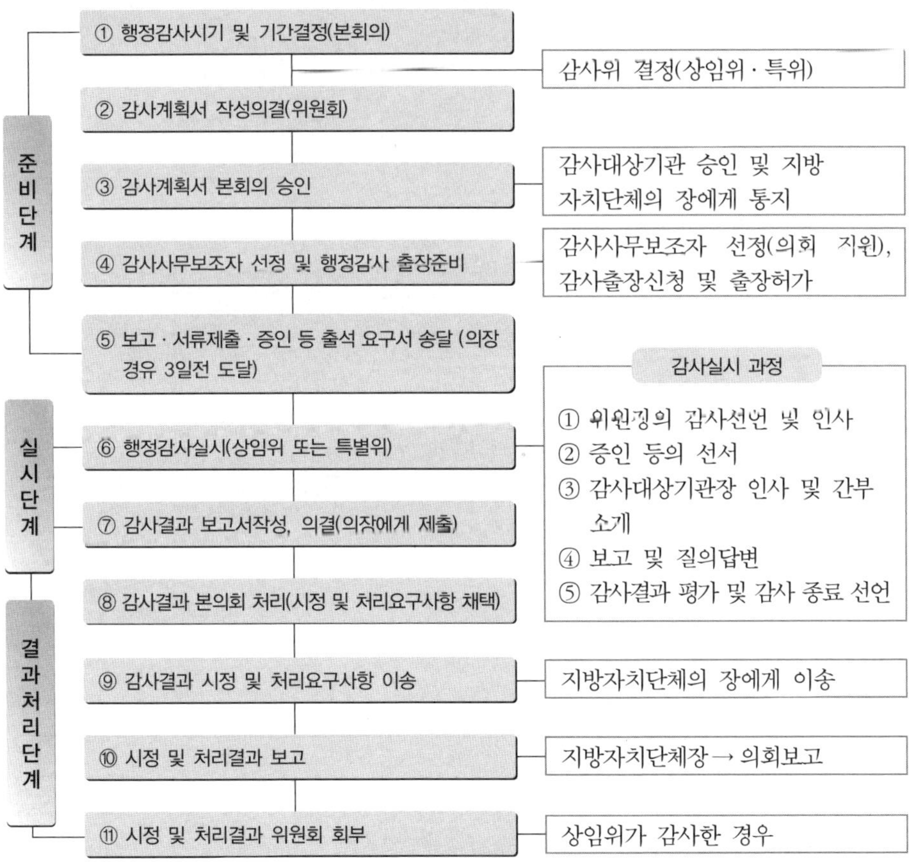

나. 감사계획서의 본회의 승인

위원회는 감사계획서를 작성하여 본회의 승인을 얻어야 감사를 실시할 수 있다. 감사계획서에는 ① 감사위원회 편성 ② 감사일정 ③ 감사요령 ④ 기타 조례로 정하는 사항이 포함되어야 한다(지방자치법 시행령 제41조 제1항). 의장은 감사계획서가 본회의에서 승인된 때에는 지체 없이 이를 지방자치단체장에게 통보하여야 한다(같은법 시행령 같은조 제3항)(별지 제1호 서식 참조).

[별지 제1호 서식]

○○○○년도 행정사무감사계획서

○○위원회

1. 감사의 목적 :
2. 감사기간 :
3. 감사실시 대상기관 :
4. 감사반의 편성 :
5. 감사일정 및 감사장소 :

일시	감사반	대상기관	감사장소	출석증인 및 참고인	비고
		○○반 ○○반			
		○○반 ○○반			

6. 감사요령 및 감사 진행순서
   가. 감사요령
   나. 감사 진행순서
7. 소요경비
8. 서류제출요구
9. 기타 필요한 사항
   가. 선서요령
   나. 증인출석 요구
   다. 참고인출석 요구
   라. 감사결과보고서의 작성

(판례) 준비기간 3일 이상을 부여하지 않은 채 행정사무 감사 및 조사 실시는 곤란(대법원 97. 9. 26. 선고, 97추43판결)

판시사항

지방의회가 사무감사 · 조사방법으로 감사 · 조사위원회의 의결에 의하여 3일 이상의 준비기간을 부여하지 아니하고 또한 지방의회의장을 통하지 아니하고도 현지확인, 보고 · 서류제출의 요구 등을 할 수 있도록 규정한 조례안은 위법무효

판결요지

헌법 제117조 제1항, 지방자치법 제22조에 의하면, 지방자치단체는 법령에 구체적인 위임근거가 없더라도 법령에 위반되지 아니하는 범위 안에서 그 사무에 관한 조례를 제정할 수 있고, 다만 주민의 권리제한 또는 의무부과에 관한 사항이나 벌칙을 정할 때에는 법령의 위임이 있어야 하는 것인바, 지방의회가 사무감사 · 조사방법으로 감사 · 조사위원회의 의결에 의하여 3일 이상의 준비기간을 부여하지 아니하고, 또한 지방의회의장을 통하지 아니하고도 현지확인, 보고 · 서류제출의 요구 등을 할 수 있도록 규정한 조례안은 법령의 위임근거 없이 주민의 권리를 제한하는 것이고, 또한 지방자치법시행령 제43조 제1항, 제3항에 위반되므로 위법하다.

(질의사례) 감사계획서의 의안 효력발생 요건(행정자치부 질의응답 00. 6. 14)

질의요지

지방의회의 의안으로 유효하게 접수되어 심의, 의결되기 위해서는 발의요건, 형식요건, 성립요건의 세 가지 요건이 충족되어야 하는바 "행정사무감사계획서 작성의 건"의 경우는 세 가지 의안요건을 충속하고 있는가.

회신내용

- 의안이 지방의회에 유효하게 접수되고 심의 · 의결되기 위해서는 발의요건, 형식요건, 성립요건 등이 갖추어져야 하는 바, 지방자치법(이하 '법'이라 한다.) 제41조에 의한 행정사무감사 또는 조사를 실시할 경우, 같은법 시행령 제39조 제3항 및 제41조에 의거 소관상임위원회 또는 특별위원회에서 행정사무감사 또는 조사계획서를 작성하여 본회의에 제출하고 그 승인을 얻어 감사 또는 조사를 시행하는데(본회의에서 직접 감사 또는 조사를 행할 경우에는 본회의에서 작성하여 의결),
- 이 경우 행정사무감사계획서안건이 성립되기 위해서는 같은법 시행령 제41조 제1항 각 호에

규정된 사항과 발의안건서식에 명기된 제반사항의 형식적 요건을 갖추어 소관상임위원회 또는 특별위원회에서 발의를 하고, 동 안건이 법령 및 소관상임위원회 또는 특별위원회의 권한 범위 내의 내용이면 유효한 안건으로서의 성립이 가능하다고 사료되며, 성립된 동 안건이 지방의회에 접수되면 의안의 효율적 관리를 위해 접수순서에 의거 연번을 부여하여 본회의에서 심의·의결하여야 할 것으로 사료됨.

(상담사례) 감사계획서 채택시기(서우선, 02②: 136)

질의요지

행정사무감사는 정례회에서 10일 또는 7일간 실시해야 하는 바, 감사계획서는 그 정례회에서 채택해야만 하는가? 직전 임시회에서 감사계획서를 채택할 수 있는가?

상담내용

정례회 전 개회되는 임시회에서 감사계획서를 채택하는 방안이 있다. 감사를 위한 서류제출·증인출석·현지확인 요구를 3일 전 의결로 하게 되어 있고 또 제출된 서류를 의원별로 검토·분석하는 기간을 확보할 수 있는 바람직한 방법이다. 다른 방안으로는, 감사를 실시하는 정례회에서 채택하는 것이다. 감사계획서를 채택한 이후 4~5일 정도 다른 의정활동을 할 수 있을 경우라면 활용해도 무방할 것이다.

다. 감사실시

행정사무감사·조사를 위한 현지확인의 통보 및 서류의 제출이나 지방자치단체의 장, 관계공무원 또는 그 사무에 관계되는 자의 출석·증언 및 의견진술의 요구는 늦어도 그 현지확인일, 서류제출일, 출석일 등의 3일 전까지 의장을 통하여 이를 행하여야 한다. 이러한 요구를 받은 관계인 또는 관계기관은 법령이나 조례에서 특별히 규정한 경우를 제외하고는 이에 응하여야 하며 감사 또는 조사에 협조하여야 한다. 이러한 요구를 받은 지방자치단체의 장, 관계공무원 또는 그 사무에 관계되는 자가 이에 응할 수 없는 정당한 이유가 있는 경우에는 그 이유서를 출석·증언이나 의견진술일 등의 1일 전까지 의장에게 제출하여야 한다.

[별지 제5호 서식]

현지확인실시통보서

문서번호

수　　신

제　　목 ○○○○에 대한 현지확인 실시

제⊙○○회 ☆☆도의회(임시회) 제○차 본회의(　　년　월　일)에서 ○○○○년도 행정사무감사(조사)와 관련하여 지방자치법 제41조제4항 및 같은법 시행령 제43조, ☆☆도의회행정사무감사및조사에관한조례 제11조의 규정에 의하여 아래와 같이 ○○○○에 대한 현지확인을 실시하기로 의결하였음을 통보하오니 준비하여 주시기 바랍니다.

1. 현지확인 일시
2. 현지확인 장소
3. 현지확인반 구성
4. 현지확인 대상
5. 현지확인 방법.　끝.

☆ ☆ 도 의 회 의 장 ㊞

[별지 제8호 서식]

서류제출요구서

귀하

☆☆도의회가 ○○○○년도 행정사무감사를 실시함에 있어 지방자치법 제41조 및 같은법 시행령 제43조, ☆☆도의회행정사무감사및조사에관한조례 제11조의 규정에 의하여 이 요구서를 발부하오니 아래와 같이 서류를 제출하여 주시기 바랍니다.

1. 제출서류사항 :
2. 제출일시 :　　　년　　월　　일　　시
3. 제출장소 :
4. 기타 필요한 사항 :

년　　월　　일

☆ ☆ 도 의 회 의 장 ㊞

[별지 제9호 서식]

증인출석요구서

귀하

☆☆도의회가 ○○○○년도 행정사무감사를 실시함에 있어 지방자치법 제41조 및 같은법 시행령 제43조, ☆☆도의회행정사무감사및조사에관한조례 제11조의 규정에 의하여 이 요구서를 발부하오니 아래와 같이 증인으로 출석하여 주시기 바랍니다. 만약 정당한 이유 없이 출석하지 아니한 때에는 지방자치법 제41조제5항 및 같은법 시행령 제43조제4항의 규정에 의하여 500만 원 이하의 과태료를 부과할 수 있음을 알려드립니다.

1. 출석일시 : 년 월 일 시
2. 출석장소 :
3. 신문사안 :
4. 기타 필요한 사항 :

※ 출석하실 때에는 이 출석요구와 주민등록증, 그리고 인장을 지참하여 주시기 바랍니다.

년 월 일

☆ ☆ 도 의 회 의 장 ㊞

[별지 제10호 서식]

참고인출석요구서

귀하

☆☆도의회가 ○○○○년도 행정사무감사를 실시함에 있어 지방자치법 제41조 및 같은법 시행령 제43조, ☆☆도의회행정사무감사및조사에관한조례 제11조의 규정에 의하여 이 요구서를 발부하오니 아래와 같이 참고인으로 출석하여 주시기 바랍니다.

1. 출석일시 : 년 월 일 시
2. 출석장소 :
3. 진술할 사안 :
4. 기타 필요한 사항 :

※ 출석하실 때에는 이 출석요구와 주민등록증, 그리고 인장을 지참하여 주시기 바랍니다.

년 월 일

☆ ☆ 도 의 회 의 장 ㊞

라. 행정사무감사의 한계

지방의회의 감사권은 집행기관에 대해 의회가 가지고 있는 통제권한을 유효적절하게 수행하기 위한 보조적 권한이라는 측면에서 볼 때 감사권에는 그 본질에 내재되어 있는 일정한 한계가 인정될 수밖에 없다. 또한 감사제도의 목적을 일탈하거나 권한의 범위를 초월하여 기관분립주의에 입각한 견제와 균형의 원리가 손상되어서는 아니 된다(윤진훈 : 62-63).

(1) 사무범위상의 한계

(가) 위임사무에 대한 감사의 한계

지방의회는 자치단체의 자치사무와 단체수임사무는 물론 기관수임사무까지도 감사할 수 있다. 그러나 국가의 위임사무를 국회가, 시 · 도의 위임사무를 시 · 도의회가 직접 감사하기로 한 사무는 수임 받은 자치단체장이 속한 자치단체의 지방의회가 감사할 수 없다(지방자치법 제41조 ③).

(나) 교육 · 과학 및 체육에 관한 사무에 대한 감사의 한계

지방자치법 제121조의 규정에 의하여 설치된 교육 · 과학 및 체육에 관한 기관의 감사는 원칙적으로 시 · 도교육위원회가 실시하고 그 감사결과를 지방의회에 보고함으로써 감사에 갈음한다. 다만, 시 · 도의회는 특정한 사안에 대하여 본회의의 의결이 있는 경우에 감사할 수 있다(같은법 시행령 제42조 ①). 그러므로 시 · 도의회는 교육 · 과학 및 체육기관의 업무전반에 대해서는 감사할 수 없다.

(2) 사법권과 관련된 한계

지방의회의 감사는 계속중인 재판 또는 수사중인 사건의 소추에 관여할 목적으로 실시하지 못한다.

(3) 개인 사생활과 관련한 한계

지방의회의 감사는 주민의 알권리를 실현하고 당해 자치단체의 행정집행에 공정성과 효율성을 제고하기 위한 것이다. 그러나 개인의 사생활을 침해하는 감사를 실시할 수 없으며, 감사를 실시함에 있어 개인의 기본권이 침해되는 경우에는 감사할 수 없다(같은법 시행령 제44조).

(4) 행정작용에 대한 불간섭

지방의회의 감사는 의회기능의 실효성을 제고하고 사무집행에 잘잘못을 감시하기 위한 것이므로 감사는 그 영역의 범위 내에서 실시되어야 한다. 따라서 감사는 행정을 구체적으로 직접 집행하거나 정치적 압력을 가하는 것을 목적으로 실시할 수 없다.

(5) 다른 지방의회와의 상호협의

2개 이상의 자치단체사무를 동시에 관장하는 기관을 감사하기 위해서는 관련된 지방자치단체의 의회와 사전에 상호협의가 이루어져야 한다(표준조례안 제5조 ②).

[관련판례]

(질의사례) 행정사무감사 또는 조사시 개인의 사생활 침해(구 내무부 지기 13430-601, 93. 11. 26)

질의요지

지방자치법시행령 제45조의 규정은 "감사 또는 조사는 개인의 사생활을 침해할 목적으로 행사되어서는 아니 된다"라고 규정하고 있는 바, 개인의 사생활의 침해란 구체적으로 어떠한 경우를 일컫는 것인지와 행정관청의 보도관행까지를 포함한 일체의 사적비밀의 공개를 뜻하는 것인지 여부

회신내용

- 사생활의 비밀과 자유는 헌법 제10조 및 제17조의 규정 등에서 보장하고 있는 국민의 기본적 권리로서 국민의 자유로운 사생활의 영위와 사생활의 내용을 공개 당하지 아니할 것과 사생활의 자유로운 형성과 전개를 방해받지 아니하고 자신에 관한 정보를 통제할 수 있는 권리를 내용으로 하는 복합적 성질의 권리라 할 수 있음.
- 현행 지방자치법시행령 제44조의 규정은 위에서 살펴본 헌법상 보장된 "사생활의 비밀과 자유''를 침해할 목적으로 지방의회의 행정사무감사권(또는 조사권)을 행사해서는 안 된다는 것으로, 이는 지방의회의 행정사무감사나 조사가 개인 사생활의 비밀과 자유를 직접 침해할 목적으로 행사되어서는 안 된다는 것은 물론, 행정사무감사나 조사과정에서 증인이나 참고인 등에 대해 현행 형사소송법 제148조 및 제149조상의 증언거부권을 인정해야 하고 증인 · 참고인 등이 중계방송 또는 사진보도 등에 응하지 아니한다는 의사를 표명하거나 특별한 이유로 회의의 비공개를 요구할 때에는 중계방송 또는 녹음 · 녹화 · 사진보도를 금지시키거나 회의를 비공개로 하는(국회에서의 증언 · 감정 등에 관한 법률 제9조 참조) 등 지방의회의 행정사무감사

권(또는 조사권)을 헌법상 보장된 사생활의 비밀과 자유가 최대한 보장될 수 있도록 적정하고 신중하게 행사해야 한다는 규정으로 이해되어야 할 것임.

- 또한 행정기관은 법령이 정하는 바에 따라 행정목적을 위하여 확보한 개인의 사생활과 직결된 구체적 정부자료에 대하여 원칙적으로 그 비밀을 보호해야 할 의무가 있다고 보아야 할 것임.

(상담사례 1) 서류제출 요구와 전문적인 감사 · 조사(서우선, 02② : 139)

질의요지

행정사무감사 · 조사를 전문적으로 하기 위해서는 어떠한 자료를 요구하고 제출된 자료를 어떻게 활용해야 하는가?

상담내용

첫째는, 정책이나 시책의 성과에 관한 자료일 경우에는 그 성과에 대한 평가를 통해서 감사를 전문적으로 할 수 있을 것이다. 예를 들면, 버스전용차로제 시책 성과에 대하여 출 · 퇴근시 평균 버스속도의 시행 전 · 후 비교자료를 제출 요구하고, 이 자료분석을 통하여 평균 버스속도가 2배 이상 향상된 성과를 확인하여 감사질의로 이 시책의 확대적용이 가능한 지역과 노선을 제시하며 집행기관으로부터 수용하겠다는 확답을 받아낸 사례가 있다.

둘째는, 대상사무에 관한 통계를 분석하여 전문적인 감사를 하는 방법이다. 예를 들면, 수질오염이 심각한 수원지에 대한 계절별 · 수역별 · 시간별 생물학적 산소요구량(BOD) 통계치를 자료로 요구하고 제출된 자료를 검토 · 분석하여 감사질의로, 계절별 오염방지대책 예산배정의 효율성을 제고시켜야 하는 방향제시를 하는 동시에, 수원지로 유입되는 지천 및 주야를 구분하여 오폐수 방류 가능성을 적시하며 단속 및 계도 방향을 구체적이고 전문적으로 제시한 사례가 있다.

셋째는, 여론조사를 활용하는 방법이다. 예를 들면, 재래시장 현대화 사업에 대한 상인들의 여론조사 결과를 자료로 요구하여 여론조사 결과 94%라는 높은 찬성률에 따라 민자유치방법, 수익자부담원칙, 분양방법 등을 수립하여 재래시장 현대화 사업을 추진하게 한 사례가 있다.

특수사례 1

감사위원회 위원들이 집행기관의 실 · 국(과) · 소를 1인씩 분담하여 증인으로 채택한 공무원을 1 : 1로 '행정기관식' 감사를 한 사례 → 방법상 한계를 초월한 사례

증인이 선서하는 방법은 먼저, 출석요구를 받은 증인이 지방자치단체의 장 또는 관계공무원과 그 사무에 관계되는 공무원인 경우에는 감사위원회에서 책임자에 해당하는 공무원이 대표로 선서하고 그 나머지 공무원은 기립하여 오른손만 드는 방법을 권할 만하다. 물론 출석요구된 공무원 전체가 책임자에 해당하는 공무원을 따라 선서문을 왼손에 들고 오른손을 들어 선서문을 함께 낭독한 후 본인의 이름을 대고 오른손을 다 똑같이 내리는 방법도 있을 수 있으나, 그리 권장할 만한 방법이라고 생각하지 않는다.

다음, 감사대상 사무에 관계되는 자(者) 중에서 출석요구를 받은 증인이 일반인일 경우에는, 한 사람 한 사람에 대하여 선서를 하게 하는 방법을 택해야 한다. 이때도 그 사무에 관계되는 공무원을 책임자에 해당하는 공무원과는 별도로 개별적으로 출석요구를 3일 전에 할 수 있는데, 역시 그 공무원 한 사람 한 사람에 대하여 선서를 하게 해야 한다. 선서문에 서명날인을 받아 보관해야 하는 것은 위의 방법과 마찬가지다.

감사활동을 함으로써 대상기관의 기능과 활동이 현저히 저해되거나 기밀이 누설되지 않도록 주의를 하여야 한다. 또한 위원과 사무보조자는 감사를 통하여 알게 된 기밀을 정당한 사유 없이 누설해서는 아니 된다(같은법 시행령 제47조). 이를 어기면 일반적으로 징계사유가 된다(동 조례 참조).

[별지 제11호 서식]

선서서 (기관장)

본인은 ☆☆도의회가 지방자치법 제36조, 같은법 시행령 제16조제1항, ○○도의회행정사무감사및조사에관한조례 제2조의 규정에 의하여 소관업무에 대한 ○○○○년도 행정사무감사를 실시함에 있어 기관장으로서 성실하게 감사를 받을 것이며, 또한 증인으로서 증언을 함에 있어서는 지방자치법시행령 제43조제5항과 ☆☆도의회행정사무감사및조사에관한조례 제18조의 규정에 의하여 양심에 따라 숨김과 보탬이 없이 사실 그대로 말하고 만일 거짓이 있으면 위증의 벌을 받기로 서약하고 이에 선서합니다.

년 월 일

기관명 :

기관장 : ㉣

[별지 제12호 서식]

선서서 (증인)

본인은 ☆☆도의회가 실시하는 ○○○○년도 행정사무감사와 관련하여 ○○위원회에서 증언을 함에 있어 지방자치법시행령 제43조제5항과 경기도 의회행정사무감사및조사에관한조례 제18조의 규정에 의하여 양심에 따라 숨김과 보탬이 없이 사실 그대로 말하고, 만일 거짓이 있으면 위증의 벌을 받기로 서약하고 이에 선서합니다.

년 월 일

주소 :

주민등록번호 :

증인 : ㊞

[별지 제7호 서식]

보고요구서

귀하

☆☆도의회가 ○○○○년도 행정사무감사를 실시함에 있어 ☆☆도의회 행정사무감사및조사에관한조례 제11조의 규정에 의하여 이 요구서를 발부하오니 아래와 같이 보고하여 주시기 바랍니다.

1. 보고사항 :
2. 보고일시 : 년 월 일 시
3. 보고장소 :
4. 기타 필요한 사항 :

년 월 일

☆ ☆ 도 의 회 의 장 ㊞

[별지 제13호 서식]

증인에 대한 선서취지 및 고발규정등 사전안내문

증인선서를 하기에 앞서 선서의 취지와 고발규정등에 대하여 말씀드리겠습니다.

선서를 하는 이유는 이번 ☆☆도의회가 ○○○○년도 행정사무감사를 실시함에 있어서 증인으로부터 양심에 따라 숨김없이 사실대로 증언하겠다는 서약을 받기 위한 것입니다.

만약 증인이 허위증언을 한 때에는 지방자치법 제41조제5항의 규정에 의하여 고발될 수 있으며, 증언 또는 진술을 거부한 때에는 같은법 시행령 제43조제4항의 규정에 의하여 500만 원 이하의 과태료를 부과할 수 있음을 알려 드립니다.

아울러 형사소송법 제148조 또는 제149조의 규정에 해당하는 경우에는 선서와 증언, 그리고 서류제출을 거부할 수 있음을 함께 알려드립니다.

년 월 일

☆ ☆ 도 의 회

○○위원회 (감사반) 위원장(반장) ○○○

[별지 제14호 서식]

감사 또는 조사중지 의결에 대한 이의서

1. 이의신청 의결내용 :
2. 신청취지 :
3. 신청이유 :
4. 근거법규 : 지방자치법시행령 제46조제3항, ☆☆도의회행정사무감사 및조사에관한조례 제25조제3항

위와 같이 이의서를 제출합니다.

년 월 일

이의신청인 : ㊞

☆☆도의회의장 귀하

[별지 제18호 서식]

비용영수증

증　　인

첨 고 인

금액　　　　　　　원

내　　역

구분	종별	구간 및 일시	금액	비고
운임				
숙박료				
식비				
현지교통비				
계				

위와 같이 영수함.

년　　월　　일

주소

성명　　　　　　㉑

☆☆도의회 의장 귀하

(판례1) 도의회에서의 증언 · 감정 등에 관한 조례(안) 무효확인 청구의 소(대법원 95. 6. 30. 선고, 93추83 판결)

◘ 판시사항

① 공무원 등이 직무상 비밀에 속한다는 이유로 지방의회의 증언 또는 서류제출요구 등을 예외 없이 거부할 수 없도록 규정한 조례안이 상위법령에 위반되는지 여부

② 불출석증인에 대한 동행명령장제도를 규정한 조례안이 법률적 위임근거가 있다고 볼 것인지 여부

③ ②항의 조례안이 영장주의 원칙을 규정한 헌법에 위반되는지 여부

◘ 판결요지

① 공무원 또는 공무원이었던 자가 직무상 비밀에 속한다는 이유로 지방의회의 증언 또는 서류 제출 요구 등을 거부할 수 없도록 규정한 조례안의 경우, 언제나 국가기밀을 공개하여야 한다

는 것은 부당하고 국민의 알권리도 헌법 제37조 제2항에 의하여 국가안전보장 · 질서유지 · 공공복리를 이유로 제한될 수 있다는 점에서 절대적인 권리는 아니므로, 그 규정이 목적하는 바가 국가기밀을 빙자하여 자료제출, 증언을 거부하려는 것을 막는 데 있다면, 국회에서의증언 · 감정등에관한법률과 같이 그것이 공개됨으로써 국가의 안전보장 등에 중대한 위험을 초래할 국가기밀의 경우에는 공개를 거부할 수 있는 예외를 합리적으로 인정하였어야 함에도, 이러한 예외를 인정함이 없이 그것이 공개됨으로써 국가의 안전보장에 중대한 영향을 미칠 국가기밀의 경우까지도 반드시 공개하도록 규정된 조례안은 이런 점에서 공무원의 비밀유지 의무를 규정한 국가공무원법 제60조, 지방공무원법 제52조, 형법 제127조, 보안업무규정 제24조와 지방자치법 제41조 제7항, 같은법 시행령 제43조의 제3항에 위반된다고 볼 수밖에 없다.

② 지방의회 불출석 증인에 대한 동행명령장제도는 이에 의하여 불출석 증인을 그 의사에 반하여 일정한 장소에 인치하는 것을 내용으로 하므로, 헌법 제12조가 보장하고 있는 신체의 자유권에 대한 중대한 제한을 가하는 것이 분명하여 지방자치법 제15조 단서에 의하여 법률상 위임이 있어야 할 것인바, 지방자치법이 제41조 제7항에 행정사무의 감사 · 조사를 위하여 필요한 사항 및 선서 · 증언 · 감정 등에 관한 절차를 대통령령으로 정하도록 위임하여, 같은 법 시행령은 제41조 – 제51조에서 이에 관한 중요한 사항에 관하여 규정한 다음 제52조에서 같은법 및 시행령에 규정한 것 외에 감사 또는 조사에 필요한 사항은 당해 지방자치단체의 조례로 정한다고 규정하여 그 나머지 세부절차를 부분적으로 조례에 재위임하였고, 조례에 위임하고 있는 "감사 또는 조사에 필요한 사항"은 광의의 것으로서 협의의 감사 · 조사절차와 증언 · 감정 등에 관한 절차를 포괄하는 것으로 보아야 하므로, 동행명령장제도는 지방의회에서의 증언 · 감정 등에 관한 절차에서 증인 · 감정인 등의 출석을 확보하기 위한 절차로서 규정된 것으로 같은법 시행령 제52조 규정의 "감사 또는 조사에 필요한 사항"에 해당한다고 보아야 할 것이어서, 결국 같은법 제41조 제7항, 같은법 시행령 제52조의 규정이 비록 포괄적이고 일반적이기는 하지만 동행명령장제도를 규정한 조례안의 법률적 위임 근거가 된다고 보는 것이 타당하다.

③ 지방의회에서의 사무감사 · 조사를 위한 증인의 동행명령장제도도 증인의 신체의 자유를 억압하여 일정 장소로 인치하는 것으로서 헌법 제12조 제3항의 "체포 또는 구속"에 준하는 사태로 보아야 하고, 거기에 현행범 체포와 같이 사후에 영장을 발부받지 아니하면 목적을 달성할 수 없는 긴박성이 있다고 인정할 수는 없으므로, 헌법 제12조 제3항에 의하여 법관이 발부한 영장의 제시가 있어야 함에도 불구하고 동행명령장을 법관이 아닌 지방의회 의장이 발부하고

이에 기하여 증인의 신체의 자유를 침해하여 증인을 일정 장소에 인치하도록 규정된 조례안은 영장주의 원칙을 규정한 헌법 제12조 제3항에 위반된 것이다.

(판례 2) 불출석 증인에 대한 과태료부과 관련 개정조례안 무효확인(대법원 97. 2. 25. 선고, 96추213판결)

판시사항

지방의회의 조사 · 감사를 위해 채택된 증인의 불출석 등에 대한 과태료를 그 사회적 신분에 따라 차등부과할 것을 규정한 조례의 효력(무효)

판결요지

- 지방자치법 제41조 제5항은 증인의 불출석 또는 증언거부의 경우에 500만 원 이하의 과태료를 부과할 수 있다고 규정하고 있고, 지방자치법 시행령 제43조 제4항은 같은법 제41조 제5항의 규정에 의한 과태료의 부과기준은 당해 지방자치단체의 조례로 정한다고 규정함으로써 조례가 과태료의 하한을 정할 수 있도록 규정하고 있으며, 같은법 제41조 제7항은 지방의회의 감사 또는 조사를 위하여 필요한 사항과 제4, 5항의 선서 · 증언 · 감정에 관한 절차를 대통령령에 위임하도록 규정하고 있는데 위 감사 또는 조사에 필요한 사항에는 과태료 부과의 구체적인 기준을 정하는 것도 포함된다고 할 것이므로, 조례로 과태료 부과의 기준을 정할 수 있도록 규정한 위 시행령 제43조 제4항은 같은법 제41조의 위임을 받아 제정된 것으로서 유효하고, 따라서 위 시행령에 근거하여 과태료 부과의 하한을 정한 조례안을 가리켜 법률의 위임 없이 법률보다 더 무거운 제재를 정한 무효의 조례라고는 볼 수 없다.
- 조례안이 지방의회의 감사 또는 조사를 위하여 출석요구를 받은 증인이 5급 이상 공무원인지 여부, 기관(법인)의 대표나 임원인지 여부 등 증인의 사회적 신분에 따라 미리부터 과태료의 액수에 차등을 두고 있는 경우, 그와 같은 차별은 증인의 불출석이나 증언거부에 대하여 과태료를 부과하는 목적에 비추어 볼 때 그 합리성을 인정할 수 없고 지위의 높고 낮음만을 기준으로 한 부당한 차별대우라고 할 것이어서 헌법에 규정된 평등의 원칙에 위배되어 무효이다.

(판례 3) 의회에서의 증언 · 감정등에관한조례(안)무효확인청구(대법원 95. 6. 30. 선고, 93추76판결)

판시사항

지방의회에서의 감정인의 선서의무를 규정한 조례안이 지방자치법에 위반되어 무효인지 여부

판결요지

지방의회에서의 증인 · 감정인의 선서의무를 규정한 조례안은 헌법 제19조에서 보장된 양심의 자유를 침해하는 것이므로 지방자치법 제22조 단서에 따라 법률의 위임이 있어야 할 것인바, 지방자치법 제41조 제4항, 같은법 시행령 제43조 제5항은 증인의 선서의무를 규정하고 있고 감정인의 선서의무에 관하여는 이를 직접적으로 규정하고 있지 않지만, 지방자치법 제41조가 감사 · 조사에 관한 절차와 증언 · 감정 등에 관한 절차를 같이 규정하고 있는 점에 비추어 보면 광의의 감사 · 조사 절차에는 증언 · 감정 등에 관한 절차도 포함되는 것으로 보아야 할 것이므로, 같은법 시행령 제52조가 법 및 영이 규정하지 아니한 부분에 관하여 조례에 위임하고 있는 "감사 또는 조사에 관한 절차"는 광의의 것으로서 협의의 감사 · 조사절차와 증언 · 감정 등에 관한 절차를 포괄하는 것으로 보아야 할 것이어서, 그 조례안이 증인 외에 감정인의 선서의무를 규정한 것은 같은법 시행령 제52조의 위임에 근거하여 감정인에 관하여도 그 진술의 진실성을 담보하기 위하여 증인의 선서의무에 준하여 선서의무를 부과하고 있는 것이라고 볼 수 있어 지방자치법에 위반된다고 할 수 없다.

8. 감사결과의 처리

가. 감사결과보고서 작성

감사위원회 또는 감사를 실시한 본회의가 감사를 완료한 때에는 감사결과보고서를 작성한다. 보고서는 감사를 보좌한 사무보조직원이 초안을 작성하여 위원장과 간사가(또는 의장과 부의장이) 검토한 후 위원회(본회의)에 상정하여 의결하게 된다. 또는 「감사결과보고서작성 소위원회」를 구성하여 소위원회에서 작성한 보고서를 가지고 전체 위원회에서 의결하기도 한다. 감사보고서는 「200X년도 행정감사결과보고서채택의건」으로 상정한다.

나. 결과보고서 제출

위원회가 감사를 완료한 때에는 그 위원장은 지체 없이 감사보고서를 의장에게 제출하고, 본회의에 (서면)보고 하여야 하고(지방자치법 시행령 제50조①), 위원회의 감사결과 보고서 작성이 늦었거나 기타 필요한 사항이 있는 경우에 의장은 위원장에게 중간보고를 하게 할 수 있다(같은법 시행령 제50조②). 보고된 감사결과는 본회의 의결로써 이를 처리한다. 이때 당해 기관의 시정을 요하는 사항은 시정을 요구하고, 해당기관에서 처리하는 것이 타당하다고 인정되는 사항은 이를 해당기관에 이송하고 해당기관장은 그 처리를 지체 없이 하고, 그 결과를 의회에 보고하여야 한다(같은법 시행령 제51조③).

(판례 1) 행정사무 감사 · 조사의 범위(대법원 92추93,'93.2.9)

판시사항

자치단체장의 기관구성원 임명 · 위촉권한이 조례에 의하여 비로소 부여되는 경우는 조례에 의하여 자치단체장의 임명권한에 견제나 제한을 가하는 규정을 둘 수 있다고 할 것이나, 상위법령에서 자치단체장에게 기관구성원 임명 · 위촉권한을 부여하면서도 임명 · 위촉권의 행사에 대한 의회의 동의를 받도록 하는 등의 견제나 제약을 규정하고 있거나 그러한 제약을 조례 등에서 할 수 있다고 규정하고 있지 아니하는 한, 당해 법령에 의하여 인정된 임명 · 위촉권은 자치단체장에게 전속적으로 부여된 것이라고 보아야 할 것이어서 하위법규인 조례로는 자치단체장의 임명 · 위촉권을 제약할 수 없다 할 것이다. 지방의회의 자치단체사무에 대한 비판 · 감시 · 통제를 위한 행정사무감사 및 조사권의 행사의 일환으로 위와 같은 제약을 규정하는 조례를 제정할 수도 없다.

[별지 제16호 서식]

○○○○년도 행정사무감사결과보고서

○○○위원회

1. 감사의 목적 :
2. 감사기간 :
3. 감사실시 대상기관 :
4. 감사실시 경과 :
   가. 감사반 편성 :
   나. 감사일정

일시	대상기관	감사장소	감사방법	비고

5. 주요감사 실시내용(소관별, 사항별) :
6. 감사결과 및 처리의견 :
   가. 시정요구사항 :
   나. 처리요구사항 :
   다. 건의사항 :
7. 기타 감사의견 및 특기사항 :
8. 중요근거서류(별첨)

[별지 제19호 서식]

고 발 장

1. 피고발인
2. 고발사실
3. 첨부서류

년 월 일

고발인 : ☆ ☆ 도 의 회 의 장 ㊞

○○○○○○ 귀하

※ 피고발인는 성명 기타 인적사항 기재

※ 고발사실은 고발사유 및 경위, 위반 및 고발근거법 조문을 명시

※ 첨부서류는 속기록 사본(관련부분), 증인 출석요구서 및 선서서 사본등 첨부

(판례 2) 구미시의회 행정사무감사및조사에관한조례중개정조례안재의결 무효확인(대법원 2004. 7. 22 선고,'03추13)

판시사항

개정조례안은 종전 구미시의회 행정사무감사및조사에관한조례 제15조 제2항의 "감사 또는 조사 결과 시 또는 해당기관의 '시정'을 필요로 하는 사유가 있을 때에는 의회는 그 시정을 요구하고 시 또는 해당기관에서 직접 처리함이 타당하다고 인정되는 사항은 시 또는 해당기관에 이송한다"라는 규정을 "감사 또는 조사결과 시 또는 해당기관의 '시정(관계자의 문책 등을 포함한다)'을 필요로 하는 사유가 있을 때에는 의회는 그 시정을 요구하고 시 또는 해당기관에서 직접 처리함이 타당하다고 인정되는 사항은 시 또는 해당기관에 이송한다"로 개정하는 내용이다.

판결요지

① 지방자치법 제41조 제7항은 행정사무 감사와 조사를 위하여 필요한 사항은 국정감사및조사에관한법률에 준하여 대통령령으로 정하도록 규정하고 있는바, 국정감사및조사에관한법률 제16조 제2항은 "감사 또는 조사결과 정부 또는 해당기관의 '(관계자의 문책 등을 포함한다)'을 필요로 하는 사유가 있을 때에는 국회는 그 시정을 요구하고, 정부 또는 해당기관에서 처리함이 타당하다고 인정되는 사항은 정부 또는 해당기관에 이송한다"라고 규정하고 있음에 반하여, 같은법 시행령 제51조 제2항은 "감사 또는 조사결과 당해 지방자치단체 또는 해당기관의 '시정'을 필요로 하는 사유가 있는 때에는 지방의회는 그 시정을 요구하고, 당해 지방자

치단체 또는 해당기관에서 처리함이 타당하다고 인정되는 사항은 당해 지방자치단체 또는 해당기관에 이송한다"라고만 규정하여 '시정'에서 '관계자의 문책 등을 포함한다'는 문구를 배제하고 있다.

② 이러한 관련법령의 규정에 비추어 살펴보면 같은법 시행령 제51조 제2항에서 '관계자의 문책 등을 포함한다'라는 문구를 규정하지 않은 것은 같은법 제105조에서 지방자치단체의 장이 소속직원에 대한 임면 · 징계권을 가지도록 하고, 지방공무원법 제69조 및 제72조에서 지방공무원에 대한 징계는 인사위원회의 징계의결을 거쳐 임용권자가 행하도록 하고 있기 때문에 집행기관의 소속직원에 대한 인사나 징계에 관한 고유권한을 침해하지 않도록 하기 위하여 의도적으로 배제한 것이지 단순히 착오로 이를 누락한 것이 아니라 할 것이므로, 지방의회로 하여금 시정뿐만 아니라 관계자의 문책 등까지 요구할 수 있도록 한 개정조례안은 지방의회가 법령에 의하여 주어진 권한의 범위를 넘어 집행기관의 행정작용에 대하여 직접 간섭하는 것으로서 법령에 없는 새로운 견제장치를 만드는 것이 되어, 결국 상위법령인 같은법 시행령 제51조 제2항에 위반된다고 할 것이다.

(상담사례 1) 행정사무감사 결과에 대한 처리결과 보고(서우선, 02②: 158)

질의요지

행정사무감사 및 조사에 관한 조례의 관련규정에 의해 수감기관은 행정사무감사 결과로 이송된 사항을 지체 없이 처리하고 그 처리결과를 의회에 보고해야 한다. 이때의 보고방법은 본회의 또는 상임위원회의의 의사일정에 상정하여 보고 받아야 하는가, 아니면 유인물에 의한 보고를 받아도 무방한가?

상담내용

- 행정사무감사 결과 이송한 사항의 결과처리를 보고 받는 방법은 두 가지가 있을 수 있다. 하나는, 지방자치법 제42조의 규정에 근거를 두고 있는 시 · 도정보고 또는 시 · 군 · 구정보고와 상임위원회에서 소관 부서별로 행정사무처리상황 보고를 받는 방법과 같이 의사일정에 상정하여 보고 받는 방법이다. 다른 하나는, 처리결과보고서 유인물을 제출받아 전의원에게 배부하는 방법이다.
- 첫 번째 방법은 처리결과를 공식 의사일정에 상정하여 보고 받는다는 장점은 있으나, 일단 결과보고를 받으면 질의답변을 거쳐 종결선포를 해야 하기 때문에 시정되지 않거나 미진한 부분에 대해 한번 수감 받은 사무를 다시 감사나 조사를 하려고 할 때 합리적인 방법일 수

없게 된다.

- 두 번째 방법은 처리결과의 공식적인 보고를 받지 못한다는 단점은 있으나, 시정되지 않거나 미진한 부분에 대해 본회의 질문, 안건 및 예산결산심사, 다음 연도 행정사무감사 시 계속 시정 및 처리를 요구할 수 있기 때문에 의회로서는 활용가치가 더 있는 방법이다.
  물론 집행기관의 처리결과를 완벽하게 접수할 만하다면 첫 번째 방법으로 보고를 받아도 될 것이다.

(질의사례 1) 집행부 공무원에 대한 징계요구 가능 여부(행정자치부 운영13130-906, 00. 11. 13)

질의요지

행정사무감사 또는 조사결과 지적사항과 관련하여 지방의회에서 집행부 소속 공무원에 대하여 징계요구를 할 수 있는가.

회신내용

- 지방자치법시행령 제51조 제2항에 의거 지방의회의 행정사무감사 또는 조사의 실효성 확보 측면에서 감사 또는 조사결과 당해 지방자치단체 또는 해당기관의 시정을 필요로 하는 사유가 있는 때에는 시정을 요구하고, 당해 지방자치단체 또는 해당기관에서 처리함이 타당하다고 인정되는 사항은 당해 지방자치단체 또는 해당기관에 이송할 수 있는 바, 이때 시정요구 시에는 집행부의 고유권한인 구체적인 행정집행까지를 직접적으로 요구할 수는 없다할 것임.
- 따라서 지방자치법 제105조에 의거 지방자치단체의 장은 소속직원의 임면, 복무, 징계 등에 관한 사항을 처리할 권한이 있고, 지방공무원징계및소청규정 제2조 제1항에 의거 임용권자에게 소속직원에 대한 징계요구 권한이 있으므로 지방의회에서 행정사무감사 또는 조사결과와 관련하여 집행부 소속직원에 대해 징계요구(특히 징계양정을 명시하여 요구)를 하는 것은 집행부의 행정작용에 대해 직접 간섭하는 것으로 행정사무감사 또는 조사범위의 한계를 일탈하여 불가능하다고 사료되나, 같은법 시행령 제51조 제2항에 의거 지방의회에서 행정사무감사 또는 조사결과 당해 지방자치단체 또는 해당기관에서 처리함이 타당하다고 인정하여 징계혐의사실 또는 혐의사실을 입증할 수 있는 관계자료를 당해 지방자치단체 또는 해당기관으로 이송한 후, 같은법 시행령 제51조 제3항에 의거 그 처리결과를 보고 받을 수는 있을 것으로 사료됨.

(상담사례 2) 감사 · 조사결과 책임확보 방안(서우선, 02②: 141)

질의요지

행정사무감사 · 조사결과 문책요구할 사항이 발견되었을 때 어떻게 결과처리를 할 수 있는가? 구체적인 사례에는 어떠한 경우가 있는가?

상담내용

- 첫째, 결산과 관련된 사례로서, 예컨대, 지방세 수입 또는 세외수입 초과시재금을 세입예산이나 추가경정예산에 편입하지 않고 배정, 지출행위를 한 사실이 감사과정에서 확인된 바 있다. "한 회계연도의 모든 수입을 세입으로 하고 모든 지출을 세출로 한다", "세입과 세출은 모두 예산에 편입한다"라는 지방재정법 제34조 제1항 및 제2항의 예산총계주의원칙 규정을 위반한 사례이다. 이러한 행위가 고의는 아니라고 하더라도 회계관계공무원으로서는 중과실에 의한 위법행위에 해당될 수 있다. 회계관계공무원 자신이 횡령하거나 착복한 것은 아니나, 법령을 위반한 행위는 지방공무원법 제69조의 징계사유에 해당하므로 행정사무조사 결과 문책요구로 처리해야 할 것이다.
- 둘째, 예산과 관련된 사례로써, 예컨대, 지방자치단체가 시행청인 토목공사를 착공하기 직전 정밀측량 결과 사유토지 일부가 포함되어 있자, 토목직 공무원이 다음 연도 예산에서 보상하기로 소유주민과 약속하고 공사를 한 사실이 감사과정에서 확인된 경우이다. 이 사례는 토목직 공무원 자신이 임의대로 처리할 업무가 아니라, 예산상 채무부담행위이므로 추가경정예산안에 편성하여 의회의 사전심의를 받고 집행해야 할 사항인 것이다. 그러나 공사착공 준비를 마친 시점이 인정되고, 예산을 잘 모르는 토목직 공무원으로서 선의(선의)에 의한 행위로 인정될 만하다.

Ⅲ 행정사무조사

1. 조사제도 의의

가. 의의

지방의회의 행정사무조사는 의회가 자치입법권, 자치재정에 대한 권한, 지방자치단체 집행부에 대한 통제권 등의 권한을 유효적절하게 행사하기 위해서 「행정사무

중 특정한 사안」에 대하여 사실을 조사하고 이의 시정을 요구하거나 대책을 강구하기 위한 제도적 장치이다. 따라서 「행정사무중 특정한 사안」의 의미는 가능한 한 좁게 해석함이 원칙이다. 그러나 지금까지 지방의회에서 조사권을 발동한 사례를 보면 소규모 주민사업, 농수산지원사업, 보조금사업, 환경업무 등 포괄적인 사항에 대해서도 조사권을 발동하고 있다(윤진훈 : 64).

나. 감사와 조사의 차이

지방의회의 행정사무 감사·조사는 의회의 집행기관에 대한 감시권을 구체화하는 권한이다. 지방의회의 행정사무감사는 자치단체의 사무전반을 대상으로 하는 매년 정례회에서 예산심의에 앞서 실시하는 지방의회의 포괄적인 감시기능이라고 할 수 있다. 그러나 조사는 특별히 문제가 되거나 현안이 되는 사무 또는 지방의회의 차원에서 각별히 관심을 가져야 할 사무 등 개별적인 특정사안을 그 대상으로 하는 점이 서로 다르다(도표 3-4 참조).

도표 3-4 감사와 조사의 비교

구분	행정사무감사	행정사무조사
대상사무	지방자치단체사무 전반(일반적·포괄적 개념) ⇒ 국가사무와 시·도사무에 관하여는 국회 와 시·도의회가 직접 감사를 하지 않기로 한 사무	지방자치단체의 사무 중 특정 사안(특정 개념) ⇒ 처리기간·장소·책임소재·예산사항 등을 명기하여 구체적·개별적으로 조사할 사무 또는 사업으로 한정
활동시기	정기회중 정기적인 활동	필요시 활동
활동요건	법정 당연 감사	재적의원 3분의 1이상의 조사발의와 본회의 의결
활동주체	본회의 및 소관 상임위원회 또는 특별위원회	본회의 및 특별위원회 또는 소관 상임위원회
활동기간	시·도의회 : 10일 시·군·구의회 : 7일 (※ 연속된 기간 개념임)	본회의 의결로 조사일정 승인 (※ 실제 조사기간에 관한 규정은 없으나, 지방의회의 임시회 최장회기인 15일 이내가 합리적이라고 봄)
활용방법	예산결산 및 안건심사에 필요한 정보 및 자료 획득, 시책에 대한 평가 및 대안 제시	행정사무감사, 본회의 질문 등과 연계 활용, 다른 의정활동의 담보적 기능 활용

자료 : 서우선(2002②), 100쪽

이를 구체적으로 살펴보면 ① 감사는 자치단체가 집행하는 사무 전반을 그 대상으로 하나, 조사는 자치단체의 사무 중에 특정사안만을 그 대상으로 하며, ② 감사는 매년 정례회의 회기 내에 정기적으로 실시하나, 조사는 필요에 따라 수시로 실시하며 그 실시기간에 있어서도 특별한 제한이 없으며, ③ 감사는 실시를 위하여 의원의 발의를 요건으로 하지 않으나, 조사의 경우는 재적의원 3분의 1 이상의 연서로 그 이유를 명시한 서면으로써 이를 발의하여야 한다는 점에서 차이가 있다(윤진훈 : 65).

다. 조사권의 성격

일반적인 관례나 다수설은 감사와 조사를 하나의 활동으로 보고 있으나 조사는 회의로 보는 견해도 있다. 행정사무감사는 미리 회의에서 감사계획서를 작성해 놓고 이 계획서에 따라 실시하는 의정활동으로 보고 있다. 더구나 감사결과보고서는 감사기간이 모두 끝난 후 회의에서 작성 · 의결하고 있으므로 감사는 하나 활동으로 볼 수밖에 없다. 그러나 조사는 필요한 경우 수시로 일정기간을 정해 놓고 조사활동을 하고, 회의과정을 통하여 조사사무나 일정 등을 조정하고 있으므로 어디까지가 활동이고 회의인가의 구분이 애매모호하다. 조사위원회의 활동방향 논의, 조사계획서 작성, 조사결과보고서 작성 · 채택을 위한 활동은 회의로 보고, 계획서에 따라 실제 현지에 나가 조사하는 것은 활동으로 보는 것이 바람직하다(윤진훈 : 65).

지방의회의 지방행정에 대한 조사권은 지방의회가 지방행정감사권을 행사하는 기간이 짧기 때문에 제대로 기능을 하지 못했을 때 조사권을 행사하여 보완하는 기능을 수행하는 성격을 가지고 있다.

(상담사례 1) 행정조사권의 발동범위

질의요지

도 지방의회에서 시 · 군에 대한 도비보조금의 집행상황에 관하여 행정조사권을 발동하고 산하 모든 시장 · 군수를 증인으로 채택하여 출석증언을 요구하였는데, 이에 대해 시장 · 군수 전원은 다른 공무수행과의 중복, 출석증언의무 자체가 없다는 사유를 들어 출석증언에 불응하였는바, 이에 대해 지방자치법 제41조의 규정에 의해 과태료를 부과하였는데. 이때

질의 1

행정조사권과 관련하여 시장 · 군수가 출석증언의무가 있는지요?

상담의견

행정감 · 조사조례에 규정이 있다면 기초자치단체장의 출석의무가 발생할 것입니다. 그러나 지방자치법 제41조 제4항 상의 행정조사시 출석의무가 있는 지방자치단체장이란 당해 도지사를 의미하는 것이고, 시장 · 군수는 아니라고 생각합니다.

질의 2

출석의무가 있다면 불응시 과태료를 부과할 수 있는지요?

상담의견

지방자치법상 당연히 과태료를 부과할 수 있다고 생각합니다.

질의 3

과태료를 시장 개인에게, 아니면 자치단체에게 어느 쪽에 부과해야 하는지요?

상담의견

시장 개인에게 부과해야 구속력이 발생할 것으로 생각합니다. 그러나 공무수행 상 불출석하였을 경우에는 시장 개인에게 부과하기는 곤란할 것이므로 객관적으로 명백한 공무로 출석을 하지 못했을 경우에는 공금으로 과태료를 납부하여야 할 것입니다.

2. 조사대상 사무

지방의회의 행정사무조사대상 사무는 그 자치단체의 자치사무와 단체수임사무라 할 수 있다. 그러나 자치단체장에게 위임된 기관위임사무(자치단체장 수임사무)는 위임한 기관의 사무이므로 조사대상이 되지 않는다. 지방자치법(제41조 제3항)에서 단체수임사무와 기관수임사무 모두 지방의회의 행정사무감사의 대상으로 규정하고 있으나, 사무조사에 대해서는 아무런 규정이 없으므로 당연히 기관수임사무에 대해서는 지방의회는 조사권을 행사할 수 없다. 이러한 기관수임사무 처리에 대한 조사권은 사무를 위임한 자치단체의 의회가 사무를 수임하여 처리한 자치단체의 장이 속한 자치단체의 사무처리에 대하여 행사할 수 있다.

(질의사례 1) 행정사무조사특위 구성절차(행정자치부 운영13130-757, 00. 9. 4)

질의요지

- 지방자치법 제41조의 규정에 의거 행정사무조사를 실시하고자 하는 경우, 행정사무조사 실시를 위한 선결요건으로 특정사안에 대하여 조사발의가 우선 있어야 하는지, 아니면 바로 조사발의 없이 행정사무조사특별위원회 구성결의안으로 구성처리가 가능한지 여부
- 행정사무조사발의를 본회의 의결로 실시 여부를 결정한 후에 행정사무조사를 실시할 위원회를 결정하여야 하는지 여부 및 조사위원회 구성 사전단계인 조사발의 의결 시부터 관련위원을 제척하여야 하는지 여부
- 이 경우 의원의 자녀나 처가 관련된 회사라 해서 그리고 이권개입 의혹이 있다는 사실만으로 지방자치법 제70조의 규정에 의하여 해당 의원이 당연 제척대상이 되는지 여부
- 위 항의 이권개입 의혹이 있다고 할지라도 당연 제척대상이 아니라 본회의에서 동의로 제척할 의원을 특정하고 의결을 얻어 제척할 의원을 결정하여야 하는지 여부
- 직접 이해관계가 있는 사무라 함은 구체적으로 어떠한 사무이며, 어떤 관계까지를 말하는 것인지

회신내용

- 지방의회의원의 자녀 및 처가 대표이사로 있는 회사가 시의 공사를 수의계약으로 공사한 것과 관련하여 해당의원들이 이권개입에 관여했다는 의혹에 대해 지방의회가 지방자치법(이하 '법'이라 한다) 제41조의 규정에 의한 행정사무조사를 실시하고자 하는 경우, 우선 같은법 제41조 제2항에 의거 재적의원 3분의 1 이상의 연서에 의한 행정사무조사의 발의가 선행되고 난 후에 행정사무조사특별위원회구성결의안으로 구성, 처리함이 타당하다고 사료됨.
- 지방의회는 같은법 시행령 제39조 제2항에 의거 같은법 제41조의 규정에 의하여 당해 지방자치의 사무 중 특정사안에 관한 행정사무조사의 발의가 있는 경우, 그 조사 여부에 관하여 의결을 하고, 같은법 시행령 제41조의 규정에 의거 본회의에서 행하거나 소관상임위원회별로 또는 특별위원회를 구성하여 이를 행하게 할 수 있는바, 행정사무조사의 실시 여부에 대한 의결 없이 바로 조사특별위원회를 구성하여 조사하는 것은 바람직하지 않다고 사료됨. 그리고 같은법 제70조에 의거 지방의회의 의장이나 의원은 본인, 배우자, 직계존비속 또는 형제자매와 직접 이해관계가 있는 안건에 관하여는 그 의사에 참여할 수 없는바, 해당 의원은 지방의회에서 의원의 제척과 회피가 적용되는 모든 회의와 활동에 참여할 수 없으므로 조사특별위원회 구성 사전단계인 조사발의에 대한 의결 시부터 관련 의원을

제척하여야 할 것으로 사료됨.

- 지방의회의원의 자녀나 처가 관련된 회사에 대해 해당 의원이 이권개입에 의혹이 있다고 하여 상기 같은법 제70조에 의거 당연 회피 또는 제척의 대상이 되는지 여부는 동 행정사무조사와 관련하여 해당 의원과의 직접 이해관계나 공정을 기할 수 없는 현저한 사유의 존재 유무 등을 고려하여 해당 의원 스스로의 판단이나 본회의에서 결정하여야 할 것으로 사료되며, 만약 해당 의원이 행정사무조사와 관련하여 회피 또는 제척의 명백한 사유가 있음에도 불구하고 해당 의원이 스스로 회피하지 않을 경우에는 의회의 의결로써 해당 의원을 제척하여 처리하여야 할 것이며, 제척 의결 시에는 해당 의원은 그 의결에서 제외되게 됨.
- 그리고 회피 또는 제척의 사유가 적용되는 직접 이해관계가 있는 사무라 함은 반사적이고 간접적인 관계가 아닌 직접적이고 구체적인 이해관계가 있어야 하는 바, 「직접 이해관계」가 있느냐 없느냐의 판단은 최종적으로 당해 의회의 본회의에서 결정하여야 할 것으로 사료됨(☞ 〈상담사례 15〉 참고).

(질의사례 2) 행정사무조사위원회 구성의안 처리(행정 13130-549, 94. 4. 7)

질의요지

행정사무조사를 하기 위해 조사특별위원회 구성안을 제출하였으나, 선결요건이 조사발의 없이 제출되어 하자있는 의안이라는 설과 일단 발의요건은 충족되었으므로 처리함이 타당하다는 의견이 대립되는데 이에 대한 의견은?

회신내용

- 행정사무조사를 하고자 할 때에는 우선 재적의원 3분의 1 이상의 연서로 이유를 명시한 조사발의가 서면으로 제출되어야 하고, 조사발의가 의회에서 의결되어야 조사권 발동이 가능함.(지방자치법 제41조, 같은법 시행령 제39조)
- 조사발의가 의결된 후에는 조사를 실시할 위원회에 관한 결정을 하고 조사위원회에서는 조사계획서를 작성하여 본회의에 제출하여 승인을 받아 조사를 실시하여야 함.(지방자치법 시행령 제40조 및 제41조)
- 따라서 행정사무조사의 목적과 범위 등이 불분명하고 조사발의가 없는 상태에서 조사위원회를 먼저 구성할 수는 없을 것임.

(질의사례 3) 의원비리 진상조사특별위원회 운영 가능성 여부(행정 13030-1773, 94. 10. 26)

질의요지

① 의회 내부의 특정사안(의원 신상발언을 통해 공개한 금전수수)을 조사하기 위해 구성된 진상조사특별위원회의 활동에 있어 지방자치법 제41조(행정사무감사 및 조사권)을 준용하여 실시할 수 있는가.

② 진상조사특별위원회에서 자체적으로 조사계획서를 작성 · 의결하여 조사활동을 할 수 있는가.

회신내용

- 지방자치법 제41조(행정사무감사 및 조사권)는 지방의회가 지방자치단체의 행정사무에 대한 감사 및 조사를 실시하는 것에 관한 사항을 규정한 것임.
- 따라서 상기 질의내용과 같이 지방의회의원이 의원의무위반 등 지방자치법에 위배되는 행위를 한 때에는 의회에서 의결로써 이를 징계할 수 있도록 같은법 제86조(징계의 사유)에 규정되어 있고,
- 이의 징계에 관한 사항은 같은법 제89조(징계에 관한 회의규칙)에 의거 ××구의회 회의규칙 제9장(제79조 – 제83조)에 구체적으로 규정되어 있으므로 이에 따라 처리하면 된다고 봄.

(질의사례 3) 사무조사 위탁 가능 여부 및 위탁료 지급 여부(행정자치부 운영 13130-99, 99. 11. 10)

질의요지

- 특별위원회에서 공인회계사 등 회계전문가에게 안건과 관련된 회계사무를 위탁하여 조사하게 할 수 있는 지와 위탁이 불가능하다면 자문위원으로 위촉하여 자문을 구할 수 있는가.
- 위탁이나 자문이 가능하다면 의정운영공통업무추진비에서 위탁료 또는 수당을 지급할 수 있는가.

회신내용

- 지방자치법 제56조 및 같은법 시행령 제56조의 규정에 의거 지방의회는 특별한 사안에 대해 조사 등이 필요한 경우에 본회의 의결로 특별위원회를 설치할 수 있는 바, 이때 특별한 사안에 대한 심사 · 처리 등 조사권한은 특별위원회에 전속된 권한이므로 회계전문가 등 민간인에게

위탁하여 회계사무를 직접 조사하게 할 수는 없는 것이고, 또한 자문위원으로의 위촉문제도 위촉근거법규가 없이는 시행이 곤란하다 할 것이나,

- 특별위원회의 의결로 특정전문분야에 대해 일시적인 자문이나 조언 · 지원 등은 가능하리라 사료되고, 참고적으로 의정운영공통업무추진비는 예산편성지침에 의거 의회 또는 상임위원회 명의의 공적인 의정활동을 수행하는 데 소요되는 경비에 대해 지출이 가능한 것으로 사료됨.

(질의사례 4) 지방의회에서 집행부의 자체조사요구 가능 여부(행정자치부 질의응답 00. 1. 25)

질의요지

지방의회의 행정사무감사기간 중에 중학교교사 건축협의 과정상 문제점에 대하여 지방의회의 감사의 한계로 지방의회가 지방자치단체의 자체감사기구를 통한 직접조사를 요구할 수 있는가.

상담내용

- 지방의회는 지방자치법시행령 제51조 제2항의 규정에 의거 감사 또는 조사의 결과에 대해 당해 지방자치단체의 시정을 필요로 하는 사유가 있을 때에는 그 시정을 요구하거나 집행기관이 처리함이 타당하다고 인정되는 사항은 집행기관으로 이송할 수는 있으나, 지방자치법 제110조 – 제112조에 규정된 지방자치단체의 장의 보조기관인 감사부서를 통해 직접 관련조사를 요청할 수는 없다 할 것임.
- 다만, 지방의회에서는 지방자치법 제41조 제1항, 제2항 및 제4항의 규정에 의거 특정한 사안에 대하여 재적의원 1/3 이상의 발의와 본회의 의결로서 행정사무조사를 할 수 있고, 이를 통해 필요한 경우 현지확인 또는 서류제출을 요구하거나 관계공무원으로 하여금 출석케 하여 증언이나 진술을 통해 관련 의혹을 규명할 수 있으며,
- 그리고 같은법 제42조 및 회의규칙 제73조 및 제74조의 규정에 의거 재적의원 5분의 1 이상(시 · 도의회는 10인 이상)이 이유를 명시한 서면으로 지방자치단체장 및 관계공무원의 출석을 요구하여 관련 답변을 들을 수 있고, 또한 의원이 의장을 경유하여 지방자치단체장에게 서면질문을 통하여 중학교교사 건축 협의상의 의혹부분을 직접 규명할 수 있다 할 것임.

3. 조사대상 기관

지방의회의 행정사무조사대상 기관은 당해 자치단체의 집행기관은 물론 자치단체의 소속행정기관, 하부행정기관, 지방공기업 등으로서(지방자치법 시행령 제42조 ①)

구체적인 대상은 그 자치단체의 조례로 정하고 있는데 감사대상 기관과 동일하다. 또한 조사위원회가 선정할 수 있는 조사대상 기관과 본회의 승인이 필요한 조사대상 기관에 대해서도 감사의 경우와 동일하다(II. 6. 나. 행정사무감사대상 기관 참조)

(질의사례) 시 · 도의 시 · 군 · 구에 대한 보조금사업에 대한 시 · 도의회의 조사 가능여부

질의요지

시 · 군 · 구의 사무 중에서 시 · 도가 보조금을 지원한 경우에 시 · 도의회는 시 · 군 · 구의 보조금사업에 대해 조사할 수 있는가?(윤진훈 : 66).

회시요지

- 이론상 시 · 군 · 구가 처리하는 사무중 시 · 도의 기관위임사무에 대해서는 시 · 도의회의 조사대상이 된다고 할 수 있으므로 보조금지원 사업이 기관위임사무 여부가 우선 결정되어야 할 것임.
- 시 · 도가 보조금을 지원했다고 하여 무조건 조사대상이 되는 것이 아니라, 보조금을 지원받아 처리한 사무가 기관위임사무인 경우에만 시 · 도의회의 조사대상이 된다고 할 수 있음.
- 다만, 시 · 도의회가 시 · 도청의 보조금사업에 대해 조사하면서, 시 · 군 · 구청장이나 관계공무원이 보조금사업에 「직접 관련되어 있다」고 한다면 사무조사대상 기관의 장의 자격이 아닌 자치법 41조 4항에 의거 「그 사무에 관계되는 자」에 포함시켜 출석요구하는 것은 가능할 것임.

4. 조사발의 및 본회의 의결

행정사무조사는 재적의원 1/3 이상의 연서로 조사의 목적, 조사하는 사안의 범위, 조사를 시행할 위원회를 명시한 서면으로 발의하게 된다(지방자치법 제41조 ②).

지방의회가 폐회 또는 휴회 중일 때 의원으로부터 조사발의가 있는 경우에는 의회의 집회 및 재개요구가 있는 것으로 본다. 따라서 조사발의가 있을 때 폐회 중일 경우에는 의장이 집회일시를 정하여 임시회 집회공고를 하고, 휴회기간 중일 경우에는 지체 없이 본회의를 재개하여야 한다.

재적의원 1/3 이상의 조사발의가 있으면 당연히 조사하는 것이 아니라, 이에 대한 본회의의 의결이 있어야 한다. 즉 행정사무조사가 발의되면 본회의에서 조사 여부를 결정하여야 한다(윤진훈 : 67).

[별지 제2호 서식]

년 월 일

수신 : ☆☆도의회 의장
제목 : ○○○○에 관한 행정사무조사 발의

지방자치법 제41조제2항의 규정에 의하여 별첨과 같이 ○○○○에 대한 행정사무조사를 발의합니다.
유첨 : ○○○○에 관한 행정사무조사 발의이유서

발의자 ○ ○ ○ ㊞
외 ○○ 인

(찬성자성명 별첨)

○○○○에 관한 행정사무조사 발의이유서

발의연월일 : 년 월 일
발 의 자 : ○○○외 ○○ 인

1. 목 적
2. 조사대상기관 및 조사할 사안의 범위
3. 행정사무조사 발의이유
   가.
   나.
4. 발의이유에 대한 입증자료
5. 조사를 시행할 위원회
6. 기타 필요한 사항

도표 3-5 본회의에서의 조사여부 결정절차

① 의사일정상정 → ② 제안설명 → ③ 질의 · 답변 → ④ 찬반토론 → ⑤ 표결 및 의결

(질의사례) 서로 다른 수 개의 특정사안에 대한 조사발의 문제(윤진훈 : 68)

질의요지

내용과 성격이 서로 다른 수 개의 특정사안에 대해 동시에 조사하기로 의결된 경우, 그 사안마다 각각 조사위원회를 구성할 것인가, 아니면 하나의 조사위원회에서 처리할 수 있는가의 문제임.

상담의견

조사는 업무 전반에 대해 전면적 · 보편적으로 인정되는 감사와는 달리 특정사안에 대해서만 인정하는 것이 법과 제도의 취지이므로, 내용과 성격이 다른 내용의 조사는 소관 상임위원회가 있으면 당해 상임위를 조사위원회로 하는 것이 바람직할 것임.

5. 조사위원회 결정

행정사무조사를 위한 발의가 본회의에서 가결되면, 의장은 조사할 위원회를 결정한다. 구체적으로 의장은 본회의 의결로 특별위원회를 구성하여 조사를 실시하게 하거나, 조사대상 업무를 소관하는 상임위원회에 회부하여 조사를 실시하게 할 것인가를 결정하게 된다. 의장이 조사를 특별위원회에서 실시하도록 할 경우에도 의회운영위나 의원들이 조사특위구성을 위한 결의안이나 동의를 발의하는 것이 바람직하다. 그러나 이러한 결의안이 발의되지 않을 경우에는 의장이 직접 특별위원회의 구성을 제의할 수 있을 것이다. 상임위가 조사하게 할 경우에는 소관 상임위에 조사를 회부한다. 다만, 상임위원회가 설치되어 있는 의회에서의 조사는 조사사안을 담당하는 상임위원회에서 실시하는 것이 바람직하다(윤진훈 : 68).

(질의사례) 조사할 위원회 결정에 있어서 의장의 권한

질의요지

의원이 조사발의서를 제출할 때에는 조사할 위원회를 기재하게 되는데, 의장이 조사할 위원회를 결정할 때에 조사발의서대로 결정해야 하는가, 아니면 다르게 결정할 수 있는가?

회시내용

- 감 · 조사조례(준칙)에 보면 「조사발의서가 본회의에서 의결(가결)되면 의장은 지체없이 조사할 위원회를 결정하도록」 규정되어 있음.

- 따라서 조사할 위원회를 결정할 때에는 조사발의서의 내용에 관계없이 결정할 수 있음. 다만, 의원들의 의견을 수렴하는 의미에서 조사발의서에 기재된 조사할 위원회를 존중하여 결정하는 것이 바람직할 것임.

6. 조사기간

지방의회에서 조사를 실시할 경우, 그 조사기간은 조사계획서에 적시되어 본회의 의결로 확정되게 된다. 이 조사기간은 조사할 사항의 업무량 등에 의해 결정되겠지만, 조사위원회가 조사계획서 작성과정에서 결정하여 본회의 조사계획서 승인에 의해서 확정된다.

그리고 이 조사기간은 조사하는 과정에서 기간단축이나 연장이 가능한데 조사위원회의 요청이나 의장제의, 의원동의에 의해 본회의 의결이 있어야 한다.

(질의사례) 조사특위 활동기간 문제(윤진훈 : 69)

질의요지

특별위원회는 한시적으로 활동하는데 구체적인 활동기간은 일반적으로 본회의에서 특위구성 의결시 결의안 내용에 기재되어 결정됨. 그런데 조사특위는 먼저 특위를 구성해 놓고 당해 특위에서 조사기간을 결정하여 본회의 승인을 요청하게 되므로 특위 구성 시에는 활동기간을 명시하지 않는 경우가 있음. 그렇다면, 조사특위의 활동기간은 어떻게 보아야 하는가?

회시내용

- 조사특위의 활동기간은 당해 특위가 작성하여 본회의 승인을 받은 조사계획서상의 조사기간 동안이라고 할 수 있음. 이 조사기간 내에 조사활동과 조사결과보고서 작성이 완료되어야 함.
- 가능하면, 조사특위 활동기간은 실제 조사기간과 경과보고서 채택 시점까지를 감안하여 결정하는 것이 바람직함.
- 그리고 조사특위는 조사를 진행해가면서 필요한 경우 본회의 의결로 활동기간의 연장이 가능함.

7. 조사방법

지방의회에서의 행정사무 조사방법은 감사방법과 동일하다. 즉 서류 및 자료제출의 요구, 보고요구 및 청취, 현지확인(검증), 증인 등 관계인 출석요구 및 의견진술청취 등의 방법으로 조사를 하게 된다. 그리고 조사는 공개로 진행하며, 다만 필요시 조사위원회의 의결로 공개하지 아니할 수 있다(같은법 시행령 제42조 참조).

8. 조사준비

가. 조사진행과정

조사 진행과정을 개괄하면 도표 3-6과 같다.

나. 행정사무조사 준비

(1) 조사계획서 작성

의장이 조사위원회를 결정하는데, 특위에 조사를 맡길 경우에는 본회의 의결로 특별위원회를 구성하여 이 특위가 조사계획서를 작성하고, 아니면 상임위원회에서 조사계획서를 작성하게 된다. 이 계획서에는 조사의 목적, 조사위원회의 편성, 조사할 사안의 범위, 조사기간 및 방법, 조사일정, 소요비용 등을 기재하여야 한다. 조사위원회의 조사계획서는 우선 위원장이 간사와 협의하여 초안을 작성하고, 이를 위원회에 제안하여 의결하는 방법으로 확정하는 것이 일반적이다(행정사무감사조사에 관한 조례 제3조. ③⑤ 참조)(윤진훈 : 64).

(2) 조사계획서의 본회의 승인

조사위원회는 조사계획서를 작성하여 본회의의 승인을 받는다. 본회의에서는 조사계획서를 심의하면서 수정할 수 없고 의결로써 승인하거나 문제가 있으면 반려하게 된다. 조사계획서가 본회의에서 통과되는 경우 의장은 지체 없이 이를 자치단체장에게 통보 한다(같은조례 제3조 ⑥⑦참조)(윤진훈 : 71). (도표 3-7 참조)

도표 3-6 행정사무조사절차

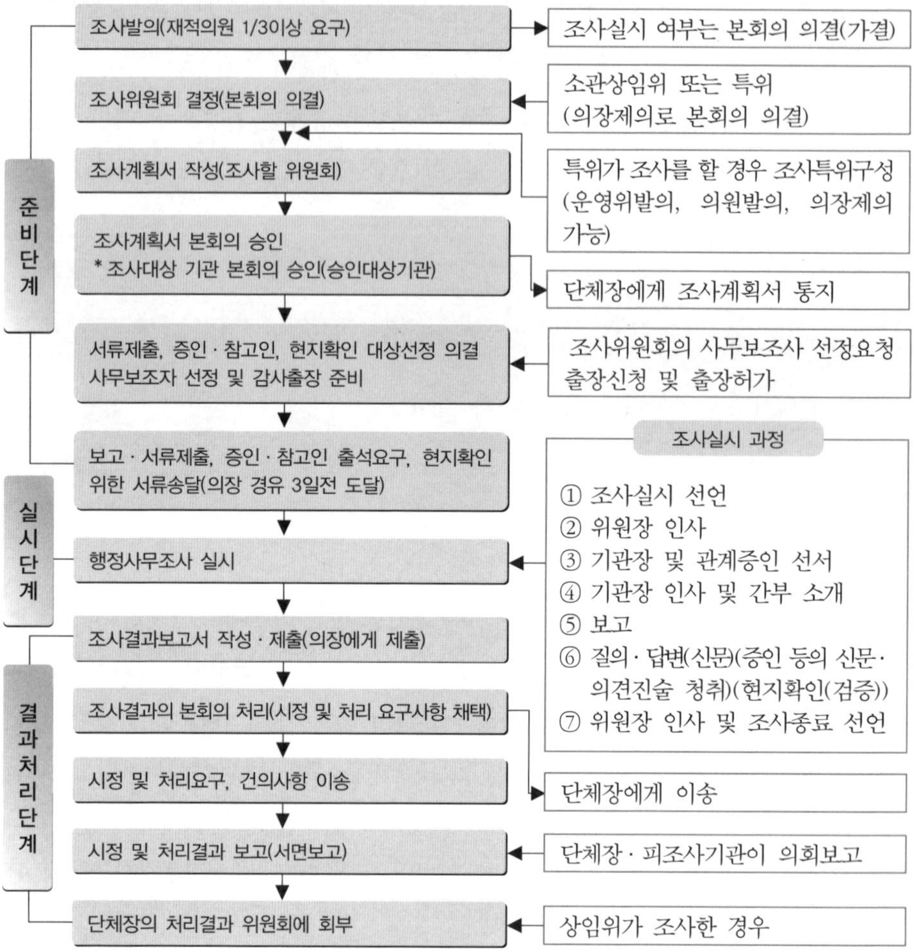

도표 3-7 위원회의 조사계획서 작성과정

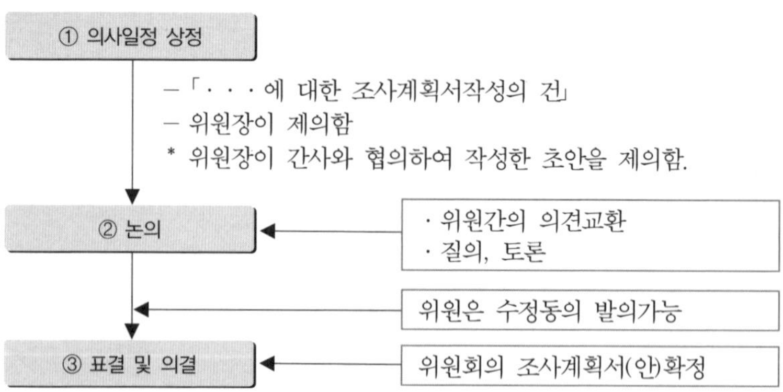

[별지 제3호 서식]

○○○○에 대한 행정사무조사 계획서

○○○위원회

1. 조사의 목적
2. 조사대상 기관 및 조사할 사안의 범위
3. 조사반의 편성
4. 조사일정 및 조사장소

일시	조사반	대상기관	대상업무	조사장소	비고

5. 조사요령 및 조사 진행순서
   가. 조사요령
   나. 조사 진행순서
6. 소요경비
7. 서류제출 요구
8. 기타 필요한 사항
   가. 선서요령
   나. 증인출석 요구
   다. 참고인출석 요구
   라. 감사결과보고서 작성

(3) 보고 · 서류제출 · 증인 등 출석요구

조사위원회는 조사상 필요하면 보고 및 서류제출 요구, 증인 · 참고인 등 대상자 선정 및 출석요구, 현지확인 등을 할 수 있다. 이와 같은 제반활동은 반드시 위원회의 의결을 거쳐야 하는바, 각 위원들의 요구사항을 위원장과 간사가 종합 · 정리하여 의결을 받는 것이 바람직하다. 조사위원회에서 보고 및 서류제출, 증인 등의 출석요구, 현지확인 등이 결정되면 의장을 경유하여 해당자 및 해당기관에게 해당일 3일전까지 도달되도록 송부하여야 한다. 여기서 “보고”는 조사대상과 직 · 간접적으로 관련된 사항에 대해 행정기관장에게 보고토록 요구하는 것이며, “서류”는 기존의 서류뿐만 아니라 새로운 서류의 작성까지도 포함된다. 제출서류는 사본 또는 원본을 요

도표 3-8 조사계획서의 본회의 승인과정

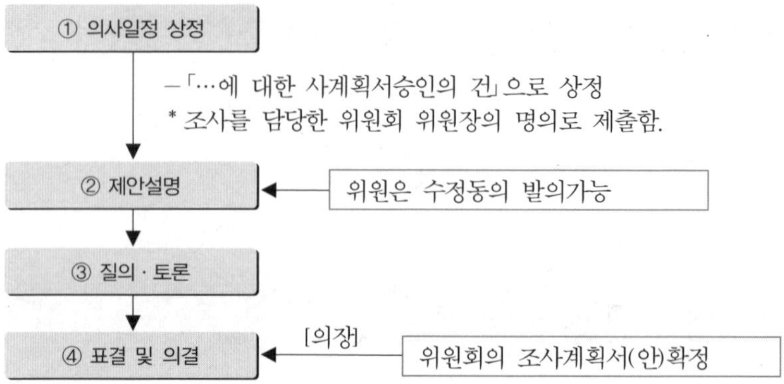

* 본회의에서는「가」,「부(반려)」를 결정함(수정하지 못함).
* 반려되는 경우 다시 작성하여 본회의의 승인절차를 거침.

구할 수 있으나, 일반적으로 사본을 제출하게 하고 감사장에서 원본을 제출받아 확인절차를 거치는 방법으로 활동되고 있다.

조사대상 기관의 장 및 보조기관이 아닌 특정 공무원 및 일반인을 증인 또는 참고인으로 출석을 요구할 경우에는 따로 신문요지서를 작성하여 출석요구서와 함께 통지하여야 한다. 이 경우 조사의 실효성을 보장하기 위하여 증인에 대해서는 "증인선서"를 하게 할 수 있다.

그리고 지방의회가 사무조사를 위해 출석을 요구한 증인이 정당한 이유 없이 출석하지 아니하거나 증언을 거부하는 때에는 500만 원 이하의 과태료를 부과하는 조례를 제정할 수 있다. 그리고 허위증언을 한 자에 대하여는 고발을 할 수 있다(지방자치법 제41조 ⑤) (윤진훈 : 72-73).

(4) 사무보조자 선임 및 출장준비

(가) 사무보조자 선임

조사위원회가 조사를 실시하기 위해서는 사무보조자가 필요하다. 사무보조자는 전문위원과 의회사무직원(일반직원, 속기직원 포함) 중에서 위원장의 선발요청에 의해서 사무처장(국장 · 과장)이 선발하여 통보하는 형식이 될 것이다.(같은조례 제4조)

(나) 출장준비

조사위원회가 조사를 실시함에 있어서 필요한 경우, 현장에 가서 조사를 할 수도 있으며 현지확인(검증)을 위해 현지에 출장을 갈 수도 있다. 출장계획은 조사계획서에 의하여 작성하고 의장의 허가를 받는다.

다. 조사실시

(1) 조사실시 절차

조사 실시절차를 간단히 요약하면 다음 도표 3-9와 같다(윤진훈 : 73)

(2) 증인선서

조사대상 기관의 장 및 관련공무원, 일반인 등을 증인으로 출석을 요구한 경우, 증인에 대해서는 선서를 하게 할 수 있다(이에 필요한 사항은 "행정사무감사"의 예에 따라 관련규정을 준용한다(II. 7. 다. 참조).

(3) 특정 사안에 대한 보고 · 질의 · 답변

조사 시에 조사기관에서는 조사와 관련된 사항을 보고하게 된다. 조사위원회의 위

도표 3-9 행정사무에 대한 조사실시 절차

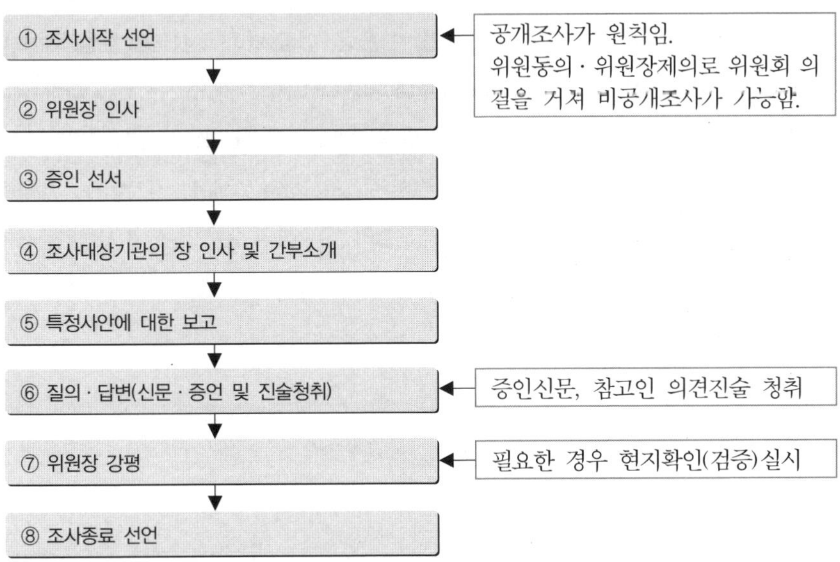

원은 보고를 들은 후 질의를 하고 답변과정을 거치게 된다. 이 경우 질의·답변 형식으로 증인을 신문하고 참고인으로부터 의견진술을 청취하게 된다. 증인 등의 신문방법 및 그 절차 등에 대해서는 행정사무감사를 준용하면 된다.

(4) 현지확인(검증)

조사위원회는 필요한 경우에 직접 현장에 나가서 실태를 파악하고 서류(자료)의 확인 등을 할 수 있다. 현지확인은 위원회의 의결을 거쳐 의장을 경유하여 당해 기관에 현지확인 3일 전까지 그 사실을 통보해야 한다. 그리고 현지확인은 조사위원회의 위원이 모두 함께 하거나 소위원회나 반 등을 구성하여 실시하기도 한다. 현지확인(검증)은 일정한 절차가 없으나 일반적으로 다음과 같은 절차에 의해 이루어지게 된다(윤진훈 : 75).

(질의사례) 조사실시중 다른 조사대상 사무 추가 가능 여부

질의요지

조사위원회가 조사실시중에 필요에 의해서 다른 성격의 조사대상 사무를 추가할 수 있는가?

회시요지

- 조사 여부는 의원 1/3이상의 발의와 본회의 의결로 결정되게 되므로 조사하고 있는 사무와 다른 사무를 추가하여 조사할 수 없다고 할 수 있음. 예를 들어 A 사업의 부실공사에 대한 조사를 위한 조사권을 발동한 경우 B사업에 대해서는 조사할 수가 없다는 것임. 다만, 조사업무를 포괄적으로 정하여 본회의 의결을 받은 경우에는 약간의 여유가 있을 것임.
- 따라서 조사중에 조사대상 사무가 아닌 다른 사무를 조사하기 위해서는 새로이 조사권을 발의하고 본회의 의결을 거쳐야 할 것임. 본회의 의결이 있는 경우에는 기존의 조사특위에서 함께 조사토록 하는 것은 문제가 없을 것임. 이 경우 새로운 조사계획서를 작성하여 본회의 의결을 받아야 할 것임.

도표 3-10 현지확인의 일반적 절차(예시)

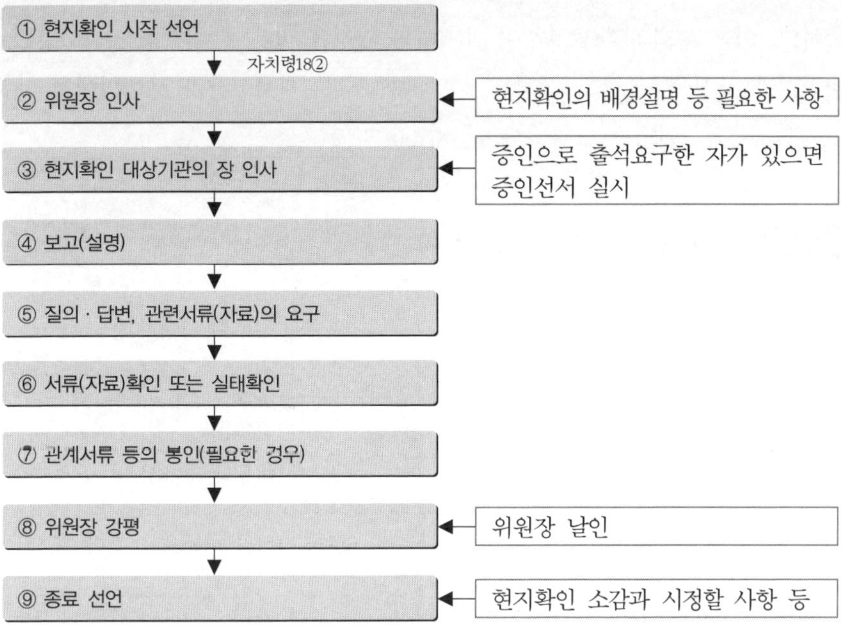

9. 조사결과보고

가. 조사결과보고서 작성

조사위원회가 조사를 완료한 때에는 조사결과보고서를 작성해야 하는데, 다음 도표와 같은 절차에 의해서 작성하게 된다. 위원회에서 조사결과보고서가 작성되면 지체 없이 의장에게 제출하고, 이 보고서는 본회의의 심의 · 채택과정을 거친다(지방자치법 시행령 제50조①). 조사결과보고서의 작성은 사무보조직원이 초안을 작성하여 위원장과 간사가 검토한 후 위원회 의결을 거칠 수도 있으나 기본적으로는 「조사결과보고서작성 소위원회」를 구성하여 초안을 작성한다. 특히, 중요한 것은 조사계획서에 정해져 있는 조사기간 내에 조사결과보고서의 작성을 완료해야 한다(같은법 시행령 제50조②) (도표 3-11 참조).

그리고 의장은 조사가 진행중이라도 조사위원회의 위원장에게 조사에 관한 중간보고를 하게 할 수 있다(윤진훈 : 76).

나. 조사결과보고서 제출 및 본회의 보고 · 채택

조사위원회에서 조사결과보고서가 작성되면 위원장은 의장에게 조사결과보고서를 제출하고, 이를 본회의에 보고하여 채택하는 과정을 밟게 된다(도표 3-11 참조). 특별위원회가 행정사무조사를 실시한 경우에는 조사결과보고서가 본회의에서 채택되면 당해 조사특위원회는 소멸되게 된다(도표 3-12 참조).

도표 3-11 위원회의 조사결과보고서 작성과정

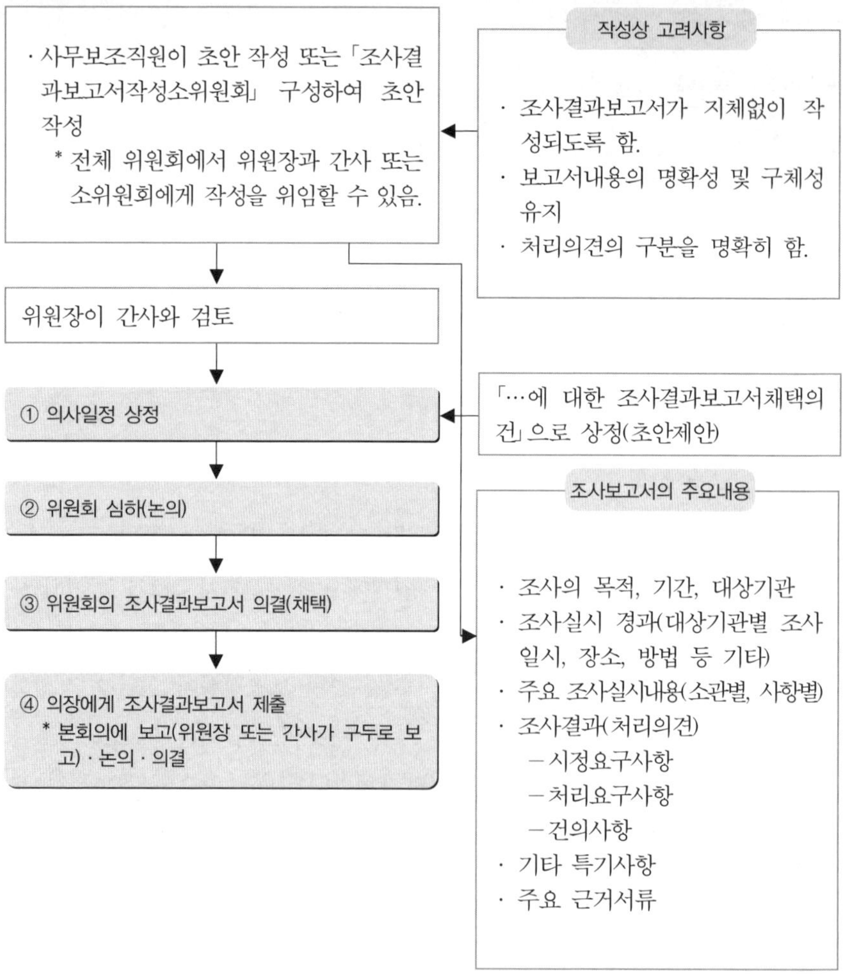

도표 3-12 본회의의 조사결과보고서 채택과정

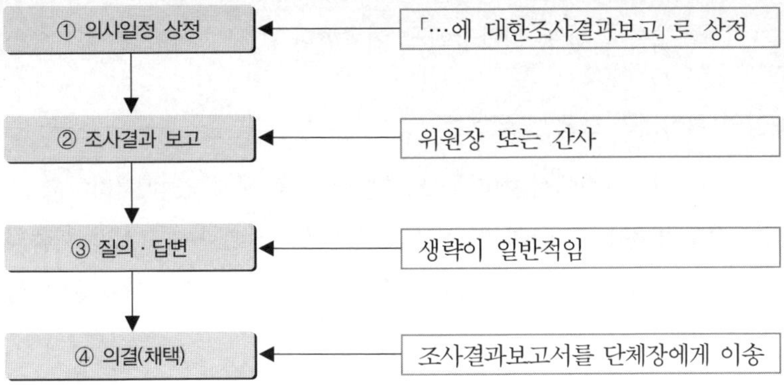

[별지 제17호 서식]

○○○○에 대한 행정사무조사 결과보고서

년 월 일

○○○위원회

1. 조사의 목적
2. 조사기간
3. 조사대상 기관 및 대상사무
4. 조사실시 경과
   가. 조사반 편성
   나. 조사일정

일시	대상기관	대상사무	조사장소	조사방법	비고

5. 주요조사 실시내용(소관별, 사항별)
6. 조사결과 및 처리의견 (자치령 19②)
   가. 시정요구사항
   나. 처리요구사항
   다. 건의사항
7. 기타 조사의견 및 특기사항
8. 중요근거서류(별첨)

다. 조사결과보고서 단체장에게 이송

본회의에서 조사결과보고서가 채택되면 의장은 시정요구사항, 처리요구사항, 건의사항을 자치단체장이나 관계 기관장에게 이송한다(같은법 시행령 제51조②).

라. 단체장의 처리결과 보고 및 접수

자치단체장은 지방의회에서 처리를 요구한 사항을 지체 없이 처리하고 그 결과를 지방의회에 보고하여야 한다. 자치단체장으로부터 처리결과 보고서가 제출되면 의장은 조사를 한 위원회에 이를 회부하고 모든 의원에게도 배부한다(같은법 시행령 제51조③).

(상담사례 1) 행정사무조사 제척 · 회피(서우선, 02② : 177)

질의요지

· · 시는, 지역사업을 시의원 가족명의 업체와 몇 년 동안 수의계약을 해오고 있다. 이와 관련, 해당의원의 이권청탁이나 압력행사 여부를 행정사무조사하기 위하여 발의된, 행정사무조사특별위원회 구성결의안을 시의회 본회의에서 의결할 때 해당의원을 제척시키지 않은 의장의 행위는, 지방자치법 제62조의 규정을 위반한 것이라는 주장과 그렇지 않다는 주장으로 다툼이 있어 행정자치부에 질의합니다.

상담내용

- 지방의회의 행정사무조사도, 국회의 국정조사와 마찬가지로 법령 및 조례의 규정에 따라 세 단계를 거쳐야 가능합니다. 첫 번째 단계는 재적의원 3분의 1 이상의 찬성에 의한 요구가 있어야 하는 조사발의단계이고, 두 번째 단계는 이 발의에 따른 조사권 발동을 하느냐 안 하느냐에 관한 본회의 의결단계이며, 세 번째 단계는 본회의에서 조사권 발동이 의결되었을 경우 소관 상임위원회 또는 조사특별위원회에 그 실시를 위임하는 단계입니다.

  관련의원(※ 조사발의한 의원 측의 주장에 의한 관련의원일 뿐이지, 당사자의원 및 시청의 피조사기관 측은 관련이 없음을 주장할 것이기 때문에 정확한 용어가 아니므로, 이하에서는 제척 · 회피대상인지를 논의하는 "당사자 의원"이라는 용어를 쓰고자 합니다)에 대한 제척 · 회피문제는 위의 세 번째 단계에서만 일어나는 것이지, 두 번째 단계에서는 일어날 수도 없고 일어나서도 안 될 것입니다. 그 이유는 본회의의 조사권 발동 의결단계에서 의원의 권리인 표결권 박탈문제와, 당사자의원의 제척 · 회피문제에 대한 법적 · 논리적 해석을 근거로 하고 있습니다.

○ 지방자치법시행령 제46조와 행정사무감사및조사에관한조례의(제척 · 회피) 조항을 보면 그 제1항에 "의원은 직접 이해관계가 있거나 공정을 기할 수 없는 현저한 사유가 있는 경우에는 그 사안에 한하여 감사 또는 조사에 참여할 수 없다"라고 규정되어 있습니다. 이 조항의 "… 조사에 참여할 수 없다"라는 규정의 해석은 결국 본회의에서 조사권 발동을 의결한 후 행정사무조사를 실시할 때 당사자 의원은 비로소 제척 또는 회피대상이 된다는 뜻입니다.

한편, 지방자치법 제70조의 규정에 의한 의원의 제척은 바로 세 번째 단계인 조사특별위원회를 구성하는 의사(의사)에만 해당되는 것입니다. 당사자의원은 무혐의로 추정되든 아니든 조사특별위원회의 위원이 될 수 없으며, 조사특별위원회구성결의안을 의결할 때는 제척해야 마땅합니다.

• 이상과 같이 세 단계를 거치지 않고 바로 조사특별위원회구성결의안을 재적의원 3분의 1이상이 발의한 것은, 지방자치법 제41조 제1항 후단 및 제2항, 지방자치법시행령 제39조 제2항 및 제40조, 행정사무감사및조사에관한조례 제3조의 규정을 위반하는 의안발의로써 위법무효라고 일단 볼 수 있을 것입니다.

그러나 의장님께서 의회운영위원회와 의사일정협의를 거쳐 재적의원 과반수의 반대가 없이 이러한 조사특별위원회구성결의안을 본회의에 상정하였다면, 그 위법성은 치유되었다고 할 수 있겠습니다마는, 재적의원 3분의 1 이상 조사발의(첫 번째 단계)와 본회의 조사권 발동 의결(두 번째 단계)을 생략하는 것으로는 볼 수 없습니다.

따라서 첫 번째 단계, 두 번째 단계를 거치지 않고 바로 세 번째 단계에 해당하는 조사특별위원회구성결의안을 발의한 것을 본회의에서 의결할 때, 당사자의원을 제척시키지 않은 의장의 사회행위와, 스스로 회피하지 않은 당사자의원의 문제만 놓고 판단해서는 안 될 것입니다.

(상담사례 2) 행정사무조사의 한계(서우선, 02②ː180)

질의요지

• 질의 1. '· · 권' 폐기물처리시설 설치계획 및 설치변경 무효확인소송이 현재 고등법원에 계류 중인데도 행정사무조사결과보고서를 채택해야 하는가?

• 질의 2. 동일한 사업에 대한 소송이, 현재 고등법원에 계류 중이긴 하나 지방법원의 1심 판결

이 이루어졌고 객관적 사정이 현저히 달라졌을 뿐 아니라, 조사특별위원회 활동은 관련소송이 제기되기 이전에 끝마친 상태이므로 행정사무조사결과보고서는 채택할 수 있지 않는가?

상담내용

- 질의 1에 대하여 : 결론적으로 고등법원의 판결 후 상고기간의 도래에 의한 '상고포기시'나 상고를 한 경우의 대법원 '확정판결시'까지는 행정사무조사결과보고서를 채택할 수 없을 것임. 'OO권' 폐기물처리시설설치사업에 대한 OO시의회행정사무조사특별위원회의 조사범위와, 'OO권' 폐기물처리시설설치계획 및 설치변경에 대한 무효확인소송은 그 본질적인 내용이 동일한 것이므로, 조사결과보고서를 위의 기간 전에 채택할 경우 원고 측 또는 피고측에서 자신에게 유리한 소송자료로 사용할 개연성이 있기 때문임.

  따라서 현 시점에서 조사결과보고서를 채택할 경우 ××시의회는, 지방자치법시행령 제45조(행정사무감사 또는 조사의 한계)의 "… 계속중인 재판…에 관여할 목적으로 행사되어서는 아니 된다"라는 규정을 위반하게 될 것임. 이 규정에서의 재판은 지방법원의 1심 재판만을 의미하는 것이 아니라, 우리나라 3심 사법제도의 고등법원을 거쳐 대법원의 재판까지를 의미하는 것임.

  질의 2에 대하여 : 조사특별위원회뿐만 아니라 일반특별위원회(조례정비특별위원회, 예산결산특별위원회, 대책특별위원회 등)의 '활동기간'과 '존속기간'을 혼동하는 데서 비롯된 것이라고 생각함. 어떠한 특별위원회든, 본회의에서 승인을 받은 '활동기간'은 집행기관의 관계공무원 또는 증인을 출석시킨 가운데 구성목적에 합당한 실제 활동을 하는 기간이고, '존속기간'은 그 특별위원회의 활동결과보고서를 본회의에 보고하고 채택되는 기간까지를 포함하는 개념임.

  따라서 특별위원회의 활동기간과 존속기간은 같을 수도 있고 다를 수도 있음. 통상적으로는 특별위원회의 활동기간보다 존속기간이 더 길게 마련임. 일단, OO시의회가 조사결과보고서를 채택할 수 있던 기간은 계속중인 재판에 관여하지 않는 기간 즉, 조사활동이 종료된 '99. 5. 24 이후 무효확인소송이 제기되기 전 날인 '99. 7. 19까지였음.

  이 기간 동안 결과보고서를 채택하지 않았더라도, 이 사건의 무효확인소송이 대법원 확정판결로 종료된 이후에는 얼마든지 채택할 수가 있는 것임. 아직도 'OO권' 폐기물처리시설설치사업조사특별위원회는 존속하고 있기 때문임. 또한 조사특별위원회의 실제 활동행위와 결과보고서 채택행위까지가 조사권의 내용이기 때문에, 현 시점에서 결과보고서를 채택할 경우 지방자치법시행령 제45조의 규정을 위반하게 되어 불가한 것임.

특수사례 1

전문위원이 단일초안을 작성한 행정사무조사 결과보고서를 그대로 채택한 지방의회에서 사후에 문제가 발생하자 전문위원을 좌천시키도록 한 사례(서우선, 02②：197)

- 이러한 조사 결과보고서 초안 작성뿐만 아니라, 모든 의회운영을 위한 대안을 항상 복수로 개발하고 그때그때 상황을 고려하여 최적방법을 선택, 운영하는 의회일수록 책임추궁 문제를 떠나서 발전가능성이 높다고 봄(복수의 대안개발과 관련된 사례).

특수사례 2

부실공사조사특별위원회 또는 집단민원사무조사특별위원회를 구성하여 활동한 사례 → 공사를 허가하고 감독하는 부서 또는 민원을 처리하는 모든 부서에 대한 감사사항인데도 불구하고 조사권으로 잘못 발동한 사례. 합법적인 조사권을 발동하기 위해서는 예를 들면, '여성복지회관부실공사등조사특별위원회' 또는 '쓰레기매립장건설반대집단민원사무등조사특별위원회'로 그 조사대상 사무를 특정할 요건 필수(서우선, 02②：142)

특수사례 3

전문위원이 단일초안을 작성한 행정사무조사 결과보고서를 그대로 채택한 지방의회에서 사후에 문제가 발생하자 전문위원을 좌천시키도록 한 사례→조사결과보고서를 채택한 최종책임은 물론 조사를 실시한 위원회에 있으나, 전문위원이 결과보고서 초안을 작성할 때, 특히 결과처리 부분만은 두 가지 이상의 대안 제시가 필요(서우선, 02②：142)

특수사례 4

행정사무감사결과에 대한 처리결과에 대하여 소관상임위원회가 "행정사무감사결과 처리보고"를 의사일정에 상정하여 집행기관 소관 감사대상 기관의 관계공무원으로부터 보고를 듣고 질의 · 답변을 한 사례 → 가능하고도 바람직한 사례(서우선, 02②：142)

10. 감사에 관한 규정 준용

지방의회의 행정사무조사시 ① 증인 · 참고인의 보호, ② 위원의 제척과 회피, ③ 주의의무, ④ 조사의 한계 등 기타사항은 감사의 경우와 동일하므로 감사에 관한 내용을 준용할 수 있다.

특수사례 1

지방자치단체의 지역발전과 밀접한 관련이 있는 국가 출연 및 보조사업의 업무처리에 대하여 조사권을 발동한 의회에서 1년이 다 되도록 결과처리조차 하지 못한 사례 → 대상사무의 범위상 한계를 일탈한 사례

Ⅳ 지방행정 감사 · 조사위원의 자세

1. 감사준비사항[42] : 5비(備) 사항

감·조사에 임하는 지방의원은 다음 5가지 사항에 철저한 준비를 하지 않으면 아니 된다.

첫째, 감사기법에 대한 연찬활동을 충분하게 하여야 한다. 의원들은 감·조사에 임하기 전에 그 기법에 관하여 미리 전문가를 초빙하여 연찬을 실시함으로써 감·조사의 비효율성과 형식성을 극복할 수 있을 것이다. 연찬활동은 이론적인 것보다는 일선 현장이나 실무경험이 있거나 경험이 많은 의원들로부터의 연수가 효과적이다. 연찬회는 상임위원회 단위로 실시하는 것이 효과적이다.

둘째, 정보를 충분하게 수집하여야 한다. 감·조사에 임하는 의원은 평소에 민의를 폭넓게 수렴하는 노력을 하여야 한다. 지방의원이 민의와 행정정보를 수집할 수 있는 다음과 같은 통로를 마련하고 활용해야 할 것이다.

- 현지에 감사인 파견 자료 수집
  - 비리·행정처리 부적정 등 언론보도내용 검토 분석
  - 의회 회의록, 의회 행정감사인료 등 검토
  - 집단민원 및 여론 수집
  - 개인정보 소유자 면담, 산하기관 업무분석·지휘체계유지 등 자료 확보
- 인터넷을 통한 자료 확보
  - 수감기관의 홈페이지 검색(직협, 자유투고란 등)
  - 감사시 수감기관에 감사자료 수집 배너광고

42) 지방행정사무감사를 준비하는 과정이나 착안해야 할 사항은 지방의회나 집행기관이 똑같은 내용이므로 구체적인 내용은 제1장. Ⅴ. 및 제4장 각 절을 참고할 것.

- 지역신문 등의 자유투고란 검색 등

- 지역 여론형성층 탐문
  - 시민 · 명예감사관 면담
  - 시민단체, 지역 언론인 등 지역여론 형성층 면담
  - 경찰 등 정보전담공직자 면담
  - 직협간부, 인사상 불이익을 받은 공직자 등 면담
- 부진 · 부실사업 실태조사 검토
  - 과다한 투자, 민자유치 부실, 잦은 설계변경 등 사업 분석
  - 부진사업, 중단사업, 재정분석 등 자료 검토
- 감사정보자료 활용/선택과 집중
  - 수집된 정보자료를 토대로 감사방향, 감사인력 등 결정
  - 수집된 자료를 심층 분석하여 비리는 엄벌하고, 문제사안은 대안제시, 시정 등 조치
  - 지탄 또는 중대비위 공직자는 과거 업무까지 추적 감사

셋째, 자치단체의 현안을 수시로 파악해 두어야 한다. 의원은 자치단체장이 수장으로 있는 집행기관이 중점적으로 수행하고 있는 사업이나 각종 행정서비스에 대하여 관심을 갖고 관련 정보를 확보하고 있어야 한다. 이는 자치행정 보고회(도정 · 시정 · 구정 · 군정 보고회)나, 의정간담회 등을 정례화하여 사전에 감 · 조사활동을 위한 자료 및 정보를 획득하여둠으로써 의정활동을 효율적으로 수행할 수 있기 때문이다.

넷째, 전년도의 본회의 및 상임위원회의 회의록에서 당시 문제를 미리 파악해 두어야 한다. 특히, 초선의원의 경우는 과거 지방의회 활동을 간접적으로 알 수 있는 회의록이나 자료요구 목록 등을 확보해 두어야 한다.

끝으로, 관계법 규정을 미리 숙지해 두어야 한다. 지방의원이 감 · 조사에 임하기 전에 법규상의 한계와 자료요구 범위, 자료공개 범위, 증인채택방법 등에 대한 규정을 숙지하는 것이 감 · 조사를 효과적으로 수행할 수 있기 때문이다. 또한 지방의원은 감사대상과 관련된 법령을 미리 숙지하여야 한다.

2. 감 · 조사시 행동수칙 : 5행(行) 사항

의원이 감 · 조사 시에 위원의 바람직한 행동수칙으로써 5행 사항을 꼽아 본다면 다음과 같다.

첫째, 관련정보를 충분히 분석 · 해석하여 감 · 조사에 임한다. 집행기관에 요구되어 제출된 자료와 증거를 통계적(비율, 평균, 성장률, 상관관계 등) · 과학적으로 연계 분석하여 문제의 본질을 파악한다.

둘째, 사실에 대한 확인을 철저히 해야 한다. 자료로써 문제의 요체를 파악하되, 필요한 경우에는 현장검증을 실시할 뿐만 아니라, 증인으로부터 증언청취, 참고인을 출석시켜 그의 진술청취, 감정인의 출석요구를 통하여 출석하는 감정인으로부터 감정결과의 확인을 철저하게 하여야 한다. 현장확인이나 검증이 필요하다면 사전에 철저한 준비를 하여 실시하여야 하고, 이때 채증된 자료는 봉인 · 조치해야 한다.

셋째, 사안을 논리적으로 접근해야 한다. 문제를 감정적으로 인식할 것이 아니라 이성적으로 판단하여 논리적인 비약이 없는 합리적인 감 · 조사를 실시하여야 한다. 그렇게 함으로써 설득력을 얻어 타당성을 확보하게 된다.

넷째, 문제해결을 위한 대안을 제시해야 한다. 문제의 핵심을 소상하게 파악하여 다수 주민의 복지를 향상시키는 적정하고도 참신한 대안을 제시함으로써 설득력을 확보할 수 있을 것이다.

끝으로, 조사 · 감사위원은 법으로 인정된 범위의 권한을 합당하게 행사하여야 한다. 감사위원은 우선, 법규상 지방의회가 감사할 수 있는 대상기관을 확실하게 인식할 필요가 있다(예컨대, 지방경찰서 또는 지방노동관서 등에 대해서는 감사할 수 없다). 국회가 감사하기로 한 사무나 기관에 대하여 지방의회가 중복된 감사를 실시하는 것도 지양하여야 한다. 또한, ①집행부 등에 대한 집행 불간섭 제한 ② 개인 사생활 침해 등의 한계 ③ 계속중인 재판 또는 수사중인 사건의 소추에 관여 불가 ④ 중대한 국가 이익상의 한계 ⑤ 기본적 인권상의 한계 등이 있다는 사실을 알고 있어야 한다.

3. 감사할 때의 유의할 사항 : 5계(戒) 사항

지방의회가 지방행정을 감사할 때 위원이 특히 유의할 사항은 다음과 같다.

첫째, 과도한 자료요구를 하지 말자. 집행기관의 능력에 앞서 자료를 요구하는 의원의 능력 · 검토시간 · 적합성 등을 고려하여 자료를 요구하여야 한다.

둘째, 공무원 · 증인 · 참고인 · 감정인 등을 죄인 다루듯 하지 말자. 감사를 받는 공무원, 증인, 참고인, 감정인에 대하여 심문을 할 때 고압적 태도나 죄인 시 하는 감정적인 태도는 반드시 지양되어야 한다. 또한 증인 등을 매스컴으로부터 보호해야 하며, 그들에게 실비도 마땅히 보상해 주어야 한다.

셋째, 반복 · 중복적 질문 · 질의를 하지 말자. 감 · 조사를 실시함에 있어서 피감자 등에게 의원 개인은 물론이려니와 의원들 간에 반복 · 중복 질문과 질의를 함으로써 비효율적으로 운영되는 것을 막아야 한다. 따라서 감사위원 간에 역할분담을 철저하게 하는 동시에 그에 필요한 체크리스트를 작성하여 활동할 필요가 있다.

넷째, 감사를 받는 기관을 과다하게 지정하지 말자. 제한된 감사기일 동안 너무 많은 감사를 받는 기관을 대상으로 함으로써 감사가 형식화되지 않도록 유의하여야 한다.

다섯째, 감사내용의 대외 유출을 방지하자. 대상기관의 기능과 활동이 현저히 저해 받거나 기밀이 누설되지 아니하도록 주의를 요한다. 또한, 지방의원 및 사무보조자는 감사 또는 조사를 통하여 알게 된 비밀을 정당한 사유 없이 누설되지 않도록 주의를 요한다.

Ⅴ 감 · 조사권한 행사의 한계와 대책

1. 운영상의 한계와 대책

지방의회의 감 · 조사권을 행사함에 있어서 제기된 문제점과 그 대책은 다음과 같다.

첫째, 감사기간이 짧으므로 필요한 경우에는 조사제도를 활용할 필요가 있을 것이다. 감사기간을 보면 광역의회의 경우는 10일, 기초의회의 경우는 7일로 되어 있으나 비전문가인 의원들이 동 기간 중에 자료확인과 현장확인까지 하기에는 무리이기 때문에 형식적인 감사로 끝나기 쉽다. 한편, 감사를 받는 기관 쪽에서는 감사자료를 제출해야 하는 기일이 촉박하여 충분한 자료준비가 곤란한 실정이며, 의원들은 감사 전 3일 전에 도달된 자료의 검토를 제대로 하지 않는 상태에서 감사를 수행할 수 밖에 없는 실정이다. 때문에 행정사무에 대한 감사가 형식화 되는 경향이 지적받고 있다. 따라서 감사기간이 짧은 문제를 해결하는 방법은 감사대상 기관을 줄이거나 모라자는 감사기간은 조사로 보완 가능하다.

둘째, 중복감사 때문에 행정서비스를 지연시키는 결과가 초래되므로 이를 조정하는 운영의 묘를 기해야 할 것이다. 기초지방자치단체는 상급기관과 의회 및 자체감사 등을 합하면 최고 7개 기관으로부터 중복되는 감사를 받게 되어 있어서 인력이 차출되지 않을 수 없으므로 주민에게 행정서비스 전달이 원활하지 못하다. 따라서 다른 감사기구에 의하여 감사가 끝난 경우는 의회감사를 생략하는 제도를 도입해야 한다.

셋째, 지방의원의 비전문성 때문에 겉도는 감사가 이루어지므로 감사기법을 연찬하는 기회를 갖도록 해야 할 것이다. 행정의 비전문가일 수밖에 없는 지방의원이 행정에 관한한 비교적 전문가라고 할 수 있는 공무원을 상대로 행정감사를 실시해야 하는 본질적인 한계가 없지 않다. 행정사무감사에 관한 노하우를 의원들이 공유할 수 있는 시스템을 구축해야 한다.

넷째, 지방의회의 감사범위가 애매하므로 이를 분명하게 하는 제도개혁이 있어야 할 것이다. 이는 감사대상이 되는 자치사무 및 단체수임사무와 기관수임사무가 기준에 맞추어 배분되어 있지 않는 것이 현실이다. 또한, 지방자치법상으로 기관수임사무에 대한 국회의 감사대상이 애매한 상태에서 당해 의회도 감사대상으로 하고 있기 때문에 이 부분에 대한 중복감사가 나타나고 있다. 그 해법으로는 기관수임사무의 상당부분을 지방에 이양하거나 기관수임사무 자체를 폐지하는 방안이 강구되어야 할 것이다.

다섯째, 지방의원들의 감사경험이 일천하므로 전국단위로 경험을 공유하는 네트워크를 구축할 필요가 있다. 의원들의 감사행태가 감사의 범위를 벗어난 과중한 자료를 요구하고 있으며, 질문 및 답변요구를 하는가 하면 상대방 공무원을 죄인 다루듯이 하는 예가 많아서 공무원들의 불만을 자아내고 있다. 이러한 문제의 해결기법은 감사 경험을 공유하는 방안을 강구하여야 할 것이다.

끝으로, 지방의원의 다수당과 자치단체장이 같은 정당 소속일 때 연고주의로 봐주기식 감사는 제도의 본질을 외면한 결과를 초래하므로, 이에 대한 외부기관의 감사가 필요하다. 자치단체장과 시·도의회가 의원들이 같은 정당의 소속이 될 때 감·조사 권한이 형식적으로 행사되는 경향이 있다. 또한 지역사회에서 많은 연고를 형성하고 있기 때문에 철저하게 실시하는데 한계를 안고 있다. 이 문제는 의회와 자치단체장의 불합리한 협조관계를 깨뜨리는 수단으로는 주민감사소송청구제도나 주민소환제도를 활용할 수 있을 것이다.

2. 지방의원의 능력과 대책

지방의회가 감 · 조사권을 행사함에 있어서 문제점으로 지적할 수 있는 것은 ① 지방의원의 감사에 필요한 전문지식과 정보의 부족 ② 심층적인 문제 분석력 부족으로 형식적인 감사의 수행 ③ 의원들이 인기를 노린 폭로 전술 ④ 지방의원의 권위적인 자세 등을 들 수 있다. ①과 ②의 문제점들은 지방의원들이 스스로 전문지식을 함양하거나 관련된 자료나 정보를 주민들이 제공해 줌으로써 어느 정도 보완될 수 있으며, 의원들 스스로가 연찬 프로그램에 적극적으로 참여함으로써 그 자질이 함양될 수 있을 것이다. ③과 ④의 문제점은 의원 스스로 덕망을 쌓아 권위주의적이고 인기주의적 행태를 스스로 지양해야 할 것이다.

3. 집행기관의 대응자세의 문제점과 대책

지방의회의 감 · 조사권에 행사와 관련하여 나타난 집행기관의 문제점으로 지적할 수 있는 것은 ① 집행기관의 허술한 자료의 제출 ② 집행기관의 무성의한 대응과 답변 자세 ③ 자치단체장의 미온적인 감사결과 처리 등을 들 수 있다. 이러한 문제점들은 제도를 개선하거나 지방의원들의 자질이 향상됨으로써 해결될 수도 있으나 가장 바람직한 방안은 집행기관 스스로가 자세를 변화하는 노력이 필요할 것이다. 집행기관이 의회의 지위를 인정 · 이해하고 주민복지의 증진을 위한 지방행정의 동반자로 인식하고 상호 협조하는 체제를 구축하여야 할 것이다. 주민들이나 그 단체들이 집행기관의 활동에 대한 평가를 수시로 실시하여 공개함으로써 집행기관의 행태를 개선해 나갈 수 있을 것이다.

4. 지방행정 감 · 조사 활성화를 위한 기반구축 방향

지방행정사무 감 · 조사권은 지방행정의 민주성 · 능률성 · 합리성 · 형평성 등 이른바 현대행정이 추구해야 할 기본이념을 구현하는 행정통제수단으로써 지방의회의 가장 중요한 권한 중의 하나이다. 오늘날 행정국가에 있어서는 의회의 중심활동이

입법 등의 전통적인 정책결정기능에서 행정통제를 강화하는 쪽으로 선회하고 있는 경향이 뚜렷하다. 그러나 지방의회의 행정사무감사제도는 우리 지방의회만 특이하게 인정하고 있는 제도일 뿐만 아니라, 의회의 수많은 권한 중에서 가장 실질적인 권한이라고 할 수 있으므로 이를 합리적으로 행사하여 주민의 편의를 도모하는데 이바지하여야 한다. 그것이 지방의회의 존재나 활동에 대하여 긍정적인 평가 및 인식에 큰 도움이 될 것이다. 따라서 여기서는 지방의회의 감사활동을 활성화하기 위한 몇 가지 방안을 제시하고자 한다.

첫째, 지역정보 네트워크를 이용하여 감사인료를 수집하자. 지방의원의 감·조사에 있어서의 중요한 수단이 있다면 그것은 지식과 정보일 것이다. 의원들이 의정수행에 필요한 정보를 풍부하게 축적하기 위해서는 지역정보에 대한 네트워크를 구축해 두어야 할 것이다.

둘째, 감사위원별로 역할을 분담하여 효과적인 감·조사를 실시하여야 한다. 행정감사의 효율성을 증대시키기 위해서는 상임위원회별로 '감사반'을 편성하여 사전에 감사에 대한 업무분장을 확실하게 하여 추진하는 것이 권한을 효율적으로 행사할 수 있을 것으로 생각된다. 감사계획을 철저하게 수립하여 감사위원별로 사무분장을 세분화하여 감사에 임하는 것이 좋다. 예를 들어, 10명 내외의 감사위원들이 중구난방식으로 감사하는 것보다는 2-3명씩 업무성격에 따라 조별로 감사대상업무를 분담함으로써 감사의 깊이와 정확성을 제고할 수 있을 것이다. 한편, 감사방식을 회의 식이 아닌 사무(서류)감사를 주로 하여 실시하는 것이 바람직하다.

셋째, 가능한 한 중복감사를 지양해야 한다. 중복감사의 폐해는 이루 말할 수 없이 크다. 행정서비스를 제공하는 것이 본분인 지방공무원들이 연중 각종 감사에 매달려 있게 되면 궁극적으로는 주민들이 피해를 보게 된다는 사실을 알아야 한다. 한편으로는 중복되는 감사로 인하여 공무원들 사기가 저하되어 행정서비스의 질을 떨어뜨리는 부의 효과가 발생한다는 사실에 유의하여야 한다. 따라서 공무원들의 사기앙양과 선행 감사기구의 권위를 존중한다는 입장에서 뿐만 아니라, 궁극적으로는 주민만족을 위한 행정서비스를 제대로 하도록 유도하기 위해서는 감사횟수를 최대한도로 줄여야 할 것이다. 중복감사를 지양하는 방안으로는 지방자치단체에 대한 국회의 감사권을 당해 의회에 전적으로 위임하는 방안, 위임사무의 경우, 중복감사를 피하기 위하여 광역의회와 기초의회가 합동으로 기초자치단체 감사를 실시하는 방안, 특정기관·부서 또는 특정업무에 대하여 일정 기간 전에 이미 감사를 받은 사실이 있다면 그 내용에 대하여는 감사를 제외하는 방안을 검토해 볼 수 있을 것이다.

넷째, 전국 자치단체 의회의 상임위별로 의원들이 연계하는 모임으로 정보를 교환하여야 한다. 지방의원이 정책과 예산을 심의하고 행정을 감 · 조사하려면 최소한도의 전문성은 필수적으로 습득하고 있어야 할 것이다. 특히, 지방행정에 있어서 전문가라 할 수 있는 공무원들이 하는 일의 시비를 가린다는 것은 비전문가인 지방의원에게는 상당한 한계가 있기 때문이다. 앞서 수차 언급한 지방의회 의원의 전문성 제고의 필요성이 바로 이러한 이유 때문이다. 지방의원에 대한 지속적인 연수와 감사결과에 대한 각 지방의회가 공동(시 · 도의회의장협의회 또는 시 · 군 · 구의회의장협의회 주관)으로 매년 「감 · 조사사례발표회」를 갖는 것이 좋을 것 같다. 이 기회를 통해서 의원상호간 경험과 기법을 공유해 나가는 것이 지방의정활동의 내실화를 기하는데 지름길이 될 것이다.

제4장

공공감사 방법론

Ⅰ 감사 방법론의 진화

공공감사는 전통적으로 회계감사 및 합법성감사로 인식하여 왔으나 최근에는 성과감사를 지향하고 있으며, 정책감사에 관해서는 긍정론과 부정론이 대립되고 있다. 2000년대에 들어와 회계감사는 재무감사로 확대되고 있으나 공공감사의 실제에 있어서는 재무감사, 성과감사, 그리고 정책감사는 개념상으로 명백히 구별되지 못한 상태로 혼란스럽게 사용되고 있으며 합법성감사는 전통적인 감사개념으로 분류되지만 이들 세 가지 유형에 공통적으로 포함되고 있다. 그러나 이들 세 개 유형의 감사는 도표 4-1과 같이 차이가 있다. 여기서 재무감사는 가장 소극적 개념의 감사제도이다. 그것은 주로 재무활동과 회계질서의 법규순응성을 평가·확류·통제하는데 역점을 둔다. 이것에 비하여, 성과감사와 정책감사는 적극적 개념의 감사유형이다. 성과감사는 행정운영과 성과의 효율성, 즉 경제성, 능률성, 효과성의 총화를 평가·환류·지도하는 것이며, 정책감사는 입법 및 정책형 성과제도 및 정책의 효과성, 타당성, 민주성을 평가·환류·지원한다.

그러나 도표 4-1에서 알 수 있듯이, 재무감사, 성과감사 그리고 정책감사는 서로 대립 또는 상충하는 개념이 아니며, 내용상 부분적 동질성을 갖고 있다. 공공감사의 취지를 보다 완전하게 실현시킨다는 전제 위에서 볼 때, 재무감사는 우선 성과감사를 그리고 궁극적으로는 정책감사를 지향하지 않을 수 없고, 성과감사는 한편으로는 재무감사를 포함하고 다른 한편으로는 정책감사를 지향하지 않을 수 없으며, 정책감사는 직접적으로 성과감사를 그리고 간접적으로는 재무감사를 포함하지 않을 수 없을 것이다(감사원, 1994 : 71). 이들 세 유형의 감사에 공통적으로 전통적인 감사영역

도표 4-1 감사유형별 특성(감사원, 1994 : 71)

감사유형 / 구분	재 무 감 사	성 과 감 사	정 책 감 사
목적	재무법규 순응적 행정질서의 보장	효율적 행정운영과 성과달성의 지도	타당한 정책형성과 효과적 성과달성의 지원
차원	사업차원, 회계단위	국가차원, 기관단위	국가차원, 정책영역단위
대상	예산 및 회계활동	집행정책, 세부사업, 집행행동, 관청성과, 민본효과, 성과기획 · 산출 · 전달과정	입법사항, 기본정책 집행정책, 행정성과 정책형성과정
시기	중간, 사후	중간, 사후	사전, 중간, 사후
평가	총괄평가	총괄평가, 형성평가	사전평가(정책분석), 형성평가, 총괄평가
환류	관리행동 강화	행정관리 수정	정책목표 수정
관점	단편적, 단절적, 단기적, 미시적	맥락적, 조정적, 장기적, 거시적	맥락적, 조정적, 장기적, 거시적
기준	형식적 합법성	실질적 합법성, 경제성, 능률성, 효과성	타당성, 효과성, 민주성
효과	재무관리질서의 감시 회계책임성의 확보 재무법규 순응성의 확보	행정오류의 조기경보 행정실패의 적기개선 관리의사결정의 지원	행정오류의 사전파악 행정실패의 미연방지 정책결정의 지원
감사기구	자체감사기구	감사원, 시 · 도	국회, 지방의회

으로 평가되고 있는 것은 행정작용의 "법규 순응성 감사" 즉, 합법성감사이다.

요컨대 재무감사, 성과감사, 그리고 정책감사는 상호 대체될 수 있는 것이 아니라, 공공감사의 근본취지가 '바람직한 행정운영과 결과의 확보'에 있다면, 이들은 〈재무감사 → 성과감사 → 정책감사〉로 진화 · 발전되고 있다.

그러나 감사원이 국가감사의 확장 또는 적극화 방향에 따라 정책감사를 실시하는 것은 문제가 있음을 지적하지 않을 수 없다. 감사원이 성과감사를 넘어서 정책감사를 수행하는 것은 법적으로 부당할 뿐만 아니라 정부정책의 본질에 비추어 정책감사는 근본적으로 불가능하다. 왜냐하면 정부정책은 가치판단의 문제이기 때문에 그것은 '정치적'이 아닌 '행정적' 감사의 대상은 될 수 없기 때문이다. 따라서 우리나라의 감사체제하에서는 정책감사는 국회나 지방의회가 담당하는 것이 타당할 것이다. 요컨대, 감사기구의 감사의 확장 또는 적극화는 분명히 〈재무감사 →성과감사〉에서 한계 지워질 수밖에 없다. 그러나 감사원은 '바람직한 행정운영과 결과의 확대' 라는 감사의 근본취지를 고수해야 하기 때문에, 비록 그 한계는 성과감사에서 그치더라도 정책감사에 대한 지향성을 항상 유지·발전시켜 가는 것이 중요하고 필요하다.

이 책에서는 재무감사 →합법성(순응성)감사 →공무원의 직무에 대한 감찰 →정책감사 →성과감사 순으로 이론적 고찰을 시도한다.

Ⅱ 재무감사

1. 재무감사의 의의 및 필요성

가. 재무감사의 의의

재무감사(Financial Audit)는 종래 회계검사[43]를 재무적 차원까지 확대하여 행정자원의 효율적인 활용과 적정한 관리를 위하여 종합적이고, 체계적인 예산분석과 회계검사를 실시하는 것이다. 재무감사가 이전의 회계검사와의 차이를 보면 도표 4-2와 같다(이종운 : 88).

도표 4-2에서 보는 바와 같이, 기존의 회계검사는 개별사건 위주의 적발 중심 감

도표 4-2 회계감사와 구별되는 재무감사의 특징

구분	회 계 검 사(종전)	재 무 감 사
주요 중점 감사대상	고가구매·부족시공 등 개별사건 위주	• 예산분석 • 예산편성→원인행위→지출→결산 등 전 과정에 대한 체계적 검사
감사방법	일반감사 및 결산확인	• 연중 상시 서면검사
처리	결산 검사보고에 개별 처분 요구한 사항을 나열식으로 기재	결산검사보고에 재무분석 및 회계검사 결과를 종합적으로 기재

43) 전통적으로 회계감사라는 용어를 쓰고 있고, 헌법은 회계검사(헌법 제97조)로 표기하고 있지만 양자의 의미상의 차이는 발견되지 아니하고 실무적으로는 회계감사라고 사용하고 있다. 미국 감사원(GAO)에서는 재무감사라는 용어를 사용하고 있으며. 공공기관의 감사에 관한 법률시행령에서도 "재무감사"라고 표현하고 있다(제10조).

사인데 반해, 재무감사는 예산의 편성부터 결산까지 일련의 재정운용 흐름에 대한 분석을 중점적으로 실시하는 감사이다. 따라서 감사방법도 일반감사 및 결산 확인의 차원보다는 상시 서면감사와 과학적 기법에 의한 표본감사의 방법을 도입하고 있다. 또한 감사결과의 처리에 있어서도 이전의 회계검사는 위법부당 사항만을 나열 식으로 기재하는 개별 처분요구사항 중심에서 재무분석 및 회계검사의 결과를 종합적으로 기재하는 현황분석 및 평가정보를 제공하는 방향으로 확대하고 있다.

재무감사 내용 중 예산분석은 예산을 편성하는 각 행정기관 및 그 산하기관의 비목별 또는 사업별 예산의 내용과 집행, 예산의 연도별 추이(推移)나 예외적 지출 등을 분석하여 편법적인 예산편성, 예산 무단 이·전용, 불요불급한 사업의 집행을 방지하며, 합리적인 예산편성, 나아가 국가 전체적인 예산의 효율적인 배분을 유도하는데 목적이 있다. 한편 회계검사는 계약 등 지출원인행위, 지출과 결산 등이 법률의 규정과 예산에 기초하여 집행되었는지를 감사하는 것이다(이종운 : 88).

나. 재무감사의 필요성

'70년대까지 합법성 위주의 회계검사 특히 계약, 횡령 등 부당한 지출을 적발하는 데에 감사의 중점을 두어오다 '80년대에 이르러 사업의 성과분석에 대한 감사에 중점을 두게 되었다. 국가나 지방자치단체의 재정규모와 지출규모의 증대로 의미 있는 지출증빙검사가 사실상 불가능하게 되고 말았다. 감사인들은 회계업무가 전산화됨으로써 회계가 적절히 통제되고 있다고 막연히 믿는 경향에다, 행정의 효율성과 고객만족을 이유로 신축적인 예산집행을 용인해야 한다는 분위기도 형성되었다. 이러한 경향이 지속되자 회계검사가 형식적이라는 비판과 함께 감사기구의 회계검사능력이 불신 받게 되어 재무감사로의 인식 전환이 필요하게 되었다(이종운 : 90).

다. 재무감사의 목적

재무감사는 예산편성의 적정성 및 예산집행의 효율성을 높이고 재정의 건전성을 높여 국민과 국회, 지방의회 등에 유용한 재무정보를 제공하는데 목적이 있다. 특히, 감사원은 매년 세입·세출의 결산을 검사하여 대통령과 차년도 국회에 보고해야 한다. 헌법 제99조의 규정에 따라 작성하는 감사원의 검사보고에는 국가의 세입·세출의 확인, 회계검사 결과에 따라 법령 또는 예산에 위배된 사항 및 부당사항의 유무, 징계, 시정 등 감사결과 처분요구나 권고 또는 통보한 사항 및 그 결과를 기재해야 한다(감사원법 제41조). 따라서 재무감사는 법령 규정에 따른 감사와 예산구조 및 예산사업 등에 대한 종합적·체계적인 분석을 통해 편법적인 예산편성 및 분식결산을 방지하여 회계의 투명성과 건전성을 높이는 행정작용이다. 또한, 효율적인 사업집행을 유도하고 국회나 지방자치단체의 예산심의 및 결산심사에 필요한 신뢰성 있는 재무정보를 제공하는 것을 목적으로 하고 있다.

2. 재무감사의 기능, 특징 및 한계

가. 재무감사의 기능

감사원의 재무감사는 결산 확인기능, 감시기능, 평가기능의 세 가지 기능을 갖고 있다.(감사원, 2005b : 33-34)

(1) 결산확인기능

감사원은 세입·세출의 결산을 매년 검사하여 대통령과 차년도 국회에 보고하도록 되어 있고(헌법 제99조), 회계검사를 통하여 결산을 검사하도록 되어 있다(감사원법 제21조). 감사원이 위와 같은 헌법과 감사원법상 책무를 수행하는 감사가 재무감사이다. 재무감사는 국가의 재정운용과 회계처리가 법률과 예산에 따라 정확하고 효율적으로 집행되었는지를 확인하는 절차이다. 감사를 통해서 감사대상 기관의 부정·오류의 여부를 확인하고 부정·오류가 있을 때에는 시정 등 적정한 조치를 하지만 부정·오류만을 적발하기 위한 감사는 아니다. 동전의 앞뒤와 같이 재무감사는 확인이 주 목적이고, 부정의 적발은 확인과정의 부산물이다. 재무감사의 결과 부정과 오류가 없어졌다면 그것이 바로 재무감사의 가장 바람직한 성과가 될 것이다.

(2) 감시(Monitoring)기능

정부의 모든 업무는 일상적으로 예산의 집행으로부터 시작되고 끝난다. 디지털 기술에 힘입어 구축된 디지털예산회계시스템(DBAS : Digital Budget & Accounting System/dBrain)을[44] 활용하여 15일 또는 1개월마다 대상기관의 지출원인행위와 지출 또는 정부카드 사용을 검색한다면, 굳이 대상기관에 자료를 요구하지 않더라도 대상기관의 업무가 어떻게 추진되고 있는지를 상당부분 파악할 수 있다.

감사대상 기관의 예산집행에 대한 모니터링을 수행하려면 그 기관의 예산체계를

44) DBAS(dBrain) 제4장 II. 3. 가 참조할 것.

사전에 철저히 이해하고 있어야 한다. 대상기관의 예산코드 즉, 숫자로 나타난 대상기관의 장-관-항-세항-세세항-세사업-목-세목이 어떤 사업이라는 것을 숫자만 보고도 알 수 있어야 한다.

그러나 dBrain만 가지고는 대상기관의 사업내용을 모두 이해하기는 어렵다. 사전에 예산편성을 위하여 기획재정부에 제출하는 사업설명 자료를 수집하여 숙독함으로써 예산사업의 이력과 개략적인 사업의 구도를 알고 있어야 한다.

(3) 평가기능

재무감사의 결과로 대상기관의 업무를 재무적으로 평가할 수 있다. 재무감사는 모든 예산사업을 스크린(screen)하고 분석하게 된다. 재무감사의 결과만을 기관별로 비교하더라도 대상기관을 객관적으로 평가할 수 있다. 감사대상 기관의 비교평가를 위해서는 여러 기관에 모두 적용하기 위하여 동일한 지표로써 현황을 분석하는 방법을 체계화해야 할 것이다.

이상에서 언급한 감사원의 재무감사 기능 즉, 결산확인기능, 감시기능, 평가기능은 정부 합동감사나 국회의 국정감사, 지방의회에 의한 지방행정사무감사, 자체감사기구에 의한 재무감사의 기능과 맥을 같이 한다.

나. 재무감사의 특징

감사중점에 있어 과거 일반감사의 일환으로 실시한 회계검사는 경비집행, 계약 등 개별적인 예산집행의 합법성과 당·부당 여부의 확인에 중점을 둔 반면, 「재무감사」는 예산편성 및 집행구조 등에 대한 종합적·체계적인 분석을 통해 재무자원 활용의 적정성을 분석·평가하는 데에 감사 중점을 두고 있다.

감사방법으로서의 재무감사는 디지털예산회계시스템(dBrain)[45]상에 축적된 자료를 기초로 연중 수시로 서면감사로 회계검사와 재무분석을 종합적·체계적으로 실시할 수 있다. 과학적 방법으로 찾아낸 문제점을 표본검사방법을 통해 실지 확인감사를 실시하기도 한다. 감사결과의 보고는 소관별 위법·부당사항뿐만 아니라 위법·부당사항이 없는 경우에도 그 예산분석 및 결산확인 결과를 보고·관리한다. 결

45) dBrain의 구축 및 운영목적은 재정정보의 공유·연계 및 재정 실시간 관리체계를 구현하고, 종합적·체계적 재정관리 및 재정위험관리의 강화와 재정정보의 분석 예측으로 정책수립 지원기능 강화 등을 위한 것이다. dBrain에는 예산관리시스템, 수입관리시스템, 지출관리시스템, 출납관리시스템 등으로 구성되어 있다.

산검사보고에 있어 종전에는 지적사항 위주로 작성하던 것을 예산사업에 대한 분석사항 위주로 작성한다는 점이 종전의 회계검사와 구별되는 것이다(이종운 : 90).

다. 재무감사의 한계

공인회계사에 의한 기업의 재무제표 감사는 경영자가 작성한 재무제표가 기업회계기준 등 회계처리기준에 적합하게 작성되었는지를 감사지침에 따라 감사하는 것이다(주식회사의 외부감사에 관한 법률 제5조, 제2조의3 등). 공인회계사는 재무제표 전반의 적정성에 대한 의견을 표명하도록 하고 일정한 수준(감사인이 설정한 중요성 기준)의 오류를 허용하고 있다. 그러나 공공감사인 재무감사는 세입 · 세출과 결산의 계수확인, 법령과 예산에 위배된 사항 및 부당사항의 유무를 감사해야 하는 것이다. 따라서 재무감사에서는 오류허용 수준을 정할 수 없어 전수 조사를 하지 않고서는 공인회계사의 재무제표 감사에 대한 의견표시와 같은 종합적 결론을 내릴 수 없는 한계가 있다(이종운 : 91). 그러나 정부회계에도 복식부기를 도입하였기 때문에 이러한 재무감사의 한계를 상당부분 극복할 수 있을 것으로 생각된다. 따라서 감사인은 정부회계의 복식부기 도입에 상응하여 새로운 감사기법을 개발하고 필요한 지식을 학습하는데 만전을 기해야 할 것이다.

3. 재무감사에 필요한 기본지식

가. 디지털예산회계시스템(DBAS/dBrain)의 이해와 활용

(1) dBrain의 개요

dBrain는 기획재정부가 구축한 국가의 모든 재정활동을 실시간 온라인으로 관리하는 통합재정정보시스템이다. 디지털예산회계시스템은 사업관리 · 예산 · 회계 · 통계분석 등 단위업무 시스템과 외부 연계시스템으로 구성되어 있다. 중앙 · 지방 공무원 및 일부 공공기관 사용자들은 재정포털을 통해 시스템에 접속하여 업무를 처리하고, 생산된 주요 재정정보를 국민들에게 홈페이지를 통해 제공하고 있다. 행정기관별로 개별 운영하는 재정관련시스템을 연계하여 예산편성, 집행 및 결산까지의 모든 재정업무를 자동으로 연결처리하고 재정자금출납을 전자화하여, 이를 기반으로 재정운영 현황을 실시간으로 파악 관리할 수 있도록 구축되어 운영되고 있다. 또한, 복식부기회계를 기반으로 자금관리와 자산 · 부채관리업무를 연계처리하고 이를 통해 국가재정의 통합 재무정보를 산출하고 발생주의 회계기준에 따라 국가재정의 자산과 부채를 정확히 인식·관리할 수 있다. 재정위험의 관리기반을 마련하여 회계처리 과정을 통해 재정활동 내역에 대한 다양한 정보를 생산·관리하기 위한 방향으로 설계되어 있다. 그리고 축적된 정보를 분석·가공하여 재정 및 경제정책 수립에 필요한 정보를 적시에 제공하고 있다.

(2) 시스템의 주요 특징

첫째, dBrain은 중앙 및 지방자치단체, 국가 및 지방공기업, 산하기관 등 모든 공공부문을 통합하여 연계하고 있다.

도표 4-3 전자자금이체시스템

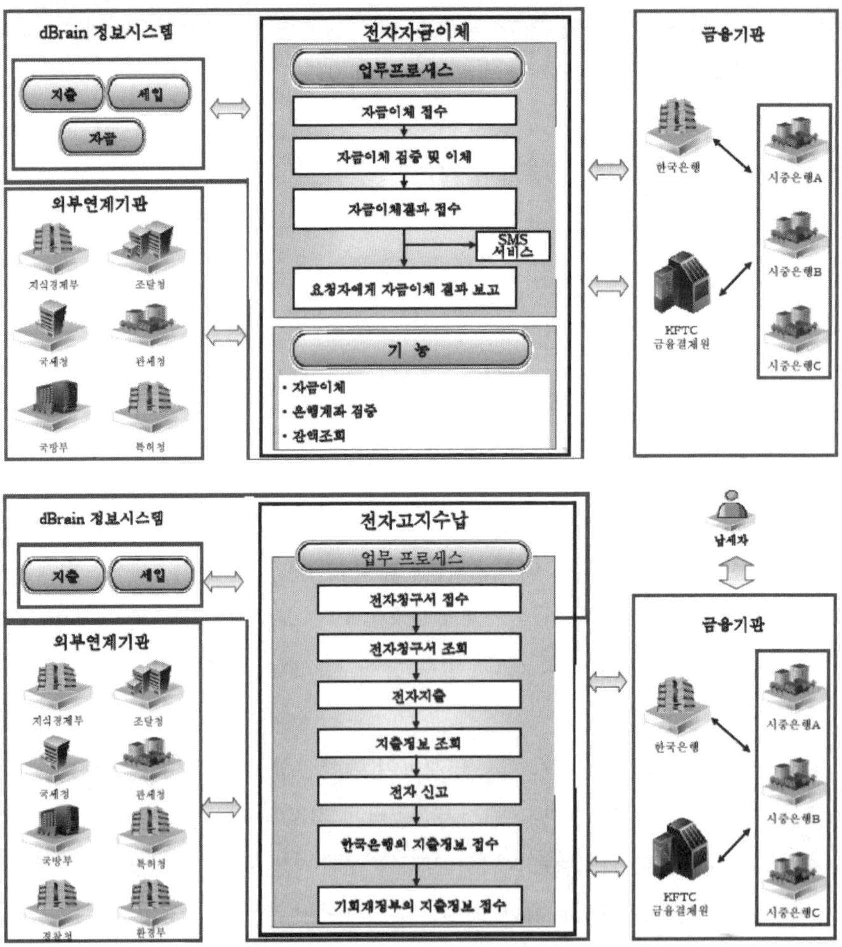

둘째, 예산편성 · 집행 · 회계결산 · 성과관리 등 재정활동 전과정을 온라인 통합하여 수행하고 있다. 예산요구와 편성과 관련하여 중기계획 · 단년도 예산편성연계, 예비타당성 조사, 총사업비 관리, 예산낭비 대응 점검 등, 재정집행 및 회계결산과 관련하여 현업담당자의 중심의 업무처리, 복식부기 · 발생주의, 거래 유형별 자동분개, 예산 결산/재무결산 통합처리, 원가정보 제공 등, 성과평가와 관련하여 재정사업에 대한 성과 업무처리, 성과측정 결과의 예산환류, 성과 모니터링 기능을 수행하고 있다.

셋째, 온라인-실시간에 업무 처리를 할 수 있다. dBrain내의 전자자금이체시스템(EFT)은 한국은행, 금융결제원, 시중은행 등과 연계를 통해 국고금의 실시간 이체를 지원하며, 국고금 업무 처리의 투명성과 효율성을 제고할 수 있다(도표 4-3 참조). 전자고지 수납시스템(EBPP)은 국세청 및 대량징수기관, 금융기관과 연계를 통해 실시간 국고수납내역 모니터링을 지원하며, 365일 인터넷 납부서비스지원 등 대국민서비스 향상에 기여하고 있다.

(3) 시스템의 구성

dBrain의 전체 구성도는 도표 4-4와 이 같은 예산 · 회계 · 사업관리 · 통계분석 등 단위업무 시스템과 외부 연계시스템으로 구성되어 있으며, 중앙 · 지방 공무원 및 일부 공공기관 사용자들은 재정포탈을 통해 시스템에 접속하여 업무를 처리하고, 생

도표 4-4 디지털예산회계시스템 진체 구성도

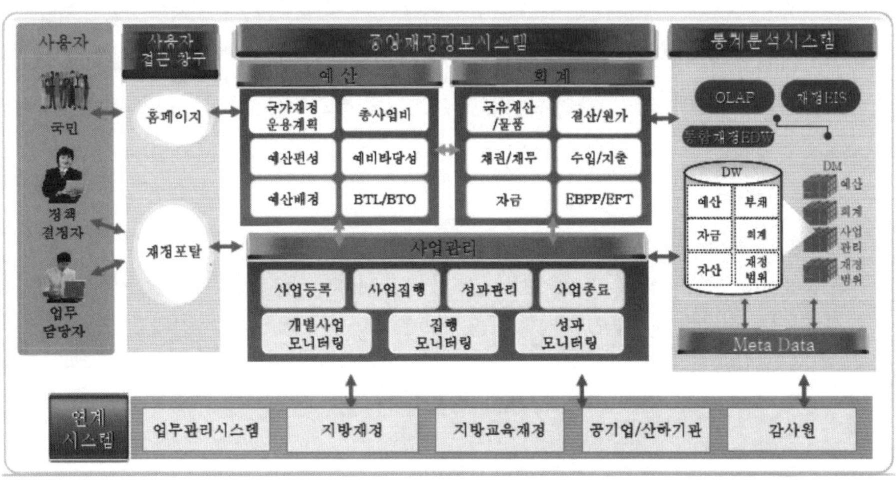

산된 주요 재정정보를 국민들에게 홈페이지(WWW.digitalbrain.go.kr)를 통해서 제공하고 있다.

첫째, 사업관리시스템은 재정사업 각각에 대해 등록부터 종료까지의 전 과정을 관리-예산, 지출 시스템 등에서 정보를 받아 집행실적 · 성과 등 사업관리 한다. 모든 재정사업의 시작부터 종료까지 전 과정을 관리하며, 집행실적과 성과 등 사업현황을 실시간으로 한눈에 파악할 수 있는 시스템이다. 사업관리시스템은 업무절차 및 관련 정보를 모아 제공하고, 예산 · 회계시스템과 연계되어 있어서 편리하게 이용할 수 있다(도표 4-5 참조).

도표 4-5 디지털 사업관리시스템

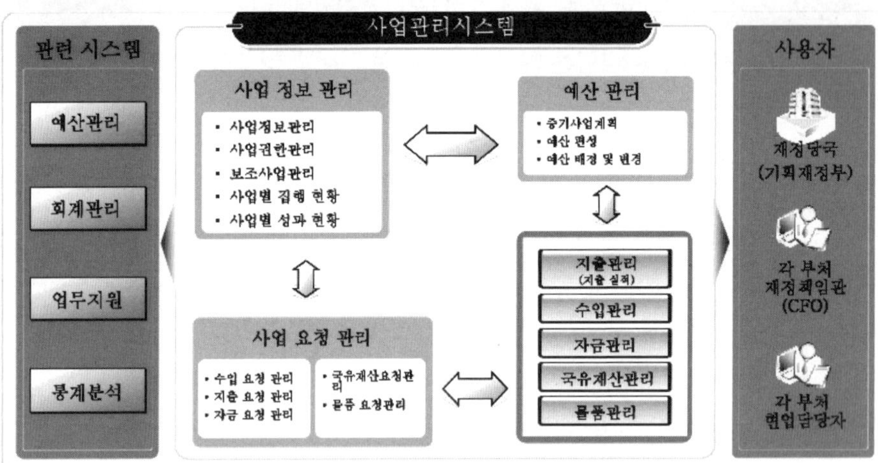

둘째, 예산관리시스템은 프로그램예산 체계를 기반으로 중기사업계획수립, 단년도 예산편성, 예산배정 및 재정집행실적관리 등 전과정을 통합관리 한다(도표 4-6 참조).

- 기획재정부는 예산관리시스템을 통해 국가재정운용계획을 수립하고 이 계획에 따라 지출한도를 설정한 후, 각 부처별로 예산요구안을 작성한다. 재정당국은 사업별 집행상황, 성과정보, 예비타당성 정보를 검색하여 부처 요구안을 검토한 후, 정부 예산을 확정하게 된다.

도표 4-6 예산관리시스템

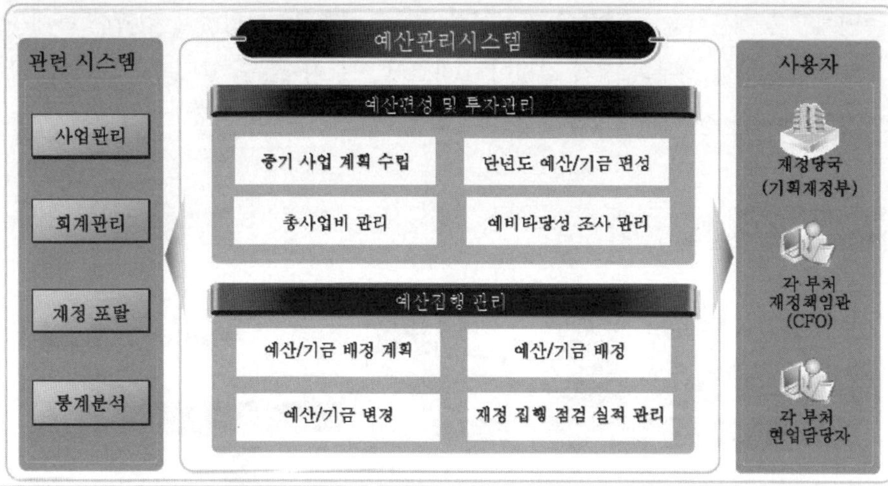

셋째, 회계관리시스템은 복식부기, 발생주의를 기반으로 수입, 지출, 계약, 자산/부채, 국유재산/물품 등을 통합관리 한다. 재정자금 집행과 동시에 발생한 거래를 실시간으로 계정별 거래유형을 통하여 자동으로 분류(자동분개)처리한 후, 해당 프로그램별로 원가를 계산하여 성과관리에 활용할 수 있다(도표 4-7 참조).

도표 4-7 디지털 회계시스템 구성도

넷째, 재정통계분석시스템은 OLAP, EIS 등의 분석 도구를 통해 분석담당자, 정책결정권자, 국민에게 맞춤형 재정정보를 제공한다. 분야별 · 부처별 · 기능별 등 여러 측면에서 통계분석을 수행하여 과거실적, 현황, 예측 등 다양하고 정확한 통계분석자료를 제공하여 정부의 정책 결정이 올바르게 이루어 질 수 있도록 지원하고, 국민에게도 상세한 정보를 투명하게 제공하고 있다(도표 4-8 참조).

도표 4-8 재정통계 · 분석시스템

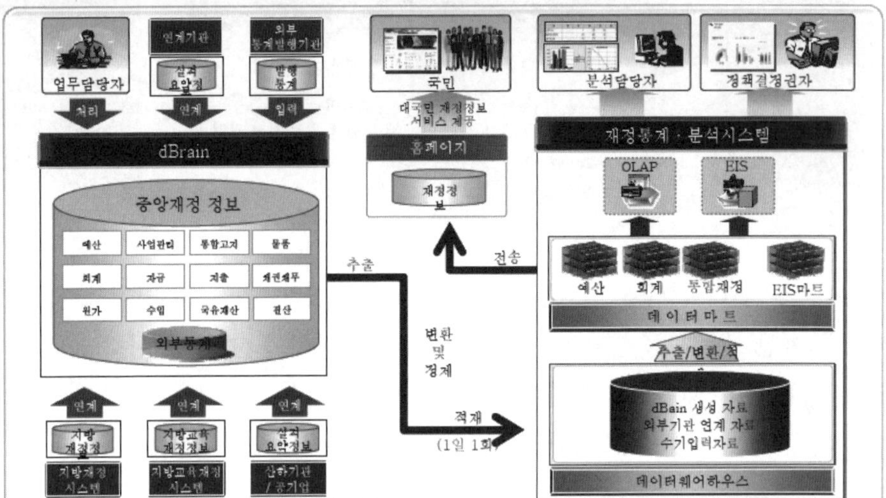

1) OLAP(Online Analytical Processing) : 실무자용 다차원 분석도구, 2) EIS(Executive Information System) : 관리자 정보시스템

다섯째, 연계 시스템은 국세청(TIS), 조달청(KONPS), 지방정부(e-호조) 등 55개 시스템과('09년말 기준), 연계통합하고 있다(도표 4-9 참조).

도표 4-9 연계시스템

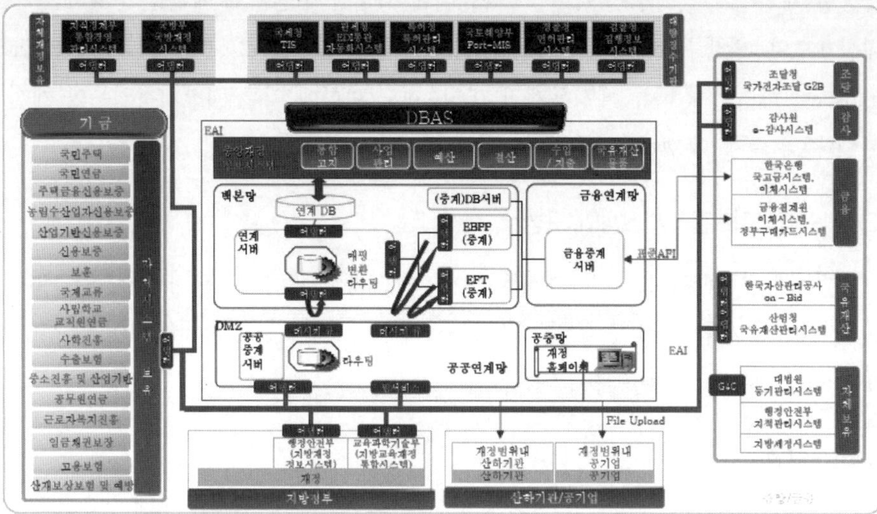

(4) dBrain의 감사활용

dBrain의 자료로써 예산부문별로 사전분석을 가능하게 함으로써 재무감사에 활용할 수 있다.

첫째, 세출부문은, 징수액 결정의 추세비율분석, 수입구조분석(예산대비 수입분석 : 성질별 수입 · 수익실적, 국내 총생산 대비 수입 · 수익 실적, 체납세액 비율 및 수입중 목적비율, 이전수입비율 등)을 가능하게 한다.

둘째, 세출추세비율분석, 세출예산 구조비율분석(예산대비 지출금액 및 비율, 예산대비 불용액 비율, 예산대비 이월액 비율, 예산집행액 중 예비비 비율, 성질별 〈예산과목별〉 기능별〈항별〉 지출실적 및 비율, 자본적 지출비율, 인건비 비율, 경직성 경비비율을 계산할 수 있다.

셋째, 재산, 채권, 채무분석이 가능하다. 재산과 관련하여 물품 및 국공유재산의 내역을, 채권과 관련하여 채권의 종류별 현재액 및 회수액, 회전율, GDP 대비 부채비율, 총 자산대비 총수익 규모를 분석할 수 있다

나. 지방재정관리시스템(e-호조)의 이해와 활용

(1) 서론

행정안전부는 재정의 효율화 · 건전화 · 투명화를 통해 지방재정 개혁을 달성하기

위하여 지방재정정보화가 추진되어 왔다. 지방재정정보화는 전 지방자치단체가 사용 가능한 재정정보 시스템 구축이 그 목표이며 사업을 중심으로 예산을 운영하는 사업 예산제도와 발생주의 복식부기제도, 국제통화기금(IMF), GFS(Government Finance Statistics) 매뉴얼에 따른 재정통계의 생성, 제도 변화에 따른 지방재정업무의 제설계 및 표준화 등을 포함하고 있다.

(2) 지방재정정보관리시스템의 구성

지방재정정보관리시스템은 재정정보 시스템, 재정통합결산, 의사결정지원, 재정지원, 전국결산 통합, 재정분석 및 재정 포탈, 연계 시스템 등으로 구성되어 있으며, 그 개념적 구성은 도표 4-10과 같다(박대군 : 38-40).

(가) 재정정보시스템

재정정보시스템은 재정업무 처리를 위한 시스템으로서, 재정순기(Life · Cyle)에 따라 재정계획으로부터 재무결산에 이르는 업무영역들로 구성되어 있다.

첫째, 재정계획은 재정사업을 정의하고, 이들을 자치단체 비전에 맞게 구조화 할 수 있게 한다. 재정사업은 "정책 · 단위 · 세부"사업 체제로 구조화되며, 예산은 세부사업수준에서 편성되도록 되어 있다. 단위사업이나 정책사업은 하위에 속한 세부사업들이 예산액으로 정의된다.

둘째, 예산관리는 실제 예산을 편성하고 배정하거나 변경하는 기능으로 구성된다. 세부사업은 집행항목들로 산출근거를 가지며, 각 산출근거별로 예산이 편성된다. 확정된 예산은 배정을 거쳐 집행이 가능하며, 사업의 성과제고를 위하여 사업 간 예산 변경이 일정범위 내에서 이루어질 수 있다.

셋째, 수입관리는 지방자치단체의 재정수입을 처리할 수 있으며, 여기에는 중앙부처나 광역자치단체의 보조금과 교부세, 기금 운영에 따른 수입금, 기타 채권 등을 관리할 수 있다. 보조금과 교부세의 경우, 중앙부처인 행정안전부로부터 광역 및 기초 자치단체에 이르는 수직적 연계를 통해 신청에서 교부, 정산에 이르는 업무를 처리할 수 있으며, 이러한 기능들은 재정지원시스템과 연동하여 운영된다. 기금의 경우는 수납, 체납, 과오납 등 기금운영에 따른 수입의 징수에서부터 정산에 이르는 업무들을 처리할 수 있도록 구축되어 있다.

넷째, 지출관리는 실제 집행을 위한 지출품의에서 원인행위, 지출결의 및 지급까지의 전 지출 관련 업무를 처리할 수 있으며, 업무처리 과정에서 정보가 자동으

도표 4-10 지방재정관리시스템 구성도

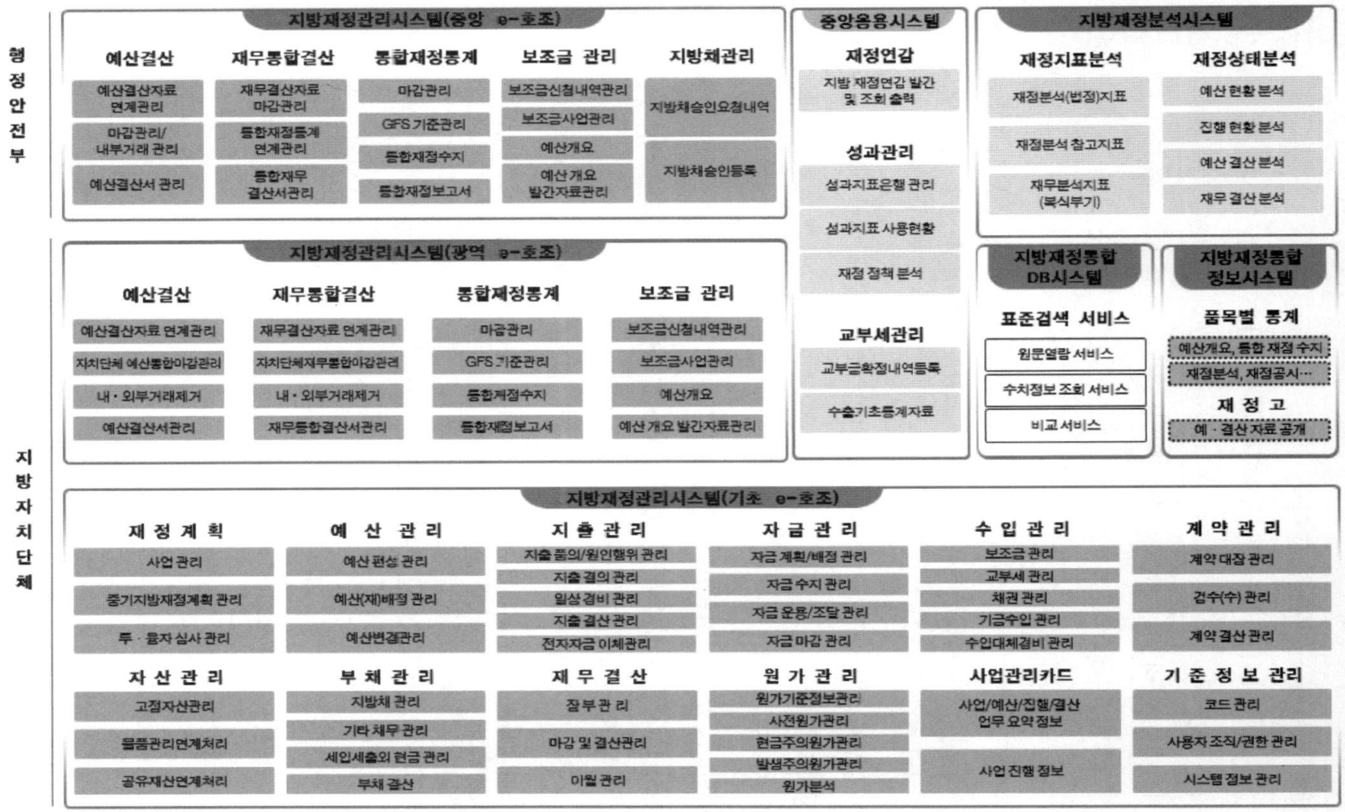

로 연동되어 후속 업무에서 최소한의 입력만으로 업무진행이 가능하도록 구축되어 있다. 지출과정에서 계약을 수반하는 경우에는 계약관리를 통해 계약과 관련된 제반 업무를 관리할 수 있다.

다섯째, 계약관리는 계약요청에서 계약, 검수, 납품, 계약변경, 대금지급 등 계약에 따르는 모든 업무처리 기능을 제공한다. 또한 조달청 등을 통해 계약을 위임하는 경우에도 관리할 수 있도록 지원한다.

여섯째, 자금관리는 자금의 유입 및 유출을 관리하는 기능을 제공하며, 자금의 계획 및 집행, 자금 배정 등을 포함한다. 자금관리는 재정지출 내부통제수단의 일부로서 재정지출을 위한 자금배정 기능을 제공하고, 지방자치단체에서 적절한 자금운용을 통한 이자수입 극대화를 추구할 수 있도록 자금의 운용 및 조달 관련 기능도 제공한다.

일곱째, 자산관리는 고정자산을 관리하고, 자산에 대한 결산기능을 제공한다. 재정지출은 자산의 취득을 수반할 수 있으며, 자산의 시간 흐름에 따른 감가상각, 자산처분에 따른 자산 감소 등 자산의 취득으로부터 처분 · 손실에 이르는 전 과정을 관리할 수 있도록 지원한다. 재정운영은 회계연도별로 이루어지나, 자산의 형성은 수년이 소요될 수 있으므로, 건설 중인 자산 관리기능을 통해 자산의 형성 과정 또한 관리할 수 있도록 지원한다.

여덟째, 부채관리는 지방채 및 기타 채무를 관리하고 결산하는 기능을 제공한다. 자치단체는 지방채를 발행할 수 있으며, 이를 위해 사전에 지방채 발행계획을 수립하고, 발행 및 상환에 대한 업무를 관리할 수 있는 기능을 제공한다. 또한 채무부담행위와 보증채무, 세입세출외현금 등의 기타 채무 또한 관리할 수 있도록 지원한다.

아홉째, 재무결산의 회계연도별 결산을 위한 기능들을 포함하고 있으며, 재무제표는 재정상태보고서, 재정운영보고서, 현금흐름보고서, 순자산변동보고서의 핵심적인 4개 보고서로 구성된다. 정부금융통계(GFS)기준 재정통계 생성기능은 통합재정통계 업무영역에서 이루어진다.

(나) 재정지원시스템 및 결산통합시스템

재정지원시스템은 중앙부처 및 광역자치단체로부터 재정지원 관련 업무를 처리하기 위한 기능으로 구성된다. 보조금관리는 국고 및 시 · 도비 보조사업을 위한 보조사업 연계 및 신청, 내시 등을 관리하며, 교부세관리는 행정안전부 교부세관련 기초

도표 4-11 재정지표화면(예시)

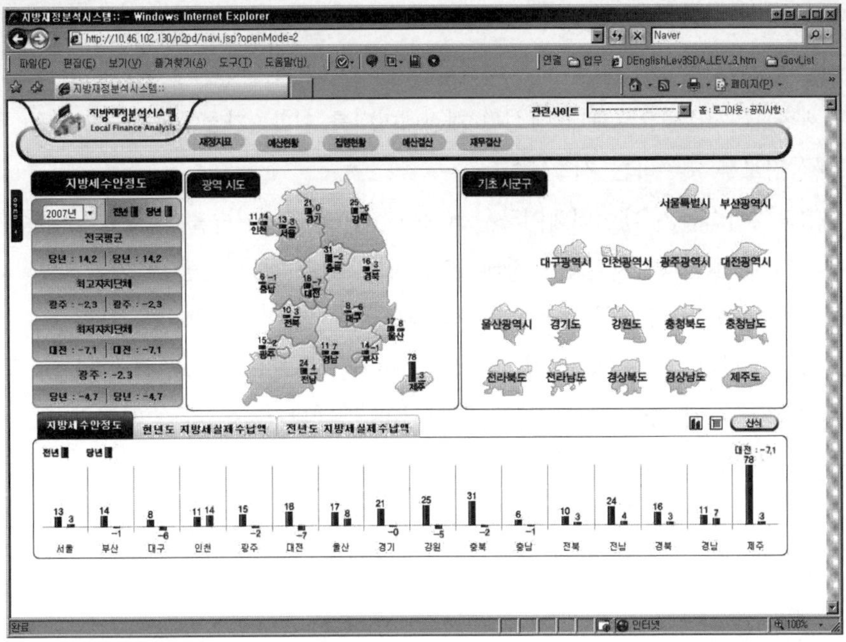

도표 4-12 세출예산 편성 정형분석(예시)

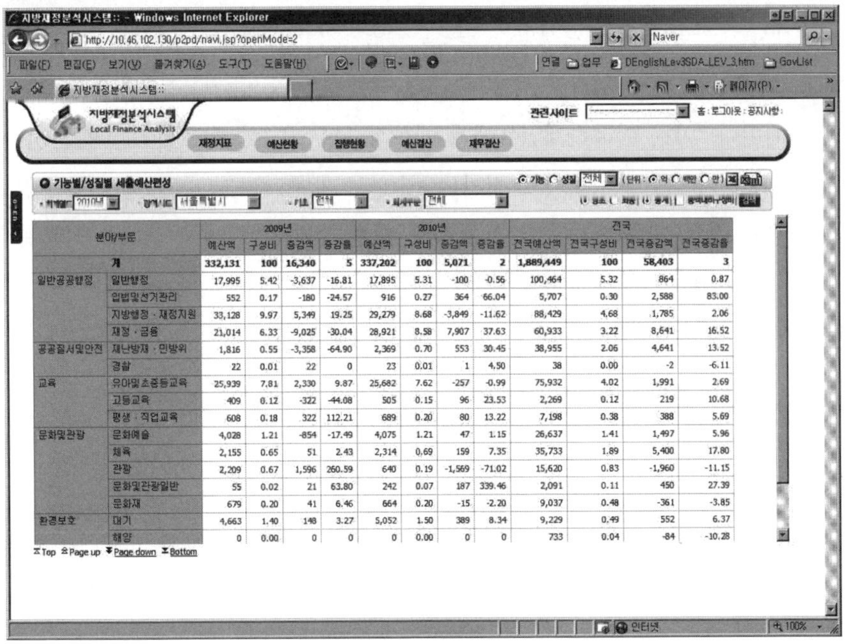

분야/부문		2009년				2010년				전국			
		예산액	구성비	증감액	증감률	예산액	구성비	증감액	증감률	전국예산액	전국구성비	전국증감액	전국증감률
	계	332,131	100	16,340	5	337,202	100	5,071	2	1,889,449	100	58,403	3
일반공공행정	일반행정	17,995	5.42	-3,637	-16.81	17,895	5.31	-100	-0.56	100,464	5.32	864	0.87
	입법및선거관리	552	0.17	-180	-24.57	916	0.27	364	66.04	5,707	0.30	2,588	83.00
	지방행정 · 재정지원	33,128	9.97	5,349	19.25	29,279	8.68	-3,849	-11.62	88,429	4.68	1,785	2.06
	재정 · 금융	21,014	6.33	-9,025	-30.04	28,921	8.58	7,907	37.63	60,933	3.22	8,641	16.52
공공질서및안전	재난방재 · 민방위	1,816	0.55	-3,358	-64.90	2,369	0.70	553	30.45	38,955	2.06	4,641	13.52
	경찰	22	0.01	22	0	23	0.01	1	4.50	38	0.00	-2	-6.11
교육	유아및초중등교육	25,939	7.81	2,330	9.87	25,682	7.62	-257	-0.99	75,932	4.02	1,991	2.69
	고등교육	409	0.12	-322	-44.08	505	0.15	96	23.53	2,269	0.12	219	10.68
	평생 · 직업교육	608	0.18	322	112.21	689	0.20	80	13.22	7,198	0.38	388	5.69
문화및관광	문화예술	4,028	1.21	-854	-17.49	4,075	1.21	47	1.15	26,637	1.41	1,497	5.96
	체육	2,155	0.65	51	2.43	2,314	0.69	159	7.35	35,733	1.89	5,400	17.80
	관광	2,209	0.67	1,596	260.59	640	0.19	-1,569	-71.02	15,620	0.83	-1,960	-11.15
	문화및관광일반	55	0.02	21	63.80	242	0.07	187	339.46	2,091	0.11	450	27.39
	문화재	679	0.20	41	6.46	664	0.20	-15	-2.20	9,037	0.48	-361	-3.85
환경보호	대기	4,663	1.40	148	3.27	5,052	1.50	389	8.34	9,229	0.49	552	6.37
	해양	0	0.00	0	0	0	0.00	0	0	733	0.04	-84	-10.28

통계 작성 및 교부세 내역을 관리할 수 있는 기능을 제공한다.

(다) 재정분석시스템

지방재정관리시스템은 업루를 처리하기 위한 시스템인 반면, 재정분석시스템은 지방재정관리시스템으로부터 생성된 재정데이터를 취합 · 가공 · 정제하여 각종 통계 및 분석정보를 제공하는 시스템이다.

재정분석시스템은 데이터웨어하우스(Data Warehouse)기술을 적용하여 구축되었으며, 244개 전 지방자치단체 재정데이터를 월 단위로 취합, 가공 · 정제 후 사용자들에게 관련 재정분석정보를 제공한다. 제공되는 정보의 형태는 크게 지표정보와 현황정보로 구분한다. 지표정보는 정의된 산식에 따라 결과값을 계산, 결과 지표값을 제는 정의된 산식에 따라 결과 지표값을 제공하며, 현황정보는 각종 최신 재정업무현황을 시계열적으로 제공한다.

도표 4-11은 재정분석시스템에서 제공하는 제정지표 화면(예시)이며, 도표 4-12는 세출예산에 대한 정형분석 예시를 보여주고 있다.

다. 복식부기 제도의 이해와 활용

(1) 복식부기 도입의 필요성

재무감사는 공공기관의 재정활동 및 그 수입 · 지출의 결말에 관한 사실을 확인검증하고, 나아가서는 그 결과를 보고하기 위하여 장부 등의 기록을 체계적으로 검사하는 행위이다. 이는 이해관계인들에게 재무적으로 유용한 정보를 제공하는데 목적이 있다. 정부회계가 복식부기로 전환되었으므로 재무감사를 통해 국민들이 얻고자 하는 정부의 재정운영의 투명성, 경제성, 능률성, 효과성에 대한 정보욕구를 충족시키기 위해 감사조직, 실지감사 운영방법 및 감사결과 처리수단 등에 대한 종합적 접근방안이 강구되어야 할 것이다.

(2) 복식부기제도의 이해

(가) 복식부기를 위한 공공 회계기준

회계기준은 기업이나 공공기관의 이해관계자에게 재무적 정보를 전달하기 위하여 작성하는 재무제표(財務諸表)의 기초를 이루는 근본 원칙이다. 따라서 정부회계기준은46) 국가나 지방자치단체의 자산 · 부채 · 수익 · 비용 등에 대한 회계처리와 보고방법을 정하고 있다. 기업의 재무보고서와 유사한 재정상태보고서(자산 · 부채 · 순자산), 재정운영보고서(수익 · 비용)등을 발생주의 회계처리방식을 통해 작성, 공시하는 요령을 기술하고 있다.

정부회계기준 제정의 기본 원칙은 국민이나 주민들의 국가나 지방의 재정운영에 대한 이해의 용이성과 제도를 담당하는 공무원의 운영 편의성을 고려하여 작성되었다. 정부회계기준은 기업회계기준과 선진 외국의 정부회계기준을 참고로 하여 우리나라 공공회계 특성을 최대한 반영하여 작성되었다. 중앙정부와 지방자치단체의의 회계기준을 상호 연계하여 국가 전체의 재정통계를 작성할 수 있도록 해야 할 것이다.

(나) 회계기준의 특성

정부회계의 재무제표는 재정상태보고서, 재정운영보고서, 현금흐름보고서, 순자산변동보고서로 구성되며 일반회계, 특별회계, 기금, 공기업, 내부거래 등 모든 회계를 포괄하고 있다(제9조).(도표 4-13, 도표 4-14 참조)

도표 4-13 기업회계와 정부회계의 재무제표

기업회계	정부회계
• 대차대조표 • 손익계산서 • 현금흐름표 • 이익잉여금처분계산서 또는 결손금처리계산서	• 재정상태보고서 • 재정운영보고서 • 현금흐름표 • 순자산변동보고서 • 세입세출결산서

도표 4-14 재무제표와 회계

재무제표 종류 \ 회계구분		일반회계	기타특별회계	기금	공기업	내부거래	계
재정상태보고서	자산 · 부채 · 순자산						
재정운영보고서	수익 · 비용						
현금흐름보고서	경상 · 투자 · 재무활동						
순자산변동보고서	기초 · 기말순자산						

46) 이 책에서 정부회계기준은 국가회계기준 및 지방회계기준을 포괄한다.

정부회계기준은 기업회계기준과 다음과 같은 차이가 있다(정윤한 : 32).

첫째, 공공적 특성을 반영한다. 회계처리 및 보고대상을 기준으로 구분하면, 기업은 이해관계자 위주이고 정부회계는 일반국민 및 법인 위주이다. 또한 재무보고서의 개념 및 용어상의 차이가 적지 않음에 유의해야 한다.

둘째, 회계과목과 예산과목을 상호 연계한다. 기업에서 회계처리의 대상이 되는 계정과목에 상응하는 관리과목을 개발, 예산과 회계와의 연계를 도모한다. 기업회계기준과 공공부문 예산과목의 내용을 정부회계기준에 반영하고 있다.

셋째, 공공자산에 주민편의시설 및 사회기반시설 개념을 추가한다.

넷째, 재정형편의 증감 및 타 정부기관 또는 자치단체와의 비교가 용이하도록 기준이 작성되어 있다.

다섯째, 순자산 개념을 도입하고 있다. 자산에서 부채를 차감한 잔액을 순자산으로 인식함으로써 기업의 자본계정(출자금, 이익잉여금 등)과는 차이가 있다.

여섯째, 재정운영보고서에 대한 정부회계기준은 재정운영에 따른 수익 · 비용의 내역을 일정 기준에 따라 체계적으로 보여준다. 그러나 기업의 손익계산서는 수익비용대응 원칙(Matching Principle)을 적용한다.

일곱째, 실무 편의를 위해 회계처리방법이 비교적 단순하다. 예컨대, 감가상각방식 중에서 정액법으로만 적용하도록 하고, 지분법에 의한 평가손익은 제외하고 있다.

(다) 회계오류의 유형

통상적으로 발생할 수 있는 재무회계상 오류는 다음과 같은 유형으로 나타나는바 이에 대한 추적이 필요하다(김상훈외 : 511).

① 공공회계 원칙과 기준 적용의 오류

일반적으로 인정되지 않는 회계 원칙을 적용함으로써 발생하는 오류를 의미한다. 예를 들어 부기상 발생주의가 아닌 현금주의로 회계처리하고 있다면 이는 복식부기 하에서 일반적으로 인정되지 않는 회계 원칙을 적용하는 것이기 때문에 회계오류를 내재화 하게 된다.

② 추정의 오류

추정이 필요한 상황에서 적절한 주의를 기울이지 않았기 때문에 발생하는 오류를 의미한다. 예를 들면, 감가상각을 실시할 때에 현실성이 없는 추정 내용연수를 적용한 경우가 이에 해당한다.

③ 계정분류의 오류

고의나 과실로 대차대조표나 손익계산서에서 적절한 계정을 사용하지 않음으로써 발생하는 오류이다. 예를 들면, 장기차입금 중에서 1년 이내에 상환기일이 도래하는 것을 유동부채로 분류하지 않았다든지, 매출원가를 판매비와 관리비로 분류한 경우이다.

④ 계수상의 오류

전산 입력의 잘못으로 계수처리가 잘못된 경우가 계산상의 오류이다. 예를 들면, 재고자산 합산과정에서 오류가 발생하는 경우이다.

⑤ 사실의 누락 및 오용

회계 기말에 미수수익 · 미지급비용 · 선수수익 · 선급비용을 계상하지 않은 경우, 정액법으로 감가상각할 때 잔존가치를 고려하지 않은 경우, 자산화해야만 하는 원가(자본적 지출)를 비용(수익적 지출)으로 처리한 경우 등이다. 그러나 새로운 사건이 발생함에 따라 또는 추가적인 정보나 경험에 기초하여 과거의 추정을 변경하는 수정사항은 회계 추정의 변경이지 오류의 수정은 아니다.

(3) 복식부기제도가 재무감사에 미치는 영향

정부회계에 복식부기가 도입되게 되면 정부회계의 투명성을 확보하는 동시에 공직자의 책임성을 한층 더 확보할 수 있다. 뿐만 아니라 복식부기는 재무감사에는 다음과 같은 영향을 미치게 된 것이다(윤종시 · 200 ; 정윤한 : 34-35).

첫째, 자동분개시스템에 의한 대상업무를 전산화함으로써 업무처리가 빨라질 것이나 감사증거 서류의 부족과 오류 및 부정의 가능성을 배제할 수 없다.

둘째, 공공감사가 합법성감사에서 효율성 감사 위주로 전환될 것이다. 공공감사가 정부업무의 경제성, 능률성, 효과성 측면의 감사가 용이하게 될 것이다.

셋째, 회계의 실체간 · 기관간 총괄적 연계 감사의 필요 증대에 부응할 수 있다. 예컨대, 세출예산과 공유재산 · 물품회계와의 연계성을 확보할 수 있다.

넷째, 원가계산에 의한 재무감사가 가능하다. 특히, 행정서비스의 원가계산 기반을 구축할 수 있을 것이다. 원가 구성요소의 적정성, 감가상각비 등 주요 원가항목의 타당성이 분석될 수 있을 것이다.

다섯째, 성과주의 예산제도의 도입기반이 구축되는 동시에 개인의 성과관리가 용이해질 것이다. 따라서 각 행정업무에 대한 자원의 총투입과 총산출이 파악될 수 있을 것이다.

여섯째, 감사인의 주관적 판단 때문에 회계의 왜곡을 초래할 가능성이 높다. 예컨대, 발생주의 기간귀속, 자산평가, 감가상각, 충당금 설정에 주관적 판단이 회계의 오류를 재생산할 가능성이 우려된다.

일곱째, 전산(시스템)감사의 도입이 촉진·확대될 것이다. 회계시스템의 전산화를 전제로 복식부기 회계제도가 도입되므로 이를 활용하는 감사기법이 개발될 것이다.

(4) 복식부기체제하의 감사업무시스템의 발전방향

복식부기체제하의 재무감사 업무시스템을 다음과 같은 방향으로 발전시켜야 할 것이다(정윤한 : 35).

첫째, 실지감사가 종합 감사(comprehensive audit)로부터 선별적 감사(area-selected) 체제로 전환되어야 할 것이다.

둘째, 일반감사보다는 감사대상 기관의 재정실태를 검증하는 감사(financial- related audit)와 업무수행 성과를 점검하는 감사(performance audit)로 분리하여 운영해야 할 것이다.

셋째, 감사기구의 감사대상 기관별 조직편제를 감사기능별 조직편제로 전환해야 할 것이다.

넷째, 새로운 감사결과 처리방안을 마련해야 할 것이다. 정부재정 단위에 대한 1차적인 검증결과 표시된 의견과 감사원의 2차적인 검증결과를 통합·조정하여 재무검사 결과를 표시하고, 이에 대한 개선대안을 강구하도록 해야 할 것이다.

다섯째, 정부회계검사 전문가를 양성하고, 재무제표에 대한 표본감사기법을 개발해야 할 것이다.

여섯째, 감사결과를 평가함에 있어서는 개인적인 감사능력보다는 감사팀 단위의 객관적이고 공정한 평가방식을 개발해야 할 것이다.

일곱째, 감사결과를 보고함에 있어 세입·세출의 누계와 항목별 예산액, 증감액, 집행 잔액, 이월액 등의 단순 보고에서 더 나아가 재정단위별로 전체예산의 경제적, 능률적, 효과적 집행 여부에 대한 평가와 개선대안을 제시할 수 있는 수준에 이르도록 객관적 평가지표의 개발과 기준을 제시할 필요가 있다.

라. 지방예산제도의 이해와 활용[47)]

(1) 개요

예산은 예산총칙, 세입 · 세출예산, 계속비, 채무부담행위 및 명시이월비를 총칭한다. 예산총칙에는 세입 · 세출예산, 계속비, 채무부담행위 및 명시이월비에 관한 총괄적 규정과 지방채 및 일시 차입금의 한도액 기타 예산집행에 관하여 필요한 사항을 정하여야 한다(지방재정법 제40조).

(2) 예산총칙

예산총칙에는 '세입 · 세출'예산과 계속비 · 채무부담행위 및 명시이월비에 관한 총괄적 규정 및 기타 예산집행에 관하여 필요한 사항을 규정하여야 한다. 그것은 세입 · 세출예산의 총액은 얼마이며, 그 조직별, 기타의 구분은 별책 세입 · 세출예산에 의한다든가, 익년도에 이월사용할 수 있는 경비는 별책 명시이월비에 의한다든가 하는 예산 전반의 목차적이고 설명적인 규정이며 실질적인 내용을 갖는 규율은 아니다. 다만 제47조의 규정에 의한 이용이나 이체 등에 관한 사항을 예산집행상 필요한 사항으로서 예산 총칙에 규정하였을 경우는 실질적인 내용이 된다.

(3) 세입예산

우리나라 지방자치단체의 세입은 자체수입, 의존수입, 그리고 지방채로 나눌 수 있는데 전자는 지방자치단체가 자기의 관할 구역에서 자주적으로 조달하는 재원을 말하며 지방세 수입과 세외수입이 이에 속한다. 후자는 중앙정부나 상급 지방자치단체로부터 지원받은 재원을 말하며 지방교부세, 국고보조금, 지방교부금, 시 · 도비 보조금 등으로 구분되고 지방채는 지방자치단체가 투자재원의 조달을 위하여 과세권을 실질적인 담보로 자금을 조달하는 채무로서 그 채무의 이행이 1회계연도를 넘어서 이루어지며 증서차입 또는 증권발행의 형식을 취한 것을 말한다. 세입예산은 도표 4-15와 같이 분류한다.

---

47) 이주희, 『지방자치법 이론과 운영사례』, (서강출판사, 2010), 808-822쪽 참조

도표 4-15 세입과목분류체계

장	관	항	목
세입원천별 대분류	세입원천별 중분류	세입종목별 분류	세입종목별 소분류
지방세수입	지방세	보통세 목적세 과년도 수입	12개 세목별 5개 세목별
세외수입	경상적 세외수입 임시적 세외수입	임대수입, 사용료, 수수료 수입 등 6개항 재산매각수입, 전입금, 부담금등 9개항	24개목 25개목
지방교부세	지방교부세	지방교부세	지방교부세, 증액교부금
조정교부금 및 재정보전금	조정교부금 재정보전금	조정교부금 재정보전금	조정교부금 재정보전금
보조금	국고보조금등 시·도비보조금 등	국고보조금등 시·도비보조금 등	국고보조금 등 시·도비보조금 등
지방채	국내차입금 국외차입금	차입금등 3개항 국외차입금	정부자금채 등 9개목 국외차입금

자료 : 이상운(2002), 142쪽.

(4) 세출예산

(가) 세출예산 구조

우리나라에서 채택하고 있는 지방재정관리제도에는 국가와 지방, 계획과 재정을 상호 연계시키고 합리적인 재원조달 및 배분계획을 수립하여 운용함으로써 재정운영의 계획성을 제고시키는 '중기지방재정계획', 지역특성과 형평성, 민주성, 효율성 등을 기준으로 투자의 우선순위를 선정하는 '투·융자 심사제도', 당해년도 예산을 편성하는 기본틀이 되는 '지방자치단체 예산편성기본지침' 그리고 지방재정의 건전성과 안정성을 측정하기 위한 '지방재정진단제도' 등이 있다.

이러한 제도들을 내실있게 운영하려면 '예산편성 과목구조'가 제대로 형성되어 있어야 한다. 왜냐하면 과목구조는 예산제도의 근간이 되면서 지방재정의 체계와 특성, 내용까지 일목요연하게 파악·분석할 수 있는 기틀이 되기 때문이다.

(나) 세출예산의 구성

① 내용

- 사업 편성에서 사업 종료에 이르기까지 전 사업수명주기(Life-Cycle)를 일관되고 체계적으로 관리하는 것이다.
- 사업관리카드를 통해 재정계획에서 진단·환류에 이르기까지의 전 단계에 걸쳐 사업 예산 현황을 신속히 제공함으로써 당초 사업 목표가 제대로 달성될 수 있도록 관리한다.

- 지방재정의 역할 및 환경 변화를 반영하고 중앙정부 및 국제기준(UN COFOG)에 부합되도록 중기지방재정계획 및 통합재정분석 간 기능 분류를 일원화하여 종전의 기능 5장 16관을 13분야 51부문으로 개편하였다(도표 4-17 참조).
- 지방의회 심의 대상 편성목은 8그룹 38편성목이다(심의 초점을 사업에 맞추기 위함). 통계관리 및 자치단체 내부관리를 위한 통계목은 중앙정부 및 국제기준(IMF GFS)에 부합되도록 129통계목으로 세분화(예산서상에 표시되지는 않고, 담당사업부서에 자료를 보관함) 하였다(도표 4-18 참조).
- 지방자치단체의 전략과 정책을 체계적으로 사업에 반영하기 위해 분야·부문과 정책사업·단위사업·세부사업이 일정한 규칙에 따라 계층을 형성하도록 사업을 구조화한다(도표 4-16 참조).

- 기존의 회계별 세입세출 중심으로 편제되던 예산서 체계를 사업 중심으로 개편하고 정책사업/단위사업/세부사업에 대한 설명서를 예산서 첨부자료로 제출하도록 한다.
- 정책사업은 자치단체의 미션과 전략을 실현하기 위한 최상위 계층의 사업단위(예컨대 약 4~5개)로서 기능(분야, 부문)으로부터 직접 도출되며, 성과측정의 기본단위로 자치단체의 실 · 과 조직을 중심으로 설정되며, 정책사업은 사업비용, 행정운영비용(인건비, 기본경비), 재무활동비용으로 구분되어 편성된다.
- 단위사업은 정책사업을 보다 세분(예컨대 약 4~5개)한 사업단위로서 단위사업 수준에서 회계구분(일반회계, 특별회계, 기금) 및 경상/정책(단위사업/세부사업)을 구분하고 있다.
- 세부사업은 사업별 예산구조에 포함되는 사업단위 중 예산서(부속서류를 포함)에 나타나는 최하위 계층의 사업단위로서 정책사업과 단위사업을 구체적으로 실행하기 위해 매년 새로이 편성하는 최소단위의 사업이라고 볼 수 있다(도표 4-19 참조).
- 예산편성 체계(구조) 및 과목구조는, 품목(시설비, 부대비, 여비 등)을 중심으로 하는 방식이 아닌[48], 사업(정책 · 단위 · 세부사업)을 중심으로 구조화하여[49], 하나의 사업에 소요되는 비용을 일목요연하게 표시하는 방식으로 변경되어, 지역주민 등 예산을 잘 모르는 이해관계자도 이해하기 쉽도록 바꾸었다.

48) 품목별 예산 : '○○공원 조성사업' 추진시, 예산서상 일반운영비 · 시설비 · 부대비 등 품목을 기준으로 관광지 조성사업 내용이 분산 편성되어, 예산서를 이해하기 어렵고 사업에 대한 성과평가가 곤란하다.

49) 사업별 예산 : '○○공원 조성사업'이라는 사업을 중심으로, 당해 사업에 소요되는 모든 비용이 하나의 사업명 아래 일목요연하게 표시한다.

도표 4-16 세출예산체계의 과거와 현재의 비교

분 류	과 거	현 재(도표 4-17 참조)
기능별	장 (5장) 관 (16관)	분 야 (13개) 부 문 (51개)
조직별	항 (자율)	정 책 사 업 (행정운영경비 · 재무활동)
사업목적별	세 항 (자율)	단 위 사 업
경비유형별	세세항 (대 4/소 8)	세 부 사 업
성질별	목 (8그룹, 38목) 세 목 (109세목)	편성목 (8그룹, 38개) 〈표2 참조〉 ※ 통계목 (129개)
(부 기)	(산출근거)	(산출근거)

※ 통계를 위한 관리목(통계목)과 예산의 산출근거는 예산서상에 표시되지 않고, 통계관리 등 내부관리 목적으로 사용(담당사업부서 보관)

도표 4-17 지방자치단체 기능분류(13개 분야 51개 부문)

분야	부문	명 칭	분야	부문	명 칭	분야	부문	명 칭
010		**일반공공행정(4)**	070		**환경보호(6)**	110		**산업·중소기업(6)**
	011	입법 및 선거관리		071	상하수도·수질		111	산업금융지원
	013	지방행정·재정지원		072	폐기물		112	산업기술지원
	014	재정·금융		073	대기		113	무역 및 투자유치
	016	일반행정		074	자연		114	산업진흥·고도화
020		**공공질서 및 안전(2)**		075	해양		115	에너지 및 자원개발
	023	경찰		076	환경보호일반		116	산업·중소기업 일반
	025	재난방재·민방위	080		**사회복지(8)**	120		**수송 및 교통(5)**
050		**교육(3)**		081	기초생활보장		121	도로
	051	유아 및 초중등교육		082	취약계층지원		123	도시철도
	052	고등교육		084	보육·가족 및 여성		124	해운·항만
	053	평생·직업교육		085	노인·청소년		125	항공·공항
060		**문화 및 관광(5)**		086	노동		126	대중교통·물류 등 기타
	061	문화예술		087	보훈	140		**국토 및 지역개발(3)**
	062	관광		088	주택		141	수자원
	063	체육		089	사회복지 일반		142	지역 및 도시
	064	문화재	090		**보건(2)**		143	산업단지
	065	문화 및 관광일반		091	보건의료	150		**과학기술(3)**
				093	식품의약안전		151	기술개발
			100		**농림해양수산(3)**		152	과학기술연구지원
				101	농업·농촌		153	과학기술일반
				102	임업·산촌	160		**예비비(1)**
900		기타		103	해양수산·어촌		161	예비비

단위사업구조화 사례소개 [경상/투자]

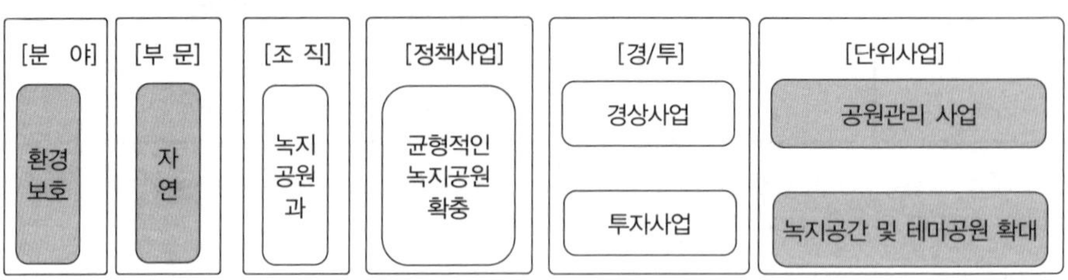

도표 4-18 지방자치단체 세출예산 성질별(예산품목) 분류

그룹(8)	편성목(38)	통 계 목(129)	개수
100 인건비	101 인건비	기본급, 수당, 정액급식비, 교통보조비, 명절휴가비, 가계지원비, 연가보상비, 기타직보수, 일용인부임, 일시사역인부임	10
200 물건비	201 일반운영비	사무관리비, 공공운영비, 행사운영비	3
	202 여비	국내여비, 월액여비, 국외여비	3
	203 업무추진비	기관운영업무추진비, 정원가산업무추진비, 시책추진업무추진비, 부서운영업무추진비	4
	204 직무수행경비	직책급업무수행경비, 직급보조비, 특정업무수행활동비	3
	205 의회비	의정활동비, 의정월정수당, 의정국내여비, 의정국외여비, 의정운영공통업무추진비, 의정기관운영업무추진비, 의장단협의체부담금, 의원국민연금부담금, 의원국민건강부담금	9
	206 재료비	재료비	1
	207 연구개발비	연구용역비, 전산개발비, 시험연구비	3
300 경상이전	301 일반보상금	사회보장적수혜금, 민간장학금, 의용소방대지원경비, 자율방범대원지원비, 통 · 리 · 반장활동비, 입영장정지원비, 민간인국외여비, 외빈초청여비, 공익근무요원보상금, 행사실비보상금, 예술단원 · 운동부등보상금, 기타보상금	12
	302 이주및재해보상금	민간인이주보상금, 민간인재해보상금	2
	303 포상금	포상금, 성과상여금	2
	304 연금부담금등	연금부담금, 국민건강보험금, 의원상해부담금	3
	305 배상금등	배상금등	1
	306 출연금	출연금	1
	307 민간이전	의료및구료비, 민간경상보조, 사회단체보조금, 민간행사보조금, 민간위탁금, 보험료지원비, 연금지급금, 이차보전금, 운수업계보조금	9

도표 4-18 지방자치단체 세출예산 성질별(예산품목) 분류(계속)

그룹(8)	편성목(38)	통 계 목(129)	개수
300 경상이전	308 자치단체등이전	자치단체경상보조금, 징수교부금, 조정교부금, 재정보전금, 자치단체간부담금, 교육기관보조금, 예비군육성지원경상보조, 기타부담금	8
	309 공기업경상전출금	공기업특별회계경상전출금, 공사 · 공단경상전출금	2
	310 국외이전	국외경상이전, 국제부담금	2
	311 차입금이자상환	시 · 도지역개발기금차입금이자상환, 시 · 군 · 구지역개발기금차입금이자상환, 통화금융기관차입금이자상환, 중앙정부차입금이자상환, 지방채증권이자상환, 기타차입금이자상환	6
400 자본지출	401 시설비및부대비	기본조사설계비, 실시설계비, 토지매입비, 시설비, 감리비, 시설부대비, 행사관련시설비	7
	402 민간자본이전	민간자본보조금, 민간대행사업비	2
	403 자치단체등자본이전	자치단체자본보조금, 공기관등에대한대행사업비, 예비군육성지원자본보조	3
	404 공기업자본전출금	공기업특별회계자본전출금, 공사 · 공단자본전출금	2
	405 자산취득비	자산및물품취득비, 도서구입비	2
	406 기타자본이전	기타자본이전	1
	407 국외자본이전	국외자본이전	1
500 융자 및 출자	501 융자금	민간융자금, 통화금융기관융자금	2
	502 출자금	출자금	1
600 보전재원	601 차입금원금상환	시 · 도지역개발기금차입금원금상환, 시 · 군 · 구지역개발기금차입금원금상환, 통화금융기관차입금원금상환, 중앙정부차입금원금상환, 지방채증권원금상환, 기타국내차입금원금상환, 차관상환, 기타해외채무상환	8
	602 예치금	예치금	1

도표 4-18 지방자치단체 세출예산 성질별(예산품목) 분류(계속)

그룹(8)	편성목(38)	통 계 목(129)	개수
700 내부거래	701 기타회계전출금	기타회계전출금	1
	702 기금전출금	기금전출금	1
	703 교육비특별회계 전출금	교육비특별회계전출금	1
	704 예탁금	예탁금	1
	705 예수금원리금상환	예수금원금상환, 예수금이자상환	2
	706 기타내부거래	감가상각비, 당기순이익, 적립금	3
800 예비비 및 기타	801 예비비	예비비	1
	802 반환금기타	국고보조금반환금, 시 · 도비보조금반환금, 과오납금등, 잡손금, 당겨쓰기충당금	5

② 사업 예산서 모습

기존 품목예산제도에서는 동일 사업이 여러 목에 산재되던 것을, 사업예산제도에서는 사업 중심으로 개편한다(도표 4-19 참조).

도표 4-19 사업예산의 구조

개 편							
조직	정책	단위	세부	편성목	예산액	전년도(기정)	비교 증감
도로과							
	일반도로건설				22,779,000	21,179,000	1,679,000
		ABC도로			5,766,000	5,166,000	666,000
			A도로사업		1,866,000	4,666,000	-2,800,000
				시설비	1,866,000	4,666,000	-2,800,000
				및 부대비			
			B도로사업		2,900,000	500,000	2,400,000
				시설비	2,900,000	500,000	2,400,000
				및 부대비			
			C도로사업		1,000,000	0	1,000,000
				시설비	1,000,000	0	1,000,000
				및 부대비			

※ 시설비, 감리비, 시설부대비 등은 통계목으로 예산서에는 나타나지 않음

마. 재정분석 · 진단제도의 이해와 활용

(1) 재정분석제도의 의의 및 목적

지방재정분석제도는 지방재정법 제55조의 규정에 의거 자치단체의 장이 제출한 재정보고서를 기초로 재정현황과 운용실태를 객관적으로 분석하는 제도이다. 재정분석 결과를 검토하여 재정의 건전성과 효율성이 현저히 떨어지는 지방자치단체에 대하여는 재정진단을 실시하여 그 결과를 토대로 해당 자치단체에 대하여 재정건전화계획의 수립 및 이행을 권고하는 과정을 말한다.

(2) 재정분석 · 진단 단계별 과제(행정안전부, 2005)

(가) 재정분석 단계

재정분석의 기초가 되는 재정보고서의 작성지침은 행정안전부에서 정하여 시달하며, 자치단체가 재정보고서를 다음 회계연도 9월말까지 작성 · 제출하면, 행정안전부 장관은 제출된 자치단체 재정보고서를 토대로 지방세징수율, 지방채무상환비비율 등 지표별로 분석한다. 행정안전부 장관은 그 분석결과를 공개할 수 있다(지방재정법 제55조 제4항). 또한, 재정운영이 우수한 지방자치단체에 대하여는 특별교부세를 지원할 수 있다(지방재정법 제57조).

(나) 재정진단 단계

재정분석을 실시한 결과에 따르면 채무비율이 세입예산의 일정비율을 초과하거나, 채무 잔액이 과다한 단체, 결산상 세입실적이 예산액보다 현저히 감소하였거나, 다음연도 수입을 앞당기어 사용한 단체(조상충용), 인건비 등 경상비 성격의 예산비율이 높아 재정운영의 건전성이 현저히 떨어진 단체에 대하여는 재정진단을 실시한다(지방재정법 제55조 제2항). 재정진단은 행정안전부 장관이 실시하며 객관적이고 전문적인 진단을 위하여 재정분석 · 진단위원회를 설치하여 운영한다(지방재정법 제56조).

(다) 지방재정건전화계획 수립단계

재정진단 결과 재정운영이 극히 불건전하여 지방재정 건전화 계획수립이 필요한 경우, 행정안전부 장관은 재정분석 · 진단위원회의 자문을 받아 재정건전화계획안을 수립하여 자치단체에 권고한다. 당해 자치단체는 이를 토대로 재정건전화계획을 수립하여 행정안전부 장관의 승인을 받은 후 계획기간 동안(1~5년) 건전화를 이행해야 한다. 지방재정건전화계획에는 계획기간 동안에 재정상황이 실질적으로 개선될 수 있도록 세입증대, 조직개편, 채무상환, 신규사업 제한 등에 관한 내용을 포함한다. 지방재정건전화계획은 진단을 받은 당해 자치단체가 주체가 되어 시행하되, 매년 연도별 추진계획과 실적보고서를 행정안전부 장관에게 제출하고, 행정안전부 장관은 실적 보고내용을 기초로 필요시 현지확인 등을 통하여 건전화 계획이 계획대로 추진되도록 지도한다(지방재정법 제55조 제3항).

(3) 재정분석 지표

재정의 건전성은 재정상태의 건전 · 자주 · 안정성을 측정하고, 효율성은 재정의 효

도표 4-20 09년도 지방재정분석 지표체계 현황

<table>
<tr><th colspan="3" rowspan="2">분야(분석지표)</th><th rowspan="2">분석</th><th rowspan="2">대상 범위</th><th colspan="2">점수 산정방법</th><th rowspan="2">비고</th></tr>
<tr><th>광역</th><th>기초</th></tr>
<tr><td rowspan="6">Ⅰ. 재정건전성 (6)</td><td rowspan="4">안정성 (4)</td><td>1. 통합재정운영수지</td><td>단년도</td><td>통합회계</td><td>G</td><td>Z-SCORE</td><td>국제기준</td></tr>
<tr><td>2. 경상비용비율(증감률 조합)</td><td>단년도</td><td>통합회계</td><td>G</td><td>Z-SCORE</td><td>복식부기</td></tr>
<tr><td>3. 지방채무잔액지수</td><td>단년도</td><td>통합회계</td><td>G</td><td>Z-SCORE</td><td></td></tr>
<tr><td>4. 장래세대부담비율</td><td>단년도</td><td>통합회계</td><td>G</td><td>Z-SCORE</td><td>복식부기</td></tr>
<tr><td rowspan="2">성장성 (2)</td><td>5. 자체세입증감률</td><td>5년경향</td><td>일반회계</td><td>G</td><td>Z-SCORE</td><td>지방세+
경상세외수입</td></tr>
<tr><td>6. 일반순자산증감률</td><td>5년경향</td><td>통합회계</td><td>G</td><td>Z-SCORE</td><td>복식부기</td></tr>
<tr><td rowspan="7">Ⅱ. 재정효율성 (7)</td><td rowspan="5">생산성 (5)</td><td>7. 행사축제경비비율
(목표대비 비율 조합)</td><td>4년경향</td><td>일반회계</td><td>G</td><td>Z-SCORE</td><td></td></tr>
<tr><td>8. 민간이전경비비율
(목표대비 비율 조합)</td><td>4년경향</td><td>일반회계</td><td>G</td><td>Z-SCORE</td><td></td></tr>
<tr><td>9. 정책사업투자지출비율</td><td>단년도</td><td>일반회계,
기타특별회계,
공기업특별회계</td><td>G</td><td>Z-SCORE</td><td>사업예산</td></tr>
<tr><td>10. 자체세입징수율</td><td>단년도</td><td>일반회계</td><td>○</td><td>○</td><td>지방세+
경상세외수입</td></tr>
<tr><td>11. 자체세입체납징수율</td><td>단년도</td><td>일반회계</td><td>○</td><td>○</td><td>지방세+
세외수입</td></tr>
<tr><td rowspan="2">계획성 (2)</td><td>12. 중기재정계획운영비율</td><td>단년도</td><td>일반회계,
기타특별회계,
공기업특별회계</td><td>○</td><td>○</td><td></td></tr>
<tr><td>13. 예산집행률</td><td>단년도</td><td>일반회계,
기타특별회계,
공기업특별회계</td><td>G</td><td>Z-SCORE</td><td></td></tr>
</table>

주1) 통합회계 : 일반회계, 기타특별회계, 공기업특별회계, 기금
2) G, O표시는 각각 등급제(통계기준에 의한 등구간 등급화), 선험적/이론적 등급제를 의미함

※ 보조지표 : 8개

1. 실질수지비율	2. 경상경비비율	3. 지방채무상황비비율
4. 유동비율	5. 투자비비율	6. 투융자심사사업예산편성비율
7. 의회경비비율	8. 행정운영경비비율	

율 · 노력 · 개선 · 성장성을 포괄적으로 측정하는 것이다. 재정분석 지표의 체계는 기본지표와 보조지표로 이원화하되, 기본지표 중심으로 운영한다. 보조지표는 평가에는 직접 활용되지 않으나 재정분석의 기능을 보강시켜 주고 정책판단에 도움을 주는 자료이다. 분석지표는 계량지표 중심으로 구성하되, 필요범위에서 질적 분석 및 비계량지표를 첨가 활용한다(도표 4-20 참조).

4. 재무감사 준비

☞『제1장 V. 5. 6 준비기준 및 감사계획 』 참조

5. 재무감사 실시

가. 재무감사의 초점

개별 회계업무처리의 위법 · 부당 여부에 치중하는 감사운영은 지양하고 다음 사항을 집중적으로 점검하되, 기관의 재무상태 등 특성에 맞는 2~3개 감사초점을 설정하여 집중적으로 분석한다.

① 대상기관의 주기능 · 주임무 수행과 관련된 예산편성(일반회계 · 특별회계 · 기금) 및 집행분석

② 재산 · 물품 · 채권 · 채무 등과 관련된 회계업무처리

③ 주요사업과 관련된 예산집행의 적정성 분석

④ 내부 통제시스템의 유효성 평가 및 결산확인

나. 재무감사시 유의사항

재무감사는 회계부정을 적발하는 것보다 회계부정이 발생하지 않도록 회계 관계 직원에게 경각심을 심어주는데 비중을 두어야 한다. 즉, 정기적인 재무감사를 실시함으로써 회계부정을 사전 예방하는 데 그 목적이 있는 것이다. 그러나 감사과정에

서 문제점이 적출되었을 때에는 반드시 입건하여 사안에 따라 엄중 문책해야 한다. 이는 동일한 잘못이 감사대상 기관이나 다른 기관에서 재발생되지 않도록 하는 차원의 조치이므로 예방감사와는 별개의 문제이다.

다. 복식부기 장부를 활용한 감사 착안 사항

회계감사는 다음과 같은 문제의식으로부터 출발되어야 한다(정윤한 : 35).

① 기장된 거래는 실제 발생하였는가(Existence).

② 실제로 발생된 거래는 기장되었는가(Completeness).

③ 기장된 거래의 권리와 부채에 대한 의무는 실제로 존재하는가(Right & Obligation).

④ 모든 거래는 적절히 분류되어 있으며, 기준에 따라 모든 자료가 공시되어져 있는가(Presentation & Disclosure).

⑤ 모든 계정과목의 계수는 적절하게 계상되었는가(Valuation & Accuracy).

⑥ 모든 거래는 그 거래가 기장되어야 할 시점에 적절히 기장되었는가(Timing).

⑦ 수감기관은 수익 · 비용 · 자산 및 부채에 대한 효과적인 통제장치를 유지하고 있는가.

⑧ 수감기관은 제반 자산 · 부채 및 운영상황을 회계기록에 적절히 나타내고 있는가.

⑨ 재무제표는 정확하고 신빙성이 있으며 유익한 재무자료를 담고 있는가.

⑩ 수감기관은 해당 법률과 규정 등에 따라 운영되고 있는가.

라. 회계부정의 행태와 사례[50)]

(1) 지출원인행위 및 지출(출납)업무 겸직자의 단독부정

이는 회계사무 집행자의 보조자가 지출원인행위와 지출업무 등을 겸직함을 기화로 세출금을 횡령 또는 유용하는 경우로 비교적 대형의 단독 회계부정 중 가장 대표적인 유형이다. 이 유형은 한 사람이 지출원인행위 · 장부를 기재하고, 지출행위 · 수표 등 발행관리, 장부기록, 보고서 및 계산서를 작성하는 등 회계직원 간 상호견제가 되지 않기 때문에 회계부정 개연성이 가장 많다고 할 수 있다. 회계업무를 겸직할 때 통상 다음과 같은 회계부정 개연성이 있다.

– 지출결의서 없이 지출원인행위부, 지출부에 허위 거래내용을 기재하고 인출 횡령

– 허위지출 결의서를 작성하거나 동일 서류를 이중으로 사용

50) 서울시, 『행정감사 편람』, 2003 : 512-513쪽 참조.

– 증거서류나 지출부의 금액 또는 누계액 등을 조작하여 횡령

(2) 지출원인행위자 또는 지출자의 단독부정

이는 지출원인행위 또는 지출업무의 본직자 및 보조자가 상호분립은 되어 있으나 그 업무처리 과정에서 회계관리상 허점을 이용하여 회계부정을 저지르는 경우이다. 지출원인행위 업무보조자는 납품자 등 채권자와 결탁하여 물품의 가격을 고가로 해주거나 수량을 적게 검수하고 그 대가를 받는 경우가 있다. 또한 허위서류를 만들고 지출원으로부터 현금인출이 가능한 수표를 받아 횡령하거나 계좌입금 시 계좌를 속여 자기 또는 자기의 특수관계인의 계좌에 입금하게 하고 사후 현금을 돌려받는 방법 등으로 회계부정을 저지르는 경우이다.

(3) 지출원인행위자 및 지출자들의 공모(共謀)에 의한 부정

이는 지출원인행위자와 보조자, 지출원 및 보조자가 상호 분립되고 수표발행 및 계좌입금 절차 등도 제대로 지키고 있으나 기관장 또는 책임자 등이 공금에 대한 의식의 미약을 기화로 경리관, 지출원 및 거래 상대방이 상호 내통하여 제대로 구입하거나 지출한 것 같이 꾸미고, 거래 상대방으로부터 지출한 금액을 그대로 되돌려 받거나 세금 등을 공제하고 받는 형태이다. 이러한 유형은 소규모 기관에서도 발생될 개연성이 있다.

마. 재무감사 접근방법[51)]

(1) 계산서(장부), 예탁금, 증거서류 3자 대사

재무감사는 기본적으로 계산서(장부)와 예탁금, 증거서류의 3자를 대조·검사하여 지출액 확인 및 회계 책임성을 확보하는데 있다. 재무감사는 다음과 같은 절차에 따라 진행한다.

첫째, 계산서를 근거로 첨부된 예탁금 잔액 증명서를 확인해야 한다. 예컨대, ○○사업소의 경우, 계산서 보관분과 월계 대사를 확인하면 지출원 몰래 인출한 것이 그대로 지적될 수 있었으나 감사 시 이를 간과하여 횡령·유용을 그대로 지나친 사례가 있다.

둘째, 예탁금 출납 및 지급명령 발행부의 일치 여부를 확인해야 한다. 예탁금의

51) 상게서, 513-517쪽 참조.

출납은 지출원의 지급명령 발행내용과 기본적으로 일치되어야 한다. 그러나 횡령·유용 등 회계부정이 있는 경우에는 지급명령 발행부의 내용과 출납내용이 일치되지 않고 있는 경우가 대부분이다.

셋째, 계산서와 지출부의 부합 여부를 확인한다.

- 계산서의 비목별 월계와 지출부의 월계를 확인한다. 예컨대, ○○동사무소 회계직은 증빙서 없이 인출한 것을 감추기 위하여 지출부와 다른 계산서(실제 인출액에 맞춘 계산서)를 만든 사례가 있다.
- 지출부 월계 및 누계액을 확인한다. 계산서와 지출부가 일치된 경우 지출부의 각 기재사항의 월계 및 누계가 맞는지 집합금액이 많은 것부터 확인한다. 예컨대, ○○보건소 지출원의 보조자는 과다 인출액을 감추기 위하여 임의로 월계액을 7백만 원, 누계액을 3백만 원 증액시켜 1,000만 원을 횡령한 사례가 있다.

넷째, 지출부와 증빙서의 부합 여부를 확인해야 한다. 각 증빙서는 장·관·항·목별로 편철되어 있으므로 지출부의 명세대로 증빙이 일차적으로 갖추어졌는지 여부를 지출부에 연필로 표시하면서 증빙서 유무를 확인한다. 이때, 증거서류가 없거나 증거서류 금액과 장부 금액이 다른 경우 그 원인을 규명해야 한다. 횡령사건의 대부분은 이 절차로 검색할 수 있다.

(2) 계좌이체의 적정 여부 점검

지출원이 작성한 계좌 명세서를 받아 동일 채권자가 계좌명이 다른 2개 이상의 계좌를 사용할 때 당해 계좌를 확인한다.

- 해당 지출건의 청구서, 견적서 등에 의거 전화번호를 확인하고 직접 전화를 걸어 계좌가 맞는지 확인한다.
- 만약 계좌명을 부인하거나 다르면 해당 금융기관에 금융거래 자료를 요구하여 그 원인을 규명한다. 지출원인행위 담당자가 허위서류를 만들어 그 대금을 자기 또는 특수 관계인에게 이체한 경우 등의 회계부정은 이 절차로 검색될 수 있다. 지출부와 증거서류 대조·검사시 지출원이 작성한 계좌명의 일치여부를 대조 검사하여 확인한다.
- 실제 증거서류상 계좌와 다를 때에는 그 원인 규명한다.
- 만약 위 증빙서 대사가 표본으로 이루어질 때에는 취약하다고 인정되는 2~3개 업체를 선정하여 동 업체의 모든 거래선의 계좌를 일일이 확인한다. 예컨대,

○○사업소 지출원인행위 담당자는 납품업체의 계좌 대신 자신의 계좌에 입금한 것이 발견되어 횡령 및 금품수수 사실이 있다.

(3) 지출증빙서 진위 확인

(가) 급여 등의 확인

급여 및 수당 등의 진위 확인은 계산금액을 조작하거나 인원이 많은 경우 퇴직자를 재직자로 넣었는지 등을 점검하는 것이다. 현행 대부분의 급여액 계산은 전산으로 하고 있지만, 인건비는 예산의 상당부분을 점하고 있어 필수적으로 점검할 필요가 있다. 실제 봉급계산업무와 지급업무를 동일인이 담당하고, 수표를 통상지급명령으로 발행하고, 수표발행액 등을 지출증빙서 건별로 작성하지 아니하고 여러 건을 일괄하여 발행한 경우에는, 통상지급명령금과 개별 봉급이체액, 제세금, 공과금, 예금, 보험 등 현금 인출액 등 합계액을 확인한다.

(나) 물품, 인쇄, 공사 등 비목

첫째, 허위 지출증빙서에 의한 지출 중 대금지급 시 계좌이체를 하지 아니한 거래건을 우선대상으로 다음 사항을 확인한다.

- 수급계획서, 구매요구, 검수수량, 자재수불대장 등을 확인한다.
- 공사현장용 자재일 때에는 최종 준공검사서상의 내역서에 의한 물량과 관급자제 등 공급물량을 확인하여 정산 여부를 점검한다.
- 다량의 동종 물품일 때에는 물품수불관계를 확인한다.
- 증거획득 시 세무서에 세금신고내용(계산서 합계표 제출 내용)을 확인 납품업체에 실제 내용을 진술하도록 조치한다.

둘째, 인쇄물 등 소액 거래분으로 계약이체를 제대로 하지 아니한 거래 건은 다음 사항을 확인한다.

- 동일 금액이 2중으로 지출된 경우 그 영수증을 상호비교 확인한다.
- 인쇄물 같이 소액금액을 대상으로 여러 번 구입한 경우 같은 업체의 견적서, 청구서 또는 세금계산서를 여러 건 모아 필체를 비교한다.
- 특정 결의서의 첨부서류 중 견적서 등의 인쇄내용이 다르거나 글씨체가 다르며, 세금계산서도 전산으로 처리한 것인지 또는 손으로 쓴 것인지 여부 등을 상호 비교한다.
- 위 내용이 서로 다를 때에는 회계담당자 등의 필체와 비교하여 단서를 확보하

고 납품업체 확인, 현품확인 또는 운송일지, 요구부서 및 사용자 등에 대한 외곽조사로 결정적인 증거를 획득한다.

셋째, 인부임, 임시사역 인부 등의 경비지출에 관하여 다음과 같은 사항을 확인한다.

– 영수증 인장검토, 날인방법 검토, 목도장을 일시에 날인하는 등의 상태인지 여부로 단서를 확보한다.
– 의료보험 또는 국민연금관리공단에 해당 주민등록번호로 실제 근무지 등을 확인, 변태경리 유무를 점검한다.

(다) 임시우발 거래 건

청사부지 매입, 공탁금, 건물 신축에 따른 임대보증금 회수액 등 임시 우발성 거래 건에 대하여 지출과정, 수입 등을 거래 상대방 또는 관계기관에 확인한다.

(라) 채권자 등의 확인이 없는 지출

원천세금, 일상경비 교부, 성금, 잡수입, 기타 채권자가 당해 지출내용을 잘 모르거나 견제확인이 없는 지출로써 수표를 소지인 출급식(통상지급명령)으로 발행한 지출을 대상으로 해당기관 또는 거래 상대방에 확인한다.

(마) 허위 영수증 등의 확인

첫째, 기간을 비교한다. 매달 반복지출(공과금, 봉급)과 계좌이체 등의 영수증은 감사인가 기준 월을 정하고 1~3개월 전 후의 유형의 영수증을 선택하고 모아진 영수증이 은행 수납인 및 은행직원 도장을 상호 비교한다. 3개월 전의 것과 거의 같고 스탬프 색깔이 동일한 경우는 위조확률이 많다. 은행수납인은 여러 건을 취급하기 때문에 쉽게 마모되고 스탬프는 진하기 등이 같을 수 없다.

둘째, 동일 시점을 비교한다. 같은 날 불입한 영수증의 수납인을 상호비교, 같은 창구가 아닌 다른 수납인인 경우 수납인 위조단서를 확보한다. 왜냐하면 특이한 경우 외에 수납창구를 달리할 이유가 없기 때문이다.

셋째, 영수증이 정당한 것인가를 상호 비교한다. 같은 날 또는 2~3일 전후 영수증 중 틀림없이 입금이 확인되는 수납인과 비교하고, 위조단서를 확보한다.

넷째, 위조 영수증의 금액의 정당성을 확인한다. 허위 지출결의서에 의한 영수증 위조분을 그대로 횡령한 경우나 전화요금 또는 전기요금 등 공과금과 같이 반드시 지출하였을 것이라 인정되는 지출에 있어서도 그 차액을 횡령하기 위하여 영수증을 위조하는 사례가 있다. 이러한 경우에는 전년도 지출부의 월별 지출금액 추세와 당해연도의 월별 지출금액 추세를 비교하면 개략적인 횡령액의 산정이 가능할 것이다.

6. 재무감사시 분야별 착안 사항

가. 예산관리 및 자금관리[52)]

(1) 예산편성의 적정 여부에 대한 검사

① 숨은 예산편성 여부를 확인한다.
② 예산편성 항목이 적정한지를 확인한다.
③ 이 · 전용이나 사고이월, 불용액이 많은 예산사업 또는 과목에 대해서는 당초 예산이 타당한 근거가 있는지를 면밀히 검토한다.
④ 국고지원 기준을 검토한다.
⑤ 사업내용이 변경된 경우 변경사유가 타당한지를 검토한다.

(2) 예산 및 자금 배정

① 중앙부처의 산하기관에 대한 예산 재배정을 자의적으로 하여 업무에 차질을 초래한 사실 여부를 검토한다.
② 지출원인행위 또는 지출결의서의 경정 또는 조정사항 중 예산배정이 되지 아니한 사업을 추진하기 위하여 다른 배정된 사업예산 과목에서 집행하고, 경정 또는 조정사항으로 처리했는지 검토한다.
③ 자금관리의 적정 여부를 검사한다. 국고금의 부족으로 지출자금을 한국은행으로부터 차입하거나 타 회계에서 차입하는 경우도 있는 실정이다. 국고금 부족 여부를 확인하여 그 원인을 파악해야 한다.

다음은 국고금 부족 여부를 검토하기 위한 방법이다.

① dBrain 자금관리, 지출관리시스템을 이용하여 일선관서에서의 자금이체 시 '자금부족'에러 발생빈도를 분석한다.
② dBrain 예산변동 내역과 자금관리를 이용하여 과다 자금소요계획 여부 및 지출보류 실태를 검사한다.
③ dBrain 자금관리를 이용하여 한국은행의 일일 자금잔액 현황과 자금운용 현황

52) 감사원, 『재무감사 매뉴얼』, 2005, 178-203쪽 참조

을 분석한다.

(3) 예산의 변경

① 지출액이 예산현액을 초과한 세항 또는 세세항은 무단 이·전용의 가능성이 크므로 면밀히 검토해야 한다.

② 결산서의 부속서류인 세출예산 전용조서, 세출예산 이용 및 이체사유 조서를 검토하여 12월 말경에 전용 승인된 것은 중앙관서에서 무단 전용한 것을 예산처에서 사후에 승인해준 것일 수 있으므로 면밀히 그 사유와 타당성을 검토해야 한다.

③ 정당한 절차를 거쳐 전용했다 하더라도 상습적으로 전용하는 것은 타당하지 못하다.

나. 수입[53)]

① 수납액이 정확한지를 확인한다.

② 징수결정 누락 여부를 확인한다.

③ 징수결정금액의 정확성을 확인한다.

④ 징수결정의 경정·조징의 타당성을 확인한다.

⑤ 부당한 징수 유예를 통한 특혜 부여 여부를 확인한다.

⑥ 납세의무자의 소득이나 재산이 있는데도 재산조회 등을 소홀히 하거나 고의로 누락시키고 결손처분을 했는지 여부를 검토한다.

⑦ 근로소득세, 국민연금 및 건강보험료 등 납세의무자로부터 정당한 금액보다 많이 원천징수한 후 세무서에 납부할 때는 정당한 금액만 납부하고 나머지는 편취하는지 여부를 확인해야 한다.

⑧ 그 외 미수납액 관리와 관련된 문제점은 체납자에게 독촉장을 발부하지 않은 사유를 확인해야 한다.

다. 지출[54)]

(1) 지출원인행위

① 지출원인행위가 법령과 예산에 부합한지 여부와 그 내용이 실질적으로 타당한

53) 상게서, 204-206쪽 참조.
54) 감사원, 전게서, 207-251쪽 참조.

지 확인해야 한다.

② 법령이나 예산에 근거가 없는 지출원인행위를 하였는지를 검사한다. 특히 민간에 대한 경상보조사업의 경우 법령의 근거를 면밀히 검토해야 한다.

③ 불필요하게 큰 규모로 사업을 시행(주로 지방자치단체의 청사가 필요 이상 과대한 규모로 건설되는 경우가 많음)하고 있는지를 검사한다.

④ 사업의 필요성이 없거나 시급하지 않은데도 예정대로 사업을 시행(주로 지역개발사업 중 농어촌 도로신설사업이나 소득증대사업 등 국고보조사업에서 발생하는 빈도가 높다)하고 있는지를 검토한다.

⑤ 당초 편성된 예산을 법령의 규제나 지역주민의 반대 등으로 집행할 수 없는 경우 또는 예산을 과다편성 하는 등으로 불용액이 많이 발생한 경우에, 당초 계획에 없는 불요불급한 사업을 하거나 다른 사업의 규모를 필요 이상 늘리지 않았는지 검사한다.

⑥ 지출원인행위의 시기 등의 적정성을 검사한다.

⑦ 허위의 지출원인행위 또는 지출원인행위의 경정·조정을 통하여 국고를 부당인출·횡령하거나 예산목적 외로 사용하였는지 여부를 검사해야 한다.

⑧ 국고금관리법 제20조 및 같은법 시행령 제25조의 규정에 따르면 지출원인행위는 예산배정액 또는 재배정의 범위 내에서만 지출원인행위를 하도록 되어 있음에도 예산배정 전에 또는 배정된 예산액을 초과한 지출원인행위 여부를 검사한다.

⑨ 예산의 배정이 없는데도 지출원인행위를 한 것은 없는지 확인한다. 외상공사는 지출원인행위 장부에는 기록되지 않는 것이 통례이다.

⑩ 연도 내에 이행이 불가능한 것이 명백함에도 연도 말에 지출원인행위를 한 것인지를 검사해야 한다.

⑪ 허위의 지출원인행위 또는 지출원인행위 경정 또는 조정을 통한 국고금의 부당 인출·횡령 또는 예산의 목적 외 사용 여부를 검사한다.

(2) 예정가격

① 거래실례가격·실적공사비 또는 법정가격·정부통제가격에 의하여 예정가격을 결정할 경우 동 가격조사가 적정하였는지 검사해야 한다.

② 원가계산에 의하여 예정가격을 결정할 경우 재료비, 노무비, 경비 및 일반관리

비율 · 이윤율이 적정히 계상되었는지를 검사해야 한다.

③ 감정가격에 의하여 예정가격을 결정할 경우는 그 요건이 적합한지와 감정가격의 적정 여부를 검사해야 한다.

④ 유사거래 실례가격 · 견적가격에 의하여 예정가격을 결정할 경우는 원가계산을 할 수 없는 타당한 사유가 있거나 거래실례가격이 없는 것인지를 검토하고, 당해 거래에 적용할 수 있는 유사 거래인지를 검사해야 한다.

⑤ 예정가격의 변경이 있는 경우 그 변경사유와 절차가 타당한지를 검사해야 한다.

⑥ 원가계산 용역기관의 선정이 적정하였는지 검사해야 한다.

감사사례 **약품견적서 도용**

OO에서 의약품 구매를 위한 예정가격을 결정하기 위하여 거래실례가격을 조사하면서, 2인 이상 사업자에 대하여 견적가격을 직접 소사하는 방법을 채택하고도 1개회사(OO실업주식회사)에게만 견적서 제출을 요구하였고, 견적을 요구받은 업체가 자사의 견적서 외에 (주) OO약품의 견적서 용지를 인쇄하여 그 용지에 자사의 견적보다 높은 가격을 임의로 기재하여 함께 제출하였음에도, 위 2개 업체로부터 견적서를 받은 것처럼 처리하여 예정가격을 결정하였기 때문에, 위 회사로부터 6개월 동안 11회에 걸쳐 계 5,235만원 상당의 의약품을 부당하게 구입함(최두선 : 107).

감사사례 **수입자재 예정가격 부당 작성**

OO주식회사 OOO 외 1명은 1998. 4. 14. 니켈합금강과 헝깅패드를 구매하기 위하여 예정가격조사서를 작성함. 수입물품의 원가계산은 규정에 따라 수입물품의 외화표시원가에 통관료, 보세창고료, 하역료 등을 가산하여 산출하도록 되어 있으므로, 사전에 외화표시원가조사를 하거나 재정경제부 장관이 지정하는 전문기관에 원가계산을 의뢰하여야 함. 그러나 위 사람들은 위 기자재의 수입원재료인 니켈합금강에 대하여 원가계산 방법대로 예정가격을 작성하지 않고, OO시 OO구 OO동 997-11에 있는 주식회사 OO코리아 등 2개사의 견적금액으로 예정가격을 작성한 다음 니켈합금강의 용접가공업체인 OO도 OO시 OO면 OO리 835-6에 있는 주식회사 OO과 같은 해 4.17. 기자재 구매계약을 체결하여 위 니켈합금강을 12억 9,020만여 원에 구매하게 된 결과 원가계산에 의해 산출된 정당금액 12억 177만여 원보다 8,842만여 원을 비싸게 구매하게 되어 위 회사에 같은 금액만큼의 손해를 끼친 사실이 있음(최두선 : 108).

(3) 계약

(가) 계약의 방법

① 일반경쟁계약 대상인데도 비합리적인 이유를 붙여 제한경쟁계약·지명경쟁계약·수의계약을 체결하였는지를 검사한다.

② 지명경쟁·제한경쟁 입찰참가자격 조건을 부당하게 완화하거나 제한하는 경우 및 자격이 미달하는 자를 유자격자로 인정하였는지 여부를 검사한다.

③ 특히 지방자치단체의 경우 분할계약이 많은 실정이므로 단일 공사를 분할하여 계약하였는지를 검사해야 한다.

④ 계약의 목적·성질·규모 등을 고려하여 가장 적합한 계약방법을 선정하여 계약을 체결하였는지를 검사해야 한다.

⑤ 제한경쟁계약·지명경쟁계약·수의계약 사유가 적정한지를 검사해야 한다.

⑥ 일반경쟁계약의 입찰참가자격·계약조건·입찰보증금 등 입찰공고의 내용 및 절차와 낙찰자 결정의 적정여부를 검사해야 한다.

⑦ 단일 건으로 계약할 것을 분할하여 수의계약 하였는지 등을 검사해야 한다.

(나) 계약의 내용

① 계약서에 다음의 필요한 사항이 명백히 약정되었는지 검사한다.

- 계약의 성립·계약의 목적·계약금액 ·이행기간
- 위험부담
- 지체상금·차액보증금·하자보수 및 하자보수 보증금
- 계약의 변경·해제·해지사유
- 기타 계약에 필요한 사항

② 부정당업자로 통보(고시)된 자와 계약하였는지를 확인한다.

③ 계약서에 포함시킬 내용 등은 http://nafis.mofe.go.kr/law/law_frame.asp의 법규 정보-예규-전문보기에 있는 공사계약일반조건 등 각종 예규·고시·통첩 등에 일반적인 내용이 규정되어 있으므로 그 내용을 숙지해야 한다.

④ 각종 예규 등에는 계약서에 포함시킬 내용이 들어있으나 모든 발생 가능성이 있는 사건을 예측하여 규정하고 있지는 못하므로 유사한 계약에 관한 판례 등으로부터 사전에 다툼이 예상되는 사항에 관한 내용이 약정되었는지 검사해야 한다.

(다) 계약의 변경 및 해제 · 해지

설계변경 등으로 인한 변경계약의 타당성 여부를 검사한다.

① 일단 예산을 확보하여 사업에 착수해야 예산의 확보가 용이하다는 사유로 소규모의 사업을 하는 것처럼 예산을 요구하여 사업에 착수한 후 사업의 규모를 과다하게 늘리는 경우와

② 감사원에서 설계변경 감액 처분요구가 있는 경우 필요성이 없는 다른 부분의 공사량을 늘려주는 방식으로 다시 변경 계약하는 경우가 있으므로 확인해야 한다.

감사사례 **입찰참가자격 제한 부적정(주의)**

00시는 1999.6.8.주식회사 00종합건설과 계약을 맺어 2000.5.4.준공한 도연교 보수공사(최종 준공금액 156,296천 원)등 3건의 공사를 발주하였나.
건설산업기본법 제16조 제2항 규정에 따르면 일반건설업자는 전문건설업자가 시공할 수 있는 건설공사만을 도급 받을 수 없도록 하고 있으므로 같은법 시행령 제7조 규정에 의한 시설물 유지보수공사 등 전문건설공사에 해당하는 위 공사는 해당 분야 전문건설업면허(시설물 유지보수 공사업면허 등)를 보유한 업체가 입찰에 참가하도록 입찰참가 자격을 제한하여 발주하여야 했다. 그런데도 위 관서는 해당 분야 전문건설업면허가 아닌 일반건설업면허를 보유한 업체가 입찰에 참가하도록 입찰참가자격을 잘못 제한하여 발주하였다. 그 결과 주식회사 00종합건설 등 위 3건 공사 계약자들은 위 법령의 규정을 위반하여 해당분야 면허가 아닌 분야의 공사를 시공하게 되었을 뿐만 아니라, 실제 위 업체 중 1개 업체(주석회사 00건설)가 시공한 내 배제 수해복구공사의 시공상태를 표본조사한 결과 하천 돌쌓기 공사를 설계도면과 다르게 시공(놀과 돌이 서로 맞닿지 않고 사이를 모르타르로 채움)하는 등 부실공사(공사비 31,281천 원)를 초래하는 결과를 가져왔다(최두선 : 111).

(4) 계약의 이행감독 및 검사

① 계약이 계약서(과업지시서 · 시방서 · 설계서 등 명칭에도 불구하고 계약의 일부가 되는 모든 약정)의 내용대로 성실히 이행되고 있는지를 확인해야 한다.

② 계약을 불성실하게 이행한 자를 국가를 당사자로 하는 계약에 관한 법률 제27조 및 같은법 시행령 제76조의 규정에 의하여 입찰참가자격을 제한하고 부정당업자로 통보하였는지 검사해야 한다.

③ 계약보증금 등 각종 보증금의 국고귀속 사유가 있을 경우 국고귀속 조치를 하였는지 검사해야 한다.

④ 부족시공, 규격 · 품질 · 수량 등이 상이한 것을 묵인하거나 간과한 것이 있는지를 검사해야 한다.

⑤ 계약이 이행되지 아니한 것을 이행된 것으로 허위의 검수조서를 작성하였는지를 검사해야 한다.

감사사례

1. 전남 OO군은 전문건설업체와 경쟁계약해야 할 38건의 공사를 일반건설업자와 수의계약하고, 48건은 무면허 건설업체와 수의계약을 체결하는 등 총 313건(계약금액 119억 원)의 수해복구공사 중 43% 상당인 52억 원을 위법하게 수의계약을 맺었다.
2. 전남 OO군은 '수의계약사유 평가기준'에 따른 평가결과 종합평점이 59.05점으로 수의계약 대상(평가기준 90점)에 미달하자 평가항목 일부에 과다한 조작(가점 형태)을 통해 97.7점으로 평가한 뒤 계약을 맺기도 했다.
3. 경북 OO군은 군 종합복지관 신축 명목으로 교부받은 특별교부세 8억 원을 임의로 울릉군 재향군인회관 신축보조금으로 주었으며, 전남 OO군은 임의로 설립된 보훈단체에 보훈회관 신축 명목으로 4억 원의 보조금을 지급했다.
4. 사후원가 정산을 소홀히 하여 물품대금 과다지급 : 원가계산 수임기관이 계약물품의 일부부품에 대하여 수입확정 후 수입면장에 의하여 가격을 수정하는 조건으로 원가계산을 하였음에도 정산자료 확인 없이 계약금액 전액을 지급함으로써 수입면장에 의하여 재확인 결과 4,119만여 원 상당 과다 지급됨(이상, 감사원 2006).

질의회신 사례(최두선 : 103-119)

질의 1

○ 장기계속공사의 연차별준공처리, 지체상금부과, 하자보수보증금납부방법, 연대보증인의 입보방법은?

⇒ 장기계속공사의 경우 연차계약별로 준공처리하여야 하며, 지체상금도 연차별로 산정 · 부과하는 것임.

○ 장기계속공사계약의 경우 하자담보책임기간 및 하자보수보증금은 매년도 계약체결된 계약목적물 간에 하자책임한계가 분명하게 구분될 수 있는 경우에는, 매년도 계약목적물에 대하여 적용하고 전체공사 완공 후에 일괄적으로 하자보수 의무를 부과할 수 없으며, 매년도 계약체결된 계약목적물 간에 하자책임한계가 불분명한 경우에는 전체공사 완공 후에 하자보수의무를 부과함.

○ 장기계속계약에 있어서 입보된 연대보증인은 총 공사 부기금액에 대하여 보증의무가 있으며, 제2차 이후 계약이행분에 대하여 임으로 보증의무를 거부할 수는 없는 것임.

질의 2

① 전문건설업에도 공동도급 적용이 가능한가?

⇒ 건설산업기본법령 등의 특성상 동종의 전문건설업자 간의 공동도급 이외에 공동도급은 허용될 수 없는 것으로 사료됨.

② 수의계약의 경우에도 공동계약이 가능한지 여부는?

⇒ 수의계약의 경우에도 계약의 목적 · 성질상 공동계약에 의함이 곤란하다고 인정되는 경우 외에는 공동계약이 가능한 것임.

③ 용역물품계약의 경우에도 지역의무공동도급 적용이 가능한지?

⇒ 국가계약법시행령 제72조제3항의 규정에서 정한 지역의무공동도급제도는 공사입찰에 한하여 적용되는 것이며, 용역 및 물품계약은 적용되지 않음.

질의 3

○ 부정당업자로 입찰참가자격 제한조치를 받은 자의 입찰참가 가능시점은?

⇒ 부정당업자로 입찰참가자격 제한조치를 받은 자는 입찰에만 참가할 수 없으므로 현장설명, 입찰등록은 가능하며 입찰일 전에 제재기간이 만료되거나 효력정지가처분결정 등의 조치가 있을 경우 입찰에 참가할 수 있음. 다만 지역사업자의 기준은 입찰공고일 전일을 기준으로 판단해야 함.

질의 4

○ 입찰참가자격의 유무를 판단하는 기준시점은?

⇒ 입찰참가자격의 유무를 판단하는 기준시점은 입찰참가등록마감일을 기준으로 하나, 현장설명에의 참가가 의무적인 공사의 경우에는 현장설명일을 기준으로 하는 것임. 다만, 지역업자 판단기준은 입찰공고일 전일로 함.

질의 5

○ 특정공사를 설계한 사업체가 당해공사의 시공경쟁입찰에 참여가 가능한지 여부?

⇒ 설계와 시공을 분리하여 발주하는 경우 당해공사의 설계자가 아무런 제한 없이 당해공사의 시공입찰에 참여할 수 있음.

질의 6

○ 부도발생업체에 대한 입찰참가자격을 제한할 수 있는가?

⇒ 부정당업자로 제재 받은 경우 및 법령의 규정에 의하여 입찰참가자격을 제한받은 경우 이외에 단순한 부도발생을 이유로 입찰참가자격을 제한할 수 없음.

(5) 보조금[55)]

① 보조사업자의 보조 사업계획 및 중앙관서의 보조금 교부조건 · 보조율 등의 적정 여부를 검사하고, 지방의 의무부담액의 확보 여부를 확인해야 한다.

② 보조사업자가 허위의 신청이나 기타 부정한 방법으로 보조금을 교부받았는지 여부를 검사해야 한다.

③ 중앙관서의 장의 승인을 얻지 아니하고 보조사업의 내용을 변경하거나 보조사업을 인계 · 중단 또는 폐지하였는지 여부를 검사해야 한다.

④ 보조금을 보조사업의 용도 외로 사용하였는지 여부를 검사해야 한다.

⑤ 보조금교부 결정의 취소 및 보조금 정산 · 사용잔액 등 보조금 반환사유가 있는 경우 그 취소의 적정성 및 보조금 반환이 적정히 이루어졌는지 검사해야 한다.

⑥ 보조금으로 취득한 부동산과 그 종물, 선반 · 부표 · 부잔교 · 부선거와 그 종물, 항공기, 기타 중앙관서의 장이 보조금의 교부 목적을 달성함에 특히 필요하다고 인정하는 재산을 중앙관서의 장의 승인 없이 양도 · 교환 · 대여 또는 담보제공 여부를 검사해야 한다.

⑦ 국고보조사업 중에는 국고보조율이 100%인 국고보조사업도 있으나 대부분 보조 사업의 국고보조율은 정액 또는 20%~80%이다. 그런데 국비 일부 보조사업의 경우 보조사업자가 자부담 부분을 투자하지 않고 국고보조금만으로 보조사업을 시행한 후 마치 자부담 부분을 투자한 것처럼 허위의 보고를 하는 경우도 있으므로 확인해야 한다.

⑧ 자본보조사업의 경우 보조사업자의 보조금 집행률을 확인해야 한다. 집행률이 저조하여 당년도에 교부한 보조금도 집행하지 못하고 이월하고 있는데도 차년도 보조금을 그대로 교부함으로써 보조금만 사장되고 있는지 등을 확인한다.

⑨ 민간 경상보조사업의 경우 보조사업자 선정의 타당성을 검사한다.

55) 감사원, 전게서, 235-236쪽 참조.

(6) 국고채무부담 행위

① 국고채무부담 행위를 해야 할 시급성이나 필요성이 있는지를 검사해야 한다.

② 보증채무부담 행위의 적정여부를 확인해야 한다.

③ 청사신축 등을 하면서 예산에 편성되지 아니하였거나 국회의 동의가 없었는데도 다음 연도에 예산편성 후 지급하기로 하고, 무단 공사계약을 체결하는 등 사실상 국고채무부담 행위를 하는 경우가 있는지를 확인한다.

(7) 채무보증

① 채무보증의 필요성을 검사한다.

② 정부가 지급보증을 하기 전에 미리 국회 또는 지방의회의 의결을 얻었는지 검사한다.

③ 담보물은 보증채무액 이상을 확보하였는지 검사한다.

④ 주 채무자가 담보물을 처분, 기타 훼손하고 있음에도 방치하고 있는지를 검사한다.

⑤ 주 채무의 관리를 태만히 함으로써 국가가 보증채무를 이행하였는지를 검사한다.

(8) 예비비

① 예비비의 설치목적에 부합하지 않는 연례적인 초과지출, 긴급성이 없는 경상적인 사업에 예비비를 지출하였는지 여부를 검사한다.

② 특별회계의 경우와 같이 예비비 집행실적이 거의 없는 경우 특별회계 예비비 예산편성의 필요성을 검사한다.

(9) 지출(협의의 지출)

① 재무감사 대상기관의 회계직의 컴퓨터를 불시에 점검하여 재무관 등의 보조자가 재무관 등의 인증서를 전자 복사하여 보조자의 컴퓨터에 저장하고 있는지를 검사해야 한다.

② 재무관 또는 계약관의 보조자의 지출원인행위서 작성일시와 재무관의 승인일시 또는 지급원인행위 일시와 지출결의 · 지출 또는 지급결의 · 지급 일시가 거의 동시(예 : 5분 이내) 인 경우가 있는지를 검사하여 회계부정이 있는지를 검사해야 한다.

③ 지출원인행위서 작성일 - 지출원인행위 승인 - 지출결의 요청일 - 지출결의서 작

성일 및 지출결의서 승인 - 지출일(전자이체일)간의 기간을 용역, 물품, 공사 등으로 나누어 각각의 평균 소요기간을 산출하여 평균 소요기간보다 현저히 짧은 기간이거나 현저히 장기인 경우 그 타당성 및 회계부정 여부를 검사해야 한다.

(10) 관서운영경비의 출납관리

① 현금을 과다하게 인출하여 별도의 법인카드를 만들고 현금을 사용할 수 없는 비용으로 지출하거나 업무추진비 한도를 초과하여 집행하는지를 확인한다.
② 관서운영비 중 현금이나 수표를 발행하여 집행한 경우 그 집행내역의 정당성을 검사한다.
③ 신용카드를 사용한 경우 월 초에 카드를 이용하여 현금화하거나 개인물품을 구매하는 등 유용한 후 월말에 입금한 것인지 여부를 확인한다.
④ 일반업무비와 특정업무비는 「업무추진비, 특수활동비에 대한 계산 증명지침」(1999. 6. 8법무 16010-135)에 따라 영수증 또는 지급일, 지급목적, 지급상대방, 지급액을 명시한 관계공무원의 영수증을 증거서류로 붙여야 하는데도 이를 누락하였는지를 확인하고 누락한 경우 집행의 적정성을 검사한다.
⑤ 정원가산금으로 편성된 업무추진비는 현금수령자의 영수증만 붙이고, 최종지급처의 영수증을 첨부하지 아니한 경우 그 적정성을 검사한다.
⑥ 중앙관서의 경우 정원가산금 편성액을 초과하여 업무추진비 세목별 구분이 없이 월정액으로 1천만 원 내외를 관서장에게 지급하고 있는지를 검사한다.
⑦ 신용카드 가맹점에서 현금을 부당 인출 · 사용하기 위하여 물품을 구매한 것처럼 허위 카드영수증을 발급(속칭 '카드깡') 받았는지를 확인한다.
⑧ 휴일 및 심야에 사용한 업무추진비는 개인 비용일 가능성이 크므로 확인해야 한다.
⑨ 전산자료 중 가맹점명, 사업자 등록번호 등을 추출하여 국세청에 20×× 및 20□□년도 중 거래금액, 휴 · 폐업, 무등록 사업자 여부를 조회하여 조회결과 휴 · 폐업, 무등록 사업자에게 지불한 것이 있는지 확인한다.
⑩ 업종(태)로 보아 신용카드로 구매한 물품 취급하지 아니할 것으로 추정되는 가맹점이 있는 경우 부당인출 여부를 확인한다.
⑪ 카드 사용대금이 연말에 집중된 경우 그 타당성을 검사한다.

⑫ 카드를 사용하였으나 연도 말까지 카드회사로부터 대금이 청구되지 아니한 경우는 카드대금을 이월시키고 있는바, 이월액이 현저하게 많은 경우 카드 사용대금 미결제분보다 많은 금액을 이월시켜 자의적으로 사용하였는지를 확인한다.

⑬ 카드 사용대금 미결제분 이월금액과 차년도 결제금액과의 차액이 발생한 경우 그 차액 처리내역을 면밀히 검사해야 한다.(차액을 자의적으로 사용하거나 회계사고의 가능성이 있다.)

⑭ 업무추진비의 경우 다음과 같이 검사한다.

- 순사업비 증가율보다 업무추진비의 증가율이 높은 경우 그 이유가 타당한지 등을 검사한다.
- 특정사업을 집행하는 국장, 과장 등이 집행하는 것이 타당한 특정업무추진비를 기관장이 부당 사용하였는지 검사한다.

⑮ 여비에 대해서는 다음 사항을 검사한다.

- 월별 여비 지출액의 추세를 분석하여 연말에 여비 지출이 집중된 경우 불요불급여비 여부를 검사한다.
- 외국에서 물품검수 등을 하거나 용역과제와 유사한 목적의 자료수집 목적으로 국외 출장 여비를 지급한 경우 물품납품업체와 용역수행업체에 여비를 부담시키지 않았는지 검사한다.
- 여행지를 확인한다.

라. 국 · 공유재산[56)]

(1) 취득

① 국공유지를 비축하기 위한 특별회계가 실제적인 비축기능을 하고 있는지 여부를 검사한다.

② 토지매입의 적정성을 검사해야 한다.

③ 국공유재산을 취득하기 위한 예정가격 작성의 적정성을 검사한다.

④ 국세, 지방세, 및 부담금 등을 물납허가하면서 재산가치가 낮거나 매각하기 어려운 재산을 실태조사도 하지 아니하고 허가한 결과 활용하지 못하고 방치하

56) 감사원, 전게서, 261-265쪽 참조.

고 있는지를 검사한다.

⑤ 기부에 조건이 수반되거나 국가 또는 지자체가 곤란한 토지는 취득할 수 없음에도 사후에 특정권리를 부여하는 것을 조건으로 기부채납을 승인하였는지를 검사한다.

⑥ 민간사업자가 지하도, 지하상가, 지하주차장 등을 건설하여 기부체납하는 경우 무상 사용기간을 산정하기 위하여 시설물의 투자비용을 과대하게 산정하거나 토지가액의 평가시점을 잘못 적용하여 무상사용·수익 허가기간을 부당하게 산정하였는지를 검사한다.

(2) 처분

① 국유(공유)재산관리계획의 매각기준에 부합하지 않거나 매각승인이 되지 않았음에도 매각하였는지 검사한다.

② 국공유재산의 매각대금을 횡령하거나 국공유재산을 임의로 매각하였는지를 검사한다. 대규모 개발사업과 관련되어 편입되는 국공유지의 보상금(공탁금 포함)이나 법원으로부터 통보된 경락대금을 편취하는 경우도 있다.

③ 재산의 종류가 유사하지 않아 교환요건에 부합하지 않는데도 교환하였는지를 검사한다.

④ 상업용지와 그린벨트 지역 또는 공원용지의 사유지와 교환하여 손실이 발생하거나 골프장 용지를 위하여 부당하게 교환한 것인지를 검사한다.

(3) 양여

① 택지개발 등 각종 특별법에 의하여 공공시설용지를 무상 귀속시키면서 공공용으로 사용될 면적을 과다하게 결정하여, 국공유지가 필요 이상으로 많이 무상양여 되는 결과가 초래되었는지를 확인한다.

② 지자체가 국가로부터 공공목적으로 양여 받고도 그 목적에 사용하지 아니하고 있는지를 확인한다.

③ 행정재산의 용도를 폐지하여 그 대체시설을 제공하는 자에게 양여하는 무상양여는 국유재산법의 규정에 의해 재경부의 협의를 거쳐야 함에도 협의를 거치지 않거나 대체시설을 국고보조를 받아 시설하는 경우, 그 금액을 공제하지 않고 전액을 인정하여 국공유재산을 양여함으로써 특혜를 주었는지를

검사한다.

(4) 관리환

유휴재산에 해당되어 잡종재산으로 기획재정부에 관리환해야 하는데도 관리청의 행정재산으로 보유하고 있는지를 사용한다.

(5) 사용 · 수익허가 및 대부

① 사용료율을 잘못 적용하거나 재산의 평가를 잘못하여 사용료를 부족징수하고 있는지를 확인해야 한다.

② 대부 등이 가능한 잡종재산을 활용계획 없이 보유만 하고 있는지를 검사한다.

③ 국공유부동산을 사용 · 수익허가 또는 대부 받은 후에 무단으로 전대하여 차익 추구하거나 영구시설물 축조 여부 등 사후관리의 적정 여부를 검사해야 한다.

(6) 국 · 공유재산 관리

국유재산에 대한 정확한 실태조사를 실시하지 않아 무단점유를 파악하지 못하고 변상금 부과를 하지 않거나 관리를 소홀히 하는지 등을 검사한다.

마. 물품[57]

① 취득한 물품을 물품관리대장에 등재하였는지 확인한다.

② 물품관리대장과 현품을 대조해야 한다.

③ 물품의 정수를 초과하여 취득(구매)하였는지를 검사한다.

④ 재고자산의 경우 물품의 안전수준을 유지하고 있는지, 안전수준에 미달하였는데도 구매절차를 취하고 있지 아니한 지 등을 검사한다.

⑤ 보유장비에 대한 정비를 철저히 하고 있는지를 확인한다.

⑥ 충분히 활용 가능한 물품을 내용연수가 경과하였다 하여 불용처분한 것은 없는지 확인한다.

⑦ 불용품의 매각가격을 거래 실례가격보다 낮게 책정한 것은 없는지 확인한다.

57) 감사원, 전게서, 273쪽 참조.

바. 결산확인[58)]

① 중앙관서 및 기획재정부(또는 행정안전부 및 지방자치단체)가 제출한 각 중앙관서의 결산보고서의 금액과 2. 11. 입회한 총세입부 및 총세출부의 금액이 일치하는지 검사한다.

② 예산현액을 검사한다.

③ 세입부 및 지출부의 세항-목별 합계액과 결산서의 세항-목별 결산액이 일치하는지를 검사하고, 감사원에 제출한 계산증명규칙 제16조에서 정한 다음의 각종 계산서와 일치하는지를 검사해야 한다.

- 세입
  - ⓐ 세입예산액
  - ⓑ 이체 등 증감액
  - ⓒ 세입예산현액
  - ⓓ 징수결정액
  - ⓔ 수납액
  - ⓕ 불납결손액
  - ⓖ 미수납액
- 세출
  - ⓐ 세출예산액
  - ⓑ 전년도 이월액
  - ⓒ 예비비사용액
  - ⓓ 전용 등 증감액
  - ⓔ 제41조의 규정에 의한 초과지출액
  - ⓕ 세출예산현액
  - ⓖ 지출액
  - ⓗ 다음 연도 이월액
  - ⓘ 불용액

④ 세입부 및 지출부의 세항-세세항-목별금액이 일치하는지 검사한다.

⑤ 일반회계에서 특별회계 및 기금으로 전출된 금액과 특별회계 및 기금에서 전

58) 감사원, 전게서, 279-280쪽 참조.

입 받은 금액이 일치하는지 검사한다.

⑥ 계정과목 분류가 적정한지를 검사한다.

사. 재정분석 결과를 활용한 감사착안사항[59)]

① 세입구조와 관련된 재정분석지표 점수를 (유사한) 타 자치단체와 비교할 때 현저한 차이가 발생하게 된 원인은 무엇이며 합당한 것인가.

② 세출관리와 관련된 재정분석지표 점수를 (유사한) 타 자치단체와 비교할 때 현저한 차이가 발생하게 된 원인은 합당한 것인가.

③ 재정관리와 관련된 재정분석지표 점수를 (유사한) 타 자치단체와 비교할 때 현저한 차이가 발생하게 된 원인은 합당한 것인가.

④ 채무관리와 관련된 재정분석지표 점수를 (유사한) 타 자치단체와 비교할 때 현저한 차이가 발생하게 된 원인은 합당한 것인가.

⑤ 재정 투명성과 관련된 재정분석지표 점수를 (유사한) 타 자치단체와 비교할 때 현저한 차이가 발생하게 된 원인은 합당한 것인가.

⑥ 국가정책 이행과 관련된 재정분석지표 점수를 (유사한) 타 자치단체와 비교할 때 현저한 차이가 발생하게 된 원인은 합당한 것인가.

아. 재정진단 결과에 대한 감사 착안사항[60)]

① 재정분석결과 채무비율이 세입예산의 일정비율을 초과하였을 경우 그 원인에 재원운용에 문제는 없었는가?

② 채무잔액이 과다한 자치단체는 그 원인 형성에 불합리한 사항은 없었는가?

③ 결산상 세입실적이 예산액보다 현저히 감소하였거나, 다음연도 수입을 앞당기어 사용한 단체(조상충용)인 경우에 그러한 조치는 합당한가?

④ 인건비 등 경상비 성격의 예산비율이 높아 재정운영의 건전성이 현저히 떨어진 단체의 원인은 무엇인가?

59) 도표 4-20의 재정분석지표 활용 참조.

60) 도표 4-20의 재정분석지표 활용 참조.

7. 감사결과 증거 확보[61)]

가. 증거서류의 중요성과 입증책임

감사결과 위법부당사항이 발견되면 이를 증명할 수 있는 증거서류를 확보하여야 하며, 재무감사의 경우에는 관련 장부 및 서류가 많아 어느 서류가 가장 증거능력이 있는지 판단하기 어려운 때도 있다. 그리고 확보된 증거서류가 잘못되었을 때에는 감사결과 적출사항 자체가 흔들리게 되므로 감사인은 감사결과 증거의 수집 및 증거 채택에 세심한 주의를 기울여야 하며 증거불비로 인하여 위법부당사실이 적법 타당하다는 결과를 초래해서는 아니 된다.

재무감사에서 위법부당 사항에 대한 입증책임은 감사인에게 있다. 다만, 현금 또는 물품을 망실, 훼손하였을 경우에는 그 출납보관자가 「선량한 관리자의 주의의무」를 태만히 하지 아니한 증명을 해야 할 책임이 있고, 이를 증명하지 못할 때에는 변상책임을 져야 한다.

나. 증거의 종류

충분하고 유용하며 관련 있는 증거가 감사지적사항과 감사결론을 합리적으로 뒷받침할 수 있어야 한다.

1. 서류사본, 현품, 사진, 명세표 등
2. 확인서 –사건과 관련된 사실관계 등을 기술한 서류☞ 제1장, 61쪽 이하 참조
3. 문답서 –변상 또는 징계사건과 기타 중요한 사건과 관련된 관계자의 책임소재와 한계를 규명하기 위하여 작성한 서류☞ 제2장, 66쪽 이하 참조
4. 질문서 –사건 관련자의 행위시 소속기관장의 책임 있는 답변이 필요할 때 작성하는 서류☞ 제2장, 71쪽 이하 참조

8. 회계관계 직원의 책임[62)]

회계관계 직원은 사건의 내용에 따라 형사책임, 변상책임, 신분상 책임을 져야 한다. 이 세 가지 책임은 사건의 경중에 따라 병과(竝科)가 가능하며 실제 감사결과 병과된 사례가 많이 발생되고 있다. 이처럼 회계부정에 대한 처벌이 강한 만큼 감사인

61) 서울시(2004), 517-518쪽 참조.

62) 상게서, 518쪽 참조.

은 위법부당 사례를 적발하였을 때에는 사건의 발생배경 근무여건, 사건의 고의성 및 과실의 경중을 엄밀하고 객관적으로 판단하여 사건의 실체에 합당한 처분이 되도록 하여야 한다(서울시, 2004 : 519-520).

가. 형사책임

국가사회의 법질서 유지를 목적으로 한 일반통치권의 작용으로서 형사범은 형법에 의한 제재를 받으며, 특히 공무원이 직무에 관한 죄(예. 형법 제129조 수뢰, 사전수뢰)를 범하였을 때는 직무범으로 처벌하고 5년 이하의 징역 또는 10년 이하의 자격정지에 처한다. 또한 「특정범죄가중처벌 등에 관한 법률」에서도 준직무범죄와 회계직원에 대하여 최고 무기까지도 가중처벌하도록 법정되어 있음을 볼 수 있다(같은 법 제5조).

(1) 근거규정

- 형사소송법 제234조제2항 - 공무원은 그 직무를 행함에 있어 범죄가 있다고 사료하는 때에는 고발.
- 공무원의 직무관련 범죄고발지침(국무총리훈령 제305호, '94. 11. .24)
- 위 지침 시행계획(감사16800-1060, '94. 11. 30)

(2) 범죄보고 및 고발

- 감사담당 공무원이 소속기관장에게 보고와 동시 형사고발

(3) 고발대상

- 전 · 현직 공무원, 공무원으로 의제되는 자 및 관련 민간인
- 형법, 특정범죄 가중처벌에 관한 법률, 지방공무원법, 공직자윤리법 등 금지 및 의무규정 위반행위

(4) 고발여부 판단기준

- 비위 정도의 경 · 중과 고의 · 과실 여부를 판단하여 고발죄목 결정
- 직무(회계)관련 뇌물수수, 공금횡령, 배임 및 재물취득관련 범죄
- 부당 행정행위(회계관련)로 인한 범죄

(5) 고발절차

- 행정기관의 장 명의의 고발장에 의거 수사기관에 고발 의뢰

- 도주, 증거인멸 우려 시 구두고발 의뢰 후 고발장 보완 제출

- 정부시책 및 사회적으로 미치는 영향이 중대하고 범죄 혐의자의 도주, 증거인멸방지 등 필요시 수사기관과 사전협의

(6) 범죄보고 및 고발주체 지정

(가) 보고자

- 시 · 도 본청 소속직원 : 감사관 또는 감사담당관
- 본부 및 사업소 : 감사관 또는 본부장 및 사업소장
- 시 · 군 · 자치구 소속직원 : 시 · 군 · 자치구 감사업무 담당 부서장
- 지방공사 소속직원 : 공사 감사실장

(나) 고발권자

- 시 · 도 · 본청 소속직원 : 시장
- 본부 및 사업소 소속직원 : 본부장 및 사업소장
- 시 · 군 · 자치구 소속직원 : 시장 · 군수 · 자치구청장
- 지방공사 소속직원 : 공사 사장

나. 변상책임

공무원은 공직자로서 부여된 임무를 수행함에 있어 성실의무 등의 의무위반 행위에 대하여는 신분상의 책임을 지고, 예산물자 및 물품과 관련된 손해를 끼쳤을 때에는 재산상의 책임을 져야 한다. 그러나 손해발생 원인이 범죄 또는 금지 · 의무 규정을 위반한 때에는 재산상의 책임뿐만 아니라 신분상의 책임까지 병과될 수 있으므로 회계관계 직원이 회계 관련 업무를 집행함에 있어서는 항상 관계법령에 위반되지 않도록 유념하여야 한다.

감사원은 회계관계 직원 등의 책임을 명확히 하고 법령 기타 관계규정 및 예산에 위반한 회계관계 행위를 방지함으로써 국가 · 지방자치단체 · 기타 감사원의 감사를 받는 단체의 회계사무의 적정화를 도모하기 위하여 "회계관계 직원 등의 책임에 관한 법률(이하 회책법)"을 제정 · 운용하고 있다(서울시, 2004 : 522-526).

(1) 변상책임의 법적 성격

공무원은 국가에 대하여 무배상 책임이 원칙이나 예외적으로 회계법규에 의하여

창설된 특별책임이며, 그 책임을 불이행하는 경우에는 국세징수법에 의한 체납처분과 강제집행을 하고 있다. 국가 또는 지방자치단체와의 특별 권력관계에 있는 회계직원에 대한 변상책임은 가능하겠으나 정부투자기관, 단체 등의 회계직원에 대한 변상책임을 전적으로 공법 이론만으로 설명하기에는 미흡한 점이 있어 일부 사법상 고용관계 이론도 원용되어야 형평의 원칙에 어긋나지 아니할 것이다[63].

(2) 회계관계 직원 등의 의무

회계관계 직원은 법령 기타 관계규정 및 예산에 정하여진 바에 따라 성실하게 그 의무를 수행하여야 한다(같은법 제3조)는 성실의무를 규정하고 있다. 여기서 "성실하다"는 것은 거짓이 없고 양심껏 정성스럽게 한다는 뜻이지만 국가공무원법 제56조 및 지방공무원법 제48조에서 성실의무를 공무원 의무 가운데 가장 기본적 의무로 규정하고 있는 바, 여타의무는 성실의무에서 연유하는 것이다. 성실의무는 윤리성을 본질로 하기 때문에 경제성에 의하여 지배되는 단순한 고용관계의 의무와는 구별된다.

성실의무에 위반된 행위는 감사원예규 제154호('02. 7. 1)인 "회계관계 직원 등의 책임에 관한 법률의 운용기준" 제4조에서 예시적으로 열거하고 있으나, 특수한 사정이 있으면 불문에 붙이는 경우도 있으므로 일률적으로 정의하기는 어렵다. 대체로 다음 사항에 해당하거나 기타 법령 또는 관계규정 등에 위배하여 직무를 수행한 경우에는 직무를 성실하게 수행한 것으로 보지 아니한다.

(가) 재무관 또는 유사한 직무를 행하는 자 및 보조자의 행위

① 법령의 규정에 의하여 가격이 통제된 경우에 통제가격을 알아보지 아니하고 예정가격 등을 결정한 때

② 적정한 거래사례 가격이 형성되어 있는 경우에 2이상의 사업자로부터 그 가격을 직접 조사하지 아니하거나 조달청장이 조사하여 통보한 가격을 참작하여 예정가격 등을 결정하지 아니한 때, 2이상의 사업자로부터 가격을 조사하기 위하여는 계약수량의 다과, 계약조건, 계약이행의 난이, 계약이행기간의 장단, 수급상황 기타 제반여건 등을 고려하여 구입하고자 하는 경우와 동종 또는 유사

63) 국가배상책임법 제2조에서 공무원이 고의 또는 중대한 과실이 있는 때에는 국가 또는 지방자치단체는 그 공무원에게 구상하게 되어 있다. 따라서 국가배상법상의 공무원의 책임과 회계관계 직원 등의 책임과는 개별이므로 병과 할 수 있으나 일방의 청구권이 충족되면 다른 청구권은 손해보전된 범위내에서 소멸될 수 있다.

한 거래의 실례가격을 알아보지 아니한 때

③ 다량의 물품을 도매가격으로 구입할 수 있는 경우에 소매가격을 조사하거나 공장도 가격으로 구매할 수 있는 조건이 갖추어진 경우에 도매가격 또는 소매가격을 조사하여 예정가격을 결정한 때

④ 조달청장에게 구입 요청하여야 할 물품을 시중에서 구입한 때

⑤ 신규 개발품, 특수 규격품 등 특수 물품, 공사, 용역 등 계약의 특수성으로 인하여 적정한 거래사례 가격이 없는 경우에 원가계산을 하지 아니하고 예정가격을 결정한 때

⑥ 적정한 거래 사례가격이 형성되어 있지 아니하거나 그 가격이 형성되어 있더라도 대량 구매 등으로 그 거래 사례가격에 의하여 예정가격을 작성하는 것이 적당하지 아니한 경우에 원가계산을 아니하고 예정가격을 결정한 때

⑦ 원가계산 전문기관에 의뢰하여 납품받은 원가계산서의 내용검토를 소홀히 한 때

⑧ 수입물품 구입시 수입면장을 제시 받을 수 있거나 오퍼가격을 알아볼 수 있음에도 이를 알아보지 아니하고 예정가격을 결정한 때

⑨ 원가계산의 기초가 되는 각종 자료에 관한 서류가 사본인 경우 원본과 상위 없다는 인증이 없음에도 그대로 믿고 원가계산을 한 때

⑩ 물가변동으로 인한 계약금액의 조정을 잘못한 때

(나) 지출관 또는 유사한 직무를 행하는 자 및 보조자의 행위

① 재무관의 지출원인 행위 없이 수표를 발행한 때

② 지출관이 수표책이나 인장의 관리를 소홀히 한 때

(다) 현금출납공무원 또는 유사한 직무를 행하는 자 및 보조자의 행위

① 현금을 직접 보관하면서 견고한 용기 내에 보관하지 아니한 때

② 수입금을 금고에 납부하여야 할 기한까지 납입하지 아니하고 보관한 때

③ 현금지급 청구서의 기재내용 및 인장을 확인하지 아니한 때

(라) 물품출납공무원 또는 유사한 직무를 행하는 자 및 보조자의 행위

① 물품관리관의 출납명령에 의하지 아니하고 물품을 출납한 때

② 물품의 보관에 따른 시건(장금장치) 등을 제대로 하지 아니한 때

③ 물품의 출납사무를 정확히 취급하지 아니하여 재고부족이 발생한 때

④ 정당한 수령권자의 확인이 없음에도 물품을 불출한 때

(3) 변상책임의 판정요건

회계관계 직원 등에 대한 변상판정은 행위주체 요건, 행위구성 요건, 효과 요건을 놓고 이들 세 가지 요건 간에 상당인과 관계가 있어야 한다. 이를 구체적으로 살피면 다음과 같다(서울시, 2004 : 526-531).

(가) 주체

변상책임의 주체는 회계관계 직원 등이다. 회계관계직원등의 책임에 관한 법률 제2조 제1호-제2호에서, 지방자치단체의 회계사무를 집행하는 징수관, 경리관, 지출원, 출납원, 물품관리관 및 물품사용 공무원 및 이들의 회계사무에 준하는 사무를 처리하는 자, 대리자, 분임자, 대리분임자 및 그 보조자로서 그 회계사무의 일부를 처리하는 자로 되어 있다. 상급자로서 회계관계 행위를 명령하였을 때는 연대하여 변상책임을 지도록 하는 등 예시 열거된 회계관계 직원의 범위가 매우 광범하다. 이는 오늘날 국가사업의 대부분이 예산자금과 물자 물품을 수반한 회계와 관련되어 있기 때문이다. 그러나 변상책임이 계약 상대방에게 배상책임(예, 계약 상대방의 불법행위, 계약불이행, 부당이득)이 있는 경우에는 1차적으로 계약 상대방에게 배상책임을 지도록 하나 위와 같은 사유가 없을 때는 회계관계 직원 등이 책임을 진다. 그러므로 회계관계직은 자기가 맡은 회계직이 어느 규정에 근거하여 그 임무가 무엇으로 규정되어 있는가를 먼저 살펴서 그 임무를 숙지하여야 한다. 회계직은 법규에 정하여진 자기 임무와는 관련된 책임만 존재하기 때문이다. 회계직무는 회계직명별로 항시 고정되어 있는 업무가 아니고 법규의 변경여하에 따라 업무의 행위와 범위가 결정되므로 현재 시행중인 관계법규를 늘 파악하고 있어야 할 것이다. 법령상에 규정된 변상주체의 정의와 범위는 다음과 같다.

① 회계직

- 징수관 : 지방세 기타의 세입의 징수를 하는 지방자치단체의 장 또는 그 위임을 받은 공무원이다(지방재정법 제62조제2항)
- 경리관 : 지방자치단체의 지출의 원인이 되는 계약 기타의 행위를 하는 지방자치단체의 장 또는 장으로부터 위임 받은 공무원이다(같은법 제67조 제2항)
- 지출원 : 지방자치단체의 장이 지출사무를 보도록 위임하는 공무원이다(같은법

제69조)

- 출납원 : 지방자치단체의 장이 출납사무를 보도록 위임한 공무원이다(같은법 제89).
- 물품관리관 : 지방자치단체의 장이 물품의 관리에 관한 사무를 위임한 공무원이다(공유재산 및 물품관리법 제52조).
- 물품출납공무원 : 물품관리관이 물품의 출납과 보관에 관한 사무(출납명령사무 제외)를 처리하도록 임명된 공무원이다(같은법 제53조)
- 국가의 회계사무를 집행하는 직원의 회계사무에 준하는 사무를 처리하는 공무원이다(회계관계직원 등의 책임에 관한 법률 제2조2호 나목)

② 회계직의 보조자

보조자는 본직자의 회계관계 사무의 일부에 대하여 일정한 판단을 할 수 있는 지위와 신분을 가진 자이고, 본직자의 회계행위에 영향을 주는 자로서 다음과 같은 범주로 한정하고 있다.

첫째, 보조자는 법령 또는 직무상 권한 있는 자의 임명에 의하여 본직자의 권한에 속하는 회계사무의 일부를 처리하는 자이다.

둘째, 보조자는 반드시 본직자의 부하 직원이어야 하는 것이 아니며 타 소속직원이라도 명에 따라 본직자의 회계사무의 일부를 보조하는 경우에는 보조자로 본다.

셋째, 보조자의 회계사무의 일부를 보조하는 자도 보조자로 본다.

넷째, 본직자의 업무협조 관계에 있는데 불과한 경우에는 보조자로 보지 아니한다.

다섯째, 보조자의 신분이 기능직 또는 고용직인 경우에도 보조자의 개념에 포함된다. 그러나 군의 경우 의무병은 보조자로 보지 아니한다.

여섯째, 일정한 판단을 할 수 있는 권한이 부여되어야 한다.

일곱째, 본직자에 영향을 줄 수 있어야 한다. 모든 회계직의 보조자는 고의와 중대한 과실이 있을 때라야 책임을 지며, 그 가운데 출납직의 보조자는 여기에다 선량한 관리자의 주의의무 위반에 대한 책임을 진다.

③ 회계관계 직원에게 의무 위반을 명령한 상급자

상급자가 회계관계 직원의 성실의무에 위반된다고 인정되는 회계관계 행위를 명령하였거나 요구한 때는 당해 상급자는 회계관계 직원의 행위에 대하여 연대하여 책임을 지도록 하고(회계관계 직원의 상급자로서 법 제8조)있어 상급자도 변상책임의 주체가 된다.

④ 기타

위에 열거한 회계직은 법에 규정된 것이나 여타 공직자도 예산, 자금과 물자 물품을 취급하면 회계관계 직원 등에 해당되어 책임을 진다.

(나) 원인행위

회계관계 직원은 모두 고의(故意) 또는 중대한 과실(過失)로 책임을 지나 이 가운데 출납공무원은 위의 경우에는 물론이고 선량한 관리자의 주의의무 태만으로 손해가 발생하였을 때는 변상책임을 져야 한다. 회계관계 직원의 책임범위는 다음과 같다.

① 고의

고의라 함은 어떤 행위에서 일정한 결과의 발생을 의욕하거나 또는 그것이 발생할 것을 인식 또는 예견하고 이를 인용하여 행위를 한 경우의 주관적 심리상태를 말한다. 법률상 "고의"에는 민법상의 고의와 형법상의 고의, 확정적 고의와 불확정 고의가 있으며, 불확정 고의에는 개괄적 고의, 택일적 고의, 미필적 고의로 분류되고 있다.

② 중대한 과실

보통 사람이면 당연히 해야 할 것으로 요구되는 주의, 즉 선량한 관리자의 주의를 현저히 결한 것을 중대한 과실이라고 하며, 민사책임은 경과실에 의하여 책임이 발생하는 것을 원칙으로 하나 예외적으로 고의 및 중대한 과실에 대해서만 책임을 부담하는 경우가 있다. 조금만 주의를 하였더라면 능히 그러한 결과 발생을 예견할 수 있고 따라서 결과발생을 충분히 방지할 수 있었음에도 불구하고 이러한 주의를 태만한 정도의 주의의무 위반이 있는 경우이다.

③ 경과실

선량한 관리자의 주의를 조금이라도 결한 것으로 보통은 추상적 경과실을 의미하지만 때로는 구체적 경과실도 포함한다. 중대한 과실과 경과실의 구분은 어떤 표준에 의한 양적 · 수적인 개념에 의하여 구분되지 아니한다. 어떤 과실이 자신과 타인과 제삼자가 모두 다 과실로 인정하면 뚜렷하고 명백하므로 중대하다고 할 수 있으나, 자신과 타인과 제3자 가운데 일부가 과실이나 과실로 벌하기는 어렵다고 하면 경과실로 되어 책임을 면하게 될 것이다.

④ 선량한 관리자의 주의

물건 또는 사물을 관리함에 있어 사회통념상 필요한 정도의 주의, 즉 일정한 직업인으로서의 보통의 주의능력을 가진 자가 사정에 응하여 당연히 하여야 할 것이라고 생각하는 정도의 주의이다. 법률상 요구되어 있는 주의의무는 원칙적으로 선량한 관리자의 주의를 표준으로 하고 있다. 주의의무의 위반은 과실 또는 추상적 경과실이 되며 중과실에 대한 의미이다. 예를 들면, 출납직이 출납증에 기재된 양을 확인하여 출납해야 함은 당연한 주의의무인 것과 같다.

(다) 국가 등에 손해발생

회계관계 직원 등의 행위(작위, 부작위)로 재산에 손해가 발생하였다 함은 현금과 물품의 횡령, 망실, 훼손은 외관으로 명백하나 그 이외의 경우로 자산과 자본 등을 감소하거나 부채의 증가를 가져와 전체 재산에 손해를 끼쳤을 때를 말한다. 그러나 의무위반 행위가 행위 당시 유형적 손해에 영향이 없거나 장부의 물가나 사정변경(불가측)에 의하여 영향이 있다 하더라도 그 손해가 미리 불가측 불가양적인 것으로, 예견이 불가능한 손해는 별도의 공무원의 성실의무에 기한 신분상의 불이익적 제재를 받는 것과 여기의 변상책임과는 관련이 없다. 감사원 예규 제154호 “회계관계직원 등의 책임에 관한 법률의 운용기준” 제5조에서 손해로 보지 않는 경우를 참고로 들면 다음과 같다.

① 예산을 변태 인출하여 당해 기관 등이 부담하여야 할 경비로 사용한 경우
② 예산의 낭비
③ 국가기관 상호간, 국가기관 회계 상호간의 거래, 동일한 지방자치단체 기관 상호간, 동일한 지방자치단체 회계 상호간의 거래 및 법인체의 내부거래에 있어 고가로 거래한 경우
④ 임차계약 등에 의하여 타인에게 보관케 한 물품이 망실, 훼손된 경우를 들고 있다. 이상의 경우는 일방 손해로 보이나 결과에 있어서는 손해가 없기 때문이다.

(라) 상당인과 관계

회계관계직원 등의 원인행위인 의무위반행위와 그 결과인 손해발생 간에는 직접 인과관계가 있을 때는 물론이고 서로 간에 객관적으로 타당하고 상당하다고 인정되는 결과가 발생하였으면 변상책임을 져야 한다. 그러나 원인과 결과 간에 전혀 무관

할 때는 책임이 없어 면책되므로 결과의 진실한 원인을 규명하여야 할 것이다. 불가항력에 의한 무책(無責)의 경우를 제외하고는 원인 없는 결과가 없기 때문이다. 예를 들면 타 회계직과 공모하여도 당해 회계직무의 권한행사 여부는 당해 회계직에 달려 있어 효과가 없을 때는 당해 회계직만 책임을 진다.

(마) 증거 책임

회계관계 직원은 모두 고의 또는 중대한 과실이 있을 때는 변상책임을 지나 이를 증명할 책임에 대하여는 규정된 바 없다. 그러나 회계관계 서류를 제출하여 감사를 받도록 되어 있고 변상책임의 유무를 심리판정 하도록 되어 있어(회계관계법과 감사원법 제31조), 감사관계자에게 거증책임이 있다고 보나 출납직만은 선량한 관리자의 주의의무를 태만히 아니한 증명을 스스로 하도록 거증책임을 따로 규정하고 있다(같은법 제4조 제2항).

(4) 변상책임의 종류[64]

(가) 단독변상책임

회계관계 직원 일인만이 국가 또는 단체에 대하여 책임을 지는 경우이다. 회계관계 직원이 단독으로 보관하는 것을 망실, 횡령하였을 때는 물론이고 기타 회계행위를 결재를 받았다 하여도 단독책임 하에 이루어졌을 때는 단독변상 함이 원칙이다.

(나) 공동변상책임

손해가 2인 이상의 회계관계 직원의 행위로 인하여 발생하였을 때에는 각자의 행위가 손해발생에 미친 정도의 한계에 따라 각각 변상의 책임을 진다. 그러나 그 손해발생에 미친 정도의 한계가 불분명한 경우 동일한 것으로 보아 공동으로 분할하여 책임을 진다. 2인 이상의 회계관계 직원의 행위가 공동의 관계에 있으면 충분하고 공모관계가 있다 하더라도 다른 회계직일 때는 보직자만 책임을 진다. 공동변상 책임을 진다하더라도 각자에게 판정된 금액을 변상하면 변상책임은 그 자에 한하여 면한다. 다음의 각호의 1에 해당하는 경우에는 등분 판정한다.

① 예정가격의 조사와 그 결정이 각각 잘못 되었을 때

② 현금 또는 물품을 공동으로 망실 훼손하였을 때

64) 서울시, 전게서, 531-532 쪽 참조.

(다) 연대변상책임

회계관계 직원의 상급자로서 법령, 기타 관계규정 및 예산의 정하여진 바에 따라 성실하게 그 직무를 이행하여야 할 의무에 위반된다고 인정되는 회계관계 행위를 명령 요구하여 손해가 발생하였을 때는 당해 상급자는 그 행위에 대하여 연대하여 변상책임을 진다. 상급자가 위법한 회계관계 행위를 명하여 따르지 아니하기를 기대할 수 없었다고 인정될 경우에는 상급자에게만 단독 변상케 한다. 이를 변상책임의 전가(轉嫁)라 한다. 연대변상책임은 전부가 변상되어야 각자의 책임이 면제된다. 보증책무나 공동변상과도 구별된다. 상급자가 상사로서 부당하고 위법하게 명령하여 회계질서를 그르치게 함을 방지하고자 하는데 목적이 있다.

감사사례 **회계연대책임의 예외**

상급자의 위법한 지시에 대하여 회계관계 직원이 상급자에게 그 이유를 명시하여 당해 지시를 거부하였음에도 불구하고 상급자가 다시 지시를 한 경우 상급자는 회계관계직원과의 연대책임이 아닌 단독책임을 짐(회책법 제8조 2항, 3항. 2001.4.7.개정)(최두선 : 12)

(라) 판정하지 아니하는 사항(무판정)

회계관계 직원 등의 책임에 관한 법률의 운용기준(감사원예규 제154호) 제7조에서 회계관계 직원의 변상책임과 계약 상대방의 배상책임(불법행위, 계약불이행 또는 부당이득의 반환 등에 기인된 것) 등이 경합하는 경우에는 1차적으로 계약 상대방에게 배상책임을 묻고, 변상책임자가 사망한 때, 회계관계 직원 등에 대하여 판결로 배상책임이 확정된 때에는 따로 변상판정을 하지 아니한다.

(5) 변상판정기관

변상책임의 판정은 감사원에서 그 책임유무를 심리 판정한다(감사원법 제31조 제1항). 관계절차는 대통령령인 「회계관계 직원등의 책임에 관한법률」 시행령과 감사원 규칙인 「변상판정집행절차에 관한 규칙」에 상세히 규정하고 있다. 또한, 감사원에서 판정하기에 앞서 소속기관장이 할 수 있고 위임한도액 범위 안에서 손망실 처리에 의한 변상명령조치로 변상시킬 수 있다(같은법 시행령). 변상책임자가 감사원이 정한 기한 내에 변상의 책임을 이행하지 아니하였을 때에는 위탁하여 국세징수법 중 체납처분의 규정을 준용하여 이를 집행한다. 그러나 자체감사 결과 적출된 사건이 변상요건(책임)을 충족할 경우에는 우선 변상책임자, 변상액 및 변상의 이유를 명백히 하여 변상처분 지시서를 당해 기관의 장에게 송부하고 당해 기관의 장은 지체 없이 변상책임자로 하여금 변상하도록 조치하여야 한다. 이때 손해의 전액이 이미 보전된 때에는 감사원 사무처리 규칙 제15조에 의한 범죄 등 통보를 아니 할 수 있다(서울시 : 532).

(6) 변상책임의 소멸

변상책임은 변상에 의하여 소멸하며 변제자는 본인, 보증인, 상속인 등 제3자도 무방하며 시효는 5년 간이다. 정부투자기관 등에는 손해발생을 안 날로부터 3년, 있은 날로부터 10년이다. 본인 사망 시에는 판정 전일 때는 판정하지 아니하고 판정 후 사망했을 때는 상속된 것으로 처리한다.

(7) 변상판정에 대한 구제제도

감사원의 변상 판정서가 도달한 날로부터 3월 이내에 감사원에 재심의를 청구할 수 있다(감사원법 제36조제1항). 처리는 각하, 기각, 취소, 변경을 한다. 감사원이 재심의청구를 수리하였을 때는 특별한 사유가 없는 한 수리한 날로부터 2월 이내에 처리한다(같은법 제38조 제3항). 감사원은 판정 후 2년 이내에 계산서 및 증거서류 등의 오류·누락으로 그 판정이 위법 또는 부당함을 발견하였을 때에는 이를 직권으로 재심의할 수 있다(같은법 제39조). 감사원의 재심의 판정에 대하여는 감사원을 상대로 행정소송을 제기할 수 있다. 다만, 그 효력을 정지하는 가처분 결정을 할 수 없다(같은법 제40조 제2항).

(8) 감사원의 변상판정 사례(최두선 : 95)

① 쓰레기봉투 판매수수료 횡령

영수증을 위조하거나 판매수량을 속여 쓰레기봉투 판매대장을 정리한 후 봉투판매대금의 일부를 시금고에 납입하지 않고 개인용도로 사용한 수입금출납원 보조자는 변상책임이 있다('99년도 감판 제11호).

② 유류 판매대금 횡령

실제 매출한 유류량보다 금액을 늘려서 판매일보에 기록하고 그 차액을 횡령한 회계책임자의 보조자는 변상책임이 있다(2000년도 감판 제5호).

③ 이주정착금 등 보상금 부당지급

사업지구 내에 거주하지 아니한 사실이 확인된 주택소유자에게 주거비 등이 지급되게 한 경리관의 보조자들은 변상책임이 있다(2000년도 감판 제10호).

④ 농경지 복구비 편취

피해가 없는 농경지를 유실된 것으로 허위 조사 · 보고하고 임의 개설한 농지소유자 명의계좌에 복구비를 입금한 후 개인용도로 인출 · 사용한 분임경리관 보조자는 변상책임이 있다(1999년도 감판 제13호).

다. 징계책임

(1) 징계사유

공무원이 다음 각 호의 1에 해당하는 때에는 징계의결의 요구를 하여야 하고 동 징계의결의 결과에 따라 징계처분 하여야 한다.

① 이 법 또는 이에 의한 명령이나 지방자치단체의 조례 또는 규칙에 위반한 때
② 직무상의 의무(다른 법령에서 공무원의 신분으로 인하여 부과된 의무를 포함한다)에 위반하거나 직무를 태만하였을 때
③ 공무원의 품위를 손상하는 행위를 한 때

타법의 적용을 받는 공무원이 지방공무원으로 임용된 경우에 임용 이전의 타 법에 의한 징계사유는 그때로부터 이 법에 의한 징계사유가 발생한 것으로 본다. 다만, 동일한 사유로 이미 징계처분을 받은 경우에는 그러하지 않다. 특수경력직 공무원이 경력직 공무원으로 임용된 경우에 임용 전의 당해 특수경력직 공무원의 징계를 규율하는 법령상의 징계사유는 그 사유가 발생한 날로부터 지방공무원법 제9장의 규정에 의한 징계사유가 발생한 것으로 본다. 경력직 공무원이 특수경력직 공무원으로 임용된 경우에 임용 전의 당해 경력직 공무원의 징계를 규율하는 법령상의 징계사유는 그 사유가 발생한 날로부터 특수경력직 공무원의 징계를 규율하는 법령상의 징계사유가 발생한 것으로 본다(지방공무원법 제69조).

(2) 징계의 종류와 효력

지방공무원의 징계는 파면 · 해임 · 정직 · 감봉 및 견책 등 5종으로 구분한다(같은 법 제70조). 파면과 해임은 해당 공무원을 공무원 관계에서 배제하는 징계이고, 정

직·감봉·견책은 신분적 이익의 일부를 일시적으로 박탈하는 교정 징계이다. 파면과 해임은 공무원 법률관계를 해제하는 것이며, 양자는 공무원 신분을 상실한다는 점에서는 같으나, 파면은 공직에의 5년 간 취임 제한, 공무원연금법상의 급여의 일부 제한 등 여러 가지 불이익을 주는 효과가 수반되나, 해임은 단순히 공무원 관계를 해제, 3년 간 공직취임을 제한할 뿐 다른 부수적 효과가 수반되지 않는다는 점에서 서로 다르다. 정직은 1월 이상 3월 이하의 기간으로 하고, 정직처분을 받은 자는 그 기간 중 공무원의 신분은 보유하나 직무에 종사하지 못하며 보수의 3분의 2를 감한다. 감봉은 1월 이상 3월 이하의 기간 보수의 3분의 1을 감한다. 견책은 전과에 대하여 훈계하고 회개하게 한다. 공무원으로서 징계처분을 받은 자에 대하여는 그 처분을 받은 날 또는 그 집행이 종료된 날로부터 대통령령으로 정하는 기간 승진임용 또는 승급할 수 없다. 다만, 징계처분을 받은 후 직무수행상의 공적으로 포상 등을 받은 공무원에 대하여는 내통령령이 정하는 바에 따라 승진임용이나 승급의 제한기간을 단축하거나 면제할 수 있다. 징계에 관하여 다른 법률의 적용을 받는 공무원이 이 법의 징계에 관한 규정의 적용을 받는 공무원이 된 경우에는 다른 법률에 의하여 받은 징계처분은 그 처분일로부터 이 법에 의한 징계처분을 받은 것으로 본다. 다만, 지방공무원법 제70조에서 정한 징계의 종류 이외의 징계처분의 효력에 관하여는 대통령령으로 정한다. 특수경력직 공무원이 경력직 공무원으로 임용된 경우에 당해 특수경력직 공무원의 징계를 규율하는 법령에 의하여 받은 징계처분은 그 처분일로부터 이 법에 의한 징계처분을 받은 것으로 본다. 다만, 제70조에서 정한 징계의 종류 외의 징계처분의 효력에 관하여는 대통령령으로 정한다. 경력직 공무원이 특수경력직 공무원으로 임용된 경우에 당해 경력직 공무원의 징계를 규율하는 법령에 의하여 받은 징계처분은 그 처분일로부터 특수경력직 공무원의 징계를 규율하는 법령상의 징계처분을 받은 것으로 본다(같은법 제70조).

(3) 징계절차

징계는 인사위원회의 의결을 거쳐 임용권자가 행한다. 다만, 5급 이상 공무원 또는 이와 관련된 하위직 공무원의 징계와 소속기관(시·도와 구·시·군, 구·시·군)을 달리하는 동일사건에 관련된 자의 징계는 시·도의 인사위원회의 의결로 행한다. 징계요구를 한 기관의 장은 인사위원회의 의결이 경하다고 인정하는 때에는 그 처분을 하기 전에 직근 상급기관에 설치된 인사위원회(시·도인사위원회의 의결에 대하여는 그 인사위원회, 시 · 도에 복수의 인사위원회를 두는 경우 제1인사위원회의 의결에 대하여는 그 인사위원회, 제2인사위원회의 의결에 대하여는 제 1인사위원회)에 심사 또는 재심사를 청구할 수 있다. 이 경우에는 소속공무원을 대리인으로 지정할 수 있다(같은법 제72조).

(4) 징계의 관리

감사원에서 조사중인 사건에 대하여는 조사개시 통보를 받은 날로부터 징계의결의 요구, 기타 징계절차를 진행하지 못한다. 검찰 · 경찰, 기타 수사기관에서 수사중인 사건에 대하여는 감사원과 검찰 · 경찰 기타 수사기관으로부터 수사 개시의 통보를 받은 날로부터 징계의결의 요구 기타 징계절차를 진행하지 아니할 수 있다. 감사원과 검찰 · 경찰, 기타 수사기관은 조사나 수사를 개시한 때와 이를 종료한 때에는 10일 이내에 소속기관의 장에게 당해 사실을 통보하여야 한다(같은법 제73조).

(5) 징계사유의 시효

징계의결의 요구는 징계사유가 발생한 날부터 2년(금품 및 향응수수, 공금의 횡령 · 유용의 경우에는 3년)을 경과한 때에는 이를 행하지 못한다. 징계절차를 진행하지 못하여 2년 또는 3년(금품 및 향응수수, 공금의 횡령 · 유용의 경우)의 기간이 경과하거나 그 잔여기간이 1월 미만인 경우에는 징계사유가 발생한 날로부터 2년 또는 3년(금품 및 향응수수, 공금의 횡령 · 유용의 경우)의 기간은 징계혐의 조사나 수사의 종료의 통보를 받은 날로부터 1월이 경과한 날에 만료되는 것으로 본다. 인사위원회의 구성, 징계의결, 기타 절차상의 하자나 징계양정의 과다를 이유로 심사위원회 또는 법원에서 징계처분의 무효 또는 취소의 결정이나 판결을 한 때에는 징계사유가 발생한 날로부터 2년 또는 3년(금품 및 향응수수, 공금의 횡령 · 유용의 경우)의 기간이 경과하거나 그 잔여기간이 3월 미만인 경우에도 그 결정 또는 판결이 확정된 날로부터 3월 이내에는 다시 징계의결을 요구할 수 있다(같은법 제73조의2).

(6) 특수경력직 공무원의 징계

다른 법률에 특별한 규정이 있는 경우를 제외하고는 대통령령으로 정하는 바에 의하여 특수경력직 공무원에 대하여도 이 장의 규정을 준용할 수 있다(같은법 제73조의3).

| Ⅲ | 합법성(법규 순응성)감사

1. 총설

가. 의의 및 배경

원래 영국, 미국 등 대다수의 국가에 있어서는 감사란 정부 또는 정부투자기관 등의 회계, 출납의 공정을 확보하기 위하여 원칙적으로 회계검사에 국한되어 발전되어 온 개념이다. 그런데 우리나라의 감사원 감사는 회계검사와 직무감찰을 포괄하여 실시하고 있다. 회계검사와 직무감찰을 모두 포함하고 있는 우리 제도상의 감사의 개념은 상이한 배경을 가진 두 개의 제도가 종합적인 행정통제와 감시를 위해 하나의 기관 안에서 통합됨으로써 이루어진 것이다.

감사의 개념을 전제로 한 합법성감사의 개념요소는 다음과 같다(서울특별시, 1995 : 27-28).

첫째, 합법성감사는 행정작용의 합법성에 대한 통제작용이다. 원래 감사는 합법성뿐만 아니라 행정에 있어서 필요한 민주성, 합목적성, 효율성 등의 여러 요소에 대한 행정통제작용으로서 기능을 수행하는바, 합법성감사는 특히 행정의 법 적합성에 대한 통제작용으로서의 성격을 띠는 것이다. 그리고 감사는 행정의 관리·통제적 작용인 까닭에 단순한 조사행위는 합법성감사의 개념에 포함시키지 않는다.

둘째, 합법성감사의 감사기관은 감사대상 기관과 상당한 독립성을 유지함이 원칙이다. 독립성 없는 자에 의한 감사는 엄밀히 말해서 합법성감사라고 할 수 없다. 오늘날 조직체의 자체감사가 많이 이루어지고 있는 바, 기능면에서는 감사원 감사와 유사하다. 자체감사는 조직 내부에서 이루어지는 것이므로 범위는 더욱 넓으나 업무상 독립성은 그만큼 약화된 것이다.

셋째, 합법성감사는 사후적인 조사행위의 성격을 가진다. 감사는 직접 행정목적을 실현하는 행위가 아니라 이미 이루어진 행동목적의 실현행위를 사후적으로 조사하고 통제하는 행위인 것이다. 따라서 합법성감사에 앞서서 감사를 받아야 할 행위가 존재하고 있어야 함이 원칙이다. 그런데 이와 같은 합법성감사의 사후적 성격은 감사결과 처리의 예방적·지도적 성격을 배제하는 것이 아니라는 점이다. 합법성감사가 사후적으로 행해지더라도 그 감사결과 처리에 있어서는 사전 예방적 효과를 충분히 거둘 수 있다.

나. 기능

합법성감사는 주로 감사결과의 처리에 따라 그 양태를 달리하나 대체로 다음과 같은 기능을 수행한다(서울특별시, 1995 : 28).

① 법치행정의 실현과 행정 내부의 질서유지를 위한 행정의 관리 및 통제기능
② 위법한 행정작용에 따른 책임의 판단 및 심사청구제도와 관련된 준 사법적 기능
③ 시정, 주의의 요구와 개선 요구 등의 처리행위를 통한 행정에 관한 법 적용기준의 정립작용
④ 법치행정과 행정질서 유지를 실현하기 위한 행정개선의 보조기능

행정기관의 행정작용은 법치행정을 이념으로 하므로 합법성감사가 모든 감사의 기본이자 출발이다. 또한 합법성감사는 행정기관의 행정작용이나 형식에 따라 다른 기준과 방식이 적용되어야 한다. 즉, 행정행위의 요건, 행정기관의 재량행위, 행정계획, 행정지도 등에 따라 다른 기준이 활용되고 있다(강인옥 : 1-14).

다. 다른 유형의 감사 간의 관계

합법성감사는 재무감사, 성과감사, 정책감사와 다음과 같은 관계가 있다.

첫째, 재무감사는 행정기관이 공공자금을 의회의 의사, 즉 국회나 지방의회가 제정한 법률이나 조례, 확정한 예산에 적합한 징수와 지출 여부를 검토하는 것을 목적으로 한다. 따라서 재무감사 활동은 법률이나 예산에 위배된 부정한 수입이나 지출은 없는가, 개별적 위법 · 부당사항이나 비위사항의 적출에 중점을 두게 된다.

둘째, 성과감사에 있어서 합법성 확보는 기본 전제이다. 예컨대, 미국의 GAO (Government Accountability Office)의 성과감사 실시기준에서도 관련법규에 대한 사전적 검토와 적법성 확보는 중요하게 다루어지고 있다(GAO, GAS 2.09). 따라서 감사관은 성과감사 시 재량남용 및 불법행위의 조짐이 보이는 상황이나 거래에 대하여 주의를 게을리 하면 안 된다.

셋째, 정책감사에 있어서도 적법성은 정책과정을 통틀어 적법성이 전제되고 있다.

2. 합법성감사의 기준

합법성감사는 행정기관에 의한 행정작용이 실정법과 행정법 일반원칙(조리)에 저촉되는지 여부를 평가하는 바, 그 기준은 다음과 같다(감사원, 1994 : 59-63).

가. 성문행정법

(1) 실정법령

공공감사의 기준이 되는 행정작용(행정입법, 행정처분, 행정계획, 행정지도 등)은 헌법, 법률, 일반적으로 승인된 국제조약, 시행령 및 시행규칙(법규명령) 등에 위반되어서는 아니 된다. 따라서 행정기관의 행정처분은 신법과 구법이 있을 때에는 당연히 신법이 우선적으로 적용되어야 하고, 법령이 바뀌는 과정에 있을 때에는 경과규정에 따라야 할 것이며, 일반법과 특별법이 있을 때에는 특별법을 우선적으로 적용하여 처분을 행하여야 할 것이다.

(2) 행정규칙

공공감사의 판단기준은 사법심사의 기준이 되는 엄밀한 의미의 법원(法源) 또는 법규와는 구별되는 것이고, 감사는 어디까지나 광의의 행정작용에 속하는 것이므로 행정 내부규범으로서의 행정규칙도[65] 그것이 법규사항을 규정하고 있는 것이든 단순한 행성 내부의 행위기준을 규정하고 있는 것이든 모두 감사의 기준이 된다.

(3) 조례 · 규칙

지방자치단체에 대한 감사의 기준은 법령은 물론이고 지방의회가 의결하는 조례와 지방자치단체장이 정하는 규칙까지 포함된다. 지방자치단체에 대한 감사기준은 법령의 범위 안에서 제정된 조례와 법령이나 조례의 위임에 따라 제정된 지방자치단체장이 정하는 규칙에 확장된다. 지방자치행정은 법령, 조례 · 규칙에 저촉되지 않아야 한다. 조례 · 규칙은 특히, 지방자치단체의 자체감사나 지방의회에 의한 지방행정사무에 대한 감사의 기준으로 활용된다.

65) 행정규칙은 행정내부에서 상급행정기관이 행정권에 내재하는 고유한 권능에 근거하여 하급행정기관에 대하여 행정의 조직이나 활동을 보다 자세히 규율하기 위하여 발하는 일반 추상적 규범이다(홍정선 : 209).

나. 불문 행정법

(1) 판례법

행정사건에 대한 법원의 판례는 혹은 추상적인 행정법규의 내용을 구체적으로 명확히 하며, 혹은 관습법의 존재와 내용을 명확히 하거나 조리를 적용하는 등, 성문법규의 결함을 보충한다. 이러한 판례가 장래의 동종의 사건에 대한 재판의 준거가 될 때 판례법이 성립된다.

당해사건에 관한 한 대법원의 판결은 그 사건에 관한 절대적인 법해석으로서 구속력을 가지는 것이므로 당연히 그 판결과 직접 관련된 일련의 행정작용에 있어서의 감사의 기준으로서 채택되어져야 할 것이며, 대법원의 판례는 그와 유사한 사안에 대한 감사의 기준이 된다.

(2) 행정관습법

일반적으로 행정영역에서 오랜 기간 관행이 존재하고, 그러한 관행이 일반국민의 법적 확신을 얻어 법규범으로 승인된 것을 말한다. 행정관습법의 법원성은 성문법이 없는 경우에 보충적인 효력만을 인정하는 경우와 성문법이 있는 분야에서도 성립될 수 있고, 성문법을 개폐하는 효력까지도 인정하는 견해가 대립되고 있으나 전설이 타당하다고 본다. 이러한 행정관습법은 훈령, 통첩, 고시 등 행정사무처리에 관한 관행인 소위 행정선례법과 입어권(入漁權), 관습상 유수(流水)사용권, 해상경계선 내부의 바다에서의 자치단체의 자치권 행사 등을 들 수 있다.

(3) 조리(행정법의 일반 원칙)

일반사회의 정의감에 비추어 반드시 그러하여야 할 것이라고 인정되는 조리는 법해석의 기본원리로서, 그리고 성문법, 관습법, 판례법이 모두 존재하지 않는 경우의 최후의 보충적 법원(法源)으로서 중요한 의미를 갖고 있다. 감사에 있어서도 조리는 합법성 판단에 중요한 기준이 되지만, 감사기구는 법원과 달리 최후의 재판준거법으로서의 조리를 의무적으로 탐구해야 할 입장에 서지도 아니하며, 또한 그러한 법의 발견을 고유한 임무로 하고 있는 기관도 아니다. 그러므로 조리를 합법성 판단의 기준으로 함에 있어서는 이미 학설과 판례에 의해 인정되고 있는 조리나 원칙을 적용하는 것으로 충분하다고 할 것이다. 일반적으로 인정되고 있는 조리에는 다음과 같은 것들이 있다(김동희, 1997 : 54-59).

(가) 평등 원칙

평등 원칙은 그를 정당화할 만한 사유가 없는 한, 다른 자에 대한 처분보다 불리한 처분을 하여서는 아니 된다는 원칙을 말한다. 평등 원칙은 헌법적 효력(헌법 제11조)을 가지는 것이기 때문에, 그에 위반된 행정작용은 위헌·위법한 것이 된다.

(나) 비례 원칙(과잉급부 금지 원칙)

비례 원칙은 일반적으로는 행정작용에 있어 목적 실현을 위한 수단과 당해 목적 사이에는 합리적인 비례관계가 있어야 한다는 원칙이다. 이러한 비례 원칙은 내용적으로는 적합성의 원칙(행정작용이 그 목적달성에 적합한 수단이어야 한다), 필요성의 원칙(목적달성을 위한 당해 행정작용은 그 상대방과 일반국민에 대하여 필요 최소한도로 침해적인 것을 선택하여야 한다) 및 상당성의 원칙 (위의 두 가지 요건이 충족되는 경우에도 다시 당해 작용에 의한 침해의 정도와 그 추구하는 목적 사이에는 합리적인 비례관계가 있어야 한다) 등으로 구성된다.

이러한 비례 원칙은 헌법상(제37조 제2항)의 법치국가 원리에서 나온 '법의 일반원칙'으로서 그것은 단순한 조리상의 원칙에 그치는 것이 아니고, 비록 헌법조문에 명시되어 있지는 않다고 할지라도 헌법에 근거를 둔 법 원칙으로 새겨진다.

따라서 비례 원칙의 위반은 위헌을 포섭한 의미에서의 위법을 구성한다. 그리고 이러한 비례 원칙은 재량권의 한계를 명시하는 법의 일반 원칙으로서 모든 행정영역 또는 작용에 적용되는 것이다.

(다) 부당결부금지 원칙

부당결부금지 원칙은 행정작용을 함에 있어서 그와 실체적 관련이 없는 상대방의 반대급부를 조건으로 하여서는 아니 된다는 원칙이다. 예컨대, 인근 공원에 미화사업을 할 것을 조건으로 호텔 건축허가를 하는 경우가 이에 해당한다. 이 원칙은 일반적으로 사물의 본질적 법칙으로서의 조리에서 도출되는 것으로 헌법상의 법치국가원리에 의해서도 뒷받침되고 있다.

(라) 신뢰보호 원칙

신뢰보호 원칙은 행정기관의 일정한 언동(명시적 묵시적)의 정당성 또는 존속성에 대한 개인의 보호할 가치가 있는 신뢰는 보호해 주어야 한다는 원칙을 말한다. 즉, 국민이 행정기관의 어느 특정한 결정의 정당성이나 존속성에 대하여 신뢰한 경우에는 그 신뢰가 보호 받을 가치가 있는 한 이를 보호하여 주어야 한다는 원칙을 말한다. 신뢰보호 원칙은 실정법적 효력을 가지는 원칙이기 때문에 행정작용이 이에 위반하는 경우에는 위법한 것이 된다.

(마) 자기구속의 원칙

행정청이 제3자에 대하여 행하였던 결정은 동종의 사안을 행함에 있어서 다른 상대방에 대하여도 동일한 결정을 행하도록 스스로 구속당하는 것을 말한다. 행정작용에 있어서 행정청은 원칙적으로 그 처분의 내용에 관하여 독자적 판단권이 있음에도 불구하고, 그 처분에 관한 관행이 형성되어 있는 경우에는, 헌법상의 평등원칙에 따라 스스로의 관행에 구속되게 되는 것을 말한다.

(바) 신의성실의 원칙

사법상의 신의성실의 원칙이나 권리남용금지 원칙은 내용상으로는 당해 법영역을 뛰어넘어 일반적 타당성을 가지는 법 원리로서 공·사법을 불문하고 전체 법영역에 적용되는 법의 일반원리이다.

(사) 합법성과 합목적성의 비교형량

행정기관이 행정을 수행하는 과정에서 공익·사익 관계 제 이익을 비교형량해야 한다. 현대적 감사는 단순히 행정작용에 대한 합법성의 통제에 그치는 것이 아니라 행정작용의 국민에 대한 효과의 적정성까지도 고려하는 것이라야 한다. 이 경우 공익과 사익의 합목적적 비교형량은 공공감사의 기준이 될 것이다.

3. 행정법 관계의 내용상 위법성 판단

법률관계의 내용은 권리·의무를 뜻하므로 행정법관계의 내용은 공법상 권리·의무, 즉 공권·공의무의 문제가 된다. 공권·공의무는 그 귀속 주체에 따라 국가적 공권과 개인적 공권, 국가적 공의무와 개인적 공의무로 구분할 수 있다.

가. 국가적 공권과 개인적 공의무

국가적 공권이란 행정법 관계에서 국가 등 행정주체가 사인에 대해 갖는 권리, 즉 공법관계에서 행정주체가 직접 자기를 위해 일정한 이익을 주장할 수 있는 법률상의 힘을 말한다. 국가적 공권은 그 목적을 표준으로 하여 조지구건, 경찰권, 공기업특허,

공용부담특권, 공물관리권, 재정권, 군정권, 사법행정권, 과형권(科刑權), 규제권 등으로 나누어지며, 권리의 내용에 따라 명령권(下命權)·형성권[66]·공법상 물권(공소유권, 공용지역권, 공법상 담보물권) 등으로, 권리의 대상에 따라 대인적 공권·대물적 공권 등으로 구분할 수 있다.

개인적 공의무는 국가적 공권에 대응하여 질서행정상의 의무, 공용부담의 의무, 재정상 의무, 국방의무 등이 있으며, 의무의 내용에 따라서는 작위·부작위·급부, 수인의무로 나눌 수 있다. 사법상 의무와는 달리 원칙적으로 의무자의 의사에 불구하고, 직접 법률에 의하거나 또는 법률에 근거한 행정처분에 의하여 과하여 지며, 의무를 불이행하는 경우에는 법률에 근거하여 행정청의 자력강제가 인정되는 경우가 많다. 또한 개인적 공의무의 위반에 대하여는 벌칙이 규정되어 있는 경우가 많다.

나. 개인적 공권과 국가적 공의무

(1) 개인적 공권과 법률상 이익

개인이 공법상 자기의 고유한 이익을 추구하기 위해 국가 등 행정주체에 대하여 일정한 행위를 요구할 수 있도록 개인에게 주어진 법적인 힘을 개인적 공권이라 한다. 개인적 공권은 주관적 공권으로 불리기도 한다. 행정심판법(제9조)과 행정소송법(제12조)은 개인적 공권이라는 용어 대신에 법률상 이익이라는 용어를 사용하고 있는바, 개인적 공권과 법률상 이익이라는 양 개념이 동일한 것인지, 아니면 상이한 것인지가 문제될 수 있다. 생각건대 개인적 공권이라는 것이 바로 법률상 보호되는 이익이라 할 것이며, 아울러 양자의 개념을 상이하다고 볼 아무런 실질적인 사유가 없으므로 양자는 동일한 개념으로 볼 것이다(홍정선, 2005 : 127). 한편, 반사적 이익은 법규가 단순히 개인에게 이익을 줄 뿐 그 이익을 보호하려는 의도가 없을 때, 그러한 이익을 반사적 이익이라 부른다. 따라서 권리와 반사적 이익의 구별기준은 법상으로 특정개인의 이익의 보호가 인정되는가의 여부에 있다고 하겠다. 반사적 이익의 침해는 물론 행정소송의 대상이 될 수 없다(예, 음식점영업 허가로 인해 피 허가자가 받는 경제상 이익).

(2) 개인적 공권의 성립

개인적 공권은 여러 방면에서 인정된다. 말하자면 그것은 성문법에서 나타나기도

66) 형성권이란 법률관계를 발생·변경 소멸시킬 수 있는 권리를 말한다.

하고 불문법에서 나타나기도 한다.

(가) 법률의 규정에 의한 성립

법률에서 ① 국가 또는 그 밖의 행정주체에게 행위의무를 부과하고, ② 그 관련규정이 오로지 공익의 실현만을 목표로 하는 것이 아니라 개인의 이익의 만족에도 기여하도록 정해져 있다면 관련 사인은 개인적 공권을 갖게 된다. 말하자면 그 사인은 관련 행정기관에 대하여 특정의 행위를 청구할 수 있게 된다. 이러한 논리를 2요소론(要素論)이라 한다. 그런데 특별히 유의할 사항은 ②에서 말하는 관련 사인이란 행위의 상대방만을 말하는 것이 아니라 제3자일 수도 있다는 점이다.

관련판례

구 자연공원법 등 관련법령의 관련 규정에 의하면, 국립공원 집단시설지구개발사업의 조성면적이 10만㎡ 이상인 경우에는 환경영향평가대상사업에 해당하므로 환경부장관이 집단시설지구 내 시설물기본설계 변경승인처분 등을 함에 있어서는 반드시 자연공원법령 및 환경영향평가법령 소정의 환경영향평가를 거쳐서 그 환경영향평가의 협의내용을 사업계획에 반영시키도록 하여야 하므로 자연공원법령뿐 아니라, 환경영향평가법령도 위 변경승인처분 등에 직접적인 영향을 미치는 근거법령이 된다고 볼 수밖에 없고, 환경영향평가에 관한 위 자연공원법령 및 환경영향평가법령상의 관련 규정의 취지는 집단시설지구개발사업으로 인하여 직접적이고 중대한 환경피해를 입으리라고 예상되는 환경영향평가대상지역 안의 주민들이 개발 전과 비교하여 수인한도를 넘는 환경침해를 받지 아니하고 쾌적한 환경에서 생활할 수 있는 개별적 이익까지도 이를 보호하려는 데에 있다 할 것이므로, 위 주민들이 위 변경승인처분과 관련하여 갖고 있는 위와 같은 환경상의 이익은 주민 개개인에 대하여 개별적으로 보호되는 직접적 · 구체적인 이익이라고 보아야 할 것이다(대판 2001. 7. 27, 99두2970).

(나) 헌법에 의한 성립

헌법이 직접 구체적으로 인정하는 개인적 공권을 제시하기는 어렵다. 왜냐하면 여러 헌법규정은 강령적 · 정책적 · 선언적 · 추상적 성격을 강하게 가지기 때문이다. 대체로 말해 방어권이라는 측면(예, 연구활동을 방해하여 학문의 자유를 침해할 때에 그 침해의 배제를 구하는 경우)에서 자유권적 기본권은 구체성을 띠는 기본권이라 할 것이나, 청구권적 측면(예, 보다 많고 보다 좋은 학문 연구자료의 공급을 청구하는 경우)에서 구체성을 띤다고 말하기는 어렵다. 한편, 헌법재판소는 알 권리와 접견권을 헌법에서 직접 인정되는 구체적인 권리로 인정하였다.

관련판례

접견권은 헌법상 기본권의 범주에 속하는 것이다), … 만나고 싶은 사람을 만날 수 있다는 것은 인간이 가지는 가장 기본적인 자유 중의 하나로서, 이는 헌법 제10조가 보장하고 있는 인간으로서의 존엄과 가치 및 행복추구권 가운데 포함되는 헌법상의 기본권이라 할 것이며, 형사소송법 제89조 및 제213조의2가 규정하고 있는 구속된 피고인 또는 피의자의 타인과의 접견권은 위와 같은 헌법상의 기본권을 확인하는 것일 뿐 형사소송법에 의하여 비로소 피고인 또는 피의자의 접견권이 창설되는 것이라고 볼 수 없다(대판 1992. 5. 8, 91누7552).

(다) 법규명령에 의한 성립

법규명령에 의한 개인적 공권의 성립문제는 법률의 규정에 의한 개인적 공권의 성립의 경우를 준용하면 될 것이다.

(라) 행정규칙에 의한 성립

행정규칙은 원칙적으로 행정 내부적으로만 직접적인 구속력을 가질 뿐, 행정 외부적으로 구속력을 갖는 것은 아니다. 따라서 행정규칙은 원칙적으로 개인적 공권의 성립근거가 되지 못한다.

관련판례

서울특별시의 '철거민에 대한 시영아파트특별분양개선지침'은 서울특별시가 사업주체로 된 주택인 시영아파트를 공급함에 있어서 주택건설촉진법 제32조의 규정에 의하여 주택의 공급조건 · 방법 및 절차에 관하여 규정하고 있는 주택공급 에 관한규칙 제4조에 규정된 공급대상자 가운데 도시정비사업 등으로 인하여 주택이 철거된 가옥주로서 일정한 요건에 해당하는 자에게 위 시영아파트를 특별분양하는 혜택을 부여하도록 하는 서울특별시 내부에 있어서의 행정지침에 불과하며, 그 지침 소정의 자에게 공법상의 분양신청권이 부여되는 것은 아니라고 할 것이어서 서울특별시의 위 아파트에 대한 분양불허의 의사표시는 항고소송의 대상이 되는 신청거부의 행정처분으로 볼 수 없다(대판 1989. 12. 26, 87누1214).

(마) 관습법에 의한 성립

예외적이기는 하지만, 경우에 따라서는 관습법에 의해 개인적 공권이 인정되기도 한다(예, 수산업법 제40조의 入漁權). 그러나 그 예는 흔하지 않다.

(바) 공법상 계약에 의한 성립

공법상 계약도 계약의 일종이고, 계약은 쌍방 당사자의 합의에 의해 서로 권리·의무를 발생시키는 것이므로, 공법상 계약에 의해 공법상 권리로서 개인적 공권이 성립함은 물론이다.

(3) 개인의 지위강화

참여를 통한 민주주의의 내실화, 기본권의 사전적·사후적 보장의 강화를 통한 법치주의의 심화, 개인의 권리의식의 강화, 그리고 권리개념에 대한 새로운 인식과 더불어 과거에 비해 오늘날에는 일련의 개인적 공권이 행정법학자들의 큰 관심의 대상이 되고 있다. 이러한 권리의 예로 행정절차상 개인의 참여권, 무하자재량행사청구권[67], 행정개입청구권[68] 등을 볼 수 있고, 이 밖에도 정보청구권을 들기도 한다.

(4) 국가적 공의무

공의무란 공권에 대응하는 개념으로서 타인의 이익을 위해 의무자의 의사에 가해진 공법상 구속을 말한다. 공의무는 주체에 따라 국가적 공의무(예, 봉급지급의무)와 개인적 공의무(예, 수수료 납부의무), 내용에 따라 작위의무(예, 건축허가발령의무)·부작위의무(예, 일정처분을 하지 아니할 의무)·수인의무(예, 전염병예방접종의 수인의무)·급부의무(예, 납세의무)등으로 구분할 수 있다. 여기서 국가적 공의무는 개인적 공권에 대응하여 참정시킬 권리, 수익요구에 응할 의무, 자유권불침해의무 등이 있다.

다. 행정법관계 내용상 위법성 감사시 착안사항

1. 국가적 공권의 남용과 관련된 감사착안사항

☞『4. 행정처분에 대한 위법성 판단』 참조

---

67) 무하자재량행사청구권이란 재량행위의 경우, 행정청이 재량권을 남용하여 위법한 처분을 하면, 신청인이 이를 다툴 수 있는 권리를 말한다(예 : 재량행위인 도로점용허가를 신청한 경우, 도로관리청이 재량권을 남용하여 거부처분을 하였다면, 신청인은 거부처분을 다툴 수 있다). 1940년대까지는 재량행위의 경우에는 개인적 공권이 인정되지 않았다. 따라서 도로관리청이 재량권을 남용하여 거부처분을 하였다고 해도, 신청인은 거부처분을 다툴 수 없었다.

68) 자기의 이익을 위해 자신을 주민기초생활보장 대상자로 지정해 줄 것을 청구하거나 또는 이웃이 불법건축을 하여 일조권 등을 침해할 때 건축행정청이 이웃(제3자)에게 불법건축을 철거하라는 명령을 발동할 것을 청구하는 경우에 보는 바와 같이 행정권의 발동을 청구하는 권리를 행정개입청구권이라 부른다.

☞『5. 재량적 행정처분에 대한 위법성 판단』 참조

2. 국가적 공의무와 위반과 관련된 감사착안사항

☞『Ⅳ. 공무원의 직무에 대한 감찰』 참조

3. 개인적 공권의 행사에 관련된 감사착안사항

☞『4. (3) 행정행위 절차에 관한의 하자』 참조

4. 개인적 공의무 위반과 관련된 감사착안사항

☞『행정작용의 실효성 확보수단 선택의 위법성 판단』 참조

4. 행정처분에 대한 위법성 판단

가. 행정처분의 의의

행정처분은 행정청이 법에 의거하여 우월한 의사권을 발동하거나 기타의 공권력을 행사하는 것으로서 사인에 대한 구체적인 사실에 관해 권리의 설정 또는 의무의 부과를 명하거나 기타 법률상의 효력을 발생하게 하는 행위를 말한다[69]. 행정처분에는 신청에 의한 처분과 행정청이 스스로 하는 직권처분이 있다. 신청에 의한 처분은 예컨대, 허가·인가·특허·면허·승인 등의 신청, 장부 대장에의 등록 또는 등재의 신청 등에 따른 처분을 말하며, 직권처분은 국민의 권리와 의무를 제한하거나 부과하는 등 불이익 처분을 말한다.

행정청의 행정작용 중에서 행정처분에 속하지 않는 것은 사법상의 행위, 행정기관 내부적 행위, 단순한 사실행위, 명령·규칙 정립행위, 행정계획 중 특정인의 권리와 의무에 관계가 없는 행위, 알선, 권고, 통지, 질의회신, 강제집행, 즉시강제 등이다.

따라서 행정처분(행위)은 정당한 권한을 가진 행정청에 의해 올바른 절차와 형식을 통해 발하여지고, 그 내용 중에 흠이 없을 때라야 적법한 것이 된다. 따라서 행정행위의 주체, 내용, 절차, 형식요건 등 4가지 요건을 갖추지 못한 행정행위는 위법무효이거나 취소원인이 된다.

69) 행정처분은 행정쟁송법상의 용어이고, 강학적으로는 행정행위라는 용어로 사용되는 바, 행정행위의 개념은 최광의, 광의, 협의, 최협의(最狹義)로 나누어 정의되는 바, 통설은 최협의 개념을 채택하고 있다. 즉, 행정행위는 행정청이 법 아래에서 구체적 사실에 대한 법집행으로서 행하는 권력적 단독행위인 공법행위를 말한다.

나. 행정처분의 위법 · 무효 판단기준[70]

(1) 행정행위 주체의 하자

(가) 주체 하자의 위법성이 문제되는 경우

행정행위가 완전한 효력을 갖추기 위해서는 정당한 권한을 가진 행정기관이 그 권한 안에서 정상적인 의사에 기하여 행한 행위라야 하는데, 이러한 요건을 갖추지 못한 행위는 원칙적으로 무효이다.

① 정당한 권한을 가진 행정기관이 아닌 자의 행위

행정행위는 행정주체의 적법한 권한 내의 행위이어야 하며, 행정행위를 하는 주체가 정상적으로 조직되고, 정상의 의사에 따라서 해야 한다.

첫째, 공무원이 아닌 것이 명백한 일반 사인의 행위는 소위 행정행위의 부존재에[71] 해당한다. 구체적으로 ① 적법하게 선임되지 아니한 자(결격자가 공무원으로 선임된 경우) ② 행위 당시에는 이미 신분을 가지지 아니한 자(정년, 면직, 임기만료 된 자, 당연 퇴직 사유의 발생 등으로 신분을 상실한자) 등이 행한 행위는 원칙적으로 무효이다. 다만, 선의의 상대방의 신뢰를 보호하기 위하여 이러한 행위를 유효한 것으로 하는 경우가 있다. 따라서 적법하게 선임되지 아니한 공무원의 행위라 하더라도, 객관적으로 공무원의 행위라고 믿을 만한 사정이 있는 경우에는 신뢰보호와 법적 안정성을 위하여 그 행위를 유효하게 보자는 이론이 있다(박윤흔 : 403).

둘째, 행정기관의 정당한 대리권이 없는 자가 대리자로서 행한 행위는 원칙적으로 무효이다. 다만, 이 경우에도 민법상의 표현대리(表見代理)의 법리(민법 제125-126조)를 유추하여 상대방이 정당한 권한을 가졌다고 믿을 만한 상당한 이유가 있을 때에는 그 효력을 인정하여야 하는 경우가 있다.

70) 이명구 : 272-278, 박윤흔 : 402-408.

71) 행정행위 부존재란 행정행위가 그 성립요건의 어떤 중요한 요소를 결여함으로써 행정행위로 성립하지 못한 경우이며, 행정행위가 외관상으로 존재하지 않는 경우를 말한다.

관련판례 1

유기장법 및 지방자치법 제7조의 규정에 비추어 유기장 영업허가는 시장이 하게 되어 있을 뿐 이 허가권을 동장에게 외부위임할 수 있는 근거가 없고 영업허가 권한이 없는 동장이 한 영업허가는 당연 무효가 될 것이므로 동장으로부터 유기장영업허가 취소를 받은 자는 행정처분 취소를 소구할 이익이 없다.(대판 1991. 10. 11, 91누7835; 대판 1976. 2. 24, 76누1).

관련판례 2

행정기관의 권한에는 사무의 성질 및 내용에 따르는 제약이 있고, 지역적 · 대인적으로 한계가 있으므로 이러한 권한의 범위를 넘어서는 권한유월의 행위는 무권한 행위로서 원칙적으로 무효이고, 선행행위가 부존재하거나 무효인 경우에는 그 하자는 당연히 후행행위에 승계되어 후행행위도 무효로 된다(대판 1996.6.28, 96누4374).

셋째, 적법하게 구성되지 아니한 합의체 기관의 행위는 원칙적으로 무효이다. 적법한 소집절차가 없었거나 정족수 미달의 경우 또는 결격자가 참석한 경우와 같이 구성에 중대한 하자가 있는 합의기관의 행위는 원칙적으로 무효이다.

관련판례 **합의체 기관의 불법행위 사례**

상급 지치단체이 민영주택건설사업계획 심의회에서 사업주체인 주택조합이 도시계획도로 편입 토지 22억 원 상당을 기부 채납하는 것을 조건으로 동 주택조합아파트 건설계획을 승인하도록 심의하고, 위 상급 자치단체장이 이를 확정하여 하급자치단체장에게 시달하였음에도 하급 자치단체장 및 그 간부들이 주택조합장과 결탁하여 재심의를 실시하고 위 기부채납 조건을 해제하는 것으로 사업승인함으로써 기부채납 대상 토지를 매입하게 되어 22억 원 상당의 손실이 초래된 데에 대하여 관련공무원을 파면 및 해임처분 요구하고 주택조합관계자를 고발조치(대판 1995.3.3, 93 누 6775; 강인옥 : 7)

넷째, 타 행정기관의 필요적 협력을 결한 행위는 원칙적으로 무효이다. 법령은 일정한 권한을 특정기관에 부여하되, 그 행위를 함에는 타기관의 협력, 즉 의결, 승인, 협의 등을 얻도록 한 경우가 적지 아니하다. 이는 국민의 권익보호, 행위의 적법 타당성의 사전보호, 타 기관의 관장 사무와 관련성 유지 등을 위한 것으로 볼 수 있는바, 이 경우에 협력을 결한 행우는 원칙적으로 무효이다. 다만, 요구된 협력이 자문기관의 자문인 경우에는 행정절차의 내부적 신중을 기하기 위한 경우가 많을 것이므로 자문을 거치지 않은 경우는 일반적으로 무효가 아니고 취소 원인이 될 수 있다.

(2) 행정기관의 권한 외의 행위

행정기관은 오직 법령에 의해 수권(授權)된 범위 안에서만 적법하게 행위를 할 수 있는 바 그 수권의 범위를 넘는 무권한 행위는 원칙적으로 무효이다. 다만, 무권한의 행위라 할지라도 공평, 신뢰보호, 법률생활의 안정 등에 비추어 유효로 보아야 할 때가 있다.

관련판례 **권한 없는 행위로서 당연 무효인 사례**

학교법인 이사회의 승인 의결 없이 행한 기본재산 교환 허가신청에 대한 시교육위원회의 허가처분의 당연 무효(대판 1984. 2. 28, 81 누 275 : 대판 1988. 3. 22, 87 누 1018)(권한이 소멸된 이후의 행위에 대한 당연 무효)

(3) 행정기관의 의사에 결함이 있는 행위

첫째, 의사 없이 한 행위는 원칙적으로 무효이다. 공무원이 심신상실 중의 행위나 저항할 수 없을 정도의 무리한 정신적 강제에 의하여 행한 의사 없는 행위로서 원칙적으로 무효이다.

둘째, 행위무능력자인 공무원의 행위는 원칙적으로 무효이다. 미성년자인 공무원의 행위는 미성년자도 공무원이 될 수 있으므로 행정행위의 효력에 영향이 없으며 금치산자, 한정치산자는 공무원이 될 수 없는 결격사유에 해당하므로 이에 해당하는 공무원의 행위는 무효라 할 것이다. 그러나 사실상의 공무원의 이론에 의하여 관계인의 신뢰보호의 견지에서 행정행위의 효력에 영향이 없는 경우도 있다.

셋째, 의사결정에 흠이 있는 행위는 무효나 취소할 수 있는 행위가 된다. 공무원의 착오로 인한 행위, 사기·강박·증수뢰 기타 부정행위에 의한 행위 등이 이에 속한다. 착오로 인한 행위는 착오 그 자체만으로서 바로 무효나 취소의 원인이 되는 것은 아니고, 그 착오에 의한 행위 자체에 하자(흠)가 있는 때에 그 하자를 이유로 무효나 취소로 할 수 있다는 것이 통설이다[72]. 착오의 결과 행정행위의 내용이 불

72) 착오로 행정행위를 한 것이고, 행정행위의 절차에 하자가 있는 것으로 볼 수 없는 경우는 그 사유만으로 행정행위를 취소할 수 없다(대판 1979. 6. 26, 79누43; 대판 1976. 5. 11, 75

능·위법하게 된 때에는 그 불능·위법을 이유로 무효 또는 취소를 할 수 있음에 그친다 할 것이다.

한편, 사기·강박·증수뢰 기타 부정행위에 의한 행위는 다른 원인에 의하여 무효가 되는 경우를 제외하고 취소할 수 있다. 상대방의 사기 강박 등에 의하여 의사결정에 하자가 있는 행위 또는 증수뢰·부정신고 기타 부정행위에 의거한 행정행위는 상대방의 신뢰를 보호할 필요가 없다는 견지에서 독립의 취소원인으로 보는 것이 일반적이다.

이와 관련하여 감사할 때 검토해야 할 사항은 다음과 같다.

① 공무원이 아닌 자가 공무원으로 행세 하면서 처분한 사례가 없는가?

② 대리권이 없는 자가 대리권이 있는 것처럼 행세하여 행한 행정행위 사례는 없는가?

③ 적법하게 구성되지 아니한 합의제 기관의 행정처분은 없는가?

④ 타 행정기관의 필요적 협의행위를 거치지 아니하고 자의적으로 판단하여 처분한 행위는 없는가?

(2) 행정행위 내용에 관한 하자

(가) 내용상 하자로 인한 위법성이 문제되는 경우

행정행위가 완전히 효력을 발생하기 위해서는 그 내용이 실현가능하고 명확하며, 법과 공익에 적합하여야 한다. 내용적으로는 법의 집행인 것이므로, 행정행위의 내용은 법률상·사실상으로 실현 가능한 것이어야 할 뿐만 아니라, 객관적으로 명확하고, 적법·타당한 것이어야 한다.

① 내용 실현이 불가능한 행위

물리적으로 불가능한 경우뿐만 아니라 사회통념상 실현이 심히 곤란한 경우도 포함한다(예컨대, 그 실현에 과다한 비용이 소요되는 경우). 법 논리적으로 보아 절대적으로 불능인 경우(예 : 죽은 자에 대한 의사면허), 또는 법적으로 실현가능하나 법의 금지 또는 불인정의 결과 실현 불가능이 객관적으로 명백한 경우(국가시험에 불합격한 의과대학 졸업자에 대한 의사면허)를 말한다. 법률상 불능은 법에 위반은 되나 실현가능한(예 : 심신박약자에 대한 의사면허, 과세표준의 산정을 잘못한 경우 등)

누 214).

단순한 위법과 구별된다. 법률상 불능인 경우는 무효이고, 단순한 위법인 행위는 취소할 수 있다. 행위의 상대방인 사람에 대한 불능(예 : 존재하지 않는 법인에 대한 조세부과), 행위의 목적인 물건에 대한 불능(예 : 존재하지 않는 물건에 대한 징발을 명하는 행위, 제3자의 재산에 대한 공매처분 등), 행위의 목적인 법률관계의 관한 불능(예 : 치외법권자에 대한 조세부과 처분, 매춘알선업에 대한 경찰허가 등)의 유형이 있다.

② 내용이 불명확한 행위

사회 통념으로 보아 그 내용이 인식할 수 없을 정도로 불명확하거나 불확정한 행위(예 : 목적물을 특정하지 않는 건물의 철거 계고처분)는 당연히 무효이다.

(나) 법령상 규정내용을 오인하여 행한 잘못된 처분행위

공무원이 행정처분을 할 때 관련법규 내용을 잘못 해석하여 발생한 하자로서, 이는 실정법규 내용을 잘못 인식하거나 해석하는 경우와 법규상 재량사항을 남용하거나 일탈한 경우가 있다. 공무원이 법규내용을 잘못 인식하는 경우는 진지하고 구체적인 검토가 없거나 공무원의 업무에 대한 전문성이 부족하여 발생한 것이다. 한편, 법규상 행정청의 재량사항을 공무원이 합리적으로 해석하지 않아 발생한 처분으로 재량권의 남용과 일탈은 불법행위를 구성하게 된다[73].

관련판례 1 **도로편입 토지 보상금 부당지급 사례**

주택건설사업계획을 승인함에 있어 기부채납을 조건으로 이루어져 OO시에서는 위 토지에 대한 보상금을 지급할 것이 아님에도, 토지소유자로부터 뇌물을 받은 건설행정과 보상계장이 실제 보상해줘야 할 OO구 진입로 개설공사에 편입되는 토지목록에 이 사건 토지를 부당 편입시켜서 허위의 보상관계서류를 작성하고, 동 과장은 관련서류를 면밀히 보지 않고 결재(– 대판 1994.12.13, 93누 98), (강인옥 : 8).

73) 이에 대한 구체적인 내용은 다음 "4. 재량적 행정행위에 대한 위법성 판단"을 참고할 것.

관련판례 2　　행정처분의 목적물이 특정되지 않아 무효인 사례

행정처분은 그 유효요건으로서 그 처분의 목적물이 특정되어 있어야 할 것이고, 이것이 특정되어 있지 아니하면 그 행정처분은 무효임을 면할 수 없다. 만일 피고가 위 표시된 지적의 임야를 원고에 임대함에 있어서 그 위치를 확정하지 아니하고 어떠한 위치에 있는 어떠한 부분인가를 특정하지 아니하였다면 그것은 결국 행정처분의 목적물이 특정되어 있지 아니하였다고 보아야 할 것이다(대판 1964. 5. 26, 63 누 136), (강인옥, 9).

(다) 감사 시 검토해야 할 사항

① 실현 불가능한 행정처분을 한 것은 없는가?
② 실존하지 않는 사람을 상대방으로 하는 행정처분은 없는가?
③ 실존하지 않는 물건을 목적으로 하는 행정처분은 없는가?
④ 실존하지 않는 법률관계를 대상으로 하는 행정처분은 없는가?
⑤ 법규상 명백하게 금지되어 있거나 법률상 인정되지 않는 권리·의무를 목적으로 하는 행정처분은 없는가?
⑥ 선량한 풍속, 기타 사회질서에 위반된 행정처분은 없는가?
⑦ 그 내용을 인식할 수 없을 정도로 불명확한 행정처분은 없는가?
⑧ 행정청이 법규내용을 잘못 해석하여 국민의 권리·의무에 영향을 준 행정처분은 없는가?

(3) 행정행위 절차에 관한 하자

(가) 행정절차의 의의

행정절차라 함은 행정기관이 행정활동을 함에 있어서 밟는 절차를 말한다. 그 광의로는 제1차적인 행정절차(일반행정절차), 집행절차(강제집행, 집행벌), 사후절차인 행정불복절차 그 밖에 행정권과 관련이 있는 모든 절차를 말하며, 협의로는 제1차적 행정절차를 말하며, 행정행위나 행정입법 또는 행정계획을 확정하거나 공법상계약을 체결함에 있어서 거치는 사후절차가 이에 해당한다. 예를 들면 어떤 자에 대한 자동차운전면허를 취소하려고 할 경우에 그 취소사유를 규정한 법규는 행정실체법이고, 그러한 취소사유가 발생한 경우에 취소를 하기 위하여 거쳐야 할 절차 예컨대, 그 사유의 인정방법, 상대방에 대한 의견진술의 기회의 부여 등에 관하여 정한 법이 행정절차법이다. 여기는 협의의 행정절차의 의미로 사용한다(박윤흔 : 439).

(나) 행정절차의 필요성

행정처분의 절차는 행정절차법에서 처분에 대한 일반적 절차만을 규정하고 있으며, 실체적인 절차는 각 개별법에서 규정하고 있는바 그 필요성은 다음과 같다(강인옥 : 32).

첫째, 행정절차는 국민권익의 사전적 구제제도이다. 사후적 권리구제제도(행정심판 · 행정소송 등)는 이미 침해된 권익의 완전회복이 불가능하고, 많은 시간 · 경비가 소요된다. 행정행위 전에 당사자 등의 의견청취로 국민권익의 침해소지를 사전에 방지할 수 있다.

둘째, 행정절차는 행정의 민주화에 기여한다. 국민이나 주민이 단순한 행정객체에서 벗어나 행정처분 · 행정입법 등 행정행위 과정에 참여하도록 함으로써 행정의 민주화에 기여한다.

셋째, 행정의 공정성 · 신뢰성을 제고한다. 행정절차를 통하여 당사자 등의 의견을 청취함으로써 사실규명 및 법령의 해석 · 적용을 적정화하고 행정행위의 적법 · 타당성을 확보하여 행정의 공정성 · 신뢰성을 제고하게 된다.

넷째, 행정능률을 향상시킬 수 있다. 행정절차가 경직되게 운영되면 국민의 불편을 초래하는 점도 있으나 국민의 이해 · 신뢰를 바탕으로 행정목적을 원활하게 달성할 수 있고, 행정절차 운영경험 · 행정관례가 축적됨에 따라 업무처리가 표준화되어 장기적으로 행정능률 향상에 기여하게 된다.

(다) 처분절차상 하자

법령 · 조례상 행정행위에 일정한 절차(일반적으로는 행정절차법상의 행정절차 포함)가 요구되고 있는 경우에는 소정의 절차를 거쳐야 한다. 행정행위에 요구되는 절차는 당사자 간의 이해조정과 이해관계인의 권익의 보호를 목적으로 하는 경우와 행정청의 의사결정의 충실을 기하기 위한 경우가 있다. 이들 양자는 행정행위의 효력에 미치는 영향에 있어서 강약의 차이는 있으나 절차상의 요건이라는 점에는 다름이 없다.

① 법령 · 조례 · 규칙상 상대방의 필요적 신청 또는 동의를 결여한 행위
원칙적으로 무효이다(예 : 광업권 출원 없이 행한 광업허가, 상대방의 동의 없는 공무원의 임명).

② 법령 · 조례 · 규칙상 필요한 공고 또는 통지를 결여한 행위

법령은 이해관계인에게 권리주장과 이의신청의 기회를 부여하기 위하여 행정행위에 앞서 일정한 공고 또는 통지를 하도록 규정하고 있는 경우가 많은 바, 이를 빠트린 행위는 원칙적으로 무효이다(예 : 열람시키지 아니하고 행한 선거인의 명부 확정, 특허 출원공고를 거치지 아니한 발명특허, 독촉절차를 거치지 아니한 지방세 체납처분 등)[74].

③ 법령 · 조례상 필요한 이해관계인의 참여 · 협의 절차를 결여한 행위

원칙적으로 무효이다(예 : 체납처분으로서 재산압류를 할 때의 본인의 참여, 토지 수용에 있어서의 협의 등).

④ 법령 · 조례상 필요한 공청 또는 변명의 기회를 주지 아니한 행위

원칙적으로 무효이다(예 : 청문을 거치지 아니하고 행한 고물상 영업허가의 취소 또는 전당포 영업허가의 취소 등).

관련판례 1

교육공무원법의 위임에 의하여 제정된 교육공무원징계령 제8조 소정의 징계혐의자에 대한 출석통지는 징계혐의자로 하여금 징계심의 개최 일을 알게 하고 동시에 자기에게 이익 되는 사실을 진술하거나 증거자료를 제출할 기회를 부여하기 위한 조치에서 나온 강행규정이므로 적법한 출석통지 없이 한 징계심의절차는 위법하다(대판 1987. 7. 21, 86누623; 대판 1986. 8. 19, 86누115).

관련판례 2 **행정행위가 청문의 절차적 요건을 준수하지 않아 위법**

법령(식품위생법 제64조, 같은법 시행령 제37조 제1항) 소정의 청문절차를 전혀 거치지 아니하거나, 거쳤다고 하여도 그 절차적 요건을 제대로 준수하지 아니한 경우에는 가사 영업정지 사유 등 위 법 제58조 등에서 정한 사유로 인정된다고 하더라도 그 처분은 위법하여 취소를 면할 수는 없는 것이다(대판 1991. 7. 9, 91 누 971), (강인옥 : 10).

관련판례 3 **영업정지처분을 함에 있어 청문절차를 준수하지 않아 위법**

식품위생법 제64조, 같은법 시행령 제37조 제1항의 규정에 의한 청문제도의 취지에 비추어 볼 때,

74) 납세의무자가 세금을 납부기한까지 납부하지 아니하자 과세청이 징수를 위하여 압류처분에 이른 것이라면 비록 독촉절차 없이 압류처분을 하였다 하더라도 이러한 사유만으로는 압류처분을 무효로 되게 하는 중대하고도 명백한 하자로는 되지 않는다(대판 1987. 9. 22, 87누383).

행정청이 영업정지처분을 하려면 반드시 사전에 청문의 절차를 거쳐야 함은 물론 청문서 도달기간 등을 엄격히 지켜 영업자로 하여금 의견진술과 변명의 기회를 보장하여야 하는 것이고, 가령 같은법 제58조의 사유가 분명히 존재하는 경우라도 위와 같은 청문절차를 제대로 준수하지 아니하고 한 영업정지처분은 위법임을 면치 못한다(대판 1992. 2. 11, 91 누 11575), (강인옥 : 10).

(라) 공공감사 때 착안할 행정절차사항

① 법령 · 조례상 요구되는 절차를 거치지 않은 행정처분은 없는가?

② 법령 · 조례상 필요한 상대방의 필요적 신청 또는 동의를 결여한 행정처분은 없는가?

③ 법령 · 조례상 필요한 공고 또는 통지를 결여한 행정처분은 없는가?

④ 법령 · 조례상 필요한 이해관계인의 참여 · 협의절차를 결여한 행정처분은 없는가?

⑤ 법령 · 조례상 필요한 공청 또는 변명의 기회를 주지 아니한 행정처분은 없는가?

(4) 행정행위 형식에 관한 하자

(가) 요식 행정행위에 하자가 있는 경우

행정행위에는 특별한 형식을 요하지 않는 것이 많으나, 행정행위의 내용을 명확히 하고 이해관계인이 그 내용을 쉽게 알 수 있도록 함과 동시에 행정행위의 존재를 객관적으로 나타내기 위하여 일정한 형식이 요구되는 경우는 유효요건으로서 그 효력은 무효가 된다. 다만, 그 형식을 결여하여도 행위의 확실성에 본질적인 영향은 없고, 단지 행위의 내용을 명확히 하는 것에 불과한 형식은 행위의 적법요건에 지나지 않는다 할 것이다. 그러한 적법요건을 결여한 행위는 취소원인이 됨에 그친다.

① 문서에 의하지 아니한 행위

법령 · 조례 · 규칙상 문서에 의할 것을 요건으로 한 경우에 이를 구술로 행한 때에는 원칙적으로 무효이다(예 : 재결서에 의하지 아니한 행정심판 재결서 · 독촉장에 의하지 아니한 납세 독촉). 다만, 기재에 결함이 있을 뿐일 때에는 취소사유가 됨에 그친다.

관련판례

지방세법 제1조 제1항 제5호, 제25조 제1항, 지방세법시행령 제8조 등 납세고지서에 관한 법령규정들은 강행규정으로서 이들 법령이 요구하는 기재사항 중 일부를 누락시킨 하자가 있는 경우 이로써 그 부과처분은 위법하게 되지만, 이러한 납세고지서 작성과 관련한 하자는 그 고지서가 납세의무자에게 송달된 이상 과세 처분의 본질적 요소를 이루는 것은 아니어서 과세처분의 취소사유가 됨은 별론으로 하고 당연무효의 사유로는 되지 아니한다(대판 1998. 6. 26, 96누12634).

② 서명 · 날인을 결여한 행위

법령이나 조례규칙이 행정행위가 정당한 권한 있는 행정기관이 행한 것임을 나타내기 위한 서명 또는 날인을 요구하고 있는 경우에 이를 결여한 행위는 원칙적으로 무효이다(예 : 선거관리위원의 서명날인이 없는 선거기록).

③ 이유 · 일자 등 필요적 기재가 없는 행위

법령이나 조례규칙이 이유를 붙일 것을 요구하고 있는 경우에 이를 전혀 붙이지 아니한 행정행위는 원칙적으로 무효이다(이유를 붙이지 아니한 행정심판 재결). 다만, 이유가 불비한 정도인 경우에는 취소원인에 그친다. 일자는 단지 행위가 행하여진 날을 명확히 한다는 의미밖에 없으므로 일자의 결여만으로는 무효가 되지 않는다 할 것이다.

행정행위는 반드시 문서에 의할 필요가 없는 것이나 법령이 당해 행정행위의 형식에 관하여 특히 규정하고 있는 경우에는 그 형식에 의하지 않는 한 행정행위는 적법하게 성립할 수 없는 것이다.

관련판례

이 사건은 향토예비군의 교육훈련을 위한 소집통보를 향토예비군설치법시행령 제13조 제3항에 의한 소집통지서(경찰서장이 발부)에 의하지 아니하고, 소속 소대장이 구술의 방법으로 한 경우에 그 소집에 응하지 아니하는 것이 "훈련을 위한 소집통지를 받고 정당한 이유 없이 불응한 경우"에 해당하는지의 여부에 관한 것이다. 대법원은 여기서 경찰서장은 임의로 구술 또는 타종의 방법 등으로 훈련소집을 할 수 없으며, 구술에 의한 소집통지에 응하지 아니하였다 하더라도 "소집통지서를 받고 정당한 이유 없이 불응한 경우"에 해당하지 아니한다고 판시함으로써 형식상의 요건을 갖추지 아니한 행정행위의 효력을 부인하였다(대판 1970. 3. 24, 69 도 724).

(나) 감사시 검토해야 처분의 형식 사항

① 법령·조례·규칙상 문서에 의할 행위를 문서에 의하지 아니한 행정처분은 없는가?

② 법령·조례·규칙상 요구되는 서명·날인을 빠트린 행정처분은 없는가?

③ 법령·조례·규칙상 요구되는 이유·일자 등 필요적 기재가 없는 행정처분은 없는가?

5. 재량적 행정처분에 대한 위법성 판단

가. 재량행위 및 그 통제의 필요성

법치행정의 원칙상 행정법규는 행정행위 요건을 아무런 의문의 여지가 없도록 일의적·확정적으로 규정함과 아울러 그에 해당하는 사실이 있을 경우에는 반드시 그 행정행위를 하도록 행정청에 의무를 지울 수 있다면 가장 이상적일 것이다. 그러나 복잡하고 가변적인 행정현상을 빈틈없이 구체적으로 규율한다는 것은 기술적으로 불가능하기 때문에 입법자로서는 자연히 행정행위 요건을 규정하면서 추상적·불확정적인 개념을 쓰거나, 심지어 아무런 요건규정을 두지 않거나 또는 법률효과를 정함에 있어서는 수개 행위의 가능성 간에 선택의 자유를 행정청에게 주는 경우가 많게 된다. 따라서 이러한 행정작용으로 말미암아 개인의 권익이 침해될 소지가 많은 것이 현실인 것이다(김동희 : 220).

재량적 행정행위는 행정행위가 적법하게 성립하기 위한 요건을 충족하여야 하므로 이와 관련된 종합적인 검토가 전제되어야 할 것이다. 그런데 재량행위가 어떤 요건을 충족하여야 하느냐에 관한 문제에 대한 일반적인 규정은 존재하지 않기 때문에, 결국 재량행위의 성질에서 오는 내적·외적 한계를 검토하여 그 한계를 넘는 경우가 감사주체의 직무감찰에 관한 통제기준이 될 것이다(강인옥 : 14-15).

나. 재량행위의 하자판단 기준

재량행위는 관계법상의 행위를 할 것인지의 여부(행위재량) 내지는 법적으로 허용되는 행위 중에서 어떠한 행위를 할 것인가에 대하여(선택재량) 행정청에 일정한 재량권이 부여되어 있는 행위를 말한다. 이러한 재량권은 법적 한계내의 것이다. 재량권의 법적 한계를 넘는 때에는 그것은 부당에 그치지 않고 위법한 처분으로 당연히 재판통제의 대상이 된다. 그동안 판례에 의하여 형성된 재량처분상의 위법사유를 밝혀 감사에 의한 재량행위를 통제함으로써 국민의 권리침해나 의무부과를 최소화하여야 할 것이다.

(1) 재량권의 일탈 · 남용

(가) 사실의 오인

법이 일정한 사실의 존재를 전제로 하여 재량권의 행사를 인정하고 있음에도 불구하고, 법정요건에 해당하는 사실이 전혀 존재하지 아니한 경우에 행한 처분 또는 처분의 전제가 되는 요건사실의 인정이 전혀 합리성이 없는 경우를 말한다. 예컨대, 공무원에게 일정한 비위가 있다고 하여 징계처분을 하였으나 당해 행위를 도저히 비위로 볼 수 없는 경우 등이다(박윤흔 : 335).

사실오인은 재량권 일탈의 전형적인 예로서, 이것은 순전한 사실문제의 심리라기보다도 사실에 대한 평가를 동반하는 경우가 많기에 행정청이 행한 사항에 대한 평가가 타당한가의 여부라는 점에서 다른 기준과도 밀접하게 관련되어 다루어진다. 또한, 행정법규 자체에는 위반하지 않지만 행정청의 권한규정에 위반하는 경우라든가, 또는 당해 행정처분은 그 상대방과의 관계에는 하등의 위법성이 없지만 제3자의 기득권을 침해하는 경우도 있다(강인옥 : 16).

(나) 목적의 위반과 동기의 부정

재량권은 법규에 의하여 행정청에게 부여된 것이므로 그 근거법규의 내재적 목적에 적합하도록 행사하여야 한다. 법규의 내재적 목적과는 다른 목적으로 재량권을 행사한 경우에는 위법이 된다. 재량의 목적위반은 두 가지 유형이 있다. 하나는 행정청이 재량권을 행사함에 있어, 공익에 합치된 결과를 발생시킬 의도로서 법률상 · 성질상 금지된 목적을 달성하는 경우에 있어서의 하자이다. 이것은 재량의 소극적 목적제한의 위법이다. 둘째는 특정목적에만 재량권의 행사가 허용되는 경우에 그것에 의하지 않고 권한 외의 목적을 추구하는 경우의 하자이다. 예컨대, 소방법은 화재의 예방 · 경계 또는 진압을 목적으로 제정되었기 때문에, 소방법에 의한 가택의 출입검사는 법의 목적을 위하여 행하여야 하고 범죄의 예방을 위하여 행하여져서는 아니 된다(박윤흔 : 335).

비록 그것이 공익을 추구하는 것이기는 하나 그 내용이 관계법상의 구체적 공익과는 다른 경우의 행정처분도 또한 권력남용의 하자있는 처분이 되는 것이다. 그것은 행정작용의 공익목적은 상호교체 될 수 없는 것이기 때문이다. 이것은 재량의 적극적 목적제한 위반으로 볼 수 있을 것이다(강인옥 : 20).

(다) 평등원칙의 위반

평등원칙의 위반문제는 주로 행정청이 재량준칙에 의하여 재량의 한계를 스스로 정한 경우, 어느 하나의 사안에 대하여만 종래와 다른 취급을 하는 경우에 생긴다. 이 원칙은 헌법 제11조, 국가공무원법 제35조, 지방공무원법 제33조 등에서 명문화하고 있으며, 국민의 모든 법적 취급에 있어 실질적으로 평등일 것을 요구하고 있으며 재량의 행사에 있어서도 행정청을 구속하는 것이다(대판, 1972. 12. 26, 72 누 194). 따라서 해당 행위가 재량행위라 하여도 동일한 요건을 갖춘 다수의 관계자 중에서 특정인에 대해서만 수익적 또는 부과적 처분을 하는 경우 평등원칙에 위배되므로 재량통제의 대상이 된다.

이러한 평등원칙의 적용요건으로는 다음 2 가지를 갖추어야 한다(강인옥 : 22).

첫째, 행정관행이 존재해야 한다. 평등심사를 위한 비교대상은 국민에 대한 다수의 행정결정을 통하여 형성된 행정관행 내지 계속적 행정실무라 하겠다. 계속적 내지 장기적인 행정사무나 행정관행을 형성하고 있는 경우에 행정이 그것과 동종 내지 동일한 사안에 대하여 원칙적으로 종래의 행정관행과 다른 행정결정을 해서는 아니되며 원칙에 의하여 구속된다. 이것을 행정의 자기구속이라고 하며, 이러한 구속에 반하는 재량결정은 재량남용으로서 원칙적으로 위법이 된다. 이것은 법률의 확정적 규율이 없이 법률 스스로가 행정에게 「자유로운」 재량 여지를 부여하고 있는 사안에 있어서 이러한 행정의 「자유」를 한정하는, 즉 재량감소를 가져오는 기능을 하는 것이다. 그리고 이것은 행정에 대한 「법적구속」의 결여 내지 불충분성을 보완하는 기능을 가지는 것이라고 할 수 있다. 행정결정이 행하여지지 않고 관행도 형성되지 않은 경우에는 "행정의 자기구속법리"에 따라 행정청은 특정인에 대해서만 적정한 이유 없이 불이익처분을 내릴 수는 없는 것이다.

둘째, 존재하는 행정관행이 적법해야 한다. 그것은 평등성 심사를 위한 비교대상은 적법한 것이어야 하고, 행정의 자기구속은 어디까지나 법적구속의 결여, 불충분성을 보충하는 것으로서 법률에 반하지 않는 한계 내에서 생겨나는 것이기 때문에 적법한 행정결정을 할 수 없다면 행정에 관한 법률우위원칙은 존재할 수가 없기 때문이다. 물론 정당한 사유가 있는 경우, 즉 합리적이며 충분한, 구체적으로 납득할 수 있는 등의 근거가 있는 경우는 예외이다.

(라) 비례원칙의 위반

행정청의 재량권의 행사에 있어서 그 목적 실현과 수단 사이에 합리적인 비례관계가 유지되어야 하는 원칙을 말한다. 이 같은 비례원칙은 오늘날에 와서는 국민의 인권존중이라는 헌법원칙 하에 전 행정영역에 있어 자유재량을 한계 짓는 법리로 받아들여지고 있다. 이 법리에 의하면 당해 행정행위를 하여야 할 필요성 및 그 행정행위로 인한 상대방의 권익침해와의 사이에는 상당한 균형이 유지되어야 한다는 것이다(강인옥 : 23).

공익과 사익의 비교형량은 사익의 내용면에서만이 아니라 사익의 범위나 영향영역 등으로부터도 이루어져야 할 것이다. 예컨대, 공용수용의 경우 공익선언에는 "목적사업으로 인한 사유재산에의 침해 및 그에 따른 재성부담과 궁극적으로는 제반 사회적 불이익과 여타의 사익에 대한 침해가 동사업상의 이익을 초과하지 않는가"를 심사해야 한다. 또한, 몇 개의 대안적 행정행위 중에 어느 것을 선택하느냐의 자유가 행정청에 부여된 경우에도 구체적인 선택에 있어 행정청이 판단한 타당성이 그 강도에 있어 과도한 경우에 비례원칙의 적용이 있다. 예컨대, 목적달성을 위해 충분한 필요성을 갖지 않는 조건 기타 부관을 붙이는 경우 또 어느 정도 공익목적 실현을 위한다고 하면서 필요이상으로 행정처분을 주저하는 경우 등, 목적과 수단 사이의 비례성에 대한 고려에 대해서도 미치고 있다. 다만, 이와 같은 종류의 비례는 수학적으로 평가할 수 있는 것이 아니므로 「무엇이 정확한 비례인가」 하는 적극적인 면보다는 「현저히 반하는 비례가 무엇인가」 하는 소극적인 면에서 실제적으로 작용하고 있는 실정이라고 하겠다. 따라서 장래에는 행정조치의 성격 · 목적 · 필요성 · 형태 · 정도, 그것에 따른 효과 · 영향 등을 전체적으로 분석하는 비례균형 이론을 전개할 필요성이 있으며, 비례원칙 위반으로 지적하기 위해서라도 그것을 더욱 객관화시켜야 할 것이다.

관련판례

징계권자가 위 재량권의 행사로서 한 징계처분이 사회통념상 현저하게 타당성을 잃어 징계권자에게 맡겨진 재량권을 남용한 것이라고 인정되는 경우에 한하여 그 처분을 위법한 것이라고 할 것이다 (대판 1983. 12. 27, 83 누 564 ; 대판 1994. 6. 10, 94 누 4622 참조 : 대판 1997. 1. 24, 96 누 15763)

(2) 처분절차의 위반

기속행위와 재량행위의 구별은 행정처분의 실체적 부분에서 이루어졌으며, 행정처분을 행할 때까지 어떠한 절차를 거칠 것인가는 원칙적으로 행정청의 재량에 맡겨져 있었다. 그러나 실체 면에서 재량성의 인정은 절차 면까지 재량을 반드시 수반한다고는 볼 수 없다. 그리하여 법률상 절차규정이 마련되어 있는 경우는 물론이고, 아무런 절차규정이 없거나 너무 간략하여 어떤 절차에 의할 것인지가 행정청의 재량에 맡겨져 있는 것으로 보이는 경우에도 행정청은 처분의 절차규정에 있어서 자의와 독단의 여지가 없는 절차를 취하여야 한다. 따라서 절차의 준수에 자의와 독단 등이 있는 경우는 절차의 위법을 이유로 재량처분을 취소할 수 있다는 이론이 나오게 되었다. 이러한 이론은 처분의 실체적 내용의 심사보다도 처분의 절차·판단과정 등에 착안하여 심사를 충실화하는 것이 보다 신중하고 내용 있는 통제를 기할 수 있다는 입장에 선 것이다. 그리하여 행정절차가 재량통제의 기능을 갖게 되었으며, 행정절차 면에 재량한계론을 도입함으로써 재량에 대한 통제의 새로운 영역이 생기게 되었다. 다만, 절차적 심사에 의한 권리보호는 절차가 공정하지 못하였다고 하여 행정행위를 취소하더라도 행정청이 절차만 다시 거치면 동일한 처분을 막는 것은 아니므로 문제를 원천적으로 해결하는 것은 아니다. 또한 당해 재량행위의 타당성 여부는 실체적 판단을 명확하게 함으로써 달성될 수 있는 것이기 때문에, 절차적 심사는 문제해결을 지연시키는 결과가 되는 경우도 없지 않을 것이다(도표 4-21 참조).

재량행위에 요구되는 절차는 당사자 간의 이해조정과 이해관계인의 권익의 보호를 목적으로 하는 경우와 행정청의 의사결정의 충실을 기하기 위한 것으로 구분할 수 있으며, 이들 양자는 재량행위의 효력에 미치는 영향의 강약의 차이는 있으나 절차상의 요건이라는 점에는 다름이 없다고 하겠다. 일반적으로 요구되는 절차로는 상대방의 협력절차, 공고 또는 통지의 절차, 이해관계인의 필요적 참여·협의절차, 소정의 공청 또는 변명의 기회를 위한 절차 등을 들 수 있다(강인옥 : 29).

관련판례

식품위생법 제64조, 같은법 시행령 제37조 제1항) 소정의 청문 절차를 전혀 거치지 아니하거나 거쳤다고 하여도 그 절차적 요건을 제대로 준수하지 아니한 경우에는 가사 영업정지사유 등 위법 제58조 등에서 정한 사유로 인정된다고 하더라도 그 처분은 위법하여 취소를 면할 수는 없는 것이다 · (대판 1991.7.9, 91 누 971).

도표 4-21 재량권의 한계

구분	의의	예
재량권의 일탈	관계법상의 재량권의 한계를 일탈한 것	의무 위반에 대하여 3월 내지 6월의 영업정지처분을 할 수 있는 규정에도 불구하고 1년간의 영업정지처분을 한 경우
사실 오인	행정행위가 사실의 기초에 흠결이 있는 경우나 요건사실의 인정이 전혀 합리성이 없는 경우	공무원에게 비위가 있다고 하여 징계처분을 하였으나 당해행위가 도저히 비위로 볼 수 없는 경우
목적 위반 (동기의 부정)	근거법규의 내재적 목적에 적합하지 아니하고 다른 목적을 위하여 재량권을 행사하는 경우	범죄의 예방을 위하여 행하는 소방법에 의한 가택에의 출입검사
평등원칙 위반	평등원칙은 헌법상의 원칙으로서(헌법§11), 합리적인 이유 없이 특정인을 차별취급하지 아니하도록 하는 것을 말함.	특정인에게 부당하게 차별적인 불이익을 준 경우
비례원칙 위반	헌법상의 원칙으로서 경찰권뿐만 아니라 모든 행정작용에 적용됨.	사소한 부정행위에 대하여 지나치게 가혹한 징계를 한 경우
재량권의 불행사	정당한 이유 없이 구체적 사안에 대하여 심사하지 아니하거나 부당하게 지연시키는 경우로서 재량권의 해태라고도 함.	

6. 행정지도에 대한 합법성 판단

가. 행정지도의 개념

행정기관이 그 소관사무의 범위 안에서 일정한 행정목적을 실현하기 위하여 특정인에게 일정한 행위를 하거나 하지 아니하도록 지도·권고·조언 등을 하는 행정작용을 말한다(행정절차법 제2조 3호). 행정지도는 그 목적 달성에 필요한 최소한도에 그쳐야 하며, 행정지도의 상대방의 의사에 반하여 부당하게 강요하여서는 아니 된다(같은법 제48조 1항). 행정기관은 행정지도의 상대방이 행정지도에 따르지 아니하였다는 것을 이유로 불이익한 조치를 하여서는 아니 된다(같은법 제48조 2항).

(1) 행정기관

행정청은 장관 · 청장 · 지방자치단체장 등과 같이 행정에 관한 의사를「결정하여 표시할」권한을 가진 기관을 말하며, 국민에 대하여 직접적인 명령 · 강제 등의 처분은「행정청의 궁극적인 의사표시」를 필요로 한다. 따라서 처분의 경우 대외적 의사표시능력을 가진「행정청」만이 발할 수 있다. 예컨대, 건축허가는 해당 자치단체장이 할 수 있는 반면, 건축허가 관련 행정지도는 건축사무를 담당하는 직원이 행할 수 있는 것이다. 이는 처분의 경우 항상 행정청의 행위로 포괄적으로 받아들여지고 있는데 비해 행정지도를 하는 경우에는 다종 · 다양한 행정수요에 신속 · 탄력적인 대응이 요구되므로 행정청에 해당하지 아니하는 각종기관 · 직원 등도 행정기관에 포함시키는 취지가 있는 것이다.

(2) 소관사무의 범위 안에서

행정기관은 당해 사무를 능률적으로 수행하기 위하여 명확한 범위의 소관사무와 권한을 가지고, 당해 소관사무의 범위 내에서 부여된 행정목적을 실현하려고 활동하고 있으므로,「행정지도」역시 각각의 행정기관에게 주어진 소관사무의 범위 내에서 수행되어야 한다.

행정기관의 소관사무는 일반적으로 당해 기관의 설치근거인 헌법, 법률, 직제, 자치법규 등에 규율되어 있으므로, 행정기관이 그 소관사무의 범위를 넘어서 하는 행위는 위법한 행위가 된다고 하겠다.

(3) 행정지도의 목적

행정지도는 일정한 행정목적을 실현하기 위하여 행하는 행정작용이므로, 행정지도가 설사 법령에 직접 근거하지 않고 이루어지는 경우라 하더라도, 당해 행정기관이 설정한 소관사무가 행정지도를 통하여 얻으려는 목적과 일치하여야 한다.

행정지도의 취지가 행정기관이 국민에 대하여 그 소관사무의 수행을 목적으로 한다는 것이므로, 행정기관이 국민과 대등한 입장에 서서 사인간(私人間)에 인정되고 있는 형태의 매매 · 급부 등의 계약을 체결하거나 공영버스사업 등 경영상 행위 등은 사경제 주체로서 하는 행위이므로 행정지도와는 구분된다고 하겠다.

(4) 비권력적 사실행위

행정지도는 특정인에게 일정한 행위를 하거나 하지 아니하도록 하는 행정작용이다. 여기서 「특정인」이란 행정지도가 특정한 자연인 · 법인 · 법인격 없는 사단 · 재단 등 단체와 같은 행정의 대상을 의미한다. 예컨대, 부작용을 일으킬 수 있는 의약품에 대한 경고, 특정 식품의 사용에 대한 권고 등과 같이 「특정이 가능한 불특정의 다수」에 대한 행정지도가 가능하기 때문이다.

행정기관의 행위가 상대방에게 일정한 행위를 하거나 하지 말도록 「요구하는」 행위에 해당되는지는 개별 · 구체적인 상황에 따라 판단하여야 한다, 법령에 규정된 의무를 준수하지 않는 자에 대한 자발적인 개선 · 시정 촉구나 에너지 절약대책으로 특정인에게 일정한 협조를 요청하는 행위 등은 행정지도의 전형적인 사례라 할 수 있겠다. 그러나 조사결과 등에 근거하여 일정한 사실을 제시하거나, 법령의 해석 · 정책의 소개 · 기타 상대방의 요구에 대해 정보를 제공하는 행위 등은 일반적으로 「행정지도」에 포함되지 않는다. 또한, 행정기관이 그 소관사무에 관하여 행정목적 실현을 위해하는 행위일지라도 예컨내, 여름철 전력공급 사정이 어려운 때에 사업주들에게 전력사용 자제요청이라든가, 교통사고 많은 지역을 지나는 운전자들에게 안전운전을 호소하는 행위 등과 같이 개별 · 구체성이 희박한 행위는 「행정지도」에 포함되지 않는다고 할 것이다.

행정지도는 처분과 달리 상대방에게 복종의 의무가 부과되지 않고 어디까지나 자발적인 의사에 따른 협력을 의미한다. 이런 점에서 행정지도는 「비권력 작용」의 하나이다. 행정지도로서 표시된 행정기관의 견해는 아무런 직접적인 법률효과를 수반하지 아니한다(강인옥 : 50 52).

나. 직무감찰의 대상 여부

직무감찰의 대상에 관한 근거 법규인 감사원법 제24조에는 행정기관의 「사무」와 공무원의 「직무」를 감찰사항으로 규정하고 있다. 공무원의 직무의 법적 형태에 따른 한 분류형태인 행정지도도 역시 공무원의 직무임에 틀림이 없으므로 그 대상이 됨은 당연한 일이다. 또한, 감사원은 감사의 결과 「위법」 또는 「부당」하다고 인정되는 사실이 있을 때에는 소속장관 · 감독기관의 장 또는 당해 기관의 장에게 시정 · 주의 등을 요구할 수 있다(감사원법 제33조 제1항). 이러한 요구를 받은 당해 기관의 장 등은 감사원이 정한 기간 내에 이를 이행하여야 한다(같은법 같은조 제2항)고 규정하고 있다. 이 행정지도의 하자가 「위법」에 이르는 경우는 물론, 단순한 하자로 인한 「부당」에 그치는 경우에도 그 시정을 요구할 수 있도록 하고 있다고 할 수 있으므로, 행정지도도 직무감찰의 대상임을 전제로 하고 있다고 볼 수 있다.

행정지도의 경우에는 감사원의 감사기능이 행정처분에 있어서와 같이 전폭적으로 행사될 수 있는가 하는 점은 여러 가지 측면에서 검토해 볼 필요가 있다. 그 논거로서는 우선 행정지도는 반드시 법률에 근거규정이 있어야만 하는 것이 아니라는 점에 있다. 또한, 행정지도의 경우에 행위내용에 대한 1차적 판단권이 당해 행정기관에 있는 것이고, 법률위반에 이르지 않는 한 그 행정지도의 흠은 당·부당의 문제를 초래하는 데에 그치는 것이므로, 이를 감찰하여 시정을 요구하거나 하게 되면 감찰행위가 구체적 지휘·감독행위로 변질될 우려가 있는 문제가 있다는 것을 들고 있다.

그러나 행정지도를 포함한 공무원의 직무행위에 대한 1차적 판단권이 그 행위가 행정처분인지 행정지도인지에 따라서 다르다고 하기는 어렵고, 행정지도가 직무감찰사항이라는 점에는 관련법 규정상 확고부동하다고 하겠다. 직무감찰은 공무원의 직무행위에 대한 예방적 및 교정적 통제기능을 가지며, 현대형 감사는 합법성의 판단만이 아니라 효율성·경제성에 대한 판단까지를 요구하는 종합적인 성격의 감사이므로 행정지도에 대한 감사를 배제할 수 없기 때문이다(강인옥 : 54-56).

다. 행정지도에 대한 통제기준

행정지도가 어떠한 경우에 잘못되었다고 할 수 있겠는가 하는 문제가 행정지도통제의 중심적 과제라고 하겠다. 이와 관련해서는 행정절차법을 비롯한 행정지도 관련 법규를 어겼을 때 그 행정지도는 합법성을 상실하게 되며, 직무감찰 등을 통하여 이에 대한 시정을 요구할 수 있게 된다. 또한, 행정지도 역시 공무원의 직무행위이므로 그 한계를 초과하였다고 할 수 있는 기준이 무엇인가에 대한 문제도 역시 행정지도에 대한 통제기준에 대한 문제가 된다고 할 수 있다(강인옥 : 56).

행정지도에 대한 통제기준은 행정절차법에 ① 신뢰보호의 원칙[75] ② 비례원칙의 위반(제48조)[76] ③ 평등원칙의 위반(헌법 제11조)[77] ④ 부당강요 금지의 원칙(제48조)[78]이 규정되어 있다. 행정지도의 법적 효과는 행정기관의 이와 같은 견해표시에

75) 이는 당해 사항의 성질·상대방의 선의여부·행정지도의 형식·상대방이 받는 불이익 등 제반사정을 비교형량하여 결정하여야 할 것이다.

76) 구체적인 행정지도에 있어서 그 목적 실현과 수단 사이에 합리적인 비례관계가 유지되어야 한다.

77) 행정지도 이후의 후속조치가 비록 재량행위라 하여도 동일한 요건을 갖춘 다수의 관계자 중에서 특정인에 대해서만 행정지도의 협조에 관한 이유만으로 수익적 또는 부과적 처분을 하는 경우 평등원칙에 위배되어 통제를 받게 된다고 할 것이다.

대하여 상대방이 일정한 협력을 행함으로써 달성된다. 상대방의 협력은 어디까지나 「임의적」이어야 하며, 강요되어서는 아니 된다.[79)]

라. 행정지도에 대한 감사시 착안사항

① 행정청의 행정지도가 비례원칙을 위반하고 있지는 않은가?

② 행정청의 행정지도가 평등원칙을 위반하고 있지는 않은가?

③ 행정청의 행정지도가 부당강요금지의 원칙을 위반하고 있지는 않은가?

7. 행정계획에 대한 위법성 판단

가. 행정계획의 의의

행정계획이란 주어진 상황 하에서 최선의 방법으로 특정의 행정목적의 달성을 실현하기 위해 미래에 있게 될 행위들을 체계적으로 준비하거나(planning), 그 준비과정을 거쳐 나타나는 산물로서 행정활동의 기준(plan)을 말한다. 행정계획은 국가나 사회의 위기를 효과적으로 극복하기 위하여 나타난 합리적인 사고의 산물이다.

나. 행정계획의 법적 성질

행정계획의 성질에 관하여 입법행위설[80)], 행정행위설[81)], 혼합행위설[82)], 독자성설[83)] 등으로 나뉘고 있다(홍정선 : 234). 그러나 행정계획은 그 종류가 워낙 다양하

78) 부당강요금지 원칙은 행정절차법 제48조에 「행정지도의 상대방의 의사에 반하여 부당하게 강요하여서는 아니 된다.」라고 하여 명문으로 규정하고 있는데, 이 규정은 행정지도의 개념에서 당연히 발생하는 원칙을 천명한 것이라고 볼 수 있다.

79) 일본은 「부당강요금지 원칙」과 관련하여 상세한 규정을 두고 있다. 일본 행정수속법은 제33조에서 신청과 관련한 행정지도에 관하여 「신청의 취하 또는 내용의 변경을 구하는 행정지도를 함에 있어 행정지도에 관계하는 자는 신청자가 당해 행정지도에 따를 의사가 없다는 뜻을 표명하였음에도 불구하고 당해 행정지도를 계속하는 것 등에 의하여 당해 신청자의 권리행사를 방해하여서는 아니 된다.」고 규정하고 있으며, 인·허가 등과 관련하여, 제34조에서 「인·허가 등의 권한 또는 인·허가 등에 근거한 처분권한을 가진 행정기관이 당해 권한을 행사할 수 없거나 또는 행사할 의사가 없는 경우임에도 불구하고 행정지도를 함에 있어 행정지도에 관계하는 자가 당해 권한을 행사할 수 있다는 뜻을 표시하여 상대방에게 당해 행정지도에 따르게 하여서는 아니 된다.」고 규정하고 있다.

80) 행정계획이 국민의 권리·자유에 관계되는 추상적인 규율을 정립하는 행위로서 일반적 구속력을 가지는 법규명령적 성질을 갖는다는 것이다.

81) 행정계획 중에는 법관계의 변동이라는 고유한 효과를 가지는 행정행위의 성질을 가지는 것이 있다는 입장이다.

82) 행정계획규범의 요소와 개별행위의 요소의 양면을 갖는 행위형식, 즉 규범과 개별행위의 혼합물이라는 이장이다.

므로(예, 단기계획 · 중기계획 · 장기계획, 전국계획 · 지방계획 · 구역계획, 경제계획 · 사회계획 · 시설계획, 목표계획 · 프로그램계획 · 처분계획 등) 그 법적 성질을 한 마디로 말할 수 없다. 행정계획은 경우에 따라 법규일 수도 있고, 행정행위(처분)일 수도 있고(도시계획 결정이 지적고시를 마친 경우), 사실행위일 수도 있으며, 그 자체가 특별한 법형식의 하나일 수도 있다(예, 정부의 예산계획). 구체적 처분의 성질을 갖는 계획(예, 도시계획결정)은 국민이 사법적으로 다툴 수 있겠으나, 그러하지 않은 계획(예, 경제사회발전5개년계획)은 다툴 수 없다.

행정계획 중에서 특정인의 권리와 의무에 직접 관계가 있는 계획은 그 범위 내에서 처분적 행위가 될 수 있으므로 공공감사의 대상이자 기준이 된다.

다. 행정계획과 권리보호

계획은 통상 다수인의 이해에 관련되므로 입안 · 책정 등에서 관계 행정청은 이해관계 당사자의 의견을 충분히 수렴하여야 한다. 때문에 계획과정에 국민이 참여하는 문제는 국민주권의 민주주의 원리상, 그리고 국민의 권익침해의 사전예방, 계획의 합리성 제고라는 면과 관련하여 국법상의 중요한 문제로 되고 있다. 그렇다고 개인이 행정주체에 대하여 새로운 계획을 수립할 것을 요구할 수 있다거나, 기존의 계획을 변경하지 말고 준수할 것을 요구할 수 있는 권리를 갖는다는 것은 아니다. 뿐만 아니라, 계획의 폐지 · 변경이 있는 경우에 그 계획을 신뢰한 자가 입은 피해의 보상을 행정주체에 대하여 청구할 수 있는 권리(계획보장청구권)도 인정되고 있지 아니하다.

도시계획은 행정에 관한 전문적 · 기술적 판단을 기초로 하여 도시의 건설 · 정비 · 개량 등과 같은 특정한 행정목표를 달성하기 위하여 서로 관련되는 행정수단을 종합 · 조정함으로써 장래의 일정한 시점에 있어서 일정한 질서를 실현하기 위한 활동기준을 설정한 것이다. "국토의 계획 및 이용에 관한 법률" 등 관계 법령에는 추상적인 계획목표와 절차만이 규정되어 있을 뿐 행정계획의 내용에 대하여는 별다른 규정을 두고 있지 아니하므로, 행정주체는 구체적인 도시계획을 입안 · 결정함에 있어서 비교적 광범위한 형성의 자유, 즉 계획재량권을 갖는다. 그러나 행정주체가 가지는

83) 계획은 추상적인 것이 아니라 오히려 고도의 구체적인 것이므로 그것은 규범이 아니고 , 또한 그것은 영역관련적인 것이고 동시에 개개인의 권리에 관하여 결정하는 것이 아니므로, 행정행위도 아니라는 전제하에 행정계획을 독자의 성질의 이물(異物 : Aluid)로 보는 입장이다.

계획에 대한 형성의 자유는 무제한적인 것이 아니라 그 행정계획에 관련되는 자들의 이익과 공익은 물론이고 공익 상호간과 사익 상호간에도 정당하게 비교 형량하여야 한다는 의무가 있는 것이다. 따라서 행정주체가 행정계획을 입안·결정함에 있어서 이익 간 형량을 전혀 행하지 아니하거나 이익형량의 고려대상에 마땅히 포함시켜야 할 사항을 누락한 경우, 또는 이익형량을 하였으나 정당성·객관성이 결여된 경우에는 그 행정계획 결정은 계획재량의 재량권을 일탈·남용한 것으로서 위법하다[84]

라. 감사시 착안사항

① 계획재량권을 남용하여 국민이나 주민의 권리를 침해하지는 않았는가?

② 행정계획 수립과정에 법령에서 요구하고 있는 절차를 거치지 않는 사례는 없는가?

③ 특정한 행정계획이 법정 상위계획과 하위계획에 위배되지 않는가?

④ 행정계획이 장기간 미집행되어 국민이나 주민의 재산권을 제약하여 특별한 희생을 요구하고 있지 않는가?

⑤ 행정계획 중 법적 근거가 없는 계획이 국민이나 주민의 권리나 의무를 강제 하지는 않는가?

⑥ 법적 근거는 있으나 구속력이 없는 행정계획으로 국민이나 주민을 구속하는 경우가 없는가?

8. 행정작용의 실효성 확보수단 선택의 위법성 판단

가. 의의 및 종류

행정행위에(명령적 행정행위) 의해 명해진 의무의 이행을 확보하기 위한 수단은 직접적 강제수단과 간접적 강제수단이 있다. 직접적 강제수단은 행정상 강제집행으로는 대집행, 강제징수, 집행벌, 직접강제 등이 있고, 행정상 즉시강제가 있다. 간접적 강제수단으로는 행정벌인 행정형벌, 행정질서벌이 있고, 새로운 수단으로 제도화 되고 있는 과징금, 공급 거부, 명단 또는 사실의 공표, 철회권의 유보, 세법상의 각종 조치 등이 이에 속한다. 이들의 수단들은 권력적 성격을 갖는 행위이므로 법치행정의 원칙상 엄격한 법적 통제 하에 놓이며 행정쟁송, 행정상 손해배상·손실보상 등

84) 대법원판례 1996. 11. 29 선고 96누8567 판결.

에 의한 구제가 인정되고 있다. 공공감사는 일차적으로 행정작용의 수단 선택이 법적 요건을 갖춘 것인가를 검토하여 위법한 경우는 이를 시정할 수 있을 것이다.

나. 행정상 강제집행

행정상 강제집행은 행정목적의 실현을 확보하기 위하여 사람의 신체나 재산에 실력을 가하여 행정상 필요한 상태를 실현하는 사실행위인 행정작용을 말한다. 행정상 강제집행의 법원(法源)은 행정대집행법, 국세징수법 및 개별법 등이 있다.

(1) 대집행

대체적 작위의무의 불이행의 경우에 당해 행정기관이 의무자가 행할 의무를 스스로 이행하거나 제3자로 하여금 이를 행하게 하고 그 비용을 의무자로부터 징수하는 것이다. 예컨대 위법건축물 또는 위법광고물의 철거행위와 같은 것이다. 대집행의 법적 근거는 행정대집행법, 토지수용법, 건축법, 폐기물관리법 등이 있다.

(2) 집행벌

비대체적 작위의무 또는 부작위의무를 이행하지 않는 경우에 일정한 기간 안에 의무이행이 없을 때는, 일정한 금전의무를 부과할 것을 미리 계고하여 당사자에게 심리적인 부담을 줌으로써 그 의무를 간접적으로 이행하게 하는 수단으로 강제금이라고도 한다. 사후적인 제재로서의 성질이 아니라 의무이행의 확보에 지향된 것이므로 행정벌과 구별된다. 집행벌은 예외적으로만 인정되는 바, 건축법상의 이행강제금[85], 환경법상의 배출부과금[86] 등이 그 예에 속한다.

(3) 직접강제

의무자가 의무를 이행하지 않는 경우에 직접적으로 의무자의 신체 또는 재산에 실력을 가함으로써 행정상 필요한 상태를 실현하는 작용을 말한다. 직접강제의 대상이 되는 의무에는 제한이 없으며, 마지막 수단으로서 제한적으로만 사용가능하며 법

85) 건축허가권자는 건축법상 시정명령(철거명령)을 받은 후 시정기간 내에 이를 이행하지 않은 건축주 등에 대하여 시정명령의 이행에 필요한 상당한 기간을 정하여 그 기간까지 시정명령을 이행하지 않은 경우에는 이행강제금을 부과할 수 있다(건축법 제83조 제1항)

86) 배출부과금제도는 오염물질 배출자에 대하여 오염물질을 스스로 처리하거나 또는 처리 대신에 그 처리에 소요되는 비용에 해당하는 부과금을 납부하게 하는 제도이다. 배금부과금제도의 유형은 폐수배출부과금, 대기배출부과금, 폐기물배출부과금, 제품부과금 등이 있다.

적인 근거가 있을 때라야 인정된다. 따라서 직접강제는 비례 원칙이 중요한 의미를 가지며, 의무의 불이행을 전제로 하는 점에서 행정상 직접강제와 구별된다. 출입국관리법 제68조의 강제출국, 공중위생관리법 제11조의 영업소나 제조업소의 폐쇄조치, 식품위생법 제62조의 영업소의 폐쇄조치 등이 직접강제의 예에 속한다.

(4) 행정상 강제징수

행정주체에 대한 공법상의 금전납부의무를 불이행한 경우에 행정기관이 의무자의 재산에 실력을 가하여 의무가 이행된 것과 같은 상태를 실현하는 강제집행 수단이다. 행정상 강제징수에 관한 근거는 국세징수법, 지방세법 등이 있다. 이들 법에 의한 강제징수는 금전납부의무를 불이행한 자에 대하여 독촉과 체납처분 절차를 거쳐서 금전을 징수하게 된다.

다. 행정상 즉시강제

목전에 급박한 행정상의 장해를 제거할 필요가 있으나 미리 의무를 명할 시간적 여유가 없을 때, 또는 성질상 의무를 명하여서는 목적달성이 곤란한 때에 즉시 국민의 신체 또는 재산에 실력을 가하여 행정상의 필요한 상태를 실현하는 행정작용이다. 행정상 즉시강제는 당사자의 기본권과 직접 관련됨에 비추어 법치주의의 요청에 따라 엄격한 법적 근거 하에서만 인정된다. 실정법적 근거는 경찰관직무집행법, 마약류관리에관한법률, 소방법, 전염병예방법, 식품위생법 및 도로교통법 등이 있다.

라. 행정벌

행정법상의 의무위반에 대하여 일반 통치권에 근거하여 일반사인에게 사후적인 제재로서 과하는 처벌이다. 이는 행정법상의 간접적인 의무이행 확보수단으로써 행정형벌과 행정질서벌이 있는데, 기본권 보호를 위하여 법적 근거가 필요하다. 행정벌에는 행정형벌과 행정질서벌이 있다. 행정형벌은 형법상의 형벌이 과하여지는 강제수단이고, 행정질서벌은 과태료가 부과하여지는 강제수단이다. 행정형벌과 행정질서벌은 모두 행정벌이므로 동일한 사유에 의하여 동일한 사람에 대해 병과하는 것은 바람직하지 않다. 행정벌의 근거는 행정벌에 의해 당사자에게 부과되는 제재는 신체의 자유나 재산권에 대한 제한의 의미를 가지므로 죄형법정주의와 재산권보호의 취지에서 법률의 근거를 필요로 한다. 법률의 위임이 있으면 법규명령이나 조례로의 형식으로도 행정형벌과 행정질서벌이 부과될 수 있다. 한편, 지방자치단체의 조례상 의무 위반자에 대하여 조례로 과태료를 부과할 수 있다(지방자치법 제27조). 다만, 이 들의 경우에는 위임입법의 한계를 준수하여야 한다.

마. 기타 의무이행 확보수단

이상의 전통적인 의무이행 확보수단들을 보충하기 위해 행정현실에 상응하는 탄력적인 의무이행을 확보하는 수단이 다음과 같이 제도화되고 있다.

(1) 가산금

세법에 규정하고 있는 의무의 성실한 이행을 확보하기 위하여 당해 세법에 의하여 산출한 금액에 가산하여 징수하는 금액을 말한다.

(2) 부당이득세

물가안정에 관한 법률이나 기타 법률에 의하여 정부가 결정, 지정, 승인, 인가 또는 허가하는 물품의 가격, 부동산이나 기타의 물건의 임대료 또는 요금의 최고액을 기준으로 거래단계별, 지역별 기타의 구분에 따라 국세청장이 따로 정하는 가격을 초과하여 거래를 함으로써 부당한 이득을 얻은 자에게 세금으로서 부과하는 것을 말한다.

(3) 과징금

행정법상의 의무를 위반하거나 이행하지 않는 자에 대하여 행정청이 부과하는 금전적인 제재를 말한다.

(4) 공급거부

행정법상의 의무위반이나 불이행에 대하여 일정한 행정상의 서비스나 재화의 공급을 거부하는 행정조치를 말한다. 예컨대, 건축법상의 명령이나 처분에 위반하여 행정청이 발한 시정명령을 불이행한 때에 전기, 전화, 수도 또는 도시가스 공급시설의 설치나 공급을 중지하도록 하는 경우를 말한다.

(5) 명단의 공표

행정법상의 의무위반이 있는 경우에 의무위반자나 의무위반사실을 행정청이 일반인에게 알리는 행위를 말하며 비권력적 사실행위로서의 성질을 가진다. 예컨대, 세금 체납자를 공표하거나 매매춘을 행한 자를 공표하는 경우가 이에 해당한다.

(6) 관허사업의 제한

세무서장이나 지방자치단체의 장 등은 국세나 지방세를 일정한 사유 없이 체납한 자에 대하여 허가, 인가, 면허 및 등록과 그 갱신을 요하는 사업의 주무관서에 대하여 그 허가 등을 하지 않을 것을 요구할 수 있고, 국세나 지방세를 3회 이상 체납한 때에는 일정한 경우를 제외하고는 그 주무관서에 사업의 정지나 허가의 취소를 요구할 수 있다. 건축법상의 의무를 이행하지 않는 경우에 시장, 군수, 자치구청장으로 하여금 당해 건축물을 사용하여 행할 다른 법령에 의한 영업 기타 행위의 허가를 하지 아니하도록 요청할 수 있으며, 이러한 요청을 받은 자는 특별한 이유가 없는 한 이에 응하여야 한다.

(7) 기타의 수단들

행정범규상에 사용된 차량 등의 사용금지, 영업의 허가나 인가의 철회, 정지, 업무의 폐쇄조치, 국외여행의 제한, 취업제한 등을 열거할 수 있다.

바. 감사 시에 착안할 사항

① 법령조례의 집행과정에서 담당공무원이 국민이나 주민에게 요구되는 의무위반이나 의무불이행을 방치하고 있지 않는가?
② 행정청의 대집행은 법적 요건을 갖춘 것인가?
③ 대집행에 비례원칙은 준수되었는가?
④ 강제징수 절차에 하자는 없었는가?
⑤ 집행벌은 합법적인가?
⑥ 직접강제는 합법적인가?
⑦ 행정상 즉시강제는 불가피한 상황이었는가?
⑧ 행정질서벌인 과태료 부과는 적정한 수준인가?
⑨ 행정형벌과 과태료를 병과한 경우는 없는가?
⑩ 과징금은 적정한가?
⑪ 공급거부는 부당결부금지 원칙에 저촉되지 않는가?
⑫ 명단 또는 사실의 공표가 개인의 기본권을 지나치게 침해하지는 않았는가?
⑬ 조건부 허가와 철회권의 유보에 비례의 원칙은 준수되고 있는가?
⑭ 강제집행으로 초래된 행정상 손해는 배상되었는가?

Ⅳ 공무원의 직무(복무)에 대한 감찰

1. 직무감찰의 의의

행정기관의 직무감찰은 재정활동의 합법성, 경제성, 능률성 및 효과성을 검토하는 회계검사와 비재정 활동의 합법성, 경제성, 능률성 및 효과성을 검토하는 직무감찰로 구분할 수 있다. 여기서 "직무"란 회계처리와 관련한 것도 모두 포함하므로 직무감찰은 회계검사를 포괄한 행정통제 수단을 의미한다. 직무감찰은 행정기관 등이 수행하는 사무에 대하여 합법성, 능률성, 경제성 및 효과성을 밝히는 행정사무감사와 공무원의 범죄와 사고에 관해 행정감독자적 차원에서 위법 · 부당행위를 조사하여 원인을 규명하고 책임소재를 밝히는 활동인 협의의 직무감찰로 구분한다.

행정사무감사는 인 · 허가 등 어떤 행정처분이나 행정행위의 위법 · 부당성을 밝혀 그 행정처분의 취소 · 원상회복 등 시정이나 개선향상을 기하는 것으로서, 감사활동의 내용은 당해 행정처분이 법령상의 요건을 충족하는지를 조사 · 검증하여 위법 · 부당한 상태를 제거하거나 당해공직자를 문책하는 소극적 보정활동에 그친다. 그러나 직무감찰활동은 위법 · 부당한 행정행위의 원인이 된 금품수수 · 부당한 지시 등 고의성이 있는 불법행위가 개재되었는지 여부를 밝혀, 공무원범죄 행위를 공직사회에서 근절시키는데 목적을 둔 적극적 보정활동이다. 일반적인 활동행태가 조사는 행정사무감사보다 제한적이나, 조사는 심도가 깊고 대상을 대인감찰에 중점을 두고 있다는 특징을 갖고 있다. 다만, 직무감찰 활동은 고도의 정보수집 활동이 필요하고 당해 불법행정행위의 고의성을 조사공무원이 입증하여야 하는 어려움이 있다. 조사인에게는 계좌추적권이 없는 업무한계상 불법행정행위를 하게 된 주된 원인인 금품수수관계는 현장적발을 제외하고는 밝힐 수 없는 경우와, 조사능력과 증거부족 등의 한계로 당사자의 진술을 확보하지 못하여 사실관계를 명확하게 밝히지 못하는 경우에는 행정사무감사와 구별이 모호한 부분이 있다(서기원 : 195-196).

2. 공무원의 직무감찰 대상 및 한계

가. 직무감찰의 대상

직무감찰의 대상은 징계사유가 되는 "공무원의 의무위반행위" 모두를 포괄한다. 다만, 공무원 중 선거로 선출된 선거직 공무원은 제외되며, 의무위반행위는 형법 등에 규정된 직무관련 범죄행위와 지방공무원법, 지방자치단체의 조례 및 규칙 등에 규정된 의무를 위반한 행위를 의미한다. 공무원의 임용 전 의무위반행위에 대해서는 징계사유가 될 수 없기 때문에 원칙적으로 감찰대상에서 제외되나, 임용 전 행위가 임용 후 공무원의 품위를 손상케 한 경우에는 징계사유가 되므로 이것도 감찰대상에 포함된다 할 수 있다(대판 95누 18536, 96. 3. 8).

나. 직무감찰의 한계

우리나라의 경우, 공무원의 직무감찰의 대상을 폭넓게 인정하고 있으나 직무범위에 따른 감찰의 한계는 존재하고 있다. 공무원 내부의 직무감찰조직에는 공무원의 범죄를 방지하기 위한 예방적 감찰기능은 인정되나 계좌추적 · 구인 등의 포괄적 감찰권능은 배제되고 있다. 또한 법령상 명확한 구분이 어려운 개념이나 감찰조직과 감사조직이 분리되어 있는 현실적 제한 때문에 직무감찰의 한계, 행정 계층적 구조에 따른 직무감찰의 한계, 인력부족에 의한 현실적 한계가 존재한다.

따라서 이러한 직무감찰의 한계를 극복하기 위해서는 감찰인력의 전문화 · 조직화를 통한 심도 있는 감찰활동이 필요하다. 즉 사전정보 수집, 정보의 신빙성 검증 등 사전준비, 주변관련자 증언 청취, 사실 확인, 관련자 문답 · 진술 등을 철저히 수행하여 무차별적인 감찰활동범위 확대보다는 비리의 근원 발본에 역점을 둔 심도 있는 조사로 비위 혐의자가 납득할 수 있는 감찰활동을 전개해야 한다(서기원 : 196-197).

3. 직무감찰활동 고려사항

가. 직무감찰활동 원칙

직무감찰 활동은 다음과 같은 원칙 하에서 이루어진다(김유찬 : 67-68).

첫째, 직무 감찰활동은 행정의 한 유형이므로 각종 법령과 규정, 지침 등을 준수하고 이 범위 내에서 이루어진 직무감찰 결과만이 유용하다. 행정의 합법성 확보를 위해 행해지는 감찰활동이 법이나 절차를 위반하여 활동하는 것은 이해당사자로부터 공격을 받게 될 뿐만 아니라, 감찰결과의 신뢰성과 설득력을 상실하는 결과를 초래할 것이다.

둘째, 직무감찰은 특정행정사무 또는 특정인의 비리에 대한 조사활동을 병행하게 되므로 당해 감찰활동의 정당성을 확보하기 위한 내부적인 절차를 항상 이행하여야 한다. 공직감찰활동도 특수민원의 접수나 정보수집활동 보고를 통하여 승인된 사항에 대해서만 활동하도록 한다.

셋째, 직무감찰 활동은 감찰 담당공무원의 노력과 비용이 투입된 경제활동이므로 최소의 노력으로 최대의 효과를 거두는 "경제성"이 확보되어야 한다. 직무감찰활동을 수행하다 보면 활동범위가 확장되어 관련 없는 사항까지 조사를 함으로써 대상기관과 마찰이 생기거나 감찰 불신을 야기하는 사례가 발생하기도 한다. 따라서 사전에 직무감찰을 위한 면밀한 계획을 수립하여야 하고, 실시목적 및 범위에 부합되게 전개하여야 한다.

넷째, 합리적인 감찰활동을 전개한다. 충분한 근거자료와 경험분석을 통하여 체계적이고 합리적인 결과를 모색한다. 비위 · 부조리 유형이 다양해지고 접근이 점차 어려워지고 있으므로, 철저한 정보수집 및 감찰예비활동 등을 통해 체계적으로 접근한다. 선입견 및 고정관념에서 탈피하여 효율적인 직무감찰활동이 수행될 수 있도록 항상 유의해야 한다. 직무감찰시 자기의 역량을 과시하여 사안을 속단하는 사례가 없도록 하여야 하며, 형법상 무죄추정의 원칙에 의거 개인의 인권을 존중하고 공정 · 성실하게 수행한다.

나. 직무감찰의 효과적 수행방안

직무감찰을 효과적으로 수행하려면 다음과 같은 기준에 따라야 한다(김유찬 : 69-70).

첫째, 직무감찰활동이 정당화되고 존재의 의의를 갖기 위해서는 지향하는 목표를 분명히 설정하여 이를 활동요원 전원이 숙지하여야 한다. 직무감찰의 목표는 감찰활동의 실시 여부의 판단기준이 될 뿐만 아니라, 활동결과에 대한 성과를 평가하는 기준으로도 활용된다.

둘째, 유능한 감찰요원의 확보 및 원활한 감찰활동을 보조하는 지원수단을 확보하여야 한다.

셋째, 확보된 직무감찰요원은 교육과 훈련을 통하여 다양한 분야의 기초지식과 정보수집활동요령, 감찰활동기법 등을 학습하여야 한다.

넷째, 정보수집활동을 효율적으로 전개하고 수집된 정보를 체계적으로 관리하여야 한다. 직무감찰활동의 성패는 정보에 있으므로 양질의 고급정보가 있어야 훌륭한 감찰활동도 기대할 수 있다. 정보는 정보수집 필요에 의하여 첩보수집활동을 한 후 이를 정보화하여 보고하는 단계를 거쳐 관리되는 것으로, 이와 같이 수집된 정보는 체계적으로 축적, 관리하여야만 적시성이 있고 직무감찰에 활용할 수 있을 것이다.

다섯째, 제한된 인력과 시간으로 최대의 감찰성과를 확보하기 위해서는 우선 직무감찰대상의 선정이 잘 되어야 한다. 감찰대상을 선정하는 기준은 먼저 그 사업의 취약성, 시급성, 중요성 및 시사성 등을 감안하여야 하고 또 파급효과를 제고하기 위해서는 핵심기관 및 상위직을 보다 중점대상으로 할 필요가 있다. 특히 효과성, 민주성 및 합법성 등의 다양한 감사기준을 혼합적으로 적용하여 직무감찰대상을 발굴하여야만 감찰활동의 성과를 확보할 수 있다. 따라서 감찰대상의 선정은 수집된 첩보, 진정, 투서, 신문보도사항들의 자료에 의한 방법과 기동점검이나 암행활동 등의 직접관찰에 의한 방법을 함께 활용할 수 있을 것이다.

다. 직무감찰요원의 자세

직무감찰요원은 다음과 같은 자세로 업무를 수행하여야 한다(서기원 : 200).

첫째, 직무감찰요원은 공사생활에 솔선수범하여야 한다. 감찰요원은 타인의 비위를 적발하여 교정하는 역할을 담당하므로 다른 공무원보다 한층 높은 도덕성 및 청렴도가 요구된다. 평소의 언행 · 몸가짐에 유념하여 바른 예절과 겸손한 자세를 견지하고, 주위의 지탄대상이나 오해소지가 있는 행위는 하지 말아야 한다.

둘째, 직무감찰요원은 높은 사명감을 가져야 한다. 어려운 근무여건 하에서 공직비리 척결에 대한 사명감 없이 직무감찰을 수행하기 어렵다. 공직비리 척결을 목적으로 하는 감찰요원은 책임성을 인식하고 성실하고 건전한 윤리의식 견지하여야 한다.

셋째, 문제의식을 가져야 한다. 감찰요원은 항상 적극적인 자세로 문제의식을 갖고 사물을 관찰함으로써 정확한 진단을 위해 감찰활동을 수행하여야 한다.

넷째, 감찰요원은 항상 관계법령의 연구와 감찰에 관한 지식과 기술의 습득에 힘쓰고 감찰기법의 개선 · 향상을 위해 부단히 노력하여야 한다.

다섯째, 직무감찰의 입증책임은 감찰요원에게 있으므로 자신의 책임을 부인하는 상대자와 치열한 논리로써 사실을 철저히 규명하려는 끈기 있는 조사자세를 시종일관(始終一貫)하여야 한다.

4. 직무감찰 정보수집 및 관리

가. 정보수집 원칙

직무감찰활동은 통상적인 행정사무감사활동과 달리 위법혐의가 있는 직무행위 또는 비리행위에 대하여 이루어지므로 정확한 감찰정보는 효과적인 감찰활동의 성패요인이 된다. 따라서 수시로 첩보를 수집한 후 정보로 가공 · 축적하고 관리하는 체계를 구축함으로써 적시성 있고 효과적인 직무감찰활동이 가능하다. 직무감찰을 위한 정보수집은 다음과 같은 원칙 하에서 이루어져야 한다(서기원 : 201-202).

첫째, 감찰정보는 현재 직면한 문제해결을 위한 것을 위주로 수집하여 관련자료를 체계적으로 관리하여야 한다(적실성 適實性)

둘째, 수집된 감찰정보는 주변탐문 등을 통한 추가확인으로 유용한 정보로써 가치를 보전해야 한다. 또한 감찰정보를 다루는 사람은 공적인 자세와 공정성을 잃지 않도록 유의해야 한다(정확성)

셋째, 감찰정보는 사용자가 필요한 때에 사용할 수 있도록 제공되어야 한다. 감찰정보의 제공이 너무 이르면 보안에 문제가 생길 수 있고, 너무 늦으면 시기를 일실하여 감찰활동에 사용할 수 없기 때문이다(적시성 適時性).

넷째, 감찰정보는 시간이 허용하는 한 최대한 완전하여야 한다(완전성).

다섯째, 감찰정보는 감찰활동에 사용될 때 유용한 것으로 감찰활동과 직접관련된 필요 최소한의 범위 안에서 제출토록 요구한다(필요성).

여섯째, 감찰정보는 사례별로 관계되는 모든 첩보를 신속히 수집하여 평가 · 분석 · 종합 · 해석함으로써 감찰활동에 유용한 지식으로 산출되도록 조직원의 계획적인 협동작업을 전개하여야 할 것이다(객관성).

나. 직무감찰정보수집 방법

감찰정보를 얻으려면 기관, 사람, 유사한 사건 등 필요한 정보의 연원을 파악해야 하는 등 모든 가능한 다양한 방법에 의해서 수집해야 하나, 부적절하거나 불필요할 수도 있는 마구잡이식 수집이 아니라 체계적인 방법으로 수집할 필요가 있으므로 해당기관별로 여건에 맞게 감찰정보를 체계적으로 수집 · 관리할 수 있는 감찰정보체계를 구축한다(서기원 : 202-204).

(1) 공개적 수집활동

첫째, 인터넷을 활용한다. 인터넷은 여러 계층의 사람들이 제공하는 다양한 정보를 접할 수 있는 가상공간이다. 종합뉴스 포털 사이트에서 검색창을 이용하여 원하는 정보를 빠르고 정확하게 검색하되, 어느 사이트라도 100%의 정확도를 보여주지 못하므로 3개 이상의 검색엔진을 이용하여 결과를 비교분석한다. 기관별로 감사정보를 수집하고 건전한 국민 · 주민신고 정신을 함양하기 위해 개설된 인터넷 홈페이지의 '부조리 신고' 등을 수시 확인하여 감찰정보로 전환한다.

둘째, 신문을 활용한다. 신문을 읽을 때는 문제의식을 갖고 기사의 이면을 파악하는 자세가 필요하다. 또한 행간의 뜻을 잘 파악해서 읽어야 하는 암시성, 혹은 복선형(伏線型) 기사가 있으므로 이를 찾아내는 능력을 평소에 배양해야 한다.

셋째, 각종 민원을 활용한다. 진정서나 투서 등 행정기관에 제기되는 민원은 직무행위, 공무원 개인에 대한 것 등 다양한데, 이들 내용을 잘 분석하여 직무 및 개인의 비리 등을 파악할 수 있다. 이해집단 간의 갈등과정에서 표출되는 주장이나 요구사항, 시민단체 등이 주장하는 비판과 대안제시활동 중에서도 감찰정보를 수집한다.

(2) 비공개적 수집활동

대상자 자신이 감찰대상일 수 있다는 의심은 하지만 감시당하는지 모르는 상태에서 감찰정보를 얻어내는 방법이다. 사법기관에서 발전되어온 기법이나 은밀화 되고 있는 공무원 범죄를 적출하기 위해서는 앞으로 직무감찰에 정보를 수집하는데 적극적으로 활용할 필요가 있다.

첫째, 감찰대상을 감시한다. 감찰정보의 수집 또는 비위현장 적발을 위하여 감지당하지 않으면서 감찰대상자를 추적 · 감시하는 미행과, 일정한 장소 또는 특정지역에서 계속적으로 은신하여 비밀리에 감시하는 잠복감시로 구분된다. 이 방법에 의한 감찰정보 수집은 가장 사실적이고 신빙성이 높으나 물적 · 시간적 한계가 있어서 자주 활용하는 데는 어려움이 있다. 지방자치단체에서는 직원상호간 인지도가 높아 비노출 활동이 어려운 경우가 많기 때문에, 비노출 활동이 노출되었을 경우 자연스러운 태도로 응대할 수 있도록 사전에 준비해 두어야 한다.

둘째, 내부자로부터 정보를 제공받는다. 공무원의 직무행위와 관련하여 비위내용이나 단서가 될 만한 사항을 알고 있는 자가 직접면접 또는 전화 등의 방법으로 감찰부서(요원)에 자신이 알고 있거나 부탁받은 사항에 대하여 정보를 알려줌으로써 현장의 생생한 감찰정보를 수집한다. 정보제공자는 감찰부서(요원)로 찾아올 수 있지만 적극적으로 유도할 수도 있다.

다. 직무감찰정보수집 업무자세

직무감찰을 위한 정보수집을 위하여 다음과 같은 업무자세를 유지하여야 한다(도표 4-22 참고)(서기원 : 204-205).

도표 4-22 정보제공자 면접요령

면접 요령	자 세
① 정보제공자의 긴장감을 풀게 한다.	자연스런 화제로 시작, 공감 · 친밀감 갖도록
② 정보제공자의 자연스러운 진술을 유도한다.	면접자의 목적이나 희망을 올바르게 전달, 그것에 대한 공감을 일으켜 자발적으로 자연스럽게 이야기하도록 유도
③ 정보제공자의 신뢰를 얻어라.	기교나 사술(詐術) 사용 금지
④ 면접자가 수집한 자료를 정보제공자에게 알리지 마라.	면접자가 이미 알고 있다고 판단하여 자세한 이야기를 하지 않을 우려, 역이용 당할 우려가 있음.
⑤ 대화도중 비평 · 비난, 논쟁 등을 피하라.	영향을 받게 하지 않을 것.
⑥ 면접도중 다른 일에 정신을 팔지 마라.	상대에 대한 결례일 뿐 아니라 신뢰감을 잃게 되고 협력할 마음이 생기지 않을 것임.
⑦ 대화에서 얻은 자료는 통합 기억하라.	정보제공자 앞에서 메모행위는 가급적 지양

첫째, 목적의식을 가져야 한다. 정보자료의 사용목적 또는 유용성을 염두에 두고 정보 및 자료를 수집한다. 정보는 이용을 전제로 수집되어야 하며, 모든 정보자료를 수집해서 모든 가능성을 판단하는 것은 무의미한 것이며 낭비가 아닐 수 없을 것이다.

둘째, 정보자료의 배경을 분석한다. 조금이라도 정보자료의 배경을 더 철저하게 파악해야 문제의 핵심에 다가갈 수 있기 때문이다.

셋째, 종합적인 시각을 가져야 한다. 매사가 '그럴 수 있다'는 다양한 관점에서 사물을 바라보며, 이를 토대로 종합적 결론을 추출하면 항상 새로운 가치를 이끌어 낼 수 있을 것이다.

넷째, 공개된 정보자료를 중시하여야 한다. 공개된 정보자료에서 정보원(情報源)을 찾아낼 수 있는 감사인이 진정한 정보 맨이라 할 수 있다. 정보를 찾아내는 정교한 안목을 기르기 위해서는 인터넷 등 컴퓨터 활용능력을 배양하는 등 끊임없는 연구와 노력을 기울여야 한다.

다섯째, 선입관을 배제하여야 한다. 내가 지금까지 배운 지식만으로는 모든 사실을 이해할 수 없다는 현실을 인정한다. 지나친 고정관념은 경직되고 융통성 없는 사고를 낳기 쉬우며 문제의 핵심을 간과하게 만들 우려가 있다.

여섯째, 정보분석은 감사인 상호간에 협력을 도모하여야 한다. 동일한 사실에 대하여 개인의 지식·경험에 따라 주관적인 판단은 다를 수 있다. 동료·상사와 논의함으로써 개별정보의 가치 및 유용성을 판단하여 활용방향을 정하도록 하고 혼자 판단하여 사장시키는 일이 없어야 할 것이다.

5. 직무감찰 증거 확보

가. 직무감찰 증거의 의의

직무감찰 증거는 감찰대상이 되는 사항(사실)의 진위와 적법·타당성 여부에 대한 감찰요원의 판단을 객관적으로 뒷받침할 수 있는 자료를 말한다. 직무감찰은 감찰증거의 수집 및 검증과정이며, 감찰대상의 위법·부당성의 입증은 감찰요원의 몫이다. 물리적·서면 증거는 확보가 용이하지만 위법·부당한 직무행위 등의 원인·동기 등을 정확히 파악하여 책임소재를 명확히 가리기 위해서는 확인서와 문답서를 정확히 받는 기법을 학습할 필요가 있다.

나. 직무감찰 증거의 종류

직무감찰 증거의 종류는 조사방법에 따라 인증(人證 : 확인서, 문답서, 감정 등), 물증(物證 : 실물, 표본 등) 및 증거서류(사본, 등본 등)로 나눌 수 있으며, 형태에 따라 물리적 증거(그림, 실물표본 등 사람·재산 또는 사업 등에 대해 직접 검사하거나 관찰하여 얻은 증거), 서면증거(공문, 계약서, 회계기록 등 문서의 형태로 만들어진 것), 증언적 증거(조사, 면담, 질문 등을 통해 획득한 것) 및 분석적 증거(계산, 비교, 요인별 정보 분류 또는 합리적 논증 등으로 획득한 것) 가 있다.

다. 확인서 작성

☞ 제1장 8. 마. (2) (나) ① 참조

라. 진술서 확보

(1) 개념

감찰대상자 또는 관계인이 스스로 자기의 생각 및 사실관계 등을 기재한 서면으로, 자진해서 작성한 진술서는 형식적 성립의 진정(진술서의 서명 · 날인 · 간인의 진정성)이 인정되면 증거능력을 인정할 수 있을 것이다. 진술 번복의 우려가 있는 경우, 초기 진술이 중요하다고 판단되는 경우, 미리 진술서를 확보함으로써 문답을 용이하게 이끌 수 있다.

(2) 진술서 확보시 유의사항

진술서의 내용은 진술인의 인적사항 → 진술요지 → 작성연월일 → 작성자의 서명날인 순으로 작성한다. 진술사항이 복잡하거나 진술인이 서면진술을 원할 때에는 진술서를 작성하여 제출케 할 수 있다. 진술서는 작성자가 진술인 자신이므로 자필로 작성하도록 하여야 하며 대서하지 않도록 한다(글쓰기가 불가능한 경우는 예외적으로 대서하고 그 사유 및 진술인의 확인을 받도록 함)

여러 사람으로부터 동일한 사안에 대하여 같은 종류의 진술을 얻어야 할 경우 일정한 양식을 이용하는 것도 가능하다.

마. 문답서 작성

☞ 제1장 8. 마. (2) (나) ② 참조

문답서 작성기법과 유의해야 할 사항은 다음과 같다.

첫째, 적절한 용어를 사용해야 한다. 상대방의 연령, 직위(급) 등을 고려하여 그에 상응하는 용어를 사용하고, 비교적 부드럽고 상대방에게 가벼운 느낌이 들도록 표현해야 한다(예컨대, "왜 이런 부당한 지시를 하였는가요?" 보다 "어떻게 하다가 이런 결정을 하여 부하직원을 힘들게 하셨는가요?"가 보다 적절하다)

둘째, 기억하기 쉬운 내용부터 질문한다. 문답은 사건의 진행순서에 따라 질문하고 문답 중에 사건과 관계없는 질문은 삼가하여 문답이 집중되도록 노력한다.

셋째, 요점을 파악하여 하나하나에 대한 질문을 분명하게 한다. 위법 · 부당한 직무행위의 원인 · 동기, 행위시 법령위반 인지 여부, 현재의 책임감 등을 낱낱이 명백하게 구분지어 질문하여야 하며, 한꺼번에 많은 질문을 하여 상대방을 혼란하게 만

들어서는 아니 된다.

넷째, 질문은 짧게 하고 답변은 길게 하도록 유도한다(예컨대, “도시과에서는 개발행위가 불가하다고 회신하였는데 건축허가를 내준 경위 및 근거를 말씀해 주십시오”는 잘된 질문이라고 할 수 있으나 “도시과 ㅇㅇ년 ㅇㅇ월 ㅇㅇ일 회신공문에 의하면 △△△이 신청한 건축허가 대상지는 개발제한구역으로서 개발제한에관한법률 제ㅇㅇ조 제ㅇㅇ항에 의거개발행위가 불가능한 지역으로 건축허가가 불가하다고 회신하였음에도 귀하는 ㅇㅇ년 ㅇㅇ월 ㅇㅇ일 △△△이 신청한 건축허가를 위법하게 내준 사실이 있지요?”는 잘못된 질문이다).

다섯째, 답변이 애매할 때는 진의를 확인해야 한다. 상대방의 진술이 애매할 때는 뒤에 진술을 번복할 우려가 있으므로 그 진의를 물어서 확인해 두는 것이 필요하다. 이 경우에 대비하기 위하여 문답 전에 진술서를 확보해 두는 것도 방법의 하나이다. 부인하는 경우에는 부인(否認) → 반박자료 제시 → 모순노출의 조사과정이 명백하게 나타나도록 기재한다.

여섯째, 부인 상대방에 대한 조사방법은 ① 상대방의 답변을 자세하게 청취 ② 사전에 관련서류 및 관계인 진술 등 사전에 상대방이 부인할 것을 대비한 반증자료 확보하여 철저한 확인감찰 ③ 성의와 설득으로 자발적 진술을 촉구 ④ 상대방이 위법·부당한 행위를 하게 된 정당화의 심리를 이해 ⑤ 상대방의 인격을 존중 ⑥ 면책불가능의 관념을 주입하도록 한다.

일곱째, 조사의 중점을 노출시키지 말라. 조사관이 중요시하고 있는 것이 무엇인가를 상대방이 감지하지 못하도록 해야 한다. 처음부터 사건의 핵심을 찌르지 말고 부드러운 분위기를 조성한 후 점차 조사의 핵심에 들어가는 것이 바람직하다.

여덟째, 상대방의 표정으로 자백과 허위자백을 구분하여 참고하여야 한다(도표 4-23).

아홉째, 상대방에게 유리한 사항도 충분히 청취해야 한다. 상대방이 말하고자 하는 것은 다 진술하게 하고, 그것이 상대방에게 유리한 경우라도 충분히 청취하는 배려와 아량이 필요하다. 상대방이 자진하여 진술할 때는 성실하게 청취하고, 도중에 필요 없는 질문으로 진술을 중지시키지 않도록 유의해야 한다.

도표 4-23 상대방 표정의 관찰 · 판단방법

허위답변을 할 때 잘 나타나는 표정	자백 전에 잘 나타나는 표정
① 조사관의 시선을 피하려고 한다. ② 손을 흔들거나 펴며 몸을 긁는다. ③ 갑자기 침착성이 결여되거나 발을 문지른다. ④ 얼굴이 빨개지거나 창백해진다. ⑤ 느닷없이 흥분하거나 반사적이다. ⑥ 자세한 대답을 피하고 불필요한 질문을 한 뒤에 그 사이에 답변준비를 한다.	① 진실미가 있고 정면을 향한다. ② 손을 꼭 쥔다. ③ 갑자기 말을 하지 않는다. ④ 얼굴빛이 변한다. ⑤ 발을 뻗고 앉아서 운다. ⑥ 땀을 흘리거나 몸을 떤다. ⑦ 목이 마르고 입술이 하얗게 된다. ⑧ 입안이 끈적끈적 해져서 침을 삼키며 물을 청한다. ⑨ 소변을 호소한다. ⑩ 담배를 피워도 되는지를 묻는다.

6. 직무감찰인의 기본태도

가. 감찰(조사)에 임하는 조사관의 자세

감찰에 임하는 조사관은 다음과 같은 자세를 가져야 한다.

첫째, 단정한 복장과 용모를 갖춘다. 조사관은 품위를 지녀야 하는데, 이를 위해서 가능한 정장을 하고 용모를 단정히 하는 것이 바람직하다.

둘째, 진실하고 성의 있는 태도로 일관한다. 조사의 성공여부는 조사관의 인격작용과 크게 관계된다. 조사관이 진실하고 성의 있는 태도로 상대방을 대하는 경우에 상대방도 성의 있게 조사에 응할 것이다.

셋째, 냉철 · 침착한 태도를 가져야 한다. 상대방이 불손한 말을 하거나 예의 없는 행동을 하는 경우라도, 조사관이 이에 격앙되어 화를 내거나 감정 섞인 어조나 태도로 응대하게 되면 조사는 성공하기 어렵다.

넷째, 자신 있는 태도를 가져야 한다. 조사관은 항상 자신 있는 태도로 질문과 설득을 계속하고 상대방의 진술을 끈기 있게 청취해서 상대방으로 하여금 진실을 진술하도록 이끌어야 한다.

다섯째, 공정한 태도를 가져야 한다. 조사관은 상대방의 성별이나 직위(급)에 관계없이 항상 공정한 태도로 임하여야 한다.

나. 조사관의 마음가짐

감찰에 임하는 조사관은 다음과 같은 마음가짐을 가져야 한다.

첫째, 선입감을 배제한다. 선입감을 가지고 조사에 임하는 것은 사실의 진상을 그르치게 하는 원인이 된다. 조사관은 백지로 돌아가서 순수한 감정을 가지고 조사에 임하는 것이 바람직하다.

둘째, 상대방의 심리상태를 이해하고 공평한 태도를 가진다. 상대방은 조사관 앞에서 조사를 받는 경우에 부인 · 은폐 · 후회 등을 하는 것이 일반적이므로 이런 심리상태를 이해하고 흔들림 없는 공평한 태도로 대하는 것이 필요하다.

셋째, 상대방의 명예심 · 자존심을 건들지 않는다. 상대방의 성격 · 경력 · 직위(급) 등을 고려하여 명예심 · 자존심을 손상치 않도록 언동에 조심해야 한다.

넷째, 인내심과 확고한 신념을 가져야 한다. 감찰요원은 소기의 목적을 달성할 때까지 인내심을 가지고 조사에 임하여야 하며, 조사에 임하기 전에 모든 관계자료를 검토하여 확고한 신념을 가지고 있어야 한다.

다섯째, 서두르지 않는다. 감찰요원이 자기의 생각대로 조사가 진행되지 않는다고 조급히 서두르거나 불안해하는 경우에는 상대방이 이를 역이용하는 경우가 있고 조사 자료까지 눈치 채게 되어 조사는 실패하게 된다.

7. 직무감찰 사례

가. 복무기강 해이 사례[87]

감사사례 1 **병가조치 후 국외여행 사례**

- ○○시 사업소에 근무하는 직원이 진단서 없이 병가를 빈번히 실시하는 점을 착안하여 출입국 사실을 조회한 바, 병가기간중에도 해외를 나간 사실을 확인하고 출입국 사실 확인서를 발급받아 조사에 착수하여 허위병가 사실을 시인 받음.

  이는 외국여행 시 로밍 서비스를 신청 받으면 휴대전화 통화가 가능하여 비상연락체계가 유지되므로 출입국 사실을 조회하지 않으면 확인할 수 없는 점을 악용한 사례임 .

87) (감사사례 1) - (감사사례 9)는 서기원, 『직무감찰기법 및 사례연구』, 지방혁신인력개발원, 지방행정감사과정 교재(2005). 215-216쪽 발췌함.

감사사례 2 **출장조치 후 사적업무 수행**

- ○○군청에 근무하는 간부공무원 ○○○은 상습적으로 관내출장 명령을 달고는 주 1–2회 정도 출장업무도 수행하지 않으면서 출장명목으로 조기퇴근 후 귀청을 하지 않아 업무처리 지장으로 물의

감사사례 3 **출장업무 수행중 음주 후 지연 귀청**

- ○○사업소에서 간부공무원들이 출장업무를 수행하면서 점심시간에 과다한 반주를 한 후, 점심시간을 3시간이나 초과하여 귀청을 하지 않고 있다가 정부합동점검반에게 지적

감사사례 4 **근무시간 중 업무와 무관한 증권, 오락, 채팅 사례**

- ○○구청 일부 공무원들은 개인별로 보급된 PC를 이용하여 그 동안 별다른 제재 없이 근무시간 중에도 업무와 무관한 증권, 오락, 채팅 등 인터넷에 상습적으로 접속하여 업무능률을 저하시키고 있다는 첩보가 있어, 동 구청의 전산실의 검색시스템을 통한 전부서 직원의 IP를 추적한 결과 사실로 확인되어 과다 사용한 직원을 선별하여 문책

감사사례 5 **근무시간중 무단이탈 후 금품수수**

- ○○군청에 근무하는 간부공무원 ○○○은 근무시간중 무단이탈하여 관내 전기회사 직원과 함께 백화점을 방문, 고급의류 58만원 상당을 구입하고 함께 간 전기회사 직원으로 하여금 대금을 지불토록 하고 본인은 그 자리를 떠남

감사사례 6 **현지출장 후 관내업체 제공 식사 및 품위유지 위반**

- ○○시 농업기술원장 ○○○외 4명은 관내업체 점검 후 동 업체 등 2개 업체로부터 점심 및 주류 41만5천원 상당을 제공받고, 공직기강 점검반이 16 : 00 점검을 위한 전화통보를 받고도 1시간이 지난 17 : 00경 사무실에 도착, 점검반의 음주사실 지적에 원장외 1명은 오히려 단속반에 항의

감사사례 7 **근무시간중 운동**

- ○○시 북구 세무과 직원 4명은 근무시간중 당구장에서 당구를 치다가, 1명은 헬스장에서 운동을 하다가 적발

감사사례 8 **설연휴 특별근무 미이행**

- ○○시 보건소 별정 6급외 2명은, 설연휴 특별근무 명령을 받고도 설연휴 진료대책 상황실 미근무,
- ○○시 보건소 직원들은 숙직실에서 휴식중

감사사례 9 **허위 출장결재 후 사적용무**

- ○○시 ○○구 건축과 건축7급 ○○○은 허위 출장명령 결재를 받고, 백화점에서 물품을 구입하는 등 사적업무 수행

※ 일부 기관의 경우 퇴근시간 이전에 여직원들이 인근에 있는 연금매점 등을 이용하는 경향이 많은 바, 자제요망

나. 예산낭비 사례

감사사례 1 **공용전화를 이용한 채팅 등 사적 사용**(서기원 : 217)

- ○○구청 감사실은 구청내 특정부서 일반전화 사용료가 평소보다 3배 이상 과다하게 청구되자, 동 사용료에 대한 청구내역을 조회하여 동 기간중 060의 음란음성채팅 전화에 접속한 사실을 확인하고
- 당직 근무일지와 근무자 명단을 대조하여 시인을 받고, 본인이 사용한 사용료를 변상조치 시킨 후, 특정대상으로 지정 지속적인 감찰을 실시한 결과 민원응대 및 업무수행 태도가 불량함이 확인되자 징계조치

감사사례 2 **법인 신용카드 부당 사용**(서기원 : 217)

- 관용으로 발급된 법인 신용카드를 사적으로 사용한다는 정보에 의거 카드회사에서 제출한 월별 거래명세와 금융사에서 제출한 거래내역 부서에서 사용하고 있는 회계장부를 대사하여 공무수행과 관련이 없는 노래연습장 대금지급, 유흥주점에서 사용, 공휴일에 사용, 카드사용 미기재 등 부적정하게 사용한 사실을 적발하였으며, 특히 배정액을 초과한 사용금액은 카드결제 계좌에 현금을 입금하는 방식으로 유용액을 변태회계 처리(일부실과는 신용카드 발급사실을 지출원에게 통보하지 않은 사례도 있었음)

감사사례 3 **공공근로사업 불참자 임금지급**

- 공공근로사업 지침에 의하면 공공근로 참여자는 출근여부, 근무지 이탈, 근무중 음주 등 근무 지도감독에 철저를 기하여 그 사항을 작업일지 등에 기록하여야 하고, 특히 불참자는 근무포기서를 작성하여 보고하고 임금이 부당하게 지급되지 않도록 하여야 함에도
- 공공근로 참여 신청자가 가정사 등을 이유로 공공근로사업에 불참하고 있다는 사실을 인지하고 있으면서도, 평소 잘 알고 있다는 친분과 당사자의 선처 요구 등으로 불참처리 및 포기서 등의 적정한 조치를 취하지 않고 96일분 3,501천원 상당을 부당하게 지급함.

다. 공금횡령 사례[88)]

감사사례 1 **읍면동 공금횡령 사례**

- 읍면동 회계업무 담당자가 5년 이상 장기근무한 후 교체되어 후임자가 예산을 집행하는 과정에서 장부금액과 잔액이 일치하지 않은 사실을 확인하고 면장에게 보고하여 특별감사를 실시함.
- 각 부서의 회계별 자금배정 통장과 현금출납부를 대조한 후 지출증빙서류를 대조하고 동 서류와 통상지급명령서를 대조

감사사례 2 **주차장 사용료 횡령**

- 주차관리원들이 요금을 징수한 후 영수증을 교부하지 않아 공금횡령 의혹을 제기하는 시민제보를 받고, 상대적으로 행락객이 많은 날을 택일하여 근무시간중 주차요금 정산소를 통과하는 실제 차량대수를 2~3회 비노출 조사한 후, 동일 날짜에 주차관리원이 실제 징수 · 납부한 자료와 금액을 비교하고 최근 2년간의 징수실적을 대사하여 차액에 대한 조사결과 3명이 공모하여 횡령한 사실을 시인함.
- 특히 이들은 평일 날 각자 근무시간에 횡령한 금액은 본인들이 착복하고, 토 · 휴일에는 횡령한 금액을 3명이 공동배분하는 방법으로 평일에는 4만원, 토요일에는 20만원, 일요일에는 40만원 상당을 착복하여 생활비, 교육비, 약값, 용돈, 저축 등으로 사용하였다고 진술했으나, 3명 모두 상급자나 지도감독자에게 상납사실은 부인하여 연결고리는 확인 곤란

88) 〈감사사례 1〉-〈감사사례 5〉는 서기원, 전게 교재, 218-219쪽에서, 〈감사사례 6〉-〈감사사례 8〉은 김유찬 전게교재 73-75쪽에서 발췌하였음.

감사사례 3 **쓰레기봉투 판매대금 횡령**

- 쓰레기봉투를 판매하면서 현금을 직접 받고 봉투를 판매하면서 세입조치 없이 32,682천원을 횡령하고, 폐기물 배출신고 시 현금을 받고 신고증만 교부한 후 세입조치 없이 2,717천원을 횡령함.
- 이는 현금을 징수하고도 세외수입 징수부에 등재를 하지 않고 쓰레기종량제 봉투 수불부도 작성하지 않았을 뿐만 아니라, 결재도 받지 않고 직인을 임의로 날인하여 종량제 봉투 배정을 신청하였으며, 폐기물 배출자 신고서도 700여 매를 분실하였다고 주장하고 있으나, 이에 대한 직무태만과 관리감독 소홀로 관리자 미인지

감사사례 4 **민간단체 보조금 횡령**

- 보조금 지원단체에서 제출한 정산서를 검사하는 과정에서 보조금 사용내용 영수증 사본을 변조하여 관련부서에서 중복 사용하거나 허위로 발급받아 제출하고, 통장사본 및 금융기관 거래내역의 날짜, 금액 등을 정교하게 칼라 변조하여 허위제출하는 방법으로 횡령

감사사례 5 **주민등록초본 발급수수료 차액 횡령**

- 05.7.1이전 초본 발급 수수료가 관내분(150원)과 관외분(450원)으로 구분되어 있어 신용정보회사의 채권추심용 발급시 관외분을 관내분으로 인증 후 발급차액 수수료 15,072천원 상당 횡령

감사사례 6 **일상경비 횡령**

- ○○○○시 ○○구 총무과 지방행정서기 ○○○은 1998. 10. 8.부터 2002. 3. 15.까지 총무과 및 사회복지과에서 일상경비출납원의 보조자로 구(區) 공금지급대행점에 예치된 일상경비 자금을 인출하여 지급대상자에게 지급하거나 과 업무용 신용카드를 사용하는 등의 일상경비 출납업무를 담당처리
- 구 공금지급 대행점(○○은행 ○○동 지점)에 예치된 일상경비 자금을 인출하기 위하여 발행하는 공금지급통지서를 위변조하거나 업무용 신용카드로 상품권을 구입하는 등 2000. 5. 15.부터 2002. 1. 29.까지 109회에 걸쳐 일상경비 계 2억 7,979만여 원을 부당하게 인출하여 자신의 개인채무를 변제하는 데 사용
- 한편, 위와 같이 많은 금액을 인출함에 따라 정당하게 인출 지급할 자금이 부족하게 되었을 때에는, 부당 인출한 사실을 은폐하기 위하여 자신이 돈을 마련하여 일상경비출납계좌 등에 입금하거나 정당 지급대상자에게 지급하는 등 2000. 5. 18.부터 2001. 12. 31.까지 155회에 걸쳐 1억 4,200만여 원을 변제

- 그리고 사회복지과 일상경비출납계좌 및 신용카드 사용대금 결제계좌에서 부당하게 인출된 계 2,320만 원은 같은 과 일상경비출납원 최정식 등 같은 과 직원들이 감사원 감사 중인 2002. 2. 14. 및 2. 15. 위 사람 대신 위 2개의 계좌에 입금

감사사례 7 **재해대책기금 횡령**

- ○○군 건설과 지방토목서기 ○○○는 1999. 2.20.부터 2002.1.21. 현재까지 ○○군 재해대책기금 기금출납원의 보조자로서 재해대책기금의 출납업무를 보조하면서
- 기금출납원 직인과 인장이 찍힌 예탁금청구서만 있으면 농협에서 기금을 찾을 수 있고 기금출납원인 ○○○이 퇴근하면 인장을 보관하고 있는 ○○○의 책상서랍을 열 수 있으며, 위 출납원 직인을 자신이 보관하고 있는 기회를 이용하여
- 1999.10.6. 농협에서 미리 가져와 자신의 사무실에 보관하고 있던 예탁금 청구서의 금액란에 1,100만 원을 기재한 후 ○○○이 퇴근 후 ○○○의 서랍에서 인장을 꺼내 예탁금청구서의 고객성명 란에 찍은 후 자신이 보관하고 있던 기금출납원 직인을 찍고, 다음 날 "농협"에 1,100만 원을 청구하여 자신의 농협중앙회 통장에 무통장입금하는 등 1999. 10. 7.부터 2001. 11. 21.까지 10차례에 걸쳐 적게는 1,000만 원에서 많게는 5,517만여 원까지 계 2억2,816만여 원을 횡령

감사사례 8 **법원으로부터 경락배당금을 받아 개인용도로 사용**

- 지방세 체납자 186명의 소유 부동산 임의경매절차에서 체납지방세 등 577,831,720원을 교부청구하여 법원으로부터 273,473,492원의 경락배당금을 받고서도 배당표상의 채권자 명의를 고치거나 교부청구 관련서류를 없애고, 경락배당이 없는 것으로 보고하는 등의 방법으로 수령한 위 경락배당금 중 156,588,350원만 금고에 입금하고 나머지 116,885,142원은 개인용도로 사용

감사사례 9 **공금횡령**

- ○○○시 ○○관리사업소 지방행정주사보 ○○○은 2000.1.26. 위 관서가 일상경비 등 세출예산을 집행관리하기 위하여 발급받은 신용카드로 백화점 상품권 6,000,000원어치를 구입하는 등 위 관서가 정당 발급받은 2매와 자신이 위 관서의 공인을 도용하여 몰래 관서 명의로 발급받은 6매, 계 8개의 신용카드를 이용하여 2000. 1. 26.부터 2001. 7. 6.까지 총 49회에 걸쳐 계 361,000,000원어치의 상품권을 구입
- 그리고 구입한 상품권을 명동 사채시장에서 약 15% 할인(할인료 : 약 54,150,000원)하고 되팔아 마련한 306,850,000원 중 81,379,121원은 자신의 개인채무를 변제하는데 사용하고 나머지 225,470,879원은 2000. 3. 27.부터 2001. 6. 27.까지 총 42회에 걸쳐 위 관서의 위 신용카드 이용대금 결제계좌에 자신이 직접 입금

라. 금품 및 향응수수[89)]

감사사례 1 **업무선처 명목 금품 및 향응 수수**

- ○○시 ○○국장은 관내 식당에서 건설업체 현장소장으로부터 "향후 건설공사 심사와 관련 선처 부탁" 명목으로 저녁식사를 대접받은 후, 식당주차장에서 동인으로부터 특산물 속에 현금이 들어 있다는 이야기를 듣고도 거절하지 않고 건너 받은 후 귀가 도중 적발

감사사례 2 **수용비를 과다 지급한 후 현금으로 회수**

- ○○시 ○○담당은 평소 업무관계로 잘 알고 있는 광고업자에게 플래카드를 제작 의뢰하면서, 실제 경비는 15만 원임에도 허위 영수증을 징구하여 50만 원을 지출한 후 동 업자로부터 차액 35만 원을 현금으로 돌려받음.

감사사례 3 **출장조치 후 업무처리 소홀 및 향응 수수**

- ○○시 사업소에 근무하는 공무원들이 준공검사를 확인하는 출장명령을 수행하면서, 업자가 제공하는 차량을 이용하여 실제 준공검사는 차안에서 한 후, 업자가 제공하는 점심을 대접받고 사무실로 귀청 한 후, 사업주무담당은 위 업자로부터 청사 계단에서 현금 50만원을 수수

감사사례 4 **업무관련 금품수수**

• ○○청 ○○○는 2001. 5. 1.부터 2002. 5. 7.까지 시설공사 계약업무 등 ○○국 업무 전반을 총괄하면서

- 2001. 9월 말경 자신의 사무실에서 ○○○○주식회사 대표이사 ○○○로부터 같은 해 8. 6. 체결한 「○○항 수로구역 준설공사」(계약금액 85억 원) 계약과 관련하여 계약편의제공과 추석절 인사명목으로 2백만 원을 자기앞수표로 수수하였고, 2002. 2. 20.경에도 같은 사무실에서 2001. 10. 4. 체결한 「○○○○ 남측 안벽(2공구) 전면개발 준설공사」 계약(계약금액 30억 7,488만 원)과 관련하여 계약편의제공과 설날 인사명목으로 2백만 원을 자기앞수표로 수수하는 등 계 400만 원을 수수
- 또한 같은 해 2. 20.경 자신의 사무실에서 ×××주식회사 대표이사 ×××로부터 조달청 우수제품 팀에서 접수하여 지정하는 오수정화조조달청 우수제품 선정과 관련하여 자문을 해준 데에 따른 사례와 설날 인사명목으로 80만 원을 자기앞수표로 수수

89) 〈감사사례 1〉-〈감사사례 3〉은 서기원, 전게서 219-220쪽에서 〈감사사례 4〉-〈감사사례 6〉은 김유찬 전게교재 75-77쪽에서 발췌하였음.

- ○○국도유지건설사무소 계약담당자 등 3명은 교통안전시설 설치공사와 관련하여 특정업체로부터 수의계약 청탁을 받고 청탁업체 외 1개 업체와 모두 20건의 교통안전시설 설치공사(공사금액 9억 6,621만여 원)를 수의계약으로 발주하였으며, 그 대가로 위 업체 대표들로부터 670만 원을 수수하여 개인용도에 사용
- ○○○○청 ○○○는 2000년 5월부터 같은 해 11월까지 사이에 단체수의계약 물품으로 지정된 물탱크 및 FRP정화조 등의 납품계약과 관련하여, 업무 편의제공 명목으로 ○○공업협동조합 ○○사무소 백○○과장 등으로부터 유흥주점 "○○"에서 적게는 120만 원, 많게는 312만 원 등 9회에 걸쳐 합계 2,135만여 원의 향응과 금품(자신의 외상술값 280만 원을 접대금액과 함께 결재) 수수

감사사례 5 **공무원범죄 처분결과 통보문서 은닉 등 부당처리**

- ○○지방노동청 ×××과에 근무하는 ×××은 2002.6.19. 혈중 알코올농도 0.18%인 상태로 주취중 운전하다 교통사고를 야기하여 같은 해 7.19. ×××검찰청으로부터 벌금 250만 원의 약식명령을 받고
- 2002년 6월경(날짜 모름) 관리과 문서접수담당자가 위 ×××의 개인우편물인 줄 알고 건네준 ×××경찰서장으로부터 통보된 위 사람의 범죄행위에 대한 수사결과통보문서를 담당과로로 이송할 경우 신분상 불이익처분을 받게 될 것을 염려하여 자택에 은닉하였을 뿐 아니라
- ×××검찰청으로부터 범죄처분결과 문서가 통보될 것을 예상하여 관리과 문서접수담당자에게 ×××검찰청으로부터 위 통보문서와 관련된 등기우편물이 도달되면 자신에게 알려달라고 부탁하여 같은 해 7.20.자 ×××검찰청의 위 범죄행위에 대한 처분결과 통보문서를 위 관리과 문서접수담당자로부터 건네받아 자택에 은닉

감사사례 6 **공무원의 영리업무 금지의무 위반**

- 서울특별시 ○○○서 지방○○○ ○○○은 1994. 7. 16.부터 2003. 1. 16. 현재까지 ○○업무 등을 담당하면서
- 1993. 12. 4. 경기도 용인시에 "○○공인중개사사무소"를 개설하여 운영하다가 1994. 7. 16. 공무원으로 임용된 이후에도 폐업하지 않고 같은 시에 사는 ○○○에게 부동산 중개사무소 관리 · 운영을 맡기고 계약서 작성 등 업무를 수행할 때에는 위 부동산 중개사무소에서 업무를 처리하는 등 2002. 10. 14.까지 계속 운영하면서 2001년도부터 2002년 9월경까지 위 ○○○로부터 3차례 걸쳐 계 400만 원을 받음.

마. 단체장의 부당한 지시에 대한 대응자세

감사사례 1 **유흥주점 영업허가 부당처리**(서기원 : 220)

- 영업허가 과정에서 건축물의 용도가 위락시설이 아닌 판매시설(슈퍼마켓 용도)로서 건축법시행령 제47조(방화에 장애가 되는 용도의 제한)에 의거 동일 건물내 공동주택(32세대)이 있어 위락시설로 용도변경이 불가하여 식품위생법 등 관련법에 저촉되어 영업허가가 불가하다고 실무자들이 검토보고 하였으나,
- 단체장은 건축법시행령 제47조는 대형화재에 대비 제정된 것으로 동 업소와 공동주택은 별개의 출입문이 있으며, 업소내 화재대비 소방시설을 갖추었다고 판단된다며, 유흥업소 영업허가권자가 환경위생 과장에게 전결되었음에도 구청장이 허가권자(구청장 명의 허가증 발급)라는 이유로 위임전결 규정을 무시하고 구청장이 직접 기안하여 허가처리

감사사례 2 **기 계약체결된 공사자재 변경 지시**(서기원 : 220)

- ○○군에서는 공설운동장에 인조잔디를 시공하기 위하여 기업체를 선정하고 계약까지 체결하였음에도, 현 시공정중인 자재를 타국 제품으로 변경시공토록 지시함으로써, 관련부서에서는 동 제품을 비교하기 위해 기 설치지역 견학 등을 실시하였으나 현 제품이 우수한 것으로 재결정하고 공사를 재추진함으로써 공기 지연에 따른 위약금 변상 우려

바. 업무 불법부당처리

감사사례 1 **세출금 횡령자에 대한 자체감사결과 부당처리**(김유찬 : 78-80)

- ○○교육청 관리과 지방교육행정주사 ×××은 20××. ××. ××.부터 같은 해 ××. ××.까지 실시한 관내 ××중학교에 대한 종합감사업무를 총괄하면서 위 학교 행정실장 ×××가 20여회에 걸쳐 물품대금 등 2,000만여 원을 횡령한 사실을 적발하였으므로, 이를 철저히 조사 · 확인하여 징계요구 및 고발조치가 이루어지도록 보고하여야 하는데도
- 위 학교 교장 ×××으로부터 자기 책임 하에 위 ×××의 횡령금액을 즉시 입금조치하겠으니 불문처리해 달라는 요청을 받고 상사인 관리과장 ×××에게 보고도 하지 않은 채 위 사건을 불문처리
- 그 결과 위 ×××는 132회에 걸쳐 학교회계세출금 및 세입금 2억 1,336만여 원을 인출하여 횡령 또는 유용하였는데도 징계 및 고발 등 조치를 받지 않았고, 감사종료 후인 20××. ××. ××.에도 급식비 275만여 원을 인출하여 192일 동안 유용하거나 같은 달 ××. 수납한 세입금 205만여 원을 65일 동안 유용

감사사례 2 보조금 횡령 등 범죄사실 은폐(김유찬 : 78-80)

- ○○시 ××× 등 2명은 「○○ 보조사업」 집행업무 등을 총괄하면서 20××. ×. ×. 기술과에 근무하는 ×××이 위 보조사업비 1억 1,774만 원을 횡령한 사실을 확인
- 따라서 위 ×××의 횡령사실을 확인한 즉시 관계법령에 따라 수사기관에 고발 함과 동시에 징계권자인 ○○시장에게 통보하여 위 사람에 대한 징계의결요구가 진행될 수 있도록 하여야 했는데도
- 20××. ×. ×. 위 센터 소장실에서 위 ×××과 함께 위 건에 대하여 대책을 협의한 결과 농민 150명의 자부담 사업비를 변제하지 아니할 경우 농민들의 민원발생이 우려된다는 이유로 위 ×××에 대한 고발 및 징계(파면)조치를 면탈하여 주고 본인의 퇴직금 등으로 농가 자부담 사업비를 변제하기로 합의한 후 위 ×××을 고발조치하거나 ○○시장에게 위 사실을 통보하지 아니하고 은폐하였을 뿐만 아니라, 위 범죄혐의자가 명예퇴직할 수 있도록 결격사유가 없는 것으로 ○○시 인사과에 허위 진술. 그 결과 ○○시에서는 20××. ×. ××. 위 ×××의 명예퇴직에 결격사유가 없는 것으로 인정하여 명예퇴직 처리하고 명예퇴직수당 76,558,500원을 지급

감사사례 3 고발하기로 결재된 불법행위자를 금품 또는 청탁을 받고 미고발(김유찬 : 78-80)

- ○○시 ○○구에서 개발제한구역내 토지불법형질변경자 12명을 고발하는 것으로 결재 받고 담당자가 5명으로부터 15만 원～50만 원씩 계 135만 원의 금품을 받은 후 고발 시행문을 발송하지 않거나 시행문을 변조하여 시행하는가 하면, 구청장의 선처지시에 따라 시행문을 작성하지 않는 등 불법행위자 12명을 고발 누락

감사사례 4 고발문서 접수 · 발송업무 부당처리 등으로 불법행위자 미고발 등(김유찬 : 78-80)

- ○○경찰서에서 ○○시장으로부터 건설기계등록번호표를 봉인하지 않고 운행한 자에 대한 고발서류를 등기우편으로 접수하고도 접수대장에 기재하지 않고 분실하여 불법행위자 미수사
- ○○세관 ○○○는 자신의 음주운전과 관련하여 경찰서 등에서 통보할 것을 예상하여 문서수발업무 담당자에게 위 통보서가 오면 문서접수대장에 등재하지 말고 건네주도록 미리 부탁한 후 경찰서 및 검찰청으로부터 공무원범죄결과 통보서 등이 등기우편으로 송달되자 위 담당자로부터 이를 건네받아 자신의 집에 은닉

감사사례 : 5–13 (김유찬 : 78-80)

5. ○○도청 기능 8급은 KT○○지사로부터 통보받은 통신요금 청구서를 폐기한 뒤 허위의 통신요금 목록을 이용해 차액을 챙기는 수법으로 1억9천여 만 원을 횡령했다.
6. 경기도 ○○시 보건 7급 공무원은 시금고가 변경된 사실을 국민건강보험공단과 카드사 등에 알리지 않아 바뀌기 이전 계좌로 입금된 진료 수입금 8천379만 원 중 3천994만 원을 횡령하

기도 했다. 또한 14개 지자체에서 관용카드를 부당 사용하거나 지출서류도 갖추지 않고 부당 사용한 1억2천474만 원이 이번 감사에서 적발됐다.

7. 인천시 ○○구 행정 7급 공무원은 자신이 관리하는 관용카드를 이용해 사적으로 715만원을 사용한 뒤 체납 하천점용료 등으로 593만 원을 받아 관용카드 결제대금으로 메우기도 했다.
8. 경남 ○○시 공무원은 관용카드를 이용해 유흥주점에서 술을 마시는 등 9차례에 결처 관용카드로 결제한 뒤 뒤늦게 갚는 등 관용카드 사용과 관련된 도덕적 해이가 만연된 것으로 나타났다. 또한 선거를 의식한 지자체의 문화 · 체육행사가 빈번한데다 선심성 지역행사에 대한 편법지원도 이뤄지는가 하면 보조금 관리부실로 횡령사고도 발생했다.
9. 경기도 ○○시 등 8개 지자체에서는 관내 통 · 이장연합회, 친목체육대회 등에 소모성 행사 경비로 13억여 원을 보조했다.
10. 전남 ○○군은 임의로 설립된 보훈단체에 보훈회관 신축명목으로 4억 원의 보조금을 지급했다.
11. 보조금에 대한 사후관리가 제대로 안 되어 충북 ○○군체육회 직원은 군에서 받은 보조금4억 2천 만 원을 인출한 뒤 자신의 개인통장에 입금시켜 1억1천251만 원을 횡령해 개인 빚을 갚는데 쓰기도 했다. 또한 공무원의 관광성 국내외 여행경비로 39개 지자체에서 73억여 원이 부당하게 집행된 것으로 파악됐다. 이 같은 부분별한 해외여행에는 관공서의 우월적 지위를 이용해 계약업체까지 동원하는 사례도 있었다.
12. 전북 ○○시는 2003년부터 지난해 사이에 공무원 445명의 업무관련성이 적은 관광지 시찰 위주의 해외여행 등에 2억6천만 원을 부당하게 집행했고,
13. 경기 ○○시는 2004년부터 지난해 사이에 공무원 16명 부부 해외여행경비 1억여 원을 포상금 예산에서 편법으로 지원하기도 했다.

Ⅴ 정책감사

1. 정책감사의 의의 및 필요성

가. 정책감사의 의의

정책감사라는 용어에서 “정책”은 「공공기관의 문제해결방안」이라고 개념 지을 수 있다. 예컨대, 지방자치단체의 정책은 지방자치단체의 문제해결방안이라고 할 것이다. 정책과 비슷한 용어인 “시책”은 일반적으로 정책의 구체화된 개념으로 하위개념이라고 할 수 있으나 사업이라는 말과 같은 의미로 사용되기도 한다. 행정기관의 정책은 그 기관의 특성과 고객의식에 따라 다양한 내용을 담게 된다. 그 점에서 행정

기관의 정책기법은 규모의 적정성, 자율성, 민주성이라는 점에서 서로 다를 수밖에 없다. 예컨대, 같은 환경정책이라도 대도시는 기업이나 공장에서 나오는 쓰레기 또는 폐기물이나 자동차의 배출가스의 규제를 문제로 하지만, 대도시 근교에서는 주민으로 나오는 쓰레기와 자연환경의 파괴를 문제 삼지 않을 수 없다. 정책감사란 행정각 부처의 정책수립과정, 정책의 타당성, 정책의 결과에 대한 분석, 계속적인 정책의 집행여부, 법의 집행상황, 법 집행의 성과, 법의 현실과의 부합여부, 예산집행상황과 타당성 등 주요 정책의 형성과 집행에 대하여 감사하는 것을 말한다.

나. 정책감사의 필요성

정책감사(Policy Audit)의 대두는 성과주의예산(performance budget)[90], 계획예산(PPBS)[91], 목표관리제(MBO)[92], 영점기준예산(ZBB)[93], 행정에 있어서 생산성 향상운동 등 일련의 행정개혁 수단과 그 맥을 같이하고 있다. 이들 행정개혁운동들을 살펴보면 대체로 다음과 같은 두 가지의 공통적인 특성들을 가지고 있다(서울시, 2004 : 24-25).

첫째, 이들 일련의 행정개혁운동들은 모두 행정에 있어서 목표와 결과를 중요시하고 있다. 목표설정에 의한 관리는 물론이고, 성과주의 예산, 계획예산, 영점기준예산 등 일련의 예산제도의 개혁들도 모두 정책이나 프로그램이 설정된 목표의 달성에 큰 공헌을 하고 있으며, 프로그램의 집행에 의하여 무엇을 이루었느냐 하는 것을 중요시함으로써 강한 목표지향적(goal-oriented)이며 결과지향적(result-oriented)인 성격을 나타내고 있다.

둘째, 이들 일련의 행정개혁 운동들은 모두 시스템 분석(system analysis), 관리과학(management science), 정책분석, 정책평가연구 등의 발전에 그 기초를 두고 있다. 이들 가운데 시스템분석과 관리과학은 세계 제2차대전중에 발전되어 1950년대부터

90) 성과주의 예산(performance budget)은 예산이 사용되는 목표를 제시하고 이룩하는데 요청되는 업무단위와 이에 소요되는 단위 원가를 제시하는 것을 말한다.

91) 계획예산(PPBS : planning-programming-budgeting system)은 장래의 어떤 목표달성을 위한 합리적인 대안의 선택 또는 예산의 배분을 체계적 · 계량적 방법으로 돕는 것을 의미한다.

92) 목표관리(Management by objective)제는 조직구성원의 참여를 통하여 목표를 설정하고 이에 따라 성과를 평가함으로써 목표를 효율적으로 이룩한 과정이다.

93) 영기준예산(zero-base budgeting)은 예산을 요청 · 편성하기에 앞서 전년도 답습 · 부분적인 검토를 하는 것이 아니라 모든 사업의 효율성을 새로이 평가하고 그 의 우선순위를 편성할 때 재조정함으로써 필요성이나 효율성이 저하된 것은 계속 없애고 보다 필요하고 효율성이 높은 것으로 바꾸어 나가도록하는 예산 제도이다.

행정에 도입되기 시작하였으며, 정책분석과 정책평가는 1960년대부터 행정에 도입하기 시작하여, 1970년대부터 좀더 적극적으로 활용되고 있다.

다. 정책감사와 성과감사의 차이

성과감사는 행정기관이 정책을 집행한 결과에 대해 중점을 두는 감사이고, 정책감사는 정책과정과 정책의 성과(결과)까지 감사하는 것이다. 따라서 성과감사는 정책과정은 상대적으로 중요시하지 않으며 정책집행 성과는 성과감사의 대상이 된다. 따라서 성과감사는 정책감사의 일부에 해당하기에 정책감사는 성과감사를 포괄하고 있다[94].

2. 정책감사 주체

성과감사는 자체감사기구 또는 외부감사기구에 의하여 감사를 실시할 수 있지만 정책감사는 국정감사를 수행하는 국회와 지방행정사무에 대한 감사를 수행하는 지방의회가 그 주체가 되어야 할 것이다. 왜냐하면 국회나 지방의회는 국가나 지방자치단체의 중요한 의사인 정책을 결정하는 주체이기 때문이다. 최근 감사원도 정책감사를 실시해야 한다는 의견과 감사원의 법적 지위상 정책감사는 타당하지 않다는 주장이 제기되고 있다(감사원, 1994). 후자의 입장은 행정기관의 정책수립과 결정, 집행은 의결기관과 집행기관의 고유업무이므로 그것들이 잘되고 못되는 것은 일차적으로 집행기관의 책무이자 의회의 책임이기 때문이라고 한다. 의결기관은 정책의 과정에서 집행기관을 통제할 수 있지만 외부기관인 감사원이 정책결정과 집행에 관여하는 것은 월권에 해당하기 때문이라고 한다. 다만, 정책과정에서 집행결과에 대한 평가, 즉 성과에 대한 책임의 문제와 정책집행 과정상의 재무감사 및 합법성감사는 감사원도 감사할 수 있다고 생각한다. 또한 국회나 지방의회가 정책감사를 의뢰하였을 경우에는 가능하다고 생각한다.

94) 감사원의 성과감사 운영 매뉴얼(2005)에서는 성과감사의 유형에 정책감사를 포함하고 있으나(10-11쪽) 이는 잘못된 것이다. 왜냐하면 성과는 정책집행의 결과이기 때문이다. 따라서 성과감사는 정책감사의 유형으로 분류되어야 할 것이다.

3. 정책이념과 정책감사

정책감사에 대한 이론적인 정의는 행정이 추구하는 다음 이념들 가운데 어느 것을 포함시키느냐에 따라 그 내용과 초점이 달라지게 된다(서울시, 1995 : 24-25).

① 합목적성 : 결정된 정책이나 프로그램이 상위목표의 달성에 공헌하는 정도와 상위목표와 일관성을 유지하고 있는 정도

② 합법성 : 정책결정이나 프로그램의 작성과정이 법규에 저촉되는지 여부와 결정된 정책이나 프로그램의 내용이 관련된 법규에 저촉되는지 여부

③ 능률성 : 정책이나 프로그램 대안이 목표를 경제적으로 달성할 수 있으며, 결정된 정책이나 프로그램의 집행은 자원의 낭비 없이 이루어졌는지의 여부

④ 효과성 : 집행된 정책이 제기되었던 문제해결(problem-solving)에 공헌한 정도

⑤ 합리성 : 정책이나 프로그램 대안의 검토과정에서 정책목표와 수단 간의 인과관계가 충분히 고려되었으며, 문제를 정확히 이해하고 올바로 판단할 수 있도록 자료와 정보가 충분히 수집되어 활용되었는지의 여부

⑥ 민주성 : 정책이나 프로그램 관련이 있는 이해관계 당사자들이 정책결정 과정에서 그들의 이해에 대한 욕구를 투입(input)할 수 있는 기회가 주어진 정도

정책감사에 대한 이론적 정의가 포함될 수 있는 이들 정책이념들을 검토해 보면 이들 가운데 일부 이념, 예컨대 합법성, 능률성 등은 비록 정책감사라는 명칭은 사용되고 있지 않았으나, 이미 감사에서 크게 강조해 온 행정이념들이라는 것을 알 수 있다(도표 4-24 참조).

도표 4-24 정책이념과 정책과정 관련성

이념	과제선정	정책입안	정책결정	정책집행	정책성과평가
합목적성	○	○	○	○	○
합법성		○	○	○	○
능률성			○	○	○
효과성				○	○
합리성	○	○	○	○	○
민주성	○	○	○	○	○

그럼에도 불구하고 우리가 최근에 정책감사라는 용어를 새로이 도입하여 새로운 감사방법을 설정하고자 하는 것은 각 행정기관에서 성안하고 결정하여 집행하고 있는 각종의 정부시책이나 프로그램의 합목적성, 효율성, 합리성, 민주성 등을 더욱 강조하겠다는 의지를 나타내는 것이라고 할 수 있다(도표 2-24 참조).

4. 정책감사에 필요한 기본지식

가. 정책평가

(1) 정책평가의 정의

공공정책은 공공이익의 실현과 공공사항의 관리를 위하여 정부가 직접적으로 선택하거나 간접적으로 관여하는 중요한 행동의 지침이 된다. 따라서 정책평가(policy evaluation)란 정책집행의 결과로 나타난 정책목표의 달성정도 내지는 그 정책의 영향 등을 분석하고 판단하는 것으로써 집행이 완료된 후의 평가뿐만 아니라 정책의 전 과정을 통하여 정책의 내용이나 수행과정 그리고 효과 등을 측정 · 사정하여 환류기능(feedback)을 통해 정책과정에 유용한 정보를 제공하는 활동이라고 정의할 수 있다. 지방자치단체의 정책평가는 그 시책의 효과성 제고 및 자원의 효율적 이용을 위하여 지방자치단체가 시행하는 주요 시책이나 사업에 대하여 그 집행상황을 관리하고 집행성과를 점검, 분석, 평가하여 그 결과를 시책 및 사업추진 과정에 반영하기 위해 도입된 제도이다. 하지만 정책평가가 객관적이지 못한 기준이나 선입견이 개입된 잘못된 기준에 의해 이루어지면 의도하는 본래의 평가목적과는 전혀 다른 방향으로 결과가 나타날 수 있다. 따라서 정책평가는 과학적이며 객관적이고 공정한 평가방법에 따라 실시되어야 한다.

(2) 정책평가의 필요성

정부가 결정하여 집행하고 있는 정책들에 대한 평가의 필요성과 중요성은 정책의 성격이나 정책 환경의 변화로 인해 더욱 강조되고 있다. 정책평가의 중요성이 증대되는 요인은 다음과 같다

첫째, 정부역할과 정책 · 사업의 증대이다. 사회적 · 경제적 · 과학기술적 변화가 급속하게 발생하는 오늘날에는 정부의 역할이 다시 중요시되게 되었다. 급격한 사회환경의 변화에 정부는 민간부문의 약점과 미비점을 보완하면서 국가전체의 건전한 발

전을 유도할 필요성이 제기된다(박병식 : 39-40).

둘째, 사회의 복잡화와 정부에 대한 국민들의 기대 욕구가 높아져감에 따라 급속한 상황변화에 빠르게 대처할 수 있는 정책의 수립과 성과에 대한 환류 기능의 필요성이 증대하고 있다.

셋째, 공공자원은 한정되어 있으므로 이를 효율적으로 사용되도록 유도하여야 한다. 정책이나 사업의 평가가 요청되는 이유는 정부가 투입해야 할 자원은 방대하지만 투입가능한 예산은 한정되어 있기 때문이 이를 효율적으로 활용하는 방안을 모색하여야 할 것이다.

넷째, 효과를 측정하기 어려운 정책들이 빠른 속도로 증가하는 상황 속에서 행정가의 관리책임의 중요성이 점점 더 강조되고 있다. 이러한 관리책임을 따지기 위해서는 효과를 측정하기 어려운 사회프로그램과 같은 정책의 영향평가가 절실히 요청되고 있다.

이와 같이 정책의 성격이나 정책 환경의 변화로 인해 정책평가의 필요성이 강조되고 있는 상황이다.

(3) 정책평가의 목적

정책평가의 목적은 정책평가의 의뢰자, 평가 대상정책의 내용, 성격, 집행의 단계, 평가 의뢰자의 지위 등에 따라 달라질 수밖에 없기 때문에 일률적으로 말하기는 어렵다. 그러나 일반적인 정책평가의 목적은 세 가지의 관점으로 집약시켜 볼 수 있을 것이다(김명수 : 11-18).

첫째, 정책 · 사업과 관련된 의사결정과정에 필요한 정보를 제공하기 위함이다.

둘째, 정책 · 사업의 결과에 대한 책무성의 요구를 충족하기 위함이다.

셋째, 기존 이론의 타당성을 검증하거나 새로운 이론을 개발하기 위함이다.

(4) 정책평가의 종류

정책의 내용, 집행 및 영향 등을 추정하거나 평정하는 것을 정책평가라 한다. 정책평가는 정책집행과정에서 등장하는 여러 가지 문제점을 해결하여 보다 나은 집행전략과 방법을 모색하기 위하여 실시되는 형성적 평가(formative evaluation)와 정책집행 후 당초 의도했던 효과를 성취했는지 여부를 판단하는 총괄적 평가(summative evaluation)로 나누어 볼 수 있다. 형성적 평가는 과정평가, 도중 평가 또는 진행평가 등으로도 불린다.

우리나라의 정책평가의 종류는 중앙행정기관의 자체평가(정부업무평가 기본법 제14조), 자체평가 결과에 대한 재평가(같은법 제17조), 지방자치단체의 자체평가(같은법 제18조), 특정평가(같은법 제20조), 국가위임사무에 대한 평가(같은법 제21조), 공공기관에 대한 평가(같은법 제22조) 등이 있다.

(5) 정책평가기관

우리나라의 국정평가시스템은 크게 보면 국회의 국정감사, 감사원의 성과감사, 그리고 국무조정실의 정부업무평가위원회에 의한 정부업무평가, 행정기관의 자체평가 등 4 가지로 분화 구성되어 있다. 이 중에서 행정기관의 자체평가로 국정평가 시스템의 근간을 이루고 있는 정부업무평가는 1961년 당시 국무총리 기획조정실에 정부정책의 평가기능을 수행하는 업무가 정부조직법상에 최초로 부여되면서 시작되어 ① 국무총리 기획조정실 심사분석기(1961.9.4-1981.10.31) ② 경제기획원의 심사분석기(1981.11.1-1994.12.25) ③ 국무총리 행정조정실의 정책평가기(1990.4.16- 1994.12.25) ④ 국무총리 행정조정실의 심사평가기(1994.12.26-1998.2.27) ⑤ 기관평가기(1998.4.15-2006.4) ⑥ 국무조정실의 정부업무평가기(2006.4.-)의 전개되었다.

도표 4-25 지방자치단체의 업무에 대한 평가유형

구분	심 사 분 석	자치단체평가 (합동평가)	자 체 평 가
근거	정부업무의심사평가및 조정에관한규정	정부업무평가 기본법	정부업무평가 기본법
평가목적	집행상황 및 성과 점검 · 반영	국정의 효율적 운영 확보	사업개선능력 강화 및 내부운영 효율화
평가대상	자체선정사업 및 시책	국가위임사무, 국고 보조 사업, 주요시책	지방자치단체의 모든 업무
평가주체	해당 자치단체	중앙정부 (행정자치부)	해당 자치단체 (자체평가위원회)
평가내용	집행상황, 집행성과	주요시책, 주민만족도	추진과정, 성과, 영향(만족도)
평가횟수	연 2회(3월, 9월)	연 1회	연 1회 이상

※ 심사분석제도는 구「정부업무평가기본법」 시행령 부칙 제2항에 의하여 폐지되었음

현재 우리나라 지방자치단체에 대한 업무평가는 평가주체와 접근방법에 의하여 연혁적으로 볼 때 도표 4-25와 같이 구분할 수 있다.

(6) 정책평가 유형

정책평가는 평가주체의 공식성 여부에 따라 정부기관에 의한 제도적 평가(institutionalized evaluation)와 민간에 의한 비공식 평가(informal evaluation)로 구분할 수 있다. 제도적 평가란 권위 있는 정부기관이 행정의 관리통제를 목적으로 정책활동과 그 성과, 그리고 기관역량 등을 확인 검토하는 공식적 관리활동으로서의 평가를 의미한다. 이는 성격상 판단평가를 위주로 하지만 필요에 따라 분석적 평가를 활용하기도 한다. 제도적 평가는 분석적 평가와도 비교할 때 첫째, 평가대상인 '정책'에 대하여 제도적 평가는 분석적 평가보다 넓은 개념으로 인식한다. 분석적 평가는 정책성과 위주로 평가하고 집행과정은 부수적으로 고려할 뿐이다. 제도적 평가도 정책성과를 강조하지만 집행과정이나 정책형성, 그리고 기관의 정책관리 역량까지도 중요한 평가대상으로 포괄한다. 둘째, 분석적 평가와 제도적 평가는 '평가'의 성격을 달리 규정한다. 분석적 평가는 성격상 과학적 연구 활동이지만, 제도적 평가는 권위 있는 정부기관에 의한 공식적 관리통제활동이라고 할 수 있다(김현구, 2003 : 62).

나. 총체적 품질관리(TQM)

행정서비스의 품질을 개선하기 위한 여러 전략 가운데, 행정서비스 공급과정을 근본적으로 개선할 수 있는 방법 가운데 하나가 총체적 품질관리(TQM) 기법이다.

(1) TQM의 개념

TQM은 원래 미국에서 개발되어 1970년대 후반과 1980년대 초반에 산업현장에서 널리 사용되었으며, 일본 기업성공의 특별한 비결 가운데 하나로 인정되었었다. TQM은 제조업에서 시작되어 상업서비스로 적용이 확장되었으며, 1980년대 후반에는 미국 연방정부 서비스에 공식적으로 채택되었으며, 영국에서는 국민의료 서비스에 시범적인 TQM프로젝트가 시작되었다.

TQM의 개념에 대하여 Cohen과 Brand(1993)는 고객에게 제공하는 서비스의 품질을 지속적으로 향상시키기 위한 관리이며 고객의 요구와 기대에 부응하기 위해 작업을 수행하는 과정을 분석, 통제하고 이것을 전 조직원의 참여 속에 지속적으로 개선하는 관리방식으로 정의한다. TQM의 T는 총체적(total)이란 의미로서 고객의 욕구를 확인하는 것에서부터 고객의 만족도 여부를 평가하는 것에 이르기까지 업무수행과정의 전과정에 걸쳐 품질을 추구한다는 것을 의미한다. Q는 서비스 품질(quality)을 의미하는데 고객의 요구를 충족시킬 뿐만 아니라 감동시키는 수준까지를 의미한다. 그리고 M은 관리(management)로 서비스의 질을 지속적으로 향상시키기 위하여 조직적 역량을 개발하고 유지시키는 것을 의미한다. 고객의 기대가 지속적으로 높아지고 변화하기 때문에 TQM은 하나의 영속적인 과정으로 보고 있다(Berman과 West(1997). TQM은 고객의 욕구에 부응하는 방향으로 서비스의 질을 개선하며, 물적 · 인적 자원을 적소에 배치함으로써 얻게 되는 비용의 절감으로 진정한 의미의 생산성 향상을 꾀할 수 있다는 입장에 기초하고 있다. 여기서 고객은 서비스를 구입하거나 제공받는 조직외부의 사람이나 조직(외부고객)에 국한되는 것이 아니다. 공급자와 고객관계는 상대적이라는 관점에서 조직내의 단위조직간이나 조직구성원간의 공급자-고객 관계를 상정하고 이에 따라 내부 고객에 대한 관심을 확대하여 내부 체계의 횡적인 기능의 연결을 통한 협력관계를 형성함으로써 공공서비스의 궁극적인 고객들에게 보다 큰 만족을 제공할 수 있다는 관점에 기초하고 있다. 따라서 TQM하에서는 전통적인 관점에서 간과해 왔던 조직내의 고객에 관심을 확대함으로써, 관리적 차원에서 체계의 개선에 기초하여 고객이 원하고 필요로 하는 새로운 서비스에 대한 지속적인 관심을 유지하는 것을 중시한다(도표 4-26 참조) (박경원, 19-21).

도표 4-26 TQM의 기본개념

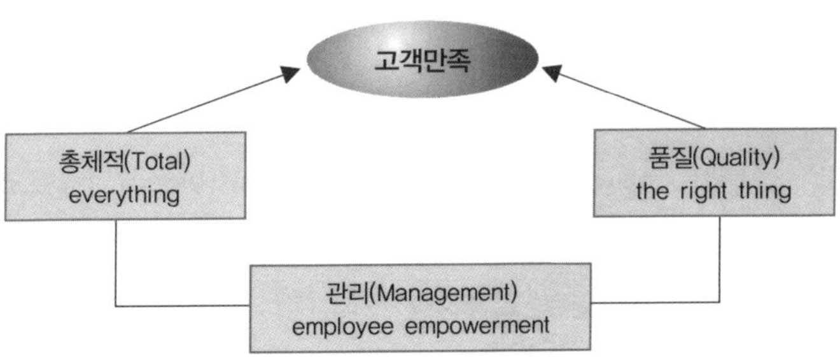

(2) TQM의 실체

(가) 고객의 정의

TQM은 고객의 요구에 따라서 서비스를 설계하고 계획하는, '고객지향적 서비스'

(customer-driven service)를 핵심으로 한다. TQM이 과거의 품질관리기법과 두드러지게 구별 짓는 요인이 바로 고객지향성이다. 고객의 요구를 만족시키기 위해서는 지속적으로 기대수준이나 요구를 조사하고, 기존의 제품이나 서비스에 대한 고객의 불만이나 건의사항도 체계적으로 수집 · 분석해야 한다. 그 결과는 향후 서비스나 제품 생산과정에 반영되어야 한다(박세정, 1998).

TQM을 위하여 조직과 이해관계가 있는 사람들을 고객으로 찾아내는 것이 중요하며, 조직의 목표가 모든 이해관계자의 욕구를 최대한 만족시킬 수 있도록 서비스를 설계하는 것이다. 고객은는 서비스를 제공받는 외부고객을 포함할 뿐만 아니라, 조직의 상사, 하위 부서나 동료, 종업원 등 내부 고객이 모두 포함된다. 고객지향성을 평가하고 향상시키는 것과 관련한 기본적인 문제는 이해관계자가 누구인가? 그들이 기대하는 것은 무엇인가? 그들에게 어느 수준의 서비스를 제공할 목표를 가지고 있는가?, 어떻게 해서 이 수준에 도달하지 못하며, 그 이유는 무엇인가? 이를 해결하기 위한 방법은 무엇인가? 등의 질문으로 귀결된다(Berman & West, 1997 ; 박경원 : 21).

(나) 지속적인 관심과 개선

TQM은 급진적이고 단시간, 또는 단한번의 조치로 성과가 나타나는 관리방식이 아니다. 이것은 과정에 대한 지속적이고 장기적인 개선(continuous and long-term improvement)을 추구하는 것이다. TQM은 마치 조직의 모든 문제를 한순간에 해결하는 마술이 아니다(TQM is not magic). 결국 TQM은 리더와 조직구성원의 행동변화를 요구하는 것이기 때문에 인내와 관용을 요구한다(정재동, 1998). 지속적인 개선은 고객의 만족도(서비스 전달과정의 성과 뿐 아니라)가 주기적으로 평가되어야 하고 관리자가 고객만족과 서비스 전달과정의 개선을 위해 지속적으로 노력해야 한다는 것을 의미한다. TQM은 구체성(S : specific), 측정가능성(M : measurable), 책무성(A : accountable), 현실성(R : realistic), 및 팀별 성과(T : team based)의 척도로서(Berman & West, 1997), 이들을 합성하여 (SMART) 해야 한다고 말하기도 한다.

이러한 점진적이고 지속적인 품질향상을 위해 취하는 단계를 정리하면 도표 2-32와 같다. 여기서 TQM은 조직구성원들의 지속적인 노력과 행태변화, 훈련과 개선의 반복과정을 요구하고 있다. 그리고 카리스마적인 리더 한 사람에 의해서 조직의 혁신을 일으키는 것이 아니라 조직구성원 모두의 노력과 헌신이 요구되기 때문에 TQM은 오랜 시간을 요구한다. 결국 TQM의 성공은 작업의 과정에 대한 지속적인 분석과 작은 개선들의 축적을 통해서 이루어진다(정재동, 1998).

(다) 내부고객의 권한 강화

내부고객의 권한 강화는 고객의 욕구 충족을 확보하기 위한 중요한 전략 또는 "핵심적 실마리"이며, 조직구성원 개개인과 팀으로 하여금 그들 자신의 업무와 업무환경에 관해 중요한 결정을 하도록 허용하는 방법이다. TQM에 있어서는 조직구성원 각자와 팀에게 그들의 고객을 만족시키고 감동시킬 수 있는 폭넓은 재량권이 주어진다. 이러한 권한위임의 논리적 근거는 고객의 다양한 요구에 보다 융통성 있고 시의 적절하게 대응할 수 있도록 하는 것이다(Berman & West, 1997).

TQM하에서는 새로운 작업관리방식을 요구하는데 이것은 직업들이 단순히 상위관리지로부터 명령을 받는 것이 아니라 자신이 하고 있는 일에 대해 생각하고 작업을 조직화하는 과정에 직접 참여하는 것이다. 또한 TQM하에서는 모든 조직구성원들은 작업과정을 분석하기 위해 적절한 훈련을 받고 일의 개선을 위해 서로 협력해서 일을 하게 된다.

도표 4-27 TQM의 단계

단계	내 용
1단계	직원들로 하여금 개선되어야 할 작업내용을 구체적으로 기술하고 측정하게 하며 작업과정을 명료하게 하도록 하라. 단, 그때마다 고객이 누구이고 요구가 무엇인지를 파악하라.
2단계	작업을 수행하는 데 누가, 언제, 무엇을 할 것인지에 대해서 구체적인 계획을 수립하라.
3단계	결함, 지연, 재작업이 자주 발견되는 과정을 밝혀내라.
4단계	부족한 장비, 일에 대한 불명확한 지식, 부적절한 SOP, 불완전한 의사소통, 제대로 훈련받지 못한 직원들과 관리자 등을 구체적으로 찾아내라.
5단계	앞의 단계에서 밝혀진 문제점을 개선하기 위해 소규모의 파일롯 프로젝트(pilot projects)를 설계하고 장기적이고 실험적인 개혁을 시도하라.
6단계	만약 파일롯 검사가 성공적으로 작동된다면 이것을 제도화하라.
7단계	시간의 경과에 따라 성과가 계속 향상되고 있는지 지속적으로 감시하라.
8단계	1단계에서 7단계의 과정을 계속 반복하고 업무에 적용하라.

*박경원(2003) : 22

TQM의 첫째 단계는 직원 각자가 수행하고 있는 일을 분석하는 것에서부터 시작된다. 즉, TQM에 대한 철저한 교육과 훈련을 받은 사람이 변화를 유도하는 기관으로서 품질향상팀을 구성하게 되고 이러한 팀은 적절한 권한을 부여받게 된다. 이때 부여 받은 권한은 작업과정을 분석하는 데 사용되는 자료를 수집하고 문제점을 밝혀서 개선점을 명백하게 제안할 수 있는 권능을 의미한다(도표 2-27)(박경원 : 21-23).

(3) TQM과 감사

정책품질관리나 행정서비스의 품질관리는 평가를 전제로 감사로서 가능하다. 감사는 행정서비스에 대한 불만이나 불평을 해소하거나 예방하는 기능을 수행하고 있기 때문에 행정서비스의 질적 수준의 향상을 도모할 수 있을 것이다.

다. 정책품질관리[95]

(1) 정책품질관리 의의 및 필요성

정책품질관리란 정부가 정책실패 및 부실정책을 방지하기 위하여 정책의 품질을 체계적으로 관리 · 개선하려고 행하는 총체적인 노력과 활동이다. 정책품질관리를 위하여 중앙행정기관의 장은 정책의 품질을 높이기 위하여 필요한 계획을 수립하고, 정책추진의 기여도에 따라 성과평가와 보상을 공정하게 연계하도록 한다.

시민사회 발전, 다양한 이해관계자 요구증대 등 정부 전체의 정책환경이 복잡 · 다양하게 변화하고 있으므로 정부는 규제영향분석 · 환경영향평가 등 부분적이고 제한적인 정책관리시스템을 적용하고 있어, "정책불량품"이 일부 발생하고 있다.

정책추진 전과정에 걸친 체계적인 품질관리방안을 수립 · 시행함으로써, 정책효과가 제고될 수 있는 제도적 기반마련이 필요하다[96](도표 4-30 참조).

그러나 2006.4.1부터 "정부업무평가에 관한 기본법"이 폐지되고 "정부업무평가기본법"이 시행되고 "정책품질관리" 규정은 삭제되었다. 그러나 정책품질관리는 국무총리 훈령으로 국무조정실 특정평가심의관실에서 수행하고 있다.

95) 국무총리실(2005), 정책품질관리 : 7-15쪽

96) 민간의 품질경영은 균형성과측정표(BSC : Balanced Score Card), 총체적 품질관리(TQM : Total Quality Management), 6 sigma경영 등의 기법으로 이루어지고 있다.

우리나라의 "정책품질관리"는 총체적 품질관리(TQM) 기법을 기반으로 구축되었으므로 이 제도가 갖는 이념과 가치를 정책감사 분야에서 최대한 활용하여야 할 것이다(도표 4-28 참조).

도표 4-28 정책품질관리 개념도

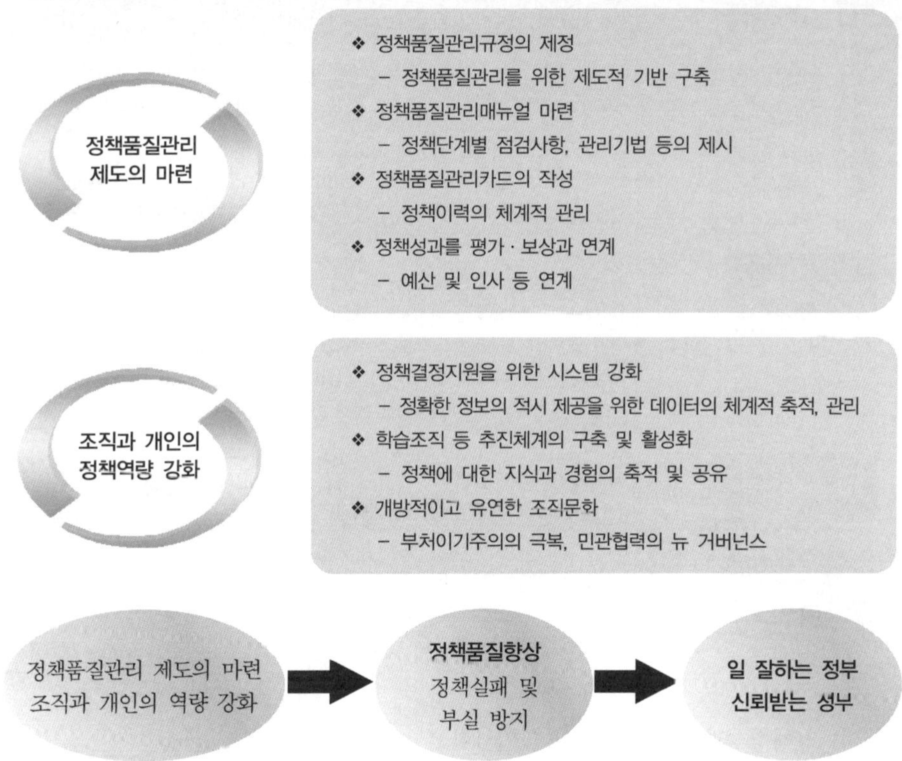

(2) 정책품질관리 매뉴얼

국무조정실에서는 각 정책단계별로 확인 · 점검하여야 할 사항을 제시한 정책품질관리매뉴얼을 작성하여 중앙행정기관의 장에게 통보하도록 하고, 중앙행정기관의 장은 소관정책을 추진함에 있어서 이 정책품질관리매뉴얼을 구체화하여 적용하고 있다. 정책품질관리를 위한 점검사항 총괄표는 도표 4-29이고 정책단계별 점검사항은 다음과 같다.

도표 4-29 점검사항

정책단계		점검사항 (19)
I. 정책형성	1. 정책 수립의 필요성	• 문제의 현황 및 실태는 어떠한가? • 문제의 원인은 무엇이며, 어느 정도로 시급한가? • 지금까지 정부는 어떻게 대응해 왔는가? • 국내 · 외 유사사례 및 참고자료에는 무엇이 있는가?
	2. 정책의 수립	• 정책목표는 무엇인가? • 계획추진을 위한 세부 내용 및 필요 자원은 무엇인가? • 계획의 사전 타당성을 어떻게 확보할 것인가? • 협의가 필요한 관계부처(기관)는 어디이며, 어떤 절차를 거쳐야 하는가? • 갈등관리 방안 및 정책영향평가 등의 결과에 따른 대응책은 무엇인가?
II. 정책홍보		• 홍보주체 및 대상은 누구인가? • 홍보하고자 하는 핵심 메시지는 무엇인가? • 어떤 언론매체를 통해 언제부터 어떻게 홍보할 것인가? • 예상되는 비판논리 및 이에 대한 대응논리는 무엇인가? • 여론의 반응에 따른 대응방안은 무엇인가?
III. 정책집행		• 정책이 계획대로 집행되고 있는지 점검(모니터링)하고 있는가? • 집행과정에 제기된 문제점 및 대응방안은 무엇인가?
IV. 정책평가 및 환류		• 누가, 무엇을, 언제, 어떻게 평가할 것인가? • 평가결과 및 평가결과의 시사점은 무엇인가? • 평가결과를 어떻게 활용할 것인가?

(가) 정책형성과정의 품질관리 착안사항

1.0 정책수립의 필요성

1.1 현황

1.1.1 정책현안의 현황과 실태는?

1.2 문제점

1.2.1 무엇이 문제인가?

1.2.2 문제의 원인은?

1.2.3 외부로부터의 요구는?(누가, 무엇을, 왜, 어떻게 해 달라는 것인가?)

1.2.4 언제 조치해야 하는가?(시급성) ※ 정부가 반드시 해결해야 할 문제인지 점검

1.3 추진경위

1.3.1 지금까지는(과거에는) 어떻게 했나?

1.4 국내·외 유사사례 및 참고자료

1.4.1 국내·외 유사사례는 있는가?

1.4.2 관련 통계 및 자료분석은?

1.5 이 문제를 어떻게 하자는 것인가?

(나) 정책의 수립과정의 품질관리 착안사항

2.1 정책목표의 설정

2.1.1 도달하고자 하는 궁극적 목적은?

2.1.2 이루고자 하는 목표는? 단기 목표는? 중장기 목표는?

2.2 계획 수립

〈추진내용〉

2.2.1 추진주체(보조·협조주체 포함)는 누구이고, 역할은 무엇인가?

2.2.2 추진하려는 내용과 대상은?

2.2.3 추진방법과 기간은?

〈필요한 자원〉

2.2.4 소요인력은 몇 명이며 동원방법은?

2.2.5 소요예산은 얼마이며 조달방법은?

2.2.6 기타자원은 무엇이 필요하며 확보방안은?

2.3 계획의 사전타당성 검토

2.3.1 예상되는 성과와 비용은? - 가능하고 필요한 경우 계량적 B/C분석 등 실시

2.3.2 사회적 형평성이나 국민적 지지도는?

2.3.3 예상되는 부작용이나 충돌하는 국가적·사회적 이익은?

- 이를 극복하는 방법은?
- 부작용이나 이익 충돌에도 불구하고 추진하는 것이 타당한가? 그 이유는?

2.3.4 다른 대안은 충분히 검토하였는가?

- 검토하였다면 그 대안의 내용은 무엇이며, 채택하지 않은 이유는?

2.4 관계부처 · 기관 협의 및 이견조정

2.4.1 협의대상 부처 및 기관은? - 관련부처, 당, 지자체, 시민단체, 전문가 등

2.4.2 협의절차 및 이견조정은? - 규제, 환경, 교통, 성별, 균형발전, 부패 등 법규상 필요한 절차

2.4.3 협의과정에서 문제가 제기될 가능성이 있는 사항이나 요구사항은 무엇이며, 그 근거 논리는?

2.4.4 문제가 제기되는 사항들은 어떻게 해결할 것이며, 언제까지 가능한가?

2.4.5 적극적으로 도와줄 기관은 어디이며 지원확보 방안은?

2.5 갈등관리 및 정책영향평가

2.5.1 찬성하는 사람들과 집단은 누구이며, 찬성하는 이유는?

2.5.2 반대하는 사람들과 집단은 누구이며, 이들이 반대하는 이유는 무엇이며, 요구사항은?

– 이들의 저항은 어느 정도로 심각하며 극복할 방안은?

2.5.3 도움을 받을 만한 자원은 무엇이 있으며 동원할 방안은?

2.5.4 특별한 갈등관리 프로세스를 작용할 필요는 없는가?

2.5.5 정부, 국가의 다른 목표, 권장사항(장애인 고용, 이공계 우대, 지역균형발전)은 충분히 반영하였는가?

– 이들 권장사항의 행정절차는 언제까지 어떻게 이행가능한가?

2.5.6 정책의 집행(환경, 교통, 규제 등)으로 국민에게 미치는 영향평가 및 대책은?

(다) 정책홍보 단계의 품질관리 착안사항

3.1 여론수렴

3.1.1 대상별 여론 파악은?

– 일반국민, 이해관계자, 시민단체, 언론 등

3.1.2 사전홍보방안은?

3.2 홍보계획 수립 · 시행

3.2.1 홍보목표 · 전략은?

3.2.2 홍보메시지는?

3.2.3 예상쟁점 및 대응논리는?

3.2.4 단계별 홍보 방안은?

3.2.5 대상별 홍보 방안은?

3.2.6 홍보매체(브리핑/간담회/신문/방송/인터넷/PCRM 등)는?

3.2.7 예산조달 방안은?

3.2.8 홍보효과 및 영향력 측정은?

3.3 정책발표 적절성

3.3.1 정책발표 사전협의는?

3.3.2 정책발표 주체 · 형식 · 시기는?

3.4 여론 점검 및 대응방안

3.4.1 언론 보도상황은?

3.4.2 일반국민, 정책고객의 여론은?

3.4.3 대책(홍보전략 수정/오보대응/건전비판 수용 등)은?

(라) 정책집행 단계의 품질관리 착안사항

4.1 추진상황 점검(모니터링)

4.1.1 계획(일정)대로 추진되고 있나?

4.1.2 자원의 확보 · 투입상황은?

4.1.3 관계부처 · 기관과의 협조 상황은?

4.2 문제발생시 대응방안

4.2.1 애로 및 장애요인과 극복대책은?

4.2.2 중대한 여건변화와 정책의 수정 · 변경의 필요성은?

4.2.3 의도하지 않은 효과 및 역효과에 대한 대책은?

4.2.4 수정 · 변경된 정책의 홍보방안은?

(마) 정책평가 및 환류 단계의 품질관리 착안사항

5.1 평가실시계획

5.1.2 평가시기는?

5.1.3 무엇을 평가할 것인가?(중점 고려사항)

5.1.4 어떻게 평가할 것인가?

– 성과지표

– 결과/과정평가, 정량/정성평가

– 전문가, 여론 등

5.2 평가결과

5.2.1 정책성과 달성도는?

5.2.2 잘된 점과 미진한 점은?

5.2.3 평가결과 시사점은?

5.3 평가결과의 활용

5.3.1 미진한 점의 보완 대책은?

5.3.2 잘된 점의 계승 · 발전 방안은?

5.3.3 성과관리(인사 · 보수 · 예산 등)와의 연계는?

5.3.4 지식관리 활용방안은?

5.3.5 정책성과 홍보방안은?

(3) 정책품질관리와 정책감사

중앙정부의 정책품질관리기법은 지방자치단체에서 활용하여도 유용할 것이며 이를 정책감사에서 활용할 수 있을 것이다. 정책과정별로 품질관리기준을 적용하게 되면 정책의 적정화를 도모할 수 있기 때문에 자체감사의 효과가 있으며 외부감사는 정책과정의 부정적 요인이 발생할 때에는 개입하여 정책의 중단 또는 비능률을 해소할 수 있도록 기능할 수 있을 것이다.

라. 정책평가기법으로서의 비용편익기법

(1) 비용편익분석의 개념과 특징

정책은 자원을 재배분시키는 수단이다. 정책으로 인한 기존의 자원배분이 변화될 때 사회 내에서 편익을 얻는 자와 잃는 자가 동시에 발생하게 된다. 정책은 사회 내에서 어느 구성원에게는 편익을 제공하여 그들의 복지수준을 향상시키는 반면, 다른 구성원에게는 비용을 발생시켜 그들의 복지수준을 감소시킨다. 따라서 정책으로 인해 편익을 얻는 자의 복지 향상이 잃는 자의 복지 감소보다 크게 나타나면 그 정책은 의미가 있다고 할 수 있고, 반대의 경우의 정책은 자원을 낭비시키는 정책이라 할 수 있다. 정책의 비용-편익분석이란, 이와 같은 정책으로 인해 얻은 자의 얻은 가치와 잃은 자의 잃은 가치를 논리적인 일련의 과정을 통해 측정하고 사전적으로 그 정책을 평가하는 것이다. 이러한 비용편익분석은 다음과 같은 특징이 있다

(정윤한 : 2005).

첫째, 공공정책은 어느 특정인이나 특정 계층을 위한 정책이 아니라 사회전체를 대상으로 이루어진다는 것이 그 특징이다. 공공정책의 분석범위가 광범위하고 분석의 구조가 복잡하므로 정책의 효과는 사회전반에 걸쳐 나타나게 된다.

둘째, 정책집행으로 이루어지는 최종결과는 정책 전으로 원상복구가 거의 불가능하다는 것이다. 그러므로 공공정책의 분석단계에서 정책효과의 다양한 측면이 신중히 고려되어야 한다.

셋째, 공공정책은 초기에 비용이 발생하고 정책에 따른 편익은 장기간에 걸쳐 서서히 발생하게 되는 것이다. 따라서 공공정책을 분석할 때 시간의 적절한 투자가치가 필히 고려되어야 한다. 마지막으로 공공정책의 특징은, 공공정책이 공공부문 자체의 수익 증가 또는 비용 감소로 정책이 평가되는 것이 아니라 바로 사회전체 복지의 증가 또는 감소에 의해 정책이 평가되는 것이다.

(2) 비용편익분석의 절차

공공투자사업을 대상으로 하는 비용 · 편익분석 절차는 다음과 같다(정윤한 : 2005).

① 목표를 달성하기 위한 대안들을 확인한다.

② 대안에 대하여 영향을 받는 모든 피해자와 수혜자의 집단을 파악한다.

③ 각 집단이 받는 비용과 편익을 화폐의 단위로 파악한다.

④ 각 집단의 비용과 편익을 합산한다.

⑤ 비용 편익분석의 여러 가지 평가기준을 적용하여 대안을 평가한다.

⑥ 예측이 불확실한 문제에 대해서는 의사결정분석, 민감도분석 혹은 다른 분석방법을 활용한다.

⑦ 평가기준에 따라 최적대안을 선택한다.

(3) 정책의 B/C분석 수단

정책의 B/C분석은 주로 순 현재가치, 비용/편익의 비율, 내부수익률 등 3가지를 기준으로 이루어진다(김정섭 : 191-195)(홍기용 : 182-189).

(가) 순현재가치(純現在價値, Net Present value ; NPV)

순현재가치란 공공투자사업에 수반된 모든 비용과 편익을 기준년도의 현재가치로 할인하여 총 편익과 총 비용을 측정하고 이를 총 편익에서 총 비용을 제한 값으로 나타내는 방법이다. 정책과정의 모든 비용과 편익이 현 시점에서 발생한다면, 이들 편익에서 비용을 감하여 순편익을 극대화시킬 수 있는 대안을 선정하면 되는 것이다. 하지만, 공공투자사업의 경우 대개 비용의 투입은 물론 편익의 실현은 장기간에 걸쳐서 나타나는 것이 보통이므로, 각각 다른 시점에서 발생하는 비용과 편익을 어떻게 합산할 것인가에 따라서 순 현재가치는 달라질 수 있는 만큼 순 현재가치법을 통해서 정책대안에 대한 평가를 할 수 있을 것이다.

예컨대, 오늘의 100원이 갖는 가치는 내일의 100원이 갖는 가치보다 크다는 것을 전제로 한다. 예를 들어 어떤 사람이 이자율이 10%인 상태에서 100원을 저축했다고 가정할 때 이 사람이 1년 후에 돌려받는 금액은 100원이 아니라 110원이 될 것이다. 다시 말해서, 이 사람이 현 시점에서 할 수 있는 소비를 100원만큼 희생함으로써 1년 후에는 110원을 돌려받게 되는 것이다. 그러므로 이자율이 10%라면 내년의 110원은 올해의 100원과 동일한 가치를 갖는다 할 수 있다. 그러므로 내년의 110원의 현재가치는 역으로 110/(1+0.1)이라는 산식으로 계산된다. 이를 적용하면 2년 후의 110원이 올해를 기준으로 측정한 현재가치를 계산하면 110/(1+0.1)2=90.91이라고 할 수 있다. 이를 일반적으로 표현하는 수식으로 나타내면 다음과 같다. T년 후에 발생하는 A의 현재가치는 A/(1+r)t로 계산할 수 있을 것이다. 이러한 순 현재가치를 적용하여 모든 편익과 비용을 측정하여 이들의 합을 구해서 이들을 상호 비교하여 최적의 대안을 구한다고 가정할 때, 일반적으로 적용되는 방법을 요약하면 다음과 같다.

❑ 순현재가치(NPV)=편익의 현재가치 합－비용의 현재가치 합
- 단일대안일 경우 NPV ≧ 0 → 채택
- 복수대안일 경우 NPV가 큰 순서대로 채택

(나) 편익－비용비율(Benefit · cost ; B/C Ratio)

편익-비용비율은 PVB/PVC로 정의되며, 이 때 PVB는 모든 편익의 현재가치(Present value of Benefit)를 의미하며, PVC는 모든 비용의 현재가치(Present value of costs)를 의미한다. 따라서, B/C〉1은 B-C〉0과 동일한 의미를 갖는다. 그러므로 편익/비용 비율이 1보다 클 경우에는 그 정책의 순편익이 "0"보다 크므로 이를 채택하는 것이 타당성이 있다고 분석하는 기법이다. 이를 간략히 요약하면 다음과 같다.

❑ 편익-비용비율(B/C Ratio)

- 단일대안일 경우 : B/C Ratio ≧ 1 → 채택
- 복수대안일 경우 : B/C Ratio가 큰 순서대로 채택

하지만 편익/비용 비율은 사업의 규모에 관계없이 여러 가지 대안 간에 비교평가를 할 수 있는 장점이 있지만, 사업효과의 절대적인 규모를 고려하지 못하고 있어 채택 가능한 사업중 어느 사업이 더 우선순위를 가져야 할 것인가를 판단하는 기준으로서는 그 유용성이 제한적이다.

예컨대, 다음과 같은 2가지의 사업이 있다고 가정할 때, 그 사업의 편익 및 비용과 편익/비용 비율을 간략히 수치로 계량화하여 나타내면 다음 도표 4-30과 같다.

도표 4-30 가상적 사업 1, 2의 편익-비용비율

구분	편익	비용	편익/비용
사업 1(국가산업단지 조성)	1,000억	500억	2.0
사업 2(관광단지 조성)	600억	400억	1.5

위와 같이 편익/비용 비율이 제시되었을 경우, 사업 1과 2중 어느 한 가지 사업만을 선정하여야 한다고 가정할 경우 편익/비용 비율의 복수의 사업 중 선택기준에 의하면 편익/비용 비율이 높은 순서로 최적대안을 선택하도록 하고 있어 사업 1을 선택하여야 한다. 그러나 국가산업단지 조성사업이 시행될 경우, 인근 자치단체의 영세한 지방산업단지 내지 농공단지의 효용성은 상대적으로 떨어져서 지방산업단지 내지 농공단지에는 잠재적인 손실[97]을 가져올 수도 있다. 이 경우 지방산업단지 및 농공단지의 손실이 250억 원이라고 가정할 경우, 손실 금액을 편익에서 감하여 주면 사업 1의 편익은 750/500=1.25가 된다. 반면에 동 손실 금액 250억 원을 비용으로 처리하게 되면 1,000/750=1.33이 된다.

따라서 손실금액을 사업 1의 편익 또는 비용에 포함하여 계산할 경우에는 사업 2가 선정되게 되며, 사업 1의 경우 인접산업의 손실 금액을 편익에서 감하느냐 비용에서 합산하느냐에 따라 편익/비용 비율도 다르게 나타남을 알 수 있다.

요약하면 편익은 항상 부정적인 비용으로서 개념화할 수 있고, 비용 또한 부정적

97) 예컨대, 기존에 입주한 업체 중에서 조건이 비슷할 경우 지원이 많은 국가산업단지로 이전하는 경우, 물론 시너지 효과로 더욱 플러스 효과를 가져오는 경우도 가능할 수 있다.

편익으로 개념화할 수 있어 동일한 사업에서도 무엇을 비용으로 개념화하고 무엇을 편익으로 개념화하는가에 따라 편익-비용비율이 달라짐을 알 수 있으며, 실제 타당성 분석결과를 이해할 때에도 어떤 항목이 비용이고 편익인가를 구분되어 있는지 살펴보는 것 또한 편익/비용 비율의 확인 못지않게 중요한 일이 된다.

(다) 내부수익률(Internal Ratio of Return ; IRR)

내부수익률은 타당성 평가를 받는 사업의 총 편익과 총 비용이 동일하게 되는 할인율을 구하는 방법으로, 다시 말하면 순편익이 0이 되는 할인율을 말한다. 예컨대, 사업 1이라는 공공투자사업의 경우, 사업에 소요되는 비용이 10억 원이었다고 가정할 때 사업완료 1년 후에 그 사업의 수입이 10억 5천만 원이었다고 하면, 이 사업의 수익률은 5%라 할 수 있을 것이다. 이 때 5%라는 수익률을 산정하는 데 사용된 수식을 간략히 서술해 보면 다음과 같다.

$$-1{,}000{,}000{,}000+1{,}050{,}000{,}000/(1+r^{*})=0$$

이를 방정식의 해(解)를 구하는 방식을 적용할 경우 r=0.05라는 해를 구할 수 있고, 이를 해석하면 연이율 5%라 할 수 있는 것이다. 또한, 어떤 사업이 T년도에 걸쳐서 비용과 편익을 발생시킬 경우, 내부수익률(r^{*})은 다음 방정식의 해라고 정의할 수 있다.

$$(B_0-C_0)+(B_1-C_1)/(1+r^{*})+(B_2-C_2)/(1+r^{*})^2+\cdots+(B_T-C_T)/(1+r^{*})^T=0$$

위의 식에서 볼 수 있는 바와 같이 내부수익률(r^{*})이란 사업의 현재가치를 "0"으로 만드는 할인율이다. 따라서 이러한 내부수익률(r^{*})이란 공공투자사업의 성장률이라고도 표현할 수 있다. 그러므로 공공투자사업의 내부수익률(r^{*})이 그 사업에 적용되는 할인율(r)보다 높다면 당연히 그 사업의 순 현재가치가 "0"보다 크다고 할 수 있을 것이다. 이를 간략히 요약하면 다음과 같다.

❑ 내부수익률(IRR)
- 단일대안일 경우 IRR ≧ 할인율(또는 최저 기대수익률) → 채택
- 복수대안일 경우 IRR이 높은 순서대로 채택

하지만, 내부수익률을 기준으로 의사결정을 내리는 것은 비교적 간단하지만 다음과 같은 몇 가지 문제점도 안고 있다.

첫째, 동일한 사업에 대하여 수 개의 내부수익률이 계산될 수 있다는 점이다. 방정식의 해를 구할 때 방정식의 해가 하나가 아니라 둘 이상이 되는 경우가 발생할 수 있다는 점이다.

예를 들어 $(B_0-C_0)=-200$, $(B_1-C_1)=364$, $(B_2-C_2)=-163$인 경우를 가정할 경우 내부수익률 수식은 다음과 같다.

$$(B_0-C_0)+(B_1-C_1)/(1+r^*)+(B_2-C_2)/(1+r^*)^2=0$$

이 경우 내부수익률은 $-200+364/(1+r^*)+-163/(1+r^*)^2=0$이라는 방정식의 해를 구함으로써 얻어질 수 있다. 그런데 이 경우 해는 $r^*=0.146$, 0.034가 구해진다.

둘째, 사업기간이 서로 다른 동시에 규모도 다른 사업을 비교하는 데 있어서 한계를 드러낸다. 예를 들면, 내부수익률이 사업 1, 사업 2중에 높은 사업이 사업1이라 하더라도, 순 현재가치를 기준으로 비교하면 사업 2가 훨씬 높은 경우가 발생하는 것이다. 이는 사업규모가 큰 차이가 있는 사업일 경우 자주 발생하는 사례이다.

결론적으로 사업기간과 규모가 서로 다른 사업을 비교할 경우 내부수익률(IRR)은 신뢰할 만한 의사결정기준이 되지 못하며, 순 현재가치(NPV)가 보다 정확한 의사결정의 기준을 제시하여 준다 할 것이다.

(4) 비용-편익분석과 정책감사

비용-편익분석은 정책감사를 실시하는데 절대적으로 필요한 기법이다. 정책을 입안하거나 결정할 때는 물론이고 정책을 집행할 때나 정책을 평가할 때에도 매우 유용한 사업분석기법이 될 것이다.

5. 정책과정별 감사시 착안사항

가. 정책과정

정책형성기법은 문제해결과정에 관한 기법이라고 간단히 정의 할 때, 민간부문에서는 문제제기로부터 그 해결에 이르는 흐름은 「모색 → 책정 → 실현 → 평가로 이해할 수 있지만, 공공기관의 정책은 「과제설정 → 정책입안 → 정책결정 → 정책집행 → 정책평가」라는 흐름으로 요약할 수 있으며, 그것을 도표 4-31로 나타내면 다음과 같다(사사끼 : 1992).

중앙집권시대에는 중앙정부는 정책형성의 기관차였다면 지방자치단체는 사업실시의 객차라고 보아 사실상 지방자치단체의 소속 공무원들은 정책이라는 말을 잘 쓰지 않았다. 그러나 자치시대에는 스스로 정책결정을 해서 집행할 권한과 책무가 주어져 있음에 정책과정은 민주적이고 능률적으로 진행되어야 하므로 감사는 이 점에 중점을 두어야 할 것이다.

도표 4-31 정책과정의 주요내용

정책의 흐름	담당	주요내용	병행재정조치
1. 과제설정	지방정치권 전체*	가. 쟁점제기 나. 과제설정 다. 목표설정	* 주민의 우선순위 * 의견청취 * 재정견적
2. 정책입안	단체장 직원조직 의회	가. 복수안 작성 나. 최적안 선택 다. 정책원안 작성	예산안 작성
3. 정책결정	단체장 의회	가. 합의형성절차 나. 단체장의 결정 다. 의회의 동의승인	예산결정
4. 정책집행	단체장 직원조직	가. 집행방법선택 나. 집행절차, 준칙 다. 진행관리	예산집행
5. 정책성과평가	지방정치권 전체*	가. 제도적 평가 나. 비제도적 평가 다. 수정, 개선	예산평가

* 지방정치권 전체라 함은 주민, 정당, 의회, 단체장을 포함한다.

나. 정책과제 설정에 대한 감사 착안사항

과제(의제)설정 단계는 지방정치권 전체, 즉 시민, 정당, 의회, 자치단체장 및 직원조직이 참여한다. 이 단계에서는 문제의 제기, 과제의 설정, 목표설정이 주요한 내용을 행한다. 자치단체와 관련하여 새롭게 부상하는 지역문제에 대하여 행정이 대응할 필요가 있는 과제를 발견하고 설정하게 된다. 이 단계에서는 현재 실시되고 있는 정책의 내용과 재고를 체크해 나간다. 이 단계에서는 통계분석기법과 조사 등을 거친 뒤에 지역사회 문제를 파악하고 과제로 인지해 나간다. 따라서 과제선정 과정에 대한 감사 착안사항은 다음과 같다.

① 과제 선정시 의회의 의견은 충분히 수렴하였는가?
② 과제 선정시 고객(주민)의 의견은 충분히 수렴하였는가?
③ 수요자의 우선순위는 적극적으로 검토되었는가?
④ 과제선정 목적이 상급기관의 계획이나 정책목표와 연계 · 조화하였는가?

다. 정책입안에 대한 감사 착안사항

정책입안 단계는 행정기관의 장, 직원 및 조직이 중심이 되어 복수의 정책안을 작성하고, 최적대안의 선택, 정책원안의 책정작업 등을 행한다. 설정된 정책과제에 대하여 구체적인 대응책을 형성하게 된다.

정책입안의 단계는 첫째, 정책입안의 방법론을 연구하여 둘째, 입안된 정책의 실시가능성을 검토한다. 특히 ① 의회통과 가능성을 검토하여야 하고 ② 행정적 수단동원 가능성을 검토하여야 한다. 특히 예신뿐만 아니라, 공무원정원 및 행정조직의 동원 가능성을 살펴야 할 것이다. ③ 실시 가능성, 즉 정책집행의 법적 제한이나 사무처리 태세를 파악하여야 한다. 셋째, 정책대안 중에서 합리적 대안의 선택은 합리적 선택이론, 게임이론, 시스템 분석, OR, 비용효과분석 또는 비용편익분석기법을 동원한다. 넷째, 정책실시의 효과를 검토한다. 그 구체적인 과정은 ① 실시과정에서의 독자적인 효과 측정 ② 실시수단 ③ 수익과 부담 ④ 권위와 설득방법을 모색한다. ⑤ 실시조건을 검토한다. 내부조건으로 조직과 실현가능성을 검토하고, 외부조건이라고 할 수 있는 의회, 시민, 민간난제, 국가 등의 제약조건을 극복하는 방법을 검토하여야 한다.

따라서 정책입안 과성에 대한 감사 시 착안사항은 다음과 같다.

① 정책입안은 개방적(governance)으로 이루어졌는가?
② 정책입안 시 과학적인 방법을 동원하여 그 타당성을 검토하였는가?
③ 정책입안 시 활용한 정보와 자료는 객관적으로 타당한 것인가?
④ 정책입안 시 조직원 및 이해관계자의 의견을 충실하게 수렴하였는가?
⑤ 정책입안 시 유사한 정책의 평가결과나 정책성과를 반영한 것인가?
⑥ 정책대안의 개발 및 분석과정은 적절했는가?
⑦ 선택된 시책, 사업계획, 제도들은 기관의 존립목적과 논리적인 연관성을 가지고 있는가?

라. 정책결정에 대한 감사 착안사항

정책결정단계는 제도적 정책결정기관에 있는 자치단체장과 의회가 관여하여 최종적인 합의형식에의 절차, 자치단체장이 결정하지만 의회의 의결로 확정된다. 정책안에 대해서 공식적인 결정권한을 갖는 기관이 심의 · 결정하는 단계로 다음과 같은 절차를 거치게 된다.

① 집행기관의 결정은 부단체장에 이르는 자치단체장의 보조기관 레벨의 의사결정과정을 거쳐 자치단체장이 집행을 결정하고 의회에 회부할 의안을 만든다.

② 의회에 회부된 정책안은 본회의에서는 의안이 제출되고 자치단체장이 의안을 설명한다. 해당 위원회에서는 정책안에 대하여 심의를 거친 후 본회의에서 채택하게 된다.

따라서 정책결정에 대한 감사 착안사항은 다음과 같다.

① 정책결정을 위한 의회의 심의과정과 방법은 합법적인가?

② 정책의 목표는 명료하고 적합하며 예정된 수단은 합리적인가?

③ 정책의 경제적 · 사회적 영향을 분석하여 그에 대응하는 전략을 강구하고 있는가?

④ 정책의 결정은 적시에 적정하게 이루어졌는가?(timeliness)

⑤ 정책은 다른 사업이나 정책과 중복되지 않는가?

⑥ 정책은 실현가능한 것인가?(feasibility)

⑨ 정책의 결정과정에 부정이 개입되지 않았는가?

⑩ 정책결정자가 이해당사자인 불공정성은 없었는가?

마. 정책집행에 대한 감사 착안사항

정책집행은 집행기관에 속한 자치단체장과 조직이 맡아 하는데, 정책의 집행방법, 규칙, 세칙을 정하고, 이에 기초하여 정책을 실시하고 진행관리된다. 우선 정책을 실시하기 위한 계획을 수립하여야 한다. 구체적으로 말하면 사업실시계획의 수립, 실시요강의 작성, 예산 실시계획, 조직 및 요원계획의 작성한다. 그 다음에는 정책의 사업실시는 사업을 실시 처리하고, 사업의 경과를 보고한다.

따라서 정책집행 과정에 대한 감사 착안사항은 다음과 같다.

① 정책집행 수단의 선택은 우선순위를 감안하여 전략적으로 이루어지고 있는가?

② 정책집행은 집행계획에 따라 합리적으로 이루어지고 있는가?

③ 정책집행에 필요한 인적 · 물적 · 재정자원의 동원(mobilization)은 적시에 적정하게 투입되고 있는가?
④ 정책집행은 동일한 성과를 최저의 비용으로 달성하는 방법으로 실시했는가? (경제성)
⑤ 정책집행은 목표와 수단 간, 수단 동원에 차별 없이 일관성(consistency)을 유지하고 있는가?
⑥ 정책집행이 행정여건 변화와 현장의 상황에 적절하게 대응할 수 있는 적응성(adaptability)이 있는가?
⑦ 정책집행 실태가 정기적으로 모니터링 되고 있는가?
⑧ 정책집행중 발생한 문제점을 해결하였는가?

바. 정책성과 평가에 대한 감사 착안사항

정책성과에 대한 평가는 정치권 전체에 걸친 시민, 정당, 의회, 자치단체장 및 직원조직이 맡아서 하게 된다. 이 단계에서는 제도적인 감사, 결산의 평가, 여론 및 매스컴 등 비제도적인 평가도 실시된다. 정책성과의 평가기준 및 감사기준은 다음과 같다.

① 정책성과는 법령, 예산 규칙, 관례에 적합한가?(합법성)
② 정책은 동일한 경비로 최고로 높은 성과를 실현하였는가?(능률성)
③ 주민의 수요에 적합한 정책 사업목표를 최대한 달성하였는가?(효과성).
④ 정책집행에 의하여 행정서비스가 정확하게(accuracy) 전달되고 서비스의 질적 수준은 향상되었는가?(행정서비스의 질)
⑤ 객관적이고 종합적인 정책평가를 실시하였는가?(평가의 객관성)
정책과정의 마지막 단계는 환류(feedback)단계인데 다음과 같은 사항에 착안하여 감사하여야 할 것이다.
⑥ 정책 실패에 대한 책임은 물었는가?
⑦ 정책 성공에 대한 보상은 실시되었는가?
⑧ 정책의 성패의 인과성을 분석하여 새로운 정책형성에 참고하였는가?
⑨ 정책은 일관성 있게 추진되었는가?
⑩ 정책의 평가결과를 향후 추진계획과 예산에 반영하고 있는가?

정책성과에 대한 감사의 구체적인 내용은 제2장 V. 성과감사 사항과 유사하므로 이를 참고하여야 할 것이다.

6. 정책감사사례

– 감사원에 의한 「ㅁㅁ은행 매각」 감사 – (감사원, 2006.6. 보도자료)

가. 감사실시 배경

감사원은 ’0X.3.3. 국회로부터 「ㅁㅁ은행 불법매각 의혹에 대한 감사청구」를 접수(’0X. 3. 7. 국회 재경위 검찰에 고발)하여 감사에 착수하였다. 감사청구의 요지는 ’03년 ㅁㅁ은행 매각 당시 정부가 객관적 근거 없이 ㅁㅁ은행의 부실을 과장하여 은행법상 대주주 자격이 없는 ㅁㅁㅁ에 매각하였다는 의혹의 규명에 관한 것이었다.

나. 감사결과 주요 문제점

감사결과, ㅁㅁ은행 경영진이 ㅁㅁㅁ 딜(deal)을 성사시키기 위해 부실을 과장하여 이를 토대로 협상기준 가격을 낮게 산정하고 BIS 비율을 부실하게 전망하였는데도 은행감독 당국은 이를 제대로 검증 또는 확인하지 않고 관련법규를 무리하게 적용하여, 은행법상 ㅁㅁ은행 인수적격에 문제가 있는 ㅁㅁㅁ에 ㅁㅁ은행이 매각된 것으로 드러났다

(1) 헐값매각 의혹과 관련하여

당시 ㅁㅁ은행의 행장 등 관계자들은 대규모 자본 확충의 필요성을 강조하고 ㅁㅁㅁ와의 협상을 성사시킬 목적으로 매도자의 입장인데도 불구하고, ㅁㅁ은행의 부실을 최대한 반영하여 자산 부채 실사결과를 제출하도록 회계법인에 부당한 요구를 하였을 뿐 아니라, 회계법인이 제출한 실사결과에 부실을 더 추가하여 이를 기준으로 매각기준 가격을 산출하도록 매각 주간사에 제시하였다. 또한 매각 주간사도 정부가 보증하거나 적정 담보가 설정되어 있는 채권, 현대자동차 등 정상기업에 대한 여신 등 회수가능한 채권 1조 5394 억 원의 97%가 회수불가능하다는 비현실적인 가정을 하는 등의 방법으로 ㅁㅁ은행의 기업가치를 낮게 산정하였다.

그런데도 ㅁㅁ은행은 이를 그대로 매각협상 가격결정에 활용함으로써 실제가치보다 낮은 매각협상 가격을 기준으로 매각을 추진하는 결과가 초래되었다.

(2) 예외승인의 적법성과 관련하여

□□□는 사모펀드로서 은행업을 건전하게 육성· 발전시킬 수 있는 금융기관, 이른바 전략적 투자가가 아니므로 은행법에 저촉되어 10% 이상의 지분을 취득할 수 없다는 사실을 알면서도 □□은행은 다른 적격투자자 물색 노력을 하지 않은 채 □□□ 딜에만 주력하면서 △△부 등 관계기관에 대하여는 많은 대안을 모색한 것처럼 사실과 다르게 보고하는 한편, 위와 같이 부실이 과장된 실사결과를 기초로 '0Y년 말 BIS비율 (6.16% 등) 전망치를 산정하여 관계기관에 제시하였다. 그런데도 △△위는 이와 같은 □□은행의 사실과 다른 보고와 부실자료에 근거하여 본연의 직무인 예외승인 관련법령 적용의 적정성에 대한 구체적인 검토도 제대로 하지 않은 상태에서 □□□의 □□은행 인수자격을 승인하였다.

그 과정에서 △△부와 △△위는 '예외승인'을 요청하는 공문을 주고받는 등 책임을 전가 또는 분산시키는 업무행태를 보였고, △△위는 □□□의 요청을 받고 위원회 의결권의 사전확약 가능성 여부에 대한 구체적인 검토도 없이 법령상 근거나 전례도 없었던 구두 확약을 해주는 등의 부적절한 행위도 하였다.

감사원은 현재까지의 감사결과 예외승인이 무리하게 이루어지는 하자는 있으나, 그 과정에서 □□□의 기망 등 행위가 발견되지 아니한 현 시점에서는 승인행위에 대한 취소요구 등의 조치를 하기 곤란하나 검찰수사 결과 추가적인 □□□의 불법가담 사실 등이 밝혀지면 감사위원회의 심의를 거쳐 취소조치 여부를 최종판단할 예정이다.

다. 판단자료

(1) BIS 비율 6.16%의 적정 여부

□□은행에서 △△원에 팩스로 송부하여 □□□ 대주주 자격승인의 결정적 근거로 활용된 '03년 말 BIS 비율 추정지 6.16% 의 적정 여부를 검토한 결과

- 은행업감독규정 등에 의하면 은행의 BIS 비율은 기업회계기준에 따라 작성된 대차대조표를 토대로 산정하도록 되어 있으므로
- 특정 시점의 BIS 비율 추정을 할 때에도 BIS 비율에 중요한 영향을 미치는 대손충당금 적립 규모 유가증권평가손익 등은 기엽회계 기준에 따른 평가를 근거로 경영계획 및 제반 영업환경 등을 고려하여 합리적인 가정 하에 추정하는

것이 타당

- 그러나 ㅁㅁ은행은 위 6.16%의 추정 과정에서 ××회계법인의 자산·부채실사 결과 산출된 1조 407억 원의 부실금액에 ××카드 (3,346억 원), 일반여신 (3,7% 억 원) 등의 추가 부실액을 더한 총 2조 119억 원 (당기 손익분 1조 6,944억 원과 외부지분·자본조정 3175억 원의 합계)의 잠재 부실이 '03년 말까지 전액 손실이 발생한다는 비현실적인 가정 하에 '03년 말 BIS 비율을 추정
- 그런데 위 ××회계법인의 실사에 적용된 평가기준은 대출채권의 경우 기업회계 기준 등에 의한 평가보다 일반적으로 보수적인 NFL(부실채권)방식을 적용하거나, 유가증권평가 시에도 지분법 대상을 시가법으로 평가하는 등 기업회계 기준과 상이하게 적용

실사를 위한 평가기준도 의뢰인(ㅁㅁ은행)의 주관적인 요구가 반영될 수 있고 또한 통상 기업회계 기준보다 보수적인 입장에서 평가하게 되므로 실사결과를 그대로 BIS비율 추정 근거로 사용하는 것은 부당(도표 4-32 참조).

도표 4-32 평가기준 차이에 따른 부실 추정 차이 사례

구분	기업회계 기준		실시 기준(6.16% 추정치 활용)	
	평가방법	평가감	평가방법	평가감
두산중공업	지분법	–	시가법	1,669
현대상선	FLC	31	FLC	315
대러차관		–		353

NPL방식 : 대출기업의 미래현금흐름을 추정하여 적정 할인률에 따른 현재 가치(PV)를 회수 가능액으로 평가하는 방식으로 기업회계 기준 등에 따른 FLC방식보다 일반적으로 보수적으로 평가

FLC방식 : 신자산건전성 분류방식(1999년 말 은행에 도입)으로 채무자의 현금 흐름에 기초한 미래상환 능력을 기준으로 회수 가능액을 평가한다는 점은 위 방식과 유사하나 현가(PV)할인 개념 없이 5단계(정산, 요주의, 고정, 회수의문, 추정손실 자산건전성 분류에 따라 최소 적립액만 감독 규정상 제한)

한편 , BIS비율은 추정목적, 방법, 추정 담당자의 주관적 판단 등에 따라 상이한 비율이 도출될 수 있으므로 BIS비율 추정치를 정책 판단의 중요한 근거로 활용할 경우 객관적인 검증을 거친 후 이를 활용 하는 것이 타당

- 그러나 당시 □□은행 '03년 말 BIS비율과 관련하여 '03. 6. 16. 금감원에서 현장검사 후 추정한 9.14%와 같이 공식적인 절차에 따라 객관적으로 검증된 추정치가 있었고, 또한 '03. 7. 21. 이사회에서 승인한 수정 경영계획상 추정치 10.0% 있었는데도
- 금감원 등에서는 □□은행 담당자가 비공식적으로 추정한 6.16%를 객관적인 검증도 없이 그대로 인용

□□은행 경영전략부장 ○은

기존에 외자유치의 필요성 등을 강조하기 위해 관계기관 보고서 작성 시 완전 Clean-Bank를 위해 잠재부실 규모를 최대한 보수적 기준으로 산정하여 '03년 말 BIS비율을 추정했다고 진술

- 특히, □□은행의 경우 01년 및 '02년 1년 전에 추정한 경영계획상의 BIS비율 추정치와 실적치간 차이가 각각 0.64%, 0.69%에 불과하여 추정오차가 1%도 안 되는데(도표 4-33 참조)

도표 4-33 BIS 비율

구분	'01년			'02년		
	경영계획	실제	차이	경영계획	실제	차이
BIS비율(%)	11.37	10.73	0.64	10.0이상	9.31	0.69

- 불과 6개월 전에 추정한 수정경영계획상의 '03년 말 BIS비율 10.0% 3.84%나 큰 차이가 있는 6.16%를 현실적인 수치로 보고 철저한 검증도 없이 인용
- 또한 위 6.16% 추정에 사용한 부실내역을 각 항목별로 점검한 결과 중복계산되거나 기업회계기준과 상이한 기준에 따라 산정된 항목 등이 다수 있어 객관성·신뢰성 미흡

(2) '03년 말 BIS비율 4.4% 주장의 적정 여부

일부에서는 □□□ 증자에도 불구하고 '03년 말 □□은행의 BIS비율 실적치가 9.32%에 불과하므로

- □□은행에 □□□ 증자자금 1조 750억 원이 안 들어왔다면 '03년 말 BIS비율은 4.4%까지 하락하게 되었을 것이라며 □□은행 매각의 불가피성을 주장

이에 따라 위 주장의 타당성을 검증하기 위해 □□은행 및 ○○카드의 '03년 말 결산과정을 점검한 결과

- '04 1월 ○○카드에서는 카드자산 등에 대하여 기존에 적용해오던 대손충당금 적립방식(여전업감독규정 제11조 제2항의 규정에 따른 요적립액)대로 총1조 1,864억 원을 적립하는 것으로 가결산을 완료하여 □□은행에 송부하였으나
- □□은행에서는 □□□ 증자로 인해 위 가결산 자료처럼 요적립액만 적립할 경우 BIS비율이 11.14%가 되어 BIS비율 관리에 여유가 생기자
- '04년 2월 △△원과 체결된 주요경영지표개선 약정상의 권고기준(9.5%)등 3가지의 '03년 말 BIS비율 수준을 정한 후 각각의 경우에 적립가능한 외환카드의 대손 충당금 적립규모를 역산하여 3가지 충당금 적립안을 만들어 보고
- 모모 당시 은행장은 이 중 당초 ○○카드의 가결산보다 8,943억 원 많은 2조 807억 원을 대손충당금으로 적립하는 2안을 최종 결정(도표 4-34 참조)

※ BIS비율 관리를 위한 별도의 조치를 전혀 안했다는 가정 하에서 산출

도표 4-34 '03년말 외환카드 충당금 적립안

구 분	1안	2안	3안	가결산(요적립액)
목표 BIS비율	10.20%	8.97%	9.60%	11.14%
○○카드 대손충당금 적립액	1조 5,855억 원	2조 807억 원	1조 8,442억 원	1조 1,864억 원
□□□ 자금 제외시 BIS비율	6.26%	4.4%	5.09%	8.17%

당시 ○○카드에 대한 3가지 충당금 적립안을 작성, 은행장에게 품의하였던 ○ 부장은
- □□□ 증가가 없었다면 선택의 여지없이 여전업감독규정에 따른 요적립액만 저립하였을 것이고
- 3가지 안을 검토하게 된 것은 □□□ 자금이 들어와 은행의 BIS비율 관리에 여력이 있었기 때문이라고 진술

※ 가결산 상황에서 결정한 것으로 실제로는 2조 96억 원을 적립

- 이에 따라 '03년 말 ○○카드의 채권잔액 대비 실제적립액 비율과 요적립액 차이 분석결과 외환카드사가 타 전업카드사보다 상대적으로 충당금 적립률이 높은 것으로 나타남.

한편, 당시 대부분의 카드사가 관행적으로 감독기준에 따라 요적립액 정도의 대손충당금만 적립하였고

- 감동 당국에서도 카드사의 경영상태가 호전될 때까지 요적립액 정도만 충당금을 석립하고 손실을 이연시키는 것을 인정하였던 상황임을 감안하면
- □□□ 증자가 없었다면 □□은행은 BIS비율 관리를 위해서라도 ○○카드사의 가결산이나 타 카드사처럼 여신전문금융업감독규정에서 정한 필요 최소적립액 정도만을 대손충당금으로 적립하였을 것으로 보임.
- 따라서 □□□ 증자가 없었다면 반드시 □□은행의 '03년 말 BIS 비율이 4.4%로 하락한다고 보기는 곤란

한편, BIS비율 4.4%는 '03년 말 BIS비율 실적치 9.32%에서 □□□ 자금 1조 750억 원을 단순 차감하여 산출한 수치로

- 통상 은행은 통상 BIS비율 관리를 위해 대손충당금 적립규모, 영업계획, 자본증자계획 등을 일정부분 재량에 따라 결정할 수 있으므로
- □□□ 자금이 없었다면 □□은행은 BIS비율 관리를 위해 여러 가지 대책을 수립, 시행하였을 것인데도, 이런 점을 전혀 고려하지 않고 단순하게 4.4%로 추정하는 것은 비현실적임.
- 특히, '03년 9월 말 9.48%였던 BIS비율이 불과 3개원 만에 4.4%로 급락할 수 있는 경우는 극단적인 경제위기 상황이 발생하지 않고서는 불가능하나 당시

경제여건은 그와 같은 위기상황이 아니었음.

- 결국 ㅁㅁㅁ 자금이 들어온 후에도 '03년 말 BIS비율이 9.32%에 불과한 것은 같은 해 11월 ㅇㅇ카드와의 합병을 결정하고
- '03년 말 ㅇㅇ카드에 대한 대손충당금 적립을 대폭 늘렸기 때문인 것으로 판단하는 것이 합리적임.

Ⅵ 성과감사

1. 성과감사의 의의

성과감사란 감사대상기관의 조직, 사업, 활동이나 기능에 대하여 기관전체, 특정사업, 업무 또는 분야를 거시적·종합적·장기적·동태적 안목에서 비경제, 비능률, 불합리 등의 문제점을 찾아내고 자원의 효율적 이용 또는 사업성과 확보나 시행착오를 방지할 목적으로 체계적으로 수행하는 지원적 역할의 감사를 말한다.

성과감사는 정부기관이 달성한 행정성과에 초점을 두고 시행하는 감사로서 그 목적과 기능은 바람직한 행정성과의 달성을 지원 또는 지도하기 위하여 행정성과의 기획·생산·전달과정과 그 결과를 평가·환류·지원하는 것이다.

성과감사와 유사한 용어로서 성과관리(performance management)는 정부의 성과를 측정하는 기준(지표)을 설정하여 목표 성과치가 충족되었는지를 평가하고, 그 결과를 바탕으로 보상과 제재를 함으로써 조직과 관료들의 행위를 통제하고 정부의 책임성을 확보하려는 방식이다. 정부의 성과관리는 중앙정부나 지방정부의 성과에 대한 평가를 전제로 하는 관리를 통해 책임성을 확보하려는 제도라는 점에서 관리적 기제(managerial mechanism of accountability)에 해당한다. 아울러, 성과관리는 처리하는 수단에 대한 선택권을 부여한 상태에서 결과에 대해 책임을 묻는 결과지향적인 접근방식이라는 특징이 있다.

제도적으로 성과감사는 공공감사인 재무감사와 정책감사의 두 기능을 함께 갖고 있다. 재무감사로부터 확장한 성과감사는 정책감사에 대한 명백한 지향성을 가지고 있다. 다시 말하면 성과감사가 재무감사를 포함하게 되는데, 이는 재무감사에 기초를 두고 그 위에 적극적 개념의 감사영역을 추가한다는 의미이고, 성과감사가 정책

감사를 지향한다는 뜻은 정부정책과 그 형성과정을 성과감사의 맥락으로 연관시키려는 뚜렷한 성향을 견지한다는 의미이다[98].

이와 같은 성과감사의 제도적 위상 때문에, 성과감사는 〈재무감사→성과감사→정책감사〉를 하나의 감사체계로 통합할 수 있는 연결고리이다. 성과감사가 이 연계 고리의 역할을 효율적으로 수행하면, 우리나라는 의회는 정책감사를, 감사원은 성과감사를, 그리고 자체감사기구는 재무감사를 담당함으로써 감사기구 간 분업과 협력을 이루는 전체로서의 공공감시체계로 구축, 운용할 수 있을 것이다.

2. 행정성과의 유형

행정성과는 관청효과와 고객효과를 함께 포함한다. 관청효과는 정부가 정책의 형성과 집행을 통하여 직접 거두어들인 가시적 결과를 말한다. 그것은 대체로 정책목표의 달성도로 표시되며, 정부의 성과통계로 집계된다. 이에 비하여 고객효과는 국민이나 주민의 관점을 통하여 파악한 행정효과이다. 그것은 정부의 정책, 행동, 성과가 인간의 삶에 미친 영향에 대한 국민의 느낌이다. 이 느낌의 주체가 사회집단인가 또는 개인인가에 따라 고객성과는 사회적 영향과 고객적 영향으로 나눌 수 있다. 전자는 정부의 정책, 행동, 성과가 국민 삶의 질에 미친 구조적 영향으로 사회지표를 통하여 파악된다. 후자는 정부의 정책, 행동, 성과가 개인의 행복도에 미친 영향으로 주관적 사회지표를 통하여 파악할 수 있다(도표 4-35 참조) (감사원, 1994 : 73).

성과감사가 관청성과뿐만 아니라 고객성과까지 초점을 맞춘다는 사실은 대단히 중요한 의미를 가진다. 그것은 감사인의 민주화를 의미하고, 한 걸음 더 나아가서는 정부의 행정을 민본행정으로 유도·지원하기 때문이다.

성과감사의 초점은 관청성과와 고객성과로 구성되는 행정성과에 있다. 그러나 그 대상과 범위는 행정성과의 발생에 직접관계가 있는 성과기획·산출·전달과정과 이

98) 현재 감사원은 이러한 입장에서 성과 감사를 사업이나 정책에 대한 경제성, 능률성, 효과성을 판단을 목적으로 실시하는 감사로 인식하고 있다. 그러나 이 책에서는 성과 감사와 정책감사를 구분하고 절을 달리하여 Ⅳ. 정책감사에서 구체적으로 설명하고 있다.

도표 4-35 행정성과의 구성요소

과정에서 이루어지는 공무원의 직무수행에까지 확장할 수밖에 없다. 결국 성과감사는 집행된 정책 또는 정부시책, 세부사업, 집행활동, 사업수정, 관청성과, 고객성과를 연결하는 집행 및 환류과정을 그 대상범위 안에 포함하게 된다.

3. 성과감사의 필요성과 목적

성과감사는 행정기관의 정책성과, 사업의 집행 등에 있어서 엄격한 법령 준수보다는 합목적성 · 경제성 · 능률성 · 효과성을 중시, 시장 · 경쟁 · 책임 · 고객지향을 강조하는 기업형 행정시스템으로 전환을 유도할 수 있다. 규제완화와 권한의 하부위임 · 위탁, 하급기관의 재량 확대, 자율과 책임행정의 정착에 따라 합법성감사에서 성과위주 시책감사 방향으로 점차 전환함으로써 자율과 책임성을 제고할 수 있다. 결국 성과감사는 행정서비스의 효율성을 감사하는 것으로(efficiency and effectiveness audit) 행정기관이 추진하는 사업 및 행정목표가 효율적으로 달성되었는가를 검증하고, 비효율성이 발견되면 그 원인을 규명하고 시정조치를 제안함으로써 그 효율성을 제고하려는 목적으로 실시된다. 따라서 성과감사는 비경제적 또는 비효율적인 요소나 부진사항을 발견하여 그 원인을 규명하고 대책을 강구하는 것이다.

성과감사는 합법성감사에 비하여 다음과 같은 장점을 가지고 있다(서울시, 2004 : 32-33)

① 감사대상 기관이 자율적으로 경제성, 능률성과 효과성의 제고를 위하여 얼마나

노력하고 있는가를 객관적으로 평가할 수 있다.

② 감사대상 기관의 사업, 제도, 내부통제 등에 관한 중요한 취약점을 파악할 수 있다.

③ 장래에 정책이나 사업을 보다 경제적 · 효율적으로 수행할 수 있도록 하기 위한 대안을 제시할 수 있게 하여 준다.

④ 내부통제제도의 개선 및 공공책임성 증진을 위하여 필요한 보다 좋은 정보를 얻을 수 있을 뿐만 아니라, 감사의 지원적 역할의 강화를 통하여 감사 부작용을 줄일 수 있다.

현대에 와서 정부의 기능은 확대되고 전문화되었을 뿐만 아니라 다양화 되어 있다. 일반 재정규모도 엄청날 뿐만 아니라 정부투자기관 등 감사의 대상이 되는 자금이나 자원의 비중은 실로 막대하여 이러한 막대한 자금이 효율적이고 경제적으로 사용된다면 일정한 자금으로 보다 많은 성과를 올릴 수 있을 것이다. 그러므로 효율성감사를 제대로 추진한다면 감사를 받는 기관으로 하여금 자원의 효율적 사용을 도모하게 하고 기술혁신을 자극하여 국가 전체적으로 자원을 효율적으로 이용하게 할 것으로 본다. 이것이 국가발전을 가속화시킬 것임은 두말할 나위도 없다. 그러나 전통적 의미의 감사인 합법성감사로는 이러한 성과를 거두기 어렵다. 그 이유는 다음과 같다(서울시 2004 : 34).

첫째, 재무감사 면에서는 공금의 횡령이나 망실을 방지할 수 있으며, 직무감사(직무감찰)는 위법부당처리를 방지할 수 있으나 국가적 사업의 추진을 효율적으로 수행할 수 있도록 보장하지 못한다는 것이다.

둘째, 합법성을 지나치게 강조하게 되면 행정공무원이나 감사를 받는 기관이 예산에 정하여진 항목이나 관계법규에 따라서만 직무를 수행하려 하게 되므로, 창의적 사고나 혁신적 행동을 기피하고 오로지 책임회피와 무사안일주의에 빠지게 된다는 것이다. 따라서 감사의 중점은 점차 효율성으로 옮기지 않을 수 없게 되었다. 그렇다고 합법성감사의 중요성을 간과하는 것은 아니다. 그런데 급속하게 경제발전을 도모하고 사회정책적 사업을 추진하여 국민의 복지향상을 도모하려면 정부는 한정된 자원을 경제적 · 효율적으로 사용해야 하며, 그러기 위해서는 합리적인 정책결정을 하고 이러한 정책이 소기의 성과를 거두도록 하여야 하는데, 여기에서 감사가 담당하여야 할 역할이 아주 중요하며, 특히 정부활동이나 사업이 경제적 · 능률적 및 효과적으로 수행되고 있는지를 평가 · 분석 · 검토하는 효율성감사가 중요하다고 하겠다.

4. 성과감사와 특징

가. 재무감사와 성과감사

INTOSAI(International Organization of Supreme Audit Institution)의 감사기준에서 감사를 합법성감사(regularity audit)와 성과감사로 구분하면서 합법성감사에는 다음과 같은 감사행위를 포함하고 있다.

① 재무기록에 대한 조사 및 이에 대한 감사자의 의견 표명을 포함한, 회계단위의 재무 책임에 대한 입증(attestation)
② 정부전체의 재무 책임에 대한 입증
③ 관련 법령 및 규정에 대한 이행실태 평가를 포함한, 재무시스템 및 거래에 대한 감사
④ 내부통제제도 및 자체감사 기능에 대한 감사
⑤ 감사대상 기관이 행한 의사결정의 타당성에 대한 감사
⑥ 감사와 직간접적으로 관련하여 발생된 제반 문제점 중 공표할 필요가 있는 문제의 보고

이상에서 열거한 합법성감사 내용은 매년 반복하여 실시되어 감사대상 기관 회계의 정확성에 대한 감사자의 의견을 표명하는 회계감사에 비해 성과감사는 특정 사건별로 개별적으로 기획되고 실행되는 것이다. 한편, 합법성감사는 감사방법이나 내용이 표준화 되어 있으나 성과감사는 표준화 될 수가 없다는 것도 차이의 하나이다(임동혁 : 73-74).

나. 성과감사, 성과평가, 성과관리의 구분

유럽 국가의 최고 공공감사기구들이 성과감사의 방법론을 개발 · 발전시키기 위해서 기존의 법률 및 회계분야 이외의 분야, 즉 프로그램 평가 또는 정책평가분야의 전문가들을 채용하여 왔다는 점에서 보듯이 성과감사는 성과평가(evaluation)와 매우 밀접한 관련을 맺고 있다. 이러한 점에서 성과감사와 성과평가의 경계를 무너뜨리고, 나아가 최고 감사기구를 하나의 평가기관으로 간주하는 경향이 있다. 물론 성과감사의 방법론을 개발 · 발전하는데 있어서 일반평가기관이 사용하고 있는 평가의 도구들을 차용할 수 있다. 그러나 성과감사와 성과평가는 그 역할(role)에 있어서 근본적인 차이가 있다. 성과감사는 민주정부를 구성하는 공공부문들에 대한 공적 통제기능

을 담당하고 있을 뿐만 아니라, 법률에 의해 부여된 권한에 근거하는 동시에 법률에 규정된 일정 감사범위의 한계를 벗어날 수 없다. 이에 반해 평가는 평가대상기관의 행정능률을 향상시키는데 그 목적이 있으며 평가대상 기관으로부터 그 대가인 수수료를 받는 경우가 많다. 뿐만 아니라, 이 수수료의 범위 내에서 평가의 주제, 평가의 방법 등에 대한 제한을 크게 받지 않는다.

물론 최고 감사기구들 역시 감사대상 기관의 성과증진을 성과감사의 목표의 하나로 설정하는 것이 최근의 추세라고 볼 수 있으나, 최고 감사기구는 감사주제 선정과 감사대상 기관의 선정에 있어서 독립성을 확보하고 있다(임동혁 : 74-75).

한편, 성과관리와 성과감사와 성과평가는 어떤 차이가 있을까? 성과관리는 모든 행정기관의 업무수행에 다른 성과를 효과 등 결과적인 측면에서 측정하여 관리상의 개선을 기하는데 목적이 있다. 따라서 성과평가는 성과관리의 과정이자 목적으로 각종지표를 활용하여 그 결과를 측정 · 판단하는 것이다.

한편, 성과감사는 감사기관에 의해서 정책수행에 투입된 자원을 효율적으로 사용, 관리되었는가, 업무수행체계는 합리적이었는가, 의도한 성과는 어느 정도 달성되었는가, 목표에 미달한 경우 그 원인은 무엇인가 등을 규명하는 것이다.

결론적으로 각종 감사기구가 성과감사를 실시할 때 가장 우선적으로 고려되어야 할 사항은 감사대상 기관에 대한 성과평가는 "지도" 또는 "통제"의 관점에서 수행되어야 하며, 성과관리는 이에 부수되는 파생적 기능으로 보아야 할 것이다

5. 성과감사에 필요한 기본지식

가. 성과 지향적 정부

정부혁신론자들은 정부도 성과지향적 정부(results oriented government)를 지향해야 한다고 강조한다. 성과 지향적 정부는 정부의 사명에 따라 요구되었던 결과를 측정하고 그에 기초하여 보상을 실시하는 정부를 말한다. 정부지출사업의 성과지표에 의하여 평가를 해서 그에 대한 보상을 해주거나 책임을 물어야 한다는 것이다. 지방자치단체도 세계화, 정보 · 지식화 시대, 지방화 · 자율화로 대표되는 사업 환경 변화에 부응하여야 한다. 또한 변화(change), 고객(customer), 경쟁(competition)으로 대표되는 시대상황에 전략적으로 대응하여야 하기 때문에 지금까지의 관리방식을 획기적으로 혁신할 필요가 있다. 데이비드 오스본(David Osborne)과 피터 플래스트

릭(Peter Plastrik)는 저서 『Banishing Bureaucracy』에서 5C 전략 즉, 목표를 명확하게 하는 핵심전략(Core), 동기부여와 책임에 중점을 두는 성과(consequence)전략, 고객에 대한 책임성을 부여하는 고객(customer) 전략, 직원과 기관에게 능력을 부여하는 통제(control)전략, 조직의 생산성을 향상하는 조직문화(culture)전략을 주창하고 있다. 그 중에서 두 번째 성과(consequence)전략은 직원들로 하여금 책임과 보상 등의 강력한 동기를 부여하여 그들의 업무성과를 향상시키는 것이다. 성과 전략은 유인체제(인센티브)를 구체적으로 구축해야 한다(David Osborne & Peter Plastrik, 1998).

나. 지방행정 성과평가

(1) 평가의 목적

지방행정에 대한 정부의 합동평가는 지방자치단체에서 수행하는 국가위임사무, 국고보조사업, 국가 주요시책의 추진상황의 평가 · 환류를 통해 국정의 통합성과 효율성을 확보하는데 목적이 있다.

지방자치단체의 자체평가는 자치단체에서 수행하는 국가위임사무, 자치사무 등에 대해 스스로 부진사항 또는 시행상 문제점을 도출하여 시정토록 함으로써 자원배분의 효율성 제고 및 사업수행의 책임성 확보 등 자치이념에 적합한 지방행정을 구현하는데 목적이 있다. 제도운영을 통하여 지방자치단체의 합리적인 정책결정을 지원하고 행정의 책임성 확보를 통한 공공서비스의 질적 수준을 제고하는데 목적이 있다(정부업무평가기본법 및 같은법 시행령).

(2) 평가의 종류

지방자치단체의 성과평가는 제도적으로는 "정부업무평가 기본법" 상 「지방자치단체의 자체평가」와 「중앙행정기관에 의한 평가」로 구분한다. 지방자치단체의 자체평가는 지방자치단체의 장이 자체적으로 선정한 업무의 추진내용 및 집행성과, 이를 추진하는 부서의 역량 등을 종합적으로 평가하여 평가결과를 해당사업 · 시책의 정보나 지식으로 활용하여 업무추진의 효율성을 도모코자 실시하는 것이다(같은법 제18조). 지방자치단체에 대한 중앙행정기관에 의한 평가는 국정의 효율적 운영을 위하여 국가위임사무, 국고보조사업 그 밖의 국가 주요시책 등의 추진상황에 대하여 중앙행정기관의 장이 개별적으로 평가하는 경우와 행정안전부가 주도하는 합동평가가 있다(같은법 제21조).

(3) 평가절차 및 방법

정부의 지방행정에 대한 합동평가는 도표 4-36과 같이 제1단계에서 7단계로 나누어 실시할 수 있다.

도표 4-36 지방자치단체에 대한 평가절차

단 계	실 시 내 용	구 체 화
제1단계	자치단체의 비전과 각 부서의 임무 설정	– 해당 자치단체의 비전을 달성하기 위한 각 실·과·소의 임무 설정
제2단계	핵심업무의 선정	– 적정 수의 핵심업무를 평가대상으로 선정 – 사업별 평가와 부서별 평가를 동시에 추진할 수 있도록 고려
제3단계	성과지표 개발	– 핵심업무별로 행정적 실적(output)과 고객 및 지역에 미치는 영향(outcomes)을 측정할 수 있는 지표 개발
제4단계	자체평가 기본계획 (성과관리계획) 작성	– 부서별, 핵심업무별, 성과지표별 목표 설정 – 해당 핵심업무의 담당자가 스스로 평가자료를 산출 및 관리할 수 있도록 구체적 평가방안 제시
제5단계	성과측정	– 성과측정시기 : 연 1회 이상 자율실시 – 성과측정방법 : 실적에 의한 정량평가, 평가표에 의한 정성평가, 필요시 특정업무 고객만족도 조사
제6단계	평정 및 평가결과 종합	– 핵심업무별 평정, 결과정리(총평, 잘된 점, 미흡한 점, 개선조치 등)
제7단계	사후조치	– 평가결과 환류, 인센티브 제공(우수부서 및 개인 포상 등)

(4) 평가지표

합동평가, 개별평가 및 자체평가는 다음 도표 4-37의 평가지표를 기준으로 평가위원들이 평가한다.

도표 4-37 지방자치단체 평가유형별 평가지표

1 국정시책 합동평가항목 및 지표[99]

평가시책	평가항목	평가지표
1-1. 민원행정서비스 제고	집행	1-1-1. 민원처리의 적절성(가중치 7.73) ㉮ 민원처리 법정처리기간 준수율 ㉯ 거부처분된 민원에 대한 이의신청 고지율 ㉰ 민원조정위원회 개최실적
	산출/결과	1-1-3. 민원서비스 개선도(가중치 10.88) ㉮ 민원처리기간(6일이상의 민원사무) 단축률 ㉯ 민원처리 마일리지제도 운영실적 ㉰ 민원행정 체감도 조사 1-1-4. 전자민원 G4C활성화 수준(가중치 4.33) ㉮ 주민 1인당 전자민원 G4C 신청건수 ㉯ 전자민원G4C 이용 활성화 노력도 = 회원등록률 +(회원증가율 × 2) 1-1-5. 정보공개 업무처리절차의 적절성(가중치 4.78) ㉮ 공개여부 결정통지소요기간 ㉯ 이의신청 처리 소요기간 내 처리실적
	결과활용	1-1-2. 민원제도 개선 실적(가중치 4.90) ㉮ 사전심사청구제도 운영실적 : ㉯ 생활민원 제도개선 발굴 실적 1-1-6. 공무원 제안제도 운영의 활성화(가중치 4.66) ㉮ 공무원제안 처리기간 준수율 ㉯ 공무원제안 접수비율 ㉰ 공무원제안 채택률
1-2. 지자체 정보화정책 추진	계획	
	집행	1-2-4. 건전한 정보문화 확산 수준(가중치 3.53) ㉮ 정보격차 및 인터넷중독 등 해소 사업 목표달성률 1-2-5. 정보화 추진노력(가중치 6.60) ㉮ 전자적 업무처리 이행 수준 ㉯ 정보화추진 우수시책 : 시 · 도별 우수시책 3건을 제출 받아 정성평가 1-2-6. 내고장살림 활성화 추진노력(가중치 4.88) ㉮ 지표측정값 입력 및 승인 실적(6개분야 204개 지표/연간지표) ㉯ 지표측정값 입력 및 승인 실적(4개 월간지표)

99) 정부합동평가 매뉴얼(행정안전부, 2010)

1 국정시책 합동평가항목 및 지표(계속)

평가시책	평가항목	평가지표
1-2. 지자체 정보화정책 추진	산출/결과	1-2-1. 정보자원 관리 · 활용(가중치 4.47) ㉮ EA인식도 수준 ㉯ 행정정보공동이용 활성화 정도 1-2-2. 보편적서비스 수준 ㉮ 웹 접근성 준수 수준 ㉯ 웹 호환성 준수 수준 1-2-3. 정보보호수준(가중치 6.72) ㉮ 정보보안수준 : 국가정보원의 정보보안관리실태조사 결과 반영 ㉯ 전자정부 대민서비스 보안수준 개선 실적 : 행안부(정보보호정책과)에서 실시한 '전자정부 대민서비스 보안수준 실태조사' 결과 반영 ㉰ 개인정보보호수준 : 행안부(개인정보보호과)에서 실시한 '2009년 공공기관 개인정보보호 수준진단'결과 반영
	결과활용	
1-3. 기록물관리 운영 활성화	계획	
	집행	1-3-2. 기록물 평가 및 폐기율(가중치 4.38) ㉮ 기록물 평가 및 폐기 절차의 적절성
	산출/결과	1-3-1. 기록물관리 지도 · 감독 실적율(가중치 4.58) ㉮ 기록물관리 지도 · 감독 실적률
	결과활용	
1-4. 지자체 재정운영	계획	
	집행	
	산출/결과	1-4-1. 세출절감(가중치 8.98) ㉮ 행정운영경비 절감률 ㉯ 자체사업 연말지출원인행위 비율(%) ㉰ 행사 · 축제성 경비 비율(%) 1-4-3. 지방세 인터넷 신고 납부시스템 회원 가입율(가중치 5.85) ㉮ 인터넷 신고 · 납부시스템 개인(개인사업자 포함) 회원 가입률 ㉯ 인터넷 신고 · 납부시스템 법인회원 가입율 1-4-4. 인터넷신고, 납부시스템을 통한 정기분 세목의 전자납무 이용율(가중치 4.71) ㉮ '09년 재산세 전자납부 이용률 ㉯ '09년 자동차세 전자납부 이용률 ㉰ '09년 주민세 전자납부 이용률

1 국정시책 합동평가항목 및 지표(계속)

평가시책	평가항목	평가지표
1-4. 지자체 재정운영	결과활용	1-4-2. 절감재원재투자(가중치 4.47) ㉮ 예산집행상 절감재원 재투자율
2-1. 응급의료관리	계획	
	집행	2-1-1. 응급의료 건강 안전망 확충(가중치 5.87) ㉮ 구조 및 응급처치 교육 이수율 ㉯ 인구 1,000명당 응급의료정보센터(1339) 이용률
	산출/결과	
	결과활용	2-1-2. 병원 전 이송체계 강화(가중치 7.14) ㉮ 119 구급차 이송환자의 재이송률 ㉯ 119 구급대의 심정지 이송환자 자동제세동기 적용률 ㉰ 119 구급차 이송 중 의료지도 실시율 2-1-3. 응급의료기관 질 향상(가중치 3.74)) ㉮ 지역응급의료센터 및 지역응급의료기관 법정기준 충족률
2-2. 지자체 복지정책 (복지총괄)	계획	
	집행	2-2-3. 민간복지자원 활성화(가중치 8.09) ㉮ 활동 자원봉사자의 연평균 봉사활동 시간 ㉯ 기부식품 등 증가율 및 이용자 증가율 ㉰ 사회복지시설 사회복무요원 배치율
	산출/결과	2-2-2. 지역사회복지협의체 활성화(가중치 3.07) ㉮ 지역사회복지계획 수립을 위한 지역사회복지협의체 참여 정도
	결과활용	2-2-1. 지자체 사회복지기반 확충도(가중치 5.95) ㉮ 인구 10,000명당 민간복지종사자 수 : ㉯ 사회복지시설 온라인보고율
2-3. 지자체 복지정책 (복지서비스)	계획	
	집행	2-3-2. 기초노령연금 관리의 적절성(가중치 4.50) ㉮ 변동자료 적기처리 ㉯ 부적정 급여 관리 2-3-4. 보육서비스 확대(가중치 5.68) ㉮ 국공립 보육시설 확충 수 ㉯ 영유아보육시설 평가인증율 ㉰ 취약보육실시율 2-3-5. 장애인복지 기반 및 복지서비스 확대(가중치 5.80) ㉮ 장애인직업재활시설 설치율 ㉯ 장애인 거주시설 설치율 ㉰ 장애인복지서비스 수혜율

1 국정시책 합동평가항목 및 지표(계속)

<table>
<tr><th>평가시책</th><th>평가항목</th><th>평가지표</th></tr>
<tr><td rowspan="3">2-3.
지자체
복지정책
(복지서비스)</td><td>집행</td><td>2-3-6. 중증장애인 생산품 우선구매사업 성과(가중치 3.57)
㉮ 우선구매비율 준수율
㉯ 우선구매대상 품목구매비율
㉰ 우선구매대상 外 품목 구매비율
2-3-7. 지역사회서비스 기반확충도(가중치 4.82)
㉮ 지역사회서비스투자사업(지역개발형) 시행율
㉯ 지역사회서비스투자사업 제공기관 참여율(지역개발형)
2-3-8. 사회서비스 사업 활용도 및 업무추진의 적정성(가중치 3.44)
㉮ 사회서비스 바우처 생성액 대비 이용액 실적</td></tr>
<tr><td>산출/결과</td><td>2-3-3. 아동청소년 보호 및 복지서비스 적정성(가중치 5.68)
㉮ 사회서비스 바우처 생성액 대비 이용액 실적
2-3-9. 다문화가족지원 사업 추진 실적(가중치 6.10)
㉮ 다문화가족지원센터 등록가구 관리율
㉯ 다문화가족지원센터 이용자 증가율 및 만족도
㉰ 방문교육사업 목표대비 실적률</td></tr>
<tr><td>결과활용</td><td>2-3-1. 장기요양시설 확충도(가중치 4.72)
㉮ 노인요양시설 충족률</td></tr>
<tr><td rowspan="4">2-4.
지자체
복지정책
(저소득층)</td><td>계획</td><td></td></tr>
<tr><td>집행</td><td></td></tr>
<tr><td>산출/결과</td><td>2-4-1. 기초생활보장 업무의 적절성(가중치 8.85)
㉮ 신규 수급자 발굴실적
㉯ 급여조정 실적
㉰ 긴급지원 활성화 시행실적
㉱ 정해대상자 대비 수급 가구 수
㉲ 시·군·구 신규 대출 실적
2-4-3. 의료급여 관리의 적절성(가중치 6.10)
㉮ 수급권자 1인당 평균 의료급여 입,내원일수 증감률
㉯ 수급권자 1인당 평균 진료비 증가율
㉰ 사례관리 대상자 급여일수 증감률
㉱ 의료급여관리사 채용률 및 사례관리 대상자 비율</td></tr>
<tr><td>결과활용</td><td>2-4-2. 자활사업 지원 및 활성화 정도(가중치 6.88)
㉮ 지역센터 및 자활공동체 우선구매(위탁) 등 사업운영 지원 규모
㉯ 자활기금 활용실적
㉰ 수급자의 취업·창업률
㉱ 자활사업 참여 수급자의 탈수급률</td></tr>
</table>

1 국정시책 합동평가항목 및 지표(계속)

평가시책	평가항목	평가지표
3-1. 지자체 보건관리	계획	
	집행	
	산출/결과	3-1-1. 맞춤형방문건강관리사업 추진실적(가중치 7.00) ㉮ 취약가구 등록 관리율 ㉯ 맞춤형 건강관리 1군, 2-1군 및 2-2군 방문횟수 3-1-2. 금연사업 추진실적(가중치 3.00) ㉮ 금연구역 지도 점검률 3-1-3. 건강행태개선사업 추진실적(가중치 4.16) ㉮ 건강행태개선 프로그램 참여율 3-1-4. 구강보건사업 추진실적(가중치 3.58) ㉮ 치아 홈메우기사업 수혜자 비율 ㉯ 의치보철사업 수혜자 비율 ㉰ 적정 불소 이용인구 비율 3-1-5. 공중위생 업무 활성화(가중치 4.98) ㉮ 관내 공중위생영업소 점검율 ㉯ 위생서비스평가 실시율 3-1-6. 모자보건사업 추진실적(가중치 4.16) ㉮ 보건소 임산부 등록관리율 ㉯ 체외수정 시술지원율 3-1-7. 암관리 사업 추진실적(가중치 4.32) ㉮ 국가 암 검진 수검률 ㉯ 의료급여수급자 암환자 중 의료비 지원 수혜자 비율 ㉰ 재가 암 환자 관리율 3-1-8. 정신보건사업 추진실적(가중치 3.11) ㉮ 지역사회 중증정신질환자 대비 사례관리 서비스 제공률 ㉯ 아동청소년 정신건강관리사업 수행률 3-1-9. 지역사회 치매상담센터 추진실적(가중치 2.49) ㉮ 치매 조기검진 수검률
	결과활용	
3-2. 전염병관리 사업	계획	
	집행	
	산출/결과	3-2-1. 전염병관리(가중치 7.87) ㉮ 신종인플루엔자 주민등록상 주소인 추적조사 완수율 ㉯ 집단설사환자발생 신속보고율 ㉰ HIV감염인 신고율 ㉱ 보건소 등록 결핵 신환자 중 도말양성 환자의 치료효율

1 국정시책 합동평가항목 및 지표(계속)

평가시책	평가항목	평가지표
3-2. 전염병관리 사업	산출/결과	3-2-2. 전염병 감시 및 역학조사(가중치 7.54) ㉮ 수인성·식품매개질환 유행 역학조사 완성률 ㉯ 사례조사 결과 보고율 ㉰ 법정 전염병 보고기한 준수율 ㉱ 표본감시 신고참여율 3-2-3. 예방접종 실적 보고율(가중치 5.47) ㉮ 인구 대비 영유아 필수예방접종 실적률 ㉯ 예방접종 및 민간의료기관 전산등록률 ㉰ 필수예방접종 비용지원율 3-2-4. 전염병 진단 및 검사능력(가중치 3.53) ㉮ 전염병 시험실적 향상률 ㉯ 최근 3년간 대비 에이즈 및 성병 검사율
	결과활용	
3-3. 가축방역 시책 평가	계획	
	집행	3-3-4. 가축 혈청검사 실시율(가중치 3.36) ㉮ 가축 혈청검사 실시율
	산출/결과	3-3-1. 대가축 방역 추진실적(가중치 6.15) ㉮ 소 브루셀라병 검사율 ㉯ 소 브루셀라병 전국 평균 대비 한·육우 농장 감염률 ㉰ 소 브루셀라병 발생 감소율 ㉱ 소 관련분야, 행정처분율 3-3-2. 중가축 방역 추진실적(가중치 5.68) ㉮ 돼지열병 발생률 ㉯ 돼지열병 예방접종 항체 양성률 ㉰ 돼지열병 예방접종 미실시 농가 처분실적 3-3-3. 소가축 방역 추진실적(가중치 4.78) ㉮ 소가축 가축전염병 발생률 ㉯ 닭·오리 관련분야 처분율 ㉰ 뉴캣슬병(ND) 예방접종률
	결과활용	
3-4. 식품·한약재 안전관리	계획	
	집행	
	산출/결과	3-4-1. 식중독예방관리 강화(가중치 7.35) ㉮ 인구 10만 명당 식중독 환자수 ㉯ 식중독 원인규명률 ㉰ 지도·점검률

1 국정시책 합동평가항목 및 지표(계속)

평가시책	평가항목	평가지표
3-4. 식품 · 한약재 안전관리	산출/결과	3-4-2. 유통식품 안전성 확보(가중치 7.32) ㉮ 식품 안전성 검사율 ㉯ 위해식품 회수실적 3-4-3. 한약재 판매업소 점검률(가중치 3.87) ㉮ 한약재 판매업소 점검률
	결과활용	
3-5. 한의약공공보 건 사업	계획	
	집행	
	산출/결과	3-5-1. 한방진료사업(부분) ㉮ 한방가정방문환자 증가율 ㉯ 보험처방 사용 비율 ㉰ 객관적 평가지표 활용도 3-5-2. 한의약공공보건사업 인프라 구축 및 활용(부분) ㉮ 지역사회 연계 ㉯ 인력의 적절성 3-5-3. 한의약건강증진 hub보건소 사업(부분) ㉮ 사업 모니터링 체계 구축 ㉯ 한의약건강증진 필수사업 및 지역특화사업 이수율 ㉰ 객관적 평가지표 활용도
	결과활용	
4-1. 외국인 투자유치활동	계획	
	집행	
	산출/결과	4-1-1. 외국인 투자유치활동 실적(가중치 16.44) ㉮ '09년 외국인투자유치 실적 증가율 ㉯ 외투기업 고충 발굴 및 처리실적 ㉰ 외투기업 만족도 조사결과
	결과활용	
4-2. 지자체 주거복지 개선	계획	
	집행	
	산출/결과	4-2-1. 주거환경 개선사업 추진 실적(가중치 7.94) ㉮ 주거환경개선사업 사업시행자별 추진실적 4-2-2. 주거수준 향상률(가중치 10.65) ㉮ 인구 1000명당 주택수 증가율 ㉯ 임대주택 등 조례반영 여부
	결과활용	

[1] 국정시책 합동평가항목 및 지표(계속)

평가시책	평가항목	평가지표
4-3. 지역과학기술 진흥	계획	
	집행	
	산출/결과	4-3-1 지방과학기술진흥사업 추진실적(가중치 10.08) ㉮ 지방과학기술진흥사업 추진실적 달성도 ㉯ 자체사업 추진 비중
	결과활용	
4-4. 소비자 보호 및 거래질서 확립	계획	
	집행	
	산출/결과	4-4-1. 위조상품 단속실적(가중치 8.92) ㉮ 도소매업체수 대비 단속실적 4-4-2. 소비자정보 제공실적(가중치 8.52) ㉮ 언론을 통한 소비자 정보제공 실적 ㉯ 각종 자료 발간을 통한 정보제공 실적 4-4-3. 지역소비자 보호 특수시책 우수사례 평가(가중치 8.08) ㉮ 지역소비자 보호 특수시책
	결과활용	
4-5. 국유재산 관리, 처분	계획	
	집행	4-5-2. 변상금 징수율(가중치 7.63) ㉮ 변상금 징수율 4-5-4. 귀속금 집행의 노력도(가중치 6.41) ㉮ 귀속금 대비 국유재산 관리비 집행액
	산출/결과	4 5 1. 임대수입 확보율(가중치 8.50) ㉮ 전년 대비 임대수입 증가율 4-5-3. 매각수입 증가율(가중치 6.83) ㉮ '08년대비 매각대금 증가율
	결과활용	
5-1. 자치단체 교류·균형 인사 정책	계획	
	집행	5-1-1. 여성공무원 인사제도 운영(가중치 9.83) ㉮ 양성평등채용목표제 실시 실적 ㉯ 5급 여성공무원 일반승진비율 대비 7급 여성비율 ㉰ 사회복지 대체인력풀 구성 및 육아휴직 인력대체 활용실적 5-1-3. 저소득층 채용현황(가중치 3.09) ㉮ 저소득청 채용공고 및 채용률 5-1-4. 중앙·지방간, 지방간 인사교류 추진실적(가중치 10.03) ㉮ 중앙-지방간 인사교류 인원 ㉯ 지방 상호간 인사교류 인원 ㉰ 인사교류자 인사우대책 운영실적(행정·재정적 인센티브)

□1 국정시책 합동평가항목 및 지표(계속)

<table>
<tr><th>평가시책</th><th>평가항목</th><th>평가지표</th></tr>
<tr><td rowspan="2">5-1.
자치단체
교류 · 균형
인사 정책</td><td>산출/결과</td><td>5-1-2. 장애인 공무원 임용 현황(가중치 7.09)
㉮ 장애인공무원 비율 및 장애인 채용 비율 충족여부
㉯ 전체 장애인공무원 대비 중증장애인 공무원 임용 비율</td></tr>
<tr><td>결과활용</td><td></td></tr>
<tr><td rowspan="4">5-2.
합리적
조직관리 및
운영</td><td>계획</td><td></td></tr>
<tr><td>집행</td><td>5-2-1 자치단체 감축기조하 조직관리 이행실적(가중치 8.50)
㉮ 시 · 도 조직관리 이행율
㉯ 시 · 군 · 구 조직관리 이행율
5-2-2 공무원 노사관계 인식제고 노력도(가중치 8.29)
㉮ 공무원 노사관계 교육 이수율
㉯ 공무원단체 담당 워크숍 개최 실적
㉰ 행안부 공무원단체 관리 지침의 전파이행여부</td></tr>
<tr><td>산출/결과</td><td>5-2-3 공무원 단체업무 전문성 강화 노력도(가중치 8.03)
㉮ 공무원 단체업무 담당자 평균재직기간
㉯ 공무원 단체업무 전문가 확보 여부</td></tr>
<tr><td>결과활용</td><td></td></tr>
<tr><td rowspan="4">5-3.
여성권익증진</td><td>계획</td><td></td></tr>
<tr><td>집행</td><td>5-3-1. 가정 성폭력 피해자 지원 실적(가중치 8.98)
㉮ 가정폭력 · 성폭력 피해 상담소 상담건수 증가율
㉯ 가정폭력 · 성폭력 피해자 보호시설 보호실적
㉰ 여성긴급전화 1366의 상담건수 증가율
5-3-3. 성매매 예방 및 피해지원시설 운영 활성화(가중치 7.26)
㉮ 성매매피해 상담소 및 성매매피해자 지원시설의 이용률
㉯ 의료 · 법률 · 자활프로그램 등 관련 서비스 지원 실적
5-3-4. 폭력피해 이주여성 보호 및 예방실적(가중치 5.01)
㉮ 이주여성 쉼터 보호실적
㉯ 국제결혼 정보제공 프로그램 이수 실적</td></tr>
<tr><td>산출/결과</td><td>5-3-2. 「아동 · 여성보호 지역연대」 운영실적(가중치 4.41)
㉮ 아동 · 여성보호 지역연대 운영 실적
㉯ 아동 · 여성보호 지역연대 조례 또는 운영규정 제정 여부</td></tr>
<tr><td>결과활용</td><td></td></tr>
<tr><td rowspan="2">5-4.
양성평등정책
추진실태</td><td>계획</td><td></td></tr>
<tr><td>집행</td><td>5-4-1. 성별영향평가 추진과제 실적(가중치 6.53)
㉮ 성별영향평가 추진 과제 실적
5-4-2. 성별영향평가 전문인력 양성 실적(가중치 6.24)
㉮ 성별영향평가 전문인력 양성 인원
㉯ 지자체별로 추진한 성별영향평가 기초 전문인력 양성 인원</td></tr>
</table>

1 국정시책 합동평가항목 및 지표(계속)

평가시책	평가항목	평가지표
5-4. 양성평등정책 추진실태	산출/결과	5-4-3. 정부위원회 여성참여 확대(가중치 6.71) ㉮ 위촉직 여성위원수
	결과활용	
6-1. 환경정책· 관리	계획	
	집행	6-1-1. 환경개선부담금 부과 징수 실적(가중치 4.14) ㉮ 환경개선부담금 징수율 ㉯ 환경개선부담금 징수율 증가율 6-1-2. 친환경상품 구매 비율(가중치 5.49) ㉮ 친환경상품 구매 비율 ㉯ 친환경상품 구매 비율 증가율 ㉰ 친환경상품 구매관련 조례 제정률 6-1 3. 수질배출부과금 징수실적 제고(가중치 4.03) ㉮ '09년 수질배출부과금 징수율 ㉯ '09년 수질배출부과금 징수율 증감률 6-1-5. 대기질 측정자료 유효가동률 및 대기질 자료 전송실적 (가중치 4.09) ㉮ '09년 대기질 측정자료 유효가동률 ㉯ '09년 내기질(SO_2, CO, NO_2, PM_{10}, O_3)자료 실시간 전송률
	산출/결과	6-1-4. 야생동·식물 보호실적(가중치 4.52) ㉮ 야생 동·식물 지정 종수 실적 ㉯ 야생 동·식물 보호구역 지정률 ㉰ 수렵장 설정 운영률 ㉱ 생태계 보전을 위한 자치단체의 노력도(정성평가) 6-1-6. 대기오염 배출사업장 적정관리(가중치 4.00) ㉮ 대기배출사업상 오염도 검사실적 ㉯ 대기 배출부과금 징수율 6-1-7. 포장폐기물의 발생억제 관리 노력(가중치 3.37) ㉮ 포장검사 명령 건수 ㉯ 포장방법 위반율 6-1-8. '08년대비 '09년 음식물폐기물발생량 감량률(가중치 6.89) ㉮ '08년대비 '09년 음식물류폐기물발생량 감량률 6-1-9. 주민 1인당 재활용품 분리수거량(가중치 6.62) ㉮ 주민 1인당 재활용품 분리수거량
	결과활용	

1 국정시책 합동평가항목 및 지표(계속)

평가시책	평가항목	평가지표
6-2. 산림 정책 · 관리	계획	
	집행	6-2-1. 숲가꾸기 사업실적(가중치 8.09) ㉮ 숲가꾸기 사업 추진율 6-2-2. 산불방지 추진실적(가중치 8.80) ㉮ 산불감시원 확보실적 ㉯ 뒷불 발생률 ㉰ 산불 1건당 피해면적 6-2-3 산지이용 제도의 합리적 운용(가중치 4.01) ㉮ 산지관리법령 개정참여율 ㉯ 대체산림자원조성비 징수율
	산출/결과	6-2-4. 산림병해충 방제실적(가중치 6.57) ㉮ 산림병해충 발생면적 증감률 6-2-5. 도시숲 조성 확대(가중치 6.19) ㉮ 생활권도시림면적 증가율
	결과활용	
6-3. 문화기반운영 활성화	계획	
	집행	
	산출/결과	6-3-1 문화기반시설 운영 활성화(가중치 8.05) ㉮ 공공문화기반시설 이용객 증가율
	결과활용	
6-4. 지자체 도서관 정책	계획	
	집행	
	산출/결과	6-4-1. 도서관 운영 활성화(가중치 8.31) ㉮ 1관당 법정 사서직원 확보율 ㉯ 1인당 대출 증가율 6-4-2. 1인당 장서수 증가율(가중치 6.83) ㉮ 1인당장서수 증가율
	결과활용	
6-5. 치산사업 추진 등	계획	6-5-1. 사방사업 추진(부분) ㉮ 사방사업 실적률 6-5-3. 국산목재 수급 합리화(부분) ㉮ 목재생산 계획 달성도
	집행	6-5-2. 임도사업 추진(부분) ㉮ 임도사업 실적률 ㉯ 임도시설의 기준 이행률

1 국정시책 합동평가항목 및 지표(계속)

평가시책	평가항목	평가지표
6-5. 치산사업 추진 등	집행	6-5-4. 등산로 정비실적(부분) ㉮ 등산로 정비사업 실적률
	산출/결과	
	결과활용	
7-1. 지자체 비상 · 재난관리 추진	계획	
	집행	7-1-1. 09년도 행정안전부 을지연습 평가결과(가중치 5.02) ㉮ 행정안전부 주관 을지연습 평가지표에 의한 시 · 도별 평가 7-1-2. 2010년도 충무계획 작성 및 보고실태(가중치 5.33) ㉮ '10년도 충무시행계획 · 실시계획 수립 시 유관기관 협조 충족 여부 ㉯ '10년도 충무시행계획 순기 준수율 7-1-3. 충무실시계획 작성관련 교육실태(가중치 3.49) ㉮ 충무실시계획 작성관련 교육 실태 7-1-4. 자연재난 사전대비 추진실태(가중치 8.70) ㉮ 재난상황실 구축 실적 ㉯ 풍수해 위험지역 등에 대한 점검 · 정비실적 ㉰ 민 · 관 · 군 협력체계구축(지역자율방재단 조례 제정) 실적 ㉱ 설해대비용 자재 비축 및 장비의 확보율
	산출/결과	7-1-5. 신속한 지원을 위한 기금운용 관리(가중치 6.59) ㉮ 재난관리기금 확보 및 사용실적 ㉯ 새해구호기금 확보실적 7-1-6. 풍수해 보험 가입률(가중치 6.74) ㉮ 풍수해보험가입률
	결과활용	
7-2. 소방안전 및 대응능력 강화	계획	
	집행	7-2-2. 현장대응능력 강화 실적(가중치 6.53) ㉮ 재난대비훈련(긴급구조종합훈련)실적 7-2-3. 소방력 강화 추진 노력도(가중치 9.12) ㉮ 소방장비 보강실적 ㉯ 소방공무원 3교대 인력 충원율 및 실시율
	산출/결과	7-2-1. 소방대원 전문성 향상(가중치 6.60) ㉮ 구급대원 중 유자격자 확보율 ㉯ 화재조사관 자격증 보유율
	결과활용	

1 국정시책 합동평가항목 및 지표(계속)

평가시책	평가항목	평가지표
7-3. 민방위 운영 효율화	계획	
	집행	7-3-2. 민방위 대원 야간 주말 편의증진 교육훈련실적(가중치 6.13) ㉮ 민방위 대원 야간 · 주말 교육훈련실적
	산출/결과	7-3-1. 민방위 운영 활성화 특수시책(가중치 6.85) ㉮ 시 · 도별 민방위 운영 활성화 시책
	결과활용	
7-4. 안전관리 평가	계획	
	집행	7-4-3. 지역사회 어린이 안전망 구축(가중치 6.34) ㉮ 자치단체별 CCTV 설치율 ㉯ 자치단체별 등하교 도우미 구성율(부분평가)
	산출/결과	7-4-1. 교통사고 잦은 곳 개선사업 추진실적(가중치 6.66) ㉮ 교통사고 잦은 곳 교통사고 발생건수 감소율 ㉯ 우수사례 발굴대회 결과 반영 7-4-2. 어린이보호구역 개선사업 추진실적(가중치 7.18) ㉮ 어린이보호구역내 교통사고 발생건수 감소율 ㉯ 우수사례 발굴대회 결과 반영 7-4-4. 특정관리대상시설 안전관리 추진실적(가중치 8.72) ㉮ 특정관리대상시설 지정 · 관리율 ㉯ 재난위험시설 지정 및 해소 실적
	결과활용	

2 지방자치단체 자체평가

부 문	분 야	평 가 영 역
일반행정 기능	기획관리기능	기획관리, 공보관리
	국제교류기능	국제교류
	행정관리기능	법무관리, 감사관리, 행정관리, 서무관리, 통계관리, 인사고시, 문서관리, 교육훈련, 민원관리, 정보관리, 교육지원, 읍면관리, 선거관리
	재정세제기능	예산운영, 세정관리(부과 · 징수관리), 회계관리, 재산관리
	의정기능	의정활동, 사무국운영

② 지방자치단체 자체평가(계속)

부 문	분 야	평 가 영 역
보건복지기능	건강증진 및 위생기능	식품위생관리, 공중위생관리
	보건관리 및 의료기능	의료보호, 보건관리, 의료보험, 보건행정, 방문보건, 예방의약, 가족계획, 보건소운영
	사회복지기능	사회관리, 복지관리, 생활보호, 생활안정, 저소득주민보호, 부랑인보호, 영세민 보호
	가정복지기능	노인복지, 가정복지, 아동 및 보육, 청소년관리
	여성복지기능	여성복지(부녀복지)
환경관리기능	환경보전기능	환경관리, 자연보호
	공원기능	공원녹지관리
	물관리기능	수질관리, 수도시설관리, 먹는 물관리, 지하수관리, 하수시설관리, 오수분뇨축산폐수관리
	대기 및 소음 관리기능	대기배출관리, 자동차배출가스관리, 비산먼지소음진동관리
	폐기물관리	폐기물처리시설관리, 폐기물처리업체관리, 폐기물자원관리
산업경제기능	농업진흥기능	농정관리, 농사유통, 원예특작, 농업기반조성, 양정관리, 농산관리, 농촌지도, 농업용수개발, 경지관리, 농지조성, 잠업진흥, 특작관리, 농업진흥보급
	축산진흥기능	축산사업관리, 사료검사관리, 유통관리, 위생관리, 축산진흥
	임업진흥기능	산림관리, 조림관리
	해양수산진흥기능	어정관리, 수산자원관리, 공유수면관리, 어업지도
	상공진흥기능	상정관리, 중소기업지원, 광공업관리
산업경제기능	투자유치 및 지원기능	통상관리, 투자유치
	경제행정기능	지역경제관리, 연료대책, 실업대책, 노정관리
	관광진흥기능	관광관리, 관광진흥

2 지방자치단체 자체평가(계속)

부 문	분 야	평 가 영 역
지역개발 기능	치수기능	하천관리, 재해방제, 하수처리
	교통 및 도로 관리기능	교통계획, 교통사업자관리, 교통시설관리, 교통지도, 교통안전관리, 도로건설, 도로유지관리, 도로정비
	도시 및 지역 개발기능	공업단지, 지역사회개발사업, (특수)지역개발, 지역안정, 농공지구조성, 도시개발, 공공개발사업
	도시계획 및 정비기능	지적관리, 도시계획, 도시정비
	건설행정기능	건설업관리, 건설기계업관리, 보상 · 수용재결, 국유재산관리, 건설기술관리
	건축지도 · 감독 기능	건축지도, 시설관리
	주택건설 및 관리기능	주택건설관리, 주거환경개선, 주택기획, 국민주택, 부동산관리, 주택행정
교육문화 기능	문화예술진흥 기능	문화예술, 문화재관리, 유적지관리, 도서관, 문예진흥, 문예단체육성, 문화예술행사
	체육진흥기능	체육단체지원육성, 체육행사, 건전생활지도, 일반사회교육, 체육관리, 체육시설관리
위기관리 기능	민방위기능	민방위관리, 병사관리, 비상대책
	소방기능	소방관리, 방호관리
	재난관리기능	재해대책관리, 재해구호

※ 구성체계 : 부문 → 분야 → 영역 → 핵심업무 → 목표 → 주요 성공과제 → 성과지표

(5) 지방행정에 대한 성과평가와 감사

지방자치단체에 대한 합동평가나 개별평가를 평가지표에 의하여 실시함으로써 국가시책의 지방적 성과를 객관적으로 측정할 수 있다. 전국적 차원에서 자치단체의 성과 측정의 결과는 특정자치단체 행정사업이나 정책의 효율성을 객관적으로 평가할 수 있다. 평가결과가 우수한 자치단체의 경험을 다른 자치단체에게 전파할 수 있으며, 평가결과가 불량한 자치단체에는 그 원인을 감사로 규명하여 행정의 효율화를 도모함으로써 지방행정서비스의 질적 수준을 향상시킬 수 있다.

다. 균형성과표(BSC) 작성[100)]

(1) BSC(Balanced Score Card) 개념

기업의 성과관리의 중요한 수단으로 BSC에 대한 관심도가 높아지고 있는 가운데 각급 행정기관들도 그 도입을 서두르고 있다. 「균형 잡힌 성과 기록표 : BSC)」는 Harvard Business School의 교수인 Robert Kaplan과 컨설턴트인 David Norton에 의해 1992년 Harvard Business Review에 처음 게재됨으로써 소개된 개념이다. BSC는 '기업의 지속적인 성장을 위해서는 대부분의 기업들이 일반적으로 행하고 있는 것과 같이 단순히 재무지표만이 아니라 재무, 고객, 내부 비즈니스 프로세스, 학습과 성장의 4가지 관점의 지표로 기업 성과를 종합적 · 균형적으로 관리해야 한다'라는 개념이다(도표 4-38 참조).

도표 4-38 BSC의 개념

구분	검토기준	검토내용
목적	적합성	• 목표 명확, 국정방향 부합, 환경변화 대응 등 적합 여부
투입	경제성 합리성	• 투입규모 시기의 적합 여부 • 투입자원 가격의 적정, 투입방법의 효율성 확보 여부
과정	추진체계 추진방법 적정성	• 법적 행정적 제도적 장치 확보 여부 • 여론수렴, 관계기관 협의 등 절차 훈수 여부 • 계획에 따른 사업추진 여부
산출	목표 연계성	• 당초 설정목표의 달성 여부
효과	산출 효과성	• 국민으로의 실질적 영향 여부 • 국가발전으로 파급 여부
환류	평가 적정성	• 목표와 산출(효과)간 차이에 대한 원인분석 여부 • 성과분석 및 분석결과의 공개 여부

기업에서 상급 관리자들이 부하들을 균형 있게 평가를 하기 위해서 평가요소나 항목으로 ① 경영적 관점 ② 고객 관점 ③ 내부프로세스 관점 ④ 학습과 성장 관점 등 4가지 분야의 평가항목들을 제시하였다. 이를 행정시스템에 다음과 같이 활용할 수 있을 것이다(도표 4-39 참조)(이건창, 1999).

100) 이주희, 『고객감동행정서비스』(기문당, 2006), 155-161쪽 참조.

도표 4-39 균형평가표

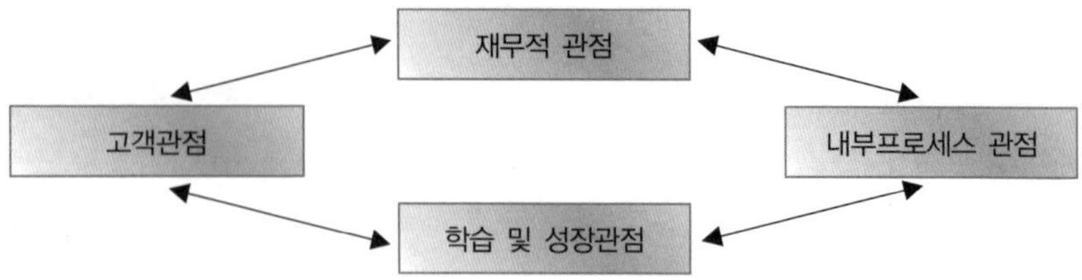

첫째, 재무적 관점은 공무원들의 근무가 행정기관의 전략수행, 성과 및 업무효과에 얼마나 기여했는지를 측정하는 관점이다. 예컨대, 사업부서에 대하여 투자수익률과 같은 경영평가 항목들을 이용하는 것과 같다.

둘째, 고객관점은 고객(주민 또는 기업)의 이익획득에 얼마나 기여했는가를 평가한다. 이를 위하여 고객만족도, 고객 참여율, 고객의 불평처리율 등, 핵심적인 결과를 측정항목에 포함하여 사용한다. 예컨대, 고객으로부터 신고된 고장 난 수도나 가로등을 얼마나 빠르게 처리하였는가, 고객들의 불평을 어느 정도로 신속하게 처리했는지를 평가하여 보상해야 한다.

셋째, 내부프로세스에 대한 관점은 경쟁 확대를 위한 주요 행정프로세스의 개발과 전개, 공공재(公共財)와 행정서비스의 창출 · 제공, 애프터서비스의 실시 등을 어떻게 성공적으로 수행하는지를 평가하는 것이다. 또한, 노동효율성 및 품질, 수명주기와 같이 생산과 관련된 전통적인 측정기준도 포함하고 있다. 예컨대, 행정서비스의 경쟁력을 확보하기 위하여 내부결재 절차나 업무과정을 얼마나 단축하였는지를 평가하여 이를 보상하는 것이다

넷째, 학습과 성장에 대한 관점은 공무원의 훈련 · 연수, 행정기술과 시스템의 향상 등을 평가, 행정조직의 업무절차와 일상적 업무를 잘 조정하여 행정기관이 미래에 필요한 조직의 구성원 · 시스템의 역량을 개발시키고 있는가를 반영한다. 이러한 측정기준은 「공무원 관점」이라고 일컬어지는데, 이것은 일시적인 유행이 아니다. 왜냐하면, 학습과 성장 관점은 대부분 공무원들의 관심사, 즉 행정기관 내에서 인정을 받기 위해서는 어떤 행동을 어떻게 해야 하는가를 잘 말해주기 때문이다. 예컨대, 행정기관의 학습조직의 구축과 그 실적, 그 학습내용의 활용 정도 등을 평가하여 보상하는 것이다.

(2) 전략 실행을 위한 지표 도출

BSC는 단순히 지표를 4개의 관점으로 도출하는 것이 아니라 전략과 연계되어 도출된 지표를 효율적으로 운영·관리함으로써 행정이 추구하는 전략을 실행되도록 하는데 그 도입목표가 있다. 그렇기 때문에 BSC는 행정조직의 비전, 미션, 그리고 전략적 목표로부터 도출되어져야 한다. 즉 전략적 목표의 달성 정도를 파악할 수 있는 핵심지표를 인과관계에 의거하여 설정함으로써 지표관리의 목표를 분명히 하는 것이 중요하다. 전략과 BSC를 연계하는데 있어 일반적으로 활용하는 방법이 바로 전략 맵(strategy map)을 작성하는 일이다. '전략 맵'은 행정기관의 전략적 목표달성을 위해 중점적으로 추진해야 하는 핵심 성공요소(KFS : Key Factors for Success)를 인과관계에 의해 재무, 고객, 내부프로세스, 학습 및 성장의 관점으로 설정하고 이의 달성 정도를 측정할 수 있는 지표를 나타낸 지도라고 말할 수 있다. 전략 맵을 작성함으로써 행정은 구성원들에게 기업이 추구하는 목적이 무엇이며, 이러한 목적을 위해 관리해야 할 핵심 성공요인과 지표가 무엇인지를 쉽게 전달할 수 있게 된다. 또한 구성원들은 자신들의 업무가 전략목표 달성과 어떻게 연결되어 있는지, 목표 달성을 위해서 자신들이 수행해야 할 역할이 무엇인지를 보다 분명히 인식할 수 있게 된다. 따라서 BSC를 성공적으로 활용하기 위한 출발점은 전략 맵 작성을 통해 행정기관이 추구하는 전략을 분명히 하고, 이의 실행을 확인할 수 있는 지표를 명확하게 도출하는데 있다고 말할 수 있다.

(3) 상하조직 간 지표 및 실행계획의 연계

행정은 부서, 팀, 개인에 이르기까지 다양한 단계로 구성되어 있다. 행정관청 전략이 성공적으로 추진되기 위해서는 관청이 원하는 목표와 이러한 목표를 달성하기 위한 각 조직단계의 활동이 정합성 있게 연계되는 것이 필요하다. 따라서 우선 행정기관 전체의 관점에서 전략적 우선순위를 정의해야 하며, 개별사업 부문, 팀, 개인은 이러한 전사 전략을 기반으로 하여 계획을 수립하고 BSC를 개발해야 한다.

많은 혁신 프로그램이 실패하는 가장 큰 이유는 도입한 프로그램을 지속적으로 실행하지 못하기 때문이다. BSC가 성공적으로 운영되기 위해서는 BSC가 행정기관 운영시스템의 중심에 놓여 작동되도록 해야 한다.

이를 위해서는 우선 전략과 예산을 연계해야 한다. 즉 전략 맵에 근거하여 도출된 KFS를 성공적으로 실행하기 위한 필요자원을 인식하고, 이의 확보를 위한 예산이 반영되어야 하는 것이다.

둘째, BSC가 실행되기 위해서는 행정관리자 등 소수만이 BSC 시스템을 이해하고 지표 정보를 보유해서는 안 된다. BSC가 실행되기 위해서는 전체 구성원의 이해와 참여가 필수적이다. 따라서 적절한 의사소통 프로그램 및 교육 등을 통해 전략과 BSC에 대한 구성원들의 이해도를 높여야 한다.

셋째, 구성원들에게 전략목표 달성을 위한 실제 행동에 옮길 수 있는 분명한 목표를 제시해야 한다. 공무원들에게 기관의 목표를 '수익창출'이라는 추상적인 말을 목표로 사용하면 안 된다. '수익창출'이라는 목표 대신 고객서비스 만족도, 예산 절약률, 성과 신장률이라는 등의 구체화된 목표를 제시하고 이를 달성하는데 노력을 요구해야 한다. 그렇게 함으로써 공무원들이 명확한 목표를 열정적으로 실행할 수 있고, 이를 통한 성공체험이 더 높은 목표 달성 매진의 밑거름이 되어 지속적 실행을 가능하게 하기 때문이다.

(4) 피드백의 명확화

행정기관이 BSC를 성공적으로 활용하기 위해서는 지표관리를 통해 수립된 전략이 제대로 실행 · 작동되고 있는지를 점검하고 이를 통해 문제인식, 해결책 모색, 기회창출, 지식공유, 역량제고 등이 이루어져야 한다. 즉, 전략적 이슈에 대한 점검 및 학습 등에 중점을 둔 정기적 미팅을 통해 전략 실행과 관련된 모든 측정지표를 점검하고 나타난 문제가 무엇인지를 토론하고 이의 해결방법 및 성과 제고방안을 지속적으로 모색해야 하는 것이다. 효과적인 피드백을 위해서는 필요정보를 적시에 제공해 줄 수 있는 정보시스템 구축도 고려해야 한다. 예컨대, 월 평가회에서는 '전월의 결정대로 실행했는가?', '무슨 일이 일어났는가?', '왜 그 일이 일어났는가?', '그것에 대해 무엇을 해야 하는가?', '그 결과를 어떻게 확인할 것인가' 등을 점검하고 우수사례(Best Practice)를 공유한다. 그리고 분기 평가회에서는 '우리의 전략이 적합한가?', '전략을 확인하는 측정지표는 적합한가?', '목표 값과 평가비중은 적절한가?' 등을 분석하고 문제에 대한 해결책을 모색한다. 피드백을 통해 행정서비스 주체의 잘못된 전략과 지표에 대한 개선활동도 가능하게 된다(도표 4-40 참고) (엄연숙, 2005).

(5) 감사와 보상의 연계

공무원들에 대한 동기 부여를 위해 BSC의 측정결과와 개인보상 프로그램의 연계를 고려해야 한다. 보상과 연계되어야만 공무원들은 보다 명확한 사명의식을 갖고

도표 4-40 성과관리 과정 설계

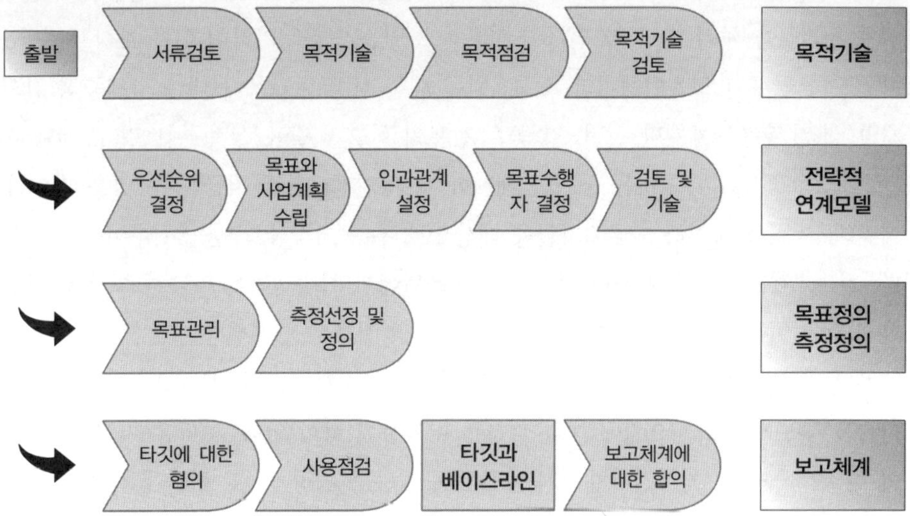

목표 달성을 위해 창의력과 열정을 발휘하기 때문이다. 그러나 BSC와 보상 프로그램을 연계할 경우에는 보다 신중한 의사결정이 필요하다. 일반적으로 초기 지표는 전략과의 가설적 인과관계에 의해 도출한 것이기 때문에 올바른 측정지표를 선정하였는지에 대한 확신을 가질 수 없다. 또한 BSC 지표에는 매우 많은 지표가 포함되고, 많은 경우 기존 재무지표보다 평가자 주관에 따라 영향을 받을 수도 있어 모든 지표보다는 핵심지표를 선별하여 활용하는 것이 바람직할 수 있다.

실행 후 바로 눈에 띄는 성과를 창출할 수 있는 시스템을 도입한다는 것은 거의 불가능하기 때문에 보다 중요한 것은 지속적인 실행을 통해 학습을 하고 개선해 나가는 노력이다. BSC의 성공적 운영을 위해서는 최고 경영자를 중심으로 전 구성원의 참여 하에 기업 시스템 및 문화 전반의 변화를 지속적으로 추구하는 노력이 필요한 것이다(김범열, 2003).

성과평가에 의한 보상 시스템은 공무원 간에 협력과 정보교환을 저해할 가능성이 있기 때문에 다음과 같이 가급적 균형되게 설계되어야 한다(이주희, 2000 : 271-273).

첫째, 행정성과에 대한 성과보상체제는 분야별로 실시하도록 설계한다. 현재의 보상체계는 대개 행정지식 창출이나 활용자 중심으로 형성되어 있다. 다시 말하면 공직자들의 창의적인 행정제안에 대한 보상을 중심으로 운영한다.

둘째, 행정지식과 정보의 공유와 축적을 촉진시킬 수 있도록 설계되어야 한다. 지식행정 초기에 지식공무원의 조건을 갖출 수 있도록 그 보상체계를 파격적으로 구축할 필요가 있다. 예컨대, 공직자가 자기 업무수행을 위한 매뉴얼이나 업무에 관련된 실무 성과물을 누가 가장 잘 만들어 활용하고 있는가를 평가하여 이를 보상할 수 있다. 또한, 공무원 교육원에서의 교수요원에 대한 보상은 교육에 대한 사례중심 강의 개발 실적, 우수교재개발 실적, 질 좋은 논문의 학술지 발표 실적, 멘토링(mentoring) 등 지식의 공유를 추구하는 증거를 제시할 경우 인센티브를 지급할 수 있을 것이다. 예컨대, 지식을 축적하는 공직자들을 대상으로 우수 저작상을 만들어 수여하는 것이다. 한편. 행정지식의 학습과 관련하여 교육원에서 학습성적이 우수한 자에게 상장과 상금을 수여 · 지급하고 그 결과는 인사상 평점으로 연결된다.

셋째, 행정지식을 학습하는 데 기여하는 공직자에게 보상을 부여해야 한다. 지식학습을 주도하는 교수요원에 대한 보상은 미약하기 짝이 없다. 이들은 지식행정학습의 수준을 높이는 지름길이자 지식행정을 구현하는 첨병이므로 이들에 대한 보상제도를 구체적이고 다양하게 모색해야 한다.

넷째, 행정성과에 대한 평가보상은 우선 내부에서 이루어져야 한다. 행정성과에 대한 열의를 불러일으키기 위해서는 저해요인을 없애는 쪽이 유도책보다도 유효하고, 외적 보상보다는 내적 보상이 보다 강력한 수단이 된다. 행정지식 창출자에 대한 파격적인 승진조치나 저서를 출판하는 공직자에게 인사상 가점(加點)을 부여한다면 커다란 동기 부여가 될 것으로 믿어 의심치 않는다.

다섯째, 행정성과에 대한 외부 비교평가를 내부보상으로 연결해야 한다. 행정성과의 성과의 하나인 질 좋은 행정서비스를 제공하는 자치단체에게 외부기관이 부여하는 포상제도는 기관에 주어지는 것이라면, 그 성과를 얻는 데 기여도가 큰 부서나 공직자에게 부상을 수여해야 한다. 예컨대, 언론사나 각종의 협회가 매년 시상하고 있는 자치단체의 서비스나 혁신의 성과에 대한 콘테스트를 실시하고 있는 바, 우수한 성과를 나타낸 내부 공직자를 해당 자치단체에서 이를 포상하는 등, 각종 인센티브를 제공하는 것이다.

여섯째, 개인적으로 성과를 창출하고 축적하는 것뿐만 아니라, 동료나 고객의 성과 창출이나 축적을 도와주는 것까지도 보상해야 한다. 예컨대, 다른 공직자들이 가장 많이 찾는 공직자에게 최고의 인사고과를 부여하는 것이다. 이것을 제대로 실천하려면 내부 공직자들의 투표를 통해 선발하는 방법도 고려할 수 있을 것이다.

일곱째, 우수한 성과 실천자들에 대한 인센티브 수단을 다양하게 개발하자. 일반적인 인센티브 수단은 상장과 상금, 인사상 가점으로 우선 승진, 요직으로의 전출 등으로 요약할 수 있다. 그러나 미국 등에서는 상장과 상금으로 연결시키지 않는 포상제도가 있다. 즉 포상자의 사진이나 메달을 행정기관의 현관에 전시하여 개인의 명예를 많은 사람들이 알게 해주는 정도의 수단도 있다. 따라서 우수한 성과를 실천한 자에 대하여 부부동반 해외여행 기회 부여, 포상유급휴가 실시, 가족초청 기관장과의 오찬기회 실시, 특별 보너스의 지급, 학원수강비 지원, 예산절감분의 일정비율의 개인에게 보상, 성공 사례집에 개인 소개, 파격적인 승진인사, 지식 공유자에 대한 휴양시설 이용권의 제공 등 인센티브 수단을 다양하게 개발해야 한다.

여덟째, 보상에 대한 공정성을 보장해야 한다. 우리 공직사회에서는 포상이 나누어 먹기 식으로 운영되고 있어서 본래의 취지를 무색하게 만들고 있다. 자체가 파행적이고 형식적으로 운영되고 있다. 일을 잘하는 자나 못하는 자나 상관없이 시간이 되면 포상을 하게 되는 불합리한 제도운영을 정상화해야 한다.

아홉째, 사전 인센티브(incentive)를 실시해야 한다. 일반적으로 인센티브는 성과에 대한 경제적 사후보상이다. 그러나 지식행정을 본격적으로 유도하려면 인센티브를 사전에 제공하는 것이 훨씬 효과적일 수가 있다. 이는 시범적으로 추진할 수 있는 정책이나 발전적이고 창의적인 프로그램을 개발한 자치단체나 행정기관의 공직자들에게 사전적으로 인센티브를 제공하는 것이다. 이를 위해서는 인센티브를 신청하는 기관이나 공직자들로부터 정책이나 사업의 추진계획서를 제출 받아 이를 심사하여 추진해야 할 것이다.

열째, BCS에 의하여 나타난 결과에 대하여 미흡한 측면에 대하여 감사를 통해서 객관적인 개선방안을 마련할 수 있을 것이다.

라. 성과감사를 위한 자료수집방법[101]

(1) 문헌 탐색

문헌 탐색은 감사인이 성과감사대상 주제에 대한 최신 지식을 가질 수 있도록 연구보고서, 이전 감사보고서, 과거와 현재의 출판물들을 연구하는 자료수집 기법을 말한다. 이 기법은 예비조사 단계에서 특정 사안에 대하여 감사인이 지식을 얻거나 기존 지식을 갱신하고자 할 때 적용한다.

101) 감사원(2005), 『성과 관리매뉴얼』, 65-69쪽 참조

(2) 세미나 · 공청회 참가

세미나 참가는 특정영역의 전문적인 지식을 종합적으로 습득하고, 문제점과 해결방안에 대한 의견과 여러 관점의 찬성과 반대논리에 대한 자료를 수집하고자 할 때 사용하는 기법이다. 공청회 참가는 감사대상 영역에 직접적으로 관련되는 이해집단 또는 전문가들로부터 그들의 견해나 지식을 확보하고자 할 때 사용하는 기법이다.

(3) 전문가의 의견청취

전문가의 의견청취는 새로운 사안 또는 고도로 기술적인 사안에 대한 판단근거가 필요할 때, 전문가만이 판단기준의 충족 여부를 판단할 수 있을 때 이용하는 기법이다.

(4) 관련 데이터베이스 또는 서류철 점검

서류는 정책결정, 사업의 내용 등의 정보를 담고 있으므로 서류를 순서별로 정리해 놓은 서류철(file)을 점검하는 것은 자료수집의 기본이다. 이 방법은 감사대상 기관을 제대로 이해할 필요가 있을 때, 중요한 감사초점이 될 사안에 대하여 그 추진경위를 파악할 필요가 있을 때, 면접 등 다른 기법으로 얻은 자료를 보충하거나 그 자료의 내용을 확인하고자 할 때 활용하는 방법이다.

(5) 벤치마킹(benchmarking)

벤치마킹은 해당 조직의 업무수행방식, 절차, 과정, 산출물 및 서비스 등을 유사한 활동을 하는 다른 조직과 비교하여 측정하는 과정이다. 이 기법은 판단기준을 개발하고자 할 때, 감사대상 기관에 공통되는 개선목표를 제안할 때, 개선대안의 신뢰성을 높이고자 할 때, 외부의 객관적이고 믿을 만한 증거자료를 구하고자 할 때 활용하는 기법이다.

(6) 면접(interview)

면접은 행정 고객에게 질문하고 답하도록 하여 기록하는 형태의 자료수집방법이다. 면접기법은 조사계획단계에서 대상기관을 이해하고 감사초점을 찾아내거나 판단기준을 찾아낼 때, 실시단계에서 감사목적과 관련된 구체적인 정보를 얻거나 사실을 확인하고자 할 때 또는 개선대안을 개발할 때 활용된다.

면접의 종류에는 선택형 질문으로 작성된 면접조사표에 따라 모든 면접대상에게 동일한 절차와 방법으로 질문과 답변을 하는 표준화(standardized) 면접과 감사인이 상황에 따라 적절히 변경하여 개방형 질문형식으로 면접을 수행하는 비표준화(unstandardized) 면접이 있다. 표준화 면접은 자료의 신뢰성이 높고, 비표준화 면접은 심층면접으로 뜻하지 않는 새로운 사실이나 아이디어를 발견할 수 있다는 장점이 있다. 면접법에 의해 생산되는 자료는 사실보다는 의견이기 때문에 면접대상자 개인의 주관과 편견이 개입될 여지가 많으므로 증거로 채택되기 전에 다른 직위와 지위의 공무원들(중앙과 지방), 다양한 관점을 갖고 있는 관계 이해집단들, 다른 지식의 보유자들 등에 대한 추가 면접이나 서류와 문헌조사 등과 같은 재확인 절차가 절대로 필요하다.

(7) 설문지법(questionnaire)

설문지법은 감사자가 미리 작성한 질문지에 응답자가 직접 응답내용을 기록하도록 하여 필요한 자료를 수집하는 방법이다. 설문시법은 많은 수의 개인들로부터 구체적이거나 계량적인 정보를 수집할 때, 주어진 사건의 일반적인 빈도를 찾아낼 때, 계획단계에서 판단기준을 찾아낼 때에 주로 활용된다. 예를 들어 대상기관이 어떤 문제점을 알고는 있지만 그 문제점이 별로 중요하지 않고 부분적으로 발생한 문제점이라고 주장할 것 같은 경우에는 먼저 그 문제의 정도를 결정해야 하는데, 이 경우 표본을 대상으로 설문조사를 하여 모집단 전체에 대한 결론을 도출할 수 있는 것이다.

설문지법을 사용할 때 유의할 사항으로는 질문은 편견을 배제하고 분명하면서 가치중립적인 용어로 표현 · 설계해야 한다. 응답자 표본을 추출할 때에는 대표성을 고려하고 여건에 맞는 조사방법을 선정해야 한다. 설문지 조사방법은 대인면접조사, 전화조사, 우편조사로 나눌 수 있는바 그 장 · 단점은 도표 4-41와 같다.

도표 4-41 조사방법별 장 · 단점

대인면접조사	응답률은 높으나 면접에 비용과 시간 소요
전화조사	복잡하고 긴 설문내용에는 부적절
우편조사	면접비용은 적게 드나 응답률 저조

(8) 관찰

관찰은 그 대상이 이루어지거나 있는 장소를 선택하여 직접 방문해 관찰을 하는 기법이다. 예를 들면, 병원에서 환자의 대기시간이 얼마나 되는지 자료를 구하기 위해 대기장소에서 직접 관찰하는 경우를 들 수 있다.

관찰방법의 활용이 적당한 때는 대상기관을 쉽게 이해하기 위한 경우, 특히 일반대중에 대한 서비스나 조사 또는 강제집행이 주요활동인 경우, 또는 감사 실시단계에서 정부사업이 명백한 성과를 달성하였다는 사실, 또는 성과를 달성하지 못하였다는 사실을 입증하려고 하는 경우 등이다(도표 4-42 참고).

마. 성과감사를 위한 자료분석

(1) 자료분석의 의의

자료분석이란 수집된 자료를 의미 있는 정보로 해석하는 과정을 말한다. 자료분석의 목적은 수집된 자료를 간단하고, 이해하기 쉽고, 의미 있고, 신뢰할 만한 감사결론으로 전환하는 데 있다. 이 과정에서 실태 · 결과 · 원인이 분석되어 감사대상의 성과를 평가하고 설명할 수 있을 것이다.

(2) 자료분석 기법

여기서는 성과감사에서 자주 사용하는 전형적인 자료분석 기법에 대한 개략적인 설명과 언제 그러한 기법들을 사용하는 것이 적정한지에 대하여 간단한 소개를 하고자 한다.

(가) 평균, 편차, 비율, 시계열분석

비교분석법은 어떤 사안에 대하여 판단기준을 마련하기 위하여 유사한 조직이나 기관의 자료를 사용하여 통계적인 수치로써 객관적으로 비교분석하는 방법이다. 이때 활용하는 통계기법은 대표값(평균치), 편차값(평균편차, 표준편차 등), 비율, 백분율, 시계열 분석 등이 있다.

첫째, 대표값은 자료의 특징이나 경향을 가리키는 대표되는 수의 값을 말하며, 종류로는 평균, 중위수, 최빈값 등이 있다. 가장 일반적으로 쓰이고 있는 통계개념은 "평균"이다. 이는 수집된 모든 변량의 값을 합하여, 합에 기여한 자료의 개수로 나눈 값을 말한다. 다른 말로 표현하면 평균은 변량들의 값을 총 도수로 나눈 값이다.

둘째, 편차값은 어떤 변량과 평균치의 차이를 말한다. 편차에는 평균편차와 표준편차가 있는데, 주로 상용되는 개념은 표준편차이다. 표준편차는 각 편차의 제곱 합

도표 4-42 자료수집 기법의 장·단점 비교

기법	장점	단점
1. 문헌탐색	• 상대적으로 비용과 노력이 적게 소요 • 기혼에 검증된 가설, 방법론 등을 현재의 감사에 적용함으로써 시행착오 방지	• 기존 자료가 현재 필요한 자료형태와 정확하게 부합되지 않을 수 있음. • 기존 자료가 정확하지 않을 경우 오류 발생 반복할 위험성 • 개선대안의 타당한 근거
2. 세미나·공청회 실시	어떤 과제에 대한 이론적 배경과 추세 및 대안에 대한 찬반의견을 두루 수렴할 수 있음.	적시에 적합한 세미나·공청회를 개최하는데 예산이 소요됨.
3. 전문가자문	• 신뢰성 확보용이 • 상대적으로 비용과 시간이 적게 듦.	• 전문가의 주관적 의견개입 시 신뢰성 문제 발생할 가능성 • 모든 이해관계자가 공감하는 전문가의 선정 곤란
4. 서류검토	• 포괄적 정보획득 가능 • 이미 존재하는 정보를 활용하므로 추가적 노력 불필요 • 객관적인 해석 가능 • 정보에 대한 편견이 비교적 적음. • 상대적으로 비용과 시간이 적게 소요	• 확보 가능한 자료와 실제 필요한 자료가 정확히 일치하지 않을 가능성 • 자료가 불완전해 추가적인 해석이 필요한 경우가 생김. • 찾고자 하는 자료가 무엇인지 명확히 파악하고 있어야 함. • 이미 존재하는 자료에 한정되므로 자료수집에 융통성 발휘 어려움.
5. 벤치마킹	감사대상 기관의 업무수행 절차, 관행과 시스템을 객관적으로 검토	• 개선대안의 타당한 근거 제시 가능 • 벤치마킹의 범위를 넓게 잡을 경우 실패할 가능성이 높음.
6. 면접	• 세부적인 사항 질문 가능 • 질문자가 예상하지 못한 답변획득 가능 • 응답자별로 질문문항의 해석을 달리 할 위험성이 없음. • 상세한 자료획득 가능	• 많은 시간과 비용이 소요 • 비교·분석 어려움 • 결과를 해석할 때 질문자의 주관이 개입될 우려 • 많은 시간과 비용이 소요되므로 표본 크기에 제약요인이 있음 .
7. 설문지법	• 익명성 보장 • 시간과 비용절감 가능 • 비교·분석용이 • 다량의 자료획득 가능	• 신중한 응답을 얻기 곤란 • 응답자 별로 질문문항을 달리 해석할 수 있고 응답이 왜곡될 수 있음. • 세부사항 조사 곤란
8. 관찰	• 사업의 실제 운영상태 확인 가능 • 객관적인 해석 가능 • 자료수집을 위한 별도의 추가적인 노력(예 : 설문작성 등) 불필요	• 많은 시간 소요 • 관찰될 수 없는 요소(예 : 의견, 행동을 유발한 이유 등)존재 • 보여지는 행동의 해석과 분류가 복잡해질 가능성이 있음. • 참여자의 행동이 관찰자의 태도에 영향을 받을 가능성이 있음.

을 총 도수로 나눈 다음 제곱근을 취한 것으로, 자료의 흩어짐 정도를 재는 척도이다. 이를 기호로 표현하면 다음과 같다.

표준편차 σ는 수량의 상가평균에서의 편차의 평방평균이며 다음 식으로 정의된다.

$$\sigma = \sqrt{\frac{\sum(x-M)^2}{N}}$$

이며, 변량이 도수분포로 되어 있는 경우의 표준편차는

$$\sigma = \sqrt{\frac{\sum_{i=1}^{n} f_i(x_i-M)^2}{N}}$$

이다.

셋째, 비율(ratio)이란 전체 중에서 특정 변량(변수)이 차지하는 비중을 말한다. 예를 들면, 주민 6만 명 중에서 65세 이상인 인구는 3만 명이라고 하면 그 비율은 3/6=1/2이다. 비율 중에서 가장 많이 쓰이는 백분율(percentage)은 전체를 100으로 할 때 2개 이상의 변량의 비율을 말한다. 비율과 구별해야 하는 개념인 비(比, rate)는 2개 이상의 변수를 상호 비교할 때 어느 하나를 1로 할 때 다른 변량의 상대적인 값을 말한다.

넷째, 시계열 분석법은 시간의 변화에 따라 특정 변수의 변화를 나타내는 것을 말한다. 예컨대, 지난 10년간의 자치단체의 인구자료로 인구증가 또는 감소추세와 평균 증가율을 계산할 수 있다. 시계열 분석은 시간간격이 일정해야 하므로 불규칙한 간격으로 조사한 관찰값들은 일정한 간격으로 보정하여 시계열 분석에 사용된다. 또한 시계열 자료는 관찰횟수가 어느 정도 이상 되어야 정상적인 분석이 가능하다. 시계열에서 파동(wave)을 살피려면 파동, 즉 물결 하나를 온전히 묘사하려면 적어도 4회 이상의 관찰이 필요하다. 시계열 분석에 의한 과거 추세는 분석은 최소자승법을 활용하여 회귀방정식을 세우고 이를 이용하여 미래를 예측할 수 있다.

(나) 증가율, 성장률, 신장률

성장률이나 신장률은 기준년도에 비해서 일정 기간 동안 변화율을 계산하여 활용하는 방법이다. 그 계산방법은 "분석년도의 변량"에서 "기준년도 변량"을 감한 수치를 "기준년도 변량"으로 나눈 수치에 100을 곱한 수치를 말한다. 즉,

$$\frac{(\text{분석연도의 변량} - \text{기준연도 변량})}{\text{기준연도 변량}} \times 100$$

으로 구해진다. 이를 활용하는 예로는 지역경제 성장률, 임금 상승률, 인구 증가율 등이 있다.

(다) 비율의 상대지수법

비율의 상대지수법은 전체와 부분비율을 특정한 분야의 전체와 부분의 비율로 나누어 얻은 수치로 가치 판단하는 기법이다. 지역개발학에서는 이를 입지상(立地商)이라고 부르는데 이는 어떤 지역의 산업이 전국의 동일 산업에 대한 상대적인 중요도를 측정하는 방법으로서, 그 지역산업의 상대적인 특화정도를 나타낸 지수를 입지상이라고 하며, LQ라고 한다.

- 산식(예시)

$$\text{입지상}(L.Q) = \frac{Z\text{지역의 } i\text{산업구성비}}{\text{전국의 } i\text{산업구성비}} = \frac{E_{iz}/E_i}{E_z/E} \quad \text{또는}$$

$$\text{입지상}(LQ) = \frac{\text{전국}i\text{산업고용인구에 대한 } Z\text{지역}i\text{산업고용인구의 비율}}{\text{전국총고용인구에 대한 } Z\text{지역총고용인구의 비율}} = \frac{E_{iz}/E_i}{E_z/E}$$

단, E : 전국의 총 고용인구　　E_i : 전국의 i 산업의 고용인구

E_z : Z지역의 총 고용인구　　E_{iz} : Z전국의 i 산업의 고용인구

- 입지상으로 지역특화 산업을 측정한다.
  ① L.Q. 〉1인 경우는 지역의 i 산업이 전국에 비하여 특화되어 있다(수출산업, 기반산업).
  ② L.Q. 〈 1인 경우는 지역의 i 산업이 전국에 비하여 전문화되어 있지 못하다(비기반산업, 수입산업).
  ③ L.Q. = 1인 경우는 지역의 i 산업이 전국의 i 산업과 동일한 수준이다(자급자족적 산업).

(라) 상관분석법(Correlation Analysis)[102)]

102) http://www.pvalue.co.kr/tong/correlation/correlation_01.html

① 의의

상관분석이란 변수 간에 관계의 밀접성을 상관계수를 통해 분석하는 것이다. 변수들이 얼마나 연관되어 있는지를 측정하는 기법이다. 상관관계는 두 변수 사이에 관계를 말하는 것으로, 한쪽이 증가할 때 다른 쪽도 증가하면 양의 상관관계, 한쪽이 증가할 때 다른 쪽도 감소하면 음의 상관관계가 있다고 한다.

상관관계의 분석절차는 다음과 같다.

ⓐ 눈으로 변수관계를 확인하는 산점도의 작성한다 ☞ (2) 참조

ⓑ 하나의 수치로 변수 간의 직선관계를 나타내는 회귀계수를 구한다.

ⓒ 회귀식의 적합을 통하여 두 변수 간의 관계를 함수로 찾는다.

ⓓ 회귀식의 유용성을 평가한다.

상관분석은 우리가 현실에서 접하게 되는 자료의 유형에 여러모로 유용하게 쓰이는 분석방법으로 일반적으로는 회귀분석을 실시하기 전에 실시하는 중요한 분석과정이다. 상관분석의 대상이 될 수 있는 예로는 시험의 “중간고사 점수”와 “학기말고사 점수”로 기본적으로 중간고사 성적이 높으면 학기말고사 점수도 높으리라고 생각되지만, 어떤 경우는 관계가 없거나 약한 경우도 있는 것으로 성적분석의 연구결과로 나타났다. 상관관계분석은 야구선수의 홈런 수에 따른 연봉액수, 라면의 선전비용과 판매량, 우리나라 GNP와 자동차 보유대수, 사탕에 첨가된 꿀의 함량에 따른 사탕 맛의 점수 등이 그 대상이 될 수 있다.

이와 같이 관련이 있어 보이는 두 변수의 자료를 가지고 우선 산점도(scatter diagram)를 그려봄으로써 그 관련성을 눈으로 파악할 수 있다.

관련 있는 두 변수를 다음과 같이 정의한다.

- 독립변수(Independent Variable) 또는 설명변수 : 특성치 또는 반응변수를 설명해주고 영향을 주는 변수
- 종속변수(Dependent Variable) 또는 반응변수 : 독립변수의 영향을 받는 예측의 대상이 되는 변수

② 산점도(Scatter Diagram)

산점도란 두 변수 ×, Y의 관측치를 좌표평면상에 점으로 나타낸 그림을 말한다.

(예) 사탕에 비싼 꿀을 얼마나 넣느냐에 따라 사탕의 맛을 점수로 측정한 자료를 산점도로 나타내면 꿀을 많이 넣으면 맛이 좋다고 평가되는 것을 읽을 수 있다.

작성된 산점도를 가지고 자료의 특징 구조 등을 파악할 수 있어야 하는데, 다음과 같은 유형기준으로 살펴보면 쉽게 그 특징을 파악할 수 있다.

ⓐ 데이터의 점들이 오른쪽으로 올라가는 양의 방향일 때, 양(+)의 상관이라고 해석한다. 예컨대, 아버지의 키와 아들의 키를 짝 지워서 조사하여 산점도를 작성할 수 있다. 이 산점도에서처럼 아버지의 키가 크면 아들의 키도 크고 작으면 같이 작아지는 경향을 나타낸다.

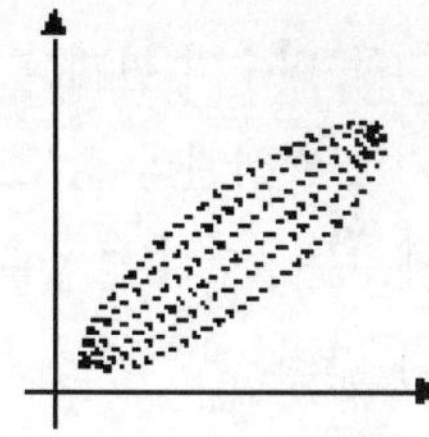

ⓑ 음(−)의 상관을 갖는 즉 왼쪽 위에서 오른쪽 아래로 경향을 나타내는 부 시험점수의 산점도를 그릴 수 있다. 예컨대, 수면시간이 늘어날수록, 성적이 반대로 나쁘게 나타나므로 수면시간과 성적 간의 관련성을 설명할 수 있다.

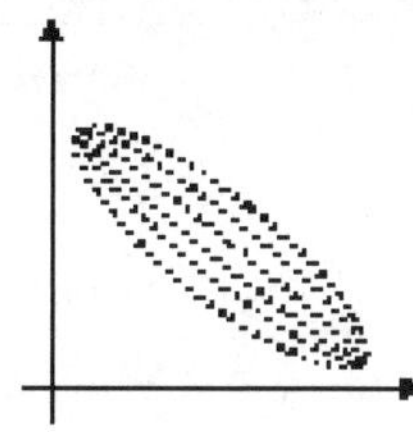

ⓒ 두 변수가 관계가 없는 무상관이면 어떤 경향성을 찾기 어려운 평퍼짐한 산점도가 작성된다. 친정어머니의 키와 시어머니의 키를 조사하여 산점도를 작성할 때 나타나는 모습이다.

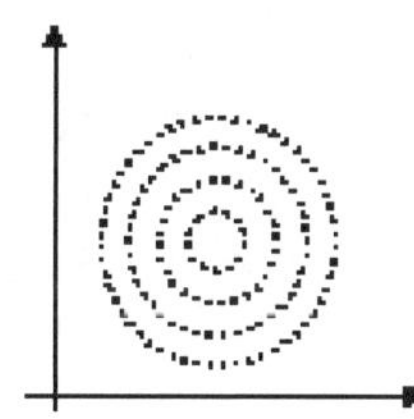

ⓓ X, Y축의 변량들이 완벽하게 직선상에 있다면 이 경우를 절대상관이라고 한다. 예컨대, 일란성 쌍둥이는 서로 신체적면 행동이 측면까지 비슷한 것을 볼 수 있을 것이다. 일란성 쌍둥이의 키를 X, Y축에 각각 잡고 산점도를 작성하면 거의 직선에 가깝게 점들이 위치한 산점도가 작성된다.

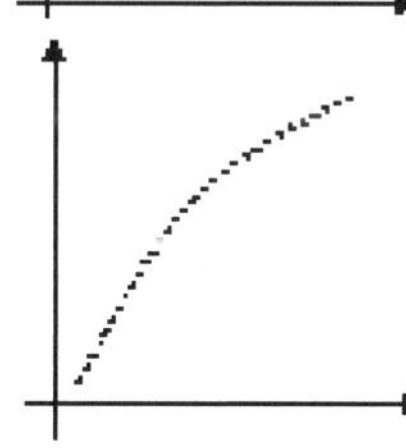

ⓔ 혼합상관산점도는 곡선관계를 나타내는 산점도가 있다. 예컨대 1평방미터당 옥수수 포기수를 몇 포기 심느냐에 따라 수확량이 달라진다고 하여 여러 경우를 실험하여 얻은(X, Y) 자료로 산점도를 작성한 결과 다음과 같은 곡선관계의 산점도를 얻게 된다. 즉 중심점까지는 포기수가 많을수록 수확량이 증가하는 양의 상관인데 그 점을 지나 더 많은 포기수를 심으면 옥수수나무끼리 경쟁이 돼서인지 수확량이 점차

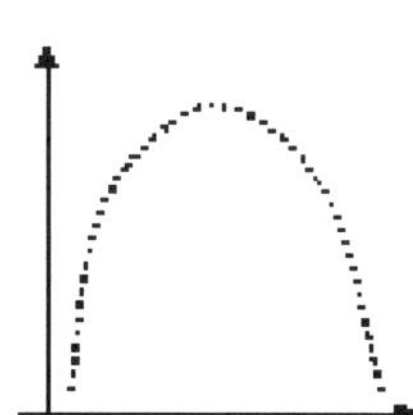

줄어드는 음의 상관을 나타내어 전체적으로는 곡선관계를 보여준다.

③ 상관계수(Correlation Coefficient)

두 변수의 관계를 하나의 수치로 나타낸 척도를 r로 나타내면 이 상관계수 r은 크기로써 상관의 강도로 상관의 방향을 나타내준다. 표현기호는 모 집단에 대한 상관계수는 ρ로 표본상관계수는 r로 나타내준다. 이 표본상관계수를 계산하는 식은 다음과 같다.

ⓐ $r=\dfrac{S_{(xy)}}{\sqrt{S_{(xx)}S_{(yy)}}}$로 분산을 구할 때 관찰치

$S_{(xx)}=\sum(x_i-\bar{x})^2$

$S_{(yy)}=\sum(y_i-\bar{y})^2$

$S_{(xy)}=\sum(x_i-\bar{x})(y_i-\bar{y})$

ⓑ x_i와 평균 $\bar{x}$의 차의 제곱합을 $S_{(xx)}$로

ⓒ y에 대한 것을 $S_{(yy)}$로 하여 분모에 들어가고

ⓓ 분자는 x와 X의 편차를 서고 곱하여 합한 $S_{(xy)}$가 들어간다.

각각 계산 시에는 식물 전개한 $\sum x^2-\dfrac{(\sum x_i)^2}{n}$식으로 계산하는 것이 더 편하다.

(예) 우리가 매일 쓰는 로션을 가격과 판매량을 조사하여 정리한 자료가 다음과 같다. 로션이 막연히 비싸면 소비가 줄어들거라는 화장품 코너의 주인 생각을 이 자료가 뒤집어주고 있는 것이다.

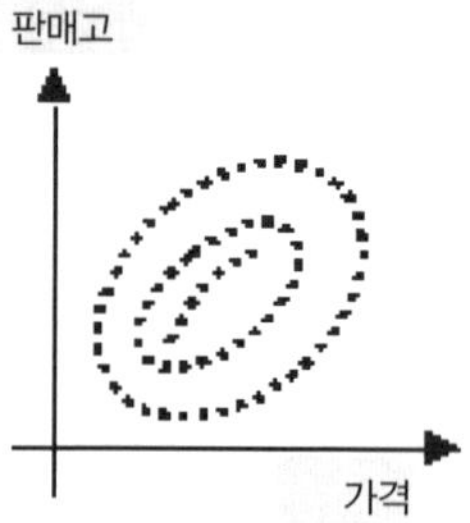

ⓔ 산점도를 그려보면 수치에서 보는 것과 같이 급격한 양의 상관관계를, 즉 비쌀수록 매우 많이 팔리는 경향을 읽을 수 있다.

ⓕ 상관계수를 구하기 위한 기본계산으로 x, y의 제곱합 $X_{(xx)}$, $X_{(yy)}$, X, Y로 서로 곱해서 더한 $S_{(xy)}$를 구하면 이 값들을 대입하여 r을 구하면 상관계수를 얻게 된다.

④ 상관계수(r)의 성질

ⓐ $-1 \leq r \leq 1$

ⓑ $r>0$: **양의 상관관계**

점들의 분포가 오른쪽 위로 올라가는 직선의 경향을 갖게 되고 1에 가까울수록

직선경향에 조밀하게 분포한다.

(예) 아버지와 아들의 키

- $r<0$: **음의 상관관계**

  점들이 왼쪽 위에서 오른쪽 아래로 내려오는 직선의 경향을 따른다.

(예) 자동차 사용기간과 중고차 가격

- $r=0$: **무상관관계**

  점들이 어떤 경향이 없이 평퍼짐한 경우로, 이때는 두변수의 관련성이 희박하다고 생각할 수 있다. 즉 직선관계가 약한 것이다.

ⓒ $x \rightarrow ax+b$, $y \rightarrow cy+d$로 변환되고 a, c의 부호가 같으면 r값은 변하지 않는다.

ⓓ 변수들 간의 직선관계를 나타내는 측도일 뿐, $r=0$이 둘 간의 관계없음을 의미하진 않는다.

ⓔ 단위에 무관한 측도이다.

ⓕ 상관관계는 원인과 결과의 관계(인과관계)가 아니다.

ⓖ 이 값은 이상치(out lier)에 크게 영향을 받는다.

ⓗ 상관계수의 부호와 단순회귀직선에서의 기울기 부호는 같다.

(마) 회귀분석법(Regression Analysis)

회귀분석은 변수 간의 관계를 규명하기 위하여 그 관계를 함수모형으로 가정하고 분석하는 방법을 말한다. 특히, 예측되는 변수와 설명하는 변수가 각각 1개이고 직선으로 그 모형이 예측·가정하는 경우를 단순회귀분석이라고 한다. 회귀분석의 순서는 다음과 같다.

① 종속변수 Y를 확인한다.

② 독립변수 X를 확인한다.

③ 그래프로 대략적인 관련성을 확인한다.

④ 종속변수와 독립변수의 상관분석을 한다.

⑤ 간단한 회귀모델로부터 시작한다.

⑥ 회귀모델이 유의한지 검정한다.

⑦ 기여율(결정계수)을 확인한다.

선형 회귀방정식 구하는 과정은 다음과 같다.

① 데이터를 준비하고 Y값이 있는 컬럼을 결정한다.

② X와 Y 간의 상관관계를 산점도로 대략 확인한다.

③ Stat〉Basic statistics〉correlation 하여 상관계수(Pearson correlation of A and B의 값)를 구한다.

④ Stat〉Regression〉Regression 하여 회귀 방정식을 확인하고 결정계수(R-Sq)값을 확인한다.

(바) 사업논리 모형(Program Logic Model)

사업논리 모형은 감사대상 사업에 대한 논리적 흐름, 자원 사용결과가 어떠한 지를 도식적(圖式的)으로 표현하는 분석기법이다. 예컨대, 사업논리 모형은 특정사업을 법적 근거와 주어진 임무에서부터 사업의 목표, 투입자원(인적, 물적, 설비, 재료, 부대시설, 정보, 에너지, 토지 등), 추진체계, 결과, 산출물, 궁극적 성과를 도식적으로 설명하는 것이다(도표 4-43, 44 참조) (감사원a : 70).

도표 4-43 사업논리 모형

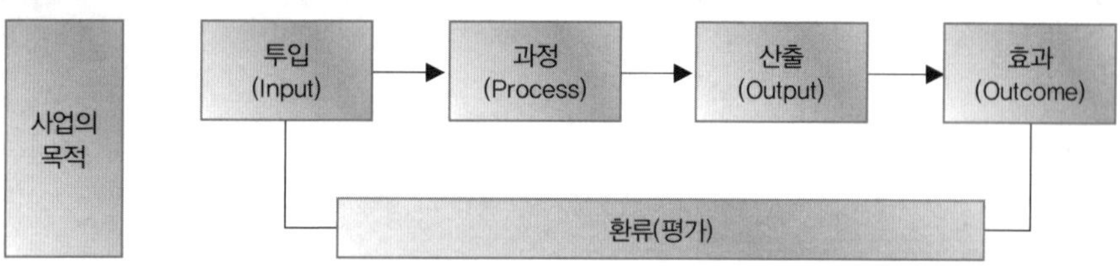

도표 4-44 각 단계별 검토기준과 내용

1. 목적 : 비전, 전략, 사업추진 배경, 필요성, 달성하려는 효과
2. 투입 : 인적, 물적, 설비, 재료, 부대시설, 정보, 에너지, 토지 등
3. 과정 : 사업추진체계, 규정
4. 산출 : 사업 종료 시 결과 (건물, 수혜자 집단 등)
5. 효과 : 산출물의 목표와의 연계
6. 환류 : 평가결과, 문제분석 등

이러한 분석기법을 사용하는 것이 적정한 경우는 계획단계에서 대상기관을 이해하고 주요사업 결과와 그 결과를 산출하는 시스템과 운영방법을 찾아내고자 할 때이다.

6. 성과감사의 유형

서구 선진 국가들의 최고 감사기구에 의해서 성과감사라는 명칭으로 행해지는 감사활동에는 대체로 능률성감사, 사업효과성감사, 성과관리역량감사, 성과정보감사, 위험성평가 및 최고업무수행평가의 여섯 가지 유형이 있다(도표 4-45 참조 : 23-26).

감사원의 성과감사 매뉴얼(2005a)에 의하면 성과감사를 그 대상에 따라 ① 정책감사 ② 사업감사 ③ 기관운영감사로, 둘째, 수요에 따라 ① 감사기구 자체판단성과

도표 4-45 성과감사의 유형 비교

유형	분석의 단위	감사의 방식	감사의 범위	감사의 초점
능률성감사	조직의 기능·절차 또는 사업요소	조사	정부부문 관리운영의 여러 측면	사업 산출물을 생산하는 예산비용을 절감할 수 있는 기회의 식별
사업 효과성감사	정책·사업 또는 주요사업 구성요소	조사	사업설계와 운영의 선별된 측면	공공정책의 영향평가·사업의 효과성 평가
성과관리 역량감사	조직	조사	성과관리기능 수행에 영향을 미치는 것	일반적인 경제성·능률성 및 효과성의 목표를 달성하기 위한 역량의 평가
성과정보감사	조직	감사	성과측정 보고체계에 의해서 생성된 조직의 성과에 관한 정보	공공기관이 제출한 정보의 정확성 입증
위험성평가	사업	조사	사업설계와 운영의 전반적 측면	사업실패의 주된 위험성과 그 원인의 식별
최고업무 수행평가	특정부문·일반적 절차 또는 공통적 기능	연구	조직 및 사업운영의 여러 측면	특정부분 최고업무 수행의 기준설정 : 특정 부문내 각 기관의 상대적 업무수행성과 조사·평가

* 김홍률(1998 : 68)에서 인용

감사 ② 국회·국민의 청구에 의한 성과감사 ③ 의무적 감사로, 셋째, 감사 차원에 따라 ① 1차 감사 ② 2차 감사로, 넷째, 시기에 따라 ① 사전감사 ②과정감사 ③ 사후감사로, 다섯째 목적에 따라 ① 개선방안 제시목적 감사 ② 사업·정책 존폐 여부 결정감사 ③ 실태 서술감사로 나누고 있다(감사원, 2005a : 11-14).

7. 성과감사의 기준

가. 직접기준

성과감사(재무감사 포함)에 적용하는 기준은 합법성, 경제성, 능률성, 효과성 등을 들 수 있다(감사원, 1994 : 84-87).

(1) 합법성(regularity : 법규에 적합한가)

헌법 등을 위시한 모든 형식적 법규에의 순응성(형식적 합법성)뿐만 아니라, 모든 차원의 법규의 근본취지에의 적합성(실질적 합법성)까지 포함하는 감사기준이다. 합법성은 행정운영과 그 결과, 그리고 공무원의 행정행위의 적법 또는 위법을 판단하는 기준이기 때문에 성과감사의 제1차적 평가척도로 적용된다.

(2) 경제성(economy : 공적 자원을 보다 적게 쓴 것인가?)

경제성은 계획된 성과의 산출을 위하여 투입자원을 극소화하는 것을 의미한다. 다시 말해서, 경제성은 (투입-산출)의 관계에서 투입의 합리화를 의미한다. 성과감사는 계획성과가 고정되어 있는 경우에 이 고정된 성과의 산출을 위하여 투입하는 국가자원을 가급적 축소시키려는 관점에서 새로운 대안을 모색하게 된다.

(3) 능률성(efficiency : 공적 자원을 보다 잘 썼는가?)

능률성은 배분된 한정자원으로 행정성과를 극대화하는 것을 의미한다. 그러므로 성과감사는 배분된 자원을 고정시키고 이 고정된 자원으로 행정성과를 가급적 증대시키려는 관점에서 새로운 대안을 모색하게 된다.

(4) 효과성(effectiveness : 공적자원을 보다 현명하게 썼는가?)

가장 단순한 의미에서 효과성은 조직목표의 달성도이다. 그러나 경제성과 능률성에 비하여 효과성은 훨씬 다의적이다. 이 연구가 제안한 성과감사의 개념에 비추어 볼 때, 효과성은 적어도 국민요구에 대한 대응성, 관청성과에 대한 국민의 수용성, 정부의도의 실현을 보장하는 행정관리의 합리성, 그리고 능률적 성과 달성도가 민본적 성과 전달에 합치하는 공무원 직무수행의 적정성 등을 포함한다. 그러므로 성과감사는 행정운영과 성과 달성에 관련된 모든 요소를 종합적으로 조사, 평가, 환류 하는 관점에서 새로운 대안을 모색하게 된다.

(5) 양호한 행정체제

INTOSAI의 Audit Standard에서 제시하고 있는 "건전한 행정원칙(sound administrative principles)"과 같은 의미라고 할 수 있는 양호한 행정체제(good management practice)는 상대적으로 넓은 개념으로 이해해야 한다. 예를 들어, 감사대상 기관이 신뢰할 만한 회계시스템을 가동하고 있는지, 또는 목표달성에 필요한 절차들을 진행시키고 있는지, 서비스 이용자들의 불만을 제대로 검토하고 있는지, 우선순위가 높은 순으로 인적자원을 적절히 배분·운용하고 있는지 여부 등이 이러한 감사기준에 해당된다고 할 수 있다.[103)]

(6) 양호한 협력체제

대부분의 공공 프로그램들은 단일기관이 아닌(때로는 민간기관까지를 포함하는) 다양한 기관들의 네트워크를 통해 작동되어진다. 이러한 경우 주무부처가 이러한 네트워크를 잘 조정함으로써 그 프로그램의 실효성을 가져오는지 여부가 양호한 협력체제(good governance)라고 할 수 있다. 예를 들어 관련된 기관들 사이의 커뮤니케이션이 명확히 구조화되고 또한 상호 충분히 이해되고 있는지 여부 등이 이러한 감사기준이 될 수 있을 것이다(임동혁 : 84-85).

(7) 서비스의 질

공공부분의 서비스가 이를 사용하는 사용자들의 합리적 기대수준에 얼마나 부응하는 지를 나타내는 정도를 성과감사 기준으로서의 서비스의 질(quality of service)이라고 할 수 있다(임동혁 : 84-85).

103) Pollitt(1999)는 영국감사원 등 4개 감사원의 성과감사보고서들을 수집·분석한 후 성과감사의 판단기준으로 경제성, 효율성, 효과성(유효성) 외에 양호한 행정체제, 양호한 지휘, 서비스의 질, 목표달성 여부 등을 추가로 제시하고 있다(임동혁 : 84-85).

(8) 목표달성 여부

감사대상 기관이 법령으로 규정된 또는 공공에서 선포된 자신의 목표를 달성했는지(goal attainment) 여부를 나타내는 감사기준이다. 예를 들어 무주택자에게 주택을 제공하도록 되어 있는 법정목표를 가지고 있는 어떤 공공주택 기관이 정해진 기간 내에 이러한 목표를 달성했는지 여부가 이에 해당 될 수 있다(임동혁 : 84-85).

나. 간접기준

비록 상위 감사원이 정책감사를 직접 담당하는 것은 부당하고 불가능하지만, 재무감사를 성과감사로 확장하는데 있어서 정책감사를 지향하지 않을 수 없다. 경우에 따라서 성과감사는 정책감사에 상당히 접근한다. 효과성의 증대를 위해서는 불가피하게 정책목표의 수정을 검토하게 되는데, 이것은 성과감사가 정책감사로 확대되는 사례이다. 이와 같이 정책형성에 대하여 정책감사적 평가 · 환류 · 지원을 할 경우에 이를 위하여 적용하는 기준이 성과감사의 간접기준이다. 간접기준은 대단히 다양하고 다의적이지만, 그 중에서 가장 중요한 것은 ① 규범 또는 상위정책의 취지에의 적합성 즉 타당성, ② 자유로운 참여와 토론을 통한 합의의 채택을 원칙으로 하는 민주성, ③ 배분의 균등화와 최저계층의 보호를 중심으로 하는 형평성 등이다(감사원, 1994 : 86).

다. 다원기준의 적용

성과감사는 동시에 복수의 기준을 종합적으로 적용하게 된다. 이때 기준과 기준 사이에 갈등과 마찰이 일어나게 된다. 그러므로 실제의 감사에서는 다원기준의 상충을 피하고, 더 나아가서 합리적인 조화를 확보하는 것이 중요하다(감사원, 1994 : 87).

첫째, 다원기준의 우선순위를 설정 · 적용할 수 있다. 감사의 대상과 목적에 따라서 우선순위가 달라지기 때문에 어떤 일률적 우선순위체계를 상정하는 것은 어렵다. 그러나 상식적으로 가장 일반적인 우선순위를 설정한다면, 실질적 합법성을 기초로 하고 그 위에서 〈효과성→경제성〉의 계층구조를 체계화시킬 수 있다.

둘째, 성과생산함수의 대안을 검토할 때는 경제성과 능률성을 함께 묶어서 검토하는 것이 중요하고 필요하다.

셋째, 감사기준의 적용이 어려울 때는 그것을 지표화시키거나 대체기준을 발굴하여 적용한다.

넷째, 감사척도는 화폐가치에 국한하지 말고 실제에 적합한 자연척도를 개발하여 적용한다.

다섯째, 가급적 다양한 다원기준과 자연척도를 복합적으로 적용하는 것이 종합적 관점을 유지하는데 도움이 된다.

8. 성과감사 대상

감사원 등 감사주체의 성과감사의 대상이 되는 사업이나 시책을 열거하면 다음과 같다(감사원, 1994 : 88-89).

① 중대한 행정성과를 목표로 하는 사업 및 시책

② 소요예산이 방대하고 장기에 걸친 사업 및 시책

③ 국민의 생활과 밀접한 관계를 가진 민생관련 시책 및 사업

④ 국민에게 무거운 부담이나 불편을 주는 민원유발 사업 및 시책

⑤ 행정실패가 명백하고 이로 인한 국가의 피해가 현저할 것으로 예상되는 사업 및 시책

⑥ 불확실성의 요소가 많고 그 성패의 판단이 어려운 사업 및 시책

⑦ 정치적 요소가 개입될 가능성이 높은 사업 및 시책

⑧ 정치적 논쟁의 대상이 되고 국민의 관심이 집중되는 사업 및 시책

⑨ 결정과 시행과정에서 위법과 부당이 발생했거나 지나친 비공개로 인하여 그 투명성이 결여된 사업 및 시책

⑩ 결정과 집행이 고도의 전문성을 요구하는 사업 및 시책

⑪ 의도하는 효과의 발생을 위하여 복수의 다양한 사업과 시책의 체계적 연계가 요구되는 복합시책 영역 또는 이를 포괄하는 상위정책

⑫ 대통령의 특명에 의하여 시행된 사업 및 시책(감사착수 결정권은 감사원이 가짐)

⑬ 법률과 상위정책의 구체적인 요구에도 불구하고 관계기관이 결정과 집행을 고의적으로 기피하는 사업 및 시책

⑭ 국회나 지방자치단체가 감사원의 감사를 권고하는 사업 및 시책(감사착수 결정권은 감사원이 가짐)

⑮ 당해부처가 감사원에 감사를 요청하는 사업 및 시책(감사착수 결정권은 감사

원이 가짐)

⑯ 기타 행정성과평가를 요구하는 사업과 시책

9. 성과감사의 내용

가. 기본 방향

성과감사는 정부기관의 사업이나 정책의 성과에 대하여 경제성, 능률성 및 효과성을 검토하는 동시에 다음 사항을 포괄한다(도표 4-46 참조) (류춘호 : 44).

① 행정활동이 건전한 행정원칙과 관행 및 관리정책에 따라 경제적으로 이루어졌는지에 대한 감사

② 인적 자원과 물적 자원 및 기타 자원을 능률적으로 활용했는지에 대한 감사

③ 감사대상 기관의 목적 달성과 관련한 성과와 효과성에 대한 감사 및 정부활동을 통해 거두려고 의도했던 효과에 대비한 실제 효과에 대한 감사

도표 4-46 공공자원의 흐름과 감사유형

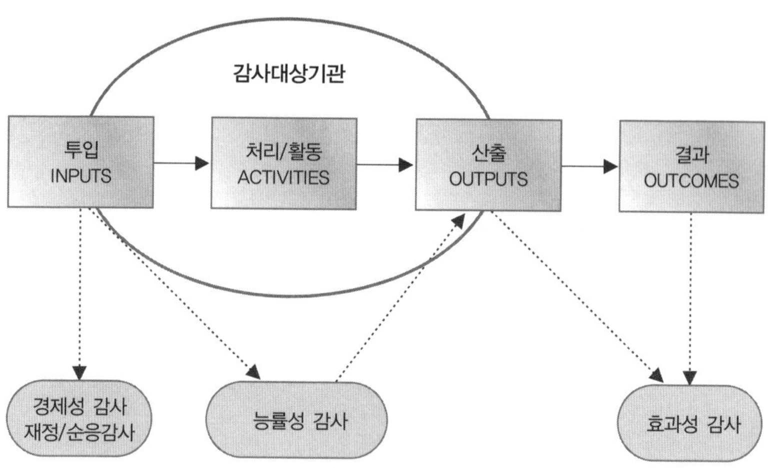

자료 : National Audit Office Annual Report(1999) ; Dimock, et al., (1983)

성과감사의 초점은 개별 감사사항의 특성에 따라 설정하되 다음 사항을 감안하여 선정한다.

① 사업에 대한 사전 타당성평가 등 계획수립의 적정성

② 사업결정 및 추진과정에서의 이해당사자 · 관련기관 등의 여론수렴 및 이견조정 여부

③ 사업의 경제적 · 효율적 추진 및 목표달성 수단의 적절성

④ 사회 · 경제적 이슈 등을 사업으로 전환시키고 있는지 여부

⑤ 핵심사업에 대한 평가제도 구비 또는 평가결과의 신뢰성 · 객관성 및 평가결과의 활용 여부

⑥ 사업추진과 관련된 기관장 등 고위직의 직무역량평가

나. 사업계획에 대한 감사 착안사항

사업 발굴 · 구상 및 계획과정에 대한 감사의 착안사항은 다음과 같다.

① 전체 주민의 사회적 · 경제적 욕구에 의한 것인가? 특정 이해집단을 위한 특혜성 발굴 · 구상은 아닌가?(형평성, 타당성)

② 국가 상위목표 달성에 필요하고, 국가시책과의 일관성을 유지하고 있는가(합목적성)

③ 유사사업을 벤치마킹하여 성공 또는 실패의 원인을 분석한 것인가?

④ 사업 발굴 · 구상을 위한 용역 시행절차 등은 합법적이고 합리적인가?

⑤ 사업목표와의 관계에서 효과적인 접근인가?(효과성)

⑥ 사업결정을 위한 조사자료 등은 진실된 것인가?(타당성)

⑦ 사업의 타당성 검토를 용역절차 등은 합법적인가?

⑧ 용역보고서의 내용의 타당성과 합리성은 인정할 수 있는가?

⑨ 사업계획의 목표와 계획지표는 적정한가?

⑩ 사업의 목표 달성을 위한 수단은 확보 가능한 것인가?

⑪ 사업을 위한 재원확보 대책은 타당한가?

⑫ 사업을 추진하기 위한 관련기관과의 협력체제는 강구되어 있는가?

다. 사업의 시행, 처리 · 활동에 대한 감사 착안사항

경제 · 능률성감사란 감사를 받는 기관이 그의 재원(직원 · 재산 · 공간 등)을 경제

적 · 능률적으로 관리 · 이용하고 있는지의 여부를 결정하는 것을 말한다. 이러한 감사는 미국에 있어서의 제2차 세계대전이 끝난 1945년경부터 1970년대 중반까지에 걸쳐 미국 감사원의 감사활동의 주류를 이루고 있었다. 우리나라에서도 1970년대 이래 경제 · 능률성감사를 실시해 오고 있으나, 1970년대 중반기까지는 이것이 감사활동의 주류를 이루고 있었다고는 판단되지 않는다. 즉 그때까지도 합법성감사가 주류를 이루고 있었다고 볼 수 있다. 다만, 1970년대 중반 이후부터 합법성감사와 경제 · 능률성감사가 거의 같은 비중으로 수행되고 있었다고 판단된다(서울특별시, 2004 : 31-32).

(1) 사업시행에 대한 성과감사 착안사항

① 최저가격으로 적합한 유형, 질 그리고 적절한 양의 자원을 획득하고 있는가?
② 재산이나 물자 및 소모품을 필요이상으로 축적해 놓고 있지는 않는가?
③ 적절한 양과 질의 재화나 용역을 시의적절하게 생산하거나 제공하는데 최소의 자원을 사용하고 있는가?
④ 과업에 비해 인원이 과다하게 배정되어 있지는 않는가?
⑤ 직원이나 부서 사이에 업무의 중복은 없는가?
⑥ 사소한 목적에 비용을 지나치게 지출하지 않았는가?
⑦ 장비나 시설을 비능률적으로 활용하고 있지는 않는가?
⑧ 자원을 적절하게 보전 · 유지하고 있는가?

(2) 시설 및 시스템 설치 운영에 대한 성과감사

① 시설은 최대한 활용되고 있는가?
② 유휴시설에 대한 대책은 무엇인가?
③ 시설운영은 설치목적에 부합되는가?
④ 적자 해소를 위한 대책은 무엇인가?
⑤ 유사사업을 벤치마킹하여 성공 또는 실패의 원인을 분석한 것인가?
⑥ 시설은 적정하게 유지, 관리되고 있는가?
⑦ 시설관리요원의 규모는 적정한가?
⑧ 시설관리 비용은 적정한 수준인가?
⑨ 시설이나 시스템을 방치하고 있는 경우는 없는가?
⑩ 시설이나 중복 투자는 없는가?

이러한 경제 · 능률성감사는 "less taxation, more services", 즉 "세금은 적게, 정부의 봉사는 더 많이" 해주기를 바라는 국민의 요구에 부응하여 나타난 것이라 할 수 있다.

라. 사업의 산출 또는 성과에 대한 감사 착안사항

효과성 감사란 감사를 받는 기관이 수행하는 제사업이나 활동의 성과나 편익(benefit)과 그러한 사업이나 활동이 미리 설정된 목표를 달성하고 있는지의 여부를 검토하는 행위를 말한다. 효과성 감사에서 다루는 문제는 1970년대 중반부터 각광을 받고 있는 정책 · 사업평가에서 다루는 문제와 대체로 일치한다.

다시 말해서 효과성 감사란 정부가 수립한 정책목표 및 사업계획과 지출을 관련시켜 감사를 하는 제도이다. 효과성감사는 경비의 지출된 목적과 그 성과 등을 적극적으로 검토 · 분석하여 정부의 행정능률을 지출 면에서 측정한다. 따라서 적극적으로 정부지출에 낭비 · 비능률이 없는가, 부당한 지출이 없는가, 정부지출의 전체적인 효과가 어떠한가 등을 검토하는 것이 특징이다(서울특별시, 2004 : 32).

① 사업에 대한 비용편익 분석은 이루어진 것인가?
② 예산이 중복 투입되는 사업은 아닌가?
④ 성과를 보다 효과적이거나 보다 낮은 비용으로 달성할 수 있는 대안들을 고려했는가?
⑤ 사업의 효과성을 측정하고 보고하기 위한 적절한 체계를 가지고 있는가?
⑥ 사업의 목표는 어느 정도나 달성했는가?
⑦ 사업의 목표가 적절하거나 적실성이 있는가?(이 때의 사업은 제안된 것일 수도 있고, 새로운 것일 수도 있으며, 진행 중인 것일 수도 있다).
⑧ 만족스러운 성과를 저해하는 요인들은 무엇인가?
⑨ 사업의 효과성이나 사업의 개별 수단들의 효과성은 어느 정도인가?
⑩ 사업이 다른 관련 사업들을 보완하는 것인가, 그들과 중복되는 것인가? 혹은 서로 상충되는 것인가?

이상에서 살펴본 감사내용에 따라 감사유형을 특징별로 요약해 보면 다음 도표 4-47과 같다(정세욱, 1985).

도표 4-47 감사유형별 특징 비교

특 징	합법성감사	능률성감사	효과성감사
1. 국가관	보안국가 · 입법국가	복지국가 · 행정국가	복지국가 · 행정국가
2. 행정기능	소극적 법집행	확대	적극적 목적의 실현
3. 법치주의	형식적	실질적	실질적
4. 예산제도	품목별 · 조직별 예산	성과주의 예산	계획예산 · 영기준예산
5. 감사 기준	법령의 규정 · 예산 항목	투입 · 산출비율	목표초과 달성도 (효과성)
6. 감사 중점	법률 · 예산 위반 여부의 발견	낭비 · 비능률 · 부당한 지출의 발견	목표 · 사업계획의 달성도 및 비용분석
7. 회계수치	형식적 정확성	신뢰성	합목적성
8. 감사의 중심주의	형식논리성	원가주의	근원주의
9. 감사인의 기능	회계학	행정학	경제학
10. 예산집행책임	위반 · 의회의 의도의 무시	부당 · 낭비	비효율

10. 성과감사의 효과 및 한계

성과감사는 공공부문의 업무가 경제적 · 능률적 · 효과적 · 합목적적으로 이루어지는 지에 대한 책임성을 확보할 수 있으며 성과 달성을 촉진하도록 유도할 수 있다. 행정기관의 사업 추진상의 문제점에 대하여 일방적이 아닌 수감기관과 협의하여 대안제시 및 제도개선 등으로 사업추진이 정상적으로 추진되도록 지원하는 것이다. 그러나 성과감사는 사회적 정의가 실현되어 부정비리 등의 문제가 없을 때 비로소 공공서비스의 질 향상 및 자원의 효과적 배분과 사용을 추구하는 감사기법이다. 그러나 감사인의 전문성 부족, 감사인력의 과다소요 등이 문제점이다.

한편, 성과감사라 하더라도 적극적 업무추진 과정에서 잘못된 사항이 아닌 고의 · 중대한 과실, 권한남용, 자의적 법령해석 등의 책임을 져야 할 사안이 발견될 때에는 엄중하게 책임을 물어야 한다. 특히, 자치단체업무는 주민과 접점에 있고, 종합행정임을 감안하여 자치단체의 새로운 시책, 규모가 큰 보조사업 등은 성과감사 방식으로 감사를 진행할 필요가 있다. 또한, 성과감사는 감사인 상호간, 팀 간에 전문지식을 보완하기 위해서 적극적인 지원 · 협력이 뒷받침되어야 할 것이다.

11. 성과감사 모델의 구축

INTOSAI의 성과감사에 대한 문헌적 정의에도 불구하고 각 나라별로 일률적으로 정형화된 성과감사의 형태는 없는 것으로 판단된다. 즉 성과감사는 당해 국가 최고 감사기구가 헌법 내에서의 위치, 정치·경제적 환경 등에 의해 상당부분 독립적·개별적으로 발전해 왔다고 볼 수 있다. 이를 바꾸어 말하면 성과감사에는 모든 국가에 일률적으로 적용되는 표준화되고 일관적인 감사방법 혹은 감사절차가 존재하지 않는다고도 할 수 있다. 유럽 국가들의 최고 감사기구들이 채택하고 있는 감사방법 및 감사절차를 성과감사 모델 구축에 있어 참고할 수는 있어도 이를 그대로 도입하여 활용할 필요는 없다고 할 것이다.

감사원은 참여정부의 국정과제에 맞추어 성과감사를 본격적으로 도입하는 과정에 있다. 감사원 역시 외국의 사례를 분석함은 물론 제반 감사환경을 감안하여 우리 감사원 고유의 성과감사 모델을 구축해야 할 필요가 있는 것으로 판단되는바, 이를 위해 특별히 고려해야 할 사항은 다음과 같다(임동혁 : 89-90).

우선, 성과감사의 궁극적인 목적을 선택해야 한다. 즉 성과감사를 기존 감사의 보조적 수단으로서 기존 감사의 목적, 즉 공공부분의 신뢰도와 투명성 제고에 치중하여 운영할 것인지, 아니면 성과감사를 통해 새로운 임무, 즉 경영컨설턴트(business consultant)로서 감사대상 기관의 행정·경영을 증진시키거나 혹은 정보제공자(information provider)로서 국회, 중앙부처 등 각 이해관계자에게 유용한 정보를 제공하는 역할을 수행할지 등에 대한 포지셔닝(positioning)의 결정이 우선 이루어져야 한다. 그런 후에야 비로소 성과감사의 세부적인 방법론 등이 결정될 수 있을 것이다.

둘째, 성과감사에 사용될 감사판단기준을 정립하여야 한다. 타당한 판단기준의 정립은 성과감사의 성패와 직결된다고 생각한다. 유럽 각국의 최고 감사기구들은 성과감사의 판단기준으로 3E, 즉 경제성(economy), 효율성(efficiency) 그리고 효과성(effectiveness : 유효성) 외에도 다양한 판단기준을 사용하고 있다. 이와 같이 다양한 판단기준들 중 개별감사 사항별로 어떤 기준을 적용해야 할지에 대한 방향이 제시되어야 할 것이다.

셋째, 성과감사를 직접 수행할 감사자의 능력 또는 역할에 대한 검토 및 이를 구비할 수 있도록 충분한 지원이 있어야 한다. 성과감사의 감사자는 외부전문가와 자신의 팀원을 아우를 수 있는 팀 관리능력(team management ability)이 필요하고, 성과감사는 대부분 장기간의 프로젝트로 수행되므로 정확한 감사주체의 선택, 선택된 감사주제로부터의 이슈사항의 착안, 이에 따른 적합한 감사 판단기준 및 감사방법의 선택 등 일련의 의사결정 과정에 있어서 뛰어난 기획능력(planning ability)이 필수적이다. 또한 성과감사를 수행함에 있어서 적합한 감사방법의 선택, 감사결과의 적정성에 대하여 감사대상 기관과 꾸준히 협의하고 의견의 일치를 볼 수 있도록 협상능력도 구비해야 할 것이다.

12. 성과감사 지적 사례

가. 사업에 대한 BC분석 사례

(사례) ○○부와 ○○원의 경인운하사업에 대한 경제적 타당성 분석

편익

① 화물수송비 절감편익의 경우

운하이용료를 부과하지 아니하는 것으로 가정하여 화물수송비 절감편익을 4,727억 원으로 산정함으로써 1,180억 원이 과다 산정

② 사토편익의 경우

경인운하 건설공사에서 발생하는 토사를 위 사업장과 인접한 김포 매립지 성토용으로 활용할 경우 절감되는 성토공사비를 편익으로 산정하면서

- 위 김포 매립지로부터 가까운 거리(약 6.6km)에 있으면서 충분한 토사(약 14백만㎥) 확보가 가능한 인천항만 준설토 북항투기장에서 발생되는 토사를 운반·활용하는 경우의 비용(8,231원/㎥)과 비교하는 것이 합리적인데도
- 김포 매립지로부터 33km 거리에 있으며 환경단체들이 토취장 개발을 반대하고 있는 시화지구 토취장에서 운반하여 성토(24,776원/㎥)하는 것으로 비교함으로써 808억 원이 과다 산정

비용

① 환경저감시설 설치비용 과소계상

- 경인운하 건설로 인한 수질오염, 대기오염 및 소음 등 환경피해를 줄이기 위하여 설치하기로 계획한 환경저감시설 공사비(696억여 원)를 환경부와 환경영향평가 협의가 완료되지 않았다는 사유로 경제성 분석에서 누락

② 대체시설 공사비 과소계상

- 경인운하 건설로 인하여 설치되는 굴포교 외 4개 횡단 교량(대체시설)을 다른 기관에서 시행한다는 사유 등으로 동 공사비 2,497억 원을 누락
- 경인운하 건설로 인하여 크게 설계 시공된 귤현대교 교량구조물의 공사비(475억 원)를 제외

⇒ 그 결과 B/C값이 당초 0.92(동시건설) 내지 1.28(단계건설)에서 0.76(동시건설) 내지 0.93(단계건설)으로 낮아져 경제성이 없는 것으로 결론

나. 무분별한 개발사업 추진

(1) 지방재정법상 규정된 타당성 검토도 제대로 하지 않은 채 공약 등을 이유로 무리하게 사업을 추진하다가 2000년 이후 165개 사업이 취소·중단되는 바람에 이미 집행된 4천209억 원이 낭비된 것으로 나타났다.

(2) 이들 사업의 취소·중단 사유는 ① 법령상 애당초 불가능한 일을 추진하거나 ② 관계기관의 사전 인·허가 없이 사업을 시작한 경우 ③ 재원 확보방안도 없이 사업을 추진한 경우 등으로 다양했다.

① 서울시 ○○구는 복지관 건립을 위해 건축법에 따라 건축허가 제한구역으로 지정된 부지를 사들였으나 사업이 불가능해짐에 따라 부지 매입비 61억 원만 날렸다.

② 서울시 ○○구는 문화재보호구역인 ○○공원 안에 정보화도서관을 짓기 위해 실시설계 용역까지 맺고도 허가를 반지 못해 용역비 13억3천만 원을 낭비했다.

또한 대형사업 추진 시 반드시 거쳐야 할 투자심사를 회피하거나 심사결과를 무시하고 강행하다가 중단되는 등 22개 지자체에서 24개 사업으로 740억 원의 낭비요인이 적발되기도 했다.

③ ○○광역시는 영상문화시설 설치와 학생회관 이전을 위한 부지매입과 조성공사 등에 237억 원을 투입, 주차장 공간 부족 등으로 건축이 불가능하고 추가재원도 마련하지 못해 사업이 중단되면서 237억 원이 사장되기도 했다.

다. 기관 및 자치단체 간 협의 없는 개발

국가계획과 지역별 계획 간 손발이 맞지 않아 사업의 효율성이 떨어지고 중앙-지

방정부, 지방정부 상호간 사업지연 등으로 예산낭비는 물론 불신을 낳은 사례도 많았다.

(1) ○○시 ○○구는 구립 납골당을 건설하기 위해 10억여 원을 들여 충북 ○○시 소재 부지를 사들였으나 ○○시의 승인을 받지 못해 사업이 중단돼 부지 매입비 10억여 원이 묶이고 지역 간 갈등이 빚어지고 있다.
(2) ○○남·북도간 서로 연계되는 ○○~** 지방도의 경우도 ○○에서는 2008년 준공예정으로 공사를 진행하고 있으나 **도는 착공조차 하지 않아 상당기간(4년 추정) 개통이 지연될 것으로 예상되고 있다.
(3) 전남 ○○군은 ○○종합스포츠파크 조성 사업비를 총 사업비가 아닌 시설별 사업비로 산정해 행자부의 심사도 없이 추진하다가 재원부족으로 중단, 부지 매입비 등 107억 원을 사장시켰다.
(4) 경남 ○○군은 광역상수도(하루 1만톤)을 공급받아 용수공급이 충분한데도 환경부로부터 50억 원을 지원받아 ○○지방 상수도(하루 950t) 건설을 추진하고 있어 예산낭비를 초래할 우려가 있는 것으로 나타났다.

한편, ○○부는 2002년 6월부터 지난해 4월까지 투자심사를 무시한 241개 사업에 대해 교부세 108억 원을 지원하고 5천779억 원의 지방채 발행도 승인해 국가기간 간 엇박자 행정을 부추긴 결과를 낳았다는 지적을 받기도 했다.

라. 선심, 과시, 낭비성 사업 졸속 추진

민선 자치제 시행 이후 지방청사나 체육시설을 필요 이상으로 크게 짓거나 무분별한 지방축전 개최도 급증하고 있는 것으로 나타났다.

2000년 이후 추진된 25개 지방청사 중에서 21개가 행자부 심사면적보다 많게는 41.2%나 컸고, 단체장실 면적도 평균 기준면적보다 평균 1.9배 크게 확보한 것으로 파악됐다.

(1) 경기 ○○시는 행자부 심사 면적인 5만6천216㎡보다 41.2% 더 큰 7만9천424㎡ 규모로 건립했으며
(2) ○○구는 심사면적인 1만3천223㎡의 배를 넘는 3만5천978㎡ 규모로 짓기도 했다.
(3) 체육시설도 경기도 ○○시 등 27개 시·군에서 법정기준(5천~1만5천석)을 훨씬 넘어선 규모(5천400~4만1천311석)로 종합운동장을 건설했고, 2조564억 원을 들여 건립한 10개 월드컵경기장 중 서울을 제외한 9곳 경기장이 만성적자

에 허덕이고 있다.

(4) 2004년 기준 ○○월드컵경기장 운영 적자액은 31억 원이고 ○○은 19억 원, ○○ 12억 원, ○○ 11억 원, ○○ 4억 원 등으로 파악됐다.

또한 각 지자체가 개최하고 있는 2004년 기준 1천178개의 축전 가운데 76%인 890개는 민선 이후 신설됐으며 2003년에 개최된 496개 축전을 표본조사한 결과 226개(45.6%)는 사업 타당성 검토도 없이 개최된 것으로 드러났다. 이 과정에서 축전비 대부분이 지자체 예산에 의존하고 축전을 위한 별도 법인을 설립하는 방식 등으로 3천860억 원을 변칙 집행한 것으로 드러났다.

제5장

지방행정 분야별 감사 · 조사기법 및 지적 사례[104]

| Ⅰ | 건축 · 주택행정 분야

1. 사무내용과 감사기본방향

가. 사무내용

지방자치단체의 건축 · 주택행정은 ▸주택 및 주거환경 정책에 관한 사항 ▸농어촌주택개량촉진법 운용 ▸도시 및 주거환경 정비법 운용 ▸주택법 운용 ▸건축법 운용 ▸건축사법 운영 ▸농어촌 정주생활권 개발에 관한 사항 ▸농어촌 생활용수에 관한 사항 ▸소도읍 개발에 관한 사항 ▸옥외광고물 등에 관한 사항 ▸도시경관과 관련된 사항 ▸도서종합개발사업에 관한 사항 ▸오지종합개발사업 ▸가로환경정비사업에 관한 사항 ▸환경취약지 정비사업에 관한 사항 ▸민통선 북방지역 개발사업에 관한 사항 ▸소규모 주민숙원사업 및 수해복구에 관한 사항(마을안길, 소교량, 소하천, 농로, 마을회관 등을 포함 한다) ▸도시재개발 기본계획수립 승인에 관한 사항 등을 처리한다. 지방자치법 제9조에 따른 건축 주택 분야의 자치단체별 사무영역은 도표 5-1과 같다.

104) 제5장의 18개의 자치단체의 사무분류는 경기도청 실국의 업무를 가나다 기준으로 배열하였으나, 이는 지방재정법령에서 예산편성시 활용되는「지방자치단체의 기능 분류」13개 분야에 맞추어 일부는 세분한 것이다. 이 장에서 인용되는 행정분야별 착안사항은 경기도(2006a),『감사착안행정편람』및 서울시(2004),『감사업무편람』을 참고로 필자가 재작성한 것이며, 분야별 감사사례는 경기도(2006b),『감사사례편람』및 지방혁신인력개발원(2005) 감사행정과정 교재를 참고로 필자가 재정리하였다.

도표 5-1 건축주택행정분야 자치단체의 사무영역

구분	시 · 도사무	시 · 군 · 자치구 사무*
○ 지역개발사업	1) 지역개발사업계획의 수립 · 조정 2) 국가개발계획과 지역개발계획과의 연계 · 조정 3) 새마을사업 종합계획 수립 · 추진 4) 농어촌 새마을사업 지도 5) 도시 새마을운동 지도 6) 국토공원화 사업 지원 7) 취약지역 및 특수지역 개발	1) 지역개발사업계획의 수립 · 시행 2) 읍 · 면 · 동 개발위원회의 설치 · 운영 3) 새마을사업 추진계획 수립 · 시행 4) 새마을 광역권사업 추진 5) 새마을 가꾸기 사업 추진 6) 소도읍 가꾸기 사업 시행 7) 농어촌 휴양지의 개발 8) 도시 새마을운동 추진 9) 국토공원화 사업의 추진 10) 취약지역 및 특수지역의 개발사업 시행
○ 지방토목 · 건설사업의 시행	1) 시 · 도 건설종합계획의 수립 · 조정 2) 토목 · 건설공사의 시행 및 지도 3) 국민주택 건설사업의 시행(도의 경우는 제외한다) 4) 국민주택사업 특별회계의 설치 · 운영(도의 경우는 제외한다) 5) 주택건설사업소 운영 6) 택지개발사업의 시행 7) 토지구획정리사업의 시행	1) 시 · 군 · 자치구 건설종합계획의 수립 · 시행 2) 토목 · 건설공사의 시행 및 지도 3) 해당 시 · 군 · 자치구가 시행하는 토목사업의 조사 · 측량 · 설계와 시공 감독(일정 규모 이하) *4) 국민주택건설 사업의 시행 5) 택지개발사업의 시행 *6) 국민주택사업 특별회계의 설치 · 운영(자치구의 경우는 제외한다) 7) 토지구획정리사업의 시행 8) 건축허가 등에 관한 업무 9) 무허가건축물 단속
○ 농촌주택개량 및 취락구조개선	1) 농어촌주택개량 기본계획 수립 · 조정 2) 취락구조 개선사업 기본계획 수립 · 조정 · 지도 3) 취락구조 개선사업 추진 지도 4) 농어촌주택개량 융자금 관리 5) 농어촌주택개량 기술 보급 · 지도 6) 농어촌주택사업 특별회계 설치 · 운영 7) 농어촌주택표준 설계도서 및 자재의 연구 · 개발	1) 농어촌주택개량 사업계획 수립 · 시행 2) 취락구조 개선사업 추진 3) 농어촌주택단지 조성 4) 농어촌주택개량 융자금 관리 5) 농어촌주택사업 특별회계 설치 · 운영 6) 농어촌주택 표준설계도서 및 자재의 보급

나. 감사 기본 방향

이 분야에 대한 감사는 먼저 건축 및 주택 관련 법령의 내용을 파악하는 동시에 업무처리 절차를 사전에 숙지해야 한다. 건축 · 주택과 관련된 인 · 허가 사항, 지도 · 단속 및 행정규제 또는 조치상에 국민 또는 행정청의 위법성을 체크해야 한다. 국민이 각종 용도지역 · 지구 · 구역별 규제를 위반함에도 불구하고 행정주체가 조치를 취하지 않는 경우가 많이 나타나고 있다. 특히, ① 주택 입지여건 및 관련규정 등 확인 · 검토 없이 승인 처리 ② 당초 사업계획승인 조건 이행완료 확인 없이 사용검사 처리 ③ 건축사 현지확인 및 설계도서 작성 불성실 ④ 선착공 및 허위착공 신고 ⑤ 공사감리의 부실사항 및 위반사항 발생 ⑥ 불법사항 묵인 ⑦ 사용승인 신청 및 사용승인전 입주 사용 ⑧ 예산확보 등 사전계획 없이 공사 추진 ⑨ 설계시 현지조사 및 도서작성 불성실 ⑩ 공사감리 · 감독 불성실로 부실공사 ⑪ 불량시공 또는 부족시공사항 묵인후 준공 처리 등의 위법 사례가 많이 나타나고 있음을 참고로 해야 할 것이다.

따라서 주택 · 건축분야의 각종 계획, 사업 및 시설운용에 대하는 정책감사 또는 성과감사를 실시하여야 하고(제4장 V, VI. 참조), 이 분야에 관련된 의 인 · 허가 · 승인 사항 및 법령조례상의 의무위반자에 대한 조치에 대하여는 합법성감사(제4장 Ⅲ. 참조)를 실시하여야 할 것이다.

2. 정책/성과감사 기법

가. 각종계획에 대한 타당성 감사

시 · 도의 경우에는 지역개발사업계획, 새마을사업종합계획, 시 · 도건설종합개발계획, 농어촌주택개량 기본계획에 대하여 시 · 군 · 구의 경우에는 지역개발사업계획, 새마을 사업 추진계획사업계획, 시 · 군 · 구건설종합계획, 농어촌주택개량 사업계획 등의 수립시행에 대하여 감사를 실시할 경우에 착안사항은 다음과 같다.

① 다수 주민의 사회적 · 경제적 욕구에 의한 건축주택사업가? 특정 이해집단을 위한 특혜성 발굴 · 구상은 아닌가?

② 국가 상위목표 달성에 필요하고, 국가시책과의 일관성을 유지하고 있는가?

③ 유사한 건축주택사업을 벤치마킹하여 성공 또는 실패의 원인을 분석한 것인가?

④ 건축주택사업의 목표를 달성하기 위한 효과적인 접근인가?

⑤ 건축주택사업계획을 수립하는데 필요한 정보자료 등은 진실 된 것인가?
⑥ 용역보고서의 내용의 타당성과 합리성은 인정할 수 있는가?
⑦ 건축주택사업계획의 목표와 계획지표는 적정한가?
⑧ 건축주택사업의 목표 달성을 위한 수단은 확보 가능한 것인가?
⑨ 건축주택사업을 위한 재원확보 대책은 타당한가?
⑩ 건축주택사업을 추진하기 위한 관련기관과의 협력체제는 강구되어 있는가?

나. 건축주택사업의 시행, 비용처리 · 활동에 대한 능률성 감사

농어촌 새마을 사업, 국토공원화 사업, 취약지역 및 특수지역개발국민주택건설사업, 택지개발사업, 토지구획정리사업 등에 대하여, 시 · 군 · 구에 대하여는 새마을광역권 사업, 새마을 가꾸기 사업, 소도읍가꾸기 사업, 농어촌 휴양지 개발사업, 국토공원화 사업, 취약지역 미 특수지역의 개발사업, 국민주택건설사업, 택지개발사업, 취락구조개선사업, 농어촌 주택단지 조성사업 등에 대한 성과감사를 실시할 때에는 다음과 같은 점에 착안하여야 할 것이다.

① 적합한 유형, 적절한 양과 질의 자원을 최저가격으로 획득하고 있는가?
② 적절한 양과 질의 재화나 용역을 시의적절하게 확보하거나 제공하는데 최소의 자원을 사용하고 있는가?
③ 건축주택사업을 위해 인원을 과다하게 배정하고 있지는 않는가?
④ 건축주택사업기관간의 업무의 중복은 없는가?
⑤ 건축주택사업에 필요한 공공 장비나 시설을 비능률적으로 활용하고 있지는 않는가?
⑥ 건축주택사업에 필요한 자원이나 시설을 적절하게 보전 · 유지하고 있는가?
⑦ 예산이 중복 투입되는 건축주택사업사업은 아닌가?
⑧ 건축주택 사업목표를 효과적으로 달성하기 위한 대안을 채택했는가?
⑨ 건축주택사업의 목표는 어느 정도나 달성했는가?
⑩ 만족스러운 건축주택사업적 성과를 저해하는 요인들은 무엇인가?

다. 사업의 성과에 대한 효과성 감사

이 분야의 각종 계획이나 시행, 관련 사업이 집행된 경우에는 다음과 같은 점에 착안하여 그 성과를 감사하여야 한다.

① 사업목표는 최대로 달성되었는가?
② 사업예산이 중복 투입되어 낭비된 부분은 없었는가?
③ 보다 낮은 비용으로 목표를 달성할 수 있는 대안을 강구하였는가?
④ 사업의 효과성을 정기적으로 측정하고 보고하기 위한 적절한 체계를 가지고 있는가?
⑤ 사업의 목표가 적절하거나 적시성이 있는가?
⑥ 만족스러운 성과가 나타난 부분은 그 요인들은 무엇이며 이를 회피할 가능성은 없었는가?
⑦ 사업의 효과성이나 사업의 개별 수단들의 효과성은 어느 정도인가?
⑧ 사업이 다른 관련 사업들을 보완하는 것인가, 그들과 중복되는 것인가? 혹은 서로 상충되는 것인가?

라. 정부 합동평가를 활용한 성과감사기법

지방자치단체의 건축 · 주택행정분야에 대한 정부합동평가 결과를 성과 감사에 활

도표 5-2 정부 합동평가지표중 건축주택 관련지표

평가시책	평가항목	평가지표
4-2. 지 자 체 주거복지 개선	계획	
	집행	
	산출/결과	4-2-1. 주거환경 개선사업 추진 실적(가중치 7.94) ㉮ 주거환경개선사업 사업시행자별 추진실적 - {(지자체 시행 최근 3년간 지정된 주거환경개선사업 구역 내 건물호수×0.8) + (지자체 외 시행 최근 3년간 지정된 주거환경개선사업 구역 내 건물호수×0.2)} / 최근 3년간 지정된 주거환경개선사업 구역 내 건물호수 4-2-2. 주거수준 향상률(가중치10.65) ㉮ 인구 1000명당 주택수 증가율 : {('09년도 인구 1000명당 주택수—'08년도 인구1000명당 주택수) / '08년도 인구 1000명당 주택수} × 100 - '09년도 인구 1000명당 주택수 = (주택수 / 인구수) × 1000 - '08년도 인구 1000명당 주택수 = (주택수 / 인구수) × 1000 ㉯ 임대주택 등 조례반영 여부 - 관리업무비용 지원기준 지자체 조례 제정 유무
	결과활용	

용하는 것이다. 도표 5-2와 같은 평가 지표로 한 해 동안 이룬 성과를 전국 자치단체와 상호 비교하여 가,나,다급 중에서 상대적으로 낮은 성과인 "다"급으로 평가받은 분야에 대하여 그 원인을 규명하고 향후 성과개선방안과 차년도 성과목표를 상향 설정하도록 한다. 다만, 지방자치단체의 지방행정환경이 근본적으로 열악하여 전국적인 비교가 불합리한 경우에는 전년도 자료를 비교하여 시계열적인 성과를 비교하여 그 성과를 감사하여야 할 것이다.

성과감사를 위하여 도표 5-2의 산식에 따라 이미 계산된 평가자료와 합동평가결과서를 제출 받아 그 성과를 감사하는 것이다.

3. 합법성감사 기법

가. 주택건설사업계획승인 및 사용검사[105]

(1) 관 계 법 령[106]

- 주택법 제16조 - 제29조 같은법 시행령 제15조 - 제34조 같은법 시행규칙 제11조 - 제15조
- 주택건설 기준 등에 관한 규정
- 주택공급에관한규칙

(2) 업 무 처 리 절 차

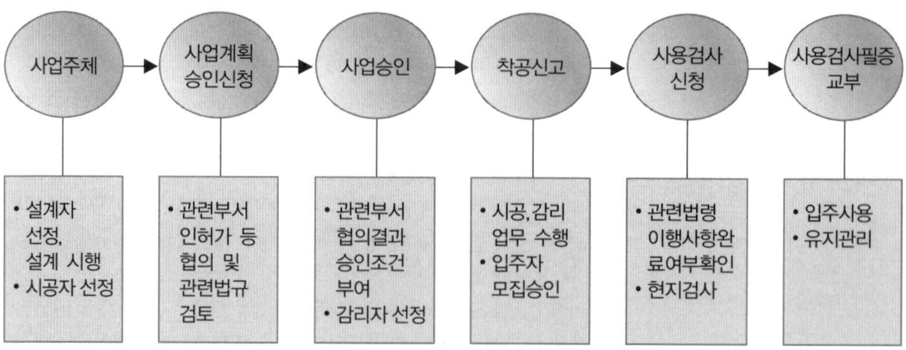

105) 경기도(2006a), 243-244쪽에서 재작성 하였음.

106) 주의! 관계법령이 개정되었는지를 먼저 확인해서 현행법령에 입각하여 합법성감사를 실시하여야 한다.

(3) 감사착안사항

(가) 건축위원회의 심의 대상이 아님에도 다음과 같은 사항을 위원회에 부의하여 과도하게 제한하였는가(건축법 제5조)

- 심의대상이 아닌 것을 행정편의를 위하여 위원회에 부의하는 행위
- 건축위원회 심의는 건축물의 구조 · 안전 · 피난 및 소방에 관한 사항을 심의토록 되어 있는데도 불필요한 조건부여로 사업자 및 입주민에게 부담을 주는 행위

(나) 주택건설 사업기준에 맞지 않는 사업 승인을 하였는가(주택법 제16조, 같은법 시행령 제15조, 같은법 시행규칙 제11조)

- 사업계획 승인이 주택의 규모 및 규모별 건설비율 등 주택건설기준에 적정하게 적용하였는가
  - 사업승인대상 : 단독주택 20호, 공동주택 20세대 이상, 대지소성 10,000㎡
  - 1세대당 주택규모 : 단독주택 330㎡, 공동주택 297㎡

(다) 토지소유권 확보 및 간선시설 설치 등 주택건설사업 승인 신청서가 관계법에 적정하였는가.

- 불필요한 서류보완 및 반려 등으로 처리기간을 지연하였는가.
- 불필요하게 장기간 검토하는 등 협의부서 처리를 적정하게 이행하였는가.
- 다른 법률에 의한 인 · 허가 등 의제 처리사항 사전 협의를 이행하였는가.
  - 건축허가 등 24개 관계법 의제
- 입주자모집 공고 후 사업비 변경 · 대지분 변경 등 사업계획승인 사항을 변경하고자 할 경우 입주예정자(4/5)의 동의 이행 여부

(라) 주택건설기준에 미달되는 사업승인으로 주민불편을 초래 하였는가(주택건설기준등에관한규정 제9조, 동 규정 제12조, 동 규정 제13조-제24조, 동 규정 제25조, 동 규정 제26조-제44조, 동 규정 제46조-제56조)

- 공동주택을 건설하는 지점의 소음도가 65 데시벨 미만으로 기준에 적합 여부
- 공동주택으로부터 주유소 · 가스충전소 등 위험물로부터 이격거리 확보 여부
- 공동주택과 주택이외의 다른 시설과 복합으로 건립시 출입구가 별도 분리되는 등 시설기준 적정 여부

- 세대간 경계벽, 승강기, 계단, 복도, 난간, 화장실, 장애인편의시설, 구조내력 등 주택의 구조, 설비 등이 적정한지 여부
- 진입도로 폭의 적정 확보 여부
  - 300세대 미만 : 6M 이상
  - 300~500세대 미만 : 8M 이상
  - 500~1천 세대 미만 : 12M 이상
  - 1천~2천 세대 미만 : 15M 이상
  - 2천세대 이상 : 20M 이상
- 부대시설인 주택단지안의 도로, 주차장, 관리사무소, 조경시설, 폐기물보관시설, 급 · 배수시설 등이 적정한지 여부
- 복리시설인 어린이놀이터, 유치원, 경로당, 주민운동시설 등이 적정한지 여부 ·

(마) 공동주택 감리 잘못으로 부실공사 우려(주택법 제24조, 같은법 시행령 제26조, 같은법 시행규칙 제13조)

- 사업규모별 감리자의 지정 및 감리원 배치 적정 여부
  - 300세대 미만 : 건축사법에 의한 건축사 업무신고를 한 자
  - 300세대 이상 : 건설기술관리법에 의한 건축감리전문회사 또는 종합감리전문회사
- 시공자가 설계도서와 적합하게 시공하고 있는지, 자재 및 품질시험 등을 적정하게 이행하는지, 감리업무수행 적정이행 여부
- 감리교체는 당초 지정된 감리원 동등 이상의 등급, 경력, 감리업무 수행실적이 있는 자로 교체 여부

(바) 사업승인 기준에 부적합한 사용승인 등(주택법 제29조, 같은법 시행령 제34조, 같은법 시행규칙 제15조, 제16조)

- 주택 또는 대지가 사업계획승인 내용에 적합한지 여부
- 사용검사를 처리기간내 처리 여부
- 인 · 허가 등의 의제 처리된 사항을 미리 관계기관과 협의이행 여부
- 당초 사업승인조건 이행 및 입주자 예비 사용검사 이행 여부
- 하자보증금(공사비의 3/100)예치 여부

(사) 건축사의 행정처분은 적정하였는가(건축법 제25조, 같은법 시행령 제19조, 같은법

시행규칙 제19조, 건축사법 제20조, 같은법 시행령 제29조의2 [별표1], 같은법 시행규칙 제23조)

- 공사감리 업무를 수행하면서 현장에서 위반사항이 발생하였음에도 시정지시를 이행하지 아니한 사례는 없는가.
- 시정명령 후 공사중지 등 명령이 이행되지 아니하였을 경우 즉시 허가권자에게 위법보고를 하도록 되어 있음에도 이를 이행하지 아니한 사례는 없는가.
- 위반건축물 관련자 조치를 함에 있어 건축주만 고발조치하고 건축사는 행정처분 의뢰를 하지 아니한 사례는 없는가.
- 행정처분 기준보다 가볍게 처분하거나 미처분한 사례는 없는가.
- 위반건축물에 대하여 시정된 사유로 처분이 경감된 사안에 대하여 실제 시정이 되었는지 여부
- 장기간 업무정지처분을 받은 건축사가 정지기간중 영업행위 금지 여부
- 건축사행정처분을 받은 후 행정처분 전에 계약을 체결한 업무를 적기에 보고하고, 행정처분 사실을 계약자에게 통보하였는가.

(4) 감 사 사 례

주택건설사업계획(변경)승인 검토 소홀[107]

■ 개요

주택건설사업계획승인을 받는 공동주택(아파트)의 사업계획 내용 중 주택의 공급가격 변경을 초래하는 사업비의 증액, 주택공급면적 및 대지지분의 변경 등이 발생한 경우에는 사업계획 변경승인을 받도록 되어 있는데도, 주택건설사업계획승인 이후 대지면적의 증·감이 발생한 사항에 대하여 사업주체가 주택건설사업계획변경승인을 받지 아니하고 준공검사를 신청한 서류를 그대로 준공 처리한 사실

■ 위법 · 부당내용

- 주택법 제16조 제2항 및 같은법 시행규칙 11조 주택건설사업계획승인을 받는 공동주택(아파트)의 사업계획 내용 중 주택의 공급가격 변경을 초래하는 사업비의 증액, 주택공급면적 및 대지지분의 변경 등이 발생한 경우에는 사업계획 변경승인을 받도록 되어 있는데도
- ○○시 ○○과에서는 주택건설사업계획을 승인한 이후 대지면적의 증감으로

107) 경기도(2006b), 183쪽 참조.

대지지분의 변경이 발생한 ○○택지개발 3지구 8블록 ○○아파트(사업시행자 : ○○건설㈜ 대표 ○○○ 등) 6건의 주택건설사업계획은 사업계획변경 절차를 이행한 후 준공검사를 신청하도록 조치하여야 하는데도, 주택건설사업계획승인 이후 대지면적의 증 · 감 발생 사항에 대하여 사업주체가 주택건설사업계획 변경승인을 받지 아니하고 준공검사를 신청한 서류를 그대로 준공처리한 사실.

나. 건축물 건축 허가 및 사용승인[108)]

(1) 관 계 법 령[109)]

- 건축법 제8조, 제11조, 제16조 등
- 같은법 시행령 제8조, 제12조, 제27조 등
- 같은법 시행규칙 제6조, 제12조, 제16조 등

(2) 업 무 처 리 절 차

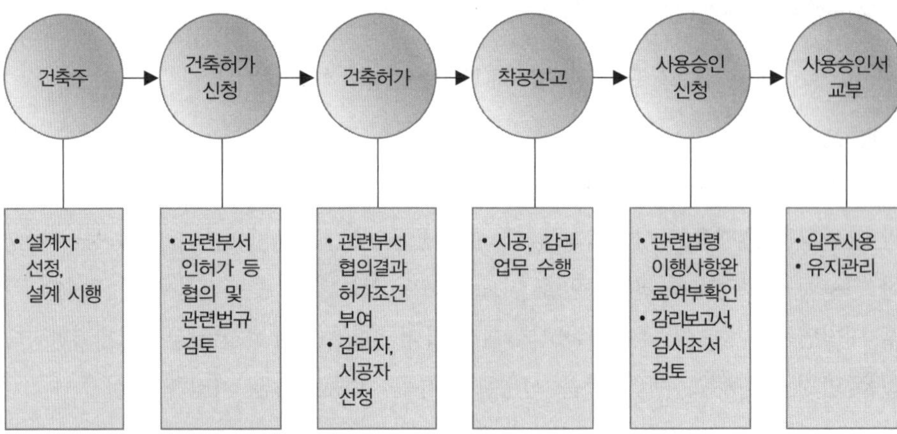

(3) 감 사 착 안 사 항

(가) 건축민원 사무처리 규정위반 여부(민원사무처리규정)

- 민원사무처리부 처리내용 검토

108) 서울시(2004) 479-481 및 경기도(2006a), 245-246쪽에서 재작성 하였음.

109) 주의! 관계법령이 개정되었는지를 먼저 확인해서 현행법령에 입각하여 합법성감사를 실시하여야 한다.

- 처리기한 경과 여부
- 보완내용 및 반려사유
- 취하민원 재접수처리 경위

(나) 건축 허가기준 · 대지여건 등과 허가규모를 초과한 위법허가 여부(건축법 제11조 및 시행령 제8조)

- 용도지역내 건축제한사항 검토
  - 지역별 건축물의 용도
  - 건폐율 및 용적률 제한
  - 2이상 용도지역에서의 조치
- 대지조성 시 형질변경 조건 확인
  - 형질변경의 목적 및 규모
  - 대지조성공사 및 대지현황
  - 환경영향평가 등 부대조건
- 건축 허가 · 승인권 제한사항
  - 21층 또는 10만 제곱미터 이상 건축의 시 · 군 임의처리(○○도 사전승인권)
  - 시 · 도 승인 없이 자연환경 또는 수질보호구역내 공동주택, 3층 또는 연면적 1천 제곱미터 이상의 2종 근린생활 · 업무 · 숙박 · 위락의 시 · 군 임의처리

(다) 자치단체장의 재량권 일탈 건축규제(불허가) 여부(건축법 제11조 및 제18조)

- 건축 허가 제한대상 · 절차 검토
  - 국토해양부 장관이 국토관리상, 도지사가 지역계획 및 도시계획상 필요한 경우로서
  - 2년 이내(최대 1년 연장)위치, 면적, 용도 등을 정하여 공고
  - 위락 · 숙박시설은 주거 · 교육환경 등 주변환경을 감안, 부적합한 경우 건축위원회의 심의를 거쳐 건축 허가를 아니할 수 있음.

(라) 신고범위를 벗어난 신고처리, 공무원 현장검사에 의한 비리의 개연성(건축법 제14조, 같은법 시행령 제11조)

- 신고대상(규모 및 용도 확인)
  - 바닥면적의 합계가 85㎡ 이내 증축, 개축, 재축
  - 대수선행위

- 국토의 계획 및 이용에 관한 법률(이하 "국토법"이라 한다)상 제2종 지구단위계획구역 안의 연면적 100㎡ 이하
- 읍 · 면지역에서 연면적 100㎡ 주택(단독 300㎡), 200㎡ 창고, 400㎡ 이하 축사 · 작물 재배사
- 연면적합계 100㎡ 이하 건축물 건물의 높이를 3M 이하로 증축
- 표준설계로서 용도 · 규모가 주위 환경 · 미관상 지장이 없다고 인정하여 건축조례로 정한 건축
- 국토법상 공업지역과 2종 지구단위계획(산업형)구역, 산업입지 및 개발에 관한법률상 산업단지에 2층 이하의 연면적 합계가 500㎡ 이하 공장

(마) **설계변경 없이 임의 건축 및 사용승인 여부**(건축법 제16조 및 제22조 시행령 제12조 제2항, 제3항)

- 변경 허가 및 신고규모 확인
  - 바닥면적의 합계 85㎡를 초과하는 증축 · 개축은 허가, 기타의 경우 신고
- 사용승인 신청시 일괄신고대상
  - 바닥면적의 합계 50㎡ 이하
  - 연면적합계의 1/10 이하
  - 대수선에 해당하는 경우
  - 높이 1M, 전체높이 1/10 이하
  - 변경위치가 1M 이하
  - ※ 층수, 동수 변경은 제외됨

(바) **조경관리【조경기준 위반, 200㎡ 이상 대지】 적법 여부**(건축법 제42조 및 시행령 제27조).

- 조경의무 제외대상 조건 확인
  - 자연녹지지역내 건축물
  - 5천 제곱미터 미만 대지의 공장
  - 연면적의 합계가 1500㎡ 미만의 공장
  - 산업집적 활성화 및 공장설립에 관한 법률상의 산업단지 안의 공장
  - 축사, 가설건축물
  - 연면적의 합계가 1,500㎡ 미만의 물류시설(주거, 상업지역 제외)로서 국토

해양부령이 정하는 것.

- "국토의 계획 및 이용에 관한 법률"상 자연환경보전지역 · 농림지역 또는 관리지역(2종 지구단위계획구역 제외)안의 건축물
- 옥상 조경면적의 2/3만 인정
- 법상면적 50/100 이하만 인정

(사) 건축협의【관계법령상 제한사항을 검토하지 않은 임의건축 허가 여부】(건축법 제12조, 같은법 시행령 제8조)

- "국토의 계획 및 이용에 관한 법률" 제54조, 제56조, 개발제한구역의 지정 및 관리에 관한 특별법 제12조, 제13조, 제15조, 농지법 제34조, 제35조, 군사기지 및 군사시설보호법 제13조 해군기지법 제6조, 자연공원법 제23조, 제25조, 수도권정비계획법 제7조-9조, 택지개발촉진법 제6조, 도시공원 및 녹지 등에 관한 법률 제24조, 제38조, 항공법 제82조, 학교보건법 제6조, 산림자원조성 및 관리에 대한 법률 제36조 및 산림보호법 제9조, 도로법 제38조, 제49조, 사도법 제4조, 주차장법 제19조, 수도법 제7조, 환경정책기본법 제22조, 자연환경보전법 제15조, 도시교통정비촉진법 제34조 및 제36조, 문화재보호법 제34조, 전통사찰보존 및 자원에 관한 법률 제10조

(아) 위법건물 지도 · 단속【이행강제금 부과 부적정 여부】(건축법 제80조 및 시행령 제115조)

- 이행강제금 부과시기 및 횟수
  - 건축법 제79조 1항에 의한 위반 건축물 시정명령 후 시정기간내 불이행하는 경우에 대하여
  - 부과 · 징수한다는 뜻을 미리 문서로써 계고한 후 부과하여야 함.
  - 최초 시정명령이 있는 날을 기준으로 하여 1년에 2회 이내 범위 안에서 당해 시정명령이 이행될 때까지 반복하여 부과징수 단, 85㎡ 이하 주거용 건축물과 무허가(신고), 건폐율 · 용적률을 초과하지 않는 건축물은 5회만 부과할 수 있음.
- 이행강제금의 부과기준 등
  - 건폐율 · 용적률의 초과, 허가 · 신고 없이 건축한 경우 지방세법에 의한 해당 건축물에 적용되는 1제곱미터당 시가표준액의 50/100에 상당하는 금액

에 위반 면적을 곱한 금액

- 그 외의 경우에는 지방세법에 의하여 당해 건축물에 적용되는 시가표준액에 상당하는 금액의 10/100의 범위 안에서 그 위반내용(사용 승인 전 사용, 조경의무 면적 위반, 높이 · 일조권 등의 높이제한, 기타법령의 위반)에 해당하는 금액

(자) **건축법 위반 관계자 행정처분 미이행 여부**(건축법 제113조 및 시행령 제120조)

- 과태료 부과대상 및 이행 여부
  - 건축법 제25조3항(위법시공)을 위반하여 보고하지 않은 공사감리자
  - 건축법 제27조에 의한 보고를 하지 아니한 자(현장조사 · 검사확인의무 건축사)
  - 건축법 제36조에 의한 건축물 철거 사전신고를 하지 아니한 자
  - 건축법 제79조5항(위반건축물표지설치 거부)을 위반한 자

(4) 감 사 사 례

건축물 준공(사용승인)에 따른 토지합병 및 지목변경 미이행[110)]

■ 개요

건축물 준공 때 여러 필지에 걸쳐 건축물이 건축되어 토지의 합병을 필요로 하는 토지와 지목변경을 필요로 하는 토지에 대하여는 토지합병 및 지목변경신청서를 제출 받아 건축물 준공과 일괄 처리하여야 하는데도 준공검사를 처리하면서 토지합병 신청서를 첨부하지 아니하였으며, 도시계획도로 일부를 진입도로로 개설한 사항에 대하여 무상귀속하면서 지목을 도로로 변경하지 아니한 사실

■ 위법 · 부당내용

- 건축법 제2조, 제18조 및 지적법 제20조 및 제21조에 의하면, 하나의 건축물을 2필지 이상에 걸쳐 건축하는 경우에는 그 건축물이 건축되는 각 필지를 합한 토지를 하나의 대지로 보도록 하고 있으며, 토지의 합병 및 지목변경사유가 발생된 경우에는 그 날부터 60일 이내에 토지합병 및 지목변경을 신청하도록 되

110) 경기도(2006b), 176 쪽 참조.

어 있고, 건축물의 준공검사 신청시 토지의 변동에 따른 관련서류(토지합병신청서, 지목변경신청서 등)를 첨부하여 건축물 준공과 일괄처리하도록 되어 있는데도

- ㅇㅇ군 도시계획과에서는 ㅇㅇ면 ㅇㅇ리 647, 648, 650번지상 ㅇㅇ아파트에 대한 준공검사를 처리하면서 토지합병신청서를 첨부하지 아니하였으며, 도시계획도로 일부를 진입도로로 개설한 ㅇㅇ군 ㅇㅇ리 179-6번지외 27필지에 대하여 국토의 계획 및 이용에 관한 법률 제65조 규정에 따라 무상귀속하면서 지목을 도로로 변경하지 아니한 사실.

다. 공공 건축물 공사계획 및 시공[111)]

(1) 관 계 법 령[112)]

- 건축법, 같은법 시행령, 같은법 시행규칙 및 건축물의설비기준등에관한규칙 등
- 국가를당사자로하는계약에관한법률, 같은법 시행령 및 같은법 시행규칙
- 건설기술관리법, 같은법 시행령 및 같은법 시행규칙
- 지방재정법, 같은법 시행령 및 같은법 시행규칙

(2) 업 무 처 리 절 차

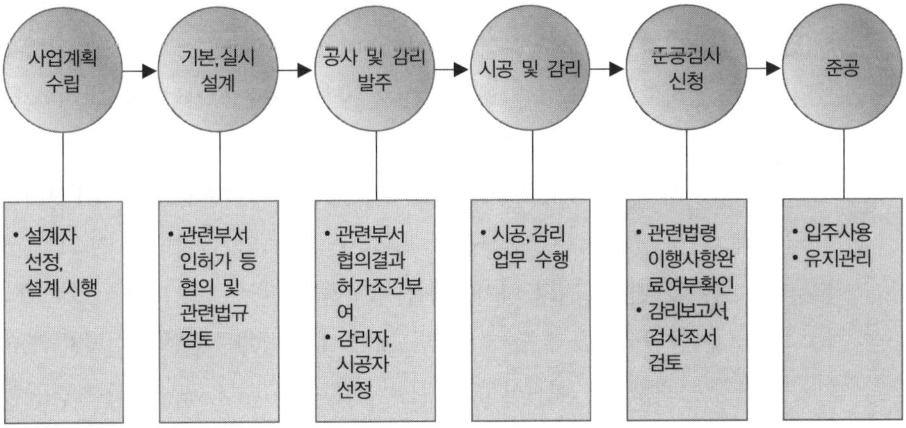

111) 경기도(2006a), 247-248 쪽에서 재작성 하였음. 지방의회 주요 감사대상임.

112) 주의! 관계법령이 개정되었는지를 먼저 확인해서 현행법령에 입각하여 합법성감사를 실시하여야 한다.

(3) 감사착안사항

- **재정투융자 심사대상 사업 심사실시 여부**
- **예산편성의 적정 여부 및 소요재원의 확보대책**
- **공사 목적 및 규모의 적정성**
- **공사발주 전 관련법령에 의한 인 · 허가 사항 이행 여부**
- **설계서 작성의 적정성 여부**
- **공사시공 및 감리수행 여부**
- **준공검사 처리의 적정성 여부**

(4) 감사사례

공사 하자검사 미실시113)

■ 개요

전체 목적물을 인수한 날과 준공검사를 완료한 날 중에서 먼저 도래한 날부터 1년에서 10년 이하의 범위 내에서 하자담보 책임기간을 정하고 그 기간 중 연 2회 이상 정기적으로 하자를 검사하여야 하는데도 이를 미실시함.

■ 위법 · 부당내용

- 공사 도급계약을 체결할 때에는 전체 목적물을 인수한 날과 준공검사를 완료한 날 중에서 먼저 도래한 날부터 1년에서 10년 이하의 범위 내에서 하자담보 책임기간을 정하고 그 기간 중 연 2회 이상 정기적으로 하자검사를 하여야 하는데도
- '02. 7. 4. ㈜○○디자인(대표 ○○○)과 계약 체결한 ○○관광공사 실내인테리어 공사에 대하여 '02. 7. 10. 공사준공 후 하자담보 책임기간인 '02. 7. 11.부터 '03. 7. 10.까지 1년간 2회의 하자검사를 실시하지 않았으며, 또한 '03. 4. 23. ○○○○ 디자인연구소㈜(대표 ○○○)와 계약 체결한 광주분원 조선백자 도요지 문화관광 자원화사업 실시설계 및 시공에 대하여 '03. 8. 30. 공사를 준공하였으면 '03년 하반기에 1회 하자검사를 실시하였어야 하나 미실시한 사실(국가를 당사자로 하는 계약에 관한 법률 시행령 제60조 및 제61조)

113) 경기도(2006b), 174쪽 참조.

4. 지방의회 감사 지적사례

- 건축 허가 시 부당한 조건 부여
- 군사시설보호구역 안에서의 건축 허가 부당처리
- 농어촌지역의 무분별한 고층아파트 신축문제[114)]
- 도시계획시설 설치예정 장소의 가설건축물 신고 · 부당처리
- 무단 산림형질 변경에 대한 원상회복 명령 미조치
- 미준공 건축물 가사용 승인문제
- 불법건축물 단속을 위한 항공촬영기간 연장(1년에서 2~3년)
- 불법건축물에 대한 예방대책 철저
- 소규모(건축, 토목) 사업의 행정직 담당문제(기술공무원 부족문제)
- 영구 · 장기 임대아파트 입주자의 불법 입주자 실태 점검
- 위법 건축물의 이행강제금 징수실적 저조 및 반복부과의 실효성 문제
- 장기 미준공 건축물의 관리문제
- 주거환경개선사업의 조기시행
- 주택건설사업계획 승인시 종합개발계획 미고려
- 주택공급 지표 재검토
- 중단사업의 토지형질변경 허가의 미취소
- 지구상세계획 구역내 신축건축물의 용도변경 부당처리
- 택지개발지구의 미분양 해소방안 강구
- 토지형질변경 허가 업무의 일관성 및 형평성 상실
- 개발제한구역내 농지의 무단전용 방치
- 개발제한구역내 주택이축 허가업무의 부당처리
- 개발제한구역 안에서의 부속건물 사용승인 부당처리
- 건축 허가조건 불이행 건축물에 대한 사용승인
- 건축 허가 시 소방관련 설계도서 과다요구
- 공개공지 미확보한 건축물의 허가
- 수도권정비계획법에 따른 공장건축 허용량의 초과 허가
- 일반주거지역내 공장용도의 건축물 건축 허가

114) 밑줄 친 부분은 시 · 도사무로 시 · 도의회의 지적 사항이다. 이하 같다.

- 자연녹지지역에서의 법정기준 초과 토지 형질변경 허가
- 축사건축 후 불법전용에 대한 미단속
- 택지개발사업실시계획과 상이한 주택건설사업계획의 승인
- 택지개발지구 지정 협의 중 공동주택사업계획 승인문제
- 판매시설 건축 허가 시 건축선과 이격거리 미확보

Ⅱ 교육행정 분야115)

1. 사무내용과 감사기본방향

가. 사무내용

지방자치법 제9조에 따르면 지방자치단체의 교육행정 분야는 유아원 · 유치원 · 초등학교 · 중학교 · 고등학교 및 이에 준하는 각종 학교의 설치 · 운영 · 지도 등과 도서관 · 운동장 · 광장 · 체육관 · 박물관 · 공연장 · 미술관 · 음악당 등 공공교육 · 체육 · 문화시설의 설치 및 관리를 담당한다. 교육과학체육 사무에 관련하여 지방자치법 제9조 〈별표 1〉에서는 시 · 도사무와 시 · 군 · 구사무로 구분하고 있으나, 여기 시 · 군 · 구의 사무는 "지방교육자치에 관한 법률 제34조에 의하여 교육감의 하부행정기

도표 5-3 교육행정분야 자치단체의 사무영역

구분	시 · 도사무	시 · 군 · 자치구 사무
ㅇ유치원 · 초등학교 · 중학교 · 고등학교 및 이에 준하는 각종 학교의 설치 · 운영 · 지도	1) 유아교육시행계획의 수립 2) 공립의 고등학교, 고등기술학교, 특수학교와 이에 준하는 각종 학교의 설립 · 경영 3) 공 · 사립의 고등학교, 고등기술학교, 특수학교와 이에 준하는 각종 학교의 지휘 · 감독	1) 유아교육시행계획의 수립 2) 공립의 초등학교, 중학교, 기술학교, 공민학교, 고등공민학교, 유치원과 이에 준하는 각종 학교의 설립 · 경영 3) 공 · 사립의 초등학교, 중학교, 기술학교, 공민학교, 고등공민학교, 유치원과 이에 준하는 각종 학교의 지휘 · 감독

115) 교육행정분야는 시 · 도교육위원회와 시 · 도의회의 감사대상이므로 시 · 군 · 구의회에 의한 직접적 감사는 해당되지 않음에 유의하여야 한다.

도표 5-3 교육행정분야 자치단체의 사무영역(계속)

구분	시 · 도사무	시 · 군 · 자치구 사무
ㅇ도서관 · 운동장 · 광장 · 체육관 · 박물관 · 공연장 · 미술관 · 음악당 등 공공교육 · 체육 · 문화시설의 설치 및 관리	1) 공공도서관 · 문고의 설립 · 운영 2) 공공체육시설의 운영 · 관리(운동장 · 체육관 · 수영장 등) 3) 공립박물관 및 미술관의 설치 · 운영 4) 시민회관의 운영 · 관리(도의 경우는 제외한다) 5) 공공교육 · 체육 · 문화시설 이용자로부터의 사용료 징수 6) 그 밖에 공공교육 · 체육 · 문화시설의 운영 · 관리 및 지원	1) 공공도서관 · 문고의 설립 · 운영 2) 공공체육시설의 운영 · 관리(운동장 · 체육관 · 수영장 등) 3) 공립박물관 및 미술관의 설치 · 운영 4) 시 · 군 · 자치구민회관 운영 · 관리 5) 문화원운영 · 관리(자치구의 경우는 제외한다) 6) 공공교육 · 체육 · 문화시설 이용자로부터의 사용료 징수 7) 그 밖에 공공교육 · 체육 · 문화시설의 운영 · 관리 및 지원

관인 각급 교육장이 이를 담당하고 있다. 지방자치법 제9조에 따른 교육행정분야의 자치단체별 사무영역은 도표 5-3과 같다.

나. 감사기본방향

이러한 교육행정 분야의 감사를 착수하기 전에 관련법령의 내용을 파악하는 동시에 업무처리 절차를 사전에 숙지할 필요가 있다.

교육청에 대한 감사는 교육행정과 관련된 인사, 전산, 회계, 재산관리, 세입, 세출, 건축, 시설, 공사 등에 대하여 종합감사를 실시해야 하므로 매우 광범위한 감사지식과 기법을 터득한 필요가 있다. 이는 감사원이 실시하는 "기관운영감사"116)의 형태를 갖게 될 것이다. 따라서 이 분야는 학교 설치나 경영에 대하여는 재무감사(제4장 II. 참조) 및 정책감사(제4장 V. 참조), 교육시책이 기획중이거나 집행과정에 있는 정책에 대하여는 성과감사(제4장 VI. 참조) 기법을 활용하여야 할 것이다. 그리고 개별단위 교육사업에 대하여는 아래와 같은 사항에 대하여 착안하여야 할 것이다.

116) 감사원, 기관운영감사매뉴얼(2005)에 의하면 "기관운영감사는 감사대상 기관 자체의 내부관리와 관련되는 조직 · 인사운영, 기관운영예산의 편성 · 집행, 법령에 의해 부여된 권한 · 임무 · 기능의 수행실태 등을 감사대상으로 한다"고 개념정의를 하고 있다.

2. 정책/성과감사 기법

가. 교육사업계획에 대한 타당성 감사

교육사업 발굴 · 구상 및 계획과정에 대한 감사의 착안사항은 다음과 같다.

① 다수 주민의 사회적 · 경제적 욕구에 의한 교육사업인가? 특정 이해집단을 위한 특혜성 발굴 · 구상은 아닌가?

② 국가 상위목표 달성에 필요하고, 국가시책과의 일관성을 유지하고 있는가?

③ 유사한 교육사업을 벤치마킹하여 성공 또는 실패의 원인을 분석한 것인가?

④ 교육사업목표와의 관계에서 효과적인 접근인가?(효과성)

⑤ 사업결정을 위한 조사자료 등은 진실 된 것인가?(타당성)

⑥ 용역보고서의 내용의 타당성과 합리성은 인정할 수 있는가?

⑦ 교육사업계획의 목표와 계획지표는 적정한가?

⑧ 교육사업의 목표 달성을 위한 수단은 확보 가능한 것인가?

⑨ 교육사업을 위한 재원확보 대책은 타당한가?

⑩ 교육사업을 추진하기 위한 관련기관과의 협력체제는 강구되어 있는가?

나. 학교운영을 위한 사업의 시행, 비용처리 · 활동에 대한 능률성 감사

① 적합한 유형, 적절한 양과 질의 자원을 최저가격으로 획득하고 있는가?

② 재산이나 물자 및 소모품을 필요이상으로 축적해 놓고 있지는 않는가?

③ 적절한 양과 질의 재화나 용역을 시의적절하게 확보하거나 제공하는데 최소의 자원을 사용하고 있는가?

④ 교육을 위해 인원을 과다하게 배정하고 있지는 않는가?

⑤ 학교와 교육청간의 업무의 중복은 없는가?

⑥ 사소한 목적에 비용을 지나치게 지출하지 않았는가?

⑦ 교육장비나 시설을 비능률적으로 활용하고 있지는 않는가?

⑧ 학교 자원이나 시설을 적절하게 보전 · 유지하고 있는가?

다. 교육사업의 성과에 대한 효과성 감사

① 교육사업에 대한 비용편익 분석은 실제와 차이가 크지 않는가?

② 예산이 중복 투입되는 교육사업은 아닌가?

③ 교육사업이 다른 관련 사업들을 보완하는 것인가, 그들과 중복되는 것인가? 혹은 서로 상충되는 것인가?
④ 사업목표를 효과적으로 달성하기 위한 대안을 채택했는가?
⑤ 교육사업의 효과를 측정하고 보고하기 위한 적절한 체계를 가지고 있는가?
⑥ 교육사업의 목표는 어느 정도나 달성했는가?
⑦ 교육사업의 목표가 적절하거나 적시성이 있는가?
⑧ 만족스러운 교육적 성과를 저해하는 요인들은 무엇인가?
⑨ 교육사업의 효과성이나 사업의 개별 수단들의 효과성은 어느 정도인가?

라. 교육시설 및 시스템 설치 운영에 대한 성과감사

① 설계가 합리적이고, 현장의 실정에 적절하며, 설계견적과 설계도서는 적절한가?
② 시공에 있어서 시공물량 부족과 불량은 없는지, 공사감리는 제대로 이루어지고 있는가?
③ 교육시설은 수요를 감안하여 그 규모를 결정하여 설치하였는가?
④ 설치된 교육시설은 최대한 활용되고 있는가?
⑤ 교육시설운영은 설치목적에 부합되는가?
⑥ 교육시설 운영에 따른 적자 해소를 위한 대책은 무엇인가?
⑦ 교육시설관리요원의 규모는 적정한가?
⑧ 학교시설이나 시스템을 방치하고 있는 경우는 없는가?
⑨ 교육시설이나 시스템에 대한 중복 투자는 없는가?
⑩ 유휴교육시설에 대한 대책은 무엇인가?

3. 합법성감사 기법[117)]

(1) 관계법령[118)]

- 지방교육자치에 관한 법령
- 지방교육재정교부금 법령

117) 교육행정분야의 감사대상과제는 일반행정기관의 감사대상 과제를 교육 분야에 국한하여 생각하면 될 것이다. 따라서 여기서는 따로 과제를 제시하지 않았음.

118) 주의! 관계법령이 개정되었는지를 먼저 확인해서 현행법령에 입각하여 합법성감사를 실시하여야 한다.

- 지방교부세 법령 등

(2) 감사착안사항

- **교육행정 분야에 대한 감사는 지방자치법에 시 · 도의 교육위원회가 감사를 실시하고 예외적으로 지방의회가 의결하여 감사를 실시하도록 되어 있다**(지방자치법 제41조 같은법 시행령 제42조 제1항 3호).
- **교육행정과 관련된 인사, 전산, 회계, 재산관리, 세입, 세출, 건축, 시설, 공사 등에 대하여는 본장(제5장)의 지방행정 각 분야의 착안사항을 적용하면 된다.**
- **다만, 교육행정에 특별한 경우에는 그에 대한 착안사항을 개발하여 적용해야 할 것이다.**

(3) 감사사례

(가) 인사관리

① 전보업무 처리 부적정

신규채용 교원을 배치할 경우에는 지역교육청의 교원 정원, 기존교사들의 교육경력 등을 고려하여 가급적 균형 있게 배치하는 것이 타당함에도, 관내 2개 지역교육청의 교원정원 및 교육경력 등을 고려하지 아니하고 기존교사들의 요구를 반영하여 전보 발령함으로써 신규채용 교사를 편중 배치하였으며, 그 결과 교육여건의 불균형으로 인하여 학부모들의 민원이 제기됨(변대룡 : 282).

② 근무성적평정 부적정

공무원 근무성적 시 평정등급 "우"는 38점 이상 46점 미만의 범위 내에서 평정점을 부여하여야 하는데도, 'ㅇㅇ. 12. 31. 기준, '01. 6. 30. 기준 6급 및 7급 근무성적 평정시 "우"등급에 대해서 동 규정을 위배하여 평정점을 부여(최고 46.9점)하여 '02. 7. 31. 기준 5급 승진후보자 명부에서 30명, 6급 승진후보자 명부에서 31명의 순위가 뒤바뀌었고, 그 결과 '02. 9. 26. ㅇㅇ교육청인사위원회의 5급 승진임용 예정자 심사에서 승진 임용대상자로 선정될 수 있는 자가 탈락함(변대룡 : 283).

③ 승진임용 부적정

"승진임용은 승진후보자 명부에 등재된 고순위자 순으로 임용(제청)한다"라고 인사원칙에 규정되어 있는데도, 중등장학관 5명 승진임용시 고순위자 순으로 임용하지 아니하고, 8 · 11순위 자를 제외한 후순위(12순위)자를 승진 임용하고, 교육연구관 임용시 2순위 자를 임용하지 아니하고 6순위 자를 임용함(변대룡 : 285).

④ 징계조치 불이행

○○교육청은 협박 및 모욕 혐의로 형사기소되어 1심 판결에서 징역 8월, 집행유예 2년을, 2심판결에서 벌금 200만 원을 받은 ○○○에 대하여 1심 판결 후에 직위해제한 후 2심 판결 후에 다시 직위를 부여하였는바, 위 교사 ○○○의 국가공무원법상의 "공무원 품위손상" 관련행위에 대하여 징계 등 적절한 조치를 취하지 않고 방치함(이화복 : 478).

(나) 재무 · 회계관리

① 예산편성 · 집행 부적정

- ○○교육청 소속 공립학교인 ○○중학교 등 7개교에서는 2000~2002년 10월까지 워드필기시험 장소 등으로 학교 교실을 사용하게 하고, 수납한 사용료 25,765천원을 학교회계에 세입조치하지 아니하고 세입세출외현금, 학교발전기금회계, 별도통장 등으로 관리하면서 전기료, 교직원 친목후생비, 학교비품구입 등의 학교운영비로 사용하였고, 그 중 5,119천 원은 학교회계에 세입조치하고 17,773천 원은 세입세출외현금 등으로 별도 관리하면서 취업지도활동비, 시험당일경비, 기타 학교운영비로 사용(변대룡 : 288).
- ○○교육청에서는 추경시 소요재원을 잘못 판단하여 인건비를 실소요액보다 ○○백만 원을 과다 삭감함으로써 12월 법정납입금 예산부족으로 타 과목에서 전용 충당하고 예산배정 전에 집행(이화복 : 479)

② 업무추진비 집행 부적정

- ○○교육청에서는 2001년 5월 감사원 감사결과 업무추진비에서 홍보사례비, 창간기념 축하금, 설날 · 추석 선물 구입비, 전별금 등을 교육감 및 부교육감 등이 상대방에게 전달한 부적정한 사례를 지적 받고, 앞으로는 세출예산집행지침에 어긋나게 업무추진비를 집행하는 일이 없도록 시정요구를 받았는데도, '01. 6. 1.이후에도 격려금, 홍보사례비, 선물비, 전별금 등 22회 총 17,302천 원을 업무 추진비로 집행(변대룡 : 289).

- ㅇㅇ고등학교에서는 학사업무 협의 시에 사전에 구체적인 계획 없이 식사를 한 후 사후에 집행금액을 청구하는 등 ㅇㅇ건 ㅇㅇ백만 원 사전 품의 없이 집행(이화복 : 480).

③ 근로소득 원천세 미징수

ㅇㅇ교육청에서는 1999~2001년도 사이에 학교환경위생정화위원회를 개최하고, 그 위원들에게 지급한 수당에서 소득세 및 주민세 1,919천 원의 원천세를 미징수함(변대룡 : 290).

④ 복리후생비 등 지급 부적정

ㅇㅇ교육청에서는 1998년도부터 2001년도 3월까지 사이에 부양가족의 사망으로 지급사유가 소멸하였는데도 해당 공무원은 부양가족 변동 신고를 하지 아니하였고, 담당공무원은 부양가족 변동사항에 대한 확인을 소홀히 하여 총 36명에게 3,365천원의 가족수당을 과다 지급함(변대룡 : 290).

⑤ 수입금 직접사용

ㅇㅇ고등학교에서 학교교실 사용료를 수납하여 공식회계에 미세입 조치함.

⑥ 발전기금관리 부적정

ㅇㅇ고등학교 발전기금을 교육청의 지침을 위배하여 학교장이 징수결정함.

⑦ 선금급 채권확보 소홀

ㅇㅇ교육청에서는 교육정보관 신축공사의 선금 ㅇㅇㅇ백만 원을 지급하면서 선금급보증서를 징구하여 채권을 확보하여야 하나 미징구함.(이상 이화복 : 479-480)

⑧ 계약업무 부적정

- ㅇㅇ도서관에서 도서구입을 일괄하여 구입할 경우 경쟁입찰로 구매하여야 하는데도 총ㅇㅇ회에 걸쳐 1천만 원 미만으로 정하여 수의계약체결(이화복 : 481)
- ㅇㅇ고등학교에서는 교단선진화용 컴퓨터 등 5종 구매 건에 대하여 예정가격을 작성하면서, 품명별 최저가를 적용하여 예정가격기초를 작성하여야 하는데도 품명별 평균가를 적용하여 예정가격기초를 작성함으로써 품명별 최저가에 의한 정상적인 예정가격 기초조사액 ㅇㅇ백만 원의 95%에 해당하는 ㅇㅇ백만 원을 예정가격으로 결정하여 계약을 체결했을 때보다 ㅇ백만 원 상당을 비싸게 구매(이화복 : 482).

⑨ 회계연도 독립의 원칙 위배

• ㅇㅇ교육청에서는 기자재를 구입하면서 납품기한을 다음 회계연도로 정하여 2개년도에 걸쳐 계약을 체결함(이화복 : 482).

⑩ 지체상금 미징수 등

ㅇㅇ교육청에서는 보일러 설치를 하기 위하여 ㅇㅇㅇ와 계약하면서 당초 완공일보다 ㅇㅇ일이나 지체되었는데도, 이에 해당하는 지체상금 ㅇ백만 원을 징수하지 아니하였고 지출관은 지체상금 부과 여부 등 검토 없이 동 대금을 지급함(이화복 : 483).

(다) 재산 및 물품관리

① 물품 구매업무 부적정

ㅇㅇ교육청 산하 각급 학교의 물품구매 현황을 표본 조사해 본 결과 냉방기, 녹화기 등의 품목이 조달품목인데도 ㅇㅇ초등학교 등 8개 학교에서는 녹화기(삼성 SV-D800) 등 7개 품목을 조달청 구입가격보다 품목당 최저 64천원에서 최고 362천원을 비싸게 구입하여 총 1,075천원의 예산을 낭비함(변대룡 : 291).

② 재산관리 등 부적정

• ㅇㅇ교육청 산하 학교법인 ㅇㅇ학원에서는 1999년도 원천징수 법인세 1,813천원(법인회계 878천원, 학교회계 935천원)을 2000년도에 공제신청을 하지 아니하여 원천징수 법인세 1,813천원을 환급받지 못한 사실이 있고, 학교법인 ㅇㅇ학원에서도 2000~2001년도 학교회계분원천징수 법인세 환급금 865천원을 학교회계로 전출하지 아니하고 법인회계로 세입조치(변대룡 : 293).
• ㅇㅇ고등학교에서는 ㅇㅇㅇ에게 구내식당 및 매점과 자판기 설치에 대한 국유재산 사용·수익 허가를 하면서 자판기 설치면적을 제외함에 따라 위 기간 동안에 자판기 설치와 관련한 국유재산 사용료 ㅇㅇ백만 원을 미징수(이화복 : 483).

③ 조달물품 구매 부적정

ㅇㅇ교육청 관내 ㅇㅇ중학교 등 2개교에서는 조달청 제3자 단가계약 체결 물품인 PC 3개를 개인 용도인데도 조달물자로 구매함(변대룡 : 295).

(라) 교육정보화 부문

① 정보화 장비 구매 부적정

○○교육청 소속 ○○고등학교 등 5개교에서는 멀티미디어실 구축사업을 추진하면서 서버용 컴퓨터, 네트워크장비 등을 일괄구매하지 않고 25개 업체와 28건으로 분할 수의계약으로 구매함(계약금액 419,003천원)(변대룡 : 294).

② 민간참여 학교컴퓨터 보급사업 추진 부적정

○○교육청 산하 각급 학교에서는 민간참여 학교컴퓨터 보급업무를 추진하면서 학교운영위원회 심의를 미실시한 학교가 4개교, 화재도난보험 미가입 학교가 48개교, 기부금품 접수 신청서 미제출 학교가 20개교, 후 기증하기로 계약을 체결하였으나 계약이행보증보험증권을 3개 학교가 미징구(변대룡 : 295).

③ 예산 중복지원

○○교육청에서는 국고보조금인 실업계 고교 멀티미디어실 구축사업을 추진하면서 ○○년도에 기 지원한 위성방송수신기를 ○○년도 멀티미디어실 설치용도로 동 수신기를 중복 지원하여 ○○교 ○○백만 원, 동 사업으로 LCD프로젝터와 기능이 유사한 프로젝션 TV를 지원함으로써 ○○개교 ○○백만 원을 각각 낭비(이화복 : 483).

(마) 교육환경지도 부문

① 학교환경정화구역 지연 설정

학교환경위생정화구역 설정 · 공고는 학교 인가일로부터 1개월 이내에 하여야 하며, 동 구역내 유해시설에 대한 해제심의 시에는 최대한 인접 학교장의 의견이 반영되어야 하는데도, ○○교육청 등 3개 지역 교육청의 경우 최장1년 6개월간 동 구역 설정 · 공고를 지연하였고, 인접 학교장의 설치 반대의견에도 불구하고 유해시설을 평균 38.5% 해제 허가함(17개 지역 교육구청)(변대룡 : 295).

② 학교급식관리 부적정

○○교육청 산하 ○○초 · 중 · 고등학교에서는 2002년부터 감사일 현재까지 주1회 이상 학교관계자가 입회하여 식재료에 대하여 납품 즉시 검수하지 아니하였고, 위탁급식업체로 하여금 급식비 집행상황을 제출받아 학교운영위원회에 연 2회 이상 보고(공개)토록 하지 아니하였으며, '03. 3. 24. 납품된 식재료에 대하여 검수를 하지 않았고, 동 식재료를 표본조사한 결과, 재래식 된장 등 5종은 일일사용계획 수량과 상

차·배송지시서에 의거 업체가 납품한 수량이 일치하지 않는데도 이를 철저히 확인하지 아니하였으며, 위탁급식업체가 급식비 청구시 제출한 청구서의 타당성에 대하여 충분히 검토하지 않고 청구한 대로 급식비를 지출함(변대룡 : 296).

③ 학원지도·감독 부적정

ㅇㅇ교육청에서는 학원에 대한 지도·감독 결과 ㅇㅇ학원은 강사해임신고 지연 등의 사유로 4차례('98. 2. 9, '99. 1. 16, '99. 12. 24 및 '00. 1. 11.) 법규위반사항이 적발되었고, 이 중 '00. 1. 11 지적된 건에 대한 행정처분(행정처분 종류 : 경고, 시정명령, 휴원, 폐원)은 벌점 31점에 해당되어 "휴원 7일"의 행정처분을 하여야 하는데도 "경고" 처분(변대룡 : 297).

④ 공익법인 지도·감독 불철저

ㅇㅇ교육청에서는 관내 18개 법인 중 사단법인 ㅇㅇ연구원은 설립 이후 2년간 목적사업 실적 전무, 동 연구원 지도점검 시 1999년 회비 350만 원 확보 약속을 한 연구원 활성화 방안을 제출받았으나, 이행사실이 없는데도 방치하였으며, ㅇㅇ장학회 1999년 결산보고서에 이사회회의록 등 증빙서류가 없는데도 그대로 수리하였고, 목적사업 실적이 저조한 법인의 지도·감독 불철저함(변대룡 : 298).

(바) 시설관리

① 신설학교 개교 시기 부적정

ㅇㅇ교육청에서는 '03. 3. 1. 개교예정으로 추진중인 ㅇㅇ초등학교 등 신설 4개교를 공사기간 부족으로 당초 개교예정일에 개교가 어려운 실정이었는데도 개교를 강행하였고, 공사중인 학교에 학생을 수용하면서 공사장 안전관리를 소홀히 하여 민원을 야기함(변대룡 : 299).

② 시설사업계획 및 집행 부적정

ㅇㅇ고등학교에서는 2002년 수립된 예산(1억 3천만 원)으로 동일 건물의 보수공사를 일괄하여 집행하지 아니하고 2002년 11월 및 2002년 12월에 분할하여 각각 수의계약으로 집행하였고, 동년 12월에 계약한 공사는 공사의 시급성을 이유로 공사계약 이전에 수의계약 내정업체로 하여금 착공 집행함(변대룡 : 299).

③ 시설공사 수의계약 부당

- ㅇㅇ교육청 ㅇㅇ중학교에서는 '01. 11. 15. 급식실 증축공사를 동교에 시공중인

교사증축 공사와는 60m 이상 떨어져 있고, 동 공사의 준공기한과 시간적 중복기간이 15일 정도에 불과한데도, 작업상 혼잡을 이유로 교사 증축업체와 수의계약으로 집행(변대룡 : 299).

- ○○교육청에서는 일괄 발주하여 일반경쟁입찰방법으로 시행하여야 할 공사를 분할하여 수의계약 체결하고, 그 중 ○○건은 특정업체와 계약, ○건 ○○백만원은 무자격업체와 수의계약을 체결(이화복 : 484).
- ○○교육청에서는 ○○중학교 교실 대수선 및 부대시설공사를 집행함에 있어 전체 사업계획을 확정, 계약부서인 재무과로 공사계약을 요구하였으나 재무과에서는 특별한 이유 없이 이를 교실 대수선공사와 부대시설공사로 분할하여 교실 대수선공사는 공개경쟁방법으로 계약하였고, 교실 대수선공사 중인 부대시설공사를 동 계약자와 수의계약 체결(이화복 : 485).

④ 시설공사 시공 부적정

- ○○교육청에서는 2002년 4월 착공, 2003년 3월 준공예정으로 시공중인 ○○고등학교 신축공사에 있어서, 옥상 파라펫에는 15mm 모르타르를 바른 후 그 위에 방수공사를 하도록 설계되어 있었으나, 파라펫 콘크리트 바탕면을 손질 후 직접 방수공사를 시공토록 하여 생략한 모르타르공사비는 감액하여야 하는데도, 동 공사비 5,163천원 상당을 감액 미조치(변대룡 : 300).
- ○○교육청에서는 방수공사 등 ○○건 공사비 산정시 레미콘 대금의 부가가치세가 이중으로 과다계상 되고, 안전관리비 및 산재보험료가 부당지급(이화복 : 485).
- ○○교육청에서는 학생기숙사 신축공사를 추진함에 있어, 지하층옹벽 등 벽체에는 합판거푸집 대신 공사비가 저렴한 유로폼 거푸집으로 시공하고서도 설계변경 미조치(이화복 : 476).

⑤ 교육환경개선특별회계 목적 위반

○○교육청 관내 K공업고등학교 등 ○○개교에서는 교육환경개선특별회계에서 사용목적으로 정하지 아니한 일반교실 ○○실 ○○백만 원 상당을 증축함으로써 교육환경개선특별회계 설치목적에 위배하여 추진함.(이화복 : 484).

(사) 공직기강

① 금품수수 · 횡령 등

○○교육청 학교운영 지원과 지방교육행정사무관 ○○○은 「사립학교 행정실장 협의회」 총무로부터 학교운영 지원과 지원금 명목으로 15개 사립고등학교 행정실장으로부터 2,000천원을 전달받아, 그 중 1,500천원은 '02. 3. 19. 학교운영 지원과 행정담당 직원의 식대 등으로 사용하였고, 나머지 500천원은 '02. 3. 27. 현재까지 자신이 보관하였다(변대룡 : 303).

② 복무관리 소홀

○○교육청에 대하여 불시 기강점검을 실시한 결과, 7급 ○○○ 외 11명은 '03. 2. 3.~2. 4. 동안 초과근무 명령에 의거 17 : 00-23 : 00까지 초과근무를 실시하면서 초과근무자의 근무상황 기록과 초과근무 사실에 대한 당직자의 확인기록이 없는 등 초과근무 업무처리를 부적정하게 운영함(변대룡 : 304-305).

③ 민원업무처리 부적정

○○고등학교 교사가 교내문제에 대한 민원을 감사원에 제기, 동민원이 교육청으로 이첩되어 '02. 4. 19.~4. 20. 사이에 동 교육청에서 조사하였으나, 그 처리상황을 민원인에게 통보하면서 겉봉투에 민원서류 고무인을 찍고 발신인을 교육감으로 하여 민원서 상의 주소(민원인 자택)가 아닌 민원인의 근무처인 학교주소로 발송함으로써 민원인의 인적사항에 대한 비밀유지를 소홀히 함(변대룡 : 306).

④ 특기 · 적성교육비 집행 부적정

○○교육청 관내 ○○초등학교에서는 2002학년도 특기 · 적성교육 프로그램으로 영어와 컴퓨터 과목을 개설하여 운영하면서, 수익자 부담원칙으로 하되 저소득층 자녀 14명은 무료로 수강할 수 있도록 계약함으로써 별도의 예산지원이 필요하지 아니한데도, 교육청에 '02. 3. 27. 및 동년 9. 24. 저소득층 자녀 14명에 대한 지원비를 요구하여 총 5,300천원의 특기 · 적성교육비 지원을 교부받았으나, 지원목적을 위배하여 교사들에게 강사료로 부당하게 지급한 후, 그 중 1/2은 거둬 전체 교직원 여행경비로 사용하고 1/2은 개인별로 지급함(변대룡 : 306).

⑤ 공무원 영리업무 및 겸직금지 위배

○○초등학교 교사○○○는 교사로 임용되기 전에 감정평가사 자격을 취득하여 감

정평가법인 소속 감정평가사로 근무하고 그 이후 ㅇㅇ초등학교 교사로 임용되어 감정평가법인의 감정평가사 업무를 겸직하면서 위 겸직기간중에 수주활동에 대한 대가 등으로 감정평가법인으로부터 200만원 수령함(변대룡 : 307).

4. 지방의회 감사 지적사례

- 관사 및 사택의 타 용도 전용 지양[119]
- 교실에 무절제한 에어컨 설치 지양(학부모 부담 가중)
- 교육전문직 채용시험 및 교원인사의 공정성 확보
- 교육전문직에게 지급되는 연구활동지원비 시정조치
- 기부금품 강요 근절
- 문제학생 복학후 관리·지도 철저
- 보충수업 및 교내 과외제도 개선
- 비위 교직원에 대한 징계조치 미흡
- 사립학교 교원의 공개채용 유도
- 사설학원 위탁생 관리 철저
- 사학재단의 법인전입금 및 부담금 이행여부 지도 철저
- 양호교사의 활용방안 강구
- 열린 교육제도에 대한 대책 강구
- 영어 원어민교사의 고포 활용방안 강구
- 영재교육 내실화
- 임시교사 채용시 교원대기발령자 활용
- 특수학급 운영 및 특수아동지원대책 미흡
- 폐교의 관리·매각·임대 철저
- 학교 소각로 적정관리
- 학교공사 수의계약시 특정업체의 편중계약 시정
- 학교급식과 관련한 각종 민원 근절
- 학교급식에 대한 위생검사강화
- 학교급식의 부식품 구입 철저

119) 밑줄 친 부분은 시·도사무로 시·도의회의 지적 사항이다. 이하 같다.

- 학교내 학생사고 방지대책 강구
- 학교시설물 안전진단실시
- 학교운영비의 사적활동비 사용 금지 및 사용분 환수조치
- 학교운영위원회 활성화 및 지도·감독 철저(사립학교 활성화 유도)
- 학교의 공유재산관리 철저
- 학교의 오수정화조관리 철저
- 학생들의 금지약물복용대책
- 학생자원봉사제도 내실화 방안 강구
- 학원지도업무 강화

Ⅲ 교통행정 분야

1. 사무내용과 감사기본방향

가. 사무내용

지방자치단체의 교통행정은 ① 교통정책 ② 대중교통운영개선 ③ 광역교통기획단 관련업무로 분류할 수 있다.

첫째 교통정책과 관련하여 ▸교통행정·사업용 자동차 운수행정 종합계획 수립·조정 및 국소관 행정의 종합기획 조정 ▸도시교통정책심의위원회 운영 ▸교통영향평가관련 사항 ▸도운수연수원에 관한 사항 ▸여객 및 화물자동차 운송사업 인·면허관련업무(택시·화물 및 자동차대여사업, 자동차운송 주선사업 등을 포함한다.) ▸화물 터미널관련 업무 ▸운송사업체 및 조합·협회의 지도·감독 ▸버스를 제외한 사업용 자동차의 행정처분에 관한 사무 ▸주정차 및 전용차로 질서확립에 관한 사무 ▸교통불편신고센터 운영등 교통 불편에 관한 사무 ▸특별수송대책 ▸창고업등록관련 사무 ▸자동차 운송사업 통계사무 ▸자동차관리 및 운영에 관한 사무 ▸건설기계관리에 관한 사무 ▸물류유통단지 지정 및 개발지원 ▸교통계획 수립·시행 및 평가·확인 등을 관장한다.

둘째, 대중교통운영개선과 관련하여 ▸버스운영 종합계획 수립·조정 및 연구개발에 관한 사항 ▸여객자동차(버스) 운송사업 인·면허관련 사항 ▸여객자동차 터미

널관련 사항 ▸버스운송사업체 및 조합 · 협회의 지도 · 감독 ▸여객자동차 운송사업 운임 · 요금의 기준 및 요율의 결정 ▸버스 인 · 면허관련 행정처분, 교통사고 등에 관한 사항 ▸버스 공영차고지에 관한 사항 ▸버스노선계획 및 조정 등에 관한 사항 ▸버스서비스 개선에 관한 사항 ▸철도 건설 및 운영관련 종합계획 수립 · 조정 · 협의 ▸철도사고 조사 및 복구지원에 관한 사항 ▸철도와 다른 교통수단의 연계에 관한 사항 ▸경전철 등 신교통수단의 개발 및 도입지원에 관한 사항 등을 관장한다.

도표 5-4 교통행정분야 자치단체의 사무영역

구분	시 · 도사무	시 · 군 · 자치구 사무
○ 지방도 · 시 · 군 도로의 신설 · 개수 및 유지	1) 도로관리계획 수립 2) 특별시 · 도 및 지방도의 노선인정과 폐지 · 변경 3) 특별시 · 도 · 지방도의 신설 · 개축 및 수선 4) 특별시 · 도 · 지방도의 점용허가 및 점용료 징수 5) 도로통행료의 징수 6) 접도구역의 지정 · 관리 7) 도로부속물의 유지 · 관리 8) 도로관리사업소의 설치 · 운영 9) 도로유지기동반 운영 및 수로원 관리	1) 시 · 군도관리계획 수립 · 시행 2) 시 · 군도의 노선인정과 폐지 · 변경 3) 시 · 군도의 신설 · 개축 및 수선 4) 시 · 군도의 점용허가 및 점용료 징수 5) 도로통행료의 징수 6) 접도구역의 지정 · 관리 7) 도로부속물의 유지 · 관리 8) 도로정비 및 수로원 배치 · 관리
○ 지방궤도사업의 경영	1) 지방궤도사업 운영계획 수립 2) 지방궤도사업의 설치 · 운영 3) 지방궤도사업의 경영 평가 4) 지방궤도사업에 따른 요금징수 5) 지방궤도사업 특별회계의 설치 6) 지하철도채권의 발행 7) 지하철도공사의 설립 · 운영	1) 지방궤도사업 운영계획 수립(자치구의 경우는 제외한다) 2) 지방궤도사업의 설치 · 운영(자치구의 경우는 제외한다) 3) 지방궤도사업의 경영 평가 4) 지방궤도사업 특별회계의 설치(자치구의 경우는 제외한다)
○ 주차장 · 교통표지 등 교통편의시설의 설치 및 관리	1) 주차장 정비 및 개발계획의 수립 2) 교통신호기, 안전표지 등의 설치지도 및 지원 3) 관할 도로에 도로표지 등 설치	1) 주차장 정비 및 개발계획의 추진 2) 관할 도로에 도로표지 등 설치 3) 버스정류소의 유지 · 관리 4) 가로등의 유지 · 관리 5) 교통신호기, 안전표지 등의 설치 · 관리

셋째, 광역교통기획단은 ▸광역교통 종합계획 수립·조정 및 연구개발에 관한 사항 ▸교통체계개선사업(TSM)에 관한 사항 ▸주차장에 관한 사항 ▸교통안전법에 의한 교통안전에 관한 사항 ▸도로교통법에 의한 교통안전시설에 관한 사항 ▸삭도·궤도에 관한 사무 ▸사업용 자동차 교통안전 관리에 관한 사항 ▸교통유발 부담금에 관한 사항 ▸교통D/B 구축 및 기본조사에 관한 사항 ▸광역교통시설 특별회계 및 광역교통시설 부담금에 관한 사무 ▸기타 광역교통 개선대책과 관련된 사항 ▸환승시설(센터)에 관한사항 ▸간선급행버스(BRT)에 관한 사항 ▸교통혼잡지역 개선에 관한 사항 ▸버스전용차로에 관한 사항 ▸지능형교통체계(ITS)에 관한 사항 ▸버스안내정보시스템(BIS) 및 버스관리시스템(BMS)에 관한 사항 ▸항공장애 업무 등을 관장한다.

지방자치법 제9조에 따른 교통행정분야의 자치단체별 사무영역은 도표 5-4와 같다.

나. 감사기본방향

교통행정분야에 대한 행정감사를 위하여 관련법령의 내용파악과 업무처리 절차를 사전에 숙지할 필요가 있다. 교통행정분야에서 ① 민원처리기간 준수실태 ② 법령에 근거 없는 민원 보완서류의 임의 징구실태 ③ 다수인민원처리 실태와 민원사무점검 이행 실태 ④ 운수업자와 관계공무원 유착으로 형식적인 단속 실시 ⑤ 담당공무원이 임의대로 과징금 및 과태료 2분의 1 감경 처분실태 ⑥ 과징금 및 과태료 체납자 독촉장 미발부, 재산압류 미조치 사항 등 ⑦ 개인택시 양도·양수 자격요건 적정 구비 실태 ⑧ 면허처분 자격요건의 적정성 여부 ⑨ 허위임대계약서로 차고지 설치 확인 신청 ⑩ 주민교통 편의를 위하여 새로운 마을버스노선 신설 민원이 발생됨에도 기존 노선버스업체의 압력으로 마을버스노선 신설 방치 등을 지적받고 있다.

교통행정분야에 대한 감사는 각종 인·허가 사항, 부담금이나 법령조례상의 의무 위반에 대하여는 합법성감사(제4장 Ⅲ. 참조)에, 사업에 대해서는 성과감사(제4장 Ⅵ. 참조)에 정책개발 및 집행에 대해서는 정책감사(제4장 Ⅴ. 참조)에 중점을 두어야 할 것이다.

2. 정책/성과감사 기법

가. 교통사업계획에 대한 타당성 감사

도로관리계획, 지방궤도사업운영계획 및 주차장 정비 및 개발계획과정에 대한 타당성 감사의 착안사항은 다음과 같다.

① 다수 주민의 사회적 · 경제적 욕구에 의한 교통사업인가? 특정 이해집단을 위한 특혜성 발굴 · 구상은 아닌가?
② 국가 상위목표 달성에 필요하고, 국가시책과의 일관성을 유지하고 있는가?
③ 유사한 교통사업을 벤치마킹하여 성공 또는 실패의 원인을 분석한 것인가?
④ 교통사업 목표와의 관계에서 효과적인 접근인가?(효과성)
⑤ 교통사업결정을 위한 조사자료 등은 진실 된 것인가?(타당성)
⑥ 용역보고서의 내용의 타당성과 합리성은 인정할 수 있는가?
⑦ 교통사업계획의 목표와 계획지표는 적정한가?
⑧ 교통사업의 목표 달성을 위한 수단은 확보 가능한 것인가?
⑨ 교통사업을 위한 재원확보 대책은 타당한가?
⑩ 교통사업을 추진하기 위한 관련기관과의 협력체제는 강구되어 있는가?

나. 교통사업의 시행, 비용처리 · 활동에 대한 능률성 감사

① 적합한 유형, 적절한 양과 질의 최적의 자원을 최소비용으로 획득하고 있는가?
② 재산이나 물자 및 소모품을 필요 이상으로 축적해 놓고 있지는 않는가?
③ 적절한 양과 질의 재화나 용역을 시의적절하게 생산하거나 제공하는데 최소의 자원을 사용하고 있는가?
④ 과업에 비해 인원이 과다하게 투입하고 있지는 않는가?
⑤ 직원이나 부서 사이에 업무의 중복은 없는가?
⑥ 사소한 목적에 비용을 지나치게 지출하지 않았는가?
⑦ 교통에 관련된 장비나 시설을 비능률적으로 활용하고 있지는 않는가?
⑧ 자원을 적절하게 보전 · 유지하고 있는가?

다. 교통사업의 성과에 대한 효과성 감사

지방자치단체의 교통운수시설은 도로, 주차장, 자동차정류장, 삭도, 항만, 자동차

검사시설 등을 건설하는 사업을 추진하는 경우에 다음과 같은 점에 중점을 두어야 할 것이다.

① 교통사업에 대한 비용편익 분석은 이루어진 것인가?
② 예산이 중복 투입되는 교통사업은 아닌가?
③ 교통사업이 다른 관련 사업들을 보완하는 것인가, 그들과 중복되는 것인가? 혹은 서로 상충되는 것인가?
④ 성과를 보다 효과적이거나 보다 낮은 비용으로 달성할 수 있는 대안들을 고려했는가?
⑤ 교통사업의 효과성을 측정하고 보고하기 위한 적절한 체계를 가지고 있는가?
⑥ 교통사업의 목표는 어느 정도나 달성했는가?
⑦ 교통사업의 목표가 적절하거나 적실성이 있는가?(이 때의 교통사업은 제안된 것일 수도 있고, 새로운 것일 수도 있으며, 진행 중인 것일 수도 있다).
⑧ 만족스러운 성과를 저해하는 요인들은 무엇인가?
⑨ 교통사업의 효과성이나 사업의 개별 수단들의 효과성은 어느 정도인가?

라. 교통시설 및 시스템 설치 운영에 대한 성과감사

지방자치단체의 교통운수시설은 도로, 주차장, 자동차정류장, 삭도, 항만, 자동차 검사시설 등, TSM, BKT, ITS, IS, BMS 등이 제대로 기능하고 있는지에 중점을 두고 감사하여야 할 것이다.

① 교통시설은 최대한 활용되고 있는가?
② 유휴교통시설에 대한 대책은 무엇인가?
③ 교통시설은 설치목적에 부합되게 운영되고 있는가?
④ 교통시설의 적자 해소를 위한 대책은 무엇인가?
⑤ 유사사업을 벤치마킹하여 성공 또는 실패의 원인을 분석한 것인가?
⑥ 교통시설은 적정하게 유지, 관리되고 있는가?
⑦ 교통시설관리요원의 규모는 적정한가?
⑧ 교통시설관리 비용은 적정한 수준인가?
⑨ 교통시설이나 시스템을 방치하고 있는 경우는 없는가?
⑩ 교통시설이나 중복 투자는 없는가?

3. 합법성감사 기법

가. 교통민원처리[120)]

(1) 관 계 법 령[121)]

- 민원사무처리에 관한 법률 제10조, 제12조, 제32조, 제34조, 제38조 등
- 같은법 시행령 제7조, 제8조, 제10조, 제15조, 제22조, 제29조, 제33조, 제37조
- 같은법 시행규칙

(2) 업 무 처 리 절 차

민원서류 신청 · 접수	– 관련부서 이송(민원실 → 해당 실과) – 민원종합실무심의회, 민원조정위원회 개최(필요시)
↓ 관련부서 검토 · 처리	– 관련법규 검토, 관련부서 협의, 현지확인, 서류보완 요구 등
↓ 처리결과 통보	– 해결(해결, 불가, 해당기관 이첩 등), 반려, 취하 등

(3) 감 사 착 안 사 항

(가) 불필요한 서류징구 등(민원사무처리에 관한 법률시행령 제8조)

- 민원사무를 처리함에 있어 민원인에게 소정의 구비서류 이외의 서류를 부당하게 요구하고 있지는 않는가.
- 또한 행정기관 간 전산정보 확인 등을 통해 직접 확인처리가 가능한 관련증명서류를 요구하고 있는가.

(나) 민원지연처리(같은법 시행령 제15조, 같은법 시행규칙 제5조, 같은법 시행령 제10조3항, 같은법 제6조, 같은법 시행령 제12조)

- 민원서류의 보완요구시 민원서류를 접수한 때부터 특별한 사정이 없는 한 8근무시간 이내에 하지 않고 처리기한이 임박하여 보완요구를 하고 있는가.

120) 경기도(2006a), 143-144쪽에서 재작성하였음.

121) 주의! 관계법령이 개정되었는지를 먼저 확인해서 현행법령에 입각하여 합법성감사를 실시하여야 한다.

- 소관기관이 아닌 민원서류를 접수하였을 경우 8 근무시간 이내에 해당기관으로 이첩·이송하고 그 사실을 민원인에게도 통지하고 있는가.
- 민원사무처리 시 흠이 없는 경우에도 처리기간이 남아 있음을 이유로 즉시처리하지 않고 처리기한이 임박하여 처리하고 있지는 않는가.

(다) 민원통보 부적정(같은법 제10조, 같은법 시행령 제33조)

민원사항이 실현불가능 하다고 판단되어 불허가 처분 시 불허가의 법령상, 사실상의 이유를 명시하고 대안이 있을 경우 대안까지 명시하여 통지하여야 함에도 일방적으로 불허가 처분만 하고 있는가.

(라) 민원사무 미점검(같은법 제32조, 같은법 시행령 제34조)

시·군 자체 민원사무에 대하여 민원사무처리 상황과 운영실태를 매월 1회 이상 확인·점검하고 있는가.

(마) 다수인 관련 민원 방치(같은법 시행령 제22조, 다수인관련민원관리 및 해소추진지침)

5세대 이상의 공동이해와 5인 이상이 연명으로 제출한 민원을 "다수인민원"으로 분류·표시하고 감사관실 경우와 기관장 선람 등을 거쳐 우선하여 처리하고 있는가.

(바) 민원접수 부당(같은법 제12조, 같은법 시행령 제11조, 사무관리규정 제7조, 제23조)

민원사무를 일반문서로 분류 접수하여 장기간 방치하고 있지는 있는가.

나. 자동차관리법령 위반자 행정처분[122]

(1) 관 계 법 령[123]

- 자동차관리법 제6조, 제27조, 제34조, 제43조, 제75조, 제84조 등
- 같은법 시행령 제20조, 제27조 등
- 같은법 시행규칙 제59조, 제62조 등

122) 경기도(2006a), 145-146쪽에서 재작성 하였음.

123) 주의! 관계법령이 개정되었는지를 먼저 확인해서 현행법령에 입각하여 합법성감사를 실시하여야 한다.

(2) 업무처리절차

적발 → 사전 처분통지 → 의견청취 → 과태료 부과 → 독촉 → 체납처분

(3) 감사착안사항

(가) 자동차 정기점검 미이행 차량 처분(자동차관리법 제36조, 제43조, 같은법 시행령 제20조)

자동차정기검사 · 점검을 기간만료일 내에 받지 않은 자동차소유자에 대하여 과태료를 적정하게 부과하였는가.

(나) 임시운행 기간경과 차량 과태료 부과(같은법 제6조, 제27조 3항, 같은법 시행령 제7조, 제17조)

임시운행 기간을 경과하여 운행하다 적발된 차량에 대하여 과태료 부과하였는가.

(다) 봉인 미부착 차량 과태료 부과(같은법 제10조 4항, 같은법 시행령 제17조 제3항)

봉인 미부착 운행차량으로 적발된 차량에 대하여 과태료(30만원)를 부과하였는가.

(라) 불법 구조변경 차량 과태료 부과(같은법 제43조)

불법 구조변경으로 적발된 차량에 대하여 관계기관에 고발하였는가.

(마) 정비업위반업체 과태료 부과(같은법 시행령 제12조, 같은법 시행규칙 제131조)

정비업소 작업범위 위반으로 적발 통보된 업체에 대하여 사업정지, 과징금 부과 등 행정처분을 적정하게 하였는가.

(바) 책임보험 미가입 차량 과태료 부과

자동차 책임보험 · 공제에 가입하지 않은 자에 대하여 과태료를 적정하게 부과하였는가(자동차손해배상보장법 제5조, 제48조, 같은법 시행령 제27조)

(사) 과태료 체납처분 관리

과태료 체납자에 대한 독촉장 발송 및 재산 압류 등 체납처분조치를 이행하였는가.

(4) 감 사 사 례

검사미필자동차 검사 등 관리소홀[124)]

■ 개요

자동차 검사를 받지 아니한 자에 대하여는 기간 만료일부터 초과일수에 따라 300,000원까지 과태료를 부과하며 자동차 검사를 받을 것과 기간을 정하여 운행정지를 명하고 이에 불응할 경우 고발하여야 함에도 이를 방치함.

■ 위법 · 부당내용

- 구 자동차관리법 제43조, 제37조, 제81조에 따라 시장 · 군수는 기간이 경과된 자동차를 매월 1회 이상 조사하여 그 소유자에게 정기검사를 받아야 하는 기간이 지난 사실을 통지하여야 하고, 검사를 받지 아니한 자에 대하여는 기간 만료일부터 초과일수에 따라 과태료를 부과하며 자동차 검사를 받을 것과 기간을 정하여 운행정지를 명하고 이에 불응할 경우 고발하여야 함에도
- ○시 ○○과에서는 모두 1,634대의 검사유효기간 경과 자동차에 대하여 법령에 의한 매월 정기적으로 폐차, 도난, 무단방치 등의 실태조사를 하고 직권말소 또는 과태료 부과를 하거나 자동차검사 명령을 하지 아니하고 이를 방치하여 약490백만 원의 과태료 미부과와 자동차검사를 하지 아니하여 도로를 주행할 수 있는 적합여부가 판명되지 아니한 자동차가 주행케 함으로써 도로교통 안전에 커다란 지장을 초래케 한 사실

다. 여객 · 화물자동차운수사업법령 위반자 행정처분[125)]

(1) 관 계 법 령[126)]

- 여객자동차운수사업법 제9조, 제22조, 제26조, 같은법 시행령 제4조, 제34조 등
- 화물자동차운수사업법 제10조, 제17조, 제21조, 같은법 시행령 제5조, 제7조 제21조 등

---

124) 경기도(2006b), 81쪽 참조.

125) 경기도(2006a), 147~148쪽에서 재작성하였음.

126) 주의! 관계법령이 개정되었는지를 먼저 확인해서 현행법령에 입각하여 합법성감사를 실시하여야 한다.

- 지방세법 제28조 등
- 국세징수법 제24조 등

(2) 업 무 처 리 절 차

적발 → 사전 처분통지 → 의견청취 → 과징금 부과 → 독촉장 발부 → 재산압류

(3) 감 사 착 안 사 항

(가) 부당요금징수 과태료 부과(여객자동차운수사업법 제26조, 같은법 제94조)

영업과정에서 부당요금을 징수하다 적발되어 과태료(1년 이내 동일행위 위반시 과중처벌)를 부과하였는가.

(나) 미터기 미사용 과태료 부과(같은법 제8조, 같은법 시행령 제85조 제1항)

미터기 미사용으로 적발되어 과태료(동일행위 위반시 과중처벌)를 부과하였는가.

(다) 자격정지 미게시 영업 과태료 부과(같은법 제17조, 같은법 시행령 제85조제1항)

택시자격증을 미게시하고 영업하다 적발되어 행정처분(자격정지 5일, 과징금 10만원 부과)을 하였는가.

(라) 과징금감경처분(같은법 시행령 제46조 제2항)

과징금 부과시 운수사업자의 사업규모, 위반행위의 내용 및 횟수 등을 참작하여 과징금의 2분의1 범위 내에서 가중 또는 경감 처분하였는가.

(마) 불법주차 행정처분(화물자동차운수사업법 시행령 제5조1항, 같은법 시행규칙 제21조, 제30조 제1항)

화물자동차를 밤샘주차하다 적발되어 과징금을 정당하게 부과하였는가.

(바) 보험미가입(같은법 제13조 제4항, 같은법 시행규칙 38조)

이사화물 운송주선사업자가 피해보상을 위한 이행보증보험에 가입되어 있는가.

(사) 부당요금징수(같은법 제12조, 제68조, 같은법 시행규칙 제30조 제1항)

화물자동차운송사업자가 부당한 요금을 징수하다 적발되어 과징금 부과를 하였는가.

(아) 사업위반자 행정처분(같은법 제17조 제1항, 같은법 시행령 제9조 제1항)

화물자동차운송사업법 위반자에 대하여 사업일부정지 등의 행정처분을 적절하게 하였는가.

(자) 체납처분(같은법 제70조, 지방세법 제28조, 국세징수법 제24조)

과태료 부과 후 납부독촉(독촉장 발부 등), 체납처분 절차를 이행하였는가.

라. 개인택시 운송사업 양도 · 양수인가[127]

(1) 관 계 법 령[128]

여객자동차운수사업법 제14조, 같은법 시행령 제10조의2, 같은법 시행규칙 제19조, 제35조 제4항 등

(2) 업 무 처 리 절 차

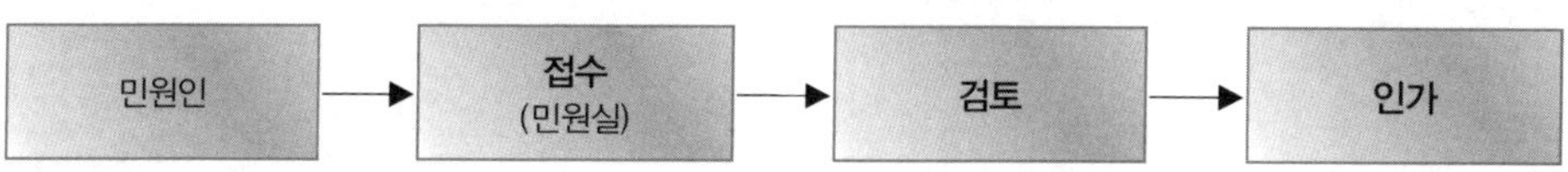

(교통행정과)
· 관련법에 의한 서류검토
· 운전경력 증명 조회 등

(3) 감 사 착 안 사 항

개인택시운송사업 양도 · 양수인가(여객자동차운수사업법 제14조, 같은법 시행령 제10조의2, 같은법 시행규칙 제35조 제4항)

- 양도자가 면허 받은 날부터 5년이 경과한 이후에 양도하였는가.
- 1년 이상 치료를 요하는 질병으로 인해 본인이 직접 운전할 수 없어 양도하였는가.
- 해외 이주로 본인이 운전할 수 없는 경우가 아닌가.
- 61세 이상인 자가 아닌가.
- 기타 개인택시 양도 · 양수인가를 적정하게 하였는가.

127) 경기도(2006a), 149~159쪽에서 재작성하였음.

128) 주의! 관계법령이 개정되었는지를 먼저 확인해서 현행법령에 입각하여 합법성감사를 실시하여야 한다.

- 신청일 기산 과거 6년간 국내에서 사업용 자동차를 무사고로 운전한 경력 소유자인지 확인하였는가.
- 과거 11년간 국내에서 자가용 자동차 운전경력이 10년 이상인 자로 자가용 자동차 무사고 운전경력이 10년 이상인자인지 확인하였는가.
- 과거 3년간 과태료 처분을 3회 이상 받은 사실이 없는가.
- 과거 3년간 운전면허 누산점수 180점 이하인 경우가 아닌가.

마. 개인택시 운송사업 면허처분[129]

(1) 관 계 법 령[130]

여객자동차운수사업법 제4조 제1항, 같은법 시행규칙 제19조 등

(2) 업 무 처 리 절 차

(3) 감 사 착 안 사 항

개인택시운송사업면허처분의 적법성(여객자동차운수사업법 제4조 제1항, 같은법 시행규칙, 제19조)

- 구비서류 외의 불필요한 서류를 징구하고 있지 않는가.
- 개인택시면허 신청시 제출한 첨부서류가 사실인지 확인을 하였는가.
- 과거 6년간 국내에서 사업용자동차 무사고 운전경력이 5년 이상인지 사실 확인을 하였는가.
- 과거 11년간 국내에서 고용되어 자가용자동차 무사고 운전경력이 10년 이상인지를 확인하였는가.
- 과거 3년간 과태료처분 3회 이상 받은 사실이 없는가.

129) 경기도(2006a), 151~152쪽에서 재작성하였음.

130) 주의! 관계법령이 개정되었는지를 먼저 확인해서 현행법령에 입각하여 합법성감사를 실시하여야 한다.

- 과거 3년간 운전면허행정처분 기준상의 누산점수가 180점 이하인가.
- 운전경력 발급업체 현지출장 확인(배차일지, 근무일지, 급여대장 등)을 하였는가.

바. 차고지설치확인 신청[131]

(1) 관 계 법 령[132]

- 여객자동차운수사업법 제6조
- 화물자동차운수사업법 제5조 등

(2) 업 무 처 리 절 차

민원인 → 사전(민원실) → 확인 → 결재 → 교부 → 민원인

(3) 감 사 착 안 사 항

화물자동차의 차고지 설치(확보) 이행실태(화물자동차운수사업법 제5조)

- 구비서류 외에 불필요한 서류를 징수하고 있지는 않는가.
- 차고지 확보 현지 확인 없이 차고지 설치확인서를 교부하고 있는가.
- 동일번지 주차상 등에 중복으로 차고지설치확인서를 교부하고 있는가.
- 차고지 임대기간이 만료된 운수사업자 행정처분을 제대로 이행하고 있는 것을 확인하였는가.
- 차고지설치확인 신청자가 법인인 경우 법인등기부등본을 첨부하였는가.
- 차고지 미확보 화물자동차운송사업자 행정처분을 제대로 이행하고 있는지 실태 확인을 하였는가.
- 차고지 등이 타 목적으로 사용될 때에는 개선명령을 시달하고 불이행시 행정처분 등 필요한 조치를 이행하였는가.
- 건축법, 농지법 등 타 법령 및 관계법에 저촉하였는가.

131) 경기도(2006a), 153~153쪽에서 재작성하였음.

132) 주의! 관계법령이 개정되었는지를 먼저 확인해서 현행법령에 입각하여 합법성감사를 실시하여야 한다.

사. 불법 주 · 정차위반 과태료 부과[133)]

(1) 관 계 법 령

도로교통법 제32조-제34조의2, 같은법 시행령 제11조-제14조, 제88조 등

(2) 업 무 처 리 절 차

현장적발 → 스티커 발부 → 사진촬영 → 심의위 심의 → 과태료 부과 → 압류

(3) 감 사 착 안 사 항

불법 주 · 정차위반 과태료 부과(도로교통법 제32조-34조의2, 같은법 시행령 제11조 -제14조, 제88조)

- 일상적인 업무수행 중 위반차량을 공무수행 사유로 부당하게 과태료를 면제한 사항이 있는가.
- 과태료 부과 스티커를 발부하고도 정당한 사유 없이 과태료 미부과한 것은 없는가.
- 이의신청 심의위원회 심의 없이 과태료를 임의로 부당하게 면제 처분한 것은 없는가.
- 재 이의신청 시 관할법원에 질서위반행위규제법에 의거 판결의뢰를 하여 처분을 받았는가.
- 교통위반 과태료 수입이 주민을 위한 교통편의시설 확보나 확충비용으로 사용되었는가.
- 불법주정차 위반차량에 대한 단속계획을 수립하여 시행하고 있는가.

아. 마을버스 운송사업 노선신설 및 조정[134)]

(1) 관 계 법 령[135)]

여객자동차운수사업법 시행령 제3조, 제4조, 같은법 시행규칙 제8조 제3항, 제22

133) 서울시(2004) 498쪽 및 경기도(2006a), 155~156쪽에서 재작성 하였음.
134) 경기도(2006a), 157~158쪽에서 재작성하였음.
135) 주의! 관계법령이 개정되었는지를 먼저 확인해서 현행법령에 입각하여 합법성감사를 실시하여야 한다.

조 등

(2) 업 무 처 리 절 차

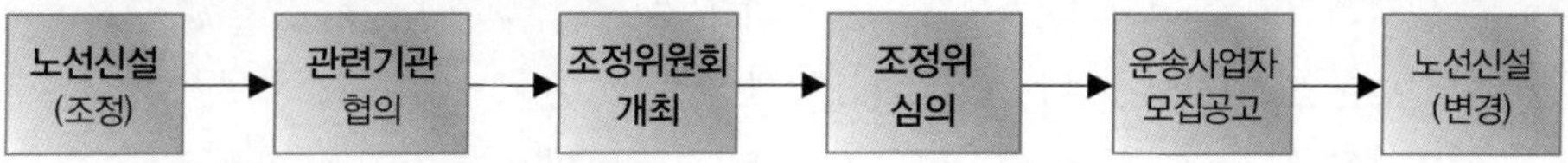

(3) 감 사 착 안 사 항

(가) 마을버스 운송사업 노선신설 및 조정(여객자동차운수사업법 시행령 제3조, 같은법 시행규칙 제8조 제3항, 제22조)

- 마을버스가 시내버스 및 지하철의 보조연계수단으로 면허 처분되었는가.
- 마을버스의 노선이 고지대마을, 벽지마을, 아파트단지, 공업단지, 각급 학교, 또는 종교단체의 소재지 등을 기점 및 종점으로 지정되어 운행하고 있는가.
- 현재의 노선에서 필요에 따라 노선단축이나 연장 등 노선의 효율적인 조정 시에 관련 심의위원회 심의를 거쳐 조정하고 있는가.
- 마을버스의 면허, 노선조정, 증차, 요금신고의 수리 등 적법하게 처리하고 있는가.
- 주민 교통불편 민원제기사항에 대하여 현지조사 실시 및 행정처분을 적법하게 이행하고 있는가.
- 교통위반 과태료 및 과징금 미납부시 독촉장 발부 및 기타 체납처분을 하고 있는가.

4. 지방의회 감사 지적사례

- 가로등 조도(룩스)의 기준치 미흡
- 가로등, 보안등 관리부실 및 관리방법 개선(직접 또는 위탁관리)
- 가로수 훼손에 대한 변상금 징수[136]
- 가로수의 무계획적 정비 및 가로환경개선 부실화
- 가로정비 초소의 운영부실

136) 밑줄 친 부분은 시·도사무로 시·도의회의 지적 사항이다. 이하 같다.

- 가로판매점 허가조건 위반자에 대한 지도 · 감독 소홀(전매행위 근절)
- 각종 공공시설에 대한 안전진단장비 확보
- 각종 교통관련 과태료(과징금. 교통유발금 등)징수실적 저조
- 개인택시면허 발급시 국가유공자를 우선하는 방안 강구
- 건물부설 주차장의 타 용도 사용대책
- 건축물 부설주차장의 타 용도 전용 및 기계주차장의 형식적 활용문제
- 과적차량 단속강화
- 과적차량(매연)단속 미흡 및 전담직원 부족
- 관광지 서비스요금의 행정지도 철저
- 관광홍보강화 방안 강구
- 교통관련 시설물설치 시 경찰청에 예산지원체제 시정
- 교통사고 다발지역에 대한 대책 강구
- 교통소음방음벽 설치 신중 및 기준미달 철저조사
- 교통유발부담금 체납액 징수대책 강구
- 농어촌 도로 교통안전시설물 설치 확대
- 대형차량의 주택가 및 이면도로 노숙 대처방안 강구
- 도로굴착사업의 야간과 공휴일 시행
- 도로굴착의 종합조정
- 도로안내표지판 부적정 및 관리부실
- 도로점용 면적의 과다(신고 · 허가면적보다 과다점용) 및 불법점용에 대한 조치 미흡
- 도로점용료 징수실적 저조(돌출간판 등)
- 돌출간판의 도로점용료 미부과 과다
- 동일 장소에 대한 도로굴착 빈번, 원상복구 미흡
- 마을버스 증차 및 지도 · 감독문제
- 만성적인 병목구간의 교통해소방안 강구
- 무단방치 차량에 대한 대책 강구
- 무분별한 과속방지턱 설치문제
- 버스전용차로 확대 시행
- 버스회사에 대한 경영안전자금의 차등지원

- 불법 주 · 정차 견인차량의 보관비 부담문제
- 불법 주 · 정차 사전예고제 실효성 검토
- 불합리한 시내버스노선 정비
- 사업용 차량의 차고지 형식적 신고
- 시내버스 승강장의 광고 수입화(승강장 기부체납)
- 오지 노선버스에 대한 면세유 지원을 위한 건의방안 강구
- 오지 · 벽지주민의 교통대책 강구
- 운수연수원의 운용프로그램 개발 및 활용방안 강구
- 유 · 도선에 대한 안전점검 철저
- 이면도로에 버스 및 대형트럭의 불법 장기주차(밤샘주차)문제 (차고지 유명무실)
- 자전거도로의 실효성문제
- 재생타이어 사용버스 단속강화
- 주차장특별회계 적립금 사장 및 이자율 문제
- 지방건설업체 육성방안 강구

Ⅳ 농업 · 산림 · 어업행정 분야

1. 사무내용과 감사기본방향

가. 사무내용

지방자치단체의 농업 · 산림 · 어업 행정은 다음과 같은 내용을 담당하고 처리한다.

첫째, 농업정책과 관련하여 ▸국소관 행정의 종합기획조정 ▸농촌정책 개발 및 관련계획 수립 ▸농림사업 추진에 관한사항(농정심의회,농어업농어촌특별대책위원회, 농어민대상제운영을 포함한다) ▸농촌관광 개발 등 소득증대사업 및 농로포장사업 추진 ▸농업인 인력육성 및 농업발전기금 운용 · 관리에 관한사항 ▸농지의 보전 및 이용에 관한 사항 ▸기반정리사업 종합기획 조정 ▸경지정리사업에 관한 사항 ▸농업관련 공유수면매립에 관한 사항 ▸농업용수개발사업 종합계획수립 및 조정 ▸농업관련 한해 및 풍수해 재해대책 종합계획 수립 및 시행 ▸농지 및 농업용수시설의

방재에 관한 사항(방조제의 유지관리를 포함한다)을 관장한다.

둘째, 농산유통과 관련하여 ▸농산유통관련 종합계획 수립 및 시행 ▸농작물 재해대책에 관한 사항 ▸식량작물 생산에 관한 사항 ▸농약 및 농작물 병해충 방제에 관한 사항 ▸비료의 생산수입업 및 유통에 관한 사항 ▸농기계 사후봉사업소 지정 · 관리에 관한 사항 ▸농기계임대사업에 관한 사항 ▸논농업 직접지불제에 관한 사항 ▸환경 농업육성 및 지원에 관한 사항 ▸채소 및 특작생산 및 유통에 관한 사항 ▸과수 및 화훼생산 및 유통에 관한 사항 ▸종자산업 육성에 관한 사항 ▸농산물 유통구조개선 종합계획수립 및 유통시설에 관한 사항 ▸농산물 원산지 표시 단속에 관한 사항 ▸G마크추진에 관한 사항 ▸사이버장터 운영에 관한 사항 ▸농산물직거래 추진에 관한 사항 ▸농산물 가공산업 육성 및 농산물수출에 관한 사항 ▸기타 농업생산증대 및 농산물유통에 관한 사항을 관장한다.

셋째, 축산업과 관련하여 ▸축산행정의 종합계획수립 및 조정 ▸축산업의 경쟁력 제고와 생산기반 확충 ▸축산관련단체 육성지도 및 양축농가 지원에 관한 사항 ▸가축방역 및 축산물 위생에 관한 사항 ▸축산분뇨의 처리 및 자원화에 관한 사항 ▸한우육성 및 낙농진흥에 관한 사항 ▸초지 및 조사료 생산에 관한 사항 ▸사료수급계획 및 품질관리에 관한 사항 ▸가축개량에 관한 사항 ▸축산물 수급안정과 생산조절 ▸축산물 유통구조 및 시설개선에 관한 사항 ▸축산부문재해대책 ▸사료제조업 등록 · 관리 ▸축산물 수출지원에 관한 사항 ▸가축방역관 및 동물 검역관 배치에 관한 사항 ▸축산위생연구소 지도 · 감독에 관한 사항을 관장 · 처리 한다.

넷째, 해양수산업과 관련하여 ▸수산증 · 양식 및 자원보호에 관한 사항 ▸수산자원 조성에 관한 사항 ▸양식어장 정화에 관한 사항 ▸어장정화 정비업체 및 해양수산 민간단체 등록에 관한 사항 ▸수상레저활동 안전관리 ▸연안관리 업무에 관한 사항 ▸연근해어업 구조조정 및 개편 등에 관한 업무 ▸내수면 어업에 관한 사항 ▸어항시설 및 수산물유통 가공에 관한 사항 ▸연안오염 방지 및 해양환경보전에 관한 사항 ▸어업면허 · ● · 신고에 관한 사항 ▸불법어업단속 및 안전조업지도 · 수산재해대책에 관한 사항 ▸수산단체 · 어업인 육성 및 산하기관 지도 · 감독 ▸해양관련 공유수면 매립에 관한 사항 ▸낚시 어선업, 수산물 유통구조개선, 어촌관광 및 어촌종합개발 등 기타 수산업에 관한 사항 ▸특정어구(이중이상의 자망) 사용 승인에 관한 사항 ▸민물고기연구소 지도 · 감독에 관한 사항을 관장한다.

다섯째, 산림녹지와 관련하여 ▸도시녹화에 관한 사항 ▸공원 · 녹지조성 및 관리

도표 5-5 농림어업행정분야 자치단체의 사무영역

구분	시 · 도사무	시 · 군 · 자치구 사무
ㅇ늪지 · 보(洑) 등 농업용수시설의 설치 및 관리	1) 농업용수 개발사업계획 수립 · 조정 2) 농업용수시설의 유지 · 관리 3) 전천후 농업용수원 개발 4) 관정 · 양수장비 관리 지침 시달 · 지원 5) 농업용수시설 사업의 보조금 지원	1) 농업용수 개발사업 추진 2) 관개시설의 유지 · 관리 3) 관정 · 양수장비 확보 · 관리 4) 소규모 농업용수시설의 유지 · 관리 5) 농업용수개발을 위한 농지개발계 조직 · 운영
ㅇ농림 · 축 · 수산물의 생산 및 유통 지원	1) 농림 · 축 · 수산물 생산사업의 지원 2) 농산물 생산기반 조성사업 지원 3) 양식사업 및 어업기반조성 계획의 수립 · 조정 4) 농작물병충해 방제계획 수립 · 조정 5) 우량종자 보급의 권장과 안정공급 6) 농수산물 도매시장 개설 · 운영(도의 경우는 제외한다) 7) 축산물 유통개선 지도 지원 8) 축산물 등급제 지도 지원 9) 도축장 허가 및 지도 감독 10) 경지이용도 제고대책 강구 지도 11) 농지 및 농지임대차의 관리 지도	1) 농림 · 축 · 수산물 생산 지원 및 관리 지도 2) 농산물 생산기반 조성사업의 시행 3) 양식사업 및 어업기반 조성을 위한 지도 및 지원 4) 식량작물 생산 장려 5) 농작물병충해 방제계획 수립 및 조정 6) 농수산물 도매시장 개설 · 운영(군과 자치구의 경우는 제외한다) 7) 가축시장 개설 · 운영에 대한 지도 · 감독 8) 축산물 유통개선 지도 9) 축산물 등급제 지도 10) 관영(官營)도축장 운영관리 11) 경지이용계획 수립 추진 12) 농지 및 농지임대차의 관리
ㅇ농업자재의 관리	1) 농기계 · 비료 · 농약 등 농업자재의 공급계획 · 시달 2) 농업기계의 공동이용 촉진 · 연구개발 3) 농업기계화 공동이용 시범단지 조성	1) 농기계 · 비료 · 농약 등 농업자재의 원활한 공급관리 2) 농업자재의 보유량 파악 및 관리 지도 3) 농기계 수리센터의 설치 권장 4) 영농자재의 공급 알선
ㅇ복합영농의 운영 · 지도	1) 도단위 복합영농사업 세부추진계획 수립 · 추진 2) 복합영농 시범단지 확정 3) 복합영농 시범사업 융자금 관리	1) 복합영농기획단 설치 · 운영 2) 복합영농권역 설정 및 시범단지 선정 3) 복합영농 시범마을 확정 4) 면 단위 복합영농지원협의회 구성 및 마을단위 복합영농 지도반 편성 5) 복합영농 시범단지 사업계획수립 지도 6) 복합영농생산 지원 및 출하 조정

도표 5-5 농림어업행정분야 자치단체의 사무영역(계속)

구분	시 · 도사무	시 · 군 · 자치구 사무
ㅇ농외 소득사업의 육성 · 지도	1) 농어촌 소득원 개발 기본계획 수립 2) 농어촌 특산단지 육성계획 추진 3) 농어촌 특산품 전시판매장 설치계획 수립 4) 농어촌 휴양사업 추진	1) 농어촌 소득원 개발 시행계획 수립 2) 농어촌 특산단지 육성 · 지원 · 지도 3) 농어촌 특산품 전시판매장 설치 및 지도 · 운영 4) 농어촌 휴양사업 지정개발 및 지원과 운영 · 지도
ㅇ공유림관리	1) 지역산림계획 작성 2) 산림병충해 방제 지도 3) 천연림 보육사업 지도 4) 농촌임산연료 수급계획 수립 · 추진 5) 특수조림지 관리 6) 공유림 관리를 위한 각종 사업소 운영	1) 산림경영계획의 인가 및 변경명령 2) 산림경영계획에 의한 시업(施業) 신고 수리 3) 조림사업 추진 및 육림 관리 4) 산불예방, 도 · 남벌 단속 등 산림 보호 5) 산림병충해 방제 6) 천연림 보육사업 추진 7) 입목벌채 등 산림 훼손 허가와 신고 수리 8) 입산통제구역의 지정 및 해제 9) 입산허가 10) 농촌임산연료 수급 지도 11) 지역공동 산불예방 활동 전개 12) 부정임산물 단속 등 임산물 반출 · 반입 통제
ㅇ소규모 축산 개발 및 낙농진흥사업	1) 소규모 축산 개발 및 낙농진흥 사업계획 수립 · 조정 2) 전업양축농가 육성사업 추진 3) 초지조성 및 사료작물재배 사업계획 등 수립 · 조정 4) 종축장 운영 5) 보호종축의 지정 6) 가축 개량 · 증식 · 보호	1) 축산진흥 · 지방특화사업 추진 2) 초지조성 관리 및 사료작물재배 사업 추진 3) 축산단지 조성 및 종축 관리 4) 가축개량 · 증식 및 유축농가 조성 5) 가축인공수정소 등록수리 6) 우량종축의 보급 7) 종축검사
ㅇ 가축전염병 예방	1) 가축전염병 예방을 위한 검진 · 투약조치 등 2) 전염병 발생 가축의 격리 · 이동제한 등 3) 가축전염병 예방을 위하여 필요한 시설 설비 명령 4) 가축위생시험소 운영 5) 가축방역관의 위촉 및 지도 · 감독	1) 병든 가축의 신고수리 2) 가축전염병 예찰 및 발생보고 3) 가축전염병 예방 및 진료 4) 공수의와 가축방역관의 위촉 및 지도 · 감독 5) 동물병원 개설 신고수리

에 관한 사항 ▸공유림관리에 관한 사항 ▸산림사업의 평가에 관한 사항 ▸지역산림계획에 관한 사항 ▸가로수조성 및 관리에 관한 사항 ▸산불방지대책 추진에 관한 사항 ▸산림병충해방제에 관한 사항 ▸산지정화에 관한 사항 ▸토석채취 •에 관한 사항 ▸산림보호에 관한 사항 ▸보호수에 관한 사항 ▸산림통계에 관한 사항 ▸조림사업에 관한 사항 ▸육림사업에 관한 사항 ▸숲 가꾸기 공공근로사업에 관한 사항 ▸우리꽃길 조성 및 관리에 관한 사항 ▸양묘사업에 관한 사항 ▸사방사업에 관한 사항 ▸보안림관리에 관한 사항 ▸산림풍수해에 관한 사항 ▸보전임지전용 등 산지이용관리에 관한 사항 ▸산림형질변경 • 및 협의에 관한 사항 ▸산촌종합개발에 관한 사항 ▸휴양림 · 수목원 관리에 관한 사항 ▸임산물 생산지원에 관한 사항 ▸독림가의 육성에 관한 사항 ▸임도시설의 사업에 관한 사항 ▸등산로 정비에 관한 사항 등에 관한 업무를 관장한다.

지방자치법 제9조에 따른 농림어업행정분야의 자치단체별 사무영역은 도표 5-5와 같다.

나. 감사기본방향

농업 · 산림 · 어업 행정분야에 대한 감사는 관련법령과 업무처리절차를 사전에 숙지할 필요가 있다. 이 분야의 중점 사항은 업무를 부당하게 처리한 경우, 불법 · 위법자에 행정조치 방치, 특히 ① 대상을 신고로 처리 ② 비농민이 농가주택 및 축사 등 농업용 시설 목적의 신청에 대하여 ③ 농업진흥지역 안에 설치할 수 없는 시설물 설치 ④ 농지전용이 완료된 날부터 5년 이내에 용도변경 승인 없이 무단용도변경 ⑤ 자금의 목적외 사용관련 융자금 미회수 ⑥ 도시 이주 등으로 농업에 종사할 수 없는 자의 융자금 미회수 ⑦ 후계농업인 선발의 적성성 여부 ⑧ 농림부 지침에 의한 사업계획의 적정성 여부 ⑨ 지원사업 실행 여부 ⑩ 산지의 소유권 증명 및 전용구역 실측도 등 ⑪ 산지전용 허가 제한시설 여부 ⑫ 전용허가권자의 권한 위임사항 ⑬ 허가면적을 과다하게 훼손하였음에도 미조치 ⑭ 어선법에 의한 검사미필 ⑮ 허가어업 이외의 불법어업자에 대한 행정조치 미이행 등이 자주 지적되고 있다.

농림어업 분야의 예산사업에 대해서는 재무감사(제4장 II. 참조), 인 · 허가 사항의 합법성, 부담금이나 법령조례상의 의무위반자에 대한 과태료 미부과에 대한 합법성 감사(제4장 III. 참조), 개발사업에 대해서는 성과감사(제4장 VI. 참조), 기획중인 시책이나 정책집행은 정책감사(제4장 V. 참조) 기법을 적용하여야 할 것이다.

2. 정책/성과감사 기법

가. 농림어업사업계획에 대한 타당성 감사

농림어업사업수행과 관련하여 농업용수 개발사업계획, 농작물병충해 방제계획, 농기계 · 비료 · 농약 등 농업자재의 공급계획, 도단위 복합영농사업 세부추진계획. 농어촌 소득원 개발 기본계획, 지역산림계획, 농촌임산연료 수급계획, 소규모 축산 개발 및 낙농진흥사업계획, 초지조성 및 사료작물재배 사업계획 등의 수립 · 조정, 발굴 · 구상 및 계획과정에 대한 타당성 감사의 착안사항은 다음과 같다.

① 다수 농어민의 사회적 · 경제적 욕구에 의한 것인가? 특정 이해집단을 위한 특혜성 발굴 · 구상은 아닌가?

② 국가 상위목표 달성에 필요하고, 국가시책과의 일관성을 유지하고 있는가?

③ 유사농림어업사업을 벤치마킹하여 성공 또는 실패의 원인을 분석한 것인가?

④ 농림어업사업목표와의 관계에서 효과적인 접근인가?

⑤ 농림어업사업결정을 위한 조사자료 등은 진실 된 것인가?

⑥ 용역보고서의 내용의 타당성과 합리성은 인정할 수 있는가?

⑦ 농림어업사업계획의 목표와 계획지표는 적정한가?

⑧ 농림어업사업의 목표 달성을 위한 수단은 확보 가능한 것인가?

⑨ 농림어업사업을 위한 재원확보 대책은 타당한가?

⑩ 농림어업사업을 추진하기 위한 관련기관과의 협력체제는 강구되어 있는가?

나. 농림어업 사업의 시행, 비용처리 · 활동에 대한 능률성 감사

농업용수개발사업, 전천후 농업용수원 개발, 농림축수산물 생산사업, 식량작물 생산장려, 조림사업, 축산진흥 지방특화 사업추진, 초지조성 및 사료작물 재배사업, 농어촌 휴양사업, 천연림 보육사업 등에 대하여 능률성 감사에 다음과 같은 점에 중점을 두어야 할 것이다.

① 적합한 유형, 적절한 양과 질의 자원을 최저가격으로 획득하고 있는가?

② 적절한 양과 질의 재화나 용역을 시의적절하게 확보하거나 제공하는데 최소의 자원을 사용하고 있는가?

③ 농림어업을 위해 인원을 과다하게 배정하고 있지는 않는가?

④ 농림어업기관간의 업무의 중복은 없는가?

⑤ 농림어업에 필요한 공공 장비나 시설을 비능률적으로 활용하고 있지는 않는가?
⑥ 농림어업 자원이나 시설을 적절하게 보전 · 유지하고 있는가?
⑦ 예산이 중복 투입되는 농림어업사업은 아닌가?
⑧ 사업목표를 효과적으로 달성하기 위한 대안을 채택했는가?
⑨ 농림어업사업의 목표는 어느 정도나 달성했는가?
⑩ 만족스러운 농림어업적 성과를 저해하는 요인들은 무엇인가?

다. 농림어업시설 및 시스템 설치 운영에 대한 성과감사

농업용수시설 등 농림어업시설의 유지 관리상황에 대하여 감사시 착안 사항은 다음과 같다.

① 농림어업시설은 수요를 감안하여 그 규모를 결정하여 설치하였는가?
② 설치된 농림어업시설은 최대한 활용되고 있는가?
③ 농림어업시설운영은 설치목적에 부합되는가?
④ 농림어업시설 운영에 따른 적자 해소를 위한 대책은 무엇인가?
⑤ 유사 시설을 벤치마킹하여 성공 또는 실패의 원인을 분석한 것인가?
⑥ 농림어업시설은 적정하게 유지, 관리되고 있는가?
⑦ 농림어업시설의 관리요원의 규모는 적정한가?
⑧ 농림어업시설관리 비용은 적정한 수준인가?
⑨ 농림어업시설이나 시스템을 방치하고 있는 경우는 없는가?
⑩ 농림어업시설이나 시스템에 대한 중복 투자는 없는가?
⑪ 유휴농림어업시설에 대한 대책은 무엇인가?

라. 정부 합동평가를 활용한 성과감사기법

지방자치단체의 농업 · 산림 · 어업 행정분야에 대한 정부합동평가 결과를 성과 감사에 활용하는 것이다. 아래와 같은 평가 지표로 한 해 동안 이룬 성과를 전국 자치단체와 상호 비교하여 가,나,다급 중에서 상대적으로 낮은 성과인 “다”급으로 평가받은 분야에 대하여 그 원인을 규명하고 향후 성과개선방안과 차년도 성과목표를 상향 설정하도록 한다. 다만, 지방자치단체의 지방행정환경이 근본적으로 열악하여 전국적인 비교가 불합리한 경우에는 전년도 자료를 비교하여 시계열적인 성과를 비교하여 그 성과를 감사하여야 할 것이다.

성과감사를 위하여 다음의 도표 5-6의 산식에 따라 이미 계산된 평가자료와 합동평가결과서를 제출 받아 그 성과를 감사하는 것이다.

도표 5-6 정부 합동평가지표중 농림어업 분야 관련지표

<table>
<tr><th>평가시책</th><th>평가항목</th><th>평가지표</th></tr>
<tr><td rowspan="4">6-2.
산림정책
· 관리</td><td>계획</td><td></td></tr>
<tr><td>집행</td><td>6-2-1. 숲가꾸기 사업실적(가중치 8.09)
㉮ 숲가꾸기 사업 추진율 : {'09년도 숲가꾸기 사업면적 / (산림면적－'08년도까지 숲가꾸기 사업면적)} × 100
6-2-2. 산불방지 추진실적(가중치 8.80)
㉮ 산불감시원 확보실적 : 산불감시원 예산집행액 / 산림면적
㉯ 뒷불 발생률 : (뒷불 발생건수 / 산불 발생건수) × 100
㉰ 산불 1건당 피해면적 : 총 피해면적 / 산불 발생건수
6-2-3 산지이용 제도의 합리적 운용(가중치 4.01)
㉮ 산지관리법령 개정참여율 : (산지관리법령 제도개선 반영건수 / 전체 산지관리법령 제도개선 반영건수) × 100
㉯ 대체산림자원조성비 징수율 : (징수액 / 부과액) × 100</td></tr>
<tr><td>산출/결과</td><td>6-2-4. 산림병해충 방제실적(가중치 6.57)
㉮ 산림병해충 발생면적 증감률－{('09년 피해도 "중" 이상 발생면적 - '08년 피해도 "중" 이상 발생면적) / '08년 피해도 "중" 이상 발생면적} × 100
6-2-5. 도시숲 조성 확대(가중치 6.19)
㉮ 생활권도시림면적 증가율
㉮-1「산림자원의 조성 및 관리에 관한 법률」에 의한 생활권도시림 면적－{('09년도 생활권도시림 면적－'08년도 생활권도시림 면적) / '08년도 생활권도시림 면적} × 100
㉮-2「도시공원 및 녹지 등에 관한 법률」에 의한 생활권도시림 면적－{('09년도 생활권도시림 면적－'08년도 생활권도시림 면적) / '08년도 생활권도시림 면적} × 100</td></tr>
<tr><td>결과활용</td><td></td></tr>
<tr><td rowspan="4">6-3.
문화기반
운영
활성화</td><td>계획</td><td></td></tr>
<tr><td>집행</td><td></td></tr>
<tr><td>산출/결과</td><td>6-3-1 문화기반시설 운영 활성화(가중치 8.05)
㉮ 공공문화기반시설 이용객 증가율 : {('09년 이용객 수－'08년 이용객 수) / '08년 이용객 수} × 100</td></tr>
<tr><td>결과활용</td><td></td></tr>
</table>

도표 5-6 정부 합동평가지표중 농림어업 분야 관련지표(계속)

평가시책	평가항목	평가지표
6-4. 지자체 도서관 정책	계획	
	집행	
	산출/결과	6-4-1. 도서관 운영 활성화(가중치 8.31) ㉮ 1관당 법정 사서직원 확보율 : (정규 사서직원 / 법정 사서직원) × 100 ㉯ 1인당 대출 증가율 : {('09년 1인당대출수–'08년 1인당대출수) / '08년 1인당대출수} × 100 ※ 1인당대출수 : 도서관 전체 대출수(도서 + 비도서) / 지자체 인구수 6-4-2. 1인당 장서수 증가율(가중치 6.83) ㉮ 1인당장서수 증가율 - ('09년 1인당장서수–'08년 1인당장서수 / '08년 1인당장서수) × 100 ※ 1인당장서수 : 도서관 전체 장서수 / 지자체 인구수
	결과활용	
6-5. 치산사업 추진 등	계획	6-5-1. 사방사업 추진 (부분) ㉮ 사방사업 실적률 - [{(산지보전사업 실적량 / 산지보전사업 계획량) + (산사태예방사업 실적량 / 산사태예방사업 계획량) + (계류보전사업 실적량 / 계류보 전사업계획량) + (사방댐설치사업실적량 / 사방댐설치사업 계획량) + (산림유역관리사업실적량 / 산림유역관리사업 계획량)} / 계획된 사방사업 종류 수] × 100 ㉯ 우기(7월말) 이전 완료한 사방사업 비율 - [{(우기 전 완료한 산지보전사업 실적량 / 산지보전사업 계획량) + (우기 전 완료한 산사태 예방사업 실적량 / 산사태예방사업 계획량) + (우기 전 완료한 계류보전사업 실적량 / 계류보전사업 계획량) + (우기 전 완료한 사방댐설치사업 실적량 /사방댐설치사업 계획량)} / 계획된 사방사업 종류 수] × 100 6-5-3. 국산목재 수급 합리화 (부분) ㉮ 목재생산 계획 달성도 : {('09년 생산실적 / '09년 생산계획) × 100} + [{('09년생산계획신청량–'08년생산실적) / '09년생산계획신청량} × 100] × 0.05
	집행	6-5-2. 임도사업 추진(부분) ㉮ 임도사업 실적률 : (실적량 / 계획량) × 100 ㉯ 임도시설의 기준 이행률 : (기준이행 물량 / 임도사업 완공물량) × 100 6-5-4. 등산로 정비실적(부분) ㉮ 등산로 정비사업 실적률 : (실적량 / 계획량) × 100
	산출/결과	
	결과활용	

3. 합법성감사 기법

가. 농지전용 허가[137]

(1) 관 계 법 령[138]

농지법 제34조 제1항, 같은법 제35조, 같은법 시행령 제49조 등

(2) 업 무 처 리 절 차

민원인	신청서 작성

⇨

읍 · 면	농지관리위원회 접수 확인사항 송부

↓

시 · 군	검토 심사후 허가 · 불허가 통보 농지조성비 부과결정 통보

↓

농업기반 공 사	농지조성비 납입통지서 발급

↓

민 원 인	농지조성비 납부

↓

수납기관	농지조성비 납입영수증 발급

↓

시 · 군	납입확인 후 허가증 교부 허가지 사후관리(5년)

(3) 감 사 착 안 사 항

(가) 전용 허가(신고)대상 농지(농지법 제34조)

- 허가대상을 신고대상으로 처리한 것은 없는가.
- 시 · 도지사 허가사항을 시장 · 군수가 허가한 것은 없는가(반대의 경우까지).
- 비농민이 농가주택, 축사 등의 신축을 목적으로 전용신고한 것을 그대로 수리

137) 경기도(2006a), 53~56쪽에서 재작성하였음.

138) 주의! 관계법령이 개정되었는지를 먼저 확인해서 현행법령에 입각하여 합법성감사를 실시하여야 한다.

한 것은 없는가.

– 당해 세대의 농업 · 임업 · 축산업에 의한 수입액이 연간 총 수입액의 2분의 1을 초과하는지.
– 당해 세대원의 노동력의 2분의1 이상으로 농업 등을 영위하는 세대인지.

- 농업진흥지역에 설치할 수 없는 시설물을 설치하도록 허가 또는 신고처리한 것은 없는가.
- 허가제한사항을 무시한 허가나 신고처리한 후 허가한 것은 없는가.

(나) 사후관리

- 농지의 전용이 완료된 날부터 5년 이내에 시장 · 군수의 용도변경 승인 없이 무단으로 용도변경한 것은 없는가(특히 축사, 창고, 농수산물가공시설 등의 무단 용도변경 유무)
- 농지전용 허가(신고)와 관련된 별도 사후관리대장을 비치하고 있는가.
- 허가 · 신고면적 초과전용 등 불법전용 사례는 없는가.
- 농지전용 허가내용의 위반사항이 있음에도 허가취소 등 조치 없이 방치하고 있는 것은 없는가 .

(다) 농지조성비 등의 부과 · 징수

- 다른 법률의 규정에 의한 대규모의 농지전용 시 사실상의 농지, 농지개량시설 등을 누락시킨 것은 없는가.
- 농지조성비 등을 납부하지 아니한 자에게 농지전용허가증을 교부한 것은 없는가.
- 전용이 완료된 후 5년 이내에 용도변경 승인으로 당초 농지조성비 등의 감면대상이 부과대상으로 전환되었음에도 농지조성비 등을 부과하도록 조치하지 아니한 것은 없는가.
- 도시계획입안 시 농지조성비 납부조건으로 협의되어 결정 고시된 도시계획구역내의 농지에 대한 전용허가 시 농지조성비 등을 부과하도록 조치하지 아니한 것은 없는가.
- 농지조성비의 산출기준이 되는 고시단가와 공시지가의 기준시점 적용이 부당한 것은 없는가.

(4) 감 사 사 례

농지전용협의지 불법용도 변경행위 사후관리 소홀[139)]

▨ 개요

농업용 시설 목적의 농지전용허가(협의)지에 대하여 당초 목적대로 사용하지 않고 불법으로 용도변경하여 창고 등으로 사용하고 있으나 아무런 행정조치도 취하지 않는 등 사후관리 소홀

▨ 위법 · 부당내용

- 농지법 제40조(용도변경의 승인)의 규정에 의하면 농지전용협의를 받고 농지전용목적 사업에 사용된 토지를 5년 이내에 다른 목적으로 사용하고자 하는 경우에는 시장 · 군수의 승인을 얻도록 하고 있고, 이를 위반 시 5년 이하의 징역 또는 2 천만 원 이하의 벌금에 처할 수 있도록 하고 있음에도
- ○○시에서는 ○○○ 외 10인에게 축사 및 농산물 보관창고 등 농업용 시설 목적의 건축 허가에 대하여 당초 목적대로 사용하지 않고 의류창고 등으로 불법 용도변경하여 사용하고 있으나 감사일 현재까지 아무런 행정조치도 취하지 않는 등 사후관리를 소홀히 한 사실

나. 후계농업인 육성[140)]

(1) 관 계 법 령[141)]

- 농어업경영체육성 및 지원에 관한 법률 제10조
- 같은법 시행령 제8조 등
- 농림사업시행지침 4권

139) 경기도(2006b), 38쪽 참조.

140) 경기도(2006a), 57-59쪽에서 재작성하였음.

141) 주의! 관계법령이 개정되었는지를 먼저 확인해서 현행법령에 입각하여 합법성감사를 실시하여야 한다.

(2) 업 무 처 리 절 차

농 가	신청서 작성	⇨	농림부	농림부 지침 시달
			↓	
			시 · 도	사업신청 접수 취합
			↓	
			시 · 군, 농업기술센터	사업별 사업비 배정 사위원회 심의 추천
			↓	
			시 · 군, 농업기술센터	농정심의회 심의후 선정
			↓	
농 가	사입시행	⇨	시 · 군, 농업기술센터	사후관리 지도

(3) 감 사 착 안 사 항

(가) 후계농업인 선정(농림사업시행지침 제4권)

- 예비후계자로 등록된 후 1년 이상 경과한 것은 없는가.
- 추천심사 소홀로 후순위 예비후계자를 농어민후계자로 추천한 것은 없는가.

(나) 자금지원대상자 선정

- 지원대상자 선정평가기준이 적정하게 반영되었는가.
- 지원대상자 우선순위 및 지원금액 결정(나누어 먹기식)은 적정한가.
- 시장 · 군수가 지원대상자 및 지원금액 확정시 추천된 우선순위를 무시한 것은 없는가.
- 전업농 육성지원자를 선정하여 중복 지원한 것은 없는가.

(다) 자금의 융자

- 농림수산업자 신용보증부 대출이 가능함에도 연대보증인을 입보토록 한 것은 없는가.
- 과다한 담보제공 요구 등으로 융자를 포기하게 한 것은 없는가.
- 허위 사업추진계획 확인서에 의한 대출금 지급 사례는 없는가.

(라) 사후관리 및 융자금 회수

- 자금의 목적 외 사용관련 융자금을 회수하였는가.
- 도시 이주 등으로 농업에 종사할 수 없는 자에 대한 융자금을 회수하였는가.
- 업체 등에 상근직으로 고용된 자의 융자금을 회수하였는가.
- 전업으로 개인 사업체를 운영하고 있는 자의 융자금을 회수하였는가.
- 형사소추를 받은 자의 지원 및 융자금을 회수하였는가.
- 시장 · 군수가 사업자에 대한 사업추진상황을 확인하였는가.
- 자금지원 후 3년이 도래되는 연도에 경영평가를 실시하였는가.
- 지원자금을 융자받은 후 회수사유가 발생하였을 때에는 즉시 현장방문 및 회수조치하였는가.

(4) 감 사 사 례

후계농업인 지원사업 사후관리 소홀[142)]

▨ 개요

후계농업인에 대하여 낙농 및 축사 등의 목적으로 육성자금을 융자지원하였으나 현지확인 결과 불법용도변경 등의 사실이 있어 위반행위자에 대하여 자금회수 등 필요한 조치를 취하여야 하나 아무런 조치도 취하지 않음

▨ 위법 부당내용

- 농림사업시행지침(농림부)에 의거 젊고 유능한 전문 후계농업인 육성을 위하여 농업에 종사할 의욕이 있는 청장년에게 낙농 및 축사신축 등을 위한 영농자금(20~100백만원)을 융자지원하고 있는 바, 지원자금이 사업계획 외의 타용도전 · 유용 및 사업장 이탈방지 등을 위하여 융자금 상환완료 연도까지 사후관리(15년간)를 실시하여야 하고, 현지를 확인하여 융자금 회수가 필요하다고 판단될 경우 이를 회수하여야 함에도 불구하고
- ㅇㅇ시 에서는 ㅇㅇㅇ 외 2인의 후계농업인에 대하여 현지 확인 결과 ㅇㅇㅇ은 낙농 17두 구입목적으로 25,000천원을 지원받았으나 음식점 및 주택으로 사용하고 있었으며, ㅇㅇㅇ은 축사(100평) 신축목적으로 23,000천원을 지원받았으

142) 경기도(2006b), 39쪽 참조.

나 수리점으로 사용하고 있는 등의 사실이 있어 위반행위자에 대하여 자금회수 등 필요한 조치를 취하여야 하나 아무런 조치도 취하지 않는 등 사후관리를 소홀히 한 사실

다. 농기계 임대사업 지원[143)]

(1) 관 계 법 령

- 농업기계화촉진법 제4조, 같은법 시행령 제3조
- 농림사업시행지침(2002) 제2권

(2) 업 무 처 리 절 차

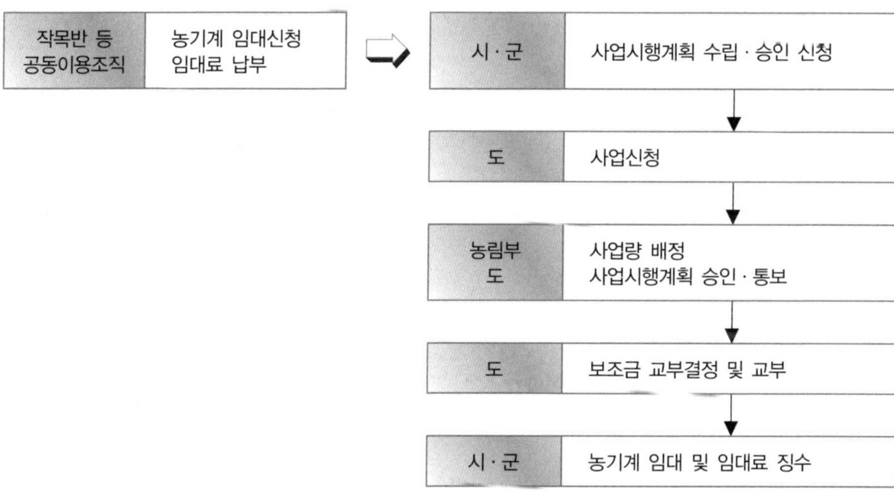

(3) 감 사 착 안 사 항

(가) **임대사업시행**(농림사업시행지침 제2권)

- 농기계 관리를 위해서 1년 단위로 임대후 재임대하고 있는가(개인 사유화 금지 및 관리체계 유지).
- 임대후 반납시 세차 및 청소확인 후 보관에 철저를 기하였는가.
- 농기계를 비농민에게 임대한 것은 없는가.

143) 경기도(2006a), 60~62쪽에서 재작성하였음.

- 농기계 본체 외에 다양한 부속작업기를 갖추어 농가에 실질적인 도움이 되는가.
- 농기계 임대차 계약을 체결하였는가.
- 임차인이 임대농기계를 안전하게 보관할 수 있는 창고를 보유하고 있는가.

(나) 임대료 산정(농림사업시행지침 제2권)

- 임대료는 농기계 가격, 내구연수, 임대기간 및 해당지역 임작업료, 임금, 물가 등을 감안하여 지역실정에 맞게 산정되었는가.
- 임대료 결정은 임대료 산정기준을 근거로 농협조합장, 농민대표 등 임대사업과 관련된 인사의 의견을 수렴하여 시장 · 군수가 결정하였는가.

(다) 사후관리(농림사업시행지침 제2권)

- 교부목적에 위배되는 용도로 사용하고 있는가.
- 사후관리 기간 중에 처분 및 타 용도로 임의 사용하고 있는가.
- 임대농기계의 매각 또는 폐기 시 임대료 수입금 또는 자체예산으로 대체농기계를 구입하였는가.
- 안전사고에 대비하여 임차인은 임대농기계를 대상으로 농기계종합공제에 의무적으로 가입하였는가.

라. 산지전용 허가[144)]

(1) 관 계 법 령[145)]

산지관리법 14조, 같은법 시행령 제15조, 같은법 시행규칙 제10조 등

144) 경기도(2006a), 63~66쪽에서 재작성하였음.

145) 주의! 관계법령이 개정되었는지를 먼저 확인해서 현행법령에 입각하여 합법성감사를 실시하여야 한다.

(2) 업무처리절차

민원인	신청서 작성
시 · 군 · 구	접수서류 검토와 현지확인 대체산림자원조성비 및 복구비 산정, 고지 및 예치통보
민원인	대체산림자원조성비 납부 복구비 예치
시 · 군 · 구	허가증 작성 및 교부
민원인	준공신청
시 · 군 · 구	준공필증 교부

(3) 감사착안사항

(가) 전용 허가(신고)대상 산지(산지관리법 제14조)

- 허가대상을 신고로 처리한 것은 없는가.
- 시 · 도지사 허가사항을 시장 · 군수가 허가한 것은 없는가.
- 산지전용 허가 제한지역으로 고시된 지역에 허가한 것은 없는가.
- 보안림, 채종림, 시험림, 천연보호림, 천연기념물 또는 노거수가 자생하는 산림인데도 전용허가한 것은 없는가.
- 농어민에 해당하지 않는 자에게 농가주택 건축 목적으로 전용허가를 한 것은 없는가.
- 다른 법률에 의하여 사업목적, 면적이 제한되는 용도로 허가한 것은 없는가.
- 산지전용 허가대상과 면적을 위배하여 허가한 것은 없는가.
- 현지지형, 주변여건상 신청목적 사업을 할 수 없는 지역인데도 허가한 것은 없는가.
- 관계부서와 협의할 사항을 협의하지 않거나 관계부서에서 사업계획 승인한 면적보다 과다하게 허가한 것은 없는가.
- 허가 받은 후 장기간 사업 미착수, 사업 중단상태에 있는데도 방치하고 있는 것은 없는가.
- 허가면적을 초과하여 훼손하고 있는데도 그대로 두고 있는 것은 없는가.

- 위해방지시설 등 허가부대조건을 이행하고 있지 않은데도 방치하고 있는 것은 없는가.
- 대체산림자원조성비, 복구비 등을 납부 또는 예치하지 않고 산림을 훼손하고 있는 것을 방치하고 있는 것은 없는가.
- 농가주택 목적으로 산지전용 허가를 받아 별장, 고급주택 등으로 건축하고 있는데도 방치한 것은 없는가.
- 광물채광 목적으로 산지전용 허가를 받아 광물을 채광하지 않고 골재채취를 하고 있는데도 방치하고 있는 것은 없는가.

(나) 적지복구지 준공검사

- 허가기간이 만료되었음에도 복구조치 없이 장기간 방치하고 있는 것은 없는가.
- 복구설계가 위해방지, 자연경관 복구에 미흡함에도 설계 승인한 사실이 없는가.
- 복구설계서대로 복구되지 아니하였음에도 준공처리한 것은 없는가.
- 허가면적보다 과다하게 훼손하거나 사업신청 내용과 다르게 전용하였음에도 준공처리한 것은 없는가.

(4) 감 사 사 례

불법 산지전용 사후관리 소홀[146)]

개요

불법 산지전용 허가지에 대하여 검찰에 송치한 이후 나대지로 내버려 두는 등 집중호우 시 피해가 우려되나, 원상복구 등 적극적인 행정조치 없이 사후관리를 소홀히 한 사실

위법 · 부당내용

- 산지관리법 제44조(불법산지전용지의 복구 등)의 규정에 의하면 산지전용허가를 받지 않고 산지를 전용한 자에 대하여는 시설물의 철거 또는 형질변경된 산지를 복구하도록 하고 있으며, 이를 이행하지 아니한 때에는 행정대집행 등 조치를 취하여야 함에도
- ○○시에서는 ○○○ 등 3인이 허가지외 불법 산지전용 등 3건에 대하여 검찰

146) 경기도(2006b), 44쪽 참조.

에 송치한 이후 나대지로 방치, 법면 복구 후 추가유실, 건축물 철거 후 미복구 등으로 피해가 우려되나 감사일 현재까지 원상복구 등 적극적인 행정조치 없이 사후관리를 소홀히 한 사실

마. 토사채취 허가[147)]

(1) 관 계 법 령[148)]

산지관리법 25조, 같은법 시행령 제32조, 같은법 시행규칙 제24조 등

(2) 업 무 처 리 절 차

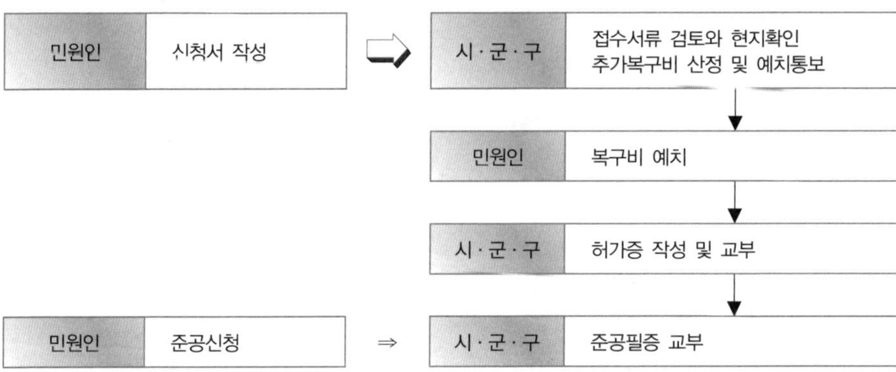

(3) 감 사 착 안 사 항

(가) 채식 허가대상 산지(산지관리법 제25조)

- 시 · 도지사 허가사항을 시장 · 군수 · 구청장이 허가한 것은 없는가.
- 채석 허가제한지역으로 고시된 지역에 허가한 것은 없는가.
- 보안림, 채종림, 시험림, 천연보호림, 천연기념물 또는 노거수가 자생하는 산림인데도 채석 허가한 것은 없는가.
- 채석 허가대상, 면적을 위배하여 허가한 것은 없는가.

147) 경기도(2006a), 67~70쪽에서 재작성하였음.

148) 주의! 관계법령이 개정되었는지를 먼저 확인해서 현행법령에 입각하여 합법성감사를 실시하여야 한다.

- 관계부서와 협의할 사항을 협의하지 않거나 관계부서에서 사업계획 승인한 면적보다 과다하게 허가한 것은 없는가.
- 허가 받은 후 장기간 사업 미착수, 사업중단 상태에 있는데도 방치하고 있는 것은 없는가.
- 허가면적을 초과하여 훼손하고 있는데도 그대로 두고 있는 것은 없는가.
- 위해방지시설 등 허가부대조건을 이행하고 있지 않은데도 방치하고 있는 것은 없는가.
- 복구비 등을 예치하지 않고 산림을 훼손하고 있는 것을 방치하고 있는 것은 없는가.

(나) 적지복구지 준공검사(산지관리법 제25조)

- 허가기간이 만료되었음에도 복구조치 없이 장기간 방치하고 있는 것은 없는가.
- 복구설계가 위해방지, 자연경관 복구에 미흡함에도 설계 승인한 사실이 없는가.
- 복구설계서대로 복구되지 아니하였음에도 준공처리한 것은 없는가.
- 허가면적보다 과다하게 훼손하였음에도 준공처리한 것은 없는가.

바. 어업지도 · 단속[149)]

(1) 관 계 법 령[150)]

- 어업지도선 관리 · 운영 및 승무원 복무지침
- 수산관계법령위반행위에 대한 행정처분 기준 및 절차에 관한 규칙.

149) 경기도(2006a), 71~74쪽에서 재작성하였음.

150) 주의! 관계법령이 개정되었는지를 먼저 확인해서 현행법령에 입각하여 합법성감사를 실시하여야 한다.

(2) 업무처리절차

시·군·구	지도 · 단속계획 수립시행

⇨

시·군·구	단속공무원 및 어업지도선 출동

↓

시·군·구	불법어선 발견 추적 혐의어선 검문검색

↓

시·군·구	불법어선 검거 사건서류 작성 관계기관에 사건처리 의뢰

↓

시·군·구	행정처분(경고 및 어업정지, 허가취소 처분)

↓

시·군·구	사법처리(시건이송)

(3) 감사착안사항

(가) 어업지도선 운영(어업지도선 관리 · 운영지침)

- 지도선 운항계획은 각 지도선별, 해역별, 항차별로 적정하게 수립하였는가.
- 지도선 출동명령은 운항계획에 의거 출동되고 있으며 계획과 다르게 출동하는 경우에는 적정한 사유로 인한 것인가.
- 지도선 출동 시 출입항 보고를 하고 있는가.
- 수산청장의 사전승인 없이 출동기간을 임의로 단축하거나 임무수역을 이탈한 것은 없는가.
- 임무교대는 출동해역에서 지시된 시간에 현지교대하고 있는가.
- 지도선 운영 · 관리의 효율성과 승무원의 훈련수준을 검사 평가하기 위한 점검은 실시하고 있는가.
- 점검결과 시정사항에 대한 시정조치는 잘되고 있는가.
- 선박소요 비품의 구입은 적정한 계획에 의하고 있는가.
- 지도선 유류를 적기에 유류탱크 전용량의 90% 이내로 지급하고 있는가.
- 지도선의 안전운항을 위한 정비계획은 수립하였는가.
- 지도선을 매년 1회 정기적으로 수리하고 있는가.

- 어선법에 의한 검사를 필하고 출동하였는가.
- 수리공사중 발생한 폐품에 대하여는 물품관리법 등 제반규정에 의한 처리를 하고 있는가 .
- 지도선 선수품은 소요기준에 의하여 적정하게 보급하고 있는가.
- 선장은 지도선 장비 등을 관리함에 있어 물품관리부 및 장비운용카드 등을 비치하여 관리하고 있는가.
- 지도선 승무원의 휴가를 출동중임에도 총인원의 15%를 초과하여 운용하지는 아니 하였는가.
- 어업질서 단속을 위한 지침을 수립하였는가.

(나) 불법어업 지도 · 단속

- 불법어업 지도단속 계획을 수립함에 있어 인접 시 · 군 등 각 기관 간 공조체제 구성 등 효과적으로 계획을 수립하고 있는가.
- 불법어업 지도단속을 계획대로 추진하고 있는가.
- 범칙어선을 적발하고도 행정처분하지 않고 묵인한 것은 없는가.
- 경미한 범칙어선에 대해 과다한 행정처분을 함으로써 민원을 유발한 것은 없는가.
- 범칙어선을 적발하고도 증거물 미확보로 행정처분을 하지 못하는 등 업무처리를 태만히 한 것은 없는가.
- 불법어업자에 대한 면세유류공급중지, 영어자금회수 및 신규대출 중지 등 제재조치는 적정하게 취해졌는가.

사. 연안어업 허가[151]

(1) 관 계 법 령[152]

- 수산업법 제41조 등. 수산관계법령위반행위에 대한 행정처분기준과 절차에 관한 규칙 제2조.

151) 경기도(2006a), 75~79쪽에서 재작성하였음.

152) 주의! 관계법령이 개정되었는지를 먼저 확인해서 현행법령에 입각하여 합법성감사를 실시하여야 한다.

(2) 업무처리절차

민원인	신청서 작성

⇨

시 · 군	접수서류 검토와 현지확인
↓	
시 · 군	어업 허가정수 설정 운용
↓	
시 · 군	허가증 작성 및 교부

(3) 감사착안사항

(가) 연안어업 허가(수산업법 제41조)

- 연안어업 허가정수를 설정하여 운용하고 있는가.
- 연안어업 허가유예 어선의 허가처분이 적정한가.
- 연안어업의 허가 제한기간을 과다하게 산정한 것은 없는가.
- 어업허가 정지대상을 허가 취소하는 등 행정처분 양정은 적정한가.
- 연안어업 허가 제한조건에 부당한 조건을 부여하지 않았는가.
- 8톤 이상의 동력선을 시장 · 군수가 허가처분한 것은 없는가.
- 어업자가 1년 이상 휴업하고 있음에도 신고하지 않거나 2년 이상 휴업을 할 수 없음에도 계속 휴업하고 있는가.
- 허가받은 자가 어업을 영위하지 아니하고 타인이 실질적으로 어업을 하고 있음에도 방치하고 있는 것은 없는가.
- 어업 허가신청서류 중 어선검사기간이 만료되어 검사기간을 경과하였음에도 허가처분하거나 미비된 서류를 반려치 아니하고 보완조치 없이 허가 처분한 것은 없는가.
- 허가어업 이외의 어업을 하다가 불법어업으로 적발되었음에도 제재조치를 취하지 않고 방치하고 있는 것은 없는가.
- 허가취소대상 선박을 소유권 이전한 후 소유자 변경 사유로 어업 허가처분한 것은 없는가(근해어업 허가 : 허가처분권자는 시 · 도지사).

(나) 양식어업 면허

- 어장이용개발지침을 3. 31 이전에 수립, 시달하고 있는가.
- 어장이용개발지침에 반영된 사항은 시 · 도 등의 의견을 적절히 반영하였는가.

- 공동어업의 면허를 함에 있어 어업의 시기와 포획, 체포물의 종류가 같음에도 다른 어업에 면허한 사항은 없는가.
- 이미 취득한 어업권과 신청한 어업권의 어장면적을 합하여 60ha 이상이 되면 면허의 결격사유에 해당함에도 면허하여 준 것은 없는가.
- 어업을 목적으로 하지 아니하는 법인이나 단체에 면허하여 준 것은 없는가.
- 어장의 시설기준을 초과하여 시설하였음에도 묵인하거나 방치한 사실은 없는가.
- 어장관리선의 지정이 해제되거나 어선사용이 취소된 어선에 대하여 1년 이내에 새로이 지정하거나 승인한 것은 없는가.
- 자원관리 채취선의 규모는 총 5톤 미만이어야 함에도 5톤을 초과한 선박에 지정한 것은 없는가.
- 지구별 조합은 관할 어촌계의 어장관리 실태를 조사하여 시 · 군에 보고하고 있으며, 시 · 군은 적정하게 지도 · 감독하고 있는가.
- 어촌계 및 지구별 조합은 시 · 군에 제출하여 승인 받은 어장관리규약 내용대로 어장을 관리하고 있는가.
- 어업권이 소멸된 날로부터 30일 이내에 어장시설물을 철거하여야 함에도 철거하지 아니하고 있는 것은 없는가.
- 어업권자는 어장에 서식하는 수산동식물의 보호와 관리를 위하여 어장을 성실하게 관리하고 있는가.
- 어업권자와 양식시설물 등을 철거하여 휴업하고 있음에도 계속 양식하고 있는 것으로 어업권을 부여한 것은 없는가.

아. 축산물가공업 등 영업의 허가[153)]

(1) 관 계 법 령[154)]

축산물위생관리법 제22조, 같은법 시행령 제21조, 같은법 시행규칙 제29조 등

153) 경기도(2006a), 80~83쪽에서 재작성하였음.

154) 주의! 관계법령이 개정되었는지를 먼저 확인해서 현행법령에 입각하여 합법성감사를 실시하여야 한다.

(2) 업무처리절차

민원인	신청서 작성
시 · 군	서류접수 및 사업계획서 검토
시 · 군 · 구	실과 의견협의 현장실사 및 시설조사
시 · 군 · 구	허가 결정사항 통보
민원인	허가조건 준수 사업시행
시 · 군 · 구	관계기관 통보 사후관리 등

(3) 감사착안사항

(가) 영업의 허가(축산물위생관리법 제22조)

- 영업의 허가 제한조건에 부당한 조건을 부여하지 않았는지 여부
- 당해시설이 시설기준에 적합하지 아니함에도 허가하였는가.
- 허가가 취소된 후 1년이 경과하지 아니한 자(법인인 경우에는 그 대표자를 포함한다)가 취소된 허가와 같은 종류의 허가를 하였는가.
- 허가를 받고자 하는 자가 금치산자이거나 파산선고를 받고 복권이 되지 아니한 자에게 허가하였는가.
- 허가를 받고자 하는 자가 이 법에 위반하여 징역형의 선고를 받고 그 집행이 종료되지 아니한 자에게 허가하였는가.
- 허가를 받은 자가 그 영업을 휴업 · 재개업 또는 폐업하거나 허가받은 사항 중 경미한 사항을 변경하고자 하는 경우 신고하여야 하나 이를 이행하였는가.
- 영업의 허가를 함에 있어 허가권자가 정하는 기간 내(12개월)에 시설을 갖출 것을 조건으로 허가하였으나 이를 위반하였음에도 행정처분을 하지 아니하였는가.
- 허가의 취소사유가 발생하였음에도 행정조치를 취하지 아니한 사실이 있는가.
- 영업시설이 시설기준에 적합하지 아니함에도 시설개수 명령을 하지 않았는가.

(나) 행정처분 및 사후관리(축산물위생관리법 제22조)

- 영업자 등의 준수사항을 위반하였음에도 행정처분을 하지 않은 것은 없는가.
- 행정처분 기준에 의하지 않고 임의로 행정처분을 감경하여 처리한 것은 없는가.
- 영업자 등의 준수사항을 위반하였음에도 행정처분을 하지 않은 것은 없는가.
- 행정처분 기준에 의하지 않고 임의로 행정처분을 감경하여 처리한 것은 없는가.
- 국립수의과학검역원 및 농산물품질관리원에서 적발 후 통보된 위반업체에 대하여 행정처분을 하지 않은 것은 없는가.
- 행정처분대상 업체에 대하여 폐업신고 수리함으로써 행정처분을 면탈케 한 사실이 없는가.
- 과태료 부과 시 과다 또는 감경하여 부과 · 징수한 것은 없는가.
- 영업정지 등 행정처분 업체에 공문만 발송하고 영업정지 게시문 미부착 및 현지 실태조사를 하지 않은 것은 없는가.

(4) 감 사 사 례

축산물위생관리법 위반업소 폐업신고 부당[155)]

▨ 개요

불법으로 제조된 축산물을 판매한 자에 대하여 행정처분을 하지 않고 업체들로부터 폐업신고서가 접수되자 이를 수리함으로서 행정처분을 면탈시킨 결과를 초래한 사실

▨ 위법 · 부당내용

- 축산물위생관리법 제22조(영업의 허가) 제1항 및 같은법 제33조(판매 등의 금지) 제1항의 규정에 의하면 식육포장처리업을 하고자 하는 자는 시장 · 군수 · 자치구청장의 허가를 득하여야 하며, 영업허가를 받지 아니한 자가 처리 · 가공 또는 제조한 축산물은 보관 · 판매를 하지 못하도록 하고 있음에도
- ○○시에서는 국립수의과학검역원으로부터 무허가 영업행위로 적발되어 통보된 업체에 대하여 행정처분을 하지 않은 채 업체들로부터 폐업신고서가 접수되자 이를 수리하여 줌으로서 행정처분을 면탈시킨 결과를 초래한 사실

155) 경기도(2006b, 48쪽 참조.

4. 지방의회 감사 지적사례

- 각종 농가소득증대사업에 대한 사후관리 및 평가 미흡
- 간벌사업. 칡덩굴제거작업의 현장점검 철저
- 농기계관련 교육을 고장수리교육 위주로 전환
- 농민교육원 농촌지도소의 교육program 중복156)
- 농산국, 농촌진흥원의 생활개선사업 중복
- 농산물 간이집하장. 농기계 보관창고의 타 용도 사용문제
- 농산물포장센터사업의 품목지정 재검토 건의
- 농수산물 산지 가공산업 지원확대
- 농수산물간이집하장건설 신중 추진
- 농수산물의 지적재산권 보호대책 강구
- 농어빈사녀 지원학지금의 인문계학생지급 건의
- 농어촌관관농원 사후관리 철저
- 농업경영 및 정보화 프로그램 개발
- 농업경쟁력 강화를 위한 대책 강구
- 농업기술정보 제공 및 종합상담실 운영 내실화
- 농업인 후계자의 사후관리 소홀
- 농업진흥지역에 대한 관리 및 보전대책
- 농업회사법인 운영의 부실관리대책 강구
- 농지에 접한 도로면 가로수식재 추진 신중화
- 농지전용 허가시 현장확인 미흡 및 사후관리 부실(불법 농지전용 문제)
- 농촌특산품판매상 설치 및 운영의 내실화
- 농촌현대화 사업비의 과다이월 방지
- 농축산물 · 공산품의 생산자 직판장 부족
- 산불방지기간 이외의 공익근무요원 활용대책 미흡
- 소규모 축산농가의 분뇨처리대책 강구
- 소득 작목개발 미흡
- 임도시설의 사후관리 미흡

156) 밑줄 친 부분은 시 · 도사무로 시 · 도의회의 지적 사항이다. 이하 같다.

Ⅴ 도시계획 및 정비행정분야

1. 사무내용과 감사기본방향

가. 사무내용

지방자치단체의 도시계획 및 정비행정은 크게 지역정책과 도시계획으로 구분된다.

첫째, 지역정책과 관련하여 ▸국소관 행정의 종합기획 · 조정 ▸지역개발 정책의 종합계획수립 · 조정 ▸국토종합개발계획수립 · 조정 ▸수도권정비계획법의 운용 ▸군사시설보호구역의 관리에 관한 사항 ▸도시지역외의 토지관리계획에 관한 사항 ▸지역균형개발 및 특정지역의 개발에 관한 사항 ▸온천지구개발에 관한 사항 ▸개발제한구역관리 및 해제에 관한 사항 ▸국토계획 및 이용에 관한 사항 ▸시 · 도 지방토지수용위원회 운영을 관장한다.

둘째, 도시계획과 관련하여 ▸도시기본계획 수립 및 변경계획에 관한 사항 ▸도시관리계획에 관한 사항 ▸광역도시계획 수립에 관한 사항 ▸도시계획시설 결정에 관한 사항 ▸토지형질변경에 관한 사항 ▸도시통계 작성 및 운영에 관한 사항 ▸도시

도표 5-7 도시계획 정비분야 자치단체의 사무영역

구분	시 · 도사무	시 · 군 · 자치구 사무
○도시계획 사업의 시행	1) 도시기본계획의 수립(도의 경우를 제외한다) 2) 도시계획구역의 입안(도의 경우를 제외한다) 3) 도시계획시설의 입안(도의 경우는 제외한다) 4) 도시계획 용도지역 · 지구의 입안(도의 경우는 제외한다) 5) 도시계획에 관한 기초조사(도의 경우는 제외한다) 6) 도시계획사업의 시행(도의 경우를 제외한다) 7) 도시재개발사업 기본계획 수립 및 시행(도의 경우는 제외한다) 8) 도시계획도로의 유지 · 관리(도의 경우는 제외한다)	1) 도시기본계획의 수립(자치구의 경우는 제외한다) 2) 도시계획구역의 입안(자치구의 경우는 제외한다) 3) 도시계획시설의 입안(자치구의 경우는 제외한다) 4) 도시계획 용도지역 · 지구의 입안(자치구의 경우는 제외한다) 5) 도시계획에 관한 기초조사(자치구의 경우는 제외한다) 6) 도시계획사업의 시행(자치구의 경우는 제외한다) 7) 도시재개발사업의 시행(자치구의 경우는 제외한다) 8) 도시계획도로의 유지 · 관리

도표 5-7 도시계획 정비분야 자치단체의 사무영역(계속)

구분	시 · 도사무	시 · 군 · 자치구 사무
ㅇ도립 · 군립 및 도시공원, 녹지 등 관광 · 휴양시설의 설치 및 관리	1) 도립공원계획의 결정 · 고시 2) 도립공원의 지정 · 고시 및 관리 3) 도립공원 내 공원사업의 시행 및 공원시설 관리 4) 도립공원 보호구역의 지정 · 고시 5) 도립공원의 입장료 · 사용료 및 점용료 징수 8) 도시공원 및 유원지 조성계획의 입안(도의 경우는 제외한다) 9) 도시공원 · 유원지의 설치 및 관리(도의 경우는 제외한다) 10) 도시공원 · 유원지의 입장료 · 사용료 · 점용료의 징수(도의 경우는 제외한다)	1) 군립공원계획의 결정 · 고시 2) 군립공원의 지정 · 고시 및 관리 3) 군립공원 내 공원사업 시행 및 공원시설 관리 4) 군립공원 보호구역의 지정 · 고시 5) 군립공원 입장료 · 사용료 · 점용료의 징수 6) 도시공원 및 유원지 조성계획의 입안(자치구의 경우는 제외한다) 7) 도시공원 · 유원지의 설치 및 관리(자치구의 경우는 제외한다) 8) 녹지의 설치 및 관리 9) 도시공원 · 유원지의 입장료 · 사용료 · 점용료의 징수(자치구의 경우는 제외한다) 13) 유선 · 도선업의 안전관리 및 지도 감독

개발사업에 관한 사항을 관장한다.

지방자치법 제9조에 따른 도시계획 및 정비 행정분야의 자치단체별 사무영역은 도표 5-7과 같다.

나. 감사기본방향

이 분야에서는 주로 도시기본계획의 수립설자의 이행 여부, 도시관리계획에 의한 용도지역 · 지구 · 구역의 토지이용 및 건축행위제한 위반행위의 방치, 도시계획시설 결정에 대한 장기 미집행, 도시계획시설사업, 부당한 시설부담금의 징수, 지구단위계획의 수립, 비례의 원칙에 반한 도시계획시설의 기부 채납, 개발행위 허가의 남발 · 남용, 도시계획위원회의 운영 등에 감사를 실시하여야 할 것이다.

이 분야의 인 · 허가 사항, 부담금이나 법령조례상의 의무위반자에 대한 과태료 미부과에 대한 합법성감사(제4장 Ⅲ. 참조), 사업에 대해서는 성과감사(제4장 Ⅵ. 참조), 기획중인 시책이나 정책은 정책감사(제4장 Ⅴ. 참조) 기법을 적용하여야 할 것이다.

2. 정책/성과감사 기법

가. 도시계획 및 정비사업계획에 대한 타당성 감사

도시기본계획, 도시관리계획, 도시계획재정비구상, 도시계획과정에 대한 타당성 감사의 착안사항은 다음과 같다.

① 주민의 사회적 · 경제적 욕구에 의한 도시계획정비인가? 특정 이해집단을 위한 특혜성 발굴 · 구상은 아닌가?
② 국가 상위목표 달성에 필요하고, 국가시책과의 일관성을 유지하고 있는가?
③ 유사한 도시계획및정비 사업을 벤치마킹하여 성공 또는 실패의 원인을 분석한 것인가?
④ 도시계획및정비사업의 목표와의 관계에서 효과적인 접근인가?
⑤ 도시계획및정비사업의 결정을 위한 조사자료 등은 진실 된 것인가?
⑥ 용역보고서의 내용의 타당성과 합리성은 인정할 수 있는가?
⑦ 도시계획및정비계획사업의 목표와 계획지표는 적정한가?
⑧ 도시계획및정비사업의 목표 달성을 위한 수단은 확보 가능한 것인가?
⑨ 도시계획및정비사업을 위한 재원확보 대책은 타당한가?
⑩ 도시계획및정비사업을 추진하기 위한 관련기관과의 협력체제는 강구되어 있는가?

나. 도시계획시설 사업의 시행, 비용처리 · 활동에 대한 능률성 감사

도시계획사업, 도시개발사업 등의 사업에 대한 능률성 감사에는 다음과 같은 점에 중점을 두어야 할 것이다.

① 적합한 유형, 적절한 양과 질의 자원을 최저가격으로 획득하고 있는가?
② 적절한 양과 질의 재화나 용역을 시의적절하게 확보하거나 제공하는데 최소의 자원을 사용하고 있는가?
③ 도시 계획 및 개발사업을 위해 인원을 과다하게 배정하고 있지는 않는가?
④ 도시 계획 및 개발사업기관간의 업무의 중복은 없는가?

⑤ 도시 계획 및 개발사업에 필요한 공공 장비나 시설을 비능률적으로 활용하고 있지는 않는가?

⑥ 도시 계획 및 개발사업 자원이나 시설을 적절하게 보전 · 유지하고 있는가?

⑦ 예산이 중복 투입되는 도시 계획 및 개발사업사업은 아닌가?

⑧ 사업목표를 효과적으로 달성하기 위한 대안을 채택했는가?

⑨ 도시 계획 및 개발사업사업의 목표는 어느 정도나 달성했는가?

⑩ 만족스러운 도시 계획 및 개발사업적 성과를 저해하는 요인들은 무엇인가?

다. 공원 및 녹지 시설 및 시스템 설치 운영에 대한 성과감사

① 공원 및 녹지시설은 수요를 감안하여 그 규모를 결정하여 설치하였는가?

② 설치된 공원 및 녹지시설은 최대한 활용되고 있는가?

③ 공원 및 녹지시설운영은 설치목적에 부합되는가?

④ 공원 및 녹지시설 운영에 따른 적자 해소를 위한 대책은 무엇인가?

⑤ 유사 시설을 벤치마킹하여 성공 또는 실패의 원인을 분석한 것인가?

⑥ 공원 및 녹지시설은 적정하게 유지, 관리되고 있는가?

⑦ 공원 및 녹지시설관리요원의 규모는 적정한가?

⑧ 공원 및 녹지시설관리 비용은 적정한 수준인가?

⑨ 공원 및 녹지시설이나 시스템을 방치하고 있는 경우는 없는가?

⑩ 공원 및 녹지시설이나 시스템에 대한 중복 투자는 없는가?

3. 합법성감사 기법

가. 도시기본계획의 수립 · 승인[157]

(1) 관 계 법 령[158]

- 국토의 계획 및 이용에 관한 법률 제18조~제23조, 같은법 시행령 제14조~제17조의2 등
- 도시기본계획 수립지침

157) 경기도(2006a), 227~229쪽에서 재작성하였음.

158) 주의! 관계법령이 개정되었는지를 먼저 확인해서 현행법령에 입각하여 합법성감사를 실시하여야 한다.

(2) 업무처리절차

도시기본계획 수립 흐름도

기초조사(용역) (시장 · 군수)	• 도시계획에 관한 기초조사 등(법 제20조)
⇩	
도시기본계획 입안 (시장 · 군수)	• 공청회 개최 및 주민 등의 의견청취(법 제20조) – 일간신문 14일전 공고 • 지방의회 의견 청취(법 제21조) – 30일 이내 의견제시 • 시 · 군 도시계획위원회 자문(도시기본계획 수립지침)
⇩	
기본계획 승인 (OO도지사)	• 관계행정기관의장 협의(법 제22조) – 30일 이내 의견제시 • 도 도시계획위원회 심의(법 제22조, 제106조) • 시장 · 군수에게 송부(법 제22조의2, 도시기본계획수립지침)
⇩	
공람 · 공고 (시장 · 군수)	• 도시기본계획 공고(법 제22조) – 30일 이상 일반에게 열람

(3) 감사착안사항

(가) 도시기본계획 수립(국토의 계획 및 이용에 관한 법률 제18조-제23조, 같은법 시행령 제14조-제17조의2)

- 상위계획에 부합하는 도시기본계획인가.
  - 상위계획과 부합되지 않은 기본계획 수립
    - · 국토종합계획, 광역도시계획 등 상위계획 내용수용 및 하위계획 수립 고려 여부
- 인구지표는 적정한 수준인가.
  - 미래지표 설정의 적정성(과도한 지표 설정)
    - · 부문별 내용 누락 및 기초조사 실시 여부
    - · 인구배분 및 토지이용계획 적정 여부
  - 잦은 도시기본계획의 변경
    - · 20년 기준 5년마다 재정비
- 계획재량권의 남용은 없는가.
  - 위임사무를 벗어나 처리 여부
    - · 승인기관이 혼합된 안건인 경우 상급기관 승인 없이 변경 여부

- 무분별한 개발계획은 아닌가.
  - 비도시지역의 과도한 개발용지 공급
    · 기본계획 수립 전까지 과도한 공급이 되지 않도록 시·군 자체 수급물량 조정 여부
- 용역비 낭비는 아닌가.
  - 도시기본계획 재정비시 용역비 낭비

나. 도시관리계획(재정비) 수립 · 결정[159]

(1) 관 계 법 령[160]

- 국토의 계획 및 이용에 관한 법률 제24조~제54조, 같은법 시행령 제18조~제50조
- 도시관리계획(재정비) 수립지침.

(2) 업 무 처 리 절 차

도시관리계획 수립 흐름도

기초조사(결정 또는 변경계획 수립) (시장 · 군수)	• 인구 · 경제 · 사회 · 문화 · 토지이용 등 소사 : 환경성 검토 및 토지 적성 평가포함(같은법 제27조)
⇩	
입인 (시장 · 군수, 주민제안)	• 주민의견 및 지방의회 의견청취(같은법 제28조) – 일간신문공고 및 14일 이상 열람 • 제출된 의견 반영여부 검토 통보 (같은법 제28조) – 열람 종료된 날부터 60일 이내 • 시 · 군 도시계획위원회 자문(같은법 제113조)
⇩	
도지사	• 관계행정기관의 장 협의(같은법 제30조) – 30일 이내 의견제시 • 도시계획위원회 심의(법 제30조, 같은법 제113조)
⇩	
결정(변경)고시 (도지사→시장 · 군수)	• 도보게재 및 관계서류 송부(같은법 제30조)
⇩	
공고 및 열람 (시장 · 군수)	• 시 · 군 · 구 · 읍 · 면 · 동사무소에 비치(도시관리계획 수립지침)

159) 경기도(2006a), 230~234쪽에서 재작성하였음. 이주희외, 「도시계획원론」, 2006.

160) 주의! 관계법령이 개정되었는지를 먼저 확인해서 현행법령에 입각하여 합법성감사를 실시하여야 한다.

(3) 감사착안사항

(가) 도시관리계획 수립(재정비)(국토의 계획 및 이용에 관한 법률 제24조-제54조, 같은법 시행령 제18조-제50조, 같은법 시행규칙 제2조-제6조, 도시관리계획 수립지침)

- 형평성이 보장된 도시관리계획인가.
  - 특정인 편의위주의 도시계획 변경
    - · 여건변동이 없는데도 재정비 등 빈번한 도시관리계획 변경으로 공신력 실추
- 여건변화에 부응하는 계획변경인가.
  - 상위계획과 불부합한 도시계획 입안
  - 재정비시 단계별 집행계획 적정수립 여부
- 상위계획에 부합된 계획인가.
  - 도시기본계획과 상이한 도시관리계획 결정
- 특혜성 도시계획이 아닌가.
  - 도시관리계획 입안시 토지적성평가 실시 여부
  - 도시계획 공람공고 적정성
  - 도시관리계획 결정시 지적이 포함된 지형 도면의 제작 및 적정관리 여부

(나) 용도지역, 용도지구, 용도구역 도시계획 결정(국토의 계획 및 이용에 관한 법률 제36조-제42조, 같은법 시행령 제30조-제34조, 같은법 시행규칙 제5조, 도시관리계획 수립지침)

- 국토해양부가 결정할 사항을 시 · 도에서, 시 · 도가 결정할 사항을 시 · 군에서 결정하지 않았는가.
  - 5년간 동일 용도지역, 녹지가 주 · 상 · 공지역으로, 제2종 지구단위계획이 연접하여 지정 또는 변경한 경우 합산면적이 각각 5㎢, 50만㎡, 1㎢ 이상인 경우
- 용도지역 결정 및 변경결정은 적정한가.
- 특정토지의 용도지역을 상향조정한 것은 없는가?
- 도시개발지표 달성이 곤란한 계획을 결정하지 않았는가.
- 상위계획과 상이하게 결정한 사항은 없는가.
- 세분화 할 수 없는 지구를 조례로 세분하지 않았는가.

– 경관 · 미관 · 특정용도제한지구에 한정

- 국토해양부가 관리하는 구역을 임의 조정한 경우는 없는가.
  – 개발제한구역, 시가화조정구역, 수산자원보호구역 등

(다) 도시계획시설 결정(국토의 계획 및 이용에 관한 법률 제43조-제48조, 같은법 시행령(제35조-제42조), 도시계획시설의 결정, 구조 및 설치기준에 관한 규칙)

- 의무시설을 도시계획 결정 없이 시행한 사례는 없는가.
  – 의무시설을 도시관리계획 결정 없이 추진하는 사례(비도시지역 포함)
    · 납골, 폐수종말처리, 축산폐수처리시설 등 추가 의무시설
- 관련기준에 맞지 않게 시설 결정한 것은 없는가.
  – 비도시지역 공원녹지를 도시공원법에 맞지 않게 도시관리계획 결정 없이 추진
- 제한시설 결정은 적정한가.
  – 주간선도로에 주차장 진 · 출입구 설치
  – 유원지 최소규모 준수 여부(1만㎡이상)
- 특정인이 유리하도록 시설결정 및 폐지한 것은 없는가.
  – 용도지역상 허용되지 않는 시설의 설치
  – 지역여건 고려 없이 시설결정 여부
  – 특정인을 위한 도시계획시설 변경 결정
  – 각종 개별법령에 맞지 않게 시설 결정
  – 사업자 수익성 위주의 시설 세부 결정
- 공익성이 고려되지 아니한 결정은 없는가.
  – 공익성이 고려되지 않은 시설변경 결정
  – 시설녹지를 차도로 이용하는 사례
- 상위계획과 상이한 결정은 없는가.
  – 도시기본계획과 상이하게 계획 결정

(라) 지구단위계획 수립(국토의 계획 및 이용에 관한 법률 제49조-제54조, 같은법 시행령 제43조-제50조, 지구단위계획 수립지침)

- 제1종 지구단위계획 수립지침에 부합한가.
  – 의무적으로 제1종 지구단위계획 구역으로 지정하게 되어 있는 사업지구의

방치 여부

· 재개발 · 택지개발 · 주거환경개선지구로 사업완료 후 10년이 경과된 지역

· 시가화 조정구역, 공원해제지역, 녹지에서 주거 · 상업 · 공업지역으로 변경된 지역 중 30만㎡ 이상

– 제1종 지구단위계획구역에서 인센티브를 과다하게 부여한 사례는 없는가.

• 제2종 지구단위계획 수립지침과 부합한가.

– 농림지역, 자연환경보전지역에서 개발진흥 지구 지정 없이 제2종 지구단위계획구역으로 지정 여부

– 관리지역에서 아파트 · 연립주택 건설시 규모에 맞게 지구단위계획 수립 여부

– 제2종 지구단위계획구역에서 관련법규가 정한 절차를 이행하여 사업추진 여부

– 지구단위계획 구역지정 및 계획수립 시 행정절차 이행 여부

– 지구단위계획 구역지정 후 5년 이내 구역 · 계획의 변경

– 지구단위계획 수립을 전제로 미리 용도지역을 변경하고, 구역지정 후 3년 이내 지구단위계획이 결정 · 고시되지 않아 실효된 지역을 환원하지 않은 용도지역

– 일정 규모 미만인데 제2종 지구단위계획으로 지정 여부

– 관리지역내 소규모 산발적으로 기반시설 계획 없이 개발사업 추진 여부

– 제2종 지구단위계획 수립 시 유형에 맞는 계획 수립 여부

· 주거, 산업, 유통, 관광휴양, 복합형 기준

(4) 감 사 사 례

도시관리계획(지구단위계획) 중복결정 부적정[161]

개요

도시관리계획(지구단위계획)을 수립하는 경우는 상위계획 또는 관련법령이 정하고 있는 도시관리계획과 서로 상충됨이 없도록 하여야 함에도 시행중인 ㅇㅇ지구와

161) 경기도(2006b), 170쪽 참조.

xx지구에 도시계획도로(소3-2)가 중복되어 결정

■ 위법 · 부당내용

- 국토의 계획 및 이용에 관한법률 제2조에 의하면, 지구단위계획은 도시계획 수립대상 지역 안의 일부에 대하여 토지이용을 합리화하고 그 기능을 증진시키며, 미관을 개선하고 양호한 환경을 확보하며 당해 지역을 체계적 · 계획적으로 관리하기 위하여 수립하는 도시관리계획으로, 상위계획 또는 관련법령이 정하고 있는 도시관리계획과 서로 상충됨이 있는지를 검토하여 적정하게 계획하여야 함.
- 그런데도, ○○시 ○○지구 택지개발사업의 일부지역인『도시계획도로(소2-1호)』가 ○○동 주택건설사업 입안지역(제1종 지구단위계획구역)과 중복된다는 한국토지공사 측의 제시의견이 있었음에도 불구하고, 이를 포함하여 제1종 지구단위계획구역으로 중복결정하여 도시관리권자로서 합리적인 도시관리계획을 결정하고 관리하지 못한 사실

다. 개발행위 허가

(1) 관 계 법 령[162]

- 국토의 계획 및 이용에 관한 법률 제56조 - 제65조, 같은법 시행령 제51조 - 제61조 등
- 개발행위허가 운영지침.

162) 주의! 관계법령이 개정되었는지를 먼저 확인해서 현행법령에 입각하여 합법성감사를 실시하여야 한다.

(2) 업무처리절차

개발행위허가 흐름도

신청서 접수 (신청인)	• 개발행위허가 신청서 (별지 제5호 서식) – 국토의 계획 및 이용에 관한법률 제61조 제3항의 규정에 따른 협의도서 첨부
⇩	
신청검토 (시장 · 군수)	• 같은법 제58조 및 시 도시계획조례(개발행위허가기준)부합 여부 검토 – 특별한 사유가 없는 한 15일 이내 결정
⇩	
관련부서협의 (시장 · 군수)	• 관계행정기관의 장 협의(법 제61조 제3항) • 필요한 경우 시 · 군 도시계획위원회 자문(조례 참조)
⇩	
허가 (시장군수 → 신청인)	• 이행보증금 예치(법 제60조 제1항) • 허가증 교부 및 협의 관계서류 송부(법 제57조 제3항)
⇩	
준공 (시장 · 군수)	• 준공검사신청서(준공사진, 측량성과도, 협의도서) 제출 • 개발행위허가 준공검사 필증 교부(규칙 제11조 제3항) ※ 현장확인

(3) 감사착안사항

(가) 개발행위 허가(국토의 계획 및 이용에 관한 법률 제56조-제65조, 같은법 시행령 제51조-제61조, 같은법 시행규칙 제9조-제11조, 개발행위 허가 운영지침 도시계획조례)

- 상위계획에 상충되는 개발행위를 허가한 사례는 없는가.
  - 개발행위 허가의 제한규정 적정 활용 여부
- 기반시설 부족 등 부당한 행위를 허가한 사례는 없는가.
  - 법령위반이 없어도 부당한 행위 허가 여부
    - · 계획의 적정성, 기반시설 확보 여부, 주변환경과 조화 등 고려 여부
- 개발행위 제한규정과 다르게 허가처리한 사례는 없는가.
  - 비도시지역 내 개발행위 허가대상 규모의 시설물을 허가 없이 처리
    - · 건축법 신고대상인 일정규모 이상의 공작물(굴뚝광고탑, 골프연습장 철

탑 등)

- 규모를 초과하여 허가처리한 사례는 없는가.
  - 개발행위 허가 시 이행보증금 예치 여부
- 준공검사를 형식적으로 실시한 사례는 없는가.
  - 개발행위 허가규모를 초과한 허가 여부
    - · 연접개발의 제한규정 적정적용 여부
- 도시계획시설의 개발행위가 허가조건에 부합되는가.
  - 허가내용과 상이한 준공검사
- 기반시설 부족 및 녹지지역내 과다한 행위를 허가하지 않았는가.
  - 도시계획시설을 개발행위 허가로 처리
  - 기반시설 용량을 초과한 개발행위 허가
    - · 기반시설연동제, 개발밀도관리구역제도
- 대규모 개발행위 심의절차를 무시한 사례는 없는가.
  - 자연녹지지역내 과다한 개발행위 허가
  - 개발제한구역, 시가화조정구역, 수자원보호구역 등 다른 용도구역에서 개발행위 여부
  - 일정규모 이상 개발행위 허가에 대한 도시계획위원회 심의설차 이행 여부
- 비도시지역내 숙박·음식점을 허가한 사례는 없는가.
  - 비도시지역에서 일정규모 이상의 골재, 토석채취 여부
    - · 택지, 산난 등 나법에 의한 개빌사업
  - 하수처리시설 미설치된 비도시지역에서 숙박 및 음식점의 개발행위 허가 여부

(나) 용도지역, 용도지구 건축제한(국토의계획및이용에관한법률 제76조, 같은법 시행령 제71조-제83조, 같은법 시행규칙 제13조),

- 용도지역별 허가제한시설을 허가하지 않았는가.
  - 관리지역내 행위제한시설을 허가 여부
    - · 아파트, 공장, 숙박시설, 음식점 제한
- 주거지역내 위락숙박시설을 허가하지 않았는가.
  - 일반주거지역내 공연장, 관람장 등 소음발생 시설의 허가 여부
    - · 위락, 숙박시설의 주거지역과 차단 여부

- 공작물에 대한 행위 허가는 적정한가.
  - 용도지역별 층수제한, 주상복합건물의 주거면적 비율 이행 여부
- 2개 이상 용도지역내 건축 허가는 적정한가.
  - 보전녹지지역내 다중 · 다가구주택 건축 여부
  - 농림지역내 농지, 산림, 초지법 적용 여부
- 기타 타 법률에 정한 제한규정을 충실하게 적용하였는가.
  - 자연환경보전지역내 타 법 제한사항 적용 여부
  - 건축물이 수반되지 않는 시설물(고물상, 세차장 등)의 허용 용도지역외 허가 여부
  - 법령 등 규정개정에 따른 기존 부적합 건물에 증 · 개축 여부
  - 1필지가 2개의 용도지역에 접한 경우에 용도지역 적용의 적정 여부(330㎡ 이하 기준)
  - 건축물이 미관, 고도, 방화지구와 다른 용도지역에 접한 경우 각각 규정 적용 여부
  - 녹지지역과 다른 용도지역에 접한 경우 각각 규정 적용 여부
  - 시가화조정구역의 행위제한시설 허가
  - 수산자원보호구역의 행위제한시설 허가

(다) 용도지역 건폐율, 용적률(국토의계획및이용에관한법률 제77조-제78조, 같은법 시행령 제84조-제85조, 도시계획조례)

- 용도지역별 완화는 적법한가.
  - 관리지역내, 준주거지역내 건폐율, 용적률 완화적용 여부
  - 조례의 제정 없이 농지법에서 정한 건축물의 건폐율, 용적률 완화적용 여부

(라) 도시계획시설사업(국토의 계획 및 이용에 관한 법률 제85조-제100조, 같은법 시행령 제95조-제103조, 같은법 시행규칙 제14조-제17조)

- 단계별 집행계획을 미수립하지 않았는가.
  - 단계별집행계획의 적정수립 여부
    - · 결정일로부터 2년 이내 수립
    - · 1단계(3년 이내 시행)
    - · 2단계(3년 이후 시행) 단계별 집행계획 수립 공고

- 형평에 맞지 않는 사업을 추진하지 않았는가.
  - 도시계획시설사업 집행 적정성 및 하자 여부
- 사업주 편의로 사업을 추진하지 않았는가.
  - 주민의견 반영 없이 실시계획인가 여부
  - 사업주의 수익성만 고려된 조성계획 수립과 사업추진 여부
  - 도시계획결정내용과 상이하게 사업시행인가 여부

(마) 도시계획위원회(국토의 계획 및 이용에 관한 법률 제106조-제116조, 같은법 시행령 제108조-제115조, 같은법 시행규칙 제18조)

- 도시계획위원회 심의절차 없이 사업을 추진하지는 않았는가.
  - 타법에 의제사항의 심의이행 여부
  - 택촉법 등 타 법령에 의한 지구지정 및 대규모 개발사업 시 심의이행 여부
  - 지구단위계획시 2개의 심의이행 여부
    · 건축물의 배치, 형태 등 건축관련 사항은 건축위원회와 공동심의 (기준 준수여부)
    · 용도지역 · 기반시설은 별도 도시계획 심의
- 소관에 맞지 않은 도시계획을 심의하였는가.
  - 개발규모 및 인·허가권자에 따라 심의
    · 중앙행정기관이 인허가 할 경우 규모에 관계없이 중앙도시계획위원회 심의
    · 시·군 도시계획위원회 심의대상이라도 시·도가 인·허가할 경우 시·도 도시계획위원회에서 심의

(4) 감 사 사 례

개발행위허가 처리 부적정[163)]

▨ 개요

시 도시계획조례가 정하고 있는 개발행위허가기준을 위반하여 진입도로를 개설함에 따라 보전녹지지역에서 기 가로망을 구획하여 토지 분할권을 인정받아 44필지 30,409㎡의 추가적인 개발행위가 편법적으로 이루어지도록 원인 제공

163) 경기도(2006b), 166쪽 참조.

▨ 위법 · 부당내용

- 국토의계획및이용에관한법률 시행령 제56조에 따라, ○○시 도시계획조례 제23조(개발행위허가 기준)는 허가대상 토지 및 토지 경계로부터 30미터 이내에 위치하는 주변토지의 ha당 입목축적이 ○○시 평균 입목축적의 70% 이하, 경사도 20도 미만으로 개발행위 허가기준을 명시하고 있으므로, 개발행위의 허가처리 시에는 당해 요건에 적정한 지를 반드시 검토하고 처리하여야 하는데도,
- 2004. 11. 7 보전녹지지역인 ○○○리 343-29외 3의 장○○이 진입도로 개설을 목적으로 신청한 내용이 ○○시 조례가 정하고 있는 방법과 일반적 경사도 산정방법인 등고선에 직교방향이 아니고 경사가 완만한 임의지점을 선택하여 경사도를 산정하였음에도 허가처리한 결과, 시공중 도로 시점부에 급경사로 인한 대절토부 구간이 발생되자 개착식 터널로 보완시공하여 공사를 재착공케 한 바,
- 보전이 필요한 보전녹지지역에서 기 가로망을 구획하여 토지 분할된 44필지 30,409㎡가 연접개발 예외규정을 인정받아 편법적으로 개발행위가 이루어질 수 있도록 한 사실.

4. 지방의회 감사 지적사례

- 공중전화부스의 도로점용료 미부과 문제
- 공중화장실 부족과 지정 공중화장실 표시 부실
- 대로변 소음대책 및 방음벽 설치효과 저조
- 도로변 각종 불법광고물 지도 · 단속 미흡
- 도로의 무단점용 및 각종 공사자재방치(과도한 도로점용)에 대한 지도 · 감독 미흡
- 무허가건물 관리 철저 및 정비문제
- 시 · 군용역 수탁확대방안 강구[164)]
- 시행가능한(현실성 있는) 정책개발연구
- 인도점용 신고저조 및 과다 점용문제
- 장기 미집행 도시계획시설 방치
- 장기 미집행 도시계획시설의 조기집행방안 강구

164) 밑줄 친 부분은 시 · 도사무로 시 · 도의회의 지적 사항이다. 이하 같다.

- 토지구획정리사업 설계의 무단변경문제(심의회 심의받지 않음)
- 환지청산금의 체납액징수문제

Ⅵ 문화 · 관광 · 체육 · 홍보 행정분야

1. 사무내용과 감사기본방향

가. 사무내용

지방자치단체의 문화 · 관광체육홍보행정은 문화정책, 관광문화사업, 체육진흥, 홍보업무로 구분된다.

첫째, 문화정책과 관련하여 ▸국소관 행정의 종합기획 · 조정 ▸문화정책의 수립 및 시행 ▸지방문화예술의 육성 · 발굴 ▸도문화재단 운영 · 관리 ▸도사편찬 및 도사편찬위원회 운영 ▸문화 · 예술단체 지도 · 감독 ▸문화재 보수 · 정비 및 유무형 문화재 발굴 · 조사 ▸문화재 지정 · 해제 및 보호구역관리 ▸문화예술시설에 관한 사항 ▸문화예술사업에 관한 사항 ▸문화예술회관 및 박물관 지도 · 감독에 관한 사항 ▸사회 · 평생교육 활성화에 관한 사항 ▸문화재 수리 기술자의 등록에 관한 사항 ▸지방문화원 설립 인가에 관한 사항 등을 관장처리한다.

둘째 관광문화산업과 관련하여 ▸관광행정의 종합기획 · 조정 ▸관광실태 조사 · 연구 및 관광안내 · 홍보 ▸관광업체 등록 및 지도 · 육성 ▸관광이용 시설의 설치 및 관리에 관한 사항 ▸관광지 지정 · 취소 · 변경 및 조성계획 승인 · 변경 ▸관광협회에 대한 지도 · 감독 ▸도예관광벨트 조성, 국제회의도시 지정, 관광특구 지정 · 운영 · 관리에 관한 사항 ▸관광호텔 종사원 교육기관 지정 및 설치를 관장한다.

셋째, 체육진흥과 관련하여 ▸체육지원에 관한 종합계획 수립 시행 ▸공공체육시설에 관한 사항 ▸체육관련단체의 육성 · 지원 ▸국민여가시설 확충 및 여가활동 지원 ▸생활체육에 관한 사항 ▸체육업무 행 · 재정 지원에 관한 사항 ▸체육시설업에 관한 사항 ▸골프장 사업에 관한 사항 ▸등록체육시설업에 관한 사항 ▸체육진흥기금의 설치 및 운영 등의 업무를 관장한다.

넷째, 홍보업무와 관련하여 ▸공보행정의 종합계획수립 및 조정 ▸도정시책의 홍보기획 및 보도 ▸정기간행물의 등록등에 관한 사항 ▸도보발간 및 공고 · 고시의 공포에 관한 사항 ▸도정과 관련된 각종 보도사항의 분석 및 기록보존 ▸도정홍보 영상물의 제작에 관한 사항 ▸도정홍보간행물의 발행에 관한 사항 ▸방송사업 지원에 관한 사항 ▸도정에 대한 여론조사 및 분석 ▸주민홍보위원회의 관리운영 ▸민간단체지원(공보실 소관에 한한다) ▸홍보기자재의 관리 ▸XX도 넷 운영 및 서비스의 확충 ▸XX넷 시스템의 개발 및 확산시책의 수립 등의 업무를 처리하고 있다.

지방자치법 제9조에 따른 문화, 관광, 체육, 홍보 행정분야의 자치단체별 사무영역은 도표 5-8와 같다.

도표 5-8 문화 관광 체육 행정분야 자치단체의 사무영역

구분	시 · 도사무	시 · 군 · 자치구 사무
ㅇ지방문화재의 지정 · 보존 및 관리	1) 시 · 도지정문화재 및 문화재자료의 지정 · 보존 및 관리 2) 시 · 도지정문화재 및 문화재자료의 보호물 또는 보호구역의 지정과 그 해제 3) 시 · 도지정문화재로 지정된 무형문화재의 보유자 또는 보유단체의 인정과 그 해제 4) 시 · 도지정문화재 및 문화재자료의 반출 허가 5) 관할구역 내 국유에 속하는 국가지정문화재 중 국가가 직접 관리하지 아니하는 문화재의 보존 · 관리	1) 시 · 도지정문화재 및 문화재자료의 보존 · 관리 2) 비지정문화재(향토유적 등)의 보존 · 관리 3) 지방민속자료 발굴 · 조사 4) 관할구역 내 국유에 속하는 국가지정문화재 중 국가가 직접 관리하지 아니하는 문화재의 보존 · 관리
ㅇ지방문화예술의 진흥	1) 지방문화예술의 진흥에 관한 시책 강구 · 조정과 주민문화예술활동의 권장 및 보호 육성 2) 지방문화예술진흥위원회 설치 운영 3) 전문예술단체의 지정 및 지원 · 육성 4) 문화강좌 설치 기관 또는 단체의 지정 · 설치 및 운영경비 지원 5) 문화산업의 육성 · 지원 6) 지방문화예술진흥기금의 조성 및 운용 7) 문화예술진흥 사업 및 활동이나 시설운영경비의 지원	1) 지방문화예술의 진흥에 관한 시책 강구 · 조정과 주민문화예술활동의 권장 및 보호 육성 2) 향토문화의 발굴 · 지원 · 육성 3) 문화강좌 설치 기관 또는 단체의 지정 · 설치 및 운영경비 지원 4) 문화산업의 육성 · 지원 5) 문화예술진흥 사업 및 활동이나 시설 운영경비의 지원

도표 5-8 문화 관광 체육 행정분야 자치단체의 사무영역(계속)

구분	시 · 도사무	시 · 군 · 자치구 사무
○지방문화예술단체의 육성	1) 지방문화 예술단체의 설치 · 운영 2) 민간문화 예술단체의 설치 권장 및 지도 · 육성 3) 지방문화사업자에 대한 보조금 지원 및 지도 · 감독	1) 지방문화 예술단체의 설치 · 운영 2) 민간문화 예술단체의 설치 권장 및 지도 · 육성
○관광개발	1) 관광지 및 관광단지의 조성계획 수립 · 집행 2) 관광휴양지의 관리	1) 관광자원 개발 · 보존 2) 관광지 및 관광단지의 개발 · 시행 3) 관광휴양지의 관리
○우수토산품 개발과 관광민예품 개발	1) 민속공예산업 육성실시계획작성 2) 민속공예품 생산업체 지정 3) 공예품 진시판매장 운영 4) 우수토산품 개발 · 보급	1) 민속공예산업 육성실시계획수립 · 시행 2) 우수토산품 등의 개발 · 보급 3) 토산품 전시관 운영 4) 공예품 등 전문생산업체 지원 5) 토산품 등 생산기술전승자의 발굴 · 보호

나. 감사기본방향

이 분야는 예산 사업인 경우에는 재무감사(제4장 II. 참조), 인 · 허가 사항의 합법성, 부담금이나 법령조례상의 의무위반자에 대한 과태료 미부과에 대한 합법성감사(제4장 III. 참조), 사업에 대해서는 성과감사(제4장 VI. 참조), 기획중인 시책이나 집행중인 정책은 정책감사(제4장 V. 참조) 기법을 적용하여야 할 것이다.

2. 정책/성과감사 기법

가. 문화관광체육사업계획에 대한 타당성 감사

관광지 및 관광단지의 조성계획, 민속공예산업 육성실시계획등에 대한 계획과정에 대한 타당성 감사의 착안사항은 다음과 같다.

① 다수 주민의 사회적 · 경제적 욕구에 의한 문화 · 관광 · 체육사업인가?

② 국가 상위목표 달성에 필요하고, 국가시책과의 일관성을 유지하고 있는가?

③ 유사한 문화 · 관광 · 체육 사업을 벤치마킹하여 성공 또는 실패의 원인을 분석

한 것인가?

④ 문화 · 관광 · 체육사업의 목표와의 관계에서 효과적인 접근인가?

⑤ 문화 · 관광 · 체육사업 결정을 위한 조사자료 등은 진실 된 것인가?

⑥ 용역보고서의 내용의 타당성과 합리성은 인정할 수 있는가?

⑦ 문화 · 관광 · 체육사업계획의 목표와 계획지표는 적정한가?

⑧ 문화 · 관광 · 체육사업의 목표 달성을 위한 수단은 확보 가능한 것인가?

⑨ 문화 · 관광 · 체육사업을 위한 재원확보 대책은 타당한가?

⑩ 문화 · 관광 · 체육사업을 추진하기 위한 관련기관과의 협력체제는 강구되어 있는가?

나. 문화관광체육시설 운영을 위한 사업의 시행, 비용처리 · 활동에 대한 능률성 감사

① 적합한 유형, 적절한 양과 질의 자원을 최저가격으로 획득하고 있는가?

② 적절한 양과 질의 재화나 용역을 시의적절하게 확보하거나 제공하는데 최소의 자원을 사용하고 있는가?

③ 문화 · 관광 · 체육사업을 위해 인원을 과다하게 배정하고 있지는 않는가?

④ 문화 · 관광 · 체육사업기관 간의 업무의 중복은 없는가?

⑤ 문화 · 관광 · 체육사업에 필요한 공공 장비나 시설을 비능률적으로 활용하고 있지는 않는가?

⑥ 문화 · 관광 · 체육사업 자원이나 시설을 적절하게 보전 · 유지하고 있는가?

⑦ 예산이 중복 투입되는 문화 · 관광 · 체육사업사업은 아닌가?

⑧ 사업목표를 효과적으로 달성하기 위한 대안을 채택했는가?

⑨ 문화 · 관광 · 체육사업의 목표는 어느 정도나 달성했는가?

⑩ 만족스러운 문화 · 관광 · 체육사업의 성과를 저해하는 요인들은 무엇인가?

다. 문화 · 관광 · 체육시설 및 시스템 설치 운영에 대한 성과감사

① 설계가 합리적이고, 현장의 실정에 적절하며, 설계견적과 설계도서는 적절한가?

② 시공에 있어서 시공물량 부족과 불량은 없는지, 공사감리는 제대로 이루어지고 있는가?

③ 문화 · 관광 · 체육시설은 수요를 감안하여 그 규모를 결정하여 설치하였는가?

④ 설치된 문화 · 관광 · 체육시설은 최대한 활용되고 있는가?

⑤ 문화 · 관광 · 체육시설운영은 설치목적에 부합되는가?

⑥ 문화 · 관광 · 체육시설 운영에 따른 적자 해소를 위한 대책은 무엇인가?

⑦ 문화 · 관광 · 체육시설관리요원의 규모는 적정한가?

⑧ 문화 · 관광 · 체육시설이나 시스템을 방치하고 있는 경우는 없는가?

⑨ 문화 · 관광 · 체육시설이나 시스템에 대한 중복 투자는 없는가?

⑩ 유휴문화 · 관광 · 체육시설에 대한 대책은 무엇인가?

3. 합법성감사 기법

가. 유통관련업 등록 및 취소[165)]

(1) 관 계 법 령[166)]

- 「음악산업진흥에 관한 법률」 제18조, 제19조 등
- 「영화 및 비디오물의 진흥에 관한 법률」 제45조 등
- 「게임산업진흥에 관한 법률」 제25조, 제26조, 제27조 등
- 「잡지 등 정기간행물의 진흥에 관한 법률」 제24조, 제25조 등

(2) 업 무 처 리 절 차

민원인 → 접 수 (시 · 군 · 구) → 확인 및 검토 (서류 및 현지) → 결재 (등록증 교부)

※ 민원처리기간 : 3일

(3) 감 사 착 안 사 항

(가) 노래연습장 등록(음악산업진흥에 관한 법률, 제18조, 제19조, 같은법 시행규칙, 제8조)

- 등록처리조건에 부합되는가.
  - 건축물 용도 : 제2종 근린생활시설
  - 학교환경위생구역 저촉 여부
  - 영업의 제한

165) 경기도(2006a), 39~41쪽에서 재작성하였음.

166) 주의! 관계법령이 개정되었는지를 먼저 확인해서 현행법령에 입각하여 합법성감사를 실시하여야 한다.

- 영업폐쇄 및 등록이 취소된 후 1년이 경과하지 않거나 정지처분 기간이 종료되지 않았는데 같은 장소에 같은 업종으로 허가처리한 경우는 없었는가.
- 시설기준에 적합하였는가.
  - 노래연습장 출입구에 "청소년출입 가능업소" 표지판을 청소년실 출입문에는 "청소년실" 표지판 부착 여부
  - 청소년실은 영업주가 잘 볼 수 있는 곳에 배치하되, 통로에 접한 1면의 칸막이에는 바닥으로부터 0.8미터에서 2미터 되는 지점의 사이(두 지점 간 길이는 1미터를 유지한다)에 2분의 1이상의 면적을 투명유리창으로 설치하였는가
  - 게임물 이용을 위한 밀실 설치 여부
  - 18세 이용가 게임물의 비율에 맞도록 이용공간을 구획하여 높이 1.5m 이상의 칸막이를 설치하였는가.

(나) 음반 및 비디오물 행정처분(음악산업진흥에 관한 법률 시행규칙 제15조, 제39조)

- 위반사항이 행정처분 경감사유에 해당되지 않는데도 임의 경감하여 처분하였는가.
- 동일 사안에 대하여 1년에 2회 이상 적발되었는데도 사법기관의 기소 및 선고유예를 사유로 미처분하거나 경감처분 하는 경우는 없었는가.
- 경찰관서의 적발업소 통보시 행정처분 실시 여부와 누락된 업소의 처분면제 및 경감처분을 하였는가.
- 행정처분 실시 후 이행 여부 확인 및 불이행 업소에 대한 행정처분을 실시하였는가.
- 과징금(벌금, 과료) 부과대상이 아닌 위반사항에 과징금을 부과한 경우는 없는가.
- 과징금 징수후 과징금을 적정하게 사용하였는가.

나. 옥외광고물 표시허가(신고)[167]

(1) 관계법령[168]

옥외광고물 등 관리법 제3조, 같은법 시행령 제4조-제31조 등

167) 경기도(2006a), 42~44쪽에서 재작성하였음.

168) 주의! 관계법령이 개정되었는지를 먼저 확인해서 현행법령에 입각하여 합법성감사를 실시하여야 한다.

(2) 업 무 처 리 절 차

옥외광고물등 표시허가 (신고) 신청	신청서, 설계도서, 원색도안, 건물사용 승낙서 등
↓	
접수 및 검토후 현장확인 (협의)	현장확인 및 실사
↓	
옥외광고물등 표시허가 (신고) 수리	신규허가(신고) : 허가 7일, 신고 3일 연장 · 변경허가(신고) : 처리기한 3일
↓	
표시허가(신고)필증 교부	
↓	
최초 허가시 안전도 검사	한국광고사업협회 OO도지부
↓	
안전도검사필증 발급	

(3) 감 사 착 안 사 항

(가) 허가 · 신고대상광고물

- 허가 및 신고 업무처리는 적정하게 하였는가(옥외 광고물등 관리법 제3조, 제4조, 같은법 시행령 제8조).
  - 허위 출장복명 및 사실확인 없이 허가처리하는 사례
  - 구비요건이 미흡한 경우 처리 여부
  - 현장확인 결과 표시방법 위반사항 처리 여부 옥외광고물등관리법
- 안전도검사를 실시하였는가(옥외광고물등관리법 제9조).
  - 광고물 허가시 안전도검사 실시 여부와 안전도 불합격 광고물 처리 여부
- 허가 및 신고사항의 갱신 및 기간연장을 하였는가(옥외광고물등관리법 시행령 제9조).
  - 허가 및 신고사항 갱신 및 기간연장 독려 여부 및 이를 실시하지 아니하여 불법옥외광고물로 되는 경우 이에 대한 행정조치 여부

- 광고물관리심의위원회는 적법하게 운용되었는가(옥외 광고물등 관리법 제7조, 같은법 시행령 제34조).
  - 옥외광고물심의위원회 운영 여부 및 광고물 허가시 심의위원회 심의 여부 등

(나) 옥외광고업자 교육 및 행정조치

- 옥외광고업자에 대한 교육을 실시하였는가(옥외광고물등관리법 제12조).
- 미이수자에 대한 행정조치를 이행하였는가(옥외광고물등관리법 시행령 42조).

(4) 감 사 사 례

옥외광고물 업무처리 부적정[169]

개요

옥외광고물의 허가(표시)기간이 경과 후 연장허가(신고)를 받지 않고 광고물을 계속 설치하거나 표시하였을 경우에는 광고물의 제거 등 기타 필요한 조치를 하도록 되어 있는데도 ㅇㅇ자동차(가로형 간판)등 2,230건에 대하여 강제철거 등의 행정처분을 이행하지 않고 방치한 사실과 안전도검사 대상광고물이 안전도검사에서 불합격하였을 경우에는 광고물을 제거하거나 기타 필요한 조치를 취하도록 되어 있는데도 안전도검사결과 불합격 판정을 받은 ㅇㅇㅇ ㅇ동 643번지의 돌출간판 등 14개소에 대하여 광고주에게 시정촉구만 하고 광고물의 강제철거 및 광고업자에 대한 영업정지 등의 행정저분을 이행하지 않은 사실

위법 · 부당내용

- 옥외광고물등관리법 제3조(광고물 등의 허가 또는 신고) 및 같은법 시행령 제9조 3항에 의하여 허가(신고)를 받지 않고 설치된 옥외광고물(표기시간 경과 옥외광고물 포함)은 허가(신고)를 받은 자가 관할 시장 · 군수에게 표시기간을 연장허가(신고)하도록 되어 있으며, 같은법 제10조 및 제20조의2의 규정에 의하면 옥외광고물의 허가(표시)기간이 경과 후 연장허가(신고)를 받지 않고 광고물을 계속 설치하거나 표시하였을 경우에는 광고물의 제거 등 기타 필요한 조치를 하도록 되어 있음.

169) 경기도(2006b), 32-33쪽 참조.

- 그런데도 ○○시에서는 표시 허가기간이 만료되었으나 표시기간 연장을 받지 않고 있는 불법 옥외광고를 하고 있는 ○○시 ○○구 ○○동 ○○○번지에 설치되어 있는 ○○자동차(가로형 간판) 등 2,230건에 대하여 강제철거 등의 행정처분을 이행하지 않고 방치하고 있는 사실이 있으며
- 또한 표시기간 경과 옥외광고물에 대하여 업종변경 및 재신고로 인하여 변동이 있는 옥외광고물에 대하여 단 1차례의 실태조사조차 실시하고 있지 않아, 광고물 현황에 표시기간 경과 불법광고물이 존치하고 있는 결과를 초래하는 등 옥외광고물에 대한 관리업무를 태만히 한 사실

다. 신고체육 시설업의 행정처분[170)]

(1) 관계법령

체육시설의 설치 · 이용에 관한 법 제32조-제38조, 같은법 시행령 제25조 등

(2) 업무처리절차

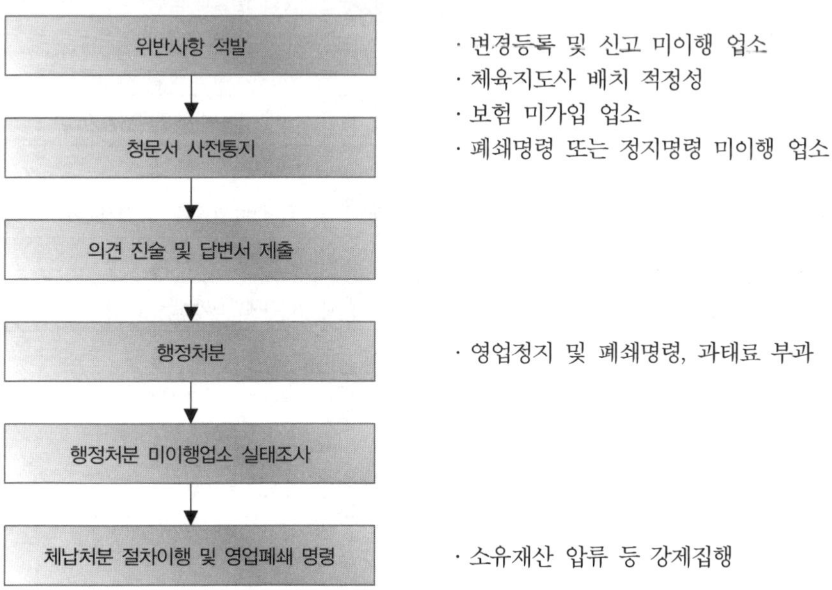

170) 경기도(2006a), 45~46쪽에서 재작성하였음.

(3) 감사착안사항

(가) **체육시설업 행정처분**(체육시설의 설치·이용에 관한 법 제32조-제38조)
- 영업정지 및 폐쇄명령 미이행 업소에 대한 재처분을 행하였는가.
- 자료 미제출 및 허위 제출업소에 대한 처분을 하였는가
- 관계공무원의 출입·검사 거부 또는 기피업소에 대한 행정처분을 하였는가.
- 무단 이전 및 변경신고가 누락된 경우는 없는가.

라. 문화재 현상변경171)

(1) 관계법령172)

- 문화재보호법 제50조
- 매장문화재 보호 및 조사에 관한 법률 제6조 등

(2) 업무처리절차

민원인	신청서 작성

⇨

시·군	문화재담당과 접수 도 문화재담당 이첩
도	국가지정문화재(문화재청 이첩)
문화재청	관계전문가 검토 및 현지조사
민원인	문화재위원회 심의
도	허가여부 결정 통보
시·군	허가여부 통지

※ 민원처리기간 : 30일

171) 경기도(2006a), 47~49쪽에서 재작성하였음.

172) 주의! 관계법령이 개정되었는지를 먼저 확인해서 현행법령에 입각하여 합법성감사를 실시하여야 한다.

(3) 감사착안사항

(가) 문화재 현상변경(문화재보호법 제50조)

- 국가지정문화재 500m, 도지정문화재 300m 이내의 범위 내에서는 문화재 현상변경 허가신청을 하여 처리하도록 되어 있는데도 이를 해당부서의 협의 및 검토 없이 건축 및 건설공사 인 · 허가를 내주는 행위는 없는가.
- 문화재보호구역 내에서 공사중 유구, 유물 등 문화재 발견 시 신고 및 현상변경 조치는 하였는가.
- 문화재 복원공사중 진입로가 없거나 추가운반비의 절약 등을 이유로 문화재의 일부를 훼손하였는가.
- 관계전문가가 현지출장 없이 신청된 서류만 검토하여 문화재 훼손에 영향을 미치는 경우
- 건축공사를 위한 인 · 허가를 받았으나 현상변경 허가를 받지 않고 건축공사를 추진하는 경우
- 공사중 유구, 유물 등 문화재 발견 시 신고 및 현상변경 절차를 이행하였는가.

(나) 지표조사 실시(매장문화재보호 및 조사에 관한 법률 제6조, 제7조)

- 사업면적 3만 제곱미터 이상의 건설공사 및 3만제곱미터 미만인 건설공사중 매장문화재가 있는 것으로 판단된 경우, 사업의 진척을 위하여 지표조사를 생략하는 경우
- 사업 예정부지 및 주변의 문화재 또는 그 경관보존을 위하여 적어도 최종 실시계획 확정 전까지 지표조사를 실시하였는가.

4. 지방의회 감사 지적사례

- 각종 공공홍보 현수막의 난립 및 예산절감방안 강구
- 각종 문화교육 프로그램의 주민참관 저조
- 각종 문화행사시 소음으로 인한 인근주민의 민원제기
- 각종 시정운동 · 사회기풍운동에 대한 효율적인 홍보방안 강구[173)]
- 각종 축제의 통 · 폐합 및 간소화(내실화)

173) 밑줄 친 부분은 시 · 도사무로 시 · 도의회의 지적 사항이다. 이하 같다.

- 구보(반상회보)의 전달체계 및 전달효과 미흡(우편발송 여부 등)
- 구보에 구청장의 홍보기사 위주 편집 지양(과다홍보)
- 국 · 도(시)지정문화재의 관리 부실화
- <u>난시청지역에 대한 대책 강구</u>
- 도서관에서 운영하는 각종 프로그램의 형식적 운영 및 실적저조
- <u>도정신문 편집 개선</u>
- 마을문고 관리 부실화
- <u>문예진흥기금의 합리적 지원기준 설정</u>
- <u>문화재 관리 · 보호에 대한 종합대책 강구</u>
- <u>문화재보호구역내 사유재산권제한 완화</u>
- <u>박물관의 유물 기증자에 대한 적정 보상 검토</u>
- 보유장서 부족 및 장서구입비 저조
- <u>시 · 도소관 예술작품 관리 · 운용 소홀</u>
- <u>시보 배부처 개선 및 이중배부 금지</u>
- <u>예술단의 출연료 출납관리 철저</u>
- 음반 · 비디오업소의 관리 미흡
- 이동도서관 운영 실적 저조
- 주민 계도용 신문의 미전달 및 특정계층에 대한 전달문제
- 지정게시판의 게시수수료 징수 및 위탁관리상의 문제
- 축제 등 각종 문화행사의 과대개최 및 낭비요인 제거
- <u>향토문화재 운영개선</u>
- 현수막 지정게시대 부족 및 불법 현수막(게시물)의 지도 · 단속 형식적

| Ⅶ | 보건 · 위생 · 복지행정 분야

1. 사무내용과 감사기본방향

가. 사무내용

지방자치단체의 보건 · 위생 · 복지행정은 사회복지, 노인복지, 장애인복지, 보건위생정책으로 구분된다.

첫째, 사회복지와 관련하여 ▸국소관 행정의 종합기획 조정 ▸사회복지에 관한 종합계획 수립 및 시행 ▸사회복지법인의 허가 및 지도감독(부랑인 · 사회복지관의 운영에 한한다) ▸사회복지시설의 운영에 대한 지도 · 감독(장애인 · 노인복지 및 보육시설을 제외한다) ▸생활보호 및 구호에 관한 사항 ▸복지기금에 관한 사항 ▸재해구호에 관한 사항 ▸국가유공자에 관한 사항 ▸부랑인에 관한 사항 ▸의료급여 업무에 관한 사항 ▸가정복지종합계획 수립에 관한 사항 ▸아동시설 지원 ▸재가보호아동 지원(소년 · 소녀가장을 포함한다.) ▸기타 국내 다른 과에 속하지 아니하는 사항을 관장처리한다.

둘째, 노인복지와 관련하여 ▸노인복지 증진에 관한 종합계획의 수립 · 조정 ▸노인복지 기금의 운용 ▸재가노인 복지사업 및 노인여가복지시설 운영 지원 ▸노인주거복지시설 및 노인의료 복지시설 운영 지원(병원을 제외한다) ▸노인복지 관련법인 허가 및 지도 · 감독 ▸장묘제도에 관한 사항을 관장처리한다.

셋째, 장애인복지와 관련하여 ▸장애인복지행정에 관한 종합세획의 수립 · 조정 ▸장애인복지기금의 운용 ▸장애인 복지단체 육성 및 지원 ▸장애인편의시설의 설치촉진사업 ▸재가장애인 생활안정 지원 ▸장애인복지 관련법인 허가 및 지도 · 감독 ▸장애인 생활시설 운영 지원 ▸장애인 지역사회의 재활시설운영에 지원 ▸장애인 직업재활시설 운영지원 ▸장애인 생산품의 판매지원 ▸장애인 재활자립작업장 운영지원 ▸도 장애인종합복지관 운영지원을 을 관장처리한다.

넷째, 보건위생정책과 관련하여 ▸보건 · 식품위생 · 공중위생 · 의약품사무에 대한 종합기획의 수립 · 조정 ▸질병의 예방 및 방역에 관한 사항 ▸국민건강증진사업에 관한 사항 ▸지역보건 · 의료의 관리에 관한 사항 ▸의무에 관한 사항 ▸모자보건 및 가족계획에 관한 사항 ▸보건소 및 지소 · 진료소의 지도에 관한 사항 ▸정신보건사업에 관한 사항 ▸보건환경연구원 및 북부지원의 지도 · 감독에 관한 사항 (보건분야에 한한다) ▸소외계층에 대한 이동검진의 실시 ▸도립노인전문병원의 운영지도 ▸지방공사의료원의 운영 · 관리에 관한 지도 · 감독 ▸식품제조업소에 대한 허가 및 지도 · 감독 ▸공중 · 식품위생접객업소 및 의약품관련 업소에 대한 지도 · 관리 ▸부정불량식품 및 의약품의 단속 ▸무허가위생업소에 대한 지도 · 단속 ▸식품진흥기금의 운영관리 ▸식품위생 및 영양에 관한 교육 · 홍보사업 ▸위생 및 약사관련단체에 대한 지도 ▸약무 · 한약업 · 마약관리에 관한 사항 ▸공중 위생영업 및 행위 제한에 관한 사항 ▸명예 공중위생 감시원 지정 및 운영에 관한 사항을 처리한다.

지방자치법 제9조에 따른 보건, 위생, 복지 행정분야의 자치단체별 사무영역은 도표 5-9와 같다.

도표 5-9 보건위생복지 행정분야 자치단체의 사무영역

구분	시 · 도사무	시 · 군 · 자치구 사무
○주민복지에 관한 사업	1) 주민복지 증진 및 주민보건 향상을 위한 종합계획 수립 및 지원 2) 시 · 군 · 자치구에 공통되는 복지업무의 연계 · 조정 · 지도 및 조언	1) 주민복지 증진사업계획의 수립 · 시행 2) 시 · 군 · 자치구 단위 주민복지시설의 운영 · 지원 3) 주민복지 상담 4) 환경위생 증진 등 주민보건 향상을 위한 사업 실시
○사회복지시설의 설치 · 운영 및 관리	1) 사회복지시설의 수요 판단과 지역별 배치 등 기본계획의 수립 2) 사회복지시설의 설치 · 운영 3) 사회복지법인의 지도 · 감독 및 지원 4) 사회복지시설 수혜자에게 비용 수납 및 승인	1) 사회복지시설의 설치 · 운영 2) 사회복지시설 수혜자에게 비용 수납 3) 사회복지법인에 대한 보조 및 지도 4) 사회복지법인 등의 시설 설치허가 및 그 시설의 운영 지도
○생활이 어려운 자의 보호 및 지원	1) 생활보호 실시에 따른 이의신청 심사 2) 생활보호비용의 일정액 지원 3) 시 · 군 · 자치구에 대한 생활보호보조금 지급 4) 생활보호기금의 적립 및 운용 관리	1) 생활보호대상자 조사 · 선정 2) 생활보호대상자의 보호 · 관리 3) 생활보호의 실시(생업자금대여, 직업훈련, 취로사업, 수업료 지급, 장제보호비 지급등) 4) 생활보호비용의 일정액 지원 5) 생활보호대상자의 부양의무자에게 보호비용 징수

도표 5-9 보건위생복지 행정분야 자치단체의 사무영역(계속)

구분	시 · 도사무	시 · 군 · 자치구 사무
○ 생활이 어려운 자의 보호 및 지원	5) 의료보호진료 지구의 설정 6) 의료보호시설의 지정 7) 의료보호기금의 설치 · 운용	6) 생활보호기금의 적립 및 운용관리 7) 생활보호의 변경과 중지 8) 의료보호대상자 관리 및 의료보호의 실시(진료증 발급 등) 9) 의료보호기금의 설치 · 운용
○ 노인 · 아동 · 장애인 · 청소년 및 부녀의 보호와 복지 증진	1) 노인복지사업계획 수립 · 조정 2) 경로사업의 실시 · 지원 3) 노인복지시설의 설치 · 운영 및 지원 4) 아동복지사업 종합계획 수립 · 조정 5) 아동상담소의 설치 · 운영 6) 아동전용시설의 운영 7) 아동보호조치 8) 아동복지시설의 운영 · 지원 9) 아동복지단체의 지도 · 육성 10) 장애인복지에 관한 종합계획 수립 · 조정 11) 장애인의 검진 · 재활상담 및 시설에의 입소 12) 장애인의 고용 촉진 13) 장애인 편의시설의 설치 지도 · 권고 14) 장애인복지시설 운영 · 지원 15) 청소년 건전육성계획 수립 · 조정 16) 청소년시설의 설치 · 운영 17) 지방청소년위원회 운영(시 · 도 단위) 18) 청소년육성 기본계획의 연도별 시행계획의 수립 · 시행 19) 청소년의 달 행사 추진 20) 청소년단체 육성 · 지원 21) 공공청소년 수련시설 설치 · 운영 22) 불우청소년 보호 지원	1) 노인복지사업계획 수립 · 시행 2) 노인복지사업의 시행 3) 경로행사 등 경로사업의 실시 · 지원 4) 노인복지시설의 설치 · 운영 및 지원 5) 아동복지사업계획 수립 · 시행 6) 아동상담소의 설치 · 운영 7) 아동전용시설의 운용 8) 아동보호조치 9) 아동복지시설의 운영 · 지원 10) 아동복지단체의 지도 · 육성 11) 보호시설에 있는 고아의 후견인 지정 12) 장애인복지에 관한 계획수립 및 시행 13) 장애인의 파악 · 관리 14) 장애인의 검진, 재활상담 및 시설에의 입소 15) 장애인의 고용 촉진 16) 장애인 편의시설의 설치 지도 17) 장애인복지시설 운영 · 지원 18) 청소년선도대책 수립 · 추진 19) 보호할 필요가 있는 청소년의 선도 · 계몽 20) 불우청소년보호 21) 청소년시설의 설치 · 운영 22) 지방청소년위원회 운영(시 · 군 · 구 단위) 23) 청소년지도위원 위촉 24) 청소년의 달 행사 추진

도표 5-9 보건위생복지 행정분야 자치단체의 사무영역(계속)

구분	시 · 도사무	시 · 군 · 자치구 사무
ㅇ노인 · 아동 · 장애인 · 청소년 및 부녀의 보호와 복지 증진	23) 부녀복지 종합계획 수립 · 조정 24) 모자보건사업계획의 수립 · 조정 25) 부녀단체 육성 · 지원 26) 부녀복지시설의 운영 · 지원 27) 성매매피해자 등의 선도 및 직업교육 · 지원	25) 부녀복지에 관한 계획 수립 · 시행 26) 모자보건사업의 세부계획 수립 · 시행 27) 모자보건기구의 설치 · 운영 28) 모자보건대상자의 선정(수첩의 발급 등) 29) 임산부 및 영 · 유아의 건강관리 30) 부녀교실 운영 및 여성 교육 31) 부녀단체 육성 · 지원 32) 부녀복지시설의 운영 · 지원 33) 성매매피해자 등의 선도 및 직업교육 · 지원
ㅇ국민건강증진사업	1) 주민건강의 증진에 관한 계획 수립 2) 건강생활실천협의회 구성 · 운영 3) 보건교육 지도 · 감독 4) 영양개선업무 지도 · 감독 5) 구강건강사업계획 수립	1) 주민건강증진업무 세부계획수립 2) 주민건강실천운동 지원 3) 건강생활실천협의회 구성 · 운영 4) 보건교육의 실시 및 지도 · 감독 5) 영양개선업무 수행 및 조사 6) 구강건강사업의 수행
ㅇ보건진료기관의 설치 · 운영	1) 시 · 군 · 자치구 보건소 설치 · 운영비의 지원 2) 보건환경연구원의 설치 3) 시 · 도의료원의 설치 · 운영 4) 공중보건의사의 배치 · 지도 5) 보건진료소 설치 · 운영비의 지원	1) 보건소 및 지소의 설치 · 운영 2) 무의촌(無醫村) 및 오지 주민에 대한 순회 진료 3) 보건진료소의 설치 · 운영
ㅇ전염병 및 그 밖의 질병의 예방과 방역	1) 전염병 예방을 위한 종합대책의 수립 및 주민 홍보 2) 전염병 예방시설 설치 3) 전염병 예방 · 방역과 그에 따른 비용 지원 4) 전염병 진료를 위한 대용기관의 지정 및 기관에 대한 경비 보조 5) 그 밖의 질병의 예방과 방역	1) 전염병 예방을 위한 주민 홍보 · 계도 2) 전염병 예방접종 실시 3) 전염병 예방대용시설 지정 및 운영 4) 전염병의 예방조치와 소독의 실시 5) 전염병환자의 격리수용 및 진료조치 6) 그 밖의 질병의 예방과 방역

도표 5-9 보건위생복지 행정분야 자치단체의 사무영역(계속)

구분	시 · 도사무	시 · 군 · 자치구 사무
○ 묘지 · 화장장 및 납골당의 운영 · 관리	1) 공설묘지 · 공설화장장 및 공설납골당의 설치 · 운영(도의 경우는 제외한다) 2) 재단법인이 설치하는 묘지 · 화장장 및 납골당의 허가 3) 재단법인이 설치한 묘지 · 화장장 및 납골당의 구역 및 시설변경과 폐지허가 4) 재단법인이 설치한 묘지 · 화장장 · 납골당의 이전명령, 시설개수 또는 허가취소 5) 분묘의 일제신고 6) 시체운반업 허가	1) 공설묘지 · 공설화장장 및 공설납골당의 설치 · 운영(자치구의 경우는 제외한다) 2) 매장 · 화장 및 개장신고와 묘적부관리 3) 종중 · 문중 또는 자연인이 설치하는 묘지 · 화장장 및 납골당의 허가 4) 종중 · 문중 또는 자연인이 설치한 묘지 · 화장장 · 납골당의 구역 및 시설변경과 폐지허가 5) 종중 · 문중 또는 자연인이 설치한 묘지 등의 이전명령, 시설개수 또는 허가취소 6) 무연분묘(無緣墳墓)의 정리 7) 분묘의 개장명령 8) 무연분묘의 개장허가
○ 공중접객업소의 위생 개선을 위한 지도	1) 공중접객업소의 위생 개선을 위한 종합계획 수립	1) 공중접객업소의 위생개선을 위한 종합지도계획 수립 · 시행 2) 식품접객업소 시설의 설치 지도 3) 식품접객업소의 위생등급 지정 4) 식품접객업소에 대한 현장검사 · 수거 등 5) 식품접객영업소의 영업 허가 및 취소 6) 위생접객업소의 등급 설정 7) 위생접객업 등의 허가 및 신고수리 8) 위생접객업 등의 휴업 · 폐업 신고수리 9) 위생접객업자 등에 대한 공중위생 지도 · 명령 10) 위생접객시설의 개선명령 11) 위생접객업 허가의 취소 등 제재처분 12) 공중이용시설 소유자 등의 신고수리 13) 공중이용시설 관리상태의 검사 및 시정지시

나. 감사기본방향

이 분야에서는 주로 허가사항의 부당처리 및 부적절, 절차상 타 기관과의 협의 불이행, 불법영업체의 행정처분 미조치, 단속소홀, 사회단체에 대한 감독소홀 등의 사례가 나타나고 있다. 이 분야는 예산보조 사업인 경우에는 재무감사(제4장 II. 참조), 인 · 허가 사항의 합법성, 부담금이나 법령조례상의 의무위반자에 대한 과태료 미부과에 대한 합법성감사(제4장 III. 참조), 사업에 대해서는 성과감사(제4장 VI. 참조), 기획중인 시책이나 정책은 정책감사(제4장 V. 참조) 기법을 적용하여야 할 것이다.

2. 정책/성과감사 기법

가. 보건 · 위생 · 복지사업계획에 대한 타당성 감사

주민복지 증진 및 주민보건 향상을 위한 종합계획, 보건 · 위생 · 복지사업 발굴 · 구상 및 계획과정에 대한 타당성 감사의 착안사항은 다음과 같다.

① 다수 주민의 사회적 · 경제적 욕구에 의한 보건 · 위생 · 복지사업인가? 특정 이해집단을 위한 특혜성 발굴 · 구상은 아닌가?

② 국가 상위목표 달성에 필요하고, 국가시책과의 일관성을 유지하고 있는가?

③ 유사한 보건 · 위생 · 복지사업을 벤치마킹하여 성공 또는 실패의 원인을 분석한 것인가?

④ 보건 · 위생 · 복지사업목표 달성을 위한 효율적 · 효과적인 접근인가?

⑤ 보건 · 위생 · 복지사업결정을 위한 조사자료 등은 진실 된 것인가?

⑥ 용역보고서의 내용의 타당성과 합리성은 인정할 수 있는가?

⑦ 보건 · 위생 · 복지사업계획의 목표와 계획지표는 적정한가?

⑧ 보건 · 위생 · 복지사업의 목표 달성을 위한 수단은 확보 가능한 것인가?

⑨ 보건 · 위생 · 복지사업을 위한 재원확보 대책은 타당한가?

⑩ 보건 · 위생 · 복지사업을 추진하기 위한 관련기관과의 협력체제는 강구되어 있는가?

나. 보건 · 위생 · 복지 사업의 시행, 비용처리 · 활동에 대한 능률성 감사

① 적합한 유형, 적절한 양과 질의 자원을 최저가격으로 획득하고 있는가?

② 적절한 양과 질의 재화나 용역을 시의적절하게 확보하거나 제공하는데 최소의

자원을 사용하고 있는가?

③ 보건 · 위생 · 복지사업을 위해 인원을 과다하게 배정하고 있지는 않는가?

④ 보건 · 위생 · 복지사업기관 간의 업무의 중복은 없는가?

⑤ 보건 · 위생 · 복지사업에 필요한 공공 장비나 시설을 비능률적으로 활용하고 있지는 않는가?

⑥ 보건 · 위생 · 복지사업 자원이나 시설을 적절하게 보전 · 유지하고 있는가?

⑦ 예산이 중복 투입되는 보건 · 위생 · 복지사업사업은 아닌가?

⑧ 사업목표를 효과적으로 달성하기 위한 대안을 채택했는가?

⑨ 보건 · 위생 · 복지사업의 목표는 어느 정도나 달성했는가?

⑩ 만족스러운 보건 · 위생 · 복지사업의 성과를 저해하는 요인들은 무엇인가?

다. 보건 · 위생 · 복지시설 및 시스템 설치 운영에 대한 성과감사

① 설계가 합리적이고, 현장의 실정에 적절하며, 설계견적과 설계도서는 적절한가?

② 시공에 있어서 시공물량 부족과 불량은 없는지, 공사감리는 제대로 이루어지고 있는가?

③ 보건 · 위생 · 복지시설은 수요를 감안하여 그 규모를 결정하여 설치하였는가?

④ 설치된 보건 · 위생 · 복지시설은 최대한 활용되고 있는가?

⑤ 보건 · 위생 · 복지시설운영은 설치목적에 부합되는가?

⑥ 보건 · 위생 · 복지시설 운영에 따른 적자 해소를 위한 대책은 무엇인가?

⑦ 보건 · 위생 · 복지시설관리요원의 규모는 적성한가?

⑧ 보건 · 위생 · 복지시설이나 시스템을 방치하고 있는 경우는 없는가?

⑨ 보건 · 위생 · 복지시설이나 시스템에 대한 중복 투자는 없는가?

⑩ 유휴보건 · 위생 · 복지시설에 대한 대책은 무엇인가?

라. 보조사업의 성과에 관한 감사

① 보조목적에 따라 적정하게 이루어지고 있는가?

② 보조대상 사업 및 예산계획은 적당하고, 또한 두 계획은 부합되고 있는가?

③ 계획과 실시내용은 서로 다르지 않는가?

④ 보조의 효과는 충분히 달성되고 있는가?

⑤ 보조조건의 이행은 완전하게 이루어지고 있는가?

⑥ 교부된 보조금은 적정하게 수입으로 처리되고 있는가?

⑦ 자금은 그 목적에 효율적으로 긴밀하게 집행되고 있는가?
⑧ 자금을 타에 유용하거나 또는 부정하게 사용하고 있지 않는가?
⑨ 장부에 관련된 증빙서류는 확실하게 정리되고 있는가?

마. 정부합동평가를 활용한 성과감사기법

지방자치단체의 보건 · 위생 · 복지행정분야에 대한 정부합동평가 결과를 성과 감사에 활용하는 것이 있다. 아래와 같은 평가 지표로 한 해 동안 이룬 성과를 전국 자치단체와 상호 비교하여 가,나,다급 중에서 상대적으로 낮은 성과인 "다"급으로 평가받은 분야에 대하여 그 원인을 규명하고 향후 성과개선방안과 차년도 성과목표를 상향 설정하도록 한다. 다만, 지방자치단체의 지방행정환경이 근본적으로 열악하여 전극적인 비교가 불합리한 경우에는 전년도 자료를 비교하여 시계열적인 성과를 비교하여 그 성과를 감사하여야 할 것이다. 성과감사를 위하여 다음의 도표 5-10의 산식에 따라 이미 계산된 평가자료와 합동평가결과서를 제출 받아 그 성과를 감사하는 것이다.

도표 5-10 정부합동평가지표중 보건 · 위생 · 복지분야 관련지표

평가시책	평가항목	평가지표
2-1. 응급 의료 관리	계획	
	집행	2-1-1. 응급의료 건강 안전망 확충(가중치 5.87) ㉮ 구조 및 응급처치 교육 이수율 (응급처치 교육 이수자 / 응급처치 계획 인원수) × 100 ㉯ 인구 1,000명당 응급의료정보센터(1339) 이용률 (관할 시 · 도 상담건수 / 관할 시 · 도 인구 수) × 1,000명
	산출/결과	
	결과활용	2-1-2. 병원 전 이송체계 강화(가중치 7.14) ㉮ 119 구급차 이송환자의 재이송률 - (119 구급차 재이송 건수 / 119 구급차 이송건수) × 100 ㉯ 119 구급대의 심정지 이송환자 자동제세동기 적용률 - (119 구급대 심정지 이송환자 중 자동제세동기 적용건수 / 119 구급대 심정지환자 이송건수) × 100 ㉰ 119 구급차 이송 중 의료지도 실시율 - (119 구급차 이송 중 의료지도 받은 건수 / 119 구급차 중증환자 이송건수) × 100 2-1-3. 응급의료기관 질 향상(가중치 3.74)) ㉮ 지역응급의료센터 및 지역응급의료기관 법정기준 충족률 - (법정기준 충족 지역응급의료센터 및 지역응급의료기관수 / 관할내 지역응급 의료센터 및 지역응급의료기관수) × 100

도표 5-10 정부합동평가지표중 보건 · 위생 · 복지분야 관련지표(계속)

<table>
<tr><th>평가시책</th><th>평가항목</th><th>평가지표</th></tr>
<tr><td rowspan="4">2-2.
지자체
복지
정책
(복지총괄)</td><td>계획</td><td></td></tr>
<tr><td>집행</td><td>2-2-3. 민간복지자원 활성화(가중치 8.09)
㉮ 활동 자원봉사자의 연평균 봉사활동 시간
- 활동 자원봉사자 연간 총 봉사시간 / 활동 자원봉사자 수
㉯ 기부식품 등 증가율 및 이용자 증가율
- [{ ('09년 기부식품 등 총액-'08년 기부식품 등 총액) / '08년 기부식품 등 총액) × 100 } × 0.7] + [{ ('09년 기부식품 등 이용자 -'08년 기부식품 등 이용자) / '08년 기부식품 등 이용 } × 100) × 0.3]
㉰ 사회복지시설 사회복무요원 배치율
- (사회복무요원 활용인원 / 사회복지시설수) × 100</td></tr>
<tr><td>산출/결과</td><td>2-2-2. 지역사회복지협의체 활성화(가중치 3.07)
㉮ 지역사회복지계획 수립을 위한 지역사회복지협의체 참여 정도
- (2010년도 지역사회복지 연차별 시행계획 지역사회복지협의체 심의이행 여부 × 2) + (08년도 지역사회복지 연차별 시행결과 시범평가기관 참여여부 × 3) / 지자체수</td></tr>
<tr><td>결과활용</td><td>2-2-1. 지자체 사회복지기반 확충도(가중치 5.95)
㉮ 인구 10,000명당 민간복지종사자 수 :
- (민간복지종사자수 / 인구수) × 10,000
※ 민간복지종사자수 = 이용시설 종사자수 + 생활시설 종사자수
㉯ 사회복지시설 온라인보고율
- { (0.4 × (보조금신청보고 사회복지시설수 / 사회복지시설 수)) + (0.3 × (종사자보고 사회복지시설 수 / 사회복지시설 수)) + (0.3 × (입소자보고 사회복지시설수 / 사회복지시설 수)) } × 100</td></tr>
<tr><td rowspan="2">2-3.
지자체
복지
정책
(복지
서비스)</td><td>계획</td><td></td></tr>
<tr><td>집행</td><td>2-3-2. 기초노령연금 관리의 적절성(가중치 4.50)
㉮ 변동자료 적기처리
- (처리기한 내 승인처리건수 / 총 수신건수) × 100
㉯ 부적정 급여 관리
- $\left(\frac{\text{부당수급환수액}}{\text{부당수급발생액}}\right) \times 100$
2-3-4. 보육서비스 확대(가중치 5.68)
㉮ 국공립 보육시설 확충 수
- (09년 국공립 보육시설수-08년 국공립보육시설수)</td></tr>
</table>

도표 5-10 정부합동평가지표중 보건 · 위생 · 복지분야 관련지표(계속)

평가시책	평가항목	평가지표
2-3. 지자체 복지 정책 (복지 서비스)	집행	㉯ 영유아보육시설 평가인증율 $\frac{(\text{평가인증 보육시설 비율}^{1)} + \text{09년도 평가인증 보육시설 비율}^{2)})}{2}$ 1) 평가인증 보육시설비율 $= \frac{\text{평가인증 보육시설수}}{\text{전체 보육시설수(08년말)}} \times 100$ 2) 09년도 평가인증 보육시설비율 $= \frac{\text{09년도 평가인증 보육시설 수}}{\text{전체 보육시설수(08년말)}} \times 100$ ㉰ 취약보육실시율 $\frac{\text{영아, 장애아, 다문화영유아, 시간연장, 휴일보육 이용 아동 수}}{\text{전체 보육시설 이용 아동 수}} \times 100$ 2-3-5. 장애인복지 기반 및 복지서비스 확대(가중치 5.80) ㉮ 장애인직업재활시설 설치율 : (직업재활시설 근로장애인 정원수 / 등록장애인수) × 100 ㉯ 장애인 거주시설 설치율 : (거주시설 입소장애인 정원수 / 등록장애인수) × 100 ㉰ 장애인복지서비스 수혜율 : (장애인 복지서비스 수혜자수 / 등록장애인수) × 100 2-3-6. 중증장애인 생산품 우선구매사업 성과(가중치 3.57) ㉮ 우선구매비율 준수율 - (우선구매비율 충족 품목 수 / 우선구매대상 품목 구매 품목 수) × 100 ㉯ 우선구매대상 품목구매비율 - (우선구매대상 품목 중 중증장애인생산품 구매액 / 우선구매대상 품목구매총액) × 100 ㉰ 우선구매대상 外 품목 구매비율 - (우선구매대상 外품목 중 중증장애인생산품구매액 / 우선구매대상품목구매총액) × 100 2-3-7. 지역사회서비스 기반확충도(가중치 4.82) ㉮ 지역사회서비스투자사업(지역개발형) 시행율 - ('09년지역사회서비스투자사업 시행건수 / 시 · 군 · 구수) × 100 ㉯ 지역사회서비스투자사업 제공기관 참여율(지역개발형) - {(제공기관수 / 지자체에서 시행중인 전체사업수) + (서비스 제공기관이 2개 이상인 사업수 / 지자체에서 시행중인 전체사업수)} × 100 2-3-8. 사회서비스 사업 활용도 및 업무추진의 적정성(가중치 3.44) ㉮ 사회서비스 바우처 생성액 대비 이용액 실적 : (이용액 / 생성액) × 100

도표 5-10 정부합동평가지표중 보건 · 위생 · 복지분야 관련지표(계속)

평가시책	평가항목	평가지표
2-3. 지자체 복지 정책 (복지 서비스)	산출/결과	2-3-3. 아동청소년 보호 및 복지서비스 적정성(가중치 5.68) ㉮ 사회서비스 바우처 생성액 대비 이용액 실적 : (이용액 / 생성액) × 100 2-3-9. 다문화가족지원 사업 추진 실적(가중치 6.10) ㉮ 다문화가족지원센터 등록가구 관리율 - (결혼이민자 관리가구수 / 관할지역내 결혼이민자가구수) × 100 ㉯ 다문화가족지원센터 이용자 증가율 및 만족도 - {('09 이용자수-'08 이용자수) / '08 이용자수 × 100} × 0.6] + ('09만족도 점수 × 0.4) ㉰ 방문교육사업 목표대비 실적률 - (실적가구수 / 목표가구수) × 100
	결과활용	2-3-1. 장기요양시설 확충도(가중치 4.72) ㉮ 노인요양시설 충족률 - (노인요양시설 총정원 / 노인요양 시설 이용대상) × 100
2-4. 지자체 복지 정책 (저소득층)	계획	
	집행	
	산출/결과	2-4-1. 기초생활보장 업무의 적절성(가중치 8.85) ㉮ 신규 수급자 발굴실적 : (신규 수급자 수 / 총수급자 수) × 100 ㉯ 급여조정 실적 $\left(\frac{\text{보장중지건수}}{\text{수급자가구수}} \times 0.5\right) + \left(\frac{\text{급여감소건수}}{\text{수급자가구수}} \times 0.25\right) + \left(\frac{\text{급여증가건수}}{\text{수급자가구수}} \times 0.25\right)$ ㉰ 긴급지원 활성화 시행실적 - $\frac{\text{'09년전체긴급지원결정건수}}{\text{'08년전체긴급지원결정건수}} \times 100$ ㉱ 정책대상자 대비 수급 가구 수 - (수급 가구 수 / 정책 대상 가구 수) × 100 ㉲ 시 · 군 · 구 신규 대출 실적 - (시 · 군 · 구 신규대출건수-전국평균대출건수) / 전국평균대출건수 × 100 2-4-3. 의료급여 관리의 적절성(가중치 6.10) ㉮ 수급권자 1인당 평균 의료급여 입,내원일수 증감률 - 입,내원일수 1년 증감률 + 입,내원일수 3년 평균 증감률 ㉯ 수급권자 1인당 평균 진료비 증가율 - 평균진료비 1년 증감률 + 평균진료비 3년 평균 증감률 ㉰ 사례관리 대상자 급여일수 증감률 - {('09년 1인당 평균급여일수-'08년 1인당 평균급여일수) / '08년 1인당 평균급여일수} × 100

도표 5-10 정부합동평가지표중 보건 · 위생 · 복지분야 관련지표(계속)

<table>
<tr><th>평가시책</th><th>평가항목</th><th>평가지표</th></tr>
<tr><td rowspan="2">2-4.
지자체
복지
정책
(저소득층)</td><td>산출/결과</td><td>㉣ 의료급여관리사 채용률 및 사례관리 대상자 비율
- 의료급여관리사 채용률 + 사례관리 대상자 비율</td></tr>
<tr><td>결과활용</td><td>2-4-2. 자활사업 지원 및 활성화 정도(가중치 6.88)
㉮ 지역센터 및 자활공동체 우선구매(위탁) 등 사업운영 지원 규모
- (사업장 무상임대 + 생산품 우선구매 실적 + 사업우선위탁 실적 + 자체예산 교육지원) / 지자체수
㉯ 자활기금 활용실적
- $\frac{\text{자활기금 집행액}}{\text{자활기금 보유액}} \times 100$
㉰ 수급자의 취업 · 창업률
- (자활사업참여수급자중 취업인원 + 창업인원) / 자활사업참여수급자수) × 100
㉣ 자활사업 참여 수급자의 탈수급률
- $\frac{\text{탈수급자 수}^{1)}}{\text{업그레이드형자활사업 참여(누계) 수급자수}^{2)}} \times 100$</td></tr>
<tr><td rowspan="3">3-1.
지자체
보건
관리</td><td>계획</td><td></td></tr>
<tr><td>집행</td><td></td></tr>
<tr><td>산출/결과</td><td>3-1-1. 맞춤형방문건강관리사업 추진실적(가중치 7.00)
㉮ 취약가구 등록 관리율
- {등록관리 가구수 / (기초생활수급자 가구수 + 건강보험부과 하위 20% 가구수)} × 100
㉯ 맞춤형 건강관리 1군, 2-1군 및 2-2군 방문횟수
- (1군 방문횟수 / 1군 등록관리가구) + {(2-1군 방문횟수 / 2-1군 등록관리가구수) + (2-2군 방문횟수 / 2-2군 등록관리가구수)}
3-1-2. 금연사업 추진실적(가중치 3.00)
㉮ 금연구역 지도 점검률
- [{(금연구역 지도 · 점검 건수 × 0.8) + (금연구역 시정명령 및 과태료처분건수 × 0.2)} / 해당지역인구수] × 10,000
3-1-3. 건강행태개선사업 추진실적(가중치 4.16)
㉮ 건강행태개선 프로그램 참여율
- ('09년도 건강행태개선 프로그램 참여실인원 / 해당지역 인구수) × 100
3-1-4. 구강보건사업 추진실적(가중치 3.58)
㉮ 치아 홈메우기사업 수혜자 비율
- (치아 홈 메우기사업 수혜자 수 / 해당지역 1,2학년 초등학생수) × 100</td></tr>
</table>

도표 5-10 정부합동평가지표중 보건 · 위생 · 복지분야 관련지표(계속)

평가시책	평가항목	평가지표
3-1. 지자체 보건 관리	산출/결과	㉯ 의치보철사업 수혜자 비율 - (의치보철사업 수혜자 수/ 해당지역 만 65세 이상 기초생활수급 노인 수)×100 ㉰ 적정 불소 이용인구 비율 - {(수불사업 수혜자 수＋불소용액양치사업 수혜자 수)/ 지역인구수}×100 3-1-5. 공중위생 업무 활성화(가중치 4.98) ㉮ 관내 공중위생영업소 점검율 - (관내 지도 · 점검 영업소수/ 관내 공중위생영업소수)×100 ㉯ 위생서비스평가 실시율 - (관내 평가실시 공중위생영업소 수/ 관내 평가대상 공중위생업종 영업소 수)×100 3-1-6. 모자보건사업 추진실적(가중치 4.16) ㉮ 보건소 임산부 등록관리율 : (보건소 등록관리 임산부 수/ 전체 임산부 수)×100 ㉯ 체외수정 시술지원율 : (시술 지원자수/ 지원결정 통지자수)×100 3-1-7. 암관리 사업 추진실적(가중치 4.32) ㉮ 국가 암 검진 수검률 - [{(의료급여수급자 암 종별 수검건수 총합/ 의료급여수급자 암 종별 검진 대상건수 총합)×0.6}＋{(건보가입자 및 피부양자 암 종별 수검건수 총합/ 건보가입자 및 피부양자 암 종별 검진 대상건수 총합)×0.4}]×100 ㉯ 의료급여수급자 암환자 중 의료비 지원 수혜자 비율 - (의료급여수급자 중 암환자 의료비 지원 수혜자 수/ 의료급여수급자 암환자수)×100 ㉰ 재가 암 환자 관리율 : (재가암환자 관리 환자수/ 재가암환자 관리 목표 인원 수)×100 3-1-8. 정신보건사업 추진실적(가중치 3.11) ㉮ 지역사회 중증정신질환자 대비 사례관리 서비스 제공률 - (사례관리 서비스 제공 연인원/ 중증정신질환자 추정수)×100 ㉯ 아동청소년 정신건강관리사업 수행률 - {(사례관리서비스 건수＋집단프로그램 이용자수×0.2)/ 만 18세 이하 인구수}×1,000 3-1-9. 지역사회 치매상담센터 추진실적(가중치 2.49) ㉮ 치매 조기검진 수검률 - [{(선별검사 참여자/ 만 60세 이상 인구)×0.7}＋{(진단검사 참여자/ 만 60세 이상 인구)×0.3}]×100

도표 5-10 정부합동평가지표중 보건 · 위생 · 복지분야 관련지표(계속)

평가시책	평가항목	평가지표
	결과활용	
3-2. 전염병 관리 사업	계획	
	집행	
	산출/결과	3-2-1. 전염병관리(가중치 7.87) ㉮ 신종인플루엔자 주민등록상 주소인 추적조사 완수율 - (추적조사 완료 주민등록상 주소인 / 추적조사 대상 주민등록상 주소인) × 100 ㉯ 집단설사환자발생 신속보고율 - {(1시간이내보고건수*1 + 2시간이내보고건수*0.8 + 3시간이내보고건수*0.6 + 3시간초과보고건수*0.4) / 전체신고건수}*100 ㉰ HIV감염인 신고율 - ('09년도 의료기관 HIV감염인 신고건수 / '09년도 HIV 확진건수) × 100 ㉱ 보건소 등록 결핵 신환자 중 도말양성 환자의 치료효율 - (치료 완료 후 균음전 환자 수 / 도말양성 등록 환자 수) × 100 3-2-2. 전염병 감시 및 역학조사(가중치 7.54) ㉮ 수인성 · 식품매개질환 유행 역학조사 완성률 - (역학조사 결과보고서 적시보고율 × 0.4) + (원인병원체 규명률 × 0.6) ㉯ 사례조사 결과 보고율 - (적시 사례조사서 제출건수 / 전염병 웹 보고건수) × 100 ㉰ 법정 전염병 보고기한 준수율 - (기한 내 보고건수 / 전체 보고건수) × 100 ㉱ 표본감시 신고참여율 - (해당 주 신고기관 수 / 표본감시 지정기관 수) × 100 3-2-3. 예방접종 실적 보고율(가중치 5.47) ㉮ 인구 대비 영유아 필수예방접종 실적률 - (영유아 필수예방접종 실적보고 건수 / 영유아 필수예방접종 대상 연령별 추정 접종건수) × 100 ㉯ 예방접종 및 민간의료기관 전산등록률 ㉯-1 행정기관 : (예방접종 전산등록 건수 / 예방접종 실적보고 건수) × 100 ㉯-2 민간의료기관 : (민간 의료기관전산등록건수 / 민간의료기관 실적보고 건수) × 100 ㉰ 필수예방접종 비용지원율 - {(보건소 접종건수 + 의료기관 비용상환 건수) / 아동 필수예방접종 대상 연령별 추정 접종건수} × 100

도표 5-10 정부합동평가지표중 보건 · 위생 · 복지분야 관련지표(계속)

<table>
<tr><th>평가시책</th><th>평가항목</th><th>평가지표</th></tr>
<tr><td rowspan="2">3-2.
전염병
관리
사업</td><td>산출/결과</td><td>3-2-4. 전염병 진단 및 검사능력(가중치 3.53)
㉮ 전염병 시험실적 향상률
- { ('09년 시험건수-'08년 시험건수 / '08년 시험건수) × 100 } + { ('09년 검출건수-'08년 검출건수 / '08년 검출건수) × 100 }
㉯ 최근 3년간 대비 에이즈 및 성병 검사율
㉯-1 에이즈 검사율
- ('09년 검사건수 / 최근 3년간 평균 검사건수) × 100
㉯-2 성병 검사율
- ('09년 검사건수 / 최근 3년간 평균 검사건수) × 100</td></tr>
<tr><td>결과활용</td><td></td></tr>
<tr><td rowspan="3">3-3.
가축
방역
시책
평가</td><td>계획</td><td></td></tr>
<tr><td>집행</td><td>3-3-4. 가축 혈청검사 실시율(가중치 3.36)
㉮ 가축 혈청검사 실시율 : ('09년도 실시건수 / '09년도 계획건수) × 100
※ 해당 혈청검사 : 구제역(농장, 도축장, 종돈장), 소브루셀라(MRT, RB, 튜브), 류코시스(AGID), 아까바네, 유행열, 일본뇌염(HI), 신종인플루엔자A(H1N1), 뉴캣슬병(HI,EIISA), 조류인플루엔자(HI,AGID), MG(Plate)</td></tr>
<tr><td>산출/결과</td><td>3-3-1. 대가축 방역 추진실적(가중치 6.15)
㉮ 소 브루셀라병 검사율 : (검사 농가 수 / 한 · 육우 사육 농가 수) × 100
㉯ 소 브루셀라병 전국 평균 대비 한 · 육우 농장 감염률
- 농장 감염률 전국 평균-지자체별 농장 감염률
㉰ 소 브루셀라병 발생 감소율
[1-('09년도 발생건수 / '08년도 발생건수)] × 100
㉱ 소 관련분야, 행정처분율
- ('09년도 행정처분 건수 / 소 사육농가수) × 100
3-3-2. 중가축 방역 추진실적(가중치 5.68)
㉮ 돼지열병 발생률 : ('09년도 돼지열병 발생농가 수 / 사육농가수) × 100
㉯ 돼지열병 예방접종 항체 양성률 : (양성두수 / 검사두수) × 100
㉰ 돼지열병 예방접종 미실시 농가 처분실적 : (처분농가 수 / 예방접종 미실시 농가 수) × 100
3-3-3. 소가축 방역 추진실적(가중치 4.78)
㉮ 소가축 가축전염병 발생률 : ('09년 발생농가 수 / 사육농가 수) × 100</td></tr>
</table>

도표 5-10 정부합동평가지표중 보건 · 위생 · 복지분야 관련지표(계속)

평가시책	평가항목	평가지표
3-3. 가축방역 시책평가	산출/결과	㉯ 닭 · 오리 관련분야 처분율 : ('09년 처분건수 / 사육농가 수) × 100 ㉰ 뉴캣슬병(ND) 예방접종률 : (항체 양성농가 수 / 항체 검사농가 수) × 100
	결과활용	
3-4. 식품 · 한약재 안전 관리	계획	
	집행	
	산출/결과	3-4-1. 식중독예방관리 강화(가중치 7.35) ㉮ 인구 10만 명당 식중독 환자수 : (식중독 환자수 / 인구수) × 100,000 ㉯ 식중독 원인규명률 : [{ 원인물질 검출건수 + (원인규명 건수 × 2) } / 식중독 발생건수] × 100 ㉰ 지도 · 점검률 : (지도 · 점검업소 수 / 대상업소 수) × 100 3-4-2. 유통식품 안전성 확보(가중치 7.32) ㉮ 식품 안전성 검사율 : (수거 · 검사실적 / 수거 · 검사 목표량) × 100 ㉯ 위해식품 회수실적 : [{ (회수계획량 / 생산량) × 0.8 } + { (회수량 / 회수계획량) × 1.2 }] / 2 3-4-3. 한약재 판매업소 점검률(가중치 3.87) ㉮ 한약재 판매업소 점검률 : (점검 업소수 / 총 대상 업소수) × 100
	결과활용	
3-5. 한의약 공공 보건 사업	계획	
	집행	
	산출/결과	3-5-1. 한방진료사업(부분) ㉮ 한방가정방문환자 증가율 - { ('09년도 한방가정방문 환자 수 – '08년도 한방가정방문 환자 수) / '08년도 한방가정방문 환자 수 } × 100 ㉯ 보험처방 사용 비율 - ('09년도 보험처방 청구건수 / '09년도 한방진료실 총 내원 환자 수) × 100 ㉰ 객관적 평가지표 활용도 - (객관적 평가지표 활용 총수 / '09년도 한방진료실 내원 환자 중 60세 이상의 근골격계 질환자 수) × 100 3-5-2. 한의약공공보건사업 인프라 구축 및 활용(부분) ㉮ 지역사회 연계 - { 자문위원회 운영 횟수 + 지역 교육기관 · 전문기관과의 협약서 체결 여부 + 지역 한방병 · 의원과의 위촉장(협약서) 등 공식적 연계 여부 } / 보건소 수

도표 5-10 정부합동평가지표중 보건 · 위생 · 복지분야 관련지표(계속)

평가시책	평가항목	평가지표
3-5. 한의약 공공 보건 사업	산출/결과	㉯ 인력의 적절성 - { 공중보건한의사 수 + 공직 한의사 수(정규직) + 공직 한의사 수(계약직) + 진료보조인력 수(정규직) + 진료보조인력 수(계약직) + 한의약건강증진담당인력 수(정규직) + 한의약건강증진담당인력 수(계약직) } / 보건소 수 3-5-3. 한의약건강증진 hub보건소 사업(부분) ㉮ 사업 모니터링 체계 구축 - (보건소 자체 모니터링 회의 개최 횟수 + 주민 모니터링 위원회 회의 개최 횟수 + 모니터링 결과 환류여부 + 지역특화사업 선정을 위한 수요조사 실시여부 + 만족도 조사 실시여부) / 시 · 군 · 구수 ㉯ 한의약건강증진 필수사업 및 지역특화사업 이수율 - ('09년도 한의약건강증진 필수사업 최종 이수 주민수 + 지역특화사업 최종 이수 주민 수 / '09년도 한의약건강증진 필수사업 총 참여 주민수 + 지역특화사업 총 참여 주민 수) × 100 ㉰ 객관적 평가지표 활용도 - ('09년도 한의약건강증진 필수사업 대상주민에 대한 객관적 평가지표 활용 총수 + '09년도 한의약건강증진 지역특화사업 대상주민에 대한 객관적 평가지표 활용 총수 / '09년도 한의약건강증진 필수사업에 참여한 총 주민수 + '09년도 한의약건강증진 지역특화사업에 참여한 총 주민 수) × 100
	결과활용	

3. 합법성감사 기법

가. 식품접객업소 영업허가(유흥주점, 단란주점)[174)]

(1) 관 계 법 령[175)]

- 식품위생법 제21조, 제24조, 같은법 시행규칙 제19조 - 제22조
- 학교보건법 제6조

174) 서울시(2004) 482쪽 및 경기도(2006a), 87~89쪽에서 재작성하였음.

175) 주의! 관계법령이 개정되었는지를 먼저 확인해서 현행법령에 입각하여 합법성감사를 실시하여야 한다.

- 학원의 설립 · 운영 및 과외교습에 관한 법률 제5조
- 다중이용업소의 안전관리에 관한 특별법 제15조 및 같은법 시행규칙 제11조 제2항

(2) 업무처리절차

신청 →	서류검토 →	현지확인 →	복명서 →	결재 →	허가
민원 창구	· 신원증명서 · 건축물대장 · 토지이용 확인원 · 학교정화구역확인 · 위생교육필증 · 지하수 수질검사 · 소방방화시설완비 증명서	· 시설기준적합 여부 · 업종별시설 기준	· 시설점검표와 조사자 의견 확인	· 복명서 내용확인	위생 관리

(3) 감사착안사항

(가) 식품위생업소 영업 허가

- 유흥주점, 단란주점 영업허가는 적정한가(식품위생법 제37조 같은법 시행령 제21조)
- 학교보건법 및 학원관련법령 저촉 여부 검토가 적정하였는가(학교보건법 제6조).
  - 상대구역(200m), 절대구역(50m) 저촉 여부에 대한 관할 교육청의 정화구역 심의위원회 심의 여부(교육청 회시문 확인)
- 소방관련 법령에 의한 소방완비증명서를 제출하였는가(학원의 설립 · 운영 및 과외교습에 관한법률 제5조).
  - 소방완비 허가면적과 영업허가 면적과의 상이한가.
- 단란주점의 시설기준에는 적정한가(다중이용업소의 안전관리에 관한 특별법 제15조 및 같은법 시행규칙 제11조 제2항).
  - 객실이 객석면적의 1/2초과 여부
  - 객실내부가 주 객장에서 훤히 보이는지 여부
  - 객실이 통로 또는 복도형태로 되어 있는가.

- 영업허가 제한규정에 저촉하였는가(식품위생법 제21조).
  - 영업허가가 취소된 후 6개월, 1년 이내(청소년 고용) 같은 장소에 동일 업종의 식품접객업 허가를 하였는가.
  - 영업허가 취소 후 2년 · 3년(청소년 고용)이 경과하지 아니한 자에게 동일 업종을 허가 하였는가.
- 내부 확인가능 문서 및 불필요한 서류 요구행위(식품위생법 시행규칙 제40조, 제41조)
  - 건축물관리대장, 건물임대차 계약서 등

(4) 감 사 사 례

식품·공중위생업소 행정처분 부적정[176)]

개요

행정처분 감경기준에 해당되지 않는 중대 위반사항을 임의 경감 처분하여 처분의 형평성 및 실효성을 확보하지 못하는 결과 초래

위법 · 부당내용

- 식품위생법 시행규칙 제89조 · 공중위생관리법 시행규칙 제19조의 행정처분기준에 의하면, "그 위반의 정도가 경미하거나 고의성이 없는 사소한 부주의"로 인한 것인 때와 해당 위반사항에 관하여 "검사로부터 기소유예의 처분을 받거나 법원으로부터 선고유예의 판결"을 받은 때에는 처분기간의 2분의 1 이하의 범위 내에서 그 처분을 경감할 수 있도록 경감기준을 정하고 있는데도,
- ○○시 ○○과에서는 2002. 11. 15. ○○경찰서에 적발되어 통보된 ○○동 소재 유흥주점 『○○』의 경우 "만16세 청소년을 유흥접객원으로 고용하여 유흥접객 영업을 하고, 17회에 걸쳐 손님들과 윤락행위를 하게 한 위반사항"에 대해 영업허가를 취소할 경우 2명의 대학생 자녀를 부양하는 상황 등의 청문 주재자 의견만 듣고 영업정지 3월로 감경처분 하는 등 총 7개 업소(식품5, 공중2)에 대해 행정처분을 부적정하게 한 사실

176) 경기도(2006b), 68쪽 참조.

- 관련계획 미확인
  과거 허가된 장소였다는 이유만으로 저촉 여부 미확인(교육청의 학교신설계획 등을 확인치 않음)
- 편법 묵인
  소방관련법상 개선이 어려운 부분을 임시폐쇄하고 검사필 한 후 식품위생법에 의한 영업허가 신청 사례(완비증명서상의 허가면적 확인 및 검사필한 일자가 이유 없이 수개월 이상 경과하였는지 등)
- 편법 묵인
  영업허가 신청 시에는 벽으로 위장하여 막아놓고 허가 후 사용하는 사례(허가된 평면도와 건축물관리대장을 확인)

나. 식품접객업소 영업신고(휴게 · 일반음식점)[177]

(1) 관 계 법 령[178]

- 식품위생법 제37조, 제38조, 같은법 시행규칙 제42조, 제43조
- 다중이용업소의 안전관리에 관한 특별법 제15조 및 같은법 시행규칙 제11조의 2 등

(2) 업 무 처 리 절 차

서류검토	→	신고수리 (결재)	→	15일(필요한 경우) 이내 현지확인	→	부적합시 보완 시정지시	→	시정사항 확인
· 위생교육필증 · 건축물대장 · 토지이용확인원 · 지하수 수질검사 · 소방방화시설완비명서		· 대장정리(지체없이 신고수리)		· 업종별 시설 기준적합 여부 · 타 법령 저촉 여부		· 일정기간 시정지시		· 이행확인

177) 서울시(2004) 482~483쪽 및 경기도(2006a), 90~92쪽에서 재작성하였음.

178) 주의! 관계법령이 개정되었는지를 먼저 확인해서 현행법령에 입각하여 합법성감사를 실시하여야 한다.

(3) 감 사 착 안 사 항

(가) 식품위생 업소 신고

- 일반음식점, 휴게음식점 영업신고수리가 적정한가.
- 소방관련 법령에 의한 소방완비증명서를 제출하였는가(식품위생법 제38조, 학교보건법 제6조).
  - 바닥면적의 합계가 100제곱미터(지하층 66제곱미터)이상 영업장의 경우 소방검사 실시 여부
  - 소방완비 허가면적과 영업신고 면적과의 상이 여부
- 사전 영업신고 수리 후 15일 이내 신고 받은 사항을 확인하였는가.
  - 시설조사 결과 기준위반사항 적정조치 여부
- 업종별 영업범위를 벗어난 변태 영업을 묵인하였는가
  - 일반음식점의 식사류 및 휴게음식점의 다류 미취급 여부
- 영업허가(신고) 제한규정에 저촉되는가(식품위생법 제21조).
  - 영업허가가 취소되거나 영업장 폐쇄명령 처분을 받은 지 6개, 1년월 이내에 동일 업종의 식품접객업 허가 또는 신고처리 여부
  - 영업허가가 취소되거나 영업장 폐쇄명령처분을 받은 지 2년, 3년 이내의 자에게 동일업종 허가 또는 신고수리 여부
- 내부 확인가능 문서 및 불필요한 서류를 요구하였는가(식품위생법 시행규칙 제40조).
  - 건축물관리대장, 건물임대차 계약서 등

(4) 감 사 사 례

- 신고증 교부 후 아무런 검토 없이 방치
- 단란주점 영업허가 규제지역에서 일반음식점으로 편법 영업신고후 단란영업 사례(시설조사시 음식조리시설, 취급품목 등 확인 적정 여부에 대해 시설조사표를 확인)

다. 식품 · 공중 위생업소 행정처분[179]

(1) 관 계 법 령[180]

- 식품위생법 제71조, 제72조, 제74 - 제76조, 제80조, 제81조, 같은법 시행규칙 제89조
- 공중위생관리법 제11조, 같은법 시행규칙 제19조 등
- 행정절차법 제21조, 제27조 등

(2) 업 무 처 리 절 차

업소점검 →	확인서 징구 →	의견진술서 청취 →	행정처분 →	이행확인 →	출장 복명서
· 단속계획 수립 · 경찰서 등 타 기관 단속실시		· 행정절차법에 근거한 의견진술	· 의견제출후 14일 이내 · 행정처분 기준 준수	· 행정처분 기간 중 이행확인	· 6개월 이내 재확인

(3) 감 사 착 안 사 항

- 행정처분 경감사유에 해당되지 않는데도 임의로 경감 하였는가(식품위생법 시행령 제52조, 제54조, 제55조).
- 의견제출 기한 부여 후 특별한 사유 없이 14일 이내 행정처분 미조치(식품위생법 시행령 제81조, 행정절차법 제27조)
- 타 기관(경찰 등)적발업소 통보 시 행정처분은 적정한가(공중위생관리법 제11조, 같은법 시행규칙 제11조).
  - 해당 경찰서의 통보대장, 위생부서 관리대장, 사전유선통보대장 등을 비교하여 누락사항 확인
  - 행정처분 대장에 누락된 업소를 확인 처분(경감처분현황 제출을 기피함으로써 경찰의 관리대장을 입수하여 의심되는 업소 확인)

---

179) 서울시(2004) 483~484쪽 및 경기도(2006a), 93~95쪽에서 재작성하였음.
180) 주의! 관계법령이 개정되었는지를 먼저 확인해서 현행법령에 입각하여 합법성감사를 실시하여야 한다.

– 경찰 등 적발기관 통보이전 거짓 폐업 여부
- 1년 이내 동일한 위반사항 가중처분 기준 이행은 적정한가.
- 행정처분과 병행하여 처분하여야 할 과태료 미부과하였는가 .
  – 과태료를 행정편의에 의해 영업주에게 일괄부과
- 행정절차법에 의한 의견제출 기회 부여는 적정한가.
  – 의견제출 당사자 적정성(위임장지참), 충분한 의견제출 기한 미부여 등
- 행정처분업소 이행 여부의 확인은 적정한가 .
  – 영업정지 등 게시문 미부착 여부
  – 시설개수명령 등 이행사항 형식적 확인

(4) 감 사 사 례

식품접객업소(유흥, 단란주점) 영업허가 부적정[181)]

개요

식품접객업 중 유흥주점 · 단란주점 영업에 대한 관련법령 저촉 여부 확인을 소홀히 하여 부적정하게 영업을 허가한 사실

위법 · 부당내용

- 식품위생법 제36조 (시설기준) · 제37조(영업의 허가등)에 의하면, 식품접객업의 영업허가 시에는 식품위생법령에 규정된 시설기준 적합 여부와 함께 학교보건법 · 소방법 · 건축법 및 기타 관련 법령에 위반하거나 저촉하는 사항이 없도록 확인하여야 하는데도,
- ○○시에서는 ○○면 ○리 소재 단란주점 『○○』외 4개소(유흥주점4, 단란주점1)를 영업허가 함에 있어 관련법령에 의거 사전에 학교정화구역내 저촉 여부에 대해 ○○교육청과 협의 없이 영업을 허가하였으며,
  또한 ○○동 소재 유흥주점 『○○○○』의 경우에는 소방법상의 소방 · 방화시설완비증명서의 사용 허가면적(148.5㎡)보다 224.5㎡(약68평)가 많은 373㎡를 영업허가 하였고, ○○동 소재 유흥주점 『○○○○』의 경우에도 허가면적(97.85㎡)보다 16.15㎡(약5평)가 많은 114㎡(약 35평)를 영업허가 한 사실

181) 경기도(2006b), 76쪽 참조.

- 부당결부 사례
  문제의 사건과 직접적 관련이 없는 사법기관의 기소 · 선고유예를 근거로 미처분 또는 경감 (업소내의 식품위생법+폭력행위관련법률 위반행위에 대해 폭력관련 무혐의사실을 가지고 처분면제)
- 현장 미확인 사례
  의견 미제출 업소에 대해 현장확인 없이 장기 방치한 결과 타 업종 전환으로 처분면탈
- 기준 적용이 잘못된 사례
  최초 위반 건에 대한 행정처분일을 기준으로 차수 적용치 않고 2차 처분일을 기준으로 차수 적용하여 과다 처분한 사례
- 법정절차 불이행 사례
  1차 시정명령사항 의견제출 생략(2차위반시부터 영업정지 등 권익제한 사항임)

라. 의료기관 개설 허가(신고) 및 관리[182)]

(1) 관계법령[183)]

- 의료법 제33조, 제35조, 같은법 시행규칙 제25조, 제27조 등
- 응급의료에 관한 법률 제31조, 제31조의2 등
- 마약류 관리에 관한 법률 제15조 등
- 진단용 방사선 발생장치의 안전관리에 관한 규칙 제4조 등
- 특수의료장비의 설치 및 운영에 관한 규칙 제2조, 의료기관 세탁물 관리규칙 제4조 등

182) 경기도(2006a), 96~98쪽에서 재작성하였음.
183) 주의! 관계법령이 개정되었는지를 먼저 확인해서 현행법령에 입각하여 합법성감사를 실시하여야 한다.

(2) 업무처리절차

의료기관 개설허가(신고)절차

서류검토 →	현지확인 →	결재 →	허가(신고) →	대장정리
· 면허증 · 진료과목 인력기준 적정확인 · 법인설립 관련 서류	· 시설 확인 · 장비확인 · 의료인력확인 · 진료과목 및 명칭표지판 확인	· 시설기준 적정 여부	교부	의료관리

(3) 감사착안사항

(가) 의료기관 개설허가 (신고) 및 지도감독 실태

- 의료기관 운영 적정 여부(응급의료에 관한 법률 제44조 제3항, 같은법 시행규칙 제36조, 제38조, 특수의료장비의 설치 및 운영에 관한 규칙 제2조, 의료법 제35조)
  - 당직의사 근무 및 구급차 운영실태
  - 특수의료장비 설치등록 이행 여부
    (자기공명영상촬영장치, 전산화단층촬영장치, 유방촬영용장치)
  - 의료법상 의료인 정원 준수 및 허가받은 진료과목 표시 여부

(나) 의료기관 진단용 방사선 발생장치 사용 적정성

- 진단방사선 피폭선 양을 측정하였는가(진단용 방사선 발생장치의 안전에 관한 규칙 제4조).
  - 방사선 관계자 2년마다 건강진단실시 여부
  - 방사선 피폭선량 측정여부(필름배지 1월마다 1회, 티 · 엘배지 3월마다1회)
  - 진단용발생장치 설치신고 이행 여부
- 무면허자가 진단방사선 장비를 취급한 경우는 없었는가.
  - 휴가기간중 무면허자 대직 근무행위 여부

(다) 마약관리

- 마약류 취급 의료기관 감시활동을 이행하였는가(마약류 관리에 관한 법률 제15

조, 같은법 시행규칙 제26조)

– 마약류 담당자 지정 및 보관기준 준수 여부

· 의사 또는 약사로 담당자 지정 및 이동할 수 없는 이중잠금장치가 된 철재금고 운영 여부

· 마약 및 사용 수불부 적정관리 여부

(라) 세탁물관리

• 전염병 환자가 사용한 환의, 시트, 담요 등을 적정하게 처리하였는가(의료기관 세탁물 관리규칙 제4조).

– 전문처리업체 위탁 처리계약서 확인

– 자체처리 시 일반 세탁물과 동일하게 세탁 처리하고 있는가.

≪소독기준≫

– 증기소독 : 1시간 이상의 섭씨 100도 이상의 습열소독

– 자비소독 : 30분 이상 섭씨 100도 이상 끓는 물 살균

– 약물소독 : 석탄수, 크레졸 등

(4) 감 사 사 례

마약류 취급 의료기관 감시·감독 소홀[184)]

▨ 개요

관내 의료기관의 마약류 약품관리 소홀로 인한 도난 등의 마약사고가 우려되는데도 감시·감독활동이 소홀한 사실

▨ 위법·부당내용

• 마약류관리에관한법률 제15조(마약류의 저장) 및 같은법 시행규칙 제26조에 의거 마약류 저장시설은 일반인이 쉽게 발견할 수 없는 장소에 설치하되, 이동할 수 없도록 이중으로 잠금장치가 된 철재 금고여야 하고, 동 규정을 위반하였을 경우에는 "취급업무정지 1월"의 행정처분을 하도록 규정되어 있으며, 또한 같은법 제41조(출입·검사와 수거) 규정에 의거 마약류 취급을 감시하고 단속할 필요가 있다고 인정하는 때에는 관계공무원으로 하여금 출입·검사 등

184) 경기도(2006b), 72쪽 참조.

마약류 취급을 감시하도록 하고 있는데도,

- '04. 10. 27. ○○시 ○○동 소재 「○○○○병원」에 대한 확인결과 마약인 "구연산 펜타닐(100㎍)×10앰플"을 2층 수술실 냉장고에 보관하고 있었고, 1층 응급실에도 마약인 "염산페치딘(100㎍)×1앰플"을 업무용 책상서랍에 보관하고 있었으며, 또한 ○○동 소재 「○○○○병원」의 경우에도 마약인 "페치딘(50㎎)×3앰플과 향정신성의약품인 "도미컴 3앰플"을 수면내시경실 간호조무사 책상에 보관하고 있는 등 관내 의료기관의 마약류 약품관리가 소홀한 사실
- 업무처리 미흡사례
  위탁 운영중인 구급차의 응급실 미상주로 인해 신속한 응급환자 이송체계 운영 소홀
- 법정사항을 재량으로 판단
  일반건강진단 실시 결과를 근거로 방사선 관련 건강진단 미실시
- 업무처리규정 위반사례
  마약을 지정장소에 보관치 아니하고 수술실 냉장고, 응급실 업무용 책상 등에 소량씩 별도 보관하고 있어 도난 우려

마. 법정전염병 발생 예방 및 관리[185)]

(1) 관 계 법 령[186)]

- 전염병예방법 제4조, 제7조의4, 같은법 시행령 제2조의2-4, 같은법 시행규칙 제1조의4, 제2조의4, 제2조의5
- 전염병 관리지침(질병관리본부)

185) 경기도(2006a), 99~100쪽에서 재작성하였음.
186) 주의! 관계법령이 개정되었는지를 먼저 확인해서 현행법령에 입각하여 합법성감사를 실시하여야 한다.

(2) 업무처리절차

환자발생 신고 → 격리병원 입원 → 역학조사반 출동 → 발생보고 (도) → 치료 완료 → 명부작성 관리

환자발생 신고	격리병원 입원	역학조사반 출동	발생보고 (도)	치료 완료	명부작성 관리
병 · 의원, 개인		· 역학조사서 작성 · 감염 의심 검체 수거 · 환가, 감염 의심지역 살균소독 · 접촉자, 공동폭로자 보균검사 · 보건교육	· 발생경위 · 인적사항 · 조치내용		· 기감염자 관리

(3) 감사착안사항

(가) 전염병 예방관리업무 추진 적정성(전염병예방법 제3조의2, 제4조, 전염병예방관리 지침)

- 전염병사업관리지침에 의한 계획수립 적정성
  - 질병정보 모니터망 구성 및 운영 적정 여부
  - 환자 격리 · 치료시설 지정 여부

(나) 전염병 환자 발생시 역학조사 활동

- 형식적인 역학조사반 편성운영 여부
- 발생신고 시 역학조사반 신속출동 및 적정활동 여부
  - 역학조사서 작성, 오염 의심 식품 가검물채취, 살균소독, 보건교육실시 등)

(4) 감사사례

- 업무의 소극적 처리

  법정전염병 발생시 역학조사반이 출동치 아니하고 검사요원 1명만이 관내 병원 가검물 채취 및 역학조사서를 작성하는 등 소극적 대처
- 업무처리 미흡

  환자가족이 반대하거나 협조치 않는다는 이유로 소독을 미실시하거나 전화로 역학조사서 작성

바. 위생분야 건강진단 이상자 관리[187]

(1) 관 계 법 령[188]

- 식품위생법 제26조, 같은법 시행규칙 제34조, 제35조 등
- 전염병예방법 제8조, 제30조 등
- 위생분야 종사자 등의 건강진단 규칙

(2) 업 무 처 리 절 차

정기건강진단 : 1회/년 (장티푸스, 폐결핵, 전염성피부질환)

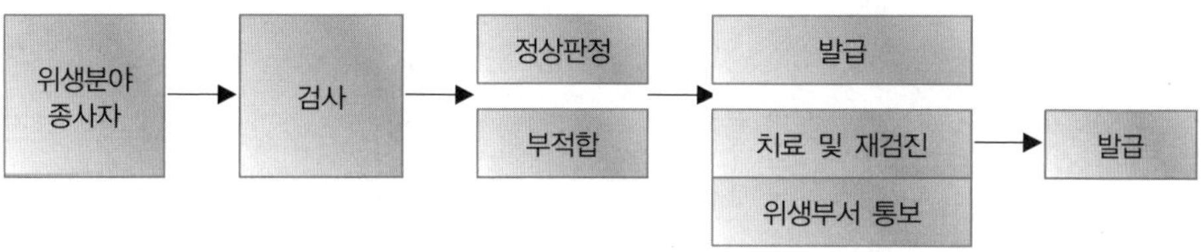

성병건강진단 : 1회/1주 – 6월 (매독, HIV, 기타성병)

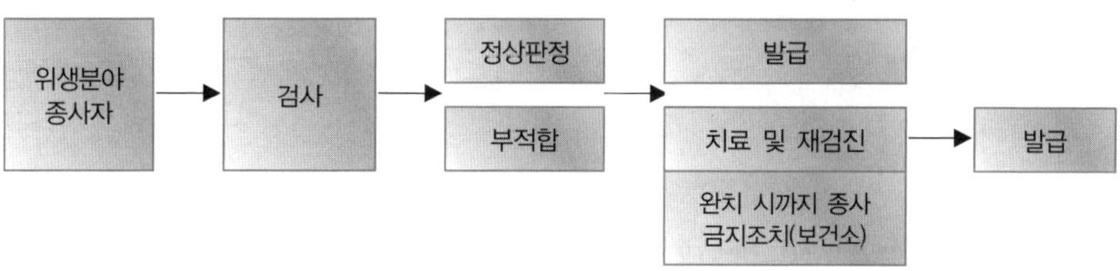

(3) 감 사 착 안 사 항

(가) 전염병 발생 예방관련

- 위생분야 건강진단 이상자 관리는 적정한가(식품위생법 제40조, 같은법 시행규칙 제50조, 전염병예방법 제8조, 제30조)
  - 성병 건강진단 이상자의 완치 시까지 일시적 영업에 종사하지 못하도록 하는 적정조치 여부

187) 경기도(2006a), 101~102쪽에서 재작성하였음.

188) 주의! 관계법령이 개정되었는지를 먼저 확인해서 현행법령에 입각하여 합법성감사를 실시하여야 한다.

– 영업에 종사하지 못하는 질병 감염자에 위생부서 통보 여부

(4) 감 사 사 례

위생분야 성병건강진단 이상자 관리 소홀[189)]

■ 개요

성병에 관한 건강진단 결과 이상자에 대해 성병 감염기간 동안부터 치료완료 시점까지 일시적으로 영업에 종사하지 못하도록 하는 조치를 소홀히 한 사실

■ 위법 · 부당내용

- 전염병예방법 제8조(건강진단) 및 같은법 제30조(업무종사의 일시적 제한), 같은법 제55조 · 제56조의 규정에 의하면 휴게음식점인 다방의 여자 종업원, 유흥접객원, 안마시술소 여자 종업원, 특수 업태부가 성병에 관한 건강진단을 받지 아니한 경우에는 영업에 종사할 수 없도록 하고 있으며, 업무 종사의 일시적 제한 규정을 위반한 종사자에게는 300만 원 이하의 벌금을, 성병에 관한 건강진단을 받지 아니한 자를 영업에 종사시킨 자는 200만 원 이하의 벌금에 처하도록 규정되어 있는데도,
- ○○시 보건소에서는 2003-2005년 5월 현재까지 유흥접객원 등을 대상으로 성병에 관한 건강진단을 실시하면서 ○○동 소재 휴게음식점『○○다방』종사자 ○○○ 등 47명의 성병 이상자를 발견하였음에도, 구두 · 전화상으로 재 검진안내 조치만 하는 등 시 관내 3개 보건소에서 총 141명에 대하여 전염병 예방법에 근거한 성병 감염기간 동안부터 치료완료 시점까지 일시적으로 영업에 종사하지 못하도록 하는 조치를 소홀히 한 사실
- 편의적인 업무처리 사례

  성병 건강진단 이상자에 대해 전화상으로만 지도하고 실제 종사 여부는 확인치 않음으로 인해 성병감염자가 업소에 계속 종사

189) 경기도(2006b), 74쪽 참조.

사. 사회복지시설 지도 · 감독[190)]

(1) 관 계 법 령[191)]

- 사회복지사업법 제51조, 노인복지법 제42조, 장애인복지법 제51조, 아동복지법 제30조, 영유아보육법 제41조, 제42조 등

(2) 업 무 처 리 절 차

사회복지시설 지도점검계획 수립 통보	시 · 군 → 사회복지시설
↓ 지도점검 실시	시 · 군 → 사회복지시설
↓ 지도점검 결과 통보	시 · 군 → 사회복지시설
↓ 지적사항 시정조치 보고	사회복지시설 → 시 · 군

(3) 감 사 착 안 사 항

(가) 시 · 군의 사회복지시설 지도 · 점검실태

- 연1회 이상 정기적인 지도 · 점검을 실시하였는가(사회복지사업법 제51조).
- 지도감독 결과 시정 등의 조치를 문서로 지도하였는지와 이행결과를 관리하고 있는가.
- 지도 · 감독결과 위반행위의 정도에 따라 행정처분 등 적절한 조치를 하였는가.

(나) 예산의 집행 및 관리실태

- 회계별 예산을 이사회 의결을 거쳐 확정하고 매 회계연도 개시 5일 전까지 관할 시장 · 군수에게 제출하였는가(법인)(사회복지법인 재무 · 회계규칙).
- 법인 및 시설회계의 세입 · 세출 결산보고서를 작성하여 다음 연도 3월31일 이

190) 경기도(2006a), 105~111쪽에서 재작성하였음.

191) 주의! 관계법령이 개정되었는지를 먼저 확인해서 현행법령에 입각하여 합법성감사를 실시하여야 한다.

내에 관할 시장 · 군수에게 제출하였는가(법인).

- 예산 및 결산보고서의 첨부서류가 적정한가.
- 보조사업 완료 및 종료에 따라 시 · 군에서 정산검사를 실시하였는가.
- 보조금 집행 잔액의 반납 및 회수는 하였는가.
- 세입 및 세출예산은 적정하게 편성되었는가.
- 세출예산이 정한 항목에 맞추어 예산의 범위 내에서 지출하였는가.
- 당해 회계연도 안에 지출을 마치지 못할 것으로 예측되는 경비와 연도 내에 지출원인 행위를 하고 다음 연도에 이월하여 사용할 경우, 이사회 의결을 거쳤는가(사회복지법인 재무 · 회계규칙).
- 시설운영비 지출시 5만 원 이상은 신용카드를 사용하였는지와 거래처가 농촌 및 카드 미가맹업체일 경우 온라인 입금을 하고 있는가(보건복지부의 사회복지시설 공통업무 지침).
- 시설종사자에 대한 임금지급 시 퇴직적립금 계좌적립 여부 및 타 용도로 사용하지는 않았는가.

(다) 후원금관리 및 집행실태

- 후원금 수령 즉시 후원금 영수증을 후원자에게 교부하였는가(계좌입금 제외)(사회복지사업법 제45조 및 사회복지법인 재무 · 회계규칙)
- 연 1회 이상 해당후원금의 수입 및 사용내용을 후원금을 낸 단체 및 개인에게 통보하였는가.
- 후원금을 절차에 따라 세입 · 세출예산에 편성하여 사용하고 있는가.
- 사업의 매반기 종료 후 10일 이내에 후원금 수입 및 사용결과 보고서를 관할 시장 · 군수에게 제출하였는가.
- 지정후원금의 경우 후원자가 사용용도를 지정한대로 사용하였는가.
- 후원금을 지출할 수 없는 시설장 등 임직원의 판공비 등으로 사용한 사실이 있는가.
- 비지정 후원금의 경우 시설의 운영비로 사용하되 간접비에 사용하는 비율을 50% 이내로 제한하고 있는바, 이를 초과하여 사용한 사실이 있는가(사회복지법인 재무 · 회계규칙).

(라) **사회복지시설의 관리 및 운영**

- 사회복지시설 설치 신고사항은 적정한가(사회복지사업법 제34조).
- 국가 및 지방자치단체 소유의 사회복지시설민간위탁대상 선정절차는 적정한가.
- 시설에 대한 종합보험으로 화재보험에 가입하였는가(사회복지사업법 제34조의2).
- 시설에 대한 매반기 안전점검을 실시하고, 그 결과를 관할 시장 · 군수에게 보고하였는가(사회복지사업법 제34조의3)
- 사회복지시설 운영위원회 구성 여부 및 매분기별 1회 이상 정기회의를 개최하고 그 결과를 관할 시장 · 군수에게 제출하였는가(사회복지사업법 제36조)
- 시설운영에 따른 각종 장부의 비치 및 작성관리는 적정한가(사회복지사업법 제37조).

(마) **재산관리**

- 매년 1회 정기재물조사를 실시하였는지 및 물품관련 각종 대장을 비치하여 작성하였는가(사회복지법인 재무 · 회계규칙).
- 시설물품 중 사용이 불가능하거나 수리하여 다시 사용할 수 없게 된 물품이 있을 경우, 그 물품에 대하여 불용결정 등 불용처분절차를 이행하였는가.
- 시설보강사업 등으로 기본재산 변동시 절차에 따라 법인정관을 변경하였는가(사회복지사업법 제23조, 제24조).

(바) **시설 종사자 관리에 관한 사항**

- 시설장의 타 업무 겸직 불가 및 상시 근무사항을 준수하였는가(보건복지부의 사회복지시설 공통업무지침).
- 시설종사자가 4대 보험을 가입하였는가.
  - 산재보험(산업재해보상보험법 제6조)
  - 고용보험(고용보험법 제8조)
  - 국민연금(국민연금법 제8조) ※ 60세 초과자 제외
  - 건강보험(국민건강보험법 제6조) ※ 국민기초수급자 제외
- 근로기준법에 의한 각종서류를 작성 비치하였는가(근로기준법 제24조, 제40조, 제47조, 제96조).
  - 근로계약서 체결

- 근로자 명부
- 임금대장
- 취업규칙(상시 10인 이상 근로시설)

- 시설의 성격 및 기준에 따른 시설장, 간호사, 영양사, 조리원 등 의무고용인원의 적정 배치 및 배치자의 기능별 자격은 적정한가(보건복지부의 사회복지시설 공통업무지침)
- 시설종사자 인건비의 정년제 권고에 따라 인건비를 국고에서 지원하는 시설의 경우, 정년 초과자에 대해서는 인건비를 보조금으로 지급할 수 없는데도 계속 지급하고 있는가.

  ※ 시설장 65세, 종사자 60세로 하고 있는 정년제는 종사자의 신분을 보장하기 위한 제도가 아니라 예산의 지급 기준이므로, 정년 초과자의 인건비에 대해서는 보조금 지원을 중단하고 시설 자체예산에서 지급토록하고 있음.
- 시설종사자 신규채용 시 공개모집 원칙에 따라 공고에 의한 시험절차를 거쳐 임용하여야 하는 바, 이를 준수하고 있는가(보건복지부의 사회복지시설 공통업무지침).

  ※ 법인내의 각 시설을 법인 대표이사의 가족들이 운영(족벌운영)함에 따른 시설운영의 비효율성을 차단하기 위한 장치
- 호봉 인정 대상경력(유사경력)이 있는 종사자의 호봉산정 시 경력증명서 발급기관에 경력조회 후 그 결과에 따라 호봉을 획정하고 있는가.
- 시설 종사자들의 정기호봉 승급일을 매년 1월 1일과 7월 1일자로 2회 시행하고 있는가.
- 시설 종사자 보수책정을 위한 호봉은 최고 30호봉을 초과할 수 없는데도 최고호봉을 초과하여 지급하고 있는가.

(4) 감 사 사 례

시립 어린이집 운영 부적정[192)]

개요

지방자치단체에서 개인 및 사회복지단체에 위탁하고 있는 시립 어린이집은 공공

192) 경기도(2006b), 94쪽 참조.

시설로서 관련규정에 따라 철저하고 투명하게 운영하여야 함에도 세출예산을 예산과목에 정함이 없이 부당집행하거나 종사자 적정인원 배치 부족, 근로기준법 미준수 등으로 운영의 비효율성 초래

■ 위법 · 부당내용

① 세출예산 부당집행

예산을 편성할 경우 세입 · 세출 예산과목 구분에 따라 편성하여야 하고 예산은 세출예산이 정한 목적 외에 이를 사용하지 못하게 되어 있음에도 ○○시 ○○어린이집 등 11개소의 시립 어린이집에서는 2003. 5. 1부터 2005. 2. 28.까지 기간 동안 시설장비 유지비에서 신문구독료 지급 12회, 회의비에서 직원회식비 및 연합회비 지출, 아동 간식비에서 공사인부 식대지출 및 교직원 홍삼선물 구입, 여비에서 원장 차량유지비 11회 지출 등, 총 89회에 걸쳐 23,626,830원을 세출예산에 정함이 없이 임의 지출한 사실

② 시설종사자 적정인원 미배치

보육시설에는 적정기준에 맞는 보육시설종사자를 두어야 함에도 ○○시의 경우 「시립 ○○어린이집」 등 6개 어린이집에서 간호사 2명, 보육교사 3명, 취사부 3명 등 총8명의 종사자를 법정기준보다 부족하게 배치하고 있으며, ○○시에서도 시립 ○○○○어린이집 등 5개 어린이집에서 법정기준보다 5명의 취사부가 부족한 상태에서 시설을 운영함으로써 보육대상자들에 대한 서비스 질 제고에 지장을 초래한 사실.

③ 시설종사자에 대한 근로기준법 미준수

사용자는 근로자에 대하여 임금, 근로시간, 기타의 근로조건을 서면으로 명시하여 근로계약을 체결토록 하였으며, 각 사업장별로 근로자 명부를 작성 비치하고, 임금대장을 작성하여 그 내용을 임금지급시마다 기입하여야 하며, 또한 상시 10인 이상의 근로자를 사용하는 사용자는 취업규칙을 작성하여 노동부장관에게 신고하여야 함에도, ○○시 여성정책과에서는 시립 어린이집 30개소를 위탁하여 운영하고 있으나 근로자 명부 미작성 27개소, 임금대장 미비치 29개소, 근로계약 미체결 22개소, 취업규칙 미신고 18개소 등 대부분의 어린이집에서 종사자들의 기본적인 생활을 보장토록 하는 근로기준법 관련규정을 준수하지 않은 사실.

아. 국민기초생활보장수급자 선정 및 관리[193)]

(1) 관 계 법 령[194)]

- 국민기초생활보장법 제2조, 제5조, 제22조, 제23조, 제26조, 제27조, 같은법 시행령 제29조, 같은법 시행규칙 제3조 등
- 국민기초생활보장사업안내(보건복지부)

(2) 업 무 처 리 절 차

국민기초생활보장 수급권 신청	급여신청자 → 시 · 군 사회복지업무 관련부서
↓ 소득, 재산 등 조사	시 · 군 사회복지업무 관련부서
↓ 급여실시여부 결과 통보 및 급여실시	시 · 군 사회복지업무 관련부서 → 급여신청자

(3) 감 사 착 안 사 항

(가) 수급자 선정 및 급여실시

- 급여신청 건에 대한 수급권자 및 부양의무자의 소득과 재산 등에 관한사항을 즉시 조사하였는가(국민기초생활 보장법 제26조).
- 급여신청자에 대하여 그 결정요지, 급여종류, 급여방법 및 급여 개시시기 등을 명시한 「복지대상자 급여신청결과통보서」를 14일 이내에 수급권자에게 서면으로 통지하였는가.
- 호적등본, 임대차계약서 등을 면밀히 검토하여 부양의무자의 존재 여부 및 재산상황, 부양능력 등을 파악하였는가(국민기초생활보장법 제22조).
- 소득 인정액이 선정기준을 초과하여 수급대상자로 선정할 수 없는데도 수급대상자로 선정하여 급여를 실시한 사실이 있는가(국민기초생활보장법 제5조).

193) 경기도(2006a), 112~115쪽에서 재작성하였음.

194) 주의! 관계법령이 개정되었는지를 먼저 확인해서 현행법령에 입각하여 합법성감사를 실시하여야 한다.

- 2000cc급 이상의 자가용을 소지한 가구를 수급대상자로 선정한 적은 없는가(국민기초생활보장법 시행규칙 제3조).
- 부양능력이 있는 자녀가 있음에도 부양능력이 없는 가구로 임의 판정하여 수급대상자로 선정한 적이 있는가(국민기초생활보장법 제2조).
- 현역군인 등 다른 곳에서 거주하면서 의무이행과 관련하여 생계보장을 받고 있음에도 급여를 지급한 사실이 있는가(국민기초생활보장법 시행령 제2조).
- 3개월 이상 외국에 체류하고 있는데도 급여를 지급한 사실이 있는가(국민기초생활보장법 시행령 제2조).
- 교도소 및 구치소 등에서 수용하고 있는 자에 대한 급여를 지급한 사실이 있는가(국민기초생활보장법 시행령 제2조).
- 보장시설에서 급여를 받고 있는데도 급여를 지급한 사실이 있는가(국민기초생활보장법 시행령 제2조).
- 행방불명자에 대한 급여를 지급한 사실이 있는가(국민기초생활보장법 시행규칙.
- 사망하여 급여의 지급요건이 소멸하였는데도 사망자에 대한 급여를 지급한 사실이 있는가(국민기초생활보장법 시행령 제3조).
- 금융자산에서 발생한 이자를 재산소득으로 보아 급여에서 감액하여야 하는데도 급여를 과다 지급한 사실이 있는가.

(나) 연간조사 및 생활보장위원회 운영

- 수급자에 대한 급여의 적정성을 기하기 위하여 매년 연간조사계획을 수립하고 정기적인 조사를 실시하였는가(국민기초생활보장법 제23조).
- 생활보장위원회를 개최하여 연간조사계획 등을 심의하였는가(매년 1월중)(국민기초생활보장법 시행령 제29조).

자. 영유아보육시설 인가[195)]

(1) 관 계 법 령[196)]

195) 경기도(2006a), 116~119쪽에서 재작성하였음.

196) 주의! 관계법령이 개정되었는지를 먼저 확인해서 현행법령에 입각하여 합법성감사를 실시하여야 한다.

- 영유아보육법 제10조, 제13조, 제15조, 제17조, 같은법 시행규칙 제5조, 제9조, 제10조, 제23조 등
- 보육사업 안내(보건복지부)

(2) 업무처리절차

영유아보육시설 설치인가신청	보육시설 설치자 → 시 · 군
↓ 설치기준 적합여부 현장확인	시 · 군
↓ 인가(인가증 교부)	시 · 군 → 보육시설 설치자

(3) 감사착안사항

(가) 설치기준 적합 여부 검토사항

- 명칭은 유치원, 학원 등 유사기관으로 오인할 수 없도록 "○○어린이집"으로 하였는가(영유아보육법 시행규칙 제23조)
- 시설이 위험시설로부터 50m이상 떨어진 곳에 위치하고 있는가(영유아보육법 제15조 및 같은법 시행규칙 제9조).
- 시설별 다음의 인원을 보육할 수 있는 시설을 갖추었는가.
  - 국공립보육시설 : 상시 영유아 11명 이상
  - 직장보육시설 : 상시 영유아 5인 이상
  - 법인보육시설 : 상시 영유아 21인 이상
  - 민간보육시설 : 상시 영유아 21인 이상
  - 가정보육시설 : 상시 영유아 5인 이상 20인 이하
  - 부모협동보육시설 : 보육영유아를 둔 보호자 15인 이상 출자 및 상시 영유아 11인 이상
- 보육실을 포함한 시설면적이 1인당 4.29㎡ 이상 확보되었는가(유아보육법 제15조 및 같은법 시행규칙 제9조).
- 보육실이 바닥 난방시설이 갖추어져 있고 위치는 1층에 설치되었는가.

- 목욕실은 난방이 되어 있고 바닥은 미끄럼방지장치가 되어 있으며, 온수장치는 화상방지용으로 온도고정장치가 설치되어 있는가.
- 보육시설이 2층 이상인 경우 비상계단 또는 영유아용 미끄럼대를 설치하였는가.
- 책상, 의자 등 가구의 모서리는 둥글고 표면이 매끄럽게 처리되었거나 고무 등으로 모서리에 보호장치가 장착되었는가.

(나) 보육시설 종사자 배치기준 준수사항

- 보육시설의 종사자 수는 배치기준에 맞게 배치되었는가(영유아보육법 제17조 및 같은법 시행규칙 제10조).
  - 보육교사
    - · 만1세 미만의 영아 3인당 1명
    - · 만1세 이상 만2세 미만의 영아 5인당 1명
    - · 만2세 이상 만3세 미만의 영아 7인당 1명
    - · 만3세 이상 만4세 미만의 영아 15인당 1명
    - · 만4세 이상 미취학 유아 20인당 1명
      ※ 이 경우 유아 40인당 1인은 보육교사 1급 소지자
    - · 취학아동 20인당 1명
    - · 장애아 3인당 1명으로 하되 9인당 1인은 특수교사 자격증소지자
  - 간호사 : 영유아 100인 이상 보육시 1명
  - 영양사 : 영유아 100인 이상 보육시 1명
  - 취사부 : 영유아 40인 이상 80명 이하, 보육시 1명, 80명을 초과할 때마다 1명씩 증원,

(다) 보육시설 운영기준 준수 여부(영유아보육법 시행규칙 제23조)

- 보육시설 운영기준에 의한 장부를 비치하였는가.
- 보육시설을 이용하는 영유아의 보호자에게 상해보험에 가입토록 안내 등 조치하였는가.
- 영유아 상해 등에 따르는 배상책임에 대비하기 위하여 배상보험 및 화재보험에 가입하였는가.
- 시설이 운영하는 자동차의 경우 11인승 이상 승합자동차이어야 하며 어린이 통학버스로 관할 경찰서장의 신고필증이 부착되어 있는가.

(4) 감 사 사 례

보육시설 지도점검 소홀[197)]

▨ 개요

매년 정기적으로 실시해야 하는 보육시설에 대한 지도점검을 실시하고도 점검결과 지적사항을 해당 보육시설에 통보하지 않아 사후관리를 태만히 하였고, 그 이후 2년 동안은 지도점검 미실시

▨ 위법 · 부당내용

- 영유아보육법 제41조, 제42조, 여성부 「보육사업안내」에 의하면, 보육사업의 원활한 수행을 위하여 보육시설운영 전반에 관한 지도점검을 매년 1회 이상 실시하고 지도점검 결과 시정 등의 조치가 필요한 때에는 반드시 문서로써 지도하고 그 이행결과를 확인하도록 하고 있음에도,
- ○○시 사회복지과에서는 보육시설에 대한 지도감독을 매 반기 1회씩 실시키로 내부방침을 정하고 업무를 추진하였으나, 2003년 상 · 하반기에만 정상 추진하였을 뿐 2004년 상반기는 현지 지도점검을 실시한 후 그 결과를 내부결재로만 보고하고 해당 보육시설에는 통보하지 않았으며, 2004년 하반기 및 2005년 상반기 지도점검은 자체계획만 수립하고 실제 지도점검은 실시하지 않는 등 보육시설에 대한 지도감독을 소홀히 한 사실

차. 경로연금 지급[198)]

(1) 관 계 법 령[199)]

- 기초노령연금법 제9조, 제10조, 제12조, 제15조, 제18조, 제22조, 같은법 시행규칙 제2조, 제3조 등
- 노인보건복지사업 안내(보건복지부)

197) 경기도(2006b), 96쪽 참조.

198) 경기도(2006a), 120~122쪽에서 재작성하였음.

199) 주의! 관계법령이 개정되었는지를 먼저 확인해서 현행법령에 입각하여 합법성감사를 실시하여야 한다.

(2) 업무처리절차

경로연금 지급신청	저소득 노인 및 가족 → 시장 · 군수
↓ 자격조사(소득, 재산, 부양의무자 유무 등)	실제소득, 금융조회, 호적등본 등
↓ 조사결과 등록 (보건복지행정시스템)	자격관리
↓ 지급여부 결정 통보	시장 · 군수 → 연금지급신청자
↓ 연금지급 개시	매월20일 지급(매월 15일 거주지 기준)

(3) 감사착안사항

(가) 경로연금 수급권자 결정

- 연금지급 신청에 따라 본인 및 부양의무자에 대하여 소득 및 재산, 부양의무자 유무 등을 면밀히 조사하였는가(기초노령연금법 제7조).
- 신청일로부터 30일 이내에 서면으로 “경로연금지급대상자 결정통지서”를 통보하였는가(기초노령연금법 시행령 제6조).
- 연금수급권자별 소득 · 재산 및 가족상황 등을 “경로연금 수급권자 관리카드”에 기록관리하고 있는가(기초노령연금법 시행령 제10조).

(나) 경로연금 지급 및 수급자 관리

- 대상자별 연령기준에 맞게 연금을 지급하고 있는가(노인복지사업안내(보건복지부)).
  - 65세 이상 국민기초수급자
    - · 80세 이상 : 50,000원
    - · 65세-79세 : 45,000원
    - · 1933. 7. 1. 이전 출생한 저소득 노인
    - · 무배우자 : 35,000원
    - · 부부동시 수급자 : 30,630원

- 연령 도래자 및 신규선정 등으로 수급권자임에도 장기간 동안 연금지급을 누락한 사례가 있는가.
- 전입자에 대한 연금을 누락 없이 지급하고 있는가
- 타 지역 전출자에 대한 자료는 해당 전입지에 경로연금수급사항을 누락 없이 통보하였는가.

  ※ 전출자임에도 계속하여 연금을 지급하는 사례 발생
- 사망자임에도 연금을 지급사례가 있는가(기초노령연금법 제11조).
- 다른 법령에 의하여 연금을 받고 있는데도 경로연금을 지급하고 있는가(기초노령연금법 제3조).
- 수급권자의 주민등록이 출국신고로 인하여 말소되어 연금을 지급할 수 없는데도 지급한 사례가 있는가(기초노령연금법 제11조).

(4) 감사사례

경로연금 지급누락 및 경로연금 수급자 관리 소홀[200)]

개요

생활이 어려운 저소득 노인에게 지급하는 경로연금을 일부 지급 대상자에게 장기간동안 지급하지 않아 생활에 지장을 초래하였고, 경로연금 프로그램에 비대상자가 다수 포함되어 있는 등 경로연금 수급자 관리를 태만히 함.

위법·부당내용

- 기초노령연금법 제9조, 제12조, 보건복지부 「노인보건복지사업안내」에 의하면, 경로연금은 65세 이상의 노인에게 지급하되 연금액수는 나이 및 생활 정도에 따라 매월 30,630원~50,000원 씩 매월 20일에 지급하여야 하며, 경로연금 수급권자가 수급권의 상실사유가 발생하면 이를 보건복지행정시스템에 입력하고 수시로 확인하는 등 경로연금 비수급자가 수급대상자로 관리되는 사례가 발생치 않도록 하여야 함에도,
- ○○시 사회복지과에서는 노인부부 서○○, 간○○에 대하여 12개월 동안 각 540,000원씩의 경로연금을 지급하지 않은 것을 비롯하여 총 24명에게 1개월~22개월 동안 총 7,033,820원의 경로연금을 지급하지 아니하였으며 보건복지행

200) 경기도(2006b), 92쪽 참조.

정시스템을 활용하여 경로연금수급대상자로 관리하고 있는 자원 중 사망말소자 21명, 비대상자 12명, 전출자 26명 등 총 59명이 경로연금수급 비대상자임에도 이를 수급대상자로 관리하고 있는 등 관리를 소홀히 한 사실.

카. 청소년보호법 위반 과징금 부과징수[201)]

(1) 관 계 법 령[202)]

청소년보호법 제44조, 제49조, 같은법 시행령 제40조, 제41조의2, 같은법 시행규칙 제12조, 국제징수법 제23조, 행정절차법 제21조 등

(2) 업 무 처 리 절 차

청소년보호법위반자 적발, 통보	경찰서장 → 시장 · 군수
↓ 위반사항 검토	시장 · 군수
↓ 처부사전통지	시장 · 군수 → 위반행위자
↓ 의견제출	위반행위자 → 시장 · 군수
↓ 과징금 부과	시장 · 군수 → 위반행위자
↓ 체납관리(독촉, 재산압류 등)	시장 · 군수 → 위반행위자

(3) 감 사 착 안 사 항

(가) 청소년보호법 위반자 과징금 부과(주류판매)

- 과징금 부과처분 전 위반자에게 처분사전통지를 하고, 의견제출 안내절차를 거

201) 경기도(2006a), 123~125쪽에서 재작성하였음.

202) 주의! 관계법령이 개정되었는지를 먼저 확인해서 현행법령에 입각하여 합법성감사를 실시하여야 한다.

쳤는가(행정절차법 제21조).

- 과징금 부과대상자가 다른 법률의 규정에 의한 행정처분 대상으로서 행정처분이 이루어졌거나, 행정처분이 가능한 경우에도 과징금을 부과하였는가(청소년보호법 제49조).
- 청소년보호법 매 위반횟수마다 1,000천 원씩 과징금을 부과하였는가(청소년보호법 시행령 제40조).
- 규정에 의하여 과징금 납부기한을 연장하거나 분할 납부토록 조치할 때 납부기한연장은 1년을, 분할 납부간격은 3월, 분할횟수는 4회를 초과할 수 없도록 하고 있는데 이를 준수하였는가(청소년보호법 시행령 제41조의2).
- 각 시 · 군별로 마련하여 적용하고 있는 "과징금감경기준" 내용이 객관적이고 형평성 있게 작성되어 있는가(청소년보호법 시행령 제40조).
- 감경대상 과징금을 객관성 있게 심사한 후 감경하였는가(시 · 군 자체 감경기준).

(나) 과징금 체납자 관리(국세징수법 제23조)

- 과징금을 기한 내에 납부하지 않을 시 납부기간 종료일로부터 10일 이내에 독촉장을 발부하였는가.
- 과징금 체납자에 대하여 재산조회 등을 통한 압류를 실시하였는가.

(다) 청소년 유해환경 신고포상금 제도 활성화(청소년보호법 제44조)

- 각 시 · 군별 "청소년유해환경 신고포상금 제도"를 제정하여 시행하고 있는가.
- 대 주민홍보를 통하여 청소년 유해환경신고 포상금제도가 활성화되고 있는가.
- 신고포상금을 세출예산에 확보하였는가.

(4) 감 사 사 례

청소년보호법위반 과징금 체납관리 소홀203)

■ 개요

청소년보호법 위반 과징금 체납자에 대하여 납기경과 후 800일이 지나도록 독촉장 발부를 하지 않거나 누적된 체납액 10억여 원에 대한 재산압류를 실시하지 않는

203) 경기도(2006b), 100쪽 참조.

등 과징금 징수업무를 태만히 함.

▨ 위법 · 부당내용

- 청소년보호법 제49조, 국세징수법 제23조에 의하면 과징금을 그 납부기한까지 완납하지 아니한 때에는 납기경과 후 15일 이내에 독촉장을 발부하고, 독촉기한 내에 과징금을 납부하지 않는 경우에는 재산을 압류하는 등 체납관리를 하여야 하는데도,
- ○○시 ○○과에서는 청소년보호법 위반자에게 부과한 과징금 중 체납액 87건 49,400천원에 대하여 납기가 107일~800일이 지나도록 독촉장도 발부하지 않고 있으며 누적된 체납액 총491건 1,044,050천원에 대한 재산을 압류하지 아니한 채 그대로 방치한 사실이 있으며,
- 이는 '03년도 종합감사에서 당시 "체납액에 대한 독촉장만 발부하고 재산압류는 하지 않았다"는 내용으로 기 지적되어 과징금 체납액에 대해서는 조속한 시일 내에 재산을 압류토록 처분 요구한 바 있으나, 이를 이행하지 아니하고 방치하던 중 '05년도 종합감사 시 재지적된 사항으로 과징금 징수업무를 태만히 한 사실.

4. 지방의회 감사 지적사례

- 각 동(면)의 방역기 관리문제 및 방역방법문제(취약지역 위주로 중점방역)
- 각종 무료검진(자궁암, 관절염 등)의 목표 재설정 문제
- 각종 보건장비 구입 · 관리문제(고가구입 및 방치)
- <u>간이상수도 수질검사 철저</u>[204)]
- 거택보호자, 생활보호자 선정시 재산 등 확인절차 미흡
- <u>건강원 허가기준 강화</u>
- <u>경로당 신축 · 개축 · 보수 지원확대</u>
- <u>노인건강검진대상 확대방안 강구</u>
- 노인정의 각종 비품(예산지원)관리의 부실문제
- 노인정의 각종 취미, 교육, 교양, 놀이 프로그램 개발 보급문제
- <u>노인회관의 지원예산 형평성 제고</u>

204) 밑줄 친 부분은 시 · 도사무로 시 · 도의회의 지적 사항이다. 이하 같다.

- 농번기중 취로사업 지양
- 독감예방 주사약 등 각종 예방약 확보 미흡
- 모범음식점 선정기준 모호 및 수도사용료 감액과다
- 무분별한 경유회석식 소독의 인체의 미치는 영향문제
- 무허가 직업소개소에 대한 단속대책 강구
- 민간보육시설의 보조금(교재대 등)집행에 대한 지도 · 감독 소홀(목적의 집행 등)
- 방역약품의 수불이 정확하지 않고 동간 불공평 문제
- 병 · 의원의 적출물 처리감독 미흡
- 병원의 적출물처리에 대한 대책 강구
- 보건교육의 내실화(현장실습위주 교육)
- 보건기관의 약품구입 투명성 제고
- 보건상담의 형식적 운영 및 실적 저조
- 보건환경연구원의 연구사업 추진시 실용적인 측면 강조
- 보육시설 종사자 퇴직금 부당지급
- 보조금을 지급한 각종 사회단체에 대한 지도 · 감독 부실 및 보조금 타 용도 사용 문제
- 불우이웃돕기 성금관리문제
- 불우이웃돕기 성금의 방만한 사용
- 사회복지관 운영 부실(인건비 과다)
- 사회복지사의 서무, 지방세 등 타 업무 겸무 문제
- 사회복지시설의 지도 · 감독 철저
- 사회복지시설의 지원 보조금 관리 · 감독 철저(복지사 청원, 재해보험 건강진단 여부 등)
- 사회복지업무에 대한 인력진단 및 인력보강
- 사회복지요원 타 업무 겸무 금지
- 새마을도로 등 각종 시설물(재산)의 미등기문제
- 새마을소득지원 추진실적 저조(대상자선정 부적정, 사후 지도관리 미흡
- 생보자 의료비 체불문제
- 생활보호대상자 선정 철저
- 생활보호대상자 선정시 확인 부실

- 소독의무대상 건물의 형식적 소독문제
- 숙박업소의 지도관리 철저
- 식품검사결과의 홍보방안 강구
- 식품진흥기금 사용의 시 · 군 · 구간 불평등
- 식품진흥기금의 활용대책 미흡
- 아동 · 청소년상담소 형식적 운영
- 아동보육시설에 대한 지도 · 단속 확대실시
- 약국의 약사 부재 시 등 무자격 약사의 판매 · 조제행위 단속실적 전무
- 약수터관리 부실
- 약품관리 부실
- 어린이집 인 · 허가 철저
- 여성교육 프로그램의 다양화 및 강사선임방법 개선
- 여성회관운영 활성화 방안 강구
- 영세민 저소득자녀(보육비 보조) 보육시설의 지도 · 감독 소홀
- 예식장의 지도 · 단속 철저
- 오지개발사업의 계획대 실적 저조
- 위생, 보건연구, 감사장비 활충
- 위생감시 실적저조 및 행정조치 실적 미흡(협회에 위생점검 위탁문제)
- 위생업소에 대한 행정조치시 청문회제도 활용 미흡
- 위생처분 받은 업소의 이행여부 감독문제
- 음식자동판매기의 위생점검 · 지도 문제
- 의료기관에 대한 지도 · 감독실적 저조
- 의료기기의 관리부실 문제
- 의료대불금제 유명무실
- 의료보험 산정에 따른 지도 · 감독 철저
- 의약품 입찰시 담합의혹문제
- 자원봉사자의 관리체계 미흡
- 장애인 고용대책 강구
- 장애인 피의시설 설치 강화
- 장애인 · 저소득층에 대한 각종 공공사회교육시설의 이용확대방안 강구

- 재해물자중 사용불가 물품의 대체구입
- 저소득층 생활안정자금의 융자제도 홍보 미흡(융자실적 미흡, 보증제도 개선 등)
- 저소득층의 고용촉진훈련 홍보 강화
- 정신보건심의위원회의 활성화 대책 강구
- 주민소득지원, 생활안정기금의 융자금중 미상환 문제
- 지하에 있는 각종 유흥음식점의 비상구 폐쇄 및 물건비치 문제
- 청소년수련시설의 이용활성화 대책강구(홍보강화)
- 청소년의 약물 오 · 남용 방지대책
- 체육시설 건립 부실
- 취로상업 실적의 동 · 면별 불공평 문제
- 치매노인환자에 대한 대책 강구
- 하천의 수질측정망 설치 및 측정항목 확대
- 행정처분 접객업소의 사후관리 철저
- 환경 · 보건검사 전문장비 활용방안 강구

Ⅷ 부동산 · 지적 행정분야

1. 사무내용

지방자치단체의 부동산 · 지적 행정은 다음과 같은 업무를 관장한다.

첫째, 부동산 업무와 관련하여 ▸토지거래허가제 운영 ▸개별공시지가 관련업무 ▸지적업무 계획수립 및 관리 ▸부동산중개업소관리 ▸부동산 검인 및 실명제 운영에 관한 사항 ▸부동산 실명제도 운영 ▸외국인토지법 운영 등을 담당처리한다.

둘째, 지적관계 업무로써 ▸도로명 및 건물번호부여 사업 ▸토지종합정보시스템 구축 운영 ▸지적측량에 관한 사항 ▸지적전산 운영에 관한 사항 ▸비법인 등록번호부여에 관한 사항 ▸지적도면 전산화에 관한 사항 ▸지적전산 정보자료의 이용 · 활용 승인 등에 관한 사항을 담당 관장한다.

부동산 · 지적행정분야는 지방자치법 제9조에 명시되어 있지 않으나 관련법을 분석하면 자치단체별 사무영역은 도표 5-11과 같다.

도표 5-11 부동산 지적 · 행정분야 자치단체의 사무영역

구분	시 · 도사무	시 · 군 · 자치구 사무
개발이익 환수, 지적업무	지적업무 계획수립 및 관리 지적측량의 적부심사 토지의 지번경정승인 지적공부의 반출승인 축척변경승인 지적측량검사 지적측량대행법인의 지도감독	개별공시지가산정 개별공시지가의 검증의뢰 개별공시지가결정 공시 개별공시지가 공시 이의신청 개별공시지가 공시 정정 부동산평가위원회 운영 토지거래계약허가 지형 · 지물의 변동사항 통보

2. 감사기본방향

이 분야에서는 주로 토지이용규제 및 지적관리에 과한 관련법령을 숙지하고 과제별로 업무처리 절차를 숙지할 필요가 있다. 특히, 개발부담금을 부과 · 징수 · 관리하는 데 합법성이 확보되어야 할 것이다. 이 분야는 부담금이나 법령조례상의 의무위반자에 대한 과태료 미부과에 대한 합법성감사(제4장 Ⅲ. 참조)에 집중하여야 할 것이다.

3. 합법성감사 기법

가. 개발부담금 부과 · 징수205)

(1) 관 계 법 령206)

- 개발이익 환수에 관한 법률 제5조, 제10조, 제12조, 제14조, 제16조, 제19조
- 같은법 시행령 제10조, 제14조, 제20조의2 등
- 같은법 시행규칙 제15조의2 등

205) 경기도(2006a), 289~291쪽에서 재작성하였음.

206) 주의! 관계법령이 개정되었는지를 먼저 확인해서 현행법령에 입각하여 합법성감사를 실시하여야 한다.

(2) 업무처리절차

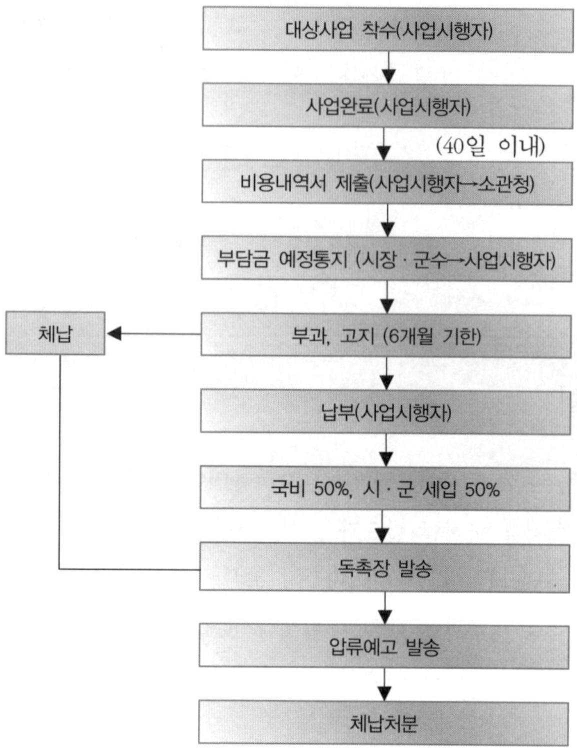

(3) 감사착안사항

(가) 개발부담금 부과(개발이익환수에 관한법률 제5조, 같은법 제10조제1항, 같은법 제14조제1항)

- 개발부담금 부과대상사업을 누락하지 않았는가.
  - 주택건설사업, 공장부지, 농지 또는 산지전용허가부지 등
  - 대상면적 : 비도시지역/1,650㎡, 도시지역/990㎡
- 종료시점 가격산정을 적정하게 하였는가.
  - 부과대상 토지와 유사한 표준지 공시지가 적용 여부
- 부과종료 시점일로부터 3월 이내에 부담금을 결정 · 부과하였는가.

(나) 개발부담금 징수(같은법 시행령 제14조, 같은법 시행령 제20조의2, 같은법 제16조제1항, 제18조)

- 개발비용내역서 제출 후 25일 이내에 예정통보하였는가.
  - 5일 이내 : 50만원, 15일 이내 : 100만원
  - 25일 이내 : 150만원, 25일 초과 : 200만원
- 인가 통보일로부터 15일 이내 납부의무자에게 대상사업 고지하였는가
- 부과일로부터 6월 이내 징수하였는가.

(다) 개발비용내역서 산정(같은법 제24조제1항, 같은법 시행령 제20조)

- 순공사비, 조사비, 설계비, 일반관리비등 적정 산정 하였는가.
- 준공일로부터 40일 이내에 내역서를 제출하였는가.

(라) 체납자 관리(같은법 제19조)

- 체납자에 대한 채권을 적정하게 확보하였는가.
- 가산금 부과는 적정하게 하였는가.

(4) 감 사 사 례

개발부담금 부과업무 부적정207)

■ 개요

근린생활시설 조성사업을 목적으로 하는 개발사업에 대하여 개발부담금을 관련부서 통보 미흡으로 부과하지 않았으며, 개발비용산출내역서 제출기한을 초과한 개발사업자에 대하여 과태료를 미부과한.

■ 위법 · 부당내용

- 개발이익환수에관한법률 제5조 등에 의거 지목변경이 수반되는 부과대상사업에 대하여는 같은법 제14조 제1항의 규정에 의거 부과종료시점부터 3월 이내에 개발부담금을 결정 · 부과하도록 되어 있으며,
- 같은법 제24조 및 같은법 시행규칙 제20조 제1항 규정에 의거 납부의무자는 부과종료시점부터 40일 이내에 개발비용 산출내역서를 시장 · 군수에게 제출하도록 되어 있으나, 이를 기간내 제출하지 않았을 경우에는 과태료를 부과하여야 하는데도

207) 경기도(2006b) : 197쪽 참조.

- ○○시에서는 ○○면 ○○리 258번지 근린생활시설 부지조성사업 등 2개 개발사업에 대하여 준공관련부서의 통보 미흡과 자체조사 소홀로 개발부담금을 부과하지 않았으며, 개발비용 산출내역서 제출기한을 초과한 ○○면 ○○리 397-14번지 등 3개 개발사업에 대하여는 과태료를 부과하지 않음.

나. 개별공시지가 결정 · 공시[208)]

(1) 관 계 법 령[209)]

부동산가격공시 및 감정평가에 관한 법률 제3조, 11조, 제13조 같은법 시행령 제15조, 제16조, 제22조 등. 국토해양부 「개별공시지가 조사 · 산정 지침」

(2) 업 무 처 리 절 차

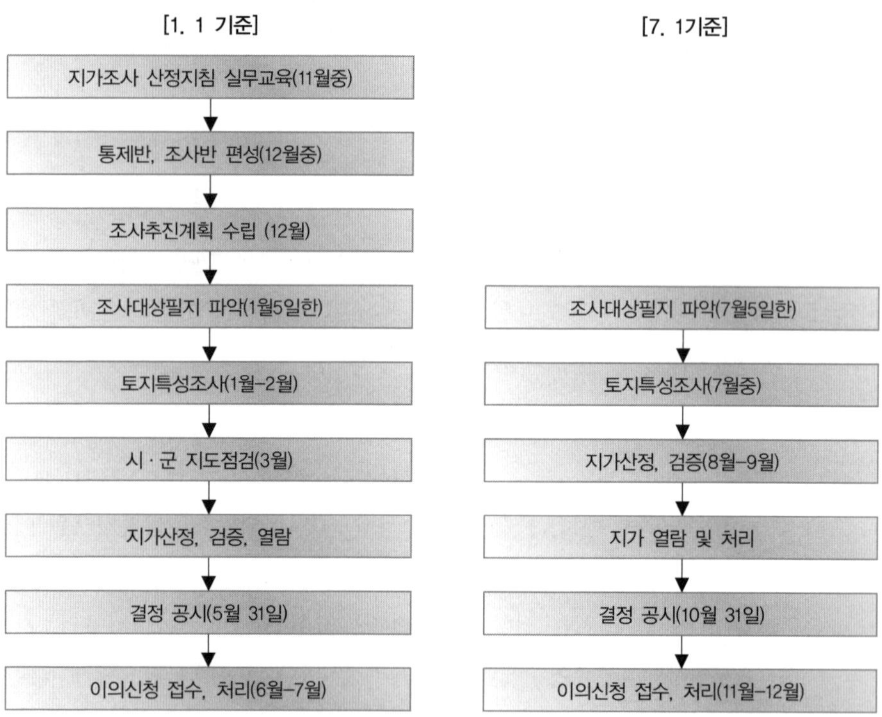

208) 경기도(2006a), 292~294쪽에서 재작성하였음.

209) 주의! 관계법령이 개정되었는지를 먼저 확인해서 현행법령에 입각하여 합법성감사를 실시하여야 한다.

(3) 감사착안사항

(가) 토지특성조사(부동산 가격공시 및 감정평가에 관한 법률 제3조, 제11조, 시행령 제16조, 제15조)

- 토지특성조사는 적정하게 하였는가.
  - 건축물 대장과 개별 공시지가 토지특성조사표를 대조하여 이용상황 확인
    예) 건물이 있는데도 농지 등으로 조사 여부
- 분할, 합병, 지변, 등전 토지는 매년 7월 1일을 기준으로 수시분으로 조사하고 있는가.
  - 토지이동 현황과 수시분 조사량을 대비하여 누락 여부를 확인하였는가.
    ※ 도청에 지가조사대상 필지 보고분 참조

(나) 검증 · 의견제출 · 이의신청(개별 공시지가 조사산정 지침, 법 제13조, 시행령 제22조)

- 결정지가가 산정지가와 다른 내역을 발췌하여 정당한 신청에 의하지 않고 결정했는가.
- 직권정정(오기, 표준지 선정착오 등)필지를 시 · 군토평위 심의, 결정, 공시절차를 밟았는가.

(다) 표준지 선정 및 특수 토지지가 산정(개별공시지가조사 산정지침)

- 비교 표준지 선정은 적정하게 하였는가.
- 특수 토지(골프장, 염전, 유원지)로 이용되는 토지 표준지 배치 및 일단지 지가 결정은 적정하게 하였는가.

(라) 개별공시지가 정정(법 제13조, 개별공시지가 조사산정 지침)

- 정정대상 토지가 아님에도 정정하였는가.
- 정정 신청분(당해 연도)만 정정하고 전년도 등 연속하여 정정하였는가.
- 시 · 군 토평위 심의를 거쳐 정당하게 결정 공시했는가.
- 과세자료로 활용하도록 정정사실을 통보하였는가.
  - 관할세무서, 세무부서, 시 · 도지사 경유 국토해양부
    ※ 공시기준일 이후 분할, 합병, 지목변경 등 토지는 전체 필지에 대하여 검증실시

※ 검증도우미 프로그램으로 확인(표준지 대비 용도지역 상이현황, 표준지 대비 토지이용상황 상이현황, 표준지 대비 토지특성 상이현황, 표준지 공시지가와 개별공시지가 격차현황 등)

(4) 감 사 사 례

개별공시지가 결정·공시 부적정[210)]

▨ 개요

토지표시에 잘못이 있는 토지는 토지이용상황 및 토지특성조사 등을 할 수 없어 개별공시지가를 결정할 수 없으며, 지적공부상 2필지 이상의 토지가 용도상 불가분의 관계에 있는 아파트, 공장부지 등은 1필지로 조사한 후 개별공시지가를 결정 · 공시하여야 하는데도 각 필지별로 조사처리

▨ 위법 · 부당내용

- 구 지적법 시행규칙 제29조에 의거 토지표시에 잘못이 있는 토지는 등록사항 정정을 하기 전에는 토지의 이용상황, 용도지역, 지형지세, 토지 특성조사를 할 수 없어 개별공시지가를 결정 · 공시할 수 없으며, 지적공부상 2필지 이상의 토지가 일단지를 이루어 용도상 불가분의 관계에 있는 아파트, 공장부지 등은 1필지로 보고 토지특성조사를 실시하고 개별 공시지가를 결정 · 공시하여야 하는데도
- ○○시에서는 ○○동 413-1번지 등 ○○필지가 경계누락, 중복등록, 지번중복 등으로 토지표시에 잘못이 있어 토지 특성조사를 할 수 없는데도 정상적인 토지가 존재하는 것으로 서면조사 후 개별 공시지가를 결정 · 공시하였으며,
- 2필지 이상의 토지가 용도상 불가분의 관계에 있는 아파트, 공장부지 등을 일단의 토지를 1필지로 보지 않고 별개의 토지로 토지 특성조사를 한 후 개별 공시지가를 결정 · 공시하여 일단지의 개별공시지가가 서로 차이가 나도록 결정 · 공시함.

210) 경기도(2006b) : 201쪽 참조.

다. 토지거래계약허가[211]

(1) 관 계 법 령[212]

- 국토의 계획 및 이용에 관한 법률 제118조, 제124조, 제141조, 제144조 등
- 같은법 시행령 제118조, 제119조, 제124조 등
- 같은법 시행규칙 제23조, 제29조 등
- 국토해양부 「토지거래업무처리규정」

(2) 업 무 처 리 절 차

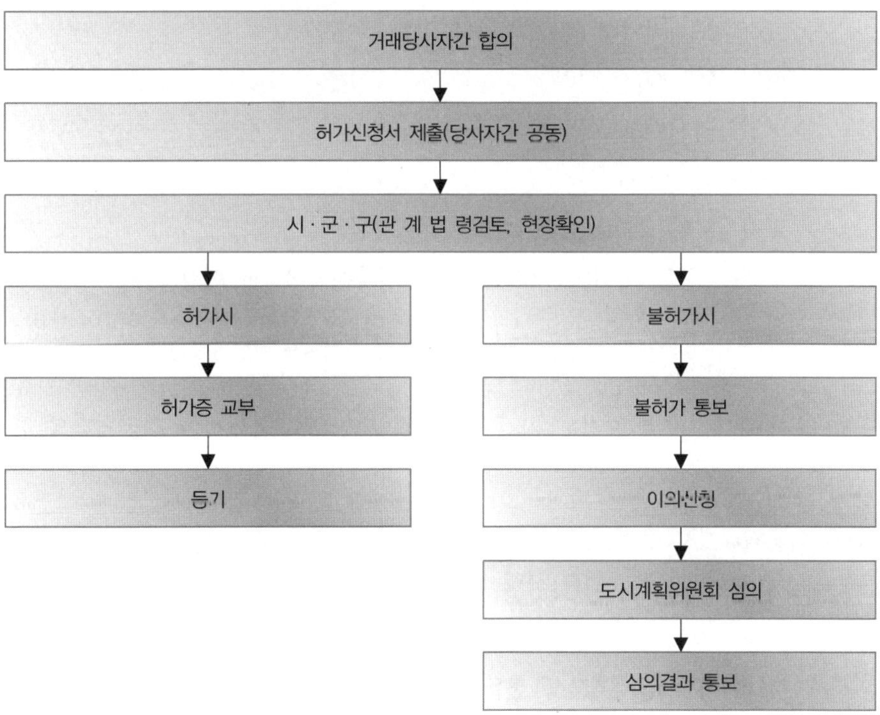

211) 경기도(2006a), 295~297쪽에서 재작성하였음.

212) 주의! 관계법령이 개정되었는지를 먼저 확인해서 현행법령에 입각하여 합법성감사를 실시하여야 한다.

(3) 감 사 착 안 사 항

(가) 토지거래 허가처리(국토의 계획 및 이용에 관한 법률 제118조, 령 제118조, 동 규칙 제23조)

- 토지거래 허가기준을 준수하였는가.
  - 자가 거주용 주택으로 사용하는지 확인
  - 농업인(신규) : 세대원 전원 6개월 이상 거주 및 해당 시 · 군 거주
  - 농업인(기존) : 통작거리 20㎞ 이내
  - 임업인 : 세대원 전원 6개월 이상 거주 및 인접시 · 군 거주
- 토지거래 허가제한 면적 적용을 엄격하게 하였는가.
  - 주거, 도시지역내 용도 미지정 : 180㎡ 이하
  - 상업지역 : 200㎡ 이하
  - 공업지역 : 660㎡ 이하
  - 녹지지역 : 100㎡ 이하
  - 도시지역외 : 250㎡(농지 1천㎡, 임야 2천㎡) 이하
    ※ 유리온실, 비닐하우스 신축허가 취득시 → 330㎡ 이상 가능
    ※ 비농업인이 농지를 신규 취득시 → 1,000㎡ 이상 가능(농지취득증명 발급기준)
- 토지거래허가구역 지정후 허가대상 면적 미만으로 분할하여 검인처리를 하였는가.

(나) 이용실태조사(법 제124조, 141조, 144조, 령 제124조, 규칙 제29조)

- 이용목적 위반(전매 등)하였는가.
  - 과태료 500만 원 이하(관할세무서 통보) ※ 과태료는 시 · 군 조례로 정함.
- 매년 1회 이상 실태조사를 했는가.

(다) 행정처분(법 제144조)

- 실태 조사후 행정처분 없이 방치했는가.
- 정당하게 행정처분을 했는가.
- 허가목적대로 사용하지 않고 제3자에게 전매하고자 토지거래 허가를 신청하였는데도 적정한 조치 없이 허가하였는가.

(4) 감 사 사 례

토지거래계약 허가 사후관리업무 소홀[213)]

■ 개요

근린생활시설을 목적으로 토지거래계약 허가를 받은 후 직접 경영을 하지 않고 제3자에게 임대한 사실이 있는데도 토지거래 허가에 따른 사후 이용실태조사를 소홀히 하여 과태료를 미부과

■ 위법 · 부당내용

- 국토의계획및이용에관한법률 제124조 및 같은법 시행규칙 제29조 규정에 의하면, 토지거래계약 허가를 받은 자는 그 토지를 허가받은 목적대로 이용하도록 되어 있고, 시장 · 군수 · 자치구청장은 토지거래계약 허가를 받은 자가 허가목적대로 이용하고 있는지 여부를 매년 1회 이상 사후 이용실태조사를 하여, 이를 위반하였을 경우에는 과태료를 부과하도록 되어 있는데도
- ○○시에서는 ○○구 ○○동 649-2번지 등 ○○필지를 ○○○등 13명이 근린생활시설 목적으로 토지거래계약 허가를 받은 후 이용목적대로 직접 경영을 하지 않고 ○○○등 13명에게 임대한 사실이 있는데도 토지거래 허가 사후 이용실태조사를 소홀히 하여 과태료를 부과하지 않음.

라. 토지이동(지목변경, 등록전환, 등록사항정정 등)[214)]

(1) 관 계 법 령[215)]

- 측량수로조사 및 지적에 관한 법률 제21조(지목변경신청), 시행령 제16조, 시행」규칙 제25조 • 같은법 제18조(등록전환신청), 시행령 제13조, 제14조 • 시행규칙 제23조 • 같은법 제24조(등록사항정정), 시행령 제31조, 시행규칙 제28조 • 제29조 등. 국토해양부 「지적사무처리규정」

213) 경기도(2006b), 200쪽 참조.

214) 경기도(2006a), 298~300쪽에서 재작성하였음.

215) 주의! 관계법령이 개정되었는지를 먼저 확인해서 현행법령에 입각하여 합법성감사를 실시하여야 한다.

(2) 업무처리절차

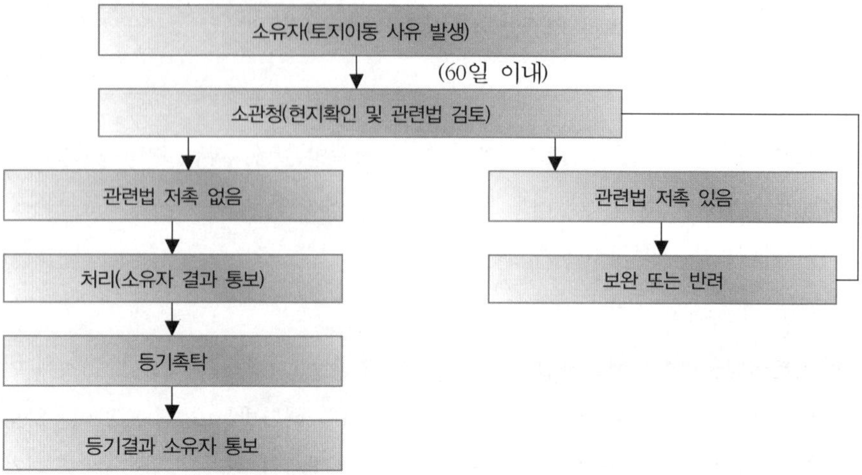

(3) 감사착안사항

(가) 등록전환(측량수로조사 및 지적에 관한 법률 시행령 제64조 제3항, 시행규칙 제82조)

- 임야에서 토지등록 당시 면적결정을 적정하게 하였는가.
  - 산출면적이 아닌 임야대장 면적으로 결정했는지 확인

(나) 분할(같은법 제79조, 시행령 제65조, 규칙 제83조)

- 관계법령에 저촉되지 않았는가.
- 최소면적 분할일 경우 적정하게 하였는가.

(다) 합병(같은법 제80조, 같은법 시행령 제66조)

- 합병처리를 적정하게 하였는가.
  - 근저당 등 동일하지 않은 사항 합병처리 확인
- 불가대상을 합병처리 후 오기 정정하였는가.
  - 토지이동결의서 확인

(라) 지목변경(같은법 제88조, 같은법 시행령 제67조, 규칙 제84조)

- 인 · 허가 사항의 목적과 같이 처리했는가.
- 지목설정은 적정하게 하였는가.

(마) 등록사항 정정(같은법 제84조, 같은법 시행령 제82조, 규칙 제93조, 제94조)

- 측량수행자(대한지적공사, 측량업자)가 등록사항 정정대상 토지 통보분 결의서에 의거 대장정리를 하였는가.
  - 측량수행자로부터 통보분 제출받아 확인
- 오기 정정처리 적정하게 하였는가.
  - 전산처리대장으로 확인(결의서 작성 여부 등)
- 등록사항 회복을 적정하게 하였는가.
  - 결의서 작성 없이 전산상으로만 회복하였는지.

(4) 감 사 사 례

부동산 실권리자 명의등기에 관한법률 위반자 과징금 미부과[216)]

개요

부동산에 관한 물권을 명의신탁약정에 의하여 명의수탁자의 명의로 등기를 하여서는 아니 되도록 되어 있으며, 소유권을 내용으로 하는 계약을 체결하고 3년이 경과하여 소유권이전 등기를 하였는데도 과징금 미부과

위법 · 부당내용

- 부동산실권리자명의등기에관한법률 제3조에 의하면, 부동산에 관한 물권을 명의신탁 약정에 의하여 명의수탁자의 명의로 등기를 하여서는 아니 되도록 되어 있으며, 부동산등기특별조치법 제2조에는 부동산의 소유권 이전을 내용으로 하는 계약을 체결한 자는 반대급부 이행 완료일로부터 60일 이내에 등기를 하도록 되어 있는데도 3년이 경과하여 이를 소유권 이전등기를 한 경우에는 부동산가액의 100분의 30에 상당하는 과징금을 부과하도록 되어 있는데도
- ○○시에서는 ○○시 ○○동 316번지 등 ○필지를 사실상 ○○○등 2명이 매입하고도 제3자인 ○○○등 2명에게 명의 신탁했다가 판결에 의한 소유권 이전등기를 하였는데도 과징금 21백만 원을 미부과하였고,
- ○○○등 4명은 ○○읍 ○○리 225번지 등 ○○필지를 매입하고도 소유권 이전등기를 법정기간보다 늦게 등기하여 장기 미등기자에 해당되는데도 과징금

216) 경기도(2006b), 198쪽 참조.

166백만원 상당을 미부과함.

마. 기준점 관리 및 부동산중개업법 등[217)]

(1) 관 계 법 령[218)]

- 측량수로조사 및 지적에 관한 법률 제8조(기준점표지의 설치 · 관리), 시행령 제9조, 시행규칙 제3조, 제4조
- 공인중개사의 업무 및 부동산 거래신고에 관한 법률 제16조(인장등록), 제7조(자격증 대여등), 제30조(손해배상책임)
- 부동산 실권리자 명의 등기에 관한 법률 제9조(조사 등), 시행령 제3조(과징금)
- 측량수로조사 및 지적에 관한 법률 제86조(도시개발사업 등 시행지역), 시행령 제83조, 시행규칙 제95조

(2) 업 무 처 리 절 차

민원인 → 접 수 (시 · 군 · 구) → 확인 및 검토 (서류 및 현지) → 결재 (행정처분, 발급)

(3) 감 사 착 안 사 항

(가) 기준점 관리(측량수로조사 및 지적에 관한 법률 제8조, 같은법 시행령 제9조, 제10조, 시행규칙 제3조, 제5조)

- 기준점을 연 1회 이상 조사하여 적정 처리하고 있는가.
  - 훼손 망실분 등은 원인자에게 부담하여 복구하고 있는지 등
- 지적삼각보조점 및 지적도근점 성과를 결정하였을 때에는 공보에 게재하였는가.

217) 경기도(2006a), 301~303쪽에서 재작성하였음.

218) 주의! 관계법령이 개정되었는지를 먼저 확인해서 현행법령에 입각하여 합법성감사를 실시하여야 한다.

(나) 지적측량(측량수로조사 및 지적에 관한 법률 제24조제1항, 시행령 제32조제1항, 시행규칙 제25조)

- 확정측량 및 검사대상을 시·군·구 자체에서 등록전환 처리하였는가.
- 측량 접수후 처리기간 및 검사기간을 준수하였는가.
  - 측량기간 : 동지역 5일, 읍면지역 7일
  - 측량검사기간 : 지적기준점이 15점 이하는 4일, 15점을 초과하는 경우에는 4일초과마다 1점씩 가산

(다) 소유권 정리(측량수로조사 및 지적에 관한 법률 제88조, 같은법 제89조)

- 등기필통지서 정리후 관련부서에 통보하였는가.
  - 세무부서 과세자료 통보후 재회수
- 등기필 불부합 사항을 적정 처리하였는가.
  - 관할 등기소에 반송(불부합 일치토록)
- 토지이동에 따른 등기 촉탁하였는가.
  - 지연 또는 방치하고 있는지

(라) 부동산 실명법 운용(부동산 실권리자 명의등기에 관한 법률 제13조)

- 부과 누락하였는가
  - 세무과 취득세 판결문으로 확인(명의신탁 사항)
    - ※ 부동산평가액을 기준으로 부과물과 의무위반 경과기간 기준으로 한 부과율을 합한 비율에 부동산 평가액을 곱하여 산정(개정공포 : '02.3.30)

(마) 부동산 중개업(공인중개사의 업무 및 부동산 거래신고에 관한 법률 제14조, 제15조, 제19조, 제22조, 제23조)

- 중개업자 이중취업 또는 결격사유가 있는가.
  - 중개업자 사망 여부(주민등록 조회)
- 업무보증보험을 기간내에 가입하였는가.
- 인장변경을 적기에 신고하였는가.
- 행정처분을 적정하게 처리하였는지 또는 방치하였는가.
- 금지행위를 준수하였는가.

(4) 감 사 사 례

부동산중개업법 위반자 행정처분 부적정219)

■ 개요

중개대상물 확인 설명서 사본 및 영수증 사본 미보관 등을 위반한 업소와 무단 폐업(타 업종 운영)한 업소에 대하여 현지 시정조치만 이행

■ 위법 · 부당내용

- 공인중개사의 업무 및 부동산 거래신고에 관한 법률 제25조, 제26조에 의하면, 중개업자가 거래계약서를 작성할 때에는 중개대상물 확인 · 설명서를 같이 작성하여 중개 의뢰인에게 교부하도록 되어 있고, 중개수수료를 받았을 때에는 중개수수료 영수증을 작성하여 중개의뢰인에게 교부함은 물론 일정기간 동안 그 사본을 보관하도록 되어 있으며, 같은법 제21조 및 같은법 시행령 제45조에 의하면 중개업자가 폐업을 하고자 할 때에는 등록관청에 미리 신고하도록 되어 있는데도 이를 위반한 경우에는 이에 상응하는 행정처분을 하도록 규정되어 있는데도
- ○○시에서는 부동산 중개업소 불법중개행위 지도 · 단속시 중개대상물 확인설명서 사본 및 영수증 사본 등을 보관하지 않는 중개업소를 행정처분 및 과태료를 부과하여야 함에도 현지 시정조치만 한 사실이 있으며, 폐업신고 없이 무단 폐업한 ○○랜드 등 8개 업소에 대하여 과태료를 부과 · 징수하여야 함에도 현지 시정조치를 하는 등 부동산중개업법 위반자에 대한 행정처분을 부적정하게 처리함.

4. 지방의회 감사 지적사례

- 고층아파트 건립 승인 신중(일조권 등 민원발생)
- 공동주택의 저수조 및 급수탱크에 대한 점검 내실화
- 공원내 휴게시설, 편의시설의 유상화 및 적정임대료 징수

* 밑줄친 부분은 시 · 도사무로 시 · 도의회가 지적한 사례이다. 이하 같다

219) 경기도(2006b), 204쪽에서 재작성하였음.

- 공유토지분할위원회의 전문가 위원구성 미흡
- 과적차량에 대한 적극적인 단속
- 노점상 단속의 형식화
- 대규모 건설사업의 중기투자계획과의 연계미비문제
- 무분별한 외자재 구입·활용문제
- 무허가 건물의 양성화 방안 및 무번지 건물의 대장 등재방안 강구
- 소규모 공사의 설계·감리용역의 무분별한 외부용역문제
- 소도읍개발사업의 마무리 철저
- 지적조사의 전문성 결여
- 지하수 폐공실태 파악 미흡 및 관리부실
- 지하폐공에 대한 관리 철저
- 택지초과소유부담금 체납자에 대한 조치 미흡
- 토지평가를 위한 토지평가조사위원회의 현장조사 철저
- 필지 불부합지에 대한 해소문제
- 하자관리 철저 및 하자보수대책 강구
- 하천구역내 불법시설물 지도·단속 강화
- 효율적인 지방도 관리방안 강구

Ⅸ 상·하수도 등 시설공사 및 관리행정 분야

1. 사무내용과 감사기본방향

가. 사무내용

지방자치단체는 상·하수도시설공사 및 관리행정과 관련하여 ▸상·하수행정의 종합계획수립·조정 ▸상·하수회계에 관한 업무 ▸상수도사업에 관한 사항 ▸하수도사업에 관한 사항 ▸지하수관련 사무 ▸먹는 물 관리에 관한 업무 ▸상수원 보호구역 지정관리 및 상수원수질보전특별대책지역 종합관리 ▸상수원관리사무소 지도·감독에 관한 사항 등에 관한 업무를 관장처리 한다.

지방자치법 제9조에 따른 상·하수도 행정분야의 자치단체별 사무영역은 도표 5

-12와 같다.

도표 5-12 상 · 하수도 행정분야 자치단체의 사무영역

구분	시 · 도사무	시 · 군 · 자치구 사무
ㅇ상수도 · 하수도의 설치 및 관리	1) 상수도사업 기본계획 수립 2) 상수도의 신설 · 개축 및 수선(도의 경우는 제외한다) 3) 상수도공채 발행 4) 상수도사업 특별회계 설치 · 운영 5) 수도사업소 설치 · 운영(도의 경우는 제외한다) 6) 정수 및 수도시설관리소 운영(도의 경우는 제외한다) 7) 공공하수도 정비기본계획의 수립(둘 이상 도 · 시 · 군의 통합계획 수립만 해당한다) 8) 중수도 설치관리 권장 및 기술지원 9) 먹는물 공동시설의 위생관리계획 수립 10) 공공하수도의 설치 · 개축 및 수선(도의 경우는 제외한다) 11) 하수종말처리장의 설치와 유지 · 관리(도의 경우는 제외한다)	1) 상수도사업 기본계획 수립 2) 상수도의 신설 · 개축 및 수선과 이의 유지 · 관리(자치구의 경우는 제외한다) 3) 상수도공채 발행(자치구의 경우는 제외한다) 4) 상수도사업 특별회계 설치 · 운영(자치구의 경우는 제외한다) 5) 수도사업소 설치 · 운영(자치구의 경우는 제외한다) 6) 공공하수도정비 기본계획의 수립 · 시행(자치구의 경우는 제외한다) 7) 중수도 설치관리 권장 및 기술지원 8) 먹는물 공동시설의 위생관리 9) 공공하수도의 설치 · 개축 및 수선(자치구의 경우는 제외한다) 10) 하수종말처리장의 유지 · 관리(자치구의 경우는 제외한다) 11) 공공하수도의 점용료 및 사용료의 징수
ㅇ간이상수도의 설치 및 관리	1) 간이상수도 설치계획 수립 · 조정 2) 간이상수도사업 자금 지원과 기술지도	1) 간이상수도 설치계획 수립 · 시행 2) 간이상수도사업장 선정 3) 간이상수도공사의 지도 4) 간이상수도의 위생 및 수질 관리 5) 간이상수도의 폐쇄 결정

나. 감사기본방향

이 분야에서는 주로 상 · 하수도시설공사, 시설운영 · 관리 등에 대한 감사를 실시한다. 이 분야는 예산 사업인 경우에는 재무감사를(제4장 II. 참조), 법령조례상의 의무위반자에 대한 과태료 미부과에 대한 합법성감사(제4장 III. 참조), 공해 방지시설에 대해서는 성과감사(제4장 VI. 참조), 시책이 기획중인 시책이나 정책은 정책감사(제4장 V. 참조) 기법을 적용하여야 할 것이다.

2. 정책/성과감사 기법

가. 상 · 하수도사업계획에 대한 타당성 감사

상수도사업 기본계획, 공공하수도 정비기본계획, 먹는 물 공동시설의 위생관리계획, 간이 상수도 설치계획 등 상 · 하수도사업계획과정에 대한 타당성 감사의 착안사항은 다음과 같다.

① 다수 주민의 사회적 · 경제적 욕구에 의한 상 · 하수도 사업인가? 특정 이해집단을 위한 특혜성 발굴 · 구상은 아닌가?
② 국가 상위목표 달성에 필요하고, 국가시책과의 일관성을 유지하고 있는가?
③ 유사한 상 · 하수도사업을 벤치마킹하여 성공 또는 실패의 원인을 분석한 것인가?
④ 상 · 하수도사업목표 달성을 위한 효율적 · 효과적인 접근인가?
⑤ 상 · 하수도사업결정을 위한 조사자료 등은 진실 된 것인가?
⑥ 용역보고서의 내용의 타당성과 합리성은 인정할 수 있는가?
⑦ 상 · 하수도사업계획의 목표와 계획지표는 적정한가?
⑧ 상 · 하수도사업의 목표 달성을 위한 수단은 확보 가능한 것인가?
⑨ 상 · 하수도사업을 위한 재원확보 대책은 타당한가?
⑩ 상 · 하수도사업을 추진하기 위한 관련기관과의 협력체제는 강구되어 있는가?

나. 상 · 하수도운영을 위한 사업의 시행, 비용처리 · 활동에 대한 능률성 감사

상수도공채발행, 중수도 설치관리 권장 및 기술지원간이 상수도의 위생 및 수질관리 등의 사업의 성과를 감사하여야 한다.

① 적합한 유형, 적절한 양과 질의 자원을 최저가격으로 획득하고 있는가?
② 재산이나 물자 및 소모품을 필요이상으로 축적해 놓고 있지는 않는가?
③ 적절한 양과 질의 재화나 용역을 시의적절하게 확보하거나 제공하는데 최소의 자원을 사용하고 있는가?
④ 상 · 하수도사업를 위해 인원을 과다하게 배정하고 있지는 않는가?
⑤ 상 · 하수도 사업에 관한 장비나 시설을 비능률적으로 활용하고 있지는 않는가?
⑥ 상 · 하수도 자원이나 시설을 적절하게 보전 · 유지하고 있는가?
⑦ 예산이 중복 투입되는 상 · 하수도사업은 아닌가?
⑧ 상 · 하수도 사업목표를 효과적으로 달성하기 위한 대안을 채택했는가?
⑨ 상 · 하수도사업의 목표는 어느 정도나 달성했는가?

⑩ 상 · 하수도사업의 효과성이나 사업의 개별 수단들의 효과성은 어느 정도인가?

다. 상 · 하수도시설공사에 대한 감사 착안점

① 실시계획이 공사를 집행하는데 적정한가?
② 설계가 합리적이고, 현장의 실정에 적절한가?
③ 설계견적과 설계도서는 적절한가?
④ 시공에 있어서 시공물량 부족과 불량은 없는가?
⑤ 공사감리는 제대로 이루어지고 있는가?
⑥ 시설공사의 계약 사무는 적절하게 이루어졌는가?
⑦ 시설공사사무처리는 적정하게 행하여지고 있는가?

라. 상 · 하수도시설 및 시스템 설치 운영에 대한 성과감사

① 상 · 하수도시설은 수요를 감안하여 그 규모를 결정하여 설치하였는가?
② 설치된 상 · 하수도시설은 최대한 활용되고 있는가?
③ 상 · 하수도시설운영은 설치목적에 부합되는가?
④ 상 · 하수도시설 운영에 따른 적자 해소를 위한 대책은 무엇인가?
⑤ 유사 시설을 벤치마킹하여 성공 또는 실패의 원인을 분석한 것인가?
⑥ 상 · 하수도시설은 적정하게 유지, 관리되고 있는가?
⑦ 상 · 하수도시설관리요원의 규모는 적정한가?
⑧ 상 · 하수도시설관리비용은 적정한 수준인가?
⑨ 상 · 하수도시설이나 시스템을 방치하고 있는 경우는 없는가?
⑩ 상 · 하수도시설이나 시스템에 대한 중복 투자는 없는가?

3. 합법성감사 기법

가. 시설공사 계획 · 설계[220]

(1) 관 계 법 령[221]

- 지방자치단체를 당사자로 하는 계약에 관한 법률, 시행령 및 시행규칙

220) 서울시(2004), 473~477 및 경기도(2006a), 257~258쪽에서 재작성하였음.
221) 주의! 관계법령이 개정되었는지를 먼저 확인해서 현행법령에 입각하여 합법성감사를 실시하여야 한다.

- 지방재정법, 시행령 및 시행규칙
- 원가계산에 의한 예정가격작성 준칙
- 건설기술관리법및시행령, 시행규칙
- 건설표준품셈
- 설계도면
- 시방서
- 설계내역서
- 일위대가표
- 수량 및 단가 산출서

(2) 업무처리절차

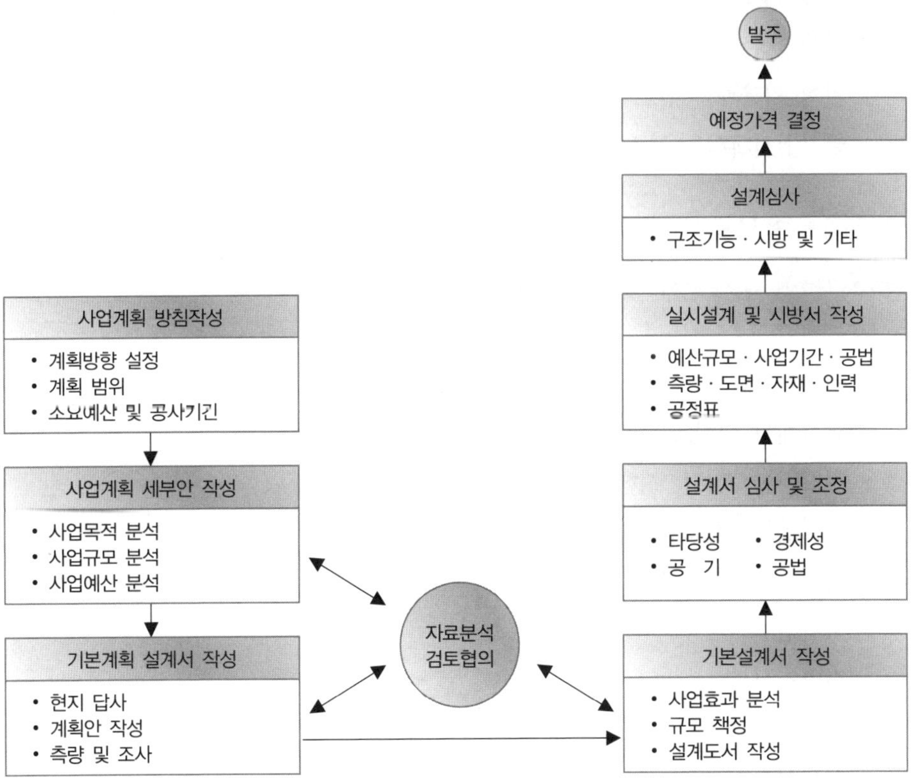

(3) 감사착안사항

- 설계계획 및 사전조사 결과는 합당한가.
- 용역설계비 및 공사비 계산은 적정한가.
- 관계법규를 준수하고 있는가.
- 신공법을 채택할 때 경제성은 있는가.
- 동일 공종의 중복계상은 없는가.
- 작업수단 선정에 경제성은 확보되었는가.
- 관계시설 기준에 의한 안전성 및 경제성은 확보되고 있는가.
- 재정 투 · 융자사업 심사를 실시하였는가.
- 공사목적 및 규모는 적정한가.
- 소요재원의 확보대책은 적정한가.
- 예산편성은 적정한가.
- 관계 기관과의 협조를 도모하도 있는가.
- 공사실시계획은 적정한가.

나. 시설공사 시공[222)]

(1) 관계법령[223)]

- 지방자치단체를 당사자로 하는 계약에 관한 법률, 시행령 및 시행규칙
- 공사계약 일반조건
- 건설기술관리법, 시행령 및 시행규칙
- 감리업무수행 지침서
- 자재 수불 검사조서
- 사진첩
- 작업지시서
- 설계도면
- 시험성적표
- 시방서
- 계약서
- 공사비내역서

222) 경기도(2006a), 259~271쪽에서 재작성하였음.

223) 주의! 관계법령이 개정되었는지를 먼저 확인해서 현행법령에 입각하여 합법성감사를 실시하여야 한다.

(2) 업 무 처 리 절 차

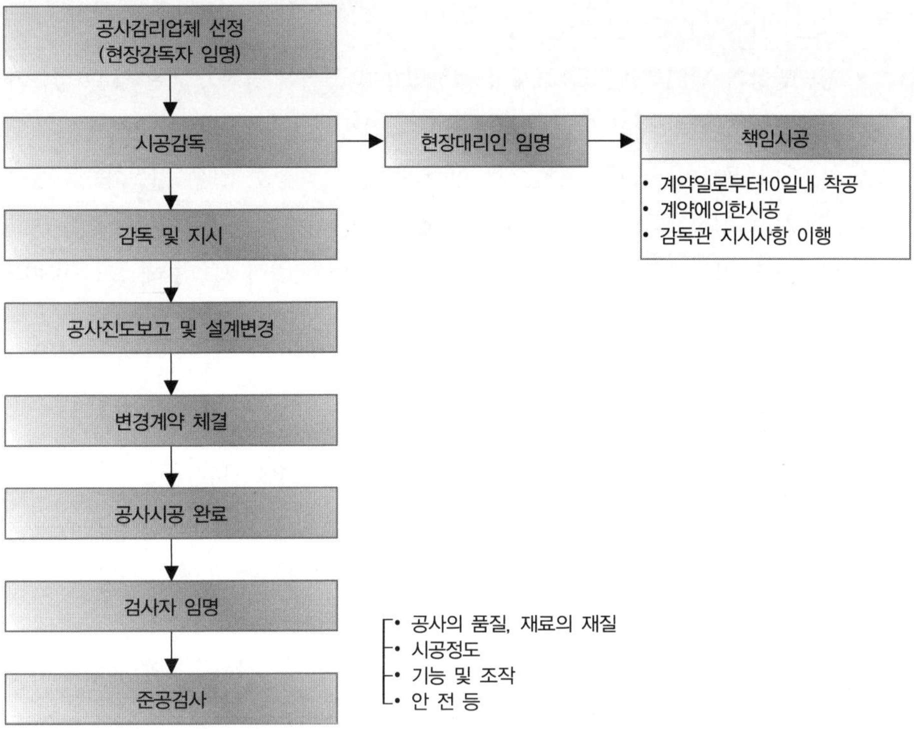

(3) 감 사 착 안 사 항

(가) 설계사전조사 적정 여부

- 시설물은 사용목적에 합당한 기능 및 용량을 가지도록 설계하였는가.
- 수계, 지질, 지형 등에 관한 기본조사 및 측량 등을 정확하고 세밀하게 하였는가.

(나) 설계도서 작성시 적정 여부(도로의 구조·시설 기준에 관한 규칙)

- 설계도면은 구조계산이나 용량계산을 하여 작성하였는가.
- 설계도면이나 시방서를 구조계산서와 다르게 작성한 것은 없는가.
- 설계수량은 도면에 따라 정확하게 산출하였는가.
- 시공에 지장이 없도록 세부상세도는 작성되었는가.
- 동바리는 목재보다 구조적으로 안전하고 경제적인 강관 동바리로 설계하였

는가.

- 콘크리트 슬럼프 값은 작업에 알맞은 범위 내에서 가능한 한 적게 정하여야 함에도 과다하게 설계한 것은 없는가.
- 횡단면상의 단면적은 정확하게 산정하였으며 면적이 중복계산된 것은 없는가.
- 지질조사도 하지 않고 암반선을 추정하여 설계하거나 암반노출이 예상되지 않는 곳에 공사비 확보를 목적으로 암절취수량을 계상한 것은 없는가.
- 단가는 다짐상태로 산정하고 수량은 흐트러진 상태로 산출한 것은 없는가.
- 발생토를 인근공사장에 유용할 수 있는 데도 먼 거리의 사토장에 갖다 버리는 것으로 설계한 것은 없는가.
- 기초의 위치, 형식 등은 지형, 지질, 기상조건, 하중 및 시공조건을 고려하여 설계 하였는가.
- 평면 곡선반경은 설계속도에 적합하게 설계하였는가(도로의 구조, 시설기준에 관한 규칙 제19조).
- 종단선형은 절토 · 성토가 균형되지 않고 과다한 사토나 순성토가 발생하도록 설계된 것은 없는가(도로의 구조, 시설기준에 관한 규칙).
- 도로의 배수시설은 계획 우수량을 충분히 처리할 수 있는 구조와 용량으로 설계하였는가(도로배수시설 설계 및 유지관리 지침)
- 교량의 하부구조는 지반조건에 적합한 형식과 구조로 설계하였는가(도로의 구조, 시설기준에 관한 규칙).
- 교량의 신축장치를 교량상판의 신축량보다 작은 규격으로 설계한 것은 없는가(도로의 구조, 시설기준에 관한 규칙).
- 교량의 높이 및 길이는 하천의 계획홍수위 및 통수단면을 감안하여 설계하였는가(도로의 구조, 시설기준에 관한 규칙).
- 교좌장치는 상부하중을 충분히 지지할 수 있는 규격이며 이동방향은 상판신축방향과 일치하도록 설계하였는가(도로의 구조, 시설기준에 관한 규칙).
- 터널공사 시 NATM공법에 있어 뿜어 붙이기 콘크리트 두께 및 락볼트 설치 간격 등을 암질의 종류에 부합되도록 설계하였는가(도로의 구조, 시설기준에 관한 규칙).
- 하천공사 시 제방고는 계획홍수량에 따른 여유고를 확보하는 것으로 설계하였는가(도로의 구조, 시설기준에 관한 규칙).

- 송수관은 필요한 양을 송수할 수 있으면서 경제적인 규격으로 설계하였는가(도로의 구조, 시설기준에 관한 규칙).
- 송수관로의 부설심도는 차량하중 등에 안전하고 동파의 우려가 없는 길이로 설계 하였는가(도로의 구조, 시설기준에 관한 규칙).

(다) 설계서의 공사원가계산 적정 여부(지방자치단체계약법 시행령, 같은법 시행규칙 제6조, 회계예규(원가계산에 관한 준칙 14-20조), 건설표준품셈))

- 공사원가계산의 내용을 공사종류별, 일위대가별 품셈적용은 적합한가.
- 재료비 · 노무비 · 경비 산정에 있어서 소정 규격 및 그 단위당 가격은 적정한가.
- 일반관리비에 있어 재료비, 노무비 및 경비의 합계액에 대한 소정의 비율 등은 적정한가.
- 이윤계산에 있어 노무비, 경비의 일반관리비의 합계액에 소정의 이윤율은 적정한가.
- 총공사비 2000만원 미만의 공사에 대하여 원계산서 작성 시 산재보험료를 계상 하였는가(산업재해보상보험법 시행령 제2조).
- 환경보전비를 내역에 계상하고 요율에도 적용하였는가.
- 산재보험료, 고용보험료, 안전관리비 적용대상 공사 산정 시 총 공사금액에 부가가치세를 제외한 금액을 기준으로 하였는가.

(라) 설계서의 자재규격 품질 선정 적정 여부

- 국산자재 조달이 가능한데도 외산 자재를 구입하도록 설계한 것은 없는가.
- 동일한 품질의 자재가 있음에도 특정업체의 자재만을 사용하도록 시방서에 명시한 것은 없는가.

(마) 작업수단 선정의 경제성 타당 여부(표준품셈)

- 기계시공으로 공사비를 계상하여야 할 것을 인력작업으로 계상한 것은 없는가.
- 중기의 기종은 현장조건 및 작업거리 등에 적합한 것으로 선정하여 공사비를 계상하였는가.

(바) 공사기간 산정 적정 여부(표준품셈)

- 계약상의 공사기간은 콘크리트 양생기간 등 품질을 보장할 수 있도록 충분히

책정 되었는가.

(사) **설계변경 적정 여부**(지방자치단체를 당사자로 하는 계약에 관한 법률시행령)

- 수급인 측에 불리한 공정을 유리한 타 공종으로 변경하여준 것은 없는가.
- 당초 설계 시 단가를 잘못 산출하였다는 사유로 계약단가를 변경한 것은 없는가.
- 수량 증가분에 대하여 당초 계약단가가 있는데도 신규단가를 적용한 것은 없는가.
- 물가변동에 따른 계약금액의 조정은 적정한가.
- 암반선을 추정하여 설계한 것을 실제 시공대로 정산 하였는가.
- 토석류의 운반거리가 설계서에 명시한 장소와 상이한데도 설계변경하지 아니한 것은 없는가.
- 시공물량 증감에 따른 정산을 미이행한 것은 없는가(공사계약 일반조건 제12조).

(아) **관급자재의 관리 적정 여부**

- 관급자재를 승인 없이 타 공사에 유용한 것은 없는가.

(자) **공사에 사용할 재료의 검사 적정 여부**

- 신품이 아닌 중고품을 사용한 것은 없는가.
- 검사결과 불합격품을 사용한 것은 없는가.
- 시험을 요하는 재료를 시험하지 아니하고 사용하는 것은 없는가.

(차) **하도급 적정 여부**

- 무면허 · 일괄하도급 등 불공정 하도급을 하였는가(건설산업기본법 제29조).
- 건설업면허가 없는 자나 당해공사의 전문건설업면허가 없는 자에게 하도급한 것은 없는가(건설산업기본법 제8조, 제29조).
- 하수급인이 하도급 받은 전문공사를 다시 하도급한 것은 없는가(건설산업기본법 제29조).
- 하도급계약을 체결하고서도 발주자에게 하도급 사실을 통지하지 아니한 것은 없는가(공사계약 일반조건 제42조).
- 공사의 일부를 국토해양부령이 정하는 비율에 의한 해당업무의 전문건설업자

에게 하도급 하였는가.

- 선금급, 기성금, 준공금은 적정하게 지급하였는가.

(카) 공사기간 연기조치 적정 여부(지방계약법 시행령, 공사계약 일반조건 제26조)

- 수급자 과실로 인한 공기의 지연에 대하여 지체상금 납부를 면제한 것은 없는가.
- 수급인의 귀책사유로 공사가 지연된 것인데도 천재지변 등의 이유를 들어 공기를 연기하여 준 것은 없는가.

(타) 공사시공의 적정 여부

- 거푸집을 견실하게 조립하지 않아 콘크리트에 배부름 현상이 발생된 것은 없는가.
- 콘크리트 부재단면을 설계도면보다 적게 시공한 것은 없는가.
- 철근의 규격 및 배근간격은 설계도면과 일치하는가.
- 정착 및 이음길이는 시방서 기준치 이상을 확보하였는가.
- 철근의 피복두께는 시방서 기준에 적합하게 되었는가.
- 절토 및 성토공사를 평면도, 종단면도 및 횡단도와 상이하게 한 것은 없는가.
- 환토해서 버려야 할 불량한 흙을 성토재료로 유용한 것은 없는가.
- 말뚝을 박을 때 항타기록을 하지 아니하여 과항타에 따른 말뚝파손 등 잘못 시공된 것은 없는가.
- 표면수 또는 용수로 인하여 비탈면이 유실될 우려가 있는 곳에 배수로, 맹암거 등 배수시설을 설계대로 시공하였는가.
- 보조기층, 표층의 부설두께는 설계도에 부합되며 입도 및 다짐은 시방서 규정대로 시공 되었는가.
- 교량의 하부구조는 소요지지력을 확보할 수 있도록 설계된 지반까지 근입 시공 되었는가.
- 교좌장치의 가동량 및 가동방향은 상부구조물의 신축량 및 방향에 부합되도록 설치되었는가.
- 배수구가 시공중 막혀서 기능을 할 수 없게 된 것은 없는가.
- 터널공사 시 NATM공법의 경우 설치된 위치에 변위 측정기를 설치하여 변위를 측정하고, 이를 분석하여 그 결과를 다음 굴착 및 지보공 시공에 반영하고 있는가.

- 폐기물을 분리발주 하고 있는가(폐기물관리법 제18조, 같은법 시행규칙 제9조 1항).
- 하천공사 시 축제 성토량을 적게 하기 위하여 법면구배를 설계보다 세워서 시공한 것은 없는가.
- 떼붙임 표토를 불량토로 시공하여 떼를 고사케 한 것은 없는가.
- 돌붙임의 길이 및 사석단면을 실제보다 부족하게 시공한 것은 없는가.
- 상하수도관 매설심도를 설계보다 얕게 시공하여 외압에 의한 파손 또는 동파의 우려가 있는 것은 없는가.
- 상하수도관 보호를 위하여 관 하부에 모래를 부설하도록 설계된 것을 토사로 시공한 것은 없는가.
- 방수공사시 도막, 시트방수재의 두께는 설계대로 시공되었는가.
- 건설공사의 품질확보를 위하여 품질보증계획 수립 후 품질시험 및 검사를 실시하였는가.

(파) 준공 및 기성고 검사원처리 적정 여부(공사계약 일반조건 27조)

- 준공검사원은 준공기일 내에 제출하였는가.
- 시공이 완료되지 아니하였음에도 준공검사원을 제출한 것은 없는가.
- 검사한 기성고 금액 중에 시공 또는 검수되지 않은 공사비 및 기자재 값이 포함된 것은 없는가.

(하) 준공검사 적정 여부(지방자치단체를 당사자로 하는 계약에 관한 법률 시행령)

- 시공이 완료되지 아니한 부분을 준공된 것으로 조서를 작성한 것은 없는가.
- 시공부분이 규격, 품질, 용량 등에 미달되거나 조잡하게 시공되었음에도 준공처리한 것은 없는가.
- 준공기간 내에 시공이 완료되지 아니한 것을 은폐하기 위하여 검사를 지연시킨 것은 없는가.
- 시공상태를 확인하지 아니하고 준공처리한 것은 없는가.
- 퇴직공제부금 등 정산항목의 정산은 시행하였는가.
- 준공계 접수 후 기간내 처리하였는가.

(거) 하자관리 적정 여부(지방자치단체를 당사자로 하는 계약에 관한 법률, 같은법 시행령)

- 하자담보 책임기간중 연 2회 이상 정기적으로 하자검사를 하였는가.
- 하자보수가 완성되었을 때에 설계도서 및 보수지시대로 시공된 것을 확인한 후 하자보수 준공검사를 하였는가.
- 하자담보 기간 내에 발생한 하자에 대하여 자체예산으로 보수공사를 시행한 것은 없는가.

(너) 유지관리 및 보수 적정 여부

- 콘크리트 구조물이 누수, 백화현상, 균열탈락 및 철근노출이 된 것은 없는가.
- 강구조물의 도장이 부풀어 오르거나 탈락하여 강재가 부식된 것은 없는가.
- 교량의 교좌장치는 부식이 없고 가동이 원활히 되는가.
- 보수공사를 부실하게 하여 보수한 구조물이 오히려 불안전하게 된 것은 없는가.
- 교량의 설계하중을 초과하는 차량의 통행을 통제하고 있는가.

(더) 감리용역계약 적정 여부

- 책임감리용역에 참여하는 기술자의 능력이나 감리용역 수행실적 등 사전자격심사(PQ)평가기준에 맞게 평가하여 입찰에 참여한 감리업체가 선정되었는가.
- 감리용역업체 선정을 위한 사전자격심사(PQ)평가기준을 특정업체에게만 유리하도록 작성한 것은 없는가.

(러) 상주감리원 관리 적정 여부

- 감리원교체 시 당초 배치계획상의 기술자와 동등하거나 그 이상의 자격, 경력을 가진 자를 배치하였는가.
- 상주감리원이 타 현장의 상주 감리원으로 이중 배치되는 등 실질적으로 감리원이 현장에 배치되지 않은 것은 없는가.
- 기준보다 기술등급이 낮거나 실무경험이 없는 감리원만을 현장에 배치하고 있는 것은 없는가.

(머) 공사시행 단계별 감리업무 적정 여부

- 공사착공 단계에서 발주기관, 감리자 및 시공자간의 업무분담이 적정하게 수립되었는가.
- 공사시행단계별 검측, 품질관리, 사용자재검사, 안전점검 및 하도급관리 등에 대한 검토 · 확인을 적정하게 하였는가.
- 공기 내에 공사가 추진되지 못하였을 경우 감리자가 취한 만회대책 등 조치가

적정한가.

- 시공중지, 재시공 등 감리자가 시공자에게 지시한 내용이 적정한가.
- 감리자가 해야 할 기성검사나 준공검사를 발주관서에서 시행한 것은 없는가.
- 예비준공검사 및 준공검사를 적정하게 수행하였는가.
- 준공보고서 및 정산설계도서에 대한 검토와 시설물인계인수 업무처리가 적정한가.

4. 지방의회 감사 지적사례

- 각종 건설사업의 설계변경 과다문제[224)]
- 각종 공사의 감리부실 및 하자관리 미흡
- 각종 공사의 설계변경 과다 문제
- 각종 공사의 설계변경 과다 및 적정문제
- 각종 공사장의 안전사고 예방대책 강구
- 각종 소규모 설계용역비 절감
- 공원구역내 공중화장실의 관리 부실
- 다중 급수시설의 지정 · 관리 부실
- 단독정화조의 청소 미실시 단속 및 무단설치에 대한 미조치
- 대형건축물 저수조 청소 미이행에 대한 행정조치 소홀
- 도시가스배관망 비치 소홀
- 매연차량 단속실적 저조 및 단속인력운영 비효율
- 부실공사대책 강구
- 부실공사방지대책
- 사업장 폐기물 배출업체에 대한 지도감독업무의 부당처리
- 상수도 미보급지역 조속해결
- 상수도 수질검사 철저 및 공개문제(간이상수도 수질검사 미흡)
- 상수도 약품의 지역업체에서 구입대책 강구
- 상수도 특별회계의 부채증가
- 상수도공사 대행업소에 대한 지도 · 감독 미흡

224) 밑줄 친 부분은 시 · 도사무로 시 · 도의회의 지적 사항이다. 이하 같다.

- 상수도공사의 경우 지역업체와의 공동참여 및 지역업체의 하도급 참여 확대방안 강구
- 상수도관의 노후화 및 누수량 과다문제
- 상수도사용자 고액체납자 징수방안 강구
- 상수도의 누수율 과다문제
- 상수도자재의 무분별 구입으로 인한 재고 과다
- 소규모 공사의 동절기 추진문제
- 소규모 공사의 특정인과의 수의계약문제
- 수도꼭지 수질검사 및 급수과정별 수질검사 미실시
- 취수장 주변의 상수원보호구역의 관리 소홀
- 하수도관 설계도면 비치 미흡
- 하수도관 준설 및 우수유입 문제
- 하수도관의 관리부실(가스 · 통신시설의 관통, 부실공사, 하수누수 등)
- 환경기술 이력 미고용 폐기물처리업체에 대한 미조치
- 건축폐기물 발생사업장의 현황파악 소홀

Ⅹ 소방 · 재난관리 · 민방위 행정분야

1. 사무내용과 감사기본방향

가. 사무내용

지방자치단체의 소방 · 민방위 · 재난관리행정 분야는 소방행정, 방호예방, 구조구급재난, 재난관리, 민방위 등으로 구성되어 있다.

첫째, 소방행정과 관련하여 ▸본부소관 행정의 종합기획 · 조정 ▸소방관서의 설치 · 운영 ▸소방공무원 인사, 복무, 상벌, 후생복지에 관한 사항 ▸소방행정의 기본운영계획 및 심사분석 ▸소방예산의 집행, 결산 ▸소방기관에 대한 감사, 감찰 및 조사에 관한 사항 ▸소방공무원 교육훈련 ▸소방에 관한 계약 및 지출에 관한 사항 ▸소방서 및 소방학교 지도 · 감독 등을 관장한다.

둘째, 방호예방과 관련하여 ▸화재의 진압에 관한 사항 ▸의용소방대 운영 ▸화재의 원인조사, 분석, 피해산정 ▸화재예방 및 홍보에 관한사항 ▸소방시설의 유

지 · 관리 ▸소방시설 설계 · 감리 · 점검업 · 공사업 등록 및 지도감독 ▸위험물제조소등의 관리 및 위험물탱크안전성능시험자의 지정에 관한사항 ▸차량 및 장비 · 장구의 수급 및 유지 · 관리 ▸소방전산망 구성 운영에 관한 사항 ▸유 · 무선통신망시설 유지 · 관리 및 암호조립에 관한 사항등을 관장한다.

셋째, 구조 · 구급재난과 관련하여 ▸구조구급 업무의 종합기획 · 조정에 관한 사항 ▸구조구급대책 등 기술의 연구 및 자료정보교환에 관한 사항 ▸구조구급활동의 훈련. 지도에 관한 사항 ▸구조 · 구급활동의 실적, 기자재 등 관리기록에 관한 사항 ▸특수재해 발생시 구조 · 구급지원 대책에 관한 사항 ▸소방상황에 관련된 업무 ▸재난상황 종합관리 및 협조체제 구축 ▸인위재난 상황에 관한 사항 ▸소방항공대 운항 및 관리에 관한 사항 ▸현장지휘소 및 응급의료소 설치운영에 관한 사항 ▸특수구조대 설치운영에 관한 사항등을 관장한다.

넷째, 재난관리 및 민방위와 관련하여 ▸유 · 도선 관리에 관한 사항 ▸홍수예방 등 자연재해대책 추진 ▸지역방재 · 지진 · 내진계획 수립 및 조정 ▸재해 · 재난관리기금 운용 · 관리 ▸침수방지사업 계획수립 및 방재시설물 관리 ▸재난관련 일반업무의 총괄 ▸수습대책 · 복구에 관한 사항 ▸인위재난관련 일반업무의 총괄 ▸지역재난관리 계획수립 및 조정 ▸재난위험시설 및 중점관리 대상시설관리 ▸계절별 재난취약시설에 따른 특별점검의 실시 ▸건설사업장의 부실공사 등 안전사고의 예방을 위한 「기동패트롤」 특별점검 실시 ▸시 · 군의 안전담당, 담당직원 등에 대한 실무교육 실시 ▸민방위 비상시설의 설치 · 관리 및 장비의 유지 · 관리 ▸민방위대의 조직편성 및 동원 ▸민방위계획의 수립 및 집행 ▸민방위 교육훈련 및 홍보 등에 관한 업무를 관장한다.

지방자치법 제9조에 따른 소방, 재난관리, 민방위 행정 분야의 자치단체별 사무영역은 도표 5-13과 같다.

도표 5-13 소방 · 재난 · 민방위 행정분야 자치단체의 사무영역

구분	시 · 도사무	시 · 군 · 자치구 사무
○ 재해대책의 수립 및 집행	1) 시 · 도 방재계획의 수립 · 집행 2) 시 · 도 재해대책본부의 설치 · 운영 3) 시장 · 군수 및 자치구의 구청장이 실행할 응급조치 대행 4) 재해예방 및 재해응급대책의 추진	1) 시 · 군 · 자치구 방재계획의 수립 · 집행 2) 시 · 군 · 자치구 재해대책본부의 설치 · 운영 3) 수방단(水防團)의 조직 · 운영

도표 5-13 소방 · 재난 · 민방위 행정분야 자치단체의 사무영역(계속)

구분	시 · 도사무	시 · 군 · 자치구 사무
ㅇ재해대책의 수립 및 집행	5) 재해구호 6) 재해복구사업의 추진 7) 지역수질오염사고 대책본부 운영	4) 방재훈련의 실시 5) 재해예방 및 재해응급대책의 추진 6) 재해방재를 위한 출동명령등 행정조치 7) 재해발생 경계구역의 설정 8) 재해복구사업의 추진 9) 재해구호 10) 지역수질오염사고 대책반의 설치 · 운영 11) 지역수질오염사고 방재 및 대응체계 수립 · 운영
ㅇ지역 및 직장민방위 조직의 편성과 운영 및 지도 · 감독	1) 시 · 도 민방위계획의 작성 2) 시 · 도 민방위협의회의 설치 3) 민방위대 조직관리 · 지도 4) 민방위경보 발령	1) 시 · 군 · 자치구 민방위계획의 작성 2) 시 · 군 · 자치구 민방위협의 회의 설치 3) 직장민방위대의 편성 및 운영관리 4) 직장민방위대의 편성 신고수리와 그 지휘 · 감독 5) 민방위경보 발령 6) 민방위시설의 설치 및 관리 7) 민방위 기술지원대의 편성 · 관리 8) 주민신고망 조직 · 운영 9) 시범민방위대 육성 10) 민방위대 교육훈련
ㅇ화재예방 및 소방	1) 소방기본계획 수립 2) 소방관서의 설치와 지휘 · 감독 3) 소방력 기준 설정자료 작성관리 4) 소방장비의 수급관리 5) 소방용수시설의 확충관리 6) 화재진압 및 구급업무 지휘 · 감독 7) 소방지령실 설치 · 운영 8) 화재경계지구 지정 · 관리 9) 소방응원규약 제정 10) 화재 예방 활동 11) 소방홍보 및 계몽 12) 소방시설의 설치 및 유지관리의 지도 · 감독 13) 소방법령의 규정에 따른 인 · 허가 및 업무의 지도 · 감독 14) 소방 관계 단체의 지도 · 감독	

나. 감사기본방향

이 분야는 예산 사업인 경우에는 재무감사(제4장 II. 참조)를, 인 · 허가 사항의 합법성, 부담금이나 법령조례상의 의무위반자에 대한 과태료 미부과에 대한 합법성감사(제4장 III. 참조), 사업에 대해서는 성과감사(제4장 VI. 참조), 시책이 기획중인 시책이나 정책은 정책감사(제4장 V. 참조) 기법을 적용하여야 할 것이다.

2. 정책/성과감사 기법

가. 소방 · 재난 · 민방위사업계획에 대한 타당성 감사

시 · 도 방재계획, 시 · 군 · 자치구 방재계획의 수립 · 집행, 시 · 도 민방위계획, 시 · 군 · 구 민방위계획, 소방기본계획 등 소방 · 재난 · 민방위관련 계획과정에 대한 타당성 감사의 착안사항은 다음과 같다.

① 다수 주민의 사회적 · 경제적 욕구에 의한 소방 · 재난 · 민방위상사업인가? 특정 이해집단을 위한 특혜성 발굴 · 구상은 아닌가?

② 국가 상위목표 달성에 필요하고, 국가시책과의 일관성을 유지하고 있는가?

③ 유사한 소방 · 재난 · 민방위사업을 벤치마킹하여 성공 또는 실패의 원인을 분석한 것인가?

④ 소방 · 재난 · 민방위사업목표 달성을 위한 효율적 · 효과적인 접근인가?

⑤ 소방 · 재난 · 민방위사업결정을 위한 조사자료 등은 진실 된 것인가?

⑥ 용역보고서의 내용의 타당성과 합리성은 인정할 수 있는가?

⑦ 소방 · 재난 · 민방위사업계획의 목표와 계획지표는 적정한가?

⑧ 소방 · 재난 · 민방위사업의 목표 달성을 위한 수단은 확보 가능한 것인가?

⑨ 소방 · 재난 · 민방위사업을 위한 재원확보 대책은 타당한가?

⑩ 소방 · 재난 · 민방위사업을 추진하기 위한 관련기관과의 협력체제는 강구되어 있는가?

나. 소방 · 재난 · 민방위 사업의 시행, 비용처리 · 활동에 대한 능률성 감사

재해복구사업, 재해예방 및 재해응급대책, 지역수질오염사고 방재 및 대응체계운영, 화재 예방활동, 등에 대한 능률성 감사를 다음과 같은 착안사항에 의하여 실시한다.

① 적합한 유형, 적절한 양과 질의 자원을 최저가격으로 획득하고 있는가?
② 적절한 양과 질의 재화나 용역을 시의적절하게 확보하거나 제공하는데 최소의 자원을 사용하고 있는가?
③ 소방 · 재난 · 민방위사업을 위해 인원을 과다하게 배정하고 있지는 않는가?
④ 소방 · 재난 · 민방위사업기관 간의 업무의 중복은 없는가?
⑤ 소방 · 재난 · 민방위사업에 필요한 공공 장비나 시설을 비능률적으로 활용하고 있지는 않는가?
⑥ 소방 · 재난 · 민방위사업 자원이나 시설을 적절하게 보전 · 유지하고 있는가?
⑦ 예산이 중복 투입되는 소방 · 재난 · 민방위사업은 아닌가?
⑧ 사업목표를 효과적으로 달성하기 위한 대안을 채택했는가?
⑨ 소방 · 재난 · 민방위사업의 목표는 어느 정도나 달성했는가?
⑩ 만족스러운 소방 · 재난 · 민방위사업의 성과를 저해하는 요인들은 무엇인가?

다. 소방 · 재난 · 민방위시설 및 시스템 설치 운영에 대한 성과감사

재해대책본부 운영, 민방위협의회운영, 소방장비의 수급관리, 직장민방위대 편성운영, 민방위기술지원대 편성운영, 소방용수시설 확충관리, 주민신고망 운영, 시범민방위대육성, 민방위대 교육훈련 등에 대한 성과감사 착안사항은 다음과 같다.

① 소방 · 재난 · 민방위시설이나 시스템은 수요를 감안하여 그 규모를 결정하여 설치하였는가?
② 설치된 소방 · 재난 · 민방위시설이나 시스템은 최대한 활용되고 있는가?
③ 소방 · 재난 · 민방위시설이나 시스템 운영은 설치목적에 부합되는가?
④ 소방 · 재난 · 민방위시설 운영이나 시스템에 따른 적자 해소를 위한 대책은 무엇인가?
⑤ 유사 시설이나 시스템을 벤치마킹하여 성공 또는 실패의 원인을 분석한 것인가?
⑥ 소방 · 재난 · 민방위시설관리요원의 규모는 적정한가?
⑦ 소방 · 재난 · 민방위시설이나 시스템 관리 비용은 적정한 수준인가?
⑧ 소방 · 재난 · 민방위시설이나 시스템을 방치하고 있는 경우는 없는가?
⑨ 소방 · 재난 · 민방위시설이나 시스템에 대한 중복 투자는 없는가?
⑩ 유휴소방 · 재난 · 민방위시설이나 시스템의 활용 대책은 무엇인가?

라. 정부 합동평가를 활용한 성과감사기법

지방자치단체의 소방 · 재난 · 민방위행정분야에 대한 정부합동평가 결과를 성과감사에 활용하는 것이다. 아래와 같은 평가 지표로 한 해 동안 이룬 성과를 전국 자치단체와 상호 비교하여 가,나,다급 중에서 상대적으로 낮은 성과인 "다"급으로 평가받은 분야에 대하여 그 원인을 규명하고 향후 성과개선방안과 차년도 성과목표를 상향 설정하도록 한다. 다만, 지방자치단체의 지방행정환경이 근본적으로 열악하여 전국적인 비교가 불합리한 경우에는 전년도 자료를 비교하여 시계열적인 성과를 비교하여 그 성과를 감사하여야 할 것이다.

성과감사를 위하여 다음의 도표 5-14의 산식에 따라 이미 계산된 평가지표 자료와 합동평가결과서를 제출 받아 그 성과를 감사하는 것이다.

도표 5-14 정부합동평가지표중 소방 · 재난 · 민방위행정분야 관련지표

평가시책	평가항목	평가지표
7-1. 지자체 비상 · 재난관 리 추진	계획	
	집행	7-1-1. 09년도 행정안전부 을지연습 평가결과(가중치 5.02) ㉮ 행정안전부 주관 을지연습 평가지표에 의한 시 · 도별 평가 7-1-2. 2010년도 충무계획 작성 및 보고실태(가중치 5.33) ㉮ '10년도 충무시행계획 · 실시계획 수립 시 유관기관 협조 충족 여부 - (분야별 협조대상 충무시행계획 · 실시계획 협조 비율/4) ※ 협조대상 분야 • 전재민 수용시설 지정관련 협조(재난안전관리계획) • 학교건물 동원지정 협조(건설계획) • 양곡수송계획 협조(농업계획→교통계획) • 정수장 수처리제 확보대책 협조(상수도계획) ㉯ '0년도 충무시행계획 순기 준수율 - (순기 준수 건수 / 16개 충무시행계획) × 100 7-1-3. 충무실시계획 작성관련 교육실태(가중치 3.49) ㉮ 충무실시계획 작성관련 교육 실태 - (충무실시계획 작성관련 교육실시 수 / 15) × 100 7-1-4. 자연재난 사전대비 추진실태(가중치 8.70) ㉮ 재난상황실 구축 실적 - 재난상황실 구축(지역대책본부 비상근무 가능)여부 : (구축여부 / 시 · 군 · 구 수) × 100

도표 5-14 정부합동평가지표중 소방 · 재난 · 민방위행정분야 관련지표(계속)

평가시책	평가항목	평가지표
7-1. 지자체 비상·재난관리 추진	집행	㉯ 풍수해 위험지역 등에 대한 점검 · 정비실적 : (위험구역 + 인명피해 우려지역 + 배수펌프장) / 3 - 위험구역=(정비한 대상 / 정비해야 할 대상) × 100 - 인명피해 우려지역 =(정비한 대상 / 정비해야 할 대상) × 100 - 배수펌프장=(정비한 대상 / 정비해야 할 대상) × 100 ㉰ 민 · 관 · 군 협력체계구축(지역자율방재단 조례 제정) 실적 - 지역자율방재단 조례제정 지자체수 / 시 · 군 · 구 수 ㉱ 설해대비용 자재 비축 및 장비의 확보율 - [{ (염화칼슘 확보량 / 염화칼슘 계획량) × 100 } + { (장비 확보량 / 장비 계획) × 100 }] / 2
	산출/ 결과	7-1-5. 신속한 지원을 위한 기금운용 관리(가중치 6.59) ㉮ 재난관리기금 확보 및 사용실적 : (최근3년간 재난관리기금 확보율 × 0.6) + (최근 3년간 재난관리기금 사용률 × 0.4) 재난관리기금 확보율 : (확보액 / 법정 적립액) × 100 - 재난관리기금 사용률 : (총 사용액 / 법정 사용가능액) × 100 ㉯ 재해구호기금 확보실적 : (누적 재해구호기금 확보율 × 0.4) + (매년 재해구호기금 확보율 × 0.6) - 누적 재해구호기금 확보율 : (누적확보액 / 법정 적립액) × 100 • 법정 적립액 : 최근 3년동안 「지방세법」에 따른 보통세의 수입결산액의 30 / 1000 - 매년 재해구호기금 확보율 : (확보액 / 매년법정 적립액) × 100 • 최근 3년동안 「지방세법」에 따른 보통세의 수입결산액의 5/1000 이상 매년확보(서울2.5/1000) ※ 누적확보액이 법정적립액(30/1000)을 초과 할 경우 누적확보율, 매년확보율을 각각 100% 산정 7-1-6. 풍수해 보험 가입률(가중치 6.74) ㉮ 풍수해보험가입률 : (주택가입률 × 0.8) + (온실가입률 × 0.15) + (축사가입률 × 0.05) - 주택가입률 : (가입건수(면적) / 가입대상 시설물량) × 100 - 온실가입률 : (가입건수(면적) / 가입대상 시설물량) × 100 - 축사가입률 : (가입건수(면적) / 가입대상 시설물량) × 100
	결과활용	
7-2. 소방안전 및 대응능력 강화	계획	
	집행	7-2-2. 현장대응능력 강화 실적(가중치 6.53) ㉮ 재난대비훈련(긴급구조종합훈련) 실적 - (훈련참가기관 수 / 계획상 참가필요기관 수) + (평가결과 통보기관 수/훈련참가기관 수)

도표 5-14 정부합동평가지표중 소방 · 재난 · 민방위행정분야 관련지표(계속)

<table>
<tr><th>평가시책</th><th>평가항목</th><th>평가지표</th></tr>
<tr><td rowspan="3">7-2.
소방안전 및 대응능력 강화</td><td>집행</td><td>※ 훈련참가기관 수/계획상 참가필요기관 수 ≤ 1,
평가결과 통보기관 수/ 훈련참가기관 수 ≤ 1
7-2-3. 소방력 강화 추진 노력도(가중치 9.12)
㉮ 소방장비 보강실적
- {(신규 교체차량수 / 시 · 도별 내용연수 경과차량 보유대수) × 100} + {('09년 소방장비 관리유지예산 / '09년 시 · 도별 소방예산총액) × 100}
※ 소방장비(소방차량, 소방헬기, 소방정으로 한정) 관리유지비는 유류비(난방유류비 제외), 보험료, 자동차세, 차량비, 시설장비유지비(건물유지비 제외) 포함, 자산취득비 제외, 소방예산 총액은 일반 및 특별회계 포함
㉯ 소방공무원 3교대 인력 충원율 및 실시율
- (실제 충원인력 × 100 / 지자체별 총액인건비 산정인력) + 시 · 도별 3교대 실시율
※ 시 · 도별 3교대 실시율 = 3교대근무자 × 100 / 교대근무자 합계(2교대 + 3교대인원)
※ 충원인력은 지자체별 정원조례 개정을 기준</td></tr>
<tr><td>산출/
결과</td><td>7-2-1. 소방대원 전문성 향상(가중치 6.60)
㉮ 구급대원 중 유자격자 확보율
- 구급대에 배치된 구급대원 유자격자 수(현원) / 구급대원 현원(운전원 포함) × 100
㉯ 화재조사관 자격증 보유율
- (화재조사관 자격증보유수 / 순수 화재조사요원수) × 100</td></tr>
<tr><td>결과활용</td><td></td></tr>
<tr><td rowspan="4">7-3.
민방위
운영
효율화</td><td>계획</td><td></td></tr>
<tr><td>집행</td><td>7-3-2. 민방위 대원 야간 주말 편의증진 교육훈련실적(가중치 6.13)
㉮ 민방위 대원 야간 · 주말 교육훈련실적
- [[{야간 · 주말교육훈련횟수 / (시 · 군 · 구 수 × 7개월 × 2)} × 0.7] + [{야간 · 주말 교육훈련실적 / (민방위 교육훈련 참석실적 × 0.2)} × 0.3]] × 100</td></tr>
<tr><td>산출/
결과</td><td>7-3-1. 민방위 운영 활성화 특수시책(가중치 6.85)
㉮ 시 · 도별 민방위 운영 활성화 시책
- 시 · 도별로 특수시책 10건을 제출하여 정성평가</td></tr>
<tr><td>결과활용</td><td></td></tr>
</table>

도표 5-14 정부합동평가지표중 소방 · 재난 · 민방위행정분야 관련지표(계속)

평가시책	평가항목	평가지표
7-4. 안전관리 평가	계획	
	집행	7-4-3. 지역사회 어린이 안전망 구축(가중치 6.34) ㉮ 자치단체별 CCTV 설치율 : (설치수 / 지역내 어린이 보호구역수) × 100 ㉯ 자치단체별 등하교 도우미 구성율(부분평가) : (구성수 / 자치단체별 초등학교 수) × 100
	산출/결과	7-4-1. 교통사고 잦은 곳 개선사업 추진실적(가중치 6.66) ㉮ 교통사고 잦은 곳 교통사고 발생건수 감소율 {('06년 교통사고 발생건수–'08년 교통사고 발생건수) / '06년 교통사고 발생건수} × 100 ㉯ 우수사례 발굴대회 결과 반영 7-4-2. 어린이보호구역 개선사업 추진실적(가중치 7.18) ㉮ 어린이보호구역내 교통사고 발생건수 감소율 {('08년 교통사고 발생건수–'09년 교통사고 발생건수) / '08년 교통사고 발생건수} × 100 ㉯ 우수사례 발굴대회 결과 반영 7-4-4. 특정관리대상시설 안전관리 추진실적(가중치 8.72) ㉮ 특정관리대상시설 지정 · 관리율 : ('09년도 지정 개소수 / 인구수) × 10,000 ㉯ 재난위험시설 지정 및 해소 실적 : (재난위험시설수 / 특정관리대상시설수) + ('09년 공공시설 해소 시설수 / 재난 위험 시설수) + ('09년도 해소시설수 / 전년도 재난위험 시설관리 대상수)
	결과활용	

3. 합법성감사 기법

가. 소방대상물 방화관리자 선임업무처리[225)]

(1) 관 계 법 령[226)]

225) 경기도(2006a), 307~309쪽에서 재작성하였음.

226) 주의! 관계법령이 개정되었는지를 먼저 확인해서 현행법령에 입각하여 합법성감사를 실시하여야 한다.

- 소방시설 설치유지 및 안전관리에 관한 법률 제20조, 제21조, 같은법 시행령 제22조 - 제24조, 같은법 시행규칙 제14조, 같은법 제50조(시행령 별표9)

(2) 업무처리절차

민원인 → 접 수 (서 · 파출소) → 확인 및 검토 (서류) → 결재 (자격증 확인교부)

(3) 감사착안사항

(가) 소방대상물 방화관리자 선임관리

- 소방시설 완공대상 중 방화관리자 선임 및 대상물을 확인하였는가(소방시설 설치유지 및 안전관리에 관한 법률 제20조, 시행령 제22조).
- 대상이 얼마나 되는지 그 중 취약한 대상은 어떤 것인가(개인건물, 또는 소유자가 여러 명인 건물, 규모가 작은 건물 등).
- 소방시설 완공대상 중 방화관리자 선임신고에 대한 안내와 지도를 하였가(같은법 시행규칙 제14조).
- 유보신청에 따른 적정한 연기를 하여 주었는지 또는 유보기간은 적정하였는가(같은법 시행규칙 제14조).
- 1급, 2급 방화관리자의 자격종별에 따른 적정한 자격자를 선임하였는가(같은법 시행규칙 제14조).
- 선임유보 후 선임신고를 하지 않은 대상에 대하여 고발 등 사법조치를 이행하였는가(자격증, 강습접수증, 수료증 등 확인) (같은법 제14조).

(나) 소방대상물 방화관리자 선임신고(같은법 시행규칙 제14조)

- 기간을 초과하여 신고 수리되었는지?
- 신고 또는 유보 근거가 명확한가.
- 미선임 대상을 고발 없이 방치하였는가.
- 신고태만 대상의 과태료를 부과하였는가.
- 과태료 부과 시 부당감면을 하지 않았는가.
- 미선임 또는 신고태만 대상물에 대한 사후조치를 이행하였는가(행정지도 등).

나. 건축허가 동의 · 시공 업무처리[227]

(1) 관 계 법 령[228]

- 소방시설 설치유지 및 안전관리에 관한 법률 제7조, 같은법 시행령 제12조, 같은법 시행규칙 제4조, 소방시설공사업법률 제13조 - 15조

(2) 업 무 처 리 절 차

시 · 군 (건축부서) → 접수 (소방서 민원실) → 확인 및 검토 (설계도서 및 구비서류) → 결재 (시 · 군 동의여부 통보)

※ 민원처리기간 : 7일

(3) 감 사 착 안 사 항

(가) 건축허가 동의업무처리

- 건축허가 동의 대상물의 적정 여부를 확인하였는가(소방시설 설치유지 및 안전관리에 관한 법률 시행령 제12조).
- 동의 요구 시 붙임서류(설계도서, 시방서, 면허업체 등)는 적정하였는가.
- 소방시설 설계도서의 화재안전기준을 준수하였는가(최근 개정법령 반영 등).
- 건축물의 층별, 면적별, 용도별 설계도서가 적정한지?(소방시설 설치유지 및 안전관리에 관한 법률 시행규칙 제4조)
- 소방시설기준의 특례적용이 적정하였는가.

(나) 건축허가 시공업무처리(소방시설공사업법 시행령 제4조 - 제7조)

- 공사착공신고 시 붙임서류는 적정하였는가.
- 사전시공은 없었는가(의심대상 현장확인 등).
- 하자보수대상 및 하자보수기간, 이행증권의 소화 가능성을 확인하였는가.

---

227) 경기도(2006a), 310~311쪽에서 재작성하였음.

228) 주의! 관계법령이 개정되었는지를 먼저 확인해서 현행법령에 입각하여 합법성감사를 실시하여야 한다.

(4) 감 사 사 례

건축허가동의 업무처리 소홀[229)]

▨ 개요

건축허가 동의 시 설계도면 중 건축물의 내부마감 재료가 확인가능한 주단면상세도와 창호도 도면을 첨부하여야 하며, 소방시설 또한 화재안전기준에 의거 적정하게 설계되었으면 동의회시를, 보완이 필요한 경우에는 3일 이내의 기간을 정하여 보완을 요구하거나 반려하도록 되어 있음.

▨ 위법 · 부당내용

- 소방시설 설치유지 및 안전관리에 관한 법률 시행규칙 제4조에 의하면, ○○시 ○○동 734-2 소재 숙박시설인 ○○○의 건물 건축허가 동의 시 평면도상에 창호도 미표기로 방화구획 등 세부사항에 대한 확인이 미흡한 것을 적정한 것으로 건축허가 동의회시 하였고, 또한 ○○시 ○○동 44 소재 근린생활시설인 ○○○○○ 건물 등 2개소의 설계도면 검토 시 지하층의 피난구 유도등이 중형으로 설계되어야 타당하나 소형으로 설계된 것을 적정한 것으로 동의회시 하는 등 건축허가 동의 업무를 부적정하게 처리한 사실

다. 소방시설 완공 · 감리업무처리[230)]

(1) 관 계 법 령[231)]

소방시설공사업법률 제14조, 제16조-제20조 등, 같은법 시행령 5조, 제8조-제11조 등, 같은법 시행규칙 제13조, 제15조-제19조 등

229) 경기도(2006b), 212쪽에서 재작성하였음.

230) 경기도(2006a), 312~313쪽에서 재작성하였음.

231) 주의! 관계법령이 개정되었는지를 먼저 확인해서 현행법령에 입각하여 합법성감사를 실시하여야 한다.

(2) 업무처리절차

공사업 · 감리업체 → 신고 접수 (소방서 민원실) → 확인 및 검토 (설계도서 및 구비서류) → 결 재 (공사업 · 감리업체 통보)

※ 민원처리기간 : 7일

(3) 감사착안사항

(가) 소방시설 완공 · 감리업무처리(소방시설공사업법 제14조, 제16조-제18조)

- 소방시설 완공대상물의 붙임서류(설계도서, 감리일지 등)는 적정하였는가.
- 소방감리자 지정신고 준수 및 신고서류는 적정하였는가.
- 상주감리의 경우 현장상주 및 감리일지는 작성 확인하였는가.

(나) 소방시설 완공검사필증 교부업무

- 현장확인대상 허위감리결과 여부를 확인하였는가(판매, 숙박, 다중이용시설)(같은법 시행령 제5조).
- 소방시설 완공검사 필증교부에 따른 감리결과 보고서는 적정한가(같은법 시행규칙 제19조).
- 건축물의 층별, 면적별, 용도별 변경사항은 없는가(같은법 시행규칙 제19조).
- 방화관리자 선임대상관리 및 통계관리를 확인하였는가(같은법 시행규칙 제19조).

(4) 감사사례

방화시설 위반업소 과태료 부과 부적정[232)]

개요

피난 · 방화시설을 위반한 업소에 대하여는 위반내용에 따라 200만 원 이하의 과태료처분을 하도록 되어 있으며, 과태료 경감업무처리 방안에 관한 지침에는 소방법의 단순 무지나 고의 · 과실은 과태료 경감기준에서 제외하도록 되어 있음.

232) 경기도(2006b), 217쪽에서 재작성하였음.

■ 위법 · 부당내용

방화문 훼손으로 과태료를 부과한 「○○○빌딩」과 「○○」에서 관련법규를 알지 못하였고 공사중이라는 이유로 이의를 제기하였는바, 무지 또는 공사중인 사유로는 과태료 경감대상이 아님에도 불구하고 각각 20%(10만원 감면)와 50%(25만원 감면)를 부당하게 감면한 사실(소방시설 설치유지 및 안전관리에 관한 법률 제10조 시행령 별표 9 과태료 부과기준)

라. 소방 · 방화시설 완비증명 업무처리[233]

(1) 관 계 법 령[234]

다중이용업소의 안전관리에 관한 특별법 제15조, 같은법 시행령 제11조 제2항, 제14조, 제19조, 제20조 등

(2) 업 무 처 리 절 차

민원인 → 접수(소방서) → 확인 및 검토(서류 및 현장) → 결재(완비증명서 교부)

※ 민원처리기간 : 3일

(3) 감 사 착 안 사 항

(가) 소방 · 방화시설완비증명 발급업무

- 소방 · 방화시설 완비증명 발급서류가 적정한가(다중이용업소의 안전관리에 관한 특별법 제15조).
- 화재안전기준에 따른 설계도서를 적정하게 신고하였는가.
- 면적별, 층별, 용도별 소방시설 설계도서는 적정한가(다중이용업소의 안전관리에 관한 특별법 시행령 제11조).
- 미비 소방시설의 묵인 후 완비증명 발급여부를 현장에서 확인하였는가.

233) 서울시(2004) 493쪽 및 경기도(2006a), 314~315쪽에서 재작성하였음.

234) 주의! 관계법령이 개정되었는지를 먼저 확인해서 현행법령에 입각하여 합법성감사를 실시하여야 한다.

(나) 소방 · 방화시설완비증명 발급업무(방염 부분)

- 현장확인 시 방염물품 이외의 것 사용을 묵인하였는가(합판 등 가연재 사용 등)(소방시설 설치유지 및 안전관리에 관한 법률 시행령 제19조).
- 방염후처리 물품(목재)의 후처리 방염절차 이행 및 시험절차가 적정한가(같은 법 시행령 제20조).
- 고의 지연처리 및 민원처리 기간은 준수하였는가.

마. 소방검사 업무처리[235)]

(1) 관 계 법 령[236)]

소방시설 설치유지 및 안전관리에 관한 법률 제4조, 제10조, 제48조 등, 같은법 시행령 제7조-제9조 등

(2) 업 무 처 리 절 차

계획수립 → 검사통보 (소방서→검사대상) → 확인 검사 (현장) → 결과보고 등 (행정명령서 발부)

(3) 감 사 착 안 사 항

- **소방검사서 작성(검사항목)은 적정한가**(소방시설 설치유지 및 안전관리에 관한 법률시행령 제7조-제9조)
- **시정보완명령서 발부에 따른 행정절차는 적정한가**(기간, 내용 등).
- **소방검사자의 자격은 적정한가.**
- **보완명령을 발부하여야 할 미비 소방시설을 묵인하였는가**(같은법 제10조).
- **피난 · 방화시설의 훼손 여부 및 과태료 부과 등의 행정처분을 이행하였는가**(같은법 시행령 제10조).

235) 경기도(2006a), 316~317쪽에서 재작성하였음.

236) 주의! 관계법령이 개정되었는지를 먼저 확인해서 현행법령에 입각하여 합법성감사를 실시하여야 한다.

바. 방염 후처리 업무처리[237)]

(1) 관 계 법 령[238)]

소방시설 설치유지 및 안전관리에 관한 법률 제12조-제19조, 제53조 등, 같은법 시행령 제19조 - 제21조 등

(2) 업 무 처 리 절 차

방염업체 → 방염후처리 신고 (소방서) → 서류 및 확인검사 (도서 및 현장) → 결과통보 등 (후처리 성적서 발부)

※ 민원처리기간 : 15일

(3) 감 사 착 안 사 항

- **다중이용업소의 방염후처리**(후처리 면적, 방염도료 사용량 등)는 **적정한가**(소방시설 설치유지 및 안전관리에 관한 법률 제12조, 벌칙 제50조).
- **방염후처리 면적 초과 과태료 미부과 사례가 있는가.**
- **방염처리를 하여야 하는 특정소방 대상물은 적정한가.**
- **방염대상 물품 및 방염성능기준의 준수와 합격증 발급은 적정한가.**
- **방염후처리 미비사항을 묵인하였는가.**
- **방염후처리 실행업체의 등록은 적격인가.**

4. 지방의회 감사 지적사례

- 119구급대에 전문간호사 배치운영 검토[239)]
- 119구급차의 시 · 군 · 구간 균형배치
- 가스 · 유류 등 특수화재발생시 진압장비 우선구입
- 가스안전 시정명령의 이행 여부 미점검

237) 경기도(2006a), 318~319쪽에서 재작성하였음.

238) 주의! 관계법령이 개정되었는지를 먼저 확인해서 현행법령에 입각하여 합법성감사를 실시하여야 한다.

239) 밑줄 친 부분은 시 · 도사무로 시 · 도의회의 지적 사항이다. 이하 같다.

- 각종 공공시설의 고장방치
- 각종 민방위 자재관리 미흡(화생방장비, 방독면, 메가폰, 각종 교재 등)
- 고압가스 판매업소의 안전관리자 미선임
- 공공 재난위험시설물에 대한 미조치
- 노후소방장비 교체
- 농번기중 민방위 교육시기 조정
- 농어촌지역의 고층건물 화재발생시 대책 강구
- 도시가스관의 매설위치 및 도면 간 차이 방치
- 도심지(주거지)가스취급업소 안전점검 철저
- 민간시설 지정 대피시설 점검문제
- 민방위 교육내용 부실화 및 형식적 운영
- 민방위 통 · 대장의 민방위복, 완장, 모자 등에 대한 인수인계 체계 미흡
- 민방위경보 사이렌 난청지역 해소방안 강구
- 민방위급수시설 정비
- 민방위기술대 자원관리 및 운영
- 민방위대장의 고령화 문제
- 방공호 시설관리 부실
- 부적합한 민방위 비상급수시설의 폐지
- 비상급수시설의 수질관리 미흡
- 비상시 민간보유장비동원체제 문제
- 비상시 재래시장의 소방차 진입을 위한 대책 강구
- 소방검사 인력부족으로 인한 소방검사의 형식화
- 소방도로 확보훈련 철저
- 소방도로정비
- 소방용수 =시설(소화전, 저수조, 급수탑)의 확충방안 강구
- 승강기안전관리의 형식적 지도 · 점검 지양
- 안전진단, 환경진단 등 각종 진단 · 첨단장비의 미활용문제
- 액화 석유가스 사용 자가용승용차의 불법이전등록
- 위험시설물에 대한 정기적 점검 및 사전예방대책 강구
- 의용소방대 운영경비 지원개선

- 의용소방대원의 젊은층 확보방안 강구
- 재난대비 종합계획의 재검토
- 재난위험지역 지정 및 시설물관리문제, 위험등급시설물의 관리부실
- 재해위험시설물의 등급기준 보완 및 관리 철저
- 주택가 골목길의 소방차량(긴급차량)통행로 확보문제

| XI | 세입행정 분야

1. 사무내용과 감사기본방향

가. 사무내용

지방자치단체는 세입행정에 관하여 ▸지방세 제도의 운영계획수립 추진 ▸세입관리 ▸지방세무의 기획 · 기동감사 및 범칙사건 처리 ▸세외수입 부과 · 징수 지도 · 감독 ▸도금고의 감독 ▸지방세 관련 조례 등 세제에 관한 업무 ▸시 · 군 지방세 업무지도 · 감독 ▸지방세 세무조사 지원 ▸건물 및 기타물건 시가과표액 조정 ▸지방세 이의신청 및 심사청구처리 ▸과세전적부심청구처리에 관한 사항 등을 관장처리 한다. 지방세법상 세입행정분야의 자치단체별 사무영역은 도표 5-15와 같다.

도표 5-15 세입행정분야 자치단체의 사무영역

구분	시 · 도사무	시 · 군 · 자치구 사무
○ 세입예산	• 세입예산의 편성 및 집행	• 세입예산의 편성 및 집행
○ 지방세입행정	• 도세(취득세, 등록면허세, 지방소비세, 레저세, 지역자원시설세, 지방교육세)부과 • 특별시, 광역시세(취득세, 레저세, 주민세, 자동차세, 담배소비세, 지방소비세, 지방소득세, 지역자원시설세, 지방교육세 등)부과	• 시 · 군세(주민세, 재산세, 자동차세, 지방소득세, 담배소비세 등)부과 징수 • 자치구세(등록면허세, 재산세 등)부과 징수
○ 세무행정	• 지방세 제도의 운영계획수립 추진 세입관리	• 지방세 제도의 운영계획수립 추진 세입관리

도표 5-15 세입행정분야 자치단체의 사무영역(계속)

구분	시 · 도사무	시 · 군 · 자치구 사무
ㅇ세무행정	• 지방세무의 기획 · 기동감사 및 범칙사건 처리 • 시 · 도금고의 감독 • 지방세 관련 조례 등 세제에 관한 업무 • 시 · 군 지방세 업무지도 · 감독 • 지방세 세무조사 지원 • 건물 및 기타물건 시가과표액 조정 • 지방세 이의신청 및 심사청구처리 과세전적부심청구처리에 관한 사항	• 지방세무의 기획 및 범칙사건 처리 • 지방세 관련 조례 등 세제에 관한 업무 • 지방세 세무조사 지원 • 건물 및 기타물건 시가과표액 조정 • 지방세 이의신청 및 심사청구처리 과세전적부심청구처리에 관한 사항
ㅇ세외수입	• 시 · 군 · 구 세외수입 부과 · 징수 지도 · 감독	• 시 · 군 · 구 세외수입 부과 · 징수

나. 감사기본방향

이 분야에서는 지방세의 부과 징수, 감면면제, 세외수입 및 부담금의 부과 · 징수, 지방채의 발행 · 집행 · 상환, 재정관리에 대하여 감사를 중점적으로 실시하여야 한다. 지방세과세 표준결정의 부적정, 지방세 체납자에 대한 결손처분 및 채권보전 소홀, 취득세 · 재산세 · 사업소세 등의 부과 징수소홀, 부과결정 소홀, 지방세의 감면 부적정 등에 대한 감사를 실시한다. 세외 수입에 대하여 하천사용료, 노로점용료, 상수도 요금, 하수도 사용료, 하천 골재 채취료, 생활폐기물 반입 수수료, 공용주차장 주차요금 등의 부과징수에 대한 적정성 여부를 감사하여야 한다. 이 분야는 재무시표를 전제로 하는 재무감사(제4장 II. 참조), 재정분석진단제도를 활용한 재무감사(제4장 2. 다), 법령조례상의 조세납부 의무위반자에 대한 과태료, 미부과에 대한 합법성감사(제4장 III. 참조) 기법을 적용하여야 할 것이다.

2. 정책/성과감사 기법

가. 세입계획에 대한 타당성 감사

세입 발굴 · 및 계획과정에 대한 타당성 감사의 착안사항은 다음과 같다.

① 세입의 목표를 달성하기 위한 효과적인 접근인가?
② 세입계획을 위한 조사자료가 적절한 것인가?
③ 세입의 계획목표와 계획지표는 적정한가?
④ 세입의 목표 달성을 위한 정책수단은 확보 가능한 것인가?
⑤ 세입을 추진하기 위하여 관계기관과의 협력체제는 강구되어 있는가?
⑥ 지방세 감면조례는 상위법령에 적합하게 정비하였는가?

나. 세입의 성과에 대한 효과성 감사

① 세입에 대한 비용편익 분석은 실제와 차이가 크지 않는가?
② 세입목표를 효과적으로 달성하기 위한 최선의 대안을 채택했는가?
③ 세입증대의 효과를 측정하고 보고하기 위한 적절한 체계를 가지고 있는가?
④ 세입의 목표는 어느 정도나 달성했는가?
⑤ 세입의 목표가 적절하거나 적시성이 있는가?
⑥ 세입목표의 성과를 저해하는 요인들은 무엇인가?
⑦ 세입의 효과성이나 사업의 개별 수단들의 효과성은 어느 정도인가?
⑧ 세입시스템은 납세자의 편의를 도모하고 있는가?
⑨ 세입에 대한 이의신청에 능동적으로 대응하고 있는가?
⑩ 지방세체납처분은 적정한가?
⑪ 지방세 결손처분은 적정했는가?
⑫ 지방세 징수유예는 적정했는가?
⑬ 지방세 과오납금은 적시에 해결하였는가?

3. 합법성감사/재무감사 기법

가. 세외수입관리[240]

(1) 관 계 법 령[241]

- 국유재산법 제25조

240) 경기도(2006a), 205~217쪽에서 재작성하였음.

241) 주의! 관계법령이 개정되었는지를 먼저 확인해서 현행법령에 입각하여 합법성감사를 실시하여야 한다.

- 지방자치법 제136조, 같은법 제138조
- 공유재산및물품관리법 제22조, 같은법 제28조, 같은법 시행령 제31조
- 도로법 제40조 및 제43조
- 하천법 제38조
- 도시공원 및 녹지 등에 관한 법률 제41조
- 공유수면관리법 제9조
- 자치단체 공설시장관리 및 사용조례
- 지방재정법 시행령 제47조, 제74조
- 폐기물관리법 제13조
- 주차장법 제7조, 제13조
- 지방세법 제53조, 같은법 시행령 제41조
- 화물자동차운수사업법 제19조
- 하수도법 제32조
- 수도법 제53조
- 산업 입지 및 개발에 관한 법률 제35조
- 도로법 제64조
- 환경개선 비용 부담법 제9조
- 개발이익 환수에 관한 법률 제14조
- 공유재산 및 물품관리법 제76조
- 국가를 당사자로 하는 계약에 관한 법률 제26조
- 지방자치법 제27조

(2) 업무처리절차

세외수입 업무처리 흐름도

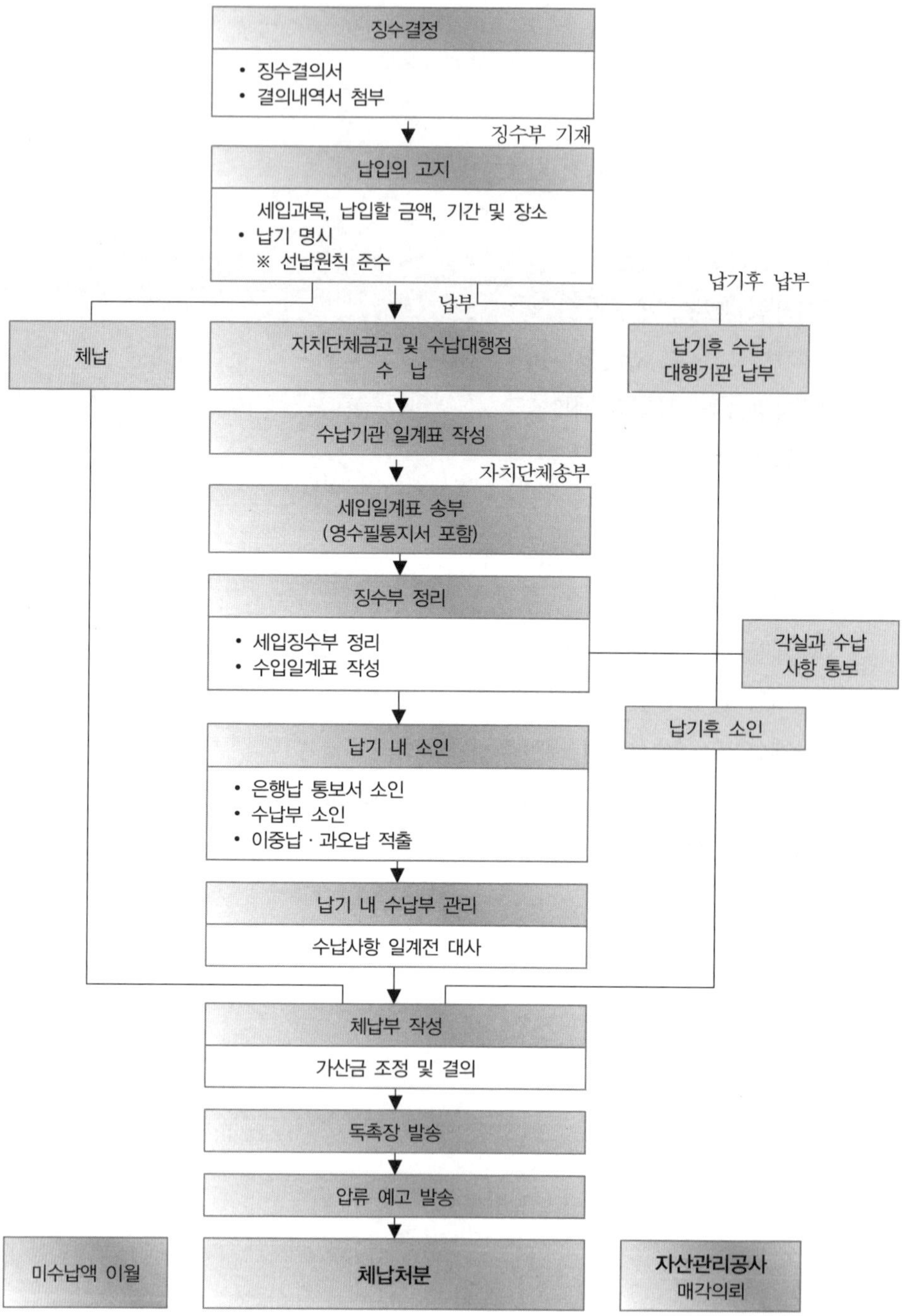

세입금 수납·송금 흐름도

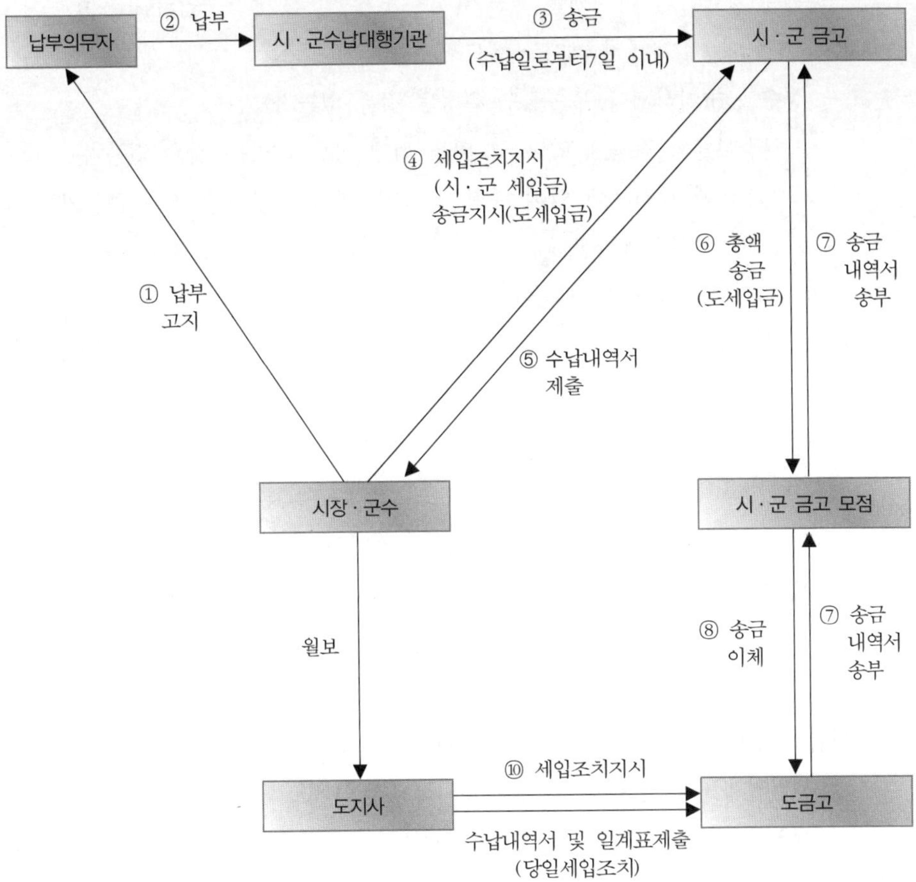

(3) 감 사 착 안 사 항

(가) 세외수입 총칙

- 수입체계 정비(재무회계규칙[242] 제3조, 제139조 - 제146조)
  - 세외수입에 관한 관계법규는 정비되어 있는가.
  - 일정액(수수료 및 사용료 등)으로 징수하는 세외수입의 금액기준은 합리적으로 책정되어 있는가.
  - 세입징수관 및 수입금출납원은 정당한 절차에 의하여 임명되어 있는가(제3조).

242) 경기도 재무회계규칙 : XI절에서는 재무회계규칙으로 표기한다.

- 수입절차의 번잡으로 수입에 지장을 초래하고 있는 것은 없는가.
- 관계 장표류는 비치되어 있는가(징수관, 분임징수관, 수입금출납원).

• 징수결정(재무회계규칙 제33조-제37조)
- 징수를 누락하거나 부족징수 결정된 것은 없는가.
  · 일정비율의 적용에 있어 그 비율 적에 착오가 있는 것은 없는가.
  · 일정금액의 적용에 있어 수량 및 건수 파악이 잘못된 것은 없는가.
- 수입의 근거는 명확한가.

• 납입고지(재무회계규칙 제36조)
- 납입자의 주소가 불명하거나 수령거부 시 공시송달에 의하여 송달하고 있는가.
- 징수결정과 납입고지 내역이 서로 일치하는가.

• 징수부의 정리(재무회계규칙 제33조)
- 징수 결정된 것은 징수부에 빠짐없이 기재하고 있는가.
- 세입징수 결정 일자를 세입징수관이 세입결의서를 작성한 날로 하지 않는 것은 없는가.
- 계수의 정리와 정정에 잘못이 없는가.

• 세입금 수납(재무회계규칙 제41조, 제42조)
- 세입일계표와 영수필수납액은 일치하고 있는지.
- 세입금을 횡령 또는 유용한 것은 없는가.
- 수입금 출납원 또는 수납대행점이 수납한 세입금을 그 다음날(수납대행점은 5일)까지 시금고에 납입하고 있는가.
  ※ 지연납입한 경우 지체상금을 부과 · 징수하였는지.
- 수납소인 담당자를 지정하고 지정된 자가 소인하고 있는가.
  ※ 미납자 수납소인 여부 확인

• 체납액관리(지방세법 제27조 - 제28조)
- 납기(연도폐쇄)후 과목별 체납부 작성 여부와 누락자는 없는가.
- 가산금의 징수결정과 부과고지는 하고 있는가.
- 미납자의 독촉장 발부 여부와 체납부와는 일치하고 있는가.
- 체납자 재산조회와 압류조치는 하였는가.
- 압류재산 처분과 관리는 적정하게 처리하고 있는가.

– 미수납액의 이월수납부 작성과 징수결정 절차는 이행하고 있는가.

- 보고(재무회계규칙 제47조)
  – 매월 말일에 징수부를 마감하고 보고서를 작성하고 있는가.
  – 부합하지 아니하는 월계대사표가 첨부되는 등 불부합 사항은 없는가.
- 징수유예, 과오납·결손처분 등(지방세법 제41조-제44조)
  – 징수유예조치는 정당히 처리되었는가.
  – 과오납금 환부(계좌입금) 절차는 적정한가.
  – 환부와 관련한 금품수수, 유용행위는 없었는가.
  – 체납액에 대하여 소정 기일 내에 독촉하는 등 적정한 조치를 취하지 아니하고 방치하고 있는 것은 없는가.
    · 납입기간 경과후 7일 이내 독촉
    · 독촉장 발부시 납입기한 : 발행일로부터 10일 이내
  – 시효완성, 무재산, 행방불명 등 사유로 결손처분에 잘못은 없는가.
- 세입금관리
  – 시·군 금고계약 적정 여부와 금고감사는 실시하였는가(재무회계규칙 제102조, 제120조).
  – 유휴자금을 이자율이 높은 예금으로 예치·관리하고 있는가(동 규칙 제74조).
  – 세입결산서 작성과 절차는 제대로 이행하였는가(동 규칙 제30조).
- 세입·세출외 현금(재무회계규칙 제78조-제79조)
  – 현금관리와 수납절차는 관계규정에 따라 제대로 이행하고 있는가.
  – 현금반환과 관련하여 금품수수, 유용행위는 없는가.

(나) 경상적 세외수입

- 재산임대수입(공유재산)(공유재산 및 물품관리법 제31조-제35조, 같은법 시행령 제29조-제36조)
  – 최근 5개년간 임대내역을 서로 대사하고 미 임대개소의 사실상 사용여부를 현지확인하였는가.
  – 매년 실태조사는 실시하였는지와 사실상 지목대로 사용료를 산출 부과하였는가.
    ※ 토지공시지가 조사표와 대사

- 사용료(도로, 하천, 공유수면, 시장, 도축장, 입장료, 기타 공공시설의 사용료)
  - 사용허가기간, 조건, 사용료율, 재산가액평가, 사용료 납부시기는 적정한가(같은법 시행령 제22조, 제25조, 도로법 제41조 - 제43조).
  - 건축허가 등 인 · 허가 내역과 사용료 부과내역을 대사하고 사실상 사용하였는가를 현지확인
  - 사용료 감면은 적정한지와 사실상 사용현황과 일치하는지(도로법 제42조 같은법 시행령 제44조 - 제45조)
  - 사용료 산정기준 및 사용면적 산정은 적정한지
- 수수료(수입증지, 쓰레기 봉투판매수입, 재활용품 판매수입, 인 · 허가, 제증명, FAX민원발급 수입)(폐기물관리법 제13조)
  - 증지, 봉투제작에 따른 인영관리 및 원판회수는 적정하게 하였는지.
  - 증지, 봉투판매 수수료는 위탁판매인에게 실제 지급하였는지(공무원판매 여부확인).
  - 수불상황의 기록관리가 적정한지와 수불부와 사실상 잔량이 일치하는지.
  - 재활용품 판매계약 및 단가는 적정한지.
  - 세입금의 회계처리와 세입과목(특히 재활용품 수거판매수입)은 적정한지.
- 사업수입(사업장수입, 요금수입)
  - 농산물 등의 파종 · 생산수량과 판매수량은 일치하는지.
  - 노상주차장 요금수입의 세입절차는 적정한지.
  - 주차증 발부수량과 세입금은 일치하는지.
- 징수교부금(도세, 사용료, 과징금, 부담금등의 징수교부금 수입)(지방세법 시행령 제41조, 하천법 제56조(하천사용료)
  - 징수액에 대한 교부금이 제날짜에 적정액이 교부되고 있는지.
  - 징수교부금을 지정된 용도에 사용하고 있는지.
- 이자 수입(재무회계규칙 제47조 제48조, 제74조)
  - 자금수급계획과 유휴자금 산정은 적정한지.
  - 세출예산 월별 자금지출계획서를 정확히 파악되고 있는지와 자금배정은 적정한지.

(다) 임시적 세외 수입

- 재산관리분야에서 작성되었는가.

- 재산매각은 적정성
- 순세계 잉여금(같은법 시행령 제39조, 제40조)
  - 잉여금 처리와 결산전 이입은 적정한지.
- 융자금회수 수입(새마을소득특별지원, 농촌주택사업, 의료보호, 농어촌소득개발)(사업별 특별회계조례 참조)
  - 융자금교부, 회수절차는 적정한지.
  - 원리금 미회수자에 대한 채권확보 등의 조치는 적정한지.
- 부담금(하수도, 교통유발, 환경개선, 개발)(지방자치법 제138조)
  - 인·허가 내역과 부담금 부과내역이 일치한가.
  - 부담금 산정과 부과징수는 적정한가.
  - 부담금의 면제는 적정한가.
- 잡수입
  - (불용품매각대)불용품을 적법절차에 따라 매각하고 있는가(공유재산 및 물품관리법 제36조, 제76조).
  - (변상금)변상금 산정과 세입금 수납절차는 적정한가.
  - (위약금)지체일수 및 지체상금률 적용은 적정한가.
  - (과태료)위반내역과 과태료 부과내역이 일치하고 있는가(지방자치법 제27조).
  - 체납자에 대한 재산압류 등 체납절차는 제대로 이행하고 있는가.
  - (체납처분 수입)공과금 등 체납자 압류재산의 체납처분비를 징수하고 있는가.
  - (반환금 수입)국·도비 보조금 사용잔액을 반납하지 아니하고 타 용도로 사용하고 있는가.
  - (기부금 수입)의뢰, 권유, 할당식 반강제적인 금품모집은 없는가(기부금품 모집 및 사용에 관한 법률 제4조, 같은법 시행령 제2조 - 제4조).
  - 모금액을 허가목적대로 집행하고 있는가.
  - (기금수입) 기금운용(자금관리)을 이자율이 높은 예금으로 예치하고 있는가(기금관리기본법 제6조, 같은법 시행령 제7조).
  - 이자수입에 대한 회계처리를 규정대로 집행하고 있는가.
- 과년도 수입(지방재정법 제65조)

- 당해 연도 출납폐쇄 기한까지 수입되지 아니한 세입금을 다음 연도로 이월 징수결정하고 있는가.
- 과년도 수입금에 발생된 가산금(연체료)을 과년도 수입으로 징수결정하고 있는가.

• 특별회계(사업수입, 상수도, 하수도, 주택, 공영개발, 지역개발, 기타)(사업별 특별회계조례 참조)
  - 최근 5개년간 업종별 인 · 허가 내역과 부과내역을 대사하고 부과 적정한가.
  - 관내 세차장의 지하수 개발신고와 하수도사용료 부과하였는가 확인

나. 지방세 부과 · 징수관리[243]

(1) 관 계 법 령[244]

지방세법 제1조, 제120조, 제121조, 제150조의2, 제151조, 제155조, 제161조, 제165조, 제177조의4, 제189조, 제196조의6 등

(2) 업 무 처 리 절 차

〈신고납부〉

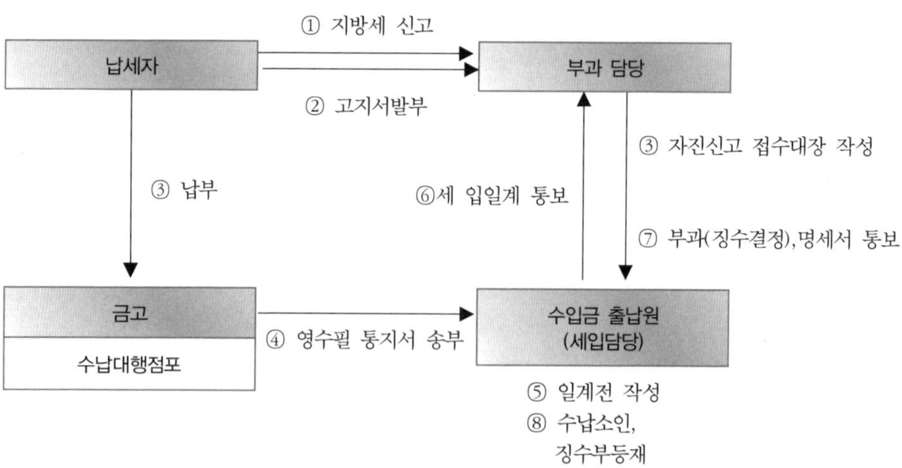

243) 서울시(2004) 494~495쪽 및 경기도(2006a), 218~224쪽에서 재작성하였음.

244) 주의! 관계법령이 개정되었는지를 먼저 확인해서 현행법령에 입각하여 합법성감사를 실시하여야 한다.

〈보통징수〉

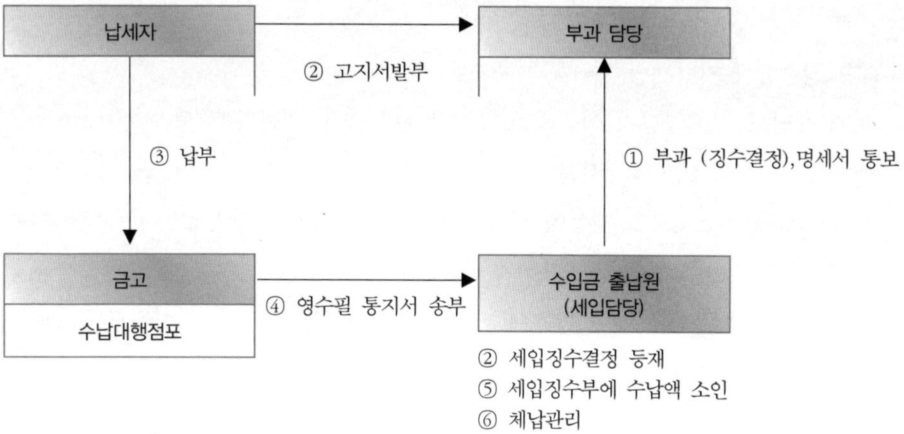

(3) 감 사 착 안 사 항

(가) 체납처분(지방세기본법 제91조 - 제94조)

- 체납된 지방세는 납입기한이 경과한 후 15일(은행납은 50일) 이내에 독촉장을 발부하고 있는가.
- 재산의 압류요건이 성립되었음에도 압류하지 않은 것은 없는가.
  - 독촉장을 받고 지정기일까지 징수금을 납부하지 않았음에도 압류하지 않은 것은 없는가.
  - 납세자가 납세담보 제공 요구에 불응함에도 압류하지 않은 것은 없는가.
- 압류해제 사유는 정당한가.
- 압류재산의 처분은 정당한 절차를 따르고 있는가.

(나) 결손처분(지방세기본법 제96조)

- 체납자가 주소지에 거주하고 있음에도 행방불명을 이유로 결손처분한 것은 없는가.
- 체납자 재산이 있음에도 무재산을 이유로 결손처분한 것은 없는가.
- 체납자의 거소 또는 재산을 발견하였음에도 결손처분을 취소하지 않고 있는 것은 없는가.
- 납부고지 및 독촉 등으로 시효중단 사유가 발생하였음에도 소멸시효 완성으로

인정하여 결손처분한 것은 없는가.

- 소멸시효가 완성된 후에도 결손처분하지 않은 것은 없는가.

(다) 징수유예(지방세법 제41조-제44조)

- 납세담보를 제공받지 아니하고 징수유예한 것은 없는가.
- 징수유예 사유는 정당한가.
  - 재해나 도난으로 재산에 심한 손실을 받은 것처럼 허위로 서류를 작성하여 징수유예한 것은 없는가.
  - 사업에 많은 손실이 있거나 중대한 손실을 받은 것 같이 허위로 징수유예한 것은 없는가.
  - 납세자 또는 동거가족에게 질병 등이 있는 것 같이 허위로 징수유예한 것은 없는가.
- 징수유예 기간 중에 유예한 지방세에 대하여 체납처분한 것은 없는가.
- 징수유예의 취소사유에 해당함에도 징수조치를 취하지 않은 것은 없는가.
  - 체납액을 지정된 기한까지 납부하지 아니함에도 징수유예를 취소하지 않은 것은 없는가.
  - 담보의 변경 또는 기타 담보보전의 명령에 불응함에도 징수유예를 취소하지 않은 것은 없는가.
  - 재산상황과 기타 사업의 변화로 징수유예할 필요가 없는 자를 방치하고 있는 것은 없는가.
  - 체납처분 등 납기 전 징수 사유가 발생하였음에도 이를 방치한 것은 없는가.

(라) 과오납금(지방세법 제45조-제47조)

- 과오납금 환부 시 다른 지방세 체납액을 충당하였는가.
- 과오납금 환부 시 기산일 적용은 적정한가.
- 환부 시 지급내용 권리자에게 통지하였는가.
- 세입과오납금 환부지급(충당)통지서 서식을 사용하였는가(시행규칙 제19조).
- 과오납금 환부이자를 지급하였는가(같은법 시행령 제39조).
- 과오납금 계좌이체로 지급하였는가.
- 과오납금 권리자에게 지급하지 아니하고 공무원이 횡 · 유용 또는 착복하였는

가(계좌이체하지 않은 부분 추적조사).

(마) **일일결산**(경기도 재무회계규칙 제4조, 제46조)

- 시·군금고로부터 공과금 일계표 일일통보는 적정하였는가.
- 징수부서 수납부와 수입일계표를 정리하였는가.
- 수납부와 수입일계표 대사후 결재하였는가.
- 수기고지서 수납분 전산수납처리는 적정성

(바) **금고관리**(지방재정법 시행령 제77조)

- 금고 및 수납대행점(계약서 참고)
  - 토요일 수납분 당일 수납으로 입금처리는 했는가.
  - 영수필통지서 기일내 통지는 적정한가.

4. 지방의회 감사 지적사례

- 가설건축물에 대한 과세자료 관리 소홀
- 가설건축물에 대한 취득세 등 과세 누락
- 가설건축물에 대한 취득세 등 과세누락분 추징
- 각종 기금 및 여유예산관리 철서(이자수입 최대 확보)[245]
- 감면을 받은 차량에 대하여 그 고유목적 외에 사용 시 추징 근거조항 누락
- 건축물 증축에 대한 취득세 과세누락
- 결손처분 업무처리 부적정
- 결손처분에 대한 세원관리 철저
- 경매부동산 등 체납액 징수자료 협조체계 미흡
- 고급오락장에 대한 취득세 중과 소홀
- 고액체납자에 대한 부동산 압류 불이행
- 고질적인 고액체납자에 대한 명단공개 등 대책 강구
- 고질체납차량 정리추진 미흡
- 공사·물품구매·용역대가 지급시 지방세납세증명서 부당 징구
- 공사대금 및 보상금 지급시 지방세 체납 여부 미확인

245) 밑줄 친 부분은 시·도사무로 시·도의회의 지적 사항이다. 이하 같다.

- 과세권자의 지방세 고질체납자 관허사업제한 소홀
- 과오납 발생원인의 분석소홀 및 집계관리 부적정
- 과오납금의 증가 및 처리문제
- 과점주주 과세자료 타 자치단체 전파 소홀
- 과점주주에 대한 취득세 과징 소홀
- 광역시 구세 감면조례 등 정비 소홀
- 교통영향평가 용역비 취득세 과소신고납부분 과징 소홀
- 국 · 공유지 매각취득세 과세자료 통보 미흡
- 국공유지 무단점용, 무상임대 재산에 대한 유료화 문제
- 국세기본법에 상치되는 자치법규 정비 소홀
- 기타 공유재산관리문제(특정인, 수의계약, 장기계약 등)*
- 납세의무자의 압류사유 소멸에 따른 압류해지 지연
- 농공단지 입주자 감면세액에 대한 농어촌특별세 과세누락
- 농업소득세 부과징수 소홀
- 농지전용부담금의 취득세 등 과세표준액 산정 누락
- 담배소비세액의 공제 및 환부업무처리 소홀
- 대체농지조성비, 농지전용부담금 미납에 대한 대책 강구
- 대형투자사업의 재정여건 고려 철저
- 도로개설보상금 지급시 지방세 체납 여부 미확인
- 도세 부과징수규칙 정비 소홀
- 도세조례 및 부과징수규칙 정비 소홀
- 도시가스사업자에 대한 취득세 · 등록세 감면 부적정
- 도시계획세 부과지역 고시 소홀
- 도축세 과오납 환부처리 부적정
- 도축세 부족징수 및 신고납부 가산세 미징수
- 도축세 포탈 특별징수의무자에 대한 법정이행조치 부적정
- 등록세 과징시 세율적용 착오로 등록세 부족징수
- 등록세 납기경과 납부에 따른 가산세 추징
- 등록세 수기납부분에 대한 수납사항관리 소홀
- 등록세 수납 대사결과 조치 부적정 및 금고 지도감독 소홀

- <u>등록세 수납확인방법 개선 소홀</u>
- <u>등록세 : 금고수납 대행점 지도감독 소홀</u>
- <u>등록세 : 대지에 대한 등록세율 착오 적용</u>
- <u>등록세 : 시가표준액 적용에 따른 등록세 등 과소부과</u>
- <u>등록세 : 이륜자동차 세율적용 착오로 인한 등록세 과소부과</u>
- <u>등록세 : 창업 중소기업에 대한 등록세 등 착오 면제</u>
- 면허세 체납자에 대한 면허취소 불이행
- 면허세 : 2002년 정기분 면허세 과세누락
- 면허세 : 건물 증축신고에 대한 면허세 과세누락
- 면허세 : 근해어업 허가 등 면허세과세자료 통보 불이행
- 면허세 : 신·증축 건축물 면허세 과세누락
- 면허세 : 여객자동차 운수업체 변경등록 시 면허세 납세확인 불이행
- 면허세 : 인·허가에 따른 면허세 과세누락
- 면허세 : 전력시설물의 설계업 등에 대한 면허세 납부여부 미확인 및 면허자료 통보의무 불이행
- 면허세 : 중도매업 등 허가시 면허세납부 여부 미확인 및 면허자료통보의무 불이행
- 면허세 : 지하수 개발·이용의 허가 면허세 부과 누락분 추징
- 법원교부청구 및 배당금 수령대장 관리 소홀
- 보상금 수령일로부터 1년 초과 대체취득 부동산 비과세 부적정
- 부목사 사택 등을 종교단체에 대한 용도구분 비과세대상으로 처리 취·등록세 과소 부과
- 부재지주 대체취득부동산 취득세 등 비과세 부적정
- 사실상 취득가격 적용 부적절
- 사업소세 : 330㎡ 초과 여관 등에 대한 재산할 사업소세 과세누락
- 사업소세 : 인적·물적설비 갖춘 사업장 재산할 사업소세 부과누락
- 사업소세 : 재산할 사업소세 과세누락
- 사업소세 : 재산할 사업소세 부과 누락
- 사업소세 : 재산할 사업소세 신고납부 불이행분 과세누락
- 세부과 징수 등 지방세업무 지도·감독 소홀

- 소멸시효 완성된 체납세 결손처분 지연
- 신축건축물에 대한 취득세 등 과소신고분 추징누락
- 여유예산의 고수익 활용문제
- 운전학원의 미등록차량에 대한 취득세 과세 누락
- 유치원에 대한 용도구분 비과세처리 부적정
- 유흥주점 영업소에 대한 취득세 등 과세누락
- 임대사업자에 대한 사후관리 부적정
- 임시운행번호판 미반납차량 취득세 과징소홀
- 자경농민에 대한 감면 사후관리 부적정
- 자경농민의 취득농지에 대한 감면 부적정
- 자동차 구조변경에 대한 취득세 과세누락
- 자동차세 : 사망자에 대한 자동차세 과징 소홀
- 자동차세 : 이륜자동차에 대한 자동차세 등 과세누락
- 자동차세 : 자동차변경 · 이전등록 시 자동차세 납부확인절차 부적정
- 자동차학원 교습 및 검정용 차량취득세 과세누락
- 자치법규(광주광역시세조례 · 규칙) 정비 소홀
- 재부과, 중복과세 건수 및 금액의 증가문제
- 재산세 과표 가산율 적용 부적합
- 재산세 : ㅇㅇ관광(주) 급 · 배수시설 재산세 등 과세누락
- 재산세 : 건물 증축분에 대한 과세대장 미정비로 재산세 등 과세누락
- 재산세 : 불법건축물에 대한 재산세 등 과세누락
- 재산세 : 선박에 대한 재산세 등 과세누락
- 재산세 : 승강기 설치건물에 대한 가산율 미적용으로 재산세 등 과세누락
- 재산세 : 엘리베이터 설치 건물에 대한 가산율 적용 부적정
- 재산세 : 온천수시설(관정)에 대한 재산세 등 누락
- 재산세 : 지하수시설 재산세 등 과세누락
- 종교단체에 대한 용도구분 비과세 처리 부적정
- 주민세 자동이체 납부자 고지서 이중교부에 따른 세무행정 불신 초래
- 주민세 특별징수의무자 기재사항 부적정
- 주민세 : 공무원 급여소득세 관련 소득할 주민세 납입 부적정

- 주민세 : 균등할 주민세 과세누락
- 주민세 : 법인균등할 주민세 과세누락
- 주민세 : 신설법인 등에 대한 법인균등할 주민세 과징 소홀
- 주유기 및 저유조에 대한 취득세 과징 소홀
- 지목변경에 따른 취득세 등 과세누락
- 지방세 3회 이상 체납자 관허사업제한 불이행
- 지방세 감면 · 면제대상자 과다 및 확인점검 소홀
- 지방세 과 · 오납금 증가문제
- 지방세 과세대장 비치관리 부적정
- 지방세 납세증명서 등 발급업무 부적정
- 지방세 세입추계 부정확에 따른 세입예산편성 불합리
- 지방세 징수유예 시 채권담보물 징구 불이행
- 지방세 체납세 독촉장 송달방법 부적정
- 지방세 체납세 징수를 위해 필요한 법정조치 불이행
- 지방세 체납세징수 부적정
- 지방세 체납액 징수활동 강화
- 지방세 체납자 관허사업제한 미이행
- 지방세 체납처분비 미징수
- 지방세 체납처분유예 시 채권담보물 징구 불이행
- 지방세무직 6급 단수직화 불이행
- 지방세무직렬 공무원 정원조정 불합리
- 지방세법개정내용 미반영 등 자치법규정비 지도 · 감독 소홀
- 지방세와 국세 세입관리 소홀
- 지방세운영지침 및 새로운 유권해석 전파 소홀
- 지방세의 결손처분 신중화
- 지방세체납자 관허사업제한 미이행
- 지역개발세 : 골프장 지하수개발에 대한 지역개발세 과세누락
- 지역개발세 : 온천용수 지역개발세 과세누락
- 지역개발세 : 지하수에 대한 지역개발세 과세 누락
- 창업중소기업 비과세 감면 사후관리 소홀

- 창업중소기업 취득 사업용 재산취득세 면제 부적정
- 체납지방세 징수문제
- 체납징수 포상금 사용문제(부서운영비 사용 및 일률적 지급문제)
- 테크노벨리 취득세 등 부과경정 결정 부적정
- 토지수용 등 대체취득 부동산에 대한 취득세비과세 부적정

| XII | 세출행정 분야

1. 사무내용과 감사기본방향

가. 사무내용

지방자치단체의 세출행정은 ▸지출 및 결산의 관리 ▸복식부기 회계업무 처리에 관한 사항 ▸ 공사·용역 검사 및 물품의 검수 입회 ▸세입·세출외 현금 및 유가증권의 출납 보관 ▸회계사무의 지원 및 관리·감독업무를 처리한다. 지방재정법상 세출행정분야의 자치단체별 사무영역은 도표 5-16과 같다.

도표 5-16 세출 행정분야 자치단체의 사무영역

구분	시·도사무	시·군·자치구 사무
세출 업무	• 세출예산의 편성 및 집행 • 지출 및 결산의 관리 • 복식부기 회계업무 처리에 관한 사항 • 공사·용역 검사 및 물품의 검수 입회 • 세입·세출외 현금 및 유가증권의 출납 보관 • 시·군·구의 회계사무의 지원 및 관리·감독	• 세출예산의 편성 및 집행 • 지출 및 결산의 관리 • 복식부기 회계업무 처리에 관한 사항 • 공사·용역 검사 및 물품의 검수 입회 • 세입·세출외 현금 및 유가증권의 출납 보관 • 회계사무

나. 감사기본방향

이 분야에서는 주로 계약입찰, 계약사무, 계약의 이행, 변경·위반 여부에 대하여

감사를 실시한다. 계약업무에 대하여는 재무감사(제4장 II. 참조), 각종회계법령조례 사항의 위반여부에 대하여는 합법성감사(제4장 III. 참조)에 중점을 두어야 할 것이다. 회계부서의 성과에 성과감사(제4장 VI. 참조) 기법을 적용하여야 할 것이다.

2. 정책/성과감사 기법

가. 재정지원사업(재단, 사단에 대한 지원 등)에 대한 감사 착안점

(1) 보조금, 교부금, 부담금, 대부금 기타 재정원조의 결정은 적절한가?

① 법령, 규칙에 위반한 보조를 하고 있지 않은가?

② 공익상 지원필요가 없다고 인정되는 시설이나 단체에 대한 보조를 하고는 있지 않은가?

③ 사회정세의 변동으로 인하여 보조의 필요성이 낮아진 사업에 대한 보조를 중지하거나 가액 등 적당한 조치를 하고 있는가?

④ 보조금 교부 신청서의 심사를 게을리한 점은 없는가?

(2) 재정지원액이나 지원방법은 적정한가?

① 보조금은 적정하게 산정되고 또한 보조목적에서 볼 때 적정한가?

② 보조금의 교부시기는 적절한가?

③ 보조금을 선급하거나 일괄 지불방식에 불만은 없는가?

④ 보조대상사업의 변경 등으로 수반되는 보조액의 변경은 적절하게 되고 있는가?

(3) 보조조건 기타 보조에 관한 계약내용은 적정 타당한 것인가?

(4) 보조사업은 보조목적에 따라 적정하게 이루어지고 있는가?

① 보조대상 사업 및 예산계획은 적당하고, 또한 두 계획은 부합되고 있는가?

② 계획과 실시내용은 서로 다르지 않는가?

③ 보조의 효과는 충분히 달성되고 있는가?

④ 보조조건의 이행은 완전하게 이루어지고 있는가?

(5) 보조에 관련된 경리내용은 적정한가?

① 교부된 보조금은 적정하게 수입으로 처리되고 있는가?

② 자금은 그 목적에 효율적으로 긴밀하게 집행되고 있는가?
③ 자금을 타에 유용하거나 또는 부정하게 사용하고 있지 않는가?
④ 장부에 관련된 증빙서류는 확실하게 정리되고 있는가?
⑤ 기타 회계처리는 적정하게 처리되고 있는가?

(6) 출자의 목적을 달성하고 있는가?

① 출자를 받는 단체는 그 목적대로 운영되고 있는가?
② 출자를 받는 단체의 경영 상태는 양호한가?
③ 출자를 받는 단체에 대한 지도감독은 적절하게 되고 있는가?

나. 정부 합동평가를 활용한 성과감사기법

지방자치단체의 세출행정분야에 대한 정부합동평가 결과를 성과 감사에 활용하는 것이다. 아래와 같은 평가 지표로 한 해 동안 이룬 성과를 전국 자치단체와 상호 비교하여 가,나,다급 중에서 상대적으로 낮은 성과인 "다"급으로 평가받은 분야에 대하여 그 원인을 규명하고 향후 성과개선방안과 차년도 성과목표를 상향 설정하도록 한다. 다만, 지방자치단체의 지방행정환경이 근본적으로 열악하여 전극적인 비교가 불합리한 경우에는 전년도 자료를 비교하여 시계열적인 성과를 비교하여 그 성과를 감사하여야 할 것이다.

성과감사를 위하여 다음의 도표 5-17에 따라 이미 계산된 평가자료와 합동평가결과서를 제출 받아 그 성과를 감사하는 것이다.

도표 5-17 정부합동평가지표중 세출분야 관련지표

평가시책	평가항목	평가지표
1-4. 지자체 재정 운영	계획	
	집행	
	산출/결과	1-4-1. 세출절감(가중치 8.98) ㉮ 행정운영경비 절감률 - ((최종예산 행정운영경비－행정운영경비 최종집행액) / 최종예산 행정운영경비) × 100 ㉯ 자체사업 연말지출원인행위 비율(%) - {(자체사업연말(11월~12월)지출원인행위액 / 자체사업 세출집행액} × 100

도표 5-17 정부합동평가지표중 세출분야 관련지표(계속)

평가시책	평가항목	평가지표
1-4. 지자체 재정 운영	산출/결과	㉰ 행사 · 축제성 경비 비율(%) : (행사 · 축제성경비 / 세출집행액) × 100 1-4-3. 지방세 인터넷 신고 납부시스템 회원 가입율(가중치 5.85) ㉮ 인터넷 신고 · 납부시스템 개인(개인사업자 포함) 회원 가입률 - (개인회원 가입자 수 / '09년 개인(사업자)균등할 주민세 납세의무자 수) × 100 ㉯ 인터넷 신고 · 납부시스템 법인회원 가입율 - (법인회원 가입자 수 / '09년 법인 균등할 주민세 납세의무자 수) × 100 - ※ 인터넷신고 · 납부시스템 : 위택스(WeTax), 서울, 부산, 인천, 울산에서 자체 이택스 - 위택스(WeTax) : 전국 지방세를 인터넷으로 한곳에서 신고 · 납부 · 고지 등을 할 수 있는 지방세종합정보시스템 1-4-4. 인터넷신고, 납부시스템을 통한 정기분 세목의 전자납무 이용율(가중치 4.71) ㉮ '09년 재산세 전자납부 이용률 - ('09년 재산세 전자납부 건수 / '09년 재산세 부과건수) × 100 ㉯ '09년 자동차세 전자납부 이용률 ('09년 자동차세 전자납부 건수 / '09년 자동차세 부과건수) × 100 ㉰ '09년 주민세 전자납부 이용률 - ('09년 주민세 전자납부 건수 / '09년 주민세 부과건수) × 100
	결과활용	1-4-2. 절감재원재투자(가중치 4.47) ㉮ 예산집행상 절감재원 재투자율 - (재투자액 / 예산집행상 절감재원) × 100

3. 합법성감사/재무감사 기법

가. 예정가격 작성[246)]

(1) 관 계 법 령[247)]

지방자치단체를당사자로하는계약에관한법률 시행령 제8조-제10조 등 같은법 시행

246) 서울시(2004) 485쪽 및 경기도(2006a), 161~162쪽에서 재작성하였음.

247) 주의! 관계법령이 개정되었는지를 먼저 확인해서 현행법령에 입각하여 합법성감사를 실시하여야 한다.

규칙 제4조- 제13조 추정 가격산정에 관한 회계통첩(회계 45101-64, 1997 1. 11) 지방자치단체 원가계산 및 예정가격 작성요령(행정자치부예규 제190호)

(2) 업 무 처 리 절 차

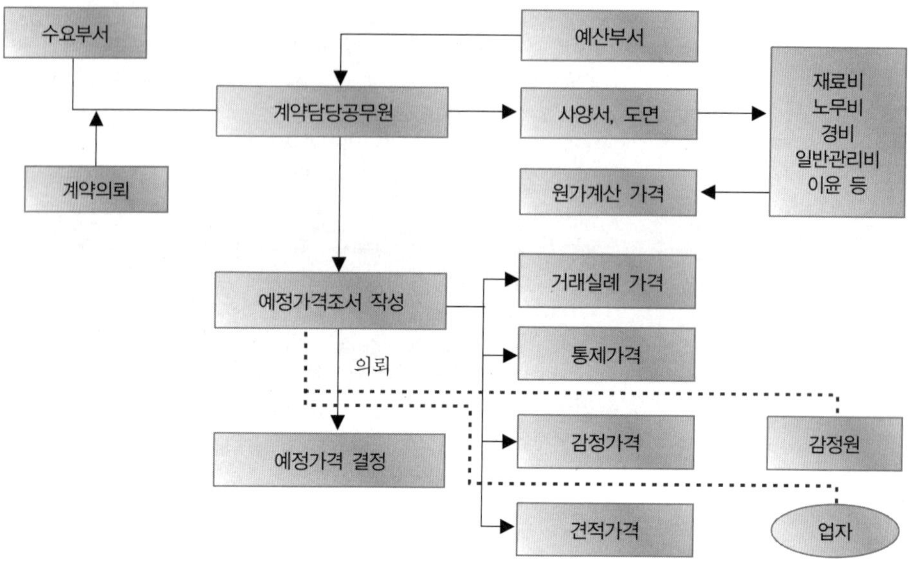

(3) 감 사 착 안 사 항[248)]

- 물품의 규격, 품질을 명시한 사양서 등에 대하여 공사설계도, 시방서 등을 감안 하였는가.
- 견적서에 의한 예정가격을 결정하면서 입찰에 참가할 수 있는 유자격자로부터 징구하였는가.
- 복수예비 가격 및 기초금액이 봉서되지 아니하여 사전에 누설되었는가.
- 동일 물품의 구입실적 가격이 있음에도 기초금액 작성 시 금액을 높여 결정하였는가.
- 인건비, 재료비, 경비 등을 제요율보다 높게 책정하여 예정가격을 결정하였는가.
- 신규개발품, 특수규격품 등 거래실례가격이 없는 경우 원가계산에 의하여 결정하였는가.
- 예정가격 결정시 기초금액을 임의로 감액 또는 증액하여 예정가격을 작성한

248) 지방자치단체 원가계산 및 예정가격 작성요령 참조

사유 및 근거는 타당한가.

- 원가계산 방식에 의하여 예정가격을 결정할 수 없을 경우 계약의 특수성으로 예정가격을 작성하기 곤란한 경우 거래실례 가격으로 예정가격을 결정하였는가.
- 복수예비 가격 폭은 최대한 확대하고 가격 간 간격은 고르게 배열하였는가.
- 조사가격 중 최저가격으로 하지 아니하고 평균가격으로 예정가격을 결정하였는가.

(4) 감 사 사 례

복수예비가격 작성 부적정[249)]

개요

예산절감을 위해 복수 예비가격을 + · −)에서 고르게 배열하지 아니하고 (-)부분에서 많이 작성하여 예정가격 작성

위법 · 부당내용

- 입찰집행에 관한 예정가격 작성요령(행정자치부 예규 제50호)에 의하면 계약담당 공무원은 복수예비가격 작성의 투명성과 객관성 유지를 위하여 특별한 이유가 없으면 입찰당일 1~2시간 전에 0% ~ +3% 범위 내에서 7개, 0% ~ −3% 범위 내에서 8개의 복수예비가격을 작성하되 그 폭은 최대한 확대하고 복수예비가격 간격은 고르게 배열하도록 하고 있음에도
- ○○○에서는 도시숲 ○○앞 오소관로 실지공사의 복수예비가격을 작성하면서 예산을 절감한다는 사유로 −2.985848% ~ −0.077059%에서 13개, +0.043088% −2.927784%에서 2개로 복수예비가격을 작성함으로써 복수예비가격 작성의 공정성과 투명성을 훼손한 사실

나. 공사 · 용역 · 물품 제조구매계약 집행[250)]

(1) 관 계 법 령[251)]

249) 경기도(2006b), 111쪽 참조.

250) 경기도(2006a), 164-169쪽에서 재작성하였음.

251) 주의! 관계법령이 개정되었는지를 먼저 확인해서 현행법령에 입각하여 합법성감사를 실시하여야 한다.

• 지방자치단체를 당사자로 하는 계약에 관한 법률 같은법 시행령, 같은법 시행규칙 • 건설산업기본법, 같은법 시행령 • 건설기술관리법, 같은법 시행령 • 전기공사업법, 같은법 시행령 • 정보통신공사업법, 같은법 시행령 • 지방자치단체 입찰 및 계약집행 기준 • 전력기술관리법, 같은법 시행령 • 입찰참가자격사전 심사 기준 • 지방자치단체 적격 심사 기준 • 지방자치단체 기술용역 적격심사 세부기준 • 지방자치단체 시설공사 적격심사 세부기준 • 지방자치단체 물품구매 입찰 적격심사 세부기준 • 지방자치단체 제한경쟁 계약운영 요령 • 지방자치단체 수의계약 운영 요령 • ㅇㅇ시 · 도지역개발기금설치조례 • ㅇㅇ도 시설공사검사업무규정 등

(2) 업무처리절차

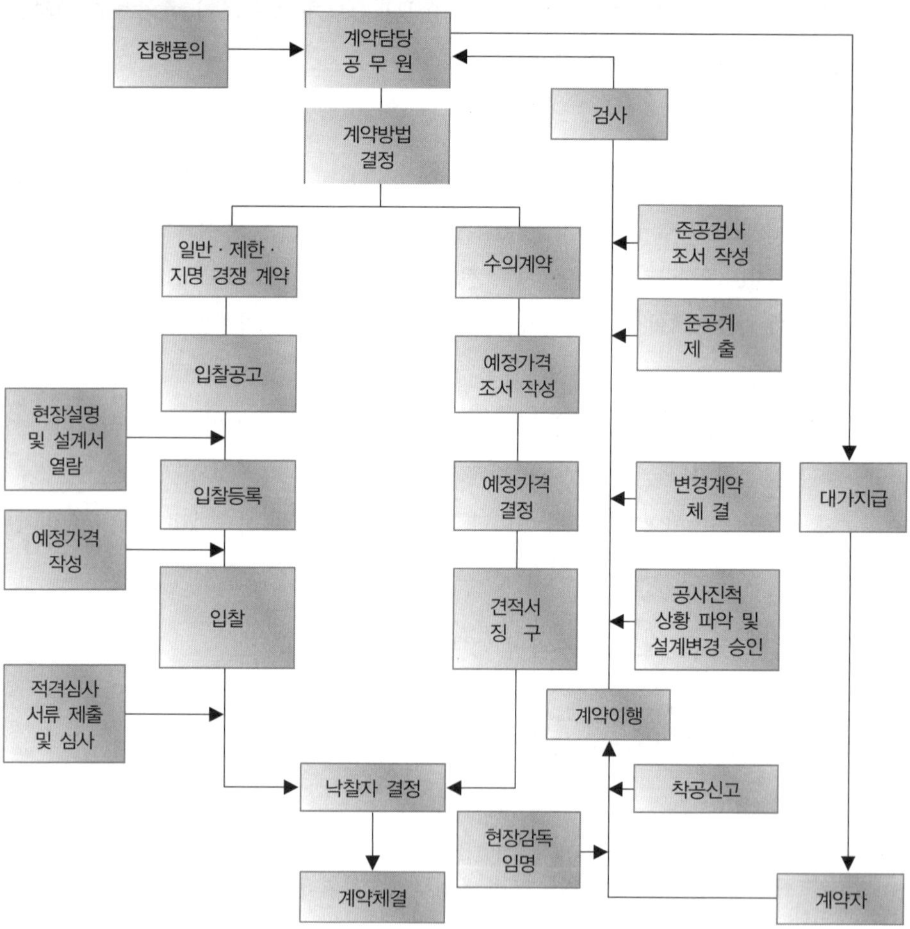

(3) 감사착안사항

- 지역의 특정인을 위한 특혜성 사업 결정하거나 사업계획을 변경하였는가.
- 장기계속 공사로 발주할 것을 공구별, 사업장별로 분할 발주의뢰 및 수의계약 하였는가.
- 당해 사업에 필요한 시설 및 면허자격이 적정한가.
- 입찰참가자격 사전심사 적용대상 공사를 사전적격 심사 없이 일반경쟁에 붙인 것인가.
- 특정업체 수주를 위한 도급실적, 도급금액 등 과다 제한하였는가.
- 일반경쟁 입찰에 있어 신문공고 또는 관보에 게재하여야 할 것을 게시 공고한 것은 없는가.
- 특정업체에 낙찰시키기 위하여 특수한 설계나 시방기준을 명시하여 발주하거나 과도하게 입찰참가 자격을 제한한 것은 없는가.
- 공사비는 정부 노임단가, 거래 실례가격, 표준품셈을 적용하여 산출하였는가.
- 공사물량을 실제보다 더 많게 산정하여 공사비를 과다하게 계상한 것은 없는가.
- 일반경쟁계약방법으로 계약하는 것을 지명경쟁계약으로 집행하였는가.
- 하자 불분명 및 책임곤란, 혼잡성 등을 이유로 전차공사자와 부당하게 수의계약을 하였는가.
- 추가시설 물량을 설계변경 방법으로 부당하게 수의계약을 하였는가.
- 하자보증기간이 경과하였음에도 이를 이유로 전차공사 업체와 수의계약을 하였는가.
- 견적서를 징구하면서 2개의 업체로부터 견적서를 각각 징구하지 않고 1개업체에서 타 견적서까지 징구하고 계약하였는가.
- 입찰공고를 당해공사(물품)의 추정가격 기준을 적용하여 공고기간을 적정하게 부여하였는가.
- 입찰참가 자격이 없는 자가 참여한 입찰 등을 무효로 하지 아니한 것은 없는가.
- 사용인감 등이 상이함에도 낙찰을 결정하여 계약하였는가.
- 계약보증금을 징수하여야 할 것을 부당 면제한 것은 없는가.
- 설계변경 등의 사유로 인하여 계약금액이 증액되었음에도 계약보증금을 추가로 징수하지 아니한 것은 없는가.

- 단일생산품이 아님에도 특정업자와 수의계약한 것은 없는가.
- 현상공모 시 당선자 설계권만 부여하지 않고 시공권 또는 감리권을 부여하였는가.
- 수급인 측에 불리한 공정을 유리한 공정으로 설계변경하여 준 것은 없는가.
- 물가변동에 따른 계약금액의 조정은 적정하였는가.
- 감독관은 수급인이 일괄하도급한 것을 알면서도 방치한 것은 없는가.
- 도급자의 귀책 사유로 공사가 지연된 사항에 대하여 천재지변 등의 이유로 공사기간을 연장하여 준 것은 없는가.
- 설계변경으로 인한 계약금액 조정시 신규 비목의 단가는 설계변경 당시를 기준으로 하여 산정한 단가에 낙찰률을 적용하였는가.
- 시공상태를 확인하지 아니하고 미시공되었음에도 준공처리한 것은 없는가.
- 계약물품 등이 납품되지 아니한 것을 납품된 것으로 허위검수 조서를 작성한 것은 없는가.
- 지체상금 면탈기회 부여를 위하여 부당하게 공기연장을 하거나 준공계를 허위 접수처리하였는가.
- 설계도면 및 내역서상의 물량보다 작거나 다르게 시공하였음에도 보완조치 등 없이 준공처리하였는가.
- 하자보수 보증금 및 이행기간을 적정하게 산정하여 징구하였는가.
- 하자담보기간 내에 발생한 하자에 대하여 자체예산으로 보수공사를 시행한 것은 없는가.

(4) 감 사 사 례

각종 행사의 위탁대행 수의계약 부적정[252]

개요

각종 행사의 위탁대행 업체를 선정함에 있어 국가종합전자조달시스템(G2B) 등을 이용한 공고 등의 절차를 이행하지 아니하고 특정업체로부터 행사 제안서를 제출받아 위탁계약 체결

252) 경기도(2006b), 113쪽 참조.

■ 위법 · 부당내용

- 국가를 당사자로 하는 계약에 관한 법률 제7조와 같은법 시행령 제26조에 의하여 지방자치단체의 계약은 일반경쟁에 부쳐야 하고, 천재 · 지변, 긴급한 행사 등 비상재해, 기타 이에 준하는 경우로서 경쟁에 부칠 여유가 없는 경우, 다른 법령의 규정에 의하여 국가사업을 위탁 또는 대행할 수 있는 자와 당해 사업을 계약하는 경우, 추정가격 3천만 원 이하의 물품의 제조 · 구매, 기타의 계약의 경우에 한하여 수의계약을 체결하여야 함에도
- ○○○에서는 ○○세계민속예술축제, 시민과 함께하는 특집 ○○○가요 콘서트의 행사를 민간 전문기관에 위탁하면서 관보 또는 국가종합전자조달시스템(G2B)에 공고하여 행사대행업 등의 등록을 필한 불특정 다수의 희망자로부터 제안서를 제출받아 평가한 후 협상의 절차를 거쳐 계약을 체결하지 아니하고 ㈜○○내셔널로부터 행사제안서를 제출받아 위탁계약을 체결한 사실

다. 세출예산 지출[253]

(1) 관 계 법 령[254]

- 지방재정법 제67조-제76조, 같은법 시행령 제85조 - 제101조 • 공무원보수규정 • 지방공무원보수규정 • 공무원수당등에관한규정 • 지방공무원수당등에관한 규정 • 공무원여비규정 • 공무원 특수지 근무수당 지급대상지역 및 기관과 그 등급별 구분에 관한 규칙 • 소득세법 • 도, 시 · 군 재무회계 규칙 • 지방지치단체 예산편성 세부지침 •세출예산 집행 지침 • 지방공무원 보수업무 등 처리지침, • 신용카드사용 관리요령 • 국고금 단수 계산법 등

253) 경기도(2006a), 170~174쪽에서 재작성하였음.

254) 주의! 관계법령이 개정되었는지를 먼저 확인해서 현행법령에 입각하여 합법성감사를 실시하여야 한다.

(2) 업무처리절차

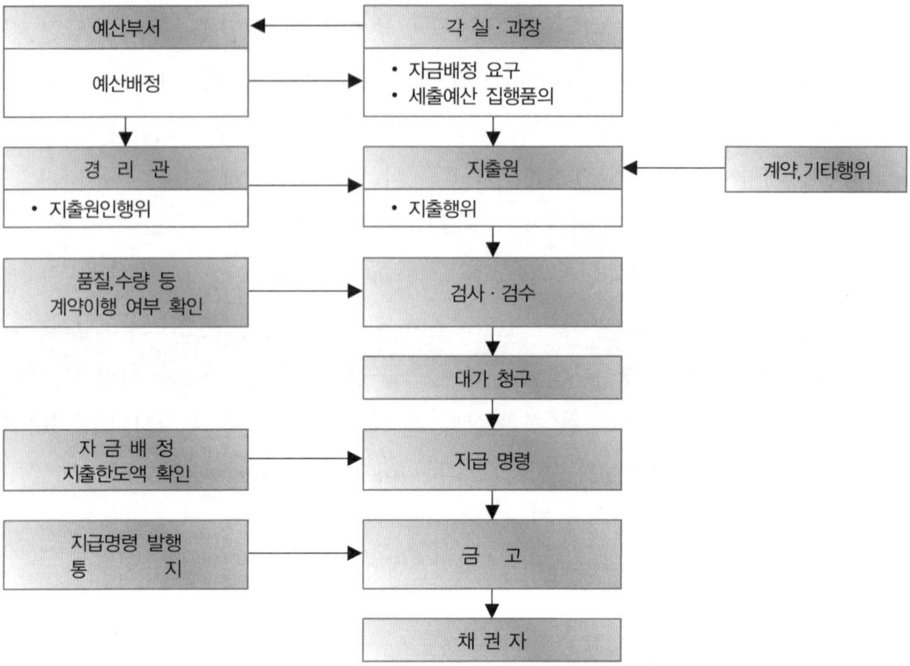

(3) 감사착안사항

(가) 지출원인 행위

- 예산의 배정 전에 지출원인 행위를 한 것은 없는가.
- 배정된 예산을 초과하여 지출원인 행위를 한 것은 없는가.
- 연도내 이행이 불가능한 것이 명백함에도 연도말에 지출원인 행위를 한 것은 없는가.

(나) 지출행위

- 세출예산이 정한 목적외 경비로 집행한 것은 없는가.
- 전년도에 사고 이월된 경비를 다시 사고 이월한 것은 없는가.
- 연도말 예산잔액을 사용할 목적으로 불요불급한 물품을 구매한 것은 없는가.
- 동일한 물품을 분할하여 수의계약으로 구입한 것은 없는가.
- 불용품을 매각하여 수납한 대금을 세입조치를 하지 않고 그 대금으로 물품을 구입하는 행위는 없는가.

- 공사의 지체상금을 징수하지 아니하고 공사대금을 감액하였는가.
- 지출원인 행위 서류가 허위로 작성되었는데도 이를 확인함이 없이 지출한 것은 없는가.
- 접대성 경비를 신용카드로 이용하여 집행하지 아니하고 간이세금계산서 등을 징구하고 지출한 것은 없는가.
- 지출결의서에 계약서, 설계서, 시방서, 검사조서 등 구비서류가 완비되지 아니한 것을 지출한 것은 없는가.
- 납세완납증명을 확인하지 아니하고 지출한 것은 없는가.
- 불확정된 채무를 연도말에 확정채무로 가장하여 지출하였는가.
- 지급시기가 도래하지 아니하였음에도 지출한 것은 없는가.
- 지출원인 행위가 이루어지지 아니하였거나 지급시기가 도래하지 아니하였음에도 지출한 것은 없는가.
- 지출결의서상 금액보다 수표(지급명령)의 금액을 과다 또는 과소하게 발행한 것은 없는가.
- 물품대금 등을 계좌입금하면서 정당한 채권자의 계좌번호로 입금하지 아니하고 개인 계좌번호로 입금, 현금을 인출하여 유용, 횡령한 것은 없는가.
- 지체상금, 하자보수, 보증금을 징수하지 아니한 것은 없는가.
- 업자로부터 허위세금계산서를 징구하거나 실제 구입금액보다 과다한 세금계산서를 징구하여 인출 후 횡령한 것은 없는가.
- 임시 사역인부를 가공 계상하여 인부임을 편취한 것은 없는가.
- 물품이 납품되지 않았는데도 전량 납품된 것으로 검사조서를 허위로 작성하여 대금을 지급한 것은 없는가.
- 원천징수세금을 적게 납입하고 전액 납입한 것 같이 영수증을 변조하여 차액을 횡령, 유용한 것은 없는가.

(4) 감 사 사 례

(가) 물품구입 · 제조시의 계약절차 미이행

- 물품을 구입 · 제조할 때에는 원가계산을 기초로 사전집행 품의를 받은 후 견적서 등에 의한 시장조사를 통해 적정한 대상업체를 선정하여 계약이나 간이계약을 체결한 후에 물품을 구입 또는 제조를 의뢰하여야 함에도

- 사전 계약절차를 이행하지 아니하고 우선 물품구매를 의뢰한 후 구입과 지급결의서 · 수선과 지급결의서 등에 의하지 아니하고 일반지출결의서로 대금을 지급

(나) 일반수용비에서 사무용장비(집기)를 구입

- 일반수용비로 구입할 수 있는 물품은 소모성 물품에 한하도록 하고 있음에도
- 자산취득비로 구입하여야 할 사무용장비 · 집기 등을 일반수용비에서 구입

(다) 일반수용비에서 시상품 구입

- 공무원에 대한 시상품은 포상금에서 구입하고, 민간인에 대한 시상품은 일반보상금(기타보상금)에서 구입하여야 함에도
- 공무원 및 민간인에 대한 시상품을 일반수용비에서 구입

(라) 일반수용비에서 외빈 환영 · 송행사 기념품, 꽃바구니 등 구입

- 외빈초청에 따른 항공료, 숙박비, 식비, 시찰여비는 외빈 초청여비에서 집행하여야 하고, 그 밖의 연회비 · 선물비 · 환송용 행사경비는 업무추진비로 집행하여야 함에도
- 외빈초청 환영 · 송행사용 기념품, 꽃, 과일바구니 등을 일반수용비에서 구입

(마) 특근매식비에서 만찬경비 집행

- 특근급식비는 직원들의 시간외 근무 시 매식비와 훈련참가자에 대한 매 식비에 한하여 집행하여야 함에도
- 특근급식비에서 오찬 또는 만찬경비를 집행한 사례

(바) 운영수당 지급기준 미준수

- 각종 위원회 참석수당은 소집회의 시에 한하여 회의시간 3시간에 50,000원을 기본으로 하고, 회의시간 3시간 초과 1시간 이상 시 1회에 한하여 20,000원을 추가하여 70,000원을 한도로 지급하여야 함에도
- 3시간 이하 회의에 참석수당 70,000원을 지급한 사례
- 서면심의 시는 참석수당을 지급할 수 없음에도 50,000원을 지급한 사례

(사) 여비지급 시 일비 · 식비 부당지급

- 공무원여비규정 제16조 및 제18조의 규정에 의하면, 관용차량을 이용한 출장시 일비는 정액의 1/2만을 지급하여야 하고, 근무지내(소재지 시 · 군) 출장의 경

우에는 식비 · 일비 구분 없이 5,000원(출장시간 4시간 미만) 또는 10,000원(출장시간 4시간이상)의 여비를 지급하여야 함에도

- 관용차량을 이용한 출장 시에 일비의 전액을 지급한 사례와 근무지내 출장임에도 일비와 식비 정액의 1/3을 지급한 사례가 있음.

(아) 의정활동경비 지급 부적정(판례)

- 의정회는 구 지방재정법 제14조(기부 또는 보조의 제한)나 같은법 구 시행령 제24조에 의한 기부 · 보조의 수급요건을 갖추지 못하였다고 할 것이므로, 의정회가 추진하는 사업과 의정회 활동에 소요되는 경비를 보조할 수 있다고 한 이 사건 조례안 제3조 제2항을 의결대상으로 한 재의결은 구 지방재정법 제14조와 같은법 시행령 제24조에 위반되어 위법임.

(자) 소득세 미징수

- 소득세법 제127조 제1항 및 제129조 제1항에 의하여 근로자의 기타소득(강사수당 등)에 대해서는 필요경비를 공제한 소득금액에 대하여 100분의 20에 해당하는 소득세와 주민세(소득세의 10%)를 원천징수하여야 하나 미징수한 사례
- 징수대상 : 강사수당, 세미나 · 토론회참석수당, 통역 · 번역료 등

※ 제외대상 : 법령 · 조례에 의한 위원회 등의 보수를 받지 아니하는 위원 등이 받는 수당

(차) 집행품의 없이 물품구입 및 제조

- 물품을 구입 또는 제조할 경우에는 사전 집행품의를 받은 후 회계절차에 따라 적정하게 집행하여야 하나
- 집행품의를 하지 아니하고 물품을 구입 및 제조한 사례

(카) 세입 · 세출 혼동금지의 원칙 위배사례

- 불용품을 매각하여 수납한 대금을 세입조치 하지 않고 그 대금으로 물품을 구입
- 물품구입 시 중고품을 주고 중고품 상당액을 구입대금에서 차감하는 행위
- 타인 소유토지에 건물을 짓고 토지임대료를 지급치 않는 대신 건물의 일부를 무상 사용하는 행위

라. 도급경비[255][256]

(1) 관 계 법 령[257]

- 지방재정법 제74조, 같은법 시행령 제99조 • 시 · 도 · 시 · 군 · 구 재무회계규칙 • 도급경비사무처리규칙 • 지방자치단체 예산편성 세부지침 • 세출예산 행정지침 등

(2) 업 무 처 리 절 차

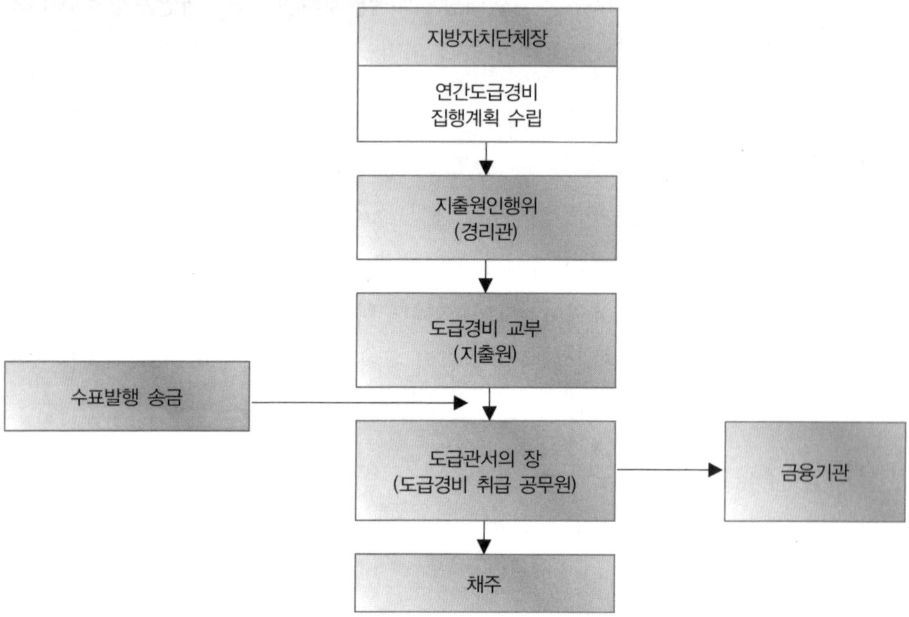

255) 경기도(2006a), 175~177쪽에서 재작성하였음.

256) 도급경비란 지출원은 읍 · 면 · 동의 출장소 그 밖에 특수한 경리를 필요로 하는 기관의 경비로서 특히 필요하다고 인정되는 것에 대하여는 대통령령이 정하는 바에 의하여 사무비의 전부 또는 일부를 도급경비(都給經費)로 지급할 수 있다(지방재정법 제74조).

257) 주의! 관계법령이 개정되었는지를 먼저 확인해서 현행법령에 입각하여 합법성감사를 실시하여야 한다.

(3) 감 사 착 안 사 항

- 도급경비 지급 기준을 초과하여 지급한 것은 없는가.
- 도급경비로 교부한 것으로 지출하고 실제로는 교부하지 아니한 것은 없는가.
- 도급경비로 지출할 수 없는 경비를 집행 하였는가.
- 도급경비를 예산과목별로 사용하지 아니하고 목적외로 사용한 것은 없는가.
- 도급경비를 출납 장부 미 기재후 횡령 또는 유용한 것은 없는가.
- 도급경비의 비목간 전용은 타당한가.
- 도급경비의 지급기준을 초과하여 지급한 것은 없는가.
- 일상경비출납원이 설치되어 있는 관서에 특정경비를 도급경비로 교부한 것은 없는가.
- 지출결의서를 허위로 작성하거나 실제금액보다 과다하게 하여 차액을 임의 사용한 것은 없는가.
- 현금출납부를 총괄 및 목별로 구분하여 기재하고 있는가.

마. 보조사업 추진 및 집행[258]

(1) 관 계 법 령[259]

- 보조금의 예산 및 관리에 관한 법률, 같은법 시행령
- 지방재정법 제23조-제27조, 같은법 시행령 제34조, 제35주 등
- 시 · 도, 시 · 군 · 구 보조금 관리조례

258) 경기도(2006a), 178~181쪽에서 재작성하였음.

259) 주의! 관계법령이 개정되었는지를 먼저 확인해서 현행법령에 입각하여 합법성감사를 실시하여야 한다.

(2) 업무처리절차

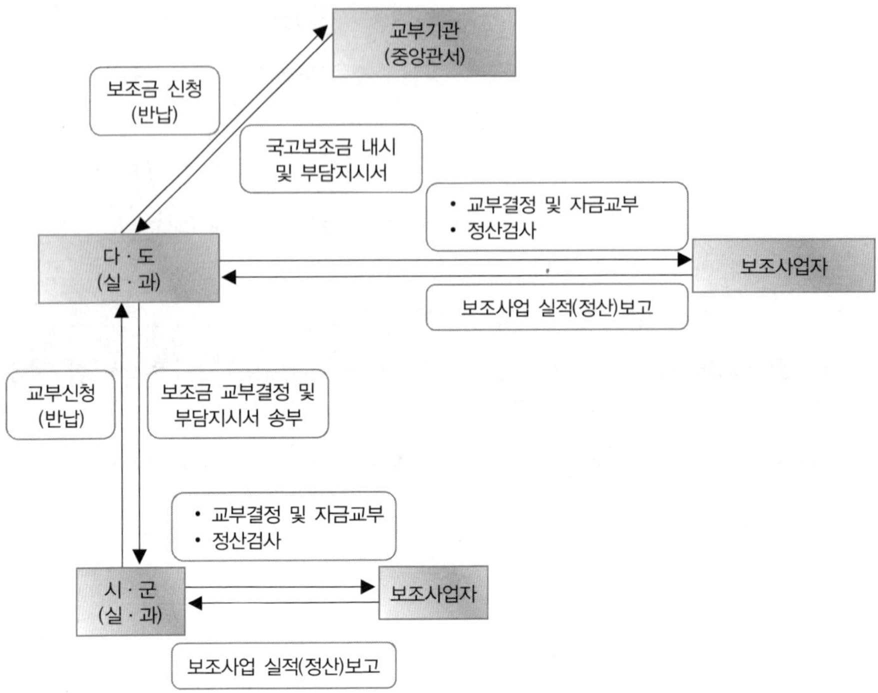

(3) 감사착안사항

- 교부대상 사무 또는 사업이 이미 종료되었음에도 교부결정한 것은 없는가.
- 교부조건 불이행시 및 보조목적 외 사용 시의 제재방법을 명시하고 있는가.
- 단순한 친목사교단체 등에 보조한 것은 없는가.
- 단체의 자체부담 재원에 대한 예산확보가 되지 않고 있음에도 보조사업계획을 수립하여 보조한 것은 없는가.
- 목적외 사용, 자기부담 불이행 등 교부조건을 위반하였음에도 사업내용을 승인한 것은 없는가.
- 법령에 근거 없이 자의적으로 보조금 교부를 한 것은 없는가.
- 보조금 회수조치를 지체하여 행방불명, 무재산 등으로 회수불능이 된 것은 없는가.
- 보조금을 법령 및 교부결정의 내용과 부합되는 용도에 사용했는가.

- **보조금을 타자금과 구분하여 계리하고 있는가.**
- **보조사업을 사전 승인 없이 임의 변경하여 조건 불준수, 중단, 폐지 등을 방치한 것은 없는가.**
- **보조의 성과가 없는 사업을 계속 보조한 것은 없는가.**
- **사업수행 능력이 없는 자를 보조사업자로 선정한 것은 없는가.**
- **사업자가 임의로 사업을 변경하였는데도 행정조치를 태만히 한 것은 없는가.**
- **사업자의 부담능력, 사업수행 여건 등을 고려하지 아니하고 획일적으로 교부결정한 것은 없는가.**
- **예산확보 목적 또는 수단으로 불요불급 보조금을 계상했는가.**
- **임의단체 등의 경상운영비를 보조한 것은 없는가.**
- **자기부담을 하지 않고 보조금만으로 사업을 수행한 것은 없는가.**
- **장려, 조성 등의 목적이 이미 달성된 사업에 막연히 계속 보조한 것은 없는가.**
- **타 기관에서 보조하고 있는 사업을 이중으로 보조하거나 자기 자금을 재원으로 사업경영이 가능하여 보조할 필요가 없음에도 교부대상자로 선정한 것은 없는가.**

4. 지방의회 감사 지적사례

- 각종 공사의 불법하도급 문제
- 각종 교양지 구입과다
- 각종 교육프로그램(취미. 교양. 취업)의 적정화(주민이용 유·무·무료 여부, 특성화 등)
- 각종 기금의 운용실적 저조 및 예산과의 사용용도 중복문제
- 각종 보상금 예산의 낭비문제
- <u>각종 보조금사업의 확인·평가 철저</u>[260)]
- 각종 사업계획의 재원조달 형식적(예산의 뒷받침 문제)
- 각종 사업실적 평가의 미흡
- 각종 소규모 사업에 대한 무분별한 설계용역 발주문제(합동설계팀 구성·운영)
- 각종 수당(위험, 기술수당 등)의 지급범위 확대해석문제

260) 밑줄 친 부분은 시·도사무로 시·도의회의 지적 사항이다. 이하 같다.

- 각종 연구(개발)용역사업의 무분별 발주 및 미활용
- 각종 용역사업의 낭비문제
- 각종 유사한 행사의 통 · 폐합문제
- 각종 인쇄물(책자 등)의 발간시 내용, 배포선 검토절차 미비
- 각종 전산프로그램 개발의 중복 및 활용 미흡
- 각종 주민신고보상금제 유명무실 운영
- 각종 출연금의 출연효과 저조
- 각종 현안사업의 주민설명회 미흡
- 경영수익사업 부실화 및 전담직원 전문성 부족
- 계속사업과 단기사업의 사전예측을 통한 사고이월 방지
- 구정 · 군정 · 시정보고회, 간담회시 기념품 및 식비지원 과다
- 국고(시)보조금 반납액 과다문제
- 국고(시)보조금 배정 차질로 인한 사업추진 차질문제
- 도비보조사업의 이행규정점검 철저
- 도비보조사업의 지역간 균형유지
- 보조금 지원단체, 시설에 대한 정산검사 및 지도 · 감독 철저
- 사고이월사업 과다문제
- 사전예측이 가능한 사업에 대한 예비비 집행문제
- 사회단체 보조금 집행 불공평
- 사회복지시설에 대한 감사 내실화
- 새로운 경영수익사업의 발굴
- 소규모 사업비의 소요예산 추정시 정확성 부족
- 수의계약 과다 및 특정업체의 편중
- 예산집행의 적정성(전용과다 및 의회삭감의 전용)
- 위탁수수료 지급과다
- 이 · 전용 과다문제
- 주요사업(업무)의 심사평가 철저(예산집행효과의 분석, 평가 철저)
- 중 · 장기재정계획의 내실화
- 중기지방재정계획 및 투자계획의 형식적 운영(예산과 연계미흡)
- 중장기 사업계획 추진의 적정성
- 지역간 균형개발을 위한 투자조정 및 대책 강구

• 특정인과의 수의계약 과다문제(각종 계약방법의 적정문제)
• 풀보조금 지원의 형평성문제

XIII 인사 · 조직 · 관리행정 분야

1. 사무내용과 감사기본방향

가. 사무내용

지방자치단체의 인사 · 조직 · 관리행정은 총무, 자치행정, 혁신분권, 기획관리, 법무, 감사, 행정조직에 관한 행정을 관장한다.

첫째, 총무와 관련하여 ▸국소관 행정의 종합기획 · 조정 ▸도청소속 공무원의 복무 및 후생복지에 관한 사항 ▸보안업무에 관한 사항 ▸각종 국내의 의전에 관한 사항 ▸청사에 대한 자체방호 및 예비군 · 직장민방위대의 운영 ▸월례조회의 운영 및 준비 ▸사무관리, 공인 및 문서관리와 보존에 관한 사항 ▸일반여권 및 여행증명서의 발급에 관한 사항 ▸민원실의 설치 · 운영에 관한 사항 ▸민원서류 수 · 발 및 통제 ▸자료관(행정자료실을 포함한다)의 운영에 관한 사항 ▸민원제도의 개선에 관한 사항 ▸인감사무 및 행정사의 지도에 관한 사항 ▸민원1회방문처리제의 운영에 관한 사항 ▸친절배가운동에 관한 사항 ▸생활불편 모니터의 운영에 관한 사항 ▸옴브즈만제도의 운영에 관한 사항 ▸주민등록사무 및 전산관리에 관한 사항을 관장한다.

둘째, 자치행정과 관련하여 ▸시 · 군의 시책관리와 지도감독 및 연락조정에 관한 사항 ▸시 · 군의 명칭 · 위치 및 관할구역에 관한 사항 ▸도, 시 · 군 공무원의 인사교류 및 지도에 관한 사항 ▸도민회 · 장학회 · 민주평통자문위원회등 관련단체의 지원에 관한 사항 ▸시 · 군 지방자치단체간 분쟁조정에 관한 사항 ▸읍 · 면 · 동 폐지 및 기능전환에 관한 사항 ▸선거 및 국민투표에 관한 사항 ▸사무관리 및 행정능률에 관한 사항 ▸시 · 군 지역상황의 관리 및 주민참여제도의 운영(반상회운영을 포함한다) ▸사랑방대화 · 도민과의 대화에 관한 사항 ▸각종위원회의 정비 및 운영 ▸인사제도의 연구 및 개선에 관한 사항 ▸공무원의 충원 · 임용 · 근무성적평정에 관한 사항 ▸공무원의 징계 · 고충심사에 관한 사항 ▸공무원의 비밀취급인가 및 급여에 관한 사항 ▸일반 및 공무원 포상에 관련된 업무 ▸국민운동종합계획의 수립 · 시행에 관한 사항 ▸자원봉사활동계획 수립 및 단체지원에 관한 사항 ▸도민의식개혁(도모습만들기, 문화도민운동 등)운동에 관한 사항 ▸국민운동단체활동 지원에 관한사항(새마을운동단체, 바르게살기운동 단체 등) ▸새마을운동, 새마을금고에 관한 사항 ▸지방자치제도의 발전에 관한 사항 ▸국가 · 지방고시 수습사무관의 관리 ▸사회단체 총괄관리 ▸통일 · 치안관련 사항 ▸ 서울사무소의 지도 · 감독에 관한 사항 ▸공무원의 교육훈련에 관한 사항 ▸공무원교육원의 지도 · 감독에 관한 사항 ▸민주화관련자의 보상지원에 관한 사항 ▸공익근무요원 운영 · 관리 ▸통합방위협의회 운영에 관한 사항 ▸예비군관련 업무 ▸국가비상사태에 관한 종합계획 수립 ▸정부기능 및 자원동원 분야에 관한 충무계획의 조정 · 통제 ▸분야별 충무계획(시행계획)의 조정 · 통제 ▸을지훈련에 관한 사항 ▸ 전시대비 물자 및 인력동원에 관한 사항 ▸공무원의 임용 및 자격 · 면허시험 등의 관리 ▸기반체계 보호에 관한 사항을 관장한다.

셋째, 혁신분권과 관련하여 ▸도정혁신 추진계획 수립 및 추진체계 구축에 관한 사항 ▸규제개혁업무에 관한 종합기획 · 조정 및 지도에 관한 사항 ▸규제개혁위원회의 운영에 관한 사항 ▸행정혁신(능률)에 관한 사항 ▸민원제도 개선에 관한 사항 ▸시 · 군 혁신업무 추진과 관련한 사항 ▸제안제도 · 일몰제도의 운영에 관한 사항 ▸지방분권업무 총괄에 관한 사항 ▸지방분권특별법상 자치단체의 역할담당에 관한 사항 ▸정부혁신지방분권위원회, 지방이양추진위원회 업무협력에 관한 사항 ▸지방분권 추진과정에서의 자치행정의 종합성 제고에 관한 사항 ▸지방이양 및 사무재배분에 관한 사항 ▸기타 특별한 도정현안 및 도지사가 특별히 지시하는 사항을 관장한다.

넷째, 기획관리업무와 관련하여 ▸실소관 행정의 종합기획 · 조정 ▸도정의 종합계획수립 및 조정 ▸도정정책위원회의 운영 ▸각 실 · 국별 주요 중 · 장기계획의 검토 · 조정 ▸도정의 연구 · 개발 ▸시 · 도간의 광역행정업무 ▸도의회 관련업무 총괄 ▸대통령 · 도지사 공약 및 지시사항의 관리 ▸출연 · 연구기관의 운영에 관한 사항 ▸국정감사의 준비 · 수행 ▸도정혁신사무의 종합적인 추진 ▸행정조직 및 정원의 관리 · 운용 ▸사무배분 (이양 · 위임) 및 사무전결규칙에 관한 사항 ▸제안제도 · 일몰제도의 운영 ▸도정 주요업무 및 시책의 확인평가 · 심사분석에 관한 사항 ▸행정디자인실의 운영에 관한 사항 ▸통계행정의 종합기획 · 조정 ▸통계조사 · 분석 및 공표에 관한 사항 ▸통계자료의 관리 ▸정례 · 수시 간부회의 운영 및 준비 ▸비영리 법인의 총괄관리 ▸규제개혁업무에 관한 종합기획 · 조정 및 지도 ▸규제혁파위원회의 운영에 관한 사항 등을 관장한다.

다섯째, 법무업무와 관련하여 ▸도 법제행정의 종합기획 및 조정 ▸조례 · 규칙심의회의 운영 ▸도 조례 · 규칙의 제정 · 개폐심사 및 공포 ▸시 · 군 조례 · 규칙의 제정 · 개폐심사 및 법제사무 지도 · 감독 ▸훈령 · 예규등 행정규칙에 대한 중요사안의 심사 및 발령 ▸행정소송 및 민사소송에 대한 종합관리 ▸행정심판위원회 및 소청심사위원회의 운영 ▸법령 질의 · 해석 회신사안의 심사 ▸자치법규 및 훈령 · 예규집의 편찬 및 추록의 발간 ▸행정처분 전에 따른 청문제의 운영 ▸고문변호사의 운영 등을 관장한다.

여섯째, 감사업무와 관련하여 ▸감사에 관한 종합계획의 수립 및 조정 ▸지방자치단체 및 산하기관에 대한 감사 ▸도지사 및 시장 · 군수의 감독을 받는 단체 · 법인 · 투자 및 출연기관에 대한 감사 ▸감사원 및 중앙행정기관의 감사지원 및 결과 처분요구사항에 대한 관리 ▸공직기강 사정기본계획의 수립 및 집행에 관한 사항 ▸행정취약 분야에 대한 부분감사 ▸공직비리관련 진정민원의 조사관리 ▸대통령비서실 · 감사원 · 중앙행정기관의 이첩민원 및 위탁민원에 대한 조사 · 관리 ▸공직자의 재산등록 및 공직자윤리위원회의 운영에 관한 사항 ▸소방분야에 대한 정기종합감사 · 부분감사 및 소방공무원의 비위관련 조사에 관한 사항 등을 관장한다.

일곱째, 행정조직에 관해서는 ▸실소관 행정의 종합기획 · 조정 ▸도정의 종합계획수립 및 조정 ▸도정정책위원회의 운영 ▸각 실 · 국별 주요 중 · 장기계획의 검토 · 조정 ▸도정의 연구 · 개발 ▸시 · 도간의 광역행정업무 ▸도의회 관련업무 총괄 ▸대통령 · 도지사 공약 및 지시사항의 관리 ▸출연 · 연구기관의 운영에 관한 사항 ▸국정감사의 준비 · 수행 ▸도정혁신사무의 종합적인 추진 ▸행정조직 및 정원의 관리 · 운용 ▸사무배분(이양 · 위임) 및 사무전결규칙에 관한 사항 ▸제안제도 · 일몰제도의 운영 ▸도정주요업무 및 시책의 확인평가 · 심사분석에 관한 사항 ▸행정디자인실의 운영에 관한 사항 ▸통계행정의 종합기획 · 조정 ▸통계조사 · 분석 및 공표에 관한 사항 ▸통계자료의 관리 ▸정례 · 수시 간부회의 운영 및 준비 ▸비영리 법인의 총괄관리 ▸규제개혁업무에 관한 종합기획 · 조정 및 지도 ▸규제혁파위원회의 운영에 관한 사항 ▸기타 실내 다른 관에 속하지 아니하는 사항 등을 관장처리한다.

지방자치법 제9조에 따른 인사 조직 행정분야의 자치단체별 사무영역은 도표 5-18과 같다.

도표 5-18 인사·조직·관리 행정분야 자치단체의 사무영역

구분	시·도사무	시·군·자치구 사무
○ 지방자치단체의 구역·조직 및 행정관리 등에 관한 사무	가. 관할 구역 안 행정구역의 명칭·위치 및 구역의 조정 나. 조례·규칙의 제정·개정·폐지 및 그 운영·관리 다. 산하(傘下) 행정기관의 조직관리 라. 산하 행정기관 및 단체의 지도·감독 마. 소속 공무원의 인사·후생복지 및 교육 바. 가족관계등록 및 주민등록 관리 사. 지방자치단체에 필요한 각종 조사 및 통계의 작성	
○ 읍·면·동사무소의 주민자치센터 설치·운영에 관한 사무	읍·면·동사무소의 주민자치센터 설치·운영 지원	읍·면·동사무소의 주민자치센터 설치·운영

나. 감사기본방향

이 분야에서는 주로 인사개혁사항, 정원현원운영, 공무원채용, 승진임용, 보직관리, 신분보장, 개방형·계약직 공무원인사제도 등에 감사를 실시하여야 한다. 특히, 공무원 채용과 관련해서는 일반채용시험 및 특별채용시험의 적정성을, 승진임용에 관련해서는 승진심사 및 승진임용, 근속승진, 대우공무원 선발, 근무성적 평정, 경력평정, 훈련성적 평정, 가점평정 등을, 보직관리에 관해서는 전보, 파견, 겸임, 전직휴직·복직 등에 대하여 중점적으로 감사하여야 할 것이다.

이 분야는 주로 관계법령의 규정에의 적합성 등에 관해서는 합법성감사(제4장 Ⅲ. 참조)기법을, 인사정책에 대하여는 정책감사(제4장 Ⅴ. 참조) 기법을 활용하여야 할 것이다.

2. 정책/성과감사 기법

지방자치단체의 인사·조직·관리행정분야에 대한 정부합동평가 결과를 성과 감사에 활용하는 것이다. 아래와 같은 평가 지표로 한 해 동안 이룬 성과를 전국 자치단체와 상호 비교하여 가,나,다급 중에서 상대적으로 낮은 성과인 "다"급으로 평가받은 분야에 대하여 그 원인을 규명하고 향후 성과개선방안과 차년도 성과목표를 상향 설정하도록 한다. 다만, 지방자치단체의 지방행정환경이 근본적으로 열악하여 전국적인 비교가 불합리한 경우에는 전년도 자료를 비교하여 시계열적인 성과를 비교하여 그 성과를 감사하여야 할 것이다.

성과감사를 위하여 다음의 도표 5-19의 산식에 따라 이미 계산된 평가자료와 합동평가결과서를 제출 받아 그 성과를 감사하는 것이다.

도표 5-19 정부합동평가지표중 인사조직분야 관련지표

평가시책	평가항목	평가지표
5-1. 자치단체 교류 · 균형 인사정책	계획	
	집행	5-1-1. 여성공무원 인사제도 운영(가중치 9.83) ㉮ 양성평등채용목표제 실시 실적 (양성평등채용목표세 적용 식별 수 / 양성평등채용목표제 적용대상 직렬 수) × 100 ㉯ 5급 여성공무원 일반승진비율 대비 7급 여성비율 - {(5 · 6급 여성공무원 승진인원 / 5 · 6급 전체공무원 승진인원) × 100}−7급 여성비율 ㉰ 사회복지 대체인력풀 구성 및 육아휴직 인력대체 활용실적 - (인력대체수 / 육아휴직자수) × 100 5-1-3. 저소득층 채용현황(가중치 3.09) ㉮ 저소득청 채용공고 및 채용률 ㉮-1 채용공고 여부 ㉮-2 9급 일반직 공무원 임용시험에 대한 저소득층 채용율(≥ 1%) - (9급 저소득층 채용인원 / 9급 전체 채용인원) × 100 5-1-4. 중앙 · 지방간, 지방간 인사교류 추진실적(가중치 10.03) ㉮ 중앙-지방간 인사교류 인원 - ((4급이상 파견 교류인원 × 0.4) + (5급이하 파견 교류인원 × 0.3) + (4급이상 전출 · 입교류인원 × 0.2) + (5급이하 전출 · 입 교류인원 × 0.1)) / 자치단체 수 ㉯ 지방 상호간 인사교류 인원 - {(5급이상 파견 및 전출 · 입 교류인원 × 0.7) + (6급이하 파견 및 전출 · 입 교류인원 × 0.3)} / 자치단체수 ㉰ 인사교류자 인사우대책 운영실적(행정 · 재정적 인센티브) - ((인사상 우대 부여 × 4) + (재정적 지원 × 3) + (근거 규정(조례,예규) 마련 × 2) + (인사교류 협약서 체결 등 기본계획 수립 × 1)) / 자치단체 수

도표 5-19 정부합동평가지표중 인사조직분야 관련지표(계속)

<table>
<tr><th>평가시책</th><th>평가항목</th><th>평가지표</th></tr>
<tr><td rowspan="2">5-1.
자치단체
교류 ·
균형
인사정책</td><td>산출/결과</td><td>5-1-2. 장애인 공무원 임용 현황(가중치 7.09)
㉮ 장애인공무원 비율 및 장애인 채용 비율 충족여부 : ≥ 3%(6%) 이상
- (장애인공무원 / 장애인공무원 정원) × 100
- (장애인 채용인원 / 전체 채용인원) × 100
㉯ 전체 장애인공무원 대비 중증장애인 공무원 임용 비율
- (중증장애인 공무원 현황 / 전체 장애인공무원) × 100</td></tr>
<tr><td>결과활용</td><td></td></tr>
<tr><td rowspan="4">5-2.
합리적
조직관리
및 운영</td><td>계획</td><td></td></tr>
<tr><td>집행</td><td>5-2-1 자치단체 감축기조하 조직관리 이행실적(가중치 8.50)
㉮ 시 · 도 조직관리 이행율
- (시 · 도 감축정원 / 시 · 도 감축목표정원) × 100
㉯ 시 · 군 · 구 조직관리 이행율
- (시 · 군 · 구 감축정원 / 시 · 군 · 구 감축목표정원) × 100
5-2-2 공무원 노사관계 인식제고 노력도(가중치 8.29)
㉮ 공무원 노사관계 교육 이수율
(공무원 노사관계 교육 이수자 수 / 5급이하 공무원 수) × 100
㉯ 공무원단체 담당 워크숍 개최 실적
㉯-1 행안부 주관 「시 · 도 공무원단체 담당 워크숍」 참가율
- (워크숍 참가자 수 / 시 · 도 공무원 단체업무 담당자 수) × 100
㉯-2 시 · 도 주관 「시 · 도 및 시 · 군 · 구 공무원단체 담당 워크숍」 개최율
㉰ 행안부 공무원단체 관리 지침의 전파이행여부
- 전파시행여부 / 자치단체수</td></tr>
<tr><td>산출/결과</td><td>5-2-3 공무원 단체업무 전문성 강화 노력도(가중치 8.03)
㉮ 공무원 단체업무 담당자 평균재직기간
- (공무원 단체업무 담당자 재직기간 합계 / 시 · 도 공무원 단체업무 담당자 수)
㉯ 공무원 단체업무 전문가 확보 여부
- 전문가 확보여부 / 시 · 도 공무원 단체업무 담당자수</td></tr>
<tr><td>결과활용</td><td></td></tr>
<tr><td rowspan="2">5-3.
여성권익
증진</td><td>계획</td><td></td></tr>
<tr><td>집행</td><td>5-3-1. 가정 성폭력 피해자 지원 실적(가중치 8.98)
㉮ 가정폭력 · 성폭력 피해 상담소 상담건수 증가율
- {('09년도 상담건수—'08년도 상담건수) / '08년도 상담건수} × 100</td></tr>
</table>

도표 5-19 정부합동평가지표중 인사조직분야 관련지표(계속)

평가시책	평가항목	평가지표
5-3. 여성권익 증진	집행	㉯ 가정폭력 · 성폭력 피해자 보호시설 보호실적 - (연중 평균 보호인원 / 입소정원) × 100 ㉰ 여성긴급전화 1366의 상담건수 증가율 - {('09년도 상담건수－'08년도 상담건수) / '08년도 상담건수} × 100 5-3-3. 성매매 예방 및 피해지원시설 운영 활성화(가중치 7.26) ㉮ 성매매피해 상담소 및 성매매피해자 지원시설의 이용률 - {(상담건수 / 성매매피해 상담소의 운영개월 수) + (지원시설 연이용인원 / 성매매피해자지원시설 입소정원 수)} × 100 ㉯ 의료 · 법률 · 자활프로그램 등 관련 서비스 지원 실적 - (지원시설 서비스 지원건수) / (지원시설 입소 정원수) 5-3-4. 폭력피해 이주여성 보호 및 예방실적(가중치 5.01) ㉮ 이주여성 쉼터 보호실적 - (평균 보호인원 수 / 시설 정원수) × 100 ㉯ 국제결혼 정보제공 프로그램 이수 실적 - (프로그램 이수 인원 / 계획인원) × 100
	산출/결과	5-3-2. 「아동 · 여성보호 지역연대」 운영실적(가중치 4.41) ㉮ 아동 · 여성보호 지역연대 운영 실적 - (회의개최수 / 지자체수) × 100 ㉯ 아동 · 여성보호 지역연대 조례 또는 운영규정 제정 여부 - {(조례 제정 지자체수 × 0.7) + (운영규정 제정 지자체수 × 0.3)} / 지자체수
	결과활용	
5-4. 양성평등 정책 추진실태	계획	
	집행	5-4-1. 성별영향평가 추진과제 실적(가중치 6.53) ㉮ 성별영향평가 추진 과제 실적 - ((09년 광역자치단체 추진과제수 × 0.6) + (09년 기초자치단체 추진과제수 × 0.4)) / 지자체수 5-4-2. 성별영향평가 전문인력 양성 실적(가중치 6.24) ㉮ 성별영향평가 전문인력 양성 인원 - ((전문인력 양성 인원) / 여성부가 제시한 양성 인원 수(각 시 · 도 × 4 + 각 기초자치단체수 × 3)) × 100 ㉯ 지자체별로 추진한 성별영향평가 기초 전문인력 양성 인원 - (기초 전문인력 양성 인원 / 지자체 공무원수) × 100
	산출/결과	5-4-3. 정부위원회 여성참여 확대(가중치 6.71) ㉮ 위촉직 여성위원수 - (위촉직 여성위원 수 / 위촉직 위원 수) × 100
	결과활용	

3. 합법성감사 기법

가. 인사 분야[261)]

(1) 관 계 법 령[262)]

• 지방공무원법 • 지방공무원임용령 • 지방연구직 및 지도직공무원의 임용등에관한 규정 • 지방공무원 보수규정 • 지방공무원 수당등에 관한 규정 • 지방계약직 공무원 규정 • 공무원 징계령 • 지방공무원 인사기록 및 인사 사무처리규칙 • 지방공무원 평정규칙 • 공무원 임용시험령 • ○○시 · 도 지방공무원 수당지급 조례 • ○○시 · 도 지방별정직 공무원의 임용 등에 관한 조례 • ○○시 · 도지방 공무원 인사규칙 • ○○시 · 도 지방공무원 징계의 양정에 관한 규칙 • ○○시 · 도 지방계약직 공무원규정 • 지방공무원 교육훈련법 • 행정기관의 조직과 정원에 관한 통칙 • 지방자치단체의 행정기구와 정원기준 등에 관한 규정

(2) 업 무 처 리 기 준[263)]

(1) 인사위원회

(가) 설치(지방공무원법 제7조)

- 지방자치단체별로 인사위원회를 둠
- 시 · 도의 경우는 제1인사위원회와 제2인사위원회를 둘 수 있는바, 제1인사위원회를 우위에 두고 있음.
- 제1, 제2 인사위원회의 사무 관장은 직급의 상하와 징계의 경중으로 구분함(같은법 제7조, 제9조, 지방공무원임용령[264)] 제9조의3. 지방공무원 징계 및 소청 규정 제1조의3 참조)

(나) 구성(같은법 제7조)

- 7 이상 9인 이하의 위원으로 구성

261) 경기도(2006a), 5~23쪽에서 재작성하였음.

262) 주의! 관계법령이 개정되었는지를 먼저 확인해서 현행법령에 입각하여 합법성감사를 실시하여야 한다.

263) 행정안전부 감사관실 "인사분야감사지적사례연구" 자료(2007.3)를 현행법(2010.6)을 기준으로 재구성 하였음.

264) 이하 제5장 XIII에서 "같은법 시행령"이라 한다.

  - 7인의 경우 : 공무원 3인, 민간인 4인
  - 6인 이하의 경우 : 반드시 민간인 3인 포함
- 민간인 중 가급적 당해 기관 퇴직공무원은 제외

(다) 기능(같은법 제8조, 같은법 시행령 제38조)

- 의결 기능
  - 임용권자의 요구에 의한 보직관리기준 및 승진임용기준의 사전의결
  - 임용권자의 요구에 의한 공무원의 징계의결
  - 5급에의 승진심사(같은법 시행령 제38조) 및 특별승진 등 개별조항 명시
- 임용권자 의사와 관련 없이 위원회 의결로 일종의 불가쟁력 발생
- 사전 심의 기능
  - 공무원 충원계획의 사전심의 및 각종 임용시험의 실시
  - 승진임용의 사전심의
  - 지방자치단체장이 지방의회에 제출하는 공무원의 인사와 관련된 조례안 및 규칙안의 사전심의

(라) 회의(같은법 제10조)

- 실질심의원칙
  - 의결사항, 승진심의, 공무원 충원계획심의 등은 실질심의
  - 반드시 회의를 개최, 회의록 작성, 참석위원의 서명
- 예외적 서면심의
  - 법령 등에서 정한 일정요건 충족으로, 인사위원회의 판단의 여지가 비교적 덜한 분야에 한정
  - 대우공무원 승진, 명예퇴직자 심의, 근속승진, 우대승진 등
  - 인사위원회 의결을 거쳐 서면심의 대상안건을 사전에 지정
- 의사 · 의결 정족수
  - 재적위원 3분의 2이상 출석과 출석위원 과반수의 찬성

(2) 채용

(가) 특별임용 요건(같은법 제27조2항, 같은법 시행령 제17조)

- 퇴직자 재임용 : 기구개편에 따른 직권면직 등 사유, 퇴직일로부터 3년 이내 퇴

직시에 재직한 직급, 특정직 · 별정직은 30일 이내

- 인사규칙으로 정한 임용예정직무에 관한 자격증 소지자
- 임용예정직급에 근무경력자 : 임용예정직급과 동일한 직급에서 2년이상 근무경력자, 임용예정직급에 상응하는 근무 · 연구실적 3년 이상 근무경력자, 퇴직후 3년이 경과되지 않아야 유효
- 특수지 근무자 : 특수한 직무분야 · 환경 · 도서 · 벽지 등 인사규칙에서 열거, 일반직 · 기능직 8급 이하, 특수지역은 정원의 1/3이내
- 특수목적 설립학교 졸업자, 1급 공무원, 국가공무원의 지방공무원 임용, 특수학과 졸업자 연구 · 기술 · 기능직 임용, 과학기술 및 특수전문분야의 연구 · 근무경력자, 임용후보장학생, 외국어 능통자, 연고지 · 일정지역거주자 소재지기관 임용 등

(나) 특별임용시험(같은법 시행령 제55조)

- 특별임용시험은 필기시험과 면접시험 · 실기시험 또는 서류전형의 방법으로 실시
- 시험면제자 : 2급 공무원, 3급 공무원이나 별정직 1급 상당 공무원으로 재직한 사람을 퇴직과 동시에 1급 공무원으로 특별임용하는 경우와 일반직공무원이나 기능직공무원으로 재직하다가 다른 종류의 경력직공무원이나 특수경력직공무원이 되기 위하여 퇴직한 사람을 퇴직 시에 재직한 직급의 일반직공무원 또는 기능직공무원으로 재임용하는 경우

① 자격증 소지자, 특수지 근무자, 특수학과 졸업자 연구 · 기술 · 기능직 임용, 과학기술 및 특수전문분야의 연구 · 근무경력자, 외국어 능통자, 연고지 거주자 임용 등 → 필기시험과 면접시험과 실기 또는 서류전형 부과

② 예정직급 근무경력자 → 3년 이내 퇴직자는 서류전형 + 면접시험

③ 특수학과 졸업자 연구 · 기술 · 기능직 임용, 외국어 능통자, 연고지 거주자 임용 등 → 서류전형과 면접시험 또는 실기시험 부과

④ 특수지에 근무할 기능직 공무원 → 면접 + 실기시험 또는 서류전형

(다) 특별임용자의 전보 · 전출 제한 - (같은법 제27조5항, 같은법 시행령 제27조)

- 3년 이내에 전보, 4년 이내에 다른 자치단체 전출 제한

※ 직제상 최저단위기간내 전보, 기구의 개편 및 직제 · 정원 변경으로 인한 전

보, 승진 · 강임으로 인한 전보, 예정직위관련 2월이상 특수훈련 · 6월이상 연구실적과 전보제한기간이상의 근무경력, 징계처분 및 형사사건 연루자에 대한 전보 등은 제외

※ 자격증소지자(기능직 제외), 예정직급 근무경력자, 과학기술 및 특수전문분야의 연구 · 근무경력자, 임용후보장학생 임용 등

- 5년간 당해기관외의 기관으로 전보, 다른 자치단체 전출 금지

※ 특수지 근무자, 외국어 능통자, 연고지 거주자 임용 등

- 일반 전보제한규정(같은법 시행령 제27조)을 적용

※ 퇴직자 재임용, 자격증소지자(기능직에 한함), 특수목적 설립학교 졸업자, 1급공무원, 국가공무원의 지방공무원 임용 등

(라) 특별임용자의 전직 제한(같은법 제27조5항, 같은법 시행령 제28조3항)

- 최초임용으로부터 3년간 해당직렬이 아닌 직렬로 전직 제한

※ 임용예정직에 관련된 자격증 소지자(2호), 특수목적 설립학교졸업자(4호), 특수학과 졸업자 연구 · 기술 · 기능직 임용(8호), 과학기술 및 특수전문분야의 연구 · 근무경력자(9호), 임용후보장학생 임용(10호)

※ 휴직 · 직위해제 · 정직으로 인한 기간은 불산입

- 특수지 근무자, 외국어 능통자, 연고지 거주자임을 이유로 특별임용된 경우에는 최초 임용으로부터 5년간 4급이하로 행정 직렬로 전직 제한

(3) 승진

(가) 일반 원칙(같은법 제39조)

- 2급~3급 이하 공무원의 경우, 동일직군내 바로 하급공무원
- 4급 이하 공무원의 경우, 동일직렬의 바로 하위공무원 중에서 승진후보자명부의 고순위자순으로, 임용하고자 하는 결원수의 법정배수 내에 포함된 자

※ 결원직위가 복수직렬일 경우, 복수직에 해당되는 모든 직렬의 승진후보자명부의 고순위자를 인사위원회에 사전 승진심의 의뢰

(나) 6급의 5급에의 승진(인사위원회 승진의결의 경우)(같은법 시행령 제38조)

- 일반승진시험, 공개경쟁승진시험 또는 인사위원회의 승진의결을 거쳐 임용
- 인사위원회 개최 전 3일 현재 승진후보자명부의 고순위자순으로 승진예정인원

의 법정배수에 해당하는 자 심의

- 승진임용되기 전에 승진후보자명부작성 단위를 달리하는 기관에 전보 (기구의 개편, 직제 및 정원의 변경으로 인한 전보 경우는 제외) 된 경우에는 승진대상자 결정의 효력이 상실
- 승진후보자명부상 성적(7할)과 승진예정직급에 상응하는 기본교육훈련과정(3할)을 합산한 고득점자 순으로 승진임용순위명부를 작성, 순위에 입각하여 임용
  - 합산점수가 동일한 경우, 승진후보자명부 고득점자를 우선
  - 인사위원회 심의 횟수별로 작성, 먼저 개최한 일자 심의자 우선

  ※ 예정결원으로 승진심의 가능, 실제 5급 승진임용은 반드시 현존하는 결원이 있어야 함

(다) 승진임용 제한(같은법 시행령 제34조)

- 승진임용이 될 수 없는 경우

  ① 징계의결요구, 징계처분, 직위해제, 휴직 또는 시보임용기간 중에 있는 경우

  ② 징계처분의 집행이 종료된 날부터 다음 각 목의 기간(금품 및 향응 수수, 공금의 횡령 · 유용에 따른 징계처분의 경우에는 각각 3개월을 가산한 기간)이 지나지 않은 경우

  강등 · 정직 : 18개월, 감봉 : 12개월, 견책 : 6개월
- 이 영에 따른 공무원과는 다른 법률을 적용받는 공무원이 이 영에 따른 공무원으로 된 경우 종전의 신분에서 강등처분을 받은 경우에는 그 처분 종료일부터 18개월간 승진임용될 수 없음
- 근신 · 영창이나 그 밖에 이와 비슷한 징계처분을 받은 경우에는 그 처분 종료일부터 6개월간 승진임용 불가
- 이러한 승진 제한기간 중에 있는 사람이 다시 징계처분을 받았을 경우 승진 제한기간은 직전 처분에 대한 제한기간이 끝난 날부터 계산하고, 징계처분으로 승진 제한기간 중에 있는 사람이 휴직하는 경우 징계처분에 따른 남은 승진 제한기간은 복직일부터 계산
- 공무원이 징계처분을 받은 이후 해당 계급에서 훈장, 포장, 모범공무원 포상, 국무총리 이상의 표창을 받거나 제안의 채택 시행으로 포상을 받은 경우에는

최근에 받은 가장 무거운 징계처분의 경우에만 법령으로 규정한 승진임용 제한기간의 2분의 1을 줄일 수 있음

(라) 승진후보자 명부(같은법 시행령 제32조)

- 임용권자는 승진임용에 필요한 요건을 갖춘 5급 이하 공무원 및 기능직 공무원에 대해서는 근무성적평정점을 70퍼센트로 하고, 경력평정점을 30퍼센트로 한 비율에 따라 승진후보자 명부를 승진 예정 직급별
- 임용권자는 기관 및 직무의 특성을 반영하여 근무성적평정점은 10퍼센트의 범위에서 가산하여 조정할 수 있고, 경력평정점은 10퍼센트의 범위에서 감하여 조정할 수 있으며, 조정한 내용은 그 조정일부터 1년이 지난 날부터 적용함
- 승진후보자 명부 작성을 위한 평정에서 공무원이 자격증이 있거나 도서 · 벽지 등 특수한 지역 또는 교류직위 등 특정한 직위에 근무한 경력이 있거나 탁월한 근무실적이 있는 경우에는 가점을 줄 수 있음
- 징계처분을 받은 경우에는 감점을 할 수 있음
- 기술직렬 6급 공무원의 특별시 · 광역시 단위별 승진후보자 명부는 임용권자별로 작성한 승진후보자 명부의 총 평정점 순위에 따라 작성
- 임용권자는 행정안전부장관 또는 교육과학기술부장관이 요구하면 4급 공무원으로의 승진후보자 명부의 복사본을 행정안전부장관 또는 교육과학기술부장관에게 제출하여야 함.
- 임용권자가 시장, 군수 또는 자치구의 구청장이면 시 · 도지사를 거쳐 행정안전부장관에게 제출하여야 함.

(마) 승진소요 최저연수

- 공무원이 승진하려면 다음 각 호의 구분에 따른 기간 동안 해당 계급에 재직하여야 함
  ① 일반직공무원 : 3급 이상 : 3년 이상, 4급 및 5급 : 5년 이상, 6급 : 4년 이상, 7급 및 8급 : 3년 이상, 9급 : 2년 이상
  ② 기능직공무원 : 기능 6급 이상 : 3년 이상, 기능 7급 및 기능 8급 : 2년 이상, 기능 9급 및 기능 10급 : 1년 6개월 이상
  * 소요기간에는 직위해제기간, 징계처분기간과 승진임용 제한기간은 포함시키지 않음

  * 시보임용기간과 질병휴직에 따른 기간(50% : 31조의6제2항)은 포함시키고, 6급 이하 공무원이 기능직공무원으로, 기능직공무원이 6급 이하 공무원으로 특별임용되었다가 다시 원래의 직급으로 특별임용된 경우에 해당 공무원의 원래의 직급에 상응한 기능직공무원 또는 6급 이하 공무원의 재직기간은 제1항의 기간에 포함시킴
  * 강등 또는 강임되었던 공무원이 원래의 계급으로 승진된 경우에는 강등 또는 강임 전의 재직기간은 현재 계급의 재직연수에 포함시킴.

- 퇴직한 지방공무원 또는 국가공무원이 퇴직 당시의 계급 이하의 계급으로 임용된 경우에는 퇴직 전의 재직기간 중 현재 계급 이상의 계급으로 재직한 기간은 현재 계급의 재직연수에 포함시킴
  * 4급 이상 공무원에 대해서는 승진임용하려는 날부터, 5급 이하 공무원 및 기능직공무원에 대해서는 승진후보자 명부 작성일부터 10년 이내의 재직기간에 한정
- 일반직공무원 또는 기능직공무원인 사람이 특수경력직 또는 다른 종류의 경력직공무원으로 되기 위하여 퇴직한 후에 다시 퇴직 당시 재직한 직급의 일반직공무원 또는 기능직공무원으로 재임용된 경우에는 재임용되기 전에 행정안전부장관 또는 교육과학기술부장관이 정한 특수한 업무에 특수경력직공무원 또는 다른 종류의 경력직공무원으로 근무한 경력은 재직 기간에 포함시킴
  * 이 경우 재임용된 계급보다 상위 계급에 해당하는 계급으로 근무한 특수경력직공무원 또는 다른 종류의 경력직공무원의 경력은 재임용된 계급의 재직기간에만 포함시킴
- 연구 및 지도직 각 직렬의 공무원으로 근무한 기간은 규칙으로 정하는 바에 따라 재직 기간에 포함시킬 수 있음
- 특수경력직공무원이나 다른 종류의 경력직공무원이 퇴직 후에 일반직공무원이나 기능직공무원으로 임용된 경우에는 행정안전부장관이 정하는 범위에서 규칙으로 정하는 바에 따라 해당 계급 상당 이상의 특수경력직 또는 다른 종류의 경력직공무원으로서 3년을 초과하여 재직한 기간은 재직 기간에 포함시킬 수 있음
- 사법연수원의 연수생으로 수습한 기간은 제1항에 따른 4급 이하 일반직공무원의 승진소요 최저연수에 포함시킴

• 통상적인 근무시간보다 짧게 근무하는 공무원(이하 "시간제근무공무원"이라 한다)의 근무기간은 근무시간에 비례하여 재직기간에 포함시킴

(마) 특별 승진(같은법 제39조3, 같은법 시행령 제38조의 4)

• 일반승진 원칙에 예외 인정
  – 승진후보자명부의 법정배수에도 불구하고 승진심의 가능
  ※ 6급 공무원은 5급 승진시험에 우선 응시 및 인사위원회 승진의결 대상자로 할 수 있음

• 실질적 요건
  ① 청렴하고 투철한 봉사정신으로 직무에 모든 힘을 다하여 공무집행의 공정성을 유지하고 깨끗한 공직사회를 구현하는 데에 다른 공무원의 귀감이 되는 사람
  ② 직무수행능력이 탁월하여 행정발전에 큰 공헌을 한 사람
  ③ 지방자치단체가 그 공무원의 제안을 채택하고 시행함으로써 국가 또는 지방자치단체 예산을 절감하는 등 행정운영 발전에 뚜렷한 실적이 있는 사람
    ※ 지방공무원 인사규칙 제25조(특별승진임용기준)
    ⓐ 규제개혁, 고질적인 민원업무 개선, 창의적 업무개선, 예산절감 등으로 주민편의 증진에 기여를 한 공무원
    ⓑ 녹색성장 등 국정과제 또는 지방 역점과제의 성공적 추진으로 경제위기 극복 및 행정발전에 탁월한 기여를 한 공무원
    ⓒ 사회복지 등 주민수요 급증업무의 적극적 능동적 수행으로 탁월한 실적으로 거둔 공무원
    ⓓ 격무 기피 업무를 성실히 수행하여 탁월한 실적을 거둔 공무원
  ④ 재직 중 공적이 특히 뚜렷한 사람이 법에 따라 명예퇴직할 때
  ⑤ 재직 중 공적이 특히 뚜렷한 사람이 공무로 사망하였을 때
    ※ 2급 이하 및 기능직 공무원, 6급 이상은 인사위원회 의결사항
    ※ 해당공무원이 명예퇴직 전날까지 해당계급에서 1년 이상 재직하여야 함

• 형식적 요건
  – 승진임용제한을 받지 아니하는 자
  – 승진최저 소요연수에 노날하여야 함

※ 청백리 포상자, 공적 우수자, 우수 창안자는 승진소요연수를 1년단축 가능, 명예퇴직자는 2분의 1를 단축 가능, 사망자는 소요연수 관계없이 가능

(4) 보직관리, 전보, 전직 등

(가) 보직관리 원칙 - (같은법 제30조의 5, 같은법 시행령 제7조)

- 임용권자는 소속공무원의 직급과 직종을 고려하여 그 직급에 상응하는 일정한 직위를 부여하도록 규정
- 보직없이 근무할 수 있는 예외 경우
  ※ 휴직, 직위해제, 정직, 결원보충이 인정된 휴직자 복직, 파견복귀, 파면 등 복직시 그 직급의 최초결원발생시까지, 국외교육훈련 준비기간(2주 · 2월), 직제신설 · 개폐준비(2월)
- 지방자치단체의 장은 모든 직위를 어느 하나의 직급에 배정(정급 행위)하고, 수시로 이를 재심사하여 개정하여야 함

(나) 전보원칙(같은법 시행령 제26조, 제27조)

- 전보임용의 원칙
  ① 같은 직위에서 장기간 근무했을 때 발생할 수 있는 침체를 방지하여 소속 공무원이 창의적으로 직무를 수행할 수 있게 함.
  ② 잦은 전보에 따른 능률 저하를 방지하여 소속 공무원이 안정적으로 직무를 수행할 수 있게 함.
  ③ 특별한 사정이 없으면 공무원의 생활연고지를 고려하여 정기적으로 전보를 실시
    ※ 임용권자는 5급 이하 공무원 및 기능직공무원이 특수지에 2년 이상 계속 근무하였으면 본인의 희망을 고려하여 그 공무원을 특수지가 아닌 지역으로 전보하여야 함. 다만, 본인이 다른 곳으로 전보되기를 희망하지 않거나 그 밖의 특별한 사유가 있으면 전보하지 아니함
- 전보 · 전출의 제한
  ① 임용권자는 다음 각 호의 어느 하나에 해당하는 경우를 제외하고는 소속 공무원을 해당 직위에 임용한 날부터 1년(특히, 통계, 가족관계등록, 주민등록 업무, 사회복지 업무나 그 밖에 민원창구에서 민원 업무를 담당하는 공무원은 1년 6개월로 하고, 감사, 법무, 공시지가 업무나 공장설립 민원 업무를

담당하는 공무원은 2년으로 한다) 이내에는 다른 직위로 전보할 수 없음

※ 직제상 최저 단위의 보조기관 내에서 전보, 강등, 강임 또는 승진된 경우

※ 시보공무원이 정규공무원으로 임용된 경우

※ 기구 개편, 직제 변경이나 정원 변경에 따라 소속 · 직위 또는 직급의 명칭만 변경하고 담당 직무는 그대로 유지한 상태로 재발령된 경우

② 다음 각 호의 어느 하나에 해당하는 경우에는 전보 제한기간이 지나기 전에도 다른 직위로 전보할 수 있다.

ⓐ 시 · 도에서 각 실, 국 또는 이에 상응하는 보조기관 · 보좌기관 내(제1항 각 호 외의 부분 전단 괄호 안의 공무원은 직제에서 최저 단위의 보조기관 내를 말한다)에서만 전보하는 경우

ⓑ 시 · 군 및 자치구에서 직제상 최저 단위의 보조기관 내에서만 전보하는 경우

ⓒ 기구 개편, 직제 변경이나 정원 변경에 따라 해당 공무원을 전보하는 경우

ⓓ 해당 공무원의 승진 또는 강임으로 인하여 전보하는 경우

ⓔ 임용예정 직위와 관련된 2개월 이상의 특수훈련경력이 있는 사람이나 임용예정 직위에 상응하는 전보 제한기간 이상의 근무경력 또는 6개월 이상의 연구실적이 있는 사람을 해당 직위에 보직하는 경우

ⓕ 징계처분을 받은 사람을 전보하는 경우

ⓖ 형사사건에 관련되어 수사기관에서 조사를 받고 있는 사람을 전보하는 경우

ⓗ 공개경쟁신규임용시험을 거쳐 시보임용 중인 공무원을 전보하는 경우

ⓘ 임용권자가 다른 기관에 전보하는 경우

ⓙ 감사 담당 공무원 중에서 부적격자로 인정되는 사람을 전보하는 경우

ⓚ 5급 이하 일반직공무원과 기능직공무원을 그가 출생한 시(구가 설치된 시는 제외한다. 이하 이 호에서 같다) · 군 지역이나 그의 배우자 또는 직계존속이 거주하는 시 · 군 지역에 있는 기관으로 전보하는 경우

ⓛ 그 밖에 기관장이 보직관리를 위하여 전보할 필요가 있다고 특별히 인정하는 경우

③ 임용권자는 제2항 ⓐ호부터 ⓖ까지의 규정에 해당하는 경우를 제외하고는 특별임용된 공무원에 대해서는 그 최초의 직위에 특별임용된 날부터 3년 이내에는 다른 직위에 전보할 수 없으며, 4년 이내에는 다른 지방자치단체로 전출할 수 없음.

(다) 전직 원칙(같은법 제29조2, 같은법 시행령 제28, 29조)

- 전직 요건

① 다음 각 목의 어느 하나에 해당하는 사람을 그 현재의 계급과 같은 계급의 직위에 전직시키려는 경우

ⓐ 전직 예정직 관련 직무에 1년 이상 근무한 사람

ⓑ 전직 예정직 관련 교육훈련을 6개월 이상 받은 사람

ⓒ 전직 예정과 관련된 전문적인 학교교육을 받은 사람

ⓓ 국가에서 인정하는 자격증을 가진 사람

② 직제 또는 정원이 개정되거나 폐지되어 해당 직위의 인원을 조정할 필요가 있는 경우

③ 부시장, 부군수, 구청장(자치구가 아닌 구의 구청장을 말한다) 또는 부구청장으로 임용하는 경우

④ 그 기관의 같은 직렬에는 상위 직급의 직위가 없는 직위에 근무하고 있는 사람을 다른 직렬(6급 이하 공무원의 경우에는 같은 직군의 직렬에 한정한다)의 상위 직급으로 승진임용하는 경우

⑤ 전에 재직한 직렬로 전직하는 경우

⑥ 기능직공무원 중 시험으로 특별임용될 수 있는 직렬로 전직하는 경우

- 전직은 시험을 부과하는 것이 원칙, 다음의 경우에는 전직시험을 면제

① 전에 재직한 직렬로 전직시키는 경우. 다만, 6급 이하 공무원이 5급 이상의 공무원 · 연구관 또는 지도관으로 임용된 후 전직하는 경우는 전직시험을 거쳐야 한다.

② 임용권자가 인사위원회의 의결을 거쳐 기능직공무원을 같은 직군 내의 직무가 비슷한 다른 직렬로 전직시키는 경우와 기능직 공무원을 전직시키는 경우

③ 지제상 정원조저에 따른 전직 중 같은 직군 내에서 직무 내용의 변경 없이

직급 명칭만 변경되는 경우

④ 규칙으로 정하는 자격증 소지자를 그 자격증에 상응하는 직급으로 전직시키는 경우

⑤ 규칙으로 정하는 직무 내용이 비슷한 연구직렬 공무원을 기술직렬 공무원으로 전직시키는 경우

⑥ 부시장, 부군수, 구청장(자치구가 아닌 구의 구청장을 말한다) 또는 부구청장으로 전보시키는 경우

(5) 결원보충 및 파견 등

(가) 결원보충 원칙(같은법 제41조)

- 병역의무, 국제기구 · 국내외 연구기관 등에 임시채용, 해외유학, 교육기관 연수, 자녀양육, 가족 간호, 외국유학 배우자 동반 등의 사유로 6월이상 휴직하는 경우
- 행정안전부장관으로부터 사전 승인된 파견

  ※ 파견기간 종료 2월전 이후에는 결원보충 실효성 상실
- 심사위원회 또는 법원에서 파면 · 해임 · 면직처분이 무효 또는 취소결정을 한 경우 그 결원보충이 있던 때부터 정원이 따로 있는 것으로 간주
- 휴직자 복직, 파견복귀, 파면 · 해임 · 면직의 복직 등의 경우 당해직급에 최초로 결원이 발생할 때까지 유효

(나) 파견 근무(법 제30조4, 같은법 시행령 제27조의2, 제27조의 3)

- 파견사유

  ① 해당 지방자치단체가 아닌 다른 기관이나 단체에서 지방자치단체의 사업을 수행하기 위하여 특히 필요한 경우

  ② 업무 폭주상태인 다른 지방자치단체나 국가기관에 행정지원을 하는 경우

  ③ 사무의 소관이 명백하지 않거나 관련 기관 간의 긴밀한 협조가 필요한 특수업무를 공동수행하기 위하여 필요한 경우

  ④ 「지방공무원 교육훈련법」에 따른 소속 공무원의 교육훈련을 위하여 필요한 경우

  ⑤ 「지방공무원 교육훈련법」에 따른 공무원 교육훈련기관의 교수요원으로 선발된 경우

⑥ 국제기구, 외국 정부나 외국 연구기관에서 업무 수행 및 능력 개발을 하기 위하여 필요한 경우

⑦ 국내 연구기관, 국내 민간기관과 국내 단체에서 관련 업무수행 및 능력개발을 하거나 지방정책 수립과 관련된 자료 수집 등을 하기 위하여 필요한 경우

- 파견권자는 파견사유가 소멸되거나 파견목적이 달성될 가망이 없는 경우는 지체없이 원 소속기관에 복귀
- 파견기간은 2년 이내로 하되, 1년의 범위내에서 연장가능
- 파견기간이 1년 이상인 경우 사전 행정안전부장관 승인을 받은 경우와, 공로연수파견인 경우는 결원보충 가능
- 1년 이상 국제기구, 외국의 정부에 파견근무, 임시채용 등으로 인한 휴직의 경우 2주이내의 준비기간 부여 가능
- 결원보충이 승인된 1년 이상의 장기 국외훈련자의 경우 2월이내의 준비기간 부여 가능
- 교육훈련기간이 1년 이상으로 행정안전부장관이 대상자 직급 · 인원을 기관별로 결정된 경우에는 그 훈련기간 동안 정원이 따로 있는 것으로 간주
- 5급 공개경쟁신규임용시험 합격자에 대한 교육훈련이수자 복귀로 인한 과원시에는 당해 직급에 최초로 결원이 발생시까지 정원이 따로 있는 것으로 간주

(6) 징계

(가) 징계사유(같은법 제69조)

- 이 법령, 조례, 규칙에 위반한 때
- 직무상의 의무를 위반하거나 직무를 태만하였을 때
- 공무원의 품위를 손상하는 행위를 한 때
- 징계에 관하여 다른 법률의 적용을 받는 공무원이 이 법에 따른 징계에 관한 규정을 적용받은 공무원으로 임용된 경우에 임용 이전의 다른 법률에 따른 징계사유는 그 사유가 발생한 날부터 이 법에 따른 징계사유가 발생한 것으로 간주

(나) 징계의결요구

- 임용권자는 소속공무원이 징계사유가 있다고 인정될 때에는 지체없이 관할 징

계위원회에 징계의결요구(강행규정)

- 행정기관의 장은 징계의결을 요구할 수 없는 공무원에 대하여 징계사유가 있다고 인정될 때에는 징계의결요구권이 있는 기관의 장에게 그 징계사유를 입증할 수 있는 자료(확인서 · 문답서 · 수사기록 등)를 첨부하여 통보
- 통보를 받은 기관의 장은 1월 이내에 징계의결요구(강행규정)
- 징계의결요구 시에는 충분한 조사를 행한 후 입증자료를 첨부하여 중징계와 경징계로 구분하여 요구(감사원의 경우 예외)
- 징계사유가 발생한 날로부터 2년(금품 및 향응수수, 공금 횡령 · 유용의 경우는 3년)이 과하지 아니한 경우에 가능

(다) 징계의 관할(지방공무원 징계 및 소청규정 제1조의 3)

- 시 · 도인사위원회 관할
  - 시 · 도 및 시 · 군 · 구(자치구)의 5급이상, 연구관, 지도관 등 징계사건
  - 시 · 도소속 6급이하, 연구사, 지도사의 중징계
  - 5급이상과 관련되거나, 시 · 도소속 6급이하 중징계사건과 관련된 시 · 도 및 시 · 군 · 구 6급이하, 연구사, 지도사, 기능직 등의 징계사건
  - 시 · 도 및 시 · 군 · 구 6급이하, 연구사, 지도사, 기능직 경징계
  - 시 · 군 · 구 6급이하, 연구사, 지도사의 중징계사건과 이에 관련된 기능직 공무원 징계사건
  - 소속기관(시 · 군 · 구)을 달리하는 동일사건에 관련된 징계사건
  - 복수 인사위원회를 둔 시 · 도의 경우에는 제1인사위원회와 제2인사위원회가 사무를 분담하고 있다.
- 시 · 군 · 구인사위원회 관할
  - 광역징계위원회를 제외한 시 · 군 · 구 소속 공무원의 경징계
  - 인사위원회를 둔 시 · 군 · 구 소속기관의 6급이하, 연구사, 지도사의 중징계사건과 이와 관련된 기능직공무원 징계사건

(라) 징계의결 절차(지방공무원 징계 및 소청규정 제3조~제9조)

- 징계의결기한
  - 징계의결요구서를 받은 후 30일 이내(부득이한 경우 30일 연기)
- 징계혐의자 출석, 심문 · 진술

- 진술(서면 · 구술 가능)을 할 수 있도록 기회 부여(강행규정)
- 출석통지서를 징계위원회 개최 3일전에 징계혐의자에 도달
- 소재가 불분명한 경우 자치단체의 공보(공보가 없을 경우 2이상의 일간신문)에 공고하여 10일이 경과함으로써 송달 간주
- 출석을 원하지 않을 경우 진술권포기서를 제출하게 한 후, 기록에 첨부하고, 서면심사로 갈음
- 불참사유서를 제출하지 않고 출석하지 않은 경우 그 사실을 기록하고 서면심사로 갈음
- 해외체재, 형사사건 구속 등으로 징계의결요구서 접수 후 50일 이내에 출석할 수 없다고 인정될 경우에는 서면으로 진술 가능
- 징계혐의자의 소속기관의 장이 관할인사위원회의 의뢰에 의하여 출석통지서를 교부 시, 수령을 거부한 경우 증빙서 첨부하여 회보
- 출석통지서 수령거부의 경우 진술권포기로 간주

● 징계위원 제척 및 기피
  - 징계혐의자의 친족 또는 직속상급자 기타 징계사건과 관계가 있는 자는 당해 징계사건의 심의 · 의결에 제척

● 의결 통보, 재심요구
  - 징계의결을 한 때에는 지체없이 징계의결요구자에게 통보
  - 징계의결을 요구한 기관의 장은 징계의결이 경하다고 인정하는 때에는 ① 그 처분을 하기 전, ②의결통보일로부터 15일 이내에 직근 상급기관에 설치한 인사위원회에 재심사 청구 가능
  - 감사원에서 조사 중인 사건은 심사개시통보를 받은 날로부터 징계의결요구 등 징계절차를 진행 중지 (강행규정)
  - 검 · 경에서 수사 중인 사건은 수사개시통보를 받은 날로부터 징계의결요구 등 징계절차를 진행 중지 가능 (임의규정)
    ※ 감사원 조사는 징계벌인 관계로 일사부재리 원칙에 저촉되는 관계로 중단이 되지만 수사는 형사벌인 관계로 일사부재리 원칙에 저촉되지 않기 때문에 반드시 중단할 이유는 없음

(마) 징계집행 및 효력(같은법 71조, 지방공무원 징계 및 소청규정 제10조)

- 징계 집행
  - 임용권자가 징계의결서를 받은 날로부터 15일 이내에 집행
  - 피징계자에게 징계처분사유설명서 교부(징계의결서 사본 첨부)
- 징계 효력
  - 파면 : 공무원신분 박탈, 공무원 재임용 5년 제한
  - 해임 : 공무원신분 박탈, 공무원 재임용 3년 제한
  - 정직 : 1월~3월간 직무종사 금지, 정직기간+18월 승진 · 승급제한, 정직기간 승진최저소요연수에 불산입, 보수의 2/3 감
  - 감봉 : 12월 승진 · 승급 제한, 1월~3월간 보수의 1/3 감
  - 견책 : 6월 승진 · 승급 제한

(7) 직위해제, 직권면직 등

(가) 직위 해제(같은법 제65조의3)

- 직위해제 요건

  ① 직무수행능력이 부족하거나 근무성적이 극히 불량한 자

  ※ 사전에 인사위원회 의견 요망, 3월이내 대기, 능력회복 · 근무성적 향상을 위한 교육훈련 · 특별한 과제부여 등 필요한 조치

  ② 중징계 징계의결이 요구중인 자

  ③ 형사사건으로 기소된 자(약식명령이 청구된 자 제외)

  ※ 직무수행능력 요건과 중징계의결요구 및 형사사건 기소 등의 사유가 병합되는 경우 중징계의결요구 및 형사사건 기소의 사유로 변경, 직위해제처분
- 직위해제 처분 효력
  - 승진임용 제한, 승진최저소요연수에 불산입, 승급 제한
  - 직위해제기간은 경력평정에서 제외
  - 승진후보자명부에서 삭제

(나) 직권 면직(같은법 제62조)

- 직권 면직 요건
  - 자치단체 폐치 · 분합 및 직제의 개폐 또는 예산의 감소 등에 의하여 폐직

또는 과원이 된 때
- 휴직기간의 만료 또는 휴직사유가 소멸될 후에도 직무에 복귀하지 아니하거나 직무를 감당할 수 없을 때
- 전직시험에 3회 이상 불합격한 자로서 직무수행능력이 부족하다고 인정된 때
- 근무수행능력부족 및 근무성적 불량자로 직위해제된 자가 대기명령을 받은 기간 중에 능력 또는 근무성적 향상을 기대하기 어렵다고 인정할 때
- 당해 계급에서 직무를 수행하는데 필요한 자격증의 효력이 상실되거나 면허가 취소되어 담당업무를 수행할 수 없을 때

※ 기능직(운전원)이 음주운전 등으로 면허가 정지된 경우는 정지기간동안 직위해제 처분, 면허취소 시에는 직권면직 대상

- 직권면직 절차
  - 일반적 사유로 인한 직권면직은 당해 인사위원회의 의견 요망
  - 근무수행능력 · 근무성적불량자에 대한 직권면직은 인사위원회 동의 요망(중징계를 관할하는 인사위원회), 미리 면직기준 작성

(8) 별정직 및 계약직, 개방직

(가) 별정직 공무원 (지방별정직공무원의 임용등에 관한 조례)

- 특정한 업무를 담당하기 위하여 별도로 정하는 자격기준에 의하여 임용되는 공무원
- 별정직 공무원은 직무분야별 · 상당계급별로 규칙에서 정한 자격기준에 부합되어야 함 (비서요원은 무자격)
- 근무상한연령, 임용절차, 징계 등은 일반직 준용(자치단체장 및 의회의장 비서요원은 연령 제한 없음)
- 단위기관 내에서 동질적 업무를 담당하는 직위로 전보 가능

(나) 계약직 공무원 - 지방계약직규정

- 전임은 정원 및 예산의 범위내, 비전임은 예산의 범위내
- 채용시 사업의 필요성, 업무내용, 자격 및 채용조건에 관하여 미리 인사위원회의 의결 요망
- 3년 범위 내에서 채용(연장시 인사위원회 의결, 근무실적평가결과 첨부)

- 채용해지 사유(강행규정)
  - 직무태만, 업무능력부족, 신체 · 정신상 이상으로 계약사업을 수행하기 곤란할 때, 계약사업의 존속이 필요 없을 때, 복무상 의무에 위반하였을 때, 형사사건으로 기소된 때(약식명령제외), 직무를 수행하는데 필요한 자격증 효력이 상실, 면허가 취소되어 담당직무를 수행할 수 없을 때, 계약서상 해지조건 충족된 때
- 매 1년마다 정기평가, 만료시 최종평가(3 ~ 5인 근무실적평가위원회)
- 최초 채용시 봉급액은 하한액으로 함을 원칙

(다) 개방직 공무원(같은법 제29조의4)

- 임용권자는 해당 기관의 직위 중 전문성이 특히 요구되거나 효율적인 정책 수립을 위하여 필요하다고 판단되어 공직 내부나 외부에서 적격자를 임용할 필요가 있는 직위를 개방형직위로 지정하여 운영할 수 있음
- 「시방자지법」 등 지방자치단체의 조직 관계 법령이나 조례 · 규칙에 따라 시 · 도는 5급 이상, 시 · 군 · 구는 6급 이상 공무원 또는 이에 상당하는 공무원으로 임명할 수 있는 직위 중 계약직공무원으로도 임명할 수 있는 직위는 개방형직위로 간주.
- 임용권자는 지방자치단체의 개방형직위에 대하여는 대통령령으로 정하는 바에 따라 직위별로 직무의 내용 · 특성 등을 고려하여 직무수행 요건을 설정하고 그 요건을 갖춘 사람을 임용
- 임용권자는 개방형직위를 지정 · 변경하거나 직위별 직무수행 요건을 설정 · 변경하려면 미리 해당 인사위원회의 심의 · 의결을 받아야 함.
- 개방형직위의 임용후보자 선발시험은 지방공무원법 제32조제3항 및 제4항에도 불구하고 해당 지방자치단체의 인사위원회에서 실시

(라) 공모직위(같은법 제29조의5)

- 임용권자는 해당 기관의 직위 중 업무의 효율적인 처리를 위하여 해당 기관 내부 또는 외부의 공무원(국가공무원을 포함한다) 중에서 적격자를 임용할 필요가 있는 직위를 공모직위(公募職位)로 지정하여 운영 가능
- 임용권자는 지방자치단체의 공모직위에 대하여는 직위별로 직무의 내용 · 특성 등을 고려하여 직무수행 요건을 설정하고 그 요건을 갖춘 사람을 임용.

(9) 직무대리 및 지도 · 감독권한

(가) 직무대리(지방자치단체 직무대리 규칙)

- 법정대리가 원칙, 법정대리가 지정되지 않은 경우와 부득이한 사유가 있는 경우 지정대리 운용
- 지정대리는 승진후보자명부상 승진임용범위에 해당되는 자 중에서 지정하고, 그 지정기간은 1년을 초과할 수 없음

(나) 지도 · 감독(같은법 제81조 참조)

- 교육과학기술부장관 또는 행정안전부장관은 시 · 도의 인사행정이 지방공무원법에 의하여 운영되도록 지도 · 감독하고, 시 · 도지사 또는 교육감은 당해 시 · 도의 관할구역안의 시 · 군 · 구 또는 지역교육청의 인사행정이 지방공무원법에 의하여 운영되도록 지도 · 감독.

(3) 감 사 착 안 사 항[265)]

(가) 공통사항

최근 인사개혁사항의 이행실태(이공계 전공 공무원, 인사 · 조직 관리지침, 여성공무원인사관리지침 및 참여정부 출범에 따른 인사운영지침, 인사사무규칙, 제3조-제9조 평정규칙, 지방공무원 인사규칙(표준안))

- 개방형직위제, 직위공모제, 다면평가제, 인사교류제, 전자인사관리시스템(PPSS), 성과급제 등
- 4급 이상 기술직 · 이공계 임용확대 5개년 계획의 준수상태
- 5급 이상 여성관리자 임용확대 5개년 계획의 준수상태
- 여성공무원 인사관리의 적정성(보직관리, 승진, 교육훈련, 모성보호 등)
- 인사담당공무원(소속기관 포함) 교육실태
  - 인사관련법령 개정내용 및 관련지침의 전달교육 이행 여부
- 전회 인사감사 지적사항에 대한 처리의 적정성
- 인사기록의 유지 · 관리 실태
  - 인사기록의 작성 · 유지 · 보관 · 정리 및 변경
- 근무성적평정서 등 각종 인사관계 서식의 활용 및 관리실태

265) 경기도(2006a). 9~19쪽

- 인사운영에 관한 소속공무원 여론청취

(나) 정 · 현원 운영

(정원에 관한 통칙 제24조-제26조, 행정기구와 정원 제24조, 25조, 26조)

- 단위기관별 · 직급별 정 · 현원 운 실태
  - 초과현원의 운영 및 별도정원 관리의 적정성
  - 직제상 구분된 기관 간 정원의 통합운영 여부
  - 본부에서 소속기관 현원을 이체하여 운영 여부
- 기구 및 정원조례의 제안 및 의결 시
  - 추가소요예산 포함 여부
- 기구 및 정원규칙 제출
  - 공포한 날로부터 10일 이내 지방의회 제출 여부
  - 입법예고, 경비 포함
- 별정직 · 기능직 등 정 · 현원 통합운영 여부
- 정원감축으로 인한 정 · 현원 운영
  - 면직 또는 명예퇴직대상자 선정의 적정성

(다) 공무원 채용

- 공개채용시험의 적정성(지방공무원법 제25조, 제27조)
  - 시험공고 방법 및 내용의 타당성
  - 응시자격 부적격자의 응시 여부(연령 · 자격요건 등)
  - 구비서류의 적정성 여부
- 채용후보자 명부 순위작성의 적정성(같은법 제36조, 같은법 시행령 제12조)
- 채용후보자 명부 유효기간 및 연장의 적정성(같은법 제36조, 같은법 시행령 제12조의2)
- 채용후보자의 임용추천 및 특별추천의 적정성(같은법 시행령 제13조)
- 채용시험합격 결정의 적정성(가산점 적용, 동점자 처리 및 면접방법)(같은법 제36조, 시험령 제23조, 제25조).
- 신체검사합격 결정의 적합성(같은 시행령 제14).
- 선발예정인원의 적정성(예상결원을 고려한 선발예정인원 결정 여부)(지방공무원법 제41조, 공무원임용시험령 제14조, 제42조 및 신체검사규정)
- 공개채용(승진)시험 합격자의 우선임용 여부(같은법 제30조)

- 특별채용시험 시행의 적정성 여부(같은법 제27조, 같은법 시행령 제17조)
  - 특별채용요건(1호-12호)별 시험방법의 준수 여부
  - 특별채용 당시 공채임용 대기자 유무
  - 공채직렬시험을 특별채용시험으로 실시 여부
  - 특채 시 자격 및 응시연령의 적정 여부
- 특별채용시험 방법 및 절차의 적정성(같은법 시행령 제16,17조)
  - 제한경쟁 여부(특채)
- 특별채용시험 응시자격제한의 준수 여부(같은법 시행령 제18조의2)
  - 동일직급 · 동일요건에 의한 응시를 3회로 제한(제한경쟁특채시험을 제외)
- 특별채용시의 경력 · 자격 등 요건의 적정성(같은법 시행령 제17조)
  - 응시자격의 예외승인 여부
  - 특별채용 요건 · 자격기준 적용은 적정한가.
- 기능직공무원을 일반직으로 특채시 채용예정(같은법 제27조, 같은법 시행령 제17조의2)
  - 계급별 최저근무연수는 준수하였는가.
- 타 기관 공무원 전입 시 동의하였는가.
- 타 기관 공무원 전입 시 시험절차 이행하였는가(같은법 제29조).
  - 상당경력 소지자 특채의 예에 의함
- 특별채용시험 합격자의 합격유효기간(6월) 준수하였는가(같은법 시행령 제21조, 같은법 시행령 제18조).
  - 다만, 제한경쟁특별채용시험은 1년간 효력
- 특채시험 합격자의 임용 적정한가(같은법 제28조, 같은법 시행령 제24조 및 제25조).
  - 시험실시 당시의 임용예정 직위에 한하여 임용
- 시보임용(같은법 시행령 제25조)
  - 시보임용기간 및 정규공무원 임용은 적정한가.
    - 시보임용 전의 교육훈련기간 단축 여부
    - 지방공무원으로 특채된 국가공무원의 시보 임용 및 면제의 적정성
    - 휴직 · 직위해제 및 정직 · 감봉처분기간의 시보임용기간 제외 여부
    - 시보기간중 근무성적평정 이행 여부

- 양성평등 채용목표제 운영방법은 적정한가(같은법 시행령 제47조).
- 장애인 채용은 적정한가.
  - 채용비율 준수하였는가 등
- 취업보호대상자 채용의 적정성

(라) 승진

① **승진심사 및 승진임용**(지방공무원법 시행령 제9조, 제9조의2, 제33조, 같은법 제39조, 같은법 시행령 제38조의4, 제32조, 41조, 연구 · 지도직 규정 제14조)

- 인사위원회 위원 위촉의 타당성
- 실효성 있는 승진심사를 실시하였는가.
  - 임용(제청)권자에 의한 승진예정자 별도결정 여부
  - 구체적 · 객관적 자료에 의한 실질심사 여부
- 승진심사기준 적용은 적정한가.
  - 기준의 일관성 · 형평성이 확보되었는가.
  - 승진결정이 명부순위와의 현저한 불균형 또는 소속기관 간 승진인원의 현저한 불균형
  - 특정요소에 대한 비중의 불공정한 적용은 없는가.
- 인사위원회 회의록을 작성하였는가.
- 승진소요최저연수 합산의 적정성
  - 연구 · 지도직의 유사경력, 별정직 경력의 환산 등
- 승진심사시 다면평가 활용의 적정성
  - 다면평가방법 및 절차, 평가결과의 반영 등
- 특별승진의 적정성
  - 대상 및 요건, 절차 및 방법 등
- 승진후보자 명부의 조정사유 · 시기 · 방법의 타당성
- 분할 작성된 승진후보자 명부에 의한 승진임용은 적정하였는가.
- 새로운 승진후보자 명부 작성 직전 승진심사는 없었는가.
- 강임된 공무원 관리는 적정한가.

② **근속승진**(같은법 시행령 제30조, 근속승진운영지침(예규))

- 근속승진기간 산정은 적정한가.

- 근속승진방법 및 절차를 준수하였는가.
- 근속승진자 정원관리의 적정성

③ **대우공무원 및 필수실무요원 선발 · 지정**(같은법 시행령 제31조, 대우 및 필수요원선발 등 운영지침(예규))

- 선발대상 및 요건의 적정성
- 선발절차 및 수당지급의 적정성

④ **근무성적평정**(같은법 시행령 제31조의2, 3, 4)

- 평정시기의 적정성
  - 정기평정, 수시평정
- 4급 이상 공무원의 목표설정 및 목표달성도 평가의 적정성
- 5급 이하 근무성적평정의 적정성
  - 근무실적 6할, 직무수행능력 3할, 태도 1할
- 근무성적평정위원회 구성의 적정성
  - 승진후보자 명부작성단위 기관별 5-7인
- 근무성적평정 분포비율의 적정성
  - 수(2할), 우(4할), 양(3할), 가(1할)
  - 평정점간 간격 및 인원수 균등 여부
- 근무성적 예외평정의 시기 · 방법은 타당한가.
  - 휴직 · 직위해제 · 파견자에 대한 근무성적평정의 적정성 등
- 근무성적 평정점이 없는 평정단위기간 · 연도에 대한 평정점 산출은 적정한가.
- 근무성적평정자와 확인자 지정은 적정한가.
- 근무성적평정위원회 운영은 적정한가.
  - 평정점 결정시 평정단위별 서열 명부에 의한 평정대상 공무원의 순위조정 여부
  - 평정결과의 객관성 · 타당성
- 직무수행 태도 평정시 감점 적용은 적정한가.
- 자체계획에 의한 징계사실을 통보하였는가(인사위 → 각 실국).
- 연구 · 지도직의 경우 연구실적심사제도 운영의 적정성
  - 위원구성 및 심사결과의 타당성 등

⑤ **경력평정**(평정규칙 제14조, 인사관리지침, 평정규칙 제15조, 별표1, 평정규칙 제16조 제4,5항)

- 평정기준일 적용의 적정성
  - 평정기준일이 아닌 후보자명부 등재일을 기준으로 평정하였는가.
- 경력평정대상 기간 계산 및 경력환산의 적정성
  - 경력구분(갑 · 을 · 병 · 정) 및 환산율은 적정한가.
  - 민간기업 등 근무경력은 인정하였는가.
- 휴직, 직위해제, 정직기간 등 직무에 종사하지 않은 기간은 제외하였는가.
- 공무상 질병, 병역복무, 법률상 의무수행, 외국기관 임시고용에 따른 휴직기간을 휴직당시 직급의 재직경력으로 보아 평정하였는가.
- 임용 전 병역복무기간의 경력평정방법 적정성
- 특정직 및 별정직 경력의 상당계급 평정하였는가.
- 채용후보자 명부 등재 후 임용되기 전에 입대 휴직한 기간의 경력평정(을경력)의 적정성
- 경력평정 가산점 적용대상 및 산출의 적정한가.
  - 전문직위 근무경력 등
- 경력평정의 평정자 및 확인자 지정하였는가.

⑥ **훈련성적 평정**(평정규칙 제19조, 제20조, 교육훈련법 제7조, 같은법 시행령 제7조, 제8조, 제20조, 제21조, 제22조)

- 평정대상인 교육훈련에 한하여 평정하였는가.
- 훈련성적이 만점의 6할 미만인 경우의 훈련성적 평정을 하였는가.
- 기관간 전입되어 온 자에 대한 종전 근무지에서의 훈련성적을 인정하였는가.
- 교육기회 부여의 형평성 및 교육대상자 선정은 적정한가.
  - 직급, 담당직무, 경력, 건강상태 등 고려 과정별 설치목적에 적합한 자 선발은 적정한가.
- 국내 · 외 기관 위탁교육 이수자와 보직의 연계성
  - 훈련 이수후 훈련분야와 관련된 직무에 보직을 부여하였는가.
- 교육훈련기관 교수요원의 자격기준에 적합한 자를 임용하였는가.
- 징계처분 종료후 2년, 직위해제처분 종료후 1년 이내인 자를 교수요원을 임용하지 않았는가.

- 교육훈련기관 교수요원으로 일정기간(2년)을 근무한 자에 대하여 승진 또는 전보시 우대하였는가.

⑦ **가점평정**(평정규칙 제23조, 제24조)

- 자격증 가점 평정의 적정성
  - 가점평정 대상 자격증 여부와 자격증이 2개 이상인 경우, 그 중 1개만 평정하였는가.
- 특수지 근무경력에 대한 가점평정하였는가.
- 실적가점 부여 시 기준과 요건 등을 사전에 공개하였는가.

(마) 보직관리

① **보직관리**(지방공무원법 제30조의5, 같은법 시행령 제7조, 제7조의2, 제7조의3 및 관련지침)

- 보직관리기준의 적정성 및 실질적인 이행을 하였는가.
  - 보직관리기준 제정 및 시행 여부
  - 보직경로에 의한 단계별 보직 여부
  - 직무요건과 인적요건을 고려하여 적재적소 임용 여부
  - 법령상 허용되지 않는 사유로 공무원을 보직 없이 근무하게 하는 사례
- 분야별 보직관리제 이행실태
- 전문직위(국제분야, 핵심분야) 운영실태

감사사례

서울시 ○○구는 인구가 50만 명이 되지 않아 2급 정원이 없는데도 2005년 2월 3급 부구청장을 2급으로 임용하는 등 특정인을 정원에도 없는 직급으로 승진시킨바 있다.
또한 인사업무를 담당하면서 자신의 근무성적평점을 조작해 부당하게 승진한 사례도 파악됐으며, 서울시 등 11개 지자체에서는 관계규정에 어긋나는 임시기구를 별도로 설치해 관리직 보직관리 수단으로 이용한 바 있다.

② **전보**(같은법 시행령 제26조, 27조)

- 잦은 전보로 인한 공무원의 전문성과 직무의 안정성 저해 여부
- 전보 사전승인제도 운영의 적정성
- 감사담당공무원 · 특채된 공무원의 전보제한을 이행하였는가.

- 도서 · 벽지근무자, 외국어 능통자, 연고지 근무 특채자의 타 기관 또는 다른 직위로의 전보제한(5년)규정을 이행하였는가.
- 직류별로 채용된 5급 공무원의 전보제한을 이행하였는가.
- 일반승진시험 요구 중에 있는 자를 승진 후보자 명부 작성단위를 달리하는 기관에 전보하는 사례 유무

③ **파견**(같은법 제30조의3, 같은법 시행령 제27조의2, 제27조의3, 제7조의5)

- 공식적인 파견절차를 거침없이 파견 운영하였는가.
- 파견사유 및 기간(연장)은 적정한가.
- 파견대상자 선발은 적정한가(파견요청사유와 관련되는 적정공무원 파견 여부).
- 결원보충이 필요한 1년 이상의 파견 시 · 도와 협의하였는가(행자부 승인).
- 파견기간 만료 전 수시교체 파견하였는가.
- 과도한 별도정원 운영 여부 및 파견사유 소멸 후에도 결원보충을 위해 파견을 유지하였는가.

④ **겸임(같은법 시행령 제7조의5)**

- 겸임의 사유, 범위, 기간 및 겸임 직급은 타당한가.
- 5급 이상 공무원이 국가기관외의 기관 · 단체의 직위 겸임시 중앙인사위원회와 협의를 하였는가.

⑤ **전직**(같은법 시행령 제28,29조, 연구 · 지도직규정 제9,10조)

- 전직제도 운영은 적정한가.
  - 전직요건, 전직시험, 전직제한 등

⑥ **휴직 · 복직**(같은법 제63조-제65조, 제65조의2)

- 휴직사유별 휴직요건 및 휴직기간은 적정한가.
- 동일 질병에 대한 반복휴직은 적정한가.
- 휴직사유 소멸에 따른 복직신고 및 복직발령은 타당한가.
- 당연 복직자의 복직 지연은 정당한가(신고일에 복직).

⑦ **신분보장**(같은법 제60조, 제63조-제65조, 평정규칙 제24조, 제25조의2, 법 제65조의2, 제65조의3)

- 직위해제, 강임, 휴직, 면직처분은 적정한가(처분사유 설명서 교부 여부).
- 직무수행능력 부족 등으로 직위해제된 자의 대기기간(3월 이내) 중 징계위원회

의 직권면직 동의 요구 또는 복직발령을 이행하였는가.

- 비위관련자를 직무수행능력 부족사유로 직위해제하였는가.
- 직제개폐에 따른 과원으로 직권면직 시 면직대상자 결정의 적정성
- 파면, 해임 및 면직처분의 취소결정에 따른 신분 복귀조치의 적정성

⑧ **개방형 계약직공무원인사운용**(개방형직위규정 제3조, 제5조 및 관련지침, 계약직공무원규정 제3조, 제5조, 제8조)

- 개방형 직위 충원시기의 적정성
- 개방형 직위 선발과정의 적정성
  - 선발시험위원회 구성 및 운영의 공정성
  - 적극적인 모집활동 여부
  - 평가방법과 평가결과의 적절성
  - 임명자에 대한 조직차원의 지원노력
- 계약직공무원의 채용자격 기준 적용은 적정한가.
- 계약직공무원 채용절차는 적정한가.
  - 계약서 작성, 채용공고 등(공고생략시 인사위 의결)
  - 인사위 의결 여부(채용시, 재계약시 5년 범위내)
- 근무실적평가 실시는 하였는가.
  - 성과목표 달성도 평가

⑨ **연구지도직**

- 보직관리기준의 설정 및 전보제한기간(2년)을 준수하였는가(지방공무원법 제30조의5).
- 전보기간내 전보 시 사전승인제도를 이행하였는가(같은법 시행령 제7조, 제26조, 제27조).
- 연구 및 지도직 임용에 대한 임용권 행사의 적정성(연구 · 지도직규정 제4조의2)
- 연구 · 지도직 공채 응시자의 학력요건을 충족하였는가(연구 · 지도직규정 제27조).
- 특채 · 전직 시험응시자격요건(자격증 소지 여부 등)적용의 적정성(연구 · 지도직규정 제4조-7조)
- 공채시험인 경우 채용후보자 명부 유효기간(2년) 적용의 적정성(연구 · 지도직규정 제4조)
- 연구사, 지도사 중 학위취득 후 연구관, 지도관으로 특채한 자에 대한 경력기

준 적용의 타당성(연구 · 지도직규정 제7조, 제11조, 제26조의2, 연구 · 지도직규정 제4조)

– 특채인 경우 전보제한 등

- 승진후보자 명부 작성의 적정한가(같은법 제27조, 연구지도규정 제14조, 같은법 시행령 제32조 - 36조).

  – 근무성적 및 경력평정 반영비율 적용

- 연구 · 지도사에 대한 교육훈련 및 가점평정은 적정한가(연구 · 지도직규정 제6조, 제27조).
- 근무성적평정대상 및 평정방법은 적정한가(연구 · 지도직규정 제15조)

  – 4급 상당 이상 연구 · 지도관 목표달성도 평가 여부

- 근무성적 평정점 산출은 적정한가(평정규칙 제23조-제25조)
- 일반승진시험방법은 적정한가(평정규칙 제4조, 제7조, 제9조, 제10조, 연구 · 지도직규정 제24조)
- 필기시험이 면제되는 박사학위소지자 또는 자격증소지자의 승진임용(서류전형과 면접시험)과 기타 일반승진시험에 의한 임용자간에 인원수의 균형을 유지하였는가(연구 · 지도직규정 제25조, 제13조, 제26조).
- 승진임용 제청절차의 적정성(연구 · 지도직규정 제12조)
- 연구직 등 겸임의 적정성(연구 · 지도직규정 제26조)
- 시보임용의 적정성(같은법 시행령 제25조)
- 시보임용 면제 및 기간단축의 적정성(연구 · 지도직규정 제25조)
- 전직요건에 해당하는 자를 전직하였는가(같은법 시행령 제28조).

  – 전직임용 예정직급의 승인 여부

- 전직시험 방법 및 절차의 적정성(연구 · 지도직규정 제9조)
- 전직시험 면제의 적정성(같은법 시행령 제29조)
- 연구 · 지도직공무원을 다른 직렬로 전직 시 전직임용예정직급 협의절차를 이행 하였는가(연구 · 지도직규정 제9조).
- 전직제한기간 적용은 적정한가(연구 · 지도직규정 제9조).
- 승진소요최저연수 산입 및 단축은 적정한가(연구 · 지도직규정 제12조).
- 연구직공무원의 유사경력 합산은 적정한가(연구 · 지도직규정 제12조).
- 승진임용제한은 적정한가(같은법 시행령 제34조)

- 연구관, 지도관에의 일반승진시험 응시자격제한은 적정한가(연구 · 지도직규정 제24조, 같은법 시행령 제34, 36조)
- 연구실적심사 및 연구실적 평가위원회를 운영하였는가(연구 · 지도직규정 제13조).
- 연구직 공무원의 승급심사를 시행하였는가(지방공무원보수규정 제16조).

(바) 징계

- 법원 · 소청심사위원회에 의한 징계처분의 무효 · 취소가 징계절차상 하자 등을 이유로 한 경우 3월 이내에 재징계의결을 요구하였는가(지방공무원법 제13조, 제73조 및 제73조의2).
- 징계업무처리 태만으로 징계시효기간 2년(금품 · 향응수수, 공금횡령 · 유용은 3년) 도과 하였는가.
- 감사원 · 수사기관에서 조사중인 사건에 대하여 징계절차의 진행중지를 이행하였는가(징계양정규칙 제3조, 제2조).
- 징계위원회 관할은 적정한가(고의분리 여부)(징계양정규칙 제4조).
- 비위행위자와 감독자에 대한 문책기준 적용은 적정한(징계양정규칙 제4조)
- 직무와 관련한 금품수수 및 중점 정화대상 비위는 엄중 문책하였는가.
- 음주 운전자에 대한 징계를 감경하였는가.
- 징계감경 공적 적용은 적정한가.
  - 중복사용 여부 등
- 성실, 능동적 업무처리 과정상의 과실에 대한 징계양정 감경처리는 적정한가.
- 징계의결요구서 접수일로부터 30일 이내에 징계의결은 하였는가(연구 · 지도직규정 제25조).
- 징계의결 집행시 징계처분 사유설명서를 교부하였는가(연구 · 지도직규정 제30조).
- 직권면직 시 징계위원회의 동의절차는 적정한가(같은법 시행령 제28조, 연구 · 지도직규정 제9조, 제10조).

(사) 봉급 및 수당

① 봉급분야

- 강임자에 대한 봉급은 보전하였는가(지방공무원 보수규정 제5, 8조-10조).

- 강임된 봉급이 강임 전보다 적은 경우 강임 전의 봉급지급 여부

• 초임호봉은 적정한가(보수규정 17조, 제25조 - 28조).
  - 신규채용자의 호봉획정의 적정성
  - 경력중복 시 호봉합산의 적정성
  - 특별승급, 승급제한 등의 사유가 있는 경우 호봉획정의 적정성
  - '89. 12. 31이전 경력의 간주경력 적용 여부
• 호봉의 재획정은 적정한가(보수규정 제29조 제35조 제36조).
  - 징계처분자에 대한 호봉 재획정의 적정성
  - 유사경력 등 경력합산 시 호봉 재획정의 적정성
• 유사경력 인정범위는 적정한가(보수규정 제36조).
  - 직렬별 자격증, 면허증 또는 박사학위를 취득하고 근무한 임용전 민간경력의 유사경력 인정 적정성
• 승진 시 호봉획정은 적정한가.
  - 계급별 최저호봉 및 최고호봉에서 승진 시 잔여기간 가산 적정성 여부
• 승급제한은 적정한가.
  - 징계처분, 직위해제, 휴직 중인 자에 대한 승급제한 여부
  - 징계처분 집행종료일로부터 일정기간 경과 시까지 승급제한 여부(정직 18월, 감봉 12월, 견책 6월)
  - 징계처분자중 훈 · 포장 등 포상자에 대한 승급제한기간 단축 여부
• 승급기간 특례자의 호봉 산입을 하였는가.
  - 의무수행 휴직자, 외국유학 휴직자 등
• 호봉정정 시 정산은 적정한가 .
• 결근, 휴직, 직위해제기간의 봉급감액을 하였는가.
• 감봉, 정직처분자에 대한 보수감액을 하였는가.
• 신규채용 시 연봉책정은 하였는가.
  - 연봉 하한액 적용 여부
• 승진, 강임시 연봉책정은 적정한가.
  - 호봉제 대상자 → 연봉제 대상자 승진의 경우(5급 → 4급)
  - 연봉제 대상자간 승진의 경우(예 : 4급 이상→1급까지)
• 징계처분, 결근, 휴직기간, 직위해제 연봉감액은 적정한가.

② **수당분야**(지방공무원 수당 등에 관한 규정 제6조, 제6조의2, 제10조, 제11조, 제11조의2, 제13조 - 제17조의3, 수당규정 별표 9)

- 기말수당
  - 지급대상에서 제외되는 자에 대한 기말수당은 지급하였는가.
  - 기말수당 지급기준에 의한 산정의 적정성
- 정근수당
  - 지급대상이 아닌 자에 대한 정근수당을 지급하였는가.
  - 징계 또는 질병휴직자에 대한 감액 지급하였는가.
- 성과상여금
  - 성과상여금 지급의 적정성
    - 성과상여금 지급방법 선정은 적정한가.
    - 성과급 심사위원회의 구성 및 활동은 있었는가.
    - 지급순위 조정기준 및 지급제외기준 설정은 적정한가.
    - 지급에 대한 이의제기 및 재심사는 실시하였는가.
  - 제도운영의 적정성
    - 제도운영상 소속직원의 참여 및 의견수렴을 실시하였는가.
    - 성과평가를 위한 평가자 및 직원대상 교육을 실시하였는가.
    - 지급등급의 공개 등 기타 성과상여금제도 운영개선을 위한 노력하였는가.
- 자녀학비 보조수당
  - 취학자녀 변동시 사실신고하였는가.
  - 지급액은 적정하였는가.
  - 징계처분자에 대한 감액조치를 하였는가.
- 초과근무수당 등
  - 초과근무수당 지급액 산정은 적정한가.
  - 초과근무수당액의 일괄균등지급 행위는 적정한가.
  - 관리업무수당 지급은 적정한가.
- 민원업무수당 및 전산업무수당
  - 상호간 2중 지급하였는가.
- 징계처분자, 직위해제자, 휴직자의 수당은 적정하게 지급하였는가.
- 신규임용자, 면직자 등의 수당은 적정하게 지급하였는가.

(4) 감 사 사 례

(가) 인사위원회 운영 : 위법 · 부당한 인사위원회 운영[266)]

- 5급 승진심사 의결사항을 임용권자에게 복수 추천
  - 6급 1명을 5급으로 승진 의결함에 있어, "임용권자가 요구한 종합점수 순위 상위자 · · · 과 · · · 등 2명을 임용권자에게 추천하겠다"라고 함으로써, 관련법규에서 정한 인사위원회의 의결기능 위배
- 5급 승진심사 의결사항을 임용권자가 재심요구
  - · · 도에서는 6급 10명을 5급으로 승진심의 의결하였음에도 도지사가 재심할 것을 요구, 이 중 1명을 교체하여 다시 심의의결
- 인사위원회 본질적 기능을 서면심의 대상으로 규정
  - 6급 이하 승진심의, 충원계획 사전심의, 계약직 공무원의 채용, 승진 및 전보임용기준 등을 서면심의로 규정, 인사운영혁신지침과 불부합
- 승진심의를 서면심의로 갈음
  - 승진심의 등을 실제 개최하지 않고, 총무과에서 보관하고 있는 외부인사위원 3인의 인장으로 날인한 서면심의로 갈음
- 사전 승진심의 없이 승진임용
  - '04. 4. 1일자 승진임용서를 시행하였음에도, '04. 4. 2일자 인사위원회를 개최하여 심의한 것처럼 심의서를 작성
- 인사위원회 구성의 부적성
  - · · 시에서는 인사위원회 위원을 위원장을 포함 7인으로 구성함에 있어, 민간인 출신을 3명, 공무원을 4명으로 위촉하여 관련규정을 위법
- 의사정족수 미달로 징계의결
  - ○○시에서는 인사위원회 정원이 7인으로 법적 의사정족수인 5인(7인에 대한 2/3)이 참석하여야 유효한 의결이 됨에도 4인이 참석한 상태에서 징계의결 처리
- 특별채용관련 인사위원회 사전심의 누락
  - ○○시에서는 기능직 14명을 일반직으로 특별 채용함에 있어 당초 채용계획을 인사위원회 심의 없이 임용권자 결재로 ○○도에 시험의뢰

266) 행정자치부 지방감사팀(2006) 3.

(나) 채용 : 위법 부당한 특별임용 사례[267)]

- 응시자격 과다제한
  - ○○○도에서는 '도청 및 소속기관에 근무하는 자'로 제한하여 응시공고를 하였는바, 이는 지방공무원법에 근거하지 않은 위법적 제한으로 헌법에서 규정하고 있는 '공직취임의 기회균등'이라는 대원칙에 위배
- 임용예정 직급에 대한 근무경력자 특별채용 시 필기시험 누락
  - 예정직급에 대한 근무경력으로 별정8급 3명을 위생9급으로 특별임용을 함에 있어, 필기시험을 부과하도록 한 규정을 어기고, 면접시험 등에 의하여 채용함으로써 지방공무원법을 명백히 위반
- 위법한 서류전형
  - 서류전형은 응시자의 자격 · 경력 등이 소정의 기준에 적합한지 여부 등을 심사하여 적격 또는 부적격을 심사하는 것임에도 농학석사를 소지, 농업연구사 자격요건인 형식적 요건을 충족하였음에도 탈락
- 예정직급 근무경력자로 특별채용된 자를 2년 4월만에 전보
  - ○○군에서는 별정7급으로 근무하다 예정직급 근무경력 요건으로 행정7급에 특별채용된 ○○○을 최초 임용된 날로부터 2년 4월만에 다른 기관으로 전보 조치

(다) 승진 : 위법 부당한 승진임용 사례[268)]

- 현존하는 결원 없이 예상결원으로 4급 승진심의
  - 실제 결원이 없는데도 4급 승진자로 심의하여 장기간 직무대리로 임용한 후 실제 결원이 발생하면 승진임용, 그 결과, '01. 10. 12 4급으로 6명에 대한 명부순위 23명을 대상자로 하여 승진심의한 후, 승진임용은 '02. 2. 20일자 1명, '02. 3. 23일자로 1명, '02. 7. 12일자 2명, '02. 7. 16일자로 1명, '03. 5. 7일자로 1명이 승진하였는 바, 이 과정에서 1~2명 의 승진시 법정배수 및 대상자가 상이하게 적용되었고, 먼저 승진심의한 2명보다 후에 심의한 5명이 먼저 승진하는 결과를 초래
  - '04. 2. 11일자 4급 승진심의의 경우, 당시 결원이 5명임에도 12명을 승진대상자로 심의한 후, '04. 2. 16일자로 5명을, '04. 4. 17일자로 3명을 승진임

267) 행정자치부 지방감사팀(2006) 6.
268) 행정자치부 지방감사팀(2006) 11.

용한 후, 4명이 직무대리로 있는 상태에서 '04. 7. 6일자로 10명을 추가로 승진심의 '04. 7. 12일자로 '04. 2. 11일자 승진심의자 4명과 추가심의자 5명을 포함한 9명을 승진임용하였는 바,

– '04. 7. 6일자 당시 4급 승진후보자 명부 순위 1위에서 4위까지 4명을 '04. 2. 11일자로 승진대상자로 심의했었다는 이유로 제외하고, 5위를 1위로, 6위인 2위로, 7위를 3위로 하는 등 총 10명 모두 실제상 명부순위와 다른 자료를 인사위원회의 심의자료로 제공하여 승진심의

- 현존하는 결원 없이 승진임용
  - 지방고등고시 합격자는 교육수료 이수시점에서 최초의 결원이 발생한 때까지만 정원이 따로 있는 것으로 인정됨에도 3년 동안 별도정원으로 관리하면서 3명을 5급으로 결원이 없이 승진임용

  ※ 이 경우 승진심의는 예정결원으로 할 수 있기 때문에 유효
- 법정배수 외의 자를 승진심의
  - 6급에서 5급으로 3명을 승진의결을 하면서, 법정배수인 승진후보자 명부순위 12위내의 자를 대상으로 심의하여야 함에도 34위인 자를 심의의결
  - 행정6급 승진심의를 하면서 결원이 2명임에도 법정배수인 8번까지를, 토목6급의 경우 결원이 1명으로 법정배수인 4번까지 해당되는 자를 인사위원회에 심의 대상자로 의뢰하여야 함에도 행정직은 2명이 초과한 10번까지를, 토목직은 2번을 단수로 의결 의뢰
- 특별승진요건 부적격자 승진임용
  - ○○○도에서는 4급으로 관련법령에서 열거한 특별승진요건과 본질적으로 부합되지 않는 보편적 업무수행 실적으로 특별승진으로 의결하였고, ○○시에서는 여성우대란 명목으로 역시 이를 악용한 사례
- 승진임용순위 명부에 따른 승진임용 위반
  - 승진임용순위 명부에서 가장 선순위인 자가 국외훈련 파견중이라는 사유로 제외하고, 차하 순위자부터 6명을 승진 임용한 후, 1순위자는 정상 승진임용할 시점보다 약 2월10일이 지나 승진임용
- 근속승진 위법운영
  - '3. 8. 1현재 행정6급 2명과 행정7급 1명 등 3명의 결원이 있어 일반승진을 통한 결원충원이 가능함에도, '03. 8. 5자로 행정8급 3인을 행정7급으로 근

속승진 임용하였으며, '03. 9. 1자로 행정8급 3명을 행정7급으로 일반승진 임용하는 등 근속승진제도의 취지에 어긋나는 운용

- 승진임용기준에 어긋나게 승진심의
  - '03년도 인사운영 기본계획'에서 3명 이상 승진 시에는 결원수의 30%는 승진후보자 명부 고순위자를 승진 우대토록 규정하고 있음에도
  - '04. 4. 2 간호7급 3명을 승진심의 함에 있어 승진후보자 명부순위 1번에서 4번까지의 상위순위를 제외한 5번, 6번, 7번을 승진자로 심의
  - '04. 10. 7 행정8급 3명을 승진심의 함에 있어 승진후보자 명부순위 4위, 6위, 9위를 승진자로 심의하여 당초 결정된 승진임용기준에 위배
- 징계혐의자를 징계의결요구하지 않고 승진임용
  - 지방공무원법을 명백히 위반한 징계대상자에 대하여 징계의결 요구를 하지 않고, 징계의결 요구가 되지 않았다는 사유로 승진임용
- 승진임용순위 명부작성 위법
  - '03. 1. 9일자로 행정6급 9명을 5급 승진의결한 후, 의결 당시 승진후보자 명부순위 1위부터 7위까지 7명을 먼저 교육이수하게 하고, 8위와 9위는 약1월이 늦게 교육훈련을 이수하게 한 후, 각각 별도로 승진임용순위 명부를 작성하여 관련규정을 위반
- 직위해제된 자를 근무성적평정점을 만점으로 1위로 평정
  - 세무7급 000이 '04. 11. 4부터 '05. 1. 12까지 법정구속 상태였고, 이와 관련 '04. 11. 16부터 '05. 1. 12까지 직위해제처분을 받았기 때문에 평정단위기간 6월중 실제 근무한 기간은 4개월에 불과함에도 '04. 12. 31자 근무성적평정점을 30점 만점으로 부여, 평정대상자 15명 중 1위 부여
- 승진후보자 명부관리 소홀
  - '03. 12. 9 견책처분을 받아 6월간 승진후보자 명부에서 삭제한 후, 승진임용 제한기간이 해제되는 '04. 6. 8일자로 승진후보자 명부에 등재하여야 함에도 이를 누락, 특히 평정단위기간이 달리하는 '04. 8. 1일 적용 승진후보자 명부에서까지 누락
  - '04. 2. 18 3명의 견책처분, '04. 9. 13 2명의 견책처분 등 총 5명의 징계처분자에 대하여 승진후보자 명부에서 삭제하지 않고 관리, ○○○의 경우는 인사기록카드에 징계처분을 등재하지 않는 관계로, '04. 7. 18 ○○○가 도

로 전출되어 '04. 8. 1 적용되는 승진후보자 명부에 2위로 평정되는 중대한 오류를 범하는 단초를 제공

- '04. 2. 19 전입한 7명을, '04. 3. 9 승진소요최저연수가 도래된 24명을, '04. 2 교육훈련 이수한 121명 등 152명에 대하여 교육훈련 성적을 명부에 반영하지 않았고, '04. 3. 22 전직한 1명을 명부에서 삭제하지 않아 정당순위가 14위임에도 31위로, 정당순위 18위임에도 36위로, 정당순위가 2위임에도 4위로, 정당순위 2위임에도 5위로, 정당순위 13위임에도 39위로 조정하는 등 승진후보자 명부관리에 중대한 오류를 야기

(라) 보직관리, 전보, 전직 등[269)]

- 위법한 보직관리 운용
  - ○○도에서는 3급 1명, 4급 8명, 5급 5명 등 총 14명에 대하여 정직, 직위해제, 휴직 등의 사유에 해당하지 않음에도 조례에서 정한 직제에 없는 '교육발전연구팀'에 전보하여 3월~10월간 대기발령했다가 퇴직 1년 전에 공로연수파견을 하여 사실상 업무에 종사하지 않았음에도 약 36천만 원 상당의 보수를 지급
- 전직 요건 미달자 전직
  - 전산주사에서 행정주사로 전직시험을 실시함에 있어, 정원상 행정직렬에 근무한 것이 8월에 불과, 관련규정에서 정한 1년에 미달함에도, 단순히 전에 근무하던 업무가 행정업무였다는 사유로 전직시험을 실시
- 전보요건 부적격자에 대하여 인사위원회 심의
  - '04. 3. 9일자 5급 이하 전보제한 대상자에 대한 인사위원회 사전심의한 15명이 지방공무원임용령 제27조제1항에서 열거한 ④호, ⑥호, ⑨호 및 ⑩의 요건에 부합되지 않음에도 전보사전 심의대상자로 요구
- 직렬직급 불부합 임용
  - 별정4급으로 보하도록 되어 있는 도지사비서실장 직위에 2명에 걸쳐 3년간 3급이 직무대리로 근무, 환경관광문화국장을 4급 직대로 보임
  - 서기관 또는 임업서기관으로 보하도록 되어 있는 경제복지국장 직위에 환경서기관을, 행정5급으로 보하도록 되어 있는 ○○면장 3개 직위에 농업5

269) 행정자치부 지방감사팀(2006) 14.

급, 기계5급, 농업5급을 각각 임용

(마) 결원보충 및 파견 등: 위법 부당한 결원보충 · 파견 운용사례[270]

- 2월전 파견종료로 현존하는 결원이 없음에도 승진
  - 결원보충 승인으로 파견된 5급 1명이 '04. 7. 31일자로 파견종료 됨으로 인하여, 종료 2월 전인 6.1부로 파견의 결원보충에 의한 정원은 상실되고, 다만 최초의 5급 결원발생 시까지 정원이 따로 있는 것으로 인정되기 때문에 최초 결원발생일인 '04. 7. 1에 파견인원이 상쇄되어 사실상 결원이 없는데도 불구하고 결원이 있는 것으로 보아 1명을 승진임용
- 지방고시합격자 교육이수 후 정원관리 위법
  - 지방고시 합격자 ○○○의 경우 교육이수 후 최초의 5급결원이 발생한 '03. 7. 18 이후에는 합법적 결원보충이 인정되지 않음에도, 이를 현원에 포함시키지 않고 계속하여 결원보충 있는 정원으로 관리함으로써 '03. 7. 18이후 6급에서 5급 승진임용한 5회는 사실상 결원이 없는 상태에서 승진임용한 결과를 초래
- 파견기간 중에 인정되는 결원보충으로 파견 전에 승진임용
  - ○○도에서는 구 행정자치부 팀으로부터 국가전문행정연수원 1명, 국방대학교 1명 등 3급 2명에 대하여 교육대상자로 지정받아, 교육훈련 파견전인 '03. 2. 7일자에 4급 2명을 3급으로 승진임용하여 파견대상자로 선정하였는바, 이는 사실상 결원이 없는 상태에서 승진임용한 결과 초래
- 파견목적과 어긋나게 보직 부여
  - ○○군의 8급 1명을 ○○도의 관광엑스포 업무를 지원한다는 명목으로 약 3년10월간 파견근무토록 하였는바, 이는 당초 1년을 파견기간으로 설정하였기 때문에 1회 1년 연장을 합하여 2년간을 초과할 수 없음에도 2회에 걸쳐 계속 파견토록 하였고, 또한 관광엑스포가 종료되었기 때문에 파견목적이 소멸되어 지체 없이 복귀시켜야 함에도 그러하지 않았고, 특히 당초 파견 지원부서인 국제대회 기획과에 파견근무 명령을 냈음에도 사실상 도지사 비서실에 근무하는 등 파견규정을 위배
- 파견목적에 부합되지 않고 인사운용으로 이용

270) 행정자치부 지방감사팀(2006) 18.

- ○○의료원이 수지악화로 인한 경영혁신을 도모한다는 명목으로 ○○의료원 경영혁신 팀장에 5급을 파견토록 하였음에도, ○○○는 '03. 1. 11부터 '03. 8. 13까지 약 7월간, ○○○는 '03. 9. 23부터 '04. 2. 22까지 약 5월간, ○○○는 '04. 2. 23부터 '04. 6. 30까지 약 4월간을 근무하고 평균 5개월마다 파견복귀시킴으로써 본래의 파견취지와 부합되지 않게 운영
- 국제체육대회 종료후 채권추심 및 채무변제, 잔여재산 인도 등 청산업무 속성상 대회조직위에서 근무하였던 자로 하여금 청산단을 선임하는 것이 파견목적 수행에 타당함에도, 대회조직위원회 기획조정실장 3급을 복귀시키고, 청산단장에 대회조직위에 전혀 근무하지 않은 00시 4급을 승진 전보함으로써 사실상 청산관련 파견목적과 다르게 운용

● 파견준비기간 위법

- 1년 이상 국외훈련과 관련하여 ○○○는 4월간, ○○○은 3월간, ○○○는 약 5월10일간, 최장 약 160일에서 최단 90일간의 과도한 기간 동안 총무과 소속으로 대기토록 하여, 2월 이내의 기간에 한하여 준비기간을 부여하도록 되어 있는 규정을 위반
- 호주 골드 코스트 시에 직무파견한 ○○○에 대하여 '03. 1. 1부터 '03. 5. 19까지 약 4월간 총무과 소속으로 대기시켜, 2주 이내의 기간에 한하여 준비기간을 부여하도록 되어 있는 규정을 위반
- 지방공무원교육원 장기영어과정 대상자로 선정된 4인에 대하여 준비기간을 부여할 특별한 사유가 없음에도, '04. 12. 31부터 '05. 2. 21까지 약 50일간 총무과 소속으로 대기토록 하여 관련규정을 위배

(바) 징계 : 위법 부당한 징계운용 사례[271)]

● 제척대상인 인사위원회 징계의결에 참석

- 음주운전으로 인한 차량사고 혐의로 징계 요구된 농수산국 ○○과장 징계와 관련하여, 인사위원회 위원인 농수산국장은 ○○과장의 직속상급자로 제척대상임에도 의결에 참석, 관련규정을 위반

● 징계혐의자에 대한 징계의결요구 해태

- 5급 2명이 6급 당시 ○○시장에게 시장 자혼시 각각 축의금 500만원을 제

271) 행정자치부 지방감사팀(2006) 24.

공(사무관 승진청탁 사례금 성격), 뇌물공여 혐의로 검찰로부터 약식 기소되어 각각 500만원씩의 벌금을 통보받아 납부하여, 지방공무원법 제53조(청렴의무)와 제55조(품위유지 의무)등을 명백히 위반하였기 때문에 지체 없이 징계위원회에 징계요구를 하여야 함에도, 법원판결일로부터 9월이 경과된 시점까지 징계의결을 이행하지 않음

- 음주운전 3회 및 신분은닉죄로 4월간 법정구속되었다가 벌금 500만원을 통보받은 직원에 대하여 ①지방공무원법 제55조(품지유지의무)를 위반하여 징계사유가 발생되었고, ② 그 혐의사실이 당사자간 다툼에 따른 실체적 진실을 가릴 것이 없이 객관적으로 명백히 드러난 상태이며, ③ 더구나 벌금형까지 받아 혐의를 입증할 또 다른 조치가 필요 없기 때문에 감사부서에서는 '지방공무원징계및소청규정' 제2조제6항의 규정에 근거하여 징계혐의에 대한 조사를 거친 후 지체 없이 징계의결요구를 하여야 함에도 검찰 · 경찰 등 수사기관에서 아무런 통보가 오지 않았다는 사유로 방치

- 권한 없는 징계위원회에서 징계의결
  - ○○시 소속공무원이 재해피해복구비 횡령 및 유용혐의 건으로 중징계 사안으로 ○○도인사위원회 관할임에도 중징계로 징계의결을 요구함에 있어 권한이 없는 ○○시인사위원회에 회부, '지방공무원 징계 양정에 관한 규칙'에 의거 해임되어야 할 대상을 정직1월로 의결
  - ○○구 소속공무원이 구청장 직인을 도용, 허위의 민원서류를 발부한 건과 관련하여 중징계로 요구하면서 ○○광역시 인사위원회에 징계의결을 요구하지 않고 자체 ○○구 인사위원회에 회부, 정직 2월로 의결
- 징계처분관리 부적정
  - 중징계로 징계의결 요구된 자에 대하여 우울증 등 신경쇄약증세를 사유로 징계의결 전인 '04. 2. 27부터 '05. 2. 26까지 1년간 휴직처분을 한 후, 징계혐의와 관련하여 '04. 3. 26일자로 정직1월로 의결.
  - 따라서 정직1월 처분은 휴직이 만료되는 시점에서 기산하여 정직처분에 대한 인사발령통지서를 교부하고, 이 사실을 인사발령대장 및 인사기록카드에 기재하여야 함에도 휴직중인 '04. 3. 27자로 인사기록카드에 기재한 후 정직처분에 대한 별도의 임용사항을 행하지 않은 채, 그 시점에서 휴직과 병행하여 보수의 감액을 하였고, 2005. 1. 1부터 복직 후 근무처인 환경사

업소에 근무하고 있어 사실상 정직1월 처분을 하지 않은 사례

- 징계혐의자를 훈계처리
  - '03. 9. 8. 22 : 00경 당직자가 근무지를 이탈한 사실을 자체 추석절 공직기강 실태점검반에 적발되어, 23 : 35-00 : 00까지 당직사령이 수차에 걸쳐 핸드폰 연락을 취하였으나 연락이 두절되었다가, 00 : 20분경 당직자 ○○○가 만취상태로 당직실에 취침중인 것을 발견하여 근무에 임할 것을 종용하였으나, 인사불성으로 일어나지 못하여 당직근무 2개조(02 : 00-08 : 00)까지 당직근무를 하지 않은 행위에 대하여, 지방공무원법 제48조(성실의무), 제49조(복종의무), 제50조(직장이탈금지) 및 '지방공무원당직및비상근무규칙' 제10(당직자의 근무위치), 제11조(당직자의 준수사항)을 위반한 것으로, 같은법 제69조 및 '지방공무원징계및소청규칭'제2조에 의거 지체없이 징계의결을 요구하여야 함에도 훈계처리
- 중징계 대상을 경징계로 요구
  - 5회에 걸쳐 관내 이용업소에 출입, 형사계 직원의 단속을 사칭한 후, 퇴폐안마를 요구, 요구불응 시 소지한 수갑(장난감)을 보이면서 공갈협박 및 폭행을 일삼고, 퇴폐안마 대가도 지급하지 않은 혐의 등으로 경찰관 사칭 및 '폭력행위등처벌에관한법률' 위반죄로 기소되어 언론에 보도하여 사회적 물의를 야기한 직원에 대하여 '고의와 중대한 과실'이 명백함에도 경징계로 징계의결을 요구한 것은 위법한 행위임.

(사) 직위해제, 직권면직 등 : 위법 부당한 직위해제 운용사례[272)]

- 직위해제 처분자에 대하여 승진후보자 명부 삭제 누락
  - ○○시에서는 기술직공무원을 승진후보자 명부를 통합 관리함에 있어, 토목6급 3명이 직위해제되었음에도 승진후보자 명부에서 미삭제
- 면허취소로 직권면직하면서 당해 인사위원회 의견을 누락
  - ○○군에는 기능직(운전원)이 음주운전으로 면허취소를 받아 직권면직을 하면서 당해 인사위원회 의견을 듣도록 한 규정을 이행하지 않음.
- 근무능력 불량의 사유로 직위해제(3월) 종료후 미복직
  - 직위해제 기간이 종료되면 즉시 복직시키거나 능력향상이 어렵다고 판단됨

272) 행정자치부 지방감사팀(2006) 27.

은 직권면직을 하여야 함에도 5월간 직위해제 상태로 방치

(아) 별정직 및 계약직 : 위법 부당한 직위해제 운용 사례

- 별정직을 위법 대기근무
  - '지방별정직공무원의임용등에관한조례' 제11조 요건(병역법에 의한 휴직과 형사기소로 인한 휴직)을 제외한 당해업무를 담당할 수 없는 사유가 발생한 경우에는 같은 조례 제10조에 의거 직권면직토록 규정.
  - 그럼에도 ○○도에서는 별정3급 1명이 업무수행능력 부족으로 직권면직 대상임에도, 약10개월간 총무과에 대기근무, 관련규정에 위배되었을 뿐만 아니라, 57백만 원을 부당하게 지급
- 자격기준에 부합되지 않는 요건으로 채용
  - 7급 상당 보존문서관리사를 채용함에 있어 ○○도 예산담당관실에서 『계수정리원』으로만 근무한 경력을 지니고 있어, 조례에서 정한 『보존문서관리사』 자격요건에 충족되지 않음에도 채용
  - 또한 서류전형 외에 면접시험을 거치지 않아 일반직 지방공무원의 임용절차를 준용하도록 한 관련규정을 위배
- 동질적 업무가 아닌 직위로 전보
  - 5급상당(사회복지직)을 별정직이 임용할 수 없는 종합민원과장에 보직토록 하여 관련규정을 위반
- 연령 초과자를 별정직 채용
  - '○○시지방별정직의임용등에관한조례'제6조에서 '신규임용 연령'을 규정하면서 『5급 상당 의회전문위원』의 경우 최저연령이 35세, 최고연령이 55세로 규정하고 있음에도 임용일 당시 56세 3월에 달한 자를 임용
- 계약직 전임을 정원 없이 채용
  - 계약직 전임은 정원 및 예산의 범위 내에서 채용하도록 규정된 관계로, 계약직 전임을 채용 시 반드시 그 직급에 상응하는 일반직을 결원으로 유지하여야 함에도 이를 무시하고 채용
- 계약직 공무원 근무실적 평가 미이행
  - 계약직공무원은 채용 후 매1년마다 근무실적평정을 하여 연장채용 시 인사위원회 의결 시 채용토록 하고 있음에도 이를 미이행

나. 조직 분야

(1) 관 계 법 령[273)]

〈지방자치단체〉

- 지방자치법
  - 지방자치법시행령
  - 지방자치단체의 행정기구와정원기준등에관한규정(대통령령)
    - 지방자치단체의행정기구와정원기준등에관한규정시행규칙(행정자치부령)
  - 소방기관설치에관한규정(대통령령)
    - 소방력기준에관한규칙(행정자치부령)

〈정부(중앙행정기관)〉

- 지방자치단체에 두는 국가공무원 성원에관한법률
  - 지방자치단체에두는국가공무원정원에관한법률시행령

기구	행정기구설치조례및규칙 가소속기관설치조례및규칙
정원	지방공무원정원조례및규칙

- 정부조직법
  - 정기관의 조직과정원에관한통칙(대통령령)
  - 각부처 및 소속기관직제(대통령령)

273) 주의! 관계법령이 개정되었는지를 먼저 확인해서 현행법령에 입각하여 합법성감사를 실시하여야 한다.

(2) 감사착안사항

(가) 시 · 도 - 시 · 군 · 자치구간 기능 재배분

- 시 · 도는 현행기조하에서 일부 집행기능의 자치구 이관
- 시 · 도는 주민접근성, 경제성 등을 고려하여 최대한 기초 이관
- 시 · 도 기능 중 주민편의성, 현지성이 강한 사무의 시 · 군 · 자치구 이양을 통한 슬림화는 추진되고 있는가.

(나) 유사중복기능(기구)의 통 · 폐합

- 경영진단결과 일부 축소 · 폐지대상 및 유사중복기능은 없는가.
- 수시로 구조 조정을 실시하고 있는가.

(다) 읍면동사무소의 기능전환

- 기능전환을 통해 쇠퇴기능과 인력 등은 과감히 감축하였는가.
- 주민복지, 문화, 생활민원 보강으로 대민서비스체제로 전환하였는가.

(라) 민간위탁의 중점추진

- 경영진단결과 제시된 사업성 · 경영성관련 시설과 사무는 최대한 민간위탁을 원칙으로 하고 있는가.

(마) 책임경영기관화, 개방형 직위 도입

- 성과측정이 가능한 자치단체의 산하기관을 책임운영기관으로 개편하고 있는가.
- 지방행정의 안정성과 직업공무원제를 침해하지 않는 범위 안에서 개방형 직위를 지정하여 운용하고 있는가.

(바) 자치단체의 조직정비

- 짧은 기간 내에 통일적 기준에 의한 감축으로 지역특성과 다양성을 반영하는 조직설계를 하고 있는가?
- 인력감축으로 대민서비스 기능을 축소하는 등 기능조정은 제대로 하고 있는가.
  - 내부지원관리, 단순사무 보조인력 등 비대 여전
- 지역주민, 직능단체 등의 이기주의의 편승으로 기구인력 정비를 제대로 추진하고 있는가?
  - 1차 산업조직, 보건조직, 출장소, 과소동, 지방의회 등

• 본청 위주의 개편은 목표이상의 성과를 거두었으나 사업소 등 외청기관에 대한 정비가 부진하지 않았는가?
• 조직의 통폐합 축소에 중점을 둔 나머지 민간화, 민간위탁 추진은 소홀하지 않았는가.
• 자율적 구조조정 과정에서 자치단체 간 불균형의 심화
  – 직종 · 직급 간 기관 간 등 공무원 감축의 격차
• 기타 지방의 자율성 부여를 위한 자치제도개혁 등 소프트웨어 제공 미흡
  – 조직 · 인사 · 예산 · 의회제도, 규제개혁, 주민참여 등

다. 행정관리 분야

(1) 관 계 법 령[274)]

지방자치법, 시행령, 행정자치부령 등

(2) 감 사 착 안 사 항

(가) 복식부기제도 도입 준비

• 자치단체의 회계처리를 복식부기로 전환하는 준비를 하고 있는가?
  – 직원교육 실시, 시범자치단체로부터 벤치마킹 여부
  – 자산, 부채에 관한 건전성 파악
  – 회계의 투명성 이론 → 정부재정활동의 효율성, 투명성, 책임성 재고

(나) 고객헌장제도 확대

• 공공기관의 서비스 기준, 내용, 제공절차, 시정 및 보상절차 등을 공표하고 실현을 약속, 행정서비스 품질보증 여부
  ※ 1991. 영국 Citizen's Charter에서 출발
• 경영진단 결과 개발된 11개 고객헌장 활용
  – 건축민원서비스, 수질환경서비스, 교통행정서비스, 소방서비스, 녹지조경서비스, 재난관리서비스 등

274) 주의! 관계법령이 개정되었는지를 먼저 확인해서 현행법령에 입각하여 합법성감사를 실시하여야 한다.

- 고객헌장의 성공을 위하여 서비스 준의 객관적 측정, 평가방법은 마련되어 있는가.
- 서비스기준이 지켜지지 않을 경우 실효성 있는 고충처리 및 보상절차는 마련되어 있는가.
  - 서비스 수행성과의 인사, 보수 등 반영조치

(다) 성과관리제도의 도입

- 경영진단을 통해 자치단체 성과측정지표 개발
- 지방자치단체조례로 관련규정 마련
- 성과목표 달성에 따른 인센티브 부여
  - 예산관련규정 적용 일부면제 또는 성과배당 지급 등
- 성과에 대한 계획, 보고절차의 명시
- 책임운영기관의 예산운영 자율화위한 특례사항규정
- 성과측정지표와 연계한 성과주의 예산제도 도입

4. 지방의회 감사 지적사례

- 각종 문서관리 미흡[275]
- 각종 신고센터 기업애로 창구의 형식적 운영
- 각종 위원회 여성위원 비율 저조
- 각종 인.허가 민원의 부당 반려문제
- 각종 자원봉사요원 활용방안 강구
- 각종 주민 참여제(명예감시관, 1일 동장제) 형식적 운영
- 각종 체육행사 시 지역상품, 중소기업제품의 홍보기회 이용방안 강구
- 각종 회관의 행정직 근무 민원 과다
- 각종위원회 정비 소홀
- 간부 공무원에 대한 전산(PC)교육 철저
- 고가의 행정장비(각종 건설 · 교통장비)의 방치
- 공로연수 및 각종 해외연수(시찰)의 적정문제
- 공무원 관외 거주자 파악 및 조치 미흡

275) 밑줄 친 부분은 시 · 도사무로 시 · 도의회의 지적 사항이다. 이하 같다.

- 공무원 교육 Program의 내실화
- 공무원 교육시 강의식보다 실무중심으로의 전환
- 공무원 전보제한 미준수(업무의 지속성 및 전문성 저하문제)
- 공무원에 대한 각종 교육 철저 및 내실화
- 공용차량 보유 과다 및 정비예산 과다소요
- 교육원의 전임교수제 도입
- 구조조정으로 인한 정원외 인원 활용문제
- 기술직 공무원 보강 및 복수직급의 기술직 공무원 보직 부여
- 기술직 공무원에 대한 직무교육 내실화
- 기획단 폐지검토(개발원과 기능 중복)
- 자체감사기구의 형식적 운영
- 농번기의 체육대회 등 각종 행사 지양
- 대학생 아르바이트 활용 및 대상자 선정의 불공정
- 동 직원을 대상으로 한 회의소집 과다
- 민원안내 및 홍보책자 내용 및 배부처, 배부방법 문제
- 생활체육교실 운영프로그램의 부실(예산집행 효과 없음)
- 수산 · 해양 분야 전문연구인력 충원
- 시 본청과 구청 간의 승진인사 불균형 해소방안 강구
- 시 · 군 · 구 간의 공무원 승진 불균형 시정방안 강구
- 시 · 도사무의 위임 개선
- 아파트지역의 통장 장기공석 문제
- 여성교육의 프로그램 다양화 및 강사신임방법 개선
- 우수사례 제안 공무원에 대한 인사상 인센티브 부여 방안 강구
- 유사한 각종 체육행사의 통 · 폐합
- 음성자동안내 및 PC통신(인터넷)의 운영미흡 및 내용상의 문제
- 인성교육 강화
- 일용직(사용인부) 과다 및 관리 부실
- 자매결연(국내외)사업의 효과 저조
- 자치단체장 표창남발 문제
- 자치단체장의 표창장 남발 및 시 · 군공무원에 대한 상장 불이익 개선

- 장기교육 이수자 사후관리 철저
- 장애인 공무원 채용 확대
- 장애인 의무고용제 미준수
- 전화접수 민원의 폐기과다 문제
- 토목, 건축, 환경 등 기술직공무원 부족
- 하위직 공무원의 사기진작대책 강구
- 행정 · 기술직 복수직급직의 행정직 보직 과다
- 행정정보공개제도 활성화
- 행정정보공개제도의 홍보 미흡
- 행정협의회 유명무실

XIV 재산 및 물품관리행정 분야

1. 사무내용과 감사기본방향

지방자치단체의 재산 및 물품관리 행정은 ▸공사 · 용역 검사 및 물품의 검수 입회 ▸각종 공사, 용역과 물품의 구매, 제조 등 계약에 관한 사항(입찰 참가 등록증 발급을 포함한다) ▸물품의 수급 및 관리에 관한 사항 ▸국유재산 위임관리에 관한 사항 ▸도유재산 관리 총괄 ▸청사 · 관사 관리에 관한 사항 ▸설비에 관한 설계 및 시공 · 감독 지원 ▸관용차량 및 관공선 관리 등을 처리한다.

이 분야에서는 재산관리와 관련하여 공유재산의 취득, 기부채납, 공유재산의 관리 · 처분, 권리보전, 재산취득의 보상금 지급, 손실보상, 공공시설의 설치관리, 위탁, 공유재산의 점용 · 사용료 징수 등에 대하여, 물품관리에 관하여는 물품의 수급 · 관리 처분, 장비 및 자재의 구매 · 사용, 관리, 설계 · 연구 용역 및 위임 · 위탁계약 등에 대하여 중점적으로 감사를 실시하여야 할 것이다.

이 분야는 세입과 세출 분야에 관련이 깊기 때문에 주로 재무감사(제4장 II. 참조)기법을 활용하여야 하지만, 상당부분은 합법성감사(제4장 III. 참조)기법도 활용하여야 할 것이다.

2. 정책/성과감사 기법

지방자치단체의 공유재산 및 물품관리행정분야에 대한 정부합동평가 결과를 성과감사에 활용하는 것이다. 아래와 같은 평가 지표로 한 해 동안 이룬 성과를 전국 자치단체와 상호 비교하여 가,나,다급 중에서 상대적으로 낮은 성과인 "다"급으로 평가받은 분야에 대하여 그 원인을 규명하고 향후 성과개선방안과 차년도 성과목표를 상향 설정하도록 한다. 다만, 지방자치단체의 지방행정환경이 근본적으로 열악하여 전국적인 비교가 불합리한 경우에는 전년도 자료를 비교하여 시계열적인 성과를 비교

도표 5-20 정부합동평가지표중 공유재산 및 물품관리 분야 관련지표

평가시책	평가항목	평가지표
4-5. 국유재산 관리, 처분	계획	
	집행	4-5-2. 변상금 징수율(가중치 7.63) ㉮ 변상금 징수율 - {변상금 징수금액 / ('08년도 이월 변상금 부과금액 + '09년도 변상금 부과금액)} × 100 ※ 비율은 소수점 셋째 자리에서 반올림하여 둘째 자리까지 표시 4-5-4. 귀속금 집행의 노력도(가중치 6.41) ㉮ 귀속금 대비 국유재산 관리비 집행액 - {국유재산 관리경비 집행액 / (매각대금 귀속금 + 대부료 귀속금 + 변상금 귀속금)} × 100 ※ 세입징수 결정고지 연도와 관계 없이 당해 회계연도의 수납일을 기준으로 작성 ※ 비율은 소수점 셋째 자리에서 반올림하여 둘째 자리까지 표시
	산출/결과	4-5-1. 임대수입 확보율(가중치 8.50) ㉮ 전년 대비 임대수입 증가율 : {('09년도 임대수입－'08년도 임대수입) / '08년도 임대수입} × 100 ※ 비율은 소수점 셋째 자리에서 반올림하여 둘째 자리까지 표시 4-5-3. 매각수입 증가율(가중치 6.83) ㉮ '08년대비 매각대금 증가율 - {('09년도 매각실적－'08년도 매각실적) / '08년도 매각실적} × 100
	결과활용	

하여 그 성과를 감사하여야 할 것이다.

성과감사를 위하여 표 5-20의 산식에 따라 이미 계산된 평가자료와 합동평가결과서를 제출 받아 그 성과를 감사하는 것이다.

3. 합법성감사/재무감사 기법

가. 재산의 취득[276)]

(1) 관 계 법 령[277)]

- 공유재산 및 물품관리법 제10조 • 공익사업을 위한 토지 등의 취득 및 보상에 관한 법률 제2조, 제68조 등

(2) 업 무 처 리 절 차

(가) 취득

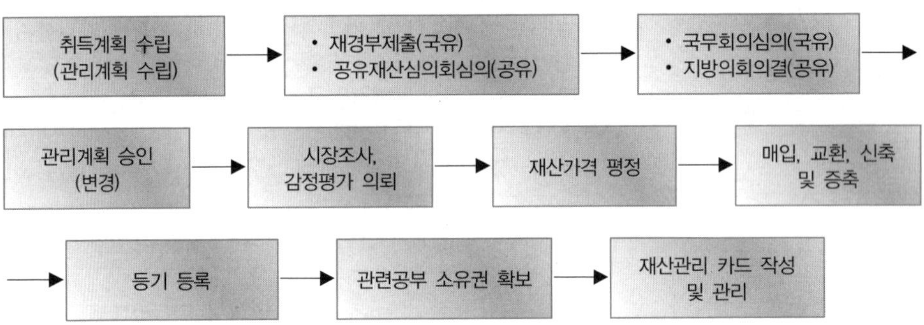

276) 서울시(2004) 496쪽 및 경기도(2006a), 182~186쪽에서 재작성하였음.

277) 주의! 관계법령이 개정되었는지를 먼저 확인해서 현행법령에 입각하여 합법성감사를 실시하여야 한다.

(나) 취득 2)

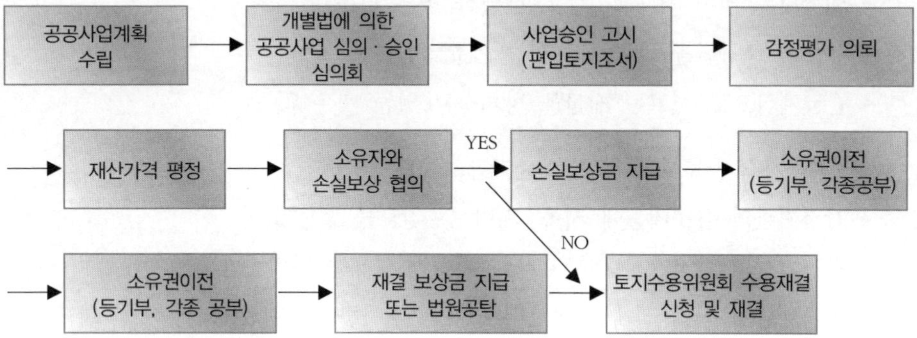

(3) 감 사 착 안 사 항

(가) **취득계획 및 시기**(국유재산법 제12조, 공유재산 및 물품관리법 제10조)

- 취득계획 내용이 법규에 위배된 것은 없는가.
- 취득을 위한 예산확보 등 실현 불가능한 것은 없는가.
- 사정변경으로 계획을 변경하여야 할 사항을 방치하고 있는 것은 없는가.
- 재산취득계획을 변경하여 취득하였을 경우 계획변경사유는 타당한가.
- 특정인에게 이익을 주기 위해 재산취득계획을 수립한 것은 없는가.
- 필요한 계획을 누락한 것은 없는가.

(나) **취득재산**(국유재산법 제12조, 공유재산 및 물품관리법 제7조, 제10조)

- 취득계획에 위배하여 재산을 취득하였거나 취득재산을 장기간 사장시키고 있는 것은 없는가.
- 취득목적에 부적합하여 사용에 지장을 초래하거나 방치하고 있는 것은 없는가.
- 취득재산에 대하여 사전조사는 철저히 하였는가.
- 취득재산의 관리비가 과중하여 불이익을 초래한 것은 없는가.
- 도시계획예정지, 풍치지구, 군사시설보호구역 및 개발제한구역(그린벨트) 내에 있는 재산을 취득하여 사용하지 못하고 있는 것은 없는가.
- 재산취득 지연으로 사업에 지장을 초래한 것은 없는가.
- 불요불급한 재산을 취득하여 사장시키고 있는 것은 없는가.
- 사권이 설정된 재산을 매입 또는 기부채납한 것은 없는가.
- 관리하기 곤란하거나 국가가 필요로 하지 아니하는 재산을 채납함으로써 국가

자치단체에 불이익이 초래된 것은 없는가.

- 임차하는 것이 경제적인데도 매입한 것은 없는가.
- 무주의 부동산을 방치하고 있는 것은 없는가.
- 은닉재산으로 신고된 재산을 방치하고 있는 것은 없는가.

(다) 취득가격(공유재산 및 물품관리법 제10조)

- 감정기관의 감정내용에 지목, 지번 등 착오는 없는가.
- 감정기관의 감정가격보다 고가로 취득한 사유는 타당한가.
- 인근재산의 거래 실제 가격보다 고가로 취득한 것은 없는가.
- 토지를 취득한 때 지장물이 있을 경우 철거비용 등을 감안하여 취득하였는가.
- 감정 후 시가변동 사실이 있었는데도 감정가격대로 취득함으로써 불이익을 초래한 것은 없는가.
- 취득에 관한 계획이 사전에 누설되어 고가로 매입하게 된 것은 없는가.
- 가격평가를 잘못하여 고가로 매입한 것은 없는가.
- 공공사업에 필요한 토지 등을 취득할 때 손실보상은 적정하게 하였는가.
- 국 · 공유재산으로 귀속처리 하여야 할 청산법인 소유재산을 귀속처리하지 아니한 것은 없는가.
- 도시계획시설 결정으로 조성된 공공용 재산을 무상귀속 조치하지 아니한 것은 없는가.

(라) 취득방법 및 처리(공유재산 및 물품관리법 제9조, 제10조, 공익사업을 위한 토지 등의 취득 및 보상에 관한 법률 제68조)

- 계약시기는 타당한가.
- 계약내용에 미비사항이 있어 불이익을 초래한 것은 없는가.
- 국 · 공유재산에 편입할 수 있는 재산을 채납하였는가.
- 취득재산에 대한 등기등록 등 권리보전에 필요한 조치를 이행하고 있는가.
- 취득재산의 대장과 등기부 등본 등은 비치하고 있는가.
- 과거 공공사업시행 시 기 보상된 재산을 이중으로 보상하고 취득한 재산은 없는지.
- 민원해결을 위하여 공공용지 취득 및 손실보상에 관한 특례법에 의하여 부당하게 취득한 재산은 없는지.

- 개별법에 의한 절차를 이행하지 아니한 상태에서 지방재정법에 근거하여 공유재산관리계획에 반영하여 편법으로 재산을 취득하였는가.
- 물권(근저당, 지상권 등)이 설정된 재산에 대하여 선금지급 후 사권을 해제하는 조건부로 취득하였는가.
- 도시계획시설 결정으로 조성된 공공용 재산을 무상귀속조치 했는가.

(4) 감 사 사 례

공유재산의 활용계획도 없이 교환취득[278]

▨ 개요

공유재산과 국유재산을 상호교환을 추진하면서 교환받은 재산에 대한 활용계획을 수립하지 않고 취득하여 방치함으로 인하여 재정수익 손실

▨ 위법 · 부당내용

- 지방자치단체는 공용 또는 공공용 등으로 재산을 교환하고자 할 경우 실태조사를 실시하여 법령에 의한 신탁이나 대부(사용수익허가) 등을 통해 재산의 활용도와 수익성을 제고하는 등 재산의 고부가 가치를 적극 추진하도록 되어 있음에도,
- ○○동 파출소가 점유 · 사용하고 있는 ○○동 752-4번지(351.3㎡) 공유재산과 ○○동 30-4번지(250㎡)의 국유재산을 상호교환하면서 교환받고자 하는 재산에 대하여 구체적인 활용계획을 수립 결정은 물론, 교환 후 수익성과 활용도 제고를 위한 대부조치 등을 이행하지 않고 방치함으로 인하여 약 39백여만 원의 재정수익의 손실을 가져온 사실.

나. 재산의 처분[279]

(1) 관 계 법 령[280]

278) 경기도(2006b), 128 쪽 참조.

279) 서울시(2004) 497쪽 및 경기도(2006a), 187~191쪽에서 재작성하였음.

280) 주의! 관계법령이 개정되었는지를 먼저 확인해서 현행법령에 입각하여 합법성감사를 실시하여야 한다.

- 국유재산법 제31조 · 제33조 · 제34조, 같은법 시행령 제35조 · 제36조 · 제37조
- 공유재산 및 물품관리법 제10조, 제28조, 제30조, 제37조, 제40조 등
- 공익사업을 위한 토지 등의 취득 및 보상에 관한 법률 제2조, 제68조 등
- 국토의 계획 및 이용에 관한 법률 제95조 · 제96조 · 제99조 등

(2) 업무처리절차

(가) 국 · 공유재산 관리계획 반영 처분

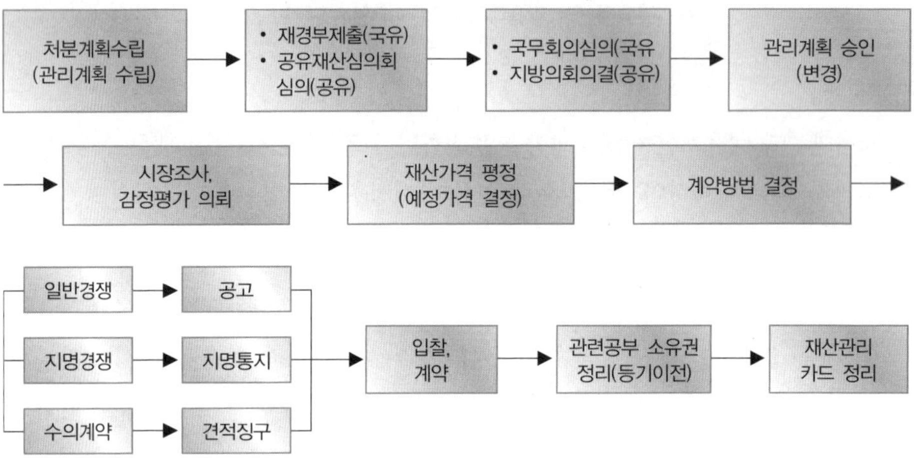

(나) 개별법에 의한 처분

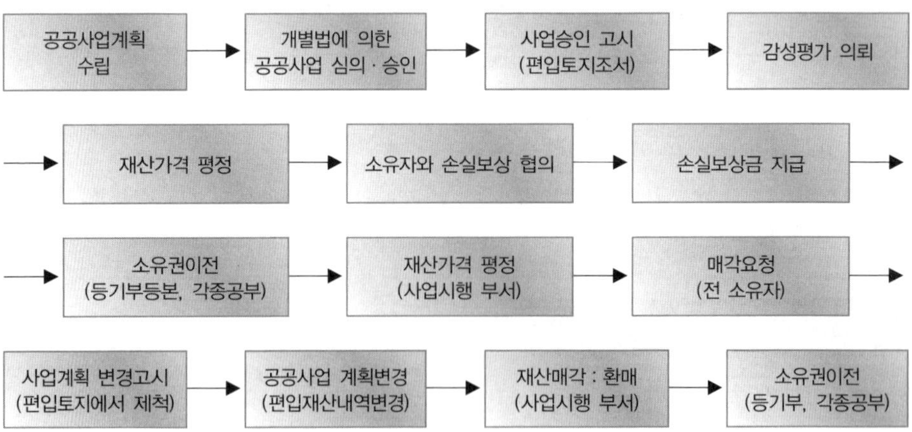

(3) 감 사 착 안 사 항

(가) 처분계획(국유재산법 제12조, 제31조, 공유재산 및 물품관리법 제10조)

- 장래의 필요성 여부를 고려하여 매각계획을 수립하였는가.
- 매각하여야 할 재산을 처분계획에 누락하고 있는 것은 없는가.
- 매각재산이 아닌 것을 매각하기로 계획한 것은 없는가.
- 매각에 관한 계획변동 사유는 타당한가.
- 세출재원을 확보하기 위하여 무리한 처분계획을 수립한 것은 없는가.
- 관리계획에 반영하지 않고 매각한 재산은 없는가.

(나) 처분방법 및 내용(국유재산법 제31조, 제32조, 제33조, 제34조, 공유재산 및 물품관리법 제28조)

- 경쟁입찰에 의하지 아니하고 지명경쟁이나 수의계약에 의하여 매각한 사유는 타당한가.
- 특정인에게 재산을 취득하게 하기 위하여 필요한 재산을 처분한 것은 없는가.
- 장래 필요성을 감안하지 아니하고 처분한 것은 없는가.
- 기관 상호간에 관리환하여 유용하게 사용할 수 있는 재산을 처분한 것은 없는가.
- 일반공매를 할 때 공고내용에 지번, 지목은 정확히 표시되고 있는가.
- 당해 국·공유재산 사무에 종사하는 직원이 당해 관리청의 허가 없이 본인 명의로 매수하거나 교환한 것은 없는가.
- 개척, 매립, 간척, 조림 등의 목적으로 예약한 상대방이 지정한 기한 내에 사업에 착수하지 아니하거나 그 사업을 완수할 수 없다고 인정됨에도 예약을 해제하지 아니한 것은 없는가.
- 매매계약 해제사유가 발생하였는데도 방치하고 있는 것은 없는가.
- 용도를 지정하여 매각하는 경우 매수자가 지정한 기일을 경과하여도 그 용도에 사용하지 아니하거나 지정된 용도에 제공한 후 제공된 기간 내에 그 용도를 폐지한 때 매매계약을 해제한다는 내용의 특약등기를 하였는가.
- 공공사업편입재산에 대해 제척절차를 이행하였는가.
- 재산을 처분대상으로 결정한 것이 적정하였는가.
- 매수신청자(전 소유자)와 매도자(공공사업시행부서)는 적정한지 여부

- 비관리청 주체로 시행되는 개발사업지구내 포함된 재산 중 사실상 잡종화된 재산이 무상귀속된 재산은 없는가.

(다) 매각가격(국유재산법 제34조, 공유재산 및 물품관리법 제30조)

- 잡종재산을 매각할 때 처분재산의 매각결정은 타당한가.
- 감정기관에 시가조사를 의뢰하면서 지목, 지번, 지적 등의 기재내용의 착오는 없는가.
- 입찰이 지연되어 가격변동이 있었는데도 평가액을 결정하지 아니하고 매각한 것은 없는가.

(라) 매각대금의 징수(국유재산법 제33조, 제34조, 공유재산 및 물품관리법 제37조)

- 계약 불이행 시 계약금을 귀속조치하고 있는가.
- 매각대금 완납 후 재산의 소유권을 이전하였는가.
- 재산매각대금을 일시에 전액수납하지 아니한 사유는 타당한가.
- 분납하는 경우 이자 및 분할납부기간은 적정한가 .

(마) 교환 및 양여(국유재산법 제43조, 제44조, 제45조, 공유재산및물품관리법 제39조, 제40조)

- 재산의 교환 및 양여에 대한 협의는 진행하였는가.
- 교환재산의 가격평정은 적정한가.
- 특정인에게 특혜를 주기 위해 교환한 것은 없는가.
- 당해 국 · 공유재산에 관한 사무에 종사하는 직원의 재산과 교환하면서 관리청의 허가 없이 교환한 것은 없는가.
- 교환재산 일방의 가격이 타방의 가격의 4분의 3 미만임에도 교환한 것은 없는가.
- 교환자금을 국가나 지방자치단체가 분담할 경우 이에 대한 예산 뒷받침은 되어 있는가.
- 교환자금을 장기간 지급하지 아니하거나 징수를 태만히 한 것은 없는가.
- 잡종재산의 양여사유는 타당한가.

(4) 감 사 사 례

처분제한 국유재산의 부당매각[281]

■ 개요

도시계획시설 부지에 포함된 토지를 사인에게 매각함으로써 사업시행 시에 토지 매입에 따른 행정적·재정적 손실을 초래하였고, 10년간 매각 등을 할 수 없는 무주 부동산 취득한 재산을 매각하여 향후 실소유자의 민사소송 제기 시 소송수행에 지장 초래

■ 위법·부당내용

- 국유재산법 제8조 및 국토계획 및 이용에 관한 법률 제97조에 의하면 국유재산의 관리와 처분에 관하여 다른 법률에 특별한 규정이 있는 경우에는 당해 법률을 따르도록 하고 있으므로, 도시계획 결정고시지역에 포함된 국·공유지는 도시계획시설사업 목적 외에는 이를 매각하거나 양도할 수 없고, 무주부동산으로 취득한 국유재산 또한 공공사업 등 특별한 경우를 제외하고 그 취득일로부터 10년간 매각·교환·양여 등을 하여서는 아니 된다고 하고 있음에도,
- '03. 11 .24 결정 고시된 도시계획시설(도로) 부지에 일부 포함된 ㅇㅇ동 593번지(301㎡)의 재경부 소관 국유재산을 매각하면서 분할하여 도시계획시설에 포함되지 않는 부분만 매각하지 않고 전체면적을 매각함으로써 도시계획사업 시행 시에 토지 재매입을 위한 협의에 따른 행정력 낭비와 지가상승으로 인한 재정적 부담을 가중시키는 결과를 초래하였고,
- 또한, 취득일로부터 10년이 경과되지 아니한 무주부동산으로 취득한 국유재산을 사인에게 매각함으로써 향후 재산의 실제 소유자가 부당이득금 청구 등 민사소송을 제기하는 경우 소송수행에 지장을 초래함은 물론 손실보상에 따른 재정적 손실을 가져옴.

---

281) 경기도(2006a), 132쪽 참조.

다. 재산의 관리[282]

(1) 관 계 법 령[283]

- 국유재산법 제5조, 제24조, 제36조, 제46조 등 • 공유재산 및 물품관리법 제6조, 제19조, 제28조, 제81조, 제99조 • 하천법 제33조 • 도로법 제40조 • 공유수면관리법 제5조 • 행정대집행법 제3조

(2) 업 무 처 리 절 차

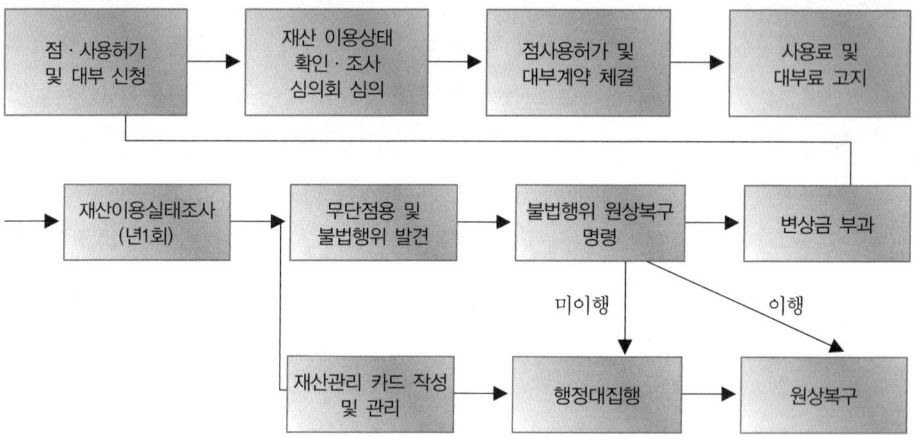

(3) 감 사 착 안 사 항

(가) 재산의 유지 · 보존(국유재산법 제5조, 제6조, 제16조, 제21조, 제46조 공유재산 및 물품관리법 제6조, 제81조)

- 국 · 공유재산으로 관리하여야 할 재산을 관리하지 아니하고 그대로 내버려 둠으로써 편취당하고 있는 것은 없는가.
- 환지처분 받은 재산을 국 · 공유재산대장 등에 등재하지 아니하고 내버려두고 있는 것은 없는가.

282) 경기도(2006a), 192~196쪽에서 재작성하였음.

283) 주의! 관계법령이 개정되었는지를 먼저 확인해서 현행법령에 입각하여 합법성감사를 실시하여야 한다.

- 국·공유토지 보상공탁금이 횡령당하고 있는 것은 없는가.
- 국·공유재산의 소관청을 잘못 지정하여 관리가 소홀히 되고 있는 것은 없는가.
- 행정재산 등의 관리기관은 적정한가.
- 관리청이 없거나 분명하지 아니한 재산에 대하여 방치하고 있는 것은 없는가.
- 불법 점유되고 있는 재산을 방치하고 있는 것은 없는가.
- 무단점유하거나 이를 사용수익한 자에 대하여 변상금을 징수하지 아니한 것은 없는가.
- 건물 등 재산의 보수, 개량, 유지를 태만히 하여 사용 불능케 된 것은 없는가.
- 행정재산 또는 보존재산의 관리를 위하여 자치단체 외의 자에게 그 관리를 위탁하는 경우 충분한 관리기술과 능력을 갖춘 자에게 행하여졌는가.
- 불필요한 관리비의 지출로 예산을 낭비한 것은 없는가.
- 잡종재산의 관리처분에 관한 사무를 지방자치단체 외의 장에게 위임한 것에 대한 감독은 하고 있는가.
- 주식지분, 출자증권, 기타 출자로 인하여 국가에 귀속되는 재산에 대한 관리는 적정한가.

(나) **관리환**(국유재산법 제22조, 제23조, 공유재산 및 물품관리법 제12조)

- 법령의 개폐에 따른 재산의 관리환 절차는 이행하고 있는가.
- 관리환에 있어 관리청 상호간에 협의가 되고 있는가.
- 상이한 회계 간에 관리환을 무상으로 한 것은 없는가.
- 관리환의 사유는 정당한가.
- 관리환된 재산을 사용하지 않고 방치하고 있는 것은 없는가.
- 유상으로 관리환하는 경우의 재산가액의 결정방법은 적당한가.

(다) **행정재산의 보존 사용, 수익 허가**(국유재산법 제24조, 제25조, 제26조, 제27조, 공유재산 및 물품관리법 제7조, 제19조, 제20조)

- 사용, 수익 허가로 인하여 행정에 지장을 초래한 것은 없는가.
- 사용, 수익 허가한 사유는 정당한가.
- 사용, 수익을 허가 받은 자가 그 재산에 영구적 시설물을 축조한 것은 없는가.
- 일시적 시설 및 가설물은 언제라도 원상회복이 가능한가.
- 사용 허가의 취소사유가 발생하였는데도 방치하고 있는 것은 없는가.

- 국가 또는 지방자치단체가 직접 공용 또는 공공용으로 사용하기 위하여 필요한데도 허가를 철회하지 아니한 것은 없는가.
- 사용, 수익허가를 받은 자가 재산의 관리를 소홀히 하여 재산상에 손해를 발생케 하였는데도 사용료 이외에 가산금을 징수하지 아니한 것은 없는가.
- 사용, 수익 허가기간은 적정한가.
- 사용료의 산정은 적정한가
- 사용료를 면제한 사유는 타당한가.
- 사용, 수익 허가한 재산에서 사용한 공공요금을 국가 및 지방자치단체가 부담하고 있는 것은 없는가.
- 사용료를 체납한 자에 대하여 법적조치는 취하고 있는가.
- 사용 허가한 보존재산을 훼손한 때에 공제된 관리비 상당액은 추 하였는가.
- 기부채납한 재산을 사용 허가하면서 사용료 면제분은 기부채납 당시의 재산가액 범위내인가.

(라) 잡종재산의 대부허가(국유재산법 제36조, 제38조, 공유재산 및 물품관리법 제31조-제35조)

- 잡종재산의 대부기간은 적정한가.
- 보존재산으로 전환하여 관리하여야 할 재산을 내버려두고 있는 것은 없는가.
- 대부계약 해제 또는 해지사유가 발생하였는데도 내버려두고 있는 것은 없는가.
- 무상대부 사유는 정당한가.
- 지명경쟁 및 수의계약 사유는 타당한가.
- 대부료가 체납되었는데도 내버려두고 있는 것은 없는가.

(4) 감 사 사 례

국·공유재산의 영구시설물 부당 축조[284]

국 · 공유 재산에는 영구시설물을 축조할 수 없음에도 환경미화원 대기소로 사용하기 위하여 컨테이너 및 목조건물을 축조하고, 공원조성사업을 추진하면서 콘크리트 구조물로 공연장을 설치하여 부당하게 사용하고 있음.

284) 경기도(2006b), 139쪽 참조.

■ 위법 · 부당내용

- 국유재산법 제12조, 제24조, 국유재산관리계획 제15조, 구 지방재정법 제83조, 제89조에 의하여 지방자치단체가 국 · 공유(도유)재산을 직접 공용 · 공공용으로 사용하기 위해서는 국유재산 및 지방재정법령이 정하는 바에 따라 당해 재산관리관으로부터 무상대부(사용허가)를 득한 후에 사용하여야 하며, 대부(사용허가)를 받은 자는 그 재산상에 당해 건축물의 기부를 전제로 하지 아니하고는 영구시설물을 축조할 수 없음에도,
- 재경부 소관 국유재산에 대해 무상대부나 매수 등의 적법한 절차를 이행하지 아니한 채 컨테이너 및 목조건축물(가설건축물)을 축조하여 환경미화원 대기소와 공영주차장 등으로 사용하고 있고,
- 또한, 가로공원조성사업에 포함된 도유재산에 대해 무상대부 절차를 이행하지 아니하였을 뿐만 아니라, 축조할 수 없는 영구시설물인 공연장(콘크리트구조물)을 부당하게 축조한 사실.

라. 물품관리[285)]

(1) 관 계 법 령[286)]

- 공유재산및물품관리법 제48조, 제49조, 제52조, 제57조, 제58조, 제60조 등
- 물품관리조례 및 시행규칙

285) 서울시(2004) 490쪽 및 경기도(2006a), 197~201쪽에서 재작성하였음.

286) 주의! 관계법령이 개정되었는지를 먼저 확인해서 현행법령에 입각하여 합법성감사를 실시하여야 한다.

(2) 업무처리절차

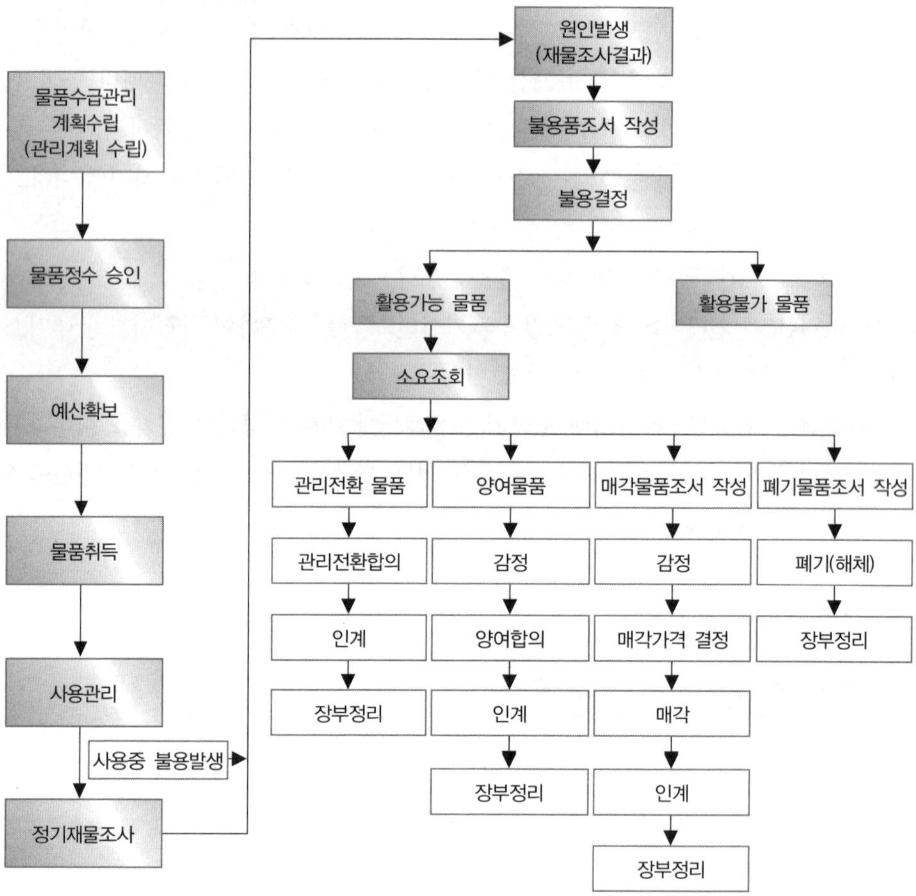

(3) 감사착안사항

(가) **물품분류**(공유재산 및 물품관리법 제49조)

- 규격, 품명이 상이한 물품임에도 동일한 규격으로 일괄기록관리하고 있지는 아니한가.
- 국가재정정보시스템(Nafis)을 통하여 물품목록번호 규격 식별 번호가 "9999" 인 것을 점검하였는가.
- 신축 건물의 경우 당초 시설비로 구입된 물품을 물품으로 분리 등재하였는가.
- 국유재산으로 관리할 사용중인 변압기, 발전기 등을 물품으로 관리하고 있는가.

- 비소모품을 소모품으로 전환 시 아무 절차 없이 임의로 분류전환(-)처리한 사례는 없는가.

(나) 물품수급관리계획(공유재산 및 물품관리법 제57조)

- 매년 소관 물품의 취득, 보관, 사용, 처분에 관한 물품수급관리계획을 수립하고 있는가.
- 물품수급관리계획에 이거 소관 물품을 관리하여야 하는데 수급계획에 반영하지 않고 취득하여 방치하고 있는 사례는 없는가.
- 물품수급관리계획 수립 시 예산과 연계 검토하였는가.
- 예산의 삭감 또는 증액과 관련하여 수급관리계획을 조정하지 않은 것은 없는가.
- 잉여품, 초과품을 보유하고 있는데, 계속 취득계획을 수립한 것은 없는가.
- 예산이 편성되었다는 이유로 불필요한 물품을 구입하지는 않았는가.

(다) 물품관리(공유재산 및 물품관리법 제57조, 제52조, 제69조, 제60조, 제61조)

- 조직이나 사업목적이 확정되기 전에 구매하여 장기간 설치하지 않은 상태로 창고 등에 보관되고 있는 물품은 없는가(부서별 물품창고).
- 구매 당시 계약규격과 다른 규격이나 모델, 제조회사의 제품이 납품되었는데도 합격처리한 물품이 있는가(모델 등이 다른 경우 취득금액 차이도 확인).
- 납품검사를 실시하면서 구성품이 누락되었는데도 합격처리한 물품이 있는가?
- 구매요구 시방서에 공인기관의 성능시험성적서를 받도록 되어 있는데도, 납품 시 이를 누락한 채 합격처리한 경우는 없는가(예시 : UPS, 항온항습기, 환경장비 등).
- 물품을 다량 집중구매 후 각 운용관에게 수요량을 초과 출급하여 사용치 못하고 계속 보관만 하고 있는 경우는 없는가.
- 물품운용관은 고장 난 물품을 물품관리관에 보고 없이 보관만 하고 있는가.
- 물품관리관은 수리요청된 물품에 대하여 수리조치하지 않고 보관하고 있는가.
- 고장물품과 동종의 물품을 계속 구입하고 있지는 아니한가 .
- 조직변동 등으로 물품의 이동이 있는 경우, 또는 사용부서에 물품을 사용하게 할 경우 물품출납 명령을 거쳐 물품이 이동되었는가.
- 반납물품으로써 재활용이 가능한 물품에 대하여는 재활용할 수 있는 조치를 취하였는가.

- 물품사용 공무원이 물품관리관에 보고 없이 임의로 다른 모델의 물품을 교환하여 사용하고 있는 것은 없는가(노트북 등).
- 사용중인 물품을 물품관리공무원의 승낙 없이 사용공무원이 임의로 반출시키거나 대부한 사실은 없는가.
- 수리대상 물품을 물품관리관에 보고 없이 수리업체에 교부한 것은 없는가.
- 물품관리관이 국가 이외의 시설에 소관 물품을 보관하게 할 경우 필요한 조치를 취하였는가.
- 장부상의 물품과 현품은 일치한가? 특히 카메라, 망원경, 노트북, 의약품, 도서, 미술품 등 외부로의 이동이 쉬운 물품이나 개인용으로 사용하기 쉬운 물품이 손망실 또는 무단으로 불출된 것은 없는가.
- 손망실 물품에 대하여 지체 없이 물품관리관에 보고되었는가.
- 손망실 물품에 책임이 있는 자에게 변상기준에 따라 적정하게 변상처리하였는가.
- 시료, 시약, 약품관리대장을 비치하여 구입량과 사용량 및 잔량이 파악될 수 있도록 하고 있는가(특정약품 다량보유, 유효기간 경과 여부).
- 물품관리관이 재물조정을 함에 있어 소속관서장의 승인을 얻어 처리하였는지.

(라) 재물조사(공유재산 및 물품관리법 제60조)

- 조사요원 임명 시 물품관리에 관계된 공무원을 임명하지는 않았는가.
- 재물조사 목록표상에 기재한 실사결과를 전산에 입력하고 재물조사결과표와 부족품 및 불용품 목록표 등을 전산 출력하여 재물조사 반장은 물품관리관에 보고하고 물품관리관은 소속기관의 장에게 분석결과를 보고하였는가.
- 실사결과 과부족품이 발생했을 때 적법하게 처리하였는가.

(마) 정수물품(공유재산 및 물품관리법 제58조)

- 조달청고시 제7호('01. 10. 4) 주요물품 정수책정기준에 의거 해당 물품에 대해 정수를 운영하고 있는지.

(바) 물품활용(공유재산 및 물품관리법 제57조)

- 설치공간, 업무변동, 인력 미확보, 학과 미개설, 연구과제 미설정, 소모품 비용 과다, 중요부품 미확보 등으로 사용하지 못하고 신품상태로 보관하고 있는 물품은 없는가.

- 사용 공무원의 인사이동 등으로 활용되고 있지 않은 물품은 없는가.
- 사용가능한 물품을 불편상의 이유로 유사품을 다시 구입하고 기존 물품을 활용하지 않고 있는 것은 없는가.
- 행정업무 집행상 요구된 규격보다 낮은 규격의 물품을 취득하여 활용되고 있지 않는 물품은 없는가.

(4) 감 사 사 례

(사례 1) 하천골재반출로 부당보상

○○시장은 1997. 4. 30. 하천 골재채취 대행업체인 (주)○○산업의 1994년 및 1995년도분 하천 골재 판매미수금 2,436,102,000원을 회수하기 위한 방안으로 시에서 위 사업을 직영한다는 구실을 내세워 업체의 장비 및 반출로를 미수금과 상계 처리하는 내용의 "199/ 하천골재 판매 시 직영사업에 따른 장비 및 시설물 매매계약"(계약금액 2,488,000,000원)을 체결하였다. 위 매매계약 대상물 가운데 골재반출로는 직영사업장과 반대쪽에 있는 대행사업자용 반출로로 대행계약 약정에 따라 업자가 반출로를 개설하는 조건으로 대행 수수료 단가를 결정하였으므로, 위 대행수수료에는 위 골재빈출로 시설비 및 유지관리비가 포함되어 있다. 또한 대행계약기간이 끝나면 반출로를 사용한 하천바닥은 대행 사업자가 원상복구시키고, 이를 어길 때에는 ○○시가 업체에서 미리 맡긴 하상 복구비로 원상복구한 후 정산하도록 되어 있으며, 위 업체의 반출로는 국유하천 위에 있고 도로시설이 되어 있지 않아 공유재산 취득대상재산이 아닐 뿐 아니라 반출로에 대한 감정평가가 될 수 없음에 따라 업체가 위 미수금 가운데 장비의 감정가액(1,235,000,000원)을 뺀 나머지 금액에 맞추어 멋대로 작성한 설계서를 바탕으로 계산된 1,235,000,000원으로 반출로 보상을 하는 것이 옳지 않다고 생각하고 있었다. 그런데도 부하직원이 위 매입 및 보상대금 2,488,000,000원에 반출로 보상금 1,235,000,000원을 넣어 작성한 "하천골재재취 장비 및 시설물 매매계약 체결계획"을 보고 하자 그대로 결재하여 시행하도록 지시함으로써 ○○시에 1,253,000,000원의 손해를 끼쳤다(임호철, 2006 : 47).

– 이에 대하여 위 ○○시장은 1,253,000,000원을 단독 변상하도록 하고 관련직원들은 징계처분

(사례 2) 하천, 구거 등 공공용 재산 용도폐지에 대한 지도. 감독 부적정

○○ 도에서는 국유재산법 제19조 및 행정권한의 위임 및 위탁에 관한 규정 제29조의 규정 등에 따라 건설교통부와 농림부로부터 공공용재산의 관리업무를 위임받아 관하 시 · 군에 재위임하고 이를 지도 · 감독하고 있다.

전 건설교통부 또는 전 농림부 소관 공공용 재산인 하천, 구거 등이 사실상 공공용으로 사용되지 아니하게 된 때에는 국유재산법 제30조 및 같은법 시행령 제32조의 규정에 따라 지체 없이 그 용도를 폐지하여 국유재산 총괄청인 재정경제부 소관의 잡종재산으로 관리를 하도록 지도 · 감독하여야 한다.

그런데 14개 시 · 군에서 관리하고 있는 공공용 재산의 사실상 이용현황을 조사한 결과 219필지 170,463㎡의 국유지는 하천, 구거 등의 기능이 상실되고 답, 전, 대지 등의 용도로 이용되고 있는데도 해당 시 · 군에서는 용도폐지를 하지 않고 전 건설교통부 또는 전 농림부 소관의 공공용 재산으로 관리하고 있다. 그 결과 국유재산의 실제 이용현황에 따른 매각, 대부 등의 업무가 효율적으로 추진되지 못하고 있다.

이에 대하여 ○○도지사는 하천, 구거 등 공공용재산이 사실상 공공용으로 사용되지 아니하게 된 때에는 지체 없이 그 용도를 폐지하여 국유재산 총괄청인 재정경제부 소관의 잡종재산으로 관리를 하도록 하는 방안을 마련하도록 통보(임호철, 2006 : 52).

(사례 3) 관리청 지정신청 불철저

○○군에서 2002. 1. 국유재산법 제8조 제1항의 규정에 따라 공유수면상의 미등록 토지 154필지(43만여㎡)의 소유자를 "국(국)"으로 하여 지적공부에 신규등록하고, 같은법 제16조의 규정에 따라 위 국유재산을 관리할 관리청을 지정받기 위한 업무를 수행하고 있다.

국유재산법 시행규칙 제7조 제2항의 규정에 따르면 지적공부상 소유자가 "국"으로 기재되어 있으나 사실상 관리청이 없이 사인이 점유하고 있거나 그대로 두고 있는 재산에 대하여는 관리청을 지정받아 등기 등 기타 권리보전에 필요한 조치를 하도록 되어 있다.

그러므로 위 관서는 국유재산 관리청 지정권한을 가진 ○○시에 즉시 관리신청을 하여 지정된 관리청으로 하여금 국유재산을 관리하도록 하여야 했다(임호철, 2006 : 55).

그런데도 위 154필지를 토지대장에 신규로 등록한 후 9개월여가 지난 2002. 10. 현재까지 관리청 지정 신청조차도 하지 않고 있다. 그 결과 20명이 위 신규등록 토지 154필지 중 33필지 9만여㎡(지목 : 전, 답)를 2002. 1.부터 2002. 10. 현재까지 9개월여 동안 무단으로 사용 · 수익하고 있는 요인이 되었다.

이에 대하여 ㅇㅇ군수는 국유재산법 시행규칙 제7조 제2항의 규정에 따라 지적공부상 "국"으로만 소유권자가 기재되어 있는 신규등록 토지 154필지에 대하여 관리청 지정을 신청하고, 국유재산 32필지 9만여㎡(지목 : 전, 답)를 무단으로 사용 · 수익하고 있는 20명으로 하여금 국유재산법 제36조의 규정에 따른 대부계약을 체결한 후 사용하도록 함과 동시에, 대부계약체결일 이전의 사용 · 수익분에 대하여는 국유재산법 제51조의 규정에 따른 변상금을 징수하며, 관련자 주의 촉구

4. 지방의회 감사 지적사례

- <u>각종 관사의 과다 및 운영예산 과다소요</u>[287)]
- <u>각종 단체의 행정기관(회관 등)에 무상입주 금지</u>
- 각종 행정자재, 물품의 과다구입 및 관리 소홀
- 공용재산(자재)관리의 철저 및 행정장비 구입의 신중화
- <u>국 · 공유재산관리 철저(무상 · 저가임대재산 유상전환)</u>
- <u>기부 채납된 공공용지의 소유권이권 촉구</u>
- 기부채납 재산 등 기타 공공재산에 대한 미등기 문제
- 기타 공유재산관리 문제(특정인, 수의계약, 장기계약 등)
- 서화류 등 예술품보관관리 미흡
- <u>소규모 물품구매감시 강화</u>
- 재산매각수입 추정의 부정확문제
- 차량 및 복사기의 리스계약 활용문제

287) 밑줄 친 부분은 시 · 도사무로 시 · 도의회의 지적 사항이다. 이하 같다.

ⅩⅤ 전산행정 및 전자민원행정 분야

1. 사무내용과 감사기본방향

가. 사무내용

전산 및 민원행정분야에 대한 지방자치단체의 관장 사무는 다음과 같다.

우선 전산행정은 ▸지역정보시스템 구축계획의 수립 및 조정 ▸도정정보화계획의 수립 및 조정 ▸전자도정의 기반구축 및 유지 · 관리 ▸전자결재제도의 시행 및 전자문서 유통체계의 개선 ▸전자행정업무의 발굴 및 전자화 추진 ▸지리정보시스템 구축 종합계획의 수립 및 조정 ▸수치지형도 활용방안의 발굴 · 보급 ▸지리정보체계 모델시스템의 개발 및 확산 ▸행정전산망업무의 온라인 및 운영서비스 제공 ▸정보통신망의 구축 · 운영 및 유지 · 관리 ▸전자화된 행정정보 공동활용체계의 확립 ▸정보시스템 신기술의 동향파악 및 도입 ▸정보화개발업무의 심의 · 조정 및 용역처리 ▸시 · 군 정보화계획의 조정 · 지도 ▸정보화교육 및 정보화 마인드의 확산 ▸기타 전산업무에 관한 사항 ▸통신시설의 설치 및 유지관리 등을 처리한다.

둘째, 민원행정은 제증명서류, 인허가 사항 등을 관장한다.

나. 감사기본방향

이 분야의 감사는 주로 행정정보 시스템 구축운영, 유지 보수, 상용SW도입 · 활용에 중점감사를 실시하여야 한다. 구체적으로 정보화 조직, 정보화계획 수립 및 집행, 정보 보호, 전자문서, 행정정보 공동이용, 업무 재설계, 표준화, 정보통신망 구축 및 보완대책, 정보통신을 통한 의견수렴, 전자적 민원처리, 행정정보의 전자적 서비스, 저자 서류에 의한 문서 감축 등에 관심을 가져야 한다.

전산행정 중에서 예산 사업인 경우에는 재무감사(제4장 Ⅱ. 참조), 부과에 대한 합법성감사(제4장 Ⅲ. 참조), 사업에 대해서는 성과감사(제4장 Ⅵ. 참조), 기획중인 시책이나 정책은 정책감사(제4장 Ⅴ. 참조) 기법을 적용하여야 할 것이다.

2. 정책/성과감사 기법

가. 전산사업계획에 대한 타당성 감사

전산사업 발굴 · 구상 및 계획과정에 대한 타당성 감사의 착안사항은 다음과 같다.

① 다수 주민의 사회적 · 경제적 욕구에 의한 전산사업인가?(타당성)
② 국가 전산목표 달성에 필요하고, 국가전산시책과의 일관성을 유지하고 있는가(합목적성)
③ 유사한 전산사업을 벤치마킹하여 성공 또는 실패의 원인을 분석한 것인가?
④ 전산사업 발굴을 위한 용역 시행절차 등은 합법적이고 합리적인가?
⑤ 전산사업의 목표를 달성하기 위한 효과적인 접근인가?(효과성)
⑥ 전산사업의 계획을 위한 조사자료가 적절한 것인가?(타당성)
⑦ 전산사업의 타당성 검토를 용역수행이 과정이 합법적인가?
⑧ 용역보고서의 내용의 타당성과 합리성은 인정할 수 있는가?
⑨ 전산사업의 계획목표와 계획지표는 적정한가?
⑩ 전산사업의 목표 달성을 위한 정책수단은 확보 가능한 것인가?
⑪ 전산사업을 위한 재원확보 대책은 무리가 없는 것인가?
⑫ 전산사업을 추진하기 위하여 관계기관과의 협력체제는 강구되어 있는가?

나. 전산운영을 위한 사업의 시행, 비용처리 · 활동에 대한 능률성 감사

① 적합한 유형, 적절한 양과 질의 자원을 최저가격으로 획득하고 있는가?
② 적절한 양과 질의 재화나 용역을 시의적절하게 확보하거나 제공하는데 최소의 자원을 사용하고 있는가?
③ 전산 · 민원사업을 위해 인원을 과다하게 배정하고 있지는 않는가?
④ 전산 · 민원사업기관 간의 업무의 중복은 없는가?
⑤ 전산 · 민원사업에 필요한 공공 장비나 시설을 비능률적으로 활용하고 있지는 않는가?
⑥ 전산 · 민원사업 자원이나 시설을 적절하게 보전 · 유지하고 있는가?
⑦ 예산이 중복 투입되는 전산 · 민원사업사업은 아닌가?
⑧ 사업목표를 효과적으로 달성하기 위한 대안을 채택했는가?
⑨ 전산 · 민원사업의 목표는 어느 정도나 달성했는가?
⑩ 만족스러운 전산 · 민원사업의 성과를 저해하는 요인들은 무엇인가?

다. 전산 · 민원시설 및 시스템 설치 운영에 대한 효과성 감사

① 설계가 합리적이고, 현장의 실정에 적절하며, 설계견적과 설계도서는 적절한가?

② 시공에 있어서 시공물량 부족과 불량은 없는지, 공사감리는 제대로 이루어지고 있는가?
③ 전산 · 민원시설은 수요를 감안하여 그 규모를 결정하여 설치하였는가?
④ 설치된 전산 · 민원시설은 최대한 활용되고 있는가?
⑤ 전산 · 민원시설운영은 설치목적에 부합되는가?
⑥ 전산 · 민원시설 운영에 따른 적자 해소를 위한 대책은 무엇인가?
⑦ 전산 · 민원시설관리요원의 규모는 적정한가?
⑧ 학교시설이나 시스템을 방치하고 있는 경우는 없는가?
⑨ 전산 · 민원시설이나 시스템에 대한 중복 투자는 없는가?
⑩ 유휴전산 · 민원시설에 대한 대책은 무엇인가?

라. 정부 합동평가를 활용한 성과감사기법

지방자치단체의 전산행정 및 민원행정분야에 대한 정부합동평가 결과를 성과 감사에 활용하는 것이다. 아래와 같은 평가 지표로 한 해 동안 이룬 성과를 전국 자치단체와 상호 비교하여 가,나,다급 중에서 상대적으로 낮은 성과인 "다"급으로 평가받은 분야에 대하여 그 원인을 규명하고 향후 성과개선방안과 차년도 성과목표를 상향 설정하도록 한다. 다만, 지방자치단체의 지방행정환경이 근본적으로 열악하여 전국적인 비교가 불합리한 경우에는 전년도 자료를 비교하여 시계열적인 성과를 비교하여 그 성과를 감사하여야 할 것이다. 성과감사를 위하여 다음의 도표 5-21의 산식에 따라 이미 계산된 평가자료와 합동평가결과서를 제출 받아 그 성과를 감사하는 것이다.

도표 5-21 정부합동평가지표중 전산 · 민원분야 관련지표

평가시책	평가항목	평가지표
1-1. 민원행정서비스 제고	집행	1-1-1. 민원처리의 적절성(가중치 7.73) ㉮ 민원처리 법정처리기간 준수율 - {(전체 민원건수－지연 처리된 민원건수) / 전체 민원건수} × 100 ㉯ 거부처분된 민원에 대한 이의신청 고지율 - (이의신청 고지건수 / 거부처분(불가, 반려)민원 건수) × 100 ㉰ 민원조정위원회 개최실적 - 민원조정위원회 개최횟수 / 시 · 군 · 구 수 ※ 연간 총12회의 범위 내에서 인정

도표 5-21 정부합동평가지표중 전산 · 민원분야 관련지표(계속)

평가시책	평가항목	평가지표[288]
1-1. 민원행정서비스 제고	산출/결과	1-1-3. 민원서비스 개선도(가중치 10.88) ㉮ 민원처리기간(6일이상의 민원사무) 단축률 - {(민원사무별 법정처리기간 합계－실제처리기간) / 민원사무별 법정처리기간)} × 100 ※ 법정처리기간 6일이상의 민원사무 중 처리실적이 1건 이상 있는 민원사무에 한하여 행정안전부가 지정하는 민원사무 ㉯ 민원처리 마일리지제도 운영실적 - (민원 처리기간 설정기준 + 우수공무원 및 우수부서 인센티브 부여실적) / 시 · 군 · 구 수 〈 자체계획 수립시 처리기간 설정기준별 평점 〉 · 민원 처리기간 설정기준 : (2일이상) + (3일이상) + (4일이상) + (5일이상) (처리기간별 2일이상 8점, 3일이상 7점, 4일이상 5점, 5일이상 3점) 〈 우수공무원 및 우수부서 인센티브 부여실적별 평점 〉 · 인센티브 부여실적 : (표창 · 상장 수여 + 인사가점 부여 + 포상금) (표창 · 상장 수여 4점, 인사가점 부여 3점. 포상금 또는 포상연수시 2점) ㉰ 민원행정 체감도 조사 1-1-4. 전자민원 G4C활성화 수준(가중치 4.33) ㉮ 주민 1인당 전자민원 G4C 신청건수 - (전자민원G4C 신청건수 / 연도말 주민등록인구수) × 100 ㉯ 전자민원G4C 이용 활성화 노력도 = 회원등록률 + (회원증가율 × 2) - 회원 등록률 : (등록 회원수 / 연도말 주민등록인구수) × 100 - 회원 증가율 : {(등록 회원수 － 전년도 등록 회원수) / 전년도 등록 회원수} × 100 1-1-5. 정보공개 업무처리절차의 적절성(가중치 4.78) ㉮ 공개여부 결정통지소요기간 - (10일을 초과하여 처리한 건수 / 총처리건수) × 100 ㉯ 이의신청 처리 소요기간 내 처리실적 - [{(7일이내 처리건수 + (7일~14일이내 처리건수 / 2)} / 총 이의신청 건수] × 100

288) 평가지표는 정부 합동평가매뉴얼(행정안전부, 2010)에서 발췌한 것임, 시 · 도의 소속 기초자치단체가 VPS에 관련 매뉴얼이 요구하는 정보를 입력하면 가중치를 반영하여 각 시 · 도의 성과를 비교할 수 있도록 설계되어 있다.

도표 5-21 정부합동평가지표중 전산 · 민원분야 관련지표(계속)

평가시책	평가항목	평가지표
1-1. 민원행정서비스 제고	결과활용	1-1-2. 민원제도 개선 실적(가중치 4.90) ㉮ 사전심사청구제도 운영실적 : - {(사전심사청구대상 민원사무 종수×2) + 사전심사 청구 처리실적)} / 시 · 군 · 구 수 ※ 사전심사청구 처리실적 : 상반기 + 하반기 ※ 사전심사청구대상 민원사무 종수는 최대 15종까지 인정하고 처리건수는 최대 50건(상반기 25, 하반기 25)까지 인정 ㉯ 생활민원 제도개선 발굴 실적 - {(제도개선 건의건수 + (제도개선 중앙채택건수×5)} / 공무원수 1-1-6. 공무원 제안제도 운영의 활성화(가중치 4.66) ㉮ 공무원제안 처리기간 준수율 - (공무원제안 처리기간 준수건수 / 공무원제안 접수건수) × 100 ㉯ 공무원제안 접수비율 - (공무원제안 접수건수 / 자치단체공무원 수) × 100 ㉰ 공무원제안 채택률 - (공무원제안 채택건수 / 공무원제안 접수건수) × 100
1-2. 지자체 정보화 정책 추진	계획	
	집행	1-2-4. 건전한 정보문화 확산 수준(가중치3.53) ㉮ 정보격차 및 인터넷중독 등 해소 사업 목표달성률 - 【[{(장애인 및 취약계층 정보화교육 실적인원 / 장애인 및 취약계층 정보화교육 목표인원) × 100] × 0.2] + [{(중고PC 보급 실적대수 / 중고PC 보급 목표대수) × 100} × 0.2] + [{(정보통신보조기기 보급 실적대수 / 정보통신보조기기 보급 목표대수) × 100} × 0.2] + [{(인터넷중독 상담 및 예방교육 실적인원 / 인터넷중독 상담 및 예방교육 목표인원) × 100} × 0.2] + [{(정보윤리교육 실적인원 / 정보윤리교육 목표인원) × 100} × 0.2]】 × 목표달성 사업개수 / 5개 사업(총 사업개수) 1-2-5. 정보화 추진노력(가중치 6.60) ㉮ 전자적 업무처리 이행 수준 ㉮-1 (시 · 도행정정보시스템 활용률×0.5) ㉮-2 [{(새올행정시스템 이용률×0.7) + (시 · 군 · 구 전자적보고통계 활용률×0.3)} × 0.5] / 시 · 군 · 구 수 ㉯ 정보화추진 우수시책 : 시 · 도별 우수시책 3건을 제출 받아 정성평가 1-2-6. 내고장살림 활성화 추진노력(가중치 4.88) ㉮ 지표측정값 입력 및 승인 실적 (6개분야 204개 지표 / 연간지표) $=\Sigma$[{(M4 × 1) + (M5 × 0.9) + (M6 × 0.8) + (M7 × 0.7) + (M8 × 0.6) + (M9 × 0.5) + (M10 × 0.4) + (M11 × 0.3) + (M12 × 0.2)} × 100 / 지자체 입력 대상 건수] / 자치단체 수 ※ Mi : i월 입력 건수 (미작성 사유 제출시 4월 입력 건으로 인정)

도표 5-21 정부합동평가지표중 전산 · 민원분야 관련지표(계속)

<table>
<tr><th>평가시책</th><th>평가항목</th><th>평가지표</th></tr>
<tr><td rowspan="3">1-2.
지자체
정보화
정책
추진</td><td>집행</td><td>※ 지자체별로 입력대상 건수 다름.
※ 244개 시 · 군 · 구 점수를 각각 산정한 후 광역단체별로 산술평균을 함.
(각 시 · 군 · 구의 점수를 1점 만점으로 정량화한 후 광역단체 별로 기초단체의 수가 다르므로 산술평균 처리 후 100을 곱함.)
㉯ 지표측정값 입력 및 승인 실적 (4개 월간지표) :
= Σ (M1 + M2 + M3 + M4 + M5 + M6 + M7 + M8 + M9 + M10 + M11) × 100
/ Tm / 자치단체수
※ Mi : i월 측정값을 데이터 생성월 이후 2개월 안에 입력한 건수
예) 6월 데이터를 7월 혹은 8월에 입력한 건수 : M6
/ Tm (= 44) : 입력대상 지표 총 건수 (4개지표 × 입력대상 월수 11)
※ 월간 데이터의 경우 익월의 데이터 입력만 실적으로 인정함.
※ 16개 광역단체 점수를 산정함. 각 광역단체의 기초단체 수가 다르므로 산술평균 처리함.
※ 하위 기초단체의 Mn기초와 광역 자체입력에 대한 Mn광역의 산술평균</td></tr>
<tr><td>산출/결과</td><td>1-2-1. 정보자원 관리 · 활용(가중치 4.47)
㉮ EA인식도 수준
- ('수립' 영역 인식도 + '관리'영역 인식도 + '활용'영역 인식도) / 평가영역 총수(3)
㉯ 행정정보공동이용 활성화 정도
- {(행정정보공동이용한 민원수 / 해결 민원수) × 100} + ([{('09년 행정정보공동이용실적 - '08년 행정정보공동이용 실적) / '08년 행정정보공동이용 실적} × 100] × 0.2)
1-2-2. 보편적서비스 수준
㉮ 웹 접근성 준수 수준
- {(텍스트 아닌 콘텐츠의 인식 준수율 + 프레임의 사용 제한 준수율 + 키보드로만 운용 가능 준수율 + 페이지의 논리적 구성 준수율) / 4} / 자치단체 수
㉯ 웹 호환성 준수 수준
- 웹 표준 준수도 + 웹 브라우저 호환 수준
1-2-3. 정보보호수준(가중치 6.72)
㉮ 정보보안수준
- 국가정보원의 정보보안관리실태조사 결과 반영
㉯ 전자정부 대민서비스 보안수준 개선 실적
- 행안부(정보보호정책과)에서 실시한 '전자정부 대민서비스 보안수준 실태조사' 결과 반영
㉰ 개인정보보호수준
- 행안부(개인정보보호과)에서 실시한 '2009년 공공기관 개인정보보호 수준진단'결과 반영</td></tr>
<tr><td>결과활용</td><td></td></tr>
</table>

도표 5-21 정부합동평가지표중 전산 · 민원분야 관련지표(계속)

평가시책	평가항목	평가지표
1-3. 기록물 관리 운영 활성화	계획	
	집행	1-3-2. 기록물 평가 및 폐기율(가중치 4.38) ㉮ 기록물 평가 및 폐기 절차의 적절성 ㉮-1 : 시 · 도 - (모든절차 만족×2) + (2개 절차 만족×1.5) + (1개 절차 만족×1) ㉮-2 : 시 · 군 · 구 - {(모든절차 만족×2) + (2개 절차 만족×1.5) + (1개 절차 만족×1)} / 시 · 군 · 구 수
	산출/결과	1-3-1. 기록물관리 지도 · 감독 실적율(가중치 4.58) ㉮ 기록물관리 지도 · 감독 실적률 ㉮-1 : 시 · 도 - (연2회 이상 실시×2) + (연1회 실시×1.5) + (연1회 점검만 실시×1) ㉮-2 : 시 · 군 · 구 - {(연2회 이상 실시×2) + (연1회 실시×1.5) + (연1회 점검만 실시×1)} / 시 · 군 · 구 수
	결과활용	

3. 합법성감사 기법

가. 행정정보시스템 구축 · 운영[289)]

(1) 관 계 법 령[290)]

• 전자정부법 제4조, 제34조, 제42조 • 소프트웨어 사업대가의 기준(행정안전부 고시) • 정보통신보안업무규정(행정자치부훈령 제60호) 제12조 • 정보통신보안업무규정 제26조(정보통신시스템 보안관리) • 국가를 당사자로 하는 계약에 관한 법률 • 시스템별 운용규정 등

289) 경기도(2006a), 27~28 및 33~35쪽에서 재작성하였음.
290) 주의! 관계법령이 개정되었는지를 먼저 확인해서 현행법령에 입각하여 합법성감사를 실시하여야 한다.

(2) 업무처리절차

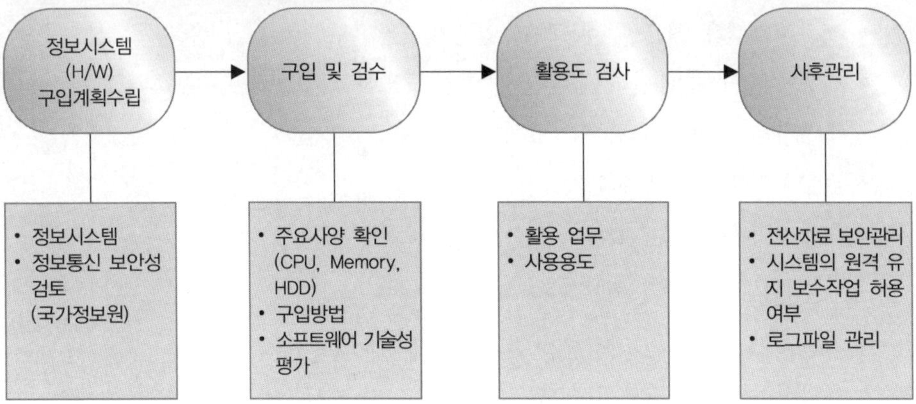

(3) 감사착안사항

(가) 정보화 조직

- 전자정부 구현에 적합한 조직을 구성하였는가(전자정부법 제4조).
- 정보시스템 구축 및 운영을 위한 인력을 확보하였는가.

(나) 정보화계획 수립

- 장 · 단기 정보화계획은 타당한가(전자정부법 제4조).
- 지역정보화촉진계획 등 상위계획과의 연관성을 검토하였는가(중복개발방지 및 공동활용지침).
- 중복개발방지 및 공동활용을 준수하였는가(지역정보화촉진시행계획).

(다) 정보시스템 구축

- 시스템구축계획은 타당하고 적정한가(국가를 당사자로 하는 계약에 관한 법률).
- 예정가격은 적정한가.
- 계약법령은 준수하였는가(소프트웨어사업대가의 기준).
- 사업관리는 적정한가.
- 검사 및 인수의 적정한가.

(라) 정보시스템 운영

- 정보통신 보안성은 검토되었는가(정보통신보안업무지침 제15조).

- 정보시스템 사후관리는 적정한가.
  - 전산자료 보안관리, 시스템의 원격 유지보수작업 허용 등
- 정보시스템을 최대한 사용하고 있는가.
- 사용자 요구에 대한 지속적인 개선을 도모하고 있는가.
- 투입비용 대비 시스템 이용효과는 큰가.
- 전산처리에 오류는 없는가.
- 전산처리 자료를 불법으로 사용하고 있는가.

(마) 정보보호

- 전산실 보안관리는 적정한가(전자정부법 제56조).
- 계약절차는 준수되고 있는가.
- 유지보수 계약사항은 준수되고 있는가.
- 불필요한 유지보수를 추진한 사례는 없는가.

(바) 정보통신망 구축 및 보안 대책

- 행정정보의 원활한 유통을 위한 정보 통신망을 구축하였는가(전자정부법 제52조).
- 정보통신망과 행정정보 등의 안전성 및 신뢰성 확보를 위한 보안대책을 마련하였는가(정보통신보안업무규정 제23조).

(사) 표준화

- 정보시스템 개발시 행정코드, 사무처리의 표준 등을 준수하였는가(전자정부법 제50조, 행정 표준코드집).
- 정보시스템 도입 시 성능 및 이용기술의 표준을 준수하였는가(행망용 컴퓨터 규격).

(아) 전자문서

- 전자문서로 작성 · 발송 · 접수 · 보관 · 보존 및 활용하였는가(전자정부법 제25조 - 35조).
- 법령에 적합한 전자문서시스템을 도입하였는가.

(자) 행정정보 공동이용

- 정보파일 구축에 따른 사전에 통보하였는가(전자정부법 제36조, 제38조).

- 행정정보를 공동으로 이용하였는가(구비서류 감축을 위한 행정정보 공동이용 훈령).
  - 정보시스템 구축 시 행정정보 공동이용 여부
  - 업무처리 시 G4C시스템을 통한 행정정보 공동이용 여부

(차) 업무 재설계

- 정보통신기술 도입 시 조직 및 업무절차에 대한 재설계를 하였는가(전자정부법 제48조).
- 업무재설계에 따른 법령 및 제도를 정비하였는가.

(카) 문서감축의 업무

- 문서업무감축집행계획 수립 · 시행하였는가(전자정부법 제33조).
- 감축대상문서와 감축목표, 감축실적을 인터넷으로 공표하는지 하였는가.

나. 행정업무용 상용S/W 도입 · 활용[291)]

(1) 관 계 법 령[292)]

- 전자정부법 제50조, 같은법 시행령 제59조, 행정업무용 소프트웨어 선정지침 • 소프트웨어 사업대가의 기준(정보통신부 고시) • 소프트웨어기술성 평가기준 • 정보통신보안업무규정 제26조(정보통신시스템 보안관리) • 국가를 당사자로 하는 계약에 관한 법률 • 시스템별 운용규정

291) 경기도(2006a), 29~30, 33~35쪽에서 재작성하였음.

292) 주의! 관계법령이 개정되었는지를 먼저 확인해서 현행법령에 입각하여 합법성감사를 실시하여야 한다.

(2) 업 무 처 리 절 차

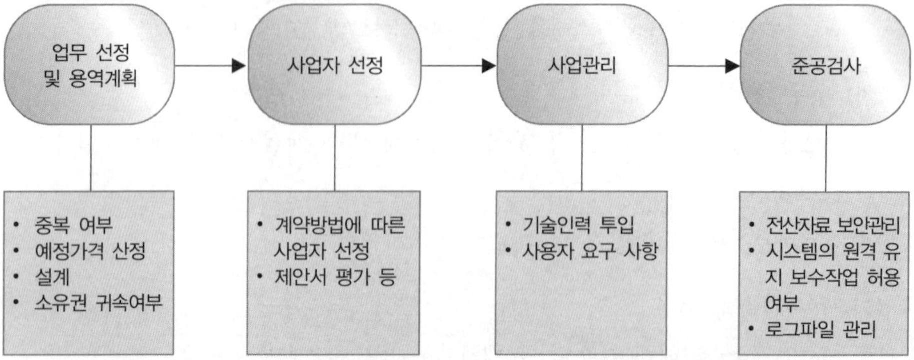

(3) 감 사 착 안 사 항

- **상용소프트웨어 도입은 적정한가.**
- **도입 소프트웨어를 이용하였는가.**
- **지방행정업무 전산개발 표준화 규정의 프로그램 중복으로 개발되지 않았는가.**
- **용역계획 수립 및 사업관리는 적합한가.**
  - 프로그램 개발범위 대비 비용산정방법
  - 사용자 요구사항 반영
  - 용역개발 기술자의 투입
- **프로그램 용역 개발은 적합한가.**
  - 프로그램의 업무활용도
  - 과업지시서 업무범위 완성도
  - 시스템의 통합성(Program, H/W, S/W, N/W 등)

다. 정보시스템 유지보수[293)]

(1) 관 계 법 령[294)]

- 정보통신보안업무규정 제23조(정보통신시스템 보안관리) • 국가를 당사자로 하

293) 경기도(2006a), 31~32, 33~35쪽에서 재작성하였음.

294) 주의! 관계법령이 개정되었는지를 먼저 확인해서 현행법령에 입각하여 합법성감사를 실시하여야 한다.

는 계약에 관한 법률• 예산편성기본지침(행정안전부)

(2) 업무처리절차

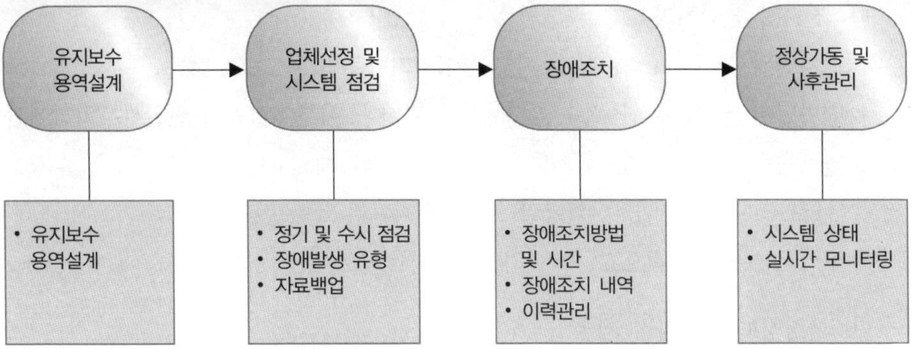

(3) 감사착안사항

- **유지보수용역계획은 적합한가.**
  - 유지보수대상 및 비용 산정
- **시스템 점검 및 장애조치는 적합한가.**
  - 정기점검 및 수시점검 실시
  - 장애발생 유형 파악 및 자료백업 실시
  - 장애조치 시간 및 방법
  - 장애조치내역 이력관리
- **정상작동 및 사후관리는 적합한가.**
  - 시스템의 상태 실시간 모니터링

라. 전자 행정서비스[295)]

1 감사착안사항

(가) 정보통신망을 통한 의견수렴

- 행정예고, 공청회, 여론조사 시 정보통신망을 통한 여론수렴 등을 병행 실시하

295) 경기도(2006a), 34~35쪽에서 재작성하였음.

였는가(전자정부법 제31조).

- 행정처분에 대한 의견을 정보통신망을 통해 제출 하였는가.
- 의견수렴 및 의견제출을 활성화하기 위하여 관계법령을 정비하였는가.

(나) 전자적 민원처리

- 전자민원창구를 구축 · 운영 하였는가(전자정부법 제34조).
- 전자민원창구를 통한 접수 및 처리가 기한내 이루어졌는가(민원사무처리에관한 법률).
  - G4C, 시 · 군 · 구 민원행정, 자체 홈페이지 접수민원 등
- 구비서류를 전자적으로 확인 하였는가(전자민원창구운영지침).

(다) 행정정보의 전자적 제공

- 홈페이지 구축은 적정한가(행정기관 홈페이지 구축 운영지침).
- 국민생활과 관련된 행정정보를 전자적으로 제공하고 있는가.
- 정보를 주기적으로 업데이트 하고 있는가.
- 홈페이지 해킹 등에 대한 정보보호 대책은 수립되어 있는가.
- 홈페이지 서비스 중단이 있었는가.

4. 지방의회 감사 지적사례

- 전산 프로그램의 사장문제
- 전산소프트웨어 유지보수 용역비의 예정가격 과다계산
- 전송용예비 통신선 공사비 낭비
- 전자 연동장치 제작 시 통신방식 표준규격 검토 소홀
- 전자문서시스템의 연계기능 고려 미흡
- 무선장치 구입 시 표준규격 미비 및 성능검토 미흡
- DB제작의 표준화 미흡 및 중복구축
- GIS응용프로그램의 개별 개발에 의한 예산낭비
- DB구축 시 수요자 의견 미수렴으로 활용도 저조
- 도로 저오관리시스템 구축 시 호환성 및 업그레이드 미고려
- DB개발사업 보조금의 목적외 사용
- 인터넷 홈페이지 운영 부실

XVI 지역경제 · 개발 행정 분야

1. 사무내용과 감사기본방향

가. 사무내용

지방자치단체는 지역경제 · 및 개발행정과 관련하여 항만개발, 산업정책, 중소기업, 고용정책, 투자진흥, 국제통상, 신도시개발지원 등을 관장한다.

첫째, 항만개발을 위하여 ▸실소관 행정의 종합기획 · 조정 ▸지역경제관련 정책의 종합계획 수립 및 조정 ▸유통산업 및 중소유통구조개선에 관한 사항 ▸금융기관 관련업무 ▸상공단체의 지원 및 지도에 관한 사항 ▸소비자보호 및 활동의 지원에 관한 사항 ▸지역경제 동향분석 및 자료집의 발간 ▸물가안정에 관한 사항 ▸공정거래와 관련된 사항 ▸계량기 검사 및 계량사업체관리, 일반공산품 사후관리 ▸항만사무의 총괄에 관한 사항 ▸관세자유항의 지정 및 추진에 관한 사항 ▸항만의 개발 및 지원업무 ▸항로의 개설 및 취항업무 ▸항만공사의 설립 및 지도 · 감독 ▸항만물류유통정책의 수립 및 분석 ▸해운항만업체 및 선주 · 화주의 유치 ▸항만물류시설에 대한 지원 및 투자유치 ▸발전협의회의 운영 ▸국제여객터미널의 관리 및 운영에 관한 사항 ▸기업환경개선을 위한 제도개선 및 지원시책 개발 · 추진 ▸경제통계분석 및 경제지표작성체계 구축 ▸지식기반경제시책 개발 ▸외국인학교 설립 · 운영 등 경제관련 특수시책 개발 및 타당성 검토 ▸대부업의 등록 및 관리에 관한 업무 ▸재래시장 육성 및 재개발 · 재건축에 관한 사항 ▸국가 균형발전 관련업무의 지방적 추진 총괄 · 조정 ▸중앙정부, 균형발전위원회의 국가균형발전 시책의 지방연계 추진 ▸지역혁신협의회의 설치 · 운영 등 지역혁신체계 구축 · 운영 ▸국가균형발전위원회 협력에 관한 사항 ▸항만건설과 관련된 사항 등의 업무를 수행한다.

둘째, 산업정책을 위하여 ▸공업행정 기획 · 조정에 관한 업무 ▸공업의 적정배치 및 조정에 관한 업무 ▸기업활동의 규제완화 및 공장설립 지원업무 ▸지역특화산업의 육성지원 ▸APT형 공장지원에 관한 사항 ▸테크노파크, 사이언스파크 등 건립지원에 관한 사항 ▸산업단지의 조성 및 관리 ▸공업입지대책 및 수요에 관한 사항 ▸충무계획(상공동원)에 관한 사항 ▸에너지의 수급대책에 관한 사항 ▸에너지의 사용 및 이용합리화에 관한 사항 ▸에너지의 공급 및 비축시설의 지원에 관한 사항 ▸가스관련 사업에 관한 사항 ▸가스안전관리 및 검사에 관한 사항 ▸전기용품 및 안전관리에 관한 사항 ▸지역자원개발과 관련한 사항 ▸승강기 관련업무에 관한 사항 ▸공장의 소유자 등에 대한 보고, 검사 등에 관한 사항 ▸기타 지역공업진흥에 관한 사항 등의 업무를 수행한다.

셋째, 중소기업의 지원 · 육성을 위하여 ▸중소기업 육성계획의 수립 및 추진 ▸신용보증재단 운영* 지원 ▸중소기업지원센터 운영* 지원 ▸중소기업 육성자금의 운영 · 관리 ▸품질경영활동 지원사업의 추진 ▸산업기술의 개발 및 지원에 관한 사항 ▸산업기술지도 및 교류에 관한 사항 ▸기타 중소기업 지원 · 육성에 관한 사항 ▸테크노파크 운영 지원 ▸벤처 기업 지원 육성에 관한 사항 등의 업무를 수행한다.

넷째, 고용정책과 관련하여 ▸고용정책기획 및 조정 ▸직업훈련 · 고용촉진에 관한 사항 ▸직업안정 · 직업소개소의 관리에 관한 사항 ▸지방고용심의회의 운영 ▸취업 · 알선정보에 관한 업무 ▸인력은행의 설치운영에 관한 사항 ▸기능 장려에 관한 업무 ▸기능경기대회에 관한 업무 ▸도립직업전문학교에 대한 지도 · 감독 ▸노동행정 종합계획수립의 및 시행 ▸노동조합의 설립 및 지도 · 지원▸노사화합의 협력증진에 관한 업무 ▸근로자복지의 지원에 관한 업무 ▸노동동향의 파악 및 분석 ▸실업대책의 종합추진 ▸공공근로사업의 종합기획 · 조정 ▸공공근로사업의 발굴 · 추진 ▸공공근로사업추진협의체의 운영 ▸청년실업해소종합대책 수립 및 운영 ▸산 · 학 · 관 협력사업 ▸일자리 복지사업 ▸뉴딜사업 ▸고학력 청년층 선호 일자리사업 ▸청년층 사회적 일자리사업 ▸중소기업 일자리 지원 시스템 구축 ▸취업정보센터 운영 ▸시 · 군 공공근로사업의 지도 등의 업무를 수행한다.

다섯째, 투자진흥을 위하여 ▸외국인 투자유치에 대한 종합기획 · 조정 ▸외자유치(one-stop 서비스)에 대한 팀별 지역담당 ▸외국인 투자유치활동 및 상담자문에 관한 사항 ▸유치대상업체의 발굴 및 홍보 ▸투자정보의 파악 · 분석 ▸자동차 · 섬유 · 의류 · 화학 · 의약 · 기계 · 금속 등 제조업분야에 대한 외국인의 투자유치 ▸투자진흥에 대한 종합기획 · 조정 ▸외국인 투자유치활동(one-stop서비스)에 대한 세제 · 법률 · 금융 · 행정지원 ▸투자환경의 제도개선 및 연구 ▸외국인 투자기업의 관리 ▸환경 · 농업 · SOC분야에 대한 외국인 투자유치 ▸민자유치사업에 관한 사항 등의 업무를 수행한다.

여섯째, 국제통상을 위하여 ▸국제교류의 종합기획 · 조정 ▸국제자매결연 및 외국과의 교류협력 ▸공무국외여행의 심사 ▸해외홍보자료의 제작 ▸세계관의 관리

▸국제관계자문대사에 대한 지원 ▸지방자치단체의 국제화재단에 관한 사항 ▸무역진흥에 관한 종합계획 수립 및 시행 ▸해외시장 개척활동의 지원 ▸수출지원자금의 관리 ▸수출기업화사업의 추진 ▸중소기업수출지원센터의 관리 ▸무역관련 교육·훈련의 지원 ▸해외 상설판매전시장의 운영 ▸전시장 건립지원에 관한 사항 ▸통상자문관의 관리 ▸통상정보관리 및 데이터베이스의 구축 ▸투자관리, 국제교류 및 무역진흥에 관한 사항 등의 업무를 수행한다.

일곱째, 신도시개발지원을 위하여 ▸신도시 종합계획수립 등에 관한 사항 ▸신도시 관련도시계획수립에 관한 사항 ▸신도시 보상 및 이주대책에 관한 사항 ▸신도시지구 토지관리 및 민원사항처리 ▸신도시주택건설사업계획 승인 ▸신도시주택종합계획 수립 ▸택지개발사업 및 신도시개발에 관한 사항 등의 업무를 수행한다.

지방자치법 제9조에 따른 지역경제, 개발행정분야의 자치단체별 사무영역은 도표 5-22과 같다.

도표 5-22 지역경제 · 상공업 행정분야 자치단체의 사무영역

구분	시 · 도사무	시 · 군 · 자치구 사무
○ 지역경제의 육성 및 지원	1) 지역경제 육성계획의 수립 2) 지역경제 관련 정책의 종합조정 3) 공장정비 특별구역 내의 공업정비 실시계획 수립 · 시행 4) 지방공업단지의 조성 · 관리 5) 지방공업 장려지구 조성사업시행 6) 지역경제 육성을 위한 자금 · 세제 등의 지원 7) 농공지구 생산제품의 판매지원 8) 지역 민간경제 부문에 대한 산업기술정보의 제공 9) 상공회의소 등 상공단체의 육성 · 지원 10) 생산 및 유통시설의 적정배치 11) 유통산업 근대화 사업의 시행 및 지원 12) 유통단지의 조성 및 운영 · 관리(도의 경우는 제외한다) 13) 지방유통 근대화 추진위원회의 설치 · 운영	1) 지역경제 육성 세부계획의 수립 · 시행 2) 지방공업개발 장려 및 지원 3) 지방공업단지의 조성 · 관리 4) 지역경제 육성을 위한 자금 · 세제 등의 지원 5) 농공지구의 지정 · 공고 6) 농공지구의 조성 · 분양 및 관리 7) 농공지구 입주업체 승인 및 그 사업계획 승인 8) 농공지구 생산제품의 판매지원 9) 지역상공단체의 지도 · 육성 10) 주민 지역경제 교육 및 홍보 11) 유통산업 근대화 사업의 시행 및 지원 12) 유통단지의 조성 및 운영관리(자치구의 경우는 제외한다) 13) 시장 개설허가 14) 시장관리자 지정

도표 5-22 지역경제 · 상공업 행정분야 자치단체의 사무영역(계속)

구분	시 · 도사무	시 · 군 · 자치구 사무
○ 지역경제의 육성 및 지원	14) 대규모 소매점 개설허가(백화점, 쇼핑센터, 대형점) 15) 도매센터 개설허가 16) 연쇄화 사업자 지정 17) 지방도 · 소매업진흥 심의위원회의 설치 · 운영	
○ 지역산업의 육성 · 지원	1) 지역경제 육성 세부계획의 수립 · 시행 2) 지방공업개발 장려 및 지원 3) 지방공업단지의 조성 · 관리 4) 지역경제 육성을 위한 자금 · 세제 등의 지원 5) 농공지구의 지정 · 공고 6) 농공지구의 조성 · 분양 및 관리 7) 농공지구 입주업체 승인 및 그 사업계획 승인 8) 농공지구 생산제품의 판매지원 9) 지역상공단체의 지도 · 육성 10) 주민 지역경제 교육 및 홍보 11) 유통산업 근대화 사업의 시행 및 지원 12) 유통단지의 조성 및 운영관리(자치구의 경우는 제외한다) 13) 시장 개설허가 14) 시장관리자 지정	1) 지역산업 육성을 위한 지원 2) 지역산업에 관한 통계의 작성 · 유지 및 보급 3) 지역 내 기업의 정보 · 기술 및 자금수요 파악 및 지원 4) 지역산품전시회 개최 및 구매자 유치 지원 5) 지역 내 노사관계 동향 파악 및 지원 6) 지역산업 발전을 위한 공장 유치
○ 소비자보호 및 저축의 장려	1) 소비자보호시책 수립 2) 물가 지도를 위한 시책 수립 · 추진 3) 소비자 계몽과 교육 4) 소비자보호 전담기구 설치 · 운영 5) 소비자보호를 위한 시험 · 검사시설의 지정 또는 설치 6) 지방소비자보호위원회 설치 7) 민간 소비자보호단체 육성 8) 국민저축운동의 전개	1) 소비자보호시책의 수립 · 시행 2) 가격표시제 실시업소 지정 · 관리 3) 물가지도 단속 4) 소비자 계몽과 교육 5) 소비자고발센터 등 소비자보호 전담기구의 운영 · 관리 6) 민간 소비자보호단체의 육성 7) 저축장려 및 주민홍보

도표 5-22 지역경제 · 상공업 행정분야 자치단체의 사무영역(계속)

구분	시 · 도사무	시 · 군 · 자치구 사무
ㅇ중소기업의 육성	1) 지방중소기업 육성지원계획수립 2) 중소기업 창업 및 공장설립민원실의 설치 · 운영 3) 중소기업협동화 사업단지 조성 지원 4) 중소기업이전 실시계획의 작성 5) 중소기업제품 구매 촉진 6) 중소기업 시범공단 조성 7) 중소기업 육성자금 융자	1) 지방중소기업 육성지원 세부계획의 수립 · 추진 2) 중소기업 창업계획의 승인 3) 중소기업 창업 및 공장설립민원실의 설치 · 운영 4) 중소기업협동화 사업단지 조성지원 5) 중소기업이전 실시계획의 작성 6) 해당 지역 중소기업 제품의 구매 촉진 7) 중소기업 육성보조금 지급 8) 중소기업 육성 · 지원업체의 선정 · 추천
ㅇ지역특화산업의 개발과 육성 · 지원	1) 지역특화산업 육성개발계획 수립 · 조정 2) 지역특화산업 업종선정 3) 지역특화산업 발전을 위한 지도 4) 지역특화산업 개발을 위한 연구 및 지원	1) 시 · 군 · 자치구 단위지역특화산업 육성개발계획 수립 · 시행 2) 지역특화산업체의 유치 3) 지역특화산업체의 육성 · 지원 4) 지역특화산업 생산물의 판로 개척

나. 감사기본방향

이 분야는 주로 개발계획과 사업에 대하여 감사를 실시하여야 할 것이다. 민선 지방자치 시대에는 단체장에 의하여 지역경제를 활성화 하는 수많은 사업이나 정책이 수립되고 집행하게 된다. 따라서 법령에 근거한 개발계획과 그에 따른 정책집행의 부합 여부를 감사하여야 할 것이다. 이 분야는 예산이 투입된 개발사업에 대하여는 재무감사(제4장 II. 참조)와 성과감사(제4장 VI. 참조), 기획중인 시책이나 정책에 대해서는 정책감사(제4장 V. 참조) 기법을 적용하여야 할 것이다.

2. 정책/성과감사 기법

가. 지역경제 · 개발사업계획에 대한 타당성 감사

지방자치단체의 지역경제 육성계획립, 지역경제 관련 정책의 종합조정, 공장정비 특별구역 내의 공업정비 실시계획, 지방공업단지의 조성 · 관리, 지방공업 장려지구

조성사업시행, 지역경제 육성 세부계획, 지역경제 육성 세부계획, 소비자보호시책 수립, 물가 지도를 위한 시책, 지방중소기업 육성지원계획, 중소기업이전 실시계획, 지역특화산업 육성개발계획 수립 · 조정, 시 · 군 · 자치구 단위지역특화산업 육성개발계획 등의 과정에 대한 개별계획의 감사착안사항은 다음과 같다.

① 다수 주민의 사회적 · 경제적 욕구에 의한 지역경제개발사업인가? 특정 이해집단을 위한 특혜성 발굴 · 구상은 아닌가?
② 국가 상위목표 달성에 필요하고, 국가시책과의 일관성을 유지하고 있는가?
③ 유사한 지역경제사업을 벤치마킹하여 성공 또는 실패의 원인을 분석한 것인가?
④ 지역경제사업목표 달성을 위한 효율적 · 효과적인 접근인가?
⑤ 지역경제사업결정을 위한 조사자료 등은 진실 된 것인가?
⑥ 용역보고서의 내용의 타당성과 합리성은 인정할 수 있는가?
⑦ 지역경제사업계획의 목표와 계획지표는 적정한가?
⑧ 지역경제사업의 목표 달성을 위한 수단은 확보 가능한 것인가?
⑨ 지역경제사업을 위한 재원확보 대책은 타당한가?
⑩ 지역경제사업을 추진하기 위한 관련기관과의 협력체제는 강구되어 있는가?

나. 지역경제 · 상공업운영을 위한 사업의 시행, 비용처리 · 활동에 대한 능률성 감사

지방공업단지의 조성 · 관리, 지방공업 장려지구 조성사업시행, 농공지구 생산제품의 판매지원, 상공회의소 등 상공단체의 육성 · 지원, 생산 및 유통시설의 적정배치, 유통산업 근대화 사업의 시행 및 지원, 유통단지의 조성 및 운영 · 관리, 지방공업개발 장려 및 지원, 지방공업단지의 조성 · 관리, 농공지구의 조성 · 분양 및 관리, 농공지구 입주업체 승인 및 그 사업계획 승인, 농공지구 생산제품의 판매지원, 지역상공단체의 지도 · 육성, 주민 지역경제 교육 및 홍보, 유통산업 근대화 사업의 시행 및 지원, 소비자보호시책 수립, 물가 지도를 위한 시책 수립 · 추진, 소비자 계몽과 교육, 중소기업협동화 사업단지 조성 지원, 중소기업제품 구매 촉진, 중소기업 육성자금 융자, 지역특화산업 업종선정, 지역특화산업 개발을 위한 연구 및 지원 사업등에 대한 성과 감사를 실시할 때에 감사착안 사항은 다음과 같다.

① 적합한 유형, 적절한 양과 질의 자원을 최저가격으로 획득하고 있는가?
② 적절한 양과 질의 재화나 용역을 시의적절하게 확보하거나 제공하는데 최소의 자원을 사용하고 있는가?

③ 지역경제사업을 위해 인원을 과다하게 배정하고 있지는 않는가?
④ 지역경제사업기관 간의 업무의 중복은 없는가?
⑤ 지역경제사업에 필요한 공공 장비나 시설을 비능률적으로 활용하고 있지는 않는가?
⑥ 지역경제사업 자원이나 시설을 적절하게 보전 · 유지하고 있는가?
⑦ 예산이 중복 투입되는 지역경제사업사업은 아닌가?
⑧ 사업목표를 효과적으로 달성하기 위한 대안을 채택했는가?
⑨ 지역경제사업의 목표는 어느 정도나 달성했는가?
⑩ 만족스러운 지역경제사업의 성과를 저해하는 요인들은 무엇인가?

다. 지역경제 활성화를 위한 시설 및 시스템 설치 운영에 대한 효과성 감사

지방공업단지의 조성 · 관리, 지역경제 육성을 위한 자금 · 세제 등의 지원, 농공지구의 지정 · 공고, 농공지구의 조성 · 분양 및 관리 주민 지역경제 교육 및 홍보, 유통산업 근대화 사업의 시행 및 지원, 유통단지의 조성 및 운영관리, 지역산업 육성을 위한 지원, 지역 내 기업의 정보 · 기술 및 자금수요 파악 및 지원, 지역산품전시회 개최 및 구매자 유치 지원, 지역 내 노사관계 동향 파악 및 지원, 중소기업 창업 및 공장설립민원실의 설치 · 운영, 중소기업협동화 사업단지 조성지원, 중소기업 육성보조금 지급, 중소기업 육성 · 지원업체의 선정 · 추천, 지역특화산업체의 육성 · 지원, 지역특화산업 생산물의 판로 개척사업 등에 대하여 그 실적을 감사하려면 다음과 같은 점에 착안하여야 한다.

① 지역경제 시스템 설계가 합리적이고, 현장의 실정에 적절하며, 설계견적과 설계도서는 적정한가?
② 시공에 있어서 시공물량 부족과 불량은 없는지, 공사감리는 제대로 이루어지고 있는가?
③ 지역경제시설은 수요를 감안하여 그 규모를 결정하여 설치하였는가?
④ 설치된 지역경제시스템은 최대한 활용되고 있는가?
⑤ 지역경제 시스템 운영 설치목적에 부합되는가?
⑥ 지역경제 시스템 운영에 따른 적자 해소를 위한 대책은 무엇인가?
⑦ 지역경제시스템의 관리요원 규모는 적정한가?
⑧ 지역경제 시스템을 방치하고 있는 경우는 없는가?

⑨ 지역경제 시스템에 대한 중복 투자는 없는가?

⑩ 유휴 지역경제 시스템에 대한 대책은 무엇인가?

라. 정부 합동평가를 활용한 성과감사기법

지방자치단체의 지역경제 · 개발행정분야에 대한 정부합동평가 결과를 성과 감사에 활용하는 것이다. 아래와 같은 평가 지표로 한 해 동안 이룬 성과를 전국 자치단체와 상호 비교하여 가,나,다급 중에서 상대적으로 낮은 성과인 "다"급으로 평가받은 분야에 대하여 그 원인을 규명하고 향후 성과개선방안과 차년도 성과목표를 상향 설정하도록 한다. 다만, 지방자치단체의 지방행정환경이 근본적으로 열악하여 전국적인 비교가 불합리한 경우에는 전년도 자료를 비교하여 시계열적인 성과를 비교하여 그 성과를 감사하여야 할 것이다.

성과감사를 위하여 도표 5-23의 산식에 따라 이미 계산된 평가자료와 합동평가결과서를 제출 받아 그 성과를 감사하는 것이다.

도표 5-23 정부합동평가지표중 지역경제 · 상공업분야 관련지표

평가시책	평가항목	평가지표
4-1. 외국인 투자유 치활동	계획	
	집행	
	산출/결과	4-1-1. 외국인 투자유치활동 실적(가중치 16.44) ㉮ '09년 외국인투자유치 실적 증가율 ㉮-1 외국인투자 신고액 증가율 - { ('09년 외국인투자 신고액–'08년 외국인투자 신고액) / '08년 외국인투자 신고액 } × 100 ㉮-2 외국인투자 도착액 증가율 - { ('09년 외국인투자 도착액–'08년 외국인투자 도착액) / '08년 외국인투자 도착액 } × 100 ㉯ 외투기업 고충 발굴 및 처리실적 ㉯-1 고충발굴율{ (고충발굴건수 / 해당지역외투기업수) × 100 } ㉯-2 고충처리율{ (처리건수 / 고충발굴건수) × 100) } ㉰ 외투기업 만족도 조사결과 - 외투기업의 해당 지자체 행정서비스에 대한 만족도별 해당점수
	결과활용	

도표 5-23 정부합동평가지표중 지역경제 · 상공업분야 관련지표(계속)

<table>
<tr><th>평가시책</th><th>평가항목</th><th>평가지표</th></tr>
<tr><td rowspan="4">4-3.
지역과
학기술
진흥</td><td>계획</td><td></td></tr>
<tr><td>집행</td><td></td></tr>
<tr><td>산출/결과</td><td>4-3-1 지방과학기술진흥사업 추진실적(가중치 10.08)
㉮ 지방과학기술진흥사업 추진실적 달성도
- (지방과학기술진흥사업 투자실적 총액 / 지방과학기술진흥사업 투자계획 총액) × 100
㉯ 자체사업 추진 비중
- {('09년 지자체 자체 추진사업 총수 / 지방과학기술진흥사업 총수) / 재정자립도} × 100</td></tr>
<tr><td>결과활용</td><td></td></tr>
<tr><td rowspan="4">4-4.
소비자
보호 및
거래질
서 확립</td><td>계획</td><td></td></tr>
<tr><td>집행</td><td></td></tr>
<tr><td>산출/결과</td><td>4-4-1. 위조상품 단속실적(가중치 8.92)
㉮ 도소매업체수 대비 단속실적
- {시정권고건수 + (자체고발건수 × 3)} / 시 · 군 · 구 수
4-4-2. 소비자정보 제공실적(가중치 8.52)
㉮ 언론을 통한 소비자 정보제공 실적
- (보도자료를 배포하여 언론에 보도된 건수) + (언론매체에 고정코너를 확보하여 출연 · 기고한 건수) + (언론 인터뷰 건수)
㉯ 각종 자료 발간을 통한 정보제공 실적
- (영상자료 제작 및 책자 발간 건수 × 0.8) + (각종 홍보물 제작 건수 × 0.2)
4-4-3. 지역소비자 보호 특수시책 우수사례 평가(가중치 8.08)
㉮ 지역소비자 보호 특수시책
- 해당 시 · 도가 평가대상년도에 수립하여 추진한 지역 소비자 시책에 대해서 독창성과 효과성을 정성평가
· 시책의 독창성 : 다른 시 · 도, 기존 시책과의 차별성
· 시책의 효과성 : 시책추진에 의해 지역소비자들이 받는 혜택</td></tr>
<tr><td>결과활용</td><td></td></tr>
</table>

3. 합법성감사 기법

가. 담배소매인 지정 및 위반업소 행정처분[296)]

(1) 관 계 법 령[297)]

담배사업법 제12조, 제16조, 제17조, 같은법 시행령 제11조, 같은법 시행규칙 제7조, 제7조의2, 제11조 등

(2) 업 무 처 리 절 차

민원인 → 접수 (시 · 군 · 구) → 결격사유 확인 및 검토 (본적지 및 서류) → 결재 (지정서 교부).

(3) 감 사 착 안 사 항

- 담배소매인 지정 시 한정치산자, 담배사업법 위반에 따른 처벌 후 일정기간 경과 여부 등의 결격사유를 본적지에 조회하였는가.
- 담배소매인 지정취소와 폐업신고서 접수 시 담배소매인 지정에 대한 공고를 이행하였는가.
- 미성년자에게 담배를 판매하다 적발된 담배소매인에게 담배사업법에 의한 영업정지처분이 아닌 청소년보호법에 의한 행정처분을 하였는가(시행규칙 제7조의2)
- 담배사업법 위반업소 통보 시 행정처분 실시와 처분은 적정한가.

나. 유료 직업소개소 등록 및 지도 · 감독[298)]

(1) 관 계 법 령

직업안정법 제22조, 제34조의2, 제36조, 제37조, 제38조, 제47조 - 제49조, 같은법 시행령 제21조, 제26조, 제34조의2, 제38조, 같은법 시행규칙 제19조, 제21조, 제26조

296) 경기도(2006a), 129~130쪽에서 재작성하였음.

297) 주의! 관계법령이 개정되었는지를 먼저 확인해서 현행법령에 입각하여 합법성감사를 실시하여야 한다.

298) 경기도(2006a), 131~132쪽에서 재작성하였음.

(2) 업무처리절차

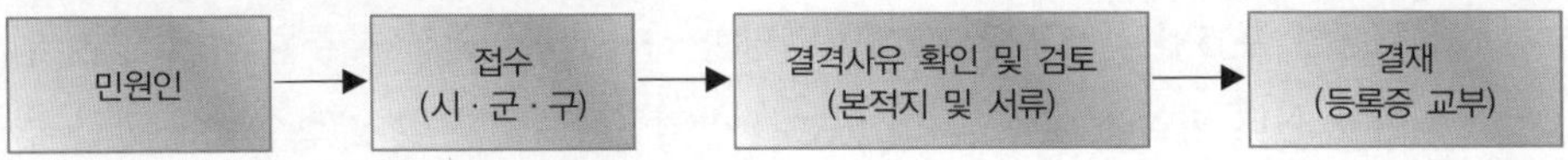

(3) 감사착안사항

- **직업소개소 대표자와 상담원의 자격에 결격사항이 있는가**(직업안정법 제19조, 제21조, 제39조).
- **유료직업소개소에 대한 개인 및 법인별 시설기준은 적합한가**(같은법 시행령 제21조, 제25조, 제34조의2).
- **명의 대여 및 선불금 등 위반행위에 대하여 벌칙에 처하도록 고발하였는가.**
- **위반행위별 행정처분은 적정한가**(같은법 제47조, 시행규칙, 제21조, 제25조).
- **보증보험 유효기간 경과 여부와 재가입은 하였는가.**
- **무등록 유료직업소개소에 대한 단속실태와 적발 시 폐쇄조치 및 고발 이행하였는가?**

다. 공장설립 승인업체 사후관리[299)]

(1) 관계법령

산업집적활성화 및 공장설립에 관한 법률 제13조, 제20조, 제39조, 같은법 시행령 제19조의4

(2) 업무처리절차

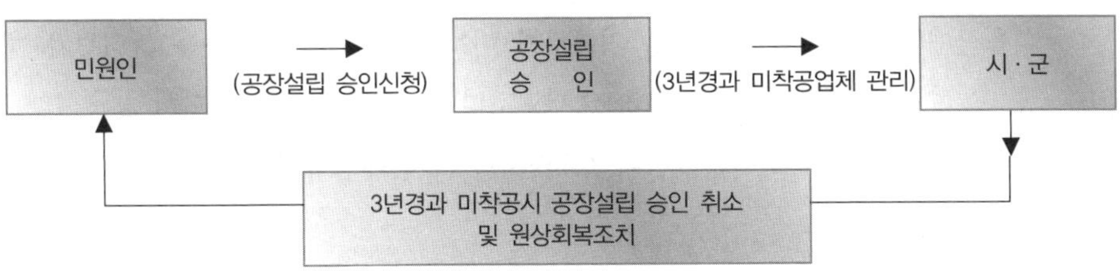

299) 경기도(2006a), 133~134쪽에서 재작성하였음.

(3) 감사착안사항

- **설립승인 후 3년이 경과할 때까지 정당한 사유 없이 공장 착공을 하지 않은 업체현황 실태 파악(분석)은 되어 있는가**(산업집적활성화 및 공장설립에 관한 법률 제13조, 제20조, 제39조).
- **공장설립 승인 후 3년이 경과한 해당업체에 대하여 공장설립 승인취소와 토지의 원상회복 등 행정처분 이행하였는가**(같은법 시행령 제19조의4).
- **행정처분 과정에서 청문절차 이행 등 행정처분 절차를 제대로 이행하였는가.**

라. 석유 및 석유대체연료사업법 위반자 행정처분[300)]

(1) 관계법령[301)]

석유 및 석유대체연료사업법 제13조, 제24조, 제33조, 제34조, 같은법 시행규칙 제11조, 제23조 등

(2) 업무처리절차

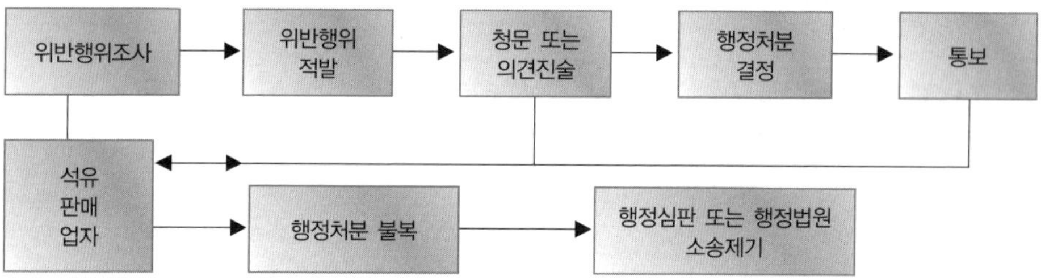

(3) 감사착안사항

- **석유판매업소가 월별 거래상황 기록부를 미보고 시 과태료 처분을 하였는가**(석유 및 석유대체연료사업법 제10조, 제38조의2, 같은법 시행규칙 제45조 제1항).
- **유사 석유를 보관 또는 판매하다가 적발된 석유판매업자에 대한 행정처분의 적정한가**(같은법 제29조, 제33조 - 제35조).

300) 경기도(2006a), 135~136쪽에서 재작성하였음.

301) 주의! 관계법령이 개정되었는지를 먼저 확인해서 현행법령에 입각하여 합법성감사를 실시하여야 한다.

- **법 위반자에 대한 행정처분을 실시한 후 임의 경감한 행정행위가 있는가**(같은법 제49조).
- **석유판매업자가 아닌 노점이나 첨가물판매업자가 세녹스, 엘피파워 등 유사 석유를 판매하는 행위에 대한 단속실태 및 적발에 따른 고발 등 이행하였는가**(같은법 제30조).

마. LPG 특정가스 사용자 정기검사[302)]

(1) 관 계 법 령[303)]

액화석유가스의 안전 및 사업관리법 제19조, 제50조, 제52조, 같은법 시행규칙 제29조 등

(2) 업 무 처 리 절 차

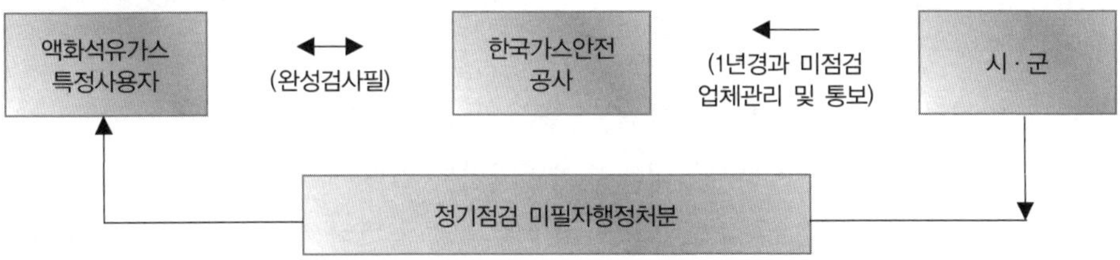

(3) 감 사 착 안 사 항

- **정기검사를 미필 특정가스사업자 통보분에 대한 개선명령 이행 실태**(액화석유가스의 안전 및 사업관리법 제19조, 제50조, 같은법 시행규칙 제29조)
- **정기검사 미필 특정가스사업자에 대한 실태 조사 및 과태료 처분실태**(법 제27조, 법 제52조)
- **과태료의 경감처분은 적정하였는가.**

302) 경기도(2006a), 137~138쪽에서 재작성하였음.

303) 주의! 관계법령이 개정되었는지를 먼저 확인해서 현행법령에 입각하여 합법성감사를 실시하여야 한다.

바. 승강기 관리 및 행정처분[304]

(1) 관 계 법 령[305]

승강기제조 및 관리에 관한 법률 제13조, 제17조, 제18조, 같은법 시행규칙 부칙 등

(2) 업 무 처 리 절 차

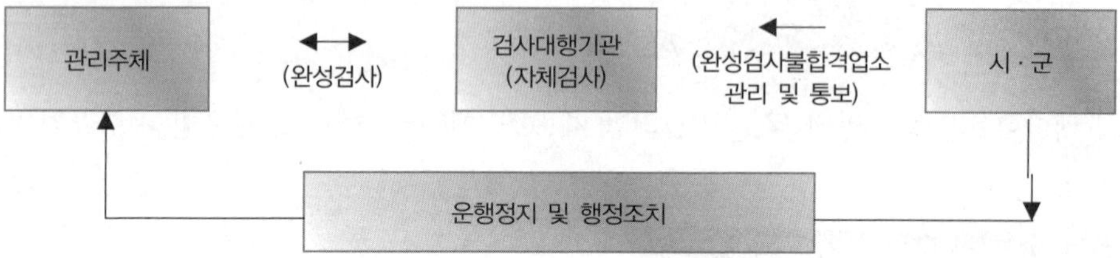

(3) 감 사 착 안 사 항

- **정기검사 미필 승강기에 대한 검사촉구 및 운행정지 등 관리실태**
- **정기검사 불합격 승강기에 대한 운행정지처분 실태**
- **운행정지 승강기에 대한 관리실태 및 불법운행 승강기에 대한 행정처분을 하였는가.**

4. 지방의회 감사 지적사례

- 각종 사업 철저[306]
- 각종 공사의 지방업체 참여방안 강구
- 경지정리사업의 헥타당 도비지원 상향검토
- 근로자 법률상담소 운영 내실화
- 도립직업전문학교의 내실운영(자격증취득률 저조)
- 무허가 무등록어선 양성화 확대
- 물가단속기준 재설정

304) 경기도(2006a), 139~140쪽에서 재작성하였음.

305) 주의! 관계법령이 개정되었는지를 먼저 확인해서 현행법령에 입각하여 합법성감사를 실시하여야 한다.

306) 밑줄 친 부분은 시·도사무로 시·도의회의 지적 사항이다. 이하 같다.

- 물가 모니터요원 유명무실
- 미곡종합처리장의 가공시설 증설 억제
- 민자유치 실적 극히 저조
- 부실공사 방지대책 강구
- 산림훼손지역의 복구대책 강구
- 산지공사의 작업로를 임도로 사용하는 방안 검토
- 소규모 축산농가의 간이정화시설에 대한 사후관리 철저
- 소비자단체에 대한 예산지원 강화
- 수리시설 준설 및 개 · 보수 예산확보
- 수산관련업무의 전문직 공무원 부족문제
- 수입축산물 개방에 따른 축산물보호대책
- 순회농기수리센터의 전문성, 신속성 저하
- 시설농업의 상시 지도체제 구축
- 어민복지회관의 목적외 사용에 대한 감독 철저
- 연안어장 정화사업의 지도 · 관리 철저
- 유사휘발유에 대한 단속 강화
- 인공어초시설의 적지조사 및 사후관리 철저
- 임도시설의 사후관리 철저
- 잠업사업에 대한 종합적인 연구
- 재래시장 활성화대책
- 재래시장의 현대화사업 추진방안 강구
- 주택가 지역의 도시가스 안전점검 징례화
- 중소기업육성자금 지원대상업체 선정 철저
- 중소기업육성자금의 활용미흡 문제
- 중소기업을 위한 신용보증조합의 자산조성대책과 보증확대
- 쥐잡기 약제배부의 기준 모호
- 지방공단의 가동률 및 입주율 제고방안 강구
- 축산단지의 축산폐수처리 및 시설관리대책 강구

- 친환경적 개발의 조기정착 노력
- 해외시장 개척활동의 업체선정방법 개선
- 해외시장개척단의 운영내실화

XVII 지방공기업 경영분야[307)] [308)]

1. 사무내용과 감사기본방향

가. 사무내용

지방공기업의 종류는 직영공기업, 지방공사, 지방공단이 있다. 지방공기업은 민관공동출자사업, 경영수익사업 · 민자유치 · 경영개선에 대하여 감사를 실시하여야 할 것이다. 감사대상 지방공기업으로는 수도사업, 궤도사업, 가스사업, 하수도 사업, 관광사업, 지하철, 도시개발, 지역개발연구, 주차관리, 의료원 등이 있으며 이들에 대하여는 기관운영에 중점적인 감사를 실시하여야 할 것이다. 지방공기업법에 따른 지방

도표 5-24 지방공기업 경영 행정분야 자치단체의 사무영역

구 분	시 · 도사무	시 · 군 · 자치구 사무
○ 지방공기업의 설치 및 운영	1) 지방공기업사업 운영계획 수립 · 시행 2) 지방공기업자산의 취득 관리 · 처분 3) 지방공기업 특별회계의 설치 4) 지방공기업 관련 지방채의 발행 5) 시 · 군 · 자치구 지방공기업에 대한 경영지도 · 조언 6) 지방공사의 설립 · 운영 7) 지방공단의 설립 · 운영	1) 지방공기업사업 운영계획 수립 · 시행 2) 지방공기업자산의 취득 관리 · 처분 3) 지방공기업 특별회계의 설치 4) 지방공기업 관련 지방채의 발행

307) 지방공기업은 지방자치단체가 직접 또는 간접으로 지역주민의 복지를 증진하기 위하여 경영하는 사업 중에서 기업적 성격을 지닌 것을 말한다. 지방공기업은 사업소 형태로 운영하는 직접운영방식(예컨대, 상하수도 사업소, 지역개발기금), 지방공사(예컨대, 지방의료원, 도시개발공사 등), 공단형태(예컨대, 주차시설공단, 체육시설관리공단)의 간접 경영방식이 있다.

308) 여기서 기술하는 감사착안사항은 한국자치경영평가원의 지방공기업에 대한 「경영평가편람」을 참고로 작성하였음. 각 지방공기업에 대한 감사는 감사원에서 실시하는 "기관운영감사"의 성격을 갖는다(감사원, 기관운영감사매뉴얼, 2005).

공기업행정분야의 자치단체별 사무영역은 도표 5-24와 같다.

나. 감사기본방향

이 분야는 지방공기업이 예산운용과 관련하여서는 재무감사(제4장 II. 참조), 인·허가 사항에 대하여는 합법성감사(제4장 III. 참조)를, 사업에 대해서는 성과감사(제4장 VI. 참조), 기획중인 시책이나 정책은 정책감사(제4장 V. 참조) 기법을 적용하여야 할 것이다.

2. 정책/성과감사 기법

가. 지방공기업사업계획에 대한 타당성 감사

지방공기업사업 운영계획의 계획과정에 대한 타당성 감사의 착안사항은 다음과 같다.

① 다수 주민의 사회적·경제적 욕구에 의한 지방공기업사업인가?(타당성)
② 국가 지방공기업목표 달성에 필요하고, 국가지방공기업시책과의 일관성을 유지하고 있는가(합목적성)
③ 유사한 지방공기업사업을 벤치마킹하여 성공 또는 실패의 원인을 분석한 것인가?
④ 지방공기업사업 발굴을 위한 용역 시행절차 등은 합법적이고 합리적인가?
⑤ 지방공기업사업의 목표를 달성하기 위한 효과적인 접근인가?(효과성)
⑥ 지방공기업사업의 계획을 위한 조사자료가 적절한 것인가?(타당성)
⑦ 지방공기업사업의 타당성 검토를 용역수행이 과정이 합법적인가?
⑧ 용역보고서의 내용의 타당성과 합리성은 인정할 수 있는가?
⑨ 지방공기업사업의 계획목표와 계획지표는 적정한가?
⑩ 지방공기업사업의 목표 달성을 위한 정책수단은 확보 가능한 것인가?
⑪ 지방공기업사업을 위한 재원확보 대책은 무리가 없는 것인가?
⑫ 지방공기업사업을 추진하기 위하여 관계기관과의 협력체제는 강구되어 있는가?

나. 재무감사

① 회계원칙은 충실하게 지키고 있는가?

② 계정의 구분은 적정한가?
③ 연도 소속 구분은 적정한가?
④ 수익 및 비용의 기장은 적정하게 이루어지고 있는가?
⑤ 자본금의 기장은 적정하게 이루어지고 있는가?
⑥ 부채의 기장은 적정하게 이루어지고 있는가?
⑦ 고정자산의 기장은 적정하게 이루어지고 있는가?
⑧ 유동자산의 기장은 적정하게 이루어지고 있는가?
⑨ 이연계정의 기장은 적정하게 이루어지고 있는가?
⑩ 투자계정의 기장은 적정하게 이루어지고 있는가?

다. 공기업운영을 위한 사업의 시행, 비용처리 · 활동에 대한 능률성 감사

① 적합한 유형, 적절한 양과 질의 자원을 최저가격으로 획득하고 있는가?
② 적절한 양과 질의 재화나 용역을 시의적절하게 확보하거나 제공하는데 최소의 자원을 사용하고 있는가?
③ 지방공기업사업을 위해 인원을 과다하게 배정하고 있지는 않는가?
④ 지방공기업사업기관 간의 업무의 중복은 없는가?
⑤ 지방공기업사업에 필요한 공공 장비나 시설을 비능률적으로 활용하고 있지는 않는가?
⑥ 지방공기업사업 자원이나 시설을 적절하게 보전 · 유지하고 있는가?
⑦ 예산이 중복 투입되는 지방공기업사업사업은 아닌가?
⑧ 사업목표를 효과적으로 달성하기 위한 대안을 채택했는가?
⑨ 지방공기업사업의 목표는 어느 정도나 달성했는가?
⑩ 만족스러운 지방공기업사업의 성과를 저해하는 요인들은 무엇인가?

라. 공기업 사업 성과감사

① 사업은 그 본래 목적대로 계획적으로 운영관리 되고 있는가?
② 사업의 목적 또는 계획은 주민생활 실정 기타 사회경제 정세에 적합한가?
③ 사업시설의 입지조건은 그 목적을 달성하는데 적당한가?
④ 1회계연도 안에 계획된 사업량은 객관적인 요청에 따라 그 목적을 달성하는데 필요한 양인가?

⑤ 수지계획은 사업계획에 적합하게 합리적이고 경제적으로 책정되어 있는가?
⑥ 사업경영조직 등 시행체제는 그 공공사업의 목적 달성에 적합한가?
⑦ 사업의 실적은 계획 대비하여 소기의 성과를 거두고 있는가?

마. 지방공기업시설 및 시스템 설치 운영에 대한 효과성 감사

지방공기업자산의 취득 관리 · 처분, 지방공기업 특별회계의 설치, 지방공기업 관련 지방채의 발행, 지방공사의 설립 · 운영, 지방공단의 설립 · 운영에 대한 성과감사 때 착안 사항은 다음과 같다.

① 설계가 합리적이고, 현장의 실정에 적절하며, 설계견적과 설계도서는 적절한가?
② 시공에 있어서 시공물량 부족과 불량은 없는지, 공사감리는 제대로 이루어지고 있는가?
③ 지방공기업시설이나 시스템은 수요를 감안하여 그 규모를 결정하여 설치하였는가?
④ 설치된 지방공기업 시설이나 시스템은 최대한 활용되고 있는가?
⑤ 지방공기업의 시설이나 시스템의 운영은 설치목적에 부합되는가?
⑥ 지방공기업시설이나 시스템의 운영에 따른 적자 해소를 위한 대책은 무엇인가?
⑦ 지방공기입시설의 관리요원의 규모는 적정한가?
⑧ 지방공기업시설이나 시스템을 방치하고 있는 경우는 없는가?
⑨ 지방공기업시설이나 시스템에 대한 중복 투자는 없는가?
⑩ 유휴 지방공기업 시설이나 시스템에 대한 대책은 무엇인가?

3. 합법성감사 기법

가. 책임경영

(1) 관 계 법 령[309)]

지방공기업법, 같은법 시행령, 같은법 시행규칙

309) 주의! 관계법령이 개정되었는지를 먼저 확인해서 현행법령에 입각하여 합법성감사를 실시하여야 한다.

(2) 감사착안사항

(가) 관리자의 책임경영

- 관리자의 경영철학은 수립되어 있는가.
  - 경영철학 수립 및 전파노력
  - 지역여건과의 적합성
  - 주요 경영지표에 대한 이해
  - 문제 있는 사업의 해결노력
- 관리자의 노력은 평가할 만한 것인가.
  - 자체 경영실적 평가회 개최
  - 경영공시 준수 여부
  - 직원 사기진작 노력

(나) 경영목표 달성을 위한 노력

- 성과관리제는 적정하게 추진하였는가.
  - 개인별, 부서별 목표설정
  - 설정된 목표의 합리성
  - 목표에 대한 직원의 숙지도
- 경영목표를 달성하기 위한 노력을 경주하고 있는가.
  - 목표달성 세부추진계획 수립
  - 목표 대 실적 차이분석
  - 인센티브 도입 및 수준

(다) 중장기경영계획 수립 및 적정성

- 중장기경영계획은 합리적으로 수립되어 있는가.
  - 계획의 내용
  - 법정 관련계획과의 연계
- 중장기경영계획은 타당한가.
  - 지역여건과의 적합성
  - 과도한 인적 · 물적 투자 여부
  - 재원조달의 적정성

- 연차별 수정보완 여부

(라) 지방공기업 정책준수 및 지적사항 개선

- 공기업정책 및 운영지침을 준수하고 있는가.
- 전년도 경영평가 지적사항의 개선은 하였는가.

나. 경영관리

(1) 관 계 법 령[310)]

지방공기업법, 같은법 시행령, 같은법 시행규칙

(2) 감 사 착 안 사 항

(가) 조직관리

- 조직구조는 적정한가.
  - 인력규모의 적정성
  - 행정구역 규모와 조직규모
  - 광역 공사화 등 사업구조 변환노력
- 조직운영은 효율적인가.
  - 시장성 테스트에 의한 일부업무의 민간위탁 추진
  - 복수직렬제도의 도입과 적정성
  - 시설물관리의 무인화, 통합화, 자동화

(나) 인력관리

- 인력관리는 적정한가.
  - 직원 근속기간의 적정성
  - 자격증소지자 비율과 적정성
  - 전문직 비율
- 지식경영을 실천하고 있는가.
  - 교육훈련 및 자체 연찬 실적

310) 주의! 관계법령이 개정되었는지를 먼저 확인해서 현행법령에 입각하여 합법성감사를 실시하여야 한다.

- 제안실적 비율
- 전산화 등 지식경영 실천노력
- 홈페이지 등 내부정보 축적 및 공유노력

• 직원만족도의 향상을 위해 노력하고 있는가.
  - 직원만족도 조사 및 반영 여부
  - 동기부여 노력
  - 직원에 대한 인센티브 제공
• 복리후생에 대한 투자와 관심은 이루어지고 있는가.
  - 복리 · 후생시설 상태
  - 직원 취미활동에 대한 지원

(다) 자금 및 채무관리

• 자금수급계획은 적정한가.
• 유휴자금관리를 합리적으로 수행하고 있는가.
• 재무구조 개선노력을 계속하고 있는가.

(라) 자산관리

• 재고자산관리방법은 타당한가.
• 고정자산관리의 방법은 타당한가.

(마) 예산 및 회계관리

• 예산편성은 합리적인가.
  - 예산편성의 적정성
  - 경영계획과의 연계성
  - 예산요구와 승인의 합리성
  - 예산집행률
  - 예산차이분석 실시
• 예산이월 및 전용은 타당한가.
• 회계처리규정 및 이행상태는 양호한가.
  - 회계전산화, 장부비치, 기록유지 관리
  - 결산, 감사보고서의 적정성
  - 관리층의 이해 정도

- 회계담당자의 성실성
- 회계관리 통제제도의 타당성

(3) 감 사 사 례

(사례 1) 지방공기업경영혁신지침위반

○○시는 '지방공기업 경영혁신지침' 등 관련규정을 위반하면서 공모절차를 거치지 않고 ○○도시개발공사 업무이사에 시장의 선거대책본부 사무국장을, ○○시 · 도시철도공사 사장에 선거실무본부장을 각각 임용했다.

(사례 2) 지하철공사의 신호직과 역무사무직 분리·운영문제

○○○시 지하철공사에서는 전동차 등의 운행을 위해 필요한 신호설비의 점검 및 유지 · 보수업무를 담당하는 신호직과 신호장치 조작 · 운전을 담당하는 역무사무직(구내원)을 두어 각각 분리 운용하고 있음. 그러나 신호설비의 점검 및 검침 유지 · 보수업무와 조작 · 운전업무는 서로 밀접 하에 관련된 업무이므로 인원감축 등에 따른 비용절감을 위해 직력을 통합 · 운용하는 것이 합리적임.

그런데도 위 공사(公社)는 신호직과 역무사무직으로 분리 운용하고 있음으로써 인원 33명이 더 소요되어 연간 8억 8,100만 원의 인건비 등을 추가 부담하고 있었음. 이에 대하여 ○○○○시 지하철공사 사장에게 업무의 효율성과 비용절감 등을 위해 신호직과 역무사무직을 통합 운용하는 방안을 마련하도록 통보하였음(최민수, 2004 : 1165).

(사례 3) 교육원(연수원)의 중복설치에 의한 예산낭비

○○○○시에서는 A시 지하철공사 교육원과 B도시철도공사 연수원을 각각 설립한 후 산하 A시 지하철공사와 B도시철도공사로 하여금 각각 운영하도록 하고 있었음. 위 2개 교육원은 모두 지하철 운영 및 정비요원의 양성이라는 유사 · 중복기능을 수행하고 있으므로 이를 통합 운영하도록 하여 인력 · 예산의 이중 소요와 시설비의 중복투자를 방지하는 것이 바람직함.

그런데도 위 관서는 A시 지하철공사 교육원과 B도시철도공사 연수원의 통합운영방안을 마련하지 아니하고 각각 운영하도록 하고 있어, 2개 교육원을 통합 운영하는 경우와 비교하여 볼 때 연간 6억 61백만 원 상당의 인건비 등이 절감되지 못하고 있을 뿐 아니라, 교육원의 신축이전을 각각 추진함에 따라 시설비 중복투자도 예상되고 있었음. 이에 대하여 ○○시장에게 각각 운영되고 있는 A시 지하철공사 교육원과 B도시철도공사 연수원을 통합 · 운영하도록 주의 요구하였음(최민수, 2004 : 1171).

(사례 4) 지방공사의료원의 인력 과다증원 및 임금 과다인상

행정자치부의 2000년도 지방공사 예산편성지침에 따르면 인건비는 5.5% 이내에서 증액하도록 되어 있으므로 직원 인건비를 인상 한도보다 과다 인상하여 의료원 경영에 부담을 주어서는 아니 됨.

그런데도 ○○의료원에서는 새로운 업무가 생기지 않았고 환자수도 감소하고 있어 인력을 증원할 필요가 없을 뿐만 아니라, 의업손실로 매년 시(市)로부터 운영비 보조를 받고 있는데도 직원 25명을 증원하였고, 가계 안정비를 기본급화하여 매년 2억 3,772만여 원의 급여와 7억 5,981만여 원의 퇴직급여가 추가 소요되는가. 하면, 의사수당을 진료성과급에 포함하여 지급하면서도 별정수당 명목으로 1억 9,500만여 원을 예비비에서 전용하여 지급하였음.

그 결과 2000년도 임금 인상률이 10.2%가 되어 행정자치부 지침상의 인상한도보다 4.7% 포인트 초과하였을 뿐만 아니라, 경영수지 누적적자가 2000년 말 97억 원으로 늘어나는 등 경영적자를 가중시키고 구조조정 시책에도 역행하고 있었음. 이에 대하여 과다한 인건비 인상 또는 불필요한 인력증원 등으로 의료원 경영에 부담을 주는 일이 없게 ○○의료원에 대한 지도 · 감독을 철저히 하도록 주의요구하고, 부당행위를 인사자료로 활용하도록 통보하였음(최민수, 2004 : 1184).

다. 사업운영

(1) 관 계 법 령[311]

지방공기업법, 같은법 시행령, 같은법 시행규칙

311) 주의! 관계법령이 개정되었는지를 먼저 확인해서 현행법령에 입각하여 합법성감사를 실시하여야 한다.

(2) 감 사 착 안 사 항

(가) 경영성과 및 재정상태

- 영업수지 비율은 개선되고 있는가.
- 경상수지 비율은 개선되고 있는가.
- 직원 1인당 영업수익은 증대되고 있는가.
- 직원급여 대 영업수익은 개선되고 있는가.
- 톤당 영업비는 감소하고 있는가.
- 톤당 인건비는 감소하고 있는가.
- 부채비율은 낮아지고 있는가.
- 매출액 순이익률은 확대되고 있는가.

(나) 요금수준 및 관리

- 원가보상률은 상승되고 있는가.
- 요금인상 실적은 나아지고 있는가.
- 업종 간 요율격차의 형평성은 유지되고 있는가.
- 체납금/당기 부과요금은 낮아지고 있는가.
- 전기이전 체납액 회수율은 높아지고 있는가.
- 기타요금관리체계는 발전되고 있는가.

(다) 공기업 주요지표의 신장률 또는 감소율(구체적인 내용 생략)

(3) 감 사 사 례

(가) 경영수익사업의 무분별한 추진에 의한 적자경영 및 예산낭비

A군 등 21개 지방자치단체에서는 민간기업 사이에서 치열한 경쟁상태에 있는 생수 판매업, 과일음료 가공업, 주유소 사업 등에 무분별하게 투자하게 민간기업과 경쟁으로 민원을 유발하거나 경영관리의 비능률 등으로 대부분 경영적자를 나타내고 있었음. B시에서는 도시개발공사를 설립하여 과일음료 가공 · 판매사업을 하였으나 부실경영으로 29억 원의 적자가 누적되어 있었음.

C시에서는 개발공사를 설립하여 도립공원에 숙박시설과 유원지 등의 설치를 추진하다가 민원발생으로 사업을 중단하여 자연환경을 훼손하고 예산을 낭비하였음. D

군에서는 주식회사 E샘물에 24억 7,000만 원을 출자하였다가 업체의 부도발생으로 투자금액 전액을 잃게 되었음(최민수, 2004 : 1210).

(나) 주차관리공단의 확대개편 및 업무 추가문제

지방공기업법의 규정에 따르면 지방공기업의 설치 · 운영은 민간인의 경영참여가 어려운 사업에 한하여 하도록 되어 있고 행정자치부의 「자치단체사무의 민간위탁 추진지침」에도 민간위탁 운용이 효율적인 문화예술 · 체육시설 등의 시설관리업무 등을 위하여 지방공사 · 공단을 신설하지 못하도록 되어 있음. 그런데도 ○○광역시에서는 사설주차장이 증가하고 있고 불법주차장관리공단에 새로이 위탁하는 것으로 하여 시설관리공단으로의 확대 개편방안을 추진하고 있었음.

이에 대하여 ○○광역시장에게 ○○광역시 주차장관리공단을 존속시키기 위하여 민간위탁하기로 한 문화 · 체육시설 등의 관리업무를 공단에 위탁하는 일이 없도록 하고, 조속히 위 업무를 민간위탁하는 방안을 마련하도록 권고하였음(최민수, 2004 : 1169).

라. 고객만족

(1) 관 계 법 령[312)]

지방공기업법, 같은법 시행령, 같은법 시행규칙

(2) 감 사 착 안 사 항

(가) 고객지원시스템

- 서비스헌장 제정 및 이행실태는 양호한가.
  - 이행실태평가 실시 여부
  - 지속적인 개선노력
- 요금 자동납부제는 시행되고 있는가.
- 고객서비스체제 정비실적은 있는가.
- 사고발생시 대응체제는 완벽하게 이루어지고 있는가.

312) 주의! 관계법령이 개정되었는지를 먼저 확인해서 현행법령에 입각하여 합법성감사를 실시하여야 한다.

• 불만족 해소대책 및 추진은 창의적인가.

(나) 고객만족도 제고노력

• 조사결과 분석은 적정한가.
• 개선조치계획은 적정한가.
• 개선조치 실적은 건전한가.

4. 지방의회 감사 지적사례

• 관내 각 의료원간의 상호인사교류방안 강구[313)]
• 구내매점(사무실) 임대의 장기간 수의계약문제 시정
• 농수산물도매 시장의 적자운영 및 상임이사의 임명의 불공정성
• 민관공동출자회사의 적자운영 및 민영화 미조치
• 저소득층 환자진료대책 강구
• 적자운영대책 강구
• 지방공기업 정원감축에 따른 상여금 부당지급
• 지방공기업의 복리후생비 과다지급
• 지방공기업의 직원자녀에 대한 학자금 지원
• 지방공기업직원의 퇴직금 중간정산시 과다지급
• 지방공사 설치 난립 및 퇴직공무원의 임직원 임용
• 지방공사의료원의 인력과다 증원
• 지방공사의료원의 직원의 다른 병원진료 지적
• 지하철공사의 무분별한 무임승차권 발급
• 직원용 휴양콘도미니엄 회원권 과다보유

313) 밑줄 친 부분은 시·도사무로 시·도의회의 지적 사항이다. 이하 같다.

XVIII 환경행정 분야

1. 사무내용과 감사기본방향

가. 사무내용

지방자치단체는 환경정책, 대기관리, 환경자원, 상하수질 관리 업무를 관장하는데 구체적인 내용은 다음과 같다.

첫째, 환경정책과 관련하여 ▸소관행정의 종합기획 · 조정 ▸자연환경, 대기관리, 폐기물관리, 수질관리등 환경정책의 중장기종합계획 수립 ▸지방의제21 추진 ▸지구환경문제, 국제환경협약 및 자치단체간의 환경협력 등에 관한 사항 ▸법령 및 제도개선에 관한 연구 ▸환경관련 신기술 도입 업무 ▸환경보전기금 관리 ▸환경정보시스템 구축에 관한 사항 ▸환경단체 및 교육홍보에 관한 사항 ▸환경분야 충무계획 수립 · 시행 ▸환경영향평가에 관한 사항 ▸생태계 관리에 관한 사항 ▸자연환경조사에 관한 사항 ▸토양보전에 관한 사항 ▸국립공원에 관한 사항 ▸야생조수의 보호 및 수렵에 관한 사항 등을 처리한다.

둘째, 대기질을 관리하기 위하여 ▸환경보 전등에 관한 종합계획 수립 ▸대기보전에 관한 사항 ▸배출업소관리에 관한 사항 ▸생활환경에 관한 사항 ▸환경개선부담금에 관한 사항 ▸유해화학물질에 관한 사항 ▸자연휴식지 지정관리 ▸자연보호 관련사무 ▸환경의날 행사 등에 관한 업무 ▸보건환경연구원 · 북부지원의 지도 · 감독에 관한 사항(환경분야에 한한다) 등을 처리한다.

셋째, 환경자원을 관리하기 위하여 ▸폐기물처리 기본계획 수립 ▸폐기물감량 업무 ▸쓰레기 종량제에 관한 사항 ▸자원재활용 기본계획 수립 ▸폐기물 재활용에 관한 사항 ▸폐기물매립지 · 소각장 설치 승인 및 관리에 관한 사항 ▸소각기술개발 및 보급에 관한 사항 ▸수도권매립지 관리업무 등을 처리한다.

넷째, 상하수질 관리를 위하여 ▸오수분뇨 및 축산폐수에 관한 업무 ▸환경기초시설의 관리운영 및 기술개발, 보급과 관리에 관한 사항 ▸호소 · 하천에 대한 수질보전 및 관리에 관한 사항 등의 업무를 처리한다.

이 분야에서는 수질관리 및 환경오염 기준에 의한 지도 · 단속. 시설운영 · 관리, 수질보전특별대책지역에서의 각종사업계획 인가, 건축허가규모 초과허가, 하천골재채취허가 부당처리, 오수처리시설 없는 건축허가문제, 공원점용허가조건 준수여부 등에 대한 감사를 실시한다. 지방자치법 제9조에 따른 환경 행정분야의 자치단체별 사무영역은 도표 5-24과 같다.

도표 5-24 환경행정분야 자치단체의 사무영역

구분	시 · 도사무	시 · 군 · 자치구 사무
ㅇ청소 · 오물의 수거 및 처리	1) 폐기물 처리 기본계획 수립 2) 일반폐기물(분뇨, 쓰레기등) 처리시설의 설치 · 운영(도의 경우는 제외한다) 3) 일반폐기물 처리업의 허가 및 지도 · 감독(일반폐기물 수집 · 운반업을 제외한다) 4) 광역 일반폐기물 처리시설의 설치 · 운영 5) 분뇨처리시설, 오수처리시설, 단독정화조 또는 축산폐수 처리시설의 설계 시공업의 등록 및 지도 · 감독 6) 일반폐기물 처리사업자가 받아야 하는 일반폐기물의 처리수수료 요율 결정 7) 일반폐기물의 처리수수료 요율 결정(도의 경우는 제외한다)	1) 일반폐기물 처리 기본계획 수립 2) 일반폐기물(분뇨, 쓰레기 등) 처리시설의 설치 · 운영(자치구의 경우는 제외한다) 3) 일반폐기물 처리업의 허가 및 지도 · 감독(일반폐기물 수집 · 운반업만 해당한다) 4) 일반폐기물의 적정관리 조치 5) 일반폐기물 무단투기에 대한 지도 6) 일반폐기물 처리수수료의 요율 결정 7) 일반폐기물 다량배출자의 신고 수리 및 관리 8) 일반폐기물 재활용신고의 수리 및 관리 9) 폐기물 처리에 관한 보고 · 검사 등 조치명령 10) 특별청소지역의 지정 및 조정 11) 특별청소지역 내의 일반폐기물 수집 · 처리 12) 특별청소지역 내의 분뇨사용 제한 13) 분뇨 · 쓰레기 처리시설에 대한 개선명령 등 14) 오수처리시설, 단독정화조 또는 축산폐수 처리시설의 설치 신고 수리 및 관리 15) 대청소 실시계획의 수립 · 시행 16) 공중변소, 공중용 쓰레기용기 및 쓰레기 적환장(積換場)의 설치 · 유지 관리

도표 5-24 환경행정분야 자치단체의 사무영역(계속)

구분	시 · 도사무	시 · 군 · 자치구 사무
ㅇ주거생활환경 개선의 장려 및 지원	1) 주거생활환경 개선계획 수립 · 조정 2) 농촌쓰레기 수거계획 수립 · 지도 3) 위생변소 개량사업계획 수립 · 시달 4) 새마을 환경정비사업 계획 수립 5) 생활개선사업 지원 · 지도 6) 광고물관리 기본지침 수립 · 조정 7) 농어촌정주권 개발사업계획의 수립 · 조정 8) 농어촌 생활용수 개발사업계획의 수립 · 조정 9) 지역별 대기보전관리계획 수립 · 집행 및 배출시설별 배출량 조사	1) 주거생활환경 개선실천계획 수립 · 시행 2) 농촌쓰레기 수거 및 지도 · 단속 3) 위생변소 개량사업 시행 4) 새마을 환경정비사업 추진 5) 생활개선사업 추진 6) 광고물 설치허가와 신고수리 7) 광고물 정비 · 단속 8) 광고물 제작업자 지도 · 단속 9) 농어촌정주권 개발사업 시행 10) 농어촌 생활용수 개발사업 시행
ㅇ자연보호 활동	1) 지역환경보전계획 수립 · 시행 2) 자연생태계 보전지역 등 보호지역 관리 3) 자연환경 개선지역 지정 · 관리 및 개선계획 수립 · 시행 4) 도시자연공원 조성계획 수립 · 시행 5) 특정 야생동 · 식물 보호관리 대책 수립 · 시행 6) 자연보호계획 수립 7) 자연보호교육 및 홍보 8) 자연보호 시범학교 육성 · 지도 9) 심신수련장 조성 · 관리 10) 자연보호 명예감시관 위촉 · 관리 11) 자연보호 대상물 지정 · 관리 12) 자연학습원 조성 · 관리	1) 지역환경보전 세부시행계획 수립 · 시행 2) 자연생태계 보전지역 등 보호지역 관리 3) 자연환경 개선지역 지정 · 관리 및 개선계획 수립 · 시행 4) 도시자연공원 조성계획 수립 · 시행 5) 특정 야생동 · 식물 보호관리 대책 수립 · 시행 6) 자연보호계획 수립 · 추진 7) 자연보호 시설물 설치 및 유지 · 관리 8) 자연보호 시범학교 육성 9) 자연보호 명예감시관 위촉 · 관리 10) 자연보호 지도 · 계몽 11) 자연보호 캠페인 실시 및 지도

도표 5-24 환경행정분야 자치단체의 사무영역(계속)

구분	시 · 도사무	시 · 군 · 자치구 사무
ㅇ 지방하천 · 준용하천 및 소하천의 관리	1) 지방 · 준용하천 정비기본계획 및 오염하천 정화사업에 대한 종합계획 수립 2) 하천예정지의 지정 3) 지방 · 준용하천의 공사와 유지관리 4) 지방 · 준용하천의 점용허가와 점용료 징수 5) 하천부속물의 관리규정 제정 6) 지방하천 연안구역의 지정 · 고시와 그 구역 내에서의 공작물 설치 허가 등 7) 폐천부지의 교환 및 양여 8) 하천감시(시리채취단속 등)	1) 오염하천 정화사업 및 소하천정비계획 수립 · 시행 2) 오염하천 정화사업 및 소하천정비사업 대상지구 선정 3) 오염하천 정화사업 및 소하천정비사업지구 측량 · 설계 4) 소하천정비사업 기술지도반 편성 · 운영 5) 소하천공사와 보수 등 유지 · 관리 6) 하천감시

나. 감사기본방향

이 분야는 예산사업인 경우에는 재무감사(제4장 II. 참조), 법령조례상의 의무위반에 대하여는 합법성감사(제4장 III. 참조), 공해방지사업에 대해서는 성과감사(제4장 VI. 참조), 기획중인 시책이나 정책은 정책감사(제4장 V. 참조) 기법을 적용하여야 할 것이다.

2. 정책/성과감사 기법

가. 개별 환경사업계획에 대한 타당성 감사

지방자치단체는 폐기물처리 기본계획, 일반 폐기물처리기본계획, 주거생활환경개선계획 및 실천계획, 농촌쓰레기 수거계획, 위생변소 개량사업계획, 새마을 환경정비사업 계획, 지역환경보전계획, 자연환경 개선지역 지정 · 관리 및 개선계획 수립 · 시행, 도시자연공원 조성계획, 특정 야생동 · 식물 보호관리 대책, 지역별 대기보전관리계획, 도시자연공원 조성계획, 자연보호계획 수립, 지방 · 준용하천 정비기본계획 및 오염하천 정화사업에 대한 종합계획, 대청소실시계획 등을 수립시행하고 있다. 이들 계획의 수립과정과 내용에 대한 감사의 착안사항은 다음과 같다.

① 다수 주민의 사회적 · 경제적 욕구에 의한 환경사업인가? 특정 이해집단을 위한 특혜성 발굴 · 구상은 아닌가?
② 국가 상위목표 달성에 필요하고, 국가시책과의 일관성을 유지하고 있는가?
③ 유사한 환경사업을 벤치마킹하여 성공 또는 실패의 원인을 분석한 것인가?
④ 환경사업목표 달성을 위한 효율적 · 효과적인 접근인가?
⑤ 환경사업결정을 위한 조사자료 등은 진실 된 것인가?
⑥ 용역보고서의 내용의 타당성과 합리성은 인정할 수 있는가?
⑦ 환경사업계획의 목표와 계획지표는 적정한가?
⑧ 환경사업의 목표 달성을 위한 수단은 확보 가능한 것인가?
⑨ 환경사업을 위한 재원확보 대책은 타당한가?
⑩ 환경사업을 추진하기 위한 관련기관과의 협력체제는 강구되어 있는가?

나. 환경관리를 사업의 시행, 비용처리 · 활동에 대한 능률성 감사

농어촌 정주권 개발사업, 일반폐기물처리 수수료의 요율, 위생변소 개량사업, 생활개선사업, 새마을 환경정비사업, 농어촌정주권개발 사업, 농어촌 생활용수 개발사업, 오염하천 정화사업, 소하천 정비사업 등의 능률성을 감사할 때 착안사항은 다음과 같다.

① 적합한 유형, 적절한 양과 질의 자원을 최저가격으로 획득하고 있는가?
② 적절한 양과 질의 재화나 용역을 시의적절하게 확보하거나 제공하는데 최소의 자원을 사용하고 있는가?
③ 환경사업을 위해 인원을 과다하게 배정하고 있지는 않는가?
④ 환경사업기관 간의 업무의 중복은 없는가?
⑤ 환경사업에 필요한 공공 장비나 시설을 비능률적으로 활용하고 있지는 않는가?
⑥ 환경사업 자원이나 시설을 적절하게 보전 · 유지하고 있는가?
⑦ 예산이 중복 투입되는 환경사업사업은 아닌가?
⑧ 사업목표를 효과적으로 달성하기 위한 대안을 채택했는가?
⑨ 환경사업의 목표는 어느 정도나 달성했는가?
⑩ 만족스러운 환경사업의 성과를 저해하는 요인들은 무엇인가?

다. 환경시설 및 시스템 설치 운영에 대한 효과성 감사

환경기초시설, 일반폐기물의 처리시설, 분뇨처리시설, 오수처리시설, 축산처리시설, 쓰레기 적환장, 자연보호시범학교, 심신수련장, 자연학습원 등의 운영성과에 대한 감사시 착안 사항은 다음과 같다.

① 환경시설은 수요를 감안하여 그 규모를 결정하여 설치하였는가?

② 설치된 환경시설은 최대한 활용되고 있는가?

③ 유휴환경시설에 대한 대책은 무엇인가?

④ 환경시설 운영에 따른 적자 해소를 위한 대책은 무엇인가?

⑤ 유사한 환경시설을 벤치마킹하여 성공 또는 실패의 원인을 분석한 것인가?

⑥ 환경시설은 적정하게 유지, 관리되고 있는가?

⑦ 환경시설관리요원의 규모는 적정한가?

⑧ 환경시설관리 비용은 적정한 수준인가?

⑨ 환경시설이나 시스템을 방치하고 있는 경우는 없는가?

⑩ 환경시설이나 시스템에 대한 중복 투자는 없는가?

라. 정부 합동평가를 활용한 성과감사기법

지방자치단체의 환경행정분야에 대한 정부합동평가 결과를 성과 감사에 활용하는 것이다. 아래와 같은 평가 지표로 한 해 동안 이룬 성과를 전국 자치단체와 상호 비교하여 가,나,다급 중에서 상대적으로 낮은 성과인 "다"급으로 평가받은 분야에 대하여 그 원인을 규명하고 향후 성과개선방안과 차년도 성과목표를 상향 설정하도록 한다. 다만, 지방자치단체의 지방행정환경이 근본적으로 열악하여 전국적인 비교가 불합리한 경우에는 전년도 자료를 비교하여 시계열적인 성과를 비교하여 그 성과를 감사하여야 할 것이다.

성과감사를 위하여 도표 5-26의 산식에 따라 이미 계산된 평가자료와 합동평가결과서를 제출 받아 그 성과를 감사하는 것이다.

도표 5-26 정부합동평가지표중 환경분야 관련지표

평가시책	평가항목	평가지표
6-1. 환경정책 · 관리	계획	
	집행	6-1-1. 환경개선부담금 부과 징수 실적 (가중치 4.14) ㉮ 환경개선부담금 징수율 - ('09년도 징수금액 / '09년도 부과금액) × 100 ㉯ 환경개선부담금 징수율 증가율 - {('09년도 징수금액 / '09년도 부과금액) × 100 }−{('08년도 징수금액 / '08년도 부과금액) × 100 } / {('08년도 징수금액 / '08년도 부과금액) × 100 }] × 100 6-1-2. 친환경상품 구매 비율(가중치 5.49) ㉮ 친환경상품 구매 비율 : (친환경상품 구매금액 / 총 구매액) × 100 ㉯ 친환경상품 구매 비율 증가율 : {('09년도 친환경상품 구매 비율 −'08년도 친환경상품구매 비율) / '08년도 친환경상품 구매 비율} × 100 ㉰ 친환경상품 구매관련 조례 제정률 : (조례제정 시 · 도 및 시 · 군 · 구 수 / 자치단체수) × 100 6-1-3. 수질배출부과금 징수실적 제고(가중치 4.03) ㉮ '09년 수질배출부과금 징수율 - ('09년도 수질배출부과금 징수액 / '09년도 수질배출부과금 징수결정액) ×100 ※ 징수액, 징수결정액은 각각 현년도 및 과년도분의 합계치임 ㉯ '09년 수질배출부과금 징수율 증감률 - {('09년도 수질배출부과금 징수율− 최근 3개년 평균 징수율) / 최근 3개년 평균 징수율} × 100 ※ 연도별 징수액, 징수결정액은 각각 현년도 및 과년도분의 합계치임 ※ ㉮,㉯는 지자체에서 환경부에 보고한 자료와 일치하게 입력 6-1-5. 대기질 측정자료 유효가동률 및 대기질 자료 전송실적(가중치 4.09) ㉮ '09년 대기질 측정자료 유효가동률 - '09년도 월별 유효가동률 / 개월 수 ㉯ '09년 대기질(SO_2, CO, NO_2, PM_{10}, O_3)자료 실시간 전송률 - ('09년도 전송된 시간 수 / '09년도 총 측정시간 수) × 100
	산출/ 결과	6-1-4. 야생동 · 식물 보호실적(가중치 4.52) ㉮ 야생 동 · 식물 지정 종수 실적 : (야생 동 · 식물 지정 종수 / 지자체 수) × 100 ㉯ 야생 동 · 식물 보호구역 지정률 : (야생 동 · 식물 보호구역 지정면적 / 지자체 면적) × 100

도표 5-26 정부합동평가지표중 환경분야 관련지표(계속)

평가시책	평가항목	평가지표
6-1. 환경정책 · 관리	산출/ 결과	㉰ 수렵장 설정 운영률 : (수렵장 운영 지자체 수 / 지자체 수) × 100 ㉱ 생태계 보전을 위한 자치단체의 노력도(정성평가) 6-1-6. 대기오염 배출사업장 적정관리(가중치 4.00) ㉮ 대기배출사업장 오염도 검사실적 : (오염도 검사 업소수 / 총 점검대상 업소수) × 100 ㉯ 대기 배출부과금 징수율 : [{ ('09년도 징수건수 / '09년도 징수결정건수) × 0.6 } + { ((과년도 징수건수 + 불납결손처리건수) / 과년도 징수 결정건수) × 0.4 }] × 100 6-1-7. 포장폐기물의 발생억제 관리 노력(가중치 3.37) ㉮ 포장검사 명령 건수 - (포장검사 명령 제품수 / 기초 자치단체 수) × 100 ㉯ 포장방법 위반율 - (포장방법 위반 제품 수 / 포장검사 명령 제품 수) × 100 6-1-8. '08년대비 '09년 음식물폐기물발생량 감량률(가중치 6.89) ㉮ '08년대비 '09년 음식물류폐기물발생량 감량률 - { ('08년도 1인당 음식물류폐기물발생량—'09년도 1인당 음식물류폐기물 발생량) / '08년도 1인당 음식물류폐기물발생량 } × 100 6-1-9. 주민 1인당 재활용품 분리수거량(가중치 6.62) ㉮ 주민 1인당 재활용품 분리수거량 : '09년도 재활용품 분리수거량 / 총 인구수
	결과활용	

3. 합법성감사 기법

가. 배출시설 설치(변경)허가[314]

(1) 관 계 법 령[315]

- 대기환경보전법 제23조, 제24조, 같은법 시행령 제11조, 제12조 등, 같은법 시행규칙 제26조, 제27조 등
- 수질 및 수생태계 보전에 관한 법률 제31조, 같은법 시행령 제31조, 같은법 시

314) 서울시(2004) 492쪽 및 경기도(2006a), 275~277쪽에서 재작성하였음.

315) 주의! 관계법령이 개정되었는지를 먼저 확인해서 현행법령에 입각하여 합법성감사를 실시하여야 한다.

행규칙 제36조, 제37조, 제47조 등

(2) 업무처리절차

① 배출시설 허가신청 → ② 배출시설 설치허가 → ③ 방지시설 설치

④ 배출시설 등의 가동개시 신고 → ⑤ 배출시설 및 방지시설 시운전기간 설정 → ⑥ 배출시설 및 방지시설 정상운영

(3) 감사착안사항

- **법정 구비서류 이외의 서류가 첨부되어 있는가**(수질 및 수생태계 보전에 관한 법률 제33조 및 같은법 시행령 제31조, 같은법 시행규칙 제36조, 제37조).
- **허가처리를 지연하면서 쓸데없이 보완요구를 하고 있는가.**
- **법정수수료 및 지역개발공채를 규정대로 징수하였는가.**
- **국토의계획및이용에관한법, 건축법, 농지법, 도시계획법, 산림보호법에 저촉되는 데도 허가를 했는가.**
- **환경오염물질 처리방식 및 처리용량이 적정하게 설계되었는지 확인하였는가.**
- **적정 운영기간이 경과한 날로부터 15일 이내에 배출시설 및 방지시설을 점검했는가**(수질 및 수생태계 보전에 관한 법률 시행규칙 제47조).

나. 배출업소 지도점검 및 행정처분[316)]

(1) 관계법령[317)]

- 대기환경보전법 제16조 - 제21조, 같은법 시행령 제12조 - 제31조, 같은법 시행규칙 제35 - 제49조 등
- 수질 및 수생태계 보전에 관한 법률 제39조 - 제40조, 같은법 시행령 제39조 - 제40조, 같은법 시행규칙 제51조 - 제41조 등
- 환경오염물질배출시설등에 관한 통합 지도점검 규정

316) 서울시(2004) 492쪽 및 경기도(2006a), 278~280쪽에서 재작성하였음.

317) 주의! 관계법령이 개정되었는지를 먼저 확인해서 현행법령에 입각하여 합법성감사를 실시하여야 한다.

(2) 업무처리절차

① 지도점검계획 수립 (정기 및 수시점검)	→	② 배출업소 지도점검 (오염도 검사)	→	③ 위법사항 적발 (폐수 무단방류 등)
④ 행정처분(조업정지, 개선명령, 고발 등)	→	⑤ 배출부과금 부과 과태료 · 과징금 부과	→	⑥ 배출시설 및 방지시설 정상운영

(3) 감사착안사항

- **환경오염물질배출시설 등에 관한 통합 지도점검규정에 의한 정기지도점검 실시 유무**(환경오염물질배출 시설 등에 관한 통합지도점검 규정)
- **통합지도점검(대기, 수질, 폐기물, 비산먼지 등)계획 수립 및 실시 유무**
- **지도단속계획 수립 및 계획대비 실적**
- **조업정지 등 행정처분의 적정성 및 사후관리를 하였는가.**
- **지도점검에 따른 지도점검기록부, 행정처분대장, 개인별 일일업무일지, 확인서관리대장 등 기록 관리하였는가.**
- **환경관련법규 위반사업장에 대한 인터넷을 공개하였는가.**
- **시운전기간 경과 후 오염도검사 실시 유무**
- **배출부과금 적정 부과 · 징수 및 체납액을 관리하였는가**(수질 및 수생태계 보전에 관한 법률 제41조 대기환경보전법 제30조).

(4) 감사사례

구 수질환경보전법 제11조, 제15조, 같은법 시행규칙 제17조의 규정에도 불구하고 폐수위탁처리업소의 X-ray시설에서 배출되는 폐수를 하수구에 직접 방류할 수 있도록 호스를 연결한 채 배출시설을 가동하고 있는 업체를 그대로 방치(남택명, 2004 : 334)

다. 분뇨 및 축산폐수처리시설관리[318)]

(1) 관계법령[319)]

318) 경기도(2006a), 281~282쪽에서 재작성하였음.

319) 주의! 관계법령이 개정되었는지를 먼저 확인해서 현행법령에 입각하여 합법성감사를 실시

- 가축분뇨의 관리 및 이용에 관한 법률 제11조 - 제18조, 같은법 시행령 제6조 제11조, 같은법 시행규칙 제4조 - 제7조 등
- 환경오염물질 배출시설 등에 관한 통합지도점검 규정

(2) 업무처리절차

① 분뇨 및 축산폐수 처리시설 설치계획 수립 → ② 분뇨 및 축산폐수 처리시설 설치 승인신청 → ③ 분뇨 및 축산폐수 처리시설 운영 · 관리

④ 방류수질 준수여부 확인 및 시설점검 → ⑤ 분뇨 및 축산폐수 처리시설 개선

(3) 감사착안사항

- 설계도서와 동일하게 시공하였는가.
- 각종 기계 · 기구류의 고장(파손)이 있는데도 수리하지 않고 장기간 방치하였는가.
- 각종 조내에 슬러지를 청소하지 못하여 처리수의 수질에 악영향을 미치게 하였는가.
- 오수 유입량 및 배출량 측정하고, 방류수 수질검사를 실시하고 있는가.
- 처리장을 정상가동하지 아니하여 방류수 수질기준이 초과하거나 오 · 폐수가 그대로 방류하여서는 아니 됨에도 무단방류를 하였는가.
- 축산농가 방류구를 축산폐수처리시설 차집관로를 연결하지 아니하여 축산폐수가 그대로 하천에 방류되는 것은 없는가.
- 처리가 불필요한 하천수, 농업용수 등의 청정수까지 하수 차집관거에 연결하여 처리함으로써 유입의 설계수질 미달로 미생물에 의한 처리가 불가한 것인가.

라. 폐기물처리업 허가 및 관리[320]

(1) 관계법령[321]

하여야 한다.

320) 경기도(2006a), 283~284쪽에서 재작성하였음.

321) 주의! 관계법령이 개정되었는지를 먼저 확인해서 현행법령에 입각하여 합법성감사를 실시

- 폐기물관리법 제25조, 같은법 시행령 제17조, 같은법 시행규칙 제28조
- 폐기물처리업 허가업무 처리지침

(2) 업무처리절차

① 사업계획서 작성·제출(사업자) → ② 폐기물처리업 사업계획서 접수 → ③ 사업계획서 적정여부 검토 (타법 저촉여부 등)

④ 폐기물처리업사업계획 적정 여부 통보 → ⑤ 허가요건 구비·허가신청 (차량확보, 시설설치 등) → ⑥ 폐기물처리업 허가

(3) 감사착안사항

- **신청서류는 빠짐없이 기재하였는가.**
  - 기재사항 누락 및 오기 여부
  - 가재사항이 첨부서류의 내용과 일치 여부
  - 수치 및 단위표시의 적정여부
- **신원조회는 실시하였는가.**
  - 대표자가 관계법 규정에 의한 결격사유 저촉판단 여부
- **시설 및 장비명세서는 비치하였는가.**
  - 시설 및 장비비치 여부
  - 사무실(실험실)확보 또는 증명하는 서류는 되어 있는가.
  - 차량확보가 되어 있는가.
  - 폐기물처리시설의 확보 또는 확보계획을 증명하는 서류는 되어 있는가.
- **기술능력의 보유현황 및 그 자격을 증명하는 서류를 징구하였는가.**
  - 기술자격능력이 있는 기술자를 실제로 고용시키고 있는가.
- **폐기물처리업소에 대한 정기 및 수시점검을 실시하였는가.**

(4) 감사사례

폐기물관리법 위반업체에 대한 과징금부과 부적정

....

하여야 한다.

구 폐기물관리법 제12조, 제25조에 따라 약 6개월 사이에 소각시설에서 다이옥신 배출허용기준을 수회에 걸쳐 초과한 사업장에 대하여 행정처분을 할 경우, 공익을 해할 우려가 있다는 이유로 과징금을 부과하면서 동 과징금도 부당하게 감경(남택명, 2004 : 333).

마. 유독물영업자 등록허가 및 관리[322)]

(1) 관 계 법 령[323)]

- 유해화학물질관리법 제20조 - 제30조, 같은법 시행령 제15조 - 제17조 등, 같은법 시행규칙 제17조 - 제29조 등
- 유독물영업자의 관리업무에 관한 규정

(2) 업 무 처 리 절 차

① 등록(허가) 신청서 작성 제출(사업자) → ② 유독물 등록 신청서 접수 → ③ 신청서 적정여부 검토 (타법 저촉여부 등)

④ 현지 확인(시설 · 장비 등) → ⑤ 종합 · 검토 → ⑥ 등록 허가

(3) 감 사 착 안 사 항

- **신청서류의 작성은 빠짐없이 기재하였는가**(유해화학물질관리법 제15조, 제20조, 유독물영업자등의 관리업무에 관한 규정).
  - 기재사항 누락 및 오기 여부
  - 기재사항이 첨부서류의 내용과 일치 여부
- **유독물 영업자의 시설 및 장비 등이 법정기준에 적합한 것인가.**
  - 제조 · 사용시설 설치 적정 여부
  - 보관 저장시설이 유독물이 유출되어 지하침투를 막을 수 있는 재질로 되어 있는지.

322) 경기도(2006a), 285~286쪽에서 재작성하였음.

323) 주의! 관계법령이 개정되었는지를 먼저 확인해서 현행법령에 입각하여 합법성감사를 실시하여야 한다.

- 운반차량에 방재장비 및 유독물방제요령 카드를 비치하는지.

- **타 법을 검토하였는가.**
  - 배출시설 설치 허가대상 여부(환경법)
  - 위험물제조소·취급소 설치 허가대상 여부(소방법)
  - 건축물(건축법)의 용도분류가 "위험물저장 및 처리시설"로 분류 여부(판매업 해당)
- **유독물영업자 등록대장기록을 관리하였는가.**
- **안전관리의견서 및 자체방제계획서 작성 대상자 관련서류를 제출하였는가.**
- **유독물영업자에 대한 정기 및 수시점검을 실시하였는가**(환경오염물질배출시설등에관한통합지도점검 규정).

4. 지방의회 감사 지적사례

- 가로수 수종교체 및 체계적 관리[324]
- 가로청소 대행업체의 위탁수수료 과다지급 문제
- 건축폐기물 발생사업장의 현황파악 소홀
- 공공기관의 각종 소규모 소각시설 운영문제
- 공원구역내 공중화장실의 관리 부실
- 공원조성을 위한 중장기계획 수립
- 다중 급수시설의 지정·관리 부실
- 단독정화조의 청소 미실시 단속 및 무단설치에 대한 미조치
- 대단위사업의 환경영향평가 이행여부 점검
- 대형건축물 지수조 청소 미이행에 대한 행정조치 소홀
- 도시가스배관망 비치 소홀
- 매연차량 단속실적 저조 및 단속인력운영 비효율
- 먹는 물 공동시설(약수터)에 대한 수질검사철저
- 명예환경감시원에 대한 교육·관리부실(유명무실)
- 무허가(소규모)정비업소 및 주유소의 토양오염점검 부실
- 사업장 폐기물배출업체에 대한 지도감독업무의 부당처리

324) 밑줄 친 부분은 시·도사무로 시·도의회의 지적 사항이다. 이하 같다.

- 산림훼손방지대책 강구
- 상습적인 폐수배출 위반업소의 행정조치문제
- 생활쓰레기처리 대행업체와의 계약방법 개선(수거량 기준으로)
- 소하천 수질오염 관리대책 부실
- 수도꼭지 수질검사 및 급수 과정별 수질검사 미실시
- 수질환경사업소의 전문직 배치
- 쓰레기 불법감시 무인카메라 유명무실
- 쓰레기재활용 정책의 내실화 방안 강구(음식물쓰레기 재활용방안 강구)
- 오 · 폐수 배출업소의 오염도 검사 및 지도 단속 소홀
- 오수정화조 청소위반자에 대한 과태료 부과징수 미흡
- 오염정화시설의 미가동 및 방류수 수질 기준초과 단속 소홀
- 오폐수시설 고장 방치
- 위생매립장의 침출수 처리문제(쓰레기매립장 주변 수질 · 토양오염조사 문제)
- 위생처리장의 처리능력 부족 및 침출수처리 미흡
- 음식쓰레기 감량대책 강구
- 음식쓰레기 사료화장치의 부실화 문제 및 음식쓰레기 감축 의무업소의 이행감독 소홀
- 일반폐기물 중간처리업체의 법규 위반에 대한 미조치
- 자동차 배출가스 단속방법 보완(사업장 차량 일제단속)
- 자동차배출가스 위반차량의 개선 이행여부 확인 미흡
- 자연발생유원지의 입장료 징수 · 사용문제
- 자율환경감시단 내실화와 예산지원
- 재활용품 수거실적 저조 및 수거차량의 운행실적 미흡
- 정화조 청소이행실태 점검 철저
- 지정폐기물 취급업소에 대한 지도 · 감독 철저(일반폐기물 봉투 상용)
- 청소차량 및 환경미화원 과다보유(민간위탁 업체와 비교)
- 축산폐수시설 미설치 및 기준이상 폐수방류에 대한 미조치
- 축산폐수의 무단방류 방치
- 취수장 주변의 상수원보호구역의 관리 소홀
- 캔압축기 등 각종 청소관련 장비의 고장 방치

- 폐기물 처리업체의 폐기물 불법보관에 대한 행정조치 미흡
- 폐기물 처리업자의 장기보관
- 폐기물집하장 주변의 환경문제
- 폐수배출시설 미신고에 대한 미조치
- 폐어선 · 폐어구의 처리대책 강구
- 하수도관 설계도면 비치 미흡
- 하수도관 준설 및 우수유입 문제
- 하수도관의 관리부실(가스 · 통신시설의 관통, 부실공사, 하수누수 등)
- 하수종말처리장의 차집관로 사용검사 부당승인
- 환경개선부담금 징수율 저조
- 환경개선부담금, 공해배출부담금 체납액지수대책 강구
- 환경기술 인력 미고용 폐기물처리업체에 대한 미조치
- 환경보전농업(유기농법 등)의 확대방안 강구
- 환경분야의 전문직 공무원 확충
- 환경오염 지도 · 단속의 공익요원 활용
- 환경오염배출업소에 대한 지도 · 단속실적 미흡
- 환경정책기본법에 의한 환경보전계획 미수립

제6장

지방행정사무 감사 · 조사 연습

I 감사연습 사례 A

* 다음 사례에 대하여 행정사무감사를 실시하되 질문사항에 대한 답변자료를 작성하시오.

1. 사례 개요

❑ ××운동장 조성사업

- 사업개요
  - 위　　치 : ○○시 ○○동 391번지 일원
  - 전체면적 : 44,131㎡(13,350평)
  - 시공기간 : 2001. 3.26 - 2001.12.25(준공예정)
  - 사 업 비 : 4,028백만 원(보상금 포함 등)
  - 시설내용 : 전체부지 조성(44,131㎡)
- 추진상황
  - 1999.12.31 : 편입농지 보상완료
  - 2000.12.15 : 입찰계약
    - · 업 체 명 : ○○건설
    - · 계약금액 : 812백만 원
  - 2001. 2.26 : 매장문화재 발굴조사 완료

❑ ××운동장 진입도로 개설공사

- 공사개요
  - 위　　치 : ○○시 ○○동 지내
  - 공사금액 : 총공사비 336백만 원(도급235백만 원, 관급95백만 원)
  - 공사기간 : 2001. 3.30 - 2001.12.25(준공예정)
  - 개설면적 : L = 220.0m, B=10.0m

2. 질문사항

가. 위 사항에 대하여 조사(감사)계획서 및 조사 세부운영계획을 수립하시오.

나. 조사관이 위 사건을 조사하는데 필요한 사전지식을 언급하시오.

다. 조사관이 피조사기관 관련부서에게 요구해야 할 자료리스트를 작성하시오.

라. 조사를 위해 현장(현장조사)에서 확인할 사항은 무엇인가?

마. 조사결과 보고서를 간단하게 작성하시오.(확인서 또는 문답서 1매 포함)

바. 이 사례에서의 지적사항과 아래 착안사항에 대하여 분임토의 결과는?

위 자료 1의 내용인 2000. 12. 15. ××운동장 조성사업을 위하여 입찰후 계약한 ○○건설시공업체를 별도 위 자료 2의 ××운동장 진입로 개설공사에 대하여 위 자료 1의 시공업체(LG종합건설)를 수의계약할 수 있는지.

① 국가를당사자로하는계약에관한법률 시행령 제26조【수의계약에 의할 수 있는 경우】 제1항 제4호의 나. 작업상의 혼잡 등으로 동일 현장에서 2인 이상의 시공자가 공사를 할 수 없는 경우로서 현재의 시공자와 계약을 하는 경우로 되어 있는 위 규정으로서 수의계약을 할 수 있는지?

② 국가를당사자로하는계약에관한법률 시행령 제26조【수의계약에 의할 수 있는 경우】 제1항 제4호의 라. 접적지역 등 특수지역의 공사로서 사실상 경쟁이 불가능한 경우로 되어 있는 위 규정으로서 수의계약을 할 수 있는지?(참고 : 진입도로는 다른 곳은 없음)

3. 답변자료

가. 위 사항에 대하여 조사(감사)계획서 및 조사 세부운영계획을 수립하시오.

××운동장 조성사업 및 ××운동장 진입도로 개설공사 추진과 관련하여 사업의 타당성과 위법 · 부당사항 여부 등 점검으로 회계질서 확립 및 적정성을 확보하고자 함.

(1) 감사개요

- 감사기간 : 2001. 5. 12(월) - 5. 16(금) (5일간)
- 감사대상 : ××운동장조성사업과 관련된 사업 일체

- 감사반 : 지방행정감사과정 제3분임(7명)

  ※ 감사근거 : 공공감사에관한법률시행령 제5조 및 자치단체내부감사규칙 제○조

(2) 감사방향

- 사업추진의 타당성
- 공사계약관련 위법 · 부당한 업무처리
- 재정운영의 투명성 과 건전성 확보
- 각종 비리발생 요인 적출

(3) 중점 감사사항

- ××운동장 조성사업 추진업무 전반
- ××운동장 조성 및 진입도로 개설공사 계약업무 전반
- 매장문화재 발굴조사 추진사항
- 공사집행의 적정성 및 비리관련 사항

(4) 감사반 편성

직책	직위	성명	감사분야
반장	재무감사(제2장 II. 참조)담당	최○호	실지감사 총괄
반원	지방행정사 무관	이○구	시설공사계약업무 전반
	행정주사	장○성	〃
	지방행정주사	지○재	용역계약업무 전반
	〃	조○래	〃
	〃	송○식	시설공사업무 전반
	〃	양○덕	〃

(5) 행정사항

(가) 감사준비 자료

- ××운동장조성사업 타당성 조사 및 투 · 융자 심사자료
  - 환경 · 교통 영향평가지표
  - 운동장조성사업 및 진입도로개설공사 설계 및 원가계산서

– ××운동장조성사업 입찰공고문 등 계약서류
– 매장문화재 발굴조사 보고서

(나) 감사인 준수사항

- 감사장 도착 : 매일 08 : 50까지 지정 감사장
- 현지확인 필요시 현지 출장명령을 받아 감사업무 수행
- 지적사항에 대하여는 충분한 설명으로 수감자가 납득할 수 있도록 조치
- 지적사항 중 징계가 예견되는 사항은 감사일보에 반드시 제시하여 보고후 질문서, 문답서 등 징구
- 감사중 불분명한 사실이나 의문점에 대하여는 담당자 상위의 책임자에 문의하여 설명 또는 회답을 구함.

나. 조사관이 위 사례를 조사하는데 필요한 사전지식을 언급하시오.

- 투 · 융자 심사제도 및 환경 · 교통영향평가 관련사항
- 공사계약 관련사항(경쟁입찰 · 수의계약 등)
- 지방자치단체적격심사기준(행정자치부예규 제160호)
- 지방자치단체시설공사 적격심사세부기준(행정자치부예규 제161호)
- 공사의 수의계약운용 요령(회계예규 2200. 04-139-6, '00. 7. 31)
- 매장문화재 발굴조사 관련사항
- 운동장조성사업 추진과 관련한 관계규정 등

다. 조사관이 피조사기관 관련부서에게 요구해야 할 자료리스트를 작성하시오.

- ××운동장조성사업 타당성 조사 및 투 · 융자 심사자료
- 사전환경성 검토사항, 교통영향평가 결과
- ××운동장조성사업 및 진입도로개설공사 설계 및 원가계산서
- ××운동장조성사업 입찰공고문 등 계약서류
- 매장문화재 발굴조사보고서

라. 조사를 위해 현장(현장조사)에서 확인할 사항은 무엇인가?

- 주변여건(유사한 목적의 운동장 조성 여부 및 이용가능성 등)
- ××운동장조성사업 현장

- ××운동장 진입도로개설공사 현장
- 주변진입도로 여부

마. 조사결과보고서를 간단하게 작성하시오(확인서 또는 문답서 1매 포함)

『××운동장 진입도로 개설공사 계약관련』 감사결과 보고

1. 감사개요
   - 기　　간 : 2001. 5. 12(월) - 5. 16(금) / 5일간
   - 대상기관 : ○○광역시
   - 반　　원 : 제3분임(7명)
   - 감사범위 : ××운동장 조성 및 진입도로개설공사 관련사업 전반

2. 감사결과
   - 지적 건수 : 2건
   - 주요지적 사항
     - ××운동장 진입도로 개설공사 수의계약 운영 부적정
     - 입찰참가자격 제한 없이 대기업과 계약체결 부적정
       ※ 사업목적 및 추진의 타당성, 공사시행과 관련한 투융자심사, 사전환경성검토, 교통영향평가, 문화재발굴조사, 기타 설계내역서 등은 적정한 것으로 나타남.

3. 조치계획
   - 행정상 조치 : 2건(주의2)
   - 신분상 조치 : 훈계 1명

〈확인서〉#1

【제 목】 ××운동장 진입도로 개설공사 수의계약 운영 부적정

【내 용】

- ○○광역시에서는 2000.12.15 ○○건설업체와 계약금액 812백만 원에 계약을 맺어 2001.12.25 준공예정으로 ××운동장조성사업을 시행하던 중 ××운동장 진입도로 개설공사를 336백만 원을 수의계약으로 집행한데 대하여
- 국가를당사자로하는계약에관한법률제7조에 의하면, 계약을 체결하고자 하는 경우에는 일반경쟁에 부쳐야 한다. 다만, 계약의 목적, 성질, 규모 등을 고려하여 필요하다고 인정될 때에는 대통령령이 정하는 바에 의하여 수의계약에 의할 수 있다 라고 정하고 있으며, 같은법 시행령 제26조 제1항 제4호 라목의 규정에 의하면 접적지역 등 특수지역의 공사로서 사실상 경쟁이 불가능한 경우는 수의계약을 체결할 수 있도록 정하고 있으나
- ○○광역시에서는 위 공사를 발주하면서 같은 시기에 운동장조성공사와 진입도로 개설공사를 각각 분리하여 발주할 특별한 사유가 없음에도 분리시행 및 수의계약이라는 예외조건을 적용하여 추진함으로써, 결과적으로 통합발주시 낙찰하한율(추정가격 10억 이상 20억원 미만) 86.745보다 높은 87.745(추정가격 10억미만 3억원이상)를 적용해야하는 불리한 조건과 더불어 분리 발주로 인한 수의계약의 낙찰율을 감안할 경우(감사결과 95% 낙찰) 약 1천여 만 원의 예산을 낭비하는 결과를 초래한 사실이 있음을 확인합니다.

상기 사실을 확인합니다.

2006년 8월 31일

확인자 : ○○광역시 회계과 용도담당 ○ ○ ○ (인)

입회자 : ○○광역시 회계과 회계과장 ○ ○ ○(인)

〈확인서〉#2

【제 목】 입찰참가자격 제한 없이 대기업과 계약체결 부적정

【내 용】

건설산업기본법 제47조 및 같은법 시행령 제39조의 규정에 의하면, 국토해양부 장관은 중소건설업자에 대한 지원을 위하여 필요한 경우 공사금액의 하한을 정할 수 있도록 하고 있는데, 이를 근거로 2002년 12월 2일 고시한 건설공사금액의 하한내역(계약시점인 2000년도 고시자료 찾지 못함) 고시에는 시공능력 공시금액이 700억원 이상인 일반건설업자(137개사)에 대하여 당해업체의 시공능력 공시금액의 1/100에 해당하는 금액(다만, 78억 원을 초과할 수 없음)을 하한으로 지정하였음에도 ○○시가 2000. 12. 15 계약 체결한 ××운동장 조성사업의 경우 대기업인 LG종합건설과 계약을 체결한바 이는 건설산업기본법에서 정하고 있는 중소기업건설업자 지원 취지에 반하는 결과를 초래했음을 확인합니다.

상기 사실을 확인합니다.

2006년 8월 31일

확인자 : ○○광역시 회계과 용도담당 ○○○(인)

입회자 : ○○광역시 회계과 회계과장 ○○○(인)

바. 이 사례에서의 지적사항과 아래 착안사항에 대하여 분임토의 결과는?

운동장 진입도로 개설공사에 대하여

① 국가를당사자로하는계약에관한법률 시행령 제26조 제1항 제4호 나목의 작업상의 혼잡 등으로 동일 현장에서 2인 이상의 시공자가 공사를 할 수 없는 경우는, 공사의 수의계약운용요령 제2조 2항에 의거 동일 현장에 2인 이상의 업자를 투입할 수 없는 경우라 함은 금차공사가 시공과정상 다른 공사와 시간적,

공간적으로 중복되어 2인 이상 시공이 곤란한 경우를 말하는 것으로, 이 두 가지 요건을 동시에 충족시켜야 하는바 운동장 조성사업의 성격에 따라 진입로를 빈번하게 이용하는 경우와 그렇지 않은 경우를 구분하여 판단되어야 할 사항임.

② 국가를당사자로하는계약에관한법률 시행령 제26조 제1항 제4호 라목의 접적지역 등 특수지역의 공사로서 사실상 경쟁이 불가능한 경우로 수의계약을 할 수 있는지에 대하여는 위 두 공사는 같은 시기에 공사를 발주하였고, 운동장 조성사업을 시공하려면 진입도로가 금차 시행하는 공사의 진입도로 1곳뿐으로 이 진입도로를 통과하지 아니하면 공사를 할 수 없으므로, 운동장조성사업과 운동장 진입도로공사는 접적지역에 해당되어 위 조항으로 수의계약이 가능하다고 판단됨.

| Ⅱ | 감사연습 사례 B

다음 사례에 대하여 행정사무감사를 실시하되 질문사항에 대한 답변자료를 작성하시오.

1. 사례 개요

❑ **조사배경**

××공원 인근 등산로변 ○○동 산 86-15번지 건축관련(사찰), 불법증축 및 용도변경 등에 대한 진상조사

❑ **조사개요**

- 조사기간 : 2003. 4. 2.- 4. 4.(3일간)
- 조사방법 : 서면 및 현장확인
- 조사내용 : 00동 산86-15번지 건축물의 불법증축, 용도변경 등 위법사항에 대한 지도단속 소홀, 건축허가시 법령위반사항 등 행정방관 여부

❑ **건축허가 현황**

- 건 축 주 : ××시 K구 ○○동 1405-2번지 아사달
- 대지위치 : ××시 K구 ○○동 산86-15번지
  (××공원 인근 XK포스코 아파트 건립 부지에 인접하고 있음.)
- 용도지역 : 일반주거지역
- 대 지 : 333㎡중 307㎡(도로공제 : 26㎡), 지목-임야
- 허가면적 : 건축면적 122.50㎡(37평) / 연면적 192.0㎡(58평)
- 용도/층수 : 단독주택(1가구) / 지하1층, 지상1층

❑ **추진경위**

- 2002. 7. 2. : 건축허가시 ××등산로 입구가 폐쇄되지 않도록 조치해 달라는 동향보고(○○동 → 건축허가과)
- 2002. 7. 3. : 건축허가 신청
- 2002. 7. 16. : 보완요청(등산로 부분은 대지면적에서 제외, 수목은 현 상태 유지)
- 2002. 8. 30. : 건축허가
- 2002. 9. 3. : 건축허가 사항에 대한 민원예상 동향보고(00동 → 건축허가과)
- 2002. 12. : 착공신고전 공사시행

도표 6-1 건축법위반사항 자료

구분 \ 현황		허가면적	실제공사면적	위반면적	구조	비고
건축물	지하층	76.80㎡ (주차장)	37.44㎡ (주택)	39.36㎡ (감소)	철근 콘크리트조	• 불법증축 • 착공신고 전 사전 공사시행 • 불법용도 변경 • 사전입주
	일층	115.20㎡ (주택)	142.80㎡ (주택)	27.60㎡ (증축)	철골조 및 조적조	
	이층	-	96.92㎡ (종교시설)	96.92㎡ (증축)	경량철골조 (조립식)	
	부속동	-	3.60㎡ (화장실)	3.60㎡ (증축)	경량철골조 (조립식)	
	소계	192.0㎡	280.76㎡	88.76㎡ (증축)		
	수평투영면적	7.30㎡	7.00㎡	0.30㎡ (감소)		
	건축면적	122.50㎡	153.40㎡	30.90㎡ (증가)		
	연면적	192.0㎡	280.76㎡	88.76㎡ (증가)		
	건폐율	39.90%	49.96%	10.06% (증가)		
	용적률	37.52%	79.26%	41.74% (증가)		
토지형질 변경		307㎡	약350㎡	약43㎡	등산로 변경 개설 등 불법 토지형질변경	• 허가내용과 상이하게 공사 추진
기타위반 사항				• 조경(수목) 훼손, 기존 등산로 변경 • 분묘 훼손 - 3개소		

관련법령

- 건축법 제10조(허가 · 신고사항의 변경) : 허가를 받은 사항을 변경하고자 할 경우 변경하기 전 사전 허가를 득하여야 함.
- 건축법 제16조(착공신고 등) : 착공신고 없이 사전공사 시행
- 건축법 제18조(건축물의 사용승인) : 건축물 사용승인 없이 사전입주
- 국토의계획및이용에관한법률 제56조(개발행위의 허가) : 개발행위허가를 받은 사항을 변경하는 경우에도 변경허가를 받아야 하나 변경허가 없이 공사시행

2. 질문사항

가. 위 사항에 대하여 조사(감사)계획서 및 조사세부운영계획을 수립하시오.

나. 조사관이 위 사건을 조사하는데 필요한 사전지식을 언급하시오.

다. 조사관이 피조사기관 관련부서에게 요구해야 할 자료리스트를 작성하시오.

라. 조사를 위해 현장(현장조사)에서 확인할 사항은 무엇인가?

마. 조사결과보고서를 간단하게 작성하시오.(확인서 또는 문답서 1매 포함)

바. 이 사례에서의 지적사항과 아래 착안사항에 대하여 분임토의 결과는?

- 건축허가 추진과정의 위법사항
- 건축허가 업무처리 위법 여부
- 위반건축물 단속 준수 여부

3. 답변자료

가. 위 사항에 대하여 조사(감사)계획서 및 조사세부운영계획을 수립하시오.

2002. 8. 30 ××공원 인근 등산로변 읍내동 산 86-15번지 건축물(사찰)관련 불법증축 및 용도변경 등의 첩보에 대한 조사계획입니다.

(1) 조사개요

- 조사기간 : 2003. 4. 2 - 4. 4(3일간)
- 조사방법 : 서면 및 현장확인
- 조 사 자 : 감사관실 지방행정주사 ○○○외 1인
- 조사내용
  - 건축물에 대한 건축허가행위의 적정 여부
  - 관련부서와 협의이행의 적정 여부
  - 건축물의 불법증축 및 불법용도 변경내용
  - 건축사법에 의한 성실의무 위반 정도
  - 위법 건축물에 대한 지도단속활동의 적정 여부 등

(2) 추진계획

- 2004. 3. 29 자료요구(건축 및 개발행위 관련자료)
- 2003. 4. 2 건축허가 관련서류 검토
- 2003. 4. 3 현장확인 및 위반 증거자료 확보(사진, 시인서 등)
- 2003. 4. 4 위반사항에 대한 확인서 및 문답서 징구
- 2003. 4.5 - 6 조사결과보고서 작성

나. 조사관이 위 사건을 조사하는데 필요한 사전 지식을 언급하시오.

(1) 건축법(현행법이라고 가정함)

- 제8조(건축허가) ①다음 각호의 1에 해당하는 건축 또는 대수선을 하고자 하는 자는 시장 · 군수 · 구청장의 허가를 받아야 한다. 다만, 21층 이상의 건축물 등 대통령령이 정하는 용도 · 규모의 건축물을 특별시 또는 광역시에 건축하고자 하는 경우에는 특별시장 또는 광역시장의 허가를 받아야 한다.
- 제9조(건축신고) ①제8조의 규정에 해당하는 허가대상 건축물이라 하더라도 다음 각호의 1에 해당하는 경우에는 미리 시장 · 군수 · 구청장에게 건설교통부령이 정하는 바에 의하여 신고함으로써 건축허가를 받은 것으로 본다.〈개정 1993. 8. 5, 1997. 12. 13, 1999. 2. 8, 2002. 2. 4〉
  1. 바닥면적의 합계가 85제곱미터 이내의 증축 · 개축 또는 재축
  2. 농 · 어업을 영위하기 위하여 필요한 소규모주택 · 축사 또는 창고로서 대통령령이 정하는 지역 및 규모의 건축물의 건축 또는 대수선
  3. 대수선
  4. 국토의계획및이용에관한법률에 의한 제2종지구단위계획구역 안에 건축하는 건축물로서 연면적이 100제곱미터 이하인 것.
  5. 기타 소규모 건축물로서 대통령령이 정하는 용도 및 규모의 건축물
- 제16조(착공신고등)①제8조 · 제9조 또는 제15조제1항의 규정에 의하여 허가를 받거나 신고를 한 건축물의 공사를 착수하고자 하는 건축주는 건설교통부령이 정하는 바에 의하여 허가권자에게 그 공사계획을 신고하여야 한다. 다만, 제27조의 규정에 의하여 건축물의 철거를 신고한 때에 착공예정일을 기재한 경우에는 그러하지 아니하다.

(2) 건축법시행령(현행법령이라고 가정함)

- 제8조(건축허가)
- 제9조(건축신고) ①법 제9조제1항 제2호에서 "대통령령이 정하는 지역 및 규모의 건축물"이라 함은 읍·면지역(시장 또는 군수가 지역계획 또는 도시계획에 지장이 있다고 인정하여 지정·공고한 구역을 제외한다)에서 건축하는 것으로서 다음 각호의 1에 해당하는 건축물을 말한다.
  1. 연면적의 합계가 100제곱미터(별표 1 제1호 가목의 단독주택의 경우에는 330제곱미터) 이하인 주택
  2. 연면적이 200제곱미터 이하인 창고
  3. 연면적이 400제곱미터 이하인 축사
  4. 연면적이 400제곱미터 이하인 작물 재배사

②법 제9조제1항 제5호에서 "대통령령이 정하는 용도 및 규모의 건축물"이라 함은 다음 각호의 1에 해당하는 건축물을 말한다.

1. 연면적의 합계가 100제곱미터(별표 1 제1호 가목의 단독주택의 경우에는 330제곱미터) 이하인 건축물
2. 건축물의 높이를 3미터 이하의 범위 안에서 증축하는 건축물
3. 법 제19조 제4항의 규정에 의한 표준설계도서에 의하여 건축하는 건축물로서 그 용도·규모가 주위환경·미관상 지장이 없다고 인정하여 건축조례로 정하는 건축물
4. 국토의계획및이용에관한법률제36조제1항제1호 다목의 규정에 의한 공업지역, 같은법 제51조제3항의 규정에 의한 제2종지구단위계획구역(산업형에 한한다) 및 산업입지및개발에관한법률에 의한 산업단지 안에서 건축하는 2층 이하인 건축물로서 연면적의 합계가 500제곱미터 이하인 공장

③제9조제1항의 규정은 법 제9조의 규정에 의한 건축신고의 경우에 이를 준용한다.

- 제14조(허가·신고사항의 변경 등) ①법 제10조제1항의 규정에 의하여 허가를 받았거나 신고한 사항을 변경하고자 하는 경우에는 다음 각호의 구분에 따라 시장·군수·구청장의 허가를 받거나 시장·군수·구청장에게 신고하여야 한다.
  1. 바닥면적의 합계가 85제곱미터를 초과하는 부분에 대한 증축·개축에 해당

하는 변경인 경우에는 허가를 받고, 기타의 경우에는 신고할 것

- 제80조(벌칙) 다음 각호의 1에 해당하는 자는 200만 원 이하의 벌금에 처한다.
  1. 제9조 · 제15조제2항 · 제16조 제1항 또는 제18조 제1항의 규정에 의한 신고 또는 신청을 하지 아니하거나 허위의 신고 또는 신청을 한 자

(3) 산지관리법(현행법이라고 가정함)

- 제15조 (산지전용신고) ①다음 각호의 1에 해당하는 용도로 산지전용을 하고자 하는 자는 제14조 제1항의 규정에 불구하고 대통령령이 정하는 바에 따라 산림청장에게 신고하여야 한다. 신고한 사항 중 농림부령이 정하는 사항을 변경하고자 하는 경우에도 또한 같다.
  3. 수목원 · 자연휴양림 그 밖에 대통령령이 정하는 산림공익시설의 설치

다. 조사관이 피조사기관 관련부서에게 요구해야 할 자료리스트를 작성하시오.

- 건축 및 개발행위허가 관련경위서(일정별)
- 건축허가 관련서류
- 위반사항에 대한 그동안의 조치사항(시정명령, 고발, 이행강제금 부과 등)

라. 조사를 위해 현장(현장조사)에서 확인할 사항은 무엇인가?

- 건축허가 시 배치도 등 설계도면과 현상과의 일치 여부
- 불법증축 면적 확인
- 불법용도 변경 및 사전입주사실 확인(입주자 시인서)
- 불법토지 형질변경 면적 및 전경사진
- 분묘 불법훼손 사실

마. 조사결과보고서를 간단하게 작성하시오.(확인서 또는 문답서 1매 포함)

2002. 8. 30 백세공원 인근 등산로변 읍내동 산 86-15번지 건축물(사찰)관련 불법증축 및 용도변경 등의 첩보에 대한 조사결과 보고입니다.

(1) 조사개요

- 조사기간 : 2003. 4. 2-4. 4(3일간)

- 조사방법 : 서면 및 현장확인
- 조사자 : 감사관실 지방행정주사 ○○○외 1인

(2) 조사내용

- 건축물에 대한 건축허가행위의 적정 여부
- 관련부서와 협의이행의 적정 여부
- 건축물의 불법증축 및 불법용도 변경내용
- 건축사법에 의한 성실의무 위반 정도
- 위법 건축물에 대한 지도단속활동의 적정 여부 등

(3) 조사결과

〈건축허가 관련〉

○○시 ○○동 ○○동 1405번지에 거주하는 아사달이 2002. 7. 2 건축허가에 대하여는 건축법시행령 제11조 제2항 제1호의 규정에 의거 연면적 330㎡ 이하의 건축물은 건축신고에 해당되므로 3일내(건축허가의 경우 15일)에 건축신고를 수리하여야 하나, 건축허가로 접수받아 13일이 지난 2002. 7. 16 보완요구 후 2002. 8. 30 허가함으로써 24일간 민원을 지연처리하였음.

〈불법용도 변경 및 증축관련〉

① 신고한 사항을 변경하고자 하는 자는 건축법시행령 제14조제1항의 규정에 의하여 허가·신고사항 변경신고를 하여야 하나 변경신고 없이 지하층 주차장 76.8㎡를 주택 37.44㎡로, 1층 주택 115.2㎡를 주택을 142.8㎡로 불법증축하였고

② 2층에 종교시설 96.92㎡와 부속동에 화장실 3.6㎡를 불법으로 증축하였음.

〈기타 불법사항〉

① 산지관리법 제15조의 규정에 의하여 307㎡의 임야를 산지 전용신고하였음에도 약 43㎡의 임야를 무단 전용하였고,

② 수목은 현 상태를 유지하도록 보완요청을 하였으나 조경수목을 훼손한 채 공사를 시행하였으며

③ 공사를 시행하면서 분묘 3개소를 훼손함으로써 추후 민원발생의 소지가 있음.

첨부 : 1. 확인서 2매
2. 문답서 1매
3. 시인서 1매

바. 이 사례에서의 지적사항과 아래 착안사항에 대하여 분임토의 결과는?

(1) 건축허가 추진과정의 위법사항

- 건축법 및 건축법시행령에 의한 건축허가사항인지 또는 건축신고사항인지의 여부
  - 건축법 제8조(건축허가) 및 국토의계획및이용에관한법률에 의하여 지정된 도시지역에서 연면적 200㎡ 이상이거나 3층 이상인 건축의 경우에는 건축허가를 받아야 하나,
  - 연면적의 합계가 100㎡(단독주택의 경우에는 330㎡) 이하인 경우에는 같은 법 시행령 제11조(건축신고)의 규정에 의하여 건축신고로 접수 처리하여야 함.
- 용도를 변경하거나 증축하고자 할 경우에는 건축법 제 규정에 따라 신고하여야 하나
  - 신고 없이 건축주가 불법으로 용도변경 및 증축행위하였음.

(2) 건축허가업무처리 위법 여부

- 건축신고는 3일, 건축허가는 15일로 민원사무처리기본법에 규정되어 있으나
  - 건축허가로 처리하면서 접수 후 13일이 지난 후 보완요구, 44일이 경과한 후 민원처리를 함으로써 54일 지연처리

(3) 위반건축물 단속 준수 여부

- 건축신고 및 건축허가의 경우, 이 법 또는 이 법의 규정에 의한 명령이나 처분에 위반한 경우에는 허가 또는 승인을 취소하거나 공사의 중지 등 필요한 조치를 취하여야 하나 아무런 조치도 취하지 않았음.

| Ⅲ | 감사연습 사례 C

다음 사례에 대하여 행정사무감사를 실시하되 질문사항에 대한 답변자료를 작성하시오.

1. 감사 관련자료

- 위치 : ××시 K구 00동 561번지 일원
- 면적 : 30,938㎡

  ※ 2003. 1. 9 도시계획시설 변경(11,626㎡를 사방지구에서 해제)

  ▷ 당초(30,938㎡) : 국 4,775㎡, 시 6,224㎡, 구 9,437㎡, 개인 10,502㎡

  ▷ 변경(19,312㎡) : 국 4,293㎡, 시 4,430㎡, 구 1,212㎡, 개인 9,377㎡
- 토지개황

  ▷ 1985. 7. 5 해딩지역 일원 산사태(사망36명, 가옥파손24동)

  ▷ 1985. 7월 산사태 지역 복구공사(1994. 9월 완료)

  ▷ 1986. 11. 7 산사태 지역을 도시계획시설(사방설비 지구)로 결정 고시

〈자료〉 개정내용 : 청사건립재원 마련 목적을 위한 공유재산의 수의계약 가능조항 신설(제38조의2 제5항 제4호)

《제38조의2 제5항 제4호》

공적 규제로 방치된 재산(OO동 사방 설비 시설)을 신청사 건립재원 마련할 목적으로 매각할 경우, 공적 규제 해제에 필요한 제반조치를 위하여 투자하는 사업자에게 수의계약으로 매각할 수 있다.

관계상위 법령 **(지방재정법시행령 제95조)**

재산의 위치 · 상태 · 용도 등으로 보아 공개입찰에 붙이기 곤란하거나 계약의 목적 또는 수의계약에 의하는 것이 불가피한 경우로서, 지자체의 조례로 그 내용 및 범위를 정한 때에는 수의계약으로 매각할 수 있다

- 변경사항

  2003. 1. 9 도시계획시설 면적 축소(30,938㎡ → 19,312㎡)

  ※ 11,626㎡는 사방설비지구에서 해제

- 변경경위
  - ▷ 도시계획시설 변경결정 제안
  - (주)KT 외 1이 2002.1.3 위 현황토지의 도시계획시설(사방설비) 30,938㎡중 11,626㎡를 도시계획시설에서 해제하고 해제된 지역에 아파트를 건립하여 도시미관 및 주거환경 개선과 합리적인 토지이용 목적으로 제안
  - 구 도시계획위원회에서 2002.4.12 위 제안의견에 대하여 산사태 지역의 사면 보수 · 보강공사후도시계획시설(사방 설비) 변경키로 심의의결
  - 산사태 지역 사면 보수 · 보강공사(2002. 6.24 - '02. 12. 5)후 감리회사의 준공조서에 의거 200. 12. 28 공사완료 보고 및 2003. 1. 9 도시계획시설 변경 결정

2. 질문사항

가. 위 사항에 대하여 조사(감사)계획서 및 조사세부운영계획을 작성하시오.

나. 위 사건을 조사하는데 필요한 사전지식을 언급하시오.

다. 피 조사기관의 관련부서에 요구해야 할 자료 리스트를 작성하시오.

라. 조사를 위해 현장(현장조사)에서 확인할 사항은?

마. 조사결과보고서를 간단하게 작성하시오.(확인서 또는 문답서 1매 포함)

아. 아래 착안사항에 대하여 분임토의 결과는?

① ××구 공유재산관리조례 개정(2000. 9. 25) 의 타당성 여부?

② 도시계획시설(사방설비) 변경 결정의 타당성 여부

3. 답변자료

가. 위 사항에 대하여 조사(감사)계획서 및 조사세부운영계획을 작성하시오.

(1) 조사배경

××시 k구 ㅇㅇ동 561번지 일대의 토지를 매각함에 있어 특정인을 위해 관련법령을 위반하여 매각했다는 민원인의 제보가 있어 감사를 실시하게 됨.

- 민원개요
  - 위치 : ××시 k구 ㅇㅇ동 561번지 일대
  - 면적 : 30,938㎡

– 민원인 : ××시 ○○동 홍길동

- 토지개황
  - 85. 7 5　　산사태 발생
  - 85. 9월　　산사태발생지역 복구 완료
  - 86. 11. 7　위 지역 도시계획시설(사방지구) 결정고시
  - 00. 9. 25　공유재산관리조례 개정
  - 02. 1. 3　　도시계획시설 변경 제안
  - ㈜KT외 1인 위 11, 626m²를 도시계획시설 해제와 해제된 지역에 아파트 건립하여 도시미관 및 주거환경개선사업과 합리적인 토지이용 목적으로 제안
  - 02. 4. 12　　도시계획시설 변경심의 의결
  - 02. 6. 24-1. 5산사태 지역 사면보수·보강공사
  - 02. 12. 28　　공사완료
  - 03. 1. 9　　도시계획시설(30,938m² → 19,312m²)변경 결정

    ※ 11. 612m²　사방설비지구에서 해제

(2) 감사일시 및 감사반원

- 감사일시 : 05. 10. 1-10. 10
- 감사반원 : 감사1반장 홍길동 외 4명

(3) 감사방향

- ××구 공유재산관리조례 개정(2000. 9. 25) 의 타당서 여부
- 도시계획시설(사방설비) 변경 결정의 타당성 여부

나. 위 사례를 조사하는데 필요한 사전 지식을 언급하시오.

- 국유재산법
  - 제30조(용도폐기)
  - 제32조(관리처분기관)
  - 제33조(계약의 방법)
- 지방재정법
  - 제61조(계약의 방법)
  - 제83조(잡종재산의관리 및 처분)

- 국토의계획및이용에관한법률
  - 제18조(도시기본계획의 수립권자와 대상지역)
  - 제21조(지방의회의 의견청취)
  - 제22조(도시기본계획의 승인)
- 도시개발법
  - 제9조(도시개발구역지정이 고시) 등

다. 피조사 기관의 관련부서에 요구해야 할 자료 리스트를 작성하시오.

- 감사를 받는 기관 요구자료 목록 : 9.25까지
  - 동번지의 도시계획변경 등 일체서류
  - 공유재산의 매각결정에 따른 관련서류 일체
  - 공유재산에 대한 취득· 처분 관련서류 일체
- 국공유지의 효율적 관리를 위한 전산프로그램 개발권고 : 정부주관 05. 12. 31까지
- 관련 담당자교육 : 06. 7.1 까지

라. 조사를 위해 현장(현장조사)에서 확인할 사항은?

- 국공유재산에 대한 매각은 지방자치법 제35조 1항에 해당하는 중요재산의 취득· 처분에 관한 사항에 대해 지방의회의 의결을 규정하고, 지방재정법 제77조 제1항에 의한 공유재산의 취득과 처분에 대한 계획을 수립하여 의회의결을 얻도록 규정되어 있음에도, 특정인과 수의계약을 체결하기 위하여 청사건립 재원을 마련한다는 이유로 상위법에 위반한 관련조례를 신설하고, 동 규정을 적용하여 수의계약으로 매각한 사실이 있음.

※ 수의계약의 경우(국유재산법시행령 제36조)

① 재산의 위치 · 형태 · 용도 등이나 계약의 목적, 성질 등으로 보아 경쟁에 붙이기 곤란하거나 2회에 걸쳐 2인 이상의 유효한 입찰이 성립되지 아니한 경우, 또는 현저하게 국가에 유리한 가격으로 계약할 수 있는 경우

② 외교상 또는 국방상 이유에 의하여 처분행위를 비밀히 할 필요가 있는 경우

③ 천재지변 기타 부득이한 사유가 발생하여 재해복구 또는 구호의 목적으로 재산을 처분하는 경우

④ 당해 재산의 양여 또는 무상대부를 받을 수 있는 자에게 그 재산을 매각하는 경우
⑤ 지방자치단체 또는 정부투자기관관리기본법에 의한 정부투자기관이 직접 사용할 재산을 처분하는 경우
⑥ 인구분산을 위한 정착사업에 필요하여 재산을 매각하는 경우
⑦ 주식의 매각을 증권거래소에 위탁하는 경우 등

※ 증 1 : 확인서 별첨 1부
※ 증 2 : 문답서 1부

• 도시계획시설(사방시설) 변경결정을 변경하고자 할 경우에는 난개발을 방지하고 토지의 효율성을 높이기 위하여 국토의계획및이용에관한법률 제63조의 규정에 의거, 지방도시계획위원회의 심의를 거쳐 건축법 12조에 의거 건축허기 제한 등의 제한을 하여야 함에도, 유관기관 및 관련부서와 협의 등을 세부적인 검토과정 없이 아파트를 건립한다는 사유로 도시계획시설을 해제한 후 도시계획시설 변경을 결정한 후 이후 동 목적을 위반하여 신청사 건립재원 마련 목적으로 사용한 바 있음.

※ 증 1 : 확인서 별첨 1부
※ 증 2 : 문답서 1부

• 감사인 의견
신설된 당해 조례에 대해서는 개정조치하고, 관련법규를 준사하지 않고 업무처리를 부당하게 처리한 관련 공무원에 대하여 중징계 처리함이 타당할 것으로 판단됨.

마. 조사결과보고서를 간단하게 작성하시오.(확인서 또는 문답서 1매 포함)

(1) 조사배경

××공원 인근 등산로변 ○○동 산 86-15번지 건축관련(사찰), 불법증축 및 용도변경 등에 대한 진상조사

(2) 조사개요

- 조사기간 : 2003. 4. 2 - 4. 4(3일간)
- 조사방법 : 서면 및 현장확인
- 조사내용 : ○○동 산86-15번지 건축물의 불법증축, 용도변경 등 위법사항에 대한 지도단속 소홀, 건축허가 시 법령위반사항 등 행정 방관 여부

(3) 건축 허가현황

- 건 축 주 : ××시 K구 ○○동 1405-2번지 아사달
- 대지위치 : ××시 K구 ○○동 산86-15번지(XX공원 인근 XK포스코 아파트 건립부지에 인접하고 있음)
- 용도지역 : 일반주거지역
- 대 지 : 333㎡중 307㎡ (도로공제 : 26㎡), 지목-임야
- 허가면적 : 건축면적 122.50㎡(37평) / 연면적 192.0㎡(58평)
- 용도/층수 : 단독주택(1가구) / 지하1층, 지상1층

(4) 추진경위

- 2002. 7. 2 : 건축허가 시 ××등산로 입구가 폐쇄되지 않도록 조치해 달라는 동향보고(○○동 → 건축허가과)
- 2002. 7. 3 : 건축허가 신청
- 2002. 7.16 : 보완요청(등산로 부분은 대지면적에서 제외, 수목은 현 상태 유지)
- 2002. 8.30 : 건축 허가
- 2002. 9. 3 : 건축 허가사항에 대한 민원예상 동향 보고(00동 → 건축허가과)
- 2002.12. : 착공신고 전 공사시행

(5) 건축법 위반현황

구분 \ 현황		허가면적	실제공사 면적	위반면적	구조	비고
건축물	지하층	76.80㎡ (주차장)	37.44㎡ (주택)	39.36㎡ (감소)	철근 콘크리트조	• 불법증축 • 착공신고전 사전공사시행 • 사전입주
	일층	115.20㎡ (주택)	142.80㎡ (주택)	27.60㎡ (증축)	철골조 및 조적조	
	이층	-	96.92㎡ (종교시설)	96.92㎡ (증축)	경량철골조 (조립식)	
	부속동	-	3.60㎡ (화장실)	3.60㎡ (증축)	경량철골조 (조립식)	
	소계	192.0㎡	280.76㎡	88.76㎡ (증축)		
	수평투영면적	7.30㎡	7.00㎡	0.30㎡ (감소)		
	건축면적	122.50㎡	153.40㎡	30.90㎡ (증가)		
	연면적	192.0㎡	280.76㎡	88.76㎡ (증가)		
	건폐율	39.90%	49.96%	10.06% (증가)		
	용적률	37.52%	79.26%	41.74% (증가)		
토지형질변경		307㎡	약 350㎡	약 43㎡	등산로변경 개설등 불법 토지형질변경	• 허가내용과 상이하게 공사추진
기타위반 사항				• 조경(수목)훼손, 기존 등산로 변경 • 분묘 훼손 - 3개소		

(6) 현행 관련법규

- 건축법 제10조(허가 · 신고사항의 변경) : 허가를 받은 사항을 변경하고자 할 경우 변경하기 전 사전허가를 득하여야 함.
- 건축법 제16조(착공신고 등) : 착공신고 없이 사전공사 시항
- 건축법 제18조(건축물의 사용승인) : 건축물 사용승인 없이 사전입주

- 국토의계획및이용에관한법률 제56조(개발행위의 허가) : 개발행위 허가를 받은 사항을 변경하는 경우에는 변경허가를 받아야 하나 변경허가 없이 공사시행
- 산지관리법
- 건축사법 제20조(성실의 의무 위반)
- 형법 제161조 제1항 - 사체 및 유골 손괴한 자에 대한 사법당국에 고발

조 사 결 과

건축허가 및 개발행위허가 업무처리에 대하여

건축허가처리기간(3일), 개발행위허가 업무처리기간(14일)이므로 건축허가 및 개발행위 허가업무에 대한 제반보완사항을 일괄하여 조속히 보완요구하는 등 신속하게 처리가능한데도, 법정처리기한 보다 57일 지연처리하는 등 민원업무처리를 소홀히 한 사실이 있고

건축공사추진에 따른 관리 · 감독에 대하여

건축착공신고 없이 공사 진행한 사실을 발견하지 못한 점과, 불법증축 및 개발행위 허가면적을 위반하여 공사 중인 사항에 대하여 공사중지 등 사전방지 및 위반사항을 보고하지 않는 등 감리업무를 성실하게 하지 않은 감리건축사에 대하여 건축사법에 의거 처벌하고, 위반한 건축주는 사직당국에 고발조치하는 것이 타당한데도 조치 없이 내버려둔 사실과 관리 · 감독을 소홀히 한 공무원에 대하여 지방공무원법에 의거 조치함이 타당함.

위 법 부 당 사 항

- 담당공무원에 대하여는 지방공무원법 제48조(성실의 의무)위반
- 감리건축사에 대하여는 건축사법 제26조 규정에 의거 업무상 성실의 의무위반
- 건축주에 대하여는 건축법 제10조, 건축법 제16조, 건축법 제18조 위반, 같은법 제79조 규정에 의거 사법기관에 고발조치

조 치 사 항

- 행정상 조치
  - 건축법을 위반한 행위자(건축주, 시공자 등 건축관계자)는 고발조치하고 및 위반건축물은 건축주에게 시정명령하고 원상복구 등 관련법령에 적법토록 조치
  - 감리건축사는 건축사법에 의거 소재지 관할 시·도지사에게 행정처분 요청
  - 이행하지 않을 경우 이행할 때까지 연 2회 범위 내에서 이행강제금 부과 조치
- 신분상 조치
  - 관리·감독을 소홀히 한 담당공무원에 대하여는 지방공무원법 규정에 의거 징계요구 등 조치

〈확인서〉#1

【제 목】 건축허가관련 불법증축 및 개발행위 허가 등 민원처리 부적정

【현 황】 건축법위반사항 따로 붙임.

【내 용】

(1) 건축법위반에 관한 사항

건축법 제10조(허가·신고사항의 변경)에 의거 허가를 받은 사항을 변경하고자 하는 경우는 변경하기 전 사전허가를 받아야 하고 건축법 제16조(착공신고 등)에 의거 건축물의 공사를 착수하고자 하는 자는 허가권자에게 그 공사계획을 신고하여야 하며, 건축법 제18조(사용승인)에 의거 건축물을 완료 한 후 그 건축물을 사용하고자 하는 자는 사용승인을 신청하여 사용승인 후 사용하도록 되어 있다.

그런데 현황과 같이 지하1층 76.80㎡(주차장), 지상1층 115.20㎡(주택)로 허가를 득하고, 지하1층 주차장 76.80㎡를 37.44㎡(주택으로)만 시공하고 39.36㎡를 감소하였으며 지상1층을 115.20㎡(주택)를 27.6㎡ 울도 증축하여 142.8㎡로 시공하였으며 지상2층 96.92㎡(종교시설) 및 부속동 3.60㎡(화장실)을 더 증축하여 합계 88.76㎡ 증가 및 용도가 변경되었는데도 설계변경 허가 등을 하지 않고 불법증축한 사실이 있

으며, 또한 착공신고 전(2002. 12)에 공사시행 및 사용승인 없이 사전 입주하여 사용하고 있는데도 아무런 조치 없이 내버려 둔 사실

(2) 개발행위허가 위반에 관한 사항

국토의계획및이용에관한법률 제56조(개발행위허가)에 의거 허가사항을 변경하고자하는 경우에는 변경허가를 받아야 하는데도 담당공무원은 개발행위 허가(토지형질변경) 면적 307㎡를 받고 약 350㎡ 변경하여 약43㎡를 위반하여 개발행위한 사실과 조경(수목)훼손과 기존등산로 변경 및 분묘 3개소 훼손하는 등 불법개발행위 및 허가사항을 위반한 사실이 있는데도 아무런 조치 없이 내버려 둔 사실

(3) 민원사무처리에 관한 사항

민원사무처리에관한법률 제6조(민원사무의처리) 같은법 시행령 제15조(서류의보완등) 및 시행규칙 제6조의 의거 민원사무는 법령이 정하는 바에 따라 다른 업무에 우선하여 처리하여야 하고, 접수한 민원서류에 흠이 있는 경우에는 상당한 기간을 정하여 지체없이 보완을 요구하여 처리기한내에 신속히 처리하도록 규정되어 있다. 그런데 위 민원서류는 처리기한이 건축허가(3일) 및 개발행위 허가(14일)인데도 건축허가를 2002. 7. 3일 신청하였는데 2002. 7. 16일 보완요구하여 13일 지나서 보완요구 및 처리기한을 57일 지난 2002. 8. 30 건축허가 처리하는 등 민원지연 및 사무처리업무를 부정적하게 한 사실이 있음.

위 사실을 확인합니다.

2006. 7. ○○

확인자 (인)

입회자 (인)

〈확인서〉#2

【제 목】 건축사 감리업무에 관한 사항

【현 황】 감리업무 위반사항

【내 용】

건축법 제21조 규정에 의한 건축물의 감리건축사는 업무를 성실히 수행하여 건축물이 관련법에 저촉되지 않도록 하여야 하고 공사감리·업무를 함에 있어 건축법 및 관련규정에 위반된 사항을 발견할 경우에는 이를 시정하도록 요청하여야 하며, 이에 따라 시정이 이행되지 않을 경우에는 서면으로 공사 중지를 요청하여야 하고, 재시공 및 공사중지 요청을 받은 후 공사관계자가 이에 응하지 않을 경우에는 건축법 제21조 제3항의 규정에 의거 허가권자에게 이를 보고하도록 되어있고, 또한 건축법 제8조 규정에 의한 건축허가를 받은 사항을 변경하고자 할 경우에는 건축법 제10조 규정에 의한 설계변경 허가를 득한 후 시공토록 감리업무를 수행하여야 한다.

그런데 현황과 같이 착공신고 전 사전신고 없이 사전공사 시행, 허가면적(192㎡)보다 88.76㎡를 불법증축한 사실이 있는데도 공사관계자에게 시정·조치 및 공사중지를 요청한 사실이 없고 허가권자에게 이를 보고하지 않는 등 감리업무를 소홀히 한 사실이 있음.

위 사실을 확인합니다.

2006. 8. 31.

감리자 건축사 ○○○ (인)

입회자 담당공무원 ○○○ (인)

참고문헌

〈서 적〉

감사원(1993), 『일본의 감사제도와 행정감찰제도』, 감사교육실.

감사원(1994), 『감사원 감사의 발전방안』.

감사원(1997), 『외국의 감사제도』.

감사원(1998), 『자체감사운영실태 감사결과처분요구서』.

감사원(2005a), 『성과감사매뉴얼』, 2005. 3.

감사원(2005b), 『기관운영감사 매뉴얼』, 2005. 12.

감사원(2005c), 『특정과제감사매뉴얼』, 2005. 12.

감사원(2005d), 『재무감사매뉴얼』, 2005. 4.

경기도(2006a), 『감사착안행정편람』, 경기도 감사관실.

경기도(2006b), 『감사사례편람』, 경기도 감사관실.

경기도의회(1997), 『행정사무조사 결과 보고서』-경기도내 쓰레기 소각장 시설 및 안전성 제고를 위한-.

경상남도(1996), 『감사업무편람』경상남도 감사실.

교육인적자원연수원(2005), 『교육행정실무과정』교재.

교육인적자원연수원(2005), 『지방교육행정실무과정』교재.

교육인적자원연수원(2005), 『행정실무초급과정』교재.

국가전문행정연수원(2006), 『사무관후보자과정』교재.

국무조정실(2006), 『자체평가매뉴얼』.

국무총리실(2005), 『정책품질관리매뉴얼』.

국회사무처 의사국(2004), 『국정감사 · 조사 편람』.

김동희(1997), 『행정법Ⅰ』, 박영사,

김명수(2003), 『공공정책평가론』, 박영사.

김명수 · 박준(1995), 『공공감사론』, 대영문화사.
김상훈(2000), 『감평회계학』, 도서출판 홍.
김상훈 · 이윤호(2000), 『감평회계학(1)』, 도서출판 홍.
김중량(2002), 『인사행정론』, 법문사.
내무부지방행정연수원(1995), 『지방자치단체의 정책형성방법』, 기획부.
노화준(1991), 『정책평가론』, 법문사,
박윤흔(1996), 『행정법강의』, 박영사
박호숙(2004) 『정책형성론』, 신문사.
박호숙(2005) 『정책결정과 정책집행』, 조명문화사.
백상기 · 김정욱(1988), 『감사제도론』, 교보문고.
부산광역시(1997), 『감사업무편람』.
부정방지대책위원회(1993), 『자체감사 활성화 방안』.
서우선(1992), 『지방의회운영방법론』, 법문사
서울특별시(1995), 『감사업무편람』.
서울특별시(2004), 『감사업무편람』.
안재학(1995), 『실전 지역분석기법』, 명보문화사.
이경섭(1997), 『정부회계와 감사』, 조세통람사.
이명구(1989), 『행법법원론』, 대명출판사.
이재인(2004), 『감사계획의 수립과 증거확보』, 감사교육원.
이주희(1994), 『주민만족행정서비스혁명』, 도서출판 무한.
이주희(1996), 『초일류자치단체를 만들자』, 한국지방자치연구원.
이주희(2005), 『지방자치법 이론과 운영사례』, 기문당.
이주희(2006), 『고객감동행정서비스』, 기문당.
이주희외(1994), 『지방자치전면실시에 따른 감사원의 감사방향』, 한국지방자치학회.
이주희외(2000), 『한국지방자치론』, 삼영사.
이주희외(2005), 『도시계획요론』, 기문당.
임도빈(2004), 『한국지방조직론』, 박영사.
임성일(1998), 『영국의 지방자치』, 법경사.
전라북도(1996), 『감사실무편람』, 전라북도 감사실.
정세욱(2005), 『지방자치학』, 법문사.
정회성 · 변병설(2003), 『환경정책의 이해』, 박영사.
최민수(2004), 『감사사례분석 & 벤치마킹』, 서강출판사.
최창호(2006), 『지방자치학』, 삼영사.
한국자치경영평가원(2005), 『2004 지방직영기업 경영평가편람』.
한국지방행정연구원(2001), 『평가기본법에 의한 지방자치단체평가모형』.

한국지방행정연구원(1986), 『외국의 지방자치단체 비교연구』.
한국지방행정연구원(1988), 『지방자치제하의 지방자치단체 감사제도에 관한 연구』.
한국지방행정연구원(1995), 『지방자치단체의 자체감사기능 효율화 방안』.
한국지방행정연구원(1997), 『미국 대도시의 지방자치』.
행정자치부(2006), 『고객만족행정 실무매뉴얼』.
행정자치부 국가전문행정연구원(2004), 『지방행정감사 · 평가과정』교재.
행정자치부 자치인력개발원(2005), 『지방의회지원과정』교재.
행정자치부 자치인력개발원(2005), 『지방행정감사과정』교재.
행정자치부 정부혁신본부(2005), 『알아두면 편리한 행정절차』, 삶과 꿈.
행정자치부 지방혁신인력개발원(2005), 『지방자치단체 성과관리』교재.
행정자치부 지방혁신인력개발원(2005), 『지방자치단체 정책품질관리』교재.
행정자치부 지방혁신인력개발원(2006), 『복식부기과정』교재.
행정자치부 지방혁신인력개발원(2006), 『사업별 예산제도과정』교재.
행정자치부 지방혁신인력개발원(2006), 『지방재정관리과정』교재.
행정자치부(2005), 『지방재정분석 · 진단 및 공시제도』, 행정자치부 재정정책팀.
행정자치부(2006), 『사업별 예산제도 매뉴얼』, 행정자치부 재정정책팀.
홍기용(2002), 『공공사업분석론』, 형설출판사.
홍정선(2006a), 『행정법원론(상)』, 박영사.
홍정선(2006b), 『행정법원론(하)』, 박영사.

〈논문 및 자료〉

감사원(2006), "외환은행 매각 감사 중간발표", '06.6.19. 보도자료.
강문수(2006), "예산과목과 복식부기 회계제도의 연계", 지방혁신인력개발원. 복식부기과정 교재.
강인옥(2001), "행정행위의 적법성 판단과 감사기법", 감사원 홈페이지.
권영준(2005), "인사분야 감사기법 및 사례연구", 자치인력개발원 지방행정감사과정 교재.
김두옥(2002), "지방행정에 있어서 공기업 평가", 『지방행정』, 대한지방행정공제회, 2002.5.
김명수(1995), "자체감사 이대로 좋은가", 계간감사 (제41호), 1995. 4.
김명수(1998), "공공감사의 주요 쟁점과 방향", 『한국행정연구』, 한국행정연구원1998.10.
김명수(1998), "내부감사 활성화 대책", 「계간감사」. 제59호.
김범열(2003), 『BSC』, LG경제연구원 홈페이지.
김병준(2002), "지방행정에 대한 성과평가" 『지방행정』,대한지방행정공제회, 2002. 5.
김선대(2005), "감사행정의 이론과 실제", 자치인력개발원 지방행정감사과정 교재.
김영선(2004), "자치단체 평가업무 추진방향", 국가전문행정연수원 지방행정감사 · 평가과정

교재.
김영철(2004), "지방세분야 감사기법 및 사례연구", 국가전문행정연수원, 지방행정감사 · 평가과정 교재.
김유찬(2004), "직무감차기법 및 사례연구", 국가전문행정연수원, 지방행정감사 · 평가과정 교재.
김정섭(2006), "투 · 융자 심사제도", 지방혁신인력개발원 지방재정관리과정 교재
김준한(1999), "정책평가 개념의 재확립", 『한국행정학보』, 제33권 4호, 한국행정학회, 1999. 겨울.
김창수(2005), "점진주의 정책기획의 지혜 : 지방정부 감사사례 분석", 『한국행정학보』 제39권 2호, 2005. 여름.
김현구(2003), "정부 업무 기관평가의 이론적 논고" 『한국행정학보』 제37권 4호. 한국행정학회, 2003 겨울.
김홍률(1998), "신공공관리개혁과 성과감사", 『한국행정연구』, 한국행정연구원. 1998.10.
남기현(2006), "주민감사청구 및 주민소송제도" 『지방행정』, 대한지방행정공제회, 2006. 8.
류춘호(2006), "성과 감사와 감사영역의 확대방안에 관한 연구" 감사원 홈페이지.
마광열(1997),"지방화시대에 적합한 감사 효율화 방안", 감사론집 (제2호).
박경원(2003), "행정서비스와 고객, 시민", 지방행정, 대한지방행정공제회. 2003.4.
박대군(2008), "지방재정관리시스템(e호조)", 한국지역정보개발원.
박병식(2002), "지방정부 정책평가" 『지방행정』, 대한지방행정공제회, 2002.5.
박세정(1998). "지방자치단체의 TQM 도입실태, 문제점, 그리고 향후방향," 「한국행정학보」 제32권 4호.
박재완(1996),"감사부작용 최소화를 위한 실천적 방안", 『감사부작용해소대책(토론회 자료집)』, 1996.7.
박재완(1998), "공공감사체계의 효율화", 『한국행정연구』, 한국행정연구원, 1998. 가을.
박정수(2006), "복식부기회계정보시스템", 지방혁신인력개발원. 복식부기과정 교재
박해육(2004), "지방자치단체 자체평가에 대한 이해", 국가전문행정연수원, 지방행정감사 · 평가과정 교재.
변대룡(2005), 『교육행정감사실무』,교육인적자원연수원 지방교육행정실무과정 교재.
서기원(2005), "직무감사기법 및 사례연구", 자치인력개발원 지방행정감사과정 교재.
서우선(2002③), 「예산 · 결산심사 기법」, (한국산업기술원 지방자치연구소 의정연찬회 교재).
서우선(2002①), 「지방의회 회의운영사례」, (국가전문행정연수원 지방의회지원과정 교재①).
서우선(2002②), 「행정사무 감사 · 조사기법」, (국가전문행정연수원 지방의회지원과정 교재②).
소기옥(2005), "도시계획분야 감사기법 및 사례연구", 자치인력개발원 지방행정감사과정 교재.

엄연숙(2005), "성과관리제도의 발전"-BSC를 중심으로-, 『지방행정』, 대한지방행정공제회, 2005 6-2005. 8.

윤종식(2000), "정부회계의 복식부기 도입에 따른 감사방안".

윤진훈(2006), "행정사무 감사 및 조사제도의 이해", 지방혁신인력개발원 지방의회지원과정 교재.

이건창(1999), "지식경영의 전략 프레임워크", 『지식경영과 한국의 미래』삼성경제연구소.

이복희(1993), "지방자치단체 행정감사의 합리적인 운용방안", 내무부지방행정연수원 중견간부 양성과정 수료논문.

이상운(2002), "예산실무", 국가전문행정연수원, 지방재정실무과정 교재.

이석환(2006), "공공부문BSC 적용사례분석", 한국행정학보 제40권 1호, 2006. 봄

이영균(1998), "내부통제로서의 감사와 외부통제와의 연계성 확보방안", 『한국행정연구』 1998.10.

이영조(1996), "지방자치단체감사의 자치화 방안", 지방자치연구(제15호), 1996.6.

이재성(2006), "복식부기 제도의 개요 및 도입사례", 지방혁신인력개발원. 복식부기과정 교재.

이재인(2005), "감사계획수립과 증거확보" 감사교육원 교재.

이종운(2003), "재무감사 체제하에서의 효율적인 예산분석 및 감사수행방안", 감사원 연구논문집, 홈페이지.

이주희(1991), "중복 감사에 시달릴 지방자치단체", 『지방자치』, 1991.12.

이주희(1995), "지방자치단체의 내부감사체계의 합리적 개편방안", 『자치연구 (제17호)』, 1995.1.

이주희(2005), "행정서비스 시스템의 평가와 발전방향", 『지방행정』, 대한지방행정공제회, 2005.7.

이화복(2004), 『교육행정감사』국가전문행정연수원 사무관후보자과정 교재

임동혁(2006), "성과감사에 대한 기본적 연구", 감사논집, 감사원 홈페이지.

임성식(2005), 『회계관리』, 교육인전자원연수원 행정실무초급과정 교재.

임호철(2005), "국 · 공유 재산분야 감사기법 및 사례연구", 자치인력개발원 지방행정감사과정 교재.

정기섭(1997), "지방자치단체 내부감사의 실태와 개선방안", 『한국지방자치학회보』 (제21호), 1997.12.

정부혁신지방분권위원회(2005), 공공기관 감사에 관한 법률안.

정세욱(1985) "현대감사에 있어서의 감사기준의 문제", 『감사』, 감사원.

정세욱(1998), "시 · 도지사론", 「'98추계학술회의 논문집」. 한국정치학회.

정윤한(2005), "복식부기제도와 감사행정", 자치인력개발원 지방행정감사과정 교재.

정윤한(2006), "복식부기회계제도 도입에 따른 과제", 지방혁신인력개발원, 복식부기전문과

정 교재.
정재동(1998). "서평 : TQM과 행정개혁,"「행정과 정책」 제4권 1호.
조경연(2006), "지방재정분석 · 진단 및 공시제도", 자치인력개발원 지방재정관리과정 교재.
조경호(1997),"행정감사제도의 한계와 시민감사참여제도 도입의 방향", 울산대학교 사회과학논집 (제7권 제1호).
조봉래(2005), 『교육행정감사 실무연구』, 교육인전자원연수원 교육행정실무과정 교재.
조성호 · 윤희웅(2009), "지방분권시대의 지방감사체계 개선방안에 관한 연구", 『정부와 정책』1-1 카톨릭대학교, 정부혁신생산성연구소.
차의환(2002), "정책평가의 이론과 실제 : 기관평가제 접근모형과 전략", 한울아카데미.
최광철(2006), "사업별 예산제도 및 운영사례", 자치인력개발원 지방재정관리과정 교재.
최교신(2004), "지방계약제도의 이해", 국가전문행정연수원 지방행정감사 · 평가과정 교재.
최두선(2004), "회계분야 감사기법 및 사례연구", 지방혁신인력개발원 지방행정감사 · 평가과정 교재.
최임규(1996). "정부생산성 제고를 위한 경영기법의 도입 : TQM(Total Quality Management)을 중심으로,"「한국행정연구」 제5권2호.
최재건(2005), "회계책임과 사례연구", 자치인력개발원 지방행정감사과정 교재.
한표환(2002), "지방행정에 대한 평가 시스템", 『지방행정』, 대한지방행정공제회, 2002.5.
행정자치부 지방감사팀(2005), "인사분야 감사기법 및 사례연구", 자치인력개발원 지방행정감사과정 교재.
허만형(2006), "진화론적 관점에서 정책품질관리 효과 분석", 한국정책학회보 제15권1호.

http://pvalue.co.kr/tong/correlation/correlation_01.html
http://lofin.mogaha.go.kr(행정자치부 재정고 홈페이지)

自治體國際化協會(1995), 『英國の 地方自治- 制度と 實態-』
東京都地方財務實務硏究會(1992), 『決算 及び 監査』, ぎょうせい

*Ammons, David N. "Overcoming the Inadequacies of Performance Measurement in Local Government : The Case of Libraries and Leisure Services." *Public Administration Review* 55 (January/February 1995) : 37-47.
*Ammons, David N(1995), *Accountability for Performance : Measurement and Monitoring in Local Government,* ICMA.
*Audit Commission(2002). *Delivering Comprehensive Performance Assessment : consultation draft,* UK : Audit Commission.
*Barlett, D. et al.(1999). "Preparing for Best Value." *Local Government Studies* 25(2).

*Barzelay, M.(1992). *Breaking Through Bureaucracy : A New Vision for Managing in Government,* University of California Press.

*Barzelay, M.(1996), *Performance auditing and the New Public management* : OECD

*Berman, Evan M. and Jonathan P. West (1997). "Total Quality Management in Local Government," in John J. Gargan ed. *Handbook of Local Government Administration.* New York : Marcel Dekker.

*Berry, F. S.(1994). Innovation in Public Management : The Adoption of Strategic Planning. *Public Administration Review.* 54(4).

*Box, Richard C. (1998). *Citizen Governance.* Thousand Oaks, CA : Sage.

*Boyne, G, Gould-Williams, J., Law, J. and Walker, R. (2002). "Plans, Performance Information and Accountability : The Case of Best Value." *Public Administration* 80(4).

*Boyne, G. A.(1999). "Introduction : Processes, Performance and Best Value In Local Government." *Local Government Studies* 25(2).

*Boyne, G. A.(2000). "External Regulation and Best Value in Local Government." *Public Money & Management* 20(3).

*Boyne, G. A., et al.(1999). "Best Value in Welsh Local Government : Progress and Prospect." *Local Government Studies* 25(2).

*Caiden G. E. and Caiden N. J.(1977), Administrative Corruption. *P.A.R. 37(3).*

*Carpenter, Vivian L.; Linda Ruchala; and John B. Waller, Jr.(1991) *Public Health : Service Efforts and Accomplishments Reporting-Its Time Has Come.* Norwalk, CT : GASB.

*Cohen, Steven and Ronald Brand(1993) *Total Quality Mangement in Government : A Practical Guide for the Real World.* San Francisco, CA : Jossey-Bass Publishers.

*Comptroller General of the United States. *Governmental Auditing Standards : Standards for Audit of Governmental Organizations, Programs, Activities, and Functions.* Rev. ed(1988), Washington, DC : GPO.

*Costello, W.(1997), *The Performance Process and Performance Audit Findings : An Explanation of Terms* : Tennessee Valley Publishing Co.

*Daphne, A. Kenyon John Kincaid Ed(1991). *Competition among States and Local Government,* The Urban Institute Press.

*DETR(1998). *Modern local government : In touch with the people,* Cmnd 4014, London : Stationary Office.

*DETR(1999). *Implementing Best Value : A consultation paper on draft guidance,* London : DETR.

*Dimock, Marsall,. Glabys Ogden Dimock & Douglas M. Fox(1983), Capt 23. The Audit, *Public Administration* (4th edition), CBS College Publishing.

*Gaster, Lucy(1995). *Quality in Public Services : Managers' Choices.* Buckingham : Open University Press.

*Gay, William G. "Benchmarking : Achieving Superior Performance in Fire nad Emergency Medical Services." *Management Information Services Report* 25, no. 2(February 1993)

*Geddes, M.(2001). "What about the workers? Best Value, employment and work in local public services." *Policy & Politics* 29(4).

*Gow, J. I.(1992). Diffusion of Administrative Innovations in Canadian Public Administrations. *Administration & Society.* 23(4).

*Grady, D. O.(1992). Promoting Innovations in the Public Sector. *Public Productivity and Management Review.* 16.

*Gray, A. and W. Jenkins(1985). "Accountable Management in British Central Government," *Financial Management and Accountability* 73(1).

*Hatry, Harry P., and Donald M. Fisk(1992), "Measuring Productivity in the Public Sector." *In Public Productivity Handbook,* edited by Marc Holzer. New York : Marcel Dekker.

*Henkel Mary(1991), *Government, Evaluation and Charge,* London : Iessica Kingsly Publishers.

*J. F. Burton & T. Thomason(1988), *"The Extent of Collective Bargaining in the Public Sector",* in Public Sector Bargaining, eds. B.Aaron, J.M.Najita (The Bureau of National Affairs).

*J.Baldwin(1985), *Environmental Planning and Management,* Westview Press.

*James, B. D. and Field, J. J.(1999). "A Whole Authority Approach to Testing and Developing Best Value." *Local Government Studies* 25(2)

*John A. Edds(1981), Internal and External Audit in B.Geist(ed), *State Audit* (Macmillian Press LTD).

*Johne E. Peterson and Dennis R. Strachota(1991), *Local Government Finance : Concepts and Practices* (Government Finance officers Association).

*Lane, J.-E(1997). "Public Sector Reform in Nordic Countries." in J.-E. Lane (ed.) *Public Sector Reform : Rationale, Trends, and Problems.* London : Sage.

*Lewis, M. and Hartley, J.(2001). "Evolving forms of quality management in local government : lessons from the Best Value pilot programme." *Policy & Politics* 29(4).

*London, R.(1996). Checking Perceptions and Reality in Small-Town Innovation Research. *American Behavioral Scientist.* 39(5).

*Malan, Roland M.; James R. Fountain, Jr.; Donald S. Arrowsmith; and Robert L. Lockridge II(1984), *Performance Auditing in Local Government.* Chicago : Government Finance Officers Association.

*Martin, S.(2001). "Introduction : Re-evaluating public service improvement : the early impacts of the Best Value regime." *Policy & Politics* 29(4).

*Martin, S. and Davis, H.(2001). "What works and for whom? The competing rationalities of 'Best Value'." *Policy & Politics* 29(4).

*Martin, S.(2002). "Best Value : New Public Management or New Direction?" In McLaughlin, K., Osborne, S. and Ferlie, E. (eds.), *The New Public Management : Current Trends and Future Prospects,* London : Routledge.

*Merritt, R. L.(1985). Innovation in the Public Sector. In Merritt, R. L. & Colleagues (eds.). *Innovation in the Public Sector - An Introduction.* 9-16. Sage publications.

*Micael Hammer & James Champy(1993), *Reengineering The Corporation,* Linda Micaels Literary Agency New York.

*Micael J. Spendolini, *The Benchmarking Book,* U.S.A. New York.

*Midwinter, A. and N. McGarvey(1999). "Developing Best Value in Scotland : Concepts and Contradictions." *Local Government Studies* 25(2) : 87-101.

*Mokwa, Michael P. and Steven E. Permut. ed(1981). *Government Marketing : Theory and Practicc.* Praeger.

*Moon, M. T., & Bretschneider, S.(1997). Can State Government Actions Affect Innovation and Its Diffusion? An Extended Communication Model and Empirical Test. *Technological Forecasting and Social Change.* 54.

*Osborne, D. and Gaebler, Ted *Reinventing Government.* New York,1992(정부혁신의 길, 삼성경제연구소 역, 1994).

*Osborne, D. and Plastrik P.(1997), *Banishing Bureaucacy,* ADDISON WESLEY LONDON, INC.

*Osborne, D. and Plastrik P.(2000), *The Reinventor's Fieldbook - Tools for Transforming Your Government-.* Jossey Bass

*Parry, Robert W., Jr.; Florence Cowan Sharp; Jannet Vreeland; and Wanda A. Wallace (1991), *Fire Department Programs : Service Efforts and Accomplishments Reporting-Its Time Has Come.* Norwalk, CT : GASB.

*Pollit, Christopher and Geert Bouckaert eds.(1995). *Quality Improvement in European Public Services : Concepts, Cases and Commentary.* London : Sage Publications.

*Pollitt Christopher(1999), *Performance Audit and Public Management in Five Countries :* Oxford University Press.

*Rees, P. and Gardner, H.(2003). "Best value, partnerships and relationship marketing in local government." *International Journal of Nonprofit and Voluntary Sector Marketing,* 8(2) : 143-152.

*Rogers, E. M.(1995). *Diffusion of Innovations* (4th ed.), New York : Free Press.

*Rogers, E. M., & Kim, J. I.(1985). Innovation in the Public Sector. In Merritt, R. L. & Colleagues (eds.). *Diffusion of innovation in Public Organizations.* 85-108. Sage publications.

*Rogers, S.(1999). *Performance Management in Local Government : The Route to Best Value,* London : Financial Times Pitman Publishing.

*Sabet, M. G. & Klingner, D.(1993). Exploring the Impact of Professionalism on Administrative Innovation. *J-PART.* 3(2).

*Savage, R. L.(1985). Diffusion Research Traditions and the Spread of Policy Innovation in a Federal System. *Publius : The Journal of Federalism.* 15(4).

*Silfvast, R. O. & Quaglieri, P. L. (1994). Management Skills Transferability and the Public and Private Sector Manager. *Public Personnel Management.* 23.

*Stephen Jakubowski(1985), Reporting on the Control Structure of Local Government under the Single Audit Act of 1984. Public Budgeting and Fince (Spring, 1985).

*Swan, J. A. & Newell, S. (1995). The Role of Professional Associations in Technology *Diffusion. Organization Studies.* 16(5).

*U.S. General Accounting Office(1983). *Increased Use of Productivity Management Can Help Control Government Costs.* GAO/AFMD84-11. 10 November.

*U.S. Government Accountability Office(2004), Performance Accountability Highlights 2004.

*Vanagunas, S., & Webb, J.(1994). Administrative Innovation and the Training of Public Managers. *Public Personnel Management.* 23(3).

*Vincent-Jones, P.(1999). "Competition and Contracting in the Transition from CCT to Best Value : Toward A More Reflexive Regulation?" *Public Administration,* 77(2).

*Walker, B. and H. Davis.(1999). "Perspectives on Contractual Relationships and the Move to Best Valuein Local Authorities." *Local Government Studies* 25(2).

*West, M. A.,& Farr, J. L.(1990). Innovation at Work, In M.A. West & Farr(eds.), *Innovation and Creativity at Work : Psychological and Organizational Strategies.* 3-13. New York : John Wiley & Sons.

■ 저자소개

이주희(李周熙)

행정안전부 지방행정연수원 교수

〈강의과목〉

「지방자치법」, 「토지공법」, 「주민만족행정서비스」, 「창의적인 행정서비스」, 「갈등협상」, 「리더십」, 「지방의회론」, 「조례제정기법」, 「행정사무감사기법」, 「예산심의기법」 강의 등

전화 : 010 -7586 -5283, 031-250-5283, e -mail : ljh2200@korea.kr, Http://www.ljhee.pe.kr

〈약 력〉

한양대학교 법정대학 법학과 졸업(법학사) / 서울대학교 환경대학원 졸업(도시계획학 석사) / 서울대학교 환경계획연구소 사무국장 및 도시계획연구부 선임연구원 / 한국지방행정연구원 수석연구원(지역개발실장) / 한양대학교 법학박사(공법전공) / 한양대학교 자치행정대학원 겸임교수역임.

〈사회활동〉

환경처 환경분쟁조정위원회 전문위원('91~'92) / 국민고충처리위원회 비상임 전문위원(도시계획 및 환경분야) ('94~'96) / 총무처 지방이양심의위원회 위원(도시계획 및 환경분야) ('97~'99) / 건설교통부 개발제한구역제도 개선 심의위원회 위원('98~2000) / 국토및도시계획학회 지방자치분과위원장('98~'99) / 한국토지공법학회 상임이사('90~2000) / 대통령 소속 지방이양추진위원회 실무위원(2000~'02) / 서울대 환경대학원 · 한양대, 한남대 · 세종대학원 · 중앙대학원 · 전국 시 · 도지방공무원교육원에서 행정법 · 토지공법, 지방자치법 · 지방행정감사기법 · 조례제정기법 및 판례 강의, 한국지방자치학회 상임이사 · 학회보편집위원회 위원장 · 연구분과위원장 · 부회장 역임. 제1회 한국지방자치학회 학술상(최우수 논문상) 수상(2002) / 제6회 한국지방자치학회 학술상(저술상) 수상(2008). 행정자치부 행정서비스헌상 자문위원회 자문위원(2002~2003) / 자치공론(1990~2002) 및 지방행정(2000~2006) 편집위원. 외교통상부 정보화분과 자문위원회 위원(2002~현재) / 대통령 소속 정부혁신지방분권위원회 지방분권위원회 위원(2004) / 서울시 지역균형발전위원회 위원(2003~2007) 한국매니페스트 추진본부공동대표(2005~2007) / 서울시의회 입법고문(2005~2007), **한국지방자치학회 회장역임(2005), 현 고문.**

〈저 서〉

토지공법(기문당, 1986) / 주민만족 행정서비스 혁명(아인솝, 1996) / 디지털시대의 지식행정전략(기문당, 2000) / 초일류 자치단체를 만들자(한국지방자치연구원, 1998) / 디지털시대의 지식행정전략(한국자치개발연구원, 2000) / 지방자치제도와 운영(국가전문행정연수원, 2000) / 한국지방자치론(공저, 삼영사, 2001) / **지방자치법이론과 운영사례(기문당, 2010) / 고객감동행정서비스(기문당, 2006) / 지방행정감사론(기문당, 2010).**

지방행정감사론

2010년 7월 15일 개정판 인쇄
2010년 7월 20일 개정판 발행

저　　자　이 주 희
발 행 인　강 해 작
발 행 처　기 문 당
주　　소　서울 성동구 공명길 39(왕십리동 966-22)
전　　화　2295-6171(代)~5
팩　　스　2296-8188
출판등록　1976. 10. 7(1-44)
홈페이지　http : // 기문당
　　　　　http : // www.kimoondang.com

I S B N　978-89-6225-273-6　93350

정　　가　45,000원